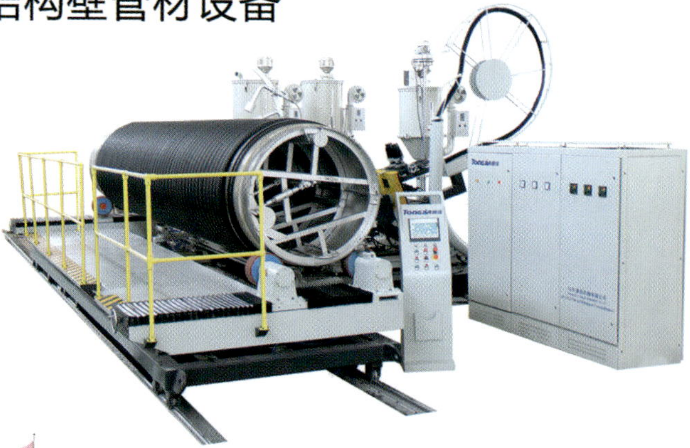

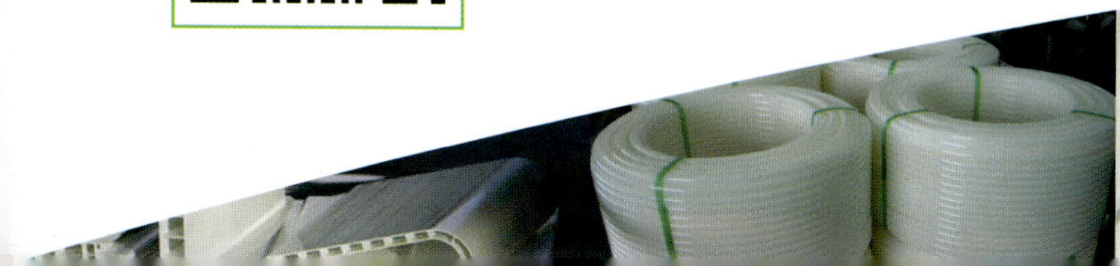

环保给水管系列

给水用聚乙烯PE管 | PP-R塑铝稳态复合管 | 高抗冲改性PVC-M饮用水管 | PVC-U环保给水管 | 聚丁烯PB管

钢丝网骨架塑料(聚乙烯)复合管 | 两层或多层共挤高强度PE复合给水管 | 抗菌PP-R环保健康给水管（冷、热）

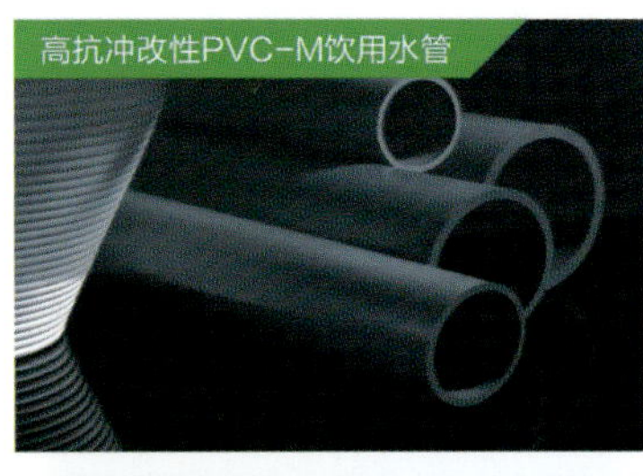
高抗冲改性PVC-M饮用水管

两层或多层共挤高强度PE复合给水管

PP-R环保给水管配件

给水用聚乙烯PE管

PP-R塑铝稳态复合管

钢丝网骨架管

排水排污管系列

GD型旋流静音特殊单立管（PHSP）排水系统 | GD旋流静音（PHSP）同层系统 | 埋地PVC-U双壁波纹管

埋地用高强度聚丙烯（PP-HM）双壁波纹管 | 高强度聚丙烯（PP）热态缠绕结构壁管 | 高层静音（PVC-U）排水管

新型钢带增强聚乙烯（PE）螺旋波纹管（G-MRP） | PVC-U方型雨落水管 | PVC-U实壁内螺旋降噪管

聚乙烯（PE）双壁波纹管、HDPE同层排水管 | 硬聚氯乙烯（PVC-U）环保排水管 | PVC-U中空内螺旋降噪管

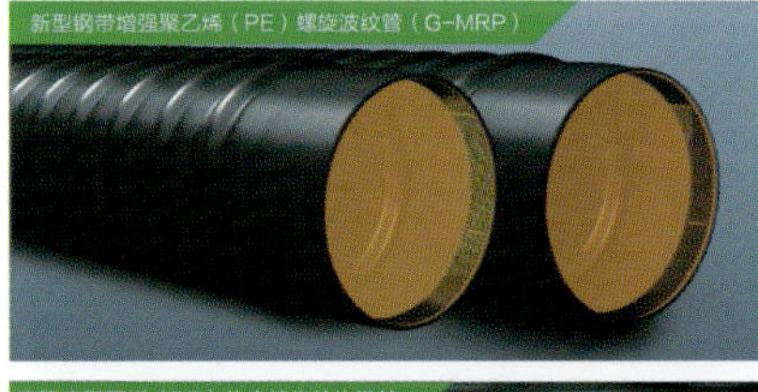
新型钢带增强聚乙烯（PE）螺旋波纹管（G-MRP）

高强度聚丙烯（PP）热态缠绕结构壁管

热态缠绕PE结构壁管

埋地用高强度聚丙烯（PP-HM）双壁波纹管

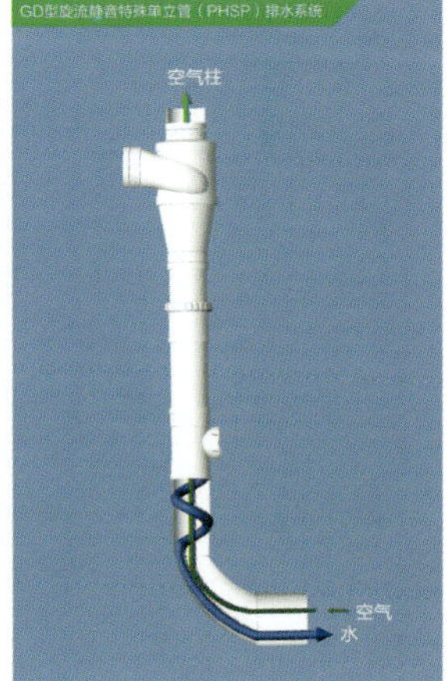

GD型旋流静音特殊单立管（PHSP）排水系统

燃气管系列

PE燃气管

PE燃气管

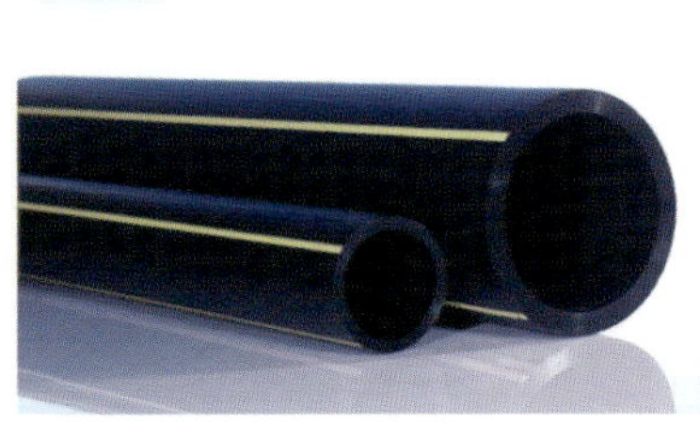
PE燃气管

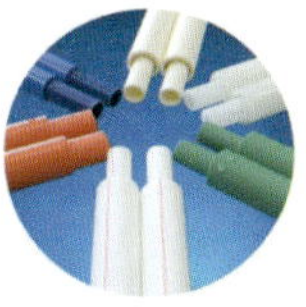

公司简介

成都川路塑胶集团创建于1986年，是一家专业生产新型化学建材的品牌企业，1988年，率先研发生产白色PVC排水管材管件，是国内研发生产管道及管件产品最早的企业之一。川路人以责任为己任，专注产品本身，始终坚持一个品牌，一个标准服务于市场。

公司秉承“有责任更信任”的企业理念，不断创新，追求卓越，坚持诚信为本，携手共赢，以质取胜，奉献社会。

川路塑胶集团在全国拥有分公司、总经销、特约经销800余家和112个产品配送中心，组成了较完善的营销与服务网络，并与万科、恒大、华润、保利、中信等著名地产公司形成战略合作。“川路管材”、“川路型材”等系列产品广泛应用于国内(外)城市化建设的建筑给(排)水、建筑门窗、电器穿线、电网改造、市政建设、农网改造、石油化工、新农村建设等众多领域。主要工程包括：毛主席纪念堂改造、小平故里、钓鱼台国宾馆、西班牙、加拿大驻北京使馆改造、布达拉宫改造、四位机库、二滩水电站、北京2008奥运主体育馆、上海世博园、博鳌亚洲论坛会址、北京科技大学、万科中心（总部）、喀麦隆议会大厦、塞班国际五星级酒店、巴哈马国家体育馆、非洲索科马糖联甘蔗农场喷灌给水工程等。

川路塑胶集团以国家重大需求为导向，坚持以科学发展与自主创新为主要任务，投身于低碳、节能、环保的绿色建材行业，致力于为人们提供自然、健康的饮用水与温馨、舒适的生活空间。

参与制定，并严格执行国家标准

全面参与制定并起草

PVC-U排水管材国家标准（GB/T5836,1-2006）

PVC-U给水管材国家标准（GB/T10002,1-2006）

PVC-U给水管件国家标准（GB/T10002,2-2003）

无压埋地排污、排水用硬聚氯乙烯（PVC-U）管材（GB/20221-2006）

自主创新,致力于技术研发

为用户提供自然、健康的饮用水

1988年，全国第一家试行生产PVC-U排水产品,由于当时没有国家标准,采用BS英标

1989年，全国第一家生产白色给水PVC-U管材管件产品

1996年，全国第一家生产蓝色给水PVC-U管材管件产品

1999年，开发生产PP-R新型冷热水管系列

2007年，川路成为国家级博士后科研工作站

2012年，研发生产PB给水管道系列

2013年，研发生产PE-RT给水管道系列

2015年，研发生产AGR新型给水管道系列

2016年，研发生产HDPE双壁波纹管

四大原则 品质保障

坚持一个品牌

川路品牌

坚持统一原料

优质原料

坚持一个标准

国家标准

坚持统一生产

同一产地

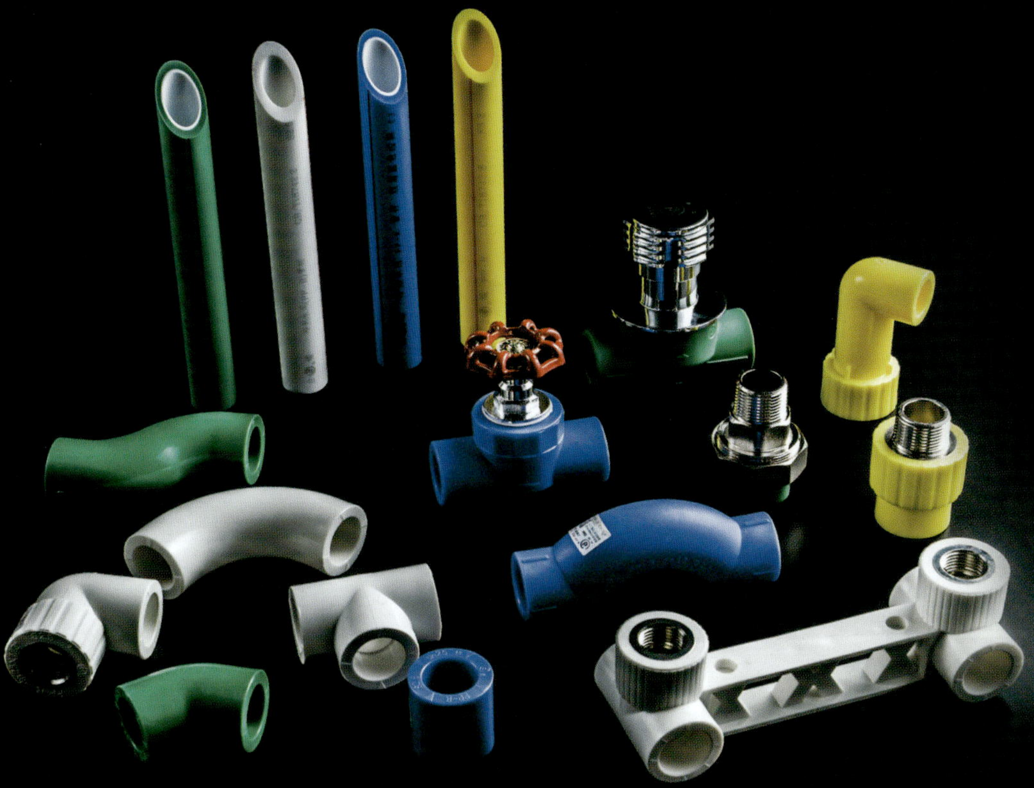

廣東省塑膠行業協會

2018年1月14日，在辞旧迎新的美好时刻，广东省塑胶行业协会2017年年会暨2018迎春晚会在“中国塑料新材料之都·常平”隆重举行。本次年会以“凝心聚力，创新发展”为主题，广东省民政厅、南方报业集团、常平镇委、镇政府、镇经科信局、科技局、商务局、工商局等部门的党政领导、深圳高分子行业协会、东莞博商会等协会代表、中国银行、建设银行、广东华兴银行等银行驻东莞机构的领导、常平镇属村委会代表、广东省塑胶行业协会常务理事会单位、协会企业单位代表等500多人出席年会和庆典活动。

广东省塑胶行业协会以中国·常平塑料新材料之都的名义，带领协会高新企业代表：东莞市俊坤科技有限公司、东莞市亨嘉橡塑科技有限公司、东莞市国科新材料科技有限公司、元源新材料科技有限公司、华标塑料科技有限公司综合组团参加CHINAPLAS 2018国际橡塑展。组委会的人员表示从省级行业协会组团参展，这还是第一次。为此，展会组委会也给予了特别关注和大力支持。

展会掠影

中国塑料加工工业协会常务副理事长兼秘书长朱文玮等视察广东省塑胶行业协会综合展位

1688中小企业商学院行业化培训–广塑协行业星秀班

广东省塑胶行业常务理事会

地址：广东省东莞市常平国际塑胶大厦4楼
电话：0769-81083188

禧天龙
碧
彩·纳于绿
禧天龙灵创新色彩，将自然碧绿萃取，融入纯色奶白，使自然环保概念与收纳灵感遥相呼应。
此次新品色彩定义自然收纳理念，注入色彩灵性于产品，为家居收纳生活焕发新灵感。
禧天龙科技发展有限公司
Tel：400 818 9998
Add：天津市滨海新区未来科技城风光大道12号
www.citylong.com

中国塑料工业年鉴

CHINA PLASTICS INDUSTRY YEARBOOK

2018

中国塑料加工工业协会　主编

中国轻工业出版社

图书在版编目（CIP）数据

中国塑料工业年鉴. 2018/中国塑料加工工业协会主编. —北京：中国轻工业出版社，2018. 9

ISBN 978-7-5184-2080-3

Ⅰ. ①中…　Ⅱ. ①中…　Ⅲ. ①塑料工业—中国—2018—年鉴
Ⅳ. ①F426. 7 – 54

中国版本图书馆 CIP 数据核字（2018）第 196443 号

责任编辑：王　淳　罗　洁　　责任终审：孟寿萱　　封面设计：锋尚设计
策划编辑：王　淳　　封面监印：张　可

出版发行：中国轻工业出版社（北京东长安街 6 号，邮编：100740）
印　　刷：三河市万龙印装有限公司
经　　销：各地新华书店
版　　次：2018 年 9 月第 1 版第 1 次印刷
开　　本：787 × 1092　1/16　印张：31.25
字　　数：880 千字
书　　号：ISBN 978-7-5184-2080-3　　定价：480. 00 元
邮购电话：010 – 65241695
发行电话：010 – 85119835　传真：85113293
网　　址：http：//www. chlip. com. cn
Email：club@ chlip. com. cn
如发现图书残缺请与我社邮购联系调换
180949K4X101HBW

《中国塑料工业年鉴》（2018）编委会名单

刘丰田　山东省塑料行业协会　会长/研究员

马之清　山东清源集团有限公司　董事长

李振平　山东蓝帆塑胶股份有限公司　董事长/中国塑协塑料助剂专业委员会主任

刘方毅　山东英科环保再生资源股份有限公司　董事长

张先炳　武汉华丽环保科技有限公司　董事长

符　岸　广东省塑料工业协会　会长

李南京　金发科技股份有限公司　总经理

马镇鑫　广东金明精机股份有限公司　董事长

宋旭彬　广东海兴塑胶有限公司　总经理/中国塑协塑料家居用品专业委员会主任

林东亮　大大科技开发（深圳）有限公司　董事长/中国塑协塑木制品专业委员会　主任

段同生　河南省塑料协会会长

王新良　宁波力劲机械有限公司　总经理

左满伦　广东联塑科技实业有限公司　总裁

柯　明　佛山佛塑科技集团股份有限公司　总裁

林云青　康泰塑胶科技集团有限公司　总裁

李忠烈　四川省犍为罗城忠烈塑料有限责任公司　董事长

宋晓玲　新疆天业（集团）有限公司　董事长

陈　宇　北京华腾新材料股份有限公司　董事长兼总经理

徐志强　上海靓敏薄膜科技发展有限公司　董事长

丁良玉　浙江中财管道科技股份有限公司　总经理

佘桂锡　汕头海湾物资有限公司　董事长/汕头市塑胶商会　会长

林丰钦　南亚塑胶工业股份有限公司　副总经理

于　建　清华大学化工系高分子研究所　教授

杨卫民　长江学者/中国塑协专家委员会　主任

孔德海　新疆维吾尔自治区塑料加工工业协会　会长

王小红　湖南省塑料行业协会　理事长

傅　强　四川大学高分子材料系　教授

委　　员　田　岩　中国塑料加工工业协会　副秘书长兼综合业务部主任

刘　姝　中国塑料加工工业协会　副秘书长兼会员部主任

孙冬泉　中国塑料加工工业协会　副秘书长兼会展部主任

孟庆君　中国塑料加工工业协会　副秘书长

刘英俊　中国塑协改性塑料专业委员会　主任

刘小东　中国塑协中空制品专业委员会　主任

潘公挺　中国塑协人造革合成革专业委员会　主任

冯庶君　中国塑协人造革合成革专业委员会　常务副主任

曹　玲　中国塑协异型材及门窗制品专业委员会主任

徐建新　中国塑协注塑制品专业委员会　主任
夏嘉良　中国塑协复合膜制品专业委员会　主任
任玥璋　中国塑协板片材专业委员会　主任
姜集康　中国塑协塑料编织制品专业委员会　主任
罗维满　中国塑协双向拉伸聚丙烯薄膜专业委员会　主任
易志龙　中国塑协双向拉伸聚酯薄膜专业委员会　主任
侯树亭　中国塑协泡沫塑料 EPS 专业委员会　主任
孙　锋　中国塑协硬质 PVC 发泡制品专业委员会　主任
罗宏宇　中国塑协滚塑专业委员会　主任
包建成　中国塑协塑料技术协作委员会　主任
陈　林　中国塑协塑料节水器材专业委员会　主任
宁红涛　中国塑协塑料再生利用专业委员会　主任
曹常在　中国塑协医用塑料专业委员会　主任
黄志刚　中国塑协降解塑料专业委员会　主任
庄　甦　中国塑协氟塑料加工专业委员会　主任
季德虎　中国塑协多功能母料专业委员会　主任
朱　锦　中国塑协工程塑料专业委员会　主任
王焕清　中国塑协流延薄膜专业委员会　主任
洪晓冬　中国塑协镀铝膜专业委员会　主任
郭鑫齐　中国塑协聚苯乙烯挤出发泡板材专业委员会　主任
黄伟兵　中国塑协塑料鞋专业委员会　主任
周赞斌　中国塑协热塑性弹性体专业委员会　主任
张丹凤　中国塑协线缆材料专业委员会　主任
蔡朝辉　中国塑协电池薄膜专业委员会　主任

主　　编　马占峰

副 主 编　姜宛君

编　　者

丁正亚　马宏伟　王　萌　王　铭
王世成　王占杰　王克智　王焕清
王慧凯　韦　华　毛维琴　冯庶君
冯俊清　田　岩　田　辉　刘　敏
刘汉龙　刘英俊　刘军强　刘均科
许　强　许忠斌　吕　方　孙珍珍
孙娜娜　汪建萍　李　锐　李小静
李毕忠　李静霞　杨　波　杨松伟
吴方群　吴国峰　何亚东　余继春
邱建成　张　扬　张文雷　张东惠
张成明　张仲婉　张迎增　张真和
张崇和　张惠芳　陈　生　陈　岩
陈庆华　郑天禄　苑会林　范艳菊

武兵书　罗子木　罗忠富　季德虎
周家华　周鸿勋　周肇枢　施珣若
赵　艳　赵克武　段同生　侯培民
侯树亭　贺　静　唐　维　夏　冶
翁云宣　郭　晶　黄　勇　韩简吉
窦俊岭　符　岸　潘庆功　薛　斌

中国塑料加工工业协会

中国塑料机械工业协会

中国塑料加工工业协会注塑制品专业委员会秘书处

中国塑料加工工业协会塑料助剂专业委员会秘书处

中国塑料加工工业协会塑料家居用品专业委员会秘书处

新疆维吾尔自治区塑料协会

2018 版出版说明

《中国塑料工业年鉴》自创刊至今已出版了16卷。2018版为《中国塑料工业年鉴》第17卷，与前16卷在时间和内容上保持连续性。设有“专论”、“政策法规”、“综述”、“各地区塑料工业情况”、“主要制品行业情况”、“塑料标准”等栏目。全面客观地记录了2017年中国塑料工业站在新起点、抓住新机遇、展现新精神、谋求新发展的重大事件和取得的丰硕成果。

《中国塑料工业年鉴》具有工具性特点：集手册、年表、图录、书目、索引、文摘、表谱、统计资料、指南于一身；具有资料性特点：全面、系统、准确地记述了上年度塑料行业发展状况；具有可读性特点：资料翔实、功能齐全、反应及时、连续出版，同时又肩负着“资政”、“存史”和“宣传推广”的社会责任。

《中国塑料工业年鉴》（2018）由中国塑料加工工业协会主办，中国轻工业出版社出版发行。中国塑协各分支机构、中国塑料机械工业协会、中国模具工业协会、中国氯碱工业协会、中国石油和化学工业联合会和各省、市、自治区塑料行业协会等单位领导与专家给予了大力支持。

《中国塑料工业年鉴》编委会向所有关心、支持和参与撰稿、组织、筹划及宣传工作的领导、专家、作者和朋友们表示衷心的感谢。诚请广大读者对2018卷《中国塑料工业年鉴》编写、出版中的不足之处给予批评、指正。

《中国塑料工业年鉴》编辑委员会

2018年7月

目 录

专 论

政策与法规

综 述

各地区塑料工业

主要制品行业

塑料标准化

专 论

推动轻工行业升级创新 满足人民生活美好需要

中国轻工业联合会会长 张崇和

2018 年 1 月 11 日

近年来，党和国家高度重视人民美好生活，重视消费品工业发展，先后出台了“三品行动计划、消费品标准和质量提升规划”等一系列国家战略，为消费品工业转型升级、繁荣发展，带来了前所未有的强劲动力，为满足人民美好生活需要提供了重要的方向指引。

轻工业是覆盖最广的民生消费品行业，是满足人民美好生活需要的主力军。当前，全国轻工业都在积极落实国家战略，以党的十九大精神为指引，以“让人民生活更美好”为宗旨，以消费升级为导向，以创新发展为驱动，大力改善供给，努力提质增效，为国民经济稳步增长，为满足人民日益升级的消费需求做出积极贡献。

2017 年，轻工业经济高位运行，平稳较快增长，供给效率提升，利润增速高于主营业务收入增速。1 ~11 月，轻工业工业增加值增速 8.5%，高于全国工业 1.9 个百分点。实现主营业务收入 22.65 万亿元，同比增长 8.6%；实现利润 1.43 万亿元，同比增长 10.2%；完成出口 5443.59 亿美元，同比增长 9.8%。轻工业主营业务收入与利润均占全国工业 21%；出口占全国出口总额 26%。轻工业繁荣稳健，为国民经济健康发展贡献了强劲的力量。

中国轻工业联合会是直接服务轻工业发展的全国性行业组织，经过轻工业部、轻工总会、轻工业局多次改革，目前已成为适应现代市场经济、引领全国轻工业发展的国家级行业协会。“十三五”以来，中轻联紧抓消费升级新趋势，开拓进取，踏实有为，努力推动轻工业转型升级、创新发展，服务人民美好生活。

一是以国家战略引领轻工业升级发展。引导行业企业对接“中国制造 2025”、“三品”行动计划、消费品质量提升，“一带一路”、“互联网 +”、“京津冀协同发展”等国家战略，建立了中轻联两化融合产业联盟国际产能合作联盟等服务平台，为轻工业创新升级发展提供了战略指引。

二是以科技创新推动轻工业升级发展。编制轻工科技规划，推荐国家科技项目，奖励轻工科技进步，引导全国轻工业加强科技创新，提升科技水平。2017 年，中轻联评选出轻工业科技进步和科技发明奖 166 项，择优推荐国家科技奖项 17 项；组织鉴定科技新成果 130 项；推广应用了一批先进实用的研发成果。为轻工业创新升级发展提供了重要的技术支撑。

三是以质量标准推动轻工业升级发展。通过标准引领、检测认证，引导全国轻工业高质高效、健康稳定发展。中轻联标准质量检测体系完备，现有标准 5728 项（其中国标 2423 项，行标 3215 项，军标 90 项），标准化技术委员会 49 个，分技术委员会 87 个，质量检测中心 86 个。2017 年编制出台标准 311 项，新立项标准 544 项，为轻工业创新升级发展提供了遵循和规范。

四是以品牌建设推动轻工业升级发展。组织开展“中国轻工业十强企业”、“中国轻工业百强企业”评价，扩大优秀企业品牌影响。向工信部推荐 2017 年度轻工制造单项冠军示范企业 7 家，北京大豪科技有限公司等 3 家企业被工信部授予单项冠军示范企业，茅台、娃哈哈等 3 家轻工企业成为工信部品牌培育示范企业。这些活动，为轻工业创新升级发展提供了借鉴和示范。

进入发展新时代，轻工消费品正在从“有没有”，向“好不好”转变，品种丰富度、品牌认可度、品质满意度正在大幅提升，呈现出多层次、多元化的升级新趋势：农副食品加工、食品制造、酒和饮料等快速消费品，向安全、品质、绿色、健康发展的趋势更加明显；家电、家具等耐用消费品，向创新、智能、美观、时尚发展的趋势更加明显；玩具、文教用品、健身器材，向先进设计多元集成、智能互联发展的趋势更加明显。轻工消费品正在实现从数量扩张向高质量发展的战略性转变，全面助力“乐享生活”新模式，满足人们对营养、健康、教育、娱乐、休闲的高品质生活需求。

在这一重大转变过程中，一批龙头骨干企业，充分发挥了企业家精神和工匠精神，坚持市场导向，紧跟时代发展，努力拼搏，锐意进取，为轻工业提质增效、创新发展，做出了突出贡献，提供了有益的示范。特别是社会关注的电饭煲、智能马桶盖等消费品，轻工家电企业积极创新，研发出世界领先的“中国制造”，得到了国内外市场的广泛认同：三年前（2014 年年底），我国每年进口电饭煲 3128 万美元（26.07 万个）；进口马桶盖 504 万美元（308.98 吨）；如今，这两类产品进口大幅下降，出口显著提升：2017 年前三季度，我国出口电饭煲 5.17 亿美元（3675.30 万个），出口马桶盖 2.5 亿美元（6.29 万吨），产品销往日本、印度尼西亚、美国、越南、韩国等 181 个国家和地区。中国游客在海外抢购电饭煲、马桶盖已成为历史！国产冰箱、空调、洗衣机等家居消费品，也迈向世界中高端。一些轻工企业积极研究中国家庭需要，开发出无人智能豆浆机、水槽式洗碗机等新型产品。这些升级与创新产品提高了供给品质，满足了消费需求，让人民生活变得更加美好。

为反映轻工业落实“三品”战略、满足消费升级的新成果，受国家工信部委托，中国轻工业联合会先后评选出三批共 161 个升级与创新产品，涉及乳制品、家电、五金照明、玩具和婴童用品、文教体育用品等 9 大行业，覆盖家居生活、教育娱乐等多个领域。这些优质产品，我们今天将向社会隆重发布。同时发布的还有社会普遍关注的、龙头企业生产的、有代表性的、适应消费热点的 8 款消费精品。今后，中轻联将继续评定消费升级与创新产品，引领中国轻工业不断升级、做优做强。

进入中国特色社会主义新时代，中轻联将积极贯彻落实党的十九大精神，以提高轻工业供给体系质量为主攻方向，深化创新驱动，落实“三品”战略，以与时俱进的新举措，不断推动轻工业高质量发展。

一是强化科技引领，推动轻工业创新发展。中国轻工业联合会将进一步发挥科技引领作用，引导轻工企业以消费需求为导向提高科技水平，大力研发创造，为轻工业创新发展提供充足的科技动力。2018 年，中轻联将组织鉴定 200 项科技新成果；评选 200 项轻工业科技奖，精选 20 项推荐给国家科技奖励办公室；将继续接受国家工信部委托，评出 200 个消费升级与创新产品。

二是注重环境保护，推动轻工业绿色发展。“绿水青山就是金山银山”，绿色发展才能持续发展。中国轻工业联合会将积极落实绿色发展理念，引导轻工企业推行绿色设计开发绿色产品、建设绿色工厂、打造绿色供应链，努力推动轻工业实现绿色发展。2018 年，中轻联将组织制定 30 项绿色设计产品团体标准，评出 500 个绿色产品。

三是推进智能制造，推动轻工业智慧发展。中国轻工业联合会将以推进两化深度融合为主线，大力落实“中国制造 2025”，推动轻工智能制造，推进工业互联网发展，建设互联型产业生态系统，使我国轻工业走上智慧发展之路。2018 年，中轻联将发布智能家居产品团体标准；组织 1000 家轻工企业实施全链条智能追溯防伪工程，推进轻工产品质量智能管控。

四是优化集群建设，推动轻工业集聚发展。提升产业集群发展质量，是发挥产业集聚优势的有效方式。中国轻工业联合会将开展专项工作，帮助轻工产业集群提升建设水平，提高产业链上下游设计、制造、商务资源协同能力，推动传统产业集群向绿色智慧产业集群跃升。2018 年，中轻联将在长江经济带等重点区域，选择优质产业集群，加强指导，重点培育，争取到 2020 年，建成 30 家具有示范带动作用的轻工绿色智慧产业集群；到 2025 年，建成绿色智慧产业集群 100 家，为实现轻工业高水平集聚发展做出实实在在的贡献。

各位来宾、各位媒体朋友！

习总书记指出：人民对美好生活的向往就是我们的奋斗方向！作为重要的民生消费品产业，轻工业责任重大、使命光荣，我们将以党的十九大精神为指引，紧密团结在以习近平同志为核心的党中央周围，以只争朝夕的精神，与时俱进，开拓创新，深入推进“三品”战略，为广大消费者提供品种更多、质量更优、品牌更响的轻工产品，为满足人民生活美好需要做出新的更大的贡献！

谢谢大家！

在轻工产业集群会上的讲话

中国轻工业联合会会长　张崇和

2017 年 7 月 17 日

同志们：

全国轻工业特色区域和产业集群工作会议开得圆满成功。有关部委司局负责同志的讲话，对轻工产业集群工作给予了充分肯定，对今后工作提出了明确要求。何烨副会长作了很好的工作报告，对轻工业特色区域和产业集群建设工作进行了全面总结，提出了发展思路和主要任务。会议发布了《中国轻工业特色区域和产业集群发展报告》，表彰了“十二五”期间轻工业特色区域和产业集群创新升级示范区、先进集体和先进个人，4 个产业集群的代表作了典型发言。这次会议，对于加强特色区域和产业集群建设，促进轻工业持续稳定发展必将产生极大的推动作用。

下面，我就贯彻落实本次会议精神，进一步加强轻工业特色区域和产业集群工作，讲几点意见。

一、大力推广轻工业特色区域和产业集群建设的好经验、好做法

大会总结了五年来轻工特色区域和产业集群的发展成就，通过典型发言交流了发展的好经验，通过会议材料分享了成功的好做法。概括起来主要有五个方面：

一是坚持特色优势发展。过去五年，轻工产业集群充分发挥了地方历史文化特色优势、生产资源特色优势、传统技艺传承优势、特色商品集散优势，以特色建群，以优势兴群。江西南昌文港镇利用“晏殊故里”、“沿河两宰相”、“十里三状元”、“文风昌盛数百年”的文化资源，利用1600 多年制笔传承的历史资源，打造了拥有 3100 多家企业、13000 多从业人员的全国闻名笔业基地，形成了独特的集群发展优势。

二是坚持科技创新发展。过去五年，轻工业产业集群深入开展技术创新活动，促进产学研用结合，实现了结构调整和转型升级，以科技创新带动产业集群持续发展。广东中山市“中国灯饰之都——古镇”，投资 6. 5 亿元设立生产力促进中心、国际创客中心、科技企业孵化器等 26 个公共创新服务实体，设立省市级工程技术研发中心 18 家、市镇企业技术中心 66 家，服务覆盖产业链上下游企业近 5000 家，形成了古镇灯饰整体科技优势，有效提升了产业集群的发展水平。

三是坚持绿色生态发展。过去五年，轻工业产业集群坚持节能环保优先，发展循环经济，提高综合效益，把绿色发展理念贯穿于集群建设全过程。发酵、酿酒、皮革、毛皮、电池、人造革、合成革产业集群，积极实施集中治污，环境质量明显改善，绿色发展成效显著。福建省福鼎市生态合成革产业园，加快环保设施升级，解决废水、废气、固废排放问题，推进合成革污染综合治理，组织企业投资 8000 万元建设污水处理厂，投资 4800 万元建设危废处置中心，有效降低了合成革生产污染，很好地保持了集群的绿色发展。

四是坚持协同共享发展。过去五年，轻工产业集群完善公共服务体系，提供便利、快捷、高效服务，深化专业分工和协作配套，推动研发、制造、营销、服务一体化发展，促进人才、资金、信息多要素交流融合，实现了集群中大中小企业协同共享发展。

五是坚持政府主导发展。过去五年，各级政府高度重视轻工产业集群发展，积极制定和完善产业集群发展规划，加强组织领导，完善管理机制，加大土地、资金、税收、人才培养政策支持，为轻工产业集群提供有利的发展条件。浙江省丽水市政府在推进“中国水性生态合成革示范基地”建设中，先后组织编制了《污染整治实施方案》《循环化改造实施方案》《合成革产业水性生态化改造三年行动计划》《合成革转型升级实施方案》等多项规划；制定了《扶持水性生态合成革产业集群发展的若干意见》《水性生态合成革示范企业培育管理办法》，为产业集群发展提供了积极的政策保障。

轻工特色区域和产业集群发展的这些好经验、好做法，历经探索，大胆实践，来之不易。要广泛交流，互学互鉴，大力推广。

二、努力把轻工业特色区域和产业集群建设成为国家政策的“试验田”

国家政策引领是产业集群发展的重要保证，为集群做优做强提供了强大动力。轻工业特色区域和产业集群要积极落实国家政策、对接国家政策、服务国家政策，努力做国家政策的“试验田”。

一是先行先试已有政策，反馈政策落实情况。近年来，我国出台了中国制造 2025、“三品”专项行动计划、消费品标准和质量提升规划等一系列国家政策。轻工产业集群特色鲜明，内部产业链完整，在政策落实过程中，容易获得参考性强、代表性普遍的政策反馈，有利于国家政策效果的真实评价和深化实施。轻工产业集群要积极落实已有国家政策，先试先行，深入探索，总结经验做法，评估政策效果，形成有价值的政策反馈意见，供国家有关部门参考。

二是总结地方经验做法，为新政策提供参考。轻工产业集群为适应新常态、新业态，推出了不少新举措，取得了良好的效果，形成了区域性好经验好做法。一些带有普遍性的区域性政策措施，可以成为国家制定产业新政策的依据和参考。山东部分地区以淄博健身器材生产基地为基础，探索在一些区域试行“医保卡”、“健身卡”两卡合并，推行一卡通的经验，以医疗卡内部分结余资金用于健身或购买体育器材，既推进了全民健身运动，又促进了健身器材的消费和发展。江苏也在一些地区试点试行。中轻联会同相关协会，对这方面进行了调研总结，向国务院有关部门提出了政策建议，正在争取将这项区域性的举措上升为全国性的政策。

三是研究行业发展需求，提出政策支持建议。产业集群集聚同行业众多企业，能够集中反映全行业的发展需要。轻工产业集群要代表行业发声，综合反映企业发展需求，提出政策扶持建议。根据长兴县“中国电池产业之都”实际情况，中轻联会同有关协会，向国家有关部门提出了取消铅蓄电池生产企业消费税、降低企业保险费率的政策建议，正在为全国铅蓄电池企业积极争取政策支持。

三、充分发挥轻工业特色区域和产业集群的引领带动作用

产业集群以自身的综合发展力、资源集聚力和行业影响力，在本行业中扮演着日益重要的领头羊角色。轻工产业集群要充分利用自身优势，发挥更加积极的引领带动作用。

一是行业引领。在全行业发展中发挥引领作用。广东佛山市顺德区是“中国家电之都”，该集群中的美的、海信、格兰仕等家电企业，在向高端、智能、节能、环保家电发展方面，为行业做出了示范。万和热水器、新宝电器也在顺德，在推广“机器代人”、推进自动化生产、建设智能制造产业基地方面为行业发挥了引领。轻工产业集群要瞄准前沿，明确方向，聚集优势，形成带动力，为全行业的进步与繁荣发挥更多更大的引领作用。

二是区域引领。在地方经济发展中发挥引领作用。广东南头镇家电产业集群，家电业产值320亿元，占全镇经济总值的76%；家电企业1200家，占全镇企业总数的68%，有力地支撑了全镇的经济社会发展。轻工产业集群要立足地方，发挥产业集聚溢出效应，拉动地方经济增长，为地方经济社会发展发挥更多更大的引领作用。

三是市场引领。在专业市场培育中发挥引领作用。中山古镇灯饰产业集群，建立现代化物流配送中心，形成国内最大灯具灯饰产销中心，实行“体验实体店+经销商+互联网”三位一体营销模式，引领了全国灯饰专业市场的发展。海宁中国皮革城用23年时间，打造了中国皮革展示交易中心、中国皮衣时尚发布中心、旅游休闲购物中心，市场规模达到138万平方米，在全国10个省市建立的分市场，总规模达到200多万平方米，有效地带动了全国皮革市场的整体发展。有条件的轻工产业集群，要根据自身情况，加强专业市场培育，推进专业市场规模化、规范化、专业化建设，为全国轻工专业市场的发展发挥更多更大的引领作用。

四是文化引领。在特色文化建设中发挥引领作用。安徽宣城“中国文房四宝之乡”，坚持文房四宝产业发展与中国文化传承相结合，以宣纸、徽墨、宣笔、歙砚为载体，形成了一张灿烂的集群文化“名片”，带动了社会、经济、文化协调发展。宜宾“中国白酒之都”，设立了中国酒文化研究中心、邓子均酒文化研究院、周洪谟酒文化研究所；建立了五粮液酒文化研究会、红楼梦酒文化研究会；出版了《酒文化漫谈》《中国酒文化研究》、《中国酒文献集成》，为宣传发展中国酒文化做出了积极示范。轻工产业集群要挖掘特色文化，深化企业文化，丰富集群文化，为轻工行业文化建设发挥更多更大的引领作用。

四、积极探索轻工业特色区域和产业集群建设的有效模式

多年来，轻工业各产业集群积极探索，开拓创新，逐步形成了因地制宜、特色鲜明、反映实际、成效显著的集群发展模式。

专业辐射模式。依托交流合作平台，发挥专业辐射作用，做大做强产业集群。中山古镇特色灯饰、小榄五金制品、南头家电制造等轻工产业集群，依托信息技术服务平台，扩大集群外溢效应，布局多地产区，跨区域产业协作，拓展集群空间，扩大资源范围，探索出了一种“专业辐射、多镇一品”的产业集群特色发展模式。

龙头带动模式。依靠龙头企业带动集群科技进步、管理创新和市场开拓，做大做强产业集群。江苏宿迁以“洋河”为龙头，带动“中国白酒之都”集群建设，带动一批骨干企业加快产品结构调整，加大品牌培育，提升产品附加值，使集群中的企业保持了健康快速发展，形成了一种龙头企业带动集群发展的有效模式。

产业兴镇模式。以产业为核心，推动特色小镇建设。以产业立镇，以产业带镇，以产业兴镇，以镇带动产业，以镇培育产业，产镇协调，形成“产、镇、人、文”四位一体的发展生态，做大做强产业集群。“华夏笔都”所在地南昌文港、“圆珠笔制造基地”所在地桐庐分水、“家电制造重镇”所在地顺德北滘等，已进入首批国家级特色小镇行列。探索了一条产业兴镇发展轻工集群的高效路径。

产业承接模式。中部轻工发展条件较好的地区，建设高起点现代产业园区，主动承接产业转移，做大做强产业集群。合肥、滁州大力承接家电产业转移，推动家电制造、科技研发、装备制造、配件生产协同发展，聚集了电冰箱、洗衣机、空调器、彩电的众多知名企业，竞争优势日益凸显，产量位居全国前列，走出了一条产业承接建设集群的成功之路。

以城兴业模式。坚持产城融合发展，坚持产业与新城同步规划、同步实施、同步建设，以城筑基，以城兴业，做大做强产业集群。山东、浙江等地，在轻工产业集群建设中，突出集群发展园区化，城市发展现代化，统筹建设基础设施，统筹谋划发展方向，统筹培育优势产业，有效地集成了分散资源，形成了一种产业体系与城市体系高效融合的轻工产业集群发展模式。

这些轻工产业集群建设模式，为培育新集群进行了大胆探索，提供了有益的借鉴。轻工产业集群，要大胆实践，勇于创新，不断探索集群建设新途径、新模式，为推动轻工产业集群整体上水平多做贡献。

五、着力提升轻工业特色区域和产业集群发展水平

一要完善规划布局。找准轻工业特色区域和产业集群在行业大局中的定位，结合“一带一路”规划、“京津冀”协同发展规划、轻工业“十三五”规划、地方经济社会发展规划，深入分析，准确定位，调整提升现有产业集群，科学布局新增产业集群，形成结构更优化、优势更显著、布局更合理的现代轻工产业集群体系。

二要完善评审制度。今年，中轻联制定了《中国轻工业特色区域和产业集群共建管理办法》，进一步规范了轻工产业集群申报条件、评审标准和审批程序，为提高共建质量提供了制度保证。中轻联将同地方政府加强合作，科学确定共建内容，认真执行共建标准，严格授名程序，严格复评制度，坚持公开透明原则，确保集群审核考评质量，确保轻工产业集群建设高起点高水平。

三要优化服务平台。公共服务平台是建设现代产业集群的重要基础。为加强产业集群公共服务，中轻联建立了中国轻工业产业集群公共服务平台，为广大轻工产业集群提供信息咨询、品牌培育、产品推广、商务合作等多元服务内容。各产业集群要主动参与平台建设，主动传输集群数据指标，分享信息和服务。同时要加强集群自身公共服务平台建设，提供研发设计、产权保护、检测认证、人才培训、商贸物流等公共服务。中轻联集群平台和产区集群平台要共建共享，共同推动轻工产业集群服务上水平。

四要加强协调指导。完善协调指导机制，为轻工产业集群发展提供更多服务支持。中轻联综合业务部要加强对轻工特色区域和产业集群的组织、指导、协调和服务。中轻联产业集群联络组，要熟悉集群发展业务，主动了解集群需求，为轻工业产业集群提供及时便捷有效服务。中轻联有关部室和行业协会，要密切配合，深入研究，参与制定集群发展规划，引导集群把握发展方向，集聚特色资源，提升发展层次，努力推动轻工产业集群建设全面上水平。

同志们，轻工产业集群是我国轻工业发展的重要支撑，让我们凝聚力量，攻坚克难，扎实做好当前轻工业特色区域和产业集群改革发展的各项工作；让我们开拓创新，锐意进取，努力开创集群工作新局面，为轻工业由大变强做出新的贡献！谢谢大家。

在全国塑料行业地方协（商）会工作会议上的讲话

中国塑料加工工业协会理事长　王世成

（2017年5月15日）

行业同事、各位朋友：大家下午好！

这次工作会议是换届之时就开始筹划的，而且是以工作会议名义召开，主要目的是加强与地方协会的沟通，了解地方行业诉求，研究中国塑协与地方协会的联动发展机制和条块结合推动行业发展问题。刚才的座谈交流，“务实、真诚、情感、期待，亮点不少”充分反映了工作效果和地方特色，效果不错。

下面我就行业经济运行情况；地方协会工作亮点；下步联动工作思考等问题谈些看法和意见。

一、行业经济运行情况

近几年来，在经济新常态下，塑料加工业受市场倒逼作用，率先进行了适应调整和结构升级，2016年进入稳定运行区间，大多指标回暖明显，2017年1季度继续走势平稳。

1. 从总体运行情况看

2016年，塑料加工业工业增加值增速8.0%，高于轻工业1.21个百分点，高于全国工业2.0个百分点。全年完成主营业务收入22855.11亿元，同比增长6.21%，占轻工行业比重为9.26%，占全国工业比重为2%。全年累计实现利润1398.60亿元，同比增长7.32%，占轻工行业比重为8.67%，占全国工业比重为2%。

2.017年1季度完成主营业务收入5254.62亿元，同比增长10.44%，增长率比上年同期提高了4.1个百分点；累计实现利润总额305.80亿元，同比增长10.81%，增长率比上年同期下降了2.71个百分点；主营业务收入利润率5.82%，略高去年同期。据中国轻工业联合会统计发布，2017年3月份中轻塑料景气指数为91.58，继续处于稳定区间运行。塑料景气指数在2月份结束了22个月在渐冷区间的走势后，重返稳定区间，走势平稳。

2. 从区域布局看

塑料制品产量占比主要集中在浙江省、广东省、河南省、湖北省、江苏省、四川省、山东省、福建省、安徽省、河北省等省区。2016年，东部十省市塑料制品产量4226.03万吨，占比54.77%，同比增长4.09%，高于全国平均值2.66%，显示东部地区塑料制品行业稳定增长，依然是我国塑料制品主要生产区域。其中江苏省、河北省、福建省产量有较大提高，同比分别增长为10.45%，10.30%，7.67%。中部六省塑料制品产量1839.63万吨，占比23.83%，同比增长率为0.15%。西部地区具有劳动力成本低、优惠政策多、资源丰富等优势，在促进区域均衡发展目标指导下，塑料制品业正在加快发展。西部十二省区塑料制品产量1330.59万吨，占比17.24%，同比增长14.33%，部分省区的塑料加工业正以较快速度增长，发展势头迅猛。如四川省累计产量486.30万吨，占全国比重6.30%，同比增长16.75%。贵州省累计产量132.77万吨，同比增长67.35%。广西壮族自治区累计产量208.78万吨，同比增长9.61%；东北地区有所下降。

2.017年1季度，东部十省市塑料制品产量同比增长6.36%，高于全国5.75%的平均值，仍保持稳定增长势头。中部六省塑料制品产量同比增长4.61%。西部十二省区塑料制品产量同比增长16.92%，其中，四川省累计产量121.84万吨，同比增长20.98%。贵州省累计产量35.25万吨，同比增长53.02%。重庆市累计产量40.63万吨，同比增长19.52%。而东北地区产量下降，累计产量为50.1万吨，同比增长-33.83%，其中，尤以辽宁省降幅最大，同比增长-59.53%。

3. 从产业结构看

据国家统计局数据显示，2016年我国塑料制品累计产量为7717.19万吨，份额比重最大的子行业是塑料板、管、型材，占比23.68%。2017年1季度，累计完成产量1762.86万吨，同比增长5.75%，呈平稳态势。产量占比最高的是塑料薄膜，达344.22万吨，占比19.53%；产量增长率最高的是日用塑料和泡沫塑料，分别为9.49%和8.49%。主营业务收入中塑料薄膜制造、塑料包装箱及容器制造、塑料零件制造同比增长率最高，分别为13.77%、13.07%、12.44%。利润总额占比最大的是塑料板、管、型材，比重为24.07%。

特别值得注意的是，塑料加工业特色区域和产业集群主要集中在塑料薄膜、合成革、编织制品、塑料鞋、塑料日用品、塑料绳网、塑料模具、工程塑料、商贸领域、塑料新材料等领域。随着结构调整进程加快，产业升级突破口正在打开。复合膜软包装行业无溶剂复合和水墨印刷都得到了快速的发展，目前无溶剂复合国内机台数已经突破1000台，技术创新势头强劲，国内首创的双头涂布快干型无溶剂复合机、水墨专用印刷机和国际首创的无溶剂凹印机陆续出台，为从源头削减VOCs提供了装备基础。聚氨酯泡沫行业获批约1.4亿美元联合国多边基金，XPS泡沫行业获批约1.1亿美元联合国多边基金，用以实施聚氨酯（PU）泡沫行业HCFC-141b淘汰计划（第二阶段）和挤出聚苯乙烯（XPS）泡沫行业HCFC淘汰计划（第二阶段），未来十年，这两个行业将逐步实现HCFCs消费量的削减，并最终在2026年完成全行业HCFCs淘汰。

随着电商平台的发展，通过电商平台销售塑料制品的B2C模式在2016年得到了发展。2016年4月，由获得“中国塑料行业A级以上信用等级”的16家塑料家居用品企业作为首批成员，在上海诚信联盟成员企业集体与阿里巴巴签署了战略合作协议，其品牌产品在“天猫聚划算”、“出口优品”等电商平台得到了更好的宣传和推广。在原材料和劳动力成本不断上涨的情况下，通过改良工艺以及利用智能设备提高生产效率，沿海地区广东、浙江等地走在前列，不少企业开始使用机器人。如浙江省台州市黄岩区作为塑料制品行业“机器换人”试点，实施工业机器人购置奖励政策；永高公司近年来先后投入6亿元，用于企业的智能化改造。

4. 从发展制约因素看

在经济新常态下，塑料加工业既面临自身结构调整的问题，也要承受关联行业需求变化的压力，具体表现在：

进出口量价分化明显，产品结构急需加快调整。根据海关总署的统计数据显示，2016年，全国塑料制品累计出口量为1761.08万吨，同比增长6.64%，增幅提高了4个百分点，但出口额不增反降，实现579.02亿美元，同比下降5.17%，为近几年中首次下降。除了外需走弱、国际贸易保护主义抬头等原因外，也在于我国出口以中低端产品居多及2016年年初以来人民币贬值的影响。同时，2016年塑料制品九大分类产品中，均有高端塑料制品进口，累计进口161.62万吨，进口额175.49亿美元，平均进口单价10.86美元/千克。同期平均出口单价为3.29美元/千克，3.3倍的量差。2017年1季度，全国塑料制品行业累计出口额134.99亿美元，同比增长10.93%；进口额41.33亿美元，同比增长10.13%。说明低端产品过剩，中高端产品不足，高端产品进口依存度仍居高不下。

原材料市场价格波动大，企业生产成本控制难。由于石油煤炭价格上涨、物流运费上升、人民币贬值等多重因素叠加，2016年塑胶原料价格大幅上涨。例如：TDI价格从3月份主流厂家商谈价在11700~11800元/吨至10月TDI价格突破50000元/吨大关；PE价格从年初的7000元/吨一路上涨到10月突破每吨万元大关；PVC现货价格上涨了150%左右；ABS原材料价格从年初的10000元/吨左右上涨到年末14000元/吨，仍处在供不应求的状态。给下游相关塑料生产企业带来很大的经营困难。

产业集中度低、创新能力不强。塑料加工企业有1.5万家企业，其中大型企业只有143家，占0.97%，中型企业1666户，占11.28%。前十名企业主营业务收入占比仅3.1%，最大规模企业的主营收入不足200亿元。产业集中度较低，企业小而分散，专业化水平不高，引发重复建设、产能过剩、无序竞争等突出问题。全行业创新体系不健全，协同创新和成果转化存在体制机制约束，行业企业技术科研机构缺乏前瞻性系统性，且研发投入不足，技术人才匮乏，利润水平不高。这些突出的问题亟待通过创新驱动，不断化解，实现阶段突破。

二、地方协会工作亮点

按照新一届中国塑协理事会的工作部署，特别是行业五年规划指导意见，各地方协会积极配合，结合本地实际创造性工作，取得了可喜的成绩，刚才交流发言中大家都会感触很深。

1. 注重总体谋划

各地方协会立足本地实际，积极引导产业发展。制定发展规划，天津市塑协编制了《天津市塑料工业发展方向和重点开发项目规划》。引导园区建设，天津市塑协、重庆市塑协、湖南省塑协、温州市合成革商会等地方协会，根据发展特点，积极谋划、引导、推介、配合区域特色产业园区、示范园区的建设工作。谋划产业集群，山东省塑协对枣庄市山亭区冯卯镇再生塑料产业集群进行产业升级改造，组织专家考察、论证，提出了整体方案。

2. 服务行业发展

各地方协会做了大量工作。积极支持、参与、配合政府部门开展的系列工作，为政府做好服务工作。重庆市塑协、浙江省塑协与当地政府密切协作，反映企业诉求，在行业发展情况掌握、对外宣传推介、承办政府工作等方面，做了大量有效的工作。结合行业发展实际，引导行业发展方向，为行业做好服务工作。安徽省塑协安排大量时间组织行业活动，根据地方发展特色，为安徽省塑料行业发展服务，得到了会员单位的支持和拥护。温州市塑协积极维护“中国塑编之都”、“中国塑料薄膜生产基地”等国字号金名片，鼓励编织袋企业增加功能袋，薄膜企业开发环保增塑等新产品，使全行业低端产品比例逐渐降低。揭阳市鞋业商会务实筹办塑料鞋专委会成立挂牌工作，有计划的走访企业，了解行业发展情况。积极搭建信息交流服务平台，为企业做好服务工作。河南省塑协、揭阳市塑协、台州市塑协充分发挥专业网站、杂志期刊、微信公众号等平台的功能，为会员单位搭建沟通的桥梁，有效提升服务企业的能力和水平。福建省塑协、江西省塑协、云南省塑协积极举办塑料讲座、培训，组织企业参加行业展会、贸易洽谈会等活动，为企业搭建产品交易、产学研合作、投资融资平台。

3. 反映企业诉求

在中国塑协组成调研组，分赴浙江、广东和江苏、湖南、云南5省调研考察期间，浙江、广东、江苏、湖南和云南等省市相关协会积极支持和配合，会长或秘书长等亲自陪同，有的甚至全程陪同，联系企业、计划行程路线，为调研工作的顺利进行提供了保障。同时各地方协会高度重视、认真倾听企业诉求，并力所能及地帮助解决问题。揭阳市鞋业商会倾听会员企业的意见，多次向市政府及有关部门提出减轻企业税负等建议，得到了支持。福建省塑协根据协会掌握的信息，积极支持企业申报中国驰名商标的认定工作，支持企业积极应对商标侵权行为。河南省塑协帮助企业协调解决配套设施完善、争创著名商标，得到企业好评。海南省塑协积极推动银行 + 担保 + 协会的模式，摸索有效为行业企业融资服务新路径。江西省塑协、湖南省塑协、台州市塑协、广东省塑胶行业协会深入走访会员企业，开展调研工作，及时了解企业发展现状与实际需求，对企业如何应对困难，促进企业转型升级等方面献计献策、排忧解难。

4. 推进技术创新

山东省塑协鼓励引导企业、个人创新发展，全省塑料行业申报专利3000项以上，一批重点技术取得重大突破，为产业升级提供有力支撑。深圳市高分子行业协会成立专家委员会，为会员提供多方位技术服务，2016年向企业推广专利技术100多项，达成技术转移项目3项，为会员企业起草发明专利20件，在推动企业技术进步、转型升级等方面工作卓有成效。

5. 推进“三品”行动

各地方协会或会员企业积极响应，在原有做好品牌工作的基础上，更加重视品牌的培育和建设工作，开展了许多富有成效的工作。上海市塑协与本市近30家行业协会，在上海品牌发展研究中心的牵头下，共同创建“上海品牌建设联盟”，同时参与“长三角品牌建设联盟”的建设。山东省塑协积极培育和发展具有行业特色的名优产品和名牌企业，提高山东塑料行业在全国的知名度和竞争力。山西省塑协加强与政府的沟通协调，加大打击假冒伪劣产品力度，树立品牌意识，打造一批实力过硬的本省塑料名牌产品。

6. 做好标准工作

塑料管道、人造革合成革、塑木制品、改性塑料、配线器材、滚塑、硬质PVC发泡制品、降解、异型材及门窗制品、氟塑料等行业积极制定修订标准、宣贯标准，提升产品的质量标准。上海市塑协制定了行业特色标准，把执行行规行约、履行社会责任、管理体系认证、参加协会活动四方面内容纳入行业特色评价指标体系。新疆塑协根据自治区党委的安排部署，受自治区轻工行办委托，组织塑料行业骨干企业、专家学者等在实验验证的基础上，起草了强制性地方标准DB 653189《聚乙烯吹塑农用地面覆盖薄膜》，并已发布实施。温岭市塑协积极和中国塑协及相关标准专委会沟通联系，推进行业标准制定工作。通过努力实现了行业标准制定零的突破。佛山高明塑协组织企业积极申报合成革、塑料制品等各类标准，强化标准工作，完善标准体系建设，规范行业发展。

7. 促进行业自律

云南省塑协在开展农膜行业自律活动、维护企业合法权益等方面做了大量工作，得到政府部门认可和支持。新疆省塑协积极开展土工膜产品监造，保障重点水利工程用材料质量安全。汕头市塑胶行业商会切实推进粤东塑料行业信用体系建设，积极开展信用培训、信用信息发布、信用企业展示、信用风险警示等特色活动。

8. 注重联动发展

广东省塑料工业协会为更好地加强协会之间的团结协作，促进行业发展，将广东省的各地市塑料协会和中国塑协驻广东的专业委员会联合起来组成联盟组织，定期开会和组织相关活动，开展行业的沟通交流和信息交换，为广东省的塑料加工的发展献计献策。为更好地协助协会办好2016年中国塑料“四新展”，江苏省塑协会长带领相关人员和协会会展部同志在南京选址、酒店和拜访参展企业，为南京“四新展”的成功召开做出了非常大的贡献。贵州省塑协刚刚换届，就积极参加中国塑协在广州召开的这几个会议，很快融入中国塑协这个大家庭。上海市塑料工程技术学会是中国塑协协会会员中唯一的以技术服务为主的学会组织，积极参加协会组织的各项活动，保持与协会的沟通联系，在办公地点变动的情况下，数次为协会秘书长处寄发变更地址通知，工作很精细。

9. 履行社会责任

协会和企业在做好行业服务和经营好自己企业的情况下，不忘初心，回馈社会，组织会员企业积极履行和承担社会责任。如山西省塑协各成员单位积极承担社会责任，奉献爱心，回馈社会。中德集团在精准扶贫中拿出230余万元，通过教育帮扶、就业帮扶、创业帮扶、保障帮扶、基金帮扶等多种形式，精准到户，精准扶贫。宁波市塑协积极倡导企业家社会责任意识，开展慈善公益活动，助力宁波公益事业，赞助支持承办2016“塑协杯”宁波市第四届公益项目设计大赛。汕头市塑胶行业商会会员捐款制造了垃圾箱，为创建文明城市做出了贡献。

10. 完善预警机制

建立和完善预警机制是防范行业系统性风险，应对和解决行业重大危机的有效手段，已经越来越得到行业的关注和协会的重视，有的协会做得非常好。宁波市塑协作为宁波市国际贸易摩擦预警示范点和浙江省宁波市塑料行业对外贸易预警示范点，通过各种有效的渠道，及时向各会员企业通报预警信息，引导企业增强应对国际贸易摩擦的意识，规避产品出口风险。温州市塑协的“外贸预警点”在推进外向型经济方面，发挥了积极的“推手”作用。认真履行了2016年海关统计数据应用合作协议，积极参与商务局“对外贸易预警点评比述职汇报”等活动。广东省塑料工业协会、浙江塑协、江苏塑协等地方协会非常注重行业经济运行分析，掌握行业发展动态，提出促进经济平稳运行的措施和建议。

三、下步联动工作思考

中国塑协下步工作思路已经明确，地方协会如何共识共建，联动发展，我们一家人如何统筹、如何共振。在此我想就联动发展的必要性；联动发展的实现路径；联动发展的希望要求等问题讲几点意见和思考，与大家商榷。

1. 联动发展的必要性

大家知道，当前国家经济管理体制机制的改革正值现在进行时，可以预见，随着改革的不断深化，行业协会的地位和作用，特别是不可替代性将会越发明显，这也正是我们的发展机遇所在。但也要清醒地看到，随着国家政策的放开，各类协会、商会、经济合作组织、产业联盟等发展很快，协会未来与企业一样，将面临生存压力、竞争压力，务必要强化自我发展、规范发展。至于能否发展壮大，关键要看协会在改革中是否能够发挥应有作用、得到市场和会员企业的高度认可。在这方面，起码有几个衡量标尺：

一是能否具备统筹全局能力。就塑料加工业的协会而言，无论是中国塑协，还是在座的地方协会，对全国或区域的塑料加工业发展情况能否做到全面了解，深层次说清行业，对存在的困难问题了然于胸；同时对行业科技发展方向、上下游产业发展状况、国际产业与市场等动态把握，打铁自身硬，使其他组织无法替代，这是协会存在发展的前提。

二是能否得到会员企业信任和支持。当前，我们面对的工作领域—塑料加工业，既面临自身结构调整的问题，也要承受关联行业需求变化的压力，产业集中度低、重复建设、优质产能不能充分释放、创新能力不强仍然是制约塑料加工业发展的关键问题。这些问题的持续化解，并努力为企业营造良好环境，是我们各级协会工作取向，也是我们能否得到企业信任支持的关键所在。

三是能否得到政府的信任和支持。行业协会既是代表企业利益的行业组织，但也在一定程度上是政府管理经济的助手和桥梁纽带。以实际工作效果取得政府的信任和支持，有利于企业诉求的解决，有利于各项政策的争取。特别是在转型中的中国，更要主动把握好、运作好。

四是是否具备实现以上三点的能力。关键在于自身掌控的资源和能力，有什么样的公信力和影响力。

审视自身，我们感到，中国塑协和地方协会，不同程度存在以下不足：一是服务发展能力需要提高。在为会员企业搭建平台、提供咨询、综合服务，为政府提供有偿购买服务等方面，我们的工作效能、针对性、有效性仍需加强。二是发挥作用领域需要强化。要清醒地认识到，从各类协会特别是发达国家的实践看，行业组织的价值体现，更重要的是协会特有功能作用的发挥，要把别人做不到、做不好的，而我们有条件有能力做到、做好的方面持续加强。这也称为差异化定位。三是改革与创新需要投放更大力量。从去年开始，国家推动各类协会与政府脱钩工作。我们要主动适应这个形势，把握好脱钩改革的关键词，我认为要坚守脱钩不脱管，在规范化、市场化、效能化上下大功夫，做足文章。届时对不能有效发挥作用、企业和社会不认可的协会，不排除销号。

要解决好以上问题，发挥好比较优势，培育好竞争优势，这就客观需要我们塑料业界，增强市场化意识，联手同心、优势互补、合作共建、抱团发展，一家人不说两家话。

2. 联动发展的实现路径

我们要把握“业务指导关系”的工作定位。坚持“务实创新、包容有效、互学互鉴、合作共享”工作原则。工作机制考虑，坚持联动发展，使工作会议成为常态，形成全国一盘棋；在加强调研的基础上，每次可设立几个专题，并轮流坐庄；强调行业大事、专委会工作、地方协会活动要加强沟通形成联动。在以往的基础上，拟从几个方面重点着力，并注意不断充实地方协会好的创意工作，形成共振题目：

一是技术创新。中国塑协今年要推进“科技创新年”，组织开展院士专家“西部行”、“沿海行”，产业链高峰论坛等活动，重点落实好行业技术进步指导意见，明年在精心策划“六个结合”上下功夫，努力开好全国塑料加工业科技创新大会，地方协会应积极参与并发挥作用。

二是产业合作。在企业对接、区域合作、品牌建设、产品推介、会展服务等方面，包括走出国门开展国际产能合作等，中国塑协和地方协会要发挥各自优势，努力协调更大领域、更多企业资源，共同把项目做得更好。

三是争取项目。在科技创新项目科技发明专利申报、产业扶持资金争取等方面，在帮助企业扩大直接融资比重和渠道，中国塑协要发挥与国家有关部门、专家评审组织等一直保持良好沟通的作用，联手地方协会多角度为区域和企业争取更大支持，并充分注意扶优扶强。

四是反映诉求。在新常态下，企业调整转型、升级发展任务艰巨，新问题新诉求随时可出，迫切需要各级行业组织运用渠道优势，多层次加大反映力度，特别是政策建议要具体化、针对性要很强，一定要联手帮助企业化解困难，共同急企业所急、务实服务。同时要及时引导社会舆情，加强行业科普宣传，适时建立发言人制度，组织院士专家发声，服务和促进行业健康发展

五是平台建设。在特色区域和产业集群培育、标准制修订、政府部门项目与课题操作、展会合作等，特别是大数据服务平台建设和完善，都期待和注意发挥地方协会的作用。可以适时组织针对企业的技术咨询和管理咨询，促进企业做强做大。

六是人才培养。在各类人才培养，人力资源开发方面，更加需要中国塑协与地方协会合作，借力国家有关计划，发挥涉塑院校的优势和力量，扬长院校专业优势、会校合作举办相关业务技术培训班等，共同推动塑料行业高层次和紧缺人才培养引进、民营企业家素质提升、高技能人才培训等重点工作，致力于建设多层次的企业人才开发体系。

采取联动项目不封口，地方协会需要全国同业共振的项目与活动，欢迎随时沟通衔接。特别强调的是每年年底或年初，按照中国塑协的通知，请及时将协会年度工作总结和要点报过来，有些工作可以上升为全国业界行动计划。希望大家尽可能多提供各地区行业或会员企业翔实的数据分析，因为从2016年开始，国家统计局不再提供分地区数据。希望针对性的研究行业发展趋势，尤其是行业热点，引起群众关注的话题，提高对行业的分析能力，更好地为企业提供优质服务。

3. 联动发展的希望要求

借此我想强调几点，期待共识共勉。

一是塑料加工连接你我。联动发展一定要增强主动意识，持续积累和释放内生动力。地方协会与中国塑协秘书处要形成热线联系，全国塑料一家亲，情感要融合，有事情要办，不能计较早晚和休息日，办成办不成都要回音，守时讲信用是必须的。中国塑协以及各专委会今后要加强与各地方协会的沟通联系，尊重地方协会，共同合作开展活动，积极为会员企业服好务。

二是持续增强服务能力。全国塑料行业是一个整体，我们责无旁贷共同承担着搞活行业、创新发展的历史重任，一定要在创新市场化服务平台、提高政府购买服务能力、提升行业科技引领水平、增强为会员企业服务的有效性等方面持续得到彰显，借改革机遇和倒逼机制，顺向调整、居安思危、自加压力、化蛹成蝶，努力打造行业联合战船和会员企业之家。

三是携手合作共谋发展。大家知道，由于我国地域宽广，各地塑料加工业发展程度不一，行业协会开展活动水平不一，协会自身建设也有差异且各具特色。由于区域发展、协会建设的不平衡更需要加强经常性沟通联系，形成协作和联动机制。只要坚持敞开大门、开放办会、包容共享理念，我们的关系一定会更加亲密、我们的事业一定会互利共赢、我们的行业一定会越做越好。

四是共同应对困难挑战。一方面，随着经济发展进入新常态，产业链延长跨界行为成为趋势，催生了新的产品新的行业。行业协会之间的交叉竞争趋于明朗化，在争取政策、政府采购、打造先进服务平台等方面不仅面临跨界兄弟协会激烈竞争，也要面对专业网络媒体、会展公司等直接竞争，而且业内也有一个竞合问题。另一方面，协会工作必须在原有基础上加快提升服务水平、工作能力和实力，提升协会在行业中的影响力、凝聚力和话语权。我们必须强化竞争和拓展意识，在深度和广度上强化自身价值，为把中国塑协建设成为高素质社团而努力。

各位同事，促进行业发展是协会使命和责任，中国塑协与各地行业协会同呼吸共命运，让我们共同培育“务实、担当、合作、共享”的良好氛围，更好地彰显行业之家、企业之家、会员之家的温馨和有为。最后，以习近平总书记“要保持创新的勇气、敢为人先的锐气、蓬勃向上的朝气”之希望和要求共勉，共同努力不断开创塑料行业和各级协会工作的新局面。

以科技创新为引领　努力实现塑料加工行业的产业链升级

中国塑料加工工业协会理事长　王世成

（2017 年 10 月 25 日）

各位嘉宾、各位同事：大家上午好！

首先让我们共同祝贺党的十九大胜利闭幕！让我们在十九大精神指引下，走进新时代、贯彻新思想、破解新矛盾、实现新目标，共同推进中国塑料工业调整升级、扬帆新征程，再创新佳绩！

非常高兴我们相聚在重庆梁平，共同出席 2017 中国塑料产业链发展高峰论坛暨 2017 年塑料加工业专家院士行阶段总结会，在总结 2017—2018 科技创新年系列活动的基础上，探讨塑料加工业全产业链升级发展新举措新模式。首先，我代表中国塑协，对来自全国各地相关领域领导、专家院士和行业同仁表示热烈欢迎，并借此机会对大家一直以来对塑料加工行业转型发展给予的指导和支持表示衷心的感谢！

今年，中国塑协制定发布了凝结行业智慧和专家心血的《塑料加工业技术进步“十三五”发展指导意见》；开展了科技创新年工作；启动实施了专家院士行活动；组织科技团队在汕头等地区进行了集中调研、技术咨询和项目对接等活动；开展了增品种、提品质、创品牌的“三品”专项行动，如组织了农膜行业品牌评价等工作；协会团体标准的相关工作正在积极推进中；针对推动产业深度调整、转型升级的政策建议和诉求反映更加注重效率效果；配合中轻联组织了科技奖评审；指导支持各专业委员会和地方行业协会开展学术研讨、产业提升等相关工作，均取得了阶段性成效。8 月 22 ~ 24 日，在汕头市人民政府、汕头市塑胶行业商会、广东省塑料协会等单位的支持下，“2017 年中国塑料加工专家院士行启动会”和相关活动分别在广东汕头、揭阳成功举办，这次启动会作为 2017—2018 中国塑料加工业科技创新年的重要组成部分，标志着“专家院士行”活动正式拉开序幕。本次专家院士行活动中，蹇锡高、瞿金平两位中国工程院院士为代表的 17 名专家和广东的粤东、揭阳、潮州、汕头、肇庆、东莞、佛山及福建、浙江、广西、江苏、深圳、上海、山东、云南、江西、河南和湖南等地区的 300 多位企业、地方协会等方面代表进行了相关的技术交流和对接，11 位专家发布了相关报告，还有多名专家介绍了各自的科研方向和具体项目。活动中同时举行了广东海湾高新材料研究院的揭牌仪式，进行了中国塑协塑料家居用品专委会与蹇锡高院士合作框架协议及宁波海天智造科技有限公司合作框架协议的签署，还进行了一个研讨、三个座谈和交流对接活动，可以说是，时间紧凑、内容丰富、务实有效。对接会现场，企业代表提出了制造环节的实际困难和问题，参加活动的专家帮助分析问题产生的原因，并指出解决问题的途径和方案。现场发言踊跃、讨论热烈、大家意犹未尽，会后对接合作仍在持续进行。这次专家院士走进梁平，相信一定会延续好的效果。

下一步，我们要继续做好《塑料加工业“十三五”发展指导意见》和《塑料加工业“十三五”技术进步指导意见》的组织落实，并正在衔接上升到工信部文件；突出重点开展中国塑协团体标准制定工作；整合资源筹备召开塑料产业科技创新大会；总结推动产业集群提升发展工作；举全行业之力办好2018国际塑料展（即四新展会），针对性搭建好行业交流交易平台等相关工作。

接下来，我重点就产业链融合发展思路及举措同大家研究探讨。

一、坚持科技创新引领产业链发展

近年来，在经济新常态下，塑料加工业不断进行产业结构调整与升级，整体保持了稳定增长。2017年1~8月份，从运行情况看，塑料加工业完成塑料制品产量5261.63万吨，同比增长4.42%；规模以上企业15182家，实现主营业务收入15558.31亿元，同比增长9%；实现利润总额897.90亿元，同比增长6.5%；出口额407.31亿美元，同比增长9.06%；主营业务收入利润率5.82%，以上指标呈现总量稳中有升、调整呈现亮点、效益有所回落、出口好于预期的基本态势。在发展的同时，行业还存在着自身结构调整的问题，也要承受关联行业需求和价格变化的压力，受到产业集中度低，原材料市场价格波动大，特别是创新能力不够强等因素的制约。

习近平总书记在十九大报告中指出："创新是引领发展的第一动力，是建设现代化经济体系的战略支撑""要建立以企业为主体、市场为导向、产学研深度融合的技术创新体系"。我们塑料产业要突破发展瓶颈，取得新的进步，只有不断依靠创新驱动转型发展，推进产业升级，才能打造行业持续发展新引擎，实现跟跑、并跑、领跑的阶段转换，这也是中国塑料行业发展的必由之路。要切实做好塑料加工行业的科技创新工作，不断完善行业创新体系，有效提升行业核心竞争力，进一步推动行业进步和发展。

二、坚持上下游协同创新引领产业链发展

塑料加工业上下游行业的关联性较强，上游主要为原料、助剂、加工装备、模具等生产企业；下游为涉及国民经济发展的各塑料制品的应用领域，如农业、渔业、包装业、交通运输、汽车工业、电气工业、化学工业、仪器仪表、建筑工业、航空工业、国防和尖端工业、家居、体育用具、日用品、医疗等领域。对于塑料加工业来说，只有上下游协同创新与进步才能实现行业整体创新发展。

我们要依托上游行业科技进步，促进塑料制品品质提升。材料科学是永恒的话题，新材料、新技术的不断涌现推动着塑料产业的持续发展。原料生产的技术进步，诸如原料品种的增加，原料性能的提升，原料改性的效果，都将为塑料加工业带来积极的影响。从以往原料生产技术进步和原料产品性能提升的经验来看，如纳米技术、碳纤维增强材料、茂金属材料等新材料在塑料原料中的应用，工程塑料、改性材料等原料的自我提升和完善等，每次原料的进步都为相应的塑料制品提高相关性能、拓展新的市场，带来了新的进步和提升。

在以加工成型为核心的塑料加工行业，材料的技术进步在整个产业链的发展中起到举足轻重的作用，与此同时，精良的加工设备、工艺也同样使塑料制品的品质进一步提升。以"机器代人"为例，高智能化的加工设备不仅减少操作工人的劳动强度，提高工作效率，降低生产成本，而且可减少人工操作可能带来的产品质量的不确定性，推动塑料制品品质提升，绿色发展水平提升。

所有上游行业的这些创新，都为塑料加工业的不断进步与创新打下良好的基础。

要依托下游行业科技进步，倒逼塑料加工行业创新发展。塑料加工业受应用领域技术进步的影响正不断加大，随着下游应用领域的不断进步，对相关塑料制品性能提升的要求也在越来越高，因此促进了塑料加工行业要不断进步、不断创新，不断对自身发展进行调整，以适应市场发展的需求。

下游行业的技术进步要求塑料加工业不断推出新产品以适应市场需求，这些将影响塑料加工业的技术进步走向。应用领域的技术进步和创新，必将引发相关领域中的技术革命和产品应用革命，这就要求塑料加工业要跟上步伐，根据应用领域的需求不断研发相应新产品以适应市场发展。

技术的进步需要良好的产品品质作为基础，下游行业的技术进步必将需要品质更高的塑料制品，这些要求同时促进塑料加工业要不断自我提升、自我进步，满足对产品品质的全新需求，才能获得更大市场份额。

总体来说，塑料加工业上、下游的技术进步和创新，给塑料加工业带来了品质提升的基础和新的市场需求，进而促进塑料加工业转变发展方式，优化产业结构，通过共同创新，促进共同发展。

三、坚持整合产业链资源加快塑料加工业发展

随着经济发展，分工与交易越来越复杂，也必然要求塑料加工业要协同上下游行业分工合作、互补互动、协调运行，实现产业链的共同发展；我们要尽可能地向上游基础产业环节和技术研发环节、向下游市场环节进行拓展；要整合上下游行业资源，共同建立产业发展链条，为塑料加工业发展开拓全新的市场空间，创造新的创新氛围。要牢牢把握一条主线，落实两个规划，突出三个重点，实现四个突破，开拓五大空间。

把握一条主线

要牢牢把握上下游行业联动发展这条主线。找准上下游行业共同发展的切入点和发力点，推进塑料加工业上下游之间的合作与交流，加快建立产业链技术进步共享平台，联合上下游共建产业链科技进步体系，探索建立完整的产业链发展模式。

落实两个规划

要根据《国家中长期科学和技术发展规划纲要(2006—2020年)》《国家创新驱动发展战略纲要》《“十三五”国家科技创新规划》《“十三五”国家战略性新兴产业发展规划》《国家“十三五”新材料规划》等精神，紧紧围绕《塑料加工业“十三五”发展指导意见》和《塑料加工业技术进步“十三五”发展指导意见》两大规划，坚持创新发展战略，联合上下游产业，突出“三化一微”方向，推动行业科技创新和技术进步，推动塑料加工业由大向强迈进。

突出三个重点

塑料加工业在实现产业链全面发展过程中，要突出三大重点，即科技创新、人才体系、产业整合，实现行业及上下游产业链协同发展。

一是完善科技创新体系，建立科技进步推动机制。根据《塑料加工业技术进步“十三五”发展指导意见》，塑料加工业要培育、支持行业公共科技资源共享机制和服务体系的建立。不断完善以企业为主体的科技创新体系，深入贯彻实施创新驱动发展战略，联合上下游产业链，加强产业共性技术研发平台的建设，加快科技成果转化，完善以企业为主体、市场为导向、政产学研金用相结合的行业创新体系。

二是完善人才体系建设，提升行业科技进步水平。实施科技人才发展战略，建立企业、高校、研究院所联合机制，逐步建立、完善塑料加工行业各层次专业人才培养培训基地。开展好高校、企业和行业协会合作职业教育工程，培养高层次技术人才和高级技能型人才。

三是加快产业转型升级，搭建产业链协同发展平台。要瞄准产业链前沿，价值链高端，加快行业和产品结构调整，实现产业技术和产品升级。中、高档产品比例及产品的质量与配套水平有显著提高，部分产品达到国际先进水平。适时多形式加快建立行业性研发机构，特别重视推动成果转化，推动与上下游产业的互动合作，促进塑料加工业可持续发展。

努力实现四个突破

目前，塑料加工业有的关键核心技术仍受制于人，支撑产业升级、引领未来发展的科学技术储备、加工工艺、产品升级等亟待加强。

一是实现前沿技术研究突破，努力缩小与国际先进水平间的差距。按照“功能化、轻量化、生态化、微成型”发展趋势，跟踪当代科技最新发展动态和前沿技术，瞄准产业链高端进行自主创新，要结合需求导向突出重点，通过上下游产业链的联合攻关，推进行业的技术进步和自主创新，逐步缩小与国际先进技术水平之间的差距。

二是实现重点塑料加工装备研发突破，提高装备自主化水平。在做好塑料加工业技术提升的同时，促进加工装备的技术进步及技术提升，以关键技术、设备和重点项目为突破口，发挥优势，集中力量开发、应用高端装备，促进制品性能提升。

三是实现产品创新的突破，加快行业转型升级步伐。落实三品战略，调整产品结构，提高有效供给能力，协助企业加快实施技术改造，推动转型升级。要贯彻五大发展理念，务实推行绿色、节能、高效生产工艺，实现节能减排、清洁生产、节约成本，提高企业经济效益和市场竞争力。

四是加快两化深度融合，提高上下游行业整体科技发展水平，推进产业链发展。推广基于信息化手段的大规模定制，满足客户需求。推进建立上下游行业长效合作机制工作，通过政策引导，整合上下游有效资源，在原料、装备、产品生产、产品销售及售后服务等方面系统化管理，努力推动产业链信息化发展。

积极开拓五大空间

行业发展离不开国家政策支持，更离不开上下游行业的联动。塑料加工行业要不断搭建上下游产业联动发展平台，开拓未来发展的空间。

一是搭建科技研发平台，开拓行业技术进步空间。密切关注上游行业的技术进步以及下游行业的市场需求，搭建政产学研金用一体化科研应用平台。支持塑料加工技术创新公共服务平台建设、重点实验室、工程（技术）研究中心、企业技术中心、企业设计中心、检测中心等建设。在重点产业中积极构建技术创新战略联盟，培育、建立具有创新、咨询、检测等于一体的科技公共服务平台。联合上游供应行业、科研院所、下游应用单位等，充分发挥各自优势，在技术进步方面不断提升，促进行业科技进步，实现科技驱动发展。

二是建立全产业链诚信自律体系，开拓产品品质提升空间。在做好塑料加工企业诚信自律工作的同时，要向上下游产业链延伸，发挥全产业链的联动作用，以上游供应行业的诚信自律为保障，以下游应用行业的诚信自律为动力，根据行业发展要求，建立全产业链的自律体系，维护市场竞争秩序，开拓产品品质提升空间。

三是加强自主创新能力建设，开拓新产品的应用空间。要将消费者对美好生活的向往、对塑料制品的需求作为强大动力，坚持自主创新发展，调整产品结构，逐步改变低端产品过剩，中高端产品供给不足的现状。联合上游行业不断推动新材料、新工艺的应用，积极拓展下游塑料制品的应用空间。

四是上下游联动实现全产业链“走出去”，开拓国际市场空间。借力中轻联“国际产能合作联盟”，组织搭建服务平台，利用“一带一路”政策，联动上下游企业组建较为完整的产业链，共同携手努力，实现全产业链“走出去”，开拓国际市场空间。

五是发挥协会作用，引导行业发展方向，开拓行业发展空间。要充分发挥中国塑协及专委会和地方协会的桥梁纽带作用，加强与上下游行业的密切合作，引导行业发展方向。积极参与国家和地方产业政策、法律法规、行业规划及产品标准的制定，将反映企业诉求视为看家本领，准确把握需求，务实拓展行业的发展空间

我们期待产业链上下真诚合作、拼搏努力，共同开创塑料工业协同创新发展的新局面。

中国塑料加工工业协会理事会工作报告

中国塑料加工工业协会理事长　王世成

（2017 年 5 月 15 日于上海）

各位理事、各位代表、各位同事：大家好！

现在我代表中国塑料加工工业协会理事会，向大会做工作报告，请予审议，并请参加会议的理事及代表提出意见。

一、工作回顾

2016 年 11 月 6 日，在各位同事共同努力下，中国塑协在南京成功召开了第七次会员代表大会，选举产生了新一届理事会领导集体，在原来好的基础上，组织行业和会员企业认真贯彻落实党的十八大和历次全会精神，坚持传承、坚守、创新、发展的工作方针，以推进供给侧结构性改革为主线，以科技创新和强化服务为重点，指导、协调和推动全国塑料加工行业发展，取得了一些积极成效。

2016 年，塑料加工工业增加值增长 8.0%，高于轻工业平均增速 1.21 个百分点，高于全国工业 2.0 个百分点，在轻工业各行业中位居前列。全年完成主营业务收入 22855.11 亿元，同比增长 6.21%，占轻工行业比重为 9.26%，占全国工业比重为 2%。全年累计实现利润 1398.60 亿元，同比增长 7.32%，占轻工行业比重为 8.67%，占全国工业比重也为 2%。进入 2017 年，一季度完成主营业务收入 5254.62 亿元，同比增长 10.44%；累计实现利润总额 305.80 亿元，同比增长 10.81%；主营业务收入利润率 5.82%，全国塑料制品行业各项运行指标在新常态下走势平稳。

半年来，我们主要做了以下工作：

（一）加强规划引导

认真落实《塑料加工业“十三五”发展规划指导意见》。我们坚持将落实规划意见作为中国塑协工作的基本遵循，紧紧围绕规划提出的加快推进供给侧结构性改革、提高自主创新能力、加快塑料加工业转型升级、大力实施高端化战略等意见，通过协会会议、分支机构工作会议、科技咨询委员会会议，下午的地方协会工作会议，以及调研、走访等方式，积极宣传、宣贯和推动规划落实。各专委会围绕本行业发展，研究制定规划落实意见，已形成了指导全国“十三五”塑料加工业发展的顶层规划体系。

研究制定《塑料加工业技术进步“十三五”发展指导意见》。为凝聚行业力量、明确技术发展

方向、推进转方式调结构上水平工作，紧扣《塑料加工业“十三五”发展规划指导意见》明确指向，抓紧起草《塑料加工业技术进步“十三五”发展指导意见》，经过多轮研究论证，特别是4月8日召开的协会科技咨询委的讨论修改，总结时我已注意远近结合、赶超结合、研用结合、上下结合、干说结合“五个结合”归纳了专家的意见建议，会后起草组又及时完善，现提交本次理事会审议，会后将正式印发。

（二）服务发展大局

加强政府购买服务。协会主动了解相关部门对塑料制品，特别是政府和百姓关注的食品相关塑料制品安全的监管工作要求，积极支持、参与、配合国家质检总局、卫计委开展的食品相关产品的系列工作，并于2016年11月至12月期间，受国家质检总局产品质量监督司委托，参加质检总局“2016年食品相关产品监督检查现场检查”工作，承担了北京、天津、河北和山东四省市合计63家企业的“塑料材质－接触乳制品的包装材料和容器生产企业现场检查”任务。在工作开展的过程中，协会认真组织安排，专委会积极响应，21个相关分支机构参与，44名同志团结协作，在两周内高效、圆满地完成了现场检查，受到了质检总局的好评和企业的欢迎。协会积极参与我国消耗臭氧层物质淘汰工作，承担、参与了泡沫塑料行业HCFC消费情况调查、替代技术评估和行业计划编制等工作。圆满完成第一阶段HCFC淘汰任务，以及第二阶段HCFC消费情况调查、替代技术筛选以及淘汰计划的编制和申报、审批工作。

2016年12月2日结束的《蒙特利尔议定书》多边基金执委会第77次会议上，我国提交的聚氨酯（PU）泡沫行业HCFC－141b淘汰计划（第二阶段）和挤出聚苯乙烯（XPS）泡沫行业HCFC淘汰计划（第二阶段）获得会议最终批准，这两个行业将在未来十年期间，逐步实现HCFC消费量的削减。

协会还组织完成了中轻联布置的发改委、工信部、环保部、质检总局等国家政府部门有关政策、标准、环保等方面的课题研究、意见反馈、项目推荐申报和标准的参与编制审查等工作。

加强行业升级服务。协会积极与工信部进行沟通，衔接相关工作，争取政府在政策、法规、项目等方面对行业的更大支持。在中轻联等上级主管单位的支持下，就塑木复合材料海关编码归属、关税问题积极向海关、税则委反映情况和意见，促成海关相关部门提出对塑木材料单立税号建议。

组织降解、农膜专委会，联合全国农业技术推广服务中心、中国农用塑料应用技术学会继续进行“全生物降解地膜农田应用试验”工作；配合中轻联的产业集群大会，撰写中国塑料行业产业集群发展报告（行业篇及地方篇）；与青岛中科华联新材料股份有限公司共建“中国湿法锂电池隔膜装备制造基地”；并将今年到期需要复评的中国塑编示范城、中国挤出模具之都、中国水性生态合成革示范基地、中国工程塑料之都、中国时尚塑料鞋之乡、中国合成革产业基地六个特色区域和产业集群上报中轻联；进一步支持“中国西部·重庆塑料生态产业园”建设，为园内企业搭建上下游对接平台，推动产业园生态化、可持续发展；协会还推荐优秀特色区域和产业集群及其管理和服务的单位和个人，参加中轻联开展的评选表彰活动。

《中国塑料加工工业发展史》的工作，2012年开始立项编写，旨在总结经验、传承产业、启迪后人、激励发展。工作在有序推进，今年年底要有阶段性成果。

协会已获得中国轻工业职业技能鉴定指导中心授予的“轻工行业特有工种职业鉴定培训基地”称号和“轻工行业职业鉴定许可证”，开展了塑料加工业相关工种的职业资格鉴定考核认证工作，培养人才，提高行业职业技能水平。

加强企业发展服务。协会积极搭建信息服务、技术服务和上下游产业链沟通合作等平台。通过网站、微信公众号、刊物、收集分析和发布行业性信息，帮助企业了解行业发展动态情况，解决有关问题。通过举办“塑料新材料、新技术、新装备、新产品展览会”等活动，帮助企业搭建上下游产业链沟通、合作平台。抓住国家在军队体制改革、国防建设和军队物资采购改革等机会，支持企业参与军品的招投标。

鼓励、支持企业参与“两化融合管理体系贯标”、“大国工匠”、“中国质量奖”、“专利奖”等提高企业管理水平、提升质量水平和技术进步的奖项申报。

特别注意动态反映会员企业诉求。就工信部、环保部拟出台的《有毒有害大气污染物名录》《固定污染源排污许可分类管理目录》《长江经济带市场准入负面清单》等文件，在征求企业意见的基础上汇总上报建议，为行业争取合理权益。就橡塑统计分类及具体产品品种纳入统计发布范围问题、相关原料的反倾销、价格异常波动等问题，及时向有关部门反映情况、提出意见，得到重视和部分回应。

协会还通过走访企业，召开座谈会和个别交流等形式，对企业生产经营、科研创新成果、资金等情况，对产业的新动向、行业政策与法规和行业、企业的诉求进行认真、系统、全面调研，第一时间了解企业诉求，及时向各方面反映。协会组成调研组，20 人次对北京、浙江、广东、江苏、湖南、云南六省（市）20 个城市的相关单位开展调研，实地考察了 30 多家企业、5 所高校和科研院所，召开了 6 场共 40 多家企业参加的座谈会，对这几个重点地区塑料加工业发展情况、骨干企业运行情况、科技创新和产业链结合、地方和企业诉求进行了系统调研，并提出了对策建议，深化了对企业和行业的了解，为政府决策、协会工作提供参考，调研工作将常态化并注重效果。

（三）推进创新发展

着力技术创新。制定“中国塑料行业科技创新年（2017—1018）活动方案（框架）”，并征求协会科技咨询委员会意见，开拓性的提出组织专家院士“沿海行”和“西部行”、“中国塑料行业科技大会”等活动设想，请大家对方案提出意见建议，目的在于有效推进科技创新机制和模式，进而加快塑料加工业的技术进步和产业升级。

协会组织召开了协会科技咨询委员会第四次会议，请行业的院士、专家们对《塑料加工业技术进步“十三五”指导意见（征求意见稿）》进行审议、把关，氛围很好、效果不错。

广泛征集技术创新线索，经过凝练、整理，建立了行业技术创新库，从近 400 条意见建议中整理出前沿技术、共性关键技术、重点推广技术、节能减排技术、重点装备技术项目 260 多条列为塑料加工业重点项目，并及时向国家提出支持行业技术进步的具体项目和重点技术。

推动实施“三品”战略。按照国家“三品专项行动计划”的要求，编制“三品”提升战略重点工作实施方案（征求意见稿），向中轻联提交“三品”提升战略重点项目，并落实国标委“消费品提升重点标准示范、研究项目”工作。

做好标准化工作。继续积极支持国标、行标制修订工作，并推进协会团体标准的工作进展，编制完成了《中国塑料加工工业协会团体标准制定工作管理办法（审议稿）》等相关文件。

组织申报消费品提升重点标准示范项目，组织申报行业 2 个国家标准申请立项。承担国家加工贸易单耗标准制定及课题研究项目。已组织完成“高阻隔多层共挤出吹塑薄膜加工贸易单耗审定方法”课题研究、“聚乙烯液袋膜加工贸易单耗标准”项目全部材料待审定。

推进塑料管道、人造革合成革、塑木制品、改性塑料、配线器材、滚塑、硬质 PVC 发泡制品、降解、异型材及门窗制品、氟塑料等行业标准制修订和宣贯，提升产品的标准水平；承担了《一次性非可降解餐饮具通用技术要求》国家标准并组织完成了修订草案稿。

（四）促进行业自律和诚信建设

开展企业信用等级评价审核和申报工作。对 2016 年第二批申报的 10 家企业进行了初评、对 43 家企业进行了年度复审，完成了上网公示、商务部备案、证书牌匾的制发工作，为企业在生产经营、市场开发、规范管理等方面应用评价结果起到良好的促进作用。目前，已开始接受 2017 年第一批企业的申报，已有 47 家提出初评申报，38 家企业申请年度复审。

完善有关评价标准政策与试行工作。对 2016 年第二批申报企业近三年来技术、管理等方面进行了系统的审核。针对在信用等级申报出现的新企业多、小企业多以及上下游企业增多的新情况，为了更准确的把握上下游行业的评价标准的一致性，我们与兄弟协会开展了信用评价业务交流，召开专家会议，专题研究塑料科技型企业、贸易型企业、出口型企业评价体系标准，突出了环境保护、提质增效的权重，逐步形成更加完善、科学的第三方评价标准尺度，确保信用等级评价的公信力。协会还在着手制定塑料行业信用体系建设行动方案，并将于 6 月底前完成该工作。

（五）注重联动发展

做好专委会组建和换届工作。指导、推动成立了热塑性弹性体和线缆材料两个专委会。根据协会章程和管理条例规定，完成了塑料管道专委会、BOPET 专委会、滚塑专委会的换届工作。

加强与地方协会联动发展。去年年底，联合地方协会对 2016 年塑料加工业发展情况、2017 年发展思路和协会工作计划进行了交流和总结，共同探讨了行业状况及发展趋势，存在困难、问题和解决的办法与建议。各地方协会积极配合，上下联动得到加强，下一步还将就具体工作开展深度联动。

（六）强化自身建设

换届后，秘书处综合各方面工作计划，梳理提炼出协会需要特别着力的9个方面、42项重点工作，并注意经常检查督促落实情况。

加强党建工作。协会秘书处深入贯彻落实党的十八届六中全会精神，认真开展“两学一做”学习教育，落实“三会一课”制度，组织专题学习活动，务实开好民主生活会，注重提高党员干部思想理论水平和综合素质。夯实基层支部工作基础，抓好党风和反腐倡廉建设。

规范建章立制。建立完善秘书处工作、会议和学习等各项管理制度；建立定期工作计划考核制度；规范分支机构管理；有效提高工作效率和工作透明度，主动接受有关方面监督；积极发展会员、加强会员的日常管理，规范入会手续、建立档案管理。

各位同事，在各项工作有效开展的同时，我们也清醒地看到，塑料加工业发展振兴任重道远，在新常态经济环境下，既面临自身结构深层调整的问题，也要承受关联行业需求变化的压力，产业集中度较低、重复建设、中低端产能相对过剩、创新能力还不强仍然是制约塑料加工业发展的关键问题。因此，协会服务发展能力需不断提高、发挥作用的领域有待持续加强、改革与创新需要投放更大力量，我们将与各位理事和会员单位一道，传承坚守创新发展，为中国塑料加工业的持续进步，不忘初心、继续前进，扎实工作、务求实效。

二、下步工作安排

下一步，中国塑协工作要继续以推进供给侧结构性改革为主线，以科技创新和强化服务为重点，坚持传承创新，善于凝心聚力，强化四个服务，稳步深化改革，加强能力建设，积极引领行业发展，切实推动各项工作再上新台阶。重点抓好以下工作：

（一）扎实做好“四个服务”

坚持服务为先，切实提高服务的有效性。以需求为导向，服务对象需要什么，我们就努力提供什么服务。做好“四个服务”：

一是服务会员。把会员企业的需求作为我们的工作方向。协会和各分支机构要充分发挥多年来在科技创新方面的优势，更加关注政产学研金用结合工作，用好交流合作、产业链接、区域互动、直接融资及投资等方面的资源，积极开展职业技能和人才培训，全力为会员企业提供定制式服务，代表会员利益，反映会员诉求。要在服务中认真总结，发现不足，补齐短板，在为会员服务中不断强化自身能力建设。

二是服务行业。更加注重与产业链上游的结合释放产能，解决运行中的瓶颈。要把会展等工作抓好抓实，做好2018中国国际塑料展暨四新展的准备和开展工作。要重视历史传承，重视资源掌控，重视合纵连横，提高自身在行业中的地位和影响力，进而提升服务行业的标准和效能。

三是服务政府。加强与国家各有关部委、地方政府和部门的联系，动态修炼内功，积极承接政府购买服务，并利用我们熟悉行业情况、发挥综合优势，把政府服务事项做好，做出精品，创出名牌，提高自身地位。

四是服务社会。把服务社会作为协会的责任，加强行业自律，继续积极开展信用评价。积极探索信用信息发布、产品质量推介等方式，创建信息共享平台，让社会大众准确了解我们的企业和产品，在提高产销效果的同时，助力品牌深入人心。

（二）推进科技创新年活动

要把技术创新作为行业供给侧改革、产业结构调整升级的主要抓手，发挥协会优势，策划和推动好今明两年“科技创新年”系列活动，努力抓出成效。

一是做好顶层设计。完善出台《塑料加工业技术进步“十三五”指导意见》，引导行业企业加强科技创新和技术进步，并把宣介“十三五”发展规划、实施《三品行动计划》作为主要工作，努力为行业创新发展提供引领。要通过各种形式和途径，宣传指导意见，宣传“功能化、轻量化、生态化、微成型”三微一化的发展方向，把全行业引导到依靠科技创新，实现产业升级的方向上来。

二是突出重点推进。围绕技术创新指导意见确定的目标任务，锁定重点，力求成效。要加快整合行业创新资源和要素，推进企业、高校及科研机构、行业组织的联合创新、协同创新机制，加快形成以企业为主体，产学研紧密结合的塑料加工业技术创新体系和服务平台，有关内容我已在科技咨询委会上阐述。强调要充分发挥行业专家的把关、咨询、引领作用，发挥协会的协同、组织作用，大力实施协同创新战略，围绕影响塑料加工行业发展的技术瓶颈、产业共性关键技术问题，组织开展基础研究和应用创新性研究，支撑行业转型升级。

要把握行业发展方向，组织开展一批具有前瞻性、先导性的前沿技术研发，如低成本、绿色制备的石墨烯、碳纳米管、液晶高分子、气凝胶等战略新材料，新能源、电器、柔性电子及手机屏幕等高性能塑料合金材料等。要推进重点塑料加工装备制造的研发，提高装备自主化水平。大力推进聚合物动态反应成型加工、微纳叠层共挤成型、极端流变行为挤压造粒等装备的研发和产业化，重点发展大型、超大型以及高速中空制品生产装备。要加快绿色、节能、高效新型加工成型工艺的开发，推行清洁生产和节能减排，提高企业智能制造水平。

三是落实“科技创新年”有关活动。适时召开科技创新大会。认真制定方案，细化工作，大会将体现从新材料、新技术、新装备、新产品四个方向发力，力求突出六个结合：政府政策解读与院士专家行业科技趋势论述结合、国内与国外创新科技成果推介结合、专利发布与项目对接结合、高层论坛与四新展览结合、创新性企业与领军人才表彰结合、塑料行业论坛与各专业学术交流结合，着力引领行业人在创新理念和创新实践上的突破。秘书处要组织专委会、会同地方协会，做好行业、企业在技术攻关方面的需求梳理，大学院所技术储备和科技项目的汇总，届时有针对性的发布一批项目成果，公布一批创新需求，连接好供需链条，发挥好桥梁纽带作用。要适时组织开展院士专家“沿海行”和“西部行”活动，组织相关领域院士、专家等科技团队，对相关地区进行集中调研、技术咨询活动。

（三）多措并举促进发展

一是着力推动产能转移。进一步梳理产能情况，把握“一带一路”深入推进契机和中轻联“产能国际合作联盟”平台作用，引导企业积极走出去，通过跨区域优质产能流转，实现产能再布局，再优化；组织有条件的企业走出国门，借助国际产能合作机遇，推动企业间合作建设跨国园区，努力把优质产能转化为优势产能。

二继续开展标准化体系建设，适时启动团体标准工作。要高度重视标准化工作，这是行业一项重要的基础性任务，要牢牢掌握标准制定权。在持续强化国家标准、行业标准工作的基础上，有计划、有步骤的开展团体标准的制定工作，逐步完善标准覆盖，提升标准水平。

三是继续加强重大问题调研。围绕供给侧结构性改革、重大技术攻关与创新、政产学研金用的有效结合和企业发展诉求的动态汇总，开展专题调研，提出意见建议，为行业升级发展提供一手且翔实的数据和综合信息。

四是不断加强行业自律。从社会自律组织的角度切入，加强行业自律，认真推动自律公约的落实，推进信用体系评价工作，切实抓出成效。

五是加强企业信息化服务平台建设。用信息化手段把全国塑料加工业发展、企业科技创新、产品营销、运行状态、政策咨询等方面信息集成起来，构建大数据体系，为政府政策制定和会员企业投资决策等提供科学参考。

（四）切实加强自身建设

要积极正确面对、主动适应脱钩改革，善借契机，做强自身，为创新发展打好基础。在做好做实业务工作的同时，重点抓好五项工作：

一是抓好党组织建设。健全党组织，规范严格组织生活；加强培养积极分子工作，注重培养发展协会工作骨干入党；推动作风建设，强调廉洁自律和监督机制，务必不越红线、守住底线；强化支部委员培训和党员的教育，提升支部战斗堡垒作用。

二是自觉接受监管。切实遵守《行业协会商会综合监管办法》，既要接受行业主管部门的监管，又要接受社会、企业的监督，协会和各专委会要规范开展工作，努力使我们的服务既规范、又务实、更有效。要继续建章立制，坚持依法合规，按章程开展工作，进一步健全治理机制、用人制度、资产财务、税收收费等方面规章，做到依法办会、依规办会。

三是注重工作传承创新。要把中国塑协多年积淀的好的工作经验、作风传统继承并发扬。要编制好中国塑协发展史，把历史记录下来，把宝贵的精神财富传承下去，并在回顾记录历史的过程中，对照自身，发现不足，完善工作。

四是坚持开门办会。要加强与上下游产业协会的联系，如城建、汽车、家电、水利、农业等行业组织和政府机构的交流与合作；加强与各塑料集聚区政府、塑料工业园区联系，促进合作共建，培育更多行业经济增长点；特别是要加强中国塑协秘书处与各理事、会员单位的沟通与联系，中国塑协要集成资源，千方百计、全力以赴为理事、会员单位提供服务和发展支持，我们也希望和要求各理事单位及时将需求和建议反馈上来，积极参与中国塑协开展的重点工作如科技创新年等活动，全力形成推动行业健康发展的强大合力。

我们坚信，在各理事单位、会员企业的大力支持下，中国塑协一定会努力将自身打造成为不可或缺的职业化工作团队，为引领和推进中国塑料加工业平稳健康发展做出贡献！

中国塑料加工业2017年度发展报告

中国塑料加工工业协会

2017年，世界经济温和复苏，国内经济稳中向好，全国塑料加工行业以供给侧结构性改革为主线，深化改革创新，积极调结构、转方式，整体运行平稳，保持了稳中有升、持续向好的良好发展态势，结构调整明显加快、外贸持续改善。

一、塑料加工行业总体运行情况

（一）产量平稳增长，结构进一步优化

1. 产量稳步增长

2017年全国塑料制品行业汇总统计企业累计完成产量7515.54万吨，同比增长3.44%，增长率比上年同期提高0.78个百分点。在统计已分类的塑料制品中，塑料薄膜产量占比最高，2017年累计产量1454.29万吨，占19.35%。同比增长率最高的是泡沫塑料，累计产量278.65万吨，同比增长7.84%；其次是日用塑料制品，累计产量665.14万吨，同比增长5.8%。产量同比增长率最低的是塑料人造革、合成革，增幅仅为1.34%。详见表1及图1（根据国家统计局数据整理）。

表1　2017年塑料制品行业产量与增速对比表

塑料制品类别	产量/万吨	占比/%	同比增速/%	增速比上年同期/个百分点
塑料制品	7515.54	100.00	3.44	0.78
其中：塑料薄膜	1454.29	19.35	3.34	-2.81
其中：农用薄膜	197.34	2.63	3.41	3.79
泡沫塑料	278.65	3.71	7.84	5.88
人造革合成革	348.29	4.63	1.34	1.69
日用塑料	665.14	8.85	5.8	0.09
其他塑料	4769.17	63.46	3.06	1.46

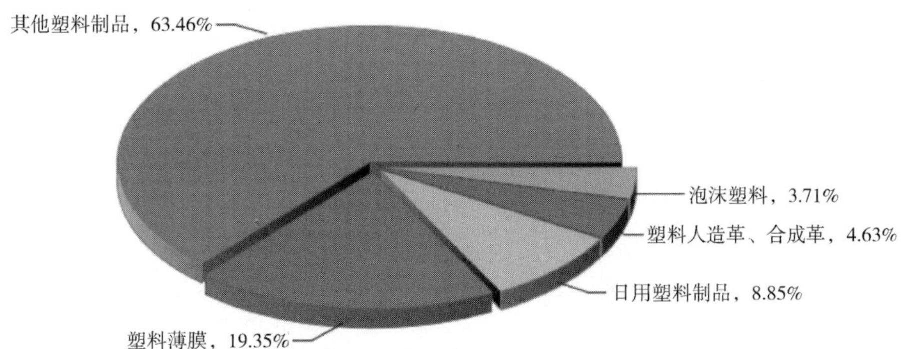

图1　2017年全国塑料制品分品种产量比重

分地区看，塑料制品产量比重主要集中在浙江省、广东省、河南省、江苏省、四川省、山东省、福建省、湖北省、安徽省等地区。其中浙江省产量最高，达1035.52万吨，占13.78%；其次是广东省，产量1015.32万吨，占13.51%；同比增长率最高的是安徽省，增幅为11.21%；其次为山东省，增幅为10.02%。同比增长率最低的是湖北省，增幅为-5.18%，其次是广东省，增幅为-1.22%。

各主要地区塑料制品累计产量、同比增长率及占比情况详见表2、图2及图3（根据国家统计局数据整理）。

表2　2017年塑料制品累计产量主要地区增速及占比情况

地区	累计产量/万吨	同比增长率/%	占比/%	地区	累计产量/万吨	同比增长率/%	占比/%
全　国	7515. 54	3. 44	100. 00	山　东	447. 23	10. 02	5. 95
浙　江	1035. 52	3. 88	13. 78	福　建	430. 73	7. 36	5. 73
广　东	1015. 32	-1. 22	13. 51	湖　北	430. 28	-5. 18	5. 73
河　南	721. 03	7. 18	9. 59	安　徽	384. 79	11. 21	5. 12
江　苏	601. 84	4. 4	8. 01	河　北	326. 89	-0. 49	4. 35
四　川	492. 1	9. 92	6. 55				

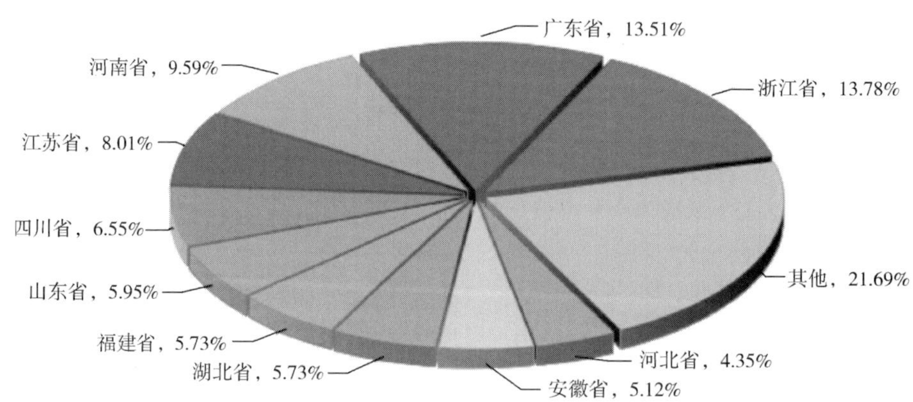

图2　2017年塑料制品产量地区占比情况

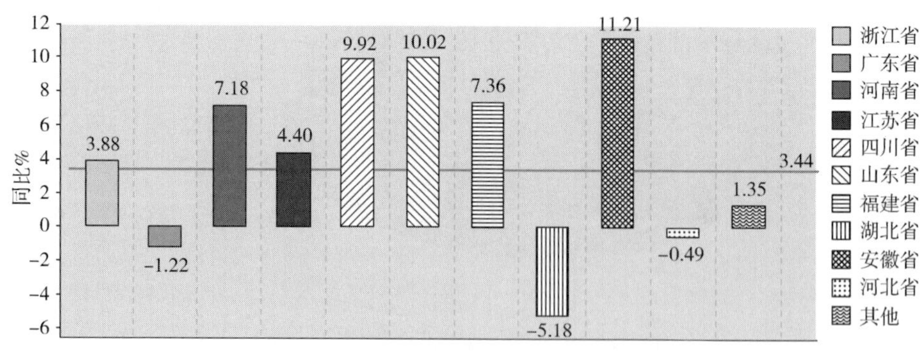

图3　2017年主要地区塑料制品产量同比增长情况

2. 结构和布局进一步优化

东部十省市塑料制品产量4181. 05万吨，占全国的55. 63%，同比增长2. 61%，是我国塑料制品主要生产区域；中部六省塑料制品产量1806. 56万吨，占全国的24. 04%，同比增长率为5. 05%，其中江西省、安徽省、河南省的产量增速较高；西部十二省区塑料制品产量1338.94万吨，占全国的17.81%，同比增长率8.44%。中西部地区产量增速高于全国平均水平，处于快速增长阶段。主营业务收入比重最大的塑料板、管、型材为5045.35亿元，占比22.12%；塑料薄膜、日用塑料、塑料包装箱及容器、塑料零件等产品的主营业务收入增长高于塑料行业平均水平。

（二）营收持续增长，效益有待提升

1. 主营业务收入完成情况

2017年，全国塑料制品行业规模以上企业累计完成主营业务收入22808.36亿元，同比增长6.74%。增长率比上年同期提高0.63个百分点。

表3　　2017年塑料制品行业主营业务收入增长及占比情况

塑料子行业	主营业务收入/亿元	同比增长率/%	增长率比上年同期（个百分点）	主营业务收入占比/%
塑料制品业	22808.36	6.74	0.63	100
塑料板、管、型材的制造	5045.35	3.75	-3.36	22.12
其他塑料制品制造	4179.9	10.57	-5.69	18.33
塑料薄膜制造	2999.7	9.96	4.89	13.15
塑料丝、绳及编织品的制造	2810.34	5.25	2.69	12.32
日用塑料制造	2024.19	9.84	2.59	8.87
塑料包装箱及容器制造	1892.6	6.84	1.41	8.3
塑料零件制造	1806.96	8.43	0.46	7.92
塑料人造革、合成革制造	1073.59	-4.11	-4.7	4.71
泡沫塑料制造	975.74	5.4	-1.46	4.28

其中，占比最高的是塑料板、管、型材的制造，其主营业务收入为5045.35亿元，占22.12%，其次是其他塑料制品制造，主营业务收入4179.9亿元，占18.33%。同比增长率最高的是其他塑料制品制造，增幅为10.57%。增长率较高的行业还有塑料薄膜制造、日用塑料制造、塑料零件制造，增幅分别为9.96%、9.84%、8.43%；同比增长率最低的是塑料人造革、合成革制造，其主营业务收入1073.59亿元，增幅为-4.11%。详见表3、图4及图5（根据国家统计局数据整理）。

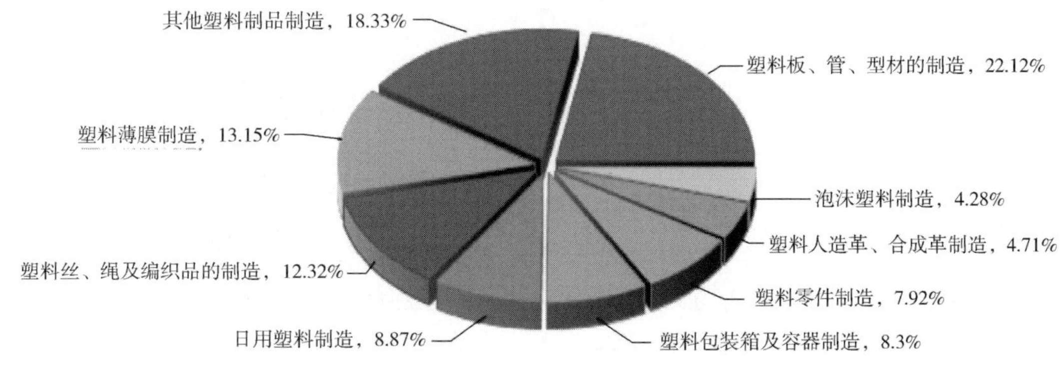

图4　2017年全国塑料行业累计主营业务收入子行业占比情况

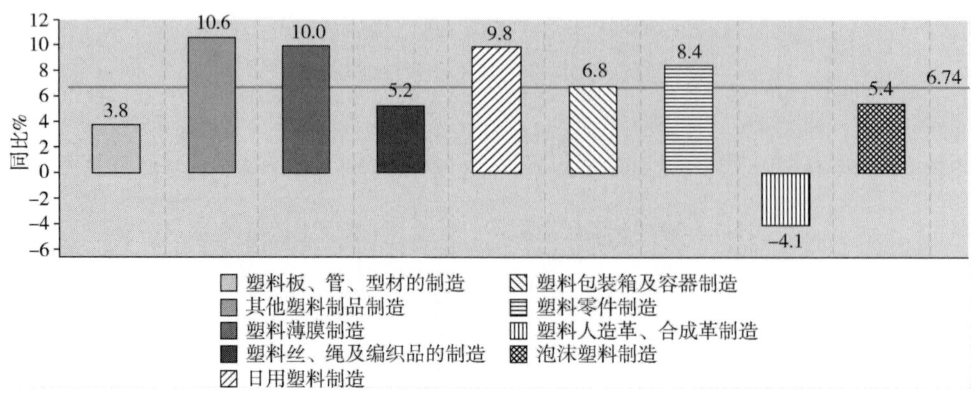

图 5　2017 年全国塑料行业累计主营业务收入子行业同比增长情况

2. 利润总额完成情况

2017 年全国塑料制品行业规模以上企业累计实现利润总额 1354. 68 亿元，同比增长 4. 81%。增长率较上年同期降低 2. 51 个百分点。

表 4　　2017 年塑料制品行业利润总额增长及占比情况

塑料子行业	利润总额本月止累计/亿元	累计同比/%	增速比上年同期（个百分点）	利润总额占比/%
塑料制品业	1354. 68	4. 81	－2. 51	100. 00
塑料板、管、型材的制造	325. 08	1. 5	－1. 16	24
其他塑料制品制造	252. 96	9. 74	－9. 8	18. 67
塑料薄膜制造	164. 04	12. 71	2. 22	12. 11
塑料丝、绳及编织品的制造	163. 28	1. 16	1. 34	12. 05
塑料包装箱及容器制造	123. 34	7. 01	0. 87	9. 1
日用塑料制造	116. 19	8. 79	－3. 15	8. 58
塑料零件制造	105. 18	12. 06	－7. 83	7. 76
泡沫塑料制造	56. 32	－5. 92	－9. 36	4. 16
塑料人造革、合成革制造	48. 29	－18. 13	－12. 17	3. 56

其中占比最高的是塑料板、管、型材的制造，利润总额为 325. 08 亿元，占 24%，其次是其他塑料制品制造，利润总额为 252. 96 亿元，占 18. 67%。同比增长率最高的事塑料薄膜制造，同比增长 12. 71%；其次是塑料零件制造，同比增长 12. 06%。同比增长率最低的是塑料人造革、合成革制造和泡沫塑料制造，增长率分别为 －18. 13% 和 －5. 92%。详见表 4、图 6 及图 7（根据国家统计局数据整理）。

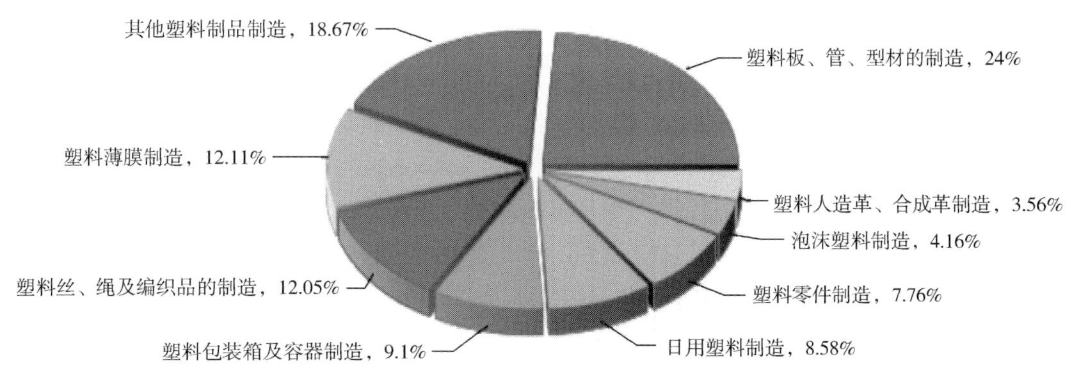

图 6　2017 年全国塑料行业累计利润总额子行业占比情况

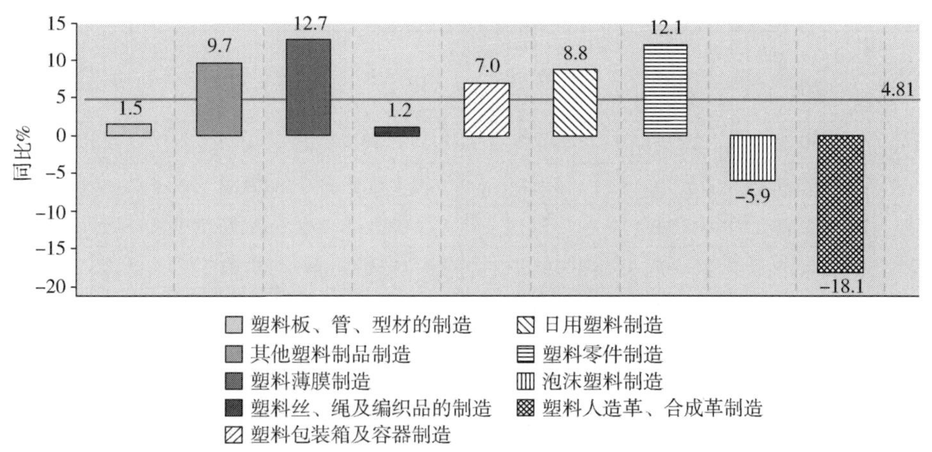

图 7　2017 年全国塑料行业累计利润总额子行业同比增长情况

3. 主营业务收入利润率情况

2017 年，全国塑料制品行业主营业务利润 5.94%，较上年同期降低 0.18 个百分点。各子行业主营业务收入利润率情况见图 8（根据国家统计局数据整理）。

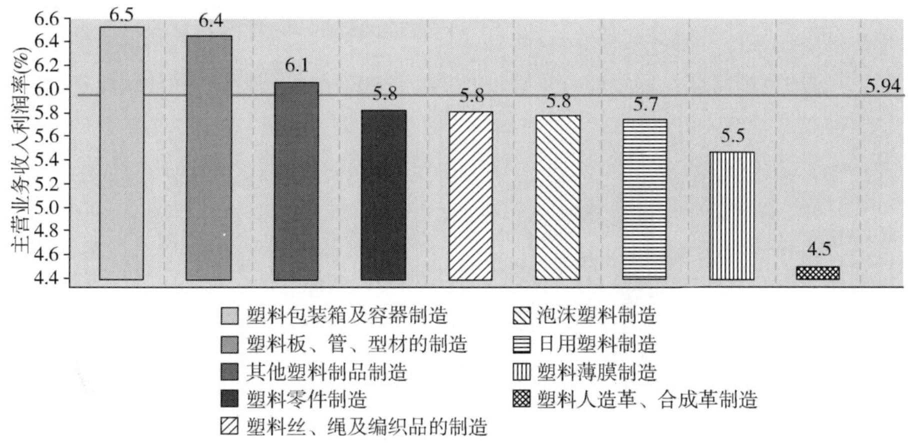

图 8　2017 年全国塑料行业主营业务收入利润率子行业对比情况

其中，主营业务收入利润率最高的是塑料包装箱及容器制造，为6.5%，其次是塑料板、管、型材的制造，为6.4%；主营业务收入利润率最低的是塑料人造革、合成革制造，为4.5%。

（三）进出口快速增长，继续保持较大顺差

2017年，我国外贸回稳向好的基础不断巩固，发展潜力正逐步得到释放，推动我国塑料制品行业进出口持续增长。全国塑料制品行业累计出口额627.29亿美元，同比增长8.62%；进口额185.76亿美元，同比增长7.22%；进出口总值813.05亿美元，贸易顺差441.53亿美元。（根据海关总署数据整理的相关情况见表5）

出口前五位的国家和地区为：美国、日本、中国香港地区、越南、印度。其中：美国完成累计出口额150.35亿美元（占23.97%），同比增长14.23%；日本完成累计出口额37.32亿美元（占5.95%），同比增长5.64%；中国香港完成累计出口额34.15亿美元（占5.44%），同比增长-3.1%；越南完成累计出口额22.28亿美元（占3.55%），同比增长18.6%；印度完成累计出口额21.03亿美元（占3.35%），同比增长14.07%；

表5　2017年全国塑料行业累计出口额贸易国情况

国家和地区	出口额/亿美元	占比/%	同比增/速%	国家和地区	出口额/亿美元	占比/%	同比增/速%
美国	150.35	23.97	14.23	英国	19	3.03	7.91
日本	37.32	5.95	5.64	澳大利亚	17.82	2.84	10.26
中国香港	34.15	5.44	-3.1	德国	15.96	2.55	3.74
越南	22.28	3.55	18.6	韩国	15.81	2.52	17.12
印度	21.03	3.35	14.07	加拿大	14.28	2.28	18.33

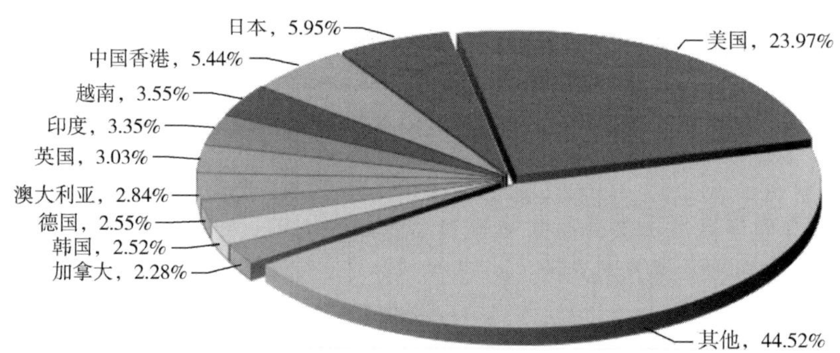

图9　2017年全国塑料行业累计出口额主要贸易国（地区）占比情况

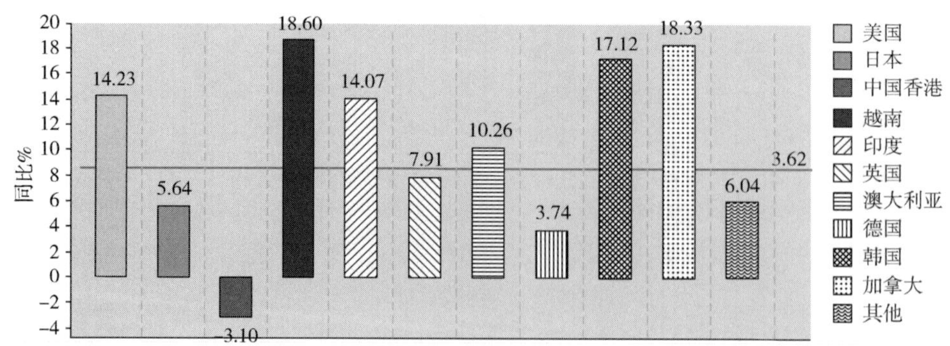

图10　2017年全国塑料行业累计出口额主要贸易国（地区）同比增长情况

2017 年各塑料制品出口情况见表 6。

表 6　　2017 年塑料制品海关出口统计

产品名称	出口量/吨			出口额/万美元		
	2017 年 12 月	2017 年全年	同比增长/%	2017 年 12 月	2017 年全年	同比增长/%
塑料制品	—	—	—	649244.4	6272859.3	8.62
1. 塑料单丝、条、杆、型材及异型	23416	262211	12.98	4693.9	48237.5	14.72
2. 塑料管及其附件	71793	660128	13.19	26404.0	242013.5	12.97
3. 塑料板、片、膜、箔、带及扁条	344265	3667411	9.23	107232.1	1062396.3	11.02
4. 塑料人造革、合成革	64097	676762	4.61	23345.4	237614.3	1.77
5. 塑料包装箱及容器及其附件	220227	2333958	6.05	85832.4	838807.5	7.96
6. 塑料零件	4205	47521	13.24	6778.9	69872.1	11.51
7. 建筑用塑料制品	403383	3949733	23.06	64611.1	609228.6	20.89
(1) 塑料糊墙品和铺地制品	311435	3032714	27.51	45647.8	432556.1	25.72
(2) 塑料门、窗、窗板（帘）及类似品	22627	239213	2.46	7392.2	67554.2	5.03
(3) 其他建筑用塑料制品	69321	677806	13.41	11571.2	109118.2	14.15
8. 日用塑料制品	—	—	—	166729.7	1566601.7	6.55
(1) 塑料制餐具及厨房用具	121993	1315401	8.15	50042.0	497441.9	3.73
(2) 塑料卫生设备、洁具及其配件	97164	1003288	9.02	46305.3	404556.6	11.09
(3) 塑料制办公室或学校用品	26759	327410	4.99	10495.1	114214.1	3.53
(4) 其他日用塑料制品	—	—	—	59887.3	550389.1	6.6
9. 其他塑料制品	—	—	—	163616.9	1598087.8	5.52

注：数据来源：根据海关总署数据加工整理

在政策利好推动下，优势企业纷纷“走出去”，　在国外特别是“一带一路”国家办厂，拓展新市场，如金发科技股份有限公司、广东联塑科技有限公司等公司到印度等国办厂。

二、存在的问题

2017 年塑料加工业积极调结构转方式，坚持创新驱动发展，发生一些可喜变化：行业发展稳定，产业结构继续优化；积极探索生产自动化、信息化和智能化，机器换人广泛推进；致力于技术进步和科技创新，不断提升自身科技化发展水平，重视产学研结合，促进行业转型升级；抓住市场新动向，开拓新产品，不断形成新市场；行业品牌意识增强，更加注重品牌保护；企业环保意识增强，注重清洁生产，绿色产品比重逐步加大；推进系统化高质量发展与产业链延伸，重视发展质量。但仍然存在一些问题。

1. 原材料价格波动较大，部分品种涨价幅度大

2017 年原辅材料价格向上波动幅度加宽，原材料采购价格上涨，而制品价格并未相应上涨，塑料加工业受上游和市场用户的双重挤压，利润空间缩小。例如：2017 年 PVC 树脂价格波动较大，一季度价格基本稳定在 6500 元/吨左右，3 月底价格开始下降，最低降至 5500 元/吨左右，到 6 月底开始持续上涨，至 9 月初最高达到近 8000 元/吨，随后又快速回落到 6500 元/吨以下。由于 PVC 原料价格波动大，给 PVC 相关加工企业的经营带来很大影响。2017 年 MDI、TDI 价格大幅波动，振动幅度超越往年，给聚氨酯及相关产业生产经营带来困难。由于国内环保整治及推进供给侧改造，国产低端塑料原料供应减少，还因进口再生资源政策调整，致使塑料上游的原材料普遍涨价。

2. 环保整治致部分企业被迫关停、限产、整改

2017 年以来，随着环境保护上升到国家战略层面，国家治理大气污染环保督查力度不断加大，中央及地方对企业的环保督察越来越频繁，部分企业因排放不达标而被迫关停、限产、整改。一些不能以产品创新、质量功能提升而占领市场的小微企业再一次面临被“洗牌”出局的困境，呈现出强者愈强，弱者愈弱的局面，行业转型、企业整合加剧。

3. 部分产品产能依旧过剩

目前产品产能过剩问题仍未有效解决，市场上类同的通用产品较多，中低档产品占绝大多数，而高技术、高附加值的产品相对较少，仍需大量进口。由于行业内大企业较少，以中小企业为主，企业科技人员少，科技研发能力差，再加上企业科技经费投入不足，科技创新受到严重制约。

三、发展建议

1. 大力开展技术改造，推进转型升级，实施供给侧结构性改革

塑料加工行业要持续提高产品的工艺技术和质量水平，推进自动化改造，实施供给侧结构性改革，加大产品结构调整和科技创新的力度，向中高端快步迈进。从追求扩大生产规模转向求精、求强；从做雷同、大路货产品转向定向加工和个性化生产。

2. 重视环保，响应国家节能减排政策

以过度消耗资源和牺牲环境为代价求得高速增长的时代已经过去了，多年来支撑高速增长的“红利”正在弱化甚至消失，转变经济增长模式，寻找新的经济增长点才是我们得以生存和可持续发展的唯一出路。行业企业要跟上党和国家的战略部署，积极配合环保整治，淘汰一大批污染严重、低质高耗的企业，要以最少的资源能源消耗、最小的环境代价、最大的税收利润重新组合产业队伍。

3. 抓住外卖和快递包装的生产和回收商机

近年来，随着电商行业的爆炸式发展，物流快递业产生了大量不可降解包装材料的“白色垃圾”，由此产生的环境污染、资源浪费等问题严重。据国家邮政局数据，2017 年全国快递业累计完成 400.6 亿件，相应的快递封装用品使用量依旧巨大。预计 2018 年中国每年会使用 500 亿个快递包裹。国家质检总局、国家标准委 2018 年 2 月 7 日发布新修订的《快递封装用品》系列国家标准，要求快递包装袋宜采用生物降解塑料，将对推广使用低污染、低消耗、低排放、高效能、高效率、高效益的绿色环保封装用品发挥重要作用。

四、2018 年发展趋势展望

2018 年是全面贯彻中共十九大精神的开局之年，我国塑料加工业已进入更加依赖技术进步的发展创新阶段，全球创新格局和产业变革将进一步加速，全球制造业进入智能转型期倒逼塑料加工业发展，塑料加工业呈现功能化、轻量化、生态化和微成型发展趋势。2018 年及今后一段时间，塑料加工业要依据《塑料加工业“十三五”发展规划指导意见》《塑料加工业技术进步“十三五”发展指导意见》和《中国制造 2025》，重点发展多功能、高性能材料及助剂，力争在材料功能化、绿色化及环境友好化方面取得新的突破；加快绿色、节能、高效新型加工成型工艺和技术的开发和应用；加快塑料成型装备的研发；紧紧围绕高端化，加快提升中

高端产品的比例。

中国塑料加工工业协会为引领行业发展，凝聚行业力量，开展中国塑料加工业科技创新年（2017—2018）活动。2018年将着力落实《塑料加工业“十三五”发展规划指导意见》和《塑料加工业技术进步“十三五”发展指导意见》两个规划，推动行业提品质、增品种、创品牌，加强团体标准工作，继续举办专家院士行和产业链高峰论坛，并将于2018年10月在南京举办全国塑料科技大会和第三届中国国际塑料展等活动，探索科技体制机制创新，促进供给侧结构性改革，加快行业向中高端化迈进，促进塑料行业平稳发展。

塑料加工业技术进步“十三五”发展指导意见

中国塑料加工工业协会

塑料加工业是以塑料加工成型为核心，集合成树脂、助剂、改性高分子材料、塑料机械及模具等产业为一体的新兴制造业，既是我国工业体系中的基础产业，也是民生产业。中国塑料加工业现已成功跻身世界塑料加工大国并进入了创新发展的新阶段。

为落实《国民经济和社会发展第十三个五年规划纲要》和《中国制造2025》战略部署，根据《国家中长期科学和技术发展规划纲要（2006—2020年）》《国家创新驱动发展战略纲要》《“十三五”国家科技创新规划》《“十三五”国家战略性新兴产业发展规划》精神和《轻工业发展规划（2006—2020年）》《轻工业技术进步“十三五”发展指导意见》的要求，继续推动塑料加工业由大向强迈进，在《塑料加工业“十三五”发展规划指导意见》基础上，编制《塑料加工业技术进步“十三五”发展指导意见》。

一、塑料加工业“十二五”技术进步回顾

“十二五”期间，中国塑料加工业大力实施品牌战略、强化专利和标准化工作，自主创新和结构调整步伐加快，全面迈进创新驱动发展新阶段。

（一）技术创新体系基本建立

以企业为主体、市场为导向、产学研用结合的创新体系基本建立，创新平台逐步建立。至“十二五”末，全行业获得授权发明与实用新型专利达6.6万余件，获批国家级企业技术中心30个，国家技术创新示范企业9个，国家级中小企业公共服务示范平台2个；轻工行业重点实验室10个、特色区域和产业集群17个；国内开设高分子材料科学与工程相关专业的高校300多个，企业建立院士工作站28个以上，高校与企业联合开发新产品数量稳步增长，科技成果转化效果显著。

（二）技术创新成效显著

我国塑料加工业技术创新已开始从“追赶”向“并行”转变，新技术、新成果研发和应用步伐加快。荣获国家科技进步奖19项，中国专利奖金奖2项，省部级科技奖百余项。基于拉伸流变的塑料挤出技术、柔性屏幕用碳纳米管薄膜、聚氯乙烯－聚酯（PVC－PBT）合金免钢衬门窗型材等技术居国际领先水平；双向拉伸聚乙烯（BOPE）及长碳链尼龙专用树脂生产等技术跨入世界先进行列；打破国外技术壁垒的LNG储运用聚氨酯深冷绝热泡沫材料、高回弹鞋用超临界CO_2聚氨酯微发泡技术、高强度低压聚乙烯交叉复合膜等生产技术填补了国内空白；年产20万吨大型造粒机组、内循环二板直压式注塑机、超大吨位注塑机问世；高效连续混炼装置为清洁生产提供了技术支撑与保障；塑料加工机器换人改造使生产更加精确高效。

（三）节能、环保技术应用取得积极进展

新材料、新技术和节能装备的大量应用显著降低了重金属污染和VOCs排放，大大提高了制品加工与应用过程的能效。新型环保助剂的开发应用取得新进展；无溶剂、水性复合膜及合成革生产技术日渐成熟；淘汰含氢氯氟烃（HCFCs）发泡剂约29万吨，相当于减少二氧化碳排放约3330余万吨。

（四）存在问题

“十二五”期间，我国塑料加工业技术创新取得长足进步，但仍存在一些不容忽视的问题，主要是：以企业为主体、高校、科研院所共同参与的协同创新有待加强；用基础研究成果指导关键共性技术突破并落实在产业化示范技术上的创新链条尚不完整，投入不均衡；实验室技术孵化到工程放大直至产业化的成果转化渠道不畅，跟不上产业快速发展的要求；创新要素参与分配的机制还不健全等。

这些问题，需要在“十三五”期间努力加以解决。

二、我国塑料加工业发展形势分析

“十三五”是世界新一轮科技革命、产业变革大潮与我国加快转变发展方式的历史性交会点，是塑料加工业由大变强的攻坚期，行业既面临难得的发展机遇，也将承受严峻挑战。

（一）进入更加依赖技术进步的发展新阶段

经过“十一五”的超高速发展和“十二五”的结构调整，我国塑料加工业已完成由产业发展成长期向成熟期的过渡，进入了创新发展阶段。随着国内经济进入新常态，塑料加工业同样遇到增速换挡、结构调整阵痛、增长动能转换等问题，多年来主要靠资源要素投入、规模扩张的粗放型发展模式难以为继。

国内塑料加工行业发展已过了引进、吸收、模仿和利用国外先进技术为主的初期阶段，在技术追赶中进入后半程，将更多依靠自主创新和集成创新支撑发展。技术上快速跨越的空间缩小，迫切需要提高原始创新能力，形成产业核心竞争优势，实现创新从“跟踪”为主向“并行、领跑”为主的转变。同时，国内塑料加工行业目前仍处于全球价值链的中低端，高端产品仍以进口为主，一些关键核心技术受制于人，但大量引进的高性能、高技术含量、质量一流的产品，也为我们提供了难得的学习机会，在技术追赶后半期，进入世界前沿的先进技术将逐渐增多。

（二）全球创新格局和产业变革将进一步加速

当前，世界新一轮科技革命、产业变革加速演进，全球进入高强度研发时代，经济增长更加依赖科技发展。创新全球化和网络化加快，以智能、绿色、泛在化为特征的群体性技术革命将引发国际产业分工重大调整，重大创新不断涌现，正重塑世界竞争格局，改变国家和企业的创新模式，创新驱动将成为谋求竞争优势的首要因素。发达国家占据全球价值链高端、主导全球生产体系、高端创新要素相对集中的趋势仍难以改变。全球创新格局和发展趋势的变化使我们既有赶超、跨越的难得历史机遇，也面临差距拉大的严峻挑战。

（三）全球制造业进入智能转型期倒逼塑料加工业发展

全球新一轮科技革命和产业变革的孕育兴起，与我国制造业转型升级形成历史性交会。以德国工业4.0和我国《中国制造2025》等为标志的新一轮技术革命和产业变革快速发展，智能制造成为制造业的重要发展趋势，将对产业发展和分工格局产生深刻影响，推动形成新的生产方式、产业形态和商业模式。

我国塑料加工业起步晚、中小企业多、技术力量弱、创新能力不足，仍处于机械化、电气化、自动化、数字化并存，不同地区、企业发展不平衡的阶段。发展智能制造面临基础薄弱、新模式尚未成型，关键共性技术和核心装备受制于人，系统整体解决方案供给能力不足等问题突出。如何在智能转型大潮中不掉队、不落伍，跟上时代步伐，缩小而不拉大差距、不输在起跑线上，是行业面临的一项重要任务。

（四）塑料加工业呈现功能化、轻量化、生态化和微成型发展趋势

功能化既是塑料制品具有明显优势的特有属性，更是产品结构调整的重要方向，是塑料加工业作为国民经济重要基础性产业的重要标志。轻量化伴随低碳经济同步到来，飞机、汽车和轨道交通等的轻量化越来越成为人们关注的焦点，传统材料及工艺已不能满足要求，新的环境友好、轻质高强材料加工成型技术成为实现轻量化及节能减排的有效途径。生态化是充分利用生物资源开发、生产生物质降解塑料和生物基塑料，促进塑料加工业向环保、高效、可持续发展的必然方向。微成型作为聚合物微纳尺度制造科学的前沿技术，在光电通讯、影像传输、信息储备、医疗器械、高端复杂结构零件等方面有广泛的应用，是塑料加工业精密智能装备、模具和先进成型工艺的集中体现。

三、塑料加工业“十三五”技术进步意见

（一）指导思想

坚持以社会发展总体要求和重大需求为基础，以“自主创新，重点跨越，支撑发展，引领未来”为方针，以加快结构调整、转型升级为突破口，以自主创新为核心，以新材料、新技术、新装备和新产品为重点，前瞻布局，引领发展，重点完善创新体系，大力实施高端化战略，推进两化深度融合，突破关键技术瓶颈，加快产业升级，提高产业素质，推进我国塑料加工业加快向世界先进行列迈进。

（二）基本原则

——坚持创新驱动发展，进一步发挥技术进步、科技创新的保证和支撑作用。大力实施高端化战略，牢牢把握“功能化、轻量化、生态化、微成型”技术发展方向，全面推进产业转型升级。

——坚持“资源节约型、环境友好型、科技创新型”的产业方向，大力实施“高效、安全、循环、生态”发展战略，推动塑料加工业健康和可持续发展。

——坚持“高端化、个性化”的市场导向，推动新型生产模式和新型业态的快速成长。

——牢牢把握“由大到强”目标，大力实施“进口替代”，加快原始创新和集成创新步伐，缩小与国外先进水平差距。

（三）主要目标

1. 完善科技创新体系

培育、支持行业公共科技资源共享机制和服务体系的建立。在重点产业中构建技术创新战略联盟，培育、建立具有创新、咨询、检测、工程放大等科技公共服务平台，其中国家级中小企业公共服务示范平台数量达到5家以上，特色区域和产业集群25个以上。鼓励技术要素参与分配。

2. 增加科技资源总量

行业内国家重点实验室、国家工程技术研究中心增加2～3个，国家级企业技术中心增加到35家以上，30%以上中型及“专特精尖”小型企业获省市级企业中心认定；整合行业优势资源，重点建设不少于20个中国轻工业重点实验室、5个中国轻工业工程技术研究中心。

3. 提高自主创新能力

重点企业研发经费的投入占收入比重超过3.0%，行业整体力争达到2%；重点行业关键技术和装备自主化率力争由40%提高到60%。

4. 推进节能减排

推进节能减排及清洁生产技术应用，推进新能源利用，采用环保新材料、新工艺及新技术降低能耗，实现经济和环境、社会效益协调发展。规模以上企业综合能耗符合国家指标；复合软包装、合成革行业溶剂型传统生产工艺产生的有机废气全面治理、达标排放；60%以上塑料改性造粒及塑料异型材、塑料管道、塑木复合材料等生产线实行混配料一体化技术改造，减少粉尘污染；进一步推动塑料在建筑保温、节能改造及给排水等领域的应用；聚氨酯、挤出聚苯乙烯（XPS）等泡沫塑料生产积极淘汰氢氯氟烃发泡剂；完善废旧塑料回收加工体系，实现废旧塑料改性、高质和高值可资源化利用、无污染排放。

5. 加快产业转型升级

瞄准产业链前沿，价值链高端，加快行业产品结构调整。实现产业技术和产品的安全升级；中、高档产品比例及产品的质量与配套水平有显著提高，部分产品达到国际先进水平。大力实施“进口替代”战略，争取到2025年，塑料加工业主要产品及配件能够满足国民经济和社会发展尤其是高端领域的需求，部分产品和技术达到世界领先水平。

（四）主要任务

1. 加快整合创新资源和要素，不断完善以企业为主体的科技创新体系

深入贯彻实施创新驱动发展战略，进一步完善塑料加工业技术创新体系建设，加强产业共性技术研发平台的建设，提高行业自主创新能力和核心竞争力，加快科技成果转化，完善以企业为主体、市场为导向、政产学研金用相结合的行业创新体系，适时多形式建立行业性研发机构，重视推动成果在业界转化，推动与上下游产业的互动合作，促进塑料加工业可持续发展。

2. 加强前沿技术研究和技术储备，努力缩小差距

根据塑料加工行业“功能化、轻量化、生态化、微成型”的发展趋势，紧紧跟踪当代科技最新发展动态和前沿科技，面向国家战略和行业需求，创新服务平台，组织开展具有前瞻性、先导性的前沿技术研究。通过增强原始创新，探索技术产业化新模式，实现整体技术从“跟踪”到“并跑”的升级，与国际先进处于同一起跑线的技术，力争迈上“领跑”台阶。

3. 组织突破共性关键技术，推进科技创新和产业化示范

通过塑料加工业及上下游产业链的联合攻关，集中力量突破一批塑料加工业关键技术和共性技术问题。逐步解决制约行业整体水平提升的高端原料、助剂、装备严重依赖进口、产品安全保障能力水平不高等瓶颈，推进行业的技术进步和自主创新能力提升，取得核心技术的突破与应用，形成批量生产能力，带动行业整体能力全面提升。

4. 加快重点塑料加工装备研发，提高装备自主化水平

在做好引进、消化、吸收、再创新工作的同时，以关键技术、设备和重点项目为突破口，发挥优势、集中力量开发行业高端装备，提高自主化水平，提高国产塑料机械在国际上的竞争力。

5. 加快新产品、新技术推广应用，促进产品升级换代

大力推广高技术含量、高附加值产品的普及，调整产品结构，推动新材料、新工艺的应用和新技术、新设备的引进，淘汰落后的技术工艺、设备。加快实施技术改造，推动企业结构调整和转型升级。

6. 加快新型工艺研发，加大力度推行清洁生产和节能减排

加大重点行业节能、降耗、减排工作力度，开展塑料制品热加工挥发气体成分排查，利用新技术、新工艺、新材料、新装备，推行绿色、节能、高效生产工艺，实现节能减排、清洁生产、节约成本，提高企业经济效益和市场竞争力。

7. 推动安全工程体系建设，保障食品和环境安全

高度重视塑料制品特别是与食品、饮料接触的塑料薄膜、容器、管道等的卫生和安全问题，在全行业组织、倡导加工企业重诺、诚信、守法，以高度社会责任感严格执行相关卫生和安全使用标准，努力提高产品质量，切实保证产品的卫生与安全。加强企业生产过程监督，加强诚信建设，确保产品安全、可靠。

8. 加快两化深度融合，提高企业智能制造水平，推进塑料加工业智能转型

根据塑料加工行业现状和国家《智能制造发展规划（2016—2020年）》，围绕重点行业关键生产环节，按照柔性化、协同化、网络化、智能化的工业4.0、工业互联网制造模式，开展两化融合的集成创新和工程应用，加大智能制造、机器换人的技术研发和改造力度。推动智能制造体系加速构建。

四、政策建议

（一）加大对塑料加工业技术进步的支持力度

国家有关部门和地方政府应加强对塑料加工业的政策引导和资金支持。

——通过国家科技重点研发计划、消费品品质提升计划和技术改造、强基工程、中小企业创新基金等专项工程及示范项目，支持塑料加工业新材料、新产品、新技术、新装备的研发升级及产业化。

——支持塑料加工技术创新公共服务平台建设、重点实验室、工程（技术）研究中心、企业技术中心、检测中心等建设。加强科技型示范企业、示范区域的建设并给予政策支持，促进高校院所的科研成果更快地转化为先进生产力。

——加大对塑料加工前沿技术和共性关键技术研发与产业化的支持力度，推动行业技术进步。支持节能减排先进技术的示范与推广应用、具有自主知识产权的塑料加工装备首台套示范和产业化。支持重点行业的升级改造，提高企业智能制造和绿色制造水平。

（二）引导企业加大科技投入，加强技术创新能力建设

强化重点企业的科技引领作用，推进企业创新发展，特别是对有自主知识产权产品、有创新开发能力和实用新型专利产品的企业给予重点扶持，鼓励、帮助行业龙头和重点企业通过资本运作组建企业集团或产业技术创新联盟，推动自主创新。

（三）加快人才培养，为塑料加工业持续发展打好基础

实施行业科技人才发展战略。建立企业、高校、研究院所联合机制，建立、完善塑料加工行业专业人才培养基地。开展好高校、企业和行业协会合作职业教育工程，培养高层次技术人才和高级技能型人才；围绕产业升级，以培育自主创新能力和竞争能力为重点，形成一批具有国际先进水平的创新人才团队。

（四）协会组织发挥作用，把握行业科技发展方向，为行业提供优质服务

中国塑协和地方协会要充分发挥熟悉行业、贴近企业，联系政府和企业的桥梁纽带作用，加强对行业的科技发展目标、方向，产业布局、行业准入、风险评估、安全预警等行业重大问题的研究，把握行业科技发展方向，加强对行业科技发展的指导；积极参与国家和地方产业政策、法律法规、行业规划及产品标准的制定，反映企业诉求，推动各项支持塑料加工行业技术进步的规划、政策、项目的制定和已出台支持行业技术进步的相关政策、已颁布的各类“十三五”规划中塑料相关科技项目在企业的落实；及时向企业传递国家、政府的相关政策、信息，抓住机遇，利用各方面的投入，有效组织以企业为主体，金产学研用结合的行业内外、上下游的科技力量开展攻关。坚持正确舆论导向，维护行业利益，为行业技术进步和健康发展提供优质服务。

（五）政府支持行业协会发展，发挥其推动行业进步的重要作用

建议政府有关部门充分发挥协会在参与涉及行

业产业布局、产业政策、科技政策、税收、金融、进出口关税、退税等政策的研究与制修订方面的作用；在各类技术研发、产业化、技术改造项目的立项过程中、各项政策的实施中政府部门要充分征询行业协会意见，依靠行业协会促进落实、跟踪、监督和反馈；授权并支持协会协助政府进行行业认证、质量监督、行业准入及后续管理；建议政府建立并加强与行业的沟通交流机制，做好前瞻性、安全性重大问题的研究，为行业科技创新发展不断提供激励政策，推进塑料加工业持续健康发展。

附件一

“十三五”期间重点产品发展方向

1. 制品及助剂

——塑料管材及管件：重点发展高模量 PP 双壁波纹管、复合缠绕增强等大口径排水排污管，接枝改性 PVC－M 管，PVC－O 管，可熔接（FPVC）管、燃气用 PA 管、PVC－U 双壁波纹管、PE－RT 耐热管，PVC－C 管，长效抗菌 PP－R 给水管，非开挖施工技术和旧管道修复用塑料管材，增强复合热塑性塑料管（RTP），耐磨、耐腐蚀、耐热等特点特种介质输送用塑料管、矿山用阻燃和抗静电的双抗塑料管，超高分子量聚乙烯（UHMW－PE）管、聚烯烃消音静音管、多层复合管材、大口径塑料检查井等。

——塑料型材、板片材：重点发展高耐候 ASA/PVC 共挤彩色门窗型材，动态密封功能的 TPE 后共挤异型材，非铅盐稳定剂塑钢型材，高气密性、隔音塑料推拉窗，PVC 基全包覆共挤异型材，共挤出全塑窗型材，PVC 结皮发泡建筑模板、硬质超透厚板，功能型共挤包覆类塑木板材及型材，显示、保护等高性能电子电器片材等。

——改性及工程塑料：重点发展液晶高分子原位增强复合改性材料，石墨烯/碳纳米管纳米复合改性材料，防霉、阻燃塑木复合改性材料，废旧塑料高值化利用改性材料，高效纳米抗菌功能塑料，高填充改性环保装饰材料，纤维连续增强改性复合材料，环保型无卤阻燃改性材料，用于汽车船舶、航天航空、电子电器、轨道交通等高端领域高性能工程塑料及改性料、长效高耐热改性工程塑料等。

——生物基材料及制品：突破二氧化碳基聚合物（PPC）、聚乳酸（PLA）、聚对苯二甲酸己二酸丁二酯（PBAT）等全生物降解材料的合成、改性、加工核心关键技术，重点发展全生物降解高分子材料在快递、日用品、医用、工业品包装、低成本可控全生物降解地膜、3D 打印材料、一次性餐饮具等领域的应用；发展生物基石墨烯制备及应用的产业化技术、生物基汽车零部件（车挡板、保险杠等）、聚氨酯硬泡、高阻隔功能性材料，淀粉基塑料，秸秆、麻、竹及木质纤维，木质素等农业废弃物，甲壳素等生物质天然高分子原料资源的热塑成型加工生物转化技术制备功能性复合材料的制造技术及其制品。

——功能性薄膜、袋：窗膜用光学级聚酯薄膜、高耐湿热聚酯薄膜、光伏农业功能膜、高阻隔性聚酯薄膜，在新能源电池中的锂离子、镍氢电池隔膜，在平板显示器中的扩散膜、棱镜膜、光学膜、柔性屏幕膜等，以及电器绝缘、石墨烯、纳米纤维素导电、导热功能膜、半导体及微电子用膜等。加强对光伏薄膜、热收缩膜、热封膜、水处理超滤纳滤膜以及 BOPP 彩印膜袋、真空镀铝膜袋、复合袋、淋膜袋、集装袋、高温蒸煮袋及鲜果蔬的透气抗菌保鲜包装膜的深度开发。

——医用塑料制品：重点发展心血管支架植入手术用可扩张气囊导管，不含 DEHP 的 PVC 软管、肾透析用特种中空塑料透析用纤维，人造血管、关节、心脏瓣膜等医用塑料制品；重点开发生物质塑料医疗植入物和药物传输系统，如关节置换、骨折固定板、骨缺损填充物、人工腱、韧带和骨接合剂等方面的产品。

——农用塑料制品：重点发展具有长寿、流滴、保温、消雾、防菌防霉、防尘、转光、高透光、高散射等功能的各种单层、多层复合棚膜，流滴、除草、增温、降解、防虫等功能的地膜，如降解地膜、功能与寿命同步棚膜、新型材质高强度、耐候、易回收地膜及农用超长寿聚酯、氟材类温室棚膜；发展节水灌溉器材、防渗膜和渠道防渗管材，不同类型的微灌（滴灌、微喷、渗管等）器材及各种土工材料。

——滚塑制品：重点发展渔船、皮划艇、高级游艇等，物流领域的保鲜箱、防腐箱、冷冻箱等，环保领域的垃圾地埋桶、化粪池等，生活日用品领域的家具、灯饰等，工业领域的车辆装饰件、油箱、水箱等；重点发展多规格、成系列的烘箱摇摆成型设备取代明火加热。

——人造革合成革：重点发展水性、无溶剂、热塑弹性体材料制备人造革、合成革，抗菌防霉、防紫外线、阻燃、透气透湿、自洁防污、耐刮、耐候性等功能性聚氯乙烯人造革、聚氨酯合成革超细纤维合成革与超纤基材、环保型助剂。

——氟塑料制品：重点开发高功能膜材、高端密封、电子、低温余热回收用氟塑料制品。重点发展新能源、环保、电子、化工、航空航天等领域用过滤、高纯、电池、离型等膜材，如太阳能电池背板用 PVDF 薄膜、PVDF 中空纤维膜、航空用含氟离型膜、建筑用氟塑料膜材；重点发展低蠕变高性能填充聚四氟乙烯密封材料、高纯氟塑料板材及管材、聚四氟乙烯雷达天线外壳、电厂烟气低温余热回收用氟塑料换热器、膨体聚四氟乙烯（ePTFE）弹性航空密封板及密封条。

——塑料助剂：绿色、高效、多功能成为目前塑料助剂产品的主要发展方向。重点发展农膜用抗农药型防老化剂、高效转光剂、流滴消雾剂，环氧化、聚合物型、生物降解型增塑剂，钙/锌复合、稀土类、水滑石类热等绿色、高效、多功能热稳定剂稳定剂，低 GWP（物质的全球变暖潜能值）新型环保发泡剂，无卤低烟高效纳米复合阻燃剂，快速光固化胶粘剂，满足食品接触与医疗塑料制品安全的新型助剂。

——塑料软包装：高阻隔、抗菌塑料软包装膜。高性能塑料合金薄膜制造技术，食品包装及建材、家电用覆膜钢板专用 PET、ETFE 薄膜生产技术，啤酒、化妆品、医疗、食品包装及农药、汽车油箱油管用高阻隔、抗菌等产品技术，纳米复合 PET 软包装技术，高性能废旧塑料共混合金及产品（编织袋、包装膜、片材等）生产技术，物流、仓储及制造过程智能包装及其材料的研发技术，创意、功能化包装标签、喷码技术，薄膜高速印刷、复合用水性胶粘剂、水性凹版油墨制备及应用技术。

2. 塑料加工设备

——新型成型装备：塑料微尺度制造装备，聚合物动态反应成型加工设备，极端流变行为高分子挤压造粒装备，特种工程塑料体积脉动精密高效注塑成型装备，差速锥形螺杆塑炼技术及装备，行星式挤出机、熔融立体三维打印成型设备，高弹性网状塑料软垫成型生产线，高性能芳纶、功能膜、无纺布等的熔体静电纺丝微纳米纤维化绿色制造装备。

——注塑成型设备：精密智能化注塑机，全电动、全液压精密注塑成型机，纳米复合 PET 注－拉－吹生产用高效注塑机，内循环两板式注塑机，大型高效混炼注塑一体化塑木注射成型机，节能大容量挤出注塑成型机，强化传热塑化注射成型装备。

——薄膜成型及辅助设备：五层以上多层共挤薄膜生产线，微纳叠层共挤（双向拉伸、超强力膜、光学膜及复合管材等）成型装备。

小型及宽幅、高速柔性双向拉伸、同步双向拉伸薄膜生产线。

CPE 流延包装薄膜生产线，高性能锂电池干湿法隔膜生产设备，TPU 薄膜、PVB 玻璃夹层膜、EVA 太阳能背板封装膜等高端流延薄膜生产线。

宽幅聚氯乙烯吹膜装备，完全生物降解地膜生产线，厚型宽幅糙面土工膜生产线。

BOPET 在线涂布装置、链夹式弯轨薄膜平拉机，农膜纳米涂层用微量液体在线涂覆装置，地膜全自动化机械手式收卷机。

模内微层叠/双向拉伸集成化功能膜及功能复合材料装备研发。

——管材、板片材成型设备：聚合物管旋转挤出装备，大口径 PE－X 管材、高速超高分子量聚乙烯管材及取向聚氯乙烯（PVC－O）管材、高压增强热塑性塑料管材（RTP）加工设备。

大挤出量、宽幅多层、高速 PVC 板/片材生产线，立式真空风冷板材成型机。

——中空成型设备：大型多层共挤出中空塑料成型机，智能型高速节能 PET 吹瓶机，大型挤吹塑料成型机，“一步法”注拉吹中空塑料成型机，多层共注射瓶坯设备，三维挤吹中空塑料成型机。

——滚塑成型设备：大型、多工位、自动化旋模滚塑成型装备，船舶滚塑装备，高效节能烘箱式滚塑成型装备，高效多层滚塑成型设备，滚塑电磁加热、负压加热机构、双充气结构、模内无线测温仪、燃烧机二次燃烧等装备。

——氟塑料成型设备：高精度可熔融氟塑料挤出机及专用流延设备，发泡、高频、交联等高性能氟塑料线缆专用设备，大直径糊状挤出 PTFE 管材设备，氟塑料板材、大口径管材生产线，新型煤电烟气低温余热氟塑料热交换器。

——其他成型设备：难再生混杂废塑料高效高质回收利用装备，各类有机/无机物再生循环利用与高效集中回收处理设备，PET瓶片回收及再利用装备。

高铁、船体、建筑等用轻质高强塑料复合蜂窝板、折叠结构及非吸塑成型蜂窝复合板成型装备，PE/PP/PET热塑弹性体高弹网状软垫成型装备。

无HCFC超临界CO_2聚合物发泡挤出装备，热固改性EPS生产装备，挤出石墨造粒设备，双螺杆反应挤出装备。

编织袋生产用宽幅、高速拉丝机，高速自动切袋机，高速切缝机，塑编切缝一体机，高效节能智能化塑料挤出草坪单丝机组技术及装备。

快干型无溶剂复合机、塑料水墨凹版印刷机、聚氨酯与聚烯烃类热塑弹性体合成革生产线及辅助设备。

——管理、智能制造：塑料管材、管件、注塑等制品加料、加工、包装、流转、运输生产自动化流水线，大型密闭原料混配、精密计量生产系统；实施车间自动化管理。以塑机控制系统为核心，将人、机、料互联互通，科学下单、排单、跟单、录单和入库生产全过程实施监控的智能工厂的应用。

高填充共混改性功能材料的智能、绿色、高效连续混炼装置，连续混炼双阶造粒成套设备及直接成型辅机，智能自动化连续密炼母料生产线，聚烯烃塑木原料预处理混合及造粒一体化设备。

塑料薄膜、管材等制品在线自动检测设备，全自动连续式数控振动切割机，人造革合成革智能制造与生产过程零排放在线检测系统，塑料成型加工用智能蒸汽发生器。

3. 塑料加工模具

层叠模具装置，大型化、精密化模具，多功能复合模具，热流道模具，气体辅助注射模具，高压注射成型用模具，微型、复杂模具，先进智能模具，新型免钢衬型材模具，塑料模板制粉机。

附件二

技术项目目录

专栏1　　前沿技术

分类	序号	技术名称
材料	1	跨尺度强制组装聚合物基导电/导热复合材料制备技术
	2	功能性合成革用水性聚氨酯树脂及助剂研发
制品	4	碳纳米管导电膜制造技术
	5	纳米天然纤维复合材料柔性屏显示基膜
	6	基于完全生物降解材料构筑的复合软包装生产技术
	7	生物质高阻隔多层共挤出功能性降解膜、袋生产与应用技术
	8	新型亚低温血管内体温精确调控多腔塑料导管生产技术
	9	改性聚酯、聚酯合金等新型材质高强度、耐候、易回收地膜生产技术
	10	寿命5年以上高强高韧高透明改性聚酯农用大棚膜生产技术
	11	寿命15年以上氟塑料温室膜生产技术
	12	极端流变行为高分子材料加工成型技术
加工	13	复合膜基材的无溶剂凹版印刷技术

专栏 2　　关键共性技术

分类	序号	技术名称
材料	1	管材用高模量聚丙烯（PP）专用料
	2	汽车轻量化、电子行业等领域应用的通用塑料、工程塑料和 S－PEEK、PPS、PI、长链 PA/耐高温半芳香尼龙、聚醚亚胺、聚砜类、含杂萘联苯结构系列等高性能特种工程塑料的改性及制品生产技术
	3	碳纤维热塑性复合材料快速模压成型、低成本碳纤维复合材料部件液体成型制造技术
	4	耐冷媒及高强度挤出级 PBT 材料关键技术
	5	苯乙烯类热塑性弹性体用于人造革技术
	6	薄膜型 LNG 储运用增强阻燃绝热聚氨酯泡沫材料生产技术
	7	可控发泡倍率的超临界 CO_2 微发泡制备 PP、PI 等泡沫材料技术
	8	超临界二氧化碳挤出发泡聚丙烯珠粒技术
	9	工业化加工禽畜冷鲜肉、水产品用包装、保质及储运关键材料产业化
	10	塑料智能包装材料技术
	11	纳米纤维素的生产技术
	12	在线 BOPET 涂布用涂层材料生产技术
助剂	13	绿色、环保、高效聚氨酯发泡剂研发技术
制品	14	高性能 PET/PO 合金制造技术
	15	覆膜钢板专用 PET、ETFE 薄膜生产技术
	16	生物降解低分子多元醇制备多孔立构缓释控化肥包膜生产技术
	17	高分子液晶薄膜制备技术
	18	心脏手术用节血器材生产技术
	19	自增强 PE 管材生产技术
	20	可熔接聚氯乙烯（FPVC）、取向聚氯乙烯（PVC－O）管材生产技术
	21	高性能硬质 PVC 发泡板材与金属、非金属复合技术
	22	折叠结构及非吸塑成型轻质高强蜂窝复合板成型技术与装备
加工	23	宽幅超高分子量聚乙烯板材连续挤出及单向拉伸技术
	24	聚乙烯醇热塑加工新技术

专栏 3　　重点推广技术

分类	序号	技术名称
材料	1	二元酸二元醇共聚酯、聚己内酯、淀粉基塑料产业化技术
	2	高精度聚四氟乙烯覆膜滤料生产技术
	3	无毒无味 TPV 塑胶跑道专用料
	4	热塑性树脂的刚性增韧制备技术
	5	易回收热固性树脂制备技术

续表

分类	序号	技术名称
材料	6	棚膜用聚烯烃树脂改性生产技术
	7	汽车用高性能环保聚丙烯生产技术
	8	电子辐照交联聚丙烯（iXPP）发泡片材及汽车内饰材料生产技术
	9	高性能、功能化3D打印材料
	10	非HBCD阻燃发泡材料生产技术
	11	高回弹耐磨耐油TPEs材料
	12	CPET耐高温加热餐盘材料制备技术
	13	新型TPU微孔粒子材料制备成型及应用技术
	14	植物塑性材料及制品生产技术
	15	完全生物降解树脂改性与应用技术
	16	长碳纤LFT、低成本高性能碳纤维增强聚合物基复合材料生产技术
	17	废旧高分子材料固相力化学高值化集成化技术
助剂	18	PVC助剂体系去重金属，非邻苯二甲酸酯技术
	19	新型PVC型材用高耐候改性助剂开发应用
	20	农用纳米光转换剂绿色生产工艺与产业化技术
	21	农用聚合物基纳米复合涂覆液生产技术
	22	生物基、环保植物油增塑剂的制备及应用技术
	23	改性无机粉体材料在无交联聚烯烃发泡体系中应用技术
	24	聚丙烯增韧增刚型β晶成核剂生产技术
	25	水性色浆、多功能性水性表面处理剂生产技术
	26	塑料凹印水基油墨和能量固化无溶剂油墨生产及应用技术
	27	耐蒸煮、耐苛刻内容物或加工条件软包装用溶剂型胶粘剂的生产及应用技术
	28	生物基水性涂料、胶粘剂制备及应用技术
	29	家电用聚氨酯密封胶生产技术
	30	高值化回收塑料在电子电器产品中的应用技术
	31	合成多孔硅酸钙改性及制备高吸附性功能母料集成化应用技术
	32	PMMA/ASA彩色专用料的研发及其在高性能推拉门窗上的应用技术
制品	33	智能建筑、汽车用节能玻璃贴膜，太阳能TPT背材用聚酯薄膜，高介电强度聚酯电容膜，耐热抗老化聚酯绝缘膜生产技术
	34	功能与寿命同步棚膜
	35	模内微层叠/双向拉伸复合集成化技术制备多功能膜技术及功能复合材料成套装备
	36	BOPET高端光学膜基膜及其专用料生产技术
	37	微纳多层建筑节能采光膜制备技术
	38	自清洁隔热节能窗膜生产技术

续表

分类	序号	技术名称
制品	39	新型高阻隔双向拉伸多层共挤出薄膜的成型技术及产品
	40	超高透气聚烯烃微纳膜，新型无孔透湿防水功能薄膜生产技术
	41	聚乙烯醇等环保型高阻隔薄膜制备技术
	42	食品、生鲜用生物降解高透明保鲜膜制备技术
	43	低压聚乙烯交叉复合膜生产技术
	44	高效过滤微纳米纤维膜集成化技术
	45	聚四氟乙烯中空纤维膜的产业化及其应用
	46	垃圾填埋场导渗、埋地排水用等管材生产技术
	47	加油站等输油塑料管道生产技术
	48	阻氧型 PE－RT 耐热管道生产技术
	49	集中供热用预制直埋耐热聚乙烯（PE－RTⅡ）复合保温管的产业化技术
	50	大口径钢塑复合管、超高分子量聚乙烯等管材、管件生产技术
	51	PVC－C 管材管件制造技术
	52	用于精准治疗的可视性介入导管生产技术
	53	用于 80 平开系列门窗的 UPVC 型材生产技术
	54	动态密封功能的 TPE 后共挤异型材生产技术
	55	餐盒用 PP 发泡片材的产业化
	56	高透明、高强度 PET 厚板板材生产技术
	57	再生聚苯乙烯制备环保装饰板材、框材生产技术
	58	异型滚塑制品及巨型滚塑制品的设计及成型技术
	59	新型滚塑游艇成型技术
	60	多层共挤超大型中空容器成型技术
	61	高效节能智能化塑料挤出草坪单丝技术
	62	高分子合金电缆架桥及板桩生产技术
	63	高端密封用、低温余热回收用、低损耗同轴稳相电缆用低密度 PTFE 微孔带生产技术
	64	多岛数定岛型超细纤维、水性、无溶剂聚氨酯及热塑弹性体制备合成革集成生产技术
	65	按压式真空密封保鲜容器技术及应用
加工	66	涂覆型长效流滴消雾功能农用棚膜生产技术
	67	完全生物降解地膜生产与应用技术
	68	医用导管、插管抗凝涂覆技术与应用
	69	基于石墨烯镀层快变模温注塑成型技术
	70	特种工程塑料体积脉动精密高效注塑成型及应用技术
	71	微流控芯片光固化模内化学成型
	72	高性能聚碳酸酯薄膜/片材加工技术

续表

分类	序号	技术名称
加工	73	PVC 型材表面功能化技术
	74	螺杆挤出及分散工艺制备导电导热塑料生产技术
	75	废弃高分子材料高效高值回收利用加工集成化技术
管理	76	建立食品塑料包装及材料卫生安全管理溯源体系
	77	生产中精确计量、连续稳定混配及车间粉尘控制系统技术应用
	78	塑料复合包装材料功能与溯源信息识别及卫生安全管控技术

专栏 4　　节能重点与清洁生产技术

分类	序号	技术名称
节能	1	基于拉伸流变、锥形同向双螺杆等技术的塑料高效节能加工成型技术
	2	塑料加工石英超导双效加热节能技术
	3	塑料成型加工用智能蒸汽发生器技术
	4	印刷复合工艺的转轮浓缩－蓄热燃烧－热能回收利用系统技术
	5	新型建筑节能复合保温材料及节能体系应用技术
清洁	6	汽提、分离机等先进设备应用降低增塑剂生产有机物排放及能耗技术
	7	人造革合成革清洁能源与安全环保生产系统技术

专栏 5　　重点装备技术

序号	技术名称
1	农用生态型斑马膜智能装备
2	聚氯乙烯宽幅吹膜技术与装备
3	TPU、PVB、EVA 等高端流延薄膜生产线
4	高性能锂电池隔膜生产设备
5	在线精密涂布用涂覆装置
6	PVC－O 管材装备研发技术
7	碳纤维复合材料注塑成型装备
8	新一代高效塑化与自适应合模三板式精密注塑机（G2.0）
9	内循环两板式注塑机研发技术
10	巨型、智能滚塑成型装备技术
11	超厚、超宽硬质 PVC 发泡板材生产设备及模具
12	微层中空吹塑机智能化生产线
13	高弹性网状塑料软垫成型技术及生产线
14	轻质高强蜂窝结构复合板成型技术及装备

续表

序号	技术名称
15	塑料微尺度制造装备及技术
16	人字轮捆绑式双向拉伸薄膜成型技术及装备
17	熔体静电纺丝微纳米制品（微米毡、无纺布等）制造装备研发技术
18	高填充共混改性功能材料高效连续混炼装置
19	模具内在线质量感知技术
20	差速锥形螺杆塑炼技术及装备
21	塑料动态成型加工技术与装备

政策法规

国务院办公厅关于印发生产者责任延伸制度推行方案的通知

国办发〔2016〕99号

各省、自治区、直辖市人民政府，国务院各部委、各直属机构：

《生产者责任延伸制度推行方案》已经国务院同意，现印发给你们，请认真贯彻执行。

国务院办公厅

2016年12月25日

生产者责任延伸制度推行方案

生产者责任延伸制度是指将生产者对其产品承担的资源环境责任从生产环节延伸到产品设计、流通消费、回收利用、废物处置等全生命周期的制度。实施生产者责任延伸制度，是加快生态文明建设和绿色循环低碳发展的内在要求，对推进供给侧结构性改革和制造业转型升级具有积极意义。近年来，我国在部分电器电子产品领域探索实行生产者责任延伸制度，取得了较好效果，有关经验做法应予复制和推广。为进一步推行生产者责任延伸制度，根据《中共中央国务院关于印发〈生态文明体制改革总体方案〉的通知》要求，特制定以下方案。

一、总体要求

（一）指导思想

全面贯彻党的十八大和十八届三中、四中、五中、六中全会精神，按照党中央、国务院决策部署，紧紧围绕统筹推进“五位一体”总体布局和协调推进“四个全面”战略布局，牢固树立创新、协调、绿色、开放、共享的发展理念，加快建立生产者责任延伸的制度框架，不断完善配套政策法规体系，逐步形成责任明确、规范有序、监管有力的激励约束机制，通过开展产品生态设计、使用再生原料、保障废弃产品规范回收利用和安全处置、加强信息公开等，推动生产企业切实落实资源环境责任，提高产品的综合竞争力和资源环境效益，提升生态文明建设水平。

（二）基本原则

政府推动，市场主导。充分发挥市场在资源配置中的决定性作用，更好发挥政府规划引导和政策支持作用，形成有利的体制机制和市场环境。

明晰责任，依法推进。强化法治思维，逐步完善生产者责任延伸制度相关法律法规和标准规范，依法依规明确产品全生命周期的资源环境责任。

有效激励，强化管理。创新激励约束机制，调动各方主体履行资源环境责任的积极性，形成可持续商业模式。加强生产者责任延伸制度实施的监督评价，不断提高管理水平。

试点先行，重点突破。合理确定生产者责任延伸制度的实施范围，把握实施的节点和力度。坚持边试点、边总结、边推广，逐步扩大实施范围，稳妥推进相关工作。

（三）工作目标

到2020年，生产者责任延伸制度相关政策体系初步形成，产品生态设计取得重大进展，重点品种的废弃产品规范回收与循环利用率平均达到40%。到2025年，生产者责任延伸制度相关法律法规基本完善，重点领域生产者责任延伸制度运行有序，产品生态设计普遍推行，重点产品的再生原料使用比例达到20%，废弃产品规范回收与循环利用率平均达到50%。

二、责任范围

（一）开展生态设计

生产企业要统筹考虑原辅材料选用、生产、包装、销售、使用、回收、处理等环节的资源环境影响，深入开展产品生态设计。具体包括轻量化、单一化、模块化、无（低）害化、易维护设计，以及延长寿命、绿色包装、节能降耗、循环利用等设计。

（二）使用再生原料

在保障产品质量性能和使用安全的前提下，鼓励生产企业加大再生原料的使用比例，实行绿色供应链管理，加强对上游原料企业的引导，研发推广再生原料检测和利用技术。

（三）规范回收利用

生产企业可通过自主回收、联合回收或委托回收等模式，规范回收废弃产品和包装，直接处置或由专业企业处置利用。产品回收处理责任也可以通过生产企业依法缴纳相关基金、对专业企业补贴的方式实现。

（四）加强信息公开

强化生产企业的信息公开责任，将产品质量、安全、耐用性、能效、有毒有害物质含量等内容作为强制公开信息，面向公众公开；将涉及零部件产品结构、拆解、废弃物回收、原材料组成等内容作为定向公开信息，面向废弃物回收、资源化利用主体公开。

三、重点任务

综合考虑产品市场规模、环境危害和资源化价值等因素，率先确定对电器电子、汽车、铅酸蓄电池和包装物 4 类产品实施生产者责任延伸制度。在总结试点经验基础上，适时扩大产品品种和领域。

（一）电器电子产品

制定电器电子产品生产者责任延伸政策指引和评价标准，引导生产企业深入开展生态设计，优先应用再生原料，积极参与废弃电器电子产品回收和资源化利用。

支持生产企业建立废弃电器电子等产品的新型回收体系，通过依托销售网络建立逆向物流回收体系，选择商业街区、交通枢纽开展自主回收试点，运用“互联网＋”提升规范回收率，选择居民区、办公区探索加强垃圾清运与再生资源回收体系的衔接，大力促进废弃电器电子产品规范回收、利用和处置，保障数据信息安全。率先在北京市开展废弃电器电子产品新型回收利用体系建设试点，并逐步扩大回收利用废弃物范围。

完善废弃电器电子产品回收处理相关制度，科学设置废弃电器电子产品处理企业准入标准，及时评估废弃电器电子产品处理目录的实施效果并进行动态调整。加强废弃电器电子产品处理基金征收和使用管理，建立“以收定支、自我平衡”的机制。强化法律责任，完善申请条件，加强信息公开，进一步发挥基金对生产者责任延伸的激励约束作用。

（二）汽车产品

制定汽车产品生产者责任延伸政策指引，明确汽车生产企业的责任延伸评价标准，产品设计要考虑可回收性、可拆解性，优先使用再生原料、安全环保材料，将用于维修保养的技术信息、诊断设备向独立维修商（包括再制造企业）开放。鼓励生产企业利用售后服务网络与符合条件的拆解企业、再制造企业合作建立逆向回收利用体系，支持回收报废汽车，推广再制造产品。探索整合汽车生产、交易、维修、保险、报废等环节基础信息，逐步建立全国统一的汽车全生命周期信息管理体系，加强报废汽车产品回收利用管理。

建立电动汽车动力电池回收利用体系。电动汽车及动力电池生产企业应负责建立废旧电池回收网络，利用售后服务网络回收废旧电池，统计并发布回收信息，确保废旧电池规范回收利用和安全处置。动力电池生产企业应实行产品编码，建立全生命周期追溯系统。率先在深圳等城市开展电动汽车动力电池回收利用体系建设，并在全国逐步推广。

（三）铅酸蓄电池、饮料纸基复合包装

对铅酸蓄电池、饮料纸基复合包装等产业集中度较高、循环利用产业链比较完整的特定品种，在国家层面制定、分解落实回收利用目标，并建立完善统计、核查、评价、监督和目标调节等制度。

引导铅酸蓄电池生产企业建立产品全生命周期追溯系统，采取自主回收、联合回收或委托回收模式，通过生产企业自有销售渠道或专业企业在消费末端建立的网络回收铅酸蓄电池，支持采用“以旧换新”等方式提高回收率。备用电源蓄电池、储能用蓄电池报废后交给专业企业处置。探索完善生产企业集中收集和跨区域转运方式。率先在上海市建设铅酸蓄电池回收利用体系，规范处理利用采取“销一收一”模式回收的废铅酸蓄电池。

开展饮料纸基复合包装回收利用联盟试点。支持饮料纸基复合包装生产企业、灌装企业和循环利用企业按照市场化原则组成联盟，通过灌装企业销售渠道、现有再生资源回收体系、循环利用企业自建网络等途径，回收废弃的饮料纸基复合包装。鼓励生产企业根据回收量和利用水平，对回收链条薄弱环节给予技术、资金支持，推动实现回收利用目标。

四、保障措施

（一）加强信用评价

建立电器电子、汽车、铅酸蓄电池和包装物 4 类产品骨干生产企业落实生产者责任延伸的信用信息采集系统，并与全国信用信息共享平台对接，对严重失信企业实施跨部门联合惩戒。建立 4 类产品骨干生产企业履行生产者责任延伸情况的报告和公示制度，并率先在部分企业开展试点。建立生产者责任延伸的第三方信用认证评价制度，引入第三方机构对企业履责情况进行评价核证。定期发布生产者责任延伸制度实施情况报告。

（二）完善法规标准

加快修订循环经济促进法、报废汽车回收管理办法、废弃电器电子产品回收处理管理条例，适时制定铅酸蓄电池回收利用管理办法、新能源汽车动力电池回收利用暂行办法、强制回收产品和包装物名录及管理办法、生产者责任延伸评价管理办法。建立完善产品生态设计、回收利用、信息公开等方面标准规范，支持制定生产者责任延伸领域的团体标准。开展生态设计标准化试点。建立统一的绿色产品标准、认证、标识体系，将生态设计产品、再生产品、再制造产品纳入其中。

（三）加大政策支持

研究对开展生产者责任延伸试点的地区和相关企业创新支持方式，加大支持力度。鼓励采用政府和社会资本合作（PPP）模式、第三方服务方式吸引社会资本参与废弃产品回收利用。建立绿色金融体系，落实绿色信贷指引，引导银行业金融机构优先支持落实生产者责任延伸制度的企业，支持符合条件的企业发行绿色债券建设相关项目。通过国家科技计划（专项、基金等）统筹支持生态设计、绿色回收、再生原料检测等方面共性关键技术研发。支持生产企业、资源循环利用企业与科研院所、高等院校组建产学研技术创新联盟。

（四）严格执法监管

开展再生资源集散地专项整治，取缔非法回收站点。加强对报废汽车、废弃电器电子产品拆解企业的资质管理，规范对铅酸蓄电池等特殊品种的管理。严格执行相关法律法规和标准，依法依规处置达不到环境排放标准和安全标准的企业，查处无证经营行为。建立定期巡视和抽查制度，持续打击非法改装、拼装报废车和非法拆解电器电子产品等行为。

（五）积极示范引导

加大再生产品和原料的推广力度，发挥政府等公共机构的带头示范作用，实施绿色采购目标管理，扩大再生产品和原料应用，率先建立规范、通畅、高效的回收体系。遴选一批生产者责任延伸制度实施效果较好的项目进行示范推广。加强生产者责任延伸方面的舆论宣传，普及绿色循环发展理念，引导社会公众自觉规范交投废物，积极开展垃圾分类，提高生态文明意识。

各地区、各部门要高度重视推行生产者责任延伸制度的重要意义，加强组织领导，扎实推进工作。发展循环经济工作部际联席会议要把推行生产者责任延伸制度作为重要工作内容，加强顶层设计，统筹推进各项工作。国家发展改革委要细化实施方案，制定时间表、路线图，加强统筹协调和分类指导，重大情况及时向国务院报告。科技部、工业和信息化部、财政部、环境保护部、住房城乡建设部、商务部、人民银行、工商总局、质检总局、国务院法制办等部门要密切配合、形成合力，按照职责分工抓好落实。各地区要根据本地实际抓好具体实施，有力推进生产者责任延伸工作。

附件

重点任务分工及进度安排表

序号	重点任务	责任单位	时间进度安排
1	完善废弃电器电子产品回收处理制度	国家发展改革委、环境保护部、财政部在各自职责范围内分别负责	2017 年年底前提出方案
2	制定强制回收的产品和包装物名录及管理办法，确定特定品种的国家回收利用目标	国家发展改革委牵头，工业和信息化部、环境保护部、住房城乡建设部、财政部、商务部、质检总局参与	2018 年完成
3	率先在北京市开展废弃电器电子产品新型回收利用体系建设试点	北京市组织实施，国务院有关部门加强指导	2017 年启动
4	开展饮料纸基复合包装回收利用联盟试点	相关行业联盟组织实施，国务院有关部门加强指导	2017 年启动
5	探索铅酸蓄电池生产商集中收集和跨区域转运方式	环境保护部牵头，国家发展改革委、工业和信息化部参与	2017 年启动

续表

序号	重点任务	责任单位	时间进度安排
6	在部分企业开展生态设计试点	工业和信息化部、国家发展改革委	持续推动
7	在部分企业开展电器电子、汽车产品生产者责任延伸试点，率先开展信用评价	工业和信息化部、科技部、财政部、商务部组织试点，国家发展改革委牵头组织信用评价	持续推动
8	率先在上海市建设铅酸蓄电池回收利用体系	上海市组织实施，国务院有关部门加强指导	2017 年启动
9	建立电动汽车动力电池产品编码制度和全生命周期追溯系统	工业和信息化部、质检总局负责	2017 年完成
10	支持建立铅酸蓄电池全生命周期追溯系统，推动实行统一的编码规范	工业和信息化部、质检总局、国家发展改革委负责	持续推进
11	建设生产者责任延伸的信用信息采集系统，制定生产者责任延伸评价管理办法，并制定相应的政策指引	国家发展改革委牵头，工业和信息化部、环境保护部、商务部、人民银行参与	2019 年完成
12	修订《报废汽车回收管理办法》，规范报废汽车产品回收利用制度	国务院法制办、商务部牵头，工商总局、国家发展改革委、工业和信息化部等部门参与	2017 年完成
13	制定铅酸蓄电池回收利用管理办法	国家发展改革委牵头，工业和信息化部、环境保护部参与	2017 年完成
14	健全标准计量体系，建立认证评价制度	质检总局牵头，国务院相关部门参与	持续推进
15	研究对开展生产者责任延伸试点的地区和履行责任的生产企业的支持方式	国家发展改革委，财政部	持续推进
16	加大科技支持力度	科技部牵头，国家发展改革委、工业和信息化部、环境保护部参与	持续推进
17	加快建立再生产品和原料推广使用制度	国家发展改革委、工业和信息化部、财政部、环境保护部、质检总局	2018 年完成
18	实施绿色采购目标管理	财政部牵头，国务院相关部门参与	2019 年完成
19	加强宣传引导	国家发展改革委牵头，国务院各部门参与	持续推进
20	加强工作统筹规划和分类指导	国家发展改革委牵头，国务院各部门参与	持续推进

国务院关于印发“十三五”节能减排综合工作方案的通知

国发〔2016〕74 号

各省、自治区、直辖市人民政府，国务院各部委、各直属机构：

现将《“十三五”节能减排综合工作方案》印发给你们，请结合本地区、本部门实际，认真贯彻执行。

一、“十二五”节能减排工作取得显著成效。各地区、各部门认真贯彻落实党中央、国务院决策部署，把节能减排作为优化经济结构、推动绿色循环低碳发展、加快生态文明建设的重要抓手和突破口，各项工作积极有序推进。“十二五”时期，全国单位国内生产总值能耗降低 18.4%，化学需氧量、二氧化硫、氨氮、氮氧化物等主要污染物排放总量分别减少 12.9%、18%、13% 和 18.6%，超额完成节能减排预定目标任务，为经济结构调整、环境改善、应对全球气候变化做出了重要贡献。

二、充分认识做好“十三五”节能减排工作的重要性和紧迫性。当前，我国经济发展进入新常态，产业结构优化明显加快，能源消费增速放缓，资源性、高耗能、高排放产业发展逐渐衰减。但必须清醒认识到，随着工业化、城镇化进程加快和消费结构持续升级，我国能源需求刚性增长，资源环境问题仍是制约我国经济社会发展的瓶颈之一，节能减排依然形势严峻、任务艰巨。各地区、各部门不能有丝毫放松和懈怠，要进一步把思想和行动统一到党中央、国务院决策部署上来，下更大决心，用更大气力，采取更有效的政策措施，切实将节能减排工作推向深入。

三、坚持政府主导、企业主体、市场驱动、社会参与的工作格局。要切实发挥政府主导作用，综合运用经济、法律、技术和必要的行政手段，着力健全激励约束机制，落实地方各级人民政府对本行政区域节能减排负总责、政府主要领导是第一责任人的工作要求。要进一步明确企业主体责任，严格执行节能环保法律法规和标准，细化和完善管理措施，落实节能减排目标任务。要充分发挥市场机制作用，加大市场化机制推广力度，真正把节能减排转化为企业和各类社会主体的内在要求。要努力增强全体公民的资源节约和环境保护意识，实施全民节能行动，形成全社会共同参与、共同促进节能减排的良好氛围。

四、加强对节能减排工作的组织领导。要严格落实目标责任，国务院每年组织开展省级人民政府节能减排目标责任评价考核，将考核结果作为领导班子和领导干部年度考核、目标责任考核、绩效考核、任职考察、换届考察的重要内容。发挥国家应对气候变化及节能减排工作领导小组的统筹协调作用，国家发展改革委负责承担领导小组的具体工作，切实加强节能减排工作的综合协调，组织推动节能降耗工作；环境保护部主要承担污染减排方面的工作；国务院国资委要切实加强对国有企业节能减排的监督考核工作；国家统计局负责加强能源统计和监测工作；其他各有关部门要切实履行职责，密切协调配合。各省级人民政府要立即部署本地区“十三五”节能减排工作，进一步明确相关部门责任、分工和进度要求。

各地区、各部门和中央企业要按照本通知的要求，结合实际抓紧制定具体实施方案，明确目标责任，狠抓贯彻落实，强化考核问责，确保实现“十三五”节能减排目标。

国务院

2016 年 12 月 20 日

“十三五”节能减排综合工作方案

一、总体要求和目标

（一）总体要求

全面贯彻党的十八大和十八届三中、四中、五中、六中全会精神，深入贯彻习近平总书记系列重要讲话精神，认真落实党中央、国务院决策部署，紧紧围绕“五位一体”总体布局和“四个全面”战略布局，牢固树立创新、协调、绿色、开放、共享的发展理念，落实节约资源和保护环境基本国策，以提高能源利用效率和改善生态环境质量为目标，以推进供给侧结构性改革和实施创新驱动发展战略为动力，坚持政府主导、企业主体、市场驱动、社会参与，加快建设资源节约型、环境友好型社会，确保完成“十三五”节能减排约束性目标，保障人民群众健康和经济社会可持续发展，促进经济转型升级，实现经济发展与环境改善双赢，为建设生态文明提供有力支撑。

（二）主要目标

到2020年，全国万元国内生产总值能耗比2015年下降15%，能源消费总量控制在50亿吨标准煤以内。全国化学需氧量、氨氮、二氧化硫、氮氧化物排放总量分别控制在2001万吨、207万吨、1580万吨、1574万吨以内，比2015年分别下降10%、10%、15%和15%。全国挥发性有机物排放总量比2015年下降10%以上。

二、优化产业和能源结构

（一）促进传统产业转型升级

深入实施“中国制造2025”，深化制造业与互联网融合发展，促进制造业高端化、智能化、绿色化、服务化。构建绿色制造体系，推进产品全生命周期绿色管理，不断优化工业产品结构。支持重点行业改造升级，鼓励企业瞄准国际同行业标杆全面提高产品技术、工艺装备、能效环保等水平。严禁以任何名义、任何方式核准或备案产能严重过剩行业的增加产能项目。强化节能环保标准约束，严格行业规范、准入管理和节能审查，对电力、钢铁、建材、有色、化工、石油石化、船舶、煤炭、印染、造纸、制革、染料、焦化、电镀等行业中，环保、能耗、安全等不达标或生产、使用淘汰类产品的企业和产能，要依法依规有序退出。（牵头单位：国家发展改革委、工业和信息化部、环境保护部、国家能源局，参加单位：科技部、财政部、国务院国资委、质检总局、国家海洋局等）

（二）加快新兴产业发展

加快发展壮大新一代信息技术、高端装备、新材料、生物、新能源、新能源汽车、节能环保、数字创意等战略性新兴产业，推动新领域、新技术、新产品、新业态、新模式蓬勃发展。进一步推广云计算技术应用，新建大型云计算数据中心能源利用效率（PUE）值优于1.5。支持技术装备和服务模式创新。鼓励发展节能环保技术咨询、系统设计、设备制造、工程施工、运营管理、计量检测认证等专业化服务。开展节能环保产业常规调查统计。打造一批节能环保产业基地，培育一批具有国际竞争力的大型节能环保企业。到2020年，战略性新兴产业增加值和服务业增加值占国内生产总值比重分别提高到15%和56%，节能环保、新能源装备、新能源汽车等绿色低碳产业总产值突破10万亿元，成为支柱产业。（牵头单位：国家发展改革委、工业和信息化部、环境保护部，参加单位：科技部、质检总局、国家统计局、国家能源局等）

（三）推动能源结构优化

加强煤炭安全绿色开发和清洁高效利用，推广使用优质煤、洁净型煤，推进煤改气、煤改电，鼓励利用可再生能源、天然气、电力等优质能源替代燃煤使用。因地制宜发展海岛太阳能、海上风能、潮汐能、波浪能等可再生能源。安全发展核电，有序发展水电和天然气发电，协调推进风电开发，推动太阳能大规模发展和多元化利用，增加清洁低碳电力供应。对超出规划部分可再生能源消费量，不纳入能耗总量和强度目标考核。在居民采暖、工业与农业生产、港口码头等领域推进天然气、电能替代，减少散烧煤和燃油消费。到2020年，煤炭占能源消费总量比重下降到58%以下，电煤占煤炭消费量比重提高到55%以上，非化石能源占能源消费总量比重达到15%，天然气消费比重提高到10%左右。（牵头单位：国家发展改革委、环境保护部、国家能源局，参加单位：工业和信息化部、住房城乡建设部、交通运输部、水利部、质检总局、国家统计局、国管局、国家海洋局等）

三、加强重点领域节能

（一）加强工业节能

实施工业能效赶超行动，加强高能耗行业能耗管控，在重点耗能行业全面推行能效对标，推进工业企业能源管控中心建设，推广工业智能化用能监测和诊断技术。到2020年，工业能源利用效率和清洁化水平显著提高，规模以上工业企业单位增加值能耗比2015年降低18%以上，电力、钢铁、有色、建材、石油石化、化工等重点耗能行业能源利用效率达到或接近世界先进水平。推进新一代信息技术与制造技术融合发展，提升工业生产效率和能耗效率。开展工业领域电力需求侧管理专项行动，推动可再生能源在工业园区的应用，将可再生能源占比指标纳入工业园区考核体系。（牵头单位：工业和信息化部、国家发展改革委、国家能源局，参加单位：科技部、环境保护部、质检总局等）

（二）强化建筑节能

实施建筑节能先进标准领跑行动，开展超低能耗及近零能耗建筑建设试点，推广建筑屋顶分布式光伏发电。编制绿色建筑建设标准，开展绿色生态城区建设示范，到2020年，城镇绿色建筑面积占新建建筑面积比重提高到50%。实施绿色建筑全产业链发展计划，推行绿色施工方式，推广节能绿色建材、装配式和钢结构建筑。强化既有居住建筑节能改造，实施改造面积5亿平方米以上，2020年前基本完成北方采暖地区有改造价值城镇居住建筑的节能改造。推动建筑节能宜居综合改造试点城市建设，鼓励老旧住宅节能改造与抗震加固改造、加装电梯等适老化改造同步实施，完成公共建筑节能改造面积1亿平方米以上。推进利用太阳能、浅层地热能、空气热能、工业余热等解决建筑用能需求。（牵头单位：住房城乡建设部，参加单位：国家发展改革委、工业和信息化部、国家林业局、国管局、中直管理局等）

（三）促进交通运输节能

加快推进综合交通运输体系建设，发挥不同运输方式的比较优势和组合效率，推广甩挂运输等先进组织模式，提高多式联运比重。大力发展公共交通，推进"公交都市"创建活动，到2020年大城市公共交通分担率达到30%。促进交通用能清洁化，大力推广节能环保汽车、新能源汽车、天然气（CNG/LNG）清洁能源汽车、液化天然气动力船舶等，并支持相关配套设施建设。提高交通运输工具能效水平，到2020年新增乘用车平均燃料消耗量降至5.0升/百公里。推进飞机辅助动力装置（APU）替代、机场地面车辆"油改电"、新能源应用等绿色民航项目实施。推动铁路编组站制冷/供暖系统的节能和燃煤替代改造。推动交通运输智能化，建立公众出行和物流平台信息服务系统，引导培育"共享型"交通运输模式。（牵头单位：交通运输部、国家发展改革委、国家能源局，参加单位：科技部、工业和信息化部、环境保护部、国管局、中国民航局、中直管理局、中国铁路总公司等）

（四）推动商贸流通领域节能

推动零售、批发、餐饮、住宿、物流等企业建设能源管理体系，建立绿色节能低碳运营管理流程和机制，加快淘汰落后用能设备，推动照明、制冷和供热系统节能改造。贯彻绿色商场标准，开展绿色商场示范，鼓励商贸流通企业设置绿色产品专柜，推动大型商贸企业实施绿色供应链管理。完善绿色饭店标准体系，推进绿色饭店建设。加快绿色仓储建设，支持仓储设施利用太阳能等清洁能源，鼓励建设绿色物流园区。（牵头单位：商务部，参加单位：国家发展改革委、工业和信息化部、住房城乡建设部、质检总局、国家旅游局等）

（五）推进农业农村节能

加快淘汰老旧农业机械，推广农用节能机械、设备和渔船，发展节能农业大棚。推进节能及绿色农房建设，结合农村危房改造稳步推进农房节能及绿色化改造，推动城镇燃气管网向农村延伸和省柴节煤灶更新换代，因地制宜采用生物质能、太阳能、空气热能、浅层地热能等解决农房采暖、炊事、生活热水等用能需求，提升农村能源利用的清洁化水平。鼓励使用生物质可再生能源，推广液化石油气等商品能源。到2020年，全国农村地区基本实现稳定可靠的供电服务全覆盖，鼓励农村居民使用高效节能电器。（牵头单位：农业部、国家发展改革委、工业和信息化部、国家能源局，参加单位：科技部、住房城乡建设部等）

（六）加强公共机构节能

公共机构率先执行绿色建筑标准，新建建筑全部达到绿色建筑标准。推进公共机构以合同能源管理方式实施节能改造，积极推进政府购买合同能源管理服务，探索用能托管模式。2020年公共机构单位建筑面积能耗和人均能耗分别比2015年降低10%和11%。推动公共机构建立能耗基准和公开能源资源消费信息。实施公共机构节能试点示范，创建3000家节约型公共机构示范单位，遴选200家能效领跑者。公共机构率先淘汰老旧车，率先采购使用节能和新能源汽车，中央国家机关、新能源汽车推广应用城市的政府部门及公共机构购买新能源汽车占当年配备更新车辆总量的比例提高到50%以上，新建和既有停车场要配备电动汽车充电设施或预留充电设施安装条件。公共机构率先淘汰采暖锅炉、茶浴炉、食堂大灶等燃煤设施，实施以电代煤、以气代煤，率先使用太阳能、地热能、空气能等清洁能源提供供电、供热/制冷服务。（牵头单位：国管局、国家发展改革委，参加单位：工业和信息化部、环境保护部、住房城乡建设部、交通运输部、国家能源局、中直管理局等）

（七）强化重点用能单位节能管理

开展重点用能单位"百千万"行动，按照属地管理和分级管理相结合原则，国家、省、地市分别对"百家"、"千家"、"万家"重点用能单位进行目标责任评价考核。重点用能单位要围绕能耗总量控制和能效目标，对用能实行年度预算管理。推动重点用能单位建设能源管理体系并开展效果评价，健全能源消费台账。按标准要求配备能源计量器具，进一步完善能源计量体系。依法开展能源审计，组织实施能源绩效评价，开展达标对标和节能自愿活动，采取企业节能自愿承诺和政府适当引导相结合的方式，大力提升重点用能单位能效水平。

严格执行能源统计、能源利用状况报告、能源管理岗位和能源管理负责人等制度。（牵头单位：国家发展改革委，参加单位：教育部、工业和信息化部、住房城乡建设部、交通运输部、国务院国资委、质检总局、国家统计局、国管局、国家能源局、中直管理局等）

（八）强化重点用能设备节能管理

加强高耗能特种设备节能审查和监管，构建安全、节能、环保三位一体的监管体系。组织开展燃煤锅炉节能减排攻坚战，推进锅炉生产、经营、使用等全过程节能环保监督标准化管理。“十三五”期间燃煤工业锅炉实际运行效率提高 5 个百分点，到 2020 年新生产燃煤锅炉效率不低于 80%，燃气锅炉效率不低于 92%。普及锅炉能效和环保测试，强化锅炉运行及管理人员节能环保专项培训。开展锅炉节能环保普查整治，建设覆盖安全、节能、环保信息的数据平台，开展节能环保在线监测试点并实现信息共享。开展电梯能效测试与评价，在确保安全的前提下，鼓励永磁同步电机、变频调速、能量反馈等节能技术的集成应用，开展老旧电梯安全节能改造工程试点。推广高效换热器，提升热交换系统能效水平。加快高效电机、配电变压器等用能设备开发和推广应用，淘汰低效电机、变压器、风机、水泵、压缩机等用能设备，全面提升重点用能设备能效水平。（牵头单位：质检总局、国家发展改革委、工业和信息化部、环境保护部，参加单位：住房城乡建设部、国管局、国家能源局、中直管理局等）

四、强化主要污染物减排

（一）控制重点区域流域排放

推进京津冀及周边地区、长三角、珠三角、东北等重点地区，以及大气污染防治重点城市煤炭消费总量控制，新增耗煤项目实行煤炭消耗等量或减量替代；实施重点区域大气污染传输通道气化工程，加快推进以气代煤。加快发展热电联产和集中供热，利用城市和工业园区周边现有热电联产机组、纯凝发电机组及低品位余热实施供热改造，淘汰供热供气范围内的燃煤锅炉（窑炉）。结合环境质量改善要求，实施行业、区域、流域重点污染物总量减排，在重点行业、重点区域推进挥发性有机物排放总量控制，在长江经济带范围内的部分省市实施总磷排放总量控制，在沿海地级及以上城市实施总氮排放总量控制，对重点行业的重点重金属排放实施总量控制。加强我国境内重点跨国河流水污染防治。严格控制长江、黄河、珠江、松花江、淮河、海河、辽河七大重点流域干流沿岸的石油加工、化学原料和化学制品制造、医药制造、化学纤维制造、有色金属冶炼、纺织印染等项目。分区域、分流域制定实施钢铁、水泥、平板玻璃、锅炉、造纸、印染、化工、焦化、农副食品加工、原料药制造、制革、电镀等重点行业、领域限期整治方案，升级改造环保设施，确保稳定达标。实施重点区域、重点流域清洁生产水平提升行动。城市建成区内的现有钢铁、建材、有色金属、造纸、印染、原料药制造、化工等污染较重的企业应有序搬迁改造或依法关闭。（牵头单位：环境保护部、国家发展改革委、工业和信息化部、质检总局、国家能源局，参加单位：财政部、住房城乡建设部、国管局、国家海洋局等）

（二）推进工业污染物减排

实施工业污染源全面达标排放计划。加强工业企业无组织排放管理。严格执行环境影响评价制度。实行建设项目主要污染物排放总量指标等量或减量替代。建立以排污许可制为核心的工业企业环境管理体系。继续推行重点行业主要污染物总量减排制度，逐步扩大总量减排行业范围。以削减挥发性有机物、持久性有机物、重金属等污染物为重点，实施重点行业、重点领域工业特征污染物削减计划。全面实施燃煤电厂超低排放和节能改造，加快燃煤锅炉综合整治，大力推进石化、化工、印刷、工业涂装、电子信息等行业挥发性有机物综合治理。全面推进现有企业达标排放，研究制修订农药、制药、汽车、家具、印刷、集装箱制造等行业排放标准，出台涂料、油墨、胶黏剂、清洗剂等有机溶剂产品挥发性有机物含量限值强制性环保标准，控制集装箱、汽车、船舶制造等重点行业挥发性有机物排放，推动有关企业实施原料替代和清洁生产技术改造。强化经济技术开发区、高新技术产业开发区、出口加工区等工业聚集区规划环境影响评价及污染治理。加强工业企业环境信息公开，推动企业环境信用评价。建立企业排放红黄牌制度。（牵头单位：环境保护部，参加单位：国家发展改革委、工业和信息化部、财政部、质检总局、国家能源局等）

（三）促进移动源污染物减排

实施清洁柴油机行动，全面推进移动源排放控制。提高新机动车船和非道路移动机械环保标准，发布实施机动车国Ⅵ排放标准。加速淘汰黄标车、老旧机动车、船舶以及高排放工程机械、农业机械。逐步淘汰高油耗、高排放民航特种车辆与设备。2016年淘汰黄标车及老旧车380万辆，2017年基本淘汰全国范围内黄标车。加快船舶和港口污染物减排，在珠三角、长三角、环渤海京津冀水域设立船舶排放控制区，主要港口90%的港作船舶、公务船舶靠港使用岸电，50%的集装箱、客滚和邮轮专业化码头具备向船舶供应岸电的能力；主要港口大型煤炭、矿石码头堆场全面建设防风抑尘设施或实现煤炭、矿石封闭储存。加快油品质量升级，2017年1月1日起全国全面供应国Ⅴ标准的车用汽油、柴油；2018年1月1日起全国全面供应与国Ⅴ标准柴油相同硫含量的普通柴油；抓紧发布实施第六阶段汽、柴油国家（国Ⅵ）标准，2020年实现车用柴油、普通柴油和部分船舶用油并轨，柴油车、非道路移动机械、内河和江海直达船舶均统一使用相同标准的柴油。车用汽柴油应加入符合要求的清净剂。修订《储油库大气污染物排放标准》《加油站大气污染物排放标准》，推进储油储气库、加油加气站、原油成品油码头、原油成品油运输船舶和油罐车、气罐车等油气回收治理工作。加强机动车、非道路移动机械环保达标和油品质量监督执法，严厉打击违法行为。（牵头单位：环境保护部、公安部、交通运输部、农业部、质检总局、国家能源局，参加单位：国家发展改革委、财政部、工商总局等）

（四）强化生活源污染综合整治

对城镇污水处理设施建设发展进行填平补齐、升级改造，完善配套管网，提升污水收集处理能力。合理确定污水排放标准，加强运行监管，实现污水处理厂全面达标排放。加大对雨污合流、清污混流管网的改造力度，优先推进城中村、老旧城区和城乡结合部污水截流、收集、纳管。强化农村生活污染源排放控制，采取城镇管网延伸、集中处理和分散处理等多种形式，加快农村生活污水治理和改厕。促进再生水利用，完善再生水利用设施。注重污水处理厂污泥安全处理处置，杜绝二次污染。到2020年，全国所有县城和重点镇具备污水处理能力，地级及以上城市建成区污水基本实现全收集、全处理，城市、县城污水处理率分别达到95%、85%左右。加强生活垃圾回收处理设施建设，强化对生活垃圾分类、收运、处理的管理和督导，提升城市生活垃圾回收处理水平，全面推进农村垃圾治理，普遍建立村庄保洁制度，推广垃圾分类和就近资源化利用，到2020年，90%以上行政村的生活垃圾得到处理。加大民用散煤清洁化治理力度，推进以电代煤、以气代煤，推广使用洁净煤、先进民用炉具，制定散煤质量标准，加强民用散煤管理，力争2017年年底前基本解决京津冀区域民用散煤清洁化利用问题，到2020年年底前北方地区散煤治理取得明显进展。加快治理公共机构食堂、餐饮服务企业油烟污染，推进餐厨废弃物资源化利用。家具、印刷、汽车维修等政府定点招标采购企业要使用低挥发性原辅材料。严格执行有机溶剂产品有害物质限量标准，推进建筑装饰、汽修、干洗、餐饮等行业挥发性有机物治理。（牵头单位：环境保护部、国家发展改革委、住房城乡建设部、国家能源局，参加单位：工业和信息化部、财政部、农业部、质检总局、国管局、中直管理局等）

（五）重视农业污染排放治理

大力推广节约型农业技术，推进农业清洁生产。促进畜禽养殖场粪便收集处理和资源化利用，建设秸秆、粪便等有机废弃物处理设施，加强分区分类管理，依法关闭或搬迁禁养区内的畜禽养殖场（小区）和养殖专业户并给予合理补偿。开展农膜回收利用，到2020年农膜回收率达到80%以上，率先实现东北黑土地大田生产地膜零增长。深入推广测土配方施肥技术，提倡增施有机肥，开展农作物病虫害绿色防控和统防统治，推广高效低毒低残留农药使用，到2020年实现主要农作物化肥农药使用量零增长，化肥利用率提高到40%以上，京津冀、长三角、珠三角等区域提前一年完成。研究建立农药使用环境影响后评估制度，推进农药包装废弃物回收处理。建立逐级监督落实机制，疏堵结合、以疏为主，加强重点区域和重点时段秸秆禁烧。（牵头单位：农业部、环境保护部、国家能源局，参加单位：国家发展改革委、财政部、住房城乡建设部、质检总局等）

五、大力发展循环经济

（一）全面推动园区循环化改造

按照空间布局合理化、产业结构最优化、产业链接循环化、资源利用高效化、污染治理集中化、基础设施绿色化、运行管理规范化的要求，加快对现有园区的循环化改造升级，延伸产业链，提高产业关联度，建设公共服务平台，实现土地集约利用、资源能源高效利用、废弃物资源化利用。对综合性开发区、重化工产业开发区、高新技术开发区等不同性质的园区，加强分类指导，强化效果评估和工作考核。到 2020 年，75% 的国家级园区和 50% 的省级园区实施循环化改造，长江经济带超过 90% 的省级以上（含省级）重化工园区实施循环化改造。（牵头单位：国家发展改革委、财政部，参加单位：科技部、工业和信息化部、环境保护部、商务部等）

（二）加强城市废弃物规范有序处理

推动餐厨废弃物、建筑垃圾、园林废弃物、城市污泥和废旧纺织品等城市典型废弃物集中处理和资源化利用，推进燃煤耦合污泥等城市废弃物发电。选择 50 个左右地级及以上城市规划布局低值废弃物协同处理基地，完善城市废弃物回收利用体系，到 2020 年，餐厨废弃物资源化率达到 30%。（牵头单位：国家发展改革委、住房城乡建设部，参加单位：环境保护部、农业部、民政部、国管局、中直管理局等）

（三）促进资源循环利用产业提质升级

依托国家“城市矿产”示范基地，促进资源再生利用企业集聚化、园区化、区域协同化布局，提升再生资源利用行业清洁化、高值化水平。实行生产者责任延伸制度。推动太阳能光伏组件、碳纤维材料、生物基纤维、复合材料和节能灯等新品种废弃物的回收利用，推进动力蓄电池梯级利用和规范回收处理。加强再生资源规范管理，发布重点品种规范利用条件。大力发展再制造产业，推动汽车零部件及大型工业装备、办公设备等产品再制造。规范再制造服务体系，建立健全再生产品、再制造产品的推广应用机制。鼓励专业化再制造服务公司与钢铁、冶金、化工、机械等生产制造企业合作，开展设备寿命评估与检测、清洗与强化延寿等再制造专业技术服务。继续开展再制造产业示范基地建设和机电产品再制造试点示范工作。到 2020 年，再生资源回收利用产业产值达到 1.5 万亿元，再制造产业产值超过 1000 亿元。（牵头单位：国家发展改革委，参加单位：科技部、工业和信息化部、环境保护部、住房城乡建设部、商务部等）

（四）统筹推进大宗固体废弃物综合利用

加强共伴生矿产资源及尾矿综合利用。推动煤矸石、粉煤灰、工业副产石膏、冶炼和化工废渣等工业固体废弃物综合利用。开展大宗产业废弃物综合利用示范基地建设。推进水泥窑协同处置城市生活垃圾。大力推动农作物秸秆、林业“三剩物”（采伐、造材和加工剩余物）、规模化养殖场粪便的资源化利用，因地制宜发展各类沼气工程和燃煤耦合秸秆发电工程。到 2020 年，工业固体废物综合利用率达到 73% 以上，农作物秸秆综合利用率达到 85%。（牵头单位：国家发展改革委，参加单位：工业和信息化部、国土资源部、环境保护部、住房城乡建设部、农业部、国家林业局、国家能源局等）

（五）加快互联网与资源循环利用融合发展

支持再生资源企业利用大数据、云计算等技术优化逆向物流网点布局，建立线上线下融合的回收网络，在地级及以上城市逐步建设废弃物在线回收、交易等平台，推广“互联网＋”回收新模式。建立重点品种的全生命周期追溯机制。在开展循环化改造的园区建设产业共生平台。鼓励相关行业协会、企业逐步构建行业性、区域性、全国性的产业废弃物和再生资源在线交易系统，发布交易价格指数。支持汽车维修、汽车保险、旧件回收、再制造、报废拆解等汽车产品售后全生命周期信息的互通共享。到 2020 年，初步形成废弃电器电子产品等高值废弃物在线回收利用体系。（牵头单位：国家发展改革委，参加单位：科技部、工业和信息化部、环境保护部、交通运输部、商务部、保监会等）

六、实施节能减排工程

（一）节能重点工程

组织实施燃煤锅炉节能环保综合提升、电机系统能效提升、余热暖民、绿色照明、节能技术装备产业化示范、能量系统优化、煤炭消费减量替代、重点用能单位综合能效提升、合同能源管理推进、城镇化节能升级改造、天然气分布式能源示范工程等节能重点工程，推进能源综合梯级利用，形成 3 亿吨标准煤左右的节能能力，到 2020 年节能服务产业产值比 2015 年翻一番。（牵头单位：国家发展改革委，参加单位：科技部、工业和信息化部、财政部、住房城乡建设部、国务院国资委、质检总局、国管局、国家能源局、中直管理局等）

（二）主要大气污染物重点减排工程

实施燃煤电厂超低排放和节能改造工程，到 2020 年累计完成 5.8 亿千瓦机组超低排放改造任务，限期淘汰 2000 万千瓦落后产能和不符合相关强制性标准要求的机组。实施电力、钢铁、水泥、石化、平板玻璃、有色等重点行业全面达标排放治理工程。实施京津冀、长三角、珠三角等区域“煤改气”和“煤改电”工程，扩大城市禁煤区范围，建设完善区域天然气输送管道、城市燃气管网、农村配套电网，加快建设天然气储气库、城市调峰站储气罐等基础工程，新增“煤改气”工程用气450亿立方米以上，替代燃煤锅炉18.9万蒸吨。实施石化、化工、工业涂装、包装印刷等重点行业挥发性有机物治理工程，到2020年石化企业基本完成挥发性有机物治理。（牵头单位：环境保护部、国家能源局，参加单位：国家发展改革委、工业和信息化部、财政部、国务院国资委、质检总局等）

（三）主要水污染物重点减排工程

加强城市、县城和其他建制镇生活污染减排设施建设。加快污水收集管网建设，实施城镇污水、工业园区废水、污泥处理设施建设与提标改造工程，推进再生水回用设施建设。加快畜禽规模养殖场（小区）污染治理，75%以上的养殖场（小区）配套建设固体废弃物和污水贮存处理设施。（牵头单位：环境保护部、国家发展改革委、住房城乡建设部，参加单位：工业和信息化部、财政部、农业部、国家海洋局等）

（四）循环经济重点工程

组织实施园区循环化改造、资源循环利用产业示范基地建设、工农复合型循环经济示范区建设、京津冀固体废弃物协同处理、“互联网+”资源循环、再生产品与再制造产品推广等专项行动，建设100个资源循环利用产业示范基地、50个工业废弃物综合利用产业基地、20个工农复合型循环经济示范区，推进生产和生活系统循环链接，构建绿色低碳循环的产业体系。到2020年，再生资源替代原生资源量达到13亿吨，资源循环利用产业产值达到3万亿元。（牵头单位：国家发展改革委、财政部，参加单位：科技部、工业和信息化部、环境保护部、住房城乡建设部、农业部、商务部等）

七、强化节能减排技术支撑和服务体系建设

（一）加快节能减排共性关键技术研发示范推广

启动“十三五”节能减排科技战略研究和专项规划编制工作，加快节能减排科技资源集成和统筹部署，继续组织实施节能减排重大科技产业化工程。加快高超超临界发电、低品位余热发电、小型燃气轮机、煤炭清洁高效利用、细颗粒物治理、挥发性有机物治理、汽车尾气净化、原油和成品油码头油气回收、垃圾渗滤液处理、多污染协同处理等新型技术装备研发和产业化。推广高效烟气除尘和余热回收一体化、高效热泵、半导体照明、废弃物循环利用等成熟适用技术。遴选一批节能减排协同效益突出、产业化前景好的先进技术，推广系统性技术解决方案。（牵头单位：科技部、国家发展改革委，参加单位：工业和信息化部、环境保护部、住房城乡建设部、交通运输部、国家能源局等）

（二）推进节能减排技术系统集成应用

推进区域、城镇、园区、用能单位等系统用能和节能。选择具有示范作用、辐射效应的园区和城市，统筹整合钢铁、水泥、电力等高耗能企业的余热余能资源和区域用能需求，实现能源梯级利用。大力发展“互联网+”智慧能源，支持基于互联网的能源创新，推动建立城市智慧能源系统，鼓励发展智能家居、智能楼宇、智能小区和智能工厂，推动智能电网、储能设施、分布式能源、智能用电终端协同发展。综合采取节能减排系统集成技术，推动锅炉系统、供热/制冷系统、电机系统、照明系统等优化升级。（牵头单位：国家发展改革委、工业和信息化部、国家能源局，参加单位：科技部、财政部、住房城乡建设部、质检总局等）

（三）完善节能减排创新平台和服务体系

建立完善节能减排技术评估体系和科技创新创业综合服务平台，建设绿色技术服务平台，推动建立节能减排技术和产品的检测认证服务机制。培育一批具有核心竞争力的节能减排科技企业和服务基地，建立一批节能科技成果转移促进中心和交流转化平台，组建一批节能减排产业技术创新战略联盟、研究基地（平台）等。继续发布国家重点节能低碳技术推广目录，建立节能减排技术遴选、评定及推广机制。加快引进国外节能环保新技术、新装备，推动国内节能减排先进技术装备“走出去”。（牵头单位：科技部、国家发展改革委、工业和信息化部、环境保护部，参加单位：住房城乡建设部、交通运输部、质检总局等）

八、完善节能减排支持政策

（一）完善价格收费政策

加快资源环境价格改革，健全价格形成机制。督促各地落实差别电价和惩罚性电价政策，严格清理地方违规出台的高耗能企业优惠电价政策。实行超定额用水累进加价制度。督促各地严格落实水泥、电解铝等行业阶梯电价政策，促进节能降耗。研究完善天然气价格政策。完善居民阶梯电价（煤改电除外）制度，全面推行居民阶梯气价（煤改气除外）、水价制度。深化供热计量收费改革，完善脱硫、脱硝、除尘和超低排放环保电价政策，加强运行监管，严肃查处不执行环保电价政策的行为。鼓励各地制定差别化排污收费政策。研究扩大挥发性有机物排放行业排污费征收范围。实施环境保护费改税，推进开征环境保护税。落实污水处理费政策，完善排污权交易价格体系。加大垃圾处理费收缴力度，提高收缴率。（牵头单位：国家发展改革委、财政部，参加单位：工业和信息化部、环境保护部、住房城乡建设部、水利部、国家能源局等）

（二）完善财政税收激励政策

加大对节能减排工作的资金支持力度，统筹安排相关专项资金，支持节能减排重点工程、能力建设和公益宣传。创新财政资金支持节能减排重点工程、项目的方式，发挥财政资金的杠杆作用。推广节能环保服务政府采购，推行政府绿色采购，完善节能环保产品政府强制采购和优先采购制度。清理取消不合理化石能源补贴。对节能减排工作任务完成较好的地区和企业予以奖励。落实支持节能减排的企业所得税、增值税等优惠政策，修订完善《环境保护专用设备企业所得税优惠目录》和《节能节水专用设备企业所得税优惠目录》。全面推进资源税改革，逐步扩大征收范围。继续落实资源综合利用税收优惠政策。从事国家鼓励类项目的企业进口自用节能减排技术装备且符合政策规定的，免征进口关税。（牵头单位：财政部、税务总局，参加单位：国家发展改革委、工业和信息化部、环境保护部、住房城乡建设部、国务院国资委、国管局等）

（三）健全绿色金融体系

加强绿色金融体系的顶层设计，推进绿色金融业务创新。鼓励银行业金融机构对节能减排重点工程给予多元化融资支持。健全市场化绿色信贷担保机制，对于使用绿色信贷的项目单位，可按规定申请财政贴息支持。对银行机构实施绿色评级，鼓励金融机构进一步完善绿色信贷机制，支持以用能权、碳排放权、排污权和节能项目收益权等为抵（质）押的绿色信贷。推进绿色债券市场发展，积极推动金融机构发行绿色金融债券，鼓励企业发行绿色债券。研究设立绿色发展基金，鼓励社会资本按市场化原则设立节能环保产业投资基金。支持符合条件的节能减排项目通过资本市场融资，鼓励绿色信贷资产、节能减排项目应收账款证券化。在环境高风险领域建立环境污染强制责任保险制度。积极推动绿色金融领域国际合作。（牵头单位：人民银行、财政部、国家发展改革委、环境保护部、银监会、证监会、保监会）

九、建立和完善节能减排市场化机制

（一）建立市场化交易机制

健全用能权、排污权、碳排放权交易机制，创新有偿使用、预算管理、投融资等机制，培育和发展交易市场。推进碳排放权交易，2017 年启动全国碳排放权交易市场。建立用能权有偿使用和交易制度，选择若干地区开展用能权交易试点。加快实施排污许可制，建立企事业单位污染物排放总量控制制度，继续推进排污权交易试点，试点地区到 2017 年年底基本建立排污权交易制度，研究扩大试点范围，发展跨区域排污权交易市场。（牵头单位：国家发展改革委、财政部、环境保护部）

（二）推行合同能源管理模式

实施合同能源管理推广工程，鼓励节能服务公司创新服务模式，为用户提供节能咨询、诊断、设计、融资、改造、托管等“一站式”合同能源管理综合服务。取消节能服务公司审核备案制度，任何地方和单位不得以是否具备节能服务公司审核备案资格限制企业开展业务。建立节能服务公司、用能单位、第三方机构失信黑名单制度，将失信行为纳入全国信用信息共享平台。落实节能服务公司税收优惠政策，鼓励各级政府加大对合同能源管理的支持力度。政府机构按照合同能源管理合同支付给节能服务公司的支出，视同能源费用支出。培育以合同能源管理资产交易为特色的资产交易平台。鼓励社会资本建立节能服务产业投资基金。支持节能服务公司发行绿色债券。创新投债贷结合促进合同能源管理业务发展。（牵头单位：国家发展改革委、财政部、税务总局，参加单位：工业和信息化部、住房城乡建设部、人民银行、国管局、银监会、证监会、中直管理局等）

（三）健全绿色标识认证体系

强化能效标识管理制度，扩大实施范围。推行节能低碳环保产品认证。完善绿色建筑、绿色建材标识和认证制度，建立可追溯的绿色建材评价和信息管理系统。推进能源管理体系认证。制修订绿色商场、绿色宾馆、绿色饭店、绿色景区等绿色服务评价办法，积极开展第三方认证评价。逐步将目前分头设立的环保、节能、节水、循环、低碳、再生、有机等产品统一整合为绿色产品，建立统一的绿色产品标准、认证、标识体系。加强节能低碳环保标识监督检查，依法查处虚标企业。开展能效、水效、环保领跑者引领行动。（牵头单位：国家发展改革委、工业和信息化部、环境保护部、质检总局，参加单位：财政部、住房城乡建设部、水利部、商务部等）

（四）推进环境污染第三方治理

鼓励在环境监测与风险评估、环境公用设施建设与运行、重点区域和重点行业污染防治、生态环境综合整治等领域推行第三方治理。研究制定第三方治理项目增值税即征即退政策，加大财政对第三方治理项目的补助和奖励力度。鼓励各地积极设立第三方治理项目引导基金，解决第三方治理企业融资难、融资贵问题。引导地方政府开展第三方治理试点，建立以效付费机制。提升环境服务供给水平与质量。到2020年，环境公用设施建设与运营、工业园区第三方治理取得显著进展，污染治理效率和专业化水平明显提高，环境公用设施投资运营体制改革基本完成，涌现出一批技术能力强、运营管理水平高、综合信用好、具有国际竞争力的环境服务公司。（牵头单位：国家发展改革委、环境保护部，参加单位：工业和信息化部、财政部、住房城乡建设部等）

（五）加强电力需求侧管理

推行节能低碳、环保电力调度，建设国家电力需求侧管理平台，推广电能服务，总结电力需求侧管理城市综合试点经验，实施工业领域电力需求侧管理专项行动，引导电网企业支持和配合平台建设及试点工作，鼓励电力用户积极采用节电技术产品，优化用电方式。深化电力体制改革，扩大峰谷电价、分时电价、可中断电价实施范围。加强储能和智能电网建设，增强电网调峰和需求侧响应能力。（牵头单位：国家发展改革委，参加单位：工业和信息化部、财政部、国家能源局等）

十、落实节能减排目标责任

（一）健全节能减排计量、统计、监测和预警体系

健全能源计量体系和消费统计指标体系，完善企业联网直报系统，加大统计数据审核与执法力度，强化统计数据质量管理，确保统计数据基本衔接。完善环境统计体系，补充调整工业、城镇生活、农业等重要污染源调查范围。建立健全能耗在线监测系统和污染源自动在线监测系统，对重点用能单位能源消耗实现实时监测，强化企业污染物排放自行监测和环境信息公开，2020年污染源自动监控数据有效传输率、企业自行监测结果公布率保持在90%以上，污染源监督性监测结果公布率保持在95%以上。定期公布各地区、重点行业、重点单位节能减排目标完成情况，发布预警信息，及时提醒高预警等级地区和单位的相关负责人，强化督促指导和帮扶。完善生态环境质量监测评价，建立地市报告、省级核查、国家审查的减排管理机制，鼓励引入第三方评估；加强重点减排工程调度管理，对环境质量改善达不到进度要求、重点减排工程建设滞后或运行不稳定、政策措施落实不到位的地区及时预警。（牵头单位：国家发展改革委、环境保护部、国家统计局，参加单位：工业和信息化部、住房城乡建设部、交通运输部、国务院国资委、质检总局、国管局等）

（二）合理分解节能减排指标

实施能源消耗总量和强度双控行动，改革完善主要污染物总量减排制度。强化约束性指标管理，健全目标责任分解机制，将全国能耗总量控制和节能目标分解到各地区、主要行业和重点用能单位。各地区要根据国家下达的任务明确年度工作目标并层层分解落实，明确下一级政府、有关部门、重点用能单位责任，逐步建立省、市、县三级用能预算管理体系，编制用能预算管理方案；以改善环境质量为核心，突出重点工程减排，实行分区分类差别化管理，科学确定减排指标，环境质量改善任务重的地区承担更多的减排任务。（牵头单位：国家发展改革委、环境保护部，参加单位：工业和信息化部、住房城乡建设部、交通运输部、国管局、国家能源局等）

（三）加强目标责任评价考核

强化节能减排约束性指标考核，坚持总量减排和环境质量考核相结合，建立以环境质量考核为导向的减排考核制度。国务院每年组织开展省级人民政府节能减排目标责任评价考核，将考核结果作为领导班子和领导干部考核的重要内容，继续深入开展领导干部自然资源资产离任审计试点。对未完成能耗强度降低目标的省级人民政府实行问责，对未完成国家下达能耗总量控制目标任务的予以通报批评和约谈，实行高耗能项目缓批限批。对环境质量改善、总量减排目标均未完成的地区，暂停新增排放重点污染物建设项目的环评审批，暂停或减少中央财政资金支持，必要时列入环境保护督查范围。对重点单位节能减排考核结果进行公告并纳入社会信用记录系统，对未完成目标任务的暂停审批或核准新建扩建高耗能项目。落实国有企业节能减排目

标责任制，将节能减排指标完成情况作为企业绩效和负责人业绩考核的重要内容。对节能减排贡献突出的地区、单位和个人以适当方式给予表彰奖励。（牵头单位：国家发展改革委、环境保护部、中央组织部，参加单位：工业和信息化部、财政部、住房城乡建设部、交通运输部、国务院国资委、质检总局、国家统计局、国管局、国家海洋局等）

十一、强化节能减排监督检查

（一）健全节能环保法律法规标准

加快修订完善节能环保方面的法律制度，推动制修订环境保护税法、水污染防治法、土壤污染防治法、能源法、固体废弃物污染环境防治法等。制修订建设项目环境保护管理条例、环境监测管理条例、重点用能单位节能管理办法、锅炉节能环保监督管理办法、节能服务机构管理暂行办法、污染地块土壤环境管理暂行办法、环境影响登记表备案管理办法等。健全节能标准体系，提高建筑节能标准，实现重点行业、设备节能标准全覆盖，继续实施百项能效标准推进工程。开展节能标准化和循环经济标准化试点示范建设。制定完善环境保护综合名录。制修订环保产品、环保设施运行效果评估、环境质量、污染物排放、环境监测方法等相关标准。鼓励地方依法制定更加严格的节能环保标准，鼓励制定节能减排团体标准。（牵头单位：国家发展改革委、工业和信息化部、环境保护部、质检总局、国务院法制办，参加单位：住房城乡建设部、交通运输部、商务部、国家统计局、国管局、国家海洋局、国家能源局、中直管理局等）

（二）严格节能减排监督检查

组织开展节能减排专项检查，督促各项措施落实。强化节能环保执法监察，加强节能审查，强化事中事后监管，加大对重点用能单位和重点污染源的执法检查力度，严厉查处各类违法违规用能和环境违法违规行为，依法公布违法单位名单，发布重点企业污染物排放信息，对严重违法违规行为进行公开通报或挂牌督办，确保节能环保法律、法规、规章和强制性标准有效落实。强化执法问责，对行政不作为、执法不严等行为，严肃追究有关主管部门和执法机构负责人的责任。（牵头单位：国家发展改革委、工业和信息化部、环境保护部，参加单位：住房城乡建设部、质检总局、国家海洋局等）

（三）提高节能减排管理服务水平

建立健全节能管理、监察、服务“三位一体”的节能管理体系。建立节能服务和监管平台，加强政府管理和服务能力建设。继续推进能源统计能力建设，加强工作力量。加强节能监察能力建设，进一步完善省、市、县三级节能监察体系。健全环保监管体制，开展省以下环保机构监测监察执法垂直管理制度试点，推进环境监察机构标准化建设，全面加强挥发性有机物环境空气质量和污染排放自动在线监测工作。开展污染源排放清单编制工作，出台主要污染物减排核查核算办法（细则）。进一步健全能源计量体系，深入推进城市能源计量建设示范，开展计量检测、能效计量比对等节能服务活动，加强能源计量技术服务和能源计量审查。建立能源消耗数据核查机制，建立健全统一的用能量和节能量审核方法、标准、操作规范和流程，加强核查机构管理，依法严厉打击核查工作中的弄虚作假行为。推动大数据在节能减排领域的应用。创新节能管理和服务模式，开展能效服务网络体系建设试点，促进用能单位经验分享。制定节能减排培训纲要，实施培训计划，依托专业技术人才知识更新工程等国家重大人才工程项目，加强对各级领导干部和政府节能管理部门、节能监察机构、用能单位相关人员的培训。（牵头单位：国家发展改革委、工业和信息化部、财政部、环境保护部，参加单位：人力资源社会保障部、住房城乡建设部、质检总局、国家统计局、国管局、国家海洋局、中直管理局等）

十二、动员全社会参与节能减排

（一）推行绿色消费

倡导绿色生活，推动全民在衣、食、住、行等方面更加勤俭节约、绿色低碳、文明健康，坚决抵制和反对各种形式的奢侈浪费。开展旧衣“零抛弃”活动，方便闲置旧物交换。积极引导绿色金融支持绿色消费，积极引导消费者购买节能与新能源汽车、高效家电、节水型器具等节能环保低碳产品，减少一次性用品的使用，限制过度包装，尽可能选用低挥发性水性涂料和环境友好型材料。加快畅通绿色产品流通渠道，鼓励建立绿色批发市场、节能超市等绿色流通主体。大力推广绿色低碳出行，倡导绿色生活和休闲模式。到 2020 年，能效标识 2 级以上的空调、冰箱、热水器等节能家电市场占有率达到 50% 以上。（牵头单位：国家发展改革委、环境保护部，参加单位：工业和信息化部、财政部、住房城乡建设部、交通运输部、商务部、中央军委后勤保障部、全国总工会、共青团中央、全国妇联等）

（二）倡导全民参与

推动全社会树立节能是第一能源、节约就是增加资源的理念，深入开展全民节约行动和节能“进机关、进单位、进企业、进军营、进商超、进宾馆、进学校、进家庭、进社区、进农村”等“十进”活动。制播节能减排公益广告，鼓励建设节能减排博物馆、展示馆，创建一批节能减排宣传教育示范基地，形成人人、事事、时时参与节能减排的社会氛围。发展节能减排公益事业，鼓励公众参与节能减排公益活动。加强节能减排、应对气候变化等领域国际合作，推动落实《二十国集团能效引领计划》。（牵头单位：中央宣传部、国家发展改革委、环境保护部，参加单位：外交部、教育部、工业和信息化部、财政部、住房城乡建设部、国务院国资委、质检总局、新闻出版广电总局、国管局、中直管理局、中央军委后勤保障部、全国总工会、共青团中央、全国妇联等）

（三）强化社会监督

充分发挥各种媒体作用，报道先进典型、经验和做法，曝光违规用能和各种浪费行为。完善公众参与制度，及时准确披露各类环境信息，扩大公开范围，保障公众知情权，维护公众环境权益。依法实施环境公益诉讼制度，对污染环境、破坏生态的行为可依法提起公益诉讼。（牵头单位：中央宣传部、国家发展改革委、环境保护部，参加单位：全国总工会、共青团中央、全国妇联等）

附件：1.“十三五”各地区能耗总量和强度“双控”目标

2.“十三五”主要行业和部门节能指标

3.“十三五”各地区化学需氧量排放总量控制计划

4.“十三五”各地区氨氮排放总量控制计划

5.“十三五”各地区二氧化硫排放总量控制计划

6.“十三五”各地区氮氧化物排放总量控制计划

7.“十三五”重点地区挥发性有机物排放总量控制计划

附件1

“十三五”各地区能耗总量和强度“双控”目标

地　区	“十三五”能耗强度降低目标/%	2015年能源消费总量/（万吨标准煤）	“十三五”能耗增量控制目标/（万吨标准煤）
北　京	17	6853	800
天　津	17	8260	1040
河　北	17	29395	3390
山　西	15	19384	3010
内蒙古	14	18927	3570
辽　宁	15	21667	3550
吉　林	15	8142	1360
黑龙江	15	12126	1880
上　海	17	11387	970
江　苏	17	30235	3480
浙　江	17	19610	2380
安　徽	16	12332	1870
福　建	16	12180	2320
江　西	16	8440	1510

续表

地　　区	“十三五”能耗强度降低目标/%	2015 年能源消费总量/（万吨标准煤）	“十三五”能耗增量控制目标/（万吨标准煤）
山　东	17	37945	4070
河　南	16	23161	3540
湖　北	16	16404	2500
湖　南	16	15469	2380
广　东	17	30145	3650
广　西	14	9761	1840
海　南	10	1938	660
重　庆	16	8934	1660
四　川	16	19888	3020
贵　州	14	9948	1850
云　南	14	10357	1940
西　藏	10	—	—
陕　西	15	11716	2170
甘　肃	14	7523	1430
青　海	10	4134	1120
宁　夏	14	5405	1500
新　疆	10	15651	3540

注：西藏自治区相关数据暂缺。

附件 2

“十三五”主要行业和部门节能指标

指标	单位	2015 年实际值	2020 年	
			目标值	变化幅度/变化率
工业：				
单位工业增加值（规模以上）能耗				[－18%]
火电供电煤耗	克标准煤/千瓦时	315	306	－9
吨钢综合能耗	千克标准煤	572	560	－12
水泥熟料综合能耗	千克标准煤/吨	112	105	－7
电解铝液交流电耗	千瓦时/吨	13350	13200	－150
炼油综合能耗	千克标准油/吨	65	63	－2
乙烯综合能耗	千克标准煤/吨	816	790	－26
合成氨综合能耗	千克标准煤/吨	1331	1300	－31

续表

<table>
<tr><th colspan="2" rowspan="2">指标</th><th rowspan="2">单位</th><th rowspan="2">2015 年实际值</th><th colspan="2">2020 年</th></tr>
<tr><th>目标值</th><th>变化幅度/变化率</th></tr>
<tr><td colspan="2">纸及纸板综合能耗</td><td>千克标准煤/吨</td><td>530</td><td>480</td><td>−50</td></tr>
<tr><td colspan="6">建筑：</td></tr>
<tr><td colspan="2">城镇既有居住建筑节能改造累计面积</td><td>亿平方米</td><td>12.5</td><td>17.5</td><td>+5</td></tr>
<tr><td colspan="2">城镇公共建筑节能改造累计面积</td><td>亿平方米</td><td>1</td><td>2</td><td>+1</td></tr>
<tr><td colspan="2">城镇新建绿色建筑标准执行率</td><td>%</td><td>20</td><td>50</td><td>+30</td></tr>
<tr><td colspan="2">交通运输：</td><td></td><td></td><td></td><td></td></tr>
<tr><td colspan="2">铁路单位运输工作量综合能耗</td><td>吨标准煤/百万换算吨公里</td><td>4.71</td><td>4.47</td><td>[−5%]</td></tr>
<tr><td colspan="2">营运车辆单位运输周转量能耗下降率</td><td></td><td></td><td></td><td>[−6.5%]</td></tr>
<tr><td colspan="2">营运船舶单位运输周转量能耗下降率</td><td></td><td></td><td></td><td>[−6%]</td></tr>
<tr><td colspan="2">民航业单位运输周转量能耗</td><td>千克标准煤/吨公里</td><td>0.433</td><td><0.415</td><td>>[−4%]</td></tr>
<tr><td colspan="2">新生产乘用车平均油耗</td><td>升/百公里</td><td>6.9</td><td>5</td><td>−1.9</td></tr>
<tr><td colspan="2">公共机构：</td><td></td><td></td><td></td><td></td></tr>
<tr><td colspan="2">公共机构单位建筑面积能耗</td><td>千克标准煤/平方米</td><td>20.6</td><td>18.5</td><td>[−10%]</td></tr>
<tr><td colspan="2">公共机构人均能耗</td><td>千克标准煤/人</td><td>370.7</td><td>330.0</td><td>[−11%]</td></tr>
<tr><td colspan="6">终端用能设备：</td></tr>
<tr><td colspan="2">燃煤工业锅炉（运行）效率</td><td>%</td><td>70</td><td>75</td><td>+5</td></tr>
<tr><td colspan="2">电动机系统效率</td><td>%</td><td>70</td><td>75</td><td>+5</td></tr>
<tr><td rowspan="3">一级能效容积式空气压缩机市场占有率</td><td>小于 55kW</td><td>%</td><td>15</td><td>30</td><td>+15</td></tr>
<tr><td>55kW 至 220kW</td><td>%</td><td>8</td><td>13</td><td>+5</td></tr>
<tr><td>大于 220kW</td><td>%</td><td>5</td><td>8</td><td>+3</td></tr>
<tr><td colspan="2">一级能效电力变压器市场占有率</td><td>%</td><td>0.1</td><td>10</td><td>+9.9</td></tr>
<tr><td colspan="2">二级以上能效房间空调器市场占有率</td><td>%</td><td>22.6</td><td>50</td><td>+27.4</td></tr>
<tr><td colspan="2">二级以上能效电冰箱市场占有率</td><td>%</td><td>98.3</td><td>99</td><td>+0.7</td></tr>
<tr><td colspan="2">二级以上能效家用燃气热水器市场占有率</td><td>%</td><td>93.7</td><td>98</td><td>+4.3</td></tr>
</table>

注：[ ] 内为变化率。

附件 3

“十三五”各地区化学需氧量排放总量控制计划

地区	2015 年排放量/万吨	2020 年减排比例/%	2020 年重点工程减排量/万吨
北京	16.2	14.4	2.33
天津	20.9	14.4	2.47

续表

地区	2015 年排放量/万吨	2020 年减排比例/%	2020 年重点工程减排量/万吨
河北	120. 8	19. 0	16. 14
山西	40. 5	17. 6	4. 75
内蒙古	83. 6	7. 1	5. 19
辽宁	116. 7	13. 4	8. 41
吉林	72. 4	4. 8	2. 32
黑龙江	139. 3	6. 0	7. 33
上海	19. 9	14. 5	2. 72
江苏	105. 5	13. 5	10. 39
浙江	68. 3	19. 2	7. 64
安徽	87. 1	9. 9	7. 70
福建	60. 9	4. 1	2. 14
江西	71. 6	4. 3	2. 73
山东	175. 8	11. 7	13. 30
河南	128. 7	18. 4	16. 98
湖北	98. 6	9. 9	8. 25
湖南	120. 8	10. 1	10. 49
广东	160. 7	10. 4	11. 06
广西	71. 1	1. 0	0. 35
海南	18. 8	1. 2	0. 16
重庆	38. 0	7. 4	2. 36
四川	118. 6	12. 8	14. 09
贵州	31. 8	8. 5	2. 77
云南	51. 0	14. 1	5. 85
西藏	2. 9	—	—
陕西	48. 9	10. 0	2. 63
甘肃	36. 6	8. 2	2. 40
青海	10. 4	1. 1	0. 07
宁夏	21. 1	1. 2	0. 10
新疆	56. 0	1. 6	0. 71
新疆生产建设兵团	10. 0	1. 6	0. 04

注：2020 年减排比例根据各地区地表水质量改善任务确定，重点工程减排量根据“十三五”规划纲要、《水污染防治行动计划》及相关规划提出的环境治理保护重点工程确定。

附件 4

“十三五”各地区氨氮排放总量控制计划

地区	2015 年排放量/万吨	2020 年减排比例/%	2020 年重点工程减排量/万吨
北京	1.6	16.1	0.24
天津	2.4	16.1	0.38
河北	9.7	20.0	1.59
山西	5.0	18.0	0.61
内蒙古	4.7	7.0	0.28
辽宁	9.6	8.8	0.85
吉林	5.1	6.4	0.20
黑龙江	8.1	7.0	0.48
上海	4.3	13.4	0.53
江苏	13.8	13.4	1.25
浙江	9.8	17.6	0.85
安徽	9.7	14.3	1.07
福建	8.5	3.5	0.30
江西	8.5	3.8	0.32
山东	15.3	13.4	1.49
河南	13.4	16.6	1.93
湖北	11.4	10.2	1.02
湖南	15.1	10.1	1.41
广东	20.0	11.3	1.54
广西	7.7	1.0	0.08
海南	2.1	1.9	0.04
重庆	5.0	6.3	0.32
四川	13.1	13.9	1.74
贵州	3.6	11.2	0.41
云南	5.5	12.9	0.67
西藏	0.3	—	—
陕西	5.6	10.0	0.38
甘肃	3.7	8.0	0.28
青海	1.0	1.4	0.01
宁夏	1.6	0.7	0.01
新疆	4.0	2.8	0.09
新疆生产建设兵团	0.5	2.8	—

注：2020 年减排比例根据各地区地表水质量改善任务确定，重点工程减排量根据“十三五”规划纲要、《水污染防治行动计划》及相关规划提出的环境治理保护重点工程确定。

附件 5

“十三五”各地区二氧化硫排放总量控制计划

地　区	2015 年排放量/万吨	2020 年减排比例/%	2020 年重点工程减排量/万吨
北　京	7.1	35	1.8
天　津	18.6	25	2.8
河　北	110.8	28	18.4
山　西	112.1	20	22.4
内蒙古	123.1	11	13.5
辽　宁	96.9	20	14.4
吉　林	36.3	18	5.2
黑龙江	45.6	11	4.3
上　海	17.1	20	3.4
江　苏	83.5	20	13.3
浙　江	53.8	17	9.1
安　徽	48.0	16	5.2
福　建	33.8	—	3.5
江　西	52.8	12	6.3
山　东	152.6	27	35.0
河　南	114.4	28	20.5
湖　北	55.1	20	10.9
湖　南	59.6	21	8.5
广　东	67.8	3	2.0
广　西	42.1	13	4.5
海　南	3.2	—	0.4
重　庆	49.6	18	8.1
四　川	71.8	16	11.2
贵　州	85.3	7	6.0
云　南	58.4	1	0.6
西　藏	0.5	—	—
陕　西	73.5	15	11.0
甘　肃	57.1	8	4.6
青　海	15.1	6	0.9
宁　夏	35.8	12	4.3
新　疆	66.8	3	2.0
新疆生产建设兵团	11.0	13	0.9

注：2020 年减排比例根据各地区空气质量改善任务确定，重点工程减排量根据“十三五”规划纲要、《大气污染防治行动计划》及相关规划提出的环境治理保护重点工程确定。

附件 6

“十三五”各地区氮氧化物排放总量控制计划

地　区	2015 年排放量/万吨	2020 年减排比例/%	2020 年重点工程减排量/万吨
北　京	13.8	25	0.7
天　津	24.7	25	3.5
河　北	135.1	28	19.9
山　西	93.1	20	16.3
内蒙古	113.9	11	12.5
辽　宁	82.8	20	14.9
吉　林	50.2	18	9.0
黑龙江	64.5	11	7.1
上　海	30.1	20	5.2
江　苏	106.8	20	18.7
浙　江	60.7	17	10.3
安　徽	72.1	16	9.0
福　建	37.9	—	4.6
江　西	49.3	12	5.9
山　东	142.4	27	31.0
河　南	126.2	28	15.8
湖　北	51.5	20	5.9
湖　南	49.7	15	6.3
广　东	99.7	3	3.0
广　西	37.3	13	3.3
海　南	9.0	—	1.2
重　庆	32.1	18	2.8
四　川	53.4	16	3.7
贵　州	41.9	7	2.9
云　南	44.9	1	0.4
西　藏	5.3	—	—
陕　西	62.7	15	9.4
甘　肃	38.7	8	3.1
青　海	11.8	6	0.7
宁　夏	36.8	12	4.4
新　疆	63.7	3	1.9
新疆生产建设兵团	9.9	13	1.3

注：2020 年减排比例根据各地区空气质量改善任务确定，重点工程减排量根据“十三五”规划纲要、《大气污染防治行动计划》及相关规划提出的环境治理保护重点工程确定。

附件 7

“十三五”重点地区挥发性有机物排放总量控制计划

地　区	2015 年排放量/万吨	2020 年减排比例/%	2020 年重点工程减排量/万吨
北　京	23.4	25	3.5
天　津	33.9	20	4.6
河　北	154.6	20	19.5
辽　宁	105.4	10	10.5
上　海	42.1	20	8.4
江　苏	187.0	20	31.2
浙　江	139.2	20	25.5
安　徽	95.9	10	9.2
山　东	192.1	20	38.4
河　南	167.5	10	16.6
湖　北	98.7	10	9.9
湖　南	98.3	10	7.9
广　东	137.8	18	20.7
重　庆	40.2	10	4.0
四　川	111.3	5	5.6
陕　西	67.5	5	3.4

注：“十三五”期间主要推进石化、化工、包装印刷和工业涂装等重点行业挥发性有机物减排，相关指标根据重点行业减排潜力、环境质量改善需求等因素分解落实到各有关省份。

工业和信息化部、发展改革委、科技部、财政部关于印发新材料产业发展指南的通知

工信部联规〔2016〕454 号

各省、自治区、直辖市人民政府，新疆生产建设兵团，国务院有关部委、直属机构，有关行业协会：

为贯彻落实《中华人民共和国国民经济和社会发展第十三个五年规划纲要》和《中国制造2025》，引导“十三五”期间新材料产业健康有序发展，工业和信息化部、发展改革委、科技部、财政部联合制定《新材料产业发展指南》。经国务院同意，现印发予你们，请结合实际认真贯彻实施。

附件：新材料产业发展指南

工业和信息化部
发展改革委
科技部
财政部
2016 年 12 月 30 日

成文日期：2016－12－30
发布日期：2017－01－23

新材料产业发展指南

新材料是指新出现的具有优异性能或特殊功能的材料，或是传统材料改进后性能明显提高或产生新功能的材料。新材料的发现、发明和应用推广与技术革命和产业变革密不可分。加快发展新材料，对推动技术创新，支撑产业升级，建设制造强国具有重要战略意义。为引导“十三五”期间新材料产业健康有序发展，根据“十三五”规划纲要和《中国制造2025》有关部署，经国务院同意，制定本指南。

一、产业背景

（一）现状与问题

“十二五”以来，我国新材料产业发展取得了长足进步，创新成果不断涌现，龙头企业和领军人才不断成长，整体实力大幅提升，有力支撑了国民经济发展和国防科技工业建设。

发展步伐持续加快。新材料产业总产值已由2010年的0.65万亿元增至2015年的近2万亿元。空间布局日趋合理，产业集聚效应不断增强，环渤海、长三角、珠三角等地区新材料综合性产业集群优势突出，中西部地区一批特色鲜明的新材料产业基地初具规模。

创新能力稳步增强。以企业为主体、市场为导向、产学研用相互结合的新材料创新体系逐渐完善，新材料国家实验室、工程（技术）研究中心、企业技术中心和科研院所实力大幅提升，在重大技术研发及成果转化中的促进作用日益突出。在大飞机专用第三代铝锂合金、百万千瓦级核电用U型管、硅衬底LED（发光二极管）材料、大尺寸石墨烯薄膜等方面积极创新，一批先进产品填补了国内空白。

应用水平明显提升。先进半导体材料、新型电池材料、稀土功能材料等领域加速发展，高性能钢铁材料、轻合金材料、工程塑料等产品结构不断优化，有效支撑了高速铁路、载人航天、海洋工程、能源装备等工程顺利实施。生物材料、纳米材料应用取得积极进展。

但也要看到，我国新材料产业起步晚、底子薄、总体发展慢，仍处于培育发展阶段；材料先行战略没有得到落实，核心技术与专用装备水平相对落后，关键材料保障能力不足，产品性能稳定性亟待提高；创新能力薄弱，产学研用合作不紧密，人才团队缺乏，标准、检测、评价、计量和管理等支撑体系缺失；产业布局乱，低水平重复建设多，低端品种产能过剩，推广应用难等问题没有根本解决，仍然是制约制造强国建设的瓶颈。

（二）面临的形势

当前，新一轮科技革命与产业变革蓄势待发，全球新材料产业竞争格局正在发生重大调整。新材料与信息、能源、生物等高技术加速融合，大数据、数字仿真等技术在新材料研发设计中作用不断突出，“互联网+”、材料基因组计划、增材制造等新技术新模式蓬勃兴起，新材料创新步伐持续加快，国际市场竞争将日趋激烈。未来五年，是国家实施《中国制造2025》、调整产业结构、推动制造业转型升级的关键时期。新一代信息技术、航空航天装备、海洋工程和高技术船舶、节能环保、新能源等领域的发展，为新材料产业提供了广阔的市场空间，也对新材料质量性能、保障能力等提出了更高要求。必须紧紧把握历史机遇，集中力量、加紧部署，进一步健全新材料产业体系，下大力气突破一批关键材料，提升新材料产业保障能力，支撑中国制造实现由大变强的历史跨越。

二、总体思路

（一）指导思想

全面贯彻党的十八大和十八届三中、四中、五中、六中全会精神和习近平总书记系列重要讲话精神，认真落实党中央、国务院决策部署，按照“五位一体”总体布局和“四个全面”战略布局，牢固树立和贯彻落实创新、协调、绿色、开放、共享的发展理念，深入推进供给侧结构性改革，坚持需求牵引和战略导向，推进材料先行、产用结合，以满足传统产业转型升级、战略性新兴产业发展和重大技术装备急需为主攻方向，着力构建以企业为主体、以高校和科研机构为支撑、军民深度融合、产学研用协同促进的新材料产业体系，着力突破一批新材料品种、关键工艺技术与专用装备，不断提升新材料产业国际竞争力。

（二）基本原则

需求牵引、创新发展。发挥市场需求对新材料开发应用的引导作用，紧紧围绕重大战略急需，强化产用结合，促进上下游协作配套，加快应用示范。推动新材料产业大众创业、万众创新，践行绿色发展理念，鼓励大中小企业分工合作，促进新材料产业与其他产业同步转型升级。

市场主导、政府引导。遵循市场经济规律，强化企业主体地位，破除体制机制障碍，激发企业创新活力。转变政府职能，创新行业管理方式，聚焦重点方向、重点企业和重点地区，完善新材料初期市场培育措施，有效带动社会资源，营造产业发展良好环境。

统筹协调、分类指导。加强部门统筹、信息共享与协调合作，提高新材料产业发展规划的系统性、部门工作的协同性、国家和地方政策措施的配套性。遵循各类新材料产业发展规律，立足当前，着眼长远，因地制宜，分类施策，完善支持政策，提高服务水平。

两化融合、军民融合。促进信息技术与新材料融合发展，推动新材料设计、加工、制造及测试过程数字化、智能化，利用互联网技术加强新材料供需对接，支持发展新模式、新业态。推进新材料军民融合深度发展，加快军民共用新材料技术双向转移转化，积极发展军民共用新材料，实现良性互动发展。

（三）主要目标

保障能力大幅提升。先进基础材料总体实现稳定供给，关键战略材料综合保障能力超过70%，前沿新材料取得一批核心技术专利，部分品种实现量产。新一代信息技术、航空航天装备、生物医药及高性能医疗器械等领域所需新材料应用水平大幅提升，电力装备、先进轨道交通装备、海洋工程装备及高技术船舶、节能与新能源汽车、高档数控机床及机器人、农机装备、节能环保等领域所需新材料保障能力大幅提高，国防科技工业所需新材料市场竞争力明显增强。

创新能力不断提高。新材料企业技术创新投入占销售收入比例、知识产权创造与运用能力明显提升，企业创新环境进一步优化。突破一批核心关键和共性技术，整合构建一批新材料产业创新载体，基本形成以企业为主体的新材料产业协同创新体系。

产业体系初步完善。到2020年，新材料产业规模化、集聚化发展态势基本形成，突破金属材料、复合材料、先进半导体材料等领域技术装备制约，在碳纤维复合材料、高品质特殊钢、先进轻合金材料等领域实现70种以上重点新材料产业化及应用，建成与我国新材料产业发展水平相匹配的工艺装备保障体系。建成较为完善的新材料标准体系，形成多部门共同推进、国家与地方协调发展的新材料产业发展格局，具有一批有国际影响力的新材料企业。

三、发展方向

（一）先进基础材料

加快推动先进基础材料工业转型升级，以基础零部件用钢、高性能海洋工程用钢等先进钢铁材料，高强铝合金、高强韧钛合金、镁合金等先进有色金属材料，高端聚烯烃、特种合成橡胶及工程塑料等先进化工材料，先进建筑材料、先进轻纺材料等为重点，大力推进材料生产过程的智能化和绿色化改造，重点突破材料性能及成分控制、生产加工及应用等工艺技术，不断优化品种结构，提高质量稳定性和服役寿命，降低生产成本，提高先进基础材料国际竞争力。

（二）关键战略材料

紧紧围绕新一代信息技术产业、高端装备制造业等重大需求，以耐高温及耐蚀合金、高强轻型合金等高端装备用特种合金，反渗透膜、全氟离子交换膜等高性能分离膜材料，高性能碳纤维、芳纶纤维等高性能纤维及复合材料，高性能永磁、高效发光、高端催化等稀土功能材料，宽禁带半导体材料和新型显示材料，以及新型能源材料、生物医用材料等为重点，突破材料及器件的技术关和市场关，完善原辅料配套体系，提高材料成品率和性能稳定性，实现产业化和规模应用。

（三）前沿新材料

以石墨烯、金属及高分子增材制造材料，形状记忆合金、自修复材料、智能仿生与超材料，液态金属、新型低温超导及低成本高温超导材料为重点，加强基础研究与技术积累，注重原始创新，加快在前沿领域实现突破。积极做好前沿新材料领域知识产权布局，围绕重点领域开展应用示范，逐步扩大前沿新材料应用领域。

四、重点任务

（一）突破重点应用领域急需的新材料

推进原材料工业供给侧结构性改革，紧紧围绕高端装备制造、节能环保等重点领域需求，加快调整先进基础材料产品结构，积极发展精深加工和高附加值品种，提高关键战略材料生产研发比重。组织重点材料生产企业和龙头应用单位联合攻关，建立面向重大需求的新材料开发应用模式，鼓励上下游企业联合实施重点项目，按照产学研用协同促进方式，加快新材料创新成果转化。

专栏1　新材料保障水平提升工程

1. 新一代信息技术产业用材料。加强大尺寸硅材料、大尺寸碳化硅单晶、高纯金属及合金溅射靶材生产技术研发，加快高纯特种电子气体研发及产业化，解决极大规模集成电路材料制约。加快电子化学品、高纯发光材料、高饱和度光刻胶、超薄液晶玻璃基板等批量生产工艺优化，在新型显示等领域实现量产应用。开展稀土掺杂光纤、光纤连接器用高密度陶瓷材料加工技术研发，满足信息通信设备需求。

2. 高档数控机床和机器人材料。加快实现稀土磁性材料及其应用器件产业化，开展传感器、伺服电机等应用验证。开发高压液压元件材料、高柔性电缆材料、耐高温绝缘材料。调整超硬材料品种结构，发展低成本、高精密人造金刚石和立方氮化硼材料，突破滚珠丝杠用钢性能稳定性和耐磨性问题，解决高档数控机床专用刀具材料制约。

3. 航空航天装备材料。加快高强铝合金纯净化冶炼与凝固技术研究，开展高温、高强、大规格钛合金材料熔炼、加工技术研究，突破超高强高韧7000系铝合金预拉伸厚板及大规格型材、2000系铝合金及铝锂合金板材工业化试制瓶颈，系统解决铝合金材料残余应力、关键工艺参数控制范围优化、综合成品率与成本控制问题，提升新型轻合金材料整体工艺技术水平。加快特种稀土合金在航空航天中的应用。突破高强高模碳纤维产业化技术、高性能芳纶工程化技术，开展大型复合材料结构件研究及应用测试。开展高温合金及复杂结构叶片材料设计及制造工艺攻关，完善高温合金技术体系及测试数据，解决高温合金叶片防护涂层技术，满足航空发动机应用需求。加快增材制造钛合金材料在航空结构件领域的应用验证。降低碳/碳、碳/陶复合材料生产成本，提高特种摩擦材料在航空制动领域的占有率。

4. 海洋工程装备及高技术船舶用材料。以高强、特厚为主要方向，开展齿条钢特厚板、大壁厚半弦管、大规格无缝支撑管、钛合金油井管、X80级深海隔水管材及焊材、大口径深海输送软管、极地用低温钢等开发及批量试制，完成在海洋工程平台上的应用验证。加快高止裂厚钢板、高强度双相不锈钢宽厚板、船用殷瓦钢及专用高强度聚氨酯绝热材料产业化技术开发，实现在超大型集装箱船、液化天然气（LNG）船等高技术船舶上应用。

5. 先进轨道交通装备材料。突破钢铁材料高洁净度、高致密度及新型冷/热加工工艺，解决坯料均质化与一致性问题，建立高精度检测系统，掌握不同工况下材料损伤与失效原理及影响因素，制定符合高速轨道交通需求的材料技术规范，提高车轮、车轴及转向架用钢的强度、耐候性与疲劳寿命并实现批量生产。推动实现稀土磁性材料在高铁永磁电机中规模应用。开发钢轨焊接材料加工技术，发展风挡和舷窗用高品质玻璃板材。加强先进阻燃及隔音降噪高分子材料、制动材料、轨道交通装备用镁、铝合金制备工艺研究，加快碳纤维复合材料在高铁车头等领域的推广应用。

6. 节能与新能源汽车材料。提升镍钴锰酸锂/镍钴铝酸锂、富锂锰基材料和硅碳复合负极材料安全性、性能一致性与循环寿命，开展高容量储氢材料、质子交换膜燃料电池及防护材料研究，实现先进电池材料合理配套。开展新型6000系、5000系铝合金薄板产业化制备技术攻关，满足深冲件制造标准要求，开展高强汽车钢板、铝合金高真空压铸、半固态及粉末冶金成型零件产业化及批量应用研究，加快镁合金、稀土镁（铝）合金在汽车仪表板及座椅骨架、转向盘轮芯、轮毂等领域应用，扩展高性能复合材料应用范围，支撑汽车轻量化发展。

7. 电力装备材料。重点推进核电压力容器大锻件系列钢种组织细化与稳定化热处理工艺开发，突破核电机组用高性能钛焊管产业化瓶颈，加快银合金控制棒、锆合金管堆外及堆内考核验证，实现核电用材成套保障。开展抗热腐蚀单晶高温合金大型空心叶片用材料、制造工艺及长寿命防护涂层技术研究，满足重型燃气轮机急需。开发智能电网用高容量稀土储氢材料。提升导热油及熔盐高温真空集热管自动化生产水平。突破5MW级大型风电叶片制备工艺。面向智能输变电装备领域，突破大尺寸碳化硅单晶及衬底、外延制备及模块封装材料技术，开展高压大功率绝缘栅双极型晶体管（IGBT）模块应用设计，发展高性能绝缘陶瓷，保障特高压直流电网建设。

8. 农机装备材料。开展高强高硬耐磨钢系列化产品开发，在农机装备及配件中实现对高碳弹簧钢应用替代。开发农机离合器活塞材料、湿式离合器摩擦材料、采棉指及脱棉盘专用材料等，满足农业作业环境及特种装备需求。

9. 生物医药及高性能医疗器械材料。开展碲锌镉晶体、稀土闪烁晶体及高性能探测器件产业化技术攻关，解决晶体质量性能不稳定、成本过高等核心问题，满足医用影像系统关键材料需求。大力发展医用增材制造技术，突破医用级钛粉与镍钛合金粉等关键原料制约。发展苯乙烯类热塑性弹性体等不含塑化剂、可替代聚氯乙烯的医用高分子材料，提高卫生材料、药用包装的安全性。提升医用级聚乳酸、海藻酸钠、壳聚糖生产技术水平，满足发展高端药用敷料的要求。

10. 节能环保材料。加快新型高效半导体照明、稀土发光材料技术开发。突破非晶合金在稀土永磁节能电机中的应用关键技术，大力发展稀土永磁节能电机及配套稀土永磁材料、高温多孔材料、金属间化合物膜材料、高效热电材料，推进在节能环保重点项目中应用。开展稀土三元催化材料、工业生物催化剂、脱硝催化材料质量控制、总装集成技术等开发，提升汽车尾气、工业废气净化用催化材料寿命及可再生性能，降低生产成本。开发绿色建材部品及新型耐火材料、生物可降解材料。推广应用金属材料表面覆层强化、工业部件服役延寿、稀贵金属材料循环利用等技术。

（二）布局一批前沿新材料

把握新材料技术与信息技术、纳米技术、智能技术等融合发展趋势，更加重视原始创新和颠覆性技术创新，加强前瞻性基础研究与应用创新，制定重点品种发展指南，集中力量开展系统攻关，形成一批标志性前沿新材料创新成果与典型应用，抢占未来新材料产业竞争制高点。

专栏2　前沿新材料先导工程

1. 石墨烯。突破石墨烯材料规模化制备和微纳结构测量表征等共性关键技术，开发大型石墨烯薄膜制备设备及石墨烯材料专用计量、检测仪器，实现对石墨烯层数、尺寸等关键参数的有效控制。围绕防腐涂料、复合材料、触摸屏等应用领域，重点发展利用石墨烯改性的储能器件、功能涂料、改性橡胶、热工产品以及特种功能产品，基于石墨烯材料的传感器、触控器件、电子元器件等，构建若干石墨烯产业链，形成一批产业集聚区。

2. 增材制造材料。研究金属球形粉末成形与制备技术，突破高转速旋转电极制粉、气雾化制粉等装备，开发空心粉率低、颗粒形状规则、粒度均匀、杂质元素含量低的高品质钛合金、高温合金、铝合金等金属粉末。突破超高分子量聚合物材料体系中热传导、界面链缠及性能调控技术，开发增材制造专用光敏树脂、工程塑料粉末与丝材。研究氧化铝、氧化锆、碳化硅、氮化铝、氮化硅等陶瓷粉末、片材制备方法，提高材料收得率与性能一致性。建立生物增材制造材料体系，开发细胞/材料复合生物“墨水”。完善材料牌号，基本满足国内增材制造产业应用需要。

3. 纳米材料。提升纳米材料规模化制备水平，开发结构明确、形貌/尺寸/组成均一的纳米材料，扩大粉体纳米材料在涂料、建材等领域的应用，积极开展纳米材料在光电子、新能源、生物医用、节能环保等领域的应用。

4. 超导材料。加强超导材料基础研究、工程技术和产业化应用研究，积极开发新型低温超导材料，钇钡铜氧等高温超导材料，强磁场用高性能超导线材、低成本高温超导千米长线等，在电力输送、医疗器械等领域实现应用。

5. 极端环境材料。完善高温高压、化学及水汽腐蚀、特殊空间、多因素耦合等极端环境模拟试验条件，开展超高温结构陶瓷、金属基复合材料等开发，支撑能源化工、航空航天等领域极端环境材料需求。

（三）强化新材料产业协同创新体系建设

加强新材料基础研究、应用技术研究和产业化的统筹衔接，完善创新链条的薄弱环节，形成上中下游协同创新的发展环境。统筹需求导向与超前探索，强化企业创新主体地位和主导作用。整合完善创新资源，依托重点企业、产业联盟或研发机构，组建新材料制造业创新中心、新材料测试评价及检测认证中心，建立新材料产业计量服务体系。统筹布局和建设材料基因工程重大共性技术研究平台，充分依托现有科研机构，组建材料基因工程专业化研究中心，形成重点新材料创新基础和开发共享的公共平台，降低新材料研发成本，缩短新材料研发应用周期。

专栏3　新材料创新能力建设工程

组建新材料制造业创新中心。以市场化运作为核心，以网络化协作为纽带，以共性关键技术和跨行业融合性技术协同开发、转移扩散和商业应用为主要任务，形成石墨烯材料、高性能复合材料、轻量化材料、极端环境材料等新材料制造业创新中心。重点开展技术联合攻关、中试及工程化试验、新材料应用模拟及服役检测、新材料专业人才培训等工作，加快新材料开发及产业化步伐。

组建新材料性能测试评价中心。组织重点新材料研发机构、生产企业和计量测试技术机构建立新材料测试评价联盟，建设新材料测试评价及检测认证中心。中心采取市场化机制运作，整合完善现有测试评价、设计应用、大数据等平台资源，建立完善材料综合性能评价指标体系与评价准则，形成一批专家评价队伍，开展材料性能检测、质量评估、模拟验证、数据分析、表征评价和检测认证等公共服务。

搭建材料基因技术研究平台。开发材料多尺度集成化高通量计算模型、算法和软件，开展材料高通量制备与快速筛选、材料成分－组织结构－性能的高通量表征与服役行为评价等技术研究，建设高通量材料计算应用服务、多尺度模拟与性能优化设计实验室与专用数据库，开展对国家急需材料的专题研究与支撑服务。

（四）加快重点新材料初期市场培育

研究建立新材料首批次应用保险补偿机制，定期发布重点新材料首批次应用示范指导目录，建设一批新材料生产应用示范平台，组织开展新材料应用示范，加快释放新材料市场需求。研究建立重大工程、重大项目配套材料应用推广机制。加大政策引导力度，建立公共服务平台，开展材料生产企业与设计、应用单位供需对接，支持材料生产企业面向应用需求研发新材料，推动下游行业积极使用新材料。

专栏4　重点新材料首批次示范推广工程

实施重点新材料应用示范保险补偿试点。鼓励保险公司创新险种，对重点新材料首批次应用示范指导目录中产品的应用推广提供质量、责任等风险承保。充分发挥财政资金杠杆作用，通过保险补偿机制支持新材料首批次应用示范，降低下游用户使用风险，突破“不敢用、不好用”瓶颈。支持保险经纪等中介机构创新服务模式，提高保险补偿试点工作效率。

建设一批新材料生产应用示范平台。在集成电路、新型显示、大型飞机、新能源汽车、高铁、核电、超超临界机组、海洋工程等领域，依托龙头新材料生产企业和下游用户，建立20家左右新材料生产应用示范平台。重点针对下游用户产品应用开展新材料工艺技术与应用技术开发，完善材料全尺寸考核、服役环境下性能评价及应用示范线等配套条件，实现材料与终端产品同步设计、系统验证、批量应用与供货等多环节协同促进。

开展重点新材料应用示范。以碳纤维复合材料、高温合金、航空铝材、宽禁带半导体材料、新型显示材料、电池材料、特种分离及过滤材料、生物材料等市场潜力巨大、产业化条件完备的新材料品种，组织开展应用示范。

（五）突破关键工艺与专用装备制约

组织新材料装备生产企业与材料生产企业开展联合攻关，加快先进熔炼、增材制造、精密成型、晶体生长、气相沉积、表面处理、等静压、高效合成、分离纯化等先进工艺技术与专用核心装备开发，实现材料生产关键工艺装备配套保障。突破新材料组织成分设计、性能控制、加工成型、建模测试、应用模拟等数字化技术，开发增材制造、数字加工中心等成套生产装备及专用软件。做好新材料科学仪器设备研究开发，发挥计量测试对工艺控制的作用，加快工业在线检测和控制技术开发应用。

专栏5　关键工艺与专用装备配套工程

开发金属材料专用加工制备工艺装备。开发大型低真空熔炼炉、多步急冷炉、高温连续氮化炉、高温在线快速固溶退火炉、高温度梯度液态金属冷却定向凝固等金属材料冶炼设备，加快轻合金挤压型材矫直及精整设备、大型扩径拉伸机、挤压机等加工装置开发。

解决复合材料工艺装备制约。提高增强纤维混纺/混编、高速多轴向经编、自动铺丝/铺带工艺装备水平，开发热固性预浸料成型、真空辅助树脂传递模塑成型（RTM）、热压成型、原位聚合成型等复合材料成型装备，发展复合材料零部件自动化连接装配、表面喷涂等制成品处理装置。

提升先进半导体材料装备配套能力。开发大尺寸单晶硅直拉生长炉、垂直区熔下降炉、全自动变速拉晶定向凝固炉、大尺寸蓝宝石长晶炉、金属有机化学气相沉积系统、卤化物气相外延系统以及大规格研磨抛光设备。

（六）完善新材料产业标准体系

提高现有标准技术水平，完成600项以上新材料标准制修订。加强标准复审及修订，提高现有标准技术水平，及时解决重点标准老旧、缺失等问题。将标准化列入新材料产业重点工程、重大项目考核验收指标，及时将科研创新成果转化为标准。推动新材料产业标准化试点示范，建设一批新材料产业标准化示范企业和园区，加速新材料技术产业化进程。加强材料标准与下游装备制造、新一代信息技术、工程建设等行业设计规范以及相关材料应用手册衔接配套。推动新材料产业国际标准跟踪转化，加快新材料标准国际化步伐。

专栏6　新材料产业标准体系建设工程

成套制定一批新材料标准。加快制定高温不锈轴承钢、高温渗碳轴承钢标准，数控机床、高铁及重载商用车用齿轮钢系列标准，高精度工具钢及系列模具钢标准。成体系修订镍及镍合金带、板、管、线、棒及锻件材料标准。制定碳/碳复合结构材料、热场材料、保温材料、复合坩埚等成套标准。加快电子化学品、光学功能薄膜等成套标准制定步伐。完善功能性膜材料配套标准，制定离子交换树脂系列标准，双极膜、中空纤维膜及组件标准，陶瓷纳滤膜元件及生物发酵、高温烟气处理装置标准，以及膜材料试验方法等专用标准。制定人工晶体材料术语、人工晶体生长设备安全技术规范等基础标准，加快蓝宝石晶体及衬底材料、大尺寸蓝宝石晶体生长、质量检验系列标准制定，发布大尺寸稀土闪烁晶体标准、压电晶体及器件标准。做好增材制造材料标准布局，制定模具用粉末，高温合金、镍、铝、镁等金属及合金粉末标准，聚氨酯增材制造材料等系列标准。加快发布石墨烯材料的名词术语与定义基础标准，制定石墨烯层数测定、比表面积、导电率等标准，研制一批石墨烯材料、器件标准和计量装置。

完善新材料实验技术标准。整合梳理现有新材料分析方法、技术标准体系，解决标准间交叉重复、冲突问题，适时补充相关缺失项目，建立面向应用的材料指标体系标准。完善材料试验技术的计量标准，提升材料试验技术标准适用性。完善标准物质，支撑测量仪器校准、试验结果评价、产品质量控制等标准化和计量工作。建成全流程监测系统表征、质量控制标准系统和实验结果的实效性评价标准系统。

（七）实施“互联网+”新材料行动

鼓励企业利用物联网、云计算、增材制造、工业机器人等手段，开展新材料智能制造试点示范，探索发展新材料大规模个性化定制、网络化协同制造等新模式。支持基于互联网的新材料创业创新，鼓励建设一批垂直化、专业化网络平台，开展新材料设计解决方案、供需对接、信息咨询、检验测试等服务，营造开放、融合的产业生态。落实国家大数据战略，建立新材料数据库、牌号标准库、工艺参数库、工艺知识库，支持开展材料试验大数据分析，制定数据采集和共享制度，形成符合我国国情的新材料牌号和指标体系。

（八）培育优势企业与人才团队

支持新材料企业以市场为导向开展联合重组，形成一批具有较强创新能力和国际影响力的龙头企业。鼓励发展众创、众包、众扶、众筹等新模式，形成一批专优特新的新材料中小企业。推动上下游企业、大中小企业建立以资本为纽带、产学研用紧密结合的产业联盟，集中优势资源加快新材料研发、产业化与应用。鼓励新材料企业建立灵活、规范的企业制度和决策制度，积极开展自主创新和引进消化吸收再创新，形成紧密的上下游关系，实现“由专至精、由精至强”。加强新材料人才培养与创新团队建设，依托重点企业、联盟、高等学校、职业院校、公共实训基地和公共服务平台，通过开展联合攻关和共同实施重大项目培养一批工学、工程研究生，培育一批产业工人、技术骨干与创新团队。组织开展新材料产业专家院士行、新材料专业技术人才培训、新材料人才国际交流，实施引进新材料领域外国专家项目，优化新材料人才团队成长环境。

（九）促进新材料产业特色集聚发展

落实国家区域发展战略，推动新材料产业协调发展，形成东、中、西及东北地区错位发展、竞争有序的新材料产业整体格局，提升京津冀地区、长江经济带等重点区域的新材料集聚水平。科学做好产业布局，避免重复建设，鼓励各地新材料企业和研究机构依托区域优势，合理配置产业链、创新链、资源链，推动区域特色新材料产业发展壮大。先进基础材料要充分考虑现有产业基础和资源环境承载能力，按照集约化、园区化、绿色化发展路径，加快推动布局调整。关键战略材料要围绕下游重大需求与重大工程配套，加快生产应用示范平台建设，形成一批重点新材料集聚区与创新辐射中心。前沿新材料要充分依托科研院所等创新机构，积极发展新兴业态，建设一批产业示范项目。巩固提升现有新材料产业基地、园区实力，在重点新材料领域推动形成若干产业链完善、配套齐全、竞争力强的特色产业集聚区。

五、保障措施

（一）创新组织协调机制

建立部门协调工作机制，做好顶层设计和规划统筹，充分发挥规划引领作用，强化各部门专项资金和重大项目的衔接，系统解决新材料产业发展的重大问题；进一步简政放权、创新管理、强化服务，形成协同推进的工作格局；加强对地方新材料产业发展的宏观指导和信息引导。建立国家新材料产业发展专家指导委员会，为行业规划、产业政策、重大工程等提供咨询建议。支持建立新材料行业协会和一批产学研用紧密结合的新材料产业联盟，集中优势资源推动新材料研发、工程化、产业化与应用。

（二）优化行业管理服务

完善战略性新兴产业分类中有关新材料产业的内容和指标体系，制定新材料产品、企业统计办法和进出口商品统计目录，组织开展统计监测和预警，及时发布统计信息，引导行业规范有序发展。加强对新材料产业发展状况的预警监测，合理调整进出口政策，维护产业发展利益。建立新材料技术成熟度评价体系，制定新材料技术成熟度通用分级标准。建立专利导航产业发展工作机制，支持新材料产业创新决策，加强专利布局。开展新材料产业知识产权风险评估与预警，定期发布预警研究成果。探索重点新材料项目及工程知识产权评议试点，积极化解产业发展风险。加强新材料产业领域知识产权执法保护，开展知识产权等相关法律法规宣传和培训，提高企业知识产权意识和管理能力。

（三）加大财税金融支持

加强政、银、企信息对接，充分发挥财政资金的激励和引导作用，积极吸引社会资本投入，进一步加大对新材料产业发展的支持力度。通过中央财政科技计划（专项、基金等），统筹支持符合条件的新材料相关科技创新工作。利用现有资金渠道，加大对新材料制造业创新中心、生产应用示范平台、性能测试评价中心、应用示范项目的支持力度。落实支持新材料产业发展的高新技术企业税收优惠政策。利用多层次的资本市场，加大对新材料产业发展的融资支持，支持优势新材料企业开展创新成果产业化及推广。鼓励金融机构按照风险可控和商业可持续原则，创新知识产权质押贷款等金融产品和服务。鼓励引导并支持天使投资人、创业投资基金、私募股权投资基金等促进新材料产业发展。支持符合条件的新材料企业在境内外上市、在全国中小企业股份转让系统挂牌、发行债券和并购重组。研究通过保险补偿等机制支持新材料首批次应用。适时启动重点新材料研发和应用重大工程。

（四）推进军民融合发展

积极引导具备条件的企业开展军用新材料的研制与生产，鼓励优势企业参与军品科研生产。研究制定新材料在国防科技工业领域的应用推广激励机制，推进军用关键材料技术水平和产业能力提升。发挥国家军民融合公共服务平台、军用技术转民用推广目录、民参军技术与产品推荐目录作用，向具备资质的单位及时发布新材料需求信息，向军工用户单位推荐民口单位的新材料和新技术，推动新材料领域军民资源共享。充分利用军工单位和民口配套单位现有装备和技术能力，加大对新材料军转民的支持力度，促进军用材料技术在民用领域的推广应用。

（五）深化国际交流合作

优化政府公共服务，加强国际新材料创新合作和政策法规等信息引导，鼓励新材料企业统筹利用两个市场、两种资源，提升在全球价值链中的地位。支持企业在境外设立新材料企业和研发机构，通过海外并购实现技术产品升级和国际化经营，加快融入全球新材料市场与创新网络。充分利用现有双边、多边合作机制，拓宽新材料国际合作渠道，结合“一带一路”建设，促进新材料产业人才团队、技术资本、标准专利、管理经验等交流合作。支持国内企业、高等院校和科研院所参与大型国际新材料科技合作计划，鼓励国外企业和科研机构在我国设立新材料研发中心和生产基地。定期举办中国国际新材料产业博览会。

科技部关于印发《“十三五”材料领域科技创新专项规划》的通知

国科发高〔2017〕92 号

各省、自治区、直辖市及计划单列市科技厅（委、局），新疆生产建设兵团科技局，各有关单位：

为贯彻落实《国家创新驱动发展战略纲要》《国家中长期科学和技术发展规划纲要（2006—2020 年）》《“十三五”国家科技创新规划》和《中国制造 2025》，推动我国材料领域科技创新和产业化发展，明确“十三五”时期材料领域科技创新的思路目标、任务布局和重点方向，规范和指导未来五年国家材料科技发展，科技部制定了《“十三五”材料领域科技创新专项规划》，现印发予你们，请结合实际贯彻落实。

科技部

2017 年 4 月 14 日

“十三五”材料领域科技创新专项规划

“十三五”时期是我国全面建成小康社会和迈进创新型国家行列的决胜阶段。为贯彻落实《国家中长期科学和技术发展规划纲要（2006—2020 年）》《国家创新驱动发展战略纲要》《“十三五”国家科技创新规划》和《中国制造 2025》，加快推动材料领域科技创新和产业化发展，特制定本规划。

一、形势与需求

材料服务于国民经济、社会发展、国防建设和人民生活的各个领域，成为经济建设、社会进步和国家安全的物质基础和先导，支撑了整个社会经济和国防建设。因此，新材料技术是世界各国必争的战略性新兴产业，成为当前最重要、发展最快的科学技术领域之一。“一代装备，一代材料”向“一代材料，一代装备”转变，彰显了材料的战略作用。发展材料技术既可促进我国战略性新兴产业的形成与发展，又将带动传统产业和支柱产业的技术提升和产品的更新换代。

（一）国际材料科技发展形势

近几年来，全球新一轮产业变革为材料产业结构调整提供了重要的机会窗口。材料技术领域研发面临新突破，新材料和新物质结构不断涌现，全球新材料技术与产业发展迅猛，新材料技术成为各国竞争的热点之一。

目前国际上材料领域全面领先的国家仍然是美国，日本在纳米材料、电子信息材料，韩国在显示材料、存储材料，欧洲在结构材料、光学与光电材料、纳米材料，俄罗斯在耐高温材料、宇航材料方面有明显优势。我国在纳米材料、非线性激光晶体、第三代半导体、半导体照明、稀土材料等方面的研究水平和成果与国际先进水平属同一发展阶段，部分处于领先水平。在碳纤维及其复合材料、高温合金、高密度信息存储材料、显示技术等方面与国外先进水平还存在较大差距。

当今材料技术整体发展态势为：材料制备与应用向低维化、微纳化、人工结构发展，材料结构功能一体化、功能材料智能化、材料与器件集成化、制备及应用过程绿色化成为材料研发的重要方向；材料研发周期缩短、可应用材料品种快速增长；材料与物理、化学、信息、生物等多学科交叉融合加剧，多学科交叉在材料创新中作用越来越重要；材料研发向更加惠及民生发展，并在资源和能源的可持续发展中发挥着越来越重要的作用。

（二）我国材料科技发展形势

近年来，材料领域科技发展十分迅速。2005年，我国（不包含台湾和香港地区）材料领域科技论文数达到世界第一位，2011—2015年，我国材料领域SCI论文114734篇，是美国52865篇的2.17倍，是日本22148篇的5.18倍，同时我国高分子材料被引论文达1517篇，是美国1246篇的1.22倍，是日本222篇的6.83倍；2008年，我国材料领域发明专利申请数达到世界第一位，2011—2015年，我国仅钢铁、有色、石化、轻工、纺织和建材工业的授权专利为75万件，其中发明专利23万件；我国材料领域专业技能人才稳步增长，拥有中科院院士和工程院院士210人，研发科技人员115万人，每年材料类大学本科毕业生4万余人、硕士和博士毕业生1万余人；材料领域初步形成了较完整的研发与产业化体系，拥有国家重点实验室、国家工程（技术）研究中心和产业化基地等近400家。

目前，我国材料领域发展布局合理，已取得丰硕成果。我国钢铁、有色金属、稀土金属、水泥、玻璃和化学纤维等百余种材料产量达到世界第一位。我国材料科技水平的稳步提升和创新能力的不断增强，有效推进了半导体照明、新型显示、高性能纤维及复合材料、多晶硅等成果的工程化和产业化，培育和发展了一批新兴产业和新的经济增长点；突破了超级钢（细晶钢）、电解铝、低环境负荷型水泥、全氟离子膜、聚烯烃催化剂等关键技术，对钢铁、有色、建材、石化等传统产业的优化和提升做出了重要贡献；在纳米材料与器件、人工晶体与全固态激光器、光纤、超导材料等技术领域取得重大进展，在世界科技前沿占有一席之地；发展了生物医用材料、肝炎和艾滋病快速诊断技术、海水和苦咸水淡化技术等，为科技进步惠及民生提供了一大批新材料、新技术。

（三）我国材料科技发展需求

材料产业是国民经济的基础，具有举足轻重的地位。随着我国国力和国家地位的提高，东海防空识别区的设立，南海石油的开采，以及国防安全、海洋开发、航空航天、先进轨道交通、核电和平利用等大型工程的建设均急需高温合金、高性能碳纤维等核心关键材料。

20年来，材料领域围绕国家发展战略目标，紧密结合经济社会发展重大需求，经过不懈努力，在关键技术突破、重大产品与技术系统开发、重大应用与示范工程方面取得了一系列重大成果。在半导体照明工程、新型平板显示技术、全固态激光器及其应用、化工反应过程强化、优势资源材料应用技术开发等方面，加强了新材料应用的工程化技术开发，明显提升了我国新材料产业的国际竞争能力，为加快发展和培育战略性新兴产业奠定了良好基础；在智能材料设计与材料制备技术、光电信息和功能材料、高温超导材料与器件、高效能源材料、纳米材料与器件和高性能结构材料等方面，突破了一批关键材料的制备技术，取得了一批具有自主知识产权的核心技术成果，增强了材料领域持续创新能力；传统材料的高性能化、系列化及在节约资源、降低能耗和保护环境等方面取得显著进展，促进了传统产业的升级；军工配套材料及工程化应用技术、国产聚丙烯腈碳纤维高性能化及应用方面，为国防军工建设提供了必要的材料技术支撑。

但是，材料行业目前也面临诸多问题，主要表现在：基础原材料整体技术水平不高，物耗能耗排放较高，环境污染严重（材料行业能耗在工业总能耗和全国能源消费总量中的比重分别达到了60%和44%），产业竞争力不强，利润率低，部分行业产能严重过剩，核心技术、工艺及装备仍然部分依赖进口。新材料行业研发以跟踪国外较多，原始性创新较少，国家重大工程和国防建设对新材料需求强烈，但新材料配套与工程化能力较弱，高端产品产业化程度偏低；新兴材料产业市场巨大，需求强劲，国际竞争激烈，我国高端材料制造业的竞争力和市场份额急需提高。人才队伍中基础研究队伍不稳，工程应用技术队伍流动性不够，新兴产业人才流动性过大。

二、指导思想与基本原则

（一）指导思想

全面贯彻党的十八大和十八届三中、四中、五中、六中全会精神，深化落实《国家中长期科学和技术发展规划纲要（2006—2020 年）》《国家创新驱动发展战略纲要》《“十三五”国家科技创新规划》和《中国制造 2025》决策部署，坚持创新、协调、绿色、开放、共享发展理念，坚持自主创新、重点跨越、支撑发展、引领未来的指导方针，坚持创新是引领发展的第一动力，把握材料科技创新发展的新态势，深入实施创新驱动发展战略，以增强材料领域原始创新能力为核心，以传统材料绿色化和提质增效促进产业升级为主线，以满足国家重大战略和国防建设对材料的迫切需求为目标，强化材料的基础创新能力，提高全链条贯通、集成和应用水平，完善多层次多类型人才培养体系，扩大科技开放合作，大力推进材料领域大众创业和万众创新，激发创造活力，增强发展新动能，构建产业新体系与发展新机制。实现材料由大变强的历史性跨越，支撑供给侧结构性改革和经济社会可持续健康发展。

（二）基本原则

按照《“十三五”国家科技创新规划》部署，坚持把满足国家重大需求作为材料领域战略任务，坚持把加速赶超引领作为材料技术发展重点，坚持把材料科技进步惠及民生发展作为根本宗旨，坚持把深化改革作为材料领域发展强大动力，坚持把人才驱动作为材料产业壮大本质要求，坚持把全球视野作为材料科技发展重要导向。

坚持创新驱动与深化改革。坚持把创新摆在材料产业发展全局的核心位置，充分发挥企业创新主体、联盟以及各类新型研发组织和产业创新中心在协同、开放、创新中的作用，推动跨领域跨行业融合创新发展；坚定不移地深化改革，完善有利于创新发展的政策环境。

坚持绿色发展与质量为先。提高资源利用效率，促进材料可再生循环，改变高耗能、高排放、难循环的传统材料工业发展模式，构建绿色产业体系；培育一批具有核心竞争力的产业集群和企业群体，强化企业质量主体责任和意识，加强自主品牌培育。建设法规标准体系、质量监管体系，走提质增效和生态文明的发展道路。

坚持市场主导与政府引导相结合。全面深化改革，充分发挥市场在资源配置中的决定性作用，国家、地方与企业合理分工、各取所长，强化企业主体地位，激发企业活力和创造力；政府着力加强战略研究和规划引导，完善相关支持政策，创造良好发展环境。

坚持问题导向与超前布局相结合。针对制约材料发展的瓶颈和薄弱环节，加快转型升级和提质增效，切实提高产业的核心竞争力和可持续发展能力。准确把握新一轮科技革命和产业变革趋势，加强战略谋划和前瞻部署，扎扎实实打基础，在未来竞争中占据制高点，优化产业格局。

坚持整体推进与重点突破相结合。坚持统筹规划，合理布局，明确创新发展方向，加快推动材料产业整体水平提升。围绕经济社会发展和国家安全重大需求，集中力量，突出重点，点面结合，整合各类资源，实施若干重点专项和国家重大工程，实现率先突破。

坚持自主发展与开放合作相结合。在关系国计民生和产业安全的基础性、战略性、全局性领域，着力掌握关键核心技术，完善产业链条，形成自主发展能力和新的比较优势，充分利用全球资源和市场，深度开展产业全球布局和国际交流合作。

三、发展目标

（一）总体目标

贯彻落实《国家中长期科学和技术发展规划纲要（2006—2020 年）》《“十三五”国家科技创新规划》和《中国制造 2025》，围绕产业链部署创新链，实施材料重大科技项目，着力保障重点基础产业供给侧结构性改革，满足经济社会发展和国防建设对材料的重大需求，提升我国材料领域的创新能力，引领和支撑战略性新兴产业发展。

通过前瞻部署策略，科学把握新技术的原创点，瞄准国民经济和社会发展各主要领域的重大、核心和关键技术问题，实施材料领域重大工程和重点专项，从基础前沿、重大共性关键技术到应用示范进行全链条设计，一体化组织实施，使材料的基础前沿研发活动具有更明确的需求导向和产业化方向；实施技术创新引导策略，着重培育战略性新兴产业生长点；切实加强我国材料高技术领域自主创新能力，切实提升产业的核心竞争力，为我国经济社会发展与国防安全提供强有力的材料支撑。

加强我国材料体系的建设，大力发展高性能碳纤维与复合材料、高温合金、军工新材料、第三代半导体材料、新型显示技术、特种合金和稀土新材料等，满足我国重大工程与国防建设的材料需求。

重点发展海洋工程材料、高品质特殊钢、先进轻合金、特种工程塑料、特种玻璃与陶瓷等先进结构材料技术；高性能膜材料、智能/仿生/超材料、高温超导材料、新型生物医用材料、生态环境材料等特种功能与智能材料技术；新型微电子/光电子/磁电子材料、印刷电子材料、功能晶体与激光技术等战略性先进电子材料技术；以高通量设计/制备/表征为特征的材料基因组技术；石墨烯等纳米材料技术。带动战略性新兴产业生长点的形成，切实促进市场前景广阔、资源消耗低、带动系数大、就业机会多、综合效益好的材料产业发展。

大力推进钢铁、有色、石化、轻工、纺织、建材等量大面广的基础性原材料技术提升，实现重点基础材料关键共性技术的重点突破，提升产业整体竞争力，实现优势产能合作，落实节能减排，实现我国材料产业由大变强。

加强材料领域人才队伍建设，形成材料领域核心领军人才、研究开发人才、工程技术人才和技能人才组成的材料人才体系及其评价机制，提升创新创业人才队伍的整体素质和水平；着重提高企业技术创新创业人才的水平和比例，满足材料领域发展的需求。

（二）目标与指标体系

围绕“十三五”材料领域发展的总目标，在基础材料技术提升与产业升级方面，着力解决重点基础材料产业面临的产品同质化、低值化，环境负荷重、能源效率低、资源瓶颈制约等重大共性问题，推进钢铁、有色、石化、轻工、纺织、建材等基础性原材料重点产业的结构调整与产业升级，通过基础材料的设计开发、制造流程及工艺优化等关键技术和国产化装备的重点突破，实现重点基础材料产品的高性能和高附加值、绿色高效低碳生产。建立完备的知识产权和标准体系，完善基础材料产业链。提升我国基础材料产业整体竞争力，满足“中国制造2025”、“一带一路”、战略性新兴产业创新发展、新型工业化、城镇化和区域经济建设的需求，为我国参与全球新一轮产业变革与竞争提供支撑，实现我国材料产业由大变强、材料技术由跟跑型向并行和领跑型转变。

在新材料技术发展方面，将瞄准国家重大需求、全球技术和产业制高点，战略性电子材料技术以第三代半导体材料与半导体照明、新型显示为核心，以大功率激光材料与器件、高端光电子与微电子材料为重点，第三代半导体材料与半导体照明、新型显示两大核心方向整体达到国际先进水平，部分关键技术达到国际领先水平；大功率激光材料与器件、高端光电子与微电子材料两大重点方向关键技术达到国际先进水平。先进结构与复合材料将着力解决先进结构材料设计、制备与工程应用的重要科学技术问题，重点研究高性能纤维及复合材料、高温合金、高端装备用特种合金、海洋工程用关键结构材料、轻质高强材料、高性能高分子结构材料、材料表面工程技术、3D打印材料与粉末冶金技术、金属与陶瓷复合材料等关键材料和技术，实现我国高性能结构材料研究与应用的跨越发展。新型功能与智能材料将突破新型稀土功能材料、智能/仿生与超材料、新一代生物医用材料、先进能源材料、高性能分离膜材料、生态环境材料、重大装备与工程用特种功能材料的基础科学问题以及产业化、应用集成关键技术和高效成套装备技术。

在变革性的材料及其绿色制造新技术方面，纳米材料技术将重点围绕传统纳米材料的提升和新型纳米材料的研发，着力解决纳米材料产业面临的重大共性问题，在核心纳米材料的设计、生产工艺流程的优化、以及关键技术和装备的开发三个方面形成突破，建立起相对完备的知识产权和标准体系，提升我国纳米产业国际核心竞争力，实现我国纳米材料产业由大变强、成为国际领跑者之一。材料基因工程将构建支撑我国材料基因工程研究和协同创新发展的高通量计算、高通量合成与表征和专用数据库三大示范平台，研发材料高通量计算方法、高通量制备技术、高通量表征与服役评价技术、面向材料基因工程的材料大数据技术四大关键技术，在能源材料等材料上开展验证性示范应用，验证研发技术的先进性和适用性，并实现突破。

在材料基地与人才队伍建设方面，以国家科研基地平台为依托，建设一批完善的新材料研发平台，积极引导各类人才与团队通过平台、基地、联盟等形式开展合作协作，强化原始创新能力和高技术转移转化能力。建设一支规模、结构、素质与实现本规划目标要求相适应的多层次材料人才队伍。

指标体系：初步建立我国自主的基础材料与新材料体系；建立材料领域的产学研用结合的技术创新体系，开发全面覆盖我国产业应用的高性能结构与复合材料、特种功能与智能材料、战略性先进电子材料、纳米材料系列产品和应用技术，关键材料的自给率超过80%；培育8～10个战略性新兴产业的增长点；开发出具有自主知识产权的高通量材料模拟算法和计算软件，建立材料基因工程的计算平台、实验平台和数据库平台，发展系列高通量制备和表征的新方法和新装备，实现典型新材料的研发周期缩短一半、研发成本降低一半。

将我国重点基础材料高端产品平均占比提高15%～20%，减少碳排放5亿吨/年。典型钢铁品种、高端有色金属材料的国内市场自给率超过80%，钢铁与有色金属生产综合能效提高10%，化工新材料和精细化学品的产值率达到60%；特种工程塑料等高端产品的自给率5年内从30%提高到50%；实现轻工重点材料国产化率从15%提高到40%；化纤差别化率由56%提升至65%，产业用纺织纤维加工量由23%增加到30%以上；建材新兴产业的产值比重达到建材总量的16%左右。

形成专利3000项，制定标准和规范500项，建成500条产业化示范线，在重点领域培养15～20个团结协作的全链条攻关人才团队；聚集10－15个从事前瞻性技术创新的有活力的青年人才团队，形成研究和创新的人才梯队。培养领军型创新创业人才1000名。

四、发展重点

“十三五”期间，材料领域将围绕创新发展的指导思想和总体目标，紧密结合经济社会发展和国防建设的重大需求，重点发展基础材料技术提升与产业升级、战略性先进电子材料、材料基因工程关键技术与支撑平台、纳米材料与器件、先进结构与复合材料、新型功能与智能材料、材料人才队伍建设。

（一）重点基础材料技术提升与产业升级

> 着力解决基础材料产品同质化、低值化，环境负荷重、能源效率低、资源瓶颈制约等重大共性问题，突破基础材料的设计开发、制造流程、工艺优化及智能化绿色化改造等关键技术和国产化装备，开展先进生产示范。

1. 钢铁材料技术

高品质特殊钢，绿色化与智能化钢铁制造流程，高强度大规格易焊接船舶与海洋工程用钢，高性能交通与建筑用钢，面向苛刻服役环境的高性能能源用钢等。

2. 有色金属材料技术

大规格高性能轻合金材料，高精度高性能铜及铜合金材料，新型稀有/稀贵金属材料，高品质粉末冶金难熔金属材料及硬质合金，有色/稀有/稀贵金属材料先进制备加工技术等。

3. 纺织材料技术

化纤柔性化高效制备技术，高品质功能纤维及纺织品制备技术，高性能工程纺织材料制备与应用，生物基纺织材料关键技术，纺织材料高效生态染整技术与应用等。

4. 石油与化工材料技术

基础化学品及关键原料绿色制造，清洁汽柴油生产关键技术，合成树脂高性能化及加工关键技术，合成橡胶高性能化关键技术，绿色高性能精细化学品关键技术，特种高端化工新材料等。

5. 轻工材料技术

基于造纸过程的纤维原料高效利用技术及纸基复合材料，塑料轻量化与短流程加工及功能化技术，生态皮革关键材料及高效生产技术、绿色高效表面活性剂的制备技术，制笔新型环保材料等。

6. 建筑材料技术

特种功能水泥及绿色智能化制造，长寿命高性能混凝土，特种功能玻璃材料及制造工艺技术，先进陶瓷材料及精密陶瓷部件制造关键技术，环保节能非金属矿物功能材料等。

（二）战略性先进电子材料

> 以第三代半导体材料与半导体照明、新型显示为核心，以大功率激光材料与器件、高端光电子与微电子材料为重点，推动跨界技术整合，抢占先进电子材料技术的制高点。

1. 第三代半导体材料与半导体照明技术

大尺寸、高质量第三代半导体衬底和薄膜材料外延生长调控规律，高效全光谱光源核心材料、器件和灯具全技术链绿色制造技术，超越照明和可见光通讯关键技术、系统集成和应用示范，高性能射频器件、电力电子器件及其模块设计、工艺技术及应用示范，核心装备制造技术等。

2. 新型显示技术

印刷显示器件与基础工艺集成技术，可溶性OLED/量子点/TFT等印刷显示关键材料与技术，高性能/低成本/长寿命红绿蓝激光材料与器件技术，激光显示集成技术及关键材料表征与评估技术等。

3. 大功率激光材料及激光器

激光与物质相互作用机理，大尺寸/低损耗大功率激光晶体和光纤耦合技术，大功率光纤激光材料和器件，高性能非线性晶体材料，高功率光纤激光，短脉冲激光技术，大功率中红外和紫外激光技术等。

4. 高端光电子与微电子材料

低维半导体异质结材料、半导体传感材料与器件、新型高密度存储与自旋耦合材料、高性能合金导电材料、微纳电子制造用新一代支撑材料、高性能电磁介质材料和无源电子元件关键材料、声表面波材料与器件技术等。

5. 前沿交叉电子材料

大面积二维电子功能材料、柔性电子材料、钙钛矿电子材料及上述材料异质结构的可控制备；有机/无机集成电子材料和器件。新型高性能微纳光电器件、自旋器件、隧穿晶体管及柔性可穿戴光电、逻辑器件。

（三）材料基因工程关键技术与支撑平台

构建高通量计算、高通量实验和专用数据库三大平台，研发多层次跨尺度设计、高通量制备、高通量表征与服役评价、材料大数据四大关键技术，实现新材料研发由传统的“经验指导实验”模式向“理论预测、实验验证”新模式转变，在五类典型新材料的应用示范上取得突破，实现新材料研发周期缩短一半、研发成本降低一半的目标。

1. 构建三大平台

构建以高通量计算平台、高通量制备与表征平台和专用数据库平台等三位一体的创新基础设施与相关技术。

2. 研发四大关键技术

多尺度集成化、高通量并发式计算方法与计算软件，高通量材料制备技术，高通量表征与服役行为评价技术，面向材料基因工程的大数据技术。

3. 典型材料重点示范应用

在构建三大平台（示范平台）和突破四大关键技术的基础上，采用计算（理论）/实验/数据库相互融合、协同创新的研发理念和模式，开展能源材料、生物医用材料、稀土功能材料、催化材料和特种合金材料等验证性示范应用研究。

（四）纳米材料与器件

研发新型纳米功能材料、纳米光电器件及集成系统、纳米生物医用材料、纳米药物、纳米能源材料与器件、纳米环境材料、纳米安全与检测技术等，突破纳米材料宏量制备及器件加工的关键技术与标准，加强示范应用。

1. 石墨烯碳材料技术

单层薄层石墨烯粉体、高品质大面积石墨烯薄膜工业制备技术，柔性电子器件大面积制备技术，石墨烯粉体高效分散、复合与应用技术，高催化活性纳米碳基材料与应用技术。

2. 信息电子纳米材料技术

纳米无线传感材料与器件，新型MEMS气敏传感材料与器件，可穿戴柔性及苛刻条件服役传感材料与器件等，新一代电子封装用高折射率高导电高导热高耐湿高耐紫外防老化等透明纳米复合材料。

3. 能量转换与存储纳米材料技术

纳米结构控制与组装技术，有机－无机高效复合技术，高选择性高转化率纳米催化材料，高储能密度介电、热电、光伏、二次电池材料、低成本燃料电池催化剂、轻质高容量储氢储甲烷材料、柔性可编织超级电容器电极材料等纳米材料与器件技术。

4. 纳米生物医用材料技术

纳米生物医药材料的结构、形貌可控制备技术，纳米生物医学检测诊断技术，纳米药物与药物智能控释及靶向技术，组织工程支架、纳米再生医学及植入体纳米表面改性技术，高端组织器官修复与替代制品，纳米生物医用材料安全评价及质量关键技术。

5. 传统产业提升与节能减排用纳米材料技术

纳米功能材料低成本绿色可控制备技术，纳米材料高效单分散与应用技术，新一代智能节能、防腐防污表面处理与性能控制的湿化学技术，纳米改性的结构功能一体化复合材料工程应用技术。

6. 纳米加工、制备、表征、安全评价、标准技术与装备

纳米尺度内的光电磁力热等物性测量的新的原

理、方法、技术、装备和平台体系。环境中纳米材料演化行为，纳米材料与组织、器官、靶细胞、靶分子安全评估系统。纳米材料标准、纳米材料规模化稳定制备与加工新装备系统。

（五）先进结构与复合材料

以高性能纤维及复合材料、高温合金为核心，以轻质高强材料、金属基和陶瓷基复合材料、材料表面工程、3D 打印材料为重点，解决材料设计与结构调控的重大科学问题，突破结构与复合材料制备及应用的关键共性技术，提升先进结构材料的保障能力和国际竞争力。

1. 高性能纤维与复合材料

高性能碳纤维、芳纶纤维、超高分子量聚乙烯纤维、特种玻璃纤维、耐辐照型聚酰亚胺纤维、耐超高温陶瓷纤维、玄武岩纤维等，新型基体树脂、增强织物、纤维预浸料等，复合材料构件成型与应用。

2. 高温合金

超纯净冶炼、缺陷控制、组织调控、复杂及大型构件制备关键技术，变形和铸造高温合金一材多用技术，单晶高温合金和粉末冶金高温合金，特殊用途高温与耐蚀合金等。

3. 高端装备用特种合金

高端特种合金超高纯冶炼与精细组织调控的关键技术，超超临界电站装备用特种合金，高温长寿命低成本轴承合金，高端模具钢材料等。

4. 海洋工程用关键结构材料

超致密、高耐候、长寿命结构材料，海洋工程与装备用钛合金、高强耐蚀铝合金和铜合金、防腐抗渗高强度混凝土、防腐涂料等。

5. 轻质高强材料

新型轻质高强材料的新原理与新技术，先进铝合金、镁合金、钛合金、金属间化合物、高熵合金等轻质高强材料，新型轻质材料/结构一体化、智能化、柔性化设计与制造技术。

6. 高性能高分子结构材料

高性能聚醚酮、聚酰亚胺、聚芳硫醚酮（砜）、聚碳酸酯和聚苯硫醚材料，耐高温聚乳酸、全生物基聚酯、氨基酸聚合物等新型生物基材料，高性能合成橡胶等。

7. 材料表面工程技术

隔热、耐磨、减磨、抗氧化、抗烧蚀、抗疲劳等涂层材料，零部件耐磨减磨技术、新型等离子喷涂－物理气相沉积技术、新型延寿表面科学与工程技术。

8. 3D 打印材料及先进粉末冶金技术

3D 打印高温合金、特殊钢、钛合金、轻合金、高分子材料、结构陶瓷，粉末冶金精密零部件，特种粉末冶金近终成型技术及粉末梯度材料等新型粉末冶金材料。

9. 金属与陶瓷复合材料

先进铝基、钛基、铁基等金属基复合材料，金属层状复合材料，碳化硅、氧化铝、氮化硅和氮化硼纤维及复合材料，耐高温陶瓷基复合材料，低成本碳/陶复合材料等。

（六）新型功能与智能材料

以稀土功能材料、先进能源材料、高性能膜材料、功能陶瓷等战略新材料为重点，大力提升功能材料在重大工程中的保障能力；以超导材料、智能/仿生/超材料、极端环境材料等前沿新材料为突破口，抢占材料前沿制高点。

1. 新型稀土功能材料

稀土磁功能、光功能、吸波、催化、陶瓷等功能材料及器件，高性能稀土储氢材料、高纯靶材及薄膜、功能助剂等材料及技术，高丰度稀土应用新技术。

2. 先进能源材料

高性能薄膜太阳能电池、锂离子电池、燃料电池等关键材料及工程化技术，电池梯级利用与绿色回收技术，乏燃料后处理技术，先进超导线材、薄膜及器件批量制备，高性能热电和节电等材料及技术。

3. 高性能分离膜

高性能海水淡化反渗透膜、水处理膜、特种分离膜、中高温气体分离净化膜、离子交换膜等材料及其规模化生产、工程化应用技术与成套装备，制膜原材料的国产化和膜组器技术。

4. 智能、仿生与超材料

高性能传感与驱动、气敏、铁性机敏、形状记忆、压电、巨磁致伸缩、热释电、液态金属等功能材料及技术，超浸润调控、离子通道能量转换等关键仿生材料及技术，高性能多功能超材料及技术。

5. 新一代生物医用材料

生物医用新材料及技术，高端医疗植介入器械的国产化原材料及制备关键技术，医学诊疗新材料及磁、光靶向生物材料。

6. 生态环境材料

材料生命周期绿色评价与生态设计，环境友好阻燃材料、净化材料，材料高质化、全生物降解碳中性等工程化技术与示范，失效电子与耐火材料等循环再造技术。

7. 重大装备与工程用特种功能材料

高速动车组用摩擦制动材料，重大海空装备用耐腐蚀自润滑复合材料，航空航天用压电材料及耐蚀和极端温度的含氟密封材料，超级计算机用高效热管理材料及电磁屏蔽材料，核电站非能动智能保护用温度感知高矫顽力磁性材料及组件，电磁弹射安全系统用新型电磁阻尼材料等。

（七）材料人才队伍建设

> 通过机制与制度创新，加强材料领域人才队伍建设，形成材料领域核心领军人才、研究开发人才、工程技术人才和技能人才组成的材料人才体系及其评价机制，提升创新创业人才队伍的整体素质和水平，满足材料领域发展的需求。

1. 不断壮大人才队伍

建设一支规模、结构、素质与实现本规划目标要求相适应的多层次材料人才队伍；培育出材料领域高层次人才 2 万人，其中包括高层次领军人才 1000 人。

2. 统筹各类人才协调发展

围绕战略性新兴材料产业和前沿科学技术，在重点领域培养 15 ~ 20 个团结协作的全链条攻关人才团队，聚集 10 ~ 15 个从事前瞻性技术创新的有活力的青年人才团队，形成研究和创新的人才梯队。

3. 大幅度提高企业人才素质

突出材料企业人才队伍建设，促进人才向企业聚集，进一步优化人才结构。到 2020 年，材料企业技术工人占从业人员的比例提升到 58% 以上，大专以上人才占所有从业人员的比例提升到 22% 以上。

4. 逐步形成与材料领域发展相适应的人才培养、使用与管理新机制

通过机制与制度创新，推进材料领域教育、人才、劳动、分配等制度改革，营造适宜高层次人才成长与脱颖而出的良好环境，建立不同类型人才的评价体系。

5. 加强平台、基地、联盟的建设

积极引导各类人才与团队通过平台、基地、联盟等形式开展合作协作，强化原始创新能力和高技术转移转化能力。在材料领域新建 5 ~ 10 个产业技术创新战略联盟，组建若干个重点新材料国家技术创新中心，建设 20 ~ 30 个国家引导、地方主建的基础零部件和关键构件工程化基地。

五、政策措施

（一）组织实施机制及模式

1. 立足顶层设计，实施统筹部署

根据《中共中央国务院关于深化体制机制改革加快实施创新驱动发展战略的若干意见》《深化科技体制改革实施方案》等科技改革精神，结合材料基础性、交叉性、系统性、复杂性和长期性等特点，建立跨部门协同、跨区域组织的协调机制，加强材料科技计划与其他国家科技计划之间的协调和衔接，制定多部门联合的政策保障措施。依托专业机构，组织国内外知名专家建立专业化智库，参与项目论证实施的全过程管理，既保证在整体目标的决策上做到顶层设计、统筹部署，又确保在技术研发、成果转化、示范推广、检测标准认证等市场培育的不同环节，形成持续、配套的政策保障，实现全链条技术创新。

2. 实施多元联动，形成发展合力

加强材料科技规划与地方科技和产业发展规划的衔接，针对性地利用地方在资源、科技、产业、经济等方面的优势和特点，共同制定技术和产业发展配套政策，构建立足地方、带动全国、引领世界的跨学科、跨行业、跨区域的材料产业技术创新链，推动形成各具特色的材料产业集群，配合重点专项实施，落实配套资金，共同保障重点专项目标的实现。积极鼓励社会资本投入研发及产业化，鼓励社会资本参与设立材料产业基金，实现国家投入放大增效和资源的最佳配置。

3. 坚持寓军于民，强化军民融合

坚持政府主导，发挥市场要素作用，推进材料领域国防科技和民用科技互动发展，逐步统一军民产品和技术标准。进一步发挥国防科技工业对国民经济的促进作用，加强材料领域国防和民用在科技成果、人才、资金、信息等要素上的交流融合，形成材料产业对国防建设的强大支撑力、国防材料科技对国民经济尤其是新材料产业发展的强大牵引力。建立军民融合的材料研发体系。加大对军民结

合材料产业的政策支持力度。打造一批具有比较优势的军民结合知名品牌，推动军民结合产业进一步做强做大。

4. 遵循材料发展规律，完善组织管理模式

符合材料领域自身特点及其科技创新与产业发展的规律，是实施材料领域自主创新战略的基本出发点。材料基础研究周期相对较长且远离市场，对持续稳定的创新环境要求较高，需要稳定的研发队伍和持续性的投入支持；产业化关键核心技术研发综合性、系统性强，技术与市场衔接紧密。针对不同的发展阶段，材料研发应采取不同的组织和管理模式，产业化项目采取“全链条部署、一体化实施”的攻关模式，进行“跨学科合作”、“大兵团作战”。坚持目标问题导向，产学研用结合，实施材料领域重大工程和重点专项，破解长期以来困扰我国材料产业发展的“有材不好用、有好材用不上”难题。

5. 发挥联盟优势，增强实施效果

进一步发挥产业技术创新战略联盟协同创新优势，推动开放性的国际化公共研发平台和科技服务平台建设、体制机制模式创新的国家技术创新中心的建立和跨界技术的整合。在实施“全链条部署、一体化实施”类项目时，支持联盟组建涵盖基础研究、重大共性关键技术攻关、系统集成以及应用示范全流程创新链条的技术攻关团队，推动落实项目各项配套保障条件，及时、高效地协调、解决项目实施过程中出现的各种问题，保证项目目标的顺利实现。

（二）经费资助方式

按照国家五类科技计划相关要求对不同类别的材料项目进行经费资助。

（三）配套创新政策

1. 完善创新发展环境

深化科技计划（专项、基金等）管理改革，建立和完善材料科技和产业政策体系。支持材料重点领域科技研发和示范应用，促进材料及相关产业技术创新、转型升级和结构布局调整。完善和落实支持创新的政府采购政策，推动材料及相关产业创新产品的研发和规模化应用。加强材料科技政策与产业、金融、财税、投资、贸易、土地、资源和环保等政策衔接配合。建立健全材料产业统计监测体系，把握行业运行动态，及时发布相关信息，避免盲目发展与重复建设，引导和规范材料产业有序发展。制定和完善行业准入条件，发布重点材料产品指导目录，实施材料领域重大工程。

2. 增强可持续创新能力

持续加大技术研发投入，重视材料基础研发，使原始创新成为可持续发展的原动力。发挥企业创新主体作用，加快培育一批具有一定规模、优势特色突出、掌握核心技术的材料企业。鼓励原材料工业企业大力发展精深加工和新材料产业，延伸产业链，提高附加值，推动传统材料产业的转型升级。高度重视发挥中小企业在材料产业中的创新作用，支持中小材料企业向“专、精、特、新”方向发展，提高中小企业对大企业、大项目的配套能力，打造一批材料“小巨人”企业。加强军民科技融合深度发展，丰富融合形式、拓展融合范围、提升融合层次和质量。完善科技管理体制机制，优化创新资源配置，提升创新效率。

3. 加大公共研发服务平台、创新基地以及产业技术创新战略联盟建设

加大国家科研基地平台建设。梳理具有产业化前景的优势学科，以重大应用需求为牵引，支持工程化试验与验证平台建设。通过联盟等探索建设新型研发机构和体制机制创新的开放型国际化公共研发与服务平台，提高单项技术集成、测试验证、可靠性评价等工程试验验证能力，通过平台进行跨行业跨领域的技术集成、放大和产业化中试验证，开展专业化服务。重点开展平台类技术的研发和集成，支撑大众创业、万众创新，打造专业化众创空间，培育新的经济增长点，做深做强材料产业。在有优势资源和条件的地方建设创新基地，实现产业集群式发展。在重点领域加强产业技术创新战略联盟建设，强化联盟的联络、组织、服务作用，推动科研成果快速落地。

4. 大力加强知识产权保护，实施知识产权和标准战略

引导企业将技术创新、知识产权保护、标准制定相结合，提升产业竞争优势。建设和完善材料领域知识产权公共服务平台，定期发布各重点领域知识产权态势，促进企业提高创造、保护、运用和管理知识产权的水平。瞄准国际先进水平，立足自主技术，健全材料标准体系、技术规范、检测方法和认证机制，打造标准服务平台。

5. 加快多层次、多类型创新人才队伍建设

将人才队伍建设与研发任务、基地建设相结合，结合已有的人才计划，造就一批引领材料领域发展的领军人才。以重点专项和重大工程为依托，实行“人才 + 项目 + 基地”一体化培养，建立全链

条人才团队培育机制。加强前瞻性技术人才团队培养，围绕材料研究前沿方向，组建前瞻性、原创性的技术人才团队。积极引进产业发展所需的高层次人才和紧缺人才，同时加快建设和发展职业培训机构，大力培养专业技术人才，提高产业技术队伍整体素质，完善面向材料产业的人才服务体系。

6. 深化国际合作交流

鼓励开展国际技术交流活动，采取科技合作、技术转移、产能合作、资源共同开发与利用、参与国际标准制定等多种方式，扩大我国材料产业技术创新在全球的影响力和话语权。吸引有实力的跨国公司在国内建立高水平的研发中心、生产中心和运营中心，带动行业和国内企业创新能力提升。鼓励境外企业和科研机构在我国设立材料研发机构，支持符合条件的外商投资企业与国内材料企业、科研院校合作申请国家科研项目。支持企业并购境外材料企业和技术研发机构，参加国际技术联盟，开拓国际市场，加快国际化经营。

7. 加大财税政策支持力度，健全中小企业融资体系

强化创新激励措施，促进材料产业扩大装备投资，加快技术升级。建立由政府主导的信贷风险补偿基金，以及市场化运作的中小微企业融资担保机构。加快建成中小企业社会信用体系。完善监管机制，扩大上市、发行债券等直接融资，多渠道解决中小企业融资保障问题。鼓励社会资本投入研发与产业化，创新符合材料产业特点的各类金融产品，建立健全融资保障机制。落实国家扶持中小企业的各项金融政策，支持金融机构为中小企业提供更多融资服务。

8. 完善公共服务体系，优化和完善成果转化、技术转移机制

综合运用政府购买服务、无偿资助、业务奖励等方式，支持材料产业集群地区建立和完善公益性行业公共服务平台，充分发挥相关行业组织专业优势和行业资源整合能力，进一步完善平台服务功能，提升服务质量与规范性，形成适合中小微型企业特点的服务模式。在建立和整合共性技术研发平台过程中，进一步突出成果转化、技术扩散和转移职能，制定和出台有利于共性技术研发基地技术转移和成果推广的配套政策。建立成果推广奖惩机制，促进共性技术推广应用。

9. 围绕“一带一路”国家战略，对支撑“产能输出、资源输入”的材料研发项目予以倾斜支持

鼓励利用技术优势开发国外矿产（稀土等）资源。加强政策研究，鼓励拥有先进技术的大型企业或机构走出去，开发国外稀土等资源，保护国内资源，与国家倡导的“利用两种资源、开发两个市场”相契合，实现以技术控制资源并将技术优势转化为经济效益的目的。

重点新材料首批次应用示范指导目录（2017 年版）

序号	材料名称	性能要求	应用领域
		先进基础材料	
一		先进钢铁材料	
1	新型高性能掘进机刀具用钢	A、C 类夹杂物≤0.5 级，B、D 类夹杂物≤1.5 级；抗拉强度 >2000MPa，热处理硬度 >56HRC，冲击韧性 Aku >20J	机械
2	高档轴承钢	$O \leq 7 \times 10^{-6}$，$Ti \leq 15 \times 10^{-6}$，夹杂物 A + B + C + D≤2 级，最大颗粒夹杂物 DS≤0.5 级，4.5GPa 赫兹应力下的接触疲劳寿命 L10≥5×10^7 次	汽车、家电
3	高铁车轴用轨道交用钢	光滑试样和缺口试样 10^7 周次旋转弯曲疲劳强度极限分别大于 350MPa 和 215MPa，全尺寸疲劳性能要求：轴身外表面受力≥240MPa 下完成 10^7 周次循环后无裂纹产生	铁路
4	油气开采用高性能油井套管	屈服强度 758 ~ 862MPa，-10℃ 全尺寸冲击功≥60J；在 180℃，3.5MPa CO_2，流速 1m/s 腐蚀条件下，腐蚀速率≤0.25mm/a	油气开采

续表

序号	材料名称	性能要求	应用领域
5	大口径快速上卸扣套管	直径508mm，屈服强度 $Rt_{0.5}$ 为379～552MPa，上扣效率比API螺纹高20%	油气开采
6	优质焊材	镍基690焊材：抗拉强度550～750MPa； 镍基625、镍基276和镍基620焊材：抗拉强度≥690MPa，一次探伤合格率>99%	核电、火电、燃气轮机
7	特殊密封用丝带材	符合蜂窝密封、刷丝密封、W型密封及C型密封用材标准，丝材直径0.07～0.2mm，箔材厚度0.05～0.15mm	核电、燃气轮机、发动机
8	海洋工程及核电用高氮不锈钢	不锈钢粉末的氮含量≥0.6%；热等静压工艺制备，孔隙度≤0.3%，抗拉强度≥900MPa，屈服强度≥650MPa，延伸率≥40%，PRE≥40	海洋石油、核电
9	汽车用高端热作模具钢	磷含量≤0.010%，硫含量≤0.003%，A、C类夹杂物≤0.5级，B、D类夹杂物细系≤1.5级，粗系≤1.0级，钢材横向心部V形缺口冲击功≥13.6J，横向和纵向比≥0.85，球化组织AS1～AS4，带状组织级别SB级	汽车
10	特种无缝钢管	超超临界火电机组建设用高压锅炉管（耐热不锈钢Surper304、S740、HR3C等），核电建设蒸发器管（耐蚀钢690U型管）。耐高压≥25MPa，耐高温≥600℃，铅、锡、砷、锑、铋单个元素含量 $<30\times10^{-6}$，总含量 $<120\times10^{-6}$，耐腐蚀、长寿命等性能达到国际领先水平	火电、核电
11	高精度高温合金管材	氧含量 $\leq15\times10^{-6}$，硫含量 $\leq50\times10^{-6}$，磷含量 $\leq50\times10^{-6}$，材料疏松和偏析<0.5级，屈服强度≥310MPa，抗拉强度≥690MPa，外径公差±0.1mm，壁厚公差（+10%，-5%）	航空
12	液化天然气船及岸线接手站储罐用特殊钢材	镍含量8.5%～10%，磷含量≤0.005%，硫含量≤0.002%，屈服强度≥585MPa，抗拉强度680～820MPa，延伸率≥18%，-196℃低温下冲击功均值≥100J	海洋工程、能源装备
13	船用耐蚀钢	下底板年腐蚀速率<1mm，上顶板25年腐蚀速率<2mm，包括钢板（厚度8～40mm）、配套焊材及型材	船舶
二	先进有色金属材料		
（一）	铝材		
1	大规格铝合金预拉伸板	板厚度≥80mm，板宽度≥1600mm，典型热处理状态抗拉强度级别530MPa以上，断裂韧度水平 $\geq24\text{MPa}\cdot\text{m}^{1/2}$	高端装备
2	高强韧轻量化结构件压铸铝合金	用半固态流变压铸工艺和高真空压铸工艺生产，可进行T6热处理，抗拉强度>340MPa，延伸率>8%	汽车、通讯
3	高性能车用铝合金板	牌号包括6016～S、6016～IH、6A16、5182～RSS、5754等十余种合金，典型6xxx系铝合金板材延伸率 $A50\geq25\%$，r 值≥0.60，60天停放后屈服强度≤140MPa，烤漆硬化屈服强度增量≥80MPa	汽车

续表

序号	材料名称	性能要求	应用领域
4	高性能船舶用铝合金锻件	2618 合金压强叶轮模锻件重量 5 ~ 96kg，热处理状态 T61，锻件要求高综合性能，屈服强度≥340MPa，抗拉强度≥390MPa，延伸率≥4%，断面收缩率≥5%，屈服强度比 0.82 ~ 0.90，布氏硬度≥130，电导率 21 ~ 24Ms/m	船舶
（二）	镁材		
5	大卷重高性能宽幅镁合金卷板	最大宽度 > 1500mm，厚度范围 1.0 ~ 4.0mm，卷重≥1.5t，抗拉强度≥270MPa，屈服强度≥220MPa，延伸率≥15%	汽车、3C 产品、轨道交通
（三）	钛材		
6	大尺寸钛合金铸件	轮廓尺寸长和宽 > 2500mm，最大单重 > 1200kg，抗拉强度 > 895MPa，屈服强度 > 825MPa，延伸率 > 6%，布氏硬度 > 365	船舶及海洋工程
7	宽幅钛合金板	牌号 TC4，中厚板规格（4.75 ~ 150）×（< 3000）×（< 3000）mm^3，薄板规格（0.5 ~ 4.75）×（< 1800）×（< 3000）mm^3，抗拉强度 > 895MPa，屈服强度 > 830MPa，延伸率 > 8%	航空、海洋工程
8	油井管用高强高韧钛合金	包括 110ksi 强度级的钛合金管材，使用寿命 > 15 年	石油、天然气
9	大卷重宽幅纯钛带卷	宽度≥1000mm，单卷重 > 3t，牌号 Gr.1 力学性能：抗拉强度≥240MPa，屈服强度 138 ~ 310MPa，延伸率≥24%；牌号 Gr.2 力学性能：抗拉强度≥345MPa，屈服强度 275 ~ 450MPa，延伸率≥20%	海洋工程、海水淡化、核电
10	超薄壁钛及钛合金焊管	符合 GB/T3625 要求，典型壁厚规格 0.5mm 和 0.8mm	海水淡化
11	高温钛合金	室温性能：抗拉强度≥1100MPa，屈服强度≥950MPa，延伸率≥8%，弹性模量≥110GPa，冲击韧性≥10J/cm^2；高温 650℃性能：抗拉强度≥650MPa，屈服强度≥580MPa，延伸率≥12%，面缩率≥25%，弹性模量≥90GPa	高端装备
（四）	其他		
12	原位自生陶瓷颗粒铝基复合材料	高强度铸造陶铝材料：抗拉强度≥410MPa，弹性模量≥85GPa，延伸率≥2% 高模量铸造陶铝材料：抗拉强度≥360MPa，弹性模量≥90GPa，延伸率≥0.5% 高塑性铸造陶铝材料：抗拉强度≥350MPa，弹性模量≥73GPa，延伸率≥14% 超高强变形陶铝材料：抗拉强度≥805MPa，弹性模量≥76GPa，延伸率≥8% 高抗疲劳变形陶铝材料：抗拉强度≥610MPa，弹性模量≥83GPa，延伸率≥6%	汽车工业、高端装备
三	先进化工材料		

续表

序号	材料名称	性能要求	应用领域
（一）	特种橡胶		
1	高氟含量氟橡胶材料	门尼黏度30～60，拉伸强度≥12MPa，断裂伸长率≥120%；275℃老化后：拉伸强度≥10MPa，断裂伸长率≥100%，耐甲醇质量增重≤5%	航空航天、化工
2	氢化丁腈橡胶	ACN%：17%～50%，饱和度80%～99%，门尼黏度20～130	汽车、高铁、轮船、油田、航空航天
（二）	工程塑料		
3	聚醚醚酮（PEEK）	玻璃化温度≥143℃，熔点≥334℃，拉伸强度（25℃）≥94MPa，断裂伸长率（25℃）≥40%，弯曲模量（25℃）≥4.0GPa，冲击强度（缺口）≥4.5kJ/m²，热变形温度（1.8MPa）≥150℃	航空航天、环保
4	聚芳硫醚类（PAS）系列特种新材料产品（低氯级）	聚芳硫醚砜（PASS）、聚芳硫醚酮（PASK）。相对分子质量5万～8万、氯离子含量＜600×10⁻⁶	航空航天、核动力、汽车、电子、石油化工、环保
5	聚酰亚胺及薄膜	热塑性薄膜：玻璃化温度＞240℃，拉伸强度＞100MPa，冲击强度＞120kJ/m²，弯曲强度＞120MPa，可挤出成型，3D打印成型	汽车，石油、化工、纺织工业、电力电子、精密机械制造、航空、航天
		高导热石墨聚酰亚胺薄膜：面内取向度≥30%，双折射率≥0.08。	3C产品
		高铁耐电晕级聚酰亚胺薄膜：耐电晕性（20kV·mm，50Hz/h）＞100000h	轨道交通
6	高流动性尼龙	拉伸强度＞55MPa，弯曲强度＞60MPa，简支梁缺口冲击强度＞8kJ/m²，熔融指数（235℃，0.325kg）10～30，熔点220～225℃	汽车、电子电器、纺织工业
7	芳纶纤维材料制品	灰分＜0.5%，芳纶纸击穿电压＞20kV/mm，抗张强度＞3.2kN/m，芳纶层压板击穿电压＞40kV/mm，耐热等级达到220℃，阻燃达到VTM－0或V－0级，水萃取液电导率＜5ms/m，180℃长期对硅油无污损，外观、层间结合状态与进口产品一致	轨道交通、新能源、航空航天、电力装备
8	环保型阻燃工程塑料	垂直燃烧等级达UL94V－0级，灼热丝960℃、15s不起燃，抗熔滴，热变形温度（1.8MPa）≥170℃	电力装备、电子电器
9	导热尼龙	导热系数0.8～3.0W/m·k，阻燃等级垂直燃烧UL94V－0级。击穿电压≥20kV/mm，耐黄变，满足不同功率的LED使用要求	新型显示

续表

序号	材料名称	性能要求	应用领域
10	轴承（传动系统）用工程塑料	在150℃热油、氧环境下放置1000小时：拉伸强度>90%，非缺口冲击强度>80%，弯曲强度>90%以上	汽车、机床、家电等
11	汽车核心部件用尼龙复合材料	在85℃、相对湿度85%环境下放置1000小时：力学性能保持在80%以上；长期在120℃高温环境下使用不发生形变，冷热冲击循环300次，塑料件不开裂（-40℃和150℃）	汽车
12	芳纶Ⅲ长纤维	密度≤1.43g/cm³，拉伸强度4500~5500MPa，弹性模量156~175GPa，介电常数2.6，介电损耗 $\tan\delta = 0.001$，耐辐照 7×10^8 rad/h，工作温度-196℃~330℃，热分解温度550~600℃，断裂伸长率2.8%~3.5%，极限氧指数42	航天
（三）	膜材料		
13	双极膜电渗析膜	膜尺寸≥500×1100mm²，跨膜电压≤1.4V（电流密度为600A/m²），电流效率≥75%，酸碱转化率≥90%，寿命超过1年，膜组件100~1000组，单个膜组件NaCl处理量20~200kg/h，产酸、碱浓度<2mol/L	化工
14	高性能锂电池隔膜	厚度5~20μm，孔径0.03~0.2μm，孔隙率30%~50%，透气率（Gurley值）100~400s/100mL	新能源
15	高压反渗透复合膜材料	膜片脱盐率≥99.7%，水通量≥40L/m²·h，膜元件（8040标准型）脱盐率≥99.7%，产水量≥34m³/d，反渗透海水膜及元件测试标准（进水氯化钠 32000×10^{-6}，操作压力5.5MPa，温度25℃）	海水和苦咸水淡化、高盐废水资源化
16	高选择性纳滤复合膜材料	氯化钠截留率≤5%，硫酸钠截留率≥98.5%，水通量≥60L/m²·h；膜元件（8040标准型）产水量≥30m³/d	水质脱盐、脱硝；盐水分质、浓缩
（四）	电子化工新材料		
17	环保水系剥离液	金属保护剂含量≤1%，杂质金属离子含量≤100ppb，颗粒物（≥0.5μm）≤50个/mL，金属层损伤<0.1nm/min	新型显示
18	超高纯化学试剂	盐酸、硝酸：单个金属杂质含量<100ppt，颗粒（≥0.2μm）<100个/mL 高纯双氧水、硫酸、氢氟酸：其中电子级金属离子≤10ppb、颗粒≤100（≥0.5μm）；半导体级金属杂质含量≤ 0.1×10^{-9}、控制粒径/μm≤0.2颗粒/个/mL 芯片铜互连超高纯电镀液：单个金属含量<60ppb，颗粒（≥0.2μm）<100个/mL 芯片铜互连超高纯电镀添加剂：单个金属含量< 0.1×10^{-6}，颗粒（≥0.2μm）<100个/mL 蚀刻后清洗液：单个金属含量<100ppb，颗粒（≥0.2μm）<100个/mL	集成电路、新型显示

续表

序号	材料名称	性能要求	应用领域
19	CMP 抛光材料	CMP 抛光液：小于45纳米线宽集成电路制造用 CMP 抛光液系列产品，包括铜抛光液、铜阻挡层铜抛光液、氧化物铜抛光液、多晶硅铜抛光液、钨抛光液等；200～300mm 硅片工艺用抛光液 CMP 抛光垫、CMP 修整盘：200～300mm 集成电路制造 CMP 工艺用抛光垫、修整盘；200～300mm 硅片工艺用抛光垫、修整盘	集成电路
20	光刻胶及配套试剂	I 线光刻胶：6 英寸、8 英寸、12 英寸集成电路制造用 I 线光刻胶 KrF 光刻胶：8 英寸、12 英寸集成电路制造光刻工艺用 KrF 光刻胶 ArF/ArFi 光刻胶：12 英寸集成电路制造光刻工艺用 ArF 和 ArFi 浸没式光刻胶 光刻胶抗反射层：与 KrF、ArF 和 ArFi 浸没式光刻胶配套的抗反射层材 厚膜光刻胶：3D 集成等系统级封装用光刻胶 光刻胶显影液、光刻胶剥离液：与 KrF、ArF 和 ArFi 浸没式光刻胶配套的光刻胶显影液、光刻胶剥离液	集成电路
21	特种气体	高纯氯气：纯度≥99.999%，H_2O≤1.0ppm，CO_2≤2.0ppmv，CO≤1.5ppmv，O_2≤1.0ppmv，CH4≤0.1ppmv 三氯氢硅：纯度≥99.99%，一氯甲烷含量<10ppm，二氯氢硅含量≤100ppm，四氯化硅含量≤100ppm，铁含量≤30ppb，镍含量≤2ppb 锗烷：纯度≥99.999%，H_2<50ppmv，O_2+Ar≤2ppmv；N_2≤2ppmv，CO≤1ppmv；CO_2≤1ppmv；CH_4≤1ppmv；H_2O≤3ppm 氯化氢、氧化亚氮纯度≥99.999%；氧硫化碳、乙硼烷纯度≥99.99%；砷烷、磷烷、硅烷纯度≥99.9999%	集成电路、新型显示
22	大尺寸 LCD 显示用高性能黑色、彩色、PS 光刻胶	色域面积>72%，对比度>10000，残膜率>85%，OD 值>4.1，RR 值>90%	新型显示
23	电子胶有机硅材料	热导率≥4.0W/m·K，体积电阻≥1014Ω·cm，击穿电压≥20kV/mm，阻燃性可达 UL94V－0	航空、航天，建筑、电子电气、汽车、机械、医疗
（五）	其他先进化工材料		
24	生物基增塑剂	100%替代邻苯类增塑剂，抗老化性能>1200h（ASTMG－154），环保指标通过欧盟 REACH 法规认证，绿色安全无毒	医疗
25	自抛光防污涂料	与阴极保护相容性：防污涂层与防锈涂层之间（包括连接涂层）的剥离在人造漏涂孔外缘起10mm 范围内，在近海的浅海浸泡试验环境里，可以达到36个月以上的防污能力，涂装在远洋船舶上，可提供60个月以上的防污保护	船舶

续表

序号	材料名称	性能要求	应用领域
四	先进无机非金属材料		
(一)	特种玻璃		
1	高硼硅耐热防火玻璃	800℃火焰冲击下保持90~180分钟不炸裂，膨胀系数（32~50）$\times 10^{-7}$/℃，玻璃软化点>840℃	电子、化工、航天、建筑、船舶
2	大口径、耐高温高纯石英玻璃管	金属杂质总含量≤18ppm，外径200~400mm	集成电路
3	光掩膜用高纯合成石英玻璃基板	光学透过率230nm时≥88%，260nm时≥90%，金属杂质总含量≤1ppm，正反两面平面度≤50μm，最大规格1220×1400×14mm^3	微电子光电子制造
4	滤光片	蓝玻璃红外截止滤光片：透过率AR（420~670nm，Rmax<0.9%），UVIR（350~390nm，Tavg≤3%）；图案的外围和内径部分四角直线度（毛刺）5μm以内，偏心50μm以内，最外围中心和印刷内径中心的差异在50μm以内、偏心50μm以内；图形胶层厚度10μm以下，透过率T_{max}<0.2%（400~650nm），反射率R_{max}<4%（400~650nm）；组立件支架的粘着力>3kg/cm；五代彩色滤光片：BM厚度1.2±0.3μm；BM-OD≥4.0；RGB厚度2.28±0.3μm；导电膜组抗值≤30Ω/□；导电膜厚度1500±200Å；角段差<0.5μm；PS高度3.15±0.15μm	3C产品
5	无碱玻璃基板	应变点655~686℃，软化点970±10℃，线热膨胀系数（20~380℃条件下）：（30~38）$\times 10^{-7}$/℃；密度2.37~2.55g/cm^3	新型显示
6	高铝硅酸盐盖板玻璃	表面压应力>850MPa，压应力层厚度>35μm，四点抗弯强度>600MPa	新型显示、航空
7	偏光片	尺寸收缩率<0.8%，表面硬度>3H	
(二)	绿色建材		
8	防污型绝缘材料	憎水性HC1~HC2级，污秽耐受电压跟普通釉绝缘子相比，污秽耐受电压≥1.5倍，涂层耐磨性≤0.2g，耐漏电起痕及电蚀损≥TMA4.5级，支柱绝缘子弯曲破坏应力100MPa，悬式绝缘子抗拉强度960kN，使用温度-40~105℃，抗拉负荷≥300kN。	电力装备
(三)	先进陶瓷粉体及制品		
9	高透过氮氧化铝陶瓷	厚度3mm，窗口红外透过率>81%，弯曲强度≥300MPa，硬度≥1850，断裂韧性≥2.0MPa·$m^{1/2}$，窗口尺寸≥160×160×3mm^3	新一代光电设备

续表

序号	材料名称	性能要求	应用领域
10	碳化硅陶瓷膜过滤材料	Φ60×（1000～2500）×10mm³，支撑体孔径60～70μm，气孔率≥32%，膜层孔径10～20μm，膜层气孔率≥38%，弯曲强度≥15MPa；耐酸性≥98%，耐碱性≥99%，热胀系数 5.46×10^{-6}/K	化工、能源、电力装备、冶金、环保
11	特高压套管	产品总高度10.58m，由5节组成，整柱弯曲破坏负荷26kN，内水压破坏负荷≥2.6MPa	电力装备
12	氮化铝陶瓷粉体及基板	粉体：碳含量≤300×10^{-6}，氧含量≤0.75%，粒度分布D10≤0.65μm，D50≤1.30μm，D90≤3.20μm；比面积≥2.8m²/g；基板：密度≥3.30g/cm³，热导率（20℃）≥180W/m·K，抗折强度≥380MPa，线膨胀系数（RT～500℃）4.6～4.8×10^{-6}/℃，表面粗糙度≤0.3μm	高铁、新型显示、新能源汽车、光通讯和智能电网
13	高性能氮化硅陶瓷材料	致密度≥99%，弯曲强度≥900MPa，维氏硬度≥1550，断裂韧性9～10MPa·$m^{1/2}$，弹性模量≥320GPa，热膨胀系数≤3.3×10^{-6}，韦布尔模数>12，热导率20～90W/m·K	光伏、风电、航空航天、环保、机械、汽车、冶金、电子
14	片式多层陶瓷电容器用介质材料	粉末物理性能：粉体粒径≤0.8mm，烧结温度≤1150℃；瓷体常温电性能：介电常数2000～4000，损耗<2%，绝缘电阻率≥1×10^{12}Ω·cm；瓷体温度特性（-55℃～+125℃）：-15%≤$\Delta C/C_0$≤+15%（无偏压）、-25%≤$\Delta C/C_0$≤+15%（施加偏压2V/mm）	电子
（四）	人工晶体		
15	LED用蓝宝石衬底片	晶片直径：6英寸衬底150±0.2mm，8英寸衬底200±0.2mm；晶片厚度：6英寸衬底1300±30μm，8英寸衬底1500±50μm；定位面方向：A（11～20）TOM0±0.2°；平边长度：6英寸衬底50±1.0mm，8英寸衬底100±1.0mm；晶向：6英寸衬底C（0001）TOM0.2±0.05°，C（0001）TOA（11～20）0±0.1°，8英寸衬底C（0001）TOM0.2±0.1°，C（0001）TOA（11～20）0±0.1°；整体平整度：6英寸衬底≤10μm，8英寸衬底≤15μm；局部平整度：6英寸衬底≤2μm，8英寸衬底≤2.5μm；弯曲度：6英寸衬底-20μm<BOW<0μm，8英寸衬底-25μm<BOW<0μm；翘曲度：6英寸衬底≤25μm，8英寸衬底≤30μm；抛光面粗糙度：6英寸衬底Ra≤0.2nm，8英寸衬底Ra≤0.3nm；背面粗糙度=0.8～1.2μm；位错密度≤1000pcs/cm²	新型显示、3C产品
16	溴化镧闪烁晶体	块状晶体探测器尺寸≥Φ50×50mm³，衰减时间≤20ns，能量分辨ΔE/E≤3.5%，时间分辨≤300ps，阵列式晶体探测器衰减时间≤35ns，峰谷比≥6.5，能量分辨优于13%@511KeV	医疗器械、安全检查

续表

序号	材料名称	性能要求	应用领域
17	单或双掺La、Yb、Er、Nd、Lu、Ce等稀土元素系列人工晶体	高光输出、快衰减，衰减时间≤30ns，光产额≥60Ph/KeV	医疗器械、安全检查、地质勘探
18	元素级化学气相沉积硫化锌	使用波段3~5μm，8~12μm，使用波段内透过率>72%（使用环境>300℃），努普硬度>210kg/mm^2，弯曲强度>100MPa，热导率16.8W/m·k，热膨胀系数（$\times10^{-6}$/K）7.2（473K）	光电技术、红外探测
19	人造金刚石复合材料	粒度集中度±10μm，形状长短轴比<1.3满足0.8~0.1mm厚度，300mm直径范围内的蓝宝石，电子硅等材料平坦化加工精度要求：表面厚度差≤8μm，表面粗糙度达到纳米级	刀具、信息产业
20	立方氮化硼复合材料	CBN复合材料元件：磨轮线速度>160m/s，去除率为刚玉复合材料的50倍以上，加工零部件的形位公差精度<5μm，表面粗糙度<0.3μm	汽车、机床、航天
21	碲锌镉晶体	晶锭直径≥100mm，单晶尺寸≥2000mm^3，成分偏差≤5%，电阻率≥$1\times10^{10}\Omega\cdot$cm，电子迁移率和寿命积≥$2\times10^{-3}$cm^2/V。碲锌镉探测器对241Am@59.5KeV的能量分辨率≤5%，峰谷比≥80，对137Cs@662KeV的能量分辨率≤1.5%，峰康比≥2，空间分辨率≤0.2mm，计数率≥1M/s/mm^2	环境检测、医疗器械
（五）	矿物功能材料		
22	矿物无机凝胶	表观黏度≥2000mP·S，触变指数≥8，溶解速度≤10min（2%水分散体系），悬浮率≥98%	化工、医药
23	高性能无机非金属矿物填充材料	可研磨至亚纳米级，细度达1500目以上	化工、医药
24	环保型、高稳定摩擦材料	镉≤0.01%，六价铬≤0.1%，铅≤0.1%，汞≤0.1%，常温剪切强度≥4.5MPa，高温剪切强度≥2.5MPa。摩擦因数在其设定的工作摩擦因数值的±10%的范围内，产品寿命为原来的2~5倍	汽车
25	汽车尾气处理材料	净化NOx还原剂固体储氨（氨合氯化镁、钙、锶）材料：氨气含量45%~54%wt以上； SCR蜂窝催化剂材料：催化起燃温度<200℃，比表面积100m^2/g； 莫来石颗粒过滤器（DPF）材料：抗热性>1100℃，开孔率>50%； 氮氧化物吸附材料：脱附温度>200℃	汽车

续表

序号	材料名称	性能要求	应用领域
26	高纯石墨	固定碳含量 C≥99. 999%	航空航天、新能源汽车
27	高纯石英粉体	40～150 目，SiO_2 含量＞99. 95%，杂质含量≤75×10^{-6}	石英玻璃加工、石英坩埚
五	其他材料		
(一)	稀有金属		
1	新型电接触贵金属材料	PtIr 系列材料：PtIr10：电阻率≤25μΩ·cm，温升≤50℃，工作寿命≥1000h；PtIr25：电阻率≤34μΩ·cm，温升≤60℃，工作寿命≥1000h； 金基系列材料：$AuAgCu_{20-10}$：电阻率≤15μΩ·cm，温升≤40℃，工作寿命≥20000h；$AuCuAg_{35-5}$：电阻率≤20μΩ·cm，温升≤50℃，工作寿命≥20000h； $AgSnO_2$ 系列材料：$AgSnO_2$（10）Bi_2O_3（0. 5）：电阻率≤2. 3μΩ·cm，温升≤60℃，工作寿命≥30 万次；$AgSnO_2$（12）Bi_2O_3（0. 5）：电阻率≤2. 5μΩ·cm，温升≤60℃，工作寿命≥30 万次；$AgSnO_2$（10）：电阻率≤2. 2μΩ·cm，温升≤40℃，工作寿命≥25 万次；$AgSnO_2$（12）：电阻率≤2. 5μΩ·cm，温升≤40℃，工作寿命≥25 万次；Ag－MeO 系列材料：AgCuONiO：电阻率≤2. 0μΩ·cm，温升≤40℃，工作寿命≥20 万次；（2）AgMgONiO：电阻率≤2. 1/μΩ·cm，温升≤40℃，工作寿命≥20 万次； AgCuZnNi 系材料：$AgCuZn6Ni_1$：电阻率≤4μΩ·cm，温升≤50℃，工作寿命≥20 万次	电子信息
2	电子浆料	片式元器件用导电银浆：方阻≤10mΩ/□，烧结膜厚 7～9μm，初始附着力≥35N，抗焊料侵蚀：260℃、30s、侵 3 次，阻值≤20Ω； 耐酸性：5%的硫酸中浸泡 30 分钟，用胶带拉不脱落； 钌系电阻浆料：方阻 10Ω～1mΩ/□，温度系数±100×10^{-6}/℃，短时间过负荷阻值变化率±1%，静电放电阻值变化率±1%； 光伏用正面银浆：方块电阻≤10mΩ/□，附着力≥3N	航空、航天、电子信息、光伏太阳能
3	形状记忆合金及智能材料	单程形状记忆效应≥8%，双程形状记忆效应≥3%，超弹性效应≥4%，相转变温度－80～500℃	高端装备

续表

序号	材料名称	性能要求	应用领域
4	稀有金属涂层材料	高温合金稀有金属防护涂层材料：氧含量≤300ppm，涂层在900℃完全抗氧化，并具备良好的抗热疲劳性能； 复式碳化钨基稀有金属陶瓷涂层材料：硬度45～65HRC，使用温度－140～800℃； 高耐蚀耐磨涂层材料：结合强度≥200MPa，硬度30～65HRC，孔隙率≤0.5%，抗中性盐雾腐蚀≥500h； 多组元MCrAlY涂层材料：O、N、C、S总和≤500ppm，结合强度≥50MPa，1050℃水淬≥50次，1050℃（200h）完全抗氧化级； 高隔热涂层材料YSZ复相陶瓷材料：熔点＞2000K，1200℃（100h）无相变，热导率＜1.2W/m·K； 可磨耗封严涂层材料：使用温度350～1050℃，硬度HR15Y40～85，结合强度≥5MPa，工况温度下350m/s可磨耗试验涂层无剥落掉块； 冷喷涂超细合金粉末涂层材料：粉末粒度D90≤16μm，振实密度≥4.0g/cm³，近球形粉末形貌	国防军工、高端装备零部件表面强化
（二）	溅射靶材		
5	高纯钴靶	晶粒尺寸≤50μm，焊合率＞99%，满足200～300mm半导体制造要求	集成电路
6	超高纯NiPt合金靶材	纯度≥4N；晶粒尺寸≤100μm，钎焊焊合率≥95%，最大单伤≤2%，尺寸公差±0.1mm，表面粗糙度Ra≤0.8μm，清洁度符合电子级要求	集成电路
7	铜和铜合金靶	纯度≥6N，晶粒尺寸≤50μm，焊合率≥99%，尺寸公差±0.1mm，表面粗糙度Ra≤0.4μm，清洁度符合电子级要求	集成电路
8	钛和钛合金靶	纯度≥4N5，晶粒尺寸≤20μm，靶材与背板扩散焊接，焊合率≥98%，清洁度符合电子级要求	集成电路
（三）	其他		
9	耐高流速铜合金管材	抗拉强度≥600MPa，屈服强度≥300MPa，延伸率≥20%，耐海水腐蚀性能≤0.01mm/a，全海域海水介质中设计流速≥5m/s	船舶与海洋工程
10	高性能高精度铜合金丝线材	抗拉强度≥475MPa，延伸率≥6%，导电率≥90% IACS，软化温度≥350℃，直径0.080～0.300mm，长度≥15km	电力工程、电子信息
11	铜铝复合材料	抗拉强度≥110MPa，延伸率≥11%，界面结合强度≥40MPa，直流电阻率≤0.025Ω·mm²/m	电力装备、航空航天、先进轨道交通
12	高频微波、高密度封装覆铜板、极薄铜箔	高频微波覆铜板：介电常数（DK）3.50±0.05（10GHz），高频损耗＜0.004（10GHz），玻璃化温度＞200℃，剥离强度＞0.8N/mm；高密度覆铜板：玻璃化温度＞250℃，平面膨胀系数＜28	电子电路

续表

序号	材料名称	性能要求	应用领域
13	复杂岩层、深部钻探用新型结构硬质合金	断裂韧性 > 30MPa · $m^{1/2}$	油气开采、矿产开发、海洋勘探
14	磁性载体	比饱和磁化强度 40 ~ 70emu/g，体积电阻率 $1\times10^{12}\sim1\times10^{17}\Omega\cdot cm$,粒度（D50）30 ~ 50μm，流动性 15 ~ 60s	静电图像显影剂
15	软磁复合材料	饱和磁感应强度 > 1.95T，损耗 < 80W/kg（1.5T、1kHz 条件下），横向断裂强度≥100MPa	高功率密度、高转矩密度、高效永磁无刷电机，可用于电动车驱动、机器人伺服驱动
关键战略材料			
一	高性能纤维及复合材料		
1	高性能碳纤维	高强型：拉伸强度≥4900MPa，CV≤5%，拉伸模量 230 ~ 250GPa，CV≤2%； 高强中模型：拉伸强度≥5500MPa，CV≤5%，拉伸模量 280 ~ 300GPa，CV≤2%	航空、航天、轨道交通、海工、风电装备、压力容器。不包括体育休闲产品制造
2	碳纤维复合芯导线	导电率≥63.0% IACS，抗拉强度≥2100MPa，线膨胀系数≤ 2.0×10^{-6}/℃，玻璃化转变温度≥150℃，弹性模量≥110GPa，芯棒卷绕半径满足 50D 不开裂、不断裂	超高压线路建设
3	汽车用碳纤维复合材料	密度 < 2g/cm^3，抗拉强度 ≥ 2100MPa，抗拉弹性模量 23000 ~ 43000MPa	汽车
4	碳化硅纤维预制体	预制体密度≥1.2g/cm^3，纤维体积分数 35% ~ 55%，热处理失重率≤1%，重量偏差率≤2%	航空航天、能源、交通、电子、化工、环保、核电
5	耐高温连续碳化硅纤维	拉伸强度≥2.8GPa，杨氏模量≥200GPa，伸长率 1.2% ~ 1.8%，纤度 180 ± 10tex，氧含量≤12%，1100℃，空气 10h，强度保留率≥85%	航空航天
6	玄武岩纤维	耐温温度 - 269 ~ 650℃，弹性模量≥80GPa，抗拉强度≥3800MPa。	消防、环保、航空航天、汽车、船舶
7	航空制动用碳/碳复合材料	密度≥1.76g/cm^3，抗压强度≥140MPa，抗弯强度≥120MPa，层间剪切强度≥12MPa，热导率≥30W/m · K，石墨化率≥45%。	航空

续表

序号	材料名称	性能要求	应用领域
二	稀土功能材料		
1	高性能稀土发光材料	高端显示用新型发光材料：满足显示色域超过95% NTSC应用需求，满足600mA/mm^{2}高密度能量激发应用需要，在120℃较铝酸盐荧光粉亮度衰减率下降50%。生物农业照明发光材料：满足360～460nmLED芯片激发，发光波长在400～800nm，发光强度满足水果生长和植物生长所需光生理作用需要	新型显示、生物农业照明
2	高性能钕铁硼永磁体	晶界扩散Dy/Tb等系列、52SH档产品，综合重稀土含量（1Tb＝2Dy）＜1wt%；45UH档产品，综合重稀土含量＜4wt%；44EH档产品，综合重稀土含量＜8.5wt%；BH＋Hcj＞75，产品性能达到国际先进水平；高性能辐射和多极磁环磁性能：剩磁Br≥13.7kGs，内禀矫顽力Hcj≥12kOe，最大磁能积$(BH)_{max}$≥45MGOe，高矫顽力辐射和多极磁环磁性能：剩磁Br≥12kGs，内禀矫顽力Hcj≥25kOe，最大磁能积（BH）max≥35MGOe；多极各向异性磁环：内径外径比：0.1～0.9，峰值＞6000Gs；高低温退磁：－20℃保温1h然后升至180℃保温1h，10次循环，产品磁性能不可逆损失＜5%；磁环最大高度＞50mm；极点磁密不均匀度≤3%；耐蚀性：HAST实验，在温度130℃，压力0.26MPa，湿度95%，240h失重＜1mg/cm^2	新能源汽车、高铁、机器人、消费电子
3	新型铈磁体	铈含量占稀土总量≥30%，（BH）max（MGOe）＋Hcj（kOe）≥50，铈替代量≥50%时，（BH）max≥24MGOe，矫顽力≥10kOe	家用电器
4	工业烟气稀土基及SCR稀土无钒脱硝催化剂	横向抗压强度≥0.55MPa，纵向抗压强度≥1.5MPa，稀土含量＞5%，脱硝率≥92%，烟气温度适应范围310～450℃，使用寿命＞3年	化工、冶金、环保
5	AB型稀土储氢合金	AB5型稀土储氢合金常温下可逆容量＞1.5wt%，Mg基含稀土合金最大储氢量＞6wt%，寿命＞2500次；A_2B_7型储氢合金初始容量＞390mAh/g，循环100次容量保持率为90%以上、温区宽度－20～50℃	新能源
6	超高纯稀土材料及制品	超高纯稀土金属材料：以60种以上主要杂质计算，绝对纯度＞99.99%，气体杂质总量＜100×10^{-6}；超高纯稀土金属深加工产品：型材最大方向尺寸可达300mm；绝对纯度＞99.95%，型材晶粒平均尺寸＜200μm	电子信息领域
7	高性能铈锆储氧材料	产品比表面＞80m^2/g，储氧量＞500μmolO_2/g，且具有较高的高温热稳定性能，1000℃、10h高温老化后比表面＞40m^2/g，储氧量＞350μmolO_2/g，产品一致性要求偏差＜2%。铈锆产品整体性能满足国Ⅴ、国Ⅵ标准汽车尾气净化催化剂的使用要求	汽车

续表

序号	材料名称	性能要求	应用领域
8	稀土化合物	高纯稀土化合物：绝对纯度 > 99.995%，相对纯度 > 99.999%； 超高纯稀土氧化物：稀土纯度 > 99.9995%，CaO < 2 × 10^{-6}，Fe_2O_3 < 1 × 10^{-6}，SiO_2 < 2 × 10^{-6}； 超高纯稀土卤化物纯度≥99.99%，水、氧含量 < 50 × 10^{-6}； 高纯稀土氟化物镀膜材料：绝对纯度 > 99.99%，相对纯度 > 99.995%，氧含量 < 100 × 10^{-6}； 高纯氧化钪：绝对纯度 > 99.99%，粒度 D50 = 0.6 ~ 1.4μm； 超细粉体稀土氧化物：相对纯度 > 99.99%，粒径 D50 = 30 ~ 100nm，分散度（D90 ~ D10）/（2D50） = 0.5 ~ 1	功能晶体、集成电路、红外探测、燃料电池、陶瓷电容器
9	特种稀土合金	稀土镁合金，纯度 > 99.95%，延伸率≥15%，屈服强度≥250MPa，抗拉强度≥280MPa	航天、电子通讯、交通运输
10	高端稀土功能晶体	稀土闪烁晶体：Ce：LYSO 晶体尺寸 Φ80 × 200mm^3，衰减时间≤42ns，光输出≥28photons/kev； 稀土掺杂光纤激光器：平均输出功率 > 150W，中心波长 1.92 ~ 1.99μm，光谱带宽 < 3nm，光束质量 M2≤1.5，功率稳定性 ± 2%	医疗器械、地质勘探
11	稀土抛光材料	高档稀土抛光液，粉体 CeO_2 含量≥99.9%，晶粒尺寸≤30nm，形貌接近球形，抛光液粒度 D50 = 50 ~ 300nm，Dmax < 500nm，有害杂质离子浓度 < 40 × 10^{-6}，硅晶片抛光速度≥100nm/min，表面粗糙度 Ra≤1nm，高性能玻璃基片抛光速度≥25nm/min，表面粗糙度 Ra≤0.5nm	电子信息
三	先进半导体材料和新型显示材料		
1	氮化镓单晶衬底	包括 2 英寸及以上 GaN 单晶衬底，位错密度 < 5 × $10^6 cm^{-2}$，半绝缘 GaN 电阻率 > 1 × 10^6Ω · cm	电子信息
2	碳化硅单晶衬底	4 英寸以上 SiC 单晶衬底，微管密度 < 5/cm^2，位错密度 < 1000/cm^2，N 型 SiC 衬底电阻率 0.015 ~ 0.030Ω · cm，半绝缘 SiC 衬底电阻率≥1 × 10^5Ω · cm	电子信息
3	碳化硅外延片	包括 4 英寸碳化硅同质外延片，6 英寸导电碳化硅外延片。外延表面缺陷密度 < 5/cm^2	电子信息
4	4 英寸 GaN 外延片	直径 Φ100 ± 0.5mm，导电类型 n - type，载流子浓度 3 × $10^{17} cm^{-3}$，E. P. D < 1 × 10^4	新型显示
5	氮化铝材料	氮化铝单晶材料：双晶半高宽（002）、（102）均 < 50arcsec； 氮化铝陶瓷材料：热导率 > 180W/（m · K）； 氮化铝薄膜材料：用于 LED 的均匀性≤1%，用于声波器件的均匀性≤0.5%	新型显示

续表

序号	材料名称	性能要求	应用领域
6	电子级多晶硅	符合国标 GB/T12963 - 2014 要求。电子 1 级：施主杂质≤ 0.15×10^{-9}、受主杂质≤0.05×10^{-9}；电子 2 级：施主杂质≤ 0.25×10^{-9}、受主杂质≤0.08×10^{-9}；电子 3 级：施主杂质≤ 0.30×10^{-9}、受主杂质≤0.10×10^{-9}	集成电路、分离器件
7	平板显示用 ITO 靶材	In_2O_3：SnO_2 =90：10wt%（±0.5%）；(200~500)×(600~1200)×(5~13) mm^3；纯度 > 99.99%，相对密度≥99.7%，电阻率≤$1.8\times10^{-3}\Omega\cdot mm$，焊合率≥97%，平均晶粒<8μm	新型显示
8	平面显示用高纯钼靶材	纯度>99.95%，密度≥10.15g/cm^3，平均晶粒<100μm，均匀分布，且沿长度方向的平均晶粒尺寸偏差<20%，焊合率>97%。产品尺寸：G6~G8.5TFT-LCD 世代线（2300~2700）×（200~290）×（8~23）mm^3；G2~G5.5TFT-LCD 世代线（800~1600）×（900~2000）×（8~20）mm^3；OLED 生产线（2300×1800×14）mm^3	新型显示
四	新型能源材料		
1	镍钴锰酸锂三元材料	比容量>180mAh/g（0.5C），循环寿命>1000 圈（80%）	新能源
2	负极材料（硅碳负极材料）	低比容量（<600mAh/g）：压实密度>1.5，循环寿命>300 圈（80%，1C）； 高比容量（>600mAh/g）：压实密度>1.3，循环寿命>100 圈（80%，0.5C）	新能源
3	燃料电池膜电极	膜电极铂用量≤0.5g/kW，功率密度≥1.0W/cm^2，耐久性≥5000h	汽车
4	燃料电池用金属双极板	接触电阻（@1.5MPa）<3mΩ·cm^2，电导率>100s/cm，腐蚀电流<0.3μA/cm^2，厚度公差±15μm	汽车
5	高纯晶体六氟磷酸锂材料	纯度≥99.9%，酸含量≤20×10^{-6}，水分≤10×10^{-6}，DMC 不溶物≤200×10^{-6}，硫酸盐（以 SO_4 计）≤5×10^{-6}，氯化物（以 Cl 计）≤2×10^{-6}，Fe、K、Na、Ca、Mg、Ni、Pb、Cr、Cu 离子≤1×10^{-6}	新能源
	前沿新材料		
1	石墨烯薄膜	可见光区平均透过率（含基材）优于 85%，纯石墨烯薄膜雾度<1%、面电阻值<100Ω，与其他纳米材料复合的石墨烯薄膜雾度<5%、面电阻值<10Ω，石墨烯薄膜与基材结合力可耐 3M 胶带百格测试，具有弯曲性能，在 ITO 膜失效的情况下，可以承受超过 10 万次的循环弯曲试验	微电子、新能源

续表

序号	材料名称	性能要求	应用领域
2	石墨烯改性防腐涂料	附着力1级，耐盐雾≥2500h，耐盐水≥2000h，耐水≥2000h	电力装备、海工、石化
3	石墨烯导电发热纤维及石墨烯发热织物	纤维性能：电阻率<1000Ω·cm，断裂强度>3cN/tex，干摩擦色牢度>3，熔点>250℃； 织物性能：电热辐射转换效率>68%，表面温度不均匀度<±5℃	电子信息、汽车
4	石墨烯导静电轮胎	导电率达10^{-5}S/m，普通轿车轮胎胎面复合石墨烯后，抗撕裂强度提升50%，模量提升50%以上，湿地刹车距离缩短1.82m；滚阻降低6%，使用里程增加1.5倍以上	汽车
5	石墨烯增强银基电接触功能复合材料	镉含量<100×10^{-6}，电阻率≤1.8μΩ·cm；断后延伸率：退火态≥20%；抗拉强度≥180MPa；硬度≥70HV；静态接触电阻≤25mΩ；电寿命>40万次；材料损失率≤0.005g	电力电器
6	液态金属	熔点≤300℃，表面张力室温下0.4～1.0N/m，粘度室温下0.1～0.8cSt，比热容0.01～5kJ·kg^{-1}·$℃^{-1}$，热导率8～100W/（m·℃），导热系数室温下为>10W/m·K，电导率室温下为1～9×10^{6}S·m^{-1}	电子工业

国务院办公厅关于印发禁止洋垃圾入境推进固体废物进口管理制度改革实施方案的通知

国办发〔2017〕70号

各省、自治区、直辖市人民政府，国务院各部委、各直属机构：

《禁止洋垃圾入境推进固体废物进口管理制度改革实施方案》已经国务院同意，现印发给你们，请认真贯彻执行。

国务院办公厅

2017年7月18日

（本文有删减）

禁止洋垃圾入境
推进固体废物进口管理制度改革实施方案

20世纪80年代以来，为缓解原料不足，我国开始从境外进口可用作原料的固体废物。同时，为加强管理，防范环境风险，逐步建立了较为完善的固体废物进口管理制度体系。近年来，各地区、各有关部门在打击洋垃圾走私、加强进口固体废物监管方面做了大量工作，取得一定成效。但是由于一些地方仍然存在重发展轻环保的思想，部分企业为牟取非法利益不惜铤而走险，洋垃圾非法入境问题屡禁不绝，严重危害人民群众身体健康和我国生态环境安全。按照党中央、国务院关于推进生态文明建设和生态文明体制改革的决策部署，为全面禁止洋垃圾入境，推进固体废物进口管理制度改革，促进国内固体废物无害化、资源化利用，保护生态环境安全和人民群众身体健康，制定以下方案。

一、总体要求

（一）指导思想

全面贯彻党的十八大和十八届三中、四中、五中、六中全会精神，深入贯彻习近平总书记系列重要讲话精神和治国理政新理念新思想新战略，认真落实党中央、国务院决策部署，统筹推进“五位一体”总体布局和协调推进“四个全面”战略布局，牢固树立和贯彻落实创新、协调、绿色、开放、共享的发展理念，坚持以人民为中心的发展思想，坚持稳中求进工作总基调，以提高发展质量和效益为中心，以供给侧结构性改革为主线，以深化改革为动力，全面禁止洋垃圾入境，完善进口固体废物管理制度；切实加强固体废物回收利用管理，大力发展循环经济，切实改善环境质量、维护国家生态环境安全和人民群众身体健康。

（二）基本原则

坚持疏堵结合、标本兼治。调整完善进口固体废物管理政策，持续保持高压态势，严厉打击洋垃圾走私；提升国内固体废物回收利用水平。

坚持稳妥推进、分类施策。根据环境风险、产业发展现状等因素，分行业分种类制定禁止进口的时间表，分批分类调整进口固体废物管理目录；综合运用法律、经济、行政手段，大幅减少进口种类和数量，全面禁止洋垃圾入境。

坚持协调配合、狠抓落实。各部门要按照职责分工，密切配合、齐抓共管，形成工作合力，加强跟踪督查，确保各项任务按照时间节点落地见效。地方各级人民政府要落实主体责任，切实做好固体废物集散地综合整治、产业转型发展、人员就业安置等工作。

（三）主要目标

严格固体废物进口管理，2017 年年底前，全面禁止进口环境危害大、群众反映强烈的固体废物；2019 年年底前，逐步停止进口国内资源可以替代的固体废物。通过持续加强对固体废物进口、运输、利用等各环节的监管，确保生态环境安全。保持打击洋垃圾走私高压态势，彻底堵住洋垃圾入境。强化资源节约集约利用，全面提升国内固体废物无害化、资源化利用水平，逐步补齐国内资源缺口，为建设美丽中国和全面建成小康社会提供有力保障。

二、完善堵住洋垃圾进口的监管制度

（一）禁止进口环境危害大、群众反映强烈的固体废物

2017 年 7 月底前，调整进口固体废物管理目录；2017 年年底前，禁止进口生活来源废塑料、未经分拣的废纸以及纺织废料、钒渣等品种。（环境保护部、商务部、国家发展改革委、海关总署、质检总局负责落实）

（二）逐步有序减少固体废物进口种类和数量

分批分类调整进口固体废物管理目录，大幅减少固体废物进口种类和数量。（环境保护部、商务部、国家发展改革委、海关总署、质检总局负责落实，2019 年年底前完成）

（三）提高固体废物进口门槛

进一步加严标准，修订《进口可用作原料的固体废物环境保护控制标准》，加严夹带物控制指标。（环境保护部、质检总局负责落实，2017 年年底前完成）印发《进口废纸环境保护管理规定》，提高进口废纸加工利用企业规模要求。（环境保护部负责落实，2017 年年底前完成）

（四）完善法律法规和相关制度

修订《固体废物进口管理办法》，限定固体废物进口口岸，减少固体废物进口口岸数量。（环境保护部、商务部、国家发展改革委、海关总署、质检总局负责落实，2018 年年底前完成）完善固体废物进口许可证制度，取消贸易单位代理进口。（环境保护部、商务部、国家发展改革委、海关总署、质检总局负责落实，2017 年年底前完成）增加固体废物鉴别单位数量，解决鉴别难等突出问题。（环境保护部、海关总署、质检总局负责落实，2017 年年底前完成）适时提请修订《中华人民共和国固体废物污染环境防治法》等法律法规，提高对走私洋垃圾、非法进口固体废物等行为的处罚标准。（环境保护部、海关总署、质检总局、国务院法制办负责落实，2019 年年底前完成）

（五）保障政策平稳过渡

做好政策解读和舆情引导工作，依法依规公开政策调整实施的时间节点、管理要求。（中央宣传部、国家网信办、环境保护部、商务部、国家发展改革委、海关总署、质检总局负责落实，2020 年年底前完成）综合运用现有政策措施，促进行业转型，优化产业结构，做好相关从业人员再就业等保障工作。（各有关地方人民政府负责落实，2020 年年底前完成）

三、强化洋垃圾非法入境管控

（一）持续严厉打击洋垃圾走私

将打击洋垃圾走私作为海关工作的重中之重，严厉查处走私危险废物、医疗废物、电子废物、生

活垃圾等违法行为。深入推进各类专项打私行动，加大海上和沿边非设关地打私工作力度，封堵洋垃圾偷运入境通道，严厉打击货运渠道藏匿、伪报、瞒报、倒证倒货等走私行为。对专项打私行动中发现的洋垃圾，坚决依法予以退运或销毁。（海关总署、公安部、中国海警局负责长期落实）联合开展强化监管严厉打击洋垃圾违法专项行动，重点打击走私、非法进口利用废塑料、废纸、生活垃圾、电子废物、废旧服装等固体废物的各类违法行为。（海关总署、环境保护部、质检总局、公安部负责落实，2017 年 11 月底前完成）对废塑料进口及加工利用企业开展联合专项稽查，重点查处倒卖证件、倒卖货物、企业资质不符等问题。（海关总署、环境保护部、质检总局负责落实，2017 年 11 月底前完成）

（二）加大全过程监管力度

从严审查进口固体废物申请，减量审批固体废物进口许可证，控制许可进口总量。（环境保护部负责长期落实）加强进口固体废物装运前现场检验、结果审核、证书签发等关键控制点的监督管理，强化入境检验检疫，严格执行现场开箱、掏箱规定和查验标准。（质检总局负责长期落实）进一步加大进口固体废物查验力度，严格落实“三个100%”（已配备集装箱检查设备的100%过机，没有配备集装箱检查设备的 100% 开箱，以及 100% 过磅）查验要求。（海关总署负责长期落实）加强对重点风险监管企业的现场检查，严厉查处倒卖、非法加工利用进口固体废物以及其他环境违法行为。（环境保护部、海关总署负责长期落实）

（三）全面整治固体废物集散地

开展全国典型废塑料、废旧服装和电子废物等废物堆放处置利用集散地专项整治行动。贯彻落实《土壤污染防治行动计划》，督促各有关地方人民政府对电子废物、废轮胎、废塑料等再生利用活动进行清理整顿，整治情况列入中央环保督察重点内容。（环境保护部、国家发展改革委、工业和信息化部、商务部、工商总局、各有关地方人民政府负责落实，2017 年年底前完成）

四、建立堵住洋垃圾入境长效机制

（一）落实企业主体责任

强化日常执法监管，加大对走私洋垃圾、非法进口固体废物、倒卖或非法加工利用固体废物等违法犯罪行为的查处力度。加强法制宣传培训，进一步提高企业守法意识。（海关总署、环境保护部、公安部、质检总局负责长期落实）建立健全中央与地方、部门与部门之间执法信息共享机制，将固体废物利用处置违法企业信息在全国信用信息共享平台、“信用中国”网站和国家企业信用信息公示系统上公示，开展联合惩戒。（国家发展改革委、工业和信息化部、公安部、财政部、环境保护部、商务部、海关总署、工商总局、质检总局等负责长期落实）

（二）建立国际合作机制

推动与越南等东盟国家建立洋垃圾反走私合作机制，适时发起区域性联合执法行动。利用国际执法合作渠道，强化洋垃圾境外源头地情报研判，加强与世界海关组织、国际刑警组织、联合国环境规划署等机构的合作，建立完善走私洋垃圾退运国际合作机制。（海关总署、公安部、环境保护部负责长期落实）

（三）开拓新的再生资源渠道

推动贸易和加工模式转变，主动为国内企业“走出去”提供服务，指导相关企业遵守所在国的法律法规，爱护当地资源和环境，维护中国企业良好形象。（国家发展改革委、工业和信息化部、商务部负责长期落实）

五、提升国内固体废物回收利用水平

（一）提高国内固体废物回收利用率

加快国内固体废物回收利用体系建设，建立健全生产者责任延伸制，推进城乡生活垃圾分类，提高国内固体废物的回收利用率，到 2020 年，将国内固体废物回收量由 2015 年的 2.46 亿吨提高到 3.5 亿吨。（国家发展改革委、工业和信息化部、商务部、住房城乡建设部负责落实）

（二）规范国内固体废物加工利用产业发展

发挥“城市矿产”示范基地、资源再生利用重大示范工程、循环经济示范园区等的引领作用和回收利用骨干企业的带动作用，完善再生资源回收利用基础设施，促进国内固体废物加工利用园区化、规模化和清洁化发展。（国家发展改革委、工业和信息化部、商务部负责长期落实）

（三）加大科技研发力度

提升固体废物资源化利用装备技术水平。提高废弃电器电子产品、报废汽车拆解利用水平。鼓励和支持企业联合科研院所、高校开展非木纤维造纸技术装备研发和产业化，着力提高竹子、芦苇、蔗渣、秸秆等非木纤维应用水平，加大非木纤维清洁制浆技术推广力度。（国家发展改革委、工业和信

息化部、科技部、商务部负责长期落实）

（四）切实加强宣传引导

加大对固体废物进口管理和打击洋垃圾走私成效的宣传力度，及时公开违法犯罪典型案例，彰显我国保护生态环境安全和人民群众身体健康的坚定决心。积极引导公众参与垃圾分类，倡导绿色消费，抵制过度包装。大力推进“互联网+”订货、设计、生产、销售、物流模式，倡导节约使用纸张、塑料等，努力营造全社会共同支持、积极践行保护环境和节约资源的良好氛围。（中央宣传部、国家发展改革委、工业和信息化部、环境保护部、住房城乡建设部、商务部、海关总署、质检总局、国家网信办负责长期落实）

关于推进资源循环利用基地建设的指导意见

发改办环资〔2017〕1778号

各省、自治区、直辖市及计划单列市、新疆建设兵团发展改革委、财政厅（局）、住房城乡建设厅，山东省经信委、广东省经信委、重庆市经信委、厦门市经信委、海南省工信厅、北京市城市管理委、上海市绿化市容局、天津市市容园林委、重庆市市政管委：

为落实“十三五”规划《纲要》和《国务院关于深入推进新型城镇化建设的若干意见》，大力发展循环经济，加快资源循环利用基地建设，推进城市公共基础设施一体化，促进垃圾分类和资源循环利用，推动新型城市发展，提出如下意见。

一、建设资源循环利用基地的重要意义

资源循环利用基地是对废钢铁、废有色金属、废旧轮胎、建筑垃圾、餐厨废弃物、园林废弃物、废旧纺织品、废塑料、废润滑油、废纸、快递包装物、废玻璃、生活垃圾、城市污泥等城市废弃物进行分类利用和集中处置的场所。基地与城市垃圾清运和再生资源回收系统对接，将再生资源以原料或半成品形式在无害化前提下加工利用，将末端废物进行协同处置，实现城市发展与生态环境和谐共生。

资源循环利用基地是新型城市建设的功能区。《国务院关于深入推进新型城镇化建设的若干意见》（国发〔2016〕8号）指出，要全面提升城市功能，推动新型城市建设，基本建立城市废弃物回收和再生利用体系。提升城市废弃物精细管理水平，通过资源高效利用支撑城市绿色发展，是新型城镇化建设的必然要求。资源循环利用基地为安全、集中、高效处置城市废弃物提供了可行方案，是大中型城市建设不可或缺的重要功能区。

资源循环利用基地是破解垃圾处置“邻避效应”的主要途径之一。资源循环利用基地通过与城市规划相结合，实现科学选址，妥善处理与居住区的分布关系，合理设计处置规模，为城市发展提供有效保障；通过园区物质流管理、设备实时监管、信息公开透明的方式建设运营，改善垃圾处置设施环境，获得周边居民认可，变“邻避”为“邻利”。

资源循环利用基地是明显提高城市资源利用效率的重要方式。基地以科学设置、集中布局废弃物处置设施为切入点，提高多种废弃物的循环利用水平，既可推进城市废弃物回收体系的有效融合，提高回收效率，也可实现分类利用、协同处置，构建不同废弃物处置项目间的产业链条，打造能源、水资源的集中供应体系，打通项目间的能源流、物质流，推动污染防治设施的统一建设、统一运营、统一监管，实现废弃物高水平利用。

二、总体要求

（一）指导思想

全面贯彻党的十九大精神，按照生态文明建设的总体要求，坚持政府引导和市场推动相结合、分类回收与终端处置相结合、统筹规划与分步建设相结合，着力技术创新和制度创新，推动建设一批高环保标准、高技术水准的废弃物综合处置示范基地，弥补城市绿色发展“短板”，助力新型城镇化建设。

（二）基本原则

——坚持统筹规划，推进分步实施。坚持城乡统筹，把基地建设纳入城市规划，加强与各专项规划的协调统一，实现高起点规划、高标准建设、高水平运营。

——坚持突出重点，加强协同处理。准确把握

城市废弃物产排特点，明确基地功能定位和资源化利用重点，加强基础设施共建、项目有效衔接、物质循环利用。

——坚持政府引导，强化市场主导。注重发挥政府和市场的协同作用，鼓励采用PPP等多元投融资模式，引入第三方专业化服务，强化政府环境监管责任。

——坚持技术创新，提高管理水平。依靠科技进步，推进废弃物综合处置关键技术突破，建立健全各级管理网络、监督监测网络，提高信息化管理和服务水平。

——坚持生态优先，确保环境安全。严格落实相关环境标准，降低污染物排放，防控环境风险，实现基地与周边生态环境和谐共赢。

（三）总体目标

到2020年，在全国范围内布局建设50个左右资源循环利用基地，基地服务区域的废弃物资源化利用率提高30%以上，探索形成一批与城市绿色发展相适应的废弃物处理模式，切实为城市绿色循环发展提供保障。

三、重点任务

（一）落实选址，统筹规划

各地循环经济综合管理、环卫要会同国土、规划等部门做好基地选址，充分考虑城市废弃物年处理量变化，合理预留处理空间；统筹基地建设规划，科学布局项目建设，综合考虑废弃物产生、分类、收运、处置、运营、监管全过程空间需求，做好项目衔接，一次规划，分期建设；将基地建设纳入城市总体规划、土地利用总体规划等，优先保障土地供应。

（二）共建共享，协同处置

地方循环经济主管部门要会同相关部门，做好基地建设项目设计、规划、储备工作。优先推进道路、管网等基础设施及水电供应、污染防治等公共服务设施的共建共享。各项目运行产生的废气、废水及固体废物，要努力做到集中收集、科学处理、循环利用，严防“二次污染”，着力发挥项目间的协同效应。

基地要统筹布局各类废弃物处置项目，科学设置技术标准门槛，推动企业间形成分工明确、互利协作、利益相关的合作关系，实现资源能源的高效利用。严格落实国家对危险废物的管理要求，垃圾焚烧飞灰等危废必须做到安全无害化处置。

（三）完善收运，信息互联

城市环卫部门、发展改革部门应加快推进生活垃圾分类收集，按照“分类收集、规范运输、集中处置”的原则，合理布局生活垃圾收集设施，推进生活垃圾分类投放、规范储存和运输。积极推进生活垃圾、再生资源、危险废物回收网络和设施整合，实现有效衔接，提高废弃物回收效率和水平，为基地内各项目良好运行提供保障。

基地建设要与城市环卫信息化系统做好衔接，搭建基于物联网、GPS等信息技术的城市废弃物收集、储运、处置信息平台，打造集物流管理、废物流监控、生产现场监控、污染排放在线监测于一体的物流系统、信息与控制系统、综合服务系统和综合管理系统，实现监督管理的信息化、可视化，提高监督管理效率和水平。

（四）创新机制，多元运营

建设资源循环利用基地需要政府、企业和居民共同参与。要因地制宜建立新型、适用性强的基地管理体系，鼓励政府和社会资本建立混合所有制企业，参与基地建设和运管。支持符合条件的企业发行绿色债券，用于基地重点项目建设。对符合规划的基地，要比照城镇基础设施项目落实用地政策。完善垃圾处理收费政策，提高收缴率。

积极推行PPP和环境污染第三方治理等模式，引进专业化的投资主体和运营服务商，推动建立各运营主体利益共享机制，分类保障投资运营收益，实现基地的高效、持续运营。充分发挥龙头企业的带动作用，通过兼并重组等市场化模式，连通上游回收网络、中游转运分拣网络、下游资源化利用设施，完善城市废弃物回收及资源化利用产业链延伸与耦合。支持商业模式创新，鼓励政府、企业联合管理与经营模式。

（五）接受监督，邻里共融

城市循环经济综合管理、环卫等相关部门要按照绿色发展的要求，探索建立基地与周边环境和谐共融发展模式，打造生态型、公园型资源循环利用基地，实现基地与周边民众的和睦相处。要合理预留基地拓展空间，依托基地及周边区域产业基础，引入符合产业发展方向的关联项目，大量吸纳当地居民就业，形成产业集聚发展态势，促进当地经济社会发展。

基地要建立信息公开制度，通过电视、广播、网络等平台以及在厂区周边显著位置设置显示屏等方式，及时发布各类废弃物项目运营情况，接受社会各界监督。环卫部门要组织成立由周边居民代表、有关专家等各方共同组成的监督委员会，不定期进入基地查看，向公众反馈意见。

（六）部门协作，加强监管

城市循环经济综合管理部门、环卫部门加强组织协调，会同有关部门充分论证项目建设的可行性，优先保障项目建设用地，做好项目储备，研究出台有利政策措施，为基地建设做好保障。

城市环卫部门应完善监管机制，建立相应的信息采集和管理系统，强化即时监管能力，对项目建设、基地运营、城市废弃物物质流向进行全过程管控，确保城市废弃物进入基地合法高效处置，保障基地稳定运行。

各省级循环经济综合管理部门、财政部门、住房城乡建设部门要强化统筹协调，会同有关部门制定本地区资源循环利用基地建设的推进工作方案，确定建设目标、重点任务和推进措施，并推动、指导具备条件的城市制定资源循环利用基地建设实施方案，努力打造一批城市可以依靠、居民可以信赖的废弃物安全高效处置的功能区。国家发展改革委、财政部、住房城乡建设部将会同有关部门加强统筹协调和示范引导，加大支持力度，推动资源循环利用基地建设。

国家发展改革委办公厅

财政部办公厅

住房城乡建设部办公厅

2017 年 10 月 29 日

产业关键共性技术发展指南（2017 年）

修订说明（有略）

产业关键共性技术是制造业创新发展的重要支撑。2011 年，工业和信息化部发布《产业关键共性技术发展指南（2011 年）》（工信部科〔2011〕320 号）以来，分别于 2013 年、2015 年两次对相关技术内容进行了修订，以引导和支持相关行业和企业围绕国家战略需求，开发应用共性关键技术。

为进一步落实《中国制造 2025》，工业和信息化部围绕制造业创新发展的重大需求，组织研究了对行业有重要影响和瓶颈制约、短期内亟待解决并能够取得突破的产业关键共性技术，通过研判国内外产业发展现状和趋势，在广泛征求意见基础上，研究提出了《产业关键共性技术发展指南（2017 年）》。

《产业关键共性技术发展指南（2017 年）》共提出优先发展的产业关键共性技术 174 项，其中，原材料工业 53 项、装备制造业 33 项、电子信息与通信业 36 项、消费品工业 27 项、节能环保与资源综合利用 25 项。

目　录

一、原材料工业

（三）石油化工

4. 水性聚氨酯树脂及下游应用技术

主要技术内容：

丙烯酸酯改性水性聚氨酯技术；有机硅改性水性聚氨酯技术；水性聚氨酯合成革贝斯技术；水性聚氨酯涂料配方技术；水性无溶剂高固含量发泡聚氨酯制备技术等。

5. 高熔体强度聚丙烯直接聚合技术

主要技术内容：

聚合催化剂链转移敏感性在线调控技术；共聚单体分布的聚合物链结构控制技术；多相共聚物形态控制技术等。

6. 高性能氯碱全氟离子膜

主要技术内容：

功能单体中痕量杂质检测及分离技术；特殊含氟单体合成技术；高分子量窄分布的全氟离子聚合物制备技术；高强力四氟乙烯长纤维制备及表面处理技术；功能性亲水涂层控制技术；全氟磺酸/羧酸树脂共挤出成膜装备结构设计；高温复合增强技术；功能化技术及装备；涂覆技术及设备等。

7. 长链支化型高性能聚合物的辐射制备技术

主要技术内容：

聚合物链结构控制技术；聚合物强化辐射效应技术；长支链型聚合物辐照工艺等。

8. 高体感相容性有机硅热塑性硫化胶（SiTPV）制备及应用技术

主要技术内容：

系列硅胶热塑性弹性体（包括SiR/TPU、SiR/PP、SiR/PAV）动态硫化技术；SSiR/TPU增容技术；SiTPV动态硫化反应共混技术；SiTPV在可穿戴器件中的应用技术；SiTPV代替传统有机硅橡胶的应用技术。

9. 全生物降解聚丁二酸丁二酯及其共聚物的制备技术

主要技术内容：

酯化催化剂和酯交换催化剂、稳定剂等复配技术；分子链结构设计与控制技术；基于生物基/化石基丁二酸的PBS聚合工艺；薄膜级PBS的分子结构设计及聚合工艺；PBS薄膜的加工技术。

10. 无循环甲烷化工艺技术

主要技术内容：

合成气无循环甲烷化工艺；氢碳比分级调节系统；耐高温甲烷化催化剂；内置废热锅炉新型甲烷化反应器。

11. 汽车低成本专用碳纤维开发关键技术

主要技术内容：

优化聚合和纺丝及碳化、（预）氧化等关键生产工艺；原丝的纺丝速度及纺丝液的含固量控制技术；满足汽车典型零部件综合性能要求的汽车大丝束低成本专用碳纤维材料；碳纤维材料性能检测技术。

12. 汽车注塑发泡内饰结构件的生产与应用关键技术

主要技术内容：

发泡注塑内饰结构件，包括发泡PP、发泡ABS内饰件等；发泡注塑件的发泡机理及尺寸、形状控制关键技术；目标零部件结构设计、性能仿真分析及产品本构特性核心技术；发泡注塑模具设计及工艺；发泡结构件强度和韧性调控技术。

（四）建材

8. 纤维增强热塑性复合材料制造技术与装备

主要技术内容：

热塑性树脂与玻璃纤维、碳纤维等增强纤维的浸渍与成型技术，包括各类热塑性复合材料预浸料的工艺技术与装备，以及各类热塑性复合材料制品的拉挤、缠绕、模压、液体膜塑、连续挤拉、注塑等成型工艺与装备。

四、消费品工业

（二）轻工

6. 多层共挤高强度生态环保高档薄膜（农用、包装用功能膜）

主要技术内容：

薄膜成型技术，包括聚合物微纳层叠技术，薄膜多层共挤、配方优化技术，在线多层涂覆、烘干定型折叠等生态工艺技术。薄膜配方技术，包括添加光转换助剂，使用全生物降解树脂、纳米改性PET树酯、PET/PE合金等技术。

五、节能环保与资源综合利用

（一）节能节材

1. 水性、无溶剂及热塑性弹性体树脂合成革制造技术

主要技术内容：

合成革清洁生产用水性树脂、无溶剂树脂、热塑性弹性体树脂（包括功能性、生态性合成革等制造用水性贴面聚氨酯树脂、发泡树脂、改性树脂、超纤含浸树脂、黏结树脂）；与水性树脂配伍的关键助剂（如流平剂、润湿剂、消泡剂、增稠剂、交联剂等）；生态人造革、合成革制造关键工艺技术（如水性干法工艺、水性湿法工艺、水性表处工艺、无溶剂制备合成革工艺等）。

（四）资源综合利用

4. 碳纤维复合材料废弃物低成本回收及再利用技术

主要技术内容：

连续的热裂解工艺及设备技术、可控的氛围气浓度和热解温度匹配技术等连续热裂解碳纤维复合材料废弃物回收工艺及设备；复合型节能技术、树脂热解产物的高热值重整技术、配套的循环热利用工艺与设备技术等低成本低能耗技术；尾气能源再利用技术、清洁排放处理技术等尾气综合处理技术。

中华人民共和国工业和信息化部公告

2017 年第 53 号

为进一步加强农用薄膜行业管理，规范农用薄膜行业生产经营和投资行为，引导农用薄膜行业向资源节约、环境友好型产业发展，我部对 2009 年发布的《农用薄膜行业准入条件》进行了修订，形成《农用薄膜行业规范条件（2017 年本）》。现予以公告。

附件：农用薄膜行业规范条件（2017 年本）

工业和信息化部

2017 年 11 月 29 日

附件

农用薄膜行业规范条件（2017 年本）

为促进农用薄膜（以下简称农膜）行业结构调整和产业升级，规范农膜行业生产经营和投资行为，加强产品质量保障，推进节能减排清洁生产，加强环境保护，提高资源综合利用效率，依据国家有关法律、法规和产业政策，制定本规范条件。

一、企业布局

（一）农膜企业建设地点应当符合国家产业规划和产业政策，符合本地区城乡建设规划、生态环境规划、土地利用总体规划要求和用地标准。

（二）在国务院、国家有关部门和省（自治区、直辖市）级人民政府规定的自然保护区、永久基本农田保护区、风景名胜区、饮用水保护区和主要河流两岸边界外规定范围内不得新建改扩建农膜生产项目。

（三）鼓励符合建设规划的现有企业及新建改扩建农膜生产项目，在工业园区内集中建设。

二、企业生产条件

（四）新建改扩建项目形成的农膜生产能力不低于 10000 吨/年，现有农膜企业达不到上述要求的，要加速发展，鼓励扩大中高端农膜产品的产能和产量，逐步减少低端普通农膜产品的产量。

（五）农膜每吨制品耗电量不超过 500 千瓦时、耗水量不超过 1 立方米。

（六）鼓励现有农膜生产企业加大科技创新和技术改造投入，逐步实现研发等投入不低于企业销售收入 2% 的目标。

三、生产工艺和装备

（七）生产工艺要符合质量保证体系工艺文件要求，采用成熟的生产技术，满足农膜产品质量达到国家及行业标准的要求。

（八）棚膜、功能性地膜生产企业应具备生产功能性母料的能力，或得到其他能够生产功能性母料企业的技术或者产品支持。配备物料混配设备，能确保生产原料（主、辅料）均匀混合。

（九）拥有完善的检测手段和检测设备，配备的产品质量检测设备包括：直尺、卷尺、千分尺、测厚仪、拉力机、熔融指数测试仪、快速流滴实验仪、水分含量测试仪等。

（十）鼓励企业推广使用智能化设备和数字化生产线，采用技术先进、节能节水环保的生产装置，实现主要工艺参数的在线检测和自动化控制。禁止使用国家明确规定的淘汰类落后设备和工艺，禁止使用达不到节能环保要求的二手设备。

四、质量与管理

（十一）企业应设立独立质量检验机构，配备专职质检人员，建立健全质量检验管理制度。鼓励企业配备质量工程师。

（十二）农膜生产企业要健全企业管理制度，鼓励企业进行 ISO9000 质量管理体系、ISO14000 环境管理体系认证，支持企业采用信息化管理手段提高企业管理效率和水平。企业要加强生产现场管理，鼓励推行 5S 管理，确保车间干净整洁。

（十三）不得以劣质再生塑料为原料生产农膜产品，产品质量符合国家及行业标准，出厂产品合格率达到 100%。

（十四）鼓励企业开发生产功能化、智能化、绿色化、长寿命及按需定制的农膜制品，产品要符合保障人体健康和保护生态环境要求。

（十五）新产品应由企业或企业委托有关部门进行两年以上的多点田间应用试验，达到国家标准后方可大面积推广应用。

五、环境保护和资源节约综合利用

（十六）新建、改扩建项目要严格执行《中华人民共和国环境影响评价法》，依法向有审批权的环境保护行政主管部门报批环境影响评价文件。建设项目严格执行环境保护“三同时”制度，并按规定程序实施竣工环境保护验收。

（十七）严格贯彻保护耕地和节约集约用地的政策规定，用地规模和土地利用强度必须达到土地使用相关标准的规定。

（十八）污染物排放要符合国家和地方污染物排放（控制）标准，依法依规在规定时限内申领并取得排污许可证，新建、改扩建项目必须符合《中华人民共和国固体废物污染环境防治法》及相关法律法规规定。

（十九）农膜生产企业要采用清洁生产技术，生产用水做到循环使用，提高资源利用效率，从生产源头控制污染物产生量。

（二十）鼓励企业绿色循环低碳发展，开展废旧农膜回收与加工利用，研发生产推广生物降解农膜等绿色制品，废次品回收利用装置符合《中华人民共和国环境保护法》有关要求。

六、安全生产与职业健康

（二十一）严格遵守《中华人民共和国安全生产法》《中华人民共和国职业病防治法》，认真执行保障安全生产和职业健康的国家标准或行业标准，做好生产安全事故和职业病预防工作。

（二十二）严格按照国家相关法律法规及标准的要求，建立健全安全生产责任制，推进安全生产标准化建设，落实安全生产风险管控和隐患排查治理制度。

（二十三）新建、改扩建工程项目的安全设施和职业病防护设施投资应当纳入建设项目概算，安全设施和职业病防护设施要按照法律法规要求与主体工程同时设计、同时施工、同时投入生产和使用。

（二十四）应配备必要的劳动防护用品和防护设施，工作场所的有害气体、粉尘浓度、噪声等，应具备相应处理措施及设施，指标不得超过国家规定的标准。

（二十五）企业应承担对政府、利益相关方和消费者的责任，成为绿色制造的主体，落实节能环保社会责任，鼓励企业开展信息公开。

七、劳动者权益保障

（二十六）企业应认真遵守劳动保障法律法规，切实保障劳动者合法权益。

（二十七）依法与劳动者签订劳动合同，严格遵守国家关于工资支付、工作时间和休息休假等规定，不克扣或无故拖欠劳动者工资，依法为劳动者按时足额缴纳社会保险费和住房公积金。

（二十八）禁止使用童工，认真执行女职工和未成年工特殊劳动保护规定。

8. 监督与管理

（二十九）国家有关职能部门要依法加强对农膜生产企业的监督检查，对于违反有关法律法规规定的，由有关部门责令其限期整改，并依法进行处罚。

（三十）各级工业和信息化主管部门要加强对农膜行业的管理，企业参照本规范条件落实有关要求。

（三十一）充分发挥行业协会的专业优势，积极宣传国家产业政策，加强行业指导和行业自律，推进农膜行业技术进步，协助国家相关职能部门做好行业监督、管理工作。

九、附则

（三十二）本规范条件适用于中华人民共和国境内（除港、澳、台地区）所有生产农膜产品的企业。

（三十三）本规范条件由工业和信息化部负责解释。

（三十四）本规范条件自 2018 年 3 月 1 日起实施。2009 年 12 月 17 日公布的《农用薄膜行业准入条件》（工消费〔2009〕第 73 号）同时废止。

2018年塑料及其制品海关进出口税率

商品编码	附加编号	商品名称	进口税率		出口税率	增值税	消费税	计量单位	监管条件
			优惠	普通					
39011000	01	初级形状比重<0.94的聚乙烯	6.5	45.0	0.0	16.0	0.0	千克	A
39011000	90	初级形状比重<0.94的聚乙烯	6.5	45.0	0.0	16.0	0.0	千克	A
39012000	01	初级形状比重≥0.94的聚乙烯	6.5	45.0	0.0	16.0	0.0	千克	A
39012000	90	初级形状比重≥0.94的聚乙烯	6.5	45.0	0.0	16.0	0.0	千克	A
39013000		初级形状乙烯-乙酸乙烯酯共聚物	6.5	45.0	0.0	16.0	0.0	千克	A
39019010		乙烯-丙烯共聚物（乙丙橡胶）	6.5	45.0	0.0	16.0	0.0	千克	A
39019020		线型低密度聚乙烯	6.5	45.0	0.0	16.0	0.0	千克	A
39019090		其他初级形状的乙烯聚合物	6.5	45.0	0.0	16.0	0.0	千克	A
39021000	10	电工级初级形状聚丙烯树脂	6.5	45.0	0.0	16.0	0.0	千克	A
39021000	90	其他初级形状的聚丙烯	6.5	45.0	0.0	16.0	0.0	千克	A
39022000		初级形状的聚异丁烯	6.5	45.0	0.0	16.0	0.0	千克	AB
39023010		乙烯-丙烯共聚物（乙丙橡胶）	6.5	45.0	0.0	16.0	0.0	千克	
39023090		其他初级形状的丙烯共聚物	6.5	45.0	0.0	16.0	0.0	千克	
39029000	10	端羧基聚丁二烯，CTPB	6.5	45.0	0.0	16.0	0.0	千克	3
39029000	20	端羟基聚丁二烯，HTPB	6.5	45.0	0.0	16.0	0.0	千克	3
39029000	90	其他初级形状的烯烃聚合物	6.5	45.0	0.0	16.0	0.0	千克	
39031100		初级形状的可发性聚苯乙烯	6.5	45.0	0.0	16.0	0.0	千克	A
39031900		初级形状的其他聚苯乙烯	6.5	45.0	0.0	16.0	0.0	千克	A
39032000		初级形状苯乙烯-丙烯腈共聚物	12.0	45.0	0.0	16.0	0.0	千克	
39033000		丙烯腈-丁二烯-苯乙烯共聚物	6.5	45.0	0.0	16.0	0.0	千克	A
39039000		初级形状的其他苯乙烯聚合物	6.5	45.0	0.0	16.0	0.0	千克	
39041010		聚氯乙烯糊树脂	6.5	45.0	0.0	16.0	0.0	千克	A
39041090	01	聚氯乙烯纯粉	6.5	45.0	0.0	16.0	0.0	千克	A
39041090	90	其他初级形状的纯聚氯乙烯	6.5	45.0	0.0	16.0	0.0	千克	A
39042100		初级形状未塑化的聚氯乙烯	6.5	45.0	0.0	16.0	0.0	千克	
39042200		初级形状已塑化的聚氯乙烯	6.5	45.0	0.0	16.0	0.0	千克	
39043000		氯乙烯-乙酸乙烯酯共聚物	9.0	45.0	0.0	16.0	0.0	千克	
39044000		初级形状的其他氯乙烯共聚物	12.0	45.0	0.0	16.0	0.0	千克	
39045000		初级形状的偏二氯乙烯聚合物	6.5	45.0	0.0	16.0	0.0	千克	
39046100		初级形状的聚四氟乙烯	10.0	45.0	0.0	16.0	0.0	千克	

续表

商品编码	附加编号	商品名称（点击查询商品进出口统计数据）	进口税率		出口税率	增值税	消费税	计量单位	监管条件
			优惠	普通					
39046900		初级形状的其他氟聚合物	6.5	45.0	0.0	16.0	0.0	千克	
39049000		初级形状的其他卤化烯烃聚合物	10.0	45.0	0.0	16.0	0.0	千克	
39051200		聚乙酸乙烯酯的水分散体	10.0	45.0	0.0	16.0	0.0	千克	
39051900		其他初级形状聚乙酸乙烯酯	10.0	45.0	0.0	16.0	0.0	千克	
39052100		乙酸乙烯酯共聚物的水分散体	10.0	45.0	0.0	16.0	0.0	千克	
39052900		其他初级形状的乙酸乙烯酯共聚物	10.0	45.0	0.0	16.0	0.0	千克	
39053000		初级形状的聚乙烯醇	14.0	45.0	0.0	16.0	0.0	千克	AB
39059100		其他乙烯酯或乙烯基的共聚物	10.0	45.0	0.0	16.0	0.0	千克	
39059900		其他乙烯酯或乙烯基的聚合物	10.0	45.0	0.0	16.0	0.0	千克	
39061000		初级形状的聚甲基丙烯酸甲酯	6.5	45.0	0.0	16.0	0.0	千克	
39069010		聚丙烯酰胺	6.5	45.0	0.0	16.0	0.0	千克	AB
39069090	01	聚丙烯酸钠	6.5	45.0	0.0	16.0	0.0	千克	
39069090	90	其他初级形状的丙烯酸聚合物	6.5	45.0	0.0	16.0	0.0	千克	
39071010		初级形状的聚甲醛	6.5	45.0	0.0	16.0	0.0	千克	
39071090		其他初级形状的聚缩醛	6.5	45.0	0.0	16.0	0.0	千克	
39072010		聚四亚甲基醚二醇	6.5	45.0	0.0	16.0	0.0	千克	
39072090		初级形状的其他聚醚	6.5	45.0	0.0	16.0	0.0	千克	
39073000	01	初级形状溴质量≥18%或进口 CIF 价	6.5	45.0	0.0	16.0	0.0	千克	
39073000	90	初级形状的环氧树脂	6.5	45.0	0.0	16.0	0.0	千克	
39074000		初级形状的聚碳酸酯	6.5	45.0	0.0	16.0	0.0	千克	
39075000		初级形状的醇酸树脂	10.0	45.0	0.0	16.0	0.0	千克	
39076011		高粘度聚对苯二甲酸乙二酯切片	6.5	45.0	0.0	16.0	0.0	千克	A
39076019		其他聚对苯二甲酸乙二酯切片	6.5	45.0	0.0	16.0	0.0	千克	A
39076090		其他初级形状聚对苯二甲酸乙二酯	6.5	45.0	0.0	16.0	0.0	千克	A
39077000		初级形状的聚乳酸	6.5	45.0	0.0	16.0	0.0	千克	
39079100		初级形状的不饱和聚酯	6.5	45.0	0.0	16.0	0.0	千克	
39079910	01	未经增强或改性的初级形状 PBT 树	6.5	45.0	0.0	16.0	0.0	千克	
39079910	90	其他聚对苯二甲酸丁二酯	6.5	45.0	0.0	16.0	0.0	千克	
39079990		初级形状的其他聚酯	6.5	45.0	0.0	16.0	0.0	千克	AB
39081011		聚酰胺 -6，6 切片	6.5	45.0	0.0	16.0	0.0	千克	
39081019	10	尼龙 11、尼龙 12 切片	6.5	45.0	0.0	16.0	0.0	千克	
39081019	90	聚酰胺 -6 切片等	6.5	45.0	0.0	16.0	0.0	千克	

续表

商品编码	附加编号	商品名称（点击查询商品进出口统计数据）	进口税率		出口税率	增值税	消费税	计量单位	监管条件
			优惠	普通					
39081090		其他初级形状的聚酰胺-6，6 等	6.5	45.0	0.0	16.0	0.0	千克	
39089000		初级形状的其他聚酰胺	10.0	45.0	0.0	16.0	0.0	千克	
39091000		初级形状的尿素树脂及硫尿树脂	6.5	45.0	0.0	16.0	0.0	千克	
39092000		初级形状的蜜胺树脂	6.5	45.0	0.0	16.0	0.0	千克	
39093010		聚（亚甲基苯基异氰酸酯）（聚合MDI	6.5	35.0	0.0	16.0	0.0	千克	
39093090		其他初级形状的氨基树脂	6.5	45.0	0.0	16.0	0.0	千克	
39094000		初级形状的酚醛树脂	6.5	45.0	0.0	16.0	0.0	千克	
39095000		初级形状的聚氨基甲酸酯	6.5	45.0	0.0	16.0	0.0	千克	
39100000		初级形状的聚硅氧烷	6.5	45.0	0.0	16.0	0.0	千克	
39111000		初级形状的石油树脂等	6.5	45.0	0.0	16.0	0.0	千克	
39119000	01	芳基酸与芳基胺预缩聚物	6.5	45.0	0.0	16.0	0.0	千克	
39119000	03	改性三羟乙基脲酸酯类预缩聚物	6.5	45.0	0.0	16.0	0.0	千克	
39119000	04	聚苯硫醚	6.5	45.0	0.0	16.0	0.0	千克	
39119000	05	偏苯三酸酐和异氰酸预缩聚物	6.5	45.0	0.0	16.0	0.0	千克	
39119000	90	其他初级形状的多硫化物、聚砜等	6.5	45.0	0.0	16.0	0.0	千克	
39121100	01	未塑化二醋酸纤维素等	6.5	40.0	0.0	16.0	0.0	千克	
39121100	90	初级形状的未塑化醋酸纤维素	6.5	40.0	0.0	16.0	0.0	千克	
39121200		初级形状的已塑化醋酸纤维素	6.5	40.0	0.0	16.0	0.0	千克	
39122000		初级形状的硝酸纤维素	6.5	45.0	0.0	16.0	0.0	千克	
39123100		初级形状的羧甲基纤维素及其盐	6.5	45.0	0.0	16.0	0.0	千克	
39123900		初级形状的其他纤维素醚	6.5	45.0	0.0	16.0	0.0	千克	
39129000		初级形状的其他未列名的纤维素	6.5	45.0	0.0	16.0	0.0	千克	
39131000		初级形状的藻酸及盐和酯	10.0	45.0	0.0	16.0	0.0	千克	AB
39139000		初级形状的其他未列名天然聚合物	6.5	50.0	0.0	16.0	0.0	千克	
39140000		初级形状的离子交换剂	6.5	45.0	0.0	16.0	0.0	千克	
39151000		乙烯聚合物的废碎料及下脚料	6.5	50.0	0.0	16.0	0.0	千克	AP
39152000		苯乙烯聚合物的废碎料及下脚料	6.5	50.0	0.0	16.0	0.0	千克	AP
39153000		氯乙烯聚合物的废碎料及下脚料	6.5	50.0	0.0	16.0	0.0	千克	AP
39159010		聚对苯二甲酸乙二酯废碎料及下脚	6.5	50.0	0.0	16.0	0.0	千克	AP
39159090		其他塑料的废碎料及下脚料	6.5	50.0	0.0	16.0	0.0	千克	AP
39161000		乙烯聚合物制单丝，条，杆及型材	10.0	45.0	0.0	16.0	0.0	千克	

续表

商品编码	附加编号	商品名称（点击查询商品进出口统计数据）	进口税率		出口税率	增值税	消费税	计量单位	监管条件
			优惠	普通					
39162000		氯乙烯聚合物制单丝，条，杆及型材	10.0	45.0	0.0	16.0	0.0	千克	
39169010		聚酰胺制的单丝，条，杆及型材	10.0	45.0	0.0	16.0	0.0	千克	
39169090		其他塑料制单丝，条，杆及型材	10.0	45.0	0.0	16.0	0.0	千克	
39171000		硬化蛋白或纤维素材料制人造肠衣	10.0	50.0	0.0	16.0	0.0	千克	A
39172100		乙烯聚合物制的硬管	10.0	45.0	0.0	16.0	0.0	千克	
39172200		丙烯聚合物制的硬管	10.0	45.0	0.0	16.0	0.0	千克	
39172300		氯乙烯聚合物制的硬管	10.0	45.0	0.0	16.0	0.0	千克	
39172900		其他塑料制的硬管	10.0	45.0	0.0	16.0	0.0	千克	
39173100		塑料制的软管	10.0	45.0	0.0	16.0	0.0	千克	
39173200		其他未装有附件的塑料制管子	6.5	45.0	0.0	16.0	0.0	千克	
39173300		其他装有附件的塑料管子	6.5	45.0	0.0	16.0	0.0	千克	
39173900		塑料制的其他管子	6.5	45.0	0.0	16.0	0.0	千克	
39174000		塑料制的管子附件	10.0	45.0	0.0	16.0	0.0	千克	
39181010		氯乙烯聚合物制糊墙品	10.0	45.0	0.0	16.0	0.0	千克	
39181090		氯乙烯聚合物制的铺地制品	10.0	45.0	0.0	16.0	0.0	千克	
39189010		其他塑料制的糊墙品	10.0	45.0	0.0	16.0	0.0	千克	
39189090		其他塑料制的铺地制品	10.0	45.0	0.0	16.0	0.0	千克	
39191010		丙烯酸树脂类为主的自粘塑料板等	6.5	45.0	0.0	16.0	0.0	千克	
39191091		宽度≤20cm 的胶囊型反光膜	6.5	45.0	0.0	16.0	0.0	千克	
39191099		其他宽度≤20cm 的自粘塑料板片等	6.5	45.0	0.0	16.0	0.0	千克	
39199010		其他胶囊型反光膜	6.5	45.0	0.0	16.0	0.0	千克	
39199090		其他自粘塑料板，片，膜等材料	6.5	45.0	0.0	16.0	0.0	千克	
39201010		乙烯聚合物制电池隔膜	6.5	45.0	0.0	10.0	0.0	千克	
39201090	01	乙烯－四氟乙烯膜（四氟乙烯单体）	6.5	45.0	0.0	13.0	0.0	千克	
39201090	10	农用非泡沫聚乙烯薄膜	6.5	45.0	0.0	10.0	0.0	千克	
39201090	90	其他非泡沫乙烯聚合物板，片，膜	6.5	45.0	0.0	16.0	0.0	千克	
39202010		丙烯聚合物制电池隔膜	6.5	45.0	0.0	13.0	0.0	千克	
39202090	10	农用非泡沫聚丙烯薄膜	6.5	45.0	0.0	10.0	0.0	千克	
39202090	90	非泡沫丙烯聚合物板，片，膜，箔	6.5	45.0	0.0	16.0	0.0	千克	
39203000		非泡沫苯乙烯聚合物板，片，膜，箔	6.5	45.0	0.0	16.0	0.0	千克	
39204300	10	农用软质聚氯乙烯薄膜	6.5	45.0	0.0	16.0	0.0	千克	
39204300	90	氯乙烯聚合物板，片，膜，箔及扁条	6.5	45.0	0.0	16.0	0.0	千克	

续表

商品编码	附加编号	商品名称（点击查询商品进出口统计数据）	进口税率		出口税率	增值税	消费税	计量单位	监管条件
			优惠	普通					
39204900	10	其他农用软质聚氯乙烯薄膜	6.5	45.0	0.0	13.0	0.0	千克	
39204900	90	其他氯乙烯聚合物板，片，膜，箔	6.5	45.0	0.0	16.0	0.0	千克	
39205100		聚甲基丙烯酸甲酯板片膜箔及扁条	6.5	45.0	0.0	16.0	0.0	千克	
39205900		其他丙烯酸聚合物板片膜箔及扁条	6.5	45.0	0.0	16.0	0.0	千克	
39206100		聚碳酸酯制板，片，膜，箔，扁条	6.5	45.0	0.0	16.0	0.0	千克	
39206200	01	9≤厚≤15.9 微米聚酯薄膜	6.5	45.0	0.0	16.0	0.0	千克	
39206200	02	5≤厚≤8.9 微米聚酯薄膜	6.5	45.0	0.0	16.0	0.0	千克	
39206200	03	16≤厚≤29.9 微米聚酯薄膜	6.5	45.0	0.0	16.0	0.0	千克	
39206200	04	50≤厚≤99.9 微米聚酯薄膜	6.5	45.0	0.0	16.0	0.0	千克	
39206200	09	其他聚对苯二甲酸乙二酯板片膜等	6.5	45.0	0.0	16.0	0.0	千克	
39206300		不饱和聚酯板，片，膜，箔及扁条	10.0	45.0	0.0	16.0	0.0	千克	
39206900		其他聚酯板，片，膜，箔及扁条	10.0	45.0	0.0	16.0	0.0	千克	
39207100		再生纤维素制板，片，膜，箔及扁条	6.5	45.0	0.0	16.0	0.0	千克	
39207300		醋酸纤维素制板，片，膜，箔及扁条	6.5	45.0	0.0	16.0	0.0	千克	
39207900		其他纤维素衍生物制板，片，膜，箔	10.0	45.0	0.0	16.0	0.0	千克	
39209100	01	聚乙烯醇缩丁醛膜	6.5	45.0	0.0	16.0	0.0	千克	
39209100	90	聚乙烯醇缩丁醛板，片，箔，扁条	6.5	45.0	0.0	16.0	0.0	千克	
39209200		聚酰胺板，片，膜，箔，扁条	10.0	45.0	0.0	16.0	0.0	千克	
39209300		氨基树脂板，片，膜，箔，扁条	6.5	45.0	0.0	16.0	0.0	千克	
39209400		酚醛树脂板，片，膜，箔，扁条	10.0	45.0	0.0	16.0	0.0	千克	
39209910		聚四氟乙烯制非泡沫塑料板，片，箔	6.5	45.0	0.0	16.0	0.0	千克	
39209990		其他非泡沫塑料板，片，膜，箔，扁条	6.5	45.0	0.0	16.0	0.0	千克	
39211100		泡沫聚苯乙烯板，片，带，箔，扁条	10.0	45.0	0.0	16.0	0.0	千克	
39211210		泡沫聚氯乙烯人造革及合成革	9.0	70.0	0.0	16.0	0.0	千克	5
39211290		泡沫聚氯乙烯板，片，带，箔，扁条	6.5	45.0	0.0	16.0	0.0	千克	5
39211310		泡沫聚氨酯制人造革及合成革	9.0	70.0	0.0	16.0	0.0	千克	5
39211390		泡沫聚氨酯板，片，带，箔，扁条	6.5	45.0	0.0	16.0	0.0	千克	5
39211400		泡沫再生纤维素板，片，膜，箔，扁条	10.0	45.0	0.0	16.0	0.0	千克	
39211910		其他泡沫塑料制人造革及合成革	9.0	45.0	0.0	16.0	0.0	千克	
39211990		其他泡沫塑料板，片，膜，箔，扁条	6.5	45.0	0.0	16.0	0.0	千克	

续表

商品编码	附加编号	商品名称（点击查询商品进出口统计数据）	进口税率		出口税率	增值税	消费税	计量单位	监管条件
			优惠	普通					
39219020		以聚乙烯为基本成分的板片	6.5	45.0	0.0	16.0	0.0	千克	
39219030		聚异丁烯为基本成分的板片卷材	6.5	45.0	0.0	16.0	0.0	千克	
39219090	01	离子交换膜	6.5	45.0	0.0	16.0	0.0	千克	5
39219090	10	敏感物项管制结构复合材料的层压	6.5	45.0	0.0	16.0	0.0	千克	35
39219090	90	未列名塑料板，片，膜，箔，扁条	6.5	45.0	0.0	16.0	0.0	千克	5
39221000		塑料浴缸，淋浴盘，洗涤槽及盥洗盆	10.0	80.0	0.0	16.0	0.0	千克	
39222000	10	含濒危动物成分的塑料马桶座圈及盖	10.0	80.0	0.0	16.0	0.0	千克	EF
39222000	90	其他塑料马桶座圈及盖	10.0	80.0	0.0	16.0	0.0	千克	
39229000		塑料便盆，抽水箱等类似卫生洁具	10.0	80.0	0.0	16.0	0.0	千克	
39231000		塑料制盒，箱及类似品	10.0	80.0	0.0	16.0	0.0	千克	
39232100		乙烯聚合物制袋及包	10.0	80.0	0.0	16.0	0.0	千克	
39232900		其他塑料制的袋及包	10.0	80.0	0.0	16.0	0.0	千克	
39233000		塑料制坛，瓶及类似品	6.5	80.0	0.0	16.0	0.0	千克	
39234000		塑料制卷轴，纡子，筒管及类似品	10.0	35.0	0.0	16.0	0.0	千克	
39235000		塑料制塞子，盖子及类似品	10.0	80.0	0.0	16.0	0.0	千克	
39239000		供运输或包装货物用其他塑料制品	10.0	80.0	0.0	16.0	0.0	千克	
39241000		塑料制餐具及厨房用具	10.0	80.0	0.0	16.0	0.0	千克	AB
39249000		塑料制其他家庭用具及卫生或盥洗	10.0	80.0	0.0	16.0	0.0	千克	B
39251000		塑料制囤，柜，罐，桶及类似容器	10.0	80.0	0.0	16.0	0.0	千克	
39252000		塑料制门，窗及其框架，门槛	10.0	80.0	0.0	16.0	0.0	千克	
39253000		塑料制窗板，百叶窗及类似制品	10.0	80.0	0.0	16.0	0.0	千克	
39259000		其他未列名的建筑用塑料制品	10.0	80.0	0.0	16.0	0.0	千克	
39261000		办公室或学校用塑料制品	10.0	80.0	0.0	16.0	0.0	千克	
39262011		聚氯乙烯制手套（包括分指手套）	10.0	90.0	0.0	16.0	0.0	双	
39262019		其他塑料制手套（包括分指手套）	10.0	90.0	0.0	16.0	0.0	双	
39262090		其他塑料制衣服及衣着附件	10.0	90.0	0.0	16.0	0.0	千克	
39263000		塑料制家具，车厢及类似品的附件	10.0	80.0	0.0	16.0	0.0	千克	
39264000		塑料制小雕塑品及其他装饰品	10.0	100.0	0.0	16.0	0.0	千克	
39269010		塑料制机器及仪器用零件	10.0	35.0	0.0	16.0	0.0	千克	
39269090	10	敏感物项管制结构复合材料的预成	10.0	80.0	0.0	16.0	0.0	千克	3
39269090	90	其他塑料制品	10.0	80.0	0.0	16.0	0.0	千克	

本类注释说明

一、本目录所称“塑料”，是指品目39.01至39.14的材料，这些材料能够在聚合时或聚合后在外力（一般是热力和压力，必要时加入溶剂或增塑剂）作用下通过模制、浇铸挤压、滚轧或其他工序制成一定的形状，成形后除去外力，其形状仍保持不变。本目录所称“塑料”，还应包括钢纸，但不包括第十一类的纺织材料。二、本章不包括：（一）品目27.12或34.04的蜡；（二）单独的已有化学定义的有机化合物（第二十九章）；（三）肝素及其盐（品目30.01）；（四）品目39.01至39.13所列的任何产品溶于挥发性有机溶剂的溶液（胶棉除外），但溶剂的重量必须超过溶液重量的50%（品目32.08）；品目32.12的压印箔；（五）有机表面活性剂或品目34.02的制剂；（六）再熔胶及酯胶（品目38.06）；（七）附于塑料衬背上的诊断或实验用试剂（品目38.22）；（八）第四十章规定的合成橡胶及其制品；（九）鞍具及玩具（品目42.01）；品目42.02的衣箱、提箱、手提包及其他容器；（十）第四十六章的编条、编织品及其他制品；（十一）品目48.14的壁纸；（十二）第十一类的货品（纺织原料及纺织制品）；（十三）第十二类的物品（例如，鞋靴、帽类、雨伞、阳伞、手杖、鞭子、马鞭及其零件）；（十四）品目71.17的仿首饰；（十五）第十六类的物品（机器、机械器具或电气器具）；（十六）第十七类的航空器零件及车辆零件；（十七）第九十章的物品（例如，光学元件、眼镜架及绘图仪器）；（十八）第九十一章的物品（例如，钟壳及表壳）；（十九）第九十二章的物品（例如，乐器及其零件）；（二十）第九十四章的物品（例如，家具、灯具、照明装置、灯箱及活动房屋）；（二十一）第九十五章的物品（例如，玩具、游戏品及运动用品）；（二十二）第九十六章的物品（例如，刷子、纽扣、拉链、梳子、烟斗的嘴及柄、香烟嘴及类似品、保温瓶的零件及类似品、钢笔、活动铅笔）。三、品目39.01至39.11仅适用于化学合成的下列货品：（一）温度在300℃时，压力转为1013毫巴后减压蒸馏出的液体合成聚烯烃以体积计小于60%的货品（品目39.01及39.02）；（二）非高度聚合的苯并呋喃——茚式树脂（品目39.11）；（三）平均至少有五个单体单元的其他合成聚合物；（四）聚硅氧烷（品目39.10）；（五）甲阶酚醛树脂（品目39.09）及其他预聚物。四、所称“共聚物”，包括在整个聚合物中按重量计没有一种单体单元的含量在95%及以上的各种聚合物。在本章中，除条文另有规定的以外，共聚物（包括共缩聚物、共加聚物、嵌段共聚物及接枝共聚物）及聚合物混合体应按聚合物中重量最大的那种共聚单体单元所构成的聚合物归入相应品目。在本注释中，归入同一品目的聚合物的共聚单体单元应作为一种单体单元对待。如果没有任何一种共聚单体单元重量为最大，共聚物或聚合物混合体应按号列顺序归入其可归入的最末一个品目。五、化学改性聚合物，即聚合物主链上的支链通过化学反应发生了变化的聚合物，应按未改性的聚合物的相应品目归类。本规定不适用于接枝共聚物。六、品目39.01至39.14所称“初级形状”，只限于下列各种形状：（一）液状及糊状，包括分散体（乳浊液及悬浮液）及溶液；（二）不规则形状的块，团、粉（包括压型粉）、颗粒、粉片及类似的散装形状。七、品目39.15不适用于已制成初级形状的单一热塑材料废碎料及下脚料（品目39.01至39.14）。八、品目39.17所称“管子”，是指通常用于输送或供给气体或液体的空心制品或半制品（例如，肋纹浇花软管、多孔管），还包括香肠用肠衣及其他扁平管。除肠衣及扁平管外，内截面如果不呈圆形、椭圆形、矩形（其长度不超过宽度的1.5倍）或正几何形，则不能视为管子，而应作为异型材。九、品目39.18所称“塑料糊墙品”，适用于墙壁或天花板装饰用的宽度不小于45厘米的成卷产品，这类产品是将塑料牢固地附着在除纸张以外任何材料的衬背上，并且在塑料面起纹、压花、着色、印制图案或用其他方法装饰。十、品目39.20及39.21所称“板、片、膜、箔、扁条”，只适用于未切割或仅切割成矩形（包括正方形）（含切割后即可供使用的），但未经进一步加工的板、片、膜、箔、扁条（第五十四章的物品除外）及正几何形块，不论是否经过印制或其他表面加工。十一、品目39.25只适用于第二分章以前各品目未包括的下列物品：（一）容积超过300升的囤、柜（包括化粪池）、罐、桶及类似容器；（二）用于地板、墙壁、隔墙、天花板或屋顶等方面的结构件；（三）槽管及其附件；（四）门、窗及其框架和门槛；（五）阳台、栏杆、栅栏、栅门及类似品；（六）窗板、百叶窗（包括威尼斯式百叶窗）或类似品及其零件、附件；（七）商店、工棚、仓库等用的拼装式固定大型货架；（八）建筑用的特色（例如，凹槽、圆顶及鸽棚式）装饰件；

（九）固定装于门窗、楼梯、墙壁或建筑物其他部位的附件及架座，例如，球形把手、拉手、挂钩、托架、毛巾架、开关板及其他护板。子目注释：一、属于本章任一品目项下的聚合物（包括共聚物）及化学改性聚合物应按下列规则归类：（一）在同级子目中有一个“其他”子目的：1. 子目所列聚合物名称冠有“聚（多）”的（例如，聚乙烯及聚酰胺—6，6），是指列名的该种聚合物单体单元含量在整个聚合物中按重量计必须占95%及以上。2. 子目号3901.30、3903.20、3903.30及3904.30所列的共聚物，如果该种共聚单体单元含量在整个聚合物中按重量计占95%及以上，即应归入上述子目。3. 化学改性聚合物如未在其他子目具体列名，应归入列明为“其他”的子目内。4. 不符合上述（一）、（二）、（三）款规定的聚合物，应按聚合物中重量最大的那种单体单元（与其他各种单一的共聚单体单元相比）所构成的聚合物归入该级其他相应子目。为此，归入同一子目的聚合物单体单元应作为一种单体单元对待。只有在同级子目中的聚合物共聚单体单元才可以进行比较。（二）在同级子目中没有“其他”子目的：1. 聚合物应按聚合物中重量最大的那种单体单元（与其他各种单一的共聚单体单元相比）所构成的聚合物归入该级相应子目。为此，归入同一子目的聚合物单体单元应作为一种单体单元对待。只有在同级子目中的聚合物共聚单体单元才可以进行比较。2. 化学改性聚合物应按相应的未改性聚合物的子目归类。聚合物混合体应按单体单元比例相等、种类相同的聚合物归入相应子目。二、子目3920.43所称增塑剂，包括次级增塑剂。

（刘均科）

综　述

2017年合成树脂行业运行情况及发展态势

总体看，2017年我国合成树脂行业发展态势良好。主要产品供需平稳增长，市场价格相对高位，行业效益明显提高，盈利能力持续增强。当前，随着城镇化、农业现代化不断推进及“禁废令”等政策的出台，产业结构升级及消费潜力释放持续带动树脂需求增长；与此同时，消费结构升级对于合成树脂高端化需求愈发提高，而我国树脂行业整体偏低端化、结构不合理、创新能力不足等问题也愈发明显，结构调整和产业升级的任务依然艰巨。

一、合成树脂生产

近年来，我国合成树脂行业发展迅速。一方面国内外经济回暖趋好，下游产品需求增强，拉动我国合成树脂消费增长；另一方面由于近年来国际油价相对低位及北美聚烯烃大量新建产能尚未投产，亚洲地区聚烯烃和石脑油价差增大，毛利提高，在一定程度上推动我国合成树脂新建项目投资和投产，特别是随着国内煤制烯烃产业的快速发展，使得我国五大合成树脂生产能力明显增加，到2017年产能已超过7000万吨/年。

（一）效益显著提高

一是效益大幅增长。据国家统计局数据，2017年全国合成树脂行业规模以上企业1698家（主营业务收入2000万元以上），比上年减少32家；实现主营业务收入9403.4亿元，比上年增长20.3%；利润总额742.6亿元，同比大幅增长63.8%；资产总计10193.4亿元，同比增长11.8%（见表1）。

二是盈利能力提升。2017年，合成树脂行业主营业务成本8028.5亿元，比上年增长19.3%；每100元主营收入成本为85.38元，比上年下降0.72元；主营收入利润率为7.9%，比上年提高2.1个百分点。2017年合成树脂行业亏损企业亏损额55.1亿元，同比缩小37.6%；亏损面为12.96%，与上年基本相当。

表1　2012—2017年我国合成树脂行业主要经济指标完成情况

单位：亿元,%

项目＼年份	2012年	2013年	2014年	2015年	2016年	2017年
主营收入	7362.7	7985.4	8554.6	8311.7	7818.3	9403.4
同比	6.4	8.5	7.1	-2.8	-5.9	20.3
利润总额	326.1	318.9	262.2	349.1	453.3	742.6
同比	-15.5	-2.2	-17.8	33.1	29.9	63.8
资产总计	6154.1	7078.0	7984.9	8520.2	9118.8	10193.4
同比	11.1	15.0	12.8	6.7	7.0	11.8

（数据来源：国家统计局、中国石油和化学工业联合会，2016年数据有所调整，下同）

总体看，2017年随着国际油价的明显回升，合成树脂行业发展态势向好，整体效益显著提升，利润大幅增长。产业和产品结构调整取得成效，市场竞争力有所提高。但同时，我国合成树脂行业结构性矛盾仍很突出，中低端市场竞争加剧；成本仍在高位运行，将承受来自北美、中东新增廉价产品大量出口的压力，降本增效、转型升级还需下大力气。

（二）产量平稳增长

据统计，2017年我国合成树脂总产量达到8377.8万吨，再创新高，同比增长4.5%。其中，聚乙烯（PE）1472.4万吨，增长2.6%；聚丙烯（PP）1900.5万吨，增长5.0%；聚氯乙烯（PVC）1790.2万吨，增长5.9%；聚苯乙烯（PS）217.2万吨，增长10.9%；ABS树脂产量321.4万吨，增幅3.7%。上述五大通用树脂总产量合计占比

68.1%，比上年提高0.2个百分点（见表2）。

分地区看，西部地区继续较快增长，比重上升。据统计，2017年，东部10省市合成树脂产量4690.6万吨，同比增长3.6%，占全国比重56.0%，比上年下降1.0个百分点，其中江苏、浙江、山东和广东4省产量合计达3543.4万吨，占全国总产量的41.2%；西部12省市区产量2347.1万吨，增幅6.7%，占比达28.0%，比上年提高1.4个百分点；中部6省产量674.6万吨，同比增长8.6%，占比8.1%；东北3省产量665.6万吨，同比下降1.3%，占比7.9%。

表2　2012—2017年我国合成树脂产量　单位：万吨，%

年份 产品	2012年	2013年	2014年	2015年	2016年	2017年
合成树脂合计	5257.0	6103.5	6959.5	7718.2	8018.2	8377.8
年增长	6.4	16.1	14.0	10.9	3.9	4.5
其中：聚乙烯	1030.0	1174.0	1336.6	1385.5	1435.5	1472.4
聚丙烯	1121.5	1246.5	1378.9	1686.4	1810.6	1900.5
聚氯乙烯	1341.6	1529.8	1636.8	1619.0	1689.9	1790.2
聚苯乙烯	216.3	210.4	208.7	305.3	195.8	217.2
ABS树脂	105.7	243.0	267.5	308.9	309.8	321.4

注：PS包括EPS、HIPS和GPPS；PE主要包括LDPE、HDPE、LLDPE等，下同。

（三）投资小幅下降

2017年，我国合成树脂制造业实际完成固定资产投资总额为892.9亿元，同比下降1.9%，在2016年短暂的投资回升之后，重新又出现小幅下降，占化工行业投资总额的5.95%，占比较上年回升0.2个百分点。而2017年化工全行业投资总额下降5.2%，为连续第二年负增长，降幅刷新历史（见表3）。

表3　2012—2017年我国合成树脂行业投资增长情况　单位：万元，%

年份 项目	2012年	2013年	2014年	2015年	2016年	2017年
投资总额	766.3	994.0	984.6	805.1	934.3	892.9
同比	30.6	29.7	-0.9	-18.2	13.1	-1.9

二、合成树脂消费

（一）消费稳步增长

2017年，我国合成树脂消费总体上保持平稳增长。全年表观消费量为1.1亿吨，比上年增长3.1%。其中，五大通用树脂表观消费量总计为7422.8吨，同比增长6.9%，占合成树脂表观消费总量的67.8%，较上年提高2.5个百分点。其中，聚乙烯表观消费量2627.0万吨，同比增长9.5%；聚丙烯表观消费量2188.6万吨，增幅4.8%；聚氯乙烯表观消费量1780.2万吨，增长7.3%；聚苯乙烯表观消费量330.2万吨，增长9.6%；ABS表观消费量496.8万吨，增幅4.5%（见表4）。

总的看，我国合成树脂市场消费潜力依然很大，特别是高端产品供需存在较大缺口。根据目前消费增长趋势判断，未来我国合成树脂市场消费仍将保持平稳增长态势。

表4　　2012—2017年我国合成树脂表观消费量　　单位：万吨，%

产品＼年份	2012年	2013年	2014年	2015年	2016年	2017年
合成树脂合计	8016.4	8840.8	9660.3	10407.3	10626.5	10955.7
同比	5.4	10.3	9.3	7.7	2.1	3.1
聚乙烯	1790.0	2035.3	2170.9	2345.2	2399.9	2627.0
同比	3.6	13.7	6.7	8.0	2.3	9.5
聚丙烯	1498.3	1591.1	1729.6	2009.5	2088.4	2188.6
同比	10.4	6.2	8.7	16.2	3.9	4.8
聚氯乙烯	1417.2	1560.8	1610.0	1624.1	1659.3	1780.2
同比	1.3	10.1	3.2	0.9	2.2	7.3
聚苯乙烯	280.7	272.4	261.2	350.1	301.3	330.2
同比	2.6	-3.0	-4.1	32.4	-8.6	9.6
ABS树脂	268.0	356.9	431.0	470.5	492.9	496.8
同比	-5.5	33.1	20.8	9.2	5.1	4.5

（二）消费结构分析

在五大通用树脂中，聚乙烯消费量仍保持最大，2017年占到合成树脂表观消费总量的24.0%，较上年提高1.4个百分点；聚丙烯继续排名第二，占比20.0%，比上年提高0.3个百分点；聚氯乙烯排名第三，占比16.2%，比上年提高1.1个百分点。这三大通用树脂消费量占整个合成树脂消费总量的60%（见图1）

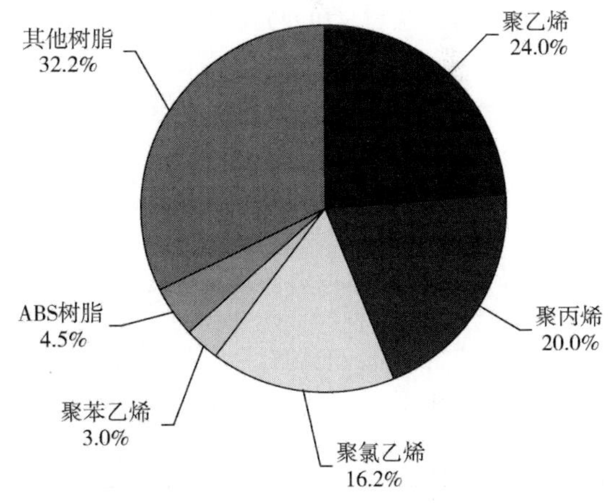

图1　2017年国内五大通用树脂消费结构图

1. 聚乙烯

随着电子商务的快速发展、聚乙烯原生料对废旧塑料的替代及聚丙烯应用领域的不断拓宽，2017年聚乙烯表观消费量达到2627.0万吨，比上年增长9.5%。在聚乙烯产品的消费中，高密度聚乙烯（HDPE）表观消费量为1055.4万吨，占比40.2%，比上年提高1.3个百分点；低密度聚乙烯（LDPE）消费约535.2万吨，占比20.4%，与上年基本持平；线性低密度聚乙烯（LLDPE）消费866.1万吨，占比33.0%，比上年下降1.5个百分点。

HDPE消费结构：吹塑、注塑、薄膜和管材是HDPE四大应用领域，分别约占HDPE消费总量的21.0%、19.0%、18.0%和15.0%（见图2）。

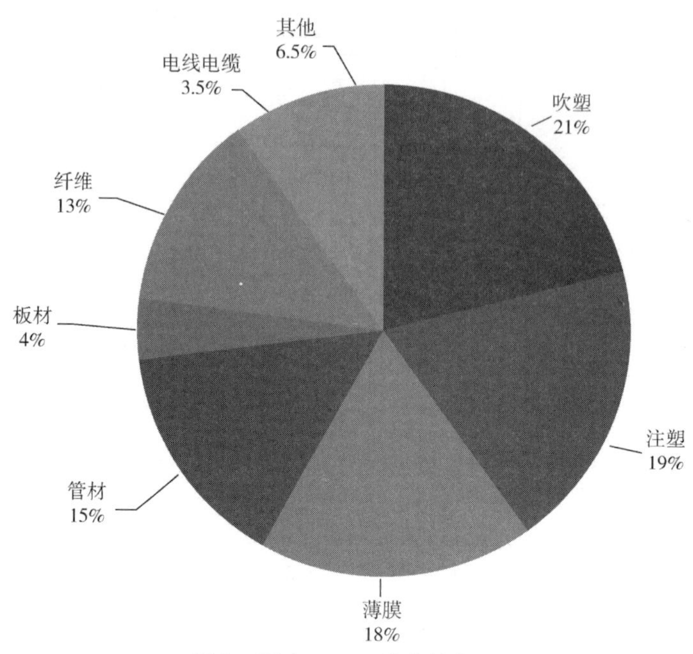

图2　国内 HDPE 消费结构图

HDPE 适用于生产各类中空容器，如食品、药品、化妆品容器以及中空托盘、燃油箱、IBC 包装桶等大型中空产品。HDPE 薄膜制品中，以高强度薄膜为主，主要包括各种塑料袋、多层衬里膜、耐候膜等。HDPE 注塑制品可大量替代钢材和木材，广泛应用于各个领域，如铁路、港口、远洋运输、包装生产线等。HDPE 管材具有优良的力学性能、无毒和耐腐蚀等优点，被广泛应用于供水系统及电线电缆等的套管领域。此外，随着人们生活水平的不断提高和消费升级，HDPE 在中空包装领域的应用也越来越广泛。

LDPE/LLDPE 消费结构：包装薄膜（包括特殊包装薄膜）和农用薄膜等是 LDPE/LLDPE 的最大消费领域，占其消费总量的 80% 左右；其次是注塑，约占 9%（见图3）。

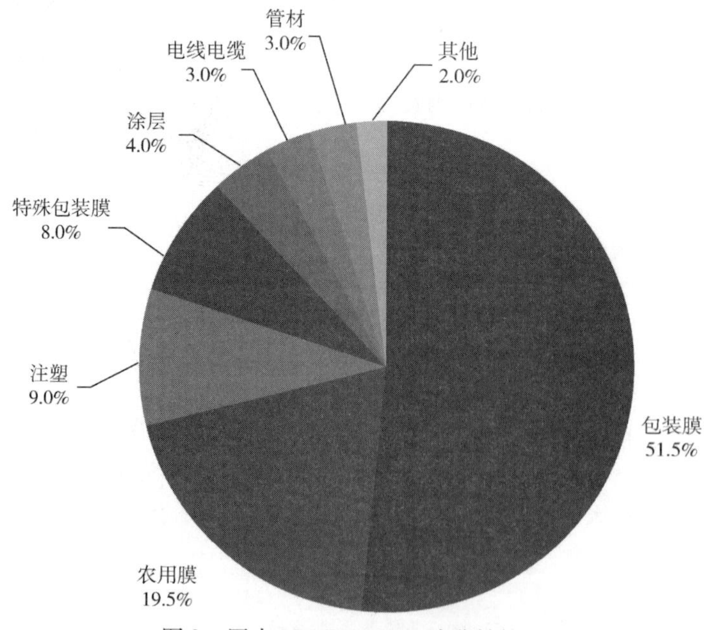

图3　国内 LDPE/LLDPE 消费结构图

包装薄膜主要有扭结包装膜、收缩包装膜、缠绕包装膜、贴体包装膜、充气包装膜、高阻透性膜、高耐热性膜等。农用薄膜是目前最重要的农业生产资料之一。我国是世界上最大的农膜生产国和消费国，约占世界总量的60%以上。近年来，大棚膜在农作物和动物养殖中的应用不断增加，有力拉动了聚乙烯的消费增长。同时，多层复合薄膜生产线越来越多，产量不但增加，在包装薄膜中所占比例也不断上升。2017 年，我国塑料薄膜产量达1454.3 万吨，比上年增长 3.3%。其中，农用薄膜产量 197.3 万吨，同比增长 3.4%。今后一段时期内，薄膜制品仍是推动 LDPE/LLDPE 消费增长的主要领域。

2. 聚丙烯

随着包装、汽车、家电等行业的不断发展，聚丙烯的消费也持续增加，近年来需求呈现稳定增长态势，2017 年聚丙烯表观消费量为 2188.6 万吨，比上年增长 4.8%。编织制品、注塑制品、BOPP 薄膜等是聚丙烯最主要的应用领域，分别约占聚丙烯消费总量的32%、28%和18%（见图4）。

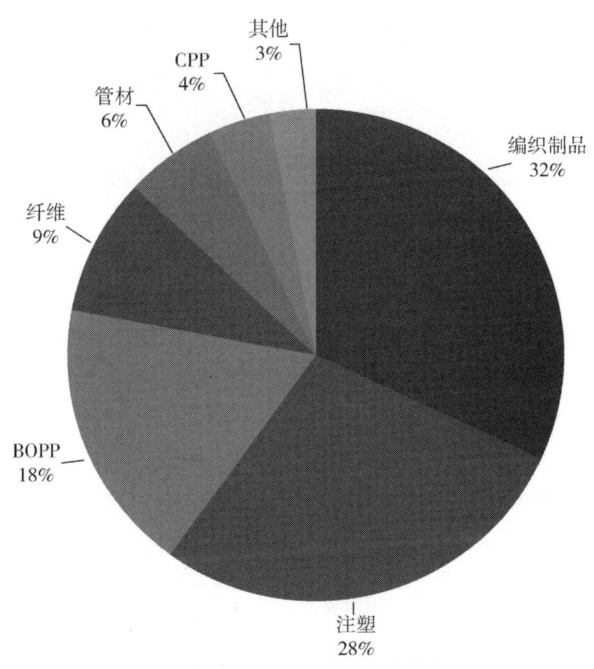

图4 国内聚丙烯消费结构图

编织制品主要用于粮食、化肥、水泥及合成材料等大宗产品的包装。近年来，编织制品企业受产业结构调整影响，有由东部沿海地区向中西部地区加快转移的趋势。注塑制品主要应用于汽车、家电、玩具、日用品、工业容器等领域。随着制造业的不断发展，近年来对嵌段共聚聚丙烯的需求快速增加。BOPP 薄膜具有质轻、力学强度高、尺寸稳定性好等优点，广泛应用于包装特别是食品的小包装及精包装领域。聚丙烯纤维（即丙纶）是以聚丙烯为原料通过熔融纺丝制成的一种纤维制品，具有质轻、疏水及强度高等诸多优良性能，因而在装饰、服装等领域广泛应用，是合成纤维主要品种之一。

3. 聚氯乙烯

2017 年，国内聚氯乙烯消费稳中有升，表观消费量达到 1780.2 万吨，比上年增长 7.3%。总体而言，我国聚氯乙烯主要有硬制品和软制品两大消费市场，目前分别占比约 60% 和 35%。硬制品主要是各种型材、管材、板材、硬片和吹塑制品等；软制品主要为各种用途的膜、电线电缆、人造革、织物涂层、各类软管、手套、玩具、铺地材料、塑料鞋以及一些专用涂料和密封剂等（见图5）。

随着聚氯乙烯消费市场的发展，近年来高性能 PVC 专用树脂供不应求。一些生产厂家推出了一系列高性能的 PVC 合金专用粒料和粉料，如耐冲击 PVC 瓶料、耐热电子电器专用料，鞋用 PVC 合金、医用 PVC 合金，耐辐射、抗静电 PVC 合金，纤维增强 PVC 合金，以及阻燃抑烟无铅 - 钙 PVC 电线电缆复合料等专用料。此外，具有特殊性能的特种

PVC树脂在市场上也逐渐得到应用。如PVC糊用及掺混树脂、特种糊用PVC树脂，氯乙烯－醋酸乙烯共聚树脂，粉末涂料用PVC专用树脂，超高分子量PVC专用树脂、超高吸收PVC专用树脂，消光专用树脂，溶液聚合型共聚树脂，弹性体专用树脂等。

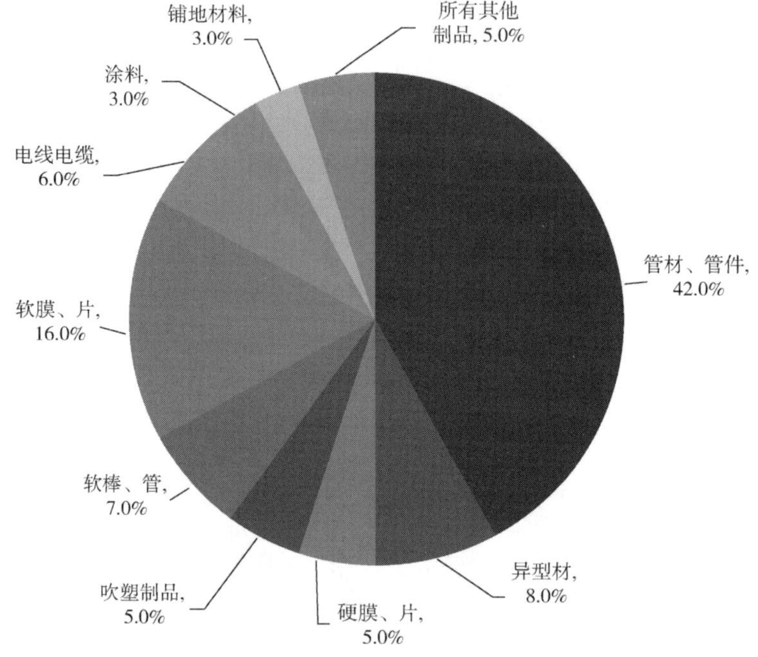

图5　国内聚氯乙烯消费结构图

4. 聚苯乙烯

2017年，国内聚苯乙烯消费出现明显回升，表观消费量为330.2万吨，比上年增长9.6%。目前，在我国聚苯乙烯消费中，发泡聚苯乙烯（EPS）约占45%，通用聚苯乙烯（GPPS）和抗冲击聚苯乙烯（HIPS）约占55%。

EPS消费结构：EPS主要消费领域是包装材料（包括汽车及家用电器中缓冲材料）和建筑保温材料，分别约占其消费量的45%和48%，其他用途如玩具填充物等约占6%（见图6）。

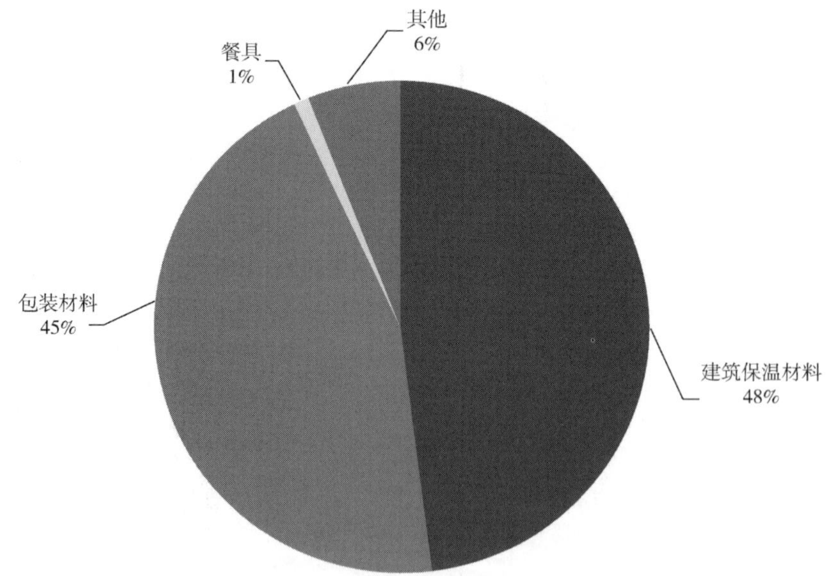

图6　国内EPS消费结构图

未来，EPS在汽车和家电领域的消费增长将保持相对稳定，但受国家海洋局将EPS列入重点海域主要污染物监控范围和部分国家出台禁止进口EPS包装容器的影响，EPS在包装领域的消费增长会继续放缓。由于建筑保温材料政策解禁及《建筑防火设计规范》（GB50016－2014）标准的实施，建筑保温材料在EPS消费结构中的占比会呈上升趋势。

GPPS/HIPS消费结构：我国GPPS/HIPS主要消费领域是电子电器、日用品和办公用品，分别约占其消费总量的38%、31%和12%（见图7）。

在电子电器领域，GPPS/HIPS主要用于制作家电及电子产品的外壳、零部件、冰箱板材以及音像制品等。在日用品领域，主要用于家用器皿、牙刷、化妆品盒、装饰品、圆珠笔等。在包装材料中，GPPS/HIPS则主要应用于包装和电绝缘方面。目前，国内对BOPS的应用主要集中在服装辅料、药品托盘及其他口服液包装、食品包装等，应用相对偏窄。

未来一定时期内，国内GPPS/HIPS消费结构估计不会有大的变化。但我国电子电器产品出口量较大，因而出口形势变化将对聚苯乙烯消费结构产生较大影响。

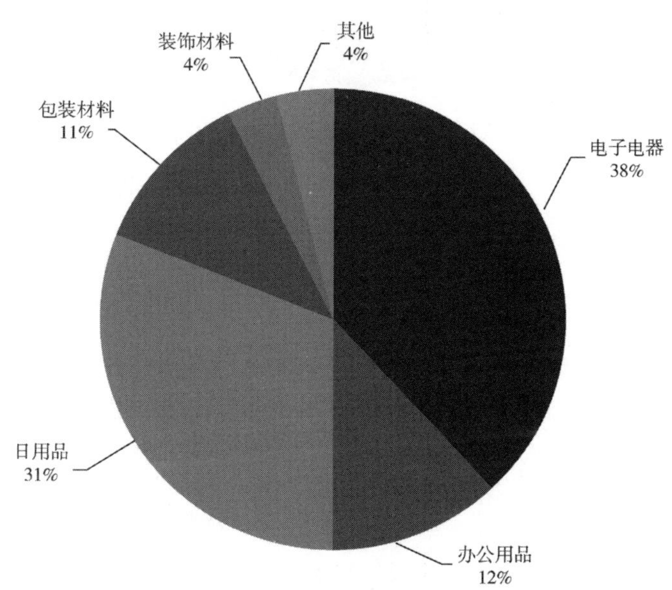

图7　国内GPPS/HIPS消费结构图

5. ABS树脂

近年来，我国ABS树脂消费总体呈现稳步增长势头。2017年表观消费量达到496.8万吨，比上年增长4.5%。由于ABS刚性好、冲击强度高、耐热、耐低温、耐化学品性、机械强度和电器性能优良，易于加工、稳定性和表面光泽好，还可以进行喷涂、电镀、焊接和粘接等二次加工，被广泛应用于家用电器、办公设备、交通运输、生活用品、玩具和建材等领域。目前电子电器约占ABS总消费量的55%，办公设备约占19%（见图8）。

家用电器主要包括电冰箱、冰柜、空调、洗衣机、微波炉、音响等；办公设备主要为计算机、传真机、电话、复印机等；车用领域主要为汽车、摩托车的仪表板、车轮罩、散热器隔栅、空调器、行李箱、手柄等部件；ABS树脂的日用品消费领域主要有箱包、玩具，建材中主要为管材、装饰板等。

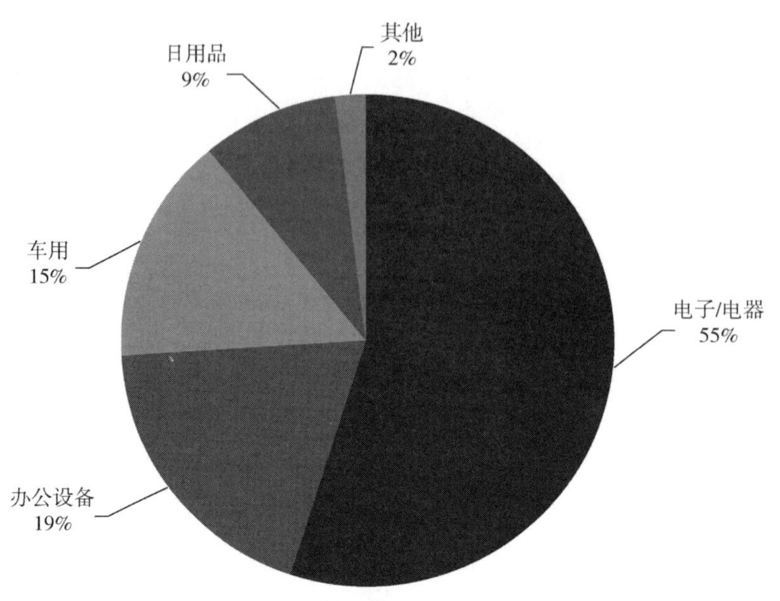

图 8　国内 ABS 树脂消费结构图

（三）下游加工业生产平稳

据统计，2017 年，我国塑料制品总量 7515.5 万吨，比上年增长 3.4%。其中，塑料薄膜产量 1454.3 万吨，同比增长 3.3%，占塑料制品总量的 19.4%，较上年提高 1 个百分点，保持上升趋势；泡沫塑料 278.7 万吨，增长 7.8%；日用塑料制品 665.1 万吨，增长 5.8%；塑料人造革、合成革 348.3 万吨，微增 1.3%。此外，2017 年全国胶鞋产量 4.4 亿双，同比下降 12.8%。总体而言，塑料制品生产相对平稳（见表 5）。

一直以来我国塑料制品生产主要集中在东南部沿海地区，不过，近年来呈现向中西部地区加快转移的趋势。数据显示，2017 年，我国东部地区塑料薄膜产量占比为 70.6%，较上年回落 1.1 个百分点，其中浙江、广东两省产量占比分别为 26.0%、15.1%；东部地区日用塑料制品占比为 64.0%，较上年回落 2.7 个百分点，其中广东、浙江两省产量占比分别为 22.8% 和 17.6%。中部地区泡沫塑料发展较快，2017 年占比升至 38.5%，比上年提高 1.6 个百分点，其中河南省产量占比达 23.5%。

表 5　　2012—2017 年塑料制品产量增长情况　　单位：万吨，%

产品名称	2012 年	2013 年	2014 年	2015 年	2016 年	2017 年
塑料制品总量	5730.3	6878.8	7485.8	7560.7	7267.5	7515.5
年增速	8.0	20.0	8.8	1.0	-3.9	3.4
塑料薄膜	1012.3	1163.7	1271.0	1313.8	1407.3	1454.3
农用薄膜	164.9	189.7	219.8	231.0	190.8	197.3
泡沫塑料	134.4	184.1	219.2	245.0	258.4	278.7
塑料人造革、合成革	313.5	365.6	366.4	343.8	343.7	348.3
日用塑料制品	430.9	524.8	588.7	592.7	628.6	665.1

三、合成树脂进出口

2017 年，我国合成树脂行业进出口总额为 585.7 亿美元，比上年增长 13.2%；贸易逆差 354.5 亿美元，同比扩大 8.5%，仍是化工行业最主要的逆差来源。2017 年合成树脂进出口总量为 3813.8 万吨，小幅增长 1.5%。

（一）合成树脂进口

1. 进口贸易量价齐升

2017 年，我国合成树脂进口总量为 3195.9 万吨，比上年微增 0.4%；净进口量为 2577.9 万吨，同比下降 1.2%。五大通用树脂进口量 1850.6 万吨，比上年增长 14.3%，占合成树脂进口总量的 57.9%。其中，聚乙烯进口量 1179.4 万吨，首破千万吨大关，同比大幅增长 18.6%，占合成树脂进口总量的 36.9%，继续保持进口量第一的地位；塑料废碎料、其他合成树脂进口量分别为 582.9 万吨、584.3 万吨，分别下降 20.7%、11.7%，占比分别为 18.2%、18.3%。除此之外，2017 年合成树脂主要品种进口量总体上保持平稳（见表 6）。

2017 年，我国合成树脂进口总额 470.1 亿美元，比上年增长 11.3%。其中，聚乙烯进口总额 142.2 亿美元，同比增长 21.9%，占合成树脂进口总额的 30.2%，比上年提高 2.6 个百分点；其他合成树脂进口总额 143.1 亿美元，同比增长 3.6%，占合成树脂进口总额的 30.4%。

表 6　2012—2017 年我国合成树脂进口量增长情况　单位：万吨，%

产品＼年份	2012 年	2013 年	2014 年	2015 年	2016 年	2017 年
合成树脂总计	3139.1	3123.4	3215.3	3187.2	3182.5	3195.9
年增速	3.7	−0.5	2.9	−0.9	−0.1	0.4
五大通用树脂合计	1578.9	1606.9	1618.3	1659.5	1619.7	1850.6
聚乙烯	788.8	881.5	910.8	986.7	994.3	1179.4
聚丙烯	404.7	359.3	363.2	339.7	301.7	317.8
聚氯乙烯	121.0	104.4	92.6	92.9	86.7	100.2
聚苯乙烯	98.0	94.7	84.9	77.8	68.4	74.3
ABS 树脂	166.5	167.0	166.8	162.5	168.6	178.9
环氧树脂	20.5	20.4	24.1	22.1	23.5	27.5
聚碳酸酯	137.4	137.9	148.0	142.7	131.9	138.5
聚硅氧烷	13.9	13.5	11.8	11.9	11.3	12.1
塑料废碎料	887.8	788.2	825.4	735.5	734.7	582.9
其他合成树脂	500.6	556.5	587.6	615.5	661.3	584.3

（数据来源：中国海关总署、中国石油和化学工业联合会，下同）

2. 中东和东盟地区为主要进口来源地

我国合成树脂进口主要来自中东及我周边国家和地区。2017 年，进口排名前四位的国家和地区依次为中东地区、东盟地区、韩国和中国台湾，进口量分别为 796.5 万吨、553.7 万吨、444.2 万吨和 357.1 万吨，分别占我国合成树脂进口总量的 24.9%、17.3%、13.9% 和 11.2%；进口额分别为 94.4 亿美元、72.1 亿美元、74.5 亿美元和 63.6 亿美元，分别占进口总额的 20.1%、15.3%、15.8% 和 13.5%。近年来，来自美国的合成树脂进口快速增长，2017 年进口量达到 236.4 万吨，进口额 42.5 亿元，分别增长 10.3% 和 13.7%（见表 7）。

表 7　　**2016、2017 年我国合成树脂主要进口国家和地区**　单位：万吨，万美元

国别（地区）	2016 年		2017 年		同比 ±%	
	数量	金额	数量	金额	数量	金额
世　界	**3182.5**	**4222125**	**3195.9**	**4700828**	**0.4**	**11.3**
中国香港	202.0	113921	113.6	80821	-43.7	-29.1
中国澳门	11.8	5561	5.1	3150	-57.0	-43.4
中国台湾	345.8	543562	357.1	636296	3.3	17.1
东　盟	575.4	698081	553.7	721432	-3.8	3.3
日　本	223.4	401435	221.5	438556	-0.9	9.2
韩　国	447.4	667997	444.2	744831	-0.7	11.5
印　度	16.3	19952	28.8	35717	77.1	79.0
巴基斯坦	4.2	2061	3.6	1992	-16.1	-3.4
中　东	701.2	779059	796.5	943774	13.6	21.1
欧　盟	256.2	402656	251.4	431923	-1.9	7.3
俄罗斯	12.3	13489	20.4	24324	65.7	80.3
乌克兰	0.0	23	0.0	13	104.0	-44.0
美　国	214.3	373997	236.4	425230	10.3	13.7
加拿大	34.1	29936	23.8	22892	-30.3	-23.5
拉丁美洲	43.0	35335	53.9	53343	25.5	51.0
非　洲	11.6	9104	14.2	12262	22.1	34.7
澳大利亚	33.4	20640	30.0	21170	-10.2	2.6
新西兰	1.2	651	0.7	407	-36.9	-37.4
其他国家和地区	48.8	104665	40.9	102694	-16.2	-1.9

3. 一般贸易方式为主

在我国合成树脂进口贸易中，以一般贸易方式为主，加工贸易为辅。2017 年，在进口贸易量中，一般贸易占 71.8%，较上年提高 0.7 个百分点；来料加工贸易占 19.3%，较上年回落 0.4 个百分点；两种贸易方式合计占进口贸易总量的 91.1%（见表 8）。

表 8　　**2016、2017 年我国合成树脂进口贸易方式情况** 单位：万吨，万美元，%

贸易方式	2016 年进口贸易			2017 年进口贸易		
	数量	金额	占比	数量	金额	占比
一般贸易	2258.2	2756047.3	71.0	2293.6	3151589.2	71.8
进料加工贸易	625.6	1003601.4	19.7	615.7	1064450.6	19.3
保税区仓储转口货物	204.9	309170.9	6.4	190.8	314194.3	6.0
来料加工装配贸易	58.4	98682.2	1.8	53.4	99803.5	1.7
保税仓库进出境货物	32.4	49890.8	1.0	37.2	64219.4	1.2

续表

贸易方式	2016 年进口贸易			2017 年进口贸易		
	数量	金额	占比	数量	金额	占比
边境小额贸易	2. 5	2458. 1	0. 0	4. 5	3979. 3	0. 1
其他	0. 5	1723. 2	0. 0	0. 6	1798. 0	0. 0
共计	3182. 5	4222125. 2	100. 0	3195. 9	4700828	100. 0

（二）合成树脂出口

我国合成树脂出口规模相对较小，但近些年来出口平均增速明显高于进口。

1. 出口基本情况

2017 年，我国合成树脂出口继续回升。全年出口合成树脂 618. 0 万吨，同比增长 7. 6%。从出口量增速看，聚碳酸酯、聚硅氧烷较快，分别增长 29. 2% 和 53. 3%。但出口量最大仍然是其他合成树脂，为 355. 7 万吨，增长 10. 6%，占合成树脂出口总量的 57. 6%，较上年提高 1. 6 个百分点；其次是聚氯乙烯，出口量 110. 3 万吨，占比 17. 8%，比上年下降 2. 6 个百分点（见表 9）。

2017 年，我国合成树脂出口总额为 115. 6 亿美元，比上年增长 21. 2%。其中，聚氯乙烯和聚碳酸酯出口额分别为 9. 9 亿美元、8. 0 亿美元，同比分别增长 1. 6%、28. 2%，占比分别为 8. 6%、6. 9%；其他合成树脂出口额 75. 3 亿美元，增长 22. 0%，占比 65. 1%。

表 9　　2012—2017 年我国合成树脂出口量增长情况　　单位：万吨，%

产品 \ 年份	2012 年	2013 年	2014 年	2015 年	2016 年	2017 年
合成树脂总计	**378. 1**	**419. 6**	**514. 5**	**498. 1**	**574. 2**	**618. 0**
年增速	4. 3	11. 0	22. 6	-3. 2	15. 3	7. 6
聚乙烯	28. 8	20. 3	24. 9	26. 9	29. 9	24. 7
聚丙烯	16. 1	14. 7	12. 6	16. 6	24. 0	29. 6
聚氯乙烯	45. 4	73. 4	119. 3	87. 7	117. 3	110. 3
聚苯乙烯	33. 5	32. 7	32. 3	33. 0	31. 8	33. 1
ABS 树脂	4. 2	3. 1	3. 3	2. 4	2. 8	3. 5
环氧树脂	7. 1	7. 1	6. 6	7. 3	6. 7	7. 2
聚碳酸酯	21. 2	20. 9	22. 3	21. 2	22. 3	28. 8
聚硅氧烷	9. 6	9. 4	12. 1	13. 2	13. 9	21. 4
塑料废碎料	3. 3	4. 2	4. 3	3. 0	3. 5	3. 7
其他合成树脂	209. 0	233. 9	276. 8	286. 6	321. 8	355. 7

2. 主要出口目的地

我国合成树脂出口几乎遍布全球各地，但主要出口目的地仍是亚洲及我周边国家和地区。2017 年出口量居前三位的国家和地区依次为东盟、印度和中东地区，合计占我国合成树脂出口总量的 40. 5%，出口总额的 36. 7%（见表 10）。

表10　　2016、2017 年我国合成树脂主要出口国家和地区　单位：万吨，万美元

国别（地区）	2016 年		2017 年		同比 ±%	
	数量	金额	数量	金额	数量	金额
世　界	**574.2**	**953861**	**618.0**	**1155948**	**7.6**	**21.2**
中国香港	48.5	105183	42.3	107084	-12.8	1.8
中国澳门	0.0	81	0.0	112	30.5	38.0
中国台湾	15.0	34781	15.8	40103	5.8	15.3
东　盟	135.9	205466	139.9	241065	2.9	17.3
日　本	17.0	41604	21.1	51906	24.4	24.8
韩　国	34.2	65374	42.6	88837	24.6	35.9
印　度	58.3	79154	58.0	89038	-0.6	12.5
巴基斯坦	12.1	17493	11.9	20686	-2.3	18.3
中　东	50.5	77902	52.1	93911	3.2	20.6
欧　盟	26.9	61013	35.1	85394	30.4	40.0
俄罗斯	24.9	30806	21.2	34122	-15.1	10.8
乌克兰	2.5	3441	2.6	3891	2.3	13.1
美　国	33.8	69115	49.4	107147	46.0	55.0
加拿大	3.3	6142	4.6	9552	41.9	55.5
拉丁美洲	35.3	56837	37.1	67256	5.1	18.3
非　洲	36.0	50313	38.9	55236	8.0	9.8
澳大利亚	7.2	12791	7.9	14571	10.0	13.9
新西兰	0.8	1393	1.0	1842	30.3	32.2
其他国家和地区	31.9	34973	36.5	44198	14.3	26.4

3. 出口贸易方式

在我国合成树脂出口贸易中，一般贸易和来料加工贸易占比较大。2017 年，在出口贸易量中，一般贸易占比 55.6%，较上年提高 2.3 个百分点；来料加工贸易占比 36.5%，同比下降 1.4 个百分点。两者合计占出口贸易总量的 92.1%。一般贸易占比上升加快，加工贸易比重继续下降（见表 11）。

表11　　2016、2017 年我国合成树脂出口贸易方式情况　单位：万吨，万美元,%

贸易方式	2016 年进口贸易			2017 年进口贸易		
	数量	金额	占比	数量	金额	占比
一般贸易	305.82	521517.2	53.3	343.5	652280.9	55.6
来料加工贸易	217.78	346018.5	37.9	225.8	413706.1	36.5
保税区仓储转口货物	34.58	56027.5	6.0	32.9	60261.1	5.3
来料加工装配贸易	9.25	13604.9	1.6	8.6	13532.8	1.4
保税仓库进出境货物	2.04	4438.3	0.4	2.5	4846.9	0.4

续表

贸易方式	2016 年进口贸易			2017 年进口贸易		
	数量	金额	占比	数量	金额	占比
边境小额贸易	2.04	4286.5	0.4	2.4	5423.9	0.4
其他	1.84	6320.6	0.3	1.4	4375.2	0.2
共计	**574.2**	**953861**	**100**	**618**	**1155948**	**100**

四、合成树脂市场价格

在连续几年的市场低迷之后，2017 年，随着国际油价的明显回升，我国合成树脂市场整体回暖，价格总水平明显提升。在石化联合会市场监测的 29 种主要合成树脂产品中，仅有 PVC 型材 1 种产品价格下降，其他产品价格均有不同程度的上涨，其中 MDI 涨幅最大，纯 MDI 和聚合 MDI 年均价分别上涨 89.9%、41.3%。

（一）聚乙烯价格

2017 年，国内聚乙烯市场回升，主要品种价格都有所上涨。市场监测显示，聚乙烯价格平均涨 4.0%。其中，高密度聚乙烯（5000S）均价 10332 元/吨，同比上涨 4.4%；低密度聚乙（2426H）均价为 10672 元/吨，回升 2.9%；线性低密度聚乙烯（7042）均价 9675 元/吨，上涨 4.8%（见表 12）。

2017 年，进口聚乙烯价格相对平稳，年均价上涨 2.5%。其中，高密度聚乙烯进口均价为 1179.8 美元/吨，上涨 3.8%；低密度聚乙烯均价为 1272.5 美元/吨，上涨 3.8%；线型低密度聚乙烯均价为 1206.6 美元/吨，与上年基本相当。总的看，进口聚乙烯价格涨幅低于国内市场，加剧了国内市场的竞争（见表 13）。

表 12　　2012—2017 年国内聚乙烯市场价格变动情况　　单位：元/吨，%

产品名称	等级/规格	2012 年	2013 年	2014 年	2015 年	2016 年	2017 年
HDPE	5000S	11207	11573	11908	10026	9894	10332
	同比	-2.2	3.3	2.9	-15.8	-1.3	4.4
LDPE	2426H	10955	12008	12251	10330	10368	10672
	同比	-15.8	9.6	2.0	-15.8	0.4	2.9
LLDPE	7042	10533	11238	11127	9353	9233	9675
	同比	0.0	6.7	-1.0	-15.9	-1.3	4.8

表 13　　2012—2017 年进口聚乙烯价格变动情况　　单位：美元/吨，%

产品名称	2012 年	2013 年	2014 年	2015 年	2016 年	2017 年
HDPE	1375.8	1460.7	1535.7	1260.2	1136.2	1179.8
同比	-1.5	6.2	5.1	-17.9	-9.8	3.8
LDPE	1429.4	1543.8	1616.2	1315.1	1225.7	1272.5
同比	-13.6	8.0	4.7	-18.6	-6.8	3.8
LLDPE	1373.0	1513.7	1606.0	1287.8	1206.4	1206.6
同比	-4.3	10.2	6.1	-19.8	-6.3	0.0

（二）聚丙烯价格

国内市场价格止跌回升。2017 年，国内市场聚丙烯（F401）平均价格为 8673 元/吨，同比上涨 13.7%，止住了连续五年的下挫。

进口价格小幅回升。2017 年，我国进口聚丙烯（初级状）均价为 1209.5 美元/吨，同比上涨 3.6%，价格止跌回稳（见表 14）。

表 14　2012—2017 年聚丙烯价格变动情况　单位：元/吨，美元/吨，%

产品名称	规格	2012 年	2013 年	2014 年	2015 年	2016 年	2017 年
国内市场均价	F401	11181	11147	10973	8042	7630	8673
	同比	-7.4	-0.3	-1.6	-26.7	-5.1	13.7
进口均价	初级状	1482.3	1557.4	1601.4	1306.9	1167.9	1209.5
	同比	-4.7	5.1	2.8	-18.4	-10.6	3.6

（三）聚氯乙烯价格

2017 年国内聚氯乙烯市场价格继续回升。市场监测显示，聚氯乙烯（SG5）年均价为 6441 元/吨，同比上涨 9.9%；聚氯乙烯（LS-100）年均价 7159 元/吨，上涨 2.6%（见表 15）。

截至 2017 年底，我国共有 PVC 生产企业 75 家，产能达 2406 万吨，较 2016 年底净增 80 万吨。企业平均产能由 2013 年的 27 万吨提升到当前的 32 万吨，产业集中度进一步提高。

目前，我国聚氯乙烯产能主要集中在中西部地区，占比六成以上，消费市场则主要集中在东部，运输成本较高，加上人力、环保等成本刚性上升，对价格形成支撑。随着氯碱行业价格好转、效益改善，一些企业投资冲动又开始显露，对市场形成一定压力。同时，PVC 市场也将在供需、环保、期货、原料等众多因素影响下博弈。加之 2018 年新增产能释放，国内 PVC 市场供应面继续放大预期较为明显，而下游需求又存在季节性变化，市场预计波动性会加大。

2017 年进口聚氯乙烯价格回稳。其中，糊树脂均价为 1169.7 美元/吨，同比上涨 3.7%；初级状未掺混聚氯乙烯价格 921.6 美元/吨，上涨 10.5%；未塑化聚氯乙烯价格 1406.7 美元/吨，上涨 8.1%；已塑化聚氯乙烯价格 2034.9 美元/吨，下跌 1.0%（见表 16）。

表 15　2012—2017 年聚氯乙烯国内市场价格变动情况　单位：元/吨，%

产品名称/规格	2012 年	2013 年	2014 年	2015 年	2016 年	2017 年
聚氯乙烯/SG5	6747	6552	6208	5413	5858	6441
同比	-16.6	-2.9	-5.2	-12.8	8.2	9.9
聚氯乙烯/LS-100	7163	6972	6807	6393	6978	7159
同比	-13.7	-2.7	-2.4	-6.1	9.2	2.6

表 16　2012—2017 年聚氯乙烯进口价格变动情况　单位：美元/吨，%

产品名称/规格	2012 年	2013 年	2014 年	2015 年	2016 年	2017 年
聚氯乙烯/糊树脂	1496.2	1384.1	1335.2	1110.0	1127.9	1169.7
同比	-14.0	-7.5	-3.5	-16.9	1.6	3.7
聚氯乙烯/初级状	981.4	1029.2	1064.7	882.5	834.0	921.6
同比	-7.6	4.9	3.4	-17.1	-5.5	10.5
聚氯乙烯/未塑化	1362.8	1275.7	1197.5	1052.9	1301.8	1406.7

续表

产品名称/规格	2012 年	2013 年	2014 年	2015 年	2016 年	2017 年
同比	-11.2	-6.4	-6.1	-12.1	23.6	8.1
聚氯乙烯/已塑化	2136.3	2098.4	2129.3	2035.3	2054.7	2034.9
同比	-1.4	-1.8	1.5	-4.4	1.0	-1.0

（四）聚苯乙烯价格

2017 年，聚苯乙烯市场整体回暖，价格止跌回升。GPPS（透苯，注塑级）国内市场均价 11166 元/吨，同比大涨 22.6%，扭转了连续三年下跌的态势；HIPS（抗冲击级）均价为 10544 元/吨，上涨 9.2%；EPS（阻燃料）均价为 11304 元/吨，大涨 17.9%。市场监测的聚苯乙烯主要品种价格均呈现明显上扬态势。

2017 年，我国进口 EPS（初级可发性）均价为 1758.1 美元/吨，同比下降 2.1%；进口 HIPS（初级改性）均价为 192.5 美元/吨，上涨 9.8%，终止了连续三年的下跌（见表 17）。

表 17　　2012—2017 年聚苯乙烯国内和进口价格变动情况

单位：元/吨，美元/吨，%

产品名称	规格	2012 年	2013 年	2014 年	2015 年	2016 年	2017 年
GPPS	注塑级	12075	13578	11977	9548	9105	11166
	同比	1.2	12.4	-11.6	-20.4	-4.6	22.6
HIPS	抗冲击级	—	—	13067	9796	9657	10544
	同比	—	—	—	-25.0	-1.4	9.2
EPS	阻燃料	—	—	12117	9791	9585	11304
	同比	—	—	—	-19.2	-2.1	17.9
进口价格							
EPS	初级状	1709.1	2054.3	2215.0	1779.8	1794.9	1758.1
	同比	7.1	20.2	7.8	-19.6	0.8	-2.1
HIPS	初级状	1849.4	1979.1	1923.7	1547.4	1449.8	1592.5
	同比	2.9	7.0	-2.8	-19.6	-6.3	9.8

（五）ABS 价格

2017 年，国内 ABS 树脂市场行情火爆，价格大幅上扬。通用级 ABS 年均价升至 15998 元/吨，同比大涨 39.6%，价格回到 2012 年时的高位。

2017 年，ABS 树脂（改性）进口均价为 2236.8 美元/吨，同比上涨 10.5%，扭转了连续五年下挫的态势（见表 18）。

表 18　　2012—2017 年 ABS 价格变动情况　　单位：元/吨，美元/吨，%

产品名称	规格	2012 年	2013 年	2014 年	2015 年	2016 年	2017 年
ABS	通用级	15423	14922	14115	10878	11461	15998
	同比	-11.8	-3.3	-5.4	-22.9	5.4	39.6
进口价格							
ABS	改性	2556.2	2503.1	2491.6	2225.1	2025.0	2236.8
	同比	-4.3	-2.1	-0.5	-10.7	-9.0	10.5

五、世界合成树脂供需概况

目前，世界合成树脂总体仍维持供大于求的格局。2016 年，全球五大通用合成树脂（PE、PP、PVC、PS、ABS）产能合计约 2.74 亿吨/年，同比增长 1.5%；产量约为 2.23 亿吨，增长 4.4%；消费量 2.22 亿吨，增长 1.0%。预估 2017 年全球五大通用合成树脂总产能约为 2.86 亿吨，增长 4.4%，产量和消费量均为 2.3 亿吨，分别增长 3.2% 和 3.8%。

（一）聚乙烯

2016 年，世界聚乙烯产能达到 10512 万吨/年，比上年增长 4.1%；产量为 9176 万吨，同比增长 4.4%；消费量 9044 万吨，增长 3.6%；装置平均开工率为 87.3%，较上年提高 0.3 个百分点。总体看，2016 年全球聚乙烯市场因新增产能多于新增需求，呈现供应压力增加的态势。

具体看，2016 年全球低密度聚乙烯产能、产量和消费量分别为 2354 万吨/年、1961 万吨和 1966 万吨，比上年分别增长 3.7%、2.6% 和 2.7%，装置平均开工率为 83.3%，较上年下降 1 个百分点；高密度聚乙烯产能、产量和消费量分别为 4733 万吨/年、4131 万吨和 4087.5 万吨，分别增长 4.4%、3.8% 和 2.3%，装置平均开工率为 87.3%，较上年下降 0.5 个百分点；线性低密度聚乙烯产能、产量和消费量分别为 3424.5 万吨/年、3083 万吨和 2990 万吨，分别比上年增长 3.9%、6.4% 和 4.3%，装置平均开工率为 90.0%，较上年提高 2.2 个百分点。

预计 2017 年全球聚乙烯产能约 11280 万吨/年，新增产能主要来自东北亚和中东。东北亚和北美继续保持世界聚丙烯主要供应和消费地区。2016 年，东北亚地区 PE 产能占全球总产能的 25%，消费量占世界消费总量的 33%；北美地区仍位居第二，产能约占全球总产能的 20%，消费量占世界消费总量的 18.2%。

未来几年，在页岩气及煤制烯烃技术应用的推动下，世界聚乙烯工业又将进入一轮较快发展期。预计到 2020 年，全球聚乙烯产能约 12580 万吨/年，需求将突破 1 亿吨；到 2025 年，产能将达到 1.5 亿吨/年，需求达到 1.23 亿吨（见表 19）。

表 19　　2012—2025 年世界聚乙烯供需增长及预测　　单位：万吨/年，万吨

	实际值					预测值		
项目	2012 年	2013 年	2014 年	2015 年	2016 年	2017 年	2020 年	2025 年
产能	9389	9738	9908	10101	10512	11281	12582	14994
产量	7853	8102	8398	8791	9176	9405	10538	12336
消费	7856	8168	8391	8726	9044	9405	10538	12336

（资料来源：中国石化咨询有限公司、中石化经济技术研究院、中国石化联合会，下同）

（二）聚丙烯

2016 年，世界聚丙烯产能 7620 万吨/年，比上年增长 6.1%，新增能力主要来自东北亚煤制烯烃、丙烷脱氢、北美页岩气和中东轻烃路线；产量为 6507 万吨，增幅 4.9%；消费量 6513 万吨，增长 4.8%；装置平均开工率为 85.4%，比上年下降 1 个百分点。总体看，全球聚乙烯供大于求态势进一步扩大。

全球聚丙烯供应仍集中于东北亚、西欧、北美和中东地区。2016 年，上述 4 个地区 PP 产能累计占全球总产能的 76.8%，产量占世界生产总量的 77.3%；消费主要集中在东北亚、北美及西欧地区，这 3 个地区消费量占世界消费总量的 66.8%。无论是产量还是消费量，东北亚地区都遥遥领先。

近年来，东北亚特别是中国大力投资煤制烯烃及丙烷脱氢等非传统原料的 PP 装置，促进聚丙烯产能大幅提升；中东利用其低廉的原料优势，大力发展石化产业，聚丙烯产能快速增长；印巴地区消费市场的不断扩大也推动其聚丙烯工业发展，这些地区聚丙烯产能在全球总能力中的占比逐年提升。与此相反，西欧及南美地区的聚丙烯工业发展放缓，一些老旧、成本高的装置关停，产能呈下降趋势。

未来几年，全球新增 PP 装置主要集中在亚洲、中东及北美地区，其中中东及北美地区新增产能集中在 2020 年前后。预计 2017—2020 年间，全球 PP 产能年均增速约 4.3%，需求年均增速提升至 4.6%；到 2020 年，全球 PP 产能将达到 9012 万吨/年，消费

量约7794万吨。预计到2025年，全球PP产能将突破1亿吨/年，消费量约9465万吨（见表20）。

表20　2012—2025年世界聚丙烯供需增长及预测　单位：万吨/年，万吨

	实际值					预测值		
项目	2012年	2013年	2014年	2015年	2016年	2017年	2020年	2025年
产能	6430	6749	7002	7182	7620	7919	9012	10875
产量	5367	5574	5774	6172	6507	6827	7794	9465
消费	5394	5582	5813	6198	6513	6827	7794	9465

（三）聚氯乙烯

2016年，世界聚氯乙烯产能达到5517万吨/年，同比增长1.2%；产量为4147万吨，增幅2.1%；消费量4145.6万吨，增长1.9%；装置平均开工率为75.2%，比上年提高0.7个百分点。总体看，全球聚氯乙烯供大于求态势略有扩大。

分地区看，东北亚、北美和西欧是全球聚氯乙烯的主要生产和消费地区。2016年，上述三地产能占全球总产能的81.4%，产量占世界生产总量的81.7%，消费量占世界消费总量的69.4%。其中，东北亚地区的产能和消费量占比依然位居第一，分别为54.1%和46.3%。北美、东北亚地区也是聚氯乙烯主要输出地，中东、印度次大陆为主要进口地。

预计2017—2020年间，全球PVC产能年均增速放缓至0.4%，需求年均增速提升至3.2%。到2020年，全球PP产能和需求将分别达到5657万吨/年和4690万吨，富裕产能持续减小。预计2020—2025年间，世界PVC产能将有所提升，年均增速升至1.9%，消费增速仍将高于产能增速，约为2.8%。到2025年，全球PVC产能和需求将分别达到6212万吨/年和5376万吨，富裕产能继续减小（见表21）。

表21　2012—2025年世界聚氯乙烯供需增长及预测　单位：万吨/年，万吨

	实际值					预测值		
项目	2012年	2013年	2014年	2015年	2016年	2017年	2020年	2025年
产能	5409	5848	6083	6129	5517	5583	5657	6212
产量	3726	3847	4036	4051	4147	4265	4689	5376
消费	3726	3855	4044	4069	4146	4265	4689	5376

（四）聚苯乙烯

2016年，世界聚苯乙烯产能2644万吨/年，消费量为1666万吨，均比上年增长1.4%。其中，发泡聚苯乙烯（EPS）产能为1088万吨/年，消费量为625万吨，均主要集中在东北亚和西欧，两大地区累计产能和消费量分别占全球总量的80.7%和63.9%；通用及高抗冲聚苯乙烯（GPPS/HIPS）产能为1556万吨/年，消费量为1041万吨，均主要集中在东北亚、西欧和北美，三大地区累计产能和消费量分别占全球总量的75.1%和71.6%。

东北亚是全球聚苯乙烯最大的生产地和消费地。2016年，该地区产能达1427万吨/年，占全球产能的54.0%；消费量699万吨，占比42.0%。西欧和北美居其次，产能分别为359万吨/年和324万吨/年，占全球比重分别为13.6%和12.3%；消费量分别为244万吨和266万吨，占比分别为14.6%和16.0%。

未来聚苯乙烯新增产能和需求主要来自中东和东北亚。预计2020年，世界聚苯乙烯产能增至2735万吨年，需求增至1769万吨，开工率有所回升。预计2020～2025年间，全球聚苯乙烯产能和需求年均增速分别为0.6%和1.6%；到2025年产能增至2812万吨年，需求增至1916万吨，装置开工率进一步提升（见表22）。

表 22　　2012—2025 年世界聚苯乙烯供需增长及预测　　单位：万吨/年，万吨

	实际值					预测值		
项目	2012 年	2013 年	2014 年	2015 年	2016 年	2017 年	2020 年	2025 年
产能	2473	2548	2582	2560	2644	2677	2735	2812
产量	1662	1662	1630	1611	1670	1688	1769	1916
消费	1662	1662	1621	1603	1666	1688	1769	1916

（五）ABS 树脂

2016 年，全球 ABS 树脂产能约为 1108 万吨/年，较上年增长 1.3%；产量和消费量分别为 824 万吨和 827 万吨，较上年增长 3.9% 和 4.2%。装置平均开工率为 74.4%，比上年提高 1.8 个百分点。总体看，全球 ABS 市场在经历前几年的供大于求之后，2016 年供应压力有所缓解，装置平均负荷有所提升。

东北亚是全球 ABS 树脂最大的生产和消费地区。2016 年，东北亚地区供应能力占全球总产能的 75.5%，产量占全球总产量的 67.0%，消费量占世界消费总量的 67.0%。

未来几年，受东北亚及中东地区 ABS 产业投资热情的支撑，全球 ABS 工业将加快发展步伐，预计 2017—2020 年间，产能平均增速达 4.2%，需求年均增速为 3.0%；到 2020 年，世界 ABS 产能和需求分别升至 1308 万吨/年和 932 万吨。预计 2020—2025 年间，全球 ABS 扩能步伐明显放缓，年均增速降至 1.2%，需求增速也放缓至 2.2% 左右；到 2025 年，全球 ABS 产能和需求量分别增至 1391 万吨/年和 1042 万吨（见表 23）。

表 23　　2012—2025 年世界 ABS 供需增长及预测　　单位：万吨/年，万吨

	实际值					预测值		
项目	2012 年	2013 年	2014 年	2015 年	2016 年	2017 年	2020 年	2025 年
产能	992	1029	1056	1050	1108	1150	1308	1391
产量	688	735	754	787	824	858	932	1042
消费	686	735	759	787	827	858	932	1042

（中国石油和化学工业联合会　贺静）

2017 年我国聚氯乙烯发展状况及趋势展望

近年来，在国家供给侧结构性改革相关政策的引导下，我国氯碱行业由快速外延式发展进入到调结构增效益为主的稳定增长阶段。产业集中度不断提高、生产技术水平不断提升、产品开工率不断提高、安全环保节能水平不断提升、行业效益明显提升。

截至 2017 年底，我国聚氯乙烯总产能达到 2406 万吨，产量达到 1790 万吨，是世界上最重要的聚氯乙烯生产国和消费国。近年行业最重要的特点是，供给侧改革效果显著，自 2014 年起的连续三年内，行业总产能均为负增长。由于总体消费平稳增长，行业平均开工率由 2013 年的 62% 提升至 2017 年的 74%。

一、我国聚氯乙烯行业格局分析

（一）2007—2017 年我国聚氯乙烯供给变化

2017 年我国聚氯乙烯产能为 2406 万吨，年内新增加产能 108 万吨，退出规模为 28 万吨，连续三年净减少之后，2017 年底转变为 80 万吨的净增长（图 1）。

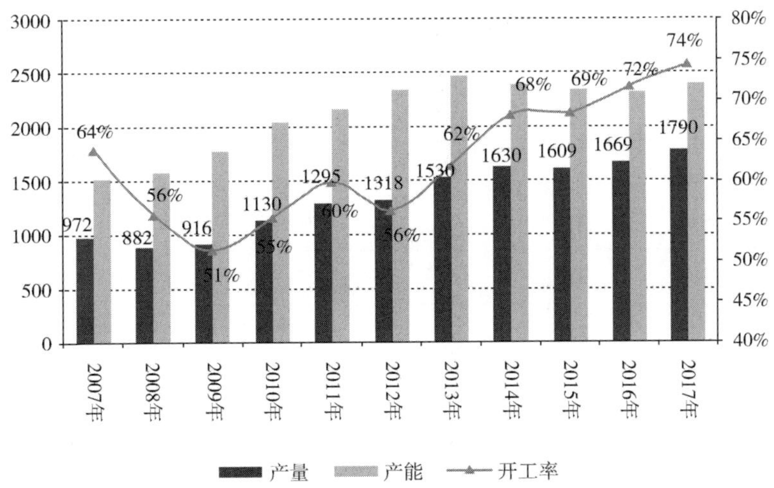

图1 2007—2017 年我国 PVC 开工率走势图（单位：万吨;%）

自 2008 年起，受全球经济危机的影响，我国 PVC 产能增速明显减缓。2014—2016 的三年内，随着淘汰落后产能工作的不断深化，PVC 产能总数连续三年保持负增长。但进入 2017 年，多年调结构消化过剩产能的举措开始见成效。由于国内外资源过量供应受到抑制，大宗商品供求关系进一步改善，而随着各项成本要素出现扬升，推动了国内多数大宗商品市场价格震荡上行，企业盈利能力也自 2016 年开始取得明显好转。就 PVC 而言，原前两年开始的在建项目陆续试车，但产能的增长并未造成开工率的下降，反而在前期大量无效产能退出的情况下，2017 年的聚氯乙烯全行业开工率仍较上年继续回升 2 个点。

（二）我国聚氯乙烯集中度情况

表 1　2012—2017 年我国 PVC 企业数及新增－退出产能对比表　单位：万吨

	企业总数	新增	退出	净增
2012 年	94 家	296	118	178
2013 年	93 家	286	151	135
2014 年	88 家	66	153	－87
2015 年	81 家	78	119	－41
2016 年	75 家	89	111	－22
2017 年	75 家	108	28	80

由于我国历史形成的条块分割原因，使得我国中小氯碱企业偏多，地区分布不均。在过去相当长的时间内，单个企业规模偏小、产业集中度不高、产业布局相对分散等问题制约着我国氯碱产业的发展壮大。

2017 年，我国聚氯乙烯生产企业为 75 家，单个企业平均规模在 32 万吨/年的水平。整体来看，随着西部地区大型氯碱项目的投建以及小型装置的搬迁改造和转产淘汰，国内氯碱行业企业平均产能规模正在逐渐提高，但国内企业在产能规模、产业集中度方面与美国、日本等国家仍有一定差距。按照业内预计，近两年脱颖而出的具有强大竞争实力的氯碱企业会继续进行跨地区、跨行业、跨所有制改革重组，促进上下游产业一体化发展。优势企业在资本市场通过收购、兼并、重组、联营等多种形式实现产业链的延伸以及区位间的互补，企业兼并重组的市场化运作仍会继续，未来我国无论是烧碱还是聚氯乙烯行业的集中度仍会有进一步提高的空间。

表 2　　**2016—2017 年我国 PVC 行业产能规模归类**

规模	企业数		产能合计/万吨		产能占比	
	2016 年	2017 年	2016 年	2017 年	2016 年	2017 年
≥100 万吨	3	3	403	403	17%	17%
100 万吨＞企业≥50 万吨	6	6	370	390	16%	16%
50 万吨＞企业≥30 万吨	28	30	1026	1115	44%	46%
30 万吨＞企业≥10 万吨	29	26	478.5	445.5	21%	19%
10 万吨＞企业	9	10	48.5	52.5	2%	2%
合计	75	75	2326	2406	100%	100%

（三）当前我国聚氯乙烯地域特点

目前我国氯碱装置产能主要集中在西北、华北、华东等地区，其中华北和华东地区聚集了更多的烧碱生产企业，而大部分的聚氯乙烯产能集中在西北。截至 2017 年底，西北地区的内蒙古、陕西、甘肃、宁夏、青海、新疆六省共有 PVC 生产企业 27 家，装置能力达到了 1184 万吨/年，单个企业装置规模约为 44 万吨，明显高于全国平均水平（图 2）。

就聚氯乙烯行业而言，西北地区电石法 PVC 占据了全国绝对优势，该区域内的电石法 PVC 产能占据了全国电石法 PVC 近 60% 的份额。另外，随着国际乙烯来源多元化的进一步发展，华北、华东部分沿海地区具有便利的码头运输条件的大型乙烯法 PVC 装置也在近两年逐渐布局，形成了以山东、天津、江苏、浙江为代表的乙烯法 PVC 产业带。

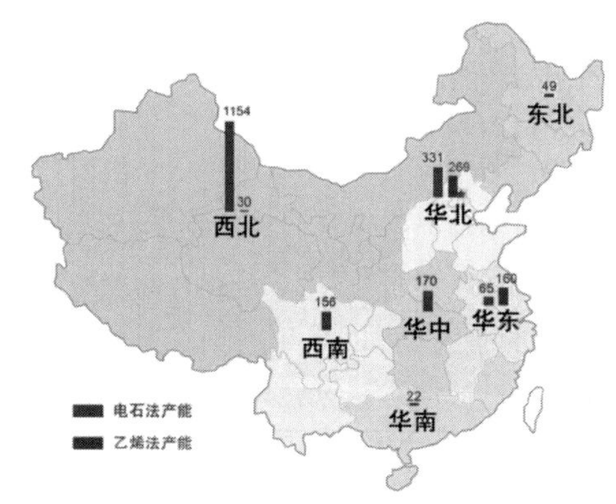

图 2　我国氯碱产能分布

二、我国聚氯乙烯需求分析

（一）2007—2017 年我国聚氯乙烯下游需求

表 3　　**2007—2017 年我国 PVC 表观消费量表**　　单位：万吨

	产量	进口	出口	表观消费	
				消费量	增长率/%
2007 年	972	110	71	1011	13
2008 年	882	80	60	902	－11
2009 年	916	163	24	1055	17
2010 年	1130	120	22	1228	16
2011 年	1295	105	37	1363	11

续表

	产量	进口	出口	表观消费	
				消费量	增长率/%
2012 年	1318	94	39	1373	1
2013 年	1530	76	66	1540	12
2014 年	1630	68	111	1587	3
2015 年	1609	71	77	1603	1
2016 年	1669	65	104	1630	2
2017 年	1790	77	96	1771	9

2017 年的统计数据来看，我国 PVC 消费量出现拐点。自 2014 年开始，我国 PVC 表观消费量增长连续三年徘徊在 1% ~3%。从 2008 年开始，PVC 开始进入有增有减的动态产能发展状态，尤其是曾连续三年产能负增长，2017 年才实现了 80 万吨的净增加，这也就在一定程度上说明了，在我国 PVC 产能及进口量不出现大幅增加的条件下，表观消费量呈现的数据增长更多的是供需关系改善后的刚性需求放大带来的结果。

（二）我国聚氯乙烯地域需求特点

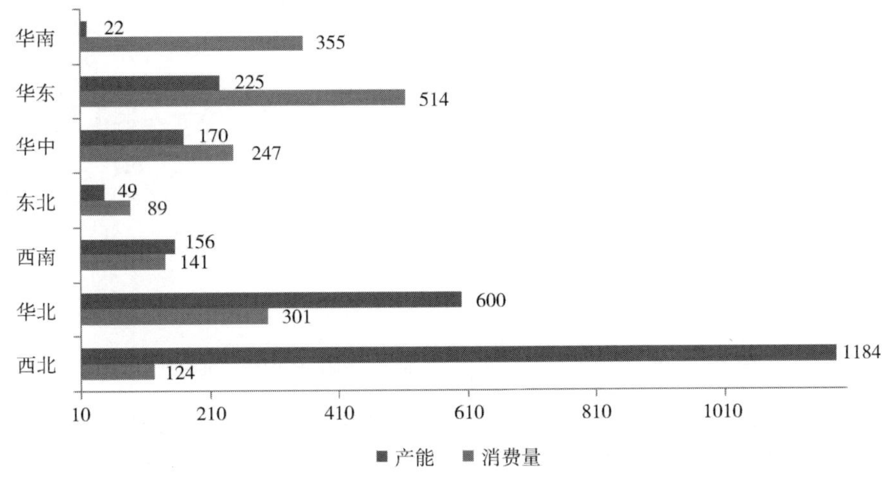

图 3　2017 年全国各区域 PVC 消费情况对比（单位：万吨）

由于国内资源禀赋分布的原因，聚氯乙烯面临着区域供需不平衡，货源跨区域长距离流转的情况。测算来看，华南、华东、华中、东北四个区域为聚氯乙烯产品净输入地区，2017 年约有 700 万吨以上的产品缺口；西北和华北作为聚氯乙烯主要产地，当地下游消费能力相比产能供给明显不足，需要大量的产品输出。因此，跨度南北的运输半径，往往超过公路运输的经济半径，未来如何进一步发展铁路、公路以及水路等多方面的运输能力，鼓励发展化工行业专业的第三方物流成为关键。

（三）聚氯乙烯下游面临的机会和挑战

随着我国经济进入新常态，2014—2016 年的国内 PVC 表观消费量呈现非常缓慢的增长态势，其年均消费增长率分别为 3%、1%、2%。2017 年国内聚氯乙烯消费增长取得扭转，但不少领域面临的问题依然存在。

一是，PVC 下游消费来自替代品如聚丙烯（PP）、聚乙烯（PE）、铝型材等原料的竞争压力日益加大，替代品对 PVC 消费形成了较为明显的挤压效应，客观上制约了国内 PVC 的消费增长。二是，型材作为 PVC 下游消费的主要部分，近年来的消费比重逐年下降，其主要原因除了铝型材替代增多外，还因我国 PVC 型材行业集中度低，规模和品质参差不齐，劣质型材影响了整个 PVC 型材产品的客户美誉度，从而导致众多中高档消费中铝型材的比重逐年上升，PVC 型材的消费量呈逐年下降态势。综合以上，是我国 PVC 下游消费领域面临的主要挑战，但同时未来行业的增长空间也值得研究。

第一，未来房地产领域的公租房建设增加，会带动 PVC 消费增长。第二，塑料外包装膜的增长幅度较大。目前很多商品的外包装膜转为或计划转为 PVC 材料，并且已经有 PVC 企业主动和塑料瓶外覆膜厂家进行合作，利用 PVC 材料进行这一领域的应用研发。第三，虽然 PVC 型材近年来一部分被铝型材所替代，但未来木塑型材的发展会在很多城市兴起。除此之外，城市基础设施力度加大，花坛围栏都是木塑制品的增长空间。在新型家装材料方面，地板、壁纸等方面的需求会进一步增加。第四，在 PVC 下游增长最快的管材领域里，当前的 PVC 管道消费正从传统的小口径逐步向大口径转化，因此抓住这一领域的发展机遇，也会带动 PVC 需求的增长。

三、我国聚氯乙烯市场走势

从 2008—2017 年的十年价格数据监测，PVC 价格波动和宏观经济环境有着密切的关系。例如 2008 年的全球经济危机，PVC 价格也经历了过山车式的变化。同样，随着我国实体经济逐渐复苏，大宗商品行情及未来预期不断走高，2016 年开始的 PVC 市场也恢复活跃，开始走出新的行情（图 4）。

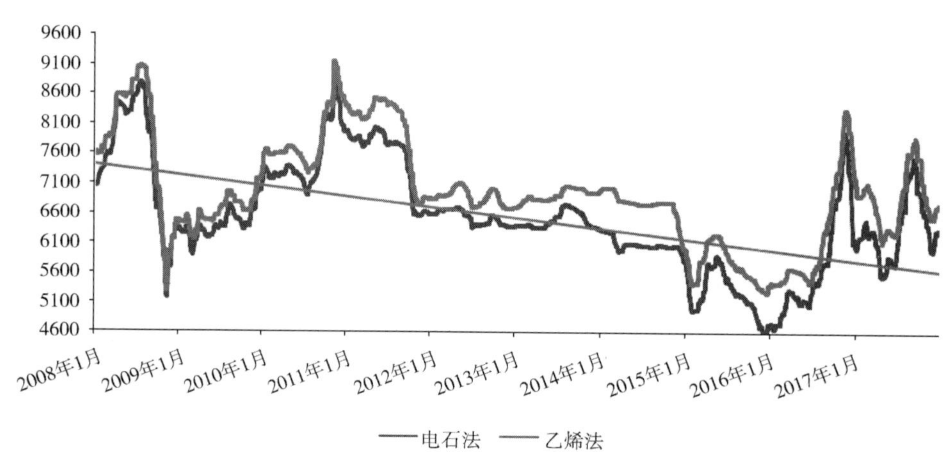

图 4　2008—2017 年我国 PVC 价格走势图（单位：元/吨）

四、我国聚氯乙烯对外贸易

我国进口聚氯乙烯总体来看属于下降趋势，进口货源主要来自美国、中国台湾以及日本等地。2014 年，我国聚氯乙烯首次出现净出口局面，并且一直持续。虽然 2015 年当年聚氯乙烯出口量出现较为明显的萎缩，造成这一现象的原因是国际原油价格大幅下跌导致国际乙烯法 PVC 成本降低，我国出口产品价格优势下降。但综合来看，我国聚氯乙烯经过多年发展，产品质量逐步提升，国际竞争力不断加强，除了替代部分进口外，也利用价格相对优势抢占了部分海外市场，而从提高了国际聚氯乙烯市场上我国产品的占有率。

表 4　2017 年我国 PVC 纯粉对外贸易结构对比

单位：万吨

PVC 进口		PVC 出口	
一般贸易	3. 68	一般贸易	65. 46
其他	0. 01	其他	0. 03
来料加工装配贸易	1. 73	进料加工贸易	27. 09
进料加工贸易	70. 66	边境小额贸易	0. 29
保税区仓储转口货物	0. 85		

当前我国PVC纯粉的进口贸易主要是以进料加工贸易的形式，同时出口贸易则是以一般贸易为主的方式。进口进料加工贸易为主的方式主要和近些年来我国执行的PVC反倾销胜诉有关。我国通过反倾销措施进一步维护国内市场秩序，阻止国外低价货源倾销进入市场和扰乱国内正常的市场竞争秩序。

五、当前我国聚氯乙烯原料采购路径

目前电石法PVC生产主要集中在煤炭资源丰富的西部地区，围绕电石法工艺路线自身的产业链特点，一些国内大型电石法PVC生产企业大力推行循环经济发展战略，做大、做强以电石法PVC为核心的产业链条，着力打造“煤—电—盐”一体化的规模化产业集群。电石法PVC的工艺路线成为相当一部分国内氯碱化工企业，特别是中西部地区氯碱化工企业谋求自身发展的最佳解决方案之一。从行业数据测算，每生产1吨的PVC需要消耗电石1.4～1.45吨，也即是2017年全国电石法PVC需要消耗电石的数量为2017万吨～2089万吨，绝大部分由西北地区供应。

2017年我国乙烯法PVC总产能为481万吨，占全国总产能的20%。虽然在近两年在产能占比方面变化不大，但新增有青岛海晶、泰州联成等均在40万吨/年及以上的大型乙烯法装置投产，同时如山东阳煤恒通、青海盐湖等利用甲醇制烯烃、煤制烯烃等现代煤化工工艺提供乙烯来源，投建大规模乙烯法PVC项目的开车运行，给我国未来发展乙烯法PVC提供了一种新的途径。按照分析，发展乙烯法PVC的前提条件是拥有丰富的且价格适当的乙烯或乙烯基原料，由于我国特殊的能源结构，以及行业间分割，我国乙烯法PVC原料来源受到很大限制，目前只有少数企业采用乙烯法和进口单体法。但从未来看，国际能源结构正在发生巨大的变化，乙烯来源也朝着多样化的方向发展，我国乙烯法PVC的竞争力更需用发展的眼光看待。

综上所述，我国电石法PVC产业链基本为：煤—电—电石—PVC—电石渣制水泥等，原料获取途径简单，资源丰富；乙烯法PVC产业链：原油—炼油—乙烯—PVC/EDC（VCM）—PVC，未来随着国内乙烯来源的多元化发展成熟，乙烯法PVC的乙烯获取渠道会更多。但同时业内分析也指出，在我国烯烃生产中，多种技术或多原料路线将长期共存，各具特点，在不同时期的原料价格、市场价格条件下，相对竞争力水平会有所不同。而任何一种工艺路线的竞争力的关键都在于资源获取能力、价格掌控能力及相应的技术经济性。

六、下一步我国聚氯乙烯发展关键问题

（一）氯—碱产业链关联度及综合竞争力

氯—碱产业链的关联度问题，其实质是氯碱行业的碱氯平衡问题。“碱氯平衡”是氯碱行业长期面对的问题，由于烧碱和氯按比例同时产出，但是烧碱和氯的下游消费增长却存在一定差别，这就导致氯碱行业出现碱氯不平衡的问题。

近年来由于以氧化铝为代表的下游行业快速增长，我国烧碱消费增长较快，市场需求旺盛，但是以聚氯乙烯为代表的耗氯产品增长则相对平缓，这就造成了“碱短氯长”、“以碱补氯”的碱氯失衡现象。2016—2017年间，氯碱行业的碱氯失衡现象，不仅仅是体现在PVC的消费增长率慢于烧碱的消费增长，更重要的还体现为，氯碱企业氯气资源配套不完善，高容量的烧碱与低容量的优质氯产品的矛盾尤为突出，除PVC等大宗耗氯产品外，液氯作为商品量在近两年的时间内出现倒贴补助买家每吨上千元甚至更高费用的现象。

自2016年开始，国内烧碱价格出现了强劲的上涨态势，并且持续时间长，在本轮开始的行情中，烧碱和PVC并未完全遵守一方上涨一方下跌的逆向走势，反而同时上涨的概率很大。这样，无论是盈利丰厚的西北地区还是华中、华北、西南等内陆省份，烧碱利润足以支撑或者尽可能地保证耗氯产品包括PVC在内的有序开车。另外，从2017年的PVC市场情况看，行业的好转更多是供需关系改善带来的结果。虽然氯碱产业链关联度大，产品之间的相互制约性强，但在控制产能和需求恢复两项根本条件实现的前提下，近两年的PVC行情属于一种正常回归（图5）。

（二）未来国内聚氯乙烯新项目

关于未来国内聚氯乙烯产能规模的扩大（图6），其项目来源主要是：1）原已经建成或基本建成的PVC项目推迟开车；2）跨地区产能转移；3）新的工艺路径。

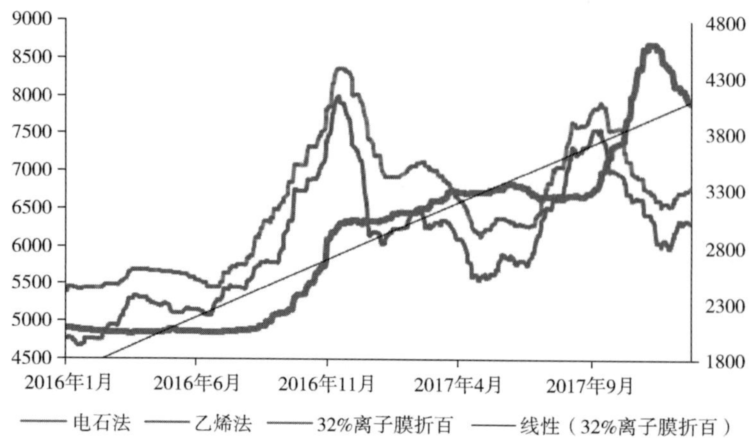

图 5　2016—2017 年中国 PVC—烧碱价格走势相关图（单位：元/吨）

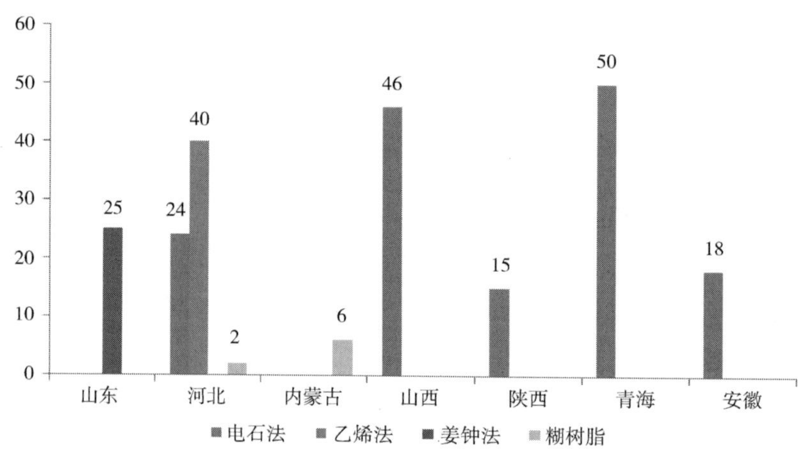

图 6　2018 年中国 PVC 新建项目计划（单位：万吨）

（三）水俣公约生效

2016 年 4 月 28 日，第十二届全国人民代表大会常务委员会第二十次会议批准《关于汞的水俣公约》（以下简称《汞公约》）。《汞公约》已经自 2017 年 8 月 16 日起对我国正式生效。

自 2017 年 8 月 16 日起，禁止新建的乙醛、氯乙烯单体、聚氨酯的生产工艺使用汞、汞化合物作为催化剂或使用含汞催化剂。2020 年氯乙烯单体生产工艺单位产品用汞量较 2010 年减少 50%。禁止使用汞或汞化合物生产氯碱（特指烧碱）。自 2027 年 8 月 16 日起，禁止使用含汞催化剂生产聚氨酯。

由此可见，无汞化是行业发展的必然趋势，积极推动无汞触媒的研发和工业化试验，并尽早建成工业化示范装置，成为行业履约的关键。按照“减量化，无汞化”路线加强低汞触媒高效应用和无汞触媒研发稳步推进汞污染防治工作，我国聚氯乙烯行业能够满足《关于汞的水俣公约》的履约要求。

（四）调结构促转型增效益指导意见

2016 年 7 月 23 日，国务院国办发〔2016〕57 号文件，颁布了《国务院办公厅关于石化产业调结构促转型增效益的指导意见》。意见指出，严格控制尿素、磷铵、电石、烧碱、聚氯乙烯、纯碱、黄磷等过剩行业新增产能，相关部门和机构不得违规办理土地（海域）供应、能评、环评和新增授信等业务，对符合政策要求的先进工艺改造提升项目应实行等量或减量置换。

在《指导意见》（国办发〔2016〕57 号）发布后的一年多，河北、江苏、山东、内蒙古、陕西等不少省份先后根据国办发文件出台了各地方调结构促转型增效益的实施意见。无论是国务院指导意见还是各地方实施意见，针对氯碱新建项目均提出有建设项目需采用先进工艺同时进行等量或减量置换。

产能等量或减量置换是符合现阶段氯碱行业发展特点的重要政策。能够有效调控资源配置，把有限的资源应用到最为关键的环节上，提升行业整体发展水平，对氯碱行业长期可持续发展有积极的促进作用。

（中国氯碱工业协会　张文雷）

我国塑料助剂的现状及发展动向

随着塑料行业发展日新月异，塑料的应用也越来越广泛。加入了塑料助剂的改性塑料是为了解决低端塑料高性能化、通用塑料工程化、高性能塑料低成本化的有效手段之一，广泛应用于汽车、家电及电子电气等高端市场，功能有增强、增韧、抗冲、阻燃、抗氧、抗紫外线、降低成本等，这使得塑料助剂成为塑料行业中不可或缺的一个部分。为改善树脂的加工和应用性能，在塑料的加工成型过程中添加和使用助剂，不但加工方便，产品性能得以加强和改善，还可以降低成本、节约能源，同时还能提高生产率，提升塑料制品的商品价值。按照功能和作用，塑料助剂一般分为增塑剂、抗氧剂、热稳定剂、光稳定剂、阻燃剂、加工及抗冲改性剂、偶联剂、成核剂、抗静电剂等十几种类型。

我国改性塑料行业随着国民经济的稳定健康发展实现了跨越式发展，连续十年经济技术指标稳步较快递增。据称，改性塑料目前有1000多万吨，行业统计数据推算，预计到2022年，我国改性塑料行业的工业总产值将超过2000亿元。我国是世界上最大的塑料助剂生产国和消费国，据行业统计，2017年，增塑剂的产能约为400万吨/年，热稳定剂约为60万吨/年，阻燃剂约为45万吨/年，抗冲改性剂约为56.5万吨/年，发泡剂约为20万吨/年，润滑剂约为21万吨/年，抗氧剂为16.5万吨/年，光稳定剂为3.35万吨/年。

全球塑料助剂大型生产商主要包括巴斯夫、科聚亚、埃克森美孚、科莱恩、拜耳和钟渊化学等，这些生产商目前正聚焦于亚太等发展中经济体。从价值、用量、生产和消费情况来看，亚太地区是全球塑料助剂市场的领导者，主要推动因素是汽车和基础设施行业的迅速发展。据预测，到2020年，全球塑料助剂市场预计将达约3400亿元人民币，期间年均增长率为3.8%。亚太地区塑料助剂市场收益将占全球的60%左右。

因塑料助剂可以加强产品性能（如耐擦伤性与光稳定性），并优化塑料制造工艺，作为全球领先的塑料助剂供应商，巴斯夫在各地区拥有制造设备，是塑料行业的重要合作伙伴。为满足全球抗氧剂与光稳定剂日益增长的需求，巴斯夫将通过投资增加产能加强塑料助剂业务，扩建全球生产网络产能。未来五年内，巴斯夫计划投资超过2亿欧元，用于全球塑料助剂业务的产能扩建与卓越运营，其中近一半将用于亚洲扩建生产网络。此外，巴斯夫还计划在其北美及欧洲生产基地扩建塑料助剂产能，并进行自动化、电子技术与数字建模的建设，以期在各地区成为值得信赖的供应商，更好地支持客户。

我国由于劳动力和原料成本较低，塑料助剂市场增长前景非常广阔，PVC塑料助剂是目前品种最多和用量最大的塑料助剂，相比于其他树脂，PVC树脂更需且更易借助助剂来完善或提高性能，同时，PVC价格便宜、实用，应用最广泛、用量最大，因此目前塑料助剂主要以PVC塑料助剂为主，用量约占到塑料助剂的90%。从我国PVC塑料制品的需求增速上预计，塑料助剂的整体增速将维持在8%~10%。表1预测了2018—2022年我国塑料助剂的市场需求及供给规模。

表1　2018—2022年我国塑料助剂的市场需求及供给规模预测

	2018年	2019年	2020年	2021年	2022年
供给/万吨	671	710	741	781	812
需求/万吨	582	616	643	678	705

塑料新材料是目前最为活跃、最具发展前景的新材料，无论从产业需求新材料的创新发展趋势，还是从高端应用和高分子材料创新研究成果来看，均显示出强劲的发展势头，将有力支持国家创新发

展战略，成为支撑中国先进制造的技术基础，尤其在国家倡导文明生态社会构建中，绿色、低碳、循环、节能、先进高效的塑料新材料倍加令人瞩目，是典型的二十一世纪材料。

当前塑料行业发展战略是坚持创新驱动和高端化发展战略，围绕“十三五”塑料加工业“功能化、轻量化、生态化、微成型”的技术方向，重点突破原辅材料、先进成型工艺与技术、装备与模具三大发展瓶颈，强调重点发展多功能、高性能材料及助剂，力争在材料功能化、绿色化、环境友好化取得新的突破，提升中高端产品比重。

2018 年上海国际橡塑展（雅氏展）的“十八大”专区均围绕“创新塑未来”的主题，行业内各大厂商都在发展汽车用轻量化材料、低 VOC 材料、免喷涂材料、碳纤维材料、抗菌阻燃材料等。各大企业都在积极发展 3D 打印材料，包括国外巴斯夫、杜邦、索尔维、科莱恩等公司，国内金发、银禧科技、万华等也都在开发 3D 打印的粉料和线材。

汽车的轻量化依旧是特别鲜明的主题，“以塑代钢”或许是行业内面临的最可见的机遇，也是最严苛的挑战。尤其是新能源汽车用新材料、新技术是本次展会的展示重点。研究机构数据显示，到 2025 年，电动和混合动力电动汽车在全球汽车总产量中的比例可能会达到 33%；到 2025 年，预计在中国将有超过 450 万辆电动和混合动力汽车。新能源汽车的续航能力一直是社会关注重点，其关键之一在于电池储电性能、车身自重等方面。如何大幅减轻车身自重成为研发重点。新能源汽车很多配件用的是传统聚合材料，目前市场对这些材料提出了新的功能要求，功能性添加剂的各种改性效果受到汽车配件生产商的青睐。除了汽车本身之外，新能源汽车所需的各种配套设施也是此次展会关注的重点领域。如充电设施，相应的高压电缆必须使用醒目橙色进行标记，这就使电缆外包覆尼龙材料的功能性橙色颜料成为一个新的研发点，而且要兼具颜色鲜艳稳定、耐高温、化学稳定性强、无卤阻燃以及环保等多方面性能。巴斯夫、杜邦、沃特新材料、科思创、LG 化学、路博润、帝斯曼、帝人集团、Samyang、金发、东丽、三菱、索尔维、赢创、聚赛龙等公司纷纷在汽车应用领域推陈出新。

科思创最近宣布开始将其连续纤维增强热塑性复合材料（简写为 CFRTP）投入商业生产，不约而同，沙特基础工业公司（SABIC）也宣布投资复合材料行业首个用以大规模生产“连续性纤维强化热塑性复合材料”带材产品的自动化数字系统。此外，生物基及生物可降解塑料扩大应用，尤其在快递、外卖、电商包装方面的应用日趋广泛。

以上这些均为塑料助剂行业发展指明了方向，加快绿色、节能、高效新型工艺和技术的开发和应用，推动塑料助剂行业科技创新与高质量发展。未来塑料助剂将向环保高效发展，方向主要集中在产品结构调整和产品升级换代上。

一、增塑剂

众所周知，塑料制品的生产离不开增塑剂，它能改变塑料又硬又脆的特性，使其具有柔韧性，便于制品弯曲成型等。按照化学结构划分，增塑剂一般有邻苯二甲酸酯类、对苯二甲酸酯类、脂肪二元酸酯类、偏苯三酸酯类、柠檬酸酯类、环氧酯类、氯化石蜡类、烷基磺酸酯类、磷酸酯类、聚酯类等，其中邻苯二甲酸酯类增塑剂品种最多、产耗量最大，在增塑剂领域占据支配地位。

1. 国内生产及市场现状

目前，全球增塑剂的产能约在 800 万吨/年，而我国 2017 年约为 400 万吨/年，约占全球总产能的 50%。我国增塑剂主要的生产企业有 40 多家，拥有全球最大的增塑剂市场，增塑剂的消费量约在 220 万吨/年（不含氯化石蜡），约占全球总消费量的 40% 左右，并且今后五年仍将保持较快的增长速度。

近年来，塑料产业的飞速发展拉动了增塑剂等塑料助剂行业以年均 10.9% 的速度增长。据预测，到 2020 年全球增塑剂市场规模将超过 195 亿美元。长期以来，增塑剂以邻苯二甲酸酯类产品为主，出于环保考虑，近年来各国相继颁布禁令，限制此类增塑剂的使用，绿色环保的生物基增塑剂的市场需求逐年增加，邻苯二甲酸酯类增塑剂将逐渐失去市场份额。

目前，我国已经成为全球最大的增塑剂生产国、进口国和消费国，邻苯二甲酸酯类增塑剂的产能占总产能的 80% 以上，而绿色环保的生物基增塑剂品种相当匮乏。“十三五”生物产业发展规划中提到，到“十三五”末，生物基增塑剂的产能将达到 20 万吨。

生物基增塑剂主要包括柠檬酸酯类、植物油基及环氧酯类、聚酯类等。柠檬酸酯类增塑剂作为生物基增塑剂的一大类，国外已实现了五十多个主要品种的工业化生产，生产企业主要分布在美国、荷兰、法国、日本、德国等国家地区。柠檬酸酯类增塑剂无毒、无味，在环境中可以自然降解，现已成为国内外塑料工业首选的环保型增塑剂。随着各个国家和地区一系列法律法规或政策的出台，市场需求将日益增加。

我国仅有部分增塑剂生产企业根据市场的需求进行转型，生产绿色环保的生物基增塑剂，但与国外企业相比，还存在较多问题，例如生产工艺水平较低，产品质量不高、生产规模小，不足以满足市场需求，生物基增塑剂主要依赖于进口。表2列出了常用环保增塑剂的种类及主要生产商。

表2　常用环保增塑剂的种类及主要生产商

类别	部分生产商
对苯/DOPT	南亚/齐鲁/联成（亚洲）、Eastman（美国）
柠檬酸酯类	巴斯夫（德国）、协和（日本）、雷蒙（中国）
环氧油类	南亚（台湾）、Danisco（丹麦）、Rohm$Hass（美国）
聚酯类	Lanxess（德国）、Croda（英国）
环己烷类	巴斯夫（德国）、EVONIK（德国）

2. 品种和技术发展动向

江南大学蒋平平教授率领团队开展了环保乳酸基PVC增塑剂的合成及性能研究，以L—乳酸、环己醇、乙酸酐为原料，合成了乙酰化环己烷乳酸酯(ACHL)，ACHL与PVC树脂具有较好的相容性、良好的增塑性能与材料力学特性，有望成为替代邻苯类主增塑剂的一种新型环保PVC助剂。

尤其值得一提的是，在2017年国家科技大奖中，南京工业大学生物与制药工程学院院长郭凯教授主持的“基于微流场反应技术的生物基无毒增塑剂及其衍生物连续绿色制造”荣获国家科技发明二等奖，该技术解决了我国生物基增塑剂生产关键难题，将提高无毒增塑剂产能近万倍。由于技术和成本的原因，现在市场上很多塑料制品使用了含有毒性的传统增塑剂，而通过美国FDA和欧盟认证的两类无毒增塑剂柠檬酸酯类及环氧植物油类产品还没有在中国广泛使用，主要原因是较多生产企业技术水平较低，进而导致产品品质低、生产安全存在隐患等问题出现。

据介绍，微流场反应技术规模化工程应用是国际共性难题，因为传统微通道反应尺度在百微米级别，一旦尺度扩大则会导致复杂有机化学反应体系微流场效应丧失，值得庆贺的是，郭教授的研究成果已能在厘米尺度下保持微流场效应。百微米尺度的传统微通道反应器每年只能生产百公斤至吨级增塑剂，难以满足生产及市场需求，而厘米级管径的反应器每年能生产万吨。郭凯教授课题组经过多年技术攻关突破了尺度放大与尺度效应难以同步、多单元系统集成困难、高效工程装备缺失等技术瓶颈，并在江苏雷蒙化工科技有限公司、江苏向阳科技有限公司及张家港市飞航科技有限公司实现了基于微流场反应技术的高品质增塑剂（柠檬酸酯产品、环氧脂肪酸甲酯产品）及增塑剂下游产品（生物基聚氨酯硬泡多元醇产品）的连续化生产，其合作厂家生产的柠檬酸酯等产品通过中国、美国、欧盟等权威机构的认证，在多家企业获得应用，有效解决了增塑剂反应品质低下和生产安全问题。据悉，郭凯教授领衔的项目组为推动微流场技术的规模化应用及增塑剂产业的无毒化转型及衍生应用做出了重要贡献，近三年新增销售额达16.28亿元人民币，新增利税2.58亿元人民币。

长春工业大学的杜中天等人将异山梨醇二正己酸酯（DHDIC）用于与聚乳酸（PLA）的共混增塑，研究表明，随着DHDIC含量的增加，PLA/DHDIC共混物的拉伸强度降低，断裂伸长率升高，表现出典型的橡胶态塑料的性质；共混物的玻璃化转变温度也大幅降低，使材料具有良好的加工性能。DHDIC能被用作PLA优良的环保增塑剂。

此外，郑州大学化学与分子工程学院刘仲毅教授带领的绿色催化过程科研团队，在实验室成功实现了邻苯类增塑剂的无毒化，产品主要性能达到了欧盟同类增塑剂产品标准。目前，这一研究即将进入中试阶段，一旦实现量产，不但有望在多领域实现塑料制品的彻底无毒化，更有望走出国门、参与国际竞争。

环保性更强、能效更高、功能更优越、价格更低廉、生产过程更低碳的新型增塑剂是今后增塑剂研发创新方向，主要包括高碳醇酯类、柠檬酸酯类、环氧类、聚酯类、生物降解类五大类在内的环保型增塑剂。目前国内的主要研究单位有浙江大学、江南大学、华东理工大学和天津大学。

国内企业可以积极寻求与科研院所的合作，将其研究成果转化为生产应用，以提高自身的技术水平，改善生产工艺和产品质量。在了解到市场对生物基环保增塑剂大量需求的情况下，国内增塑剂行业应加快产品结构调整步伐，大力开发高新品种，提升行业竞争力，在绿色环保增塑剂方面制定扩产计划，抢占市场。

二、热稳定剂

热稳定剂一般特指适用于聚氯乙烯及氯乙烯共聚物等含卤树脂、旨在抑制其在加工温度下降解的稳定化助剂。按照化学组成划分，热稳定剂通常包括铅盐类、金属皂类、有机锡类、有机锑类、稀土稳定剂、有机辅助热稳定剂和复合热稳定剂等。

铅盐类热稳定剂以三盐基硫酸铅、二盐基亚磷酸铅和硬脂酸铅为主，也是热稳定剂消费结构中最大的类型。金属皂类热稳定剂包括脂肪酸金属皂单体（如硬脂酸钙、硬脂酸锌等）和复合金属皂（固体钡锌、固体钙锌、液体钡镉锌、液体钡锌和液体钙锌）两类。相对而言，复合金属皂类热稳定剂涉及的应用范围广，也是热稳定剂领域无铅、非镉化的重要替代类型。有机锡类热稳定剂属于高效、无毒热稳定剂，多数品种对 PVC 的透明度影响小，特别适用于硬质透明制品。

1. 国内生产与市场现状

目前，国内热稳定剂消费量约为 60 万吨/年，基本上能够生产加工工业所需的所有热稳定剂品种，其中铅盐类约占 34%，硬脂酸盐类约占 21%，复合型约占 28%（部分含铅），有机锡约占 7.5%、其他约占 9.5%。据不完全统计，目前我国热稳定剂生产厂家近 80 家，能够生产的热稳定剂品种约 50 种，产耗量都位列塑料助剂前茅。

PVC 树脂的年消费量到 2016 年为 16.09 万吨，热稳定剂年产销量从 20 年前不足 5 万吨发展到如今的近 60 万吨。“十二五”期间热稳定剂行业总投入接近 60 亿元，配套领域不断拓宽，产品品种大幅度增加，新产品开发活跃，产品结构日益优化，不少新工艺、新技术得到应用和推广，节能减排、清洁生产、提供产品质量等方面也取得了新进展，整个行业的生产能力、技术水平和市场竞争力都跨上了一个新台阶。

PVC 热稳定剂行业的生产厂家主要集中在浙江、山东、河北、江苏和广东，其中产量以江浙、广东为最。2016 年销售量过万吨级的企业近 20 家（其中据不全面信息获知，企业全部为环保产品的仅有炜林纳、志海、金昌树、河源鑫达、欣好、森德利等），据不完全统计，2016 年销售量过 2 万吨以上企业有联盟、精信、天盛、传化、金昌树等公司，而这五家公司的年销售量就接近 20 万吨。2017 年环保稳定剂产销量过 2 万吨的至少有山东金昌树和河源鑫达两家公司，而今年金昌树公司有望超过 4 万吨。表 3 列出了国内热稳定剂的主要生产厂家。

表 3　国内热稳定剂的主要生产厂家

生产厂家	主要品种
河北精信化工集团公司	铅盐类、复合钙锌类等
江苏联盟化学有限公司	铅盐类、复合钙锌等
温州天盛塑料助剂有限公司	钙锌复合系列、铅盐类
山东金昌树新材料科技有限公司	钙锌稳定剂
河源市鑫达科技有限公司	钙锌稳定剂
浙江传化华洋化工有限公司	复合铅类、复合钙锌类
广东炜林纳功能材料有限公司	复合铅类、稀土类
广东广洋高科技股份有限公司	复合铅类、稀土类
江西宏远化工有限公司	铅盐类、复合钙锌、水滑石等
大连开米森化工产品有限公司	铅盐类、钙/锌复合系列
南京协和化学有限公司	铅盐类、钙/锌复合系列
南京金陵化工厂	铅盐类、复合钙锌类
重庆扬帆长江化工有限公司	铅盐类、金属皂类
内蒙古皓海化工有限责任公司	铅盐类、复合钙锌等
浙江海普顿化工科技有限公司	有机锡系列、钙/锌复合系列
深圳志海实业有限公司	钙/锌复合系列
浙江温州华塑集团公司	铅盐类

续表

生产厂家	主要品种
湖北南星化工有限责任公司	甲基硫醇锡系列
北京阿科玛化学有限公司	有机锡系列
云南锡业股份有限公司	甲基硫醇锡系列
南通艾德旺化工有限公司	硫醇锡系列
杭州东旭助剂有限公司	甲基硫醇锡系列
杭州三叶化工有限公司	甲基硫醇锡、钙/锌复合系列

目前国内 PVC 热稳定剂的需求区域市场主要集中在华南、华东地区，而随着国家日益重视中西部地区和振兴东北老工业基地的建设，塑料制品的巨头们已在西北、东北等地区布局，尤其是“一带一路”对西北经济的带动，会改变 PVC 产业链的需求区域市场，加上内蒙古、新疆树脂企业的相对集中和对中亚诸国地理上的优势，预期到 2020 年左右，上述地区（加上西南）塑料制造业会有明显增长。

2. 品种和技术发展动向

2016 年，全球 PVC 消费量达 5000 万吨以上，同期国内的表观消费量为 1600 万吨，据预测，到 2025 年，全球对 PVC 的需求量将以 3.2% 的年增长率上涨，其中亚太地区迄今为止仍是最大的 PVC 销售市场，占全球总消费量的近 56%，在未来仍是 PVC 需求增长率最快的地区。

热稳定剂的发展方向是高效、环保及性价比。去铅化是当今世界 PVC 热稳定剂领域重要的发展趋势，综观国内外技术动向，复合钙锌稳定剂是铅稳定剂最重要的替代品种，其性能很大程度上取决于与之配合的各种辅助稳定剂，环保型纯有机热稳定剂（OBS）尿嘧啶开始付诸应用，在满足国内市场的同时，已有一定数量的产品开始出口国外。水滑石是钙锌复合稳定剂的又一关键组分，目前已经形成了规模化的生产和供应能力，为钙锌复合热稳定剂替代铅盐热稳定剂奠定了良好的基础。有机锡热稳定剂的发展方向是高效化和低成本化，目前以北京阿科玛、湖北南星、杭州海普顿为代表的有机锡热稳定剂骨干企业产能已占到国内有机锡热稳定剂总产能的 90% 以上，提高有机锡热稳定剂效能的创新研究仍在不断进步。

对于热稳定剂而言，节能、环保、易回收利用成为技术开发的出发点，取缔和限制铅/镉等重金属稳定剂是助剂行业始终追求的目标。由于全球对塑料制品环保压力的持续高涨，国内一线的 PVC 制品生产企业在铅/镉替代上也加大、加快步伐，促使热稳定剂行业朝着无毒、环保、高效方面转向并取得长足进步，产品结构日益优化，产品性能不断提升，国内 PVC 制品生产企业无论规模大小都提高了对禁铅、对环保工作的重视程度，受此影响，我国热稳定剂产耗结构将会发生根本性的转变，复合钙锌稳定剂、有机锡热稳定剂以及 β－二酮、亚磷酸酯、尿嘧啶等有机辅助稳定剂和水滑石、高氯酸盐等无机稳定剂的消费比例将大幅提升。

江南大学蒋平平教授团队将异辛酸铋作为热稳定剂来提高 PVC 制品的热稳定性，通过热稳定性能测试，结果表明当金属离子含量为 21% 时，PVC 试片的初期白度时间及静态热稳定时间达到最大，分别为 40min 和 24.3min，通过制酸力测试探讨了异辛酸铋提高 PVC 热稳定性能的机理，得出异辛酸铋主要通过置换聚氯乙烯结构中不稳定氯原子来提高 PVC 的热稳定性。

上海师范大学稀土功能材料重点实验室侯怡等人制备了一种以环氧油酸钙与环氧油酸锌为主要原料的新型 PVC 热稳定剂。该钙锌复合热稳定剂的最佳配方为，环氧油酸钙：环氧油酸锌：β－二酮：环氧大豆油：受阻酚 1010＝9：3：3：4，研究结果表明，该复合热稳定剂热稳定性高于国产钙锌热稳定剂和进口钙锌热稳定剂的热稳定性，180℃ 下该钙锌热稳定剂的热稳定时间达到 320min。

广东森德利环保新材料科技有限公司生产方便使用的一包化助剂热稳定剂粉体材料，该公司的 L518 系列稀土多功能热稳定剂、CZX 系列镁铝锌（钙锌）无毒复合稳定剂产品性能优异，安全标准优于欧盟第 2002/95/EC 号指令要求，广泛应用于环保化的型材、管材、注塑件、压延片材（高透明）、压延膜、发泡板材、木塑等 PVC 制品中。此外，环保型 BZ 系列钡锌无毒复合稳定剂是专门用于 PVC 人造革的稳定剂。

三、抗氧剂

抗氧剂属于稳定化助剂的范畴，其功能是通过抑制聚合物自动氧化的自由基连锁反应提高制品加工稳定性和持久稳定性。根据功能和作用机理不同，塑料抗氧剂通常包括受阻酚类主抗氧剂、亚磷酸酯类和硫醚类辅助抗氧剂、碳自由基捕获剂及金属离子钝化剂等。受阻酚是塑料抗氧剂的主要类型，迄今为止在聚烯烃领域应用最为广泛的品种包括 BHT、1010、1076 等，亚磷酸酯主要品种有抗氧剂 TNPP、168、618、626 等，硫醚类主要品种有 DLTDP、DSTDP、DTDTP、DMTDP 等，硫醚类受阻酚抗氧剂主要品种有抗氧剂 300、1035 等，金属离子钝化剂主要品种有 MD－1024 和 XL－1 等。抗氧剂的品种和用量通常由基体树脂、成型方式与条件以及制品的最终应用环境来确定。

1. 国内生产与市场现状

我国塑料产量快速增长促进了我国抗氧剂的生产与消费，近年来，随着大炼油、MTO（甲醇制烯烃）和 PDH（丙烷脱氢制丙烯）等装置的陆续建成和投产，我国抗氧剂的生产与消费也相应地得到了刺激和拉动。据统计，2007—2016 年中国聚烯烃产耗增长率均超过 8%，截至 2016 年底总产能达到 3900 万吨/年。2017 年，国内烯烃扩能明显加速，特别是中海壳牌新建的 100 万吨/年裂解制乙烯项目投产，预计到 2020 年中国乙烯产能将达到 3000 万吨/年，丙烯产能将达到 4400 万吨/年左右。而且随着乙烷裂解制乙烯，丙烷脱氢制丙烯和煤制烯烃装置的不断建设，为抗氧剂产业提供了良好的市场空间。行业统计表明，2010 年国内抗氧剂产能约为 10 万吨/年，2016 年达到 16 万吨/年，预计 2020 年将增加到 20 万吨以上。

目前，国内受阻酚产能总计约 12 万吨/年，其中两家外资企业巴斯夫和圣莱科特国际集团（雅宝）约 4 万吨/年，我国主要生产企业总计 8 万吨/年，其中辽宁营口风光化工有限公司约 2 万吨/年，山东临沂三丰化工公司约 2 万吨/年，北京极易化工有限公司约 1 万吨/年，其他中小企业约 3 万吨/年。国内为 PVC 配套的液体亚磷酸酯约 1.5 万吨，硫醚类抗氧剂骨干企业天津力生化工有限公司和松原百孚化工有限公司的产能共约 1.5 万吨/年～2 万吨/年。

2017 年，全球抗氧剂需求约为 110 万吨左右，亚太地区抗氧剂需求约为 35 万吨～40 万吨，中国抗氧剂需求约为 22 万吨左右，占亚太地区抗氧剂市场的 50% 左右，全球抗氧剂市场主要为德国巴斯夫公司和朗盛公司所垄断，其他主要的公司有圣莱科特（雅宝）、莱茵化学、范德比尔特等公司。

2017 年，国内抗氧剂产能为 16.5 万吨，产量为 15.3 万吨，表观消费量为 14.5 万吨，抗氧剂增长势头迅猛，预计到 2025 年每年平均增长率为 5%，我国塑料抗氧剂市场前景广阔，表 4 预测了 2018—2020 年抗氧剂产能、产量、表观消费量。

表 4　2018—2020 年抗氧剂产能、产量、表观消费量预测表

	2018 年/万吨	2019 年/万吨	2020 年/万吨
产能	17.0	17.4	17.82
产量	16.0	16.4	16.87
表观消费量	15.5	15.9	16.25

根据行业统计，全国塑料抗氧剂骨干企业 20 多家，实现了从苯酚烷基化到单品合成再到预混的全产业链协同发展，国产品种数量和质量与世界先进水平基本对接。北京极易化工有限公司是国内规模最大的烷基酚生产公司之一，年产各类烷基酚 40000 余吨，提供 2，6－二叔丁基苯酚、2，4－二叔丁基苯酚、邻叔丁基苯酚、T－502 油品抗氧剂及其衍生物，公司拥有年产 2.5 万吨抗氧剂的生产能力，产品有抗氧剂 1010、168、1076、626、3114、245、1024、1135、DLTDP、DSTDP 等，未来设计总产能将达到 5 万吨。此外，据有关报道，营口市风光化工有限公司抗氧剂产能将增加到年产 2 万吨～3 万吨。表 5 列出了国内抗氧剂骨干企业及其主要品种。

表 5　国内抗氧剂骨干企业及其主要品种

生产企业	主要品种
圣莱科特化工有限公司	1010、1076、3114、168、626、618、B215、B225 等
巴斯夫高桥特性化学品（上海）有限公司	1010、1076、168、B215、B225 等
山东临沂三丰化工有限公司	1010、1076、168、626、B215、B225 等
天津力生化工有限公司	DLTDP、DLTP、DSTDP、DT-DTP、1135 等
辽宁营口风光化工有限公司	1010、1076、626、168、B215、B225 等
北京极易化工有限公司	1010、1076、626、168、B215、B225 等

续表

生产企业	主要品种
天津利安隆新材料有限公司	1098、MD1024、MD697、B215、B225 等
青岛丰华灏龙化工助剂有限公司	1010、1076、168、B215、B225 等
天津晨光化工有限公司	1010、1076、168、B215、B225 等
北京三安化化工产品有限公司	1010、168、DLTP 等
松原百孚化工（唐山）有限公司	DLTDP、DSTDP、DTDTP、DMTDP 等

2. 品种和技术发展动向

抗氧剂是聚合物树脂加工应用不可或缺的稳定化助剂，其技术开发既要顺应聚合物制品加工技术和应用性能的要求，又要满足日益严格的环保、卫生和安全法规，该领域技术开发呈现如下趋势：

1）环境友好与无毒、无害化趋势。无毒无害化和环境友好抗氧剂开发的一个标志是产品剂型的无尘化处理和结构的高分子量化。剂型无尘化最大限度地消除了抗氧剂在生产、贮运和配合过程中的危害，改善了操作环境；高分子量化则提高了抗氧剂产品的耐挥发性和耐萃取性，一方面减少抗氧剂的挥发和迁移损失，改善制品的长期抗氧稳定性；另一方面迁移量和萃取量的降低将有助于提高制品的卫生性；2）亚磷酸酯的无酚化趋势；3）专用化和复合化趋势。根据抗氧剂的结构、形态和应用性能，选择其综合性能最佳的应用领域。按照聚合物加工和应用性能的要求，由不同结构的抗氧剂组分复配而成的专用抗氧剂品种；4）开发老产品的新功能。

随着各种新型功能性塑料的不断开发与应用，全球抗氧剂工业正朝绿色化、高效化、专用化、系列化、复合化、耐水解、耐高温、多功能等方向发展。单剂公司生产抗氧剂成为主流，复合剂公司基本从单剂公司大量采购。技术的不断更新、升级，酚类、胺类、杂环类和多功能化的无灰抗氧剂应用前景广泛，特别是大分子量的酚类、胺类化合物能发挥更大作用。高档油品、精细化学品等对无灰抗氧剂的需求会持续增加，市场将继续火热。产业集中度进一步提升，重组速度加快，例如巴斯夫收购Ciba，朗盛收购科聚亚，圣莱科特收购雅宝。

由于亚洲地区需求量快速增长，因此美国和西欧的抗氧剂企业加快生产装置向亚洲地区转移，目前亚洲地区抗氧剂生产主要集中在中国、韩国、日本。亚洲地区是全球抗氧剂主要生产和消费地区之一，消费结构中，主抗氧剂约占55%，辅助抗氧剂占45%，主抗氧剂中以受阻酚类为主，尤其以抗氧剂1010、1076等高效型产品为重点。值得注意的是含氮杂环多酚类高熔点抗氧剂品种消费量呈快速增长之势。辅助抗氧剂以亚磷酸酯、硫醚类为主。亚磷酸酯类辅助抗氧剂技术开发的焦点集中在提高加工稳定性和改善水解稳定性两个方面。从结构分析，季戊四醇双亚磷酸酯螺环结构和双酚亚磷酸酯结构居多。

未来的发展趋势是高温抗氧剂、复合型抗氧剂、符合环保要求的抗氧剂、高效多效型抗氧剂。硼酸酯类化合物、碱金属盐、氨基甲酸盐（酯）类化合物都是高温抗氧剂。为了提高抗氧剂的效果，在合成时制成多种官能团集于一体的抗氧剂，不同抗氧化机理的三种抗氧剂复合，例如胺类抗氧剂、锌盐和有机钼化合物组成的三元复合型抗氧剂。

随着人们环保意识不断提高，各种可生物降解型抗氧剂的开发也越来越受到重视，如硼酸酯类化合物，不含硫磷的多元醇酯类物质等，这类添加剂的研究在我国目前已得到重点关注。酚胺结构的抗氧剂具有优异的抗氧化性能；含酚-硫磷酸盐类和酚-二硫代氨基甲酸盐抗氧剂兼具自由基清除剂和过氧化物分解剂的功能。

德国巴斯夫公司在上海生产基地建立一套世界级新塑料助剂生产装置，每年可生产42000吨抗氧剂及相关产品和混合物，预计将于2020年初开始生产。该公司推出的新型高性能液体抗氧剂Irgastab®IS3026L和Irgastab®IS6113L用于PVC中提高聚合的效率，通过创新提高生产效率和安全性。

韩国松原在唐山建有松原百孚化工（唐山）有限公司，具备8000吨产能，主要生产高品质硫醚类抗氧剂，该公司成功向燃料和润滑油助剂行业提供多种高性能酚类抗氧剂，目前正集中精力拓展抗氧剂解决方案。

从我国塑料抗氧剂的生产和开发情况来看，国内抗氧剂的质量仍然与发达国家存在较大差距，其供应还远远不能满足日益变化的市场需求。因此，在提高抗氧剂使用效率的基础上加大科技投入，大力开发相容性好、挥发性小、环保效益好、多功能的抗氧剂新品种，不断改进生产工艺，才能真正提高我国抗氧剂的生产质量，使其在工业领域发挥更大的效能。

四、光稳定剂

光稳定剂属于耐候性稳定化助剂。根据作用机理不同，光稳定剂分为光屏蔽剂、紫外线吸收剂、激发态猝灭剂和受阻胺光稳定剂四种类型。光屏蔽剂一般为无机颜料或填料；紫外线吸收剂涉及的化学物质结构包括水杨酸酯类、二苯甲酮类、苯并三唑类、三嗪类、取代丙烯腈类等；激发态猝灭剂通常为镍盐络合物，基于其固有的重金属污染性和对制品的着色性，逐渐淡出市场；受阻胺光稳定剂（HALS）是一种多功能的光稳定剂，最大优势是受阻哌啶氮氧自由基的再生性和循环性、高效性，在光稳定剂市场的消费比例快速提高到50%左右。随着塑料等高分子材料户外应用的增多，光稳定剂在聚合物材料中的地位和作用更加突出，对光稳定剂的性能要求将更新更高，光稳定剂的市场需求将持续增长。

1. 国内生产与市场现状

光稳定剂属于耐候性稳定化助剂，其产业的形成和发展与塑料等聚合物制品的户外应用密切相关。我国光稳定剂工业体系已趋于成熟，一方面，工业化品种涵盖了几乎所有光稳定剂，基本满足了国内聚合物加工应用的市场需求，另一方面，光稳定剂主导产品的产业链条已经形成，二苯甲酮类、苯并三唑类紫外线吸收剂的代表性品种和受阻胺中间体与代表品种的产能跃居世界前列，产品大量出口，成为名副其实的光稳定剂生产世界工厂。行业数据分析表明，目前我国光稳定剂产能、产量和消费结构中受阻胺光稳定剂占比最大。

就消费分布而言，农膜、型材、纤维、户外油漆和涂料是光稳定剂的主要应用领域，而从应用树脂分析，聚烯烃是光稳定剂的最大消费对象，基于聚烯烃通用塑料工程化进程的加快，其在汽车、户外座椅等方面替代金属、木材和工程塑料的应用将持续增多，必将带动受阻胺类光稳定剂市场的发展。另外，太阳能电池背板、大型公共设施等建设将拉动聚碳酸酯、聚酯等透明工程塑料的户外应用市场，而工程塑料的耐候性要求使用高性能的紫外线吸收剂，因此，据预测，我国光稳定剂消费量的年均增长率仍将保持在10%以上。表6列出了国内光稳定剂主要生产企业及品种。

表6　国内光稳定剂主要生产企业及品种

生产企业	主要产品
北京天罡助剂有限公司（Clariant）	GW－540、HS－450、HS－783、HS－791、944、622等
江苏宿迁联盛化学有限公司	770、783、791、622、944等
江苏南通振兴精细化工有限公司	770、292、622、3853等
河北廊坊市龙泉助剂有限公司	770、622、944等
山东诸城世和工贸有限公司	622、944
滨海锦翔化学助剂有限公司	UV－9、UV－531
天津力生化工有限公司	水杨酸苯酯、紫外线吸收剂BAD、TBS、UV－P、UV－326、UV－327、UV－328等
衡水优维化工有限公司	UV－P、UV－326、UV－327、UV－328等
南京华立明科工贸有限公司	UV－9、531、UV－326、327、328等
扬州丹霞化工有限公司	UV－120、UV－2908等
襄阳金泽成精细化工有限公司	UV－0、UV－9、UV－531等
山西省化工研究所	UV－419、UV－418、GW－628、VSU－312等

江苏宿迁联盛化学有限公司是国内最早的HALS生产企业，不仅是中国最大的受阻胺类光稳定剂制造商及出口商，而且是亚洲最大的受阻胺类光稳定剂生产厂家之一，产能为2万吨/年～2.5万吨/年，HALS占全世界的至少50%，其主要产品

包括受阻胺类光稳定剂944、622、770、783、791及其他相关塑料助剂中间体。目前，光稳定剂944年产量4500吨，光稳定剂622年产量3000吨，光稳定剂770年产量3000吨，光稳定剂协同剂3114年产量1500吨，年产值达8亿元人民币。

2017年，瑞士科莱恩化工（Clariant）与北京天罡助剂有限公司签署了合资合同，共同开拓光稳定剂市场，双方将斥资在中国建立世界一流的生产设施，以满足不断增长的聚合物稳定剂和光稳定剂市场需求，包括针对纺织和汽车领域的应用。新的生产基地将设于河北省沧州国家级临港经济技术开发区，计划于2019年上半年投产，主要生产聚合物稳定剂和光稳定剂。

科莱恩的Nylostab®S－EED®产品在高端加工和光稳定剂领域处于世界领先水平，而中国是这一应用的关键市场之一。近年来，科莱恩正不断在中国拓展市场，2017年5月公司还在镇江投建了一座生产设施，生产协效添加剂解决方案AddWorks®和应用于塑料、涂料和油墨行业的微粉蜡Ceridust®，项目计划于2018年下半年投入使用。

2017年，全球光稳定剂产量在7.5万吨左右，2013—2017年平均增幅为8%，预测2018年—2023年增幅将在6.5%左右。表7列出了全球受阻胺光稳定剂生产量增长统计。

表7　全球受阻胺光稳定剂产量统计

年份	2014年/万吨	2015年/万吨	2016年/万吨	2017年/万吨	平均增幅/%
产量	5.9	6.4	6.9	7.5	8

（1）农膜行业　2016年，我国农膜总产能288万吨，其中棚膜产量130万吨，地膜产量158万吨。全国农膜企业约千家，规模以上企业约200家，规模以上企业2016年农膜产量为240吨，光稳定剂需求量为5000～6000吨，2018年产业整合后持续以6.5%左右的速度增长，而且2018年5月地膜国家新标准进一步促进需求，青贮膜领域将快速发展，采用的光稳定剂产品主要有944、783、119、2020。

（2）塑编行业　截至2016年底，全国塑料编织专业生产企业7000多家，产量约1778.3万吨，2016年国内光稳定剂需求量为6200吨左右，同比增长5.1%，采用的光稳定剂产品主要有HALS－770、HALS－944、UV－531、UV－326。据预测，全球塑编制品为5300万吨，光稳定剂需求量约为1.9万吨，2018—2023年预计增长率为6%。

（3）涂料　2016年涂料行业光稳定剂需求为1.3万吨左右，其中受阻胺类用量为6000吨，主要应用于汽车涂料、船舶涂料、集装箱涂料，2018—2023年复合增长率约为7.5%。采用的光稳定剂产品主要有HALS－292、HALS－123、UV－400、UV－1130、UV－928。

（4）改性塑料（家电）　2016年国内家电改性塑料需求为440万吨左右，主要用于聚乙烯PP、聚丙烯PE、聚氯乙烯PVC、聚苯乙烯PS及丙烯腈－丁二烯－苯乙烯共聚物ABS。

（5）改性塑料（汽车）　2016年国内汽车PP材料用光稳定剂需求量为3780吨，汽车ABS材料用光稳定剂需求量为1400吨，采用的光稳定剂产品主要有光稳定剂770、622、3853、2908、531、326、UV－P和1577。国内汽车改性料增长速率国内26%，大大高于全球其他区域。

（6）弹性体　2016年国内TPE需求量为170万吨，到2020年将超过200万吨，2016年TPE所需光稳定剂约为1400吨左右，采用的光稳定剂产品主要有光稳定剂HALS－770、HALS－622、UV－326、UV－328、UV－329等。

（7）体育休闲　人造草：目前国内人造草行业的生产规模为20万吨，对光稳定剂的需求总量为1000吨左右，采用的光稳定剂产品主要有光稳定剂944、326、2020；木塑：目前国内木塑行业的生产规模为30万吨，对光稳定的需求总量在800吨左右，采用的光稳定剂产品主要有光稳定剂944、622、531；滚塑领域：基本依赖进口原料，采用的光稳定剂产品主要有光稳定剂944、622、531；光伏膜EVA领域，光稳定剂用量为900吨，采用的光稳定剂产品主要有HALS－770、622、UV－531；节水滴灌领域：光稳定剂用量为300～500吨，采用的光稳定剂产品主要有光稳定剂770和622。

2. 品种和技术发展动向

未来光稳定剂的产能、产量及表观消费量将持续增长，表8列出了对2017年到2020年光稳定剂产能、产量、表观消费量增长的预测。

表8　光稳定剂产能、产量、表观消费量增长预测表

	2017年/万吨	2018年/万吨	2019年/万吨	2020年/万吨	增长率/%
产能	3.35	3.5	3.65	3.84	30
产量	2.75	2.95	3.05	3.17	35
表观消费量	1.2	1.3	1.35	1.4	40

光稳定剂正向着高分子量化、多功能化和反应性化方向发展，现单一化合物新品种很少，而复配物发展很快，品种也很多，高性能光稳定剂体系是未来的发展方向。其中，以有机化合物作为主效稳定剂而完全不含任何重金属的有机基热稳定剂代表着PVC热稳定剂的长远发展方向。

TPO屋顶防水卷材采用巴斯夫的Chimassorb2020稳定剂在恶劣天气条件下提供长效保护，有助于节约能源，可调节添加量以满足不同地区的需要，该光稳定剂已被东方雨虹用于我国多座商业建筑屋顶施工中。这种出色的屋顶系统防水材料可保护TPO屋顶防水卷材和屋顶免受磨损，并防止其在极端高温和强烈日照下快速老化。

巴斯夫公司推出两款新型紫外线吸收剂，其中Tinuvin®880是一款基于新化学成分的中分子量光稳定剂，能极大程度地提高光稳定性，尤其在车内饰应用中，其不仅具有无与伦比的持久抗紫外线性能，热稳定性也得以大幅提高，有望成为提高车身部件稳定性的首选材料，主要用于保险杠、侧面包覆板、车门槛板等。另外，用于薄膜、纤维和胶带行业的新一代受阻胺高性能光稳定剂Tinuvin®XT55，主要解决“夹带水分”而造成的中断问题，应用领域主要包括聚乙烯单丝和胶带等，夹带水分极少，可确保生产线正常运行不中断。

作为全球第二大聚合物稳定剂制造商韩国松原公司可制造各种物理形态的全系列抗氧剂和紫外线稳定剂，通过异丁烯自产实现烷基酚的后向整合。

我国光稳定剂技术开发近年来取得了长足进步，一些用于工程塑料、改性塑料特殊领域的高性能紫外线吸收剂不断应市，代表性的成果包括山西省化工研究所推出的苯亚甲基丙二酸酯类紫外线吸收剂UV-418填补了国内特殊应用中高效能紫外线吸收剂品种的空白。

目前，光稳定剂工业正向专用化、多功能化、高分子量化、复合化、环境无害化等方向发展，应该大力开发高效适合国内塑料工业发展的新品种，并努力实现光稳定剂生产工艺清洁化、工艺装置连续化、品质稳定化，大力降低生产成本。

五、加工和抗冲改性剂

加工改性剂是一类旨在促进树脂熔融，提高熔体强度，改善制品的加工性能和表观性能的高聚物助剂，目前工业上应用的品种以丙烯酸酯类共聚物为主；抗冲改性剂是以弹性体增韧为基本原理的添加剂，应用范围涵盖了聚氯乙烯、PET、PP、PA、PC等热塑性制品，但尤以硬质聚氯乙烯制品消耗量最大。就组成和结构而言，市售抗冲改性剂主要包括氯化聚氯乙烯（CPE）、丙烯酸酯类聚合物（ACR）、甲基丙烯酸甲酯-丁二烯-苯乙烯共聚物（MBS）、丙烯腈-丁二烯-苯乙烯共聚物（ABS）、乙烯-醋酸乙烯共聚物（EVA）、乙丙橡胶（EPR）等。就抗冲改性效果、耐候性、加工性、透明性等综合性能分析，CPE是廉价抗冲改性剂，ACR属于耐候性高性能抗冲改性剂，MBS则为高透明、高增韧抗冲改性剂。

加工和抗冲改性剂主要用于硬质和半硬质聚氯乙烯的加工与改性，目前已经延伸到PET、PA、PC、PLA等工程塑料和生物基与生物可降解塑料领域。

1. 国内生产与市场现状

加工和抗冲改性剂是伴随聚氯乙烯硬制品的发展而形成的功能性助剂产业。山西省化工研究所、上海珊瑚化工厂、江苏苏州安利化工有限公司等先后承担并完成包括ACR-201、301在内的丙烯酸酯类加工改性剂技术开发和应用研究，为我国PVC用加工和抗冲改性剂产业的形成和推动PVC硬制品加工水平的进步奠定了基础。

ACR、MBS等高效冲击改性剂产能有所扩张，到“十二五”末，总体产能达到56.5万吨，消费量达到37.5万吨。CPE作为抗冲改性剂与加工助剂的需求量相对减少，但作为弹性体用于橡胶等领域的用量有所增加，ACR和MBS的需求量增长较快。ACR和MBS现在已经形成规模生产，持续加强科研力量，重点突破核/壳结构的分子设计依然是技术发展趋势，进一步提高性价比，更好地适应市场。表9列出了国内外抗冲改性剂主要生产厂商及其组成和应用，表10列出了国内PVC加工和抗冲改性剂主要企业及品种。

表 9　　　　国内外抗冲改性剂主要生产厂商及其组成和应用

	名称	产品牌号（厂商）	组成	用途
1	聚乙烯	TPE（Uniroyal）	半晶质聚烯烃	PC、PP
2	EPDM	TPE（Uniroyal）	非交联含反应的烯烃位置	PP
3	酸改性的聚乙烯	Surlyn，Vamac（杜邦）	半晶质的主链、离子交联	聚酰胺、PP
4	热塑型聚氨酯	Texin（Mobay）Pellethane（道尔）	嵌段共聚物	POM 热塑性聚酯
5	热塑性聚酯弹性体嵌段共聚物	Hytrel（杜邦）	软聚醚/硬聚酯	物理交联热塑性聚酯
6	热塑性苯乙烯弹性体	Kraton（壳牌）Solprene（Phillips）；Stereon（Firestone）	嵌段共聚物，软聚合物（Bd）或（乙烯/丁烯）/硬聚苯乙烯，物理交联	晶体和冲击 PS、PP、PPO
7	核/壳丙烯酸橡胶	Paraloid KM300 系列、EXL3300 系列（罗姆哈斯）	交联的丙烯酸核、甲基丙烯酸壳	PVC、PC、PBT、PET 混合物、聚酯、晶状 PET
8	“改性的”	Durastrength（Elf Atochem）；Kane Ace FM 系列（三菱人造丝公司）	附加的单体混合	PVC、PC、PBT、PET 混合物、聚酯、晶状 PET
9	核/壳 MBS	Paraloid BTA、EXL3600 系列（罗姆哈斯）；Metablen 系列（Elf Atochem）；Kane Ace 系列 B 和 M（三菱人造丝公司）	交联的聚合物（Bd 或 Bd/苯乙烯）壳，聚（甲基丙烯酸）壳	PVC、PC、PET、PBT 混合物
10	ABS	Blendex 系列（特种化学品公司）；Lustran（Monsanto）；Magnum（道尔）；KaneAce 系列（三菱人造丝公司）	丙烯腈/丁二烯/苯乙烯嵌段共聚物	PVC、PC、PET、PU
11	EVA	Elvaloy（杜邦）；Baymod（Mobay）	乙烯/醋酸乙烯/二氧化碳共聚物	PVC
12	SBR	K－Resin 系列（Phillips）	苯乙烯/丁二烯橡胶	苯乙烯塑料的聚合物和共聚物
13	腈橡胶	Nipol 系列（Zeon 化学公司）；Blendex HPP（特种 GE 化学品）	苯乙烯/丙烯腈嵌段共聚物	PC
14	CPE	Tyrin 系列（杜邦—道尔）	氯化聚乙烯	PVC
15	聚丁烯	聚丁烯 L、H 系列，Indopol（Amo－co）		ABS、PP、EVA、EPDM/PP 共混物、苯乙烯聚合物

续表

	名称	产品牌号（厂商）	组成	用途
16	SAN	Blendex HPP（GE 特种化学品）	苯乙烯/丙烯腈嵌段共聚物	PVC
17	E－O	Engage（杜邦—道尔）	乙烯/辛烯共聚物	PP、PE、TPO

表 10　　国内加工和抗冲改性剂主要企业及品种

主要企业	主要产品
淄博华星助剂有限公司	CPE、ACR、MBS
山东潍坊亚星集团有限公司	CPE
青岛兆冠环保科技有限公司	ACR
河北精信化工集团有限公司	ACR
淄博市淄川社会福利塑料助剂厂	ACR
潍坊东临化工有限公司	ACR
山东世拓高分子材料股份有限公司	ACR
东营市恒阳化工有限公司	ACR
佛山市新盛日高分子材料制造有限公司	ACR
威海金泓集团有限公司	ACR、MBS
沂源瑞丰高分子材料有限公司	ACR、MBS
江西岳峰高分子材料有限公司	ACR、MBS
山东万达化工有限公司	ACR、MBS
山东日科化学股份有限公司	ACR、MBS
浙江温州龙化塑料助剂有限公司	MBS

2. 品种和技术发展动向

作为改性助剂，加工和抗冲改性剂在未来五年仍然是塑料功能改性不可或缺的部分，其产量、消费量将持续高速增长，新的合成品种会持续出现。预计到 2020 年，其消费量将达到 60 万吨，年增速达到 12%。

相对而言，用于 PVC 硬制品成型的加工和抗冲改性剂技术开发趋于成熟，但从整个塑料加工和改性的角度观察，旨在改善塑料树脂加工和抗冲性能的创新活动还异常活跃，概括起来包括两个方面：其一，应用对象开始由传统的 PVC 硬制品加工向工程塑料、生物基和生物可降解塑料等热塑性树脂改性范围拓展。对此，为适应工程塑料改性和全球范围内低碳经济的发展需求，Dow Chem.、Arkema 等世界级丙烯酸酯类加工和抗冲改性剂领导者近年来都加大了满足工程塑料和生物基与生物可降解塑料要求的新型加工和抗冲改性剂创新研究力度，先后推出了包括适用于工程塑料的 Paraloid EXL 系列化丙烯酸酯类抗冲改性剂、Paraloid BPM 系列聚乳酸专用丙烯酸酯类抗冲改性剂、Paraloid BPMS 系列聚乳酸专用丙烯酸酯类熔体增强剂、PLA 专用丙烯酸酯类抗冲改性剂 Biostrength150、280 和 PLA 专用丙烯酸酯类熔体增强剂 Biostrength700 在内的工业化品种。顺应这种趋势，山西省化工研究所作为国内为数不多的塑料助剂创新研究机构，近年来在 PLA 用丙烯酸酯类抗冲改性剂和熔体增强剂新品种开发方面取得了突破性进展，其实验牌号 Bio－ACR 8000PLA 专用熔体增强剂和 Bio－ACR 8200PLA 抗冲改性剂的性能评价已经获得用户认可，正在加快产业化和市场化的进程。其二，以提高性价比为宗旨，用创新技术改造传统加工和抗冲改性剂品种的性能和合成，一些企业已经取得了显著进步，例如，山东日科化学和江西岳峰高分子两家业内企业在解析 PVC 增韧机理的基础上采用轻度氯化的 HDPE 与丙烯酸酯互穿网络先进理念开发了 ACM 体系抗冲改性剂，显著提高了性价比，有望成为 CPE 抗冲改性剂替代品的有力竞争者。

日本一级汽车零部件供应商丰田纺织株式会社与三井化学达成合作协议，来推广其应用于 PP 混合材料（适合汽车、工业和消费品领域）中的一款高抗冲击改性剂。这项技术由丰田纺织开发，该公司已同意许可三井化学来进一步拓展市场。在 PP 中加入这款新型助剂，可在提高简支梁冲击强度的同时，不会大幅降低材料硬度。该助剂对于抑制汽车撞击中零部件的锐角部位破碎非常有效。

美利肯推出的新型高性能 DeltaMax 改性剂为客户提供了提高冲击性能、最大化熔体流动速率或实现这些特性的精确平衡的能力。在保持高抗冲和刚度的情况下，DeltaMax 熔体流动调节剂可以将熔体流量提高 5 倍。这种改进使加工商得以提高操作效率，并创建更容易通过模具、更具创新性的部件设计。DeltaMax 高抗冲改性剂通过优化橡胶分散度和区域尺寸，增加了三倍的冲击强度。DeltaMax 技术的另一个重要优点是它能够优化回收的 PP。直到现在，高性能回收流的有限可用性以及它们每个月的易变性都抑制了 PP 回收料的使用。DeltaMax 高性能改性剂通过重建抗冲击性和熔体流动性，使回收树脂的性能媲美甚至超过 PP 纯树脂。DeltaMax 可以显著增加 PP 回收料在产品中的含量，以降低成本，并满足对更可持续性材料的需求，主要应用包括像手提袋、果篮等家庭用品，户外家具和花盆等草坪和花园类产品，工业板条箱，电池箱和桶等，还可用于洗衣机桶、冰箱托盘和汽车外壳、汽车保险杠、内饰件等。

六、成核剂

成核剂旨在通过改变结晶性聚合物的结晶行为、结晶形态和结晶参数来达到提高和改善制品力学性能和光学性能，其应用包括聚烯烃、聚酰胺、热塑性聚酯、聚乳酸等热塑性不完全结晶树脂，尤以聚丙烯为最大的消费领域。目前，市售聚烯烃成核剂按化学组成的不同分为有无机类成核剂和有机类成核剂。无机成核剂包括滑石粉、二氧化硅、云母等无机填料或颜料；有机成核剂主要包括二苯亚甲基山梨醇衍生物、芳基磷酸酯金属盐类、芳香羧酸金属盐类、酰胺类、脱氢松香酸皂类等。

1. 国内生产与市场现状

结晶改性作为聚合物改性的重要途径备受关注，因此推动了成核剂产业的形成和发展。我国成核剂产业起步较晚，但发展速度之快令世界瞩目。20 世纪 90 年代中期，山西省化工研究所、中国石油兰化研究院同时完成了二苯亚甲基山梨醇（DBS）成核透明剂中试合成技术，标志着我国聚烯烃成核剂产业化序幕正式拉开。21 世纪以后，国内聚烯烃成核剂的创新研究和成果转化进入发展的快车道，一方面以增透、增光、增刚为功能的 DBS 类、芳基磷酸酯盐类、芳香羧酸皂类、脂环羧酸皂类、松香酸皂类等聚丙烯 α 晶型成核剂和以增韧、提高热变形温度等为目的的聚丙烯 β 晶型成核剂品种相继应市，与国际市场先进水平的差距日渐缩小，基本满足了聚丙烯的专用化、功能化改性要求。

归纳起来，目前国内聚烯烃成核剂的产能约 2000 吨/年，产量约为 1000 - 1500 吨/年，主要涉及山西省化工研究所、湖北松滋南海化工公司、烟台只楚化学合成化学公司、上海欣鑫化工有限公司、广州呈合科技有限公司和广州炜林纳功能材料有限公司等十余家骨干企业。表 11 归纳了我国成核剂骨干企业及品种。

表 11 我国成核剂骨干企业及品种

生产厂家	产品牌号
山西省化工研究所	TM - 1、TM - 3、TM - 6、TMA - 3、TMB - 5、TMP - 1、TMP - 6、TMX - 2、TMY - 4、TMC - 300、TMC - 306、TMC - 328、TMC - 326、TMC - 200 等
上海晟霖公司	NA9945、NA - 40、S - 20、S - 60 等
湖北松滋南海化工有限公司	SKC - Y5988、SKC - Z9988 等
烟台只楚化学新材料股份有限公司	ZC - 2、ZC - 3 等
上海科塑高分子新材料有限公司	NA - S20，NA - S25 等

续表

生产厂家	产品牌号
上海欣鑫化工有限公司	GX－3、GX－4、GX－5 等

据预测，未来五年成核剂有 1000 吨/年的增长量，成核剂增长率超过聚烯烃增长率。

应当指出，尽管目前市售成核剂产品基本为聚烯烃改性市场所有，但近年来聚乳酸等生物基与生物可降解塑料以及聚酰胺、热塑性聚酯（如 PET 等）等工程塑料用成核剂市场已经启动，拟建和在建的煤基聚烯烃和百万吨级乙烯装置将陆续投产，透明聚丙烯专用料、PP－R 管材专用料、增光专用料等专用化树脂的产耗量将进一步放大，这一时期工程塑料和生物基与生物可降解塑料的改性也将步入快速发展阶段，2015 年市场需求量已达到 2200 吨左右，据预测，全国范围内成核剂的市场需求量仍将以年均 15% 以上速度持续增长。

2. 品种和技术发展动向

结晶改性作为聚合物改性的重要手段越来越受到塑料加工和改性行业的重视，近年来，伴随通用塑料工程化、功能化、专用化趋势的发展，对成核剂的性能提出了更新更高的要求，归纳起来，成核剂的品种开发和技术创新呈现出如下特征：

（1）高效创新结构成核剂品种不断涌现　高效化仍然是聚烯烃成核剂创新研究的目标，综观国内外技术发展现状，创新结构的聚烯烃成核剂品种不断涌现。代表性的创新结构如 Milliken Chemical 公司的壬糖醇基缩醛类高透明成核剂 Millad NX8000，山西省化工研究所开发的均苯三甲酸酰胺类聚丙烯高效成核剂 TMC－326 和新日本理化公司报道的丙三羧酸酸酰胺类高效成核剂 RiKACLEAR PC－1，标志着世界范围内探求聚丙烯高效成核剂的创新研究仍在持续。

（2）复合化趋势　复合化是充分利用不同结构成核剂品种之间的互补和协同效应开发满足不同改性要求的专用化品种，相对而言，复合化在成核剂品种开发方面具有事半功倍的效果，已经或正在成为成核剂开发研究的重要趋势。迄今应市的成核剂品种中，山西省化工研究所开发的 TMP 系列芳基磷酸酯盐类成核剂极具代表性。应当指出，复合型成核剂的开发并非简单的几类物质的组合，而是在进行系统机理研究的基础上，通过模型设计开发和研究的。为此，开展聚合物结晶机理和相关成核剂结构关系的基础研究对成核剂复合化品种开发十分重要。

（3）工程塑料等结晶性树脂成核剂专用品种开发活跃　聚酰胺、热塑性聚酯（如 PET、PBT 等）等结晶性工程塑料的高性能化改性对其结晶性提出了新的要求，因此促进和带动了满足这些缩聚类树脂结晶改性要求的专用成核剂品种开发。在成核剂研究方面，Clariant 公司推出 Licomont CaV102 应用于聚酰胺，Licomont　NAV101 用于聚酯，主要用于 PET 和 PBT，由于其分子量高，在终端制品中具有低挥发性和非常好的耐迁移性。Bruggemann Chemical 公司的聚合型成核剂 Bruggolen P22 和 Honeywell 公司的乙烯－丙烯酸离聚物类成核剂 Honeywell A－C540 等品种已投入工业化应用；在热塑性聚酯成核剂方面，布吕格曼的成核剂 BRUGGOLEN P250 是具有代表意义，适用于所有部分结晶的热塑性塑料，特别是聚酯（PET、PBT），也适用于尼龙（PA6、PA66、PA11、PA12、共聚 PA）和聚烯烃（PP、HDPE）。在注塑成型加工时可缩短成型周期，提高生产效率，改善脱模，改善制品尺寸稳定性，减少制品后收缩，防止制品应力开裂，改善机械性能（提高拉伸强度和硬度），改善表面光泽。

（4）聚丙烯 β 晶型成核剂开发和应用技术趋于成熟　β 结晶改性赋予聚丙烯抗冲击性、耐热变形性和高微孔率，近年来，全球范围内有关 β 晶型成核剂品种开发和聚丙烯 β 结晶改性的研究异常活跃，β 晶型成核剂的应用开始集中到 β 结晶 PP－R 管材和锂电池 PP 微孔隔膜两个领域，山西省化工研究所开发的芳基酰胺类聚丙烯 β 晶型成核剂 TMB－5和广东炜林纳功能材料有限公司的稀土金属皂类聚丙烯 β 晶型成核剂 WBG 和日本新日本理化公司的 NU－100 是目前世界上为数不多的聚丙烯 β 晶型成核剂商业化品种。

总之，高效、专用、环保、性价比高始终是成核剂品种开发和研究必须坚持的目标。

七、生物基与生物可降解塑料配套助剂

众所周知，生物基和生物可降解塑料是塑料工业绿色、低碳和环境友好的重要体现。以可再生资源为原料和具有可降解特征的生物基和生物可降解塑料引起了世界范围的广泛关注，聚乳酸（PLA）、二氧化碳环氧丙烷共聚物（PPC）、聚羟基脂肪酸酯（PHAs）等生物基和生物可降解塑料已经或正在商业化推广。然而，多数生物基和生物可降解塑料多为脂肪基聚酯结构，固有结晶速度慢、结晶度低、易水解、熔体强度差等不足，很难单独加工和使用，只有通过必要的改性才能赋予其使用价值，为此，开发和研究生物基和生物可降解塑料具有广阔的市场前景和积极的社会意义。概括起来，生物基与生物可降解塑料配套助剂包括聚乳酸专用成核剂、扩链剂、熔体增强与抗冲改性剂以及抗水解剂等，山西省化工研究所在国内率先确立了生物基与生物可降解塑料配套助剂研究方向。

1. 聚乳酸成核剂

聚乳酸结晶速度慢、结晶度小，带来相应的注塑周期长和热变形温度低等不足，开发和应用成核剂改性已经成为行业共识，近年来，山西省化工研究所先后开发出包括取代酰肼类聚乳酸专用成核剂 TMC－300、TMC－306，苯基磷酸盐类聚乳酸成核剂 TMC－210、TMC－200 和均苯三甲酸酰胺类聚乳酸专用成核剂 TMC－328 等多个品种，投放市场后赢得了很高的市场认可度，也为聚乳酸结晶改性做出了应有的贡献。

2. 扩链剂

生物基和生物可降解塑料多为脂肪基聚酯结构，固有对热敏感、易水解、易降解等不足，严重影响其加工和应用性能，利用扩链剂熔融扩链是解决上述缩聚物降解、断链问题行之有效的技术方案。山西省化工研究所先后开发出以 KL－E4300、KL－E4370 为代表的聚合型环氧官能化扩链剂，通过在国内聚乳酸等生物基和生物可降解塑料行业推广，赢得了市场的认可，其应用性能达到了巴斯夫公司 Joncryl ADR 系列产品的水平。除此之外，KL－E系列环氧官能化聚合物扩链剂还适用于缩聚类工程塑料的再生扩链改性，为废旧塑料的资源化利用奠定了基础。

3. 抗水解剂

生物基与生物可降解聚酯类树脂一般具有易水解性，这在一定程度上限制了它们作为耐久制品（如手机外壳等）的应用，为改善 PLA 等水解稳定性，需要添加和使用抗水解剂。碳化二亚胺类抗水解剂是目前应用最多的抗水解剂类型，德国莱茵化学推出适用于生物基塑料的单体型抗水解剂 Bioadimide100 和聚合型抗水解剂 Bioadimide500 显示出良好的稳定化效果，国内山西省化工研究所推出的单体型碳化二亚胺抗水解剂 Bio－SW100 的应用性能已经赢得市场普遍认可，这些品种的开发将为 PLA 等生物基可降解聚酯类塑料在耐久性制品中的应用提供技术上的保障。

4. ACR 熔体增强剂和抗冲改性剂

PLA、PBS 等生物基与生物可降解聚酯结构中长支链少，熔体强度低，应变硬化不足，造成吹膜时膜泡不稳定易破裂。在热成型中，熔体强度低，导致加工成型窗口窄，成型制品表面粗糙，使用熔体增强剂能够显著提高熔体强度，改善制品加工性能和表观性能。丙烯酸酯类聚合物（ACR）是目前应用较广泛的熔体增强剂类型，Dow Chemical 分别开发了 Paraloid BPMS－250、255、260 和 265 四个 ACR 类熔体增强剂品种。与此同时，Arkema 公司开发了 Biostrength700 和 Biostrength900 两个 PLA 用 ACR 熔体增强剂和加工助剂品种，前者主要用于 PLA 的熔体增强，后者则旨在改善 PLA 加工中的脱模性和加工性。另一方面，核－壳结构丙烯酸酯类抗冲改性剂技术亦被引入 PLA 抗冲改性体系，代表性品种如 Dow Chemical 公司的 Paraloid BPM500、515、520 及 Arkema 公司的 Biostrength130、150 和 280 等。山西省化工研究所是我国 ACR 加工助剂的技术开拓者之一，近年来针对生物基与生物可降解塑料加工改性开展熔体增强剂和抗冲改性剂的研究和开发工作，目前进行的 PLA 专用熔体增强剂 Bio ACR－MS500 和 PLA 专用 ACR 抗冲改性剂 Bio ACR－IM800 均已完成小试合成和评价测试工作。

八、其他新型助剂

1. 涂布性能增强剂

美国亨斯迈公司开发出专用于增强聚丙烯涂布性能的新型添加剂 ELASTAMINE ® XPM 添加剂，该产品专门用于增强热塑性聚烯烃（包括聚丙烯）的表面能与极性，这是一项能够增强聚烯烃表面可涂性的崭新技术手段。热塑性聚烯烃广泛用于汽车、包装及电子行业，但其表面能偏低且具疏水性，部分产品开发时需要考虑特殊涂层及处理。热塑性聚烯烃树脂中加入 ELASTAMINE ® XPM 添加剂后，聚烯烃表面预料将可无需底涂处理，从而节约塑料生产厂商的时间与成本。此外，它与更精简、更高效的制造工艺的思路不谋而合，能够使得生产流程更有效。亨斯迈 ELASTAMINE ® XPM 添加剂的推介引起聚丙烯配混料厂商、汽车保险杠制造商、汽车原始设备制造商（OEM）、家电 OEM 和塑料包装公司等广泛的兴趣。

2. 超支化树脂

超支化树脂可作为尼龙润滑剂、防玻纤外漏

剂、PP相溶剂、PVC填充改性剂、PET和PC流动改性剂、免喷涂金属粉体分散剂等，国内具有代表性的研发公司有威海晨源分子新材料有限公司、武汉超支化树脂科技有限公司、武汉镥钛新材料科技有限公司等。代表性品种有武汉超支化树脂科技有限公司的HyPer C100，这种具有“超支化”结构的高分子量、无挥发、无分解的节能环保润滑剂，集“增加流动、增加伸长率、提高分散、提高相容、提高填充量”多种功能于一体。综合性能远优于性能单一的螺环（CBT）树脂、EBS和硅酮等传统润滑剂，可应用于PA、PC、PET、PBT、PC/ABS、PC/PMMA等多种复合材料体系。

山西省化工研究所研发作为流动改性剂的超支化树脂也已起步，同时，长碳链脂肪酸皂类尼龙专用成核剂的合成研究、碳化二亚胺等几个创新项目也正逐步推进。

塑料加工业在我国国民经济体系中占有相当重要地位，有很大发展潜力，全社会对塑料产业的投资热情是高涨的，发展前景看好。随着经济质量提升，中国制造2025、互联网经济、新农村建设、生态文明发展等国家战略逐步实施，高端应用需求会逐步加强，中低端需求仍保持稳步增长。

塑料加工业属于清洁生产过程，在生产绿色、低碳、环保、循环、节能降耗等方面发挥着不同程度的作用，围绕当前塑料行业发展战略中“强调重点发展多功能、高性能材料及助剂”，未来塑料助剂行业将朝着功能化、绿色化、环境友好化方向稳步发展。

（山西省化工研究所（有限公司）
张惠芳　王克智）

2017—2018年中国塑料机械工业发展报告

2017年是十八大以来党和国家事业取得历史性成就、发生历史性变革的一个缩影，是中国发展具有里程碑意义的一年。党的十九大胜利召开，开启了决胜全面建成小康社会、全面建设社会主义现代化国家的新征程；在以习近平同志为核心的党中央坚强领导下，新时代中国特色社会主义建设正当时。这一年，中国塑料机械工业顺应时代呼唤、符合国家发展战略要求，在高速快轨道上实现了新发展。

2018年是全面贯彻落实党的十九大精神的开局之年，是改革开放40周年，是实施“十三五”规划承上启下的关键一年。中国塑料机械行业仍然具有良好的支撑基础，发展潜力足、活力高、韧性强，市场空间依然巨大、前景看好。

本报告共分四个部分：

一、当前中国塑料机械行业发展所面临的经济形势，主要是国内外宏观形势和产业形势。

二、当前中国塑料机械行业发展现状，主要包括2017年发展概况及2018年1季度进出口情况。

三、中美贸易摩擦对中国塑料机械行业的影响。

四、中国塑料机械企业“走出去”的关注热点。

一、当前中国塑料机械行业经济形势

（一）国内经济形势

2017年，中国经济稳中向好且好于预期，经济活力、动力和潜力不断释放，稳定性、协调性和可持续性明显增强，实现了平稳健康发展。2018年，中国仍处于可以大有作为的重要战略机遇期，经济韧性好、潜力足、回旋余地大，新发展理念深入人心，丰富的宏观调控手段和政策工具将继续为经济的平稳运行保驾护航，支撑中国经济实现高质量发展的积极因素不断增强，特别是党的十九大和全国两会的胜利召开，必将凝聚起强大的发展动力，进一步巩固稳中向好的发展态势。

中央紧抓全球经济联动大势，提出高质量发展的总要求，在开放格局重构、区域布局调整、空间结构优化、动能积蓄发力等方面进行了战略部署。通过“一带一路”、自贸区建设、中原城市群、乡村振兴等一系列战略，使东部产业转移加速、中西部崛起加速、城镇化加速，全面迎来更多更大的发展机遇。

（1）以上海自贸区的快速发展、外商投资管理体制变革等为代表的新一轮高水平对外开放，以及“一带一路”的积极推进将稳定和激发中国的外部需求。

（2）中国就业形势保持稳定，调查失业率保持在2013年以来的最低位，从而对社会稳定和居民收入增长起到关键作用；消费者预期较为稳定，消费新业态高速发展，消费质量不断提高。

（3）放管服改革以及为企业减税降费持续深入推进，企业降压减负红利显现。

（4）贯彻实施创新驱动发展战略，加快培育发展新动能，改造提升传统动能。经济结构继续优化，经济增长质量和效益进一步提升。

（5）供给侧结构性改革继续推进，在坚持“三去一降一补”五大重点任务的同时，要加大“破、立、降”，破除无效供给、增加有效供给、降低生产经营成本。

（二）国际经济形势

2017年以来，全球经济复苏，美国、欧洲、日本等主要经济体有望继续回升，国际权威分析机构相继调高今年经济增速预期。国际货币基金组织（IMF）预测，2018年全球经济增长3.9%。在3月刚刚结束的阿根廷布宜诺斯艾利斯G20财长和央行行长会议上，达成共识，认为2018年是全球金融危机爆发以来世界经济呈现稳定增长态势的一年。而研判2018年全球经济稳定增长的两大标志，一是全球主要经济体都将呈现正增长，改变近十年来一些重要经济体好，另一些经济体陷入危机之中的不平衡状态；二是全球70%以上经济体都在增长。据经合组织（OECD）最新研究表明，今明两年全球经济增长前景向好，但贸易保护主义、利率水平回调等问题可能影响全球经济增长之势。

1. 发达国家经济企稳向好

据美商务部经济分析局统计，美国经济至2017年12月已持续增长102个月，为仅次于20世纪90年代（120个月）和60年代（106个月）的第三个长周期。据OECD近期展望报告，美国今明两年增长预期分别为2.9%、2.8%；欧元区增长预期分别为2.3%、2.1%；日本分别为1.5%、1.1%，均比去年11月时该组织发布的预期有所上调。美国近期宣布的大幅减税和增加公共开支的政策以及德国进一步放宽财政支出，是增长预期上调的关键因素。欧元区法国由于强劲的外部需求、旅游业的回弹、有力的商业信心和就业机会，将保持增长势头；意大利2018年大选拉开了帷幕，经济成为各主要政党的重要抓手，虽然意大利经济已开始增长，“意大利制造”也在重新焕发青春，但与欧洲其他主要经济体相比，增速仍相对微弱。

2. 亚洲经济增势保持最快

OECD对中国今明两年的增长预期分别为6.7%、6.4%；对印度的预期分别为7.2%、7.5%。亚洲依旧是世界集聚经济活力和增长速度最快的区域，亚洲经济总体增长强劲，主要源自内部需求旺盛，投资持续增长，也得益于外部贸易复苏和国际资本流入。中国经济步入可持续增长路径，由快速增长阶段转向高质发展阶段，深化改革在众多领域取得显著成效；印度尽管遭遇一些挫折，但正全力赶超法国和英国，2018年有望超越英法成为世界第五大经济体。亚洲经济活力和增长高点也在由东亚向南亚进行扩散和转移。

3. 其他新经济体相对疲软

新经济体中，拉美、非洲等资源型国家经济增速持续放缓，发展面临结构性失衡的瓶颈。OECD对巴西今明两年的增长预期分别为2.2%和2.4%，对南非的预期分别为1.9%和2.1%。

4. 贸易保护主义加剧

在世界经济有不错预期增势的同时，也面临着逆全球化暗流涌动、贸易保护主义重新兴起等不利因素的挑战。在“美国优先”政策主导下，特朗普政府加大保护主义力度，贸易保护措施频出。摒弃TPP、联手日欧反对中国市场经济地位、对华实施301调查，拟对自中国进口商品大规模加征关税等等，不断引起贸易摩擦，并且干扰WTO多边合作机制的正常运转，为经济全球化和贸易自由化蒙上了阴影。

（三）塑料产业形势

以塑料为代表的高分子材料，是当今世界四大新型结构材料之一，也是人类社会现在和未来节约资源、循环利用的关键材料。以塑料为原料的各类制品，已广泛运用于国民经济各行业和人民生活的各领域。由于所有塑料原料均需经过塑料机械的加工制作，才能成为塑料制品，因此，塑料机械是加工高分子材料的“工作母机”，也是国民经济各行业的重要技术装备。

1. 新旧动能转换引新机

中国经济新旧动能加速转换的一个重要途径是积极发展新兴领域，这些新兴领域所包括的各大产业均与塑料工业息息相关。

（1）健康养老产业，由于中国日渐进入老龄社会，大量的老年人口必将催生巨大的老龄产业市场，日用生活品、医疗器械与用品对塑料机械的需求空间巨大。

（2）新材料产业，主要包括石墨烯、碳纤维、新兴膜和生物基材料等。中国新材料领域的研究点与创新点不断涌现，新材料将成为数万亿元产值的市场，而新材料的发展必须有相应水平的机械设备才能得以实现终端价值；

（3）新能源产业，包括新能源汽车、锂电池、超级电容等，同样需要高质量的塑料机械设备生产所需的内外饰件、电池薄膜等。

（4）人工智能产业，随着中国人口老龄化问题日益突出、人工成本急剧上升以及整体经济结构面临转型，人工智能将重塑各行各业，其庞大的市场规模不可低估。

2. 产业转移树新碑

从塑料产业自身来看，存在加工业自东向中西部转移的明显趋势。近年来，中国积极推进实施区域发展总体战略，重点推进“一带一路”、京津冀协同发展、长江经济带三大战略，塑造要素有序自由流动、主体功能约束有效、基本公共服务均等、资源环境可承载的区域协调发展新格局。随着东部地区用电、用工成本上升、土地资源紧张，以及中西部地区产业政策倾斜和配套设施服务的逐步完善，塑料机械的主要应用领域如包装、汽车、电子通讯等行业企业逐步向中西部地区转移，带动了当地塑料工业的快速发展。

以重庆为例，重庆是西部大开发的战略支点，地处“一带一路”和长江经济带的战略交会点。2017 年，重庆实现 GDP1.95 万亿元，同比增长 9.3%，增速连续 5 年居全国之首。重庆已成为中国汽车名城、世界摩托车之都、全球最大的笔记本生产基地，汽摩、电子通信、航空航天、医疗器械制造等产业的大力发展，对塑料机械的需求非常迫切。

3. 政策导向促新果

当前，塑料机械作为单列行业已列入国家发改委、工信部《重点产业振兴与技术改造专项》、《产业关键共性技术发展指南》、《工业转型升级重点技术改造投资指南》、《“数控一代”装备创新工程》、《节能机电设备（产品）推荐目录》、《重大技术装备自主创新指导目录》、《首台套重大技术装备推广应用指导目录》、“中国制造 2025”战略首批智能制造试点示范等，多家塑机骨干企业充分把握了这些产业政策机遇，实现技术进步与产品升级，在智能、节能、效能等取得了丰硕的成果，并以点带面，联动整个塑机行业的转型升级。

二、当前中国塑料机械行业发展现状

（一）整体概况

2017 年，中国塑料机械行业经济运行延续了 2016 下半年以来稳中向好的趋势，并呈现出冲高后回稳的态势。2017 上半年，399 家规模以上塑机企业主营业务收入、出口交货值同比增速分别为 26%、23%，利润总额同比增长 52%，很多企业订单大幅增加，甚至排到一年以后、供不应求。下半年规模以上企业增加到 402 家，但增速明显放缓，出口交货值同比增长 19%、主营业务收入和利润总额分别同比增长 2%、3%，并且在 12 月份利润总额出现 2017 年以来的首次同比、环比双降，降比分别为 25%、13%；整个四季度利润总额同比下降 5%。综合全年情况来看，出口交货值、主营业务收入和利润总额等 3 项重点跟踪指标分别同比增长 21%、13% 和 22%。

2017 年中国塑料机械规模以上企业主要经济指标综合统计详见表 1 和图 1。

表 1　2017 年中国塑料机械规模以上企业主要经济指标统计

时间	出口交货值		主营业务收入		利润总额	
	金额/亿元	同比增长/%	金额/亿元	同比增长/%	金额/亿元	同比增长/%
1 季度	23.26	23	143.58	24	14.13	69
2 季度	27.16	23	186.37	29	18.67	41
3 季度	30.14	33	141.2	-9	17.61	13
4 季度	28.92	8	199.49	11	18.73	-5
合计	109.48	21	670.64	13	69.14	22

注：数据来源于国家统计局。

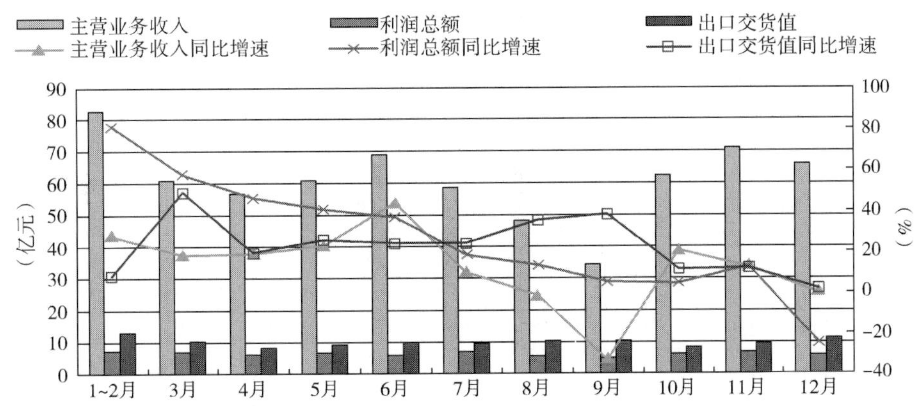

图1 2017年中国塑料机械制造工业主要经济指标走势

注：数据来源于国家统计局。

（二）2017年中国大陆塑料机械进出口情况

2017年进口塑料机械21180台，进口金额约17.41亿美元，进口数量同比下降25%、金额同比增长30%，进口平均单价由2016年同期的5万美元/台增长至8万美元/台。出口塑料机械858109台，出口金额约22.4亿美元，出口数量同比增长37%、金额同比增长12%，出口平均单价0.3万美元/台。其中，注塑机、挤出机、吹塑机、中空成型机和压延成型机的出口量为100541台，占出口总量的11.72%，出口金额约19.29亿美元，占出口总额的86.09%，出口平均单价2万美元/台。全年塑机贸易顺差约4.99亿美元，主要来自注塑机的顺差4.33亿美元。

按贸易产品细分，2017年进口注塑机7238台、金额7.37亿美元，分别同比增长40%、38%；进口挤出机1144台、金额3.59亿美元，分别同比增长36%、14%；进口吹塑机265台，金额1.56亿美元，分别同比增长29%、24%。

注塑机出口34943台、11.69亿美元，分别同比增长31%、14%；挤出机出口28644台，同比下降34%，金额约4.32亿美元，同比增长10%；吹塑机出口32907台，金额2.08亿美元，分别同比增长294%、10%；塑料中空成型机出口1542台，同比增长3%，金额5420万美元，同比增长4%；塑料压延成型机出口1502台、金额2960万美元，分别同比增长35%、6%。

进口来源地方面，2017年从亚洲进口塑机16623台，金额约10.2亿美元，分别占同期进口塑机的78.5%、58.29%，其中从日本进口数量和金额分别同比增长47.2%、43.97%，主要产品为注塑机和其他真空模塑机器；从韩国进口数量同比减少9.06%，但金额同比增长32.38%，主要产品为注塑机。

从欧洲进口塑机2588台，金额约6.4亿美元，进口数量和金额分别占比12.22%、36.57%，其中从德国进口数量同比下降36.32%、金额同比增长14.6%；从意大利进口数量和金额分别同比增长53.95%、3.43%；从奥地利、瑞士和法国的进口金额分别同比增长7.14%、186.28%、119.34%。

2017年在中国大陆塑机出口市场排在前10位的国家中，出口至美国、印度、墨西哥、马来西亚和孟加拉国增长较快，而出口至印度尼西亚和伊朗下降较多。其中，出口至美国市场的数量为296581台，同比增长84.14%，主要产品为3D打印机，数量占出口美国塑机市场的85.85%。

2017年塑机产品进出口具体情况见表2~表5，图2~图6。

表 2　　2017 年塑机产品进出口总量

月份	进口					出口					贸易顺差
	数量/台	金额/万美元	平均单价/万美元	数量同比增长/%	金额同比增长/%	数量/台	金额/万美元	平均单价/万美元	数量同比增长/%	金额同比增长（%）	金额/万美元
1	1426	10616	7	-80	-6	52015	17467	0.3	24	12	6851
2	1349	12356	9	118	62	30821	12313	0.4	47	-5	-43
3	3414	12736	4	52	-24	59580	16044	0.3	107	18	3308
4	1538	14269	9	18	3	68389	17399	0.3	8	7	3130
5	1278	14001	11	11	41	51298	17757	0.3	-19	14	3756
6	3115	14308	5	67	37	50831	19007	0.4	20	5	4699
7	2007	16474	8	-28	35	41774	19666	0.5	-2	11	3192
8	1397	18282	13	20	77	72632	20474	0.3	36	17	2192
9	1143	16548	14	-78	59	83673	20059	0.2	14	20	3511
10	1613	14875	9	17	73	112672	17266	0.2	62	9	2391
11	1437	16082	11	-28	48	113336	21632	0.2	105	15	5550
12	1463	13539	9	2	19	121088	24937	0.2	66	18	11398
合计	**21180**	**174086**	**8**	**-25**	**30**	**858109**	**224021**	**0.3**	**37**	**12**	**49935**

注：数据来源于中国海关。

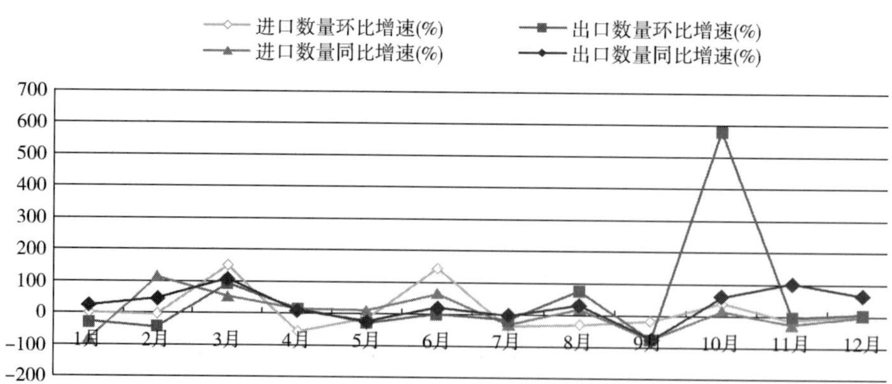

图 2　2017 年塑机进出口数量增速走势

注：数据来源于中国海关。

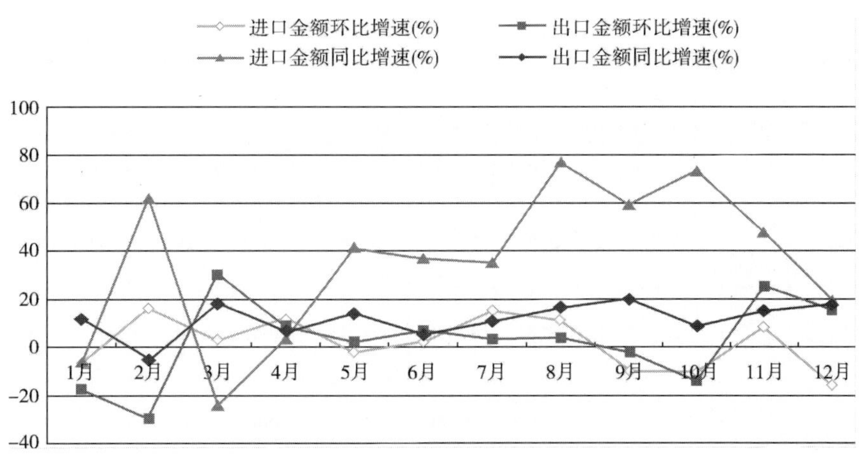

图 3 2017 年塑机进出口金额增速走势

注：数据来源于中国海关。

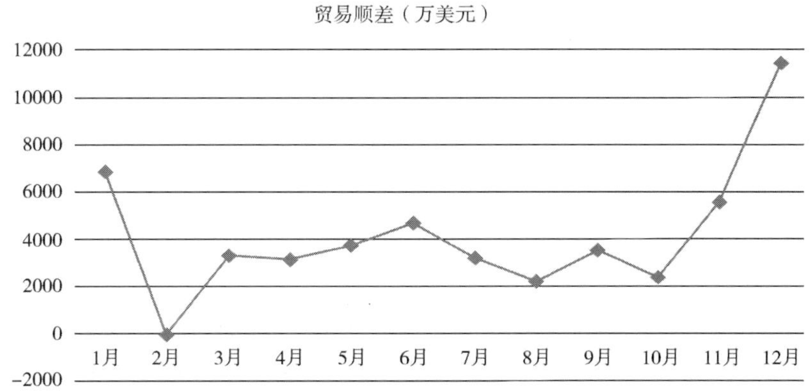

图 4 2017 年塑机贸易顺差走势

注：数据来源于中国海关。

表 3　　2017 年塑机产品进出口分税号统计

序	税号	名称	进口					出口				
			数量/台	数量占比/%	金额/万美元	金额占比/%	平均单价/万美元	数量/台	数量占比/%	金额/万美元	金额占比/%	平均单价/万美元
1	84771010	注塑机	7238	34. 17	73663	42. 31	10. 18	34943	4. 07	116924	52. 19	3. 35
2	84771090	其他注射机	455	2. 15	6984	4. 01	15. 35	1003	0. 12	3496	1. 56	3. 49
3	84772010	塑料造粒机	272	1. 28	9133	5. 25	33. 58	17558	2. 05	9508	4. 24	0. 54

续表

序	税号	名称	进口					出口				
			数量/台	数量占比/%	金额/万美元	金额占比/%	平均单价/万美元	数量/台	数量占比/%	金额/万美元	金额占比/%	平均单价/万美元
4	84772090	其他挤出机	872	4.12	26732	15.36	30.66	11086	1.29	33739	15.06	3.04
5	84773010	挤出吹塑机	109	0.51	8052	4.63	73.88	24061	2.80	9034	4.03	0.38
6	84773020	注射吹塑机	79	0.37	2605	1.50	32.98	396	0.05	1253	0.56	3.17
7	84773090	其他吹塑机	77	0.36	4977	2.86	64.63	8450	0.98	10524	4.70	1.25
8	84774010	塑料中空成型机	63	0.30	1538	0.88	24.41	1542	0.18	5420	2.42	3.52
9	84774020	塑料压延成型机	162	0.76	3726	2.14	23.00	1502	0.18	2960	1.32	1.97
10	84774090	其他真空模塑机器及其他热成型机器	1024	4.83	23351	13.41	22.80	7007	0.82	8184	3.65	1.17
11	84775910	3D打印机	6418	30.30	4995	2.87	0.78	645739	75.25	12431	5.55	0.02
12	84775990	其他模塑或成型机器	4411	20.83	8330	4.78	1.89	104822	12.22	10548	4.71	0.10
合计			**21180**	**100**	**174086**	**100**	**8.22**	**858109**	**100**	**224021**	**100**	**0.26**

注：数据来源于中国海关。

表4　　2017年中国大陆塑机进口地排名前10位汇总

序	名称	数量/台	金额/万美元	平均单价/万美元	数量占比/%	金额占比/%
1	日本	5458	73194	13	25.77	42.04
2	德国	1480	43111	29	6.99	24.76
3	中国台湾	1825	15468	8	8.62	8.89
4	韩国	773	8225	11	3.65	4.72
5	意大利	331	7919	24	1.56	4.55
6	美国	1880	6826	4	8.88	3.92

续表

序	名称	数量/台	金额/万美元	平均单价/万美元	数量占比/%	金额占比/%
7	奥地利	172	4374	25	0.81	2.51
8	瑞士	48	2821	59	0.23	1.62
9	法国	95	2310	24	0.45	1.33
10	加拿大	62	2096	34	0.29	1.20
合计		**12124**	**166344**	**14**	**57.24**	**95.55**

注：数据来源于中国海关。

表 5　　2017 年中国大陆塑机出口地排名前 10 位汇总

序	名称	数量/台	金额/万美元	平均单价/万美元	数量占比/%	金额占比/%
1	美国	296581	24394	0.08	34.56	10.89
2	越南	18615	20513	1.10	2.17	9.16
3	印度	4580	11528	2.52	0.53	5.15
4	墨西哥	8992	10531	1.17	1.05	4.70
5	土耳其	2871	9827	3.42	0.33	4.39
6	泰国	5022	8966	1.79	0.59	4.00
7	印度尼西亚	3163	8948	2.83	0.37	3.99
8	马来西亚	7947	7491	0.94	0.93	3.34
9	孟加拉国	1759	6896	3.92	0.20	3.08
10	伊朗	4382	6708	1.53	0.51	2.99
合　计		**353912**	**115801**	**0.33**	**41.24**	**51.69**

注：数据来源于中国海关。

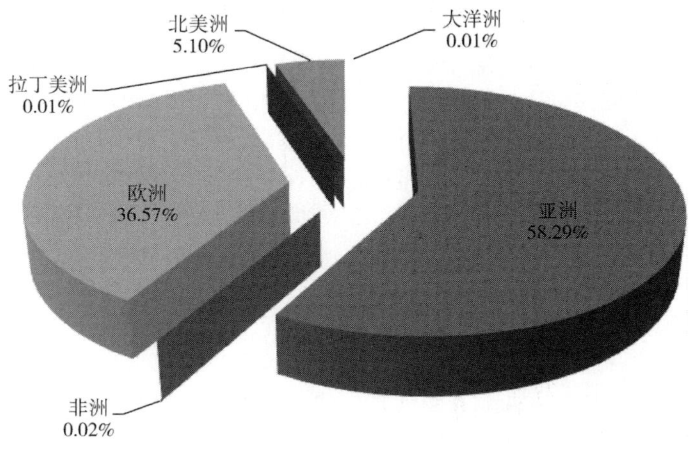

图 5　2017 年中国大陆塑机进口金额洲际分布

注：数据来源于中国海关。

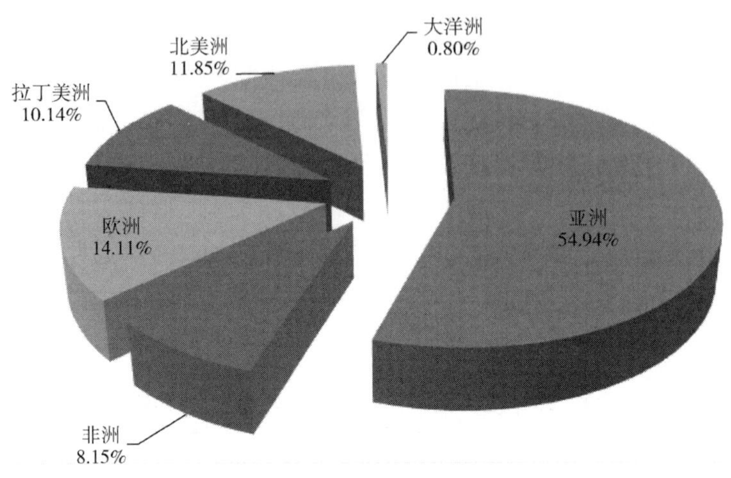

图6　2017 年中国大陆塑机出口金额洲际分布

注：数据来源于中国海关。

（三）2018 年 1 季度中国大陆塑料机械进出口情况

根据海关统计数据整理，2018 年 1～3 月中国大陆进口 84771010 注塑机、84771090 其他注射机、84772010 塑料造粒机、84772090 其他挤出机、84773010 挤出吹塑机、84773020 注射吹塑机、84773090 其他吹塑机、84774010 塑料中空成型机、84774020 塑料压延成型机、84774090 其他真空模塑机器及其他热成型机器、84775910“3D 打印机”和 84775990 其他模塑或成型机器等 12 个税号产品合计 3778 台，进口金额约 4.79 亿美元，进口数量同比下降 39%、金额同比增长 34%，进口平均单价由去年同期的 6 万美元/台上升至 13 万美元/台。

出口同税号产品合计 282157 台，金额约 5.69 亿美元，出口数量同比增长 98%、金额同比增长 24%，平均单价 0.2 万美元/台。其中，注塑机、挤出机、吹塑机、中空成型机和压延成型机的出口量为 64360 台，占出口总量的 23%，出口金额约 4.78 亿美元，占出口总额的 84%，出口平均单价约 0.74 万美元/台。

1 季度塑机贸易顺差 9018 万美元，其中 1～2 月顺差约 1.35 亿美元，3 月逆差 4457 万美元，这是过去一年里单月首次出现逆差。1 季度注塑机顺差 7927 万美元，挤出机顺差 248 万美元，吹塑机逆差 447 万美元，塑料中空成型机顺差 1234 万美元，塑料压延成型机逆差 7 万美元。

按产品细分，2018 年 1 季度进口注塑机 1686 台、金额 1.97 亿美元，分别同比增长 26%、28%；进口挤出机 361 台、金额 1.2 亿美元，分别同比增长 43%、39%，平均单价 33.16 万美元/台（套）；进口吹塑机 58 台，金额 5600 万美元，虽然数量同比下降 3%，但金额同比增长 55%，平均单价高达 96.55 万美元/台（套）。

1～2 月注塑机出口 37001 台，同比增长近 10 倍，这两个月的出口数量已超过 2017 年全年，但金额仅有 2.06 亿美元，同比增长 44%。注塑机出口量的激增主要源于阿富汗对塑机的大量需求，2 月份出口至阿富汗的注塑机高达 29504 台，对应的金额仅为 21 万美元，对于此异常数据在进一步核实中。3 月注塑机出口降至仅有 1652 台，金额 6996 万美元，为 2017 年 3 月以来单月最低。

挤出机出口 7504 台，金额 1.22 亿美元，分别同比增长 63%、52%；吹塑机出口 17330 台，同比增长 259%，金额 5153 万美元，同比增长 13%。1 季度吹塑机出口数量的大幅上升主要是由于 3 月份挤出吹塑机的出口量达到了 14057 台（其中 99% 出口到了越南），这是继 2017 年 10 月份出口量 17655 台之后、历史单月出口量第 2 高，但是 3 月挤出吹塑机的出口金额只有 594 万美元，低于 1 月的 850 万美元和 2 月的 913 万美元；塑料中空成型机出口 359 台，同比下降 5%，金额 1335 万美元，同比增长 23%；塑料压延成型机出口 258 台、金额 594 万美元，分别同比下降 25%、39%。

进口来源地方面，2018 年 1 季度从亚洲进口塑机 2684 台，金额约 2.56 亿美元，分别占同期进口塑机的 71.04%、53.56%，其中从日本进口数量和金额分别同比增长 42.64%、44.94%；从韩国进口数量同比减少 31.37%，但金额同比增长 50.75%。

从欧洲进口塑机 576 台，金额 1.86 亿美元，进口数量和金额分别占比 15.25%、38.86%，其中从德国进口数量和金额分别同比增长 10.07%、17.88%；从意大利进口数量同比下降 25.88%，金额同比增长 62.69%；从奥地利和法国的进口金额分别同比增长 130.3%、319.49%；从瑞士进口额则同比下降 24.78%。

从美国进口数量同比减少 5.56%、金额同比增长 9.31%；从加拿大进口数量和金额分别同比增长了 37.5%、60.11%。

2018 年 1 季度，中国大陆塑机出口市场排在前 10 位的国家中，出口至美国、土耳其、泰国、印度尼西亚、墨西哥、马来西亚和巴基斯坦增长较快，出口额均在 25% 以上的同比增幅。其中，出口至土耳其的金额同比增长 91.81%、出口至马来西亚的金额同比增长 110.06%。

2018 年 1 季度中国大陆塑机产品进出口具体情况见表 6 ~ 表 9，图 7 ~ 图 11。

表 6　2018 年 1 季度塑机产品进出口总量

月份	进口					出口					贸易顺差
	数量/台	金额/万美元	平均单价/万美元	数量同比/%	金额同比/%	数量/台	金额/万美元	平均单价/万美元	数量同比/%	金额同比/%	金额/万美元
1	1233	17228	14	-14	62	90966	21273	0.2	75	22	4045
2	1038	12200	12	-23	-1	126305	21630	0.2	310	76	9430
3	1507	18443	12	-56	45	64886	13986	0.2	9	-13	-4457
合计	**3778**	**47871**	**13**	**-39**	**34**	**282157**	**56889**	**0.2**	**98**	**24**	**9018**

注：数据来源于中国海关。

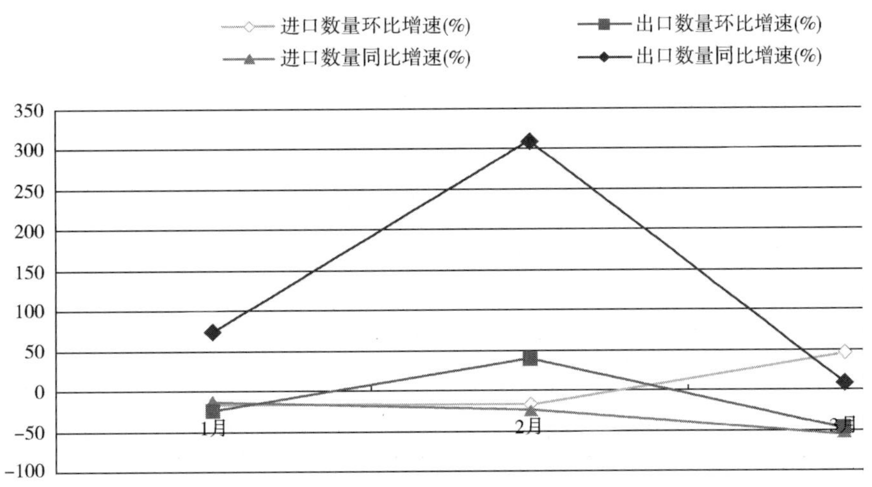

图 7　2018 年 1 季度塑机进出口数量增速走势

注：数据来源于中国海关。

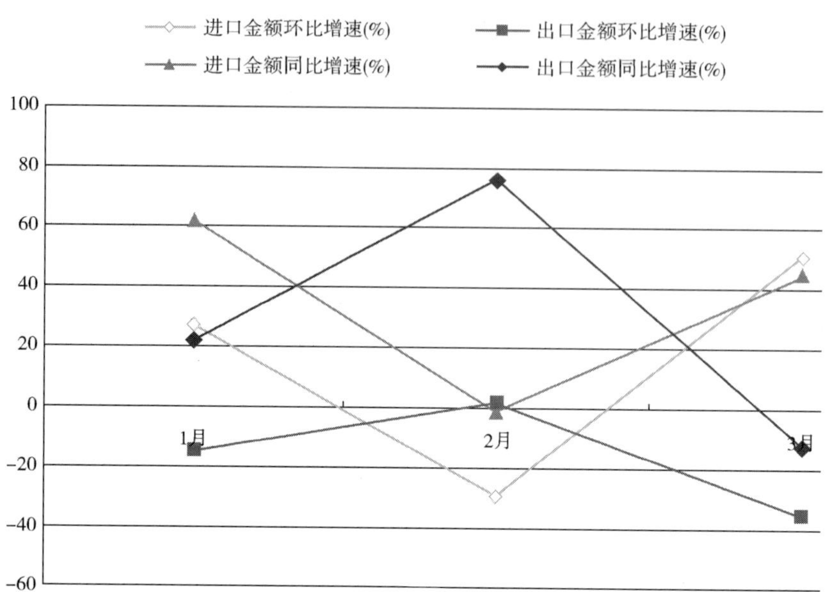

图 8　2018 年 1 季度塑机进出口金额增速走势

注：数据来源于中国海关。

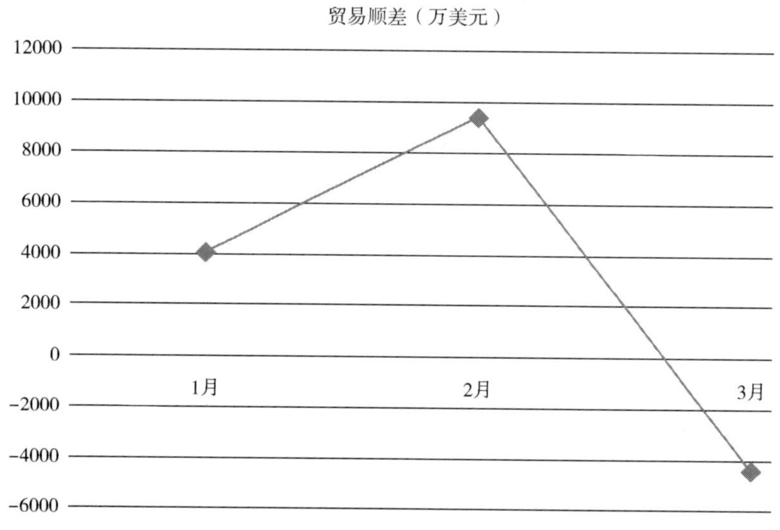

图 9　2018 年 1 季度塑机贸易顺差走势

注：数据来源于中国海关。

表 7　　2018 年 1 季度塑机产品进出口分税号统计

序	税号	名称	进口					出口				
			数量/台	数量占比/%	金额/万美元	金额占比/%	平均单价/万美元	数量/台	数量占比/%	金额/万美元	金额占比/%	平均单价/万美元
1	84771010	注塑机	1686	44. 63	19653	41. 05	11. 66	38653	13. 70	27580	48. 48	0. 71

续表

序	税号	名称	进口					出口				
			数量/台	数量占比/%	金额/万美元	金额占比/%	平均单价/万美元	数量/台	数量占比/%	金额/万美元	金额占比/%	平均单价/万美元
2	84771090	其他注射机	209	5.53	1561	3.26	7.47	256	0.09	936	1.65	3.66
3	84772010	塑料造粒机	157	4.16	4018	8.39	25.59	2167	0.77	4405	7.74	2.03
4	84772090	其他挤出机	204	5.40	7952	16.61	38.98	5337	1.89	7813	13.73	1.46
5	84773010	挤出吹塑机	15	0.40	2555	5.34	170.36	14892	5.28	2357	4.14	0.16
6	84773020	注射吹塑机	19	0.50	499	1.04	26.24	83	0.03	255	0.45	3.07
7	84773090	其他吹塑机	24	0.64	2546	5.32	106.09	2355	0.83	2541	4.47	1.08
8	84774010	塑料中空成型机	10	0.26	101	0.21	10.08	359	0.13	1335	2.35	3.72
9	84774020	塑料压延成型机	15	0.40	601	1.26	40.06	258	0.09	594	1.04	2.30
10	84774090	其他真空模塑机器及其他热成型机器	240	6.35	5720	11.95	23.84	1725	0.61	2484	4.37	1.44
11	84775910	3D打印机	782	20.70	1029	2.15	1.32	209877	74.38	3759	6.61	0.02
12	84775990	其他模塑或成型机器	417	11.04	1635	3.42	3.92	6195	2.20	2829	4.97	0.46
合计			**3778**	**100**	**47870**	**100**	**12.67**	**282157**	**100**	**56889**	**100**	**0.20**

注：数据来源于中国海关。

表8　　2018年1季度中国大陆塑机进口地排名前10位

序	名称	数量/台	金额/万美元	平均单价/万美元	数量占比/%	金额占比/%
1	日本	1425	18992	13	37.72	39.67
2	德国	295	12133	41	7.81	25.35
3	中国台湾	323	3009	9	8.55	6.29

续表

序	名称	数量/台	金额/万美元	平均单价/万美元	数量占比/%	金额占比/%
4	意大利	63	2378	38	1.67	4.97
5	韩国	186	2299	12	4.92	4.80
6	加拿大	22	1900	86	0.58	3.97
7	奥地利	57	1849	32	1.51	3.86
8	美国	493	1731	4	13.05	3.62
9	法国	28	1275	46	0.74	2.66
10	瑞士	12	472	39	0.32	0.99
合计		**2904**	**46038**	**16**	**76.87**	**96.17**

注：数据来源于中国海关。

表 9　　2018 年 1 季度中国大陆塑机出口地排名前 10 位

序	名称	数量/台	金额/万美元	平均单价/万美元	数量占比/%	金额占比/%
1	美国	59023	5686	0.10	20.92	10.00
2	越南	18099	4496	0.25	6.41	7.90
3	土耳其	824	3371	4.09	0.29	5.93
4	泰国	963	3062	3.18	0.34	5.38
5	墨西哥	1413	2725	1.93	0.50	4.79
6	印度尼西亚	954	2598	2.72	0.34	4.57
7	印度	1624	2558	1.58	0.58	4.50
8	马来西亚	1333	2479	1.86	0.47	4.36
9	俄罗斯	35425	1477	0.04	12.56	2.60
10	巴基斯坦	594	1336	2.25	0.21	2.35
合计		**120252**	**29788**	**0.25**	**42.62**	**52.36**

注：数据来源于中国海关。

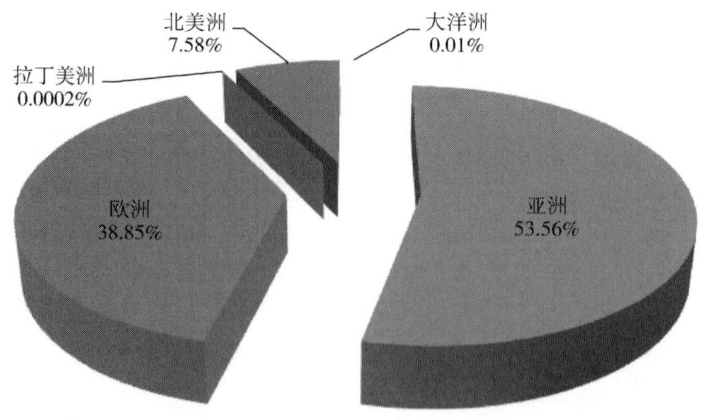

图 10　2018 年 1 季度中国大陆塑机进口金额洲际分布

注：数据来源于中国海关。

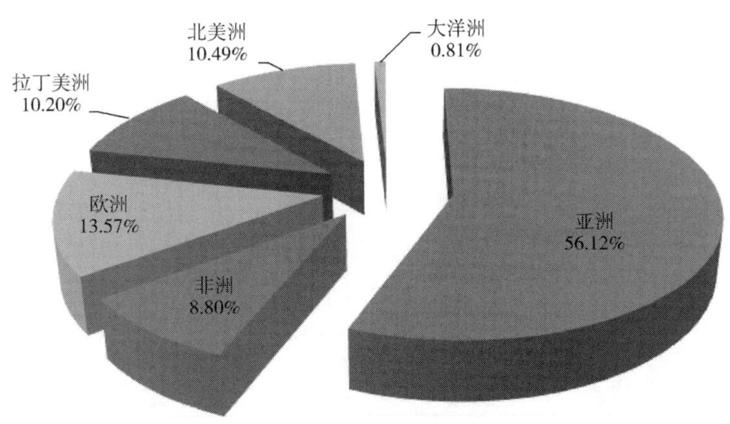

图 11 2018 年 1 季度中国大陆塑机出口金额洲际分布

注：数据来源于中国海关。

（四）发展特点

2017 年，协会秘书处分工走访了近百家行业企业进行调研，结合以上经济运行情况，可归纳出以下几个特点。

1. 整体稳定、局部季节性强

自中国塑料机械工业协会从 2009 年进行统计分析以来，中国塑料机械工业至 2017 年已持续 8 年增长，主营业务利润率连续位居机械行业前列。但按照一年的时段分解来看，却呈现升降并存的状况。总的来说，虽然 2017 年 1 季度和 3 季度的同比增速较高，但是从绝对量值来看却处于全年低位。1 季度由于春节因素，通常处于调整期，每年基数相对较低；3 季度受 7、8 月份高温天气影响，很多工厂调整开工时间，生产有所减少。

近五年中国塑机规模企业主营业务收入和利润总额季度统计与变化趋势详见表 10 和表 11、图 12 ~ 图 15。

表 10　2013—2017 年中国塑机规模企业主营业务收入季度统计

年份	指标	1 季度	2 季度	3 季度	4 季度	合计
2013	金额/元	99.59	129.26	127.96	142.12	498.93
	同比增速/%	1	6	13	29	12
2014	金额/元	110.89	139.47	139.74	141.89	531.99
	同比增速/%	11	8	9	-0.2	7
2015	金额/元	114.39	140.42	124.85	142.12	521.78
	同比增速/%	3	1	-11	0.2	-2
2016	金额/元	116.2	144.98	154.34	180.39	595.91
	同比增速/%	2	3	24	27	14
2017	金额/元	143.58	186.37	141.2	199.49	670.64
	同比增速/%	24	29	-9	11	13

注：数据来源于国统局。

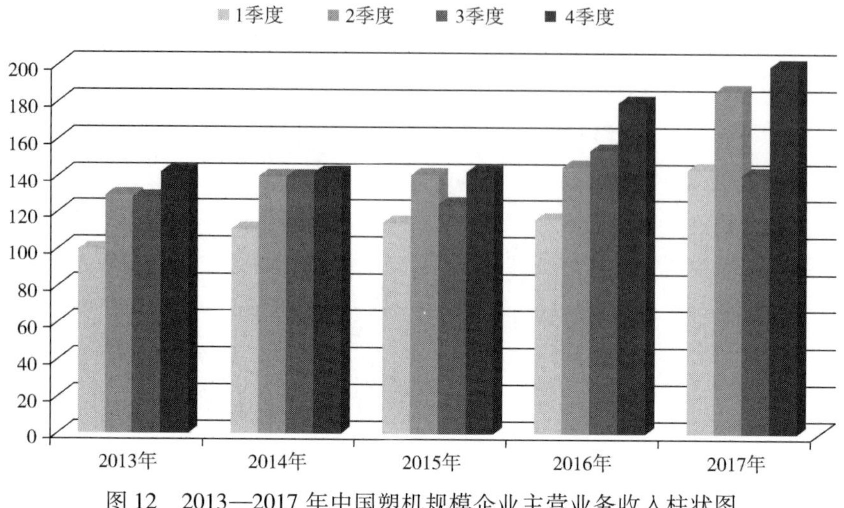

图 12　2013—2017 年中国塑机规模企业主营业务收入柱状图

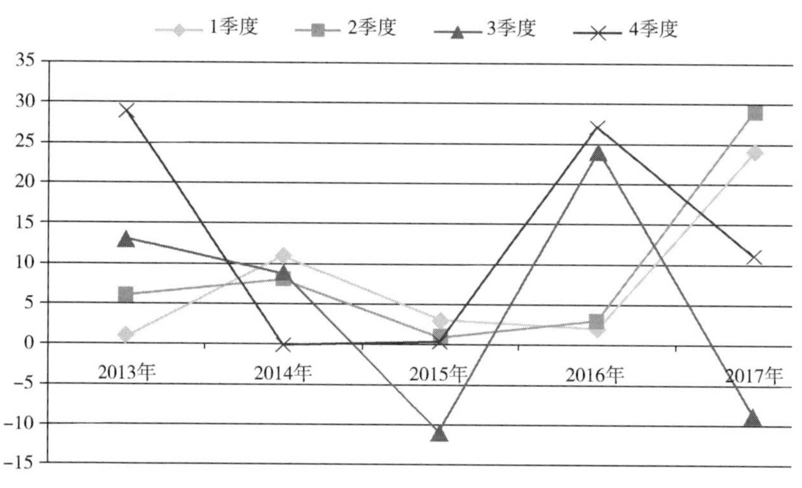

图 13　2013—2017 年中国塑机规模企业主营业务收入同比增速趋势图

表 11　　2013—2017 年中国塑机规模企业利润总额季度统计

年份	指标	1 季度	2 季度	3 季度	4 季度	合计
2013	金额/元	6.31	10.61	10.14	17.73	44.79
	同比增速/%	3	-1	15	31	14
2014	金额/元	7.5	11.36	13.54	15.64	48.04
	同比增速/%	19	7	34	-12	7
2015	金额/元	8.38	12.2	12.66	16.22	49.46
	同比增速/%	12	7	-6	4	3

续表

年份	指标	1 季度	2 季度	3 季度	4 季度	合计
2016	金额/元	8.36	13.23	15.64	19.67	56.9
	同比增速/%	-0.2	8	24	21	15
2017	金额/元	14.13	18.67	17.61	18.73	69.14
	同比增速/%	69	41	13	-5	22

注：数据来源于国统局。

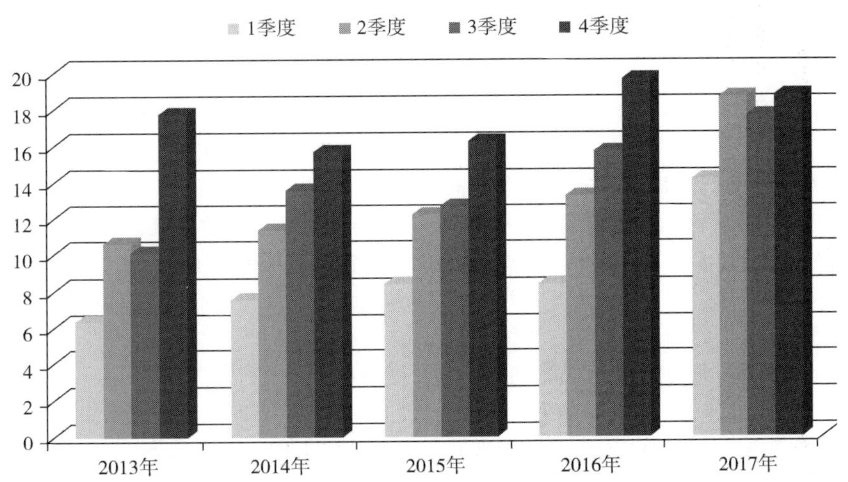

图 14　2013—2017 年中国塑机规模企业利润总额柱状图

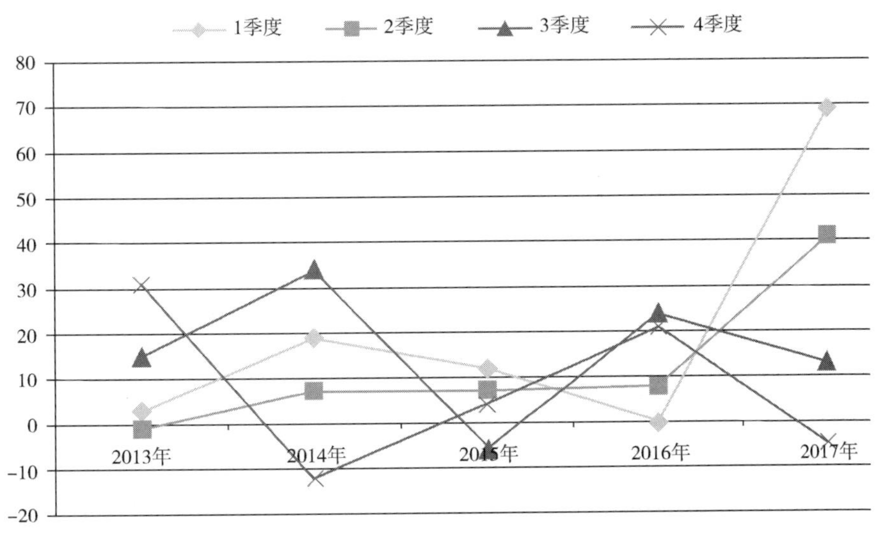

图 15　2013—2017 年中国塑机规模企业利润总额同比增速趋势图

2. 产业集群发展不均衡

与广东和宁波产业集群地创新活跃度高、当地政府支持力度大形成鲜明对比，北方的大连和青岛胶州集群地虽然起步较早，但是发展相对滞后，从企业管理、技术进步到产品创新，均需要下强决心、加大力度进行变革。2017 年，协会粟东平常务副会长一行重点对胶州塑机行业进行了调研。胶州市塑料机械工业起始于 20 世纪 60 年代，迄今为止，胶州塑料机械生产企业有 200 多家，但规模相对较小、分散，规模以上企业仅有 20 多家，2016 年销售收入超过 1 亿元的只有青岛岩康塑料机械有限公司一家。与四年前相比，胶州近年来失业率上升，很多企业不景气，个别具有“专、精、特、新”特色的企业发展比较持续稳定，总体来看亟待改革创新。

（1）企业转型升级迫在眉睫　胶州市虽然目前拥有 200 多家塑机企业，是中国塑料机械重要的产业集群地之一，但是单个企业不成规模，其中主要的一个制约因素是没有建立现代企业管理制度。胶州地处山东半岛西南一隅，相对于广东、上海、江浙一带而言，胶州塑机企业的国际化、现代化管理意识相对薄弱。当地企业仍以家族式经营居多，“小富即安”色彩浓厚，缺乏现代人力资源管理制度，强关系、弱组织的行为依然严重。

企业的转型升级，不仅仅是产品的升级换代，更包括企业发展理念、经营模式、企业家精神与企业文化等众多内容。胶州塑机企业急需转变观念，在注重产品出口的同时更应将人和思想“走出去”，学习先进的管理经验，优化治理结构和管理方式，建立完善的人才评价标准和激励机制，充分发挥人才在推动企业发展中的关键要素作用。

（2）应重视内外市场均衡　通过走访的这些企业，发现普遍对外贸易依存度高，出口占比少则 60%、70%，多则 80%、90%，甚至有的近 100% 出口，过高的外贸依存度面临着易受国际经济形势波动影响的风险。企业在重视海外市场、以出口引以为豪的同时也要抓住国内发展高端装备制造业的重要机遇，瞄向国内高端市场，积极替代进口产品，提升产品附加值、避免内部价格战。内外市场以适度的比例均衡增长，从而增强企业自身抗风险的能力。

（3）地方协会作用亟待加强　青岛胶州市塑料机械行业协会（以下简称“胶州塑机协会”）于 2008 年 11 月成立，曾在促成会员集中采购原材料降低成本、避免会员企业之间乱挖人才、减缓会员产品雷同无序竞争等方面发挥了重要作用。但自三年前原会长单位青岛顺德塑料机械有限公司由于盲目扩张、经营不善、家族矛盾等原因轰然倒下以来，胶州塑机协会一直处于群龙无首的状态，会员各自为战。面对此情况，我协会建议胶州塑机企业应当加强凝聚力抱团发展，尽快恢复胶州塑机协会的正常运作、履行协会的服务职能，发挥桥梁纽带作用、助力资源优化整合，进一步提升区域经济的规模效益和整体竞争力。

经过 50 多年的发展，胶州塑料机械行业已具有一定的物质积累和人力储备，并形成从原材料供给到挤出机成套设备、配套设备，再到相应制品生产较为完整的产业链条。虽然目前还存在用工难、融资难、传承难、非市场因素影响多等问题，但是“长风破浪会有时，直挂云帆济沧海”，我们相信在胶州塑机协会与企业的齐心协力下，定将迎来柳暗花明又一村的新局面。

3. 进出口不均衡

虽然中国塑机自 2015 年起改变了过往几十年大幅逆差的状态，已连续 3 年实现贸易顺差，但是从进出口产品结构来看，国内每年仍需进口大量的高附加值高端产品，以中国塑机第一大进出口贸易品注塑机为例，近五年来从德国、日本和意大利等进口注塑机 33.56 亿美元，平均单价 10.61 万美元；而向 180 多个国家和地区出口注塑机 51.04 亿美元，平均单价 3.86 万美元。平均出进数量比值超过 4，但平均出进金额比值仅为 1.52，以量取胜、价值失衡的格局仍有待进一步改善。

近五年注塑机进出口统计详见表 12 和图 16、图 17。

表 12　2013—2017 年注塑机进出口统计

年份	进　口			出　口		
	数量/台	金额/万美元	平均单价/万美元	数量/台	金额/万美元	平均单价/万美元
2013	5714	68311	11.96	22976	92372	4.02

续表

年份	进口			出口		
	数量/台	金额/万美元	平均单价/万美元	数量/台	金额/万美元	平均单价/万美元
2014	7380	74665	10. 12	25082	100779	4. 02
2015	6137	65664	10. 70	22304	98030	4. 40
2016	5162	53304	10. 33	26765	102248	3. 82
2017	7238	73663	10. 18	34943	116924	3. 35
合计	**31631**	**335607**	**10. 61**	**132070**	**510353**	**3. 86**

注：数据来源于中国海关。

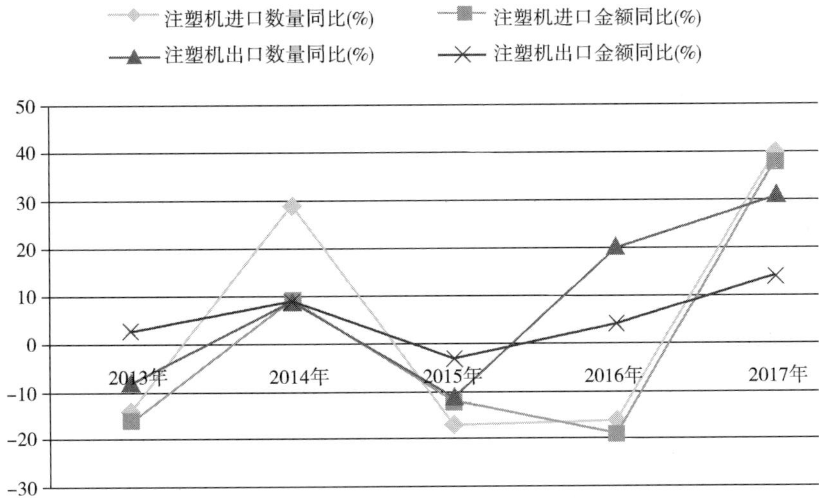

图 16 2013—2017 年注塑机进出口同比增速走势

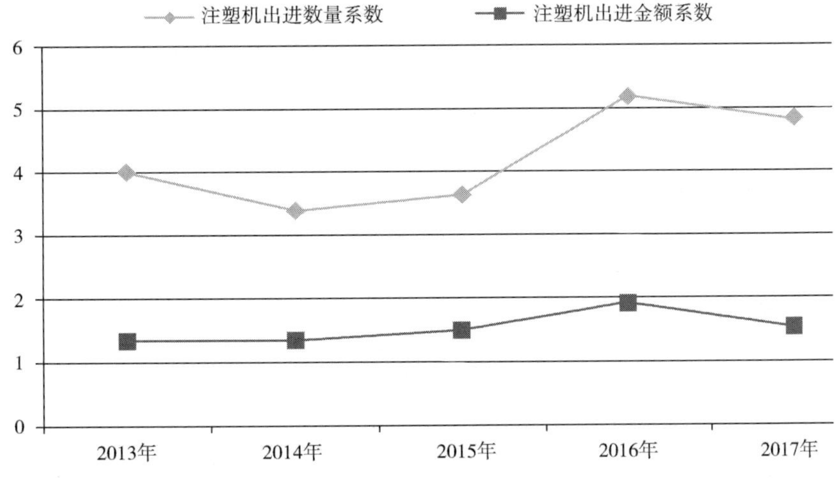

图 17 2013—2017 年注塑机出进比系数走势

三、中美贸易摩擦对中国塑料机械行业的影响

2017 年 8 月 18 日，美国贸易代表办公室（USTR）发起对华 301 调查，于 2018 年 3 月 22 日公布了 301 调查结果和拟采取的限制措施，中国随即表态，坚决反对美方的单边主义和贸易保护主义行为。中方不希望打贸易战，但绝不害怕贸易战。希望美方悬崖勒马，慎重决策，莫把双边经贸关系拖入险境。

2018 年 4 月 3 日，USTR 公布根据 301 调查对自中国进口产品加征关税的建议清单，涉税项目 1300 个，价值约 500 亿美元，涉及航空航天、信息和通信技术、机器人和机械等行业。4 月 4 日，中国商务部对此做出反击，公布对美 106 项约合 500 亿美元产品加征关税，涉及大豆等农产品、汽车、化工、飞机等，并就美对华 301 调查项下征税建议在世贸组织争端解决机制下提起磋商请求。

2018 年 4 月 5 日，美国总统特朗普指示 USTR 依据 301 调查，考虑对从中国进口的额外 1000 亿美元加征关税。4 月 6 日，中国做出迅速回击，坚决捍卫国家和人民利益。

2018 年 5 月 15 日，USTR 将在华盛顿举行拟加征关税产品建议清单听证会。

在 USTR 于 4 月 3 日发布的加征关税产品建议清单中，所包含的主要塑料机械产品如表 13。

表 13　USTR 建议加征关税产品清单（塑机部分）

HS 编码	产品类别
84771030	用于制造橡胶或塑料鞋的注塑机
84771040	用于制造视频光盘的注塑机
84771090	用于加工橡胶、塑料或生产橡胶、塑料制品的注塑机
84772000	用于加工橡胶、塑料或生产橡胶、塑料制品的挤出机
84773000	用于加工橡胶、塑料或生产橡胶、塑料制品的挤出机
84774001	用于加工橡胶、塑料或生产橡胶、塑料制品的真空成型机和其他热塑成型设备

近几年来，随着中国塑机装备水平的提升和美国制造业回归政策导向，中国塑机出口美国市场有了较快增长。从中美两国塑料产业优势及近五年出口表现情况来看，我们认为，即使两个月后加征 25% 关税的建议通过实施，也不会对中国塑机出口美国有太大的影响。

（一）中美塑料产业优势互补

经过 50 多年的发展，中国塑料机械行业已经形成了以科技创新为先导、门类齐全、具有世界最大规模和较先进水平的产业体系，生产产量已连续 17 年位居世界第一，是进入新世纪以来中国机械工业中增长最快的产业之一，是名副其实的塑料机械制造大国和出口大国，在全球塑机市场上具有重要地位。据中国塑料机械工业协会初步估算，中国塑机年产量约占世界的 50%，销售收入约占 40% 左右。

美国虽然也有米拉克龙这样的世界知名塑机企业，但产业优势主要集中在产业链的上游化学原料方面。相比下游制品生产企业相对容易开工生产而言，联结原料与制品的中间核心环节——塑机装备制造，则需要更长的技术、人才、资本积淀周期。在美国不具备塑机制造优势却又对高性价比的中国塑机实施贸易壁垒、强迫提价情况下，受到最大损失的当数美国塑料制品加工业，这些制品企业对 USTR 加征关税的建议并不抱有支持态度。

具有优势互补的中美塑料工业，应坚持开放、包容、合作、共赢的原则继续加强交流与合作，坚决避免由贸易摩擦所引起的损人不利己后果。

（二）塑机出口美国市场仍有发展空间

中国塑料机械工业协会根据近五年海关数据统计进行汇总分析，按数量来看，中国出口美国的塑机量占同期出口塑机总量的 25.19%，出口美国的塑机金额占同期出口塑机总额的 7.33%，数量与金额占比的不均衡，表明中国塑机出口美国的价格还有一定的提升空间。

从产品细分来看，中国塑机出口至美国市场的产品集中度高。按近五年数据测算，出口至美国的注塑机和 3D 打印机占中国塑机同期出口美国市场总额的 82% 以上，其中注塑机占比超过 65%，所以 USTR 建议加税清单中，会受到一定影响的是注塑机，但是近五年出口美国的注塑机占中国塑机同期出口总额的比例仅为 5.45%，所以不会影响中国塑机出口的整体格局，反而还有很大的开拓空间。

2013—2017 年中国注塑机和 3D 打印机出口美国占比情况见图 18 和图 19。

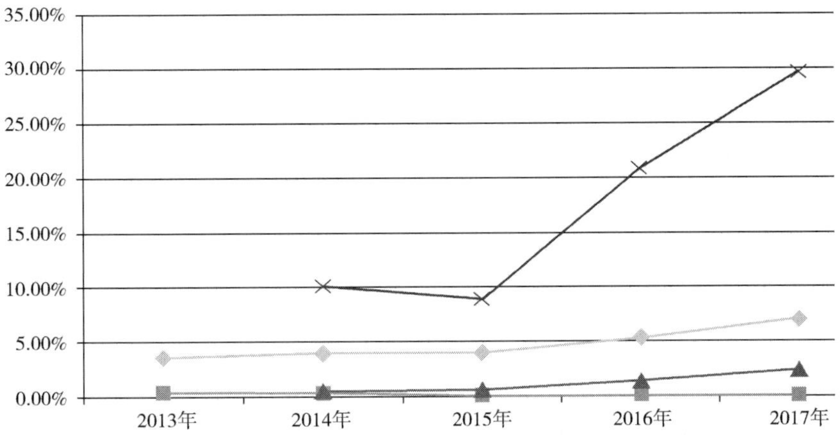

图 18　2013—2017 年出口美国注塑机和 3D 打印机占中国塑机出口比例走势

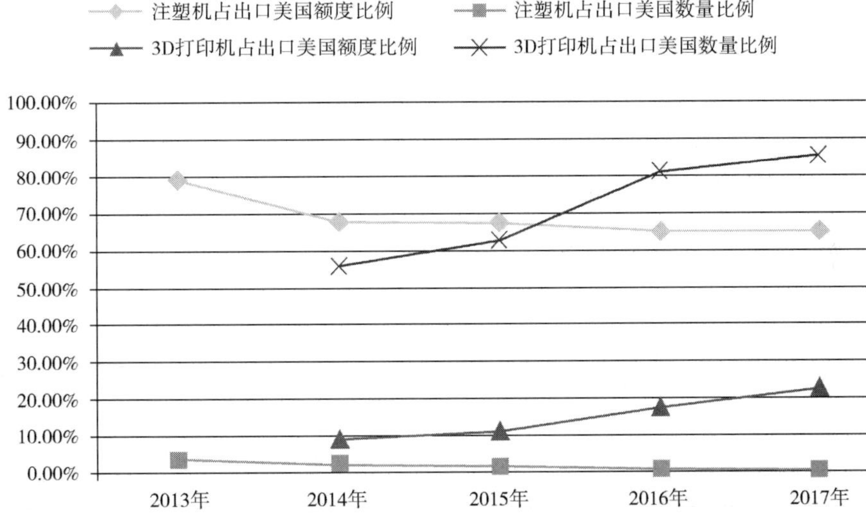

图 19　2013—2017 年注塑机和 3D 打印机占中国塑机出口美国比例走势

四、中国塑料机械企业“走出去”的关注热点

中国塑机企业“走出去”战略重在推进中国企业充分利用国内外“两个市场、两种资源”，通过对外直接投资、对外工程承包、对外劳务合作等形式积极参与国际竞争与合作，提升中国塑机企业国际竞争力。实施“走出去”战略，有利于中国塑机企业学习国际先进技术，吸纳海外高端人才，增强企业创新能力，推动企业在技术进步、结构优化、产业升级、市场布局等方面增强实力，以提升在全球产业价值链中的地位，改变依靠传统的劳动力优势，形成新的资本、技术、区位比较优势。

鼓励有实力的中国塑机企业积极“走出去”，通过资本、技术和品牌的输出与本土化经营管理，也可以成为规避国际贸易壁垒、减少国际贸易摩擦、缓解国际贸易纠纷、积极参与全球资源优化配置的有效渠道之一。

近年来，随着中国塑机在国际上影响力的显著增强，中国塑机企业也开始加快“走出去”的步伐，纷纷布局海外市场。在此进程中，结合中国塑机企业遇到的实际问题，有以下两个方面需要尤为关注。

1. 应高度重视合规性

自2016年12月中国人民银行、国家外汇管理局、国家发改委、商务部等四监管部门接连公开表态要求防范对外投资风险以来，境外投资监管趋严。2017年12月26日，国家发改委公布《企业境外投资管理办法》，对中国企业境外投资涉及的敏感国家和地区、敏感行业以及其他事项等做出了明确规范。

同时，欧美等主要发达国家也提高了战略性行业的投资准入标准，加强了对外资的审查力度，收紧了外资准入政策，使得中国企业海外投资难度有所增加。欧美发达国家以及“一带一路”沿线国家对中国企业走出去的标准越来越高，在环保标准、劳工用人标准、当地法律法规标准以及企业社会责任等方面，对中国企业都提出了更高的要求。

中国前往海外投资的塑机企业应增强法律意识、注重监管信息和相关法律政策，树立正确的投资观，严格遵守当地的法律法规、承担社会责任。

2. 进行海外并购需谨慎

如今，有越来越多的中国塑机企业积累了一定的资金实力，希望通过并购手段快速获取海外资源来充实企业的关键竞争要素，从而实现跨越式发展的路径，将企业做大做强。但必须明确的是，资金并不是成功并购的唯一砝码，中国塑机企业进行海外并购，一定要摒弃“金钱万能”的自傲论，要明确自身的中长期发展规划，依据所要达成的目标制定相应的战略举措，并深入了解游戏规则，完备强而有力的整合运营方案，否则并购反而可能拖累母公司的发展。

在进行海外并购时，中国塑机企业应当多加强相互沟通与了解，对被并购企业做足充分的评估准备与发展研判，清晰并购底线。一定要避免为了竞价成功而不顾彼此利益、盲目竞价行为，否则必然导致被并购企业待价而沽、坐收渔翁之利，最终造成损失的还是中方企业。在这过程中，也要注意防止一些利益相关体利用竞购暗地输送利益造成资产损失。

新时代中国特色社会主义建设的号角已经吹响，全国人民激情澎湃、斗志昂扬。我们要全面认识塑机行业所面临的国际国内形势，客观分析发展过程中所呈现的新机遇与新挑战。深入推进行业转型升级、加大力度培育战略新型装备、充分发掘中小企业与产业集群特色、注重国内国外两大市场均衡发展。

塑机行业全体同仁有信心以更加高昂的热情、更加开阔的视野、更加务实的作风和更加创新的胆识，同心同德、携手共进，为谱写新时代塑机行业发展新篇章而奋斗不息！

（中国塑料机械工业协会）

中国模具工业2017年的经济运行情况及发展趋势

2017年是我国社会经济发展中极不平凡的一年。党的十九大胜利召开，习近平总书记为实现中华民族伟大复兴的宏伟目标做出战略部署，成为世界关注的全中国人民政治生活中的头等大事。

2017年我国模具行业按照供给侧结构改革总原则，在全面保障我国制造业发展所需模具有效供给的同时，坚持技术创新引领，积极推进信用体系和品牌建设，努力提升质量和效率，取得了经济增长、效益提升双丰收。

一、模具行业经济运行“稳中有进”

1. 模具市场（模具消费量）增加

根据对我国模具依存度高的产品制造行业（包括：汽车制造、电子与IT制造、家电、包装、医疗器械、轨道交通、建材、家装及其他模具用户行业）2017年生产及发展情况的分析、测算，2017我国模具用量（消费量）达2，433亿元，同比增长10.6%。对应支撑了这些产品制造业27万亿元产值（销售收入）的实现。

2. 模具行业经济运行连续九年“稳中有进”

2017年，我国模具行业的销售额增长为9.0%，达到2000亿元，占我国模具生产量的75.3%，（含出口357亿元）。其中汽车模具增长对我国模具行业的销售额增长的贡献为3.7个百分点，塑料制品模具增长的贡献为1.8个百分点，模具出口增长的贡献为 2.5 个百分点；自产自用模具 655 亿人民币，占我国模具生产量的 24.7%。基本满足了我国模具各用户行业的生产增长（汽车制造、电子信息产业、塑料制品、建材、包装等）对模具的需求。

3. 2017 年我国模具进出口情况

2017 年我国模具进出口总额为 75.41 亿美元，同比增长 11%，其中：模具进口 20.51 亿美元（133 亿人民币），同比增长 2.4%；模具出口额增加 7 亿美元，达到 54.9 亿美元，同比增长 14.61%；在数量上仍然居于世界模具国际贸易（包括出口）大国的前列。

2017 年中国模具进出口情况表

模具种类	进　口		出　口	
	金额/万美元	占比/%	金额/万美元	占比/%
塑料橡胶模具	96604.36	47.09	341892.27	62.27
冲压模具	80896.34	39.43	112452.70	20.48
其他模具	27638.68	13.48	94698.08	17.25

2017 年，中国模具产业从经济规模上仍保持着世界制造大国和贸易大国的地位。

4. 我国模具的产能分布

2017 年中国模具行业中专业模具厂供应模具约 67.7% 左右；自产自用（包括外资制造商自带模具）模具约占 26.9%；进口模具占 5.6%.

2017 年我国各类模具占比统计：塑料模具 -45%，冲压模具 -35%，铸造（含压铸）模具 -9.5%，锻造模具 -3%，橡胶模具 -3%，其他模具 -4.5%。

二、技术创新引领行业创新驱动发展

（1）我国模具行业坚持以技术创新引领行业发展，全年在各级政府立项的模具研发项目超过 20 项，其中黄岩的凯华模具和星泰模具中标工信部“工业强基工程”项目。

（2）通过项目带动，企业技术创新能力不断提升，2017 年模具企业作为“产学研用”团队主体完成的项目获省部级及以上科技奖励超过 10 项，其中获中国机械工业科学技术奖的数量和等级再创新高：豪迈科技“高端子午线轮胎模具关键技术研究与应用”获得一等奖，海尔模具公司等三家企业分获二等奖）；

（3）模具行业获得授权专利超过 2 万项，发明专利超过 10%；

（4）由中国模具工业协会和桂林电器科学研究院负责，30 多家大专院校、科研机构、模具企业的 70 多位专家参与起草的《模具术语》国家标准（GB/T 8845 - 2017），经国家标准委批准发布，(2018 年 2 月 1 日正式实施)。

（5）增材制造、激光加工等模具新技术应用取得明显收效，金属 3D 打印技术开始成为精密复杂模具（或模具零部件）标准加工方法之一，激光纹理加工作为模具绿色制造技术正在得到更广泛应用。

（6）模具产业集聚区转型升级得到新发展。

1）江苏昆山地区根据 3C 产业与精密模具产业特点和智能制造推进阶段以及日、韩、台、港资模具企业多的实际，利用亚洲模具协会联合会（FADMA）工作会议在昆山召开机会，昆山高新区与中国模协于 2017 年 10 月 26 日共同举办了“第十届中国（昆山）模具产业论坛暨互联网 + 模具智能制造与亚洲模具生态圈建设高峰论坛”；

2）浙江黄岩区政府根据黄岩塑料模具、汽车模具比较发达的产业特点，结合“智能模具小镇”建设，2017 年 11 月 28 日与中国模协在黄岩共同举办的“首届中国黄岩模具产业发展高峰论坛”。论坛分大会报告、圆桌会议、专题讲座、现场交流四个单元，形式活泼、互动积极、信息量大、热烈高效，全程采用网上直播技术；

3）受苏州市吴中区角直镇于 2016 年 10 月由住房城乡建设部、发改委、财政部等国家部委认定为以模具为产业特色的中国特色小镇。2017 年 1 月为进一步科学谋划、提升模具特色小镇水平，角直镇政府委托中国模具工业协会编制了《苏州市角直模具产业发展规划》、《角直模具小镇融合发展规划》（两个《角直规划》）。中国模协牵头组织国家模具相关学科领军院校、国家模具工程研究中心、国家模具重点实验室、在华外资模具企业，中国模具骨干企业以及角直当地模具排头兵企业，编制了两个《角直规划》，并于2012年12月通过了由苏州市吴中区、角直镇有关领导和中国模具工业协会有关专家组成的编制论证、评审专家组的论证、评审。

三、质量品牌提升行动取得新进展

（1）2017年模具行业遵循“经济由高速增长阶段向高质量发展阶段转变”总方针，积极参加中国机械工业品牌战略推进委员会开展的质量品牌提升行动年活动，质量品牌建设工作取得新进展。深圳银宝山新公司获得“中国机械工业名牌产品”、“中国机械工业质量诚信企业”和“中国机械工业质量品牌标杆”三项殊荣；昆山嘉华电子有限公司等三家企业承担的项目荣获“中国机械工业优质工程（项目）”；天津汽车模具股份有限公司获得工信部“制造业单项冠军企业”。

（2）按照国家关于信用体系建设要求，积极开展企业信用体系建设工作，2017年一汽模具制造有限公司等42家模具企业获得中国模协颁发的“企业信用等级评价证书”，全行业开展这项工作的企业超过60家。

（3）通过股份制改造进而上市的资本运作方式仍是模具产业集聚区提升企业竞争力和品牌影响力的关注热点，仅广东、浙江两省筹备上市的模具企业超过10家。宁波合力模具科技股份有限公司于2017年12月在上交所成功上市。

四、我国模具行业发展趋势

（1）继续做好供给侧结构性改革，保障制造业发展所需模具的有效供应。保持适度固定资产投资，适应我国模具市场（消费量）4%～5%（国际模具市场3%～4%）的年增长量；提高高端模具比例，保证汽车，特别是我国自主品牌汽车快速增长的需要；努力调整模具产能，适应各模具用户行业发展不平衡造成的对模具需求的变化。

（2）加快动能转换，继续推动创新驱动发展。以“中国制造2025”提出的目标和措施为方向，提高模具行业数字化、信息化技术的自主创新能力，推动我国模具行业在绿色制造、智能制造、“互联网+模具制造”等主要技术基础的研发，争取迈向“模具成形”技术解决方案产业链的中高端。

（3）完善行业技术创新体系建设。在充分认识技术创新对创新驱动发展重要意义的基础上，完善模具行业技术创新体系建设。继续提升已有的国家级、行业级模具技术创新机构水平，加快以企业为主体的“模具协同创新中心”、“模具关键技术重点实验室”等技术创新机构建设，并尽快发挥作用。推动精益制造与模具生产的自动化、激光加工、3D验证、逆向工程等技术的开发和在模具行业应用；开发学科交叉、技术集成的关键技术研发；提高企业作为技术创新主体的能力和企业的自主创新能力。

（4）加快产业融合、协同制造的步伐。发挥模具在成形工艺－成型设备－模具一体化中的关键作用，在技术交叉、产业链高度集成的市场需求下，找准市场定位，做深做透所处客户行业，通过生产模式优化与资源的高效配置，甄别挑选合作伙伴，推进“模具成形”技术产业链的产业融合和协同制造，推动我国模铸、模锻、模冲、模塑等成形解决方案水平的提升。

（5）提升模具企业国际化水平和国际市场竞争力。2017年我国模具出口额超过54亿美元，模具出口目的地达100多个国家和地区，在国际模具贸易互补性中显现出一定国际市场竞争力，但我国高端模具产品中能参与国际模具竞争的还只是少数企业，整个行业尚未形成品牌影响力。中国模具企业正在发挥性价比优势，加快海外营销网络建设，拓宽国际产能合作渠道，提升企业的国际化程度和水平。

（6）提高模具行业质量与效率。转变企业发展关注点，把质量、效率作为企业发展的优先关注点，通过追求有质量、有效率进而得到有效益、可持续的发展。通过数字化、标准化实现模具质量的提升；利用精细化、知识化、专业化、信息化、网络化实现模具制造效率和效益的增值。

（7）产业链延伸出现新高潮

作为突破模具行业“规模陷阱”的战略手段，模具企业向模具下游产业链（制件制品生产）延伸的热情不减，2017年销售额5000万以上开展以模具为核心技术的制件制品生产的企业数量持续增加，总数达到该规模模具企业的50%左右。

（中国模具工业协会　武兵书）

我国农用塑料技术应用概况及农膜发展趋势

我国塑料农业技术的应用，始于20世纪50年代中后期，80年代进入发展快车道，90年代中后期步入持续大规模应用发展期，其应用规模一直稳居世界之首。

一、应用概况

（一）农膜

2016年，全国设施园艺面积429.2万公顷，比上年增加2.2%；地膜覆盖栽培面积2597.5万公顷，比上年约增加1%。2017年，预计全国设施园艺面积444.3万公顷，比上年增加3.5%；地膜覆盖栽培面积2617.7万公顷，比上年约增加0.8%。

（二）节水灌溉

2016年，全国节水灌溉面积32847万公顷，比上年增加5.8%。其中喷灌、微灌面积9954万公顷，比上年增加10.5%；低压管灌面积9451万公顷，比上年增加6.1%。2017年，预计全国节水灌溉面积34946万公顷，比上年增加6.4%。其中喷灌、微灌面积11214万公顷，比上年增加12.7%；低压管灌面积10103万公顷，比上年增加6.9%。

（三）遮阳网和防虫网

遮阳网广泛用于园艺、花卉、食用菌等园艺作物覆盖栽培以及无性系花卉、茶树良种的扦插育苗。2016年，全国遮阳网的使用量约65亿米^2，比上年增加5%，当年约需更新20亿米^2；2017年预计使用量71亿米^2，比上年增加8%，当年须更新22亿米^2。

防防虫网覆盖栽培，已成为园艺瓜果病虫害绿色防控的关键技术措施和质量安全的重要保障。2016年，全国防虫网的使用量已突破15亿米^2，比上年增加6%，当年约需更新4亿米^{2}防虫网；2017年预计全国防虫网的使用量17亿米^2，比上年增加10%，当年防虫网约需更新4.5亿米^2。

此外，塑料护根容器和塑料植物保护器材也大量用于农业生产。

二、农膜发展趋势

（一）棚膜

1. 超长寿命

一方面，随着劳动力成本越来越高，农村劳动力老龄化、妇女化越来越严重，能从事技术性强、风险性大的棚室扣膜作业的劳动力严重短缺、价格越来越高，每年更新功能膜的传统覆盖方式将难以为继。另一方面，随着标准化、永久化的园艺设施越来越多，功能膜覆盖成本在设施园艺生产总成本中占比将显著下降，生产者对价格虽高但使用寿命长折旧成本低的超长寿命功能膜的接受能力将越来越强。同时，源于石油和天然气的农用树脂属于不可再生资源，理应高度节约。因此，使用寿命≥3年的超长寿命功能膜，将逐渐成为设施园艺产业可持续发展必然选择。

为了实现超长寿命，必须在选用新型高耐候树脂的基础上，研发高抗光氧老化和酸性农药的防老化技术体系及其功能助剂。

2. 防尘保洁

超长寿命的功能膜，必须具有优良的防尘保洁功能，如若薄膜不具有防尘保洁功能或防尘保洁功能不佳，其透光性能的衰减速度较快，而设施园艺大都是要跨越低温弱光的冬季，当棚膜的透光率下降的80%以下，即便力学强度和其他功能良好也不适宜用于越冬覆盖栽培。所以，若功能膜的防尘保洁不佳，即便寿命超长也难堪大用，故意义不大。

相关科研机构和研发能强的企业，应从自洁树脂材料和防尘功能助剂两个方面下功夫，研发性价比高的防尘保洁功能膜。

3. 超长流滴消雾

在设施园艺生产尚不具备大面积采用加温除湿装备的情况下，超长寿命棚膜必须具备超长流滴消雾功能。不然，超长寿命的棚膜就只能用作避雨栽培设施的覆盖材料，产品的附加值难以大幅提升。

相关科研机构和研发能强的企业，应从三个途径深入研发与超长寿命棚膜相适应的超长流滴消雾功能的工艺技术。一是优化提升PO涂覆工艺技术，强化流滴消雾功能膜层耐候性及其与超长寿命棚膜的持久黏着力；二是研发内添加型接枝流滴消雾功能助剂的接枝率，使其具有良好的超长流滴消雾效果；三是研发能够充分发挥五层共挤装备优势的工艺技术，使其满足超长流滴消雾功能要求。

4. 高透光高散射

为了提高园艺设施的产出率，设施园艺的种植密度都显著大于露地，园艺作物群体的中下层光照条件差，尤其吊蔓或搭架栽培的园艺作物，而且园艺设施上覆盖的功能膜或玻璃的透明度越好直射光透过率越高，园艺作物群体中下部的光照条件越差。植物生理学告诉我们，每一张叶片都要经历从幼龄到成龄再到老龄的过程，植物的光合作用主要靠成龄叶片，幼龄叶片和老龄叶片光合作用制造的营养均不能满足自己的需要，故都要靠成龄叶片为其补充光合作用产物，所以“打老叶”成了一项重要的生产管理措施，而幼龄叶片除了短季节栽培达到标的节位时必须通过“打顶”或“掐尖”去除茎尖和幼龄叶片外，均需保留与呵护。然而处在园艺作物群体顶层的幼龄叶片却截留了大部甚至绝大部分的直射光，严重影响中下层的光照，所以越是高透明的覆盖材料越不利于设施园艺的优质高产；而高散射型覆盖的材料则可大大改善园艺作物群体中下层成龄功能叶片的光照条件，有利于设施园艺的优质高产。

需要指出的是，一味通过增加雾度来提高散射光的透过率势必以降低透光率为代价，那是个误区，不是我们所追求的研发目标。我们所要求的是高透光高散射，即薄膜的雾度值≥40%、透光率≥90%。

5. 防苔藓

目前，中国南方园艺设施约占全国的45%，今后的占比还将继续加大。但南方热量资源丰富，多雨高湿，使用期在1年以上的棚膜上很容易长苔藓（藻类植物），而且很难清除，严重影响透光率，迫切需要具有防苔藓功能的棚膜。

相关科研机构和研发能强的企业，可以通过提高棚膜表面的爽滑度消除苔藓在棚膜表面附着的条件，或让棚膜表面对苔藓具有杀灭功能等途径，有效预防棚膜表面滋生苔藓。

6. 高保温

热量不足是设施园艺冬季生产一大难题。解决热量不足除了优化棚室结构、提高采光性能外，就得靠加强蓄热保温和人工补充加温。试验研究结果表明，中国日光温室70%～80%的热量是从覆盖棚膜的采光屋面散失的。目前，中国长江流域以北地区的现代化连栋温室效益差甚至亏损的主要原因，就是加温能耗过高。所以，通过优化五层共挤功能层集成工艺技术，提高棚膜对远红外线的阻隔率，使棚膜具有高保温功能，应当成为提升冬季设施园艺产能和生产效益的科学选择。

相关科研机构和研发能强的企业，应充分利用五层共挤装备和工艺技术优势，采取选用中高VA含量的EVA树脂和集中添加远红外线阻隔剂，尽可能加大保温助剂和醋酸乙烯的平面密度来构建高保温功能层的技术路线，研发对3～14μm波段远红外线的阻隔率达到80%以上的高保温功能膜。

7. 长期高效转光

由于地球在一直不断地自西向东自转的同时按照特定的倾角围绕太阳公转，使阳光直射地球表面的位点发生规律性的变化，形成四季交替往复循环，导致弱光成为设施园艺冬季生产的重大难题。通过添加转光剂把部大分绿光和波长≤370nm的紫外线转换成光合作用必须蓝光和红光，可以有效缓解冬季弱光难题。但目前应用的转光剂，要么半衰期短，要么转光谱窄，要么转光效率低，应用效果大都不显著，推广难度大。

相关科研机构和研发能强的企业，应按照超长寿命功能膜的转光需要，研制半衰期长或无半衰期、转光效率高的转光剂，为超长寿命功能膜增加长期高效转光功能，将≤370nm的紫外线和492～577nm的绿光转换成430～470nm的蓝光和640～660nm的红光，既可以相对增加叶绿体和类胡萝卜素吸收光谱的光照强度，促进能促进优质高产，又有利于防治灰霉病、菌核病等真菌病害。

8.专用膜

根据各种园艺作物对光质要求的差异性，研制适用于不同园艺作物设施栽培的专用功能膜产品。可以先从设施栽培面积大或经济价值高的设施园艺作物开始研制，如西瓜、番茄、黄瓜、辣（甜）椒、茄子、甜瓜、茄子、草莓、西葫芦、生菜、葡萄、樱桃、桃、月季、绣球花等专用功能膜。

（二）地膜

1. 增温地膜

就是要进一步加强地膜的增温作用。首先是要增加太阳辐射能透过地膜到达土壤的总量。其主要措施有：发展高透明地膜，让地膜下的土壤获得更多的直射阳光，增加光热转换率；其次是开发无露滴地膜，避免因地膜下布满露珠反射大量的阳光，致使膜下土壤不能实现太阳辐射能获取最大化；第三是添加高保温助剂，最大限度地阻止3～14μm波段的远红外线透过地膜，减少膜下土壤辐射散热；第四是强化地膜的气密性（尤其是可控全生物降解地膜），最大限度地防止带有大量潜热的土壤汽化水透过地膜跑掉。

2. 延缓增温地膜

生产白芦笋，或者以保墒为主要目的的地膜覆盖，应添加反光助剂生产反光地膜，如银色、白色、绿色等反光地膜，通过反射部分或大部分阳光达到延缓地膜增温效应的目的。还可以通过添加近红外阻隔剂，最大限度地阻止 0.76 ~ 2.5μm 波段太阳近红外辐射穿透地膜加热土壤。

3. 驱避害虫地膜

利用蚜虫等迁飞害虫害怕紫外光的特性，采取分流道共挤出装备与工艺技术，加工超微铝粉生产带有反射紫外线条带的配色地膜，让一些害虫望影而逃，达到驱避害虫的目的。

4. 彩色地膜

农作物群体中下层的光照条件往往严重不足，不利于健康栽培和优质高产。为了改善农作物群体中下层的光环境，提高群体净光合率，可以通过添加色母料加工彩色地膜。譬如，可以通过添加能反射 640nm ±5nm 和 660nm ±5nm 阳光的色母料加工红色地膜，也可以通过添加能反射 430nm ± 5nm、450nm ± 5nm、470nm ±5nm 阳光的色母料加工蓝色膜，还可以同时添加上述两种色母料加工品红膜，同时反射红蓝两种颜色的太阳光，均有利于农作物优质高产。

5. 黑色地膜

随着农业生态保护和食品安全意识的加强，除草剂在园艺生产上的使用将受到限制，具有物理除草功能的黑色地膜会受到青睐。就是通过添加黑色母料把地膜的透光率降低到 30% 以下，使杂草不能维持正常的光合作用，最终饥饿而死。

6. 省工地膜

目前，节省劳动力成本已成为园艺生产的迫切要求，开发推广以省工为目标的地膜产品的时机已经到来。相关科研机构和研发能强的企业，应尽快研发打孔地膜和芽口（切口）地膜加工装备和工艺技术，打孔地膜用于育苗移栽园艺作物地膜覆盖，芽口地膜用于直播园艺作物地膜覆盖，可以节省大量破膜移栽或放苗用工。

7. 环保地膜

近年来，国家和地方各级政府治理农业面源污染的力度越来越大，一控（控制农业灌溉用水量）两减（减肥、减药）三基本（基本实现畜禽养殖排泄物资源化利用，全面实现病死畜禽无害化处理；基本实现农作物秸秆综合利用，全面杜绝秸秆露天焚烧现象；基本实现农业投入品包装物和当年使用地膜回收处理）的攻坚战已经打响，这为高强度、耐老化、易回收地膜和可控全生物降解地膜以及可控光/热氧化降解地膜的研发、试验、示范、推广提供了前所未有的良机。相关科研机构和研发能强的企业，应抓住机遇，加大力度、加快步伐，尽快研制出园艺产业转型升级和生态保护需要的环保地膜产品，助推食用园艺产品质量安全提档升级。

（中国农用塑料应用技术学会会长 张真和）

2017 年改性塑料行业发展特点与技术进展

一、行业发展特点概述

改性塑料作为塑料新材料的一种，属国家重点发展的新材料技术领域。伴随着国内经济的快速发展和“以塑代钢”、“以塑代木”的不断推进，改性塑料也获得了较快的发展，改性设备、改性技术不断成熟，改性塑料工业体系也逐步完善，现在已经具有了一定的发展规模，已成为全国塑料产业的重要组成部分。据中国塑料加工工业协会的统计，2017 年中国塑料制品产量为 7515.5 万吨，增长 3.4%. 初级形态的塑料产量为 8377.8 万吨，同比增长 4.5%。与此同时，塑料改性化率也逐年提高，据统计，目前我国有上千家企业从事改性塑料生产，但规模企业（产能超过 3000 吨）的只有 70 余家，总产能超过了 400 万吨，我国塑料改性化率已由 2004 年的 8% 左右提升到 20% 左右，现有产能还不能完全满足国内市场的需求，未来我国改性塑料行业仍然存在较大的发展空间。

随着科学技术的不断进步，越来越多的地方要求所用材料具有质量轻、高强度、高抗冲、防腐蚀、阻燃、防静电、防电磁波干扰等特殊性能的材料；塑料改性材料以其独特的优点得到人们的青睐，已广泛应用于工业、农业、航空航天、国防等各个领域，且发挥了巨大的作用。从应用产业集中度看，当前改性塑料产品应用领域主要集中在家电和汽车行业，消费占比高达 50% 以上。汽车轻量化和家电轻薄时尚化为改性塑料行业发展提供了新的机遇，要达到轻量化和轻薄化目标，除了优化结构与工艺设计之外，大多围绕在材料的选取上。据统计，国内家电制造行业对改性塑料的应用比例高达 37%，随着改性技术的进步，应用比例将不断提高；而在我国汽车应用领域改性塑料的应用比例仅为10%左右，相对于发达国家汽车领域的应用比例还有很大的提升空间，预计未来几年汽车行业将成为改性塑料消费量增速最快的领域。从区域集中度看，我国改性塑料行业的区域集中度较高，但是呈逐渐分散的趋势。这是由于改性塑料行业的区域性分布特点是由下游行业的集中度及地域分布特点决定的；家用电器、汽车等下游生产企业具有显著的区域性特征，受此影响从改性塑料工业总产值和销售收入区域分布来看，我国改性塑料的生产和销售主要集中于华东地区和华南地区，华中和西南地区的工业总产值和销售收入占比均呈逐年提高的趋势。

二、行业技术进展情况

随着我国经济持续繁荣发展，我国的改性塑料行业在“十一五”期间已经初步实现了专业化、规模化；在“十二五”期间，改性塑料行业实现了功能化、精品化；现在进入“十三五”，改性塑料行业将向轻量化、功能化、生态化、智能化进军。改性塑料行业技术逐步提高，国内涌现出一批综合实力强的改性塑料生产企业，通过不断的技术创新研发，也取得了一系列技术成果与产品，行业整体技术水平与国际上发达国家的差距正在逐渐缩小，某些领域已达到世界先进水平，其发展的特点与方向主要有通用塑料工程化、工程塑料高性能化、新型高效助剂的开发与应用等。

1. 武汉金发开发云母玻纤增强聚丙烯复合材料

武汉金发科技有限公司采用侧喂料工艺，实现云母和短玻纤增强PP复合材料的清洁生产，开发的云母玻纤增强聚丙烯复合材料具有低翘曲，高强度，高模量等特性，云母粉与玻璃纤维复合增强一方面可以降低产品的成本，同时云母粉具有良好的弹性、韧性、绝缘性、耐高温、耐酸碱、耐腐蚀、附着力强等特性，可以广泛应用于家用电器领域，如空调中的轴流、贯流和离心风扇叶等。公司已申请了发明专利“一种云母玻纤增强聚丙烯复合材料及其制备方法”（CN107778652A）。

2. 日之升开发LED用高遮光高反射聚丙烯复合材料

上海日之升科技有限公司采用聚酰胺、二氧化钛、滑石粉、玻璃纤维、相溶剂等改性聚丙烯，制得力学性能优异，遮光效果优异，反射率高的高遮光高反射聚丙烯复合材料，可广泛适用于LED反射杯、遮光面板等领域。该技术公司已申请专利“一种LED用高遮光高反射聚丙烯复合材料及其制备方法”（CN107513225A）。

3. 立汉化学研制了低气味低VOC玻纤增强聚丙烯材料

南京立汉化学有限公司以聚丙烯（PP）树脂为基体，PP接枝马来酸酐（PP-g-MAH）为相溶剂，纳米氧化锌和纳米二氧化钛为复合气味吸收剂，经双螺杆挤出机制备了玻璃纤维（GF）增强PP材料，制备了低气味和低挥发性有机化合物的GF增强PP材料，其拉伸强度为62MPa，弯曲强度为76MPa，缺口冲击强度为8.5kJ/m^2，由其制备的汽车空调电机风扇叶轮产品的气味等级达到了Q/JLYJ711061 - 2009标准的7级要求。

4. 会通新材开发了光催化降低VOC车用改性PP材料

合肥会通新材料有限公司采用改性纳米TiO_2通过IPDI进行表面改性，再使用硬脂酸处理，将硬脂酸分子链接枝在纳米TiO_2表面，在聚合物注塑成型时，接枝在纳米TiO_2表面的小分子硬脂酸向表面迁移，从而将纳米TiO_2带到表面，使纳米TiO_2在表面富集，从而达到光催化降解车内VOC的作用。该技术公司已申请专利“一种光催化降低VOC车用改性PP材料及其制备方法”（CN107619537A）。

5. 普利特开发了新型微发泡聚丙烯复合材料

上海普利特化工新材料有限公司采用添加微胶囊发泡剂的方法开发了新型微发泡聚丙烯复合材料，制得的微发泡聚丙烯密度为0.05～1.0g/cm^3。克服了化学发泡剂和聚丙烯材料的分离和超临界发泡工艺复杂、控制困难、设备投入高，方便客户注塑成型，生产效率高，可以制备不同发泡倍率的聚丙烯发泡材料，在“轻量化、节能环保”趋势的汽车领域更受青睐。公司已申请了发明专利“一种新型微发泡聚丙烯复合材料及其制备方法”（CN106751000A）。

6. 普利特开发了高效抗静电聚丙烯复合材料

上海普利特化工新材料有限公司采用添加抗静电母料的方法开发了高效抗静电聚丙烯复合材料，解决了常规添加抗静电剂容易螺杆打滑、冒烟等生产问题，制得的聚丙烯复合材料具有高效抗静电性能，表面电阻率可达到$10^9\Omega$，同时还能保持材料原有的力学性能，且制备方法简单可行、易于生产；产品广泛应用于汽车内外饰件、电子电器及其他生活用品中。公司已申请了发明专利“一种易加工高效抗静电聚丙烯复合材料及其制备方法”

（CN106751004A）。

7. 普利特开发了电磁屏蔽功能的 PA6 高性能复合材料

上海普利特化工新材料有限公司采用长碳纤维、超细镍粉、流动改性剂等，通过熔融浸渍技术制备具有电磁屏蔽功能的 PA6 高性能复合材料，赋予材料优良的电磁波屏蔽作用，满足其在电子、电器设备上替代金属材料的应用。该技术已申请发明专利“一种具有电磁屏蔽功能的 LCF/Ni/PA6 高性能复合材料及其制备方法”（CN106700526A）。

8. 株洲时代开发了高刚性高光泽碳纤维增强聚酰胺复合材料

株洲时代新材料科技股份有限公司采用高流动性支化聚酰胺树脂；其利用碳纤维增强配合相关功能助剂，成功开发了具有刚性高、高光泽、比重轻、耐腐蚀和抗静电等优点的新产品，在降低材料比重的同时保证获得高刚性和高光泽表面，可满足汽车等工业领域要求轻量化降低能耗的要求。公司已申请了发明专利“刚性高光泽碳纤维增强聚酰胺复合材料及其制备方法”（CN201611110631.4）。

9. 上海金发开发了免喷涂聚酰胺树脂

上海金发科技发展有限公司利用 AS 基树脂及功能助剂对 PA 树脂进行改性，解决了聚酰胺的耐候问题、吸水后的尺寸变化及高温黄变的问题，获得高耐热、高强度、高刚性、耐化学品的特性，且具有自润滑性、耐化学品性、易加工性、耐热氧老化性能。产品的耐候性能，经美国汽车协会标准 SAEJ2527 标准测试结果色差值的变化 ΔE 小于 3，在防止黄变具有明显优于普通免喷涂尼龙产品的表现；产品适用于机械、电子电器、电动工具、机动车、建筑等行业。公司已申请了发明专利“一种免喷涂聚酰胺树脂复合物及其制备方法”（CN201711026449.5）。

10. 普利特开发了阻燃导电 PA/ABS 合金材料

上海普利特化工新材料有限公司开发的 PA/ABS 合金材料具有若干普通材料无法达到的优异性能，其主要特点是：优异的尺寸稳定性，特殊的表面柔和亚光效果，极高的冲击强度，较好的热稳定性，优异的抗化学腐蚀性，优良的减振和吸声性能，优秀的导电性能，同时材料还具备阻燃性能；可广泛应用于军工领域及电子器械、建筑材料、体育器材、飞机汽车等领域。公司已申请了发明专利“一种阻燃导电 PA 和 ABS 合金材料及其制备方法”（CN107298849A）。

11. 株洲时代开发了高韧、高刚及高流动性玻纤增强聚碳酸酯

株洲时代新材料科技股份有限公司以氧化聚乙烯作为增韧剂来提高玻璃纤维增强材料的韧性，同时还能保持高刚性和高流动性。满足特殊薄壁制品对玻璃纤维增强高韧性、高刚性以及高流动性的要求，可广泛应用于机械、仪表、电气与电讯等工业产品中。公司已申请了发明专利“一种玻璃纤维增强聚碳酸酯组合物及其制备方法”（CN201710430231.X）。

12. 锦湖日丽开发了高导热低介电损耗的聚碳酸酯材料

上海锦湖日丽塑料有限公司利用聚酰亚胺树脂具有耐高温、低介电的特点，同时通过纳米氮化硼的层状结构，提高材料的刚性和低介电损耗的性能，处理后的纳米氮化硼解决了与 PC 的相容性问题。具有优异的冲击性能、耐热性能、加工性能优异，性能，广泛地应用于汽车、电子、家电等领域。该技术公司已申请专利“高导热低介电损耗的聚碳酸酯组合物及其制备方法”（CN107880512A）。

13. 南通星辰开发了可激光焊接 PBT 工程塑料

2017 年，蓝星集团旗下重要的工程塑料生产和研发基地——南通星辰在可激光焊接 PBT 工程塑料领域取得重要进展，正式推出激光透射焊接 PBT 工程塑料，商品名为 Starester ® LT 系列；成为全球第三家掌握激光焊接 PBT 工程塑料核心技术，并实现国内首创。该材料具有较高的激光透射率、焊接强度高等特点，可以获得焊接一体的零部件，大大提高了制件形态、尺寸的设计自由度和工程自动化，可广泛用于汽车零部件、电子和医疗等领域。

14. 巨化新材突破了氟改性热塑性聚酰亚胺材料产业化关键技术

浙江巨化新材料研究院承担的“氟改性热塑性聚酰亚胺材料产业化关键技术研究”国家科技支撑计划项目，解决了高性能 TPI 分子量控制、不含全氟辛酸（PFOA）制备共混材料用低分子量 PTFE 微粉的分子量分布和粒径分布控制以及共混材料中 TPI 与 PTFE 之间的相容性与性能的稳定性等技术难题；开发了低成本高性能 TPI 树脂、绿色制备共混改性专用低分子量聚四氟乙烯（PTFE）微粉及其共混材料相容性加工制备的工程化技术。

三、未来发展趋势分析

我国改性塑料行业存在较大发展空间。数据显示，我国塑料制品总产量从 2004 年的 1800 多万吨上涨至 2017 年的 7515.5 万吨，改性化率也从 8%

增长到19%。然而，相比全球40%的改性塑料用于汽车行业，中国仅10%左右。衡量一个国家塑料工业发展水平的重要指标——塑钢比，我国仅为30：70，不及世界平均的50：50，更远不及发达国家如美国的70：30和德国的63：37。我国人均塑料消费量与世界发达国家相比还有很大差距，未来仍将保持一定的增长空间。目前我国改性塑料生产企业和国外还存在差距，相信在“十三五”完成的时候，我国改性塑料产业能够再上一个台阶，出现更多可以和国际大型企业匹敌的一批优秀企业。结合产业技术的革新与下游应用产业的发展，未来改性塑料产业的发展趋势主要有以下几个方面：

（1）“十三五”时期，中国改性塑料行业将围绕汽车、现代轨道交通、航空航天等领域轻量化、高强度、耐高温、减震、密封等方面的要求，加大创新发展的力度，努力提升工程塑料产品质量，加快发展关键配套单体和工程塑料合金，重点发展具有增强、增韧、耐热、免喷涂、微孔发泡、低挥发性有机化合物（VOC）的改性塑料产品。不断提升工程塑料和高端聚烯烃产品的国内自给率。

（2）通用塑料工程化：尽管工程塑料新品不断增加，应用领域不断拓宽，并由于生产装置的扩大，成本逐渐降低。但是，在改性设备、改性技术不断发展成熟的今天，通用热塑性树脂通过改性逐渐具有工程化特点，并已经抢占了部分传统工程塑料的应用市场。

（3）工程塑料高性能化：随着国内汽车、电子电气、通讯和机械工业的蓬勃发展，改性塑料工程塑料的需求将大幅上升，各种高强度耐热型工程塑料将得到广泛应用。

（4）开发新型高效助剂成为改性塑料发展的另一重要方向：改性塑料涉及的助剂除了塑料加工常用的助剂如热稳定剂、抗氧剂、紫外吸收剂、成核剂、抗静电剂、分散剂和阻燃剂等外，增韧剂、阻燃增效剂、合金相溶剂（界面相溶剂）等对改性塑料的性能改进也有着非常关键的促进作用。

（5）环保型改性塑料将获得持续快速发展。“十三五”期间，我国将加强再生塑料绿色回收、高质量改性、高值利用各个环节的技术创新，主动开展技术升级，提高资源利用效率，提高再生塑料产品的技术标准和产品价值，提升行业的整体竞争力。

（福建师范大学聚合物资源绿色循环利用教育部工程研究中心　杨松伟；福建师范大学福清分校＋福建师范大学聚合物资源绿色循环利用教育部工程研究中心　陈庆华）

2017年抗菌塑料发展特点和技术进步

一、关于抗菌材料及其制品

2015年10月，党的十八届五中全会提出健康中国建设新目标，2016年8月，中共中央总书记、国家主席、中央军委主席习近平在全国卫生与健康大会上指出，要加快推进健康中国建设，2016年10月，中共中央、国务院印发了《“健康中国2030”规划纲要》，将健康中国主题列入前所未有的重要高度。

现代人类不仅享受着人类历史上前所未有的富足、便利和舒适的生活，同时也伴随着环保、健康、可持续发展等问题。正如大家越来越重视空气污染一样，水污染、土壤污染等一系列的环保治理问题，也出现在我们的视野。所有这些民生问题，都是人类关心自身生存、健康及其于此密切相关的环境等问题。

我们生活的环境，不仅已经有各种污染物，而且也存在各种微生物。人类和微生物是共同生活、相守着同一个地球。微生物是人类肉眼看不到的生物物种的总称，包括细菌、真菌等等。它们中既有人类的朋友——体内有益菌和环境微生物，它们承担着为人类生命提供营养来源和清理环境污染物的任务；也有人类的敌人——致病菌，导致人类得病甚至死亡的微生物，包括致病细菌、霉菌、真菌、病毒等。

致病微生物对人类的危害是巨大的。据世界卫生组织（WHO）1998年统计数字表明，1995年全世界死亡人数为5200万，其中因细菌感染等微生物原因引起而死亡人数为1700万，约占33%。致病微生物引发的公共卫生事件，如SARS、禽流感、疯牛病、H7N1等，危害触目惊心。更为常见的是，在日常生活中，因致病微生物引起的不明原因“现代病”，如“冰箱综合征”、“空调病”等不断出现。有研究报告表明，宾馆的坐便器上检测存在有大肠杆菌、金黄色葡萄球菌、白葡萄球菌、枯草杆菌、四连球菌等多种微生物，而旅馆、医院等地的门把手菌落数有时竟可高达200个以上。英国苏格兰电话公司曾报告，电话机是感冒、咽炎、流行性脑炎、肝炎、红眼病、皮肤病、结核病等多种疾病的重要传播途径。

控制微生物以减少疾病发生是一条保护人类健康的有效途径。在医院、公共场所，采用消毒剂、紫外光等减少微生物，也采用擦洗、清洁等工作减少微生物，但这些方法的效果持续不长，需要定期重复进行。

抗菌材料和抗菌制品是20世纪80年代以来人类在处理微生物与健康卫生关系领域的一项重大科技进步。用抗菌材料制成抗菌制品，自身具有抑制细菌生长、阻止细菌繁殖滋生，可持久保持制品的卫生清洁。因此，抗菌制品作为一种微生物污染的控制措施，已得到广泛应用，受到消费者的青睐。目前，各种塑料、陶瓷、不锈钢、纺织材料及其它们的制成品，均已研发出抗菌技术，得到大量使用，覆盖了各种日常用品、工业制品、农业用途产品、住宅、汽车、家电等与人类生活密切相关领域。

抗菌制品还减轻了微生物对物品的腐蚀和裂化作用，如金属、仪表、电讯器材、绝缘材料和纺织品等，起到保护产品安全、延长产品使用寿命的作用。

由此可见，抗菌材料和制品的问世，对人类生活和健康具有重要意义。

二、关于抗菌塑料和抗菌家电

中国抗菌产业的催化、发展，始于20世纪末的抗菌塑料和家电产业的联袂出演。1998年，中国科学院化学研究所（理化技术研究所）开发出无机银锌复合抗菌剂和抗菌塑料技术，并与海尔集团合作研发出系列抗菌家电产品，正式推向市场并形成热销。海尔抗菌家电产品极大地带动了整个行业抗菌产品的发展，众多家电企业随后快速跟进，很快在市场上掀起了一股“抗菌家电”热潮。

中国抗菌塑料在抗菌家电中应用的20年发展历程及当前发展状况，可以从三个维度加以观察。

（一）第一维度：抗菌家电标准体系建设

中国抗菌家电行业的标准化工作始自2003年“非典”爆发之后。当年，通过标准报批的绿色通道，GB21551《家用和类似用途电器的抗菌、除菌、净化功能》得以快速立项。

GB21551《家用和类似用途电器的抗菌、除菌、净化功能》是强制性国家标准，该系列标准包括两部分：第一部分是通则，第二部分是特殊要求。

目前已经颁布实施了6项，该系列标准分别是：

GB21551.1－2008《家用和类似用途电器的抗菌、除菌、净化功能通则》

GB21551.2－2010《家用和类似用途电器的抗菌、除菌、净化功能　抗菌材料的特殊要求》

GB21551.3－2010《家用和类似用途电器的抗菌、除菌、净化功能　空气净化器的特殊要求》

GB21551.4－2010《家用和类似用途电器的抗菌、除菌、净化功能　电冰箱的特殊要求》

GB21551.5－2010《家用和类似用途电器的抗菌、除菌、净化功能　洗衣机的特殊要求》

GB21551.6－2010《家用和类似用途电器的抗菌、除菌、净化功能　空调器的特殊要求》

上述6项标准对于抗菌家电的定义、技术要求（安全性要求、卫生性要求、抗菌除菌兴化要求）、试验方法、判定指标等都做了具体的规定。它们的颁布实施，对于引导行业发展、规范市场竞争起到了积极作用。

（二）第二维度：抗菌家电产品发展走势

1998年，海尔集团和中国科学院合作研发抗菌家电，一次性就向市场推出了包括冰箱、空调、洗衣机、冰柜、电热水杯、电熨斗、洗碗机、煤气灶、吸尘器等在内的十多个抗菌家电产品系列。

近年来，随着人们对中国环境污染关注度的提高和关注视角的衍变，抗菌技术和材料在两类家用电器中的应用呈现出非常明显的上升趋势：一类是水家电产品，比如饮水机、净水机等；另一类是空气净化产品，包括空调、空气净化器、加湿器、空调扇等。

在对市场上推出的抗菌家电产品进行观察和分析发现，从抗菌技术和材料在家电产品当中的应用广度而言，目前几乎已经涉及了人们日常中所使用的绝大部分家电产品，比如在起居室内的电视遥控器、家用/中央空调、空气净化器、加湿器、空调扇、吸尘器、电话机等；在厨卫中的冰箱/冰柜、饮水机/净水机、电热水壶、微波炉、豆浆机/榨汁机、消毒柜、洗碗机、太阳能/电热水器、足浴盆等等。

当然，从抗菌技术和材料在家电产品中应用的深度来讲，当前还是以冰箱、洗衣机、空调、空气净化机等这些大家电为主。

（三）第三维度：抗菌家电企业发展状况

健康、安全、节能、环保是家电产品的发展方向，这已经成为家电企业的共识。作为家电产品健康功能的重要组成部分，抗菌功能已经成为家电企业的一个重要选择。

从对抗菌技术和材料的应用选择角度来看，当前对于抗菌技术和材料的应用还是以大家电企业为主导，中小企业扮演的仍然是跟随者角色。然而随着越来越多的中小企业加入到抗菌家电阵营，虽然其对抗菌材料的应用量尚不及大家电企业，但参与企业的数量已经极为庞大，其在市场中扮演的角色也已经越来越重要。

中国家电行业是竞争最为充分的行业，国内市场早已实现国际化，对中国市场上的主流抗菌家电企业简单进行归类，可以划分为三大类：第一类是以海尔、美的、格力、海信等为代表中国品牌家电企业，第二类是以西门子、飞利浦、惠而浦等为代表的欧美家电企业，第三类是以松下、东芝、三星、LG等为代表日韩家电企业。

三、抗菌剂和抗菌塑料的新发展

抗菌材料是国际上20世纪80年代兴起，20世纪90年代迅速发展起来的新一代功能材料，具有自主抑制或杀灭其表面微生物的功能。目前，抗菌材料更多的是指通过添加一定的抗菌物质（抗菌剂）而使材料具有抑制或杀灭其表面有害细菌能力的一类新型功能材料，因而，抗菌材料研究的核心是抗菌剂的研制和生产。人类最古老的抗菌剂，是在公元前使用焦柚、乳香、肉桂合成，用于木乃伊的。1934年，由Tisdale与Williams（美国注册）和Martin不约而同地各自报道二硫代氨基甲酸盐化合物的杀菌毒力，才标志着近代有机杀菌剂研究的开始。1935年德国人采用季铵盐处理军服以防止伤口感染，从而揭开了现代抗菌材料研究和应用的序幕。

抗菌剂来自于天然和合成，可分为有机、无机类，其抗菌性和适用性各有特点，构成了抗菌材料和抗菌产品的丰富品种。抗菌材料的种类和成分各异，但抗菌制品的安全性是前提。

（一）有机抗菌剂

有机类抗菌剂包括多种合成的杀菌剂，如季铵盐、酚醚类、苯酚类、双胍类、异噻唑类、吡咯类、有机金属类、咪唑类、吡啶类、噻唑类等。有机抗菌剂杀菌力强、即效性好，来源丰富，但存在毒性安全性较差、长期使用可能有产生微生物耐药性的风险。有机抗菌剂的耐热性较差，易从使用的材料中迁移流失、抗菌持久性比无机抗菌剂差。

天然有机类抗菌剂如壳聚糖、桧醇、辣根、江南竹油等，安全性高，但耐热性较差，应用范围较窄，一般不能使用在高温加工的产品上。

高分子类有机抗菌剂有聚苯乙烯已内酰脲、聚吡啶、聚噻唑等，种类较少，应用不多。

1. 有机抗菌剂的耐热性和安全性

耐热性较高的有机抗菌剂，可以熔融共混在塑料中。符合安全性要求的耐热型有机抗菌剂有以下常见的几种，见表1。它们的使用条件和使用范围也各有所异。

表1　几种有机抗菌剂的性质

抗菌剂化合物名称	外观	熔点/℃	急性经口毒性/（mg/kg）
2－（4－噻唑基）苯并咪唑，，2－（4－thiazolyl）－benzimidazole，简称TBZ，噻菌灵	白色结晶	296~303	3600
苯并咪唑－2－甲氧基氨基甲酸甲酯，Methyl benzimidazol－2－ylcarbamate，简称BCM，多菌灵	灰白色粉末	307 ~ 312（分解），216℃开始升华	15000
N－二甲基－N－苯基－N－氟二氯甲硫基－硫酰胺，N－dichlorofluoromethylthio－N，N－dimethyl－N－phenylsulphamide	白色粉末	105~106	500－2500

续表

抗菌剂化合物名称	外观	熔点/℃	急性经口毒性/（mg/kg）
2，4，5，6－四氯－1，3－苯二甲腈，tetra-chloroisophthalonitrile，简称百菌清	白色结晶	250～251℃	10000
2，4，4′三氯－2′－羟基二苯醚，2，4，4′－trichloro－2′hydroxy－diphenyl－ether，简称三氯新	白色结晶	56～60℃，270℃分解	4000
10，10′－氧化二酚恶吡醚，10，10′－oxybis-phenoxyarsine，简称OBPA，霉克净	白色粉末	185～186℃，300℃以上分解	54
2－n－辛基－4－异噻唑－3－酮，2－n－octyl－4－isothiazolin－3－one，简称OIT	褐色液体	—	1470
3－碘－2－炔丙基正丁基氨基甲酸酯，3－io-do－2－propynyl－n－butylcarbamate，简称IPBC	灰白色粉末	—	1580

2. 有机抗菌剂的主要应用方式——表面结合和内添加

有机抗菌剂较多用于表面处理，主要是因为大部分有机抗菌剂的耐热性不好，热稳定性不够。在纺织和涂料中应用较普及。

内添加型的有机抗菌剂一般要求能耐受200℃的温度，这样可以在塑料共混中使用。

（二）无机抗菌剂

1. 含银等金属离子抗菌剂

无机抗菌剂一般含有银、锌、铜等金属离子成分负载在某些无机载体，如沸石、磷酸盐、羟基磷灰石、可溶性玻璃等类型的结构中或表面层间，具有缓释抗菌金属离子的作用，所以有优异的抗菌长效性。

无机抗菌剂与有机类、天然类抗菌剂相比，具有安全性高、长效性好等优点，尤其是其优异的耐热性（使用加工温度>600℃），使其成为在塑料、化纤、甚至陶瓷等材料中使用的首选抗菌剂。

金属离子带有正电荷，当微量金属离子接触到微生物细胞膜时，与带负电荷的细胞膜发生库仑吸引，使两者牢固结合，金属离子穿透细胞膜进入细菌内与细菌体内蛋白质上的巯基、氨基等发生反应。细胞合成酶的活性中心由含巯基、氨基、羟基等功能基团组成，与金属离子结合后该蛋白质活性中心的结构被破坏，造成微生物死亡或丧失分裂增殖能力。例如，银离子与蛋白质巯基的结合破坏了微生物的电子传输系统、呼吸系统和物质传输系统。金属离子杀灭和抑制细菌的活性按下列顺序递减：$Ag^{+} > Hg^{2+} > Cu^{2+} > Cd^{2+} > Cr^{3+} > Ni^{2+} > Pb^{2+} > Co^{4+} > Zn^{2+} > Fe^{3+}$。

表2　　含银铜锌的无机抗菌剂

载体		载体与有效成分结合方式
硅酸盐类载体	沸石	离子交换
	黏土矿物	离子交换
	硅胶	吸附
磷酸盐类载体	磷酸锆	离子交换
	磷酸钙	吸附

续表

载体		载体与有效成分结合方式
其他无机抗菌剂	可溶性玻璃	玻璃成分
	活性炭	吸附
	金属（合金）	合金
	有机（金属）	化合

2. 光催化抗菌剂

有些微量的金属元素，能起到催化活性中心的作用，如银、钛、锌。该活性中心能吸收环境的能量，如紫外光，激活空气或水中的氧，产生羟自由基（·OH）和活性氧离子（O_2^-）。它们能氧化或使细菌细胞中的蛋白质、不饱和脂肪酸、糖苷等发生反应，破坏其正常结构，从而使其死亡或丧失增殖能力。

近年，欧美跨国公司和日韩企业，开始到中国开疆拓土，并初步构建成功自己的战略版图。比如美国妙抗保公司，其添加式抗菌防霉技术和产品在欧美推广非常成功，现在把目光放到了中国市场。美国杜邦公司在材料行业有很高的知名度，已在中国开发和推广抗菌牙刷丝。陶氏化学在几年前并购罗门哈斯公司之后成立了微生物控制事业部，在中国推广抗菌相关微生物控制技术和材料。跨国抗菌公司进入中国，国际化势在必行。这些跨国公司的进入，将会对中国抗菌行业带来新的经营理念、商业模式和管理经验，对于中国抗菌产业的发展是一个积极的信号。

四、关于国际抗菌材料及制品行业组织

根据日本抗菌制品技术协议会提供的数据，目前日本抗菌产业的年产值已经超过15000亿日元。而在中国，抗菌产业自1998年开始产业化，经过十余年，也已经发展成为一个年产值超过1000亿元的新兴产业。

抗菌产业技术规范和标准也快速形成，包括中国在内的抗菌技术先进国家和地区纷纷制定抗菌标准以规范产业发展。比如，日本建立了JIS1902和JIS2801等日本工业标准的抗菌标准体系；美国材料学会（ASTM）建立了ASTMG21、ASTME2149和ASTME2180等抗菌标准；美国纺织和印染化学师协会（AATCC）建立了AATCC30、AATCC100和AATCC147等抗菌标准；中国已颁布实施30项国家和行业标准。

在全球经济一体化趋势下，抗菌产业的国际化发展如火如荼。日本抗菌技术协议会积极推动抗菌标准的国际化，在中国等主要国家的共同参与下，2007年国际标准化组织（ISO）完成了由亚洲国家主持制定的首批2项ISO抗菌材料（固体材料和纤维材料）标准（ISO22196，ISO20743），迄今共有4项ISO抗菌标准已颁布实施，为抗菌产业的国际联合打下了良好基础。

为了加强国家间合作交流，促进抗菌产品在全球的应用，中、日、韩三国商议筹备，共同发起成立抗菌产业的国际组织，统一标准，对市场起到规范和指导作用，指导抗菌产业在全球的健康发展，为人类健康做出应有的贡献。

拟成立的国际抗菌材料及制品产业组织的功能：

国际抗菌材料及制品产业组织，是国与国之间抗菌行业的交流平台，非营利性国际组织，各个从事抗菌产业的国家派出自己的行业协会代表该国参加该组织。

各成员国协会及其下属机构和会员，遵守该组织章程，并履行义务。

该组织的基本功能为：

1）制定和规范抗菌理念，推动抗菌材料在全球应用；

2）加强抗菌行业的国际标准化，交流产品技术，促进抗菌材料和产品的技术进步；

3）规范各成员国的会员市场行为，促进抗菌产业健康发展；

4）促进和协调国际抗菌产业的合作和发展；

5）发展新的成员国，推动抗菌技术和抗菌产品的国际化。

（李毕忠　张迎增）

2017 年连续纤维增强热塑性复合材料的技术进展

一、概述

材料自始至终都在人类进化史上扮演着重要角色。石器时代，人类学会了利用自然界的天然材料，开始了对自然界永无止境的探索。之后人们对材料的利用和认知也逐步拓展到陶瓷、青铜、铁器、钢铁、有色金属及合金和高分子材料。然而随着社会的快速发展，单一材料也越来越难以满足使用要求，人们开始着眼于复合材料的研究。复合材料指的是两种或者两种以上物理和化学性质不同的物质组合而成的一种固体材料，新得到的材料具有多种特性。按照用途可将复合材料分为结构复合材料（力学性能有明显改善，可做受力构件）和功能复合材料（具备特殊功能，如声、光、电、磁等）。其中结构复合材料凭借其质轻、比强度高、耐腐蚀等系列优点，在部分应用场合已逐步取代了常规的钢材。

复合材料由基体（一般为连续相）和增强体（一般为分散相）组成。基体在复合材料中用于黏结增强材料的黏结剂，主要作用为黏结纤维、保护纤维、传递应力；增强体在复合材料中往往起到增强力学性能的作用。

常用基体有：聚合物树脂基、金属基、陶瓷基、碳基和水泥基，其中聚合物基复合材料的用量占总体的90%以上，以热固性和热塑性为主。就聚合物基体的角度而言，热塑性复合材料相较于热固性复合材料有一下明显的优点，如耐蠕变、较好的断裂韧性、成型周期短、工艺设备简单、成本较低、密度低、易修复和可回收利用等，人们趋于着手研究和开发热塑性复合材料，如表1 所示：热固性复合材料的应用已经接近饱和，市场动荡下加上部分市场被热塑性复合材料抢占导致其产能不升反降。反观热塑性复合材料，其增速迅猛，未来几年将是发展的黄金期。

表 1　我国 2010—2016 年热塑性复合材料和热固性复合材料产能

年份	2010	2011	2012	2013	2014	2015	2016
热固性复合材料/万吨	238	263	270	273	272	280	266
增速/%	\	9.5	2.6	1.1	-0.4	2.9	-5.3
热塑性复合材料/万吨	91	118	130	137	161	176	197
增速/%	\	22.9	9.2	5.1	14.9	8.5	10.7

常用增强体有：纤维增强、颗粒增强、片材增强，其中纤维增强的制品性能最优；纤维增强按照纤维的长度和形式可分为：短切纤维、长纤维、纤维毡、连续纤维，其中连续纤维又拥有更高的强度和刚度，使得其在各个领域中，有逐渐蚕食短切纤维和长纤维的市场的趋势。

由于上述原因，近几年来连续纤维增强热塑性材料（Continuous Fibre Reinforced Thermoplastic Plastics，简称 CFRTP）逐渐成为人们重点研究的对象。目前全球市场 CFRTP 的增速保持在 6.9% 左右，中国在 2011 年 -2015 年的 CFRTP 生产增长率最高达 11.42%，且中国由于风电、汽车、航空航天的严峻竞争形势，各个厂家都争先夺后地追赶，可以乐观地预测我国未来几年的 CFRTP 的市场增速将有望保持 10% 以上。

二、成型材料

1. 基体材料

一般的热塑性树脂都可以作为 CFRTP 的基体，常用基体主要有聚乙烯、聚丙烯、聚氯乙烯、聚苯乙烯、聚甲基丙烯酸甲酯、聚甲醛、聚砜、聚苯硫醚、聚醚醚酮等。

2. 增强纤维

CFRTP 常用增强纤维有玻璃纤维、碳纤维和芳纶纤维。

玻璃纤维是最早的增强用纤维之一，有着悠久的历史。玻璃纤维具有很多优良的性能，如拉伸强度高、耐热性好、电绝缘性好、吸湿性低、防火、防霉、防蛀等，由于其优良的价格和成熟的工艺，占有很大的一部分市场。

碳纤维是含碳量在 90% 以上的高强度、高模量纤维，是用来制备高性能制品的主要增强纤维。其具有高比强度、高模量、耐磨、导电、耐高温且稳定性好。常用于航空航天、国防、精密仪器以及部分民用商品上。

芳纶的发明是化学纤维上的重要里程碑，在此之前的有机物纤维均只能作为服装材料使用。芳纶作为一种高性能纤维，除了拥有卓越的耐磨性和强度外，还有着出色的阻燃和耐高温性能，广泛应用于如轮胎、电缆、防弹衣、宇航、海洋工程等领域。

三、成型技术

CFRTP 从基本原材料（即树脂、纤维、其他添加剂）到最终制品的过程，可以简单总结为：将树脂浸渍到连续的分散纤维中，并将其通过一定的模具冷却固化成型。在一般生产中，将该过程分为两个步骤：1）通过原材料制备预浸料；2）将预浸料加工为最终产品。

1. 预浸料制备技术

热塑性树脂熔融黏度高，普遍高于 100Pa·s，这给纤维的浸渍以及后期的成型加工中带来了很多困难，如何制备浸渍效果好的预浸料也成为热塑性复合材料的关键。目前人们进行了很多研究，开发了几种主要的浸渍工艺：溶液浸渍法、粉末浸渍法、反应（原位聚合）浸渍法、熔融浸渍法、悬浮熔融法和纤维混编法等。现就前四种工艺做一简单介绍。

溶液浸渍法，该方法是通过选择合适的溶剂，将树脂溶解到溶剂中，使得混合溶液的黏度下降到较低水平从而方便浸渍纤维；在浸渍纤维后，通过加热除去溶剂可以获得浸渍效果良好的预浸料。该方法克服了热塑性树脂黏度大的问题，工艺相对简单。但是存在一些缺点：溶剂的使用和浪费，污染环境且对于不同体系的材料，还需专门配制溶剂；溶剂去除过程中造成空隙和气泡，形成缺陷，从而影响制品最终性能。

粉末浸渍法，该方法是将树脂通过粉末床，将粉末树脂施加到纤维上，然后通过加热熔融使树脂浸渍到纤维中，最终经过辊系压实，完成预浸料的制备，如图 1 所示。该工艺有很多研究在粉末床上做文章，有通过将粉末和其他添加剂配制成悬浮液流体床的悬浮液工艺法；有用气流悬浮粉末控制浸润的流态化床浸渍工艺法；也有施加静电作用，让粉末更好的沉积在纤维上的浸渍工艺。总的来说，粉末浸渍法生产速度较快、效率高，但是也有一些明显的缺点，如设备（尤其是流体床）笨重复杂、浸润效果和效率以及工艺参数（温度、压力）取决于粉末直径的大小和分布。

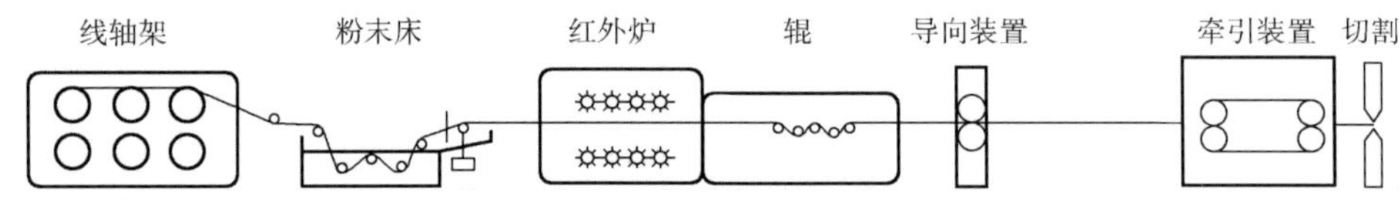

图 1 粉末浸渍工艺流程图

反应浸渍法：也称为原位聚合浸渍法，基本原理是利用了树脂单体的良好流动性，将纤维通过反应体系，树脂单体将对其进行浸渍，与此同时控制体系的聚合反应，生成基体树脂。该工艺理论上解决了树脂基体的高黏度分散问题，不过由于该工艺涉及聚合反应，这对反应条件十分苛刻、不易控制，可使用体系较少，目前还没完全应用到实际生产中来。

熔融浸渍法：将热塑性树脂加热熔融来浸渍纤维的一种技术，如图 2 所示。纤维经过分散后，经过弯曲流道模具或者辊系浸渍设备完成浸渍过程，在经由冷却牵引即可得到所需预浸料。熔融浸渍法工艺简单、环境污染小、生产效率高、树脂的含量精确可控；不足之处就是熔融树脂的黏度过高，使得浸渍较为困难。

开发用于航空航天、汽车工业、轨道交通等轻量化领域的高性能纤维增强热塑性复合材料。根据制件对性能和重量的要求，选择以下一种或几种复合材料进行轻量化设计组合应用，分别为连续玻璃纤维增强热塑性复合材料和连续碳纤维增强热塑性复合材料。制备高性能纤维增强热塑性复合材料的关键技术是解决热塑性树脂对连续增强纤维的浸渍问题。

为获取高纤维含量、高浸渍效率、高强度的连续纤维增强热塑性复合材料的预浸片材，熔体浸渍法是具备产业化前景和大规模生产的一项重要技术。其生产的基本原理是采用一种特殊结构的拉挤浸渍模具，让均匀分散、预加张力的连续玻璃纤维束通过一连串轮系间流动着基体树脂熔体的辊轮系统，经反复多次承受交替的变化，促使纤维和熔体强制性浸渍，达到理想的浸渍效果。

为实现高纤维含量的高浸润效果，通常会在模具内部设置熔体增压流道，通过熔体自增压，使熔体快速进入到玻纤单丝之间的间隙，提升浸渍效率。但矛盾的是，模内压力可以提高纤维浸润性，但施加在纤维上的压力是很大的，会导致纤维损伤，使CFRTP材料出现断纱、无法成片现象。玻纤的Tex越小，熔体越容易浸润，但熔体自增压会使玻纤起毛、断条、不成片的概率也大大增加，实验证明CFRTP材料采用1200Tex玻纤的综合效果最好；添加复合助剂有利于浸润效率的提升，减少综合生产成本。

CFRTP材料是制件轻量化应用的核心材料，通过CFRTP材料的补强作用和结构合理设计，能进一步减重且能提升制件性能。影响结构制件性能的三种设计因素为单层材料的设计、铺层设计和结构设计。其中，单层材料的设计是最为核心、最为基础的因素。

为制备高性能连续纤维增强热塑性复合材料单层片材，保证玻纤与树脂间的界面结合与浸渍效果，获得连续的、无断纱、无干纱的预浸单层片材，这就必须做到以下内容：

1）开发能使纤维匀排列、展纱、分散，且使纤维张力可控的整纱设备；

2）开发高玻纤高浸渍效果的自增压浸渍模具；

3）选择合适黏度的树脂基材和玻璃纤维的配方体系；

4）选择界面处理剂的种类与用量以改善基体与纤维间的界面结合；

5）选择合理的工艺参数稳定生产质量和状况。

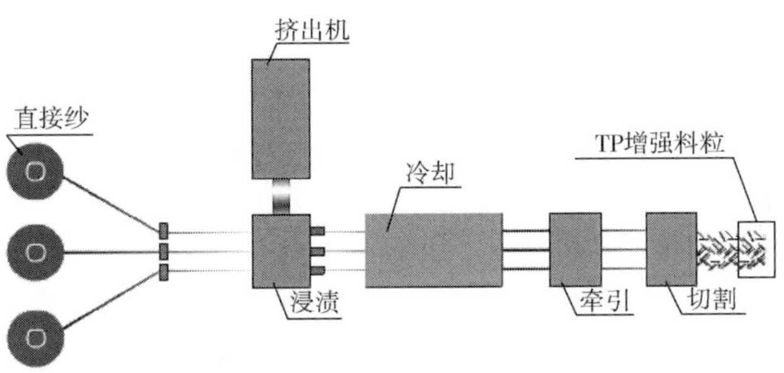

图2 熔融浸渍工艺流程图

2. 连续纤维复合材料制造技术

得到的预浸料还需通过一些加工成型技术才能制得有应用价值的产品。常用的加工成型技术有：层压成型技术、铺层成型技术、拉挤成型工艺、纤维缠绕成型工艺、隔膜成型技术、热压成型技术等，现对一些典型的技术做简单介绍。

层压成型：将预浸渍片材加热到高于基体树脂的熔融温度20～40℃，再将需要成型的片材迅速放到模具中，并即刻闭合模具，这时候复合材料将充满模腔。然后保持压力（10～41MPa）冷却固化成型。

铺层成型：通过对层合板加热加压（0.7～2MPa），使得各层之间再进行二次复合，可用于生产各种层压板。加压的目的是为了压实制品，防止分层和低分子挥发物形成气泡。常用的铺层加压固化的方法可分为：热压罐法、压力袋法、平板热压法和液压釜法等。

拉挤成型：指将预浸料预加热后，通过加热的模具，最终成为连续的等截面制品，如图3所示。该技术主要运用于制备像槽、杠、梁等形状比较规则的制品。

纤维缠绕成型：该方法需要用一个热源将预浸料加热到熔融（或软化）点温度以上，再利用机械臂辅助缠绕和压实。缠绕制品可以根据受力情况来设计相对应的缠绕规律，使得纤维的增强效果充分体现出来。

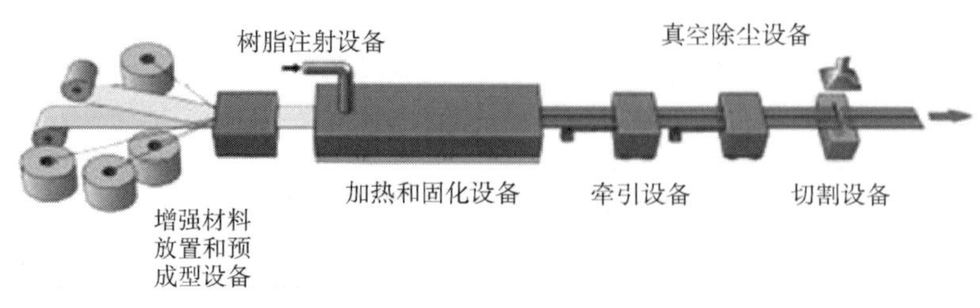

图3　拉挤成型工艺流程图

四、国内外进展

国外早在20世纪70年代就开发出CFRTP，目前已有多家跨国公司具有成熟的技术和商业化产品，但产品仍对国内进行限制性销售，且售价较高。全球领先的高性能工程塑料生产商Celanese（塞拉尼斯）、专注于高技术纤维材料已有百年历史的大型跨公司TenCate、国际化工巨头BASF、国际石化巨头SABIC、美国Ploystrand复合材料公司均在致力于CFRTP的开发和推广。

Ticona公司旗下的Celstran®品牌，专业从事纤维增强热塑性复合材料，拥有多条LFT和CFRTP生产线，产品质量好性能高。其可实现的生产的基体为聚丙烯（PP）、聚乙烯（PE）、聚酰胺（PA）、聚醚醚酮（PEEK）等材料，可用的增强纤维有玻纤纤维、碳纤维和芳纶纤维，对LFT和CFRT产品进行了大量的研究和推广，尤其是大飞机、汽车轻量化领域和管道领域。

荷兰皇家TenCate，专注于高技术纤维材料及纺织领域的大型跨国公司，已有300多年的发展历史。其品牌为Cetex™，具有以聚丙烯（PP）、聚乙烯（PE）、聚碳酸酯（PC）、聚酰胺（PA）、聚对苯二甲酸乙二醇酯（PET），聚醚醚酮（PEEK）为基体，以玻纤纤维、碳纤维和芳纶纤维为增强材料的连续纤维增强热塑性复合材料，专注于航空航天、体育、运动、劳保等器材的开发和推广，并在2012—2013年与德国BASF达成合作协议，共同推进CFRTP在汽车轻量化领域的应用，将航天应用技术向汽车工业推进。

化工巨头BASF，专注于尼龙（PA）CFRTP和LFT的开发和应用，增强纤维有两类，玻璃纤维和碳纤维。其将LFT-PA、连续玻纤增强尼龙复合材料、连续碳纤维增强尼龙复合材料复合应用在汽车轻量化制件中，利用几种材料的组合制备重量较轻、强度较高、符合使用要求的制件。

SABIC和LAMILUX复合材料有限公司从事生产高性能纤维增强塑料多年，专注于货运箱体的轻量化，为全球汽车、宿营车、房车制造、冷藏室和冷藏间制造、建筑业以及许多其它行业领域的客户供货，其产品主要为聚丙烯基材的CFRTP。

2016年德国LANXESS展示了其最新用CFRTP-PA复合材料和SFT-PA组合制备而成的座椅底座和前端框架制件。同时，LANXESS联合BOGE开发了首款CFRTP-PA全塑脚踏板，并在保时捷等高端车上进行应用。美国Markforged推出了MarkOne产品，该产品是世界上第一台可对连续碳纤维、玻璃纤维或芳纶纤维进行3D打印的设备。宝马和杜邦公司合作共同开发研制了以™Zytel®PLUS95G35玻璃纤维增强尼龙做汽车的谐振腔，不仅降低了燃料消耗和排放，还有助于减小发动机噪声。TxV航空复合材料公司引进了迪芬巴赫的全新Fiberforge铺设系统，可用于解决航空航天中大规模PAEK复合材料的生产；新的铺设系统每一道工序用时不到1s，利用连续玻璃纤维带或者碳纤维带，大大提高了利用率。Woodshed Technologies首创的直接在线配料LFT工艺（D-LFT），该工艺将配料与成型一体化，无需制备预浸料，物料的受热次数减少，减小能耗，预计产品成本能降低40%。达诺巴特集团提出了一个成熟的叶片自动制造系统，该系统可自动实现铺层、打磨、施胶，能大大提高工作效率，减少人工失误造成的缺陷。东丽宣布最新一代碳纤维预浸料，拉伸强度和抗冲击性能比上一代提升30%以上，且同时具有高模量和高韧性，耐极高温和极低温。三菱化学推出一种新型碳纤维复合材料，用该材料能降低一半的生产成本。Honeywell新款防刺服面世，采用新型碳纤维材料，其断裂强度高出其他材料5~6倍，密度仅仅为其他材料的0.2~0.85倍。欧洲汽车制造商在车辆后座系统中采用了朗盛 Tepex-Dynalite 的 CRFTP 作为内饰，减重 40% 以上。Norplex - Micarta 公司的 EnableX 技术，可在连续纤维在多种材料的成型系统中实现共固化，生产出外形良好的零部件。

与欧美发达国家相比，中国复合材料应用历史不仅短而且发展缓慢，技术水平低下，其重要原因是汽车主机厂、配套厂、材料厂间缺乏交流，导致汽车工业缺少复合材料技术资源支撑；其次中国复合材料行业从材料到工艺到装备没有形成一个高水平、完整的工业生产体系，不能满足汽车工业的需求是另外一个重要原因。国内从 20 世纪 90 年代才开始起步，研究 LFT（长纤维增强）和 CFRTP 材料，浙江大学、北京化工大学、华东理工大学、武汉理工大学、山东理工大学都有相关的研究报告，LFT 材料经多年发展和研究已在产业化上初具端倪，但 CFRTP 由于工装设备等原因，未有实质产业化报道。随着中国商用航天航空和汽车工业的迅猛发展，机体轻量化、低油耗、高安全性、减少环境污染和降低汽车制造与使用综合成本日益成为业内的共识，我国航空及汽车工业将给轻质、高强、成本低廉、综合性能优异的复合材料提供前所未有的机会和世界上最大的市场。届时 LFT 和 CFRTP 材料将在国内迅速发展。

伴随着国内 LFT 应用的普及和技术改进，CFRTP 市场也在不断开拓和前行，国内已有 LFT 材料生产能力的改性工厂展开了对 CFRTP 材料的开发，上海杰事杰新材料股份有限公司、广州金发科技股份有限公司、江苏奇一科技有限公司等企业相继投入大量人力物力进行此产品的开发。

目前国内的 LFT 和 CFRT 技术成熟度不够，普遍存在纤维含量低，浸渍效果不好，产品质量不稳定等缺点。另外，大多数国内企业必须采用进口原材料才能达到客户要求，造成材料价格偏高。因此，目前国内使用的连续纤维增强热塑性复合材料主要还是采用进口产品，本土技术生产的连续纤维增强热塑性复合材料面临质量挑战和材料组合技术挑战。

综合以上所述，国内 LFT 材料虽得到发展，但高质量高性能长纤维增强热塑性复合材料依旧缺失；CFRTP 材料虽已进入开发周期，但质量不高、性能不强依旧制约着国产 CFRTP 的发展，且碳纤维级 CFRTP 国内鲜有开发和生产，缺乏高端高性能纤维增强热塑复合材料的开发能力。

2014 年，江苏航科复合材料科技有限公司开始研究和开发 T800，取得了一系列成果。2017 年天顺化工科技开发公司也宣布突破 T800 级碳纤维，成本仅为国际价格 1/3，正式宣布打破了国外的垄断。山东英特力新材料有限公司联合山东大学开展了 T800S 碳纤维复合材料的研究和产业化应用，研制的特种方舱相比于传统舱能减重 50% ~70%。康德集团全面提升自身企业碳纤维的综合实力，预计在 2023 年建成年产 6.6 万吨的碳纤维生产项目。中国航天科工集团设计的“国产 M40J 碳纤维工程化研究及应用”研制成功。伯乐塑机研发出全球第一台采用“一步法”在线配混工艺，可直接对碳纤维（LFT）复合材料进行注射成型，大大缩短了工艺流程；更好地保留了纤维长度；达到节能，高效生产的目的。南京航空航天大学发明了一种连续纤维增强热塑性树脂复合材料的 3D 打印方法，该挤出头可绕中轴旋转，且转向与其连接的熔融腔相反，用以改善 3D 打印时使用纤维尺寸小，浸渍速度慢而导致成型慢的问题。

可以看出我国的研究进展落后于国际水平，这是由于我国的研究较晚，力量不集中导致。呼吁国家借鉴美国国家先进材料性能中心（NCAMP）建设共享材料数据库的方法，将我国的各机构、企业、实验室的材料数据集中起来，并对外开放，避免企业和个人重复走弯路、走错路，这样能大大缩短产品的研发周期。

五、市场分析及应用

1. 市场分析

纤维复合材料在航空航天、风电、汽车、体育休闲、压力容器、船舶及海洋工程上均有一定规模的应用市场，如图 4 为目前年玻纤产业分布。我国的玻纤技术已经较为成熟，目前中国市场的应用和欧美发达国家相比差别不大。去年全球玻纤产能为 700 万吨，如图 5 所示。我国以中国巨石、泰山玻纤和重庆国际为头的企业分别占了全球产能的 19%、10%、10%，完全满足国内市场的使用需要。

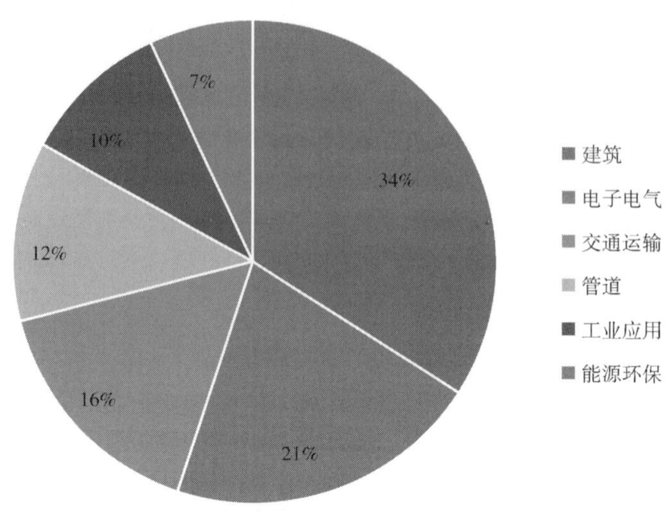

图 4　2017 年我国玻纤应用占比

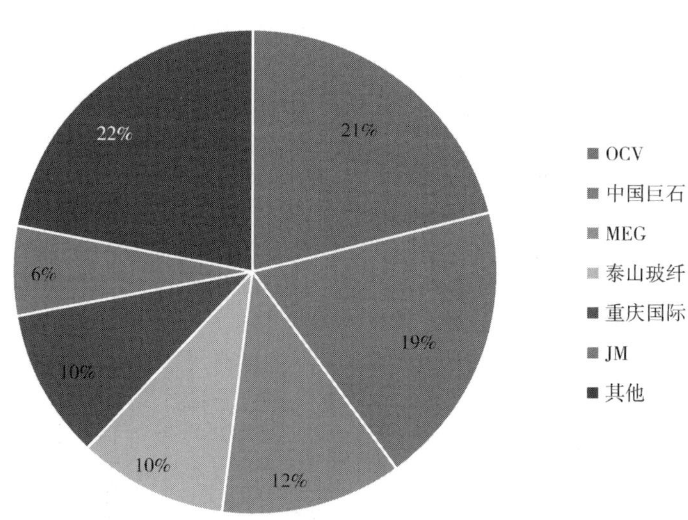

图 5　2017 年全球玻纤产能占比（总产能 700 万吨）

相对地，我国的碳纤维技术则略显稚嫩，和国际顶尖水平相比仍有较大差距。我国的碳纤维技术应用则停留在低端行业，如图 6 所示，可以看出体育占了我国很大的应用市场。有幸的是国家政府和各企业身先士卒，投入了巨大的时间、精力和金钱最终于突破了 T800 和 M40J 碳纤维的难关，而欧美日国家已经拥有了 T1400 和 M60J 技术。由此可见在碳纤维材料方面，我国的各个企业还需继续努力。不过由于打破了 T800 技术的壁垒，如图 7 所示，我国对进口碳纤维的需求大大降低。

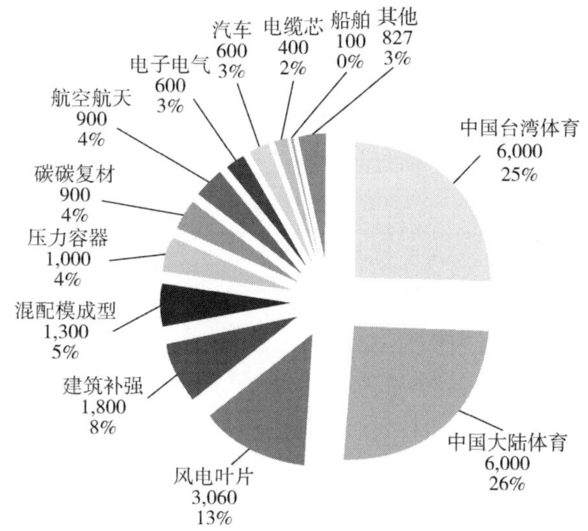

图6 2017 年中国碳纤维应用占比

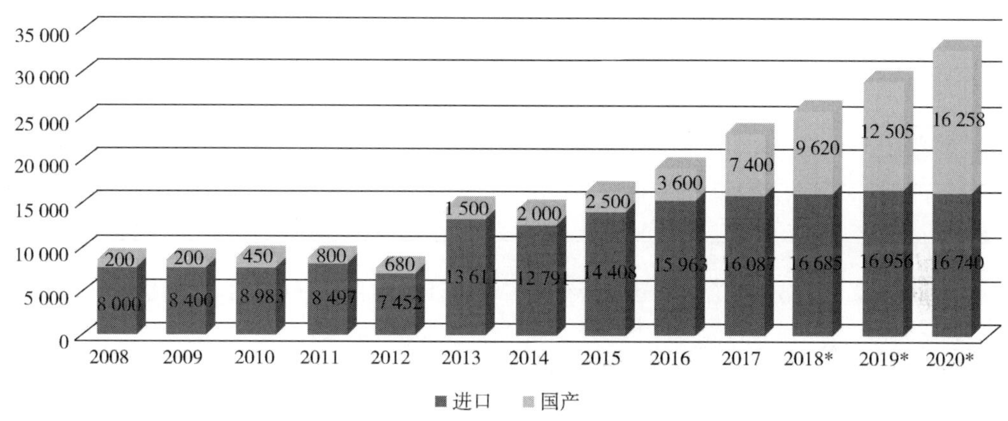

图7 2008—2020 年中国碳纤维需求（＊为预测）

2. 市场应用

（1）汽车市场

由于全球能源危机的影响，加之人们对环境问题的日益重视，国内外对汽车的燃油排放标准不断提高；而目前关于新能源汽车的使用中，由于锂电池的技术瓶颈还未突破，性能有限。各个车企就把研究中心转移到了汽车轻量化上，希望更轻的车身能够减小能源的消耗。人们研究发现，如果汽车的重量降低 10%，那么燃油效率刻意抬高 6% ~8%；汽车的重量每减少 100 千克，百公里的油耗可降低 0.3 ~0.6L。从目前的情况看来，无论是对传统燃料的汽车还是未来的新能源汽车，汽车轻量化都是一个有价值的研究方向。

在汽车轻量化上，人们做的研究和尝试主要在三个方面：1）调整材料种类，2）更优化的结构设计，3）更合理的生产工艺。其中，对材料的研究主要是希望通过使用更轻质的材料来满足汽车的使用。现在普遍有使用的材料有碳纤维、铝合金、镁合金、玻璃纤维增强树脂、碳纤维复合材料等。其中玻璃纤维复合材料和碳纤维复合材料由于其本身的比强度和比模量、耐疲劳、安全可靠等优点，广受各位厂商的青睐，现已经有很多已投入的应用，如表 2 所示。

表 2　　长玻纤增强树脂复合材料在汽车上的应用

制造商	主要应用部位						
	噪音屏蔽模块	底部	前端	保险杠梁	仪表板	车门	其他
奥迪（Audi）	√	√	√				√
宝马（BMW）	√	√					√
雪铁龙（Citroen）		√		√			√
菲亚特（Flat）			√	√			
福特（Ford）							√
梅赛德（Mercedes）	√	√			√	√	√
欧宝（Opel）							√
标致（Peugeot）			√	√			√
雷诺（Renault）							√
西亚特（Seat）	√	√					
斯柯达（Skoda）			√		√		
沃尔沃（Volvo）							√
大众（Volkswagen）	√		√		√		

如表 3 所示，无论是玻纤复合材料还是碳纤复合材料，其性能相较于传统材料有明显的优势。其中碳纤维的表现更佳，应用也更多，如图 8 所示。理论上目前的碳纤维复合材料技术可以实现汽车 40% 左右的减重。

表 3　　汽车常用材料对比

材料种类		密度/（克/厘米^3）	拉伸强度/兆帕	弹性模量/兆帕	比强度/米	比模量
高强度钢		7.8	1000	214000	1.3	0.27
铝合金		2.8	420	71000	1.5	0.25
镁合金		1.79	280	45000	1.6	0.25
钛合金		4.5	942	112000	2.1	0.25
玻璃纤维复合材料		2	1100	40000	5.5	0.2
碳纤维复合材料	高强度型	1.5	1400	130000	9.3	0.87
	高模量型	1.6	1100	190000	6.2	1.2

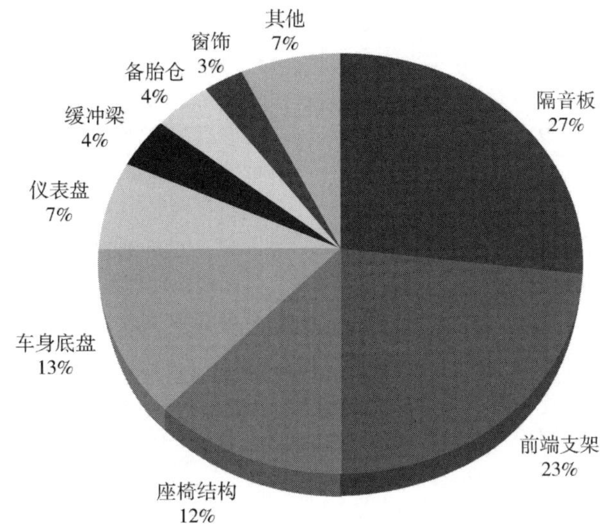

图 8　碳纤维在汽车零部件上的使用情况

虽然理论上碳纤维前景是最好的，但是目前的应用规模仍然有很大的局限性；有的会选用玻璃纤维来生产车用三类零部件。对碳纤维各大厂商仍持观望态度，就连推出碳纤维车身的宝马 i3，也将车架改回了铝合金。究其原因，碳纤维复合材料的成本（材料成本 + 人工成本）远远高于能接受范围，高达 400 元/千克，只有赛车、豪华车等小部分市场能接受这个价位。而一般的钢材和铝材成本只有 8 ~ 20 元/千克。除去质量比重，如果碳纤维价格能降低到 60 ~ 100 元/千克，则有望广泛应用到汽车市场。

我国目前的交通运输业（包括汽车、船舶、轨道交通、飞行器）的规模在 120 万吨，预计在“十三五”后，市场规模能达到 150 万吨。2017 年全球碳纤维总产能 84200 吨，其中有 12%（10104 吨）应用到汽车市场。汽车行业将是带动增长的主力军，虽然目前受到成本的限制，需求波动较大；相信在更便宜的工艺出来后，能占有绝大部分市场。

（2）风电市场

风电行业要求更大的风机叶片，现在通常用的叶片都有 70 米，采用常规的材料，设备将笨重不堪。人们在追求轻质高强、寿命长的材料时，自然而然地选中了纤维增强复合材料。风机叶片的主要制造工艺有手糊成型、模压成型、预浸料成型、拉挤成型、纤维缠绕、树脂传递模塑以及真空灌注等成型工艺，目前风机叶片还是主要以纤维增强热固性复合材料为主，不过相信 CFRTP 在未来的成型中能慢慢扮演重要角色。

全球风电行业近几年保持中高速增长，预计在未来增长率能达到 15% 左右，中国风电受到政策影响在 2016—2017 年，起色不是很好，弃风限电现象严重，增速略微下降。不过随着政策调整，风电重心南移和海上风电的兴起，风电行业未来几年的增速有望达到 20%。

在用纤维上，同汽车一样，碳纤维的成本问题有待解决。业内人士指出：风机厂商更倾向于用高模量的玻璃纤维而不是碳纤维。不过有部分企业战略性准备开始用碳纤维复合材料，希望在碳纤市场降价前积累到生产技术，为更大的叶片和海上风电做准备。目前我国能源环保（风电、农村清洁能源等）市场规模为 50 万吨，估计 2020 年能达到 60 万吨的市场规模。目前我国风电行业对碳纤维的需求为 3060 吨；而对玻璃纤维的需求为 4 万吨。

（3）其他

CFRTP 在其他市场如航空航天、体育休闲和油气田领域等扮演着重要角色。在航空航天领域，则是碳纤维的主要市场，其用量占比只有 23%，却独占了接近 50% 的市场份额。航空航天中，商用飞机占比 70%，是碳纤维消耗主要群体。以波音和空客为主的飞机厂商，其致力于将复合材料用于机身上。波音 B787 有接近 60% 使用的是复合材料，其中碳纤维用量达 35 吨；空客 A350 大飞机有一半以上采用了复合材料，其中碳纤维用量高达 61.5 吨；而我国的 C919 使用的复合材料占比为 30%，与国际水平还有一定的差距。体育休闲上用碳纤维，是我国前期碳纤维产业的主要消耗领域，这反映了前期我国没有技术的尴尬境遇，预测未来几年体育休闲领域用碳纤维会持续上涨，但是相对比重会降低。油气田领域，我国从 1999 年开始研制碳纤维抽油杆，目前进行一些生产线的试用。相对传统钢制（3000 千克/千米）抽油杆，碳纤维抽油杆具有质轻（144 千克/千米）、强度高、耐腐蚀等优点，若采用碳纤维抽油杆，保守估计可以节能 20% 以上。

六、结语

“一代材料、一代技术、一代装备”，材料是工业技术的核心。我们可以明显看到我国复合材料与国际水平的差距，在此用习主席的话提醒各个厂商，“只有把核心技术掌握在自己手中，才能真正掌握竞争和发展的主动权，才能从根本上保障国家经济安全、国防安全和其他安全。”

中国制造 2025 涉及新一代信息技术产业、高档数控机床和机器人、航空航天装备、海洋工程装备及高技术船舶、先进轨道交通装备、节能与新能源汽车、电力装备、农机装备、新材料和生物医药及高性能医疗器械十个重点发展领域。可以看出复合材料，尤其是 CRFTP 面临着相当大的机遇和挑战。

（北京化工大学机电工程学院、教育部聚合物加工装备工程研究中心李锐　何亚东）

我国汽车塑料发展前景展望

随着世界汽车工业的不断发展壮大，汽车工业在世界经济发展中的地位越来越突出，汽车工业逐渐成为各主要汽车生产国的支柱产业，并对世界经济的发展和社会的进步产生巨大的作用和深远的影响。汽车工业对相关产业的影响，不仅表现在生产过程中，也表现在使用过程中。它波及原材料工业、设备制造业、配套产品业、公路建设业、能源工业、销售业、服务业和交通运输业等，而且波及范围广。而塑料材料作为汽车行业发展不可或缺的重要原材料，随着汽车行业的发展得到了长足的进步。

一、我国汽车工业发展现状及趋势

从我国汽车工业的发展历程来看，自从 1953 年第一汽车制造厂在长春动工兴建以来，中国汽车工业经历了近 65 年的从无到有、从点到面，从小到大的成长与发展，尤其是 2001 年进入 WTO 以后，我国汽车工业的发展逐步迈入了快车道，尤其是近 10 年来，汽车工业经历了爆发式的增长，至今已是名副其实的汽车大国，逐年创全球历史新高，连续九年蝉联产量全球第一（图）。

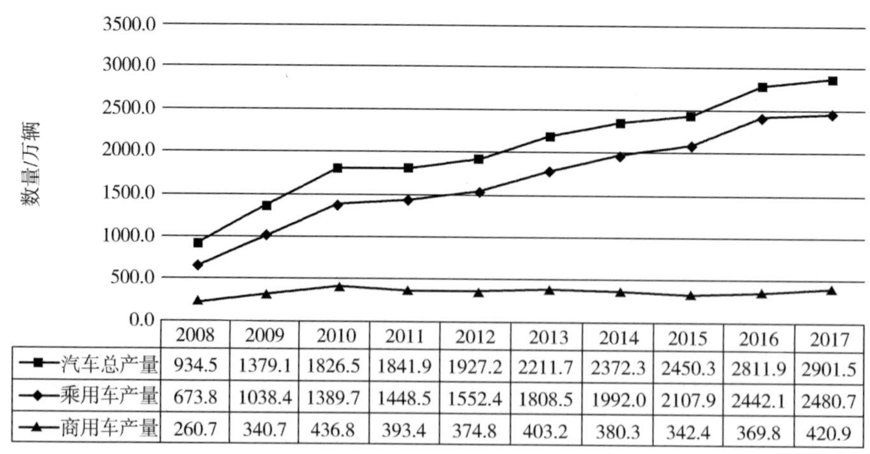

	2008	2009	2010	2011	2012	2013	2014	2015	2016	2017
汽车总产量	934.5	1379.1	1826.5	1841.9	1927.2	2211.7	2372.3	2450.3	2811.9	2901.5
乘用车产量	673.8	1038.4	1389.7	1448.5	1552.4	1808.5	1992.0	2107.9	2442.1	2480.7
商用车产量	260.7	340.7	436.8	393.4	374.8	403.2	380.3	342.4	369.8	420.9

图　2008—2017 中国汽车产量对比图

随着对消费者需求的关注不断提升和汽车行业不断深入发展，汽车行业即将面临本质性的转变，彼时车机，车厂，车主均将与目前迥异；未来，汽车将不再只是代步工具，而是一种生活态度，一种移动空间和服务的载体，汽车本身定位的转变逐渐给整车的设计和制造带来新的发展趋势，轻量化，环保化，新能源化、客户体验升级，会在未来相当长一段时间内成为汽车发展的主流。

（一）轻量化

为了提升整车续航能力和能源使用效率，车厂长期致力于减轻整车的重量，而更加严格的安全标准要求使用更加重的车身部件，主动安全系统，驾驶辅助系统等带来客户体验感提升的部件都会提升整备质量，汽车轻量化，就是在保证整车的强度和安全性能的前提下，尽量去降低汽车的整备质量，从而提升汽车的动力性能，减少燃料或能源消耗，降低排气污染，实验证明，若汽车整车重量降低10%，燃油效率可提高6%～8%；汽车整备质量每减少100公斤，百公里油耗可降低0.3～0.6升；汽车重量降低1%，油耗可降低0.7%。而大量新材料，新工艺，新设计方案的使用为整车轻量化做出了重要贡献。

（二）环保化

能源和环境日益成为影响汽车产业发展的决定性因素，已经向传统能源汽车行业发出了严峻的挑战，持续增长的汽车消费，由此带来的石油的消费增长和日益严峻的环保压力，要求我国的汽车产业必须走清洁化和环保化的道路，进入21世纪以来，以混合动力、燃料电池、纯电动汽车等为代表的新能源汽车技术迅猛发展，各国政府和主要汽车厂商都将清洁环保汽车技术视为产业竞争的高地；

除了整车排放带来的环保问题外，车内空气质量也受到越来越多的关注，我国在2001年首次发布了《乘用车内空气质量评价指南》（征求意见稿），该标准根据车用空气中挥发性有机物质的种类，来源和对车辆主要内饰材料本身的挥发特性进行分析，确定了8种被主要控制的物质，规定了车内空气中苯、甲苯、二甲苯、乙苯、苯乙烯、甲醛、乙醛、丙烯醛的浓度要求，而这些有机挥发物质的主要来源是汽车内饰中的非金属材料，如内饰塑料材料，皮革，织物等。2016年国家再次着手对该标准进行修正，并有望成为强制标准，进一步推动国内主要的OEM和零部件制造厂商对于车内空气质量的关注和投入。

（三）新能源化

发展新能源汽车是国家战略，也是实现战略能源安全和环境保护的必然选择，经过多年的开发和运行，我国明确以纯电驱为新能源汽车发展的主要战略取向，重点发展纯电动汽车，插电式混合的动力汽车和燃料电池汽车；近年来，随着国家政策的调整和行业的深度发展，整个新能源汽车的市场发展，逐步由政策驱动型向市场驱动型转变。传统汽车厂商在新能源汽车领域的大量投入及新兴互联网造车势力的涌现，必将进一步推动新能源汽车产业的高速发展。

（四）客户体验升级

近年来，汽车行业的发展进入了微增长时代，随之带来的竞争压力逐渐凸显，如何抓住消费者的心理，吸引包括年轻人和高端需求在内的更多的消费群体，车厂和零部件供应商在自动化，互联化和感官体验升级方面的投入越来越多，自动化正沿着安全驾驶辅助，高复杂驾驶辅助，半自动驾驶，全自动驾驶的方向，随着自动驾驶技术的不断发展，必将深刻的改变目前的出行方式，整车设计的理念，行车安全定义；而互联化方面，将在车车之间，人车之间建立里广泛的联系纽带，汽车将更进一步的融入生活中去，办公和生活场景的无缝对接成为一种可能和趋势；感官体验方面，随着国民消费能力的提升，终端客户的价值诉求随着客户结构的变化而发生重大变化，感官体验方面的个性化和层次化需求，给整车内饰部件带来了多样化的发展空间，也为内饰材料的发展指明了方向。

二、我国汽车塑料材料发展现状及趋势

汽车行业的高速发展，离不开整个零部件供应链体系的发展，而基础材料技术的提升为零部件的发展提供了更广阔的空间，近年来，随着材料技术的不断进步，塑料在汽车工业中的应用越来越多。从A2MAC1数据库检索的近50款不同车型乘用车的拆解数据来看，塑料材料在整车的单车使用量达到了60～175千克/车，平均达到了近120千克/车，涵盖的材料类别包含了聚丙烯，聚乙烯，聚酰胺，聚酯，ABS，PVC，TPU等众多塑料材料，应用的部件覆盖了汽车内饰，汽车外饰，底盘及动力总成及汽车电子部件；2017年，全国乘用车的产量达到2480万辆，单主机厂正向配套的塑料材料的市场容量达到了300万吨，考虑商用车和售后服务市场的市场容量，我国国内的汽车塑料材料的市场容量约350～400万吨。

汽车行业的发展趋势深刻地影响着汽车零部件的设计方向，进一步影响着汽车塑料材料的研发方向，对于不同的部件应用，带来了不尽相同的材料发展趋势。

（一）汽车内饰系统应用

汽车内饰材料主要涵盖仪表板，副仪表板，内门板，立柱，座椅，顶棚等部件应用；在整车汽车塑料中，内饰件用塑料材料大约占一半的比重，涉及的材料主要包括 PP，PC，ABS 等材料；近年来，在内饰材料轻量化研究方面，薄壁化技术，低密度化技术，化学发泡技术和物理发泡技术等逐渐开始推广使用；而在环保化方面，车内空气质量的要求，进一步推动了低 VOC，低气味，低雾度材料的开发和应用；客户体验方面，近年来高光黑系列材料，免喷涂材料，软触感材料，低光泽材料，低噪音材料，光散射等材料取得了长足的进步，随着终端消费者的年轻化，个性化的内饰色彩也逐渐成为一种新的元素；

（二）汽车外饰系统应用

汽车外饰材料主要包含前后保险杠蒙皮，格栅，三角窗，轮罩，轮饰盖，后视镜支架，行李架支架，雨刮器等部件应用，涉及的材料包括 PP，PA，ASA 等材料；在汽车外饰领域，轻量化方面，前后保险杠蒙皮一直是关注的重点，改性聚丙烯材料是保险杠的主要选材，薄壁化是目前保险杠材料的主要技术方向，保险杠的平均厚度已经从平均 3.0mm 以上下降至 2.5 ~ 2.8mm，最薄可低至 2.0mm，零件的尺寸控制，尺寸稳定性，油漆附着力，刚性等都和材料息息相关；复合材料技术取得了飞速的发展，这使得整车覆盖件，如“四门两盖”全塑化成为一种可能，部分主机厂和材料厂商已经在开展这方面的研究；随着环保要求的提升，免喷涂材料在外饰的应用逐渐增多，进一步提升对材料外观和光照性能的要求，同时减少了使用油漆对环境造成的压力；而在感官体验方面，高光黑系列材料在外饰格栅，B 外柱的使用，进一步提升了整车感官的层次感。

（三）底盘及发动机舱内部件应用

对于传统燃油汽车，底盘及动力总成材料主要包含在发动机舱内的功能件和结构件的应用，如进气歧管，凸轮轴罩盖，油底壳，水室，中冷器，风扇，发动机装饰罩盖等部件，主要以尼龙类材料为主；发动机及周边部件工况环境比较复杂，长期振动，热、空气、湿度、机油、汽油和冷却液等众多因素，对材料的综合性能要求较高；随着发动机小型化和涡轮增压技术的普及，发动机周边的温度有逐渐上升的趋势，对材料的整体长期耐热需求进一步的提升，而超高耐热塑料材料的开发，也使得发动机舱内部件以塑代钢成为可能，促进了整车的轻量化；除了长期耐热性能要求以外，对于一些长期耐冷却液性能，耐冷热冲击性能，焊接性能等也有相应的要求。

对于新能源汽车，尤其是纯电动汽车，动力总成部件由发动机变成了电池和电机，和发动机直接装配的部件如进气歧管，凸轮轴罩盖，油底壳等部件逐渐消失，三滤系统也随之消失，动力总成的塑料材料用量有所下降，材料要求也随之发生一些改变，材料电性能和阻燃性能有的要求会明显提升，轻量化的需求也会更加迫切，阻燃改性工程塑料和长玻纤增强聚丙烯材料，必将获得更多的应用。

（四）汽车电子系统应用

汽车电子系统是整个汽车的中枢神经，包含各种控制单元，线束，连接器，扎带，线槽等众多部件，涉及的材料种类主要以工程塑料类产品为主，包含 PA66，PA6，PPA，PBT，PPE，PPS，PP 等众多材料，整体上汽车电子部件正朝着小型化、集成化、多功能化，薄壁化的方向发展，考虑汽车电子部件整体尺寸较小，尺寸要求较高，可靠性要求较高，对材料的耐热性，耐水解性能，阻燃性能，尺寸稳定性，加工性能提出了更高的要求；随着新能源汽车的发展，特别是纯电动汽车及智能驾驶和自动驾驶技术的发展，汽车电子系统必将更加多样化，复杂化，对于材料的阻燃性能和电性能的要求将会进一步提升。

三、常用汽车塑料材料的现状及应用前景

整车部件中涉及塑料材料应用的部件很多，所涉及的塑料材料种类也较多，这里将常用的塑料材料在汽车上的应用做一些简要阐述：

（一）聚丙烯材料及其应用前景

聚丙烯（Polypropylene，简称 PP）由于综合性能优异，具备密度低、品级多样化、性价比高、易于加工、易回收等特点，并且随着近 20 年来聚丙烯聚合技术的提升，特别是抗冲共聚聚丙烯技术的进步，使得大量的具备高熔指、高模量、高冲击、抗应力发白等特点的聚丙烯树脂被工业化。从基体树脂方面助推车用改性聚丙烯高性能化技术的发展并有效扩大车用聚丙烯材料可应用零件范围，目前聚丙烯材料是整车使用量最高的塑料品种。目前我国汽车用聚丙烯材料的国产化程度相对较高，国内的知名改性材料供应商如金发科技等已经掌握了车用聚丙烯材料的改性的核心技术，产品广泛用于各大汽车制造企业。

目前聚丙烯在汽车上广泛应用于三大系统：汽车外饰系统、汽车内饰系统及底盘和发动机周边部件。

1. 汽车外饰系统应用

改性聚丙烯材料在汽车外饰的应用主要有：前后保险杠系统、护板挡泥板系统、车身装饰件系统。其中前后保险杠系统改性聚丙烯应用于保险杠蒙皮、上下格栅、雾灯盖板、前后下导流板、保险杠蒙皮支架等。护板挡泥板系统包含轮罩、裙边、底护板等。车身装饰件系统包含轮眉、外门护板/侧围、外门槛、落水槽盖板等。除此之外伴随汽车轻量化的趋势，在汽车尾门外蒙皮、翼子板、门板外蒙皮等零件采用改性聚丙烯材料的情况也越来越多。

汽车外饰系统长期暴露在户外环境，对材料的耐环境性要求较高。外饰部件的耐光老化性能是较为核心的指标，特别是处于阳光直射无遮蔽区域要求材料耐候等级最高。

外饰系统的前后保险杠系统需要起到吸能及行人保护的功能，蒙皮采用的改性聚丙烯材料具备高韧性，特别是低温韧性，同时还需要满足喷涂要求以匹配车身颜色。护板类零件需要保护车身或动力系统免受行驶过程中飞溅物的损伤，其抗冲性能要好。外饰材料的尺寸稳定性直接影响汽车外观匹配的效果，同时应考虑后加工工艺对零件后收缩的影响。

此外，外饰部件中大尺寸的零件较多，同时伴随着一体化设计和薄壁化设计的趋势对汽车外饰用材料的成型加工性能提出了更高的要求。

2. 汽车内饰系统应用

改性聚丙烯材料在汽车内饰系统的应用主要有：仪表板系统、副仪表板系统、门板系统、立柱护板系统、座椅系统、车内顶棚、车内照明系统、后备厢饰件、尾门饰件、地毯、后搁物板、车身重质隔音垫、车内拉手、观后镜、门槛压条等。伴随着汽车轻量化、环保化以及材料便于回收的发展趋势，改性聚丙烯材料在汽车内饰系统中必将获得越来越广泛的应用

随着汽车全面进入人类的日常生活，人们在车内度过的时间越来越长，因此对汽车内饰件无论从视觉、触觉还是嗅觉等感官体验方面，都有了越来越高的要求。为了营造一个更为美观舒适的汽车内饰环境，对汽车内饰用聚丙烯材料提出了以下几方面的要求。

（1）客户体验方面　汽车内饰零件，拥有良好的外观美感是消费者最直观的需求。常见的改性聚丙烯零部件外观要求主要有：耐划伤性、抗应力发白、较低光泽度、抗助剂析出性、流痕少、熔接痕不明显以及翘曲变形小等。上述外观方面的性能要求除了和改性聚丙烯的配方本身有关外，加工过程（模具结构、注塑温度、注塑压力、模温等）也是重要的影响因素，因此，获得外观良好的改性聚丙烯零部件必须同时关注配方组成和加工过程。

在零件使用过程中的客户体验方面：汽车内饰零部件中，如仪表板、门板、立柱等消费者能直接看到的零件，都会直接或者间接地受到阳光的照射。为避免在零件使用寿命内由于阳光照射而产生的变色、粉化等缺陷，汽车内饰聚丙烯材料必须具有优异的耐光老化性能。

而在零件使用过程中的感官体验除了光照性能以外，内饰部件的耐热老化性能也显得非常重要，聚丙烯材料属于烯烃类高分子材料，其分子结构特点决定其受热作用时，特别是同时有氧气存在的条件下，易于断链导致加速老化，使其外观发生变化，物理机械性能下降，最终影响零件的使用寿命。因此，汽车内饰用聚丙烯材料必须具备优异的耐热氧老化性能。一般采用150℃/400h 的标准条件来模拟验证材料的耐热老化性能。

（2）绿色环保方面　消费者对汽车内部的空气质量要求越来越高，国家也出台了汽车内饰空气质量要求等相关标准。2016 年 1 月 22 日，国家环境保护部办公厅发布关于征求国家环保标准《乘用车内空气质量评价指南》（征求意见稿），并有意向将此推荐性标准修订为强制性标准。各主机厂为强化低散发性能的要求，将车用车内气味等级作为一项重要的管控指标，如国内较多主机厂将气味等级≤3.5 级作为车内空气质量的一个评价指标。改性聚丙烯在乘用车内饰的重量份额占比较高，为保证车内环境，改性聚丙烯需要具备低散发的特点，以满足各主机厂对整车的要求。

聚丙烯通过增韧、填充、增强、共混等改性方法可以得到性能各不同的材料，在汽车内饰中改性聚丙烯材料正逐渐取代 ABS、PC/ABS、PBT、PA 及 POM 等工程塑料得到更广泛应用。

2. 底盘及发动机舱内部件

改性聚丙烯材料在底盘及发动机舱内部件的应用包括空滤，前端模块，护风圈等部件，随着发动机舱内布局设计改善及材料技术的提升，发动机舱内部分零件的使用温度有所下降，这给了聚丙烯材料在发动机舱内的应用成为可能；近年来，聚丙烯改性技术的发展，特别是长玻纤增强聚丙烯材料技术的发展，材料的力学性能，长期耐热性能，耐溶剂性能都有了一定的提高，这给汽车轻量化带来了进一步的空间。

（二）聚乙烯材料及其应用前景

聚乙烯（Polyethylene，简称 PE）是乙烯经聚合制得的一种热塑性树脂。聚乙烯的合成方法可分为高压法、中压法、低压法三种，不同的合成方法带来的产品性能有所差异。通常以高压法生产低密度聚乙烯（密度为 0.91 ~ 0.94 克/厘米^3，LDPE）；中低压法生产高密度聚乙烯（密度为 0.94 ~ 0.97 克/厘米^3，HDPE）；采用特殊催化剂使聚乙烯进行阴离子配位聚合可得到超高分子量聚乙烯（UHMWPE），其平均分子量为 100 万 ~ 150 万，甚至达 200 万 ~ 300 万，超高分子量聚乙烯基本上是线形结构，是一种工程塑料，性能比一般高密度聚乙烯优异。整体上来讲，聚乙烯材料因其性能优良，容易成型，原材料来源丰富，性价比较高，广泛应用于国民经济各个领域，在汽车行业也有大量的应用，包括主要用于制造汽车空气导管、各种储罐等，例如：空气导管、制动液储罐、清洗液罐、挡泥板、衬板、行李箱隔板和多层共挤吹的塑料油箱。目前我国汽车用大多数聚乙烯材料已经实现了国产化，对于一些特殊品级的聚乙烯材料，如用于塑料油箱用的聚乙烯材料，目前工业化应用还是以进口聚乙烯材料为主，未来需要重点突破。

（三）聚酰胺类材料及其应用前景

聚酰胺（Polyamide，简称 PA）树脂是指大分子主链重复单元中含有酰胺基团的高聚物的总称，可以由内酸酰胺开环聚合，也可由二元胺与二元酸缩聚得到。具有较好的强度，刚性，韧性、耐磨，自润滑，耐温性较好等特性，广泛应用于汽车行业。尼龙材料种类繁多，包含 PA6，PA66，PA1010，PA11，PA12，PA46，PA610 等脂肪族尼龙，还包含一些近年来开发的半芳香族尼龙材料包含 PA6T，PA9T，PA10T 等，其中 PA6 和 PA66 因较好的综合性能和较高的性价比，应用尤为广泛；

目前聚酰胺类材料在汽车上的应用主要在底盘及动力总成部件，汽车电子部件，在内饰和外饰也有少量应用。底盘和动力总成部件的应用包含进气歧管，凸轮轴罩盖，油底壳，正时链支架，发动机装饰罩盖，前端模块，风扇，护风圈等部件。对于这类部件的应用，聚酰胺材料在改性技术方面，玻纤增强是目前最常见的改性手段，以玻纤增强尼龙为基础，进一步提升材料的长期耐热性能，耐溶剂性能，焊接性能（包括振动摩擦焊接，激光焊接等），长期耐光照性能，耐摩擦性能，尺寸稳定性，较好的外观特性是目前主流尼龙改性厂商关注的重点；随着涡轮增压技术的推广使用，发动机及周边部件的使用温度有进一步上升的趋势，传统的改性 PA66 已经不能达到其长期耐热的试验要求，而半芳香族尼龙材料，PA6T，PA9T，PA10T 等，虽长期耐热温度较高，但由该类改性材料的市场价格较高，阻碍了其大规模的市场应用，基于此，国外厂商 DUPONT 等，国内厂商如金发科技也相继开发了以尼龙 66 为基材的超高耐热系列材料，将玻纤增强尼龙 66 的长期使用温度，从 130℃ ~ 150℃ 提高至 180℃ ~ 220℃，进一步拓宽了尼龙 66 的产品应用。从技术层面来讲，目前我国汽车行业 PA6 和 PA66 的主要改性技术已经达到国外同行如 BASF，DUPONT 的整体技术水平，但在产品应用方面，国内改性 PA6 和 PA66 的应用经验相对比较缺乏，尤其是在发动机核心部件的应用，这部分部件的材料主要还是有国外改性厂商所占据，这也和目前我国汽车工业中存在的核心部件自主设计和生产能力相对较弱有一定的相关性。

脂肪族尼龙中除了 PA6 和 PA66 以外，长碳链脂肪族尼龙材料如 PA610，PA11，PA1212 等在汽车行业的应用也逐渐增加，尤其是在汽车燃油输送系统的应用，而此类长碳链尼龙材料的国产化比例还很低，目前国内如山东广垠，东辰等初步具备一定的合成能力，但在应用开发方面，还有待进一步的发展。

除了脂肪族尼龙材料以外，近年来，芳香族尼龙材料也逐渐开始进入工业化应用，之所以叫芳香族是因为其分子链中含有苯环，当尼龙原料的胺或者酸中有一样含有苯环时叫做半芳香尼龙，如 PA4T，PA6T，PA9T 和 PA10T，由于在分子链上引入了苯环结构，其吸水率明显下降，材料的尺寸稳定性得到有效的改善，同时，材料的熔点和长期耐热性能有明显的提升，经过改性后，在汽车发动机周边和电子部件的应用趋势明显；目前，国内已经有部分机构开始研究不同种类的半芳香族尼龙，金发科技自主研发的半芳香族尼龙材料 PA10T，填补了在芳香族尼龙材料的国内空白，其 5000T 的生产装置已经投入稳定运营，目前已经在汽车行业取得一定的应用实绩。

（四）ABS 类材料及其应用前景

ABS 树脂含有分散的丁二烯橡胶相和连续的苯乙烯－丙烯腈共聚物，其具有非常优异的抗常温和低温冲击性、出色的力学强度和一定的耐化学药品性和耐热性。与聚丙烯相比，ABS 树脂是非晶的无定型材料，具有非常优异的尺寸稳定性，表面光泽度高，同时特别适宜于加工和二次涂装，如各种喷涂着色、电镀、喷镀、焊接、黏结、水转印和热烫印等，在汽车行业中得到极为广泛的应用。

目前 ABS 类材料在汽车上广泛应用于内外饰系统，如格栅、后视镜外壳、扰流板、Logo、门板、仪表板、导航面板和内饰装饰条等，多是喷涂和电镀件或高光、哑光等具有优良外观的免喷涂零件，提升车辆整体的感官体验。

1. 汽车外饰系统应用

ABS 类材料在汽车外饰的应用主要有：上下格栅、后视镜外壳、扰流板、Logo 等。伴随汽车绿色环保的大趋势，良喷涂材料和免喷涂外饰材料逐渐兴起，成为各大主流主机厂关注的对象。

对于汽车格栅、扰流板等大型零件，常采用两大类型应用解决方案：其一是电镀（多应用在格栅）和喷涂 ABS（格栅和扰流板均有应用），要求材料具备非常优异的流动性能、力学性能、耐热性能和尺寸稳定性，保证外观没有明显的虎皮纹或熔接线流痕、色差等，同时漆层和镀层剥离力非常出色，表面无缺陷，对材料的表面性能和结构及涂装体系、工艺和环境有非常严格的要求。此外，静电喷涂工艺的发展也对 ABS 材料的导电方面的改性技术提出更高需求。其二是免喷涂耐候 ABS 树脂，常常选择耐候型的树脂体系，如将 ABS 的丁二烯橡胶替换为耐候性能更好的丙烯酸酯橡胶，即 ASA 树脂，其技术核心要求，在满足喷涂 ABS 的常规性能之外，还需附加高光黑、耐刮擦和超高耐候属性，此技术方案更加绿色环保，同时也大大降低主机厂的综合成本。

2. 汽车内饰系统应用

ABS 类材料在汽车内饰系统的应用与聚丙烯有一定程度的重叠，如仪表板系统、副仪表板系统、门板系统、立柱护板系统等等，由于成本考虑，目前中高端车型内饰零件 ABS 应用较成熟，而中低端车型的仪表板、副仪表板、门板和立柱等都被聚丙烯改性材料所取代。ABS 类材料其最核心的优势还是在于极其优异的尺寸稳定性，且可通过喷涂、电镀和水转印等赋予内饰装饰件更为丰富的视觉体验，这一部分目前也是无法被聚丙烯取代的。

（1）客户体验方面　与外饰类似，内饰 ABS 也分为涂装件和免喷涂件。涂装 ABS 是目前主机厂应用的主流，如出风口，导航面板，装饰条，中控台周边等等，一般要求出色的力学性能和耐热性能，同时具备优异的涂层和镀层附着力，涂装后具备非常完美的外观效果。免喷涂件的兴起与国家日益高涨的环保关注度密切相关，免喷涂件对材料的外观表现要求非常高，如需具备特殊的亚光属性、高光属性甚至免喷涂金属银或珠光属性等，同时需要耐刮擦，特别是防钥匙、指甲刮擦等。耐光老化性能，免喷涂 ABS 材料，直接受到太阳光或透光车窗的太阳光照射，其内部游离的丁二烯相残存双键极易受光引发发生光氧老化和热老化，最终断链使其外观发生变化，物理机械性能下降，影响零件的使用寿命。因此，主机厂往往通过氙灯老化、碳弧灯老化和自然暴晒对 ABS 类材料进行检验和评估。

（2）绿色环保性能　作为汽车内饰，整车 VOC 和气味的来源之一，ABS 类材料也必须要经过严苛的主机厂审核，达到气味等级≤3.5 级，VOC 五苯三醛达标才可以应用。为保证整车环境，ABS 上下游都进行技术改造升级，通过多维手段降低材料内含挥发物，以满足消费者对车内环境的高要求，可以预期的是，ABS 材料散发性能的升级换代将成为未来几年 ABS 改性技术的主力研究方向。

ABS 类材料还会应用在部分功能件或覆盖件领域，如遮光板，备胎罩，方向盘附件、调节器手柄等，对材料的功能属性和成型性有一定要求。

（五）聚碳酸酯类材料及应用前景

聚碳酸酯（Polypropylene，简称 PC）是五大工程塑料之一，分子链中含有碳酸酯基，目前主要应用在汽车行业的是芳香族碳酸酯结构类型。由于其结构的特殊性，聚碳酸酯具有非常优异的力学性能、光透过性能、耐热性能、加工性能和尺寸稳定性。特别地，PC/ABS、PC/ASA、PC/PBT 和 PC/PET 等合金综合了两种聚合物的优点，弥补了相互间的不足，使得 PC 的应用领域得到大大的拓展。与 ABS 类似，不论是纯 PC，还是 PC 合金，均具有较高的表面光泽度，同样特别适宜于二次涂装，广泛应用在汽车内外饰系统。一般来说，PC/ABS 的性能比 ABS 的耐热性能和冲击性能更加出色，胜任更为苛刻和更加高端的汽车环境。

（1）PC 及其合金类材料在汽车外饰的应用主要有：上下格栅、后视镜外壳、扰流板、Logo、行李架支架、大灯清洗盖板、门把手等。PC 易受湿热攻击导致断链，因此在外饰应用中，常以喷涂件和电镀件来应对复杂严酷的大气环境。同时 PC 及其合金出色的耐热性和力学性能使其可以应对更高温度的应用场合和更极限的机械性能要求，如刚度和疲劳等。

（2）PC 及其合金类材料在汽车内饰的应用主要有：仪表板系统、副仪表板系统、门板系统、立柱护板系统、DVD 面框、装饰条、按钮等。PC 及其合金耐热温度更高，更加适应高温度要求的使用环境，如空调出风口等。同时 PC 及其合金材料力学性能比 ABS 更高，适合应用在高端车整体内饰环境。免喷涂内饰高光黑 PC/ABS 和亚光 PC/ABS 作为汽车内饰新技术亮点受到主机厂追捧，需关注其耐刮擦和耐候性能。作为内饰，低散发属性也必不可少，同样需满足主机厂的气味和 VOC 标准。

（3）PC 最大的特点之一是具备非常出色的光透过性，常常应用在光透过零件，如前车灯、车窗、车氛围灯等。汽车的前车灯往往是由纯 PC 直接注塑而成，对 PC 的纯净程度、光透过性、冲击性能、耐候性能均有较高的要求。车窗是 PC 材料供应商长期致力于攻关的核心零部件之一，使用 PC 替代玻璃车窗，可大幅降低零部件重量，使汽车更加节能环保。目前主流技术方案多采用 PC 配合多阶特殊涂层来赋予其优异的耐刮擦性能和耐候性能，从而满足车窗的技术指标。车内氛围灯也常用 PC 材料，并配合其光扩散的属性，使车内灯光更加柔和，提升乘客感官体验。

（六）聚对苯二甲酸丁二醇酯材料及应用前景

聚对苯二甲酸丁二醇酯（Polybutylene terephthalate，简称 PBT）是一种结晶性饱和树脂，具有流动性好，结晶速度快，耐热性好，吸水率低等优点；经过改性加工之后，广泛的应用于汽车内外饰部件及汽车电子部件，包括雨刮器，后视镜支架，摇窗电机，车灯装饰圈，门锁系统，连接器，点火线圈等部件。在汽车应用领域，玻纤增强改性是 PBT 材料的主要改性的方法，在玻纤增强改性的基础上，耐热改性，耐光照改性，耐水解改性，阻燃改性，低翘曲改性赋予了材料更多的应用潜质；除了增强改性 PBT 以外，PBT 材料还有部分合金化产品，PBT/PET 合金赋予 PBT 材料更高的强度，更好的外观；PBT/ASA 合金材料赋予 PBT 材料更好的耐翘曲变形性能和尺寸稳定性；PBT/PC 合金赋予 PBT 材料更好的韧性和耐翘曲变形性能；

（七）聚甲基丙烯酸甲酯类材料及应用前景

聚甲基丙烯酸甲酯（Polymethyl Methacrylate，简称 PMMA）俗称有机玻璃，其最大的优点是光透过性非常高，同时具备超高耐候性，广泛应用在汽车照明标志牌、车门立柱和尾灯灯罩。该材料缺点也非常明显，属脆性材料，冲击强度非常低，只能应用在对冲击要求较低的零部件上。作为高光黑免喷涂的主角，PMMA 以其钢琴黑的优异外观广泛应用在各主流车型的外立柱上，其耐刮擦性能和冲击性能还有进一步提升的空间。

（八）聚氯乙烯系材料及应用前景

聚氯乙烯（Polyvinyl Chloride，简称 PVC）具有优良的化学稳定性且不燃，原料来源丰富，价格低廉。PVC 及其合金在汽车用塑料中占有相当重要的位置，目前在汽车上用量仅次于聚丙烯材料。

按照 PVC 在汽车中的应用位置，可将其归为三大类：内饰用 PVC（包括变速箱球头、手刹护套等）、密封用 PVC（车窗密封条、天窗饰条等）以及线材 PVC，其分别占 PVC 总用量的份额为：内饰用 PVC 占 10%，密封用 PVC 占 50%，线材 PVC 占 40%

（1）在汽车内饰材料中，除 PP 材料外，另一大类具有柔软质感的内装饰材料，统称为汽车内饰软胶材料。其种类主要包括聚氯乙烯（PVC），热塑性弹性体（TPE），聚氨酯（PU）等。汽车内饰软胶材料中，目前用量最大的汽车革，60% 以上的车型由液态的 PVC 糊树脂制成，25% 左右是发泡 PU 制成，其余的由一些特种的 TPE 材料制成。除汽车革外，软胶类内饰件主要应用在各类扶手及护套上，如侧把手护套，手刹护套，变速挡球头等。应用于这些部件时，理论上，上述三种软胶材料是可以互相替换的，但基于成本及生产制造水平及工艺的因素，目前主流市场仍以 PVC 材料为主。行业对 PVC 材料的性能要求主要有回弹性、压缩永久变形、散发性能（气味、VOC、雾度）、耐光老化、耐热老化以及良好的外观，其中又以散发性能的要求最为严苛。近年来，市场出现 PVC 在内饰材料中的应用被 TPE 取代的现象。

（2）汽车装饰密封系列产品主要包括车门密封

和玻璃装饰密封两大部分。其中车门密封以EPDM等橡胶类产品为材质，而玻璃装饰密封以PVC材质为主，辅以TPO或TPV材料。玻璃装饰密封主要应用在车窗玻璃装饰，挡风玻璃装饰，天窗饰条，三角窗饰条，以及天窗附件——天窗排水管，其中前三种及附件采用挤出成型方式，三角窗饰条采用注塑成型方式。这类应用在材料的硬度、拉伸强度、压缩永久变形、低温脆化温度、抗菌性等性能方面有特定的要求，此外也有散发性能的要求。

（3）汽车塑料制品中，有一类极易被忽略，但尤为重要的产品，其直接关系汽车核心质量品质，该产品即为汽车电线。目前，90%以上的汽车电线制品为PVC材质，其余采用PPE的材质，由于综合性能平衡性的限制，在此类产品上，PVC材料在短期内很难被取代。

（九）特种工程塑料及其应用前景

特种工程塑料也称高性能工程塑料，是指综合性能更高、长期使用温度在150℃以上的工程塑料。由于具有高性能的综合特性，特种工程塑料被用于高科技军事和宇航、航空等工业。近些年，随着汽车工业对节能、环保以及排放要求的日益严苛，工程塑料在汽车行业的应用越来越多，越来越深入，处于工程塑料金字塔顶端的高性能工程塑料也随之得到广而深的应用。特种工程塑料主要包括聚苯硫醚（PPS）、聚砜（PSF）、聚酰亚胺（PI）、聚芳酯（PAR）、液晶聚合物（LCP）、聚醚醚酮（PEEK）等。

目前，特种工程塑料在汽车中的应用有：活塞组、密封垫、垫圈、轴承、传动、制动和空调系统、传动装置、齿轮及电子/传感器及接插件等。

（十）树脂基复合材料及其应用前景

树脂基复合材料是以有机聚合物为基体的纤维增强材料，通常的纤维包括碳纤维，玻璃纤维，芳纶热塑性纤维等，常用的基体树脂包括PP，PA等热塑性树脂和环氧，酚醛等热固性树脂，常见的生产工艺，包括SMC，GMT，CFRTP等工艺；适当地在整车设计和制造过程中采用树脂基复合材料，对于降低整车自重，提升整车性能至关重要。随着复合材料生产工艺的持续改进，生产效率的逐步提高，树脂基玻纤复合材料已经被越来越多的用于汽车部件，包括发动机底护板，保险杠防撞梁，座椅骨架，门基板等众多结构件；树脂基玻纤复合材料大发展的同时，树脂基碳纤维复合材料的应用也逐渐增多，未来随着碳纤维成本的逐渐下降，车身结构件和车身覆盖件的"以塑代钢"和"以轻代重"必将成为一种趋势，相信不久的将来，碳纤维复合材料的在汽车行业的应用必将迎来爆发式的增长。

四、结束语

综上所述，汽车工业的发展趋势必将进一步引领汽车塑料材料的发展方向，而汽车塑料材料技术的不断提升也必将进一步推动汽车工业不断向前发展。中国汽车工业的蓬勃发展，整车轻量化，环保化，新能源化和客户体验升级必将带来更多的塑料材料应用，必将给国内改性塑料厂商带来重大的发展机遇，必将助力我国从汽车大国向汽车强国转变。

（金发科技股份有限公司
丁正亚，杨波，罗忠富，吴国峰）

环保稳定剂的现状及发展趋势

目前聚氯乙烯（以下简称PVC）塑料制品在全世界发展迅速，前景广阔，世界各国都看好PVC塑料的制品的应用范围和发展潜力，以及其对生态环境尤其和其他通用树脂相比较更节能、低碳的优点，PVC正以其优越、独特的性能向世人证明其作用和地位是目前任何其他产品都无法取代的，社会发展需要它，环境保护需要它，它是我们人类社会文明进步的必然趋势。从未来城市发展来看，住房、人口、交通、环境是困扰未来发展的四大难题，要缓解这些问题，塑料工业起着不可替代的作用。在城市发展和人们生活水平的提高离不开新材料的改进，各类新型材料将不断涌现，以满足人们衣食住行等要求。可以说PVC塑料制品的可持续发展与城镇化可持续发展内在要求是一致的。这对于包括聚氯乙烯在内的塑料工业发展极其有利。

2016年全球PVC消费量达5000万吨以上，同期国内的表观消费量为1700万吨左右。据预计，至2021年，全球对PVC的需求量将以3.2%的年增长率上涨。其中亚太区迄今为止仍是最大的PVC销售市场，占全球总消费量的近56%，在未来仍是

PVC 需求增长率最快的地区。

一、PVC 塑料制品现状

1. 硬制品

主要包括各种型材、管材、板材、片材，其消费比例随着房地产的集中发展近年来不断提高，但作为耐用消费品，其发展增速逐年放缓，硬制品占 PVC 总消费量的 55% 左右。其中 PVC 管材管件约占其消费量的 25%，约为 400 万吨；硬质片材、板材和塑操制品对 PVC 的消费位居第三（因环保压力目前家具用材料已由传统的材料转向 PVC 发泡板，当然其中还有许多应用上的质量指标存在差距，但发展趋势已成），约占 PVC 总消费量的 17% 左右，约为 280 万吨；型材、异型材对 PVC 的消费位居第四，约占 PVC 总消费量的 9.0%，约为 150 万吨；其他为 2% 左右，约为 30 万吨；总消耗 PVC 树脂约为 900 万吨。

2. 软制品

主要包括包装材料、压延膜/革（灯箱广告膜、农用膜等）、乳胶手套、儿童玩具、圣诞礼物和特殊用途制品、塑料鞋、电线电缆等，作为快速消费品比例呈逐年上升趋势，软制品占 PVC 总消费量的 45% 左右总消耗 PVC 树脂约为 800 万吨，到 2020 年可望突破 50%。

PVC 软膜又被细分为家具膜，透明膜、玩具膜、灯箱膜，市场容量巨大。

（1）家具膜：现在的家具膜被广泛运用在格式的家具中，样子精美，容易清理等特点深受群众喜爱。工厂主要分布在江苏、上海、浙江、广东地区大约有 30 多条生产线。

（2）透明膜/玩具膜：要求环保、无镉、气味低，透明度高。在上海、江苏、浙江、广东地区大约有 90 多条生产线。

（3）灯箱膜：中国经济的高速发展和层出不穷的广告需求加上大量的出口，带动了广告膜的发力。在江苏、浙江地区大约有 50 多条生产线。

（4）PVC 大棚膜的需求量也大幅增长，由于 PVC 大棚膜强度高、保温性好，对气候寒冷、风沙大的地区较适用，主要应用在东北三省、西北、华北及山东省的部分地区。今后将在农膜的功能性上要着重解决耐老化与防雾滴同步，防滴又消雾的问题，同时要大力完全推广高保温、高光效薄膜制造技术，使棚膜集耐老化、防雾滴、高保温、高光效等多种功能于一体，推广应用前景看好。

3. 发展趋势

以往人们关注的重点是硬制品，而硬制品作为建筑装潢材料都能够长久使用达几十年之久；而软制品都属于易耗品，无论是和人体接触程度及废弃物的产生远大于硬制品。但目前用于软制品助剂的环保水平和意识整体是差于硬制品的，对此我们应高度重视和关注。

节能、环保、易回收成为技术开发的出发点。对于助剂行业而言，“中国房地产绿色供应链行动”（绿链行动）其实应该离我们不远。当然从资料显示国内鲜有 PVC 塑料制品进入“绿链行动”的视野，这也证实了塑料制品在房地产产业所需材料名单中的排名之后，占比之低。不能体现这个绿色/低碳材料在普通民用建筑上的真正作用，对此我们在重视的同时，更应该考虑自己能否为整个产业链做点什么这可能更为重要。资料显示过去的 2016 年加入“绿链行业”的 89 家房地产企业（占国内房地产业规模约为 17%）的采购权就高达 6000 亿元，算一下 100% 是多大的规模，塑料制品应该能占多大比率？而“绿链行动”的宗旨就是《绿色环保、低碳节能》，这也是我们 PVC 塑料建材/装潢制品的强项啊！还有住建部 2016 年编制的《全国改善农村人居环境“十三五" 规划》已在山东、吉林、云南等省启动厨卫，改厕试点。

二、稳定剂产品现状

2017 年，热稳定剂的消费量维持在 55 万吨以上，和上一年比基本持平，出口呈持续增长态势，原辅材料出口总量超过稳定剂产品。同时环保稳定剂呈现增长超二位数，含铅稳定剂产销量大幅下降（以实际消耗百分比计算，含铅稳定剂已不足高峰期 50%）。

1. 环保稳定剂的现状

随着我国塑料工业的快速发展，热稳定剂的产能、产量和消费量都取得了较快的增长：PVC 树脂的年消费量从 1997 年的 269 万吨发展到 2016 年的 1680 万吨，热稳定剂年产销量从 20 年前不足 5 万吨发展到 2017 年的近 60 万吨。中高端人才人员大幅增加，据不完全统计 20 年来和热稳定剂相关的专利有 3300 余项，已建成院士工作站的企业有 5 家，到 2017 年底有近 10 家上市公司。从炜林钠、联盟、精信、天盛到金陵、太岳、协和、皓海，这些原骨干企业已完成和即将开始的技改项目的总投入加上以金昌树、志海、森德利、欣好等为首的新兴力量总投入在 60 亿元（以企业上报数据统计）

左右，产能近150万吨/年；配套领域不断拓宽，产品品种大幅度增加；新产品开发活跃，产品结构日益优化，不少新工艺、新技术得到应用和推广；节能减排、清洁生产、产品质量等方面也都取得了新进展；整个行业的生产能力、技术水平和市场竞争力都跨上了一个新台阶。2017年销售量过万吨级的企业20家以上（全部为环保产品的有深圳志海、山东金昌树、河源鑫达、上海欣好、广东森德利等）；能统计到经济数据的，2017年销售量过2万吨以上企业有江苏联盟、河北精信、九江天盛、浙江传化、山东金昌树、河源鑫达等公司，这6家公司的年销售量就接近20万吨。2017年环保稳定剂产销量过2万吨的有山东金昌树和河源鑫达等公司，而山东金昌树公司2017年环保稳定剂的产销量超过了4万吨。

2. 铅盐稳定剂的现状

复合铅稳定剂应该称之为含铅稳定剂更贴切，主要在硬质PVC塑料制品和电线电缆中应用，以高峰期的2015年为例：国内消耗了35万吨左右的含铅稳定剂（不含出口）。而环保稳定剂替代含铅稳定剂的全面启动应该是2013年开始，尤其是2016年管道专委会的全面推动和异型材领域的几个国标的相续修订实施开始。含铅稳定剂现状可以从国内硬质塑料制品行业中的巨头，2017年在这方面发布的信息来看，如：

（1）2017年7月19日住建部召开（广东联塑科技实业有限公司无铅PVC管材管件及型材）的科技成果评估会，与会专家对联塑公司在年消耗PVC树脂达120万吨这个超大规模的前提下能率先达到无铅化的技术和管理能力叹为观止，在认真听取介绍和审核有关文件资料后，给了“达到世界先进水平”的结论。

（2）而作为异型材产品龙头企业的芜湖海螺型材科技股份有限公司从2012年开始推广应用环保稳定剂，到2017年6月份所有9个生产基地全面切换完成，全部禁用含铅稳定剂实现了无铅化。

（3）近年来异军突起的快装墙板和地板材料行业，由于涉及室内装饰，近距离接触人体，也非常重视产业的健康发展，据了解到的情况，该行业自发组建了禁铅联盟，6月份会在浙江嘉兴进行活动。

综观硬制品行业禁铅的情况客观地讲：大企业一线品牌都做得相当好，关键还是在于众多缺失管理的小微企业。由于这些企业无底线无节制的不规范行为加上一些媒体的不实报道，严重误导消费者，导致社会大众在享受塑料制品给生活、工作带来便捷，日常生活和国民经济发展中对塑料制品的依赖和消耗量的快速增长的同时，谈塑色变欲将塑料制品逐出日常生活和视线而后快。

三、存在的问题

塑料助剂中的抗氧剂、增塑剂、润滑剂都可以一个品种几万吨乃至几十上百万吨的生产应用；而稳定剂首要以满足加工过程要求为主，面对同一塑料制品因不同工艺条件、差异极大的加工设备和产品配方，除有机锡品种外，其余环保稳定剂就很难做到用一个牌号去满足不同工艺、不同条件、不同配方的加工要求了。

1. 硬制品方面

从复合铅转向环保稳定剂的过程中，由于目前的设备模具、工艺条件、产品配方在复合铅的几十年应用过程中已经达到了总体优化一致的水平，当简单切换到环保稳定剂时，就会遭遇到想象不到难题和发生种种预测不到的结果。在稳定剂的环保化进程中，深感某些基础性共性问题的不受重视，导致在研发尤其是应用过程中出现的种种使人困惑的现象。环保稳定剂在实验室验证加工性能和色相可以达到和接近复合铅水平，为何与实际应用时的结果大相径庭？环保产品如钙（含氮化合物）基稳定剂，在塑化过程中，由于电负性较铅大，引发了物料在加料段部分塑化后，又由于传统PVC加工设备是为使用铅盐类稳定剂的加工所服务，即便是加入了足够量的润滑剂（排除部分高效润滑剂，由于价格因素影响，生产企业一般采用石蜡、硬脂酸等低熔点的廉价润滑剂）也无法在足够的时间内阻止物料进一步塑化，熔体压力迅速增加，熔体黏度下降，温度升高，诱发物料过度塑化，又破坏了原有的润滑平衡，使熔体在均化段既消耗大量热稳定剂的同时，又达不到理想的黏度和弹性，来满足硬质PVC生产需要。这是钙基稳定剂在替代铅盐中必须解决的问题。大量的实验验证了碱土金属（钡、钙、镁等）盐和含氮化合物都有这种特性，在PVC塑化过程中都会发生上述作用。如何控制塑化度，使之达到最佳的状态是不大容易掌控的，尤其是碱土金属盐和含氮化合物非传统结构的产品，因为加工工艺/加工助剂/加工设备三个条件中加工设备基本上是不变的，只有对加工工艺进行适当的调整，才是合理可行的，当然更需要对环保稳定剂在加工过程中不同于复合铅的作用机理做深入全面的探讨。

2. 软制品方面

如前所述，2016 年国内软质 PVC 塑料制品消费树脂超过了 800 万吨，而用于软制品加工的稳定剂基本为液体复合产品。以 2016 年为例液体复合稳定剂的消费量约 18 万吨，这里面用于灯箱广告膜的比例不小。由于这个细分领域迄今尚未成立行业协会等多方面的原因，业内环保不强所用的液体复合稳定剂基本含镉，加上灯箱广告膜属短期消费品，每年废弃数量不小，回收利用是个棘手的难题。

3. 在替换过程的一些共性问题

（1）用户要求简单 1：1 替代，同时无需调整工艺、设备，成本不能高于复合铅，目前基本上这样在运作，当然也有例外。

（2）关键在于供需双方的技术人员熟悉和习惯了铅系产品，对环保稳定剂认识不全面，而供方未能详尽地解答问题、需方只是简单地替代所致。并非全是非铅产品的纯自身技术问题。要求非铅产品达到铅系水平而不调整加工工艺和配方甚至设备不改动，基本上可能性不大。

（3）当 PVC 产业发展到今天的水平，有些深层次的需求更加明显，如专用料问题。以钙锌稳定剂为例，业内普遍认为加工窗口不够宽泛，而深入探讨其实和同型号树脂的技术指标不够细化有关。业内人士都认为越细化相对成本越低，同时对改善加工性能和提高制成品的物化性能。

（4）目前仅仅挖掘了 PVC 材料的低成本，在这方面我们也是顾此失彼，以损失质量为前提，这也应该和助剂尤其是热稳定剂的研究者、生产者和使用者只顾着表面现象和矛盾，而无暇深入研究替代产品的各种材料特性、相互间的深层次既协同又对立的现象如何利用这些矛盾解决上述问题。

（5）国内稳定剂企业的硬伤是同质化竞争。造成这种同质化竞争的原因主要有两个方面，一是目前国内大多数企业应用的原辅材料品种单一传统，不能满足稳定剂产品性能多样化的要求；二是稳定剂企业的技术人员穷于应付样品的破折和低成本产品的复配，根本无暇应对层出不穷的新材料、新技术的创新、探寻、应用，对一些新的助剂品种采取的是拿来主义，评价的方式和手段也相对简单，从而影响到技术进步。如果想从技术上具有核心竞争力，必须向上游延伸，　研发、生产、应用一些非传统的原料品种，同时把这些品种的作用发挥到极致。当然这样做会有资金、人才和机遇等方面影响因素的存在，也有企业对技术发展采取应付措施，缺乏长远规划、领军人物所致。

四、发展趋势

以有机化合物作为主效稳定剂而完全不含任何重金属的有机基热稳定剂代表着 PVC 热稳定剂的长远发展方向。但是，由于已开发的有机基热稳定剂的综合应用性能尚难于与有机锡相比拟，因此，至少在较近的未来，有机锡和锌基、钙基热稳定剂将是最具发展空间的热稳定剂体系。而相比之下，锌基、钙基热稳定剂更具发展潜力，因为有机锡热稳定剂虽然热稳定效能和透明性极佳，但存在价格高、异味大、会发生硫化污染等诸多缺点，同时，欧盟出台了禁止和限量使用的法令法规目前已涉及日美等国，国内也开始在特定领域禁用该产品。而钙基、锌基热稳定剂可规避异味问题、具有广谱的适用性，并且，由于便于进行专用化开发，其性价比也可达到较高水平，但在硬质高透明制品领域难有环保稳定剂能完全替代有机锡产品，至今年 3 月 10 号中轻联合会组织的对广东森德利科技有限公司完成的“硬质高透明 PVC 用镁铝锌无毒复合稳定剂”项目技术鉴定会（对该项目产品在压延工艺上替代有机锡实现硬质高透明 PVC 片材的生产取得的成果给予充分肯定，鉴定委员会认为：项目总体技术达到国际领先水平，该成果是稳定剂领域的重大突破），此难题才得以解决。当然在通用产品（占 PVC 塑料制品 80% 以上）上最具竞争力的应该是全效复合稳定剂（一包化品种），这个品种有可能是真正适应国内制品加工行业目前水平的。这类“方便使用的一包化助剂”的开发已引起人们更大的兴趣。传统的复合热稳定剂指的是以单一商品销售的热稳定剂和润滑剂的合理复合物，现在欧洲已形成“全效一包化助剂”。在这种“全效一包化助剂”中，不仅含有热稳定剂和润滑剂，而且含有所有其他小用量助剂，如抗氧剂、光稳定剂、加工助剂、冲击改性剂等。而且，由于有机组分的加入改变了以往热稳定剂组分的单一性质，对此要有充分认识和高度重视（同时我们也应该重新认识和挖掘部分传统组分的多重作用，避害趋利，使之物尽其用增加效益）。“全效一包化”也就是高度专用化，因为“全效一包化助剂”固定了各类助剂的比例，只适用于以特定的加工方式和条件加工特定的制品。据分析，全效一包化复合热稳定剂由于综合性能平衡、性价比高、环保性好、使用方便，有利于减轻操作人员的劳动强度并提高加工生产效率，同时还有利于避免计量出错，不但可减少浪费，同时也间接地提高了生产效率，因此可以预期将受到普遍欢迎。

（施珣若）

2017 年塑料微结构成型加工技术进展

塑料微结构加工是针对加工尺寸级别达到微米级至纳米级别的加工技术，是塑料加工行业重要的发展趋势[1]。微结构加工技术包括微挤出成型、微注塑成型、微热压印成型、微注射成型、激光刻蚀、软刻蚀、等离子体刻蚀、3D 打印等[2-5]。由于微结构加工的塑料制品具有高精度，高分辨率，快速成型等优点，使其在微流控、微光学、生物医药、电子器件、建筑工程等诸多方面有着广泛的应用[4]。本文从微结构加工工艺、微结构加工设备以及微结构加工材料三方面出发，综述了 2017 年国内外塑料微结构加工领域相关的文献与专利，对微加工行业未来的发展方向进行探讨与分析。

一、微结构加工工艺

1. 工艺研究与改进

李瑞，吴大鸣等[6]对 PMMA 在类固态微热压印过程中冷却速率 v（t）与松弛速率规律 p 进行实验研究。建立了 p－T 指数模型，得到了不同 T 下的 p 以及时间松弛常数 τ。提出了内应力松弛速率 $\sigma_{\Delta(t)}$－v（t）数学模型，模型分析结果与 prism 微结构实验结果相符。

王鑫，杜林芳等[7]对薄壁微结构在注射压缩成型充模过程中的工艺参数进行分析，讨论了温度和压缩工艺参数对 3 处微结构充填的影响。发现开模距离、压缩速度等工艺参数均对微结构的充填影响较大，工艺参数中开模距离减小，压缩速度增大有利于微结构的充填。

邢金峰，张倩等[8]为了改善聚合物的刚性，采用光刻的方法加工制成 3 种不同种类的水凝胶微结构。研究了正加工、倒加工、激光扫描速度等因素对微结构加工精度的影响。

Suntharavathanan Mahalingam 等[9]在（1 ~ 3）$\times10^5$帕的工作压力下，用旋转压缩的方法制成了具有自生多孔特征的聚丙烯腈基纤维素（PAN）－醋酸纤维素（CA）混合纤维，并将其与溶剂刻蚀和致孔剂浸出方法制造的 PAN－CA 混合纤维进行比较，得到了生成纤维的尺寸与回旋速度、工作压力的函数关系。

Yun jing Chen，Li jing Han 等[10]人通过对聚［（环氧乙烷）］－嵌段－（酰胺－12）（PEBA）－增韧的聚（乳酸）（PLA）共混物在较高（60°）和较低（25°）温度下施加单轴向预紧力，研究其力学性能的变化，发现在较高温度下施加单轴向预紧力可显著地提高材料的力学性能。在对材料的微结构进行研究后发现，是由于预拉伸比（PSR）的增加，材料的玻璃化转化温度和结晶度增加所致。

Myeongwoo Kang，Jae Hwan Byun 等[11]在传统高光刻蚀的基础上，采用一步背侧 UV 光刻蚀的方法，以聚对苯二甲酸乙二醇酯（PET）为底物制造出多级三维微结构。制造出的微结构具有成本低，加工复杂度简化，对底物的厚度没有特定要求等优点，具有较好的应用前景。

Javid Vaezi，Mehdi Nekoomanesh 等[12]采用齐次二茂金属作为聚丙烯混合物（PP）反应器合成的催化剂，研究了催化剂对 PP 合成过程中分子量和分子量分布的影响，并观察到该种方法合成的 PP 聚合物表面微结构的不均匀性。

2. 创新型微结构加工工艺

石广丰，薛常喜等[13]通过将图片上的彩色（黑白）图像进行识别处理，经过数据转换和设定即可实现图片图像上所反映的微结构信息。将其转化成数控加工程序，输入到超精密机床的数控加工系统，通过 FTS 单点金刚石车削加工，实现光学级别的微结构加工。

Yingge Zhou，George Z Tan 等[14]提出了一种新型的静电纺织结构，可以制造出具有微结构梯度的纤维垫，并完成了工艺参数对微结构梯度的影响进行了一系列的概念探究实验，得到了收集器转速、尖端到轴线的距离对包括纤维直径、垫空隙度、纤维排列在内的微结构梯度有较大影响。

徐浙云，许忠斌等[15]首次提出了壁面内有序排列 24 个微米级长直中空微通道的塑料管道（MCT）及其挤出加工平台。该管道采用聚氨酯弹性体制成。通过实验探究了牵引比 λ，空气段长度 L 以及注气压力 P_{in}等工艺参数对 MCT 制品的影响，发现λ和L与制品横截面尺寸成负相关，但不影响界面各尺寸的相对比例分布，而注气压力 P_{in} 与微通道尺寸在一定范围内高度符合二次函数关系，但对制品整体尺寸影响不大。

高兴，李勇[16]提出了一种超精密切削的B轴旋转加工工艺，通过对加工路径、切削速度、B轴旋转速度及切深尺寸等工艺参数的研究，生产出尺寸精度小于1.4μm表面粗糙度小于14nm的质量较理想的光学模具。

Dong Xiang，Miao Liu等[17]采用羟基封端的丁二烯－丙烯腈共聚物（HTBN）作为软链端，环己二异氰酸酯（HDI）和3，30－二甲基－4，40－二氨基二环己基甲烷（DMDC）作为硬链端生成了一种新的聚氨酯－脲（PUU）基介电弹性体。发现随着硬链端的增加，PUUs的介电常数显著降低，击穿强度和杨氏模量显著增加。

Xiu－Li Chen，Ai－Juan Zhao等[18]先从植物油中提取出三种生物芳香三醇，并用这三种芳香三醇与4，4′－亚甲基双（苯基异氰酸酯）为原料，在1，4－丁二醇作为增链剂的条件下合成了聚氨酯（PUs）。在对它们的化学结构，分子特征和物理功能进行研究后，发现该PUs材料具有一步分解的特征。该研究为以生物材料合成聚氨酯提供可一种可行的方法。

Yi－Cheng Feng，Hui Zhao[19]采用熔融缩聚的方式合成了一系列聚（对苯二甲酸丁二醇－1，4－环己烷二甲醇酯）［P（BT－co－CT）］－b－聚（四亚甲基乙二醇）（PTMG）。为了理解分子结构在热塑性聚醚酯弹性体（TPEEs）共聚物结晶过程中的作用，对聚（对苯二甲酸环己烷二甲醇酯）含量对共聚物的影响进行了研究。利用FT－IR和NMR观察到了PCT结合到共聚物上的过程，采用WAXD和DSC观察到当MPCT的含量大于30%时，共聚物从α－PBT晶格转化成trans－PCT晶格，并且结晶温度和熔点同时达到了最小值。MPCT含量的增加会引起共聚物热力学稳定性和可见光通过率的增加，但是会降低共聚物的抗拉强度和弹性模量。

二、微结构加工设备

李以贵等[20]发明了一种新的特氟龙快速微加工装置，在加热板上配以光束整形器，并覆盖于喷嘴表面，实现加工过程的局部加热。相比于传统的PTFE微加工工艺，该设备的加工范围及角度明显增大，且有效减小粗糙程度。

任仰龙，赵中里等[21]提出了一种新的微结构加工成型设备的密封抽真空技术，完成连续热压印过程中的密封和抽真空，该结构具有结构紧凑，安装制造成本低的优势，在自动化工业生产有一定的应用前景。

张一博，刘强等[22]对微结构加工过程中产生的微振动对加工精度的影响进行了研究，发现适当降低X轴直线电机刚性、增强撞点加工中柔性铰链刚性可以抑制振动从而提高加工精度。

王鑫等[23]设计了一种新型微注塑压缩模具，包括定模组件、动模组件、顶出组件、浇注组件和压缩组件，利用注塑压缩成型技术，改善微制品的复制度问题，有效降低微制品对成型工艺的参数要求。

王竹萍等[24]提出了一种飞秒激光微加工装置，通过基底材料镀膜、激光写入微孔图案、反应溶液洗涤镀膜层并配合超声浴，最终得到高加工质量和加工精度的微结构。此外，该方法可以有效避免热影响区、重铸层、热变形和裂纹等的出现。

冯永平，罗华云等[25]设计了一种新型试样结构，并用其测试了自行设计的微结构构件拉伸测试系统，准静载拉伸强度测试结果验证了本装置在微结构拉伸准静载测试中的适用性，该成果对于微机电系统结构可靠性研究以及微构件的测量有重要的应用价值。

戴京、许忠斌等[26]在浙江科盈新材料科技有限公司的聚醚醚酮3D打印机平台基础上，采用熔融沉积方案打印试验样条，通过研究挤出温度、打印层厚度、进料速度对打印产品内填充率的影响，解决了3D打印机聚醚醚酮进料“打滑”现象，并得出其最佳的工艺参数标准。

三、微结构加工材料

姚俊俊[27]采用激光直写方法制造出防眩光三维模具，以PET为材料制造出一种基于薄层有机聚合物光电材料的三维结构，实现了低成本、高性能、高效率的眩光抑制薄膜材料的批量生产。

Zhi－yu Liu，Fu－jian Zhou等[28]用TEM对油水压裂过程中的聚合物减阻剂进行了研究，发现具有均匀网状微结构的减阻剂的减阻能力最好。且在较低流速下，聚合物的减阻能力受油水黏度的影响很大，在较高流速下，聚合物的减阻能力受油水弹性的影响较大。

XZhu等[29]用包括甲基丙烯酸缩水甘油酯（GMA）、甲基丙烯酸羟乙酯（HEMA）、甲基丙烯酰胺丙基三甲基氯化铵（MAPTAC）在内的三种极性单体在紫外线照射的条件下光接枝聚合成纺喷聚丙烯非织造织物，制成的高分子聚丙烯的亲水性增强，水通量减小。

Tomasz Moskalewicz 等[30]用电泳沉积的方法在 Ti－13Nb－13Zr 钛合金表面上制备了具有优良抗腐蚀性能的微孔复合溶胶－凝胶玻璃/聚醚醚酮（SGG/PEEK）涂层，通过向 PEEK 基体中添加不同粒径的 SGG 粒子得到不同高开孔率的涂层。

王素慧，毛亚鹏[31]通过低温固相挤出工艺回收不同编织结构的废弃涤纶纺织品复合材料，制备了聚对苯二甲酸乙二醇酯（r－PET）/高密度聚乙烯（HDPE）同质复合材料。通过对材料的微结构观察研究，得到具有线圈结构的废弃涤纶纺织品可以提升材料的表观黏度、刚性、热稳定性以及力学性能。

石素宇，王利娜[32]研究了不同退火温度下微注射成型的高密度聚乙烯（HDPE）制品的微结构和力学性能，经试验测试证明，退火温度对材料的拉伸强度和断裂韧性等力学性能影响较大。并通过对材料微结构的分析，阐明了微注射成型 HDPE 制品的增强增韧机理。

Anying WANG，Shuai YAN 等[33]研究了 PEEK 和 PI 在 Si3N4 表面滑动时的水基润滑特性和表面微观结构，水作为润滑剂后可明显改善 PI/PEEK 在 Si3N4 表面摩擦的阻力系数和磨损率，且对 PI－Si3N4 摩擦副加水润滑后的效果更为理想，有较好的预期应用效果。

何锐，李丹等[34]对 PE/HPP 两种聚合物纤维混杂对混凝土抗冻性的影响进行了冻融实验探究。当掺量 0.8%～1.2%时，混杂纤维产生了的桥联、捆绑作用的协同效应，可有效减弱体积膨胀产生的应力，使基体的破坏减小，抗冻性能增加。

张琳，胡斌等[35]将 PI 中空纤维膜丝用于 CO_2 分离膜模拟实验，实验研究了渗余侧气流量、分离压力、烟气温度对 CO_2 分离性能的影响。并进一步探究了添加燃煤飞灰细颗粒物后对膜的分离性能的影响。

罗磊，周宝荣等[36]以聚乙烯醇（PVA）为成膜剂，结合水浴、水热和焙烧等过程，制得了拟薄水铝石/PVA 复合薄膜，采用扫描电镜对产物的微结构和形貌进行表征，并对比研究了 PVA 处理对产物 Cr（Ⅵ）静态吸附性能的影响。

四、总结与展望

塑料微结构加工技术发展较为迅速，且已在诸多领域有广泛应用，今后发展具有以下趋势：①在传统的微结构加工的基础上，引入诸如电子束、UV 光等不同类型的物理场作用，或改变操作压力、操作环境等条件，提升微结构加工精度和微结构材料的力学性能；②采用化学聚合的方法，用多种单体合成微结构材料，通过改变反应物配比来研究对产物微结构的影响，或者采用共混的方法，直接混合集中几种聚合物材料，综合发挥多种材料的各项性能优势，为微结构聚合物的加工制造带来了诸多可能性与发展空间；③在其他材料表面加工微结构，或以微结构材料作为催化剂、润滑剂、减阻剂等试剂，研究它对其他材料作用或影响，为微结构材料的应用提供条件和依据。

参考文献

［1］马雅丽，刘文开，路学成．微注塑成型技术研究［J］．内燃机与配件．2017（22）：19－22.

［2］王琦，吴大鸣，刘颖，等．PMMA 近玻璃化转变温度下应力松弛特性分析［J］．塑料．2017（02）：5－8.

［3］张攀攀，王建，谢鹏程，等．微注射成型与微分注射成型技术［J］．中国塑料．2010（06）：13－18.

［4］谈卫国，许忠斌，蒋兴浩．聚合物微纳加工设备的研究进展［J］．橡塑技术与装备．2015（02）：6－13.

［5］许忠斌，黄兴，徐浙云．微结构塑料制品成型过程的流变问题探讨［Z］．中国广东广州：20144.

［6］李瑞，吴大鸣，王琦，等．PMMA 在类固态微热压印过程中冷却速率与松弛速率的规律分析［J］．中国塑料．2017（12）：78－83.

［7］王鑫，杜林芳，李寒琪．薄壁制品微结构充填注射压缩成型中关键因素分析［J］．中国塑料．2017（06）：90－94.

［8］邢金峰，张倩，苟晓蓉．双光子聚合微加工高精密度 PEG 水凝胶的研究［J］．天津大学学报（自然科学与工程技术版）．2018（02）：210－214.

［9］Mahalingam S，Wu X，Edirisinghe M. Evolution of self－generating porous microstructures in polyacrylonitrile－cellulose acetate blend fibres［J］.

Materials & Design. 2017, 134: 259 – 271.

［10］Chen Y, Han L, Li Z, et al. Effect of uniaxial pre – stretching on the microstructure and mechanical properties of poly ［（ethylene oxide） – block –（amide – 12）］ – toughened poly（lactic acid）blend ［J］. RSC Advances. 2017, 7（2）: 712 – 719.

［11］Kang M, Byun J H, Na S, et al. Fabrication of functional 3D multi – level microstructures on transparent substrates by one step back – side UV photolithography ［J］. RSC ADVANCES. 2017, 7（22）: 13353 – 13361.

［12］Vaezi J, Nekoomanesh M, Khonakdar H, et al. Correlation of Microstructure, Rheological and Morphological Characteristics of Synthesized Polypropylene（PP）Reactor Blends Using Homogeneous Binary Metallocene Catalyst ［J］. Polymers. 2017, 9（12）: 75.

［13］石广丰，薛常喜，史国权．基于图像处理反求法的微结构 FTS 超精密加工［J］．制造业自动化．2017（04）：35 – 37.

［14］Zhou Y, Tan G Z. Fabrication of nanofiber mats with microstructure gradient by cone electrospinning ［J］. Nanomaterials and Nanotechnology. 2017, 7: 1516070145.

［15］徐浙云，许皓彦，许忠斌．微通道环形排列结构塑料管道的成型工艺研究［J］．中国塑料．2017（04）：57 – 62.

［16］高兴，李勇，钟昊，等．回转对称微结构光学模具的超精密切削 B 轴旋转加工工艺［J］．清华大学学报（自然科学版）．2017（02）：120 – 127.

［17］Xiang D, Liu M, Chen G, et al. Optimization of mechanical and dielectric properties of poly（urethane – urea） – based dielectric elastomers via the control of microstructure ［J］. RSC Advances. 2017, 7（88）: 55610 – 55619.

［18］Chen X, Zhao A, Sun H, et al. PREPARATION OF BIO – POLYMERIC MATERIALS, THEIR MICROSTRUCTURES AND PHYSICAL FUNCTIONALITIES ［J］. MATERIALI IN TEHNOLOGIJE. 2017, 51（2）: 229 – 236.

［19］Feng Y, Zhao H, Hao T, et al. Effects of Poly（cyclohexanedimethylene terephthalate）on Microstructures, Crystallization Behavior and Properties of the Poly（ester ether）Elastomers ［J］. Materials. 2017, 10（7）: 694.

［20］李以贵，吕曈，蔡金东，等．一种特氟龙快速微加工装置及方法［P］．2017 – 09 – 29.

［21］任仰龙，赵中里，吴大鸣，等．微热成型模的密封抽真空结构设计［J］．模具工业．2017（09）：45 – 47.

［22］张一博，刘强，颜志涛，等．微振动对超精密撞点加工精度影响［J］．组合机床与自动化加工技术．2018（02）：46 – 50.

［23］王鑫，杜林芳，王静，等．微注塑压缩模具［P］．2017 – 05 – 24.

［24］王竹萍，王才良，范小康，等．一种飞秒激光微加工方法及装置［P］．2018 – 02 – 23.

［25］冯永平，罗华云．一种微构件拉伸测试系统及测试结构设计［J］．应用力学学报．2017（05）：963 – 968.

［26］戴京，周方浩，许忠斌，等．聚醚醚酮 3D 打印成型的内填充工艺研究［J］．塑料工业．2017（11）：47 – 50.

［27］姚俊俊．基于微结构的用于 LED 照明眩光抑制的光电材料开发［J］．中国照明电器．2017（12）：24 – 27.

［28］Liu Z, Zhou F, Qu H, et al. Impact of the Microstructure of Polymer Drag Reducer on Slick – Water Fracturing ［J］. Geofluids. 2017, 2017: 1 – 8.

［29］Zhu X, Shi X, Pan Z, et al. Photo – grafting polymerization, microstructure and hydrophilicity of spun – blown polypropylene nonwoven fabrics ［M］. IOP Conference Series – Materials Science and Engineering, BRISTOL: IOP PUBLISHING LTD, 2017: 254.

［30］Moskalewicz T, Zych A, Bukaszczyk A, et al. Electrophoretic Deposition, Microstructure, and Corrosion Resistance of Porous Sol – Gel Glass/Polyetheretherketone Coatings on the Ti – 13Nb – 13Zr Alloy ［J］. Metallurgical and Materials Transactions A. 2017, 48（5）: 2660 – 2673.

［31］王素慧，毛亚鹏，李秋影，等．回收聚酯基合金同质复合材料的微结构与性能［J］．华东理工大学学报（自然科学版）．2017（03）：327 – 334.

［32］石素宇，王利娜，赵康，等．退火对微注射成型 HDPE 制品的增强增韧作用［J］．现代

塑料加工应用.2017（01）：6－8.

［33］Wang A，Yan S，Lin B，et al. Aqueous lubrication and surface microstructures of engineering polymer materials（PEEK and PI）when sliding against Si3N4［J］. Friction. 2017，5（4）：414－428.

［34］何锐，李丹，王帅，等.PE/HPP 混杂纤维混凝土的抗冻性能［J］. 华南理工大学学报（自然科学版）.2017（04）：87－94.

［35］张琳，胡斌，王霞，等.PI 中空纤维膜分离模拟燃煤脱硫烟气中的 CO_2［J］. 中国电机工程学报.2017（09）：2637－2644.

［36］罗磊，周宝荣，蔡卫权. 水热辅助溶胶－凝胶法制备分等级拟薄水铝石/PVA 复合薄膜及其 Cr（Ⅵ）吸附性能［J］. 化工新型材料.2017（05）：96－98.

（浙江大学 许忠斌 薛斌 王萌）

医用聚碳酸酯在医疗器械领域中的应用

一、医用聚碳酸酯发展概况

1. 聚碳酸酯发展史

聚碳酸酯为主链上含有碳酸酯基的聚合物总称，根据酯基的结构可分为脂肪族、芳香族、脂肪族－芳香族等多种类型。但目前仅有芳香族聚碳酸酯获得了工业化生产。尤其是双酚 A 型聚碳酸酯，因其具有良好的透明性，较高的玻璃化温度等优点，从而得到迅猛发展[1]。

聚碳酸酯最早由德国科学家 Alfred Einhorn 在 1898 年首次合成。1958 年由德国拜耳公司投入生产，工业化生产已有 50 多年的历史。聚碳酸酯融诸多优良性质于一身，稳定、质轻、透明、耐用、容易形成且易于回收利用，市场前景广阔。

2. 医用聚碳酸酯

聚碳酸酯不仅广泛应用于工农业，在医疗行业中也得到了广泛运用。由于医疗级聚碳酸酯具有透明度高、设计自由度高、不易破碎、满足生物相容性要求；同时其制品可经受蒸汽，加热和大剂量辐射消毒，且不发生变黄和物理性能下降，因而被广泛应用于人工肾血液透析设备，以及其他需要在透明、直观条件下操作，并需反复消毒的医疗设备中，如生产高压注射器、外科手术面罩、一次性牙科用具、血液充氧器、血液收集存储器、血液分离器等[2]。

二、医用聚碳酸酯应具备的性能

1. 安全性

医疗级材料应通过一系列的试验来判断材料是否可用，或析出物是否会导致对人体的潜在危害。国内须通过《YY/T0806－2010 医用输液、输血、注射及其他医疗器械用聚碳酸酯专用料》测试；生物相容性评价国内需通 GB/T16886.1 测试，以评价该种材料用于人体安全性。

此种材料国外须达到美国药典塑料Ⅵ级材料要求，生物相容性测试需通过 ISO10993 第一部分“医疗器械的生物学评价”的相关要求。

2. 应能承受耐多种灭菌方式

医疗器械灭菌是保证产品质量的一种方法。对于用聚碳酸酯生产的透析器和静脉输注接入设备等其他医疗器械和手术设备而言，因其特殊需求而需要能够承受高温蒸汽和伽马辐射灭菌过程。目前，为满足这些特殊需求，市场上相继推出了耐高温、耐辐射灭菌稳定的医疗级聚碳酸酯材料。拜耳公司为血液透析器外壳推出了模克隆® Rx 系列医疗级材料具备了良好的伽马辐射灭菌耐受性，经过伽马辐射灭菌之后，依然能够保持颜色稳定性和机械性能，使大批量灭菌也成为可能[3]。GE 公司开发出 Lexan4404 树脂，一种透明 PC，可经受多次高压灭菌循环（温度高达 134℃）。另外，GE 还开发出 LexanHPS7 树脂，这是一种 γ 射线稳定材料，可实现多次 γ 射线和多次高压灭菌（121℃）[4]。

3. 高强度和高流动性

医用聚碳酸酯在加工过程中应具有良好的机械强度和高流动性，能够充分满足产品薄壁应用的需求。同时，高的流动性能也能提高厂家的产量，近几年出现脱模容易的医用聚碳酸酯新产品。这些产品本身含有脱模剂，不需要在模具上喷洒脱模剂，缩短生产循环周期，降低加工成本[2]。如拜耳公司的 Rx2430 树脂满足上述情况需求。

4. 高透明度

采用医用聚碳酸酯材料制成的医疗设备部件往往需要一定的透明度，用以满足医疗过程中实现目视监控功能。如观察流体的流动，像静脉组件、输液泵、血液管等；需要观察所装物质，像消毒盘，注射针筒等。同时透明度也能增加产品的美观性[5]。

三、医用聚碳酸酯制品

1. 人工透析器和人工心肺容器

用做人工透析器和人工心肺容器的聚碳酸酯树脂既要透明，能耐EO灭菌又能耐消毒蒸汽的热量或γ射线辐照，还应有良好的湿润性，在γ射线照射下不发黄且不降低它的透明性和机械性能。由此开发出耐γ射线的新型聚碳酸酯树脂，专门用于电子射线灭菌的透明医疗器具。经过γ射线灭菌后的器械具有更清洁，更安全，无残留，及灭菌时间短等优势。

2. 输血、输液、注射器

拜耳公司开发了以聚碳酸酯为基础材料的胰岛素注射器、吸入器和微型给药泵等新型医疗设备产品。其中，胰岛素注射器采用新开发的生物相容性医疗级别产品聚碳酸酯材料制成的没有针头的新型注射器，在自身高压作用下，在不到一秒的时间内，将药物通过皮肤压入人体内，患者几乎没有痛感。胰岛素注射器采用模克隆技术 Rx2430 制成。具备了良好的伽马辐射灭菌耐受性：而且产品依然能够保持颜色稳定性和机械性能。

3. 手术器械

眼科微钳和微剪、内窥镜手柄、增压泵、除颤仪、穿刺器等医疗器材组成部分为医用聚碳酸酯。因其使用的特殊性，这些手术类器械往往需要重复使用，为保证产品不被污染，医院里用许多强烈的消毒剂来杀菌消毒，因此设备的外壳需要能抵抗消毒剂，所以该类医用聚碳酸酯原料增加了其抗化学性。

4. 轻量化医用电子设备材料

利用医用聚碳酸酯和ABS合金稳定性好，易于加工的特点；具有高流动性适合薄壁成型的特点；具有防水解和好的耐化学性特点；符合生物相容性测试；符合欧盟管制有害物质的限制指令（ROHS）要求等优点，生产制造了便携式制氧机、注射泵、MR或CT、胰岛素注射泵大型医疗设备。

5. 聚碳酸酯镜片

根据美国FDA规定、加拿大以及欧洲很多国家的相关法规规定，近视眼镜按照医疗器械来管理，美国法律上规定中小学生佩戴眼镜必须是树脂镜片，最近又极力推荐聚碳酸酯镜片，现已占到美国眼镜市场50%的份额。许多业内人士和市场专家预测，聚碳酸酯镜片将成为21世纪的主导镜片，其市场前景十分令人看好。主要基于聚碳酸酯镜片有以下优点 1）重量轻，是目前镜片材料中最轻的，比普通树脂镜片轻35%左右；2）镜片薄，利用抗冲击性能优异的特点，可以把镜片设计得更薄；3）安全性极好，聚碳酸酯镜片是有史以来最牢固的镜片。它比普通树脂镜片要强12倍的抗冲击性能；4）透过率高，它的透过率高达92%以上，比一般玻璃镜片高2%以上[6]。

四、医用聚碳酸酯市场供需现状

据相关文献报道，目前每年医用领域消耗的聚碳酸酯树脂材料大约有7.5万吨，并且这一增长趋势仍在持续[2]。仅2015年，全世界PC的总消费量为3983千吨，医疗器材使用的聚碳酸酯为148千吨，约占总消费量的3.72%，预计2015—2020年，世界聚碳酸酯的消费量将以年均2.9%的速度增长，到2020年总消费量将达到4600千吨。除光学媒介方面的消费量将以年均4.4%的速度减少之外，其他领域的消费量都有不同程度的增长。预计在未来几年内，医用聚碳酸酯在医疗行业中的销量将以超出平均水平的速度继续增长。在发展中国家，由于人口的日益老龄化会对医疗护理产生更大需求，且医疗保健制度日渐完善，将有助于推动这一进程的发展，仅中国而言，2015年表观消费PC约有1655.3千吨，其中约有2.1%聚碳酸酯被用于医疗器材生产加工[7]，医用PC将是未来潜在的需求热点。

五、医用聚碳酸酯存在的问题

（一）易产生应力开裂现象

医用聚碳酸酯因优越的综合性能，尤其是突出的冲击韧性和耐热耐辐射性而在医疗领域得到广泛应用，但其致命的弱点——制件在成型加工中易产生内应力，容易发生应力开裂现象，给其应用带来不少问题[8]。

1. 内应力产生机理

聚碳酸酯的应力开裂问题已众所周知，同时引起了广泛的重视，但对其产生的机理、影响因素、定量检测方法等问题，没有统一的定论，仍在探索中。但通常认为内应力的本质为大分子链在熔融加工过程中形成的不平衡构象，这种不平衡构象在冷却固化时不能立刻恢复到与环境条件相适应的平衡构象，这种不均衡构象的实质为一种可逆的高弹形变，而冻结的高弹形变平时以位能形势储存在塑料制品中，在合适的条件下，这种被迫的不稳定的构象将向自在的稳固的构象转化，位能改变为动能而开释。当大分子链间的作用力和相互缠结力蒙受不住这种动能时，内应力平衡即受到破坏，塑料制品就会产生应力开裂及翘曲变形等现象。

2. 应力开裂检测方法

医用聚碳酸酯注塑件内应力检测方法，至今没有一种统一理想的定量检测法，目前比较普遍采用的方法有两种：偏振光检验法及溶剂浸渍法[9]。

偏振光检验法适用于各种透明塑料制件的检验，利用制件的透明性，把制件置于偏振光镜片之间，从镜上观察制件表面彩色光带面积的大小来确定内应力发生的范围大小，光带面积越大，内引力范围越大。

溶剂浸渍法是将制件浸在某些溶剂（如苯、四氯化碳、环己烷、乙醇、甲醇）内，按照制件发生龟裂破坏的时间来判断应力的大小，时间愈长应力愈小。一般如果浸渍 5 ~ 15s 开裂的，说明内应力很大，如果浸渍 1 ~ 2 分钟还未见开裂的，说明内应力较小，使用过程中不大会发生问题。

3. 减小内应力的方法

由于 PC 的结构特征及注塑工艺条件的限制，要完全避免内应力是不可能的，只能尽量减小内应力或尽量使内应力在制品内分布均匀。其方法是：

（1）注射温度对制品内应力大小影响很大，因此要适当地提高机筒温度，保证物料塑化良好，使组分均匀以降低收缩率，减小内应力；提高模具温度，使制品冷却缓慢，以松弛取向分子，降低内应力。

（2）过高的注塑压力可使塑料分子取向作用增大而产生较大的剪切力，使塑料分子有序排列，制品取向应力增大，因此，要尽量采用较低的注塑压力；若保压时间太长，模内压力由于补压作用而提高，熔料产生较高的受挤压效应，分子取向程度提高，使制品内应力增大，因此保压时间不宜太长。

（3）注射速率对注塑件内应力的影响比温度、压力等因素要小得多，不过最好采用变速注射，即快速充模，当模腔充满后改用低速，变速注射一方面充模过程快，减少熔接痕，另一方面低速保压可减少分子取向。

（4）合理设计浇口位置，扁平制品最好采用缝形、扇形浇口；顶出装置应设计成大面积顶出；脱模斜度要大。

（5）原料必须得到充分干燥，尽可能使用较好的料（含杂质少，分子质量大）不用浇口料；树脂不发生分解的前提下，宜用较高料温，提高熔体流动性。

（6）当制品带有金属嵌件时，嵌件材料需预先加热（一般要求达 200℃左右），以防止金属材料与塑料材料线胀系数不一致而产生内应力。过渡处需用圆弧过渡。

（7）出模后可用热处理方法消除内应力。热处理的温度为 120℃左右，时间 2h 左右（通常随制件形状与壁厚调整以上参数）。其实质是使塑料分子中的链段、链节有一定的活动能力，冻结的弹性变形得到松弛，取向的分子回到无规状态。

（8）最好不用脱模剂，否则易引发内应力，造成制品不透明、斑纹或开裂。同时也会影响生物性能指标。

（二）关于聚碳酸酯和双酚 A（BPA）

BPA 作为生产聚碳酸酯的重要基础原料，已有 50 多年的使用历史，PC 生产中尚无等效的、经深入研究且技术可行的 BPA 替代物可用。而 BPA 作为一种化工原料，2008 年 4 月 18 日已经被加拿大联邦政府正式认定为有毒物质，并严禁在食品包装中添加，所以，聚碳酸酯的安全性是值得注意的问题。欧盟认为含 BPA 奶瓶会诱发性早熟，尽管没有任何实际损伤的证据，由儿童所引发的普遍怀疑，特别能引起重视，持续的基于预防性措施的监管活动，有些国家进一步采取了法律行动，特别是从 2011 年 3 月 2 日起，欧盟禁止生产和销售含 BPA 的婴儿奶瓶。中国卫生部等部门发布公告称，2011 年 9 月 1 日起禁止进口和销售 PC 婴幼儿奶瓶和其他含 BPA 的婴幼儿奶瓶，由生产企业或进口商负责召回。

而拜耳公司在 2013 年 6 月发表观点“BPA 在拟使用条件下是安全的”[10]，并提出“目前尚无合理的科学依据证明存在有关双酚 A 目标使用条件下的任何健康或安全性问题”。1936 年 BPA 被证实具有弱的激素样效应，但其作用效力比天然雌激素低约 10000 倍，只有在实际生活中达到的极高剂量下才有作用。科学研究显示，BPA 从相关产品迁移的量极其微小，因 BPA 牢固的键合在聚碳酸酯上，所以释放量极少，并且 BPA 在体内可迅速而有效地转化为非活性形式，并通过尿液迅速排出体外[11]。

六、医用聚碳酸酯未来发展方向

1. 开发耐多种化学溶剂的医用聚碳酸酯

聚碳酸酯以其性价比高的优势，成为医疗器

械领域中增长最快的高分子材料，目前各大聚碳酸酯生产商已陆续开发出耐高温型、耐辐射型、易脱模型、耐油型、耐冲击型医用聚碳酸酯树脂，拓宽了医用聚碳酸酯在医疗领域的应用范围，应用产品包括大型医疗设备的外壳如 CT 或 MR，小的医用接头，手术器械手柄，以及人工透析产品等。

就目前来看，虽然医用聚碳酸酯应用领域覆盖范围很广，但是还有很大的可开发空间，如癌症治疗所用器械很难使用塑料制品进行。因肿瘤治疗所采用的强性能溶剂，例如苯甲醇和二甲基乙酰胺，会造成连接器开裂。可能存在泄漏或破碎风险，美国 FDA（食品与药品管理局）和安全用药规范研究所在 2015 年发布了一则警告，提醒医疗从业者避免使用封闭系统聚碳酸酯输送装置。因此开发出具有更好的耐多种化学性溶剂的医用聚碳酸酯将是其未来发展的一个方向。据悉，chinaplas2018 展会上，科思创展出了用于肿瘤输液管连接器的全新医用聚碳酸酯 Makrolon Rx3440。该材料展现了卓越的耐化学性和最佳应力保持能力，可有效防止肿瘤药物中的溶剂对输液管连接器的腐蚀从而造成的部件开裂，帮助医护人员更安全地为患者进行肿瘤药物治疗[12]。

2. 生物可降解医用聚碳酸酯

近几十年，随着生物可降解医用高分子材料在生物系统疾病的诊断、治疗以及生物体组织器官的修复或替换等领域表现出来的广泛应用前景，其研究也越来越受到人们的重视。目前，生物可降解医用高分子材料主要包括胶原、明胶、甲壳素等天然高分子以及聚碳酸酯、聚（α－羟基酸）、聚磷酸酯等合成高分子材料[13]。

含双酚 A 芳香族聚碳酸酯是聚碳酸酯类高分子材料最早应用于医疗领域的，该类高分子材料可以加工成一次性耗材，亦可以加工成永久替代物如人工肾或颅骨，但这类材料不能生物降解，只能作体内永久替代物。与双酚 A 芳香族聚碳酸酯相比，脂肪族聚碳酸酯是一种可生物降解的高分子材料，但由于其特殊的化学结构导致机械性能低，从而限制了它在工程塑料领域的应用。近几十年，随着生物医学技术的不断发展和生物医用材料研究的日益活跃，通过改变其化学结构、引入功能化基团或与其他单体共聚可使脂肪族聚碳酸酯具有广泛的物理、化学和生物学性能，以满足不同医学需要[14]。

可生物降解聚碳酸酯作为生物医用材料不需二次手术移出，因此特别适合用于一些需暂时性存入的植入场合。据文献报道，它在手术缝合线，骨固定材料、药物控制释放、组织工程等领域都已得到了一定的应用[13]。可降解型聚碳酸酯因其特有的性能特点，使其在生物医用材料领域得到越来越广泛的关注。同时也将为医用聚碳酸酯指明了未来发展方向。

结语

众所周知，医疗行业对产品应用具有苛刻的要求，而聚碳酸酯具有耐高温和耐冲击性以及透明美观的外观，脂肪族聚碳酸酯则表现出良好的生物相容性、生物降解性和机械加工性能，而且通过功能化、共聚和共混等手段调节和改变聚碳酸酯的性能，以满足不同需求。因此，聚碳酸酯在生物医学领域有广阔的应用前景，使其成为多样化医疗应用领域的首选材料。

参考文献

［1］豆海华，张洪斌，尤亚华等．新型聚碳酸酯研究进展合肥工业大学学报，2003（26）：495－500.

［2］王兴山．聚碳酸酯材料在医用领域迅速拓展国外塑料 2006（10）：74－76.

［3］拜耳成功开发出医疗级别 PC 材料　精细与专用化学品，2009，（18）.

［4］路春荣．GE 公司开发出医用聚碳酸酯及系列工程塑料齐鲁石油化工 2006，34（增刊）：51 页.

［5］科思创公司资料“科思创聚碳酸酯在医疗器械的应用技术”.

［6］秉宜明．PC 镜片—21 世纪主导的主导眼镜片，中国眼镜科技杂质，2005（5）：83－85.

［7］崔小明．国内外聚碳酸酯的供需现状及发展前景分析石油化工技术与经济，2017（33）：18－23.

［8］汤锦良，彭兰生．聚碳酸酯应力开裂的研究　工程塑料应用　1982，(04)

［9］塑料加工全书，第八篇：成型工艺第 1441 页.

［10］拜耳公司关于“双酚 A 在拟使用条件下是安全的”资料.

［11］科思创公司资料“聚碳酸酯和双酚 A（BPA）——对未来材料的承诺”.

［12］科思创发布新耐溶剂耐清洁剂的医用聚碳酸酯产品，环球聚氨酯网.

［13］李峰，冯俊，卓仁禧．生物可降解聚碳酸酯研究进展，高分子材料科学与工程，2005（21）：57－61.

［14］周瑜，刘芝兰，陈红祥．脂肪族聚碳酸酯及其在医学中的应用，化学通报，2011（74）：1112－1117.

（天津市塑料研究所有限公司
李小静　许强　张东惠　王铭）

CPP 薄膜行业 2017 年发展情况及 2018 年市场预测

一、CPP 生产线新增情况

据不完全统计，CPP2017 年新增产能仍以普通常规膜为主，总体增量约 10 万吨左右，典型幅宽 4.8 米，单线产能在 8000 吨左右，包括汕头江宏、浙江鹏翔、福州航升、金田等。有些膜厂结合自身的产品规划，新增上马了 4.9 或 5 米幅宽的生产线，浙江金瑞上马 7 米幅宽生产线。

二、销售行情走势分析

2017 年上半年，受大环境影响，整体塑膜产业链均处于下跌态势，CPP 薄膜销售价格走势也是一路走跌，行业面临严峻挑战，企业运行压力加大。

通过价格走势图（图 1）可以看出，进入 1 月初开始，膜市已经从 12 月高点开始滑落，经历 2 月的平稳期，CPP 膜市难以继续支撑，薄膜价格在 3 月份继续明显下落，1～7 月份膜市持续均处于下跌周期，高低点价差在千元以上。从 8 月份起，膜市开始有所企稳，但整体依旧处于行情弱势阶段。9 月份后有所回升，并保持相对平稳，但总体行情低于年初约 500 元/吨左右。

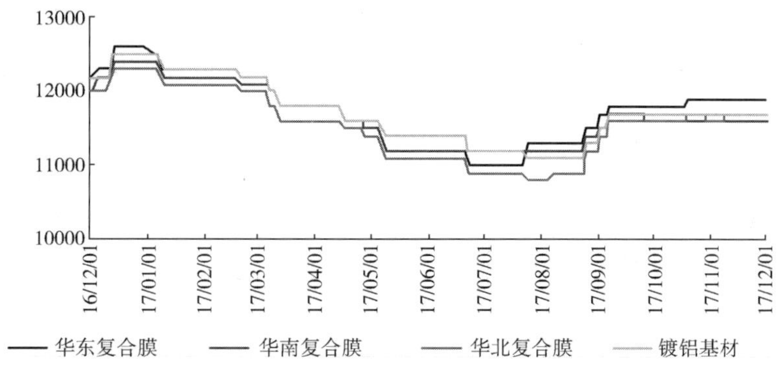

图 1　2016—2017 年度 CPP 膜出厂均价走势

数据来源：中国塑膜网 www. pfchina. com. cn

影响 CPP 销售价格走势的因素：因素很多，包括宏观经济、供需格局、商家心态以及原材料等。一二三季度经济形势依然欠佳难以提振膜市，尤其国内薄膜下游应用市场难以形成稳定支撑，因此两次原料反弹未能对 CPP 市场形成及时、明显的提振。因此，这个周期特别是一季度中后期及二季度，行业生产性开工率普遍偏低，安排歇产检修、市场开发、员工培训。

三、原料采购价格走势分析

2017 年，基本沿袭 2016 年国内专用料竞争格局。从图 2 可以看出，全年 CPP 原料走势基本与薄膜成品价格走势一致，即为上一段落所分析，薄膜销售价格随原料行情变动。在经历上半年价格持续回调基础上，下半年略有一定震荡上涨行情。同时，华东区原料涨跌频率高于华北区，两者间最高价差在 5 月份出现，价差一度高达 1000～1200 元/吨，而在 9 月份，两者间价差又回到 500～600 元/吨左右，主要是由于资源分配不均以及石油与石化政策所导致。

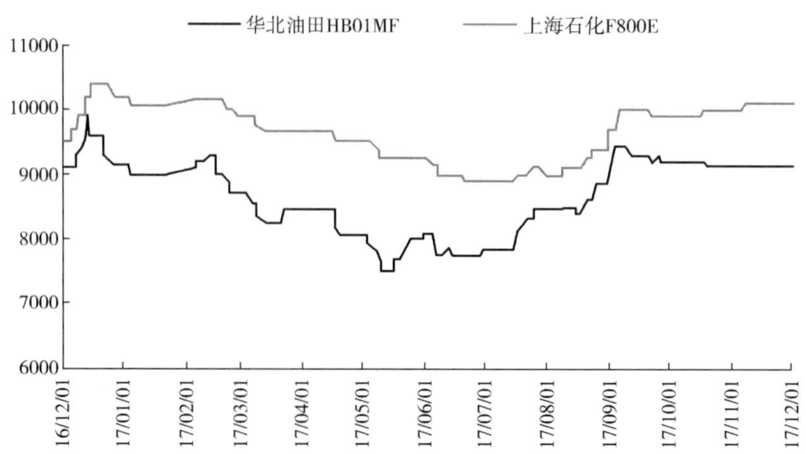

图 2　2016—2017 年国内石化 CPP 专用料出厂价格走势

数据来源：中国塑膜网 www. pfchina. com. cn

就不同石化企业而言：

1. 武汉石化

2017 年初 FCP80 试产成功，截至目前，国内华中地区工厂部分也已成熟的使用此料，但其他区域对此料的关注度并不高。

2. 上海石化

目前国内是长期可以生产 CPP 的专用料的石化企业，而且种类相对较多，其主要牌号有三元的 F800EPS，二元料包含 F800E、F800EDF，镀铝用芯层料有 FC801MX、FC801。

3. 燕山石化

三元料价位优势对华东市场客户有一定吸引力，华东及华南客户普遍率较高，产品推广较为成功。

4. 独山子

年内也有专用料产出，TF1007、DY - W0723F，目前客户普遍率也不是特别高。

对于 CPP 差异化产品，依旧采用国外的进口料为主，比如 TPC、三星等，博禄的原料也有一些厂家在用，有一定价格优势。

四、CPP 膜厂利润空间（原成差）分析

从图 3 可以看出，CPP 薄膜与原料整体走势基本一致，利润空间上半年尚可、下半年有所缩窄。另外，2017 年整体利润空间较 2016 年相比，显示明显缩减。

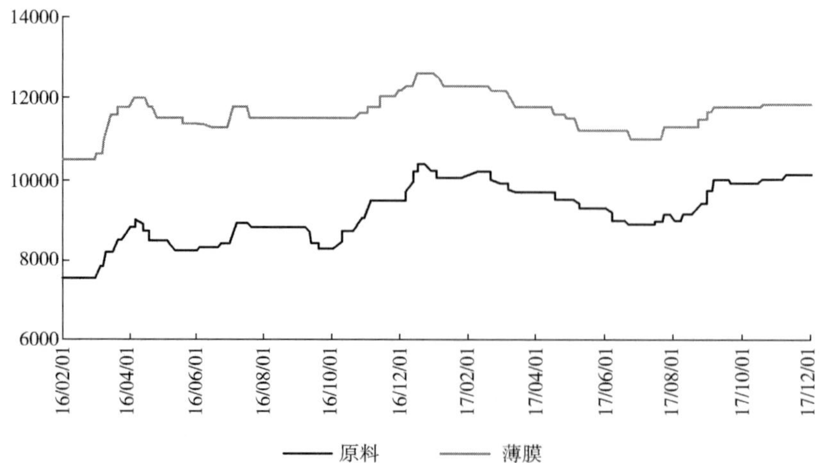

图 3　2016—2017 年度薄膜与原料价差走势图

数据来源：中国塑膜网

上半年销售价格趋势一路向下，但是单位利润尚处于一个盈利状态，主要是由于PP原料下跌频率快、幅度大，而CPP膜市反应多显滞后。从接单量来看，上半年薄膜价格下跌途中，膜厂订单也明显减少，至三季度开始回转。2017年全年度，CPP企业在人力、运输、财务等成本因素和产销不均衡、出货不畅等等压力之下，产品利润相比2016年缩水。

五、流延行业的发展趋势

随着下游成本、品质、品种要求和同业竞争的反推作用，CPP企业逐步增加运营压力，包括同业中随着4.8~5米乃至7米生产线的上马，4米以下的生产线面临着成本劣势状态。因此，CPP业者需要不断开拓新思路、淘汰落后产能，改造优化、开发特品、提高效能，眼光集中在一些高端制造领域，如光电保护膜、铝塑膜、高端卫材等，提高产品经营的附加值。

从流延膜全行业来看，CPE的发展迅猛，从2016年下半年至2017年，CPE生产线上马呈现高潮状态，截至目前，包括历史投入，全国CPE生产线已达70条左右，关联行业从装备、原料也在积极配合技术开发在内的全资源投入，值得关注。

（中国塑协流延薄膜专委会　王焕清）

中空吹塑行业近几年的技术发展趋势探讨

摘　要：本文介绍了近几年中空吹塑行业与吹塑机设备行业的基本概况，介绍了中空塑料吹塑成型机的基本构成，概述了行业的基本情况与特点。介绍了吹塑机行业研发的新技术，新产品以及新的生产线等。介绍了中空塑料吹塑机生产线关键配套技术与关键零部件的研发现状。介绍了中空吹塑制品与吹塑机行业重点新产品与新技术。提出了行业的技术研发趋势分析与建议，并且进行了行业发展趋势分析等。

关键词：中空塑料吹塑成型机，关键零部件，关键技术与核心技术，吹塑机智能化生产线；特殊吹塑容器等。

The Exploration of the Technology Trend
of Blow Molding Industry in Recent Years

QIU JIANCHENG
(SUZHOU TONGDA MACHINERY CO., LTD 215614)

Abstract: This paper provides an overview of the blow molding industry and blow molding machinery industry in recent years, introduces the basic components of blow molding machinery and summarizes the fundamental state and characteristics of the industry. In addition, it also gives an introduction to the new technologies, new products and new production lines developed in the blow molding machine industry, the R&D status of critical matching technologies and key parts and components of the blow molding machine production line and the main new products and technologies of blow molding manufacturing industry and blow molding industry. Furthermore, it puts forwards the R&D trend of the industry, provides suggestions and analyzes the industry trends, etc..

Keywords: hollow plastic blow molding machine, key components, key technology and core technology, blow molding machine intelligent production line; special blow molding containers.

一、中空吹塑机行业与吹塑制品发展的基本情况

中空塑料吹塑成型机一般简称中空吹塑机，又称为中空机、吹塑机。是塑料加工行业的三大重要装备之一。

中空塑料吹塑成型机主要由：机头、挤出塑化装置（挤出机）、机架、合模机、吹胀装置、液压系统、伺服液压系统、气动系统、电气控制系统以及模具、周边辅助设备等智能化设备组成。

近年来，中空塑料吹塑成型机已经由过去的单一机组向中空吹塑机智能化生产线发展，且近年向这方面的发展速度越来越快，这种中空塑料吹塑机智能化生产线主要包括：中空塑料吹塑成型机，全自动上料机、全自动混料机、全自动后冷却去飞边设备、（机器人去飞边系统）全自动贴标机、飞边输送设备、飞边粉碎机、称重设备、气密测试设备、成品打包设备及制成品输送设备等组成智能化的全自动吹塑机生产线，因此，业内人士已经改变对吹塑机的称谓，一般称为中空吹塑机智能化生产线，简称吹塑机生产线。

这些中空吹塑机智能化生产线的问世与不断发展，极大地减少了生产现场的操作人员，同时也大为减轻了生产现场操作人员的劳动强度，同时大幅度地提高了生产效率与产品质量，在一些大宗吹塑产品的生产中预计今后将出现更多的专业吹塑机智能化生产线，这些吹塑机智能化生产线的不断进步与发展，将带来许多塑料吹塑制品的产业化的集中和专业化、规模化的生产，这种技术的进步与发展，单机、多机，以及生产线的自动化、智能化的发展将带来挤出吹塑制品行业巨大的变化，也将影响挤出吹塑机制造行业的变化，希望能够引起吹塑机设备生产厂家与吹塑制品厂家的高度关注与重视，在吹塑机智能化生产线许多相关技术领域特别是一些吹塑机的关键核心技术方面取得更多的技术突破与创新发展。

未来几年内，吹塑机智能化生产线的核心相关技术的技术进步与创新将是决定吹塑机生产线制造厂家生死存亡的关键所在。同时，由于中空吹塑制品的固有特点以及物流运输成本的攀升，制成品运输距离不可过大，因此，适度规模的中空制品吹塑工厂是未来的主要发展方向，这个主要特点也值得中空吹塑成型机研发与制造企业的特别重视。

在一些大宗化工产品、日用化工产品的生产基地附近建设塑料桶及容器的生产配套企业已经成为一种新的发展模式，势必影响更多的塑料中空吹塑制品企业的发展与重组；这种新的模式对中空吹塑机制造企业也会带来了较多的机遇与发展机会；在一些化工集团公司内部，因为自身企业的包装需要，也规划或是建立了相关的包装生产企业，比如一些润滑油生产企业，建立了较大规模的包装桶生产工厂。还有大型企业内部周转使用的吹塑托盘，近年来不少的化工集团开始建立主要用于满足集团企业自身需要的吹塑托盘生产工厂。这种集团企业内部加强配套生产的模式还在进一步发展，同时也为集团企业减少物流费用和提高企业内部人员的就业水平提供了机会与保障，这种发展趋势值得一些包装生产企业的密切关注；及早进行战略调整。

随着军民融合战略的进一步深化与发展，许多军民两用的吹塑制品也在研发之中，在未来几年的发展中，这些高要求吹塑制品的研发与生产必将带动新的吹塑技术的研发与深入，其中以高强度，长寿命，高抗冲，耐较大温度变化，抗静电，导电吹塑容器及制品等吹塑产品的研发将成为必须，并且将可能形成较大的市场需求。这些需求将直接引领一些专业吹塑机的研发以及相关吹塑技术，材料的研究与研发；值得业内专家与企业家的关注与重视。

同时吹塑机制造行业内近年来对吹塑机新技术的研究与应用速度明显加快，也受到吹塑制品厂家的广泛重视，另外，售后服务的水平与服务的优劣对吹塑机制造企业信誉度的影响是长期性的，只有稳定的客户群才是吹塑机制造企业生存的根本；值得引起吹塑机制造厂家的高度重视。

在近几年中，中空塑料吹塑成型机制造行业经营状况总体发展趋势比较平稳，一些明星企业发展速度更快一些，新设备、新产品、新技术的研究与应用速度加快。

特别值得介绍的是：苏州同大机械有限公司与北京化工大学合作研制成功的 TDB - 30W 微层吹塑机智能化生产线，该智能化生产线技术方面大胆突破了原有思路，采用四台挤出机挤出塑料原料，经过成型机头的折叠成型为 49 层微层，实现了多种塑料材料的吹塑成型，增强了中空吹塑容器的强度与刚度，为未来高强度中空吹塑容器的技术发展奠定了新的技术基础，该 49 层微层吹塑机生产线经过多次试验与改进，已经能够实现工业化批量生产，该生产线的成功研制，将对高端吹塑容器的生产与研发带来新的机遇。

同时，常规中空吹塑成型机智能化生产线的研发与发展速度明显加快，设备的稳定性，节能性能进一步加强，全电动中空吹塑机生产线的节能效果明显，性能更加稳定。

值得关注的是，我国研发的中空吹塑机智能化生产线的高端设备基本是销往国外，国内客户只是在一些合资中空吹塑制品企业有一些采用，多数吹塑制品企业采用的仍然是中端或是低端吹塑机设备，在吹塑制品企业操作人员工资普遍上涨的时期，吹塑设备的先进性与可靠性是降低生产成本的可靠保障，但是由于国内许多吹塑制品企业的投资不足难以选择更加高端的吹塑机设备，这是这些年国内许多吹塑制品企业的现状，值得引起整个吹塑制成品行业的关注与重视。

在 2017 年度中，这种状况已经开始有所改变，一些国内的明星吹塑制品生产企业开始主动与吹塑机制造企业进行紧密合作，研制新的高技术吹塑机生产线，以满足市场的变化与快速发展。

近几年来，一些吹塑机制造的明星企业保持较为强劲的发展势头，进一步加强了企业内部管理、产品研发、技术创新，市场开拓等方面的工作，努力克服各种困难，开发市场；产销保持行业领先水平。加快技术创新工作，产品研发和技术创新工作有了一些新的进展，设备制造水平与设备制造质量不断提高，中空塑料吹塑成型机的一些重要技术项目获得重大技术突破，有一些重要零部件的研发、制造已打破国外同行的长期垄断地位，研制出更加适合中国国情和现状的关键部件与设备，使其达到一个更高的技术水平。

中空塑料吹塑成型机优势、明星企业研发、制造的吹塑机设备、吹塑机智能化生产线进入国际上的一些高端市场，许多吹塑设备与吹塑机智能化生产线已经进入欧美国家，高性能，高效率，高质量，高的性价比已经赢得这些发达国家吹塑制品行业厂家的肯定。一些高端的中空塑料吹塑成型机设备的研发技术水平与制造质量已经接近或是达到世界先进水平。

总体来看，中空塑料吹塑成型机制造企业整个行业的技术与制造水平仍然有待进一步提高与发展，创新与研发仍然需要继续努力；以提高整个中空吹塑机制造行业的研发与制造水平及服务水平。

二、主要吹塑机企业生产、研发情况

1. 苏州同大机械有限公司

苏州同大机械有限公司主要研发、生产10mL～5000L全系列的中空塑料吹塑成型机组与高速、全自动智能化生产线，产品除在国内销售以外，其中46%左右的吹塑机设备销售到海外68个国家与地区。2016年度中该公司生产销售各种不同规格的中空塑料吹塑成型机组、生产线500多台、套，实现销售产值2.2亿元人民币。

该公司近年来保持发展势头，加快技术创新步伐与新产品研发的速度，公司前些年研制成功的多款新型中空塑料吹塑成型机组和智能化生产线，如5L、15L、30L双工位等高速吹塑智能化生产线，技术不断完善、售后服务更加成熟，为中小型塑料桶的高速生产和全自动智能化生产奠定了良好的基础，已经成为国内外吹塑制品制造厂家优先选择的优质中空吹塑机智能化生产线。该公司近年来又新研制出多种机型上市，满足了客户的不同需要。

该公司专业用于生产吹塑托盘的TDB－600F、TDB－800F、TDB－1200F、TDB－1600F等多款单层、多层吹塑托盘高速生产线，技术更加成熟，设备稳定性进一步提高，近年来有多条吹塑托盘生产线销售到海内外吹塑制品厂家。

该公司研制成功的具有国际领先水平的复合流道技术中空吹塑机生产线，2015年度获得江苏省重大科技成果转化项目资金支持，对公司生产的TDB－25F～TDB－5000F系列大中型中空吹塑机实现了该关键核心技术的全覆盖，进一步提高了系列中空吹塑机的换色、换料速度，提高了吹塑制品的均匀性和物理力学性能。并且针对客户的需要，采用该技术开展对老设备的更新改造工作，取得了较好的效果。

近年来该公司研发成功TDB－250Fx2双层双L环中空吹塑机生产线，该生产线专门用于生产双L环、单L环危包桶，双层储料机头成功实现了多项关键核心技术的突破，型坯控制成功实现芯模径向与轴向同时控制，其准确度与控制水平提高，双L环危包桶周向控制绝对误差值小于0.16mm。配套研制成功ϕ90mm、长径比32：1高性能挤出机塑化系统，单机产量达到200kg/h，能效比大幅度提高，对多种高分子量聚乙烯（HMWHDPE）塑化性能良好，共混性能好。同时对下吹装置进行了革命性的改进，采用伺服电动机驱动旋转部件，确保了零部件的稳定可靠运行，提高了设备的可靠性能，延长了设备的无故障时间。该智能化生产线已经生产了多条，销往国内外多个客户使用，客户反映使用效果很好。该生产线近几年实现生产、销售多套，各种性能进一步稳定提高。

2015年度该公司与北京化工大学机电学院杨卫民教授团队合作，深入开展了对微层吹塑成型技术与设备的研究，研制成功TDB－30W双工位30L微层吹塑成型机智能化生产线，成功实现了30L系列49层微层吹塑成型，微层吹塑中空成型机生产线的研制成功，有利于大幅度提高吹塑制品的物理力学性能，大幅度降低塑料原料的消耗，可望生产出高抗冲、耐低温、耐高温、耐候性能优越的各种特殊吹塑容器。这项研究工作代表了中国创造、创新在中空成型机研制领域的最新技术成果，将对未来吹塑技术的研究与发展带来深远的影响。该生产线2016年度中的多次试验中继续改进，49层微层吹塑制品已可实现工业化的批量生产，对制品各种性能的测试工作在继续进行中。该项目获得中国专利局第18届专利优秀奖。

近几年该公司进一步加大对精密加工设备的资金投入，确保一些精密零部件的加工质量与精度要求。同时该公司实现对所有大型零部件与结构件进行时效处理与表面喷砂处理新技术的应用，对进一步提升大型、超大型中空塑料吹塑成型机的内部质量，消除这些零部件的残余应力取得了很好的效果。

该公司近几年进一步扩建塑料与机电实验室，添置了多种测试、实验设备、仪器，使用资金达到了130万元以上，并且积极开展塑料配方研究与测试工作，已形成了较为全面的机电、塑料测试、试验能力。

近年来该公司继续深化与加快与科研院所的合作步伐，与南京航空航天大学、江苏科技大学、北京化工大学、华东理工大学、华南理工大学、江苏工业大学、东北工业大学等多所大学的专业研究院所深入开展了多个专业技术研究项目的合作，同时还开展了与海外多个著名专业研究人员的技术合作工作，对中空吹塑机领域的重点、关键核心技术进行合作研究，这些研究工作进展顺利。所有这些新技术的研究与新型设备的研制工作均取得较快的技术进展，已经取得许多阶段性的技术成果。近年来该公司申请各项专利权约80多项，在独立研发与合作研究方面均取得较快的进步。

近年来该公司深入开展吹塑技术培训班的技术培训工作，为国内外客户培训吹塑技术人才，每年新培训中级吹塑技术人才100多人。

2. 陕西秦川机械发展股份有限公司

陕西秦川机械发展股份有限公司多年来保持平稳发展势头，主要吹塑机产品SCJ230x2双层双L环危包桶设备仍然是该公司的主导产品，技术更加成熟，客户群稳定。

该公司进一步研究改进的新产品有：

（1）SCJC200×6六层汽车塑料燃油箱专用设备。主要用于加工100L以内，以高密度聚乙烯（HDPE）为基层、高阻隔性树脂（EVOH）为功能层的具有高阻隔性、形状复杂的六层汽车塑料燃油箱。SCJC200×6作为原先产品的更新换代产品，继承原有的成熟技术与成功经验，并做了大量改进。能耗降低，研发了先进的小型化机头，效率大幅提高，挤出机配置更优化。功能更全，省时节能，设备更加宜人化。

该产品主要由6台塑化不同性能材料的高效挤出机组成的挤出系统、连续式共挤机头、成型机、吹胀装置、机械手、预夹机构、机架、安全防护装置、冷却系统、集中供料系统、电气控制系统、液压系统、气动系统等组成。

而该设备生产的多层塑料燃油箱，按其功能从里到外分别为：内基层、粘结层、阻隔层、粘合层、回收料层和装饰层（外层）。该设备生产的塑料燃油箱安全性能达到国家标准的相关要求，污染物排放达到国Ⅳ、国Ⅴ要求以及欧Ⅲ、欧Ⅳ标准要求。且完全满足目前高档轿车燃油箱55L－88L的规格要求，单机可年产20万只燃油箱，更好地适应了汽车工业大批量、高效生产的需求特点。

（2）SCJ－350塑料挤出吹塑中空成型机，主要用于加工高分子量聚乙烯（HMWHDPE），专门针对IBC容器内胆、单面吹塑托盘的生产需求，如1200mm×1000mm单面托盘，也可生产1000mm×800mm双面托盘。中空吹塑单面托盘因其比常用的注塑单面托盘性能更优、更耐用的优点，广泛应用于轻工产品的长途运输。

储料机头采用了复式流道，使得熔体在机头流道内周向分布更均匀，消除了熔体汇合线及其带来的缺点，而且可以做出直径大、厚度薄的料坯，更适于薄壁制品的生产。伺服油缸配以100点型坯壁厚伺服控制系统，可实现型坯的轴向壁厚控制。挤出机采用IKV进料结构，塑化效率高，混炼质量好。关键零部件采用有限元优化设计，液压系统采用比例伺服控制技术，主要元件选用国际名牌产品。整机动作控制采用高功能PLC，人机界面采用触摸式显示器，独创的型坯壁厚控制系统，实现系统的高可靠性、多功能和智能化。

（3）SCJC120×2双层中空成型机。该机主要用于加工以HDPE、HMWPE为原料的各种中空容器及汽车燃油箱等。制品最大容积120升。机头流道采用双层流道，双层流道层与层之间壁厚分布均匀，熔料先进先出，提高型坯强度，换色快捷。液压系统拟采用伺服节能液压系统。型坯壁厚采用伺服液压控制技术；合模速度采用比例液压控制技术，相比传统液压系统具有明显的节能效果。

（4）SCJC50×2塑料中空挤出吹塑成型机，该产品电气控制系统采用高功能PLC进行动作顺序控制，型坯壁厚控制系统采用秦川独创的64点轴向壁厚控制系统。挤出吹塑成型机机头采用内外双层流道，流道设计采用CAD/CAE三维设计软件设计，设计合理，换色快，型坯强度高，制品壁厚均匀，制品内层可为纯色，外层可根据要求配色。挤出系统采用高效挤出机，塑化效率高，塑化质量好。液压控制系统采用伺服控制技术，系统节能、可靠、稳定性好。气动控制系统采用秦川独创的吹气工艺原理，气量、气压控制稳定。

SCJC50 ×2 塑料中空挤出吹塑成型机具有生产连续稳定、高效、节能等特点。生产的制品壁厚均匀，合格率高。在国内具有先进水平。该产品主要用于生产以高密度聚乙烯（HDPE）为原料的最大制品容积为50升的双层中空塑料制品。生产的制品适用于包装洁净度和卫生性能要求较高的食品及化工产品。

2016年度中该公司还对SCJ230等其他吹塑机设备进行了改进，技术更加成熟。

3. 香港雅琪集团广东开平塑料机械厂

香港雅琪集团广东开平塑料机械厂多年来保持平稳发展势头，年销售产值约1.6亿元，制造、销售多种型号、规格的中空塑料吹塑成型智能化机组、生产线100多台、套；产品主要销往海外市场。

该公司在LIN－90－TSI中空塑料吹塑成型机高速生产线的基础上，2016年度进一步完善这些智能化生产线，加大移模行程，改进外观设计，采用全电动驱动，这些生产线采用双工位生产20～30L塑料桶，可实现单模头、双模头生产。这些生产线设计合理，制造工艺精良，设备运行稳定可靠，外观美观大方。一些生产线采用伺服电动机液压系统，节能明显，各个运行动作平稳，噪声低。这些生产线为全自动生产线，可以实现全自动智能化生产，可实现无人化或是少人化生产，对于提高吹塑制品工厂的自动化水平和提高制品质量水平能够起到很好的保障作用。这些中空塑料吹塑成型机全自动生产线的技术水平达到了世界领先水平，此外该公司进一步完善全电动生产线的研制，目前已经成功研制了多种规格的全电动智能化生产线。

该公司进一步改进第二代全电动吹瓶机。新一代雅琪全电动机，目前共有四个系列，分别是AE－480－TS（双工位，移模行程480毫米）、AE－590－TS（移模行程580毫米）、AE－700－TS（移模行程700毫米）、AE－900－TS（移模行程900毫米），应客户要求年底将推出同类单工位系列设备。完全满足100－5000毫升中空吹塑容器不同类型、不同规模的生产需求，实现高效节能、全面自动化、低成本运行和低成本维护。为塑料容器制造行业带来前所未有的竞争优势。

该公司研制的全电动吹塑机生产线，采用德国BECKHOFF中央控制系统、西门子伺服电机及驱动、SEW减速机、Rexroth直线导轨，以及应用美国EXLAR专利技术的滚柱丝杠传动电动缸，独立模车机构及独特的横向移动转移瓶坯方案，拥有多项自主知识产权和专利技术。无论整机的配套品牌知名度还是吹塑机新技术的应用水平，都堪称行业的经典之作。该公司研制的AE－900－TS8＋8吹塑机生产线，反复改进，经过长达一年的测试，在节能、噪声、寿命、稳定性等方面取得可喜的成绩，该公司能够提供更具竞争优势的全电动解决方案。目前已开发国内外品牌的合作项目。

该公司研发、制造的多种规格、型号的全自动中空塑料吹塑成型机生产线除满足国内高端制品厂家的需求外，主要出口到海外市场，主要满足海外吹塑制品生产厂家对高端设备的需求。该公司在中空塑料吹塑成型机方面每年均有多项的技术创新，在国际市场上，该公司的中空塑料成型机组、生产线的高端机的研发、制造、销售等方面占有重要地位。

该公司多年来除了研发、制造多款先进可靠的中小型中空塑料吹塑成型机组、生产线以外，还制造、销售了多款大型中空塑料吹塑成型机组、生产线，研发与制造水平及设备质量均有较快的提高与进步。

三、中空塑料吹塑机生产线关键配套技术与关键零部件的研发现状与进展

1. 塑料型坯控制系统

塑料型坯控制系统主要有轴向型坯控制系统（AWDS）和径向型坯控制系统（PWDS），国内中空塑料吹塑成型机已经普遍采用轴向型坯控制系统，径向型坯控制系统采用较少，多年来国内一些中空塑料吹塑成型机的研发、制造优势企业投入了较大的人力、财力进行了相关技术的研究与试验，已经取得重大技术突破，国产径向型坯控制系统的新技术的突破已经获得非常可喜的进步，并且已经将这些技术应用到中空吹塑机上，已经开始形成新的市场竞争力。

径向型坯控制系统主要有3种控制模式，它们包括：

①柔性曲环径向型坯控制系统（又称弹性环径向型坯控制系统）；

②口缘修型式径向型坯控制系统；

③飘移口模径向型坯控制系统。

柔性曲环径向型坯控制系统过去主要技术是德国的一些厂家掌握，市场售价较高，多数应用只是局限与200升危包桶的吹塑机的柔性环口模控制，国内进口设备时配套较少。近几年来，苏州同大机械有限公司对柔性环口模、柔性环芯模进行了深入的研究与试验，从构成柔性环的材料、计算机设计、计算机模拟试验、柔性环热处理、精密加工、装机试验等方面进行了大量的工作，已经形成了系列化的柔性环口模、芯模型坯控制系统，与同类产品比较，具有制造成本较低、操作维护方便、控制精度高、耐用度高、应用机型广泛等特点，到目前为止柔性环口模、芯模的精确控制与调整技术方面，苏州同大机械有限公司有了新的技术突破与创新；并且已经应用到多套TDB－250Fx2双层双L环危包桶吹塑机生产线上，进一步提高了塑料型坯的均匀性。

口缘修型式径向型坯控制系统是陕西秦川机械发展股份公司研发成功的径向型坯控制系统，经过多年的使用，技术已经成熟，该技术主要应用于该公司生产的SCJ－230的吹塑机上，主要用于生产200L的双L环塑料桶。

飘移口模径向型坯控制系统目前主要技术为国外一些相关厂家掌握，主要应用于一些汽车塑料风管生产的吹塑机组上，该技术对型坯壁厚相差较大的风管类吹塑制品有其独特的控制优势。苏州同大机械有限公司近年来开展对这一技术的研究工作，并且在机械实体制造方面取得重大技术突破，今后将主要研究飘移口模的精准控制与提高其控制性能。可望这一技术在近年内获得突破，目前这项技术的一些关键零部件仍然在试验中，预计该技术试验时间会较长。这项技术将可能实现汽车塑料风管吹塑生产中的径向壁厚的精准控制，将使国产中空塑料吹塑成型机的型坯控制技术跨上一个新的高度。

用于轴向与径向型坯控制的液压伺服阀，国内已有多家研究所，厂家能够研发与生产，上海衡拓实业发展有限公司（上海704所）研发、制造的射流管式伺服阀具有抗污染能力强，反应速度快，耐用度高，规格、型号较多，维护方便等特点已经完全可以取代进口伺服阀的使用。

用于多点型坯控制使用的伺服阀控制器，国内已有厂家研制成功30点的塑料型坯控制器，其他更多点数的控制器技术研发工作还没有获得更多的突破，目前多数中空塑料吹塑成型机制造厂家普遍采用MOOG控制器与相关配套产品。苏州同大机械有限公司电气部研究人员采用以太网技术，将型坯壁厚控制技术与触摸屏技术完美结合在一起，实现了触摸屏技术与PLC控制器的高速控制，提高了运算速度，大为提高了控制精度与速度，实现了型坯壁厚控制技术的简化并且大幅度提高了其控制精度。

2. 电动型坯壁厚控制系统

苏州同大机械有限公司近年来研发成功多款电动伺服控制系统，应用于中型、大型中空吹塑机的塑料型坯精密控制，这些电动伺服控制系统的研发，对于改善型坯的控制方式，以及节能方面均有较好的效果，这些研究项目仍然在进一步的创新与扩大应用中。

3. 伺服电动机液压控制系统

目前已有多家中空塑料吹塑成型机研发、制造厂家在中小型吹塑机上推广使用伺服电动机液压系统，节能效果明显，单项节能可达25%～40%左右，设备的技术档次明显提升，近年来在吹塑机的应用机型方面进一步扩大，已经取得较好的应用效果，随着这项技术的进一步成熟与机型的增多，将会获得更多的应用。

4. 高效、节能挤出机塑化系统

高效、节能挤出机塑化系统一直是中空塑料吹塑成型机的主要零部件，对于提高吹塑机的产能和工作效率起到非常关键的作用，一直是各个吹塑机研发、制造厂家技术研发的重点之一。近几年来，随着不同品种的HMWHDPE材料的广泛应用，能够顺利加工这些材料的挤出机塑化系统成为吹塑机技术进步的一个重要方向。苏州同大机械有限公司近几年加大投入资金与技术力量研制出多种不同规格的高效、节能挤出机塑化系统，如：ф80毫米、90毫米、100毫米、120毫米、150毫米，长径比32：1，系列化的挤出机系统，可加工如DMDY1158,5420、TR571、TR580、TR550等高分子量聚乙烯，在提高塑化效果与能力的同时，在降低能耗，提高设备稳定性，延长设备使用寿命等方面取得了较好的效果。

5. 多层吹塑成型机头

多层吹塑成型机头是中空塑料吹塑成型机的重要零部件之一，对于塑料型坯的有效形成与制品壁厚的均匀分布起到非常关键的作用。陕西秦川机械发展股份有限公司研制的汽车六层塑料燃油箱的成型机头，200升塑料桶的双层成型机头，苏州同大机械有限公司研制的四层带液位线成型机头，多层顺序挤出机头，双层、三层、多层大型、超大型储料机头，超大型扁平储料机头等高效吹塑成型机头的研发代表了近年来中空吹塑机制造行业的技术创新水平，比如，超大型扁平储料机头的技术创新，给许多大型、超大型扁平形状的吹塑制品成型开辟了一条新的技术路线。该公司近年来加大投入，研制了多种大型、超大型多层储料机头，在多层储料机头的研制方面获得多项专利权，并在公司内精密制造多层储料机头方面加大数控精密加工设备的资金投入，取得了较好的效果。

四、近年来中空吹塑机重点新产品、新技术介绍

1. 合作研发

苏州同大机械有限公司与北京化工大学杨卫民教授团队合作，在2014—2015年度研制成功世界首台TDB－30W双工位49层微层吹塑机生产线，该生产线是采用微纳层折叠流道技术的智能化吹塑机生产线。该生产线经过多次试验与测试具有以下特点：

（1）连续挤出机头采用微纳层折叠流道技术，采用交错互包络的方式创造性地解决了微纳层流道汇流处的中空吹塑世界难题，保证了微纳层的折叠成功并成功实现分层清晰。

（2）创造性地提出了微纳层（达3种49层）中空吹塑折叠流道的设计方案，解决了微纳层中空吹塑的技术难题，有效保证了聚合物在成型过程中的均匀性，扩大了设备对原料的适应范围，大幅度提高了塑料吹塑制品的综合性能。

（3）项目组提出了微纳层折叠流道的多种拓扑结构形式，找出了塑料原料在折叠流道中的流动规律，总结了结构、尺寸参数等对中空成型机性能影响的经验公式，为进一步推广使用该项国内外首创技术奠定了基础。

（4）经过近年来的不断努力，该生产线成功实现批量化生产，许多性能参数的测试工作仍然在继续进行中。

2. 独立研发

苏州同大机械有限公司独立研制的TDB－250Fx2双层双L环危包桶中空吹塑机生产线，该生产线主要有如下特点：

（1）双层储料机头采用自适应复合流道技术，机头流道系统设计独特，确保双层型坯分层清晰，塑化均匀，对原料的适应性好。

（2）采用两套ф90毫米，长径比32：1的高性能挤出塑化系统，挤出效率高，塑化性能好，对高分子量聚乙烯（HMWHDPE）塑料适应性能强，节能效果好。

（3）创新设计了芯模径向型坯控制系统，确保了塑料型坯控制的精准。

（4）创新设计了下吹装置，旋转部件采用伺服电动机驱动，确保了控制的精准与使用寿命，提高了设备的运行效率。

（5）生产的200L危包桶质量稳定，桶体周向厚度绝对误差值小，小于0.16毫米。

（6）200L三层，双工位智能化生产线正在研制中。

3. 新产品

苏州同大机械有限公司研制成功IBC塑料桶专用吹塑机生产线TDB－1200F，该生产线具有如下特点：

（1）采用公司研发的150毫米高强度塑料挤出系统，长径比32：1，塑化产量：550千克/小时。

（2）储料机头采用复合流道技术，塑料型坯均匀，IBC塑料桶八角壁厚均匀，塑料桶重量15.5千克时，八角最小壁厚≥1.6毫米。

（3）主液压系统采用伺服电机控制，节能，控制准确。

（4）配套公司研发的自动上料机、高强度粉碎机，生产线运行稳定可靠。

4. 深拉伸吹塑技术的问世

苏州同大机械有限公司与南京航空航天大学合作，针对一些吹塑制品中需要的深拉伸吹塑技术难题进行了深入的研究，创新性地提出了深拉伸吹塑技术的解决方案，解决了一些采用普通吹塑方法难于成型的技术难题。该技术仍然在继续深入研究之中。

5. 微发泡吹塑技术研究成功

苏州同大机械有限公司吹塑技术研究中心多年来开展了微发泡吹塑技术的研究，并且将该项技术应用于吹塑托盘的生产，取得了较好的效果。

6. 负压牵引中空吹塑机与配套模具等技术研究成功

苏州同大机械有限公司在2016年度中研究成功多款负压牵引吹塑机生产线，实现多种不同TPE类塑料的3D吹塑成型，取得了较好的使用效果。

五、吹塑技术研发趋势分析与建议

近年来国内经济发展增长速度约为7%左右，世界经济回升乏力，整个世界经济在困难中前行。但是由于各国工业发展的不均衡，对中空塑料吹塑成型机组、生产线的出口需求仍然有一定的增长，同时，随着国内经济发展进入常态化的发展轨道，国内各省区间的发展不均衡也会造成市场的不同需求，各种吹塑制品的提档升级；给中空塑料成型机制造行业的提供了机遇和机会，值得国内相关设备制造厂家加以重视，进一步做好市场细分工作，采用不同档次的设备去适应国内外吹塑制品厂家的不同需求与需要。但是，不管那些类型的吹塑机设备，运行稳定可靠是最基本的条件，吹塑机设备的高可靠性仍然应该是研制中空塑料吹塑成型机的整个行业特别重视的环节。

在欧美等发达国家与地区的中空塑料吹塑成型机的需求市场上，由于20世纪80、90年代投入使用的吹塑机设备已经陆续进入更新换代期，目前这一趋势仍未改变，因此，这些市场对技术先进，设备运行稳定可靠、产量高、节能效率高、自动化程度高、可实现无人化、少人化操作的高速全电动、电液混合驱动等智能化中空塑料吹塑成型机组、生产线的需求较为迫切。中国产吹塑机设备的配套生产线方面建议将改进重点放在：高效塑化系统，高性能机头，高度节能的合模系统，具有长期稳定性和高质量的模具，高稳定性的去飞边系统以及高质量、高可靠性的周边辅助设备等改进方面。

在一些发展中国家对中空塑料吹塑成型机组、生产线有不同的市场需求，主要看重的是，设备需具有稳定可靠，换色、换料时间周期短，节能、操作简单，调试、调整简单快捷，方便使用；设备价格相对较低等特点。

近年来国内吹塑制品行业也是已经悄然发生了较大的变化，随着用工成本、水电价格、塑料原料价格的不断攀升，对中空塑料吹塑成型机组、生产线已经产生了许多新的技术要求。

国内物流业近几年发展迅速，对耐用型吹塑托盘的需求量将有较快的增长，随着各地一些大型冻库的建设使用以及冷链物流的发展，对抗低温的吹塑托盘、吹塑型储物箱、冷藏箱的需求将有较快的增长，特别是适应于一些生产线要求的吹塑托盘将是这类吹塑托盘产品与吹塑成型设备的重要研究领域。在这方面的吹塑托盘研制中，张家港市同大机械有限公司已经研制出多款1210单面吹塑托盘可应用于这些场所与生产线。

在国内物流市场托盘租赁运输与托盘对流运输发展不完全的情况下，免人工卸货吹塑托盘的市场会有较大的市场发展空间，特别是一些大宗货物的铁路、公路运输方面免人工卸货吹塑托盘将是未来几年的发展重点之一。免人工卸货吹塑托盘方面，张家港市同大机械有限公司已有多款吹塑托盘可用于不同物流场所。同时，随着标准化托盘的推广与对流运输，托盘租赁等的大力推行，耐用型标准化吹塑托盘的生产线将获得较快发展，其相关技术研究与创新将可能加快速度与力度。

传统农业使用的大型、超大型储水罐、抢险救灾需要的小型救生设备，塑料担架，应急物流需要的吹塑型塑料集装箱等，旅游、休闲用的许多吹塑制品、水上太阳能浮体、净水、污水处理装置、环境保护产品等等均对中空塑料吹塑成型机组提出了许多不同的新的要求，此外，随着军民融合步伐的加快，军民两用的一些物流用品，以及军用的专门用品也将会有较大需求，值得一些具有较好经济实力的厂家进行关注。这些市场的不同需求，必然将带动中空塑料吹塑成型机的技术创新与技术进步，值得引起中空塑料吹塑成型机设备研发、制造行业的厂家重视。

（一）自动化程度更高的大型、超大型中空塑料吹塑成型机组、生产线

1. 大型、超大型多层塑料储水罐、储水箱生产线

随着现代化设施农业的推进，以及缺水地区改善生产、生活环境的需要，大型、超大型塑料储水罐、储水箱的制造在国内外市场均有一定的需求，从目前的情况看，主要是需要提高这类设备的设计水平和制造质量，不断提高设备运行的稳定性和可靠性。技术改进上主要应该在挤出机塑化系统，储料机头，合模机、液压系统等方面做进一步的提高和改进，中间层进行结构发泡（微发泡）的多层大型、超大型储水罐将是发展方向。

国产大型、超大型多层中空吹塑机生产线研制技术已经日趋成熟，完全可以与国外发达国家研制的大型吹塑机设备媲美。

2. 各种不同规格的吹塑托盘生产线

吹塑托盘随着国内外物流业、冷链物流、大型冷冻库、高位货架、化工、化肥、粮食加工等许多行业的高速发展，特别是环境温度较低的工作状态下，吹塑托盘具有其独特的优势，在未来多年内将有一个稳定发展期；多种不同规格的吹塑托盘专用生产线将会获得长足的发展。随着托盘标准化的推进与托盘周转运输的推进，以及托盘租赁业的发展，标准化通用吹塑托盘将获得更

多的市场份额。新型吹塑托盘生产线将主要集中在600型、800型、1200型、1600型这几种设备型号内。随着对环境保护要求的提高和降低吹塑托盘成本的市场迫切需要，多层吹塑托盘将是未来吹塑托盘发展的主流，多层吹塑托盘里、外层采用全新料，内层采用回用料、回收料吹塑成型。因此，研发多层吹塑托盘中空塑料成型机组、生产线是未来几年吹塑托盘成型设备的主要重点之一。此外，由于企业用工成本的不断上升和吹塑托盘生产规模的扩大，采用机器人操作系统自动化去飞边智能化的吹塑托盘生产线的研制将受到重视。

同时，市场已经报废的吹塑托盘高效、节能回收设备也将是研发重点之一，这一发展趋势将可能加速。

苏州同大机械有限公司近年来已经研制成功TDB－600F、TDB－800F、TDB－1200F、TDB－1600F、TDB－2000F等系列化的吹塑托盘智能化生产线，并且研制了多款货架、生产线、冷库使用的单面川字型吹塑托盘。该公司采用生产线、模具、配套技术、多种配方配套输出的方式，为客户解决了各种技术上的难题及后顾之忧。

3. 特种大型、超大型吹塑制品成型机组与生产线

随着各种不同用途的吹塑制品的不断开发，一些特种大型、超大型吹塑制品的生产有了市场需求，与之配套的吹塑成型设备有了研制的市场基础，因此，一些专用吹塑制品的成型设备或是生产线将是研发的内容之一。

（二）各种不同规格全自动智能化中空塑料吹塑成型机组、生产线

1. 机组、生产线更新换代

随着中空塑料吹塑成型机组、生产线的更新换代。市场需要各种不同规格的全自动化吹塑机将进一步进行技术创新与档次升级，高速、节能、无人化、少人化操作智能化的全自动化的吹塑生产线将受到更多的重视。全自动吹塑成型，全自动去飞边、自动计量、自动检测、自动打包、全自动粉碎边料等吹塑成型全自动智能化生产线将是未来几年的重点发展方向之一；中小型吹塑机高速生产线将以全电动驱动、电液混合驱动为主。

2. 多维吹塑成型机组、生产线

我国已经成为汽车制造大国，随着汽车制造业的升级换代，与汽车配套的多种塑料风管及其他塑料管道将采用更多的多维吹塑成型设备，以确保这些风管与管道的吹塑成型质量。未来几年各种不同配置的多维吹塑成型设备的研发也是重点之一。

负压牵引吹塑成型技术、机器人牵引吹塑成型技术以及移模牵引吹塑成型技术将在不同吹塑管道的生产中得到更多的应用。

3. 专用特种工程塑料吹塑机

目前国内中空吹塑成型机研制企业对专用特种工程塑料吹塑机没有进行相关的技术研究，随着吹塑制品行业的产品升级与其他应用行业对工程塑料吹塑制品需要的升级，将带来工程塑料专用吹塑机研制的需要，值得相关企业的重视。

目前用于生产ABS塑料等常规工程塑料吹塑的吹塑机及生产线已经国产化，其中苏州同大机械有限公司已有多款用于ABS、TPE、TPU、SBS等工程塑料吹塑机。

采用HMWHDPE与UHMWHDPE材料共混以及UHMWHDPE纤维与HMWHDPE塑料共混的吹塑机的研发将可能成为未来几年的重点之一；值得业内专家与企业家的关注。

4. 汽车燃油箱吹塑机生产线

用于轿车塑料燃油箱生产的六层燃油箱吹塑机生产线国内已有两家公司可以生产，一家为秦川发展塑料机械厂，一家为江苏大道科技有限公司，两家公司研发的六层燃油箱吹塑机生产线技术进步较快，已经可以满足国内燃油箱制品生产商的生产需要，其生产线的智能化程度较高。

六、行业发展趋势分析

（1）中空塑料吹塑成型机的制造企业目前虽然较多，随着一些明星企业技术创新工作和各项管理创新工作的推进，研发能力与创新能力不断提高，近几年来一些明星企业的销售产值与二线厂家的距离已经明显拉大，随着国内外市场认可度进一步提高，这种研发、制造、销售能力的进一步集中将会更加突显；明星企业的品牌效应已经开始显现与形成，随着这些明星企业管理创新、技术创新、市场细分等工作不断深入，有利于我国中空塑料吹塑成型机制造行业的市场竞争规则正在逐步形成；国内相关明星企业研发、制造的中空塑料吹塑成型机组、生产线已经获得国内外诸多客户的认可，这种趋势已经初步形成，近年来这种情况更为明显，这一趋势并将进一步加快发展。未来几年仍然将是国内一些中空塑料吹塑成型机优势、明星制造企业的重要发展机遇期，将可能获得更加快速、更加稳定

的发展。

（2）一些专用中空塑料吹塑成型机型的研发与生产将会更为专业化，吹塑机新设备的技术创新工作需要有一个较长时间周期，许多创新经验不是短期内可以取得的。专机的研发与制造、销售将向一些厂家富集；有利于逐步形成中空吹塑机市场的分工。

（3）新技术、新设备、新材料、新工艺等的研究与应用将加快进行，以适应不同行业对塑料吹塑制品的不同需求。

（4）随着国家创新战略的调整与一带一路建设的深化，产学研的合作步伐将明显加快，新型吹塑机的研发周期将进一步缩短，技术创新的水平将进一步提高，一些具有高度技术创新的吹塑机生产线将获得技术上突破，许多新的吹塑制品将可能在更多领域中获得应用。一般性的制造将向精细化、高速化制造转化，更为专业化的研发、制造、调试、销售、服务技术队伍将在这一进程中更加壮大。重要零部件、控制器的研发、制造将进一步实现国产化与优质化。吹塑机生产线的安全规范与创新设计将会更加受到重视。

（5）创新服务意识与模式，将在中空吹塑成型机制造行业形成一种新的习惯性工作，配套服务，一揽子解决客户需求，是未来多年中空吹塑机制造厂家的一项应该积极发展的服务项目，同时也是一些吹塑制品企业的需求，谁抓住这些商机并且做好这些工作，他的客户群就会更加稳定和壮大。

（6）中空吹塑机组、生产线的智能化程度将更加深入发展，无人化，少人化操作的智能化中空吹塑机生产线将发展更快，吹塑制品生产的全过程智能化生产将会更加普遍，吹塑机设备的稳定性，耐用性，调整的简捷化也是未来多年的主要发展方向。

（7）随着一些东部沿海化工产品开发区的陆续建成，对化工包装桶的需求将会有较大的增长，这些塑料包装桶的生产线设备的要求将进一步提高。无人化，少人化操作的高效、节能、稳定、可靠的专用塑料包装桶吹塑机智能生产线将会成为新的需要，预计高效生产 IBC 专用包装桶的吹塑机生产线，200L 危包桶的专用吹塑机生产线的智能化，高可靠性、高效节能等方面将有更高的要求，这类包装桶的多层结构可能将成为新的要求与需要。值得一些包装制品厂家与吹塑机制造厂家的提前关注。

（8）一些重大吹塑成型机理的研究将获得重大技术突破，以微纳层吹塑成型技术、深拉伸吹塑成型技术、多重壁吹塑成型技术、多种复合塑料材料吹塑成型技术、特种工程塑料吹塑成型技术、塑料吹塑过程中控制塑料结晶改性技术、纳米材料改性技术为代表的许多相关重要技术创新工作将在新的技术创新中占据重要位置。

（苏州同大机械有限公司　邱建成）

国Ⅵ来袭，如何应对？

摘　要：面对即将实施更加严格的国Ⅵ排放标准，汽车塑料燃油箱厂家该如何应对？本文从技术的角度，提出了相关的应对方案。

关键词：塑料燃油箱　吹塑成型　国Ⅵ排放标准

面对越来越严峻的环保压力，早在 2016 年 12 月 27 日环境保护部、国家质检总局就已联合发布了《轻型汽车污染物排放限值及测量方法（中国第六阶段）》，即轻型车“国六”标准。并明确提出，将于 2020 年 7 月 1 日起分阶段实施的国Ⅵ污染物排放标准，新标准比现在实行的国Ⅴ标准加严 40% 至 50%。虽然主要是对整车的要求大幅提高，但作为汽车燃油系统的一部分，汽车塑料燃油箱的要求也将大幅提升。一方面，原有单层双层塑料燃油箱，以及氟化处理技术等将会彻底淘汰。另一方面，根据新标准的要求，汽车燃油箱最主要的大幅提升密封性和渗漏性要求。

由于汽车塑料燃油箱密封性和渗漏性要求的提高，原有的生产工艺将无法达到要求，一方面通过提高阻隔层 EVOH 的厚度比例来防止燃油渗漏，EVOH 厚度比例由原来 1% ~ 3%，提高到 3% ~ 5%；另一方面必须根据新的标准与要求，对生产工艺与生产设备进行升级换代。但不同的厂家，生产的车型也不相同，因此对汽车塑料燃油箱的要求也不尽相同。所采取的措施主要有以下几点：1）油箱内部增加防浪板；2）油箱增加卡环；3）油泵直接安装于油箱内部。根据目前市场上的反馈主要有这三点。其中第一条，为功能上的增加，目的是防止汽车上下坡时，油路不畅。第二、三条是顺应标准对密封性的要求，减少汽油的渗漏与蒸发。油箱内部结构如图1所示。

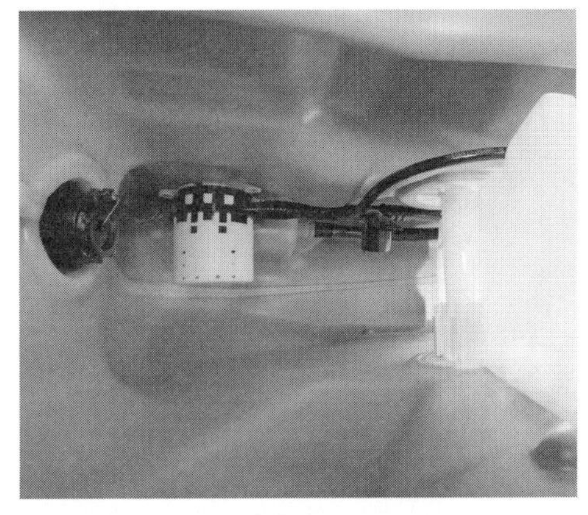

图1　国Ⅵ油箱内部结构图

正因为有了新的要求，才需要成型工艺与生产设备的改进与提升。相对简单的增加卡环，只需要增加一台机器人，在合模前，放置卡环，即可生产。当然，控制程序需要做相应改动。如图2所示。油箱内部增加防浪板，则需要新的扩张吹胀机构，目前，主要配备按四杆或六杆扩张。利用扩张机构，扩开料坯，然后从下面将防浪板送入料坯内固定位置，预合模，抽出升杆，合模吹塑，过程如此。

将油泵安装于塑料油箱内部，是相对而言比较复杂些。不过，由于技术的发展，国产设备也能够实现。目前主要有两种方案，两种方案各有利弊，生产厂家可以选择适合自己的方案实施改进，或者直接订购国六油箱生产设备。第一种方案，简单些，将油泵等内置件集成直接从下面放置于塑料油箱内部。其关键在于这一套放置内置集成件的机构，包括了六杆扩张机构、预夹机构、伸缩机构等。先用机器人将集成件放置于机构的固定位置，其他动作与防浪板的放置动作相似。

图2　机器人放置卡环

第二种方案，简称“两片式”。具体工艺工程如图3所示。简单地说，先将料坯劈开，形成单独两片料坯，然后将内置集成件从前方或者后方置入，再进行合模，吹塑成型。此方案有三个关键点。其一，料坯的劈开形成两片，必须可靠稳定，刀口整齐；其二，预成型，保持两片料坯的温度，又不能相互粘结；其三，内置件的激光焊接。必须位置准确、焊接牢固。

(a)两片型坯挤出

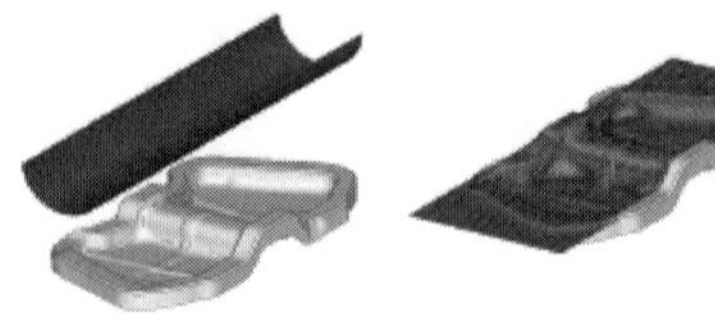

(b)预成型(第一次合模)

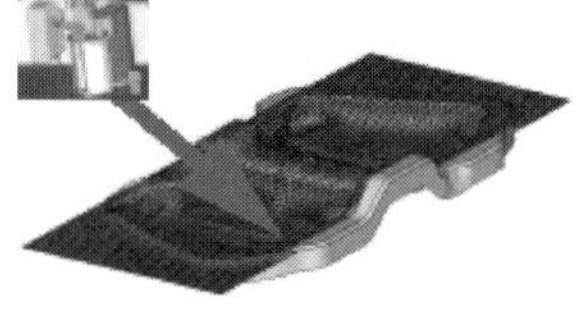

(c)激光焊接内置零件

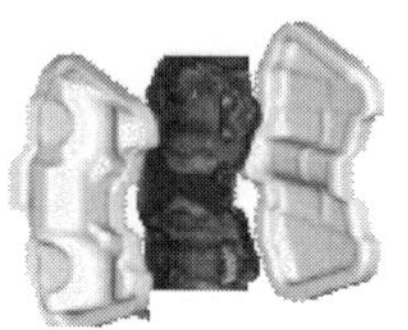

(d)高压吹成型（第二次合模）

图 3　两片式工艺过程

无论哪种方案，都需要对生产设备进行相应的改进。下面具体说明塑料油箱吹塑生产设备的改进。

1. 机头部分

多层共挤机头，结构基本不变。但要评估产量增加时，是否对机头的熔体分配有影响。如果采用两片式方案，则需要增加将料坯劈开的装置，原理如图 4 所示，且要保证两边的型坯舒展平整，便于后续的成型。

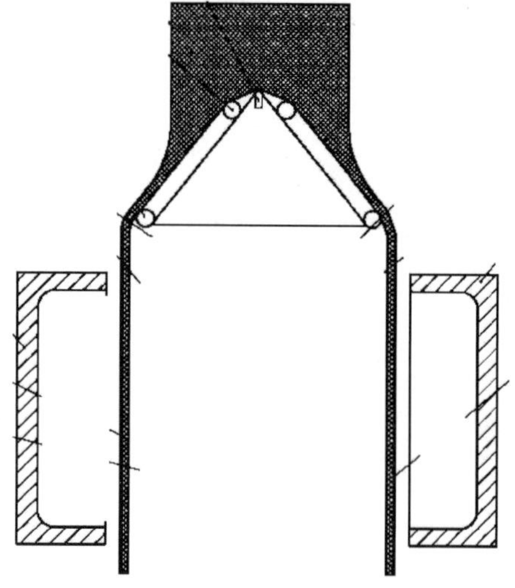

图 4　型坯劈开原理图

2. 挤出部分

挤出部分整体配置可以保持不变，但建议整体配置增加，即整机总产量加大，因为两种方案都有可能增加飞边的重量，生产同样的油箱，国六油箱比国五油箱，飞边重量增加 10% 到 20%。

3. 成型机部分

成型机是改动最大的，首先要评估是否加大合模距离，以便于留出足够的空间，放置改进后的吹胀扩张装置。由于成型机上的部件与动作增加，最好成型机为固定状态。如此既增加动作可靠性也能让管线排布更简洁。

4. 控制部分

这部分主要是生产工艺过程的改变，增加了一些动作，需要电气控制，因此也就在原有基础之上进行相应的改进与提升。

以上只是塑料油箱吹塑生产设备主要部分的改进建议。其他部分也会根据不同的要求，做以相应的改进与调整。总之，根据用户要求设计制造可靠实用的个性化产品，是秦川塑机一直坚持做的事。在国六油箱生产设备领域，秦川塑机已有了一定的技术积累与经验，2018 年将会推出生产达到国Ⅳ标准的汽车塑料燃油箱专业设备。

冲刺的号角已经吹响，时不我待，需要行业内每一个人的共同努力，在有限的时间内，完成行业的升级换代，生产出符合国Ⅳ标准的汽车塑料燃油箱。

（秦川机床工具集团股份公司塑机厂　刘军强）

2017—2022年塑料色母粒行业竞争形势及策略

一、行业总体市场竞争状况分析

（一）塑料色母粒行业竞争结构分析

1. 现有企业间竞争

塑料色母粒行业的企业，相互之间的利益都是紧密联系在一起的，作为企业整体战略一部分的各企业竞争战略，其目标都在于使得自己的企业获得相对于竞争对手的优势，所以，在实施中就必然会产生冲突与对抗现象，这些冲突与对抗就构成了现有塑料色母粒企业之间的竞争。现有塑料色母粒企业之间的竞争常常表现在价格、广告、产品介绍、售后服务等方面，其竞争强度与许多因素有关。

一般来说，出现下述情况将意味着塑料色母粒行业中现有塑料色母粒企业之间竞争的加剧，这就是：行业进入障碍较低，势均力敌竞争对手较多，竞争参与者范围广泛；市场趋于成熟，产品需求增长缓慢；竞争者企图采用降价等手段促销；竞争者提供几乎相同的产品或服务，用户转换成本很低；一个战略行动如果取得成功，其收入相当可观；塑料色母粒行业外部实力强大的公司在接收了行业中实力薄弱企业后，发起进攻性行动，结果使得刚被接收的企业成为市场的主要竞争者；退出障碍较高，即退出竞争要比继续参与竞争代价更高。在这里，退出障碍主要受经济、战略、感情以及社会政治关系等方面考虑的影响，具体包括：资产的专用性、退出的固定费用、战略上的相互牵制、情绪上的难以接受、政府和社会的各种限制等。

塑料色母粒行业中的每一个企业或多或少都必须应付以上各种力量构成的威胁，而且客户必面对塑料色母粒行业中的每一个竞争者的举动。除非认为正面交锋有必要而且有益处，例如要求得到很大的市场份额，否则客户可以通过设置进入壁垒，包括差异化和转换成本来保护自己。当一个客户确定了其优势和劣势时，客户必须进行定位，以便因势利导，而不是被预料到的环境因素变化所损害，如产品生命周期、行业增长速度等等，然后保护自己并做好准备，以有效地对其他企业的举动做出反应。

根据上面对于塑料色母粒五种竞争力量的讨论，塑料色母粒企业可以采取尽可能地将自身的经营与竞争力量隔绝开来、努力从自身利益需要出发影响行业竞争规则、先占领有利的市场地位再发起进攻性竞争行动等手段来对付这五种竞争力量，以增强自己的市场地位与竞争实力。

2. 潜在进入者分析

新进入者在给塑料色母粒行业带来新生产能力、新资源的同时，将希望在已被现有塑料色母粒企业瓜分完毕的市场中赢得一席之地，这就有可能会与现有塑料色母粒企业发生原材料与市场份额的竞争，最终导致行业中现有企业盈利水平降低，严重的话还有可能危及这些塑料色母粒企业的生存。竞争性进入威胁的严重程度取决于两方面的因素，这就是进入新领域的障碍大小与预期现有塑料色母粒企业对于进入者的反应情况。

塑料色母粒行业新企业进入障碍主要包括规模经济、产品差异、资本需要、转换成本、销售渠道开拓、政府行为与政策、不受规模支配的成本劣势（如商业秘密、产供销关系、学习与经验曲线效应等）、自然资源、地理环境等方面，其中有些障碍是很难借助复制或仿造的方式来突破的。预期现有塑料色母粒企业对进入者的反应情况，主要是采取报复行动的可能性大小，则取决于有关厂商的财力情况、报复记录、固定资产规模、行业增长速度等。总之，新塑料色母粒企业进入一个行业的可能性大小，取决于进入者主观估计进入所能带来的潜在利益、所需花费的代价与所要承担的风险这三者的相对大小情况。

3. 替代品威胁分析

两个处于不同行业中的企业，可能会由于所生产的产品是互为替代品，从而在它们之间产生相互竞争行为，这种源自于替代品的竞争会以各种形式影响行业中现有企业的竞争战略。塑料色母粒行业也一样。首先，现有塑料色母粒企业产品售价以及获利潜力的提高，将由于存在着能被用户方便接受的替代品而受到限制；第二，由于替代品生产者的侵入，使得现有企业必须提高产品质量、或者通过降低成本来降低售价、或者使其产品具有特色，否则其销量与利润增长的目标就有可能受挫；第三，源自替代品生产者的竞争强度，受产品买主转换成本高低的影响。总之，替代品价格越低、质量越好、用户转换成本越低，其所能产生的竞争压力就强；而这种来自替代品生产者的竞争压力的强度，可以具体通过考察替代品销售增长率、替代品厂家生产能力与盈利扩张情况来加以描述。

4. 供应商议价能力

供方（塑料色母粒上游企业）主要通过其提高投入要素价格与降低单位价值质量的能力，来影响塑料色母粒行业中现有企业的盈利能力与产品竞争力。供方力量的强弱主要取决于他们所提供给买主的是什么投入要素，当供方所提供的投入要素其价值构成了买主产品总成本的较大比例、对买主产品生产过程非常重要、或者严重影响买主产品的质量时，供方对于买主的潜在讨价还价力量就大大增强。一般来说，满足如下条件的供方集团会具有比较强大的讨价还价力量：

（1）供方行业（如塑料色母粒原料行业）为一些具有比较稳固市场地位而不受市场激烈竞争困扰的企业所控制，其产品的买主很多，以致每一单个买主都不可能成为供方的重要客户。

（2）供方各企业（如塑料色母粒原料企业）的产品各具有一定特色，以致买主难以转换或转换成本太高，或者很难找到可与供方企业产品相竞争的替代品。

（3）供方能够方便地实行前向联合或一体化，而买主难以进行后向联合或一体化。

5. 客户议价能力

购买者（塑料色母粒下游顾客）主要通过其压价与要求提供较高的产品或服务质量的能力，来影响塑料色母粒行业中现有企业的盈利能力。一般来说，满足如下条件的购买者可能具有较强的讨价还价力量：

（1）购买者的总数较少，而每个购买者的购买量较大，占了卖方销售量的很大比例。

（2）购买者所购买的基本上是一种标准化产品，同时向多个卖主购买产品在经济上也完全可行。

（3）购买者有能力实现后向一体化，而卖主不可能前向一体化。

（二）塑料色母粒行业企业间竞争格局分析

1. 不同地域企业竞争格局

我国塑料色母粒生产企业主要集中在华东地区与中南地区，华北地区塑料色母粒生产企业也比较多，西南地区塑料色母粒生产企业也不少，西北地区塑料色母粒生产企业近年成逐步上升趋势。

2. 不同规模企业竞争格局（图 1）

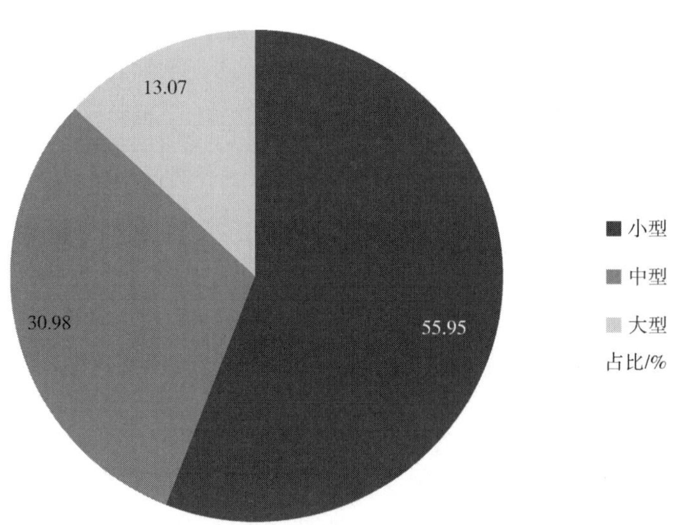

图 1　2017 年中国塑料色母粒行业不同类型企业数量结构分析

数据来源：国家统计机构

3. 不同所有制企业竞争格局（图 2）

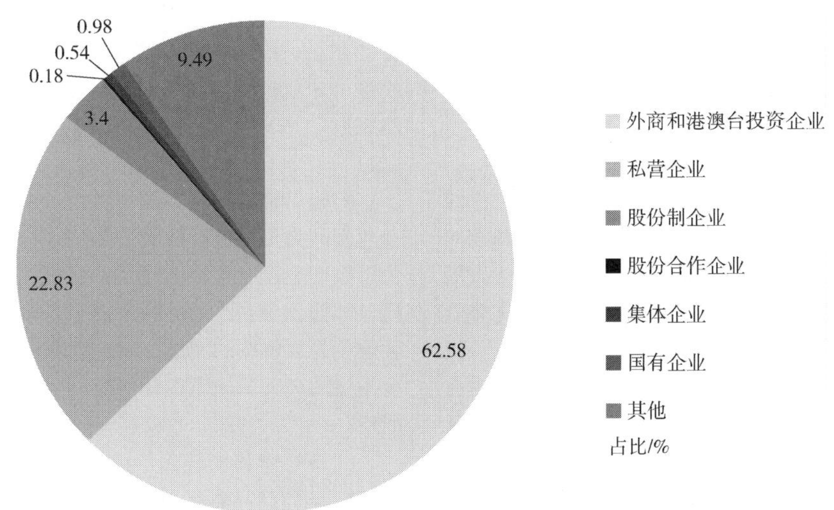

图 2　2017 年中国塑料色母粒行业不同所有制企业数量结构分析
数据来源：国家统计机构

（三）塑料色母粒行业集中度分析

我国塑料色母粒市场需求主要集中在华东地区与华南地区，这两个大区市场需求量最大的又数长江三角洲地区与珠江三角洲地区。中部地区与东北地区对塑料色母粒市场需求也很大，但与华东地区与华南地区相比还有一定的差距。西北地区塑料色母粒市场需求最少。

（四）塑料色母粒行业 SWOT 分析

1. 塑料色母粒行业优势分析

从长远的角度考虑，塑料色母粒产业的发展方向符合我国当前政府制定的可持续发展、构建和谐社会的基本战略。随着国家经济向中等发达国家的水平迈进，塑料色母粒市场的潜力将逐步被激发出来，中长期前景看好。我国地区塑料色母粒每年的市场前景广阔。我国塑料色母粒市场需求量大，塑料色母粒产业原料厂家比较齐全，塑料色母粒上下游产业链地域性距离短，有利于塑料色母粒产业控制成本，有利于塑料色母粒产品快速流通及销售。另外，我国塑料色母粒产品技术研发已经达到国际先进水平，我国人口多，劳动力成本相对比国外发达国家少，这也给我国塑料色母粒产业发展带来一定的优势。

（1）技术优势　塑料色母粒具有产品质量好、适应范围广，塑料色母粒产品市场竞争力强。塑料色母粒具有较好的经济效益、社会效益和环境效益，具有良好的应用前景。

（2）质量优势　我国塑料色母粒产品质量已达到国际领先水平，弥补国内市场的需求，替代同类进口产品。在产品质量上具有明显的竞争优势。

2. 塑料色母粒行业劣势分析

塑料色母粒价格是制约其塑料色母粒行业发展的主要因素，塑料色母粒投资成本大，投资研究周期长。另一方面，塑料色母粒产品与运行成本的高昂，也是制约塑料色母粒的应用一大主因。从塑料色母粒行业发展与投资需要的成本高，一般企业无法进入，可见塑料色母粒行业的绝对成本壁垒。

我国塑料色母粒生产技术虽然已达到世界先进水平，产量大，但是规模小，产品竞争力还不够强。高端产品技术不足，无法与国外优势企业竞争。

3. 塑料色母粒行业机会分析

塑料色母粒行业的发展催生发展机遇。

近年来，由于我国塑料色母粒行业的快速发展，我国塑料色母粒市场需求量增长速度快，平均每年以超过 11% 的速度发展。未来几年我国塑料色母粒行业还会得到政策与国家强力财政的支持，我国塑料色母粒行业加快发展，我国塑料色母粒产品市场需求将得益于政策的支持与基建发展的拉动，预计2017—2022年我国塑料色母粒市场需求将以8%左右的速度快速发展。塑料色母粒行业等行业的快速发展必然催生塑料色母粒行业发展机遇。

4. 塑料色母粒行业威胁分析

目前，我国的塑料色母粒与国外的塑料色母粒技术差距很大，无论是功能上，还是技术上都相对落后一点。尽管产品成本相对较低，但与社会发展不相适应。我国塑料色母粒行业面临着国外优势企业的竞争与威胁。

若要在日趋激烈的塑料色母粒市场竞争中占有一席之地，必须不断改进老产品，并逐步开发高起点、高技术含量的新产品。

二、中国塑料色母粒行业竞争格局综述

（一）塑料色母粒行业竞争概况

在低端色母粒市场领域中，企业规模较小，产品单一、技术陈旧，质量不稳定，以价格竞争为主，企业利润水平普遍较低。

中高端色母粒市场领域对产品技术含量和生产工艺要求较高，且其中模较大，可以实现规模化生产和采购，企业利润水平相对较高。在中高端色母粒市场中，标准化产品和定制化产品利润水平也存在差异。标准化产品在研发出来后，同一型号的产品可以对不同客户进行销售，且一般可以大批量生产，利润水平较定制化产品要低；定制化产品系专门为特定客户的不同产品分别定制化研发、定制化生产，对企业研发能力、生产工艺水平、生产供应能力要求更高，利润水平亦更高。

（二）中国塑料色母粒行业竞争力分析

1. 我国塑料色母粒行业竞争力剖析

一是量，拓展企业规模，包括项目的数量和规模、企业的经营范围、和从业人员数量、客户面和客户获取渠道（尤其是政府投资项目的客户）、服务区域、服务行业、企业联盟和并购等，只有量达到一定的规模才能有质的飞跃，为质的飞跃打好基础；二是质，提高企业效能和核心竞争力，包括战略构想、品牌建设、文化建设、业绩管理、营销策划、管理能力、人员技能、知识管理、流程优化、绩效管理等，适应未来市场化、专业化发展的需要。

2. 塑料色母粒企业竞争能力提升途径

在日益激烈的市场竞争中，品牌之于塑料色母粒产业犹如生命，品牌制胜已经成了塑料色母粒产业竞争的不二法则。一个品牌塑料色母粒的好处在于，稳固的消费群和较高的利润空间能够使这一企业抓住巨大的市场机会和享受超值的资本积累。一个企业要想做大做强，这几乎是必由之路。

实施品牌战略，中国塑料色母粒进行时：一流企业卖品牌，二流企业卖产品。如今，中国的塑料色母粒产业已全面进入了以品牌竞争为核心的新时代，如何创出自己的品牌，成了各塑料色母粒生产企业首先要解决的问题。因此，中国塑料色母粒产业发展的今天，比以往任何时刻更加需要实施品牌战略。

（三）中国塑料色母粒产品竞争力优势分析

1. 整体产品竞争力评价

塑料色母粒企业的SWOT

（1）优势——S　中国塑料色母粒行业多是依随中国相关行业的发展，因而具有不可比拟的下游市场优势。

从技术上来看，虽然中国企业技术上有一定的落后，但是，技术研发的低成本构成了产品较强的成本竞争优势，而这正好符合中国居民对高性价比产品的需求。

从国家政策环境来看，中国制定了相应的法律法规，对相关行业进行政策倾斜，对产业链的整合与资金需求提供尽可能的帮助。

从中国塑料色母粒行业的管理和人力情况来看，中国人力资源丰富，管理人员具有较强的民族责任心，行业竞争氛围良好。

（2）劣势——W　中国塑料色母粒下游企业虽然在技术上不断探索，但还是在高端产品系列无法与国外产品竞争，而且在国际上的知名度并不高，不利于其参与国际竞争。

（3）机遇——O　中国的塑料色母粒主要集中在华东、华北、华南，以华北地区占比最大。国家政策的出台，使该行业发展机遇扩大。

（4）威胁分析——T　塑料色母粒行业受原材料、价格、成本、技术的影响巨大。

2. 产品竞争力评价结果分析

综合而言，中国企业具有成本、地区支持、较大的发展空间等多方面的优势，同时也具有技术落后，企业产品单一，国际贸易能力差的劣势；中国企业应该加快技术升级和规模扩展以应对来自外资

企业的竞争。

总体看来，中国塑料色母粒生产行业还处于成长阶段，其表现特征也与成长期行业的市场变现相同。

（四）塑料色母粒行业主要企业竞争力分析

色母粒企业发展初期，由于其用途尚待开发和产品性能的特性，一般规模都比较小。随着我国塑料及化纤行业突飞猛进式的发展，有力推动了色母粒行业的进步。经过三十多年的发展，我国色母粒企业规模不断扩大，山东春潮、汕头美联、苏州宝力、广州波斯、常州红梅等一批企业的年产值已超过 3 亿元，2014 年 7 月底，威海联桥、广州波斯塑胶在新三板挂牌，2017 年汕头美联在深交所挂牌上市、常州红梅挂牌新三板，开创了色母粒企业借助资本市场谋求更大发展的先河。

色母粒产业链能否利用电子商务谋求发展，一些企业家已经做出了尝试。“好颜料超市”经过几年的运作，找到了良性发展之路，目前已更名为“昊客云台”；上海颜钛也在电商方面做出了积极努力，但这两个电商成功的案例更多集中在钛白粉等原材料上。北京吉和、汕头美联等几家公司目前联合运作了中国色母粒交易网，这一网络是专为色母粒产品营销打造的电商平台。色母粒作为一种特殊的工业品，能否通过网络方式成功谋求发展之路是值得人们关注与关心的问题。

（三）我国塑料色母粒市场集中度分析（图 3）

三、塑料色母粒行业竞争格局分析

（一）国内外塑料色母粒竞争分析

目前全球塑料色母粒行业成熟度逐渐上升，我国的生产技术相对发达，随着行业技术的不断成熟，企业将面临着优胜劣汰的局面，整体来看，该行业已从一种分散型产业格局逐步发展形成了现在相对比较集中和合理的产业布局，但与发达产业相比，仍需进一步通过重组和市场竞争，加强竞争性战略联盟，淘汰相对不具备竞争实力的企业。

（二）我国塑料色母粒市场竞争分析

我国塑料色母粒的市场集中度相对来说比较高，更有利于优势企业的发展壮大，形成一批细分领域的领导型企业。

国内在塑料色母粒的产业化发展与国际基本同步，并且成本比国外还低。未来在国际市场竞争中，将占有明显的竞争优势。

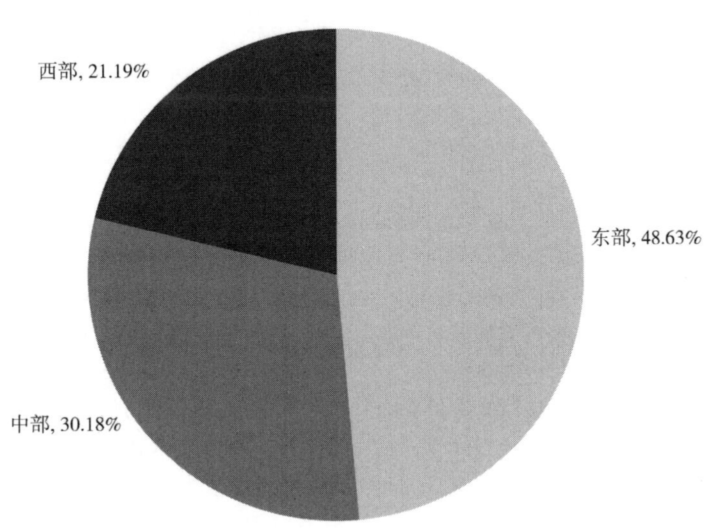

图 3 2017 年我国塑料色母粒行业市场集中度分析

数据来源：国家统计机构

四、塑料色母粒行业并购重组分析

（一）跨国公司在华投资兼并与重组分析

盘点以往国际塑料色母粒企业间兼并重组的手段与方式，涉及股权划拨和资产整合两个阶段，常用的兼并重组模式包括：定向增发，资产置换，强强合并，以强并弱和产业链整合。这些整合方式在历年国企重组过程中都有成功应用。

（二）本土企业投资兼并与重组分析

中国塑料色母粒市场现状，为外资企业入驻中国创造了条件，国际许多塑料色母粒企业已经看中在中国低成本拓展市场的机会，随着外资投入逐步加大，中国国内企业改革重组迅速壮大。同时新的行业制度等政策的颁布和实施将促使我国塑料色母粒行业洗牌，企业兼并重组将在政策的促使下大力发展。

（三）行业投资兼并与重组趋势分析

中国塑料色母粒产业在国民经济中属发展迅速的行业，几年来一直保持可持续发展的良好态势。国内外塑料色母粒厂商都看好产业中国市场这一热点，给予充分重视、关注和投入，企业重组并购趋势逐渐加强。

五、塑料色母粒市场竞争策略分析

（一）产品策略

1. 市场细分策略

在塑料色母粒市场，产品的细分策略我们给出以下几点建议：

（1）根据自身实力选择产品；

（2）技术开发程度不能过高，要谨慎投资新技术产品；

（3）细分市场要注意国外竞争这产品的进入；

（4）细分市场选择要注意技术的互补性；

（5）企业选择产品细分应考虑系列化和配套化。

上述是我们对于企业在产品细分市场选择和定位中的基本意见，企业应根据自身技术特点谨慎选择细分市场的产品规划。

2. 目标市场的选择

当前我国塑料色母粒产品的主要发展目标是：

我国产业的发展目标使得未来几年市场的产品需求主体倾向于塑料色母粒，企业在选择产品时应尽量与国家的预期规划一致，这有利于避免正常风险和未来国家在产品应用上的标准限制。

（二）技术策略

1. 追求产品质量

在塑料色母粒制造领域，产品的质量是决定产品应用前景的重要指标。在大型项目中国外企业之所以有很强竞争力就是因为产品的技术先进质量保障有力。这告诉我国企业要注意提升产品的质量，在制造工艺和技术性能上要紧可能做到最好。

2. 促进产品多元化发展

我国塑料色母粒市场发展还不成熟，产品种类不完整，国内企业如果在产品领域是单一经营很容易受到国外产品的替代竞争这会使企业瞬间倒闭。为避免这一现象发生，企业塑料色母粒产品应尽量多元化，技术也要形成系列化，这样有利于扩展产品应用范围，防范单一产品的经营风险。

（三）服务策略

在服务策略上，国内外企业都在加大投入提高服务品质。国外企业主要是通过提供完整解决方案来提供服务，国内企业则是依靠近地优势提供及时服务。

上述服务策略一种是品牌性质一种是信誉保障模式，两种服务策略各有优点，国内外企业可根据自身优点灵活选择。

（四）品牌策略

1. 不同品牌经营模式

在塑料色母粒市场，不同品牌产品的经营模式是不同的。国外企业具有技术优势，其经营模式是以品牌为主打，进行品牌塑造和宣传，这是其经营策略的重点。国内企业不具有品牌优势的产品则是依靠包装技术特点，进行价格差别竞争这种经营模式。显然不同品牌的经营模式使得产品的推广方式不同。外资企业主要靠直销，国内则是多种渠道并举。

2. 如何切入开拓品牌

在切入开拓品牌这一问题上，国外企业大多采取技术先行，在技术储备的基础上设计好品牌的定位然后开发相应的产品进行推广。国内企业进入新的品牌一般是从产品的应用特点，基本价位等领域进入，然后再选择合适的技术生产产品。

两种进入模式代表了不同的技术实力和发展水平，显然依靠技术切入品牌是最安全的措施，依靠市场等因素判断具有一定的风险性。

（中国塑协多功能母料专委会　季德虎　罗子木）

各地区塑料工业

北京市

一、基础管理

第一、随着北京工业结构的战略性调整，塑料行业相对也发生很大变化，为此我们进一步理顺各会员单位目前现状，及时掌握搬离北京的会员单位，保持信息畅通，做到心中有数。

第二、解决上届遗留问题，原塑料协会行政公章中“塑”字刻的不对，在上级部门积极帮助下，重新进行了纠正。积极协调财务人员，完成了变更银行开户行及税务的法人变更手续。完成专项检查的自查报告及自查表。为合法开展协会工作奠定了基础。

第三、积极配合北京市经济和信息委员会组织的脱钩工作，参加脱钩会议，填报各类表格及材料若干，完成脱钩审计。

第四、与北京化工协会、北京化工学会进行座谈会，商讨协会工作，交流工作经验，就进一步在特有的情况下发展协会工作进行了深入的讨论，并希望今后加大联系，探讨协会工作，同时还与电源协会进行沟通，取长补短，共同做好协会各项工作。

二、技术工作

积极参加政府部门、工经联和中塑协组织的各项活动，努力为会员单位服务，发挥塑协的桥梁作用，及时将重大事宜通知给会员单位。

依托北京燕山石化高科技有限责任公司的力量，进行情报调研，4 月主要进行了“国内外塑料添加剂的发展现状分析”调研。我国是全球最大的塑料助剂生产国和消费国，塑料助剂消费量占全球总消费量的近 40%，2016 年我国消费量达到 487 万吨，我国增塑剂、化学发泡剂、阻燃剂、热稳定剂、冲击改性剂与加工改良剂的产销量都占全球第一位，但我国与欧美国家的产品结构差异比较大，产品结构比较落后。欧美国家塑料助剂生产企业规模比较大，企业数量少，生产集中度高，产品品种多，技术含量高；而我国塑料助剂生产企业大多数规模较小，企业数量多，有些产品技术含量低或产业结构层次低。今后我国塑料助剂生产企业应该向规模化发展，积极调整产品结构，加大技术开发力度，不仅做塑料助剂产销量上的大国，而且在产业结构和技术先进性上争取做强国。

7 月还进行了“薄膜太阳能电池”调研。目前薄膜太阳能电池占世界光伏市场份额已超过 10%，光伏用 TCO 玻璃作为电池前电极的必要构件，市场需求迅速增长，成为一个炙手可热的高科技镀膜玻璃产品。目前被日本的旭硝子、板硝子和美国的 AFG 垄断，溢价空间小，进货价格高；靶材目前的国内供应仍被国际大厂把持，德国贺利氏是全球最大的供应商；价格维持高位。根据 PHOTON 的预测，未来薄膜电池的成本将持续下降。

进行国家标准创制情况：

第一，标准 GB/T 24149.2 – 2017 《塑料 汽车用聚丙烯（PP）专用料 第 2 部分：仪表板》，完成制修订工作，于 2017 年 11 月 1 日发布。2018 年 5 月 1 日实施

第二，标准 GB/T 24149.3 – 2017《塑料 热塑性聚酯（TP）模塑和挤出材料 第 2 部分：试样制备和性能测定》完成制修订工作，于 2017 年 11 月 1 日发布。2018 年 5 月 1 日实施

第三，标准 SH/T 1816 – 2017《塑料 聚乙烯中甲基（共聚单体）含量的测定 红外光谱法》完成制修订工作，于 2017 年 7 月 7 日发布。2018 年 1 月 1 日实施。

2018 年主要工作：

（1）继续完成市经信委、市社团办、工经联等部门布置的各项工作，积极参加上级组织的相关活动。开展协会日常工作，充分发挥协会的桥梁纽带作用，创造机会，达到会员单位互相交流，沟通信息，积极为会员单位服务，同时要与同行业协会学会进行工作交流，工作协作，共同做好协会各项工作，推进协会更好发展。

（2）积极开展会员单位活动，在条件允许的情况下，与其他协会共同组织技术交流和技术培训工作，提高会员单位在塑料领域的拓展，增加新的知识，新的技术。

（3）依托北京燕山石化高科技有限责任公司的力量，举办一次类似技术推介会的会议，邀请各会员参加，提高会员单位在塑料领域的发展；力争举办一次交流会，把高科公司一些新产品、新进展介绍给会员单位，创造机会，会员单位互相交流，沟通信息。

（4）经常与会员单位取得联系，随时掌握会员单位发展动态，特别是搬迁的会员单位，了解会员

单位迁出的情况，达到信息畅通，服务会员。总之协会在新形势下，不断创新工作，真正发挥协会作用，为社会、为塑料领域做更多贡献。

（北京塑料工业协会　冯俊清）

天津市

一、基本情况

2017 年天津市塑料行业协会在各级主管部门的领导和支持下、在新一届领导班子的带领下，深入贯彻落实党的十八届全会的精神，坚持协会为企业会员服务的宗旨，遵守协会的章程较好地完成了协会年初制定的工作计划和任务。在环保升级产业调整的背景下，天津市的塑料产业加快了产业升级和结构的调整，以技术创新为龙头取得了塑料产业健康的发展。2017 年天津市的塑料制品总产量 252 万吨。主营业务收入 357 亿元。

塑料制品产品结构分别是：塑料薄膜 38.0 万吨；塑料板片材 15.1 万吨%；塑料管及附件 34.7 万吨；塑料条棒型材 22.5 万吨；塑料丝绳编制品 13.4 万吨；泡沫塑料 3.2 万吨；人造革 0.5 万吨；包装容器 26.1 万吨；日用塑料 21.6 万吨；其他及注塑配件制品等 77.8 万吨。

天津市合成树脂及共聚物总产量 315 万吨，占全国合成树脂及共聚物产量的 6.19%，其中聚乙烯占全国总产量 6.5%．聚丙烯占全国总产量 4.45%，聚氯乙烯占全国总产量 12.51%，聚酯占全国总产量 2.42%。主营业务收入 339.4 亿元。

二、协会做了如下的工作

2017 年天津市塑料行业协会新的领导班子带领天津市塑料行业协会本着遵守法律、法规和国家、地方政策，遵守社会道德风尚，组织了天津市塑料行业和广大科技人员开展经济技术交流和培训活动，反映了行业意愿，为社会和经济发展服务做出了贡献。在认真开展诚信活动的基础上，增强了为广大会员单位服务的意愿，使协会的工作得到了广大会员的认可和支持。

（1）2017 年协会领导班子在军星管业集团会议室召开年度理事工作会议和负责人办公会，会上由秘书长介绍了 2016 年塑料协会的工作和 2017 年协会的工作安排及工作计划等事宜。

（2）召开会员代表会议安排了 2016 年的工作和协会的思路。对协会的业务范围进行了重新认定并通过了以下的本会的业务范围。

（3）组织部分会员参加了雅士塑料会展。

（4）推动国家高新技术企业申报工作，2017 年天津市塑料产业共完成申报国家高新技术企业 8 家并全部通过。截止到 2017 年天津市涉塑行业有 28 家国家高新技术企业。

（5）推动企业产学研活动，2017 年协会会员单位与大专院校共完成 3 项产学研项目。

（6）天津市塑料行业协会每年对涉塑企业的企业技术中心进行协助申请 2017 年有 4 会员单位完成天津市企业技术中心认定工作。

（7）协助会员单位完成环保设施改进和清洁生产工作。

（8）积极配合中国塑料加工协会年鉴编制工作，协会在调研了天津市塑料加工企业的现状的基础上并结合天津市塑料行业的发展方向编制了 2016 天津市地区塑料行业的年鉴，并发表在中国塑协编辑的年鉴上。

（9）天津市塑料行业协会党支部并开展了两学一做学习，参加了天津市国资委举办党建工作的培训班和支部书记培训班。

（10）在天津市塑料行业信息平台，发布塑料行业的国内外先进的技术工艺，原料设备现状、国家相关政策信息共 87 条。

（11）协会每年根据企业需求定时走访部分协会会员单位对会员单位进行工作指导和政策的支持。

三、协会下一步工作重点

（1）组建塑料行业专家队伍，开展对天津市各大专院校的教授，科研机构、企业技术核心人员调研，成立天津市塑料行业专家队伍，更好地为天津市塑料行业的发展服务。加大企业与院校产学研和成果转换的力度，提升天津市塑料行业的科技步伐。

（2）强化塑料联盟的作用，转移由于环保的要求对塑料产业造成断链的风险。

（3）积极参加国内外的相关产业活动，组织会员积极参加会展、技术论坛、技术交流等活动。

（4）继续推动塑料产业的调整，在环保要求的大环境下，淘汰一些不符合环保要求的加工企业。

（5）组织行业会议加强对外的交流，继续加强行业的交流，增进企业之间的了解，增强行业的凝聚力，协会努力办好各种会议创造会员单位相互交流的平台，组织协会各种沙龙推进协会会员之间共同发展。

（6）解决上、下产业链互动和合作体系的完善。组织加工设备、模具制造、原料助剂供应商、塑料制品加工单位及使用单位之间的合作交流，形成新的合作模式推动天津塑料产业的发展。

（7）协会将积极做好政府相关部门和上级协会组织的各种活动，完成上级领导部门交办的各项工作。

四、协会工作存在的不足

2017 年天津市塑料行业协会在新一届领导班子的带领下取得了一些成绩，得到了广大会员单位的认可，但是协会的工作也存在一些问题和不足，例如与各会员单位的接触和对全体会员单位的服务上、如何发挥协会在会员中的作用等方面还需进一步加强。协会在参与一些社会活动方面也存在一定的差距，在党建工作方面由于协会支部成员不是专职人员所以党建工作还存在一定的差距。

在新的一年里协会秉承为会员服务的宗旨努力做好协会的一切工作，为天津市塑料产业的发展起到应有的作用。

（天津市塑料行业协会　郑天禄）

山西省

一、基本情况

习总书记在十九大报告中指出："创新是引领发展的第一动力，是建设现代化经济体系的战略支撑""要建立以企业为主体、市场为导向、产学研深度融合的技术创新体系"我们塑料产业要突破发展瓶颈，取得新的进步，只要不断依靠创新驱动转型发展，用大数据引领行业发展，用智能制造推动产业升级，才能打造行业发展新引擎。不断完善行业创新体系，进一步推动行业进步和发展。

塑料制品加工业是我国轻工业的一大行业，在一定程度上也是反映国民经济发展状况的晴雨表。尽管山西省塑料行业的整体水平在全国来说体量较小，但发展前景不容小觑。据国家统计局数据显示，2017 年 1－9 月份塑料制品产量为 6052 万吨，同比增长 5.6%。我省塑料制品完成 179600 吨。其中塑料薄膜生产 6278 吨，同比增长 5.14%。在山西省整体经济疲软的情况下，塑料行业能逆势增长，在一定程度上说明了山西的经济在平稳向好的发展。

二、大事记

1. 组织塑协专委会委员深入企业调研

在 2016 年中北大学"产学研"年会上，我们聘请了王克智、李迎春等高校科研机构专家学者、企业技术人员共同组建了专家委员会队伍，充实了行业协会的技术力量，为我省企业在技术攻关、课题研究等方面找到了技术支撑。

按照今年会长工作会议的安排，从 3 月份开始，协会秘书处陪同专委会委员分别深入山西中德集团、金晖兆隆、中科天罡、高科光电、凤凰实业、美森塑材、晋中宝辰等重点塑料企业进行了实地走访调研，了解企业在生产经营中存在的技术问题。此次调研涉及太原、长治、吕梁、晋中、榆次、太谷、灵石等 20 余家塑料企业，涵盖了塑料板材、型材、管材加工、塑料薄膜制造、塑料包装箱及食品容器、超高分子材料、降解塑料等 6 个子行业。

通过对省内塑料行业调研发现，多数企业在发展过程中技术力量相对薄弱，来料加工模式突出，自主开发能力欠缺，核心性竞争力较差。但是，仍有部分企业通过设立技术中心，联合高校科研力量，适时调整生产经营策略、大胆创新、提升中高端产品比例等实现逆势增长，如中德塑钢型材、中科天罡、亚明塑料机械等企业，在科研攻关、课题研究等方面投入大量人力、物力，使得行业资源配置得到进一步优化。

2. 配合省质量技术监督局完成《食品用塑料包装桶（壶）》地方标准的审定工作

众所周知，山西省是白酒、食醋大省，包装用塑料容器已占主导地位，我省仅食品用塑料容器（瓶、桶、壶）等企业近 20 家，但大多数企业因无国家标准及行业标准，只能制定企业标准，存在标准不一致，技术指标参差不齐的状况。

针对这个情况，今年5月份开始，山西省工业产品生产许可证审查中心、山西省产品质量监督检验研究院与山西紫林醋业有限公司共同提出并起草了《食品用塑料包装桶（壶）》地方标准审定工作。协会秘书处受邀参加了此次评审，从原料、工艺、产品结构、检验规则等方面进行了规范。这是我省在塑料方面的第一个地方性标准，为我省食品用醋壶的生产企业提供了可参考依据，发挥了标准化在我省塑料行业发展中的基础性、战略性作用。

3. 组织会员单位参加国内外各类活动

1月8日，协会秘书处组织中北大学、中科天罡、晋中宝辰等单位参加了会长单位——山西中德集团公司十五周年庆典活动，参观了全国第一个门窗博物馆、型材、管材加工车间、汽车轻量化和铝材生产线，直观感受了中德集团公司的企业文化，学习了先进的管理经验。

4月13日，以“传承、创新、品质、智造”为主题的中国塑料加工工业协会管道专委会第十一届年会在太原召开，秘书处邀请了住建厅项连斌副厅长、程田青会长、李迎春副院长以及中德公司、旺中塑料、天勤管业、凤凰实业、泰鑫管业、美森塑材、锦达管业等10余家单位参加，会议针对管道行业发展前景、管廊城市建设、一带一路等议题进行了讨论，会后还共同参观了太原亚明机械公司，对大口径缠绕结构壁波纹管的生产工艺和设备进行了了解。

4月25－26日，协会副秘书长、金晖兆隆高新科技股份有限公司董事长李雅娟带领公司营销人员首次亮相2017印度精细化工展。这次展会是金晖兆隆公司积极响应国家商务部鼓励号召，首次进入印度市场。展会期间，金晖兆隆向印度化工市场展示了自身领先的丁二酸生产工艺的和相关产品，为下一步全面进军印度市场打下坚实的基础。

5月16－19日第三十一届中国国际橡塑展在广州琶洲中国进出口商品交易会展馆隆重举办。协会秘书处组织了中德集团、山西化工研究所、金晖兆隆、太原亚明、潞安精蜡、惠丰型材、永腾建材、乾通公司、旺中塑料、中北大学、泰鑫塑料、榆社化工、龙通塑料、龙兴化工、方圆塑业等企业参加了此次活动，就进一步加强与国内同行之间的合作进行了交流。

8月6日，中国鑫达企业开放日暨“2017年第一届高分子材料行业全产业链发展论坛”在哈尔滨市成功举办，协会应邀组织中德集团、乾通公司、中北大学、美森塑材等公司人员出席了此次活动。此次论坛是由哈尔滨市新材料产业协会主办、黑龙江鑫达企业集团公司承办的高分子材料行业盛会。哈尔滨市新材料产业协会会长张国良、中国合成树脂供销协会秘书长郑垲、一汽技术中心材料部主任周宇飞、汽车工程学会轻量化部部长杨洁在内的产业专家出席了会议并发言。浙江省塑料行业协会、河南省塑料协会、山西省塑料行业协会、宁波市塑料协会组织会员企业出席了此次开放日活动。

10月12日在浙江台州举办的中国橡塑展中，山西塑协作为支持单位组织了中德集团、美森塑材等企业参观了展览，并实地考察了浙江的部分生产企业。

10月25日中国塑料产业链发展高峰论坛暨2017年塑料加工业专家院士行业阶段总结会在重庆市梁平区会议中心举行，此次活动旨在加快推进中国塑料加工业创新驱动与供给侧结构性改革进程，促进塑料全产业链共同发展。

4. 加强协会间横向联系，促进企业交流

1月份，受河南省塑料协会邀请，秘书处陪同协会副秘书长、晋中宝辰塑胶有限公司董事长常榆江，出席了在郑州召开的河南省塑料协会年会，就当地的发展特色进行了深入交流。

11月27日，由山西塑协与江西、上海、浙江、安徽、江苏、山东、云南、新疆、台州、重庆等协会作为支持单位的2017塑料管材、型材技术交流会在江西南昌召开，此次会议旨在探索协会之间友好合作交流，促进各地区之间资源相互利用，形成长效的沟通机制，带动行业健康发展。

5. 组织力量认真编写《中国塑料加工工业年鉴山西篇》和《中国塑料加工业发展史山西地方卷》

为了全面反映山西省塑料行业的发展状况，协会秘书处按照中塑协的安排，在省经信委的支持下，组织力量，收集材料，整理数据，认真编写了《年鉴山西篇》，已报送中塑协。就《发展史山西卷》的编写要求，秘书处行文请示了程田青会长，成立了以丁开明、王建国、范杵兰等人员为编写组的机构，寻找在改革开放以来，为山西省塑料行业做出贡献的企业和个人，把山西塑料行业的概况、标志事件、重点企业、重点人物等详细全面地展现出来。目前还处于资料收集中。希望大家能多提供一些线索和资料，较为客观地展现山西塑料行业的发展历程。

6. 积极为企业发展服务，多渠道传递行业信息

协会积极搭建信息服务、技术服务和上下游产业链沟通合作平台，通过网站、微信公众号、刊物、微信群等方式，收集分析和发布行业性信息，累计发送各类行业知识、展会信息、市场预测、人才供求等600余条，阅读人次达到5000余次，朋友圈转发达900余次。实现了信息的无障碍交流。

今年8月份开始，协会秘书处与新疆丝路信商信息科技有限公司达成合作意向，帮助山西省塑料行业企业搭建上下游产业链沟通、合作平台，整合国内外专业买家和卖家，把我省的优质产品在阿里巴巴诚信通平台上进行推广销售。通过电商化运营，减少中间商，实现互联网+特色产业的智慧升级。

7. 发展新会员，壮大塑协队伍

协会秘书处在一年的时间里，通过各种途径深入了解和塑料相关的企业，积极吸收新鲜力量加入到塑协的队伍当中来，吸纳了定襄江蓉、凯美塑业等11家单位成为塑协的会员，从更多方面让辛苦在为山西塑料行业发展做出贡献的企业找到了组织，壮大了队伍，凝聚了实力。

8. 回报社会、精准扶贫

在新常态经济发展环境下，在供给侧结构性改革持续进行中，企业在社会中生存，在社会中发展，同样不能忘记社会中的困难群体。协会各成员单位不忘初心牢记使命，积极承担社会责任，奉献爱心，回馈社会。天星集团在2008年成立捐资助学基金会，共为500余名学子进行资助，累计金额达100万元。中德集团在今年武乡县的精准扶贫中总共投入300余万元，通过教育扶贫、就业扶贫、创业扶贫、产业扶贫、基金扶贫等五种模式，精准到户、精准到人，不仅为贫困群众提供扶贫资金和物资，而且帮助贫困群众创业就业，建立村集体企业和循环绿色经济项目，从根本上扶贫脱贫。把精准扶贫措施落实到了每一户贫困家庭、每一个贫困人口。

三、重点企业

序号	企业名称	2017年营业额/元	主要产品名称
1	山西中德塑钢型材有限责任公司	16亿	PVC型材、彩色仿木型材、双色共挤型材、PE管材、PPR管材、铝塑复合、断桥铝等
2	山西青科恒安矿业新材料有限公司	2.8亿	不锈钢瓦斯管、PVC瓦斯连接管等
3	山西新环橡塑制品有限公司	2.8亿	汽车粉末冶金件、橡胶件、轴承、顶胶、聚四氟乙烯件、发泡材料件、工程塑料件等等
4	山西中德管业有限公司	2.5亿	PP－R冷热水管材管件系列，PE－RT地暖管材管件系列，玻纤增强FR－PPR复合管材管件，PVC－U排水管材管件，PVC－U电工阻燃穿线管材，PVC波纹排水管材，PE给水、燃气管材
5	晋城市凤凰实业有限公司	1.5亿	各种煤矿用聚乙烯管材、管件；聚氨酯筛板、燃气用埋地管材、管件；给水用PPR管等
6	山西新超越管业股份有限公司	9000万	PVC复合管、PE管、PPR管等
7	山西金晖兆隆高新科技有限公司	4500万	爱柯沃得（Ecoworld）PBAT品牌和爱柯维尔（Ecowill）PBAT改性材料
8	山西中科天罡科技开发有限公司	6000万	超高分子量聚乙烯制品

续表

序号	企业名称	2017 年营业额/元	主要产品名称
9	山西榆化漳河塑材有限公司	5000 万	大口径 PVC – U 给水管、建筑用给排水管、电工套管、雨水管、大口径 PVC – U 双壁波纹管、HDPE 给水管、矿用管、燃气管、PVC – C 电力电缆套管等
10	太原亚明塑料机械技术有限公司	5000 万	大口径缠绕结构壁管材及设备
11	山西清徐晋隆塑业	5000 万	塑料壶、透明壶、瓶盖等
12	太原市杰森实业有限公司	4000 万	聚乙烯燃气管、PE – RT 地暖管等
13	山西惠丰塑料型材有限公司	2000 万	PVC 塑钢型材、管材等
14	山西方圆塑业有限公司	3600 万	BOPP 包装薄膜
15	山西旺中塑料管有限公司	3500 万	聚乙烯塑料管，护套管，农用地膜，穿线管等
16	山西天勤管业有限公司	3300 万	PVC 管材、高密度波纹管等
17	晋中宝辰塑胶有限公司	3200 万	塑料周转筐、鸡笼、塑料踏板等
18	山西乾通塑胶有限公司	3000 万	PB 管材管件、PP 聚丙烯静音管件、PP – R 管材管件等
19	山西泰鑫塑胶制品有限公司	3000 万	PVC 管材、管件、PPR 管材、管件等
20	山西华龙塑料有限公司	1000 万	玻璃钢锚杆、矿用塑料拉伸网等
21	山西天星管业有限公司	1000 万	PP – R 管，大口径中空壁缠绕管．高密度聚乙烯双壁波纹管．PE 供水管．地暖，高密度聚乙烯双壁波纹管，PE 供水管，地暖管等
22	山西永腾建材股份有限公司	1000 万	PP – R 管、PP – R 稳态管、PE 给水管、PE 燃气管、PE 矿用管、PE – Xb 管、PE – RT 管 U – PVC 排水管材及其配套管件等

四、下一步工作重点

1. 实施创新驱动的发展战略，提高行业的整体水平和竞争力

在当前的经济形势下，我们要积极转变经营思路，锐意改革进取转型发展，用两个“势”来指导企业发展，

第一个“势”是“应势而为”；

企业要应势而为深入贯彻国家“三去一降一补”、“供给侧改革”的具体行动。通过技术改革，节约成本，降低消耗。

第二个“势”是“顺势而为”；

通过“四看”（看形势、看市场、看同行、看自己）审时度势，在企业转型发展上，积极转变发展思路，锐意改革进取。

2. 积极发挥专家团队作用，帮助企业发展

在这次会议上我们新增了 3 名专家委员会的人员，还要为即将成立的降解塑料专委会授牌，审议降解塑料专委会人员名单。专家团队包括大专院校的博士、教授、检验检测机构的中坚力量以及企业中的核心技术人员，还有国际友人的加入，这些专家学者都是为我们山西塑料行业的发展做出突出贡献的人，都是我们山西塑料行业的中坚力量，都是真正踏踏实实做事的人，他们能够更好地为我们行业的发展建言献策，为企业的发展添砖加瓦，把“产学研”深入到企业，解决企业发展课题。晋中宝辰塑胶有限公司借助高校科研力量，今年成功签约吉利汽车，成为吉利汽车的配套生产商。希望这些专家学者能够在自我领域继续发挥带头作用，把更多的人才吸纳到我们协会中来，壮大山西塑料行业的科技含金量，更好的服务企业发展。

3. 修改章程，做好服务，提质增效，不断提升服务能力和水平

在2017年年会上我们修改了部分协会章程，对会费标准进行了修改，也通过了全体会员代表大会的表决。坚持服务为先，切实提高服务的有效性，以需求为导向，把会员企业的需求作为我们工作的方向，积极开展提质增效和人才培训工作，秘书处将成立培训部，聘任中科天罡公司蔡仁健总经理兼任培训部部长，全面调研企业在基础性技术人才缺乏方面的诉求，全力为会员企业提供定制式服务，通过以会代训、专题培训、现场教学等方式，组织举办层次高和针对性、实效性强的研讨会、培训班等。建立校企联合实验基地，申请省级技术中心，在塑料薄膜制造、板材加工、热塑成型、降解塑料改性、高分子等领域开展校企合作共同实验的步伐，探索一条实际可行的道路。加强产学研用的深度融合，积极构建以企业为主体的产业技术创新战略联盟，针对企业关键技术、重点环节进行科研攻关。

4. 开展标准化体系建设，规范企业发展

要重视标准化工作，在建立产品地方标准的同时，持续强化国家标准、行业标准的基础性工作，有计划、有步骤地开展行业标准的制定工作，逐步完善标准覆盖，提升标准水平。在调研企业的同时，我们将收集企业发展的产量数据、生产能力、市场区域等内容，积累数据支撑，实现资源共享、知识共享模式，逐步对山西的塑料行业进行分析，形成行业分析评价报告，经过科学判断找出解决企业发展的办法和路径，为各级政府和企业决策提供可靠的、有参考价值的重要依据，指导企业规范化经营。

5. 拓展对外合作，实施借力发展

进一步加强与政府部门、地方商协会的合作，积极组织会员企业参加上海国际橡塑展、浙江台州塑胶展以及各类展会展览活动，提供便利条件，为企业在展位租赁、广告宣传、策略策划方面提供专业的引导。使更多山西的塑料企业走出去，多学习，多交流，共同发展。调整完善友好地市协会间的思路和办法，探索西部省份间“会展+”方式，延伸会展活动内容。

6. 做好塑料行业“互联网+”融合工作

利用互联网带来的优势，结合企业自身产品开发新的品种。加强矿用塑料、纳米抗菌塑料、汽车用塑料的研发攻关力度，进一步拓宽应用领域，推动轻质高强发泡材料制品在汽车、高铁、航空及工业领域的应用。不久的将来，你们也可以在阿里巴巴诚信通的平台上看到我们山西塑料企业的影子，你们可以直接给我们下订单，个制化开发，定制化生产。我们将打造企业全网营销模式，为企业做好推销员，开拓市场，吸引更多订单。

7. 加强名优产品宣传力度，打击假冒伪劣产品

这次会议，我们将公布2017年度山西省名优产品、优秀战略合作伙伴、十佳门窗以及先进工作者的名单。下一步，我们会和政府部门加强联系，就企业反映的假冒伪劣产品充斥市场，对企业进行恶性竞争问题，加大监督打击力度。同时加强我省塑料行业名优产品的宣传力度，大力弘扬企业家艰苦奋斗、无私奉献、勇于创新、开拓进取的创业、敬业精神，鼓舞和调动企业和企业家的积极性和创造性。推进名优产品在市政工程、采购领域中的中标率，推动政府部门、企业在同等条件下优先选用本省产品的进程，树立行业品牌意识，打造一批实力过硬的本省塑料名牌产品。

8. 强化纽带作用，加强自身修养，塑造良好形象

充分发挥塑协熟悉行业、贴近企业的特点，在政府、研究院所、高校和企业之间发挥桥梁纽带作用。充分调动和发挥塑协在管理和服务方面的功能作用，提高服务的能力和水平，及时向政府反映企业的意见和诉求，当好“政府的助手，企业的帮手”，促进行业健康有序发展。要加强自我学习，自我教育、自我提升，以社会主义核心价值观作为企业的核心价值和追求，培育先进的企业文化，努力打造山西省行业内的品牌协会。

（山西省塑料行业协会　王慧凯）

辽宁省

一、成立行业协会

辽宁省塑料工业协会是由沈阳宏伟塑料制品有限公司、大连塑料研究所有限公司、沈阳金德管业集团、营口东盛实业有限公司、沈阳新歌特塑胶有

限公司、大连华诺塑料科技有限公司、抚顺易桂塑胶有限公司等发起单位，共有省内从事塑料工业的企业、大专院校、科研院所、专业杂志和监督检测机构等100多家单位，本着自愿、自律、市场化的原则，自发组建的非营利性的社会组织。

经辽宁省民政厅审核批准于2016年10月正式成立辽宁省塑料工业协会，第一届会员大会选举产生沈阳宏伟塑料制品有限公司总经理马宏伟为协会法定代表人兼任会长，常务副会长由大连塑料研究所副所长、《塑料科技》总编辑于文杰担任，专职秘书长由原沈阳天亿塑料研究所所长、教授级高级工程师姚义担任，其他发起人均为副会长单位。

成立协会的目的是更好地搭建政府与企业、上下游企业、产学研用的一个沟通与交流的平台，协会宗旨是全心全意为会员服务，维护会员的合法权益，成为有求必应的会员之家。

二、行业现状

2017年辽宁省塑料制品产量为423.65万吨，其中塑料薄膜产量为46.37万吨。

三、产业结构

辽宁省全部规模以上橡胶和塑料制品工业企业主要指标统计：企业数为803家，在岗职工人数51352人，工业总产值1852.24亿元人民币，固定资产是539.25亿元人民币，新增固定资产3235260万元，固定资产交付使用率为75.52%。

1. 塑料原料

辽宁省乙烯原料产量165.6万吨，合成橡胶产量16252万吨。其中沈阳市乙烯产量8.5万吨，抚顺市乙烯产量75.2万吨，辽阳市乙烯产量23.2万吨，盘锦市乙烯产量60.3万吨。

2. 塑料制品

沈阳市塑料制品产量35.2万吨，抚顺市153.2万吨，辽阳市5.6万吨，盘锦市78.4万吨，大连市39.8万吨，鞍山市0.3万吨，营口市32.5万吨，葫芦岛5.3万吨。

3. 沈阳市

沈阳市塑料制品企业272个，工业总产值6658280万元，工业销售产值6267528万元。沈阳市塑料制品产量32.25万吨，其中塑料薄膜275568吨，农膜53352吨，泡沫塑料2725吨，人造革75212吨，日用塑料3025652吨。PVC树脂156640吨，聚苯乙烯48580吨，线性低密度82752吨。

四、产品结构

1. 建筑材料

根据国家统计局的统计辽宁省塑料建筑材料的产量始终位于全国第一位，以沈阳金德、大连实德、沈阳新歌特、辽阳忠旺等企业的塑料建材，代表了国内塑料建材的技术和发展趋势。

2. 包装材料

以沈阳宏伟塑料制品有限公司、营口东盛实业有限公司为代表的辽宁省塑料包装企业，其产品不但为国内大型企业配套，并且还出口到国外，而且在日本建立塑料加工厂。

3. 注塑制品

以沈阳宏伟塑料制品有限公司、富士塑料（大连）有限公司、沈阳天亿塑料研究所等单位，分别代表国内和国际上最先进的注射设备和工艺技术，为汽车工业、家用电器、精密仪器等配套。

4. 塑料改性

以沈阳新歌特塑胶有限公司、铃茂塑胶（辽阳）有限公司、沈阳科通有限公司等塑料改性企业，代表国内外最先进改性技术，已研发出各种塑料改性助剂，为汽车工业和塑料企业提供高质量、高性能的改性原料。

五、产业结构

1. 重点企业

（1）沈阳宏伟塑料制品有限公司：该公司是沈阳塑料产业协会会长单位，辽宁省轻工业联合会副会长，公司2017年被评为沈阳市“重合同守信用单位”，2017年获得“全国轻工业百强企业”的荣誉称号。宏伟塑料产品涵盖所有中空制品和注塑制品及高分子新材料，产品主要服务于中石油、中石化、蓝星化工、中粮集团、中纺集团、华润集团、SK等特大型中外企业产品配套服务，现已成为东北地区最具有影响力的塑料制品企业，企业塑料产品年产万吨以上。随着世界经济发展趋势，企业已开始向多元化方向发展，现已涉足外经外贸、文化教育、酒店餐饮等多个领域，近年来随着国家一带一路发展战略，业务也成功开展到俄罗斯、非洲等国家，通过国际贸易的平台，企业未来实现国际企业的发展目标。

（2）大连塑料研究所有限公司：大连塑料研究所具有40多年的发展历史，在全国塑料行业中具有相当高的知名度，该所研发的产品和设备销往全国和世界各地。研究所旗下有《塑料科技》中文核心期刊，全国塑料制品标准化技术委员会秘书处，辽宁省塑料制品监督检测中心，国家轻工业制品监督检测大连站，辽宁省塑料新产品研发公共服务平台等。该所还是大连市塑料行业协会副会长、辽宁省轻工业联合会副会长单位。

（3）营口东盛实业有限公司：公司现为沈阳塑料产业协会副会长单位，营口市包装联合会会长、辽宁省包装联合会副会长单位，是国家级高新技术企业、海关AA类企业，连续三年荣获中国轻工百强企业殊荣。是一家集生产、销售环保用垃圾分类专用收集袋，改性高分子包装材料及其制品，被评为辽宁省名牌产品和优秀新产品，“笑妈妈”商标被评为“中国包装优秀品牌”。公司现已成为辽宁省包装行业的龙头企业，也是中国本土最大的对日出口塑料包装袋企业。公司“高分子材料改性与加工公共技术服务平台”被认定为省级公共技术平台；

（4）沈阳金德管业集团：该集团是沈阳塑料产业协会的副会长单位，是国家级火炬计划项目和重点高新技术企业，建设部科技研发基地，拥有国家级管道研究检测中心。现为中国建材协会常任理事单位。金德产品已获60多项国家专利，是中国名牌产品，“金德”品牌是辽宁省著名商标，也是中国驰名商标和中国最有价值品牌之一。

（5）沈阳新歌特塑胶有限公司：该公司是美国欧文斯科宁授权在中国唯一授权生产落水产品的OEM工厂，其生产的落水系列产品全部出口到世界各地。沈阳新歌特塑胶有限公司下设北京和杭州两家子公司。近年来公司涉足塑料改性的研究，其改性塑料系列产品为汽车企业配套服务。生产的高分子改性塑料已被金杯汽车、宝马汽车所采用，其中功能化助剂、相溶剂、增韧剂等产品，已销往全国各地，2017年公司被授予沈阳市《重合同守信用》单位。

（6）大连华诺塑料科技有限公司：该公司是大连市塑料行业协会副会长单位，大连华诺塑料科技有限公司旗下有全资的大连华太塑料机械有限公司。该公司主持制定《包装用聚乙烯热收缩薄膜》国家标准，是大连工业大学生创业项目（人才）孵化基地，公司主导产品聚乙烯收缩薄膜为华润雪花啤酒中国有限公司、百威英博中国有限公司、中石化等中外企业配套服务。

（7）抚顺易桂塑胶科技有限公司：该公司现已成为东三省规模最大，技术最强的色母粒，功能母粒企业。并在浙江绍兴兴建了年产8000吨色母和功能母粒的生产研发基地。公司主要围绕食品包装，药品包装，日化洗化包装，中高档家电行业为主，打造全公司产品符合中国GB9685，美国FDA法则。并现已成本宜家，中粮，蒙牛，伊利，五粮液等大型企业的供应商。

2. 科研院所

辽宁省拥有大连塑料研究所、大连工业大学、大连理工大学、沈阳化工大学、辽宁大学等多所高分子材料的科研机构。而且还拥有国家轻工业塑料产品质量监督检测大连站、全国塑料制品标准化技术委员会秘书处、中文核心期刊《塑料科技》等一批支撑辽宁省塑料工业发展的单位。

（1）技术创新　以大连塑料研究所为中心的塑料科技创新，以大连工业大学为依托的高分子新材料研发平台，以大连中轻联科技有限公司为技术服务和研究试验等机构，在科技推广和知识产权、塑料标准化等服务方面，将助推辽宁塑料健康发展。

（2）存在问题　辽宁省塑料的企业普遍存在产品创新和研发无力等现状，普遍存在工程技术人员缺乏、生产效率不足、产品质量欠缺等问题。塑料企业现已充分认识到：单打独斗时代已经是过去式，抱团取暖才能成大业。需要辽宁省塑料工业协会建立产、学、研、用的沟通和交流平台，帮助企业解决研发和攻关以及生产和销售中的问题。

（3）发展规划　辽宁省塑料工业协会逐步开展以中德产业园、中国装备制造产业园、德国宝马工业园、沈阳航天航空产业园等有利契机并且意向合作，筹建辽宁省高分子新材料产业园，集中省内科研院所和大型装备制造业，推动辽宁省塑料工业发展。协会于2018年5月在莫斯科与俄罗斯商会签署贸易合作，包括塑料塑胶制品，包装材料，改性新材料，树脂颗粒材料等采购互贸意向。迈出了一带一路东北辽宁走出去的步伐，同时为会员企业搭建了国际贸易平台，实现会员企业共赢，完善协会功能，体现协会价值。让辽宁省塑料工业协会更好更强，健康稳步发展。

（辽宁省塑料工业协会　马宏伟）

上海市

一、大事记

2017 年 1 月 10 日，上海塑料行业协会/商会召开 2017 年迎春团拜会。协会邀请曾在协会工作过的老领导和秘书处老同志，以及四个专委会的秘书长参加。会上，首先由副会长兼秘书长陈国康介绍了协会 2016 年的工作情况，对近期召开的第六届二次会员大会的情况，协办雅式 30 届中国橡塑展会，对诚信、名优评审、职称评定、信息宣传等工作以及 2017 年新的打算和新的思路作了细致的汇报。

1 月 14 日，由中国轻工业联合会、上海市经济和信息化委员会支持，上海市轻工业协会主办的 2017 年上海国际时尚消费品博览会在上海展览中心隆重举行。上海塑料行业协会应邀参加博览会的开幕式，并秘书处组团观摩博览会。此次博览会上，70 多家企业集中展出了近期世界各国丰富多彩的消费品，展现了时尚消费品的“个性化定制、柔性化生产、智能化演绎、生动化体验”的新特色和新趋势。

2 月 6 日，上海塑料行业协会常务副会长陈铭、副会长兼秘书长陈国康等一行四人，新年第一家拜访会员单位—上海化工品交易市场经营管理有限公司，受到易贸化工集团董事长、总裁张瑜，市场部总监李倩，公共关系事业部总经理徐俊等的热情接待

2 月 12 日，上海塑料行业协会会长李振峰、常务副会长陈铭、副会长沈践伟、副会长兼秘书长陈国康一行拜访了协会名誉会长龚兆源。龚老是上海塑料行业协会的创始人，对协会的发展一直十分关心

2 月 28 日下午，第六届四次理事会暨会长办公会在华敏翰尊国际大厦（上海石化）28 楼会议室召开。会议分别听取和审议了协会《2017 年工作计划》《2016 年财务决算、2017 年财务预算》《上海塑料行业协会对下属分支机构管理规定（2017 版）》《四个专委会的工作条例（2017 版）》《上海塑料行业名优品牌评选办法（2017 版）》《上海塑料行业协会/上海塑料技术咨询部稿费发放管理办法（2017 版试行）》《上海塑料行业协会第六届理事会增补理事和退出理事单位提案》《调整上海塑料行业协会工程塑料专业委员会主任议案》，并以举手表决的方式一致通过八项内容的文件。会上由会长聘任协会各专业委员会主任、副主任单位及其个人和秘书长。会议邀请了塑协电子商务专委会主任，易贸化工集团总裁张瑜作《上海化交的发展和电商专委会工作汇报》的专题演讲。协会会长、中石化化工销售华东分公司总经理李振峰作总结讲话。会议由常务副会长陈铭主持。

3 月 9 日上午，在上海兴国宾馆宴会厅雅式会展公司与上海塑料行业协会携手举办塑料科技分享会，邀请了来自多家材料和机械设备供应商分享了针对汽车、电子和家电等应用领域的新技术和新产品，来自上汽集团、三星、海尔、诺基亚、夏普等知名企业的管理、研发、生产、采购负责人出席了会议，上下游企业代表们齐聚一堂，共话橡塑行业新技术新趋势，为即将到来的 CHINAPLAS2017 国际橡塑展谱写前奏曲。

3 月 7 日下午 1：30，上海市包装技术协会绿色包装委员会在南昌路 59 号科学会堂 902 会议室召开 2016 年上海市优秀绿色包装发证授牌暨绿色包装论坛。经专家评审与网上征求社会意见，“倍他乐克”系列包装纸盒等 13 个项目，入选 2016 年上海市优秀绿色包装项目，特发证书及铜牌。会议上，四家企业分别作了《无溶剂复合的现状及发展趋势》《水墨的现状及发展趋势》《发泡型聚丙烯包装膜袋》《轻型可循环铁包装箱》的绿色环保产品的介绍，企业的专家们的演讲分享了绿色、环保的先进技术。

3 月 9 日下午 2：30，由上海塑料行业协会牵头，在上海延安饭店 10 楼会议室，召开华东地区协会会长、秘书长等交流会。上海塑料行业协会常务副会长陈铭主持会议。借助雅式“2017 年国际橡塑展”创新、智造、塑料科技分享会的相聚时光，由上海塑料行业协会牵头，召集了华东地区的六省二市（上海市和台州市，台州是塑料加工的重镇，塑料加工量占全国十分之一）塑料协会的会长、秘书长，从协会的体制、机制、运行模式、相互合作等多角度畅谈交流。会上，大家结合本地区的塑料发展现状畅所欲言，进行了热烈的讨论，形成了共识。

3 月 23 日上午在上海虹桥云峰宾馆会议厅举行上海市轻工业协会三届三次会员大会暨三届四次理

事会。会议总结了上海市轻工业协会2016年度的工作。会议就2016年度“上海轻工振兴奖”、2016年度“保增长、促发展”活动表彰举行颁奖仪式。上海塑料行业协会推荐的上海田强环保科技股份有限公司胡喜超、田卫强，上海光塑机械制造有限公司陈绍光、陈恩明，上海普利特复合材料股份有限公司周文等3家会员企业的负责人获得2016年度“保增长、促发展”活动先进表彰。上海塑料行业协会副秘书长刘建国出席了会议。

3月24日上午由长江三角洲城市经济协调会品牌建设专业委员会、上海品牌发展研究中心及长三角品牌建设联盟共同组织的“上海部分行业协会品牌工作研讨会”在上海社会科学院隆重举行。上海塑料行业协会副秘书长钮贤圭应邀出席了会议。

3月25日上午10：00由江西龙南经济开发区、龙南县人民政府主办的江西龙南2017长三角招商引资推介会暨食品添加剂行业企业转移投资恳谈会在上海市静安区市北商务中心隆重举行。上海塑料行业协会副秘书长钮贤圭应邀出席了会议。

4月11日上午，上海塑料行业协会联袂与励展博览集团合作，凭借“中国包装容器展”展会平台，在上海新国际博览中心（E5馆内）举行“食品可接触塑料新包材技术应用发展”论坛暨上海塑料行业协会塑料包装专委会会议。出席人数约90人。

4月14日，上海塑料行业协会秘书长陈国康等5人拜访在奉贤区的上海心尔新材料科技股份有限公司、上海堃元新材料有限公司两家副会长单位。

上午，上海心尔新材料科技股份有限公司王梓刚董事长接待了协会一行。心尔公司长期重视新材料的研发与推广，与科研院所广泛合作，与中科院共同开发降解材料，与交通大学低碳新材料实验室合作，发明专利30多项。下午，协会一行走访了上海堃元新材料有限公司，受到了李卫国董事长、瞿颖凡总经理的热情接待。堃元新材料公司是上海威恒塑胶机械有限公司的子公司，威恒塑机是生产塑料压延机械的著名厂商之一，

4月17～18日，在浙江绍兴召开“2017聚烯烃产业国际合作会议”。由中国石油和化学工业联合会、中国石油和化工行业国际产能合作企业联盟主办；国际产能和技术合作联盟聚烯烃工作组、上海聚朴新材料科技有限公司、浙江绍兴三圆石化有限公司承办；上海市塑料行业协会、浙江省塑料行业协会、聚烯烃催化技术与高性能材料国家重点实验室、龙朴聚烯烃智库协办。

4月27日上午在上海数字产业（集团）有限公司，召开轻工协会信息工作会议，会上以“上海轻工”微信建立品牌产品展示平台的设想为主题展开，由轻工秘书长姚志贤主持。会上，企业及行业协会的与会者，大家对建设上海轻工微信服务号博览会平台的必要性、可行性，及其目的和意义各抒己见并进行了热烈的讨论。上海塑料行业协会信息部徐旭璟应邀出席了会议。

4月20日下午，由长三角城市协调会品牌专委会主办的长三角城市协调会品牌专委会成员单位2017年工作会议在上海社会科学院一楼会议室举行。会议汇报长三角品牌专委会介绍长三角品牌建设联盟近期推进情况，交流各城市品牌工作推进情况及对品牌工作的建议。上海塑料行业协会副秘书长钮贤圭应邀出席了会议。

5月8日下午，上海工经联执行副会长朱宁宁等2人来上海塑料行业协会调研，受到副会长兼秘书长陈国康等热情接待。朱副会长刚履新上海市经济团体联合会执行副会长就深入各协会进行业务调研。上海塑料行业协会陈副会长介绍了协会的特色服务平台，目前着重于协会的服务建设转型升级，朱副会长对上海塑料行业协会的做法给予肯定，也表示协会多与工经联多沟通，由协会向工经联这一枢纽载体得到市经信委的业务支持和购买服务，将协会这一社会团体做实做精、做出特色。

5月9日，上海塑料行业协会副秘书长钮贤圭、信息部徐旭璟走访了位于闵行区的新入会单位——上海新龙塑料制造有限公司（以下简称新龙）。新龙的郑经理接待了协会人员。新龙公司是2004年正式进入上海投入扎带生产的企业，是一家具有先进水平专业生产尼龙扎带的企业。双方交流中，钮秘书长也介绍了协会服务平台和运行模式，以及今年将重点计划开展的工作，并向新龙授予会员单位铜牌。

5月15日上午9：00，中国塑料加工工业协会七届二次理事扩大会议在广州珠江宾馆三楼多功能厅举行，中国轻工联合会副书记、中国塑协理事长王世成，中国塑协常务副理事长兼秘书长朱文玮，副理事长曹俭、马占峰以及来自全国各地的理事和代表等200人出席会议。上海塑料行业协会副会长兼秘书长陈国康出席会议。会议由常务副理事长兼秘书长朱文玮主持。

5月15日下午2：00，中国塑料加工工业协会

组织召开的“全国塑料行业地方（商）协会工作会议”在广州珠江宾馆会议中心举行，中国轻工联合会副书记、中国塑协理事长王世成，中国塑协常务副理事长兼秘书长朱文玮，副理事长曹俭、马占峰以及来自全国各地的32家地方（商）协会会长和秘书长60多人出席会议。上海塑料行业协会副会长兼秘书长陈国康出席会议。会议由常务副理事长兼秘书长朱文玮主持。

5月16日上午，在第31届国际橡塑展开幕之后，上海塑料行业协会常务副会长陈铭、副会长兼秘书长陈国康、副秘书长刘建国等拜访参展的协会部分会员。拜访的这些参展的会员单位展商共13家，分别为：上海嘉倍德塑胶机械有限公司（2.1A61）、上海新星双螺杆机械有限公司（2.1R71）、上海普利特复合材料股份有限公司（10.3E49）、美利肯企业管理（上海）有限公司（10.2G01）、上海心尔新材料科技股份有限公司（10.3M05）、中广核俊尔新材料有限公司（11.2R41）、上海塑盛电子商务有限公司（11.3M71）、上海中晨电子商务股份有限公司（12.2B03）、浙江中塑在线股份有限公司（12.2S11）、上海一品颜料有限公司（12.2S25）中石化上海石化股份公司/上海化工品交易市场/上海聚朴新材料科技有限公司（12.2S31）。

6月20日至21日两天，上海塑料行业协会与安徽塑料行业协会联合调研组开展塑料企业发展调研，调研了安徽国风塑业股份有限公司、安徽毅昌科技股份有限公司、安徽富光实业有限公司，并参观了国风木塑地板栈道工程。

6月21日下午3：30，在锦江都城二楼会议室召开的扬州（仪征）汽车工业园与上海部分行业协会合作交流会。上海市工经联李鹤富副会长兼秘书长和老领导陈祥麟进行了总结讲话。上海塑料行业协会副秘书长钮贤主应邀出席了会议。

7月3日下午2点，上海塑料行业协会在副会长单位中山市场2楼咖啡厅召开“上海塑料行业2017年度专业技术职称申报工作专题会议”，会议由上海塑料行业协会秘书长陈国康、副秘书长钮贤主主持，咨询部章若蕾、信息部徐旭璟以及5家申报的会员单位申报负责人一同出席。

7月11日下午2：30，市工经联党委领导相约上海塑料行业协会党支部，就如何进一步做好党建工作进行了沟通和交流。上海塑料行业协会党支部是工经联的先进党支部，去年又被评为市经信委系统的先进党组织基地。市工经联会长、党委书记俞国生、副书记黄国伟和原党委书记胡云芳希望塑协新一任党支部继续发挥政治优势、发展优势和竞争优势，创造条件提升党建工作。上海塑料行业协会副会长兼秘书长陈国康介绍了塑协工作一如既往与党建工作结合起来，新任党支部书记侯培民表示做好新一任党建工作，学习并保持好本协会传统、规范的做法，引入创新增加党建新活力。工经联党办主任范岚岚、第五党建工作站支部书记苏宝艳、原协会党支部书记秦建旺参加了交流会。

7月13日，市工经联党委召开为期两天的党建工作会议暨各协会党支部书记培训班。会议的主题是：深入学习贯彻市第十一次党代会精神，进一步加强和改进行业协会党的建设，总结上半年工作，部署下半年任务，以优异的成绩迎接党的十九大胜利召开。党委书记俞国生出席并讲话，会议由党委副书记黄国伟主持。

7月18～20日，协会常务副会长陈铭、秘书长陈国康、副秘书长刘建国等一行5人，经绍兴、海宁、金山，一路冒着高温酷暑，先后走访考察了浙江绍兴三圆石化有限公司、海宁海欣真空包装有限公司和上海普利特化工新材料有限公司，分别与3家会员企业的老总及团队人员进行了深度交流和探讨，获得了圆满成效。

8月3日，以“绿色风潮，智能制造”为主题的《第五届CPRJ塑料包装技术论坛暨展示会》在杭州西溪喜来登度假大酒店举行。本次活动由雅式集团联袂杭州娃哈哈集团共同主办，众多行业资深人士到场祝贺，雅式集团主席朱裕伦、杭州娃哈哈集团有限公司副总经理王建先生、中包联快消品专委会名誉会长陈寿等分别作了致辞和主题演讲。上海塑料行业协会副秘书长刘建国应邀作为支持单位的代表出席了活动。

8月4日，由重庆汽车工程学会主办，四川鑫达企业集团有限公司承办的“2017汽车专用材料发展研讨与产学研交流会”在四川南充君颐尚渡大酒店举行。会上，由重庆汽车工程学会、南充市政府、四川大学和鑫达公司分别致辞。上海塑料行业协会信息部主任侯培民参加了交流会。

8月11日上午，上海市化工行业协会在丰益油脂科技（上海）有限公司会议室召开上海市化工行业协会2017年四届七次理事会。会议由上海市化工行业协会会长金明达主持，上海塑料行业协会副秘书长钮贤主应邀出席了会议。

8月18日上午，由上海塑料行业协会副会长兼秘书长陈国康，副秘书长钮贤圭等一行前往上海心尔新材料科技股份有限公司走访并就该企业产品游艇系列进行团体标准的制订作进一步的沟通和了解。上海心尔新材料科技股份有限公司董事长王梓刚，罗永达总工以及制造部和原料供应部的二位老总一起接待了协会。

9月14日上午，陕西榆林市靖边县召开塑料产业发展座谈会。靖边县委、政府相关负责人，能化园区管委会负责人，欧兰（中国）有限公司相关负责人出席会议。上海塑料行业协会秘书长陈国康等应邀参加。

10月10日，上海塑料行业协会组织部分会员单位、相关兄弟协会60余人参观位于上海世博展览馆的2017上海国际供热及动力技术展览会。由上海工业锅炉研究所主办，雅展展览服务（上海）有限公司承办的本届展会吸引了13个国家和地区逾180家参展商参展，从多个维度全方面展示绿色清洁、节能环保、高效智能的供热产品及技术。中国食品机械设备网作为展会合作媒体受邀参展。

10月12日下午，上海塑料行业协会由常务副会长陈铭带队，调研在黄岩地区的两家企业。

调研第一家是浙江黄岩洲锽实业有限公司，参观了该公司的物流中心，这是浙江省重大服务业建设项目，也是省浙商回归重点项目。调研的第二家是台州亲多婴儿用品有限公司。该公司是“亲多”品牌婴幼儿健康护理系列用品专业设计、制造商。

10月12日上午，上海塑料行业协会由常务副会长陈铭带队，一行7人参加在台州举行的第17届中国塑料交易会。第17届中国塑料交易会在浙江台州路桥开幕。台州是中国塑料制品重要生产基地，全年塑料制品工业总产值600多亿元。原料年消耗量近600万吨，占全国的十分之一，塑料日用品产量占全国的70%。

10月19日上午，上海塑料行业协会副会长兼秘书长陈国康等3人走访监事单位上海光塑机械制造有限公司，受到该公司营销总裁陈恩明等的热情接待。该公司成立于2001年6月，是一家专业设计、制造、销售精密节能注塑机的高新技术企业，位于上海松江高科技园区。公司目前拥有达到国家一级节能标准的HS伺服系列、DS大型两板系列、GS－V变量泵系列、GS－PF热固机系列、GS－C精密机系列、GS－Q高速系列和GS－MD医疗专用系列。

10月19日下午，上海塑料行业协会副会长兼秘书长陈国康等3人走访会员单位上海泓阳机械有限公司，受到该公司宣玲部长等的热情接待。该公司隶属台湾旌阳集团，专业制造压延机（胶布机）系列整厂设备、拉宽机、印刷机、处理机、各类复合压纹机、发泡炉等等，并提供包括市场调研、预算、设计、制造、安装、培训、升级的交钥匙工程全面服务。协会陈秘书长介绍了近来协会的工作及一系列平台建设材料，便于会员单位了解和享受平台服务。

11月1日下午，上海塑料行业协会刘建国副秘书长和PVC专业委员会钟伟勤秘书长组织委员会下12家会员单位参加了上海爱喏建材科技有限公司2017年新品发布会，协会信息部徐旭璟、咨询部章若蕾也受邀前往。上海塑料行业协会刘副秘书长赞扬了爱喏高管团队的创造力，战斗力，认可了公司秉承质量，服务，诚信的传统。牟董殷切期盼代理爱喏的全国各地的经销商能与爱喏共同成长，此次新品发布会在其乐融融的气氛下圆满成功。

11月9日上午，上海塑料行业协会/上海市工商联塑料行业商会六届三次会员大会暨六届五次理事会，于2017年在上海虹桥国家会展中心3馆二楼会议室举行，会长、副会长、理事、会员单位共146人出席会议，会议由常务副会长陈铭主持。会议听取了陈国康秘书长作“2017年度协会/商会工作总结及2018年度协会/商会重点工作”和“2017年度1～10月份财务收支情况报告”；听取了钮贤圭副秘书长作“上海塑料行业协会团体标准管理办法（试行）和上海塑料行业协会团体标准制修订经费管理办法（试行）”；听取了刘建国副秘书长作“关于调整和增补上海塑料行业协会/上海市工商联塑料行业商会第六届理事会理事、副会长的报告”；并以表决的方式通过了如上报告或办法。会议对荣获2017年度上海塑料行业名优品牌商标产品（或系列）的单位进行了颁奖。

12月7日下午，在上海市能效中心3楼第二会议室召开标准修订工作会议，会议由上海市能源标准化技术委员会专家薛恒荣主持，市能标会副主任、秘书长秦宏波就标准制定进度、送审资料提出了相关要求；市节能监察中心郑东林，对标准的修订工作提出了技术要求及在本次修订工作中需注意的事项；市标准化研究院李燕对标准制定文本格式要求作了具体的讲解。最后，各参加会议的修标单位进行了相互交流。上海塑料行业协会副秘书长钮贤圭应邀出席了本次会议。

12 月 13 日下午，荣格工业传媒与《国际塑料商情》联合举办面向橡塑加工行业供应商的品牌线下活动。活动汇聚塑料行业专业人士 50 余人，主要介绍塑料行业发展特点，共同探讨了塑料行业热点技术及话题。荣格工业传媒华东区总经理商蕾女士代表公司致欢迎辞；上海塑料行业协会信息部主任侯培民发表主题为《上海塑料行业的特点和发展方向》的演讲，简要介绍了 2016 年以来全国塑料待业发展情况，对华东尤其是上海地区的塑料行业的发展特点作了详细的介绍；百旺塑料设备（苏州）有限公司市场经理赵海燕带来题为《新技术、新产品、新推广、新理念》的分享；上海荣格展览有限公司会议策划方逸秋介绍了 2018 年荣格在会议、展会等多项专业服务。荣格工业传媒总裁麦克介绍了公司二十周年以来的成就，在大家的支持下走到了今天，希望大家继续合作。

12 月 13 日下午，由上海市工商联组织的上海市工商联团体会员（行业协会）秘书长例会在上海建联集团隆宇国际广场 11 楼会议室举行。会议就以下内容进行了交流：1）在十九大精神、新时代深化改革背景下，对行业发展的影响；2）结合协会亮点工作谈协会如何在新形势下服务、促进企业适应新时代发展；3）对市工商联工作的建议。各行业协会秘书长根据各行业的工作结合十九大会议的精神进行了互动和交流。上海塑料行业协会副秘书长钮贤圭出席了会议。

12 月 14 日上午，上海塑料行业协会陈国康秘书长、钮贤圭副秘书长一行 4 人走访理事单位上海力卡塑料托盘制造有限公司，在公司胡文龙董事长、顾永明副总经理、王学义部长、章明珏工程师等人的陪同下参观了公司的生产车间、检测中心、企业文化中心，受到了热情的接待。公司成立于 1999 年 9 月，是中国专业生产塑料托盘的龙头企业，目前拥有两个大型塑料托盘生产基地，生产近 300 种规格的塑料托盘系列，塑料卡板箱，塑料物流箱，塑料垃圾桶，塑料防潮板，塑料盖板等大型塑料制品。

12 月 14 日下午，上海塑料行业协会陈国康秘书长一行 4 人在走访了力卡之后，马不停蹄地赶往理事单位上海锐垚科技有限公司，受到潘弈丞总经理的热情接待。公司成立于 2015 年 10 月，是一家专注于有效资源整合，服务于塑料行业，为客户提供人力服务、软件服务、互联互通服务的高科技企业。陈秘书长谈到了今年协会的工作，并表示锐垚科技作为协会电子商务专委会的成员，目前在互联网领域的探索和推动是值得肯定的，也期待潘总今后能在专委会工作上积极发挥作用，推动专委会的各项活动。

12 月 20 日上午，由上海品牌建设联盟主持召开的上海部分行业协会品牌建设工作座谈会在福临桃花岛举行。会议由联盟执行干事黄思能主持。会议首先由黄思能干事对上海（长三角）品牌建设联盟近期工作开展情况及 2018 年工作计划作了介绍；联盟副秘书长李刚就中国长三角（上海）品牌博览会情况及联盟服务业务进行了介绍；联盟副秘书长李德忠对《上海品牌年鉴》、《经济咨询（品牌）》杂志、《品牌经济》微信公众号等联盟媒体进行了介绍。上海模具行业协会、上海电机行业协会、上海工具行业协会、上海计算机行业协会、上海塑料行业协会、上海家用纺织品行业协会、上海电子元器件行业协会等在会上进行了交流发言。最后，联盟执行副理事长蔡海荣作总结发言。上海塑料行业协会副秘书长钮贤圭出席了会议。

12 月 28 日上午，上海塑料行业协会会长李振峰、常务副会长陈铭、副会长兼秘书长陈国康等 4 人拜访家住在江苏昆山的协会首任会长、现为名誉会长龚兆源老前辈。龚老已是百岁老人了，对协会领导去看望他非常高兴，他十分动情地讲述了在昆山、上海石化建设的情景。龚老历任嵩山、卢湾区委书记，上海石化总厂指挥、党委书记，上海市经济委员会主任等职。龚老身体很好，上海塑料行业协会领导祝愿他健康安好。

二、基本情况

上海地区塑料制品产量下降趋势正逐步得到扭转，由于产品结构调整，量大面广的低档次塑料制品业逐年减少。2017 年上海塑料制品累计产量 187.72 万吨，同比减少 0.16%，产量同比略有下降（见表 1）。

表 1　2017 年上海塑料制品产量同比表

塑料制品类别	产量/万吨	同比增减/%
塑料制品	187.72	-0.16
塑料薄膜	37.44	1.21
其中：农用薄膜	3.02	-1.55
泡沫塑料	6.46	-15.86

续表

塑料制品类别	产量/万吨	同比增减/%
人造革、合成革	5.17	-8.06
日用塑料	7.89	-4.93
其他塑料	130.76	1.03

上海塑料制品业2017年工业总产值742.03亿元，可比价增加4.0%；主营业务收入785.75亿元，同比增长6.1%；实现利润总额53.062亿元，同比减少2.812%，效益水平略有下降（见表2）。

表2　　2017年上海市塑料制品完成情况　　单位：亿元

塑料制造大类	工业总产值	可比价增减/%	主营业务收入	同比增减/%	利润总额	同比增减额
薄膜制造	106.45	6.7	113.76	7.8	3.874	1.250
板、管、型材制造	81.31	1.0	87.91	7.9	5.017	-0.506
丝、绳及编织品制造	20.50	8.1	20.81	4.4	0.746	-0.517
泡沫类制造	38.54	-2.2	39.69	0.5	2.559	-1.326
人造革、合成革制造	19.35	-0.6	20.05	2.4	0.921	-0.016
包装箱及容器制造	76.19	3.0	80.82	4.4	7.463	1.386
日用类制品制造	40.96	0.6	43.32	2.7	1.585	-0.793
零件类制造	119.92	5.8	123.68	8.1	14.094	1.417
其他类制品制造	238.81	5.1	255.70	6.3	16.802	-3.708
合计	742.03	4.0	785.75	6.1	53.062	-2.812

三、上海塑料产业的发展效应

近几年来，虽然上海的塑料制品的产量保持在180万吨左右，也占比全国两个多一点的百分比，但在全国的影响力，甚至长三角地区的塑料原料和制品的发展还是处于举足轻重的地位。上海从初始的发展带动了长三角地区的集群效应，使长三角地区六省一市塑料制品的产量占比值始终保持在全国的40%左右，分析该地区塑料发展的历史轨迹，还需要从上海和长三角地区特定的地理环境、人文环境以及工业基础加以分析。

1. 以上海的塑料产业为基础向长三角地区辐射

长三角地区的塑料产业是在1978年改革开放后蓬勃发展起来的。由上海的塑料发展逐渐向江浙两省及其他省市辐射。在20世纪80～90年代，上海带动的“星期日工程师”，尤其在化工及塑料产业，成为当时的新名词。民营经济和集体经济的同步发展，把当地的乡镇企业在“作坊式”运作中，经过多年的努力，淘完了第一桶金，完成了资本积累。在当时，塑料树脂原料是十分紧俏的商品，供不应求。

然而上海的塑料产业的发展追溯到20世纪初，上海是中国的老工业基地，长三角地区乃至中国的塑料发展还得从上海说起。早在20世纪初上海就开始了塑料业的贸易及加工。上海的塑料发展划分为三个阶段，1900—1948年，主要是“作坊式”企业应运而生；1949—1977年，主要是“单一式”企业应计而生；1979年至今，主要是“规模式”企业应需而生，见表3。

表3　　上海塑料发展三阶段代表企业一览表

阶段	成立时间	企业名称	经营产业	说明
1900—1948 作坊式	1900	德商礼和洋行	贸易商，进口塑料原料	德国贸易商
	1921	上海德胜织造厂	热固性酚醛树脂	上海胜德塑料厂前身
	1929	上海天原电化厂	聚氯乙烯	上海天原化工厂前身
	1939	上海赛璐珞厂	赛璐珞	红双喜乒乓球

续表

阶段	成立时间	企业名称	经营产业	说明
1949—1977 单一式	1955	上海溶剂厂	增塑剂，共聚甲醛	
	1956	上海珊瑚化工厂	聚甲基丙烯酸甲酯	
	1957	上海市塑料工业公司	各种塑料制品	从1至17厂
	1963	上海塑料研究所	聚乙烯醇缩丁醛薄膜	
	1963	上海曙光化工厂	聚三氟氯乙烯单体	
	1969	上海革新塑料厂	第一根磁带问世	
	1972	上海石化总厂	生产塑料树脂、薄膜	
1978 年至今 规模式	1992	上海华谊集团	PVC、氟树脂、氯碱化工	
	1993	上海石化公司	聚烯烃、PVA、PET、PAN 等	
	1999	普利特	汽车用改性塑料	
	2000	锦湖日丽	PC/ABS、ABS 改性塑料	锦湖石化、日之升组建
	2003	德国拜耳	聚碳酸酯、聚氨酯	上海化工工业区
	2005	上海赛科	聚烯烃、聚苯乙烯	上海化工工业区
	2009	上海亨斯迈	聚氨酯原料	上海化工工业区

在 20 世纪 90 年代，江浙两省塑料加工企业崛起，并形成了一定的加工规模，但主要是以粗放型为主，相当于上海塑料制品加工 20 世纪 70～80 年代的水平。直到本世纪初开始，无论规模还是塑料制品加工技术达到和超越了上海，并向华东其他省市辐射。特别是进入 21 世纪，上海成立了化工工业区，吸引世界 500 强公司投资建规模企业，形成了各种塑料为主要原料的产业基地，将产业规模和技术提升到一个新的水准。

2. 以大石化塑料原料为基础向改性塑料定制化方向发展

大石化原料企业的崛起，从 20 世纪 80 年代初起，中国石化、中国石油（当时是中国石油化工总公司、中国天然气总公司）基本上布局在每个省市有石油化工原料的生产基地，形成大石化原料供应与塑料制品繁星点点的加工点。到 20 世纪末，基本形成从塑料原料规模化生产到塑料制品加工粗放型的格局。表 4 是华东地区大型石化公司生产的塑料原料及化工产品分布情况，目前从地区划分都归属在中国石化旗下的分公司或子公司，这些公司大多建设在 20 世纪 70～80 年代，为华东地区的塑料产业链起步做出了重要的贡献。

表 4　华东地区在中国石化旗下的分（子）公司及产品分布

省、市	公司	成立年份	生产原料及树脂产品
上海市	上海石化	1972	PE、PP、PET 等石化产品
	上海高化	1957	橡胶、ABS 等石化产品
江苏省	仪征化纤	1978	PET 膜料、瓶料，PBT 工程塑料
	杨子石化	1983	PE、PP 和 PET 原料
	金陵石化	1982	塑料基本原料、PTA
浙江省	镇海炼化	1975	PX、PP 等
安徽省	安庆石化	1974	PP、乙苯－苯乙烯等石化产品

续表

省、市	公司	成立年份	生产原料及树脂产品
山东省	齐鲁石化	1966	PVC、PE、PP 等
江西省	九江炼化	1975	芳烃、PP 等
福建省	福建炼化	1989	PE、PP、芳烃等

从21世纪初起，随着塑料加工以塑代钢、以塑代木等使塑料替代各种材料的研究深入，市场化细分后塑料的应用无所不及，塑料针对性专用料、工程塑料等不同用途的开发，使塑料在汽车轻量化、医用无害化、包装差异化、建材替代化等诸方面蓬勃发展。因此，大规模生产的塑料原料无法满足用家市场细分化的需求，况且随着各领域的研发对原料的性能更为苛求，于是塑料改性市场变得迫切需要。塑料针对最终产品的改性使市场角色发生了变化，塑料的性能通过定制化由用家企业说了算。一旦用家认可了通过改性的塑料原料，为了得到供需之间的共同利益及技术专利的保护，改性塑料的价格能得到成倍的上升。

以上海为例，2017 年上海市规模以上工业企业完成工业总产值 33989.36 亿元，比 2016 年增长 6.8%。六个重点工业行业共完成工业总产值 23405.50 亿元，比上年增长 9.0%，增速高于规模以上工业 2.2 个百分点。表 5 是 2017 年六个重点工业行业的工业完成值和增长率。

表 5　　2017 年上海重点工业行业完成值和增长率

序号	重点工业行业	完成值/亿元	同比增长率/%
1	汽车制造业	6774.33	19.1
2	电子信息产品制造业	6505.04	7.6
3	生物医药制造业	1067.32	6.9
4	成套设备制造业	3978.73	4.2
5	精品钢材制造业	1281.40	2.0
6	石油化工及精细化工制造业	3798.68	1.8

从表 5 中可以看出，上海的汽车制造业同比增长率在六个重点工业行业中增长率最明显，达 19.1%；其完成值占上海工业企业总产值的 19.93%。这说明了上海汽车制造业的发展势头仍然迅猛，上海汽车制造业在汽车轻量化研发上处于国内领先水平，改性塑料用于汽车上的比例在增加。2017 年，改性塑料整体市场已经达到 1361 万吨。改性塑料广泛应用于汽车（23.5%）、家电（37.0%）等众多行业。

3. 以上海为原点的塑料加工企业向外迁移和信息集聚

从21世纪初起，随着上海及周围二、三线城市的房价和土地的推高，政府部门对企业环境治理的要求提高，以及企业生产成本逐年增高等因素，塑料加工企业由上海向长三角或中部地区迁移速度加快。而一些有实力的企业，将研发中心和销售中心放在上海或江浙一带，则求得信息集聚和掌握动态行情主动权。

从21世纪初起，上海的塑料制品的粗放型加工基本退出历史舞台，取而代之的是附加值高的汽车零部件塑料专用料、工业用途的工程塑料、电线电缆塑料或用于特殊用途的塑料成为新宠。因此，从塑料用量看，上海占全国的用量比例保持在 2% 以上，但每吨价值在提升。表 6 是近三年来华东地区塑料制品产量统计表。

表 6　　近三年华东地区塑料制品产量统计表

单位：万吨

区域	2015 年产量占比/%	2016 年产量占比/%	2017 年产量占比/%
全国	7560.82	7717.19	7515.54
华东地区	3023.52/39.98	3121.76/40.45	3093.49/41.16
上海市	179.23/2.37	182.54/2.37	187.72/2.50
浙江省	1041.17/13.77	1072.97/13.90	1035.52/13.79
江苏省	502.83/6.65	552.71/7.16	601.84/8.01
安徽省	338.70/4.48	363.77/4.71	384.79/5.12

续表

区域	2015 年产量占比/%	2016 年产量占比/%	2017 年产量占比/%
江西省	132.62/1.75	118.68/1.54	105.67/1.41
山东省	463.52/6.13	437.04/5.66	347.22/4.62
福建省	365.45/4.83	394.05/5.11	430.73/5.73

从表6中将2017年全年产量推算，基本上三年的全国年产量在7600万吨/年浮动。在与业内人士的交流中，以上海为原点的、因成本等因素的企业迁移近几年呈上升趋势，长三角高铁和高速公路的发达也为企业的迁移起到推动作用。以上海为原点，高铁的3－4小时、高速公路7～8小时经济圈给出行和货物运输带来了便利。在2018年3月14日由上海塑料行业协会召集的华东地区六省一市塑料行业协会座谈会上披露，上海向江浙一带迁移，江浙一带向江西、安徽迁移的塑料企业在增多，有的甚至向西部如西藏、新疆迁移，因西部有许多更为优惠的条件在召唤。3月15日上海市工业经济联合会第五届第三次会员大会上副会长兼秘书长李鹤富谈到，上海一些在市区的企业在一二十年前，要想把企业迁移到市郊难度都很大，现在是在外省市都建立了工厂。市场化经济及产量的区域布局打破了计划经济固有的模式，使产业的发展迅猛前行。

从事汽车用改性塑料产品的研发、生产、销售的上海普利特复合材料股份有限公司是上海塑料行业协会副会长单位，公司成立于1999年10月，于2009年12月18日在深圳中小板上市。公司上市后，在上海市金山区、浙江省嘉兴市南湖区嘉兴工业园区、重庆市铜梁县工业园区分别投资建设了上海普利特化工新材料有限公司、浙江普利特新材料有限公司和重庆普利特新材料有限公司等三家全资子公司，这三家子公司已经全面建成并投入生产。2015年1月，普利特公司收购了美国WPRHoldings LLC及其下属公司Wellman Plastics Recycling LLC、D. C. Foam Recycle Incorporated的全部股权，迈出了公司国际化坚实第一步。作为民营企业的上海普利特复合材料股份有限公司，是一家向浙江、西部、国外投资建厂及并购的成功实例。

在长三角地区，以超大城市上海为原点，企业因成本等因素向外迁移。然而，以上海为中心，或江浙的特大城市南京和杭州为副中心形成信息集聚。塑料行业在这一地区的集聚效应尤为突出。其突出之一是会展经济、高峰论坛等由此带来的一系列产业链展会和论坛，此消彼长，竞争相当激烈。例如作为亚洲第一、世界第二之称的CHINAPLAS国际橡塑展今年4月24日在上海虹桥国家会展中心开幕，这次已是32届了，展出面积达到34万平方米（比前年30届增加面积48%），基本解决了参展商一席难求的局面，这次观展人员突破18万人次。突出之二是前店后厂式的运作模式，就是将企业的研发或销售团队放在上海，求得在第一时间掌控信息，增加商机的灵敏度，获取营销主动权。突出之三是企业的产业链联动必须在信息量大的城市中进行，做塑料制品企业必须了解原料信息、产品市场的变化、用家的需求动态等等。

（上海塑料行业协会　侯培民）

江苏省

塑料产业是20世纪全球经济发展中增长最快的行业之一。进入21世纪以来，塑料更以强劲的发展势头迅猛地朝前推进。（塑料）合成树脂与合成橡胶、合成纤维三大类合成高分子材料与钢铁、木材、水泥一起构成了现代社会中的四大基础材料，是支撑现代高科技发展的最重要的必不可缺的新型材料之一，是信息、能源、工业、农业、交通运输、军工乃至航空航天和海洋等国民经济各重要领域都绝对不可或缺的生产资料，已成为人类生存和发展离不开的基本材料。作为新材料发展的新秀，塑料可谓之无处不在，几乎所有生产活动和生活便利都无塑不成。塑料工业是以塑料加工为核心及其上下游的塑料合成树脂、助剂及添加剂和塑料加工机械与模具为一整体的“朝阳工业”，其产业规模在不断扩大，产品产量逐年增加，主要经济技术指标大幅度递增，全行业不断发展壮大，江苏塑料产业经过几十年的高速发展，仍然沿着可持续发展之路不断前行。

江苏塑料加工业已经由传统的初级消费品快速向高层次消费品过渡，朝着档次高、技术含量高的

方向发展。江苏塑料加工业已经成功进入工业、农业、军工、交通等各个领域，已在高科技领域得到了相当大的应用和拓展。在新材料技术革命中，塑料高分子材料目前是不可替代的，塑料产业将发挥更加重要的作用。在新材料攻关的项目中，塑料高分子材料将占有的数量最大，涉及的领域最广，塑料加工业已从传统制造业成长为科技含量愈来愈高的新兴制造业。塑料作为21世纪新材料，在新材料革命中占有极其重要的地位，国家大力发展新材料、生物技术、新能源、新一代信息技术、新能源汽车、节能减排、装备七大新兴战略性产业，对江苏塑料加工业提出了新的更高的要求，是江苏塑料加工业发展进程中不可多得的绝佳的发展机遇。

从历史看，江苏是我国最主要的塑料加工工业基地之一，曾经连续11年位居全国各省市塑料总量第一。改革开放给江苏的塑料加工工业发展带来了巨大的生机和蓬勃活力，随着改革开放的不断深入而有了突飞猛进的发展。历史上，通过引进国外的先进设备与技术，兴办三资企业，改造了一大批中小企业，涌现了大批的具有新的形象和活力的高新企业和龙头企业；产品质量和档次显著提高，产品品种不断增多，应用领域不断扩大，出口创汇逐年增加，全行业整体水平上了历史新台阶。改革开放以来，凭借依靠技术进步，大批引进国外先进技术和装备，尤其是改革开放三十年的后十年，江苏塑料工业整体水平有了质的飞跃，从生产总量到产品品种和档次都有了相当大的突破，取得了可喜的进步，初步完成了从追求量的突破到追求质的飞升的转身。塑料产业包括石化树脂产业、塑料相关机械和模具、助剂经过飞速发展和结构性调整，已完成产业发展成长期向产业发展成熟期的过渡和转变。十九大以后江苏塑料将随着国家的发展大趋势，进入新时代中国特色社会主义的发展阶段。随着时代的不断前进，江苏塑料产业在工艺技术和装备两大方面和国内外同行的差距将继续不断地缩小。

江苏塑料加工工业始于20世纪60年代初，是当时的新兴行业，曾经是几大主要地级市的十大支柱产业之一。初期的产量仅一千二百多吨，1969年产量在全国各省同行中率先超过一万吨。1979年，江苏塑料制品总量在全国同行业中率先突破十万吨，并连续11年位居全国各省同行业第一。随着工业结构的调整和发展思路、发展要求的变换，加上统计口径的多方面因数，从统计局的数字看，江苏的塑料加工业吨位总量已经从约占全国总产量的十分之一退居前四位，加工总量位列浙江广东甚至山东之后，这个趋势还将继续。但仍然是中国为数不多的、主要的塑料加工业基地之一。鉴于江苏塑料产业的高起点和追求高技术、高品质、高收益，江苏的塑料行业单位产值/吨位（或者说产值利润率）位列全国第一，这和国家目前的产业指导要求相吻合。江苏塑料的辉煌有着龙头企业的巨大贡献，但绝不是江苏塑料的全部现状，江苏塑料的整体面貌主要是中小企业的叠加和众多贡献。江苏的塑料企业主要以民营企业和股份制企业为绝对多数，有一个统计局的线上企业数，但是从行业发展和技术进步角度没有实际意义，不能全面反映江苏的实际情况。因为塑料企业的特点就是中小型为主，绝大多数的塑料企业尽管不能列入统计口径，但却是实实在在的塑料产业主力军，一味强调可统计企业的总量和产值味同嚼蜡，给巨人搔痒，不符合行业服务的基本要素，不能把服务覆盖真正需要服务的企业和大众，塑料协会不能走富人俱乐部的歧路，必须时刻牢记为塑料界的中小企业服务，在服务好骨干企业的同时首先要着眼于为塑料大众企业服务。

江苏的塑料产品涉及领域广泛，从农业，工业和消费品包装，到建材、汽车、机械、军工、电子通讯等等；当前国内外塑料领域各种塑料产品都有生产，尽管在全国同行中的产品质量和档次相对较高，但是和国际先进国家相比，主要的差距仍然在于优级品的比例和高档次产品的覆盖面。由于全球经济乏力对塑料行业的影响，出口主导型企业有明显波动，许多为汽车工业、食品工业配套企业，在艰难中拓展新的市场领域。

从品种上分析，农用薄膜的产量随着宽幅大蓬膜的推广应用和长寿无滴膜的新型多功能膜的兴起，无论在品质、档次上还是在总量上都有了显著的提高和增长。省塑料总公司和日本的合资企业在技术上引领了江苏乃至周边省市的农用薄膜的新技术发展。新型的涂覆农膜和五到十年使用寿命的长寿膜技术也已引入国内市场，在合资企业开发成功。工业用膜（包括收缩膜、双向拉伸膜、缠绕膜、内衬膜、食品、服装、玩具日用品包装膜、锂电池隔膜等）占薄膜总量的80%以上。板材中的PMMA板材、ABS、PS复合板、铝塑复合板、PC板、PET板以及为家电、室内外装饰装潢用板、汽车配套内饰用板，客机内饰片板材等的产量和应用开发都在不同层次的逐年上升。塑料编织袋及其他编织产品经过多年的调整和发展，在品质上有了很大改善，品种上有了新的发展，应用领域有了进一步的拓展，其产量仍然保持着增长的趋势。江苏塑料编织产品行业仍然保持在同行业中的技术要求相对较高、产品档次相对较高、产值利润比指标相对较高的优势。由于受国际金融危机影响而逐步显现的工农业产品出口不力，也一度导致塑料编织袋的配套出口一度显现下降趋势，在2017年已有部分出口配套型企业得已回升。编织吨装袋的直接和间接出口量随着外贸形势的好转在逐步回温、回稳、恢复增长态势。塑料管材和异型材的发展速度非常快，出现不少大型的生产厂家，凸显该类产品对规模经济的要求和品牌效应的威力，但该类产品的经济效益不如以前明显，企业之间的差异很大。江苏这类大型企业考虑到产品市场的销售半径考量，已纷纷向内地，尤其是一带一路紧密相关地区开设新的生产基地。普通泡沫制品和普通桶类包装容器的产量增长速度平缓，没有大起大落的现象。

江苏的塑料企业重组和格局的变化相当大，原来占主导地位的国有企业、集体企业份份改制后，真正的国有企业或国有控股企业所占比重已近乎可忽略不计。加上近年来不断涌现出的新的民营塑料企业，发展迅速、面貌一新。起点高，管理精，观念新、效益佳是前十年江苏塑料企业的几个主要特点。改制后的各企业都投入了大量的资金，谨慎地选择时代热点项目，进行技术提升改造和新产品开发和引进。为数不少的民营化企业都实施了工厂的整体搬迁，以土地的区位优势换得资金支撑、换得发展后劲。使整个塑料加工行业从质和量两个方面的继续取得了突飞猛进的发展。全省各类技改项目的成功实施，大大提高了企业新产品的开发能力和市场竞争力，先后开发出一批技术含量高、紧跟市场热点的新产品，近年来除了为汽车工业，高速铁路等交通新热点配套的项目外，江苏已有为数不少的塑料企业在为航空航天的发展做积极的配套工作。

江苏的塑料行业继续在汽车燃油箱、保险杠、仪表板、大巴内饰、小轿车内饰、民用航空内饰、城市和农村供水用塑料件、大口径管材管件、多功能复合膜和多功能农膜、双向拉伸聚酯、双向拉伸聚丙烯、双向拉伸聚苯乙烯、共挤复合膜、聚碳酸酯板、光导板、铝塑复合板、信用卡基材、身份证材料、装饰广告用材料、防水材料、手机、电视、冰箱、音响、电器电气用材等方面，为包装、电子、交通、机械、通讯、航空航天等领域的发展做出巨大贡献。

随着改革的深层次发展，技术装备的引进和自身技术开发能力的提高，江苏塑料工业已形成成型工艺齐全、产品品种繁多、生产规模持续趋大、社会效益和经济效益较好的基本格局，一直是全省经济发展的重要支柱行业之一，尽管江苏塑料已从计划经济时代的全国第一位被超越，从塑料的表观消费看仍然位居全国塑料工业的四大天王之一。但以前的成功引进、拿来主义不是长久之计，总量的追求已不是我们的第一目标，追求质的飞升才是我们在新时期、新时代的首要任务，这就要求我们必须依靠自主创新和整体进步寻求新的发展。

江苏的塑料工业有着另一个显著的特点，塑料产业链的石化产业和塑料机械及模具、装备业都相当地发达，有塑料原料和塑料装备大省之称号。PP、PE、PS类的大型石化企业在全国享有盛名；徐州、新沂、镇江、南通、常州无锡等地的PVC树脂在全国享有很高的知名度。南京、无锡、常州、苏州的塑料机械非常发达，在全国具有相当大的知名度。江苏的小型PVC树脂企业经过多年的改造，已基本摆脱电石法生产工艺，只是保留了电石法的生产线，主要进口VC单体聚合，在产量上有了十多倍的提高，在品质上也有了质的飞跃。江苏塑料行业这几年来在行业发展的思路上，立足于消化吸收和提高控制水平，在加工设备的节能降耗上倍加关注，许多塑料机械生产线已经走出国门，出口新兴经济发展国家。

江苏的塑料工业无论从品种种类还是规模上都已经达到一相当高的水平，尤其是产品品种种类，几乎能提供世界上所有的已有产品。但是在整体水平上升的大趋势下，江苏塑料工业仍然存在一些共性的问题。产品结构的不合理性仍然困扰着江苏的塑料工业，高精尖产品开发仍显不够，较低水平产品重复交叉，没有一个权威机构能够协调和真正做到适应性调整；企业间、城际间、省际间盲目模仿相当普遍，虽然企业的自我创新意识在上升，可开发能力仍然不足，自主知识产权的拥有和自主知识产权自我保护能力很差。正对江苏塑料企业相对小而多的特点，长期形成的技术分散，发展不平衡，技术力量相对薄弱的现实不利于创新能力的集中和展开，创新能力相对不够；重量级塑料加工企业所占比例仍然严重不足。尽管拥有一大批塑料重量级企业，在江苏新兴地级市也出现了很有分量的重量级塑料集团，使江苏继续走在全国同行的前面，成为新的塑料包装的领跑者，但是各地市发展不平衡的局面依然存在，难以超越。一些新塑料工业企业的快速发展，尤其是重量级塑料集团的崛起，极大地改变了江苏的塑料包装面貌，极大地影响了江苏塑料包装的发展进程，某种意义上将改变江苏乃至全国的塑料包装历史进程。但我们必须清醒地认识到，相当一部分塑料加工企业规模不大，原材料消耗和能源消耗偏高，相当一部分企业的经济效益偏低。

江苏塑料工业的发展应继续做好以下的基础工作：

要紧紧围绕创新这一核心，开发新型塑料材料和新材料的应用开发，中国塑料十三五发展规划中，把创新列为塑料发展的重中之重。根据江苏的塑料工业现状和发展态势，要把功能化、智能化，轻量化、生态化、微成型的发展趋势作为江苏塑料工业技术进步的主方向。

智能化在塑料产业领域有两个含义，一是在塑料产业装备和管理上实现智能化，二是为智能化技术提供可用的新材料，这是用武之地。功能化是塑料产业在国民经济基础性产业的重要标志。高性能、多功能化塑料是为国家战略性产业和国防高技术领域发展提供专业配套的重要基础材料。多功能化塑料首先在工程塑料领域，PC/PPS/PBT/PAA/POM 等以及改性聚烯烃、塑料合金等已广泛应用于交通、网络、电子、家电、航空航天等国民经济各个重要领域。但同样是这些材料，其内涵在不断深化，市场对品质的要求在不断提高。塑料永远是其他大行业的配套产业，永远随着先进行业的大发展而大发展，大提高而大提高，为朝阳行业配套，为朝阳行业服务，把握时代脉搏，为明星当好配角，定位准确，目标清晰，道路光明。

市场对高韧性、耐极端温度、耐磨、耐腐蚀、导热、导电、高绝缘性以及特种工程高分子材料的需求连年增长，聚酰亚胺（PI）、聚砜（PSF）、聚醚酮（PEK）、杂萘联苯型聚醚砜酮（PPESK）、液晶聚合物（LCP）等成功应用于各个领域，今后的任务是通过技术进步，科技创新赋予这些材料更多更好的功能性，拓展和广泛应用领域。

轻量化是高分子材料发生革命性变化的重要技术

积极研发新材料、新工艺，开发各种高性能高阻隔高强度新材料，继续开发超高分子量聚乙烯，改性聚酯、改性 EVOH、改性聚片二氯乙烯等等材料，加强玻纤、石墨烯、碳纤维材料与塑料结合的最新应用技术研究，为轻量化打好坚实基础、加快开发和推进微纳米叠层共挤出成型、多层复合成型等新技术。进一步完善物理化学发泡工艺，尤其是二氧化碳临界发泡技术，超微孔技术的应用，在立足降低材料重量的同时改善提高材料的各项性能方面实现新的突破，大力开发轻质高强度高分子材料，为轨道交通等新概念交通、航空航天等高技术领域提供优质新材料。

生态化是未来塑料的重点发展方向之一。

生态化就是充分利用可再生的生物质资源，纤维材料、半纤维素、木质素、淀粉等都是可以再利用生物质高分子材料，关键是研究技术，如何利用。研究开发生物质基高分子材料，发展生物质基分解塑料盒生物基塑料是各国普遍重视的热点，正呈快速增长的发展趋势。2013 年全球生物质基塑料生产能力已经从 2007 年的 36 万吨提升到了 230 万吨，年均增长达 37% 以上。据美国能源部预测，到 2020 年，来自生物质基的可再生资源的聚合物材料将增加到塑料小号总量的 10%，2050 年有可能会达到 50%，这是一个非常巨大的数字，决不可忽视。

我国在发展生物质分解塑料方面已经有了一定的经验和成果，普通包装，食品包装地膜覆盖等领域都有涉及，但是这些生物质高分子材料的原料来源还仅仅限于淀粉，甘蔗、植物油等传统食物类材料，这是个不可持续的矛盾的选择，其利用还处于低阶阶段，我国人多地少的国情也不允许这样的利用长期存在，所以必须另辟新途径，开拓新来源，开发新材料。研究工艺方面也要从发酵法向化学催化法推进。

微成型技术作为聚合物微尺寸制造学科的前沿，在光电通讯、影像传输、信息储备、医疗器械、高端复杂结构微零件等方面有着广泛的前景。随着 3D 打印技术、微注塑、微压印等技术的日益成熟，微成型技术及制品已进入快速发展通道。高速化、精密化、和智能化是塑料产业未来发展在装备和模具方面需要突破的几大重点。

要高度关注并大力开发功能化技术研究和纳米材料技术研究。要重点关注高阻隔多层共挤纳米微层复合材料；纤维功能增强复合材料、聚合物合金等现代制造业高性能工程塑料；要关注熔体静电纺丝纳米过滤材料，纳米抗菌、阻燃、降解等功能性材料；要关注太阳能光伏发电配套材料，锂离子镍氢离子电池隔膜、光学膜以及农用多功能膜材料。要加大对各种膜材料的攻关力度，要在膜材料超薄化、复合化方面进行攻关，解决功能膜发展瓶颈。要通过技术进步和科技创新不断提高产业素质，提高产业核心竞争能力。紧紧围绕塑料加工业面临的共性、关键技术，组织攻关，实现重点突破，创新江苏塑料加工业的新面貌。围绕新材料、新工艺来开发新品，围绕节能减排技术，推动塑料行业低碳绿色发展。要关注当代塑料加工业前沿科学技术，引导我们紧紧围绕着当前最新科技动态和前沿技术的进展把握行业发展方向。

江苏的农用塑料不但继续占据重要位置，而且将会随着农业种植结构的优化调整出现新的发展机遇；科技含量高的高附加值的工程塑料、工业配套塑料件及其他改性复合材料的应用领域将不断扩大。重点大类塑料产品如工业配套件、管材、建材、软/硬压延制品、薄膜、片材，及高档包装材料的生产将朝着规模经济的方向发展。为减少对环境的污染，必须加大塑料回收利用和降解塑料应用的科学研究和规范化管理。

新型塑料建材和多功能塑料复合包装材料仍将是江苏塑料加工业的重点发展和快速增长的主要领域；塑料管材的主要发展领域是各种规格（尤其是大口径）、多材质和多种结构的管材管件；燃气管已进入发展的大机遇时期，已成为将持续一相当长发展期的热点产品，燃气管配套管件是这一应用领域的短板，仍然需要大力推动开发和研究。塑料建材的发展迫切需要超出仅仅是型材的格局，型材也应朝着优化结构的方向发展，增加品种，提高档次。结构发泡材料、轻型墙体、隔断材料将进入活跃期、成长。懂塑料不懂建筑设计和懂建筑不懂塑料是塑料建材发展的制约因素。应加强设计和应用的研究，加强塑料人才和建筑艺术人才的多学科人才的培养，推进建材产品快速健康。在发展的过程中必须同步考虑标准化、系列化、适用化、配套化、美感化等新型建材发展的几大要素。

塑料包装广阔的市场前景，使塑料包装行业的规模随着市场需求的快速增长和品种、品质的不断涌现而不断扩大。骨干塑料包装企业的崛起、新型高阻隔材料的成功开发，改变着江苏的塑料包装行业面貌，改变着塑料包装的形象。骨干塑料包装企业主要依靠引进先进设备，以及和国外同行一流企业建立技术合作开发纽带，加速了与国际塑料包装行业技术水平的靠拢，加快了塑料包装进入国际市场的步伐。塑料包装材料的发展经历了简单塑料包装、复合塑料包装阶段。当今的市场需求正向着塑料包装的多功能化发展。塑料包装的复合化、多功能化、生态化是江苏今后发展的重点方向。塑料包装应按食品药品等包装物的要求，努力开发多功能性包装材料，提供被包装物性能保护功能；开发延长货物保质保鲜寿命的高阻隔、防渗透包装材料，无菌包装材料，热灌装材料，保味包装材料，耐蒸煮包装材料；开发水果、蔬菜等的气调环境保鲜包装材料以及粮食等储存、运输的防霉防蛀包装材料。尽管就整体而言，高技术含量、高附加值的塑料包装产品目前所占的比例仍然不高，未能满足日益增长的市场要求。但是，随着社会进步和人们生活质量要求的持续提高，塑料包装作将随着食品、饮品、药品、生物制品等朝阳行业的发展而大发展。随着这些行业对塑料包装的要求不断提高，塑料包装始终存在很大的发展空间。塑料包装可持续发展的前景仍然广阔。

农用塑料的发展重点是果蔬、花卉、经济作物、育苗等用途的长寿、无滴、防雾、高强度高透明、保温等多功能塑料棚膜及其相关配件制品，除草、防虫等多功能地膜。深入发展农田水利建设用的各类塑料管道、管槽、管件、节水型微灌、渗灌、滴灌以及水利建设中的水渠、大坝建设用土工材料。农用塑料应引入现代农业的概念，农用塑料的研究开发应着眼于现代农业的目标、着眼于农业科技的发展和新技术的应用。

工业配套件的开发重点是工程塑料、汽车、家电、电子信息产品的配套件。邮电通讯用新型电缆、穿线管。信息、通讯、机械、国防工业配套的各种科技含量较高、附加值较高的配套产品。汽车工业中的塑料比重将大幅度增长，今后的汽车塑料件将有一半以上采用复合材料和再生利用材料。航空航天工业技术进步的着眼点之一是减轻自重，高分子复合材料将大有作为，塑料将担当非常重要的角色。电子电器工业的配套将围绕节能省料的方针，对高电磁性能塑料合金、超导电塑料、电磁屏蔽材料、光机能性材料、光学纤维复合材料、新型传感高分子材料、信息处理用各种记录、储存材料、CAD 静电记录膜、微缩用胶片等的需求将急剧上升。

日用塑料制品的发展仍然有着不可估量的前

景，而江苏在这一领域的发展和二十年前相比是退步的，所谓能列入消费品的塑料制品在江苏塑料总量中所占的比重几乎可以忽略，这不是江苏塑料之福。江苏有着发达的工艺美术产业，对开发优美造型得到塑料日用制品有着得天独厚环境条件和美学背景支撑关键，应该可以得到很好的发展。关键是设计理念的突破，能否侧重以人为中心，追求现代美学设计观，朝便捷、舒适、适用、经济、美观的方向发展，提高质量和降低成本是这一领域极其重要的行业发展要素。

安全可靠、轻质化、节约材料的塑料工程材料、塑料医疗领域一次性可靠材料、易弯曲材料以及胰岛素笔针以及吸入器用微量泵等配药辅助用具的发展和应用趋势值得我们关注。包装材料发展趋势值得业内有识之士的高度关注，建筑领域的绝缘绝热材料及新型铺地材料的发展也值得我们去研究和开拓市场。各种体育休闲用品、运动器材、运动系列产品、和运动有关的人造草皮等的需求量的不断增长也值得我们去关注。由于具有很高的发光效率很低的能耗效应，发光二极管（LED）的发展非常迅速，从手电到汽车等的车灯，无处不在的广泛推开应用趋势很猛，目前和此有关的塑料的开发速度也很迅猛。LED周围的反光镜可控制灯光的偏转并将光源集中起来，目前正在开发的耐温、传热、可任意成型的此类材料的开发对推动下一家用节能光源有着基础性铺垫的不可估量的发展前途，我们必须要高度关注。合成纤维塑料的应用近几年有了更大的发展。可制成抗压性强但结构非常轻量化的元件的开发已市场化多年。将玻璃纤维嵌入热固性基体中或将用环形纤维制成的模制件嵌入热固性基体中的产品市场化已是指日可待，这将是外科手术中的假肢、假臂以及涵盖到风涡轮转动叶片的一系列配套产品的工业化也是展望之中了。对纳米技术在塑料中的应用研究和关注已经很多年了，如今的现状是已有很大的迈进，纳米填料盒基于纳米技术的添加剂使得塑料的特性有了质的飞跃，使得塑料能提供更多更新的特性。甚至可以将原来不可实现的表面上看起来互相矛盾的特性要求互相结合起来。透明性和随机性、折射率和硬度、表面功能和材料机械性能、材料的绝缘性能和传导性能等都可以通过纳米技术友好的共存和同时提供。纳米技术在塑料领域的应用可以使塑料具有高级流变学特性和高的电传导性，前者可以使塑料变得更易于加工成型，后者可以更好的防止静电问题的干扰。塑料的表面自动清洁也将在纳米技术的应用中得以实现。要推动塑料加工业安全工程体系建设，保障食品和环境安全，首先要加强食品接触塑料制品安全工程建设，塑料制品目前约占食品包装产品总量30%的市场份额，因此要把卫生、安全工作放在首位，这是重中之重。

严格遵守新版《食品安全法》规定和要求，切实做好塑料制品的卫生、安全工作，需要依靠技术进步，大力开发安全可靠的食品接触新材料及助剂，加快建立食品包装材料卫生安全溯源机制和方法，从源头上保证原料及助剂达到食品级要求；要加快食品包装材料标准化体系建设，建立健全食品包装材料安全评价制度和方法。要加大力度推进环保型助剂在塑料制品中的替代。绿色、无毒、环保型助剂在塑料制品尤其是与食品接触塑料制品的应用越来越受到全社会的关注。发达国家对塑料制品中助剂的使用基本上都有明确限制或相关禁令。要继续在遵守法制法规的大前提下，稳步大力推进塑料再生利用产业发展。塑料再生利用行业的乱象还没有有效得到节制，随着国家把“生态文明建设”提升到更高的战略层面，一系列促进循环经济政策的出台，旧塑料的处理、回收和高值化利用成为行业发展的焦点，旧塑料进口政策的变化将严重冲击塑料再生行业的发展，必将出现新一轮行业大洗牌、大调整，使之走上正规的、科学的、合理的正确之路。

推动塑料再生利用产业的健康发展，需要按照国家低碳经济发展战略，建立完善的旧塑料回收体系，发展旧塑料高效分选及高值化利用技术，通过改性提高产品的利用率和附加值，促使可再生塑料行业逐渐向集约化、规模化、深加工方向发展，实现经济效益、社会效益和生态效益的统一。

要继续推进企业清洁生产和节能减排，逐步实现行业可持续发展。鼓励和支持企业通过采取技术创新、管理提升、技术改造和淘汰落后等措施来降低单位产品的能耗水平，进一步提高复合膜、镀铝膜、人造革合成革、塑料再生、助剂等重点行业的环保准入门槛；争取更多的绿色塑料制品通过中国环境标志产品认证；通过在行业内推动应用技术示范对企业进行引导，加大先进、适用、成熟的绿色低碳技术的推广力度；国家和地方政府对企业进行清洁生产和技能减排专项改造给予重点支持，同时强化监督管理制度，对于超标排放污染物的企业依法严肃处理。

要继续加强行业品牌建设工作，提升产业整体素质。

品牌建设是促进企业可持续发展的原动力。经过多年高速发展，我省塑料加工业涌现出了一批具有影响力的品牌，但品牌还是不够多；由于塑料企业的中小企业数量偏多，对品牌定位重要性认识不足，缺乏战略规划，产业整体品牌意识不强。

要在中塑协的领导下，通过组织开展品牌培训活动，提高企业品牌培育意识；引导企业开发切合实际的品牌管理机制和品牌塑造方法；通过技术改造、产学研用等方式引导企业提高创新能力，提高产品质量水平；鼓励企业加大在技术研发和质量提升等方面的投入；鼓励企业更多参与行业标准、国家标准甚至国际标准的制定，抢占产业发展的制高点。

江苏塑料工业经历了从计划经济向市场经济转变的历程，企业在从计划经济模式转向市场经济的过程中，遇到许多困难，面临许多问题，为数不少的企业步履艰难，原有的历史烙印仍然影响着企业的发展和管理模式。因此，解决塑料企业今后发展中的矛盾和问题的根本出路在于真正的现深化改革。已经实施了企业股份之改造的新的活力和发展机遇，但是我们的管理模式还很落后，有的甚至停留或倒退在家族式管理模式，不能适应新的发展了的新形势，必须引入新的管理思想和模式。

地方政府应重点扶持一批大型企业、特大型企业、重点企业、明星企业。以名优产品为龙头，以经济效益为中心，以资本投入为纽带，以市场发展为导向，组建具有实力的、符合经济规律的、有利于企业发展的企业集团，实现适应市场需求产品的规模效应。继续改变和直至结束老、小、散、差的落后状况。

随着技术装备的不断升级提高以及产品精度和档次的提高，江苏的出口塑料逐年在增加，但相对于江苏庞大的塑料总量，全省的塑料制品的出口量占总量的比例相对较低，制品技术含量不高。出口总量中间接配套出口占主大多数。应继续研究国际市场的需求情况，研究国际市场新产品，在提高原有出口产品质量、巩固和扩大原有产品的出口量的同时，重点开发热点产品，重点发展新市场。应鼓励和引导有条件的企业跨出国门，直接参与国际竞争。可将国内渐趋饱和的产品生产移到其他仍然有着较大需求的国家，境外办企业应从输出技术和设备为主。尽管国际金融危机在短期内获得全球性回暖的可能性预期不大，国际市场的需求目前看不到活力，但我们从长远看，经济全球化的势头仍然不可逆转。而风险往往伴随着机遇，经济低潮时期未必不是我们出击的最佳时机，等所有的人都看到了光明时，我们再启动投资往往就要付出加倍的代价，尤其是在投资时效上不能获得最大收益。在汇率发生了较大变化的新形势下，要研究我们的出口方向和调整出口品种，使我们的出口能继续保持一定范围的优势。

当今世界的经济发展显著特点之一，是技术已成为推动企业发展和经济增长的极其重要的因素，更是企业能得以持续发展的基本要素，技术含量低的产品和企业不可能有持续的生存空间。所以重视产品的技术含量，以新技术促进企业的持续、快速发展，是塑料行业能保持持续发展的核心竞争力。塑料加工业的技术发展非常迅速，出现了许多新技术新工艺，许多新产品的出现本身就伴随着新技术的开发和应用。计算机辅助注射成型、新型异型吹塑成型、超微孔塑料、受控低压注射成型、多相聚合物片状注射成型、可熔芯技术注射成型、挤出浸渍复合成型、熔体挤拉成型、多元材料复式加工技术、壳芯注射成型、双注射成型、模内背衬注射成型、液－气辅助成型等新技术的开发和应用推广，将为塑料产品的开发和设计提供更为广阔的空间。企业应格外重视技术，尤其是新技术工作。应根据自身的条件和发展需要，选择开发研究、综合吸收、引进消化、技术合作、购买软件等各种方式，积极采用高新技术。在引进先进装备的同时注重引进软件和技术。

实现现代化，人是决定因素。企业和产品的竞争，越来越表现为人才的竞争。人才是任何企业发展宝贵的财富，企业应从制度、分配机制上解放思想，引入激励机制、股份机制，高薪用人才、创造条件留住人才，用好人才，确保塑料工业的持续高速发展。为此，江苏塑料界应加强和大学的合作和沟通，在继续重视高科技人才培养、重视工艺和设备的结合性培养、重视塑料工程类人才的培养的同时，更应注重第一线实用型技术人才的培养，重视高职高专类人才的培养。进一步提高职工队伍的素质，注重职工技术的培训，大力培养和吸引人才，在培养实用性技术人才中要注重和生产性企业的衔接和沟通，尽量缩短高职类人才到达岗位后的适应期和过渡期。

塑料作为一门新兴的材料工业，与传统工业相比，其发展历史不长，但发展速度相当快。新项目的上马已从计划经济式的逐级审批制转向市场经济体制下的市场主导化。企业对项目的实施与否具有绝对的决定权。社会主义市场经济体制下的集体企业投资风险主要由投资单位而非经营者或单位领导，对投资项目的可行性研究存在诸多不踏实因素和投资项目的目的不明确性。这是上一轮投资热潮中为数不少的项目失败的主要原因，也是造成不少企业效应严重滑坡的不良因素。盲目投资、盲目发展不仅对单位本身造成重大损失，也对金融界构成严重风险威胁，最大的伤害是国家利益的受损。一哄而上，不仅使投资单位在一开始就步履艰难，也对原来生产销售较能维持的单位构成严重威胁。因此，呼吁政府重视行业的管理和协调。

节约能源、资源，建立节约型社会是当代中国经济和社会发展的一个鲜明主题。塑料加工是通过塑料加工机械和使用塑料原料成型出市场所需制品的过程，在加工过程中消耗电能和原料，能源和材料的节约使用一直是塑料行业降低成本努力奋斗的目标。随着科技日新月异不断发展，通过变频伺服等电子自动化先进技术和新型装备降耗节能比以往得到了很大提高，提高生产率的同时还节约劳动力资源。在材料节约方面通过塑料制品合理用材设计、材料科学选用、材料改性、多功能材料开发等多种方式减薄制品壁厚、增加应用功能达到节约材料的目的，通过机头、边角料的直接回用、使用后塑料循环利用实现省资源化，成效显著。

降低能耗是塑料机械行业一直在努力追求的目标。从过去的流量比例和压力比例控制，发展到变量控制、变频控制和伺服控制。注塑机的高效率主要体现在工作节拍快，制品周期短。这方面的努力和工作仍需要继续深入和推广。

在塑料制品加工领域，节能降耗不但需要从塑料加工机械方面着手，还应该深入到塑料原料及加工技术的节能领域。如高熔体流动指数树脂在较低的温度下获得较好的流动性，在加工中可显著减少能耗，并能明显地缩短成型周期。合理选择材料或添加增强材料、填充物等以达到提高性能、节约树脂用量等目的，如复合塑料、纤维增强塑料、塑木复合材料等都属于节能型原料。利用化学或物理发泡的方式能够制得质轻、保温性好的发泡塑料制品，它的密度低、机械性能较好，可以大大降低树脂的使用量。

除了上述几个重要的方面江苏塑料界将持续努力攀登外，江苏塑料界将按照中国塑协“十三五”发展规划的指导意见去认真思考和落实，调整我们的战略，完善我们的规划，提升我们的水平。并按照江苏省有关要求，在塑料行业加强改性、合金化、再生利用技术推广应用，推进节能性加热技术和元件的应用，加快引进技术和装备的消化吸收，推进先进塑料成型装备的国产化，进一步扩大工程塑料、多功能塑料、配套塑料件、环保型塑料在日用、电器、交通工具、军工、农业、医药、环保和包装等领域的应用。

（江苏省塑料加工工业协会　韦华）

浙江省

一、基本情况

2017 年，国际原油呈现箱体波动，大宗商品价格宽幅震荡；我国继续深化供给侧结构性改革，提升发展质量，成效显著；合成树脂行业持续大幅扩产，尤其煤化工项目，塑料制品需求保持小幅增长，市场竞争进一步加剧。浙江省塑料制品行业全体同仁继续坚持艰苦创业、开拓创新、团结合作的作风，全省塑料制品产量保持平稳，技术（装备）水平进一步提升，行业运行总体平稳，出口保持增长，实现了全年经济总体平稳。

1. 行业规模

据浙江省统计局统计，2017 年浙江省塑料制品行业规模以上企业 2226 家，占全国塑料制品行业规模企业总数的 14.50%，从业人员 26.93 万，同比增长 0.67%。

2. 塑料制品产量

2017 年，全省规模以上企业完成塑料制品总产量 1035.52 万吨，同比增长 3.88%，占全国同期塑料制品总产量的 13.78%，居全国第一位，增幅较上年同期下降 0.84 个百分点，其中：塑料薄膜产量 378.84 万吨，同比增长 2.51%，占全国同期塑料薄膜总产量的 26.05%，居全国第一位；塑料薄膜中农用薄膜产量 20.37 万吨，同比增长 6.21%，占全国同期农用薄膜总产量的 10.32%，居全国第三位；泡沫塑料制品产量 25.21 万吨，同比下降 1.15%，占全国同期泡沫塑料制品总产量的 9.05/%，居全国第四位；塑料人造革、合成革产量 79.00 万吨，同比增长 0.37%，占全国同期塑料人造革、合成革产量的 22.68%，居全国第二位；日用塑料制品产量 117.16 万吨，同比增长 8.04%，占全国同期日用塑料制品总产量的 17.61%，居全国第二位；其他塑料制品 435.31 万吨，同比增长 4.99%，占全国同期其他塑料制品总产量的 9.13%，居全国第三位。

3. 创新活力不断增强，名牌产品平稳增长

创新投入持续加大，全行业不断依靠科技进步，加大科技开发力度，加快企业高新技术成果的产业化，推动产品结构调整和产业升级。2017 全行业规模企业科技活动经费投入继续增加，全年科技活动经费支出总额达 31.85 亿元，同比增长 19.95%，增幅较上年同期提高 3.23 个百分点。

截至 2017 年底，全行业有浙江名牌产品 104 个。

二、企业荣誉

1. 2017 浙江省综合百强企业

名次	企业名称	地区	营业收入/万元
55	华峰集团有限公司	温州	2293739
81	利时集团股份有限公司	宁波	1552607

2. 2017 浙江省制造业百强企业

名次	企业名称	地区	营业收入/万元
36	华峰集团有限公司	温州	2293739
54	利时集团股份有限公司	宁波	1552607
69	海天塑机集团有限公司	宁波	1241719
89	浙江中材管道科技股份有限公司	绍兴	759649

3. 2017 浙江省成长性最快百强企业

名次	企业名称	地区	营业收入/万元
15	华峰集团有限公司	温州	2293739
72	海天塑机集团有限公司	宁波	1241719
82	利时集团股份有限公司	宁波	1552607

4. 2017 中国民营企业 500 强

排名	企业名称	2016 营业收入/亿元	所属行业
245	华峰集团有限公司	229.38	化学原料和化学制品制造业
250	浙江明日控股集团股份有限公司	225.48	批发业
288	浙江大东南集团有限公司	196.36	橡胶和塑料制品业
325	伟星集团有限公司	179.48	橡胶和塑料制品业
378	利时集团股份有限公司	124.17	橡胶和塑料制品业
480	海天塑机集团有限公司	124.17	专用设备制造业

5. 2017 年省级高新技术企业研究开发中心名单

序号	研究开发中心名称	依托单位
1	杭州理想塑胶省级高新技术企业研究开发中心	杭州理想塑胶有限公司
2	康成生态功能性 PU 合成革省级高新技术企业研究开发中心	浙江康成新材料科技有限公司
3	汇锋高分子复合材料省级高新技术企业研究开发中心	浙江汇锋新材料股份有限公司

续表

序号	研究开发中心名称	依托单位
4	明士达新材料省级高新技术企业研究开发中心	浙江明士达新材料有限公司
5	繁盛超纤水性超细纤维合成革省级高新技术企业研究开发中心	浙江繁盛超纤制造有限公司
6	锦升化妆品塑料包装省级高新技术企业研究开发中心	绍兴市锦升塑业有限公司
7	通力改性工程塑料省级高新技术企业研究开发中心	浙江通力改性工程塑料有限公司
8	天雁新型塑料管道省级高新技术企业研究开发中心	浙江天雁控股有限公司
9	诚德复合彩印软包装材料省级高新技术企业研究开发中心	诚德科技股份有限公司
10	世博高分子新材料省级高新技术企业研究开发中心	浙江世博新材料股份有限公司

6. 2017 年度浙江省名牌产品

新增名牌产品

序号	产品名称	申报企业名称	商标
1	PVC 线缆材料	浙江万马高分子材料有限公司	萬馬
2	注塑机	泰瑞机器股份有限公司	TEDERiC
3	塑料注射成型机	宁波华美达机械制造有限公司	
4	TS 系列工程塑料	浙江新力新材料股份有限公司	Sinlly
5	无纺布（薄型粘合非织造布）	华昊无纺布有限公司	
6	包装用塑料膜无袋	诚德科技股份有限公司	
7	聚乙烯吹塑薄膜产品	浙江比例包装股份有限公司	
8	真空袋膜	浙江佑威新材料有限公司	
9	铝塑复合压力管	浙江三力管道科技有限公司	力丰
10	一次性塑料餐饮具	浙江佳友生物科技有限公司	JIAYOU 佳友
11	日用塑料制品	浙江鑫鼎塑业有限公司	XDPC
12	家用多功能食物处理器	双马塑业有限公司	
13	PMMA 复合浇注板	海盐华帅特塑料电器有限公司	

复评名牌产品

序号	产品名称	申报企业名称	商标
1	电器附件、PVC 塑料管槽	杭州鸿雁电器有限公司	HONYAR 鸿雁
2	EVA 太阳能电池胶膜	杭州福斯特应用材料股份有限公司	firsteva
3	塑料注射成型机	宁波市海达塑料机械有限公司	海达
4	塑料注射成型机	宁波双马机械工业有限公司	
5	聚乙烯给水管道	浙江经纬集团环保工程有限公司	
6	全塑蝶阀	浙江佰通防腐设备有限公司	
7	软包装复合材料	浙江金石包装有限公司	Goldstone
8	未增塑聚氯乙烯（PVC－U）装饰板	华之杰塑料建材有限公司	华之杰
9	聚烯烃热收缩薄膜	浙江众成包装材料股份有限公司	
10	复合封口膜	浙江诚信包装材料有限公司	诚信
11	塑料复合膜	海宁市粤海彩印有限公司	YUEBAO
12	BOPP/PP 复合软包装薄膜	浙江大东南股份有限公司	绿海
13	塑料包装薄膜	浙江大东南股份有限公司	西施
14	给水用聚乙烯（PE）管材、管件	浙江锦宇枫叶管业有限公司	乾宇
15	塑料管材、件	浙江中财管道科技股份有限公司	
16	环保型玻纤增强 PA6/PP 电动工具专用料	横店集团得邦工程塑料有限公司	TOSPO 得邦
17	塑料管材管件	浙江三棱塑胶有限公司	三棱
18	日用塑料制品	浙江鑫鼎塑业有限公司	绿意
19	塑料管材管件	永高股份有限公司	ERA 公元
20	塑料检查井	浙江天井塑业有限公司	

续表

序号	产品名称	申报企业名称	商标
21	塑料管材、管件	浙江伟星新型建材股份有限公司	伟星
22	一次性塑料餐饮具	台州富岭塑胶有限公司	FULING
23	燃气用埋地聚乙烯（PE）管道系统（管件、阀门）	宁波市宇华电器有限公司	
24	埋地排水用双壁波纹管	浙江阮氏塑业有限公司	阮氏 RUANSHI
25	聚乙烯 PE 管材、管件	浙江高峰控股集团有限公司	高丰
26	吸尘器软管	金华春光橡塑科技股份有限公司	
27	全电脑控制注塑机	浙江申达机器制造股份有限公司	

7. 2017 年浙江省“隐形冠军”培育企业名单

序号	企业名称	序号	企业名称
1	宏升塑胶（杭州）有限公司	13	双马塑业有限公司
2	浙江金石包装有限公司	14	台州好娃娃婴童用品有限公司
3	启明新材料股份有限公司	15	台州市雨竹家庭用品有限公司
4	温州天瑞新材料科技有限公司	16	浙江明筑新材料有限公司
5	浙江同正管道技术有限公司	17	浙江德斯泰新材料股份有限公司
6	绍兴耐特塑胶有限公司	18	浙江龙士达家居用品有限公司
7	浙江东管管业有限公司	19	浙江步步乐箱包有限公司
8	金华春光橡塑科技股份有限公司	20	浙江深蓝新材料科技股份有限公司
9	浙江金立达新材料科技股份有限公司	21	杭州本松新材料技术股份有限公司
10	浙江唐正格塑胶科技有限公司	22	宁波华丰包装有限公司
11	兰溪市金兰塑胶有限公司	23	浙江交联辐照材料股份有限公司
12	金华万得福日用品股份有限公司		

8. 2016 年度中国轻工业塑料行业十强企业

名次	企业名称	名次	企业名称
2	公元塑业集团有限公司	6	浙江伟星新型建材股份有限公司
3	利时集团股份有限公司	9	浙江中财型材有限责任公司
5	浙江中财管道科技股份有限公司		

9. 2016 年度中国轻工业塑料行业（塑料管材）十强企业

名次	企业名称	名次	企业名称
2	公元塑业集团有限公司	4	浙江伟星新型建材股份有限公司
3	浙江中财管道科技股份有限公司	9	浙江中元枫叶管业有限公司

10. 2016 年度中国轻工业塑料行业（塑料人造革合成革）十强企业

名次	企业名称	名次	企业名称
3	浙江禾欣控股有限公司	10	浙江繁盛超纤制品有限公司
8	浙江昶丰新材料有限公司		

11. 2016 年度中国轻工业塑料行业（塑料异型材）十强企业

名次	企业名称	名次	企业名称
2	浙江中财型材有限责任公司	5	华之杰塑料建材有限公司

12. 2016 年度中国轻工业塑料行业（塑料家居）十强企业

名次	企业名称	名次	企业名称
1	利时集团股份有限公司	8	三友控股集团有限公司
4	双马塑业有限公司	9	浙江日康婴儿用品有限公司
5	台州富岭塑胶有限公司	10	台州市高美塑业有限公司
6	浙江龙士达家居用品有限公司		

13. 2016 年度中国轻工业塑料行业（聚苯乙烯挤出发泡板材）十强企业

名次	企业名称	名次	企业名称
4	杭州希尔特节能保温材料有限公司		

14. 2016 年度中国轻工业塑料行业（复合膜）十强企业

名次	企业名称	名次	企业名称
6	杭州顶正包材有限公司	7	浙江诚信包装材料有限公司

15. 2016 年度中国轻工业塑料行业（聚氨酯）十强企业

名次	企业名称	名次	企业名称
5	圣诺盟（浙江）聚氨酯家居用品有限公司	6	绍兴市恒丰聚氨酯实业有限公司

16. 2016 年度中国轻工业塑料行业（农用薄膜）十强企业

名次	企业名称	名次	企业名称
7	杭州新光塑料有限公司		

17. 2016 年度中国轻工业塑料行业（硬质 PVC）十强企业

名次	企业名称	名次	企业名称
5	海宁市海创塑胶电器有限公司		

18. 中国轻工行业百强企业名单（2016 年度）

名次	企业名称	名次	企业名称
41	公元塑业集团有限公司	81	浙江中财管道科技股份有限公司
60	利时集团股份有限公司	93	浙江中财型材有限责任公司

19. 中国轻工业财政能力百强企业榜单（2016 年度）

名次	企业名称	名次	企业名称
52	公元塑业集团有限公司	87	浙江伟星新型建材股份有限公司
64	浙江中财管道科技股份有限公司		

20. 中国轻工业研发能力百强企业榜单（2016 年度）

名次	企业名称	名次	企业名称
39	公元塑业集团有限公司	64	浙江中财型材有限责任公司
59	浙江中财管道科技股份有限公司	73	利时集团股份有限公司

21. 中国轻工业电商能力百强企业榜单（2016 年度）

名次	企业名称	名次	企业名称
5	公元塑业集团有限公司	98	浙江母爱婴童用品股份有限公司

22. 中国轻工业价值能力百强企业榜单（2016 年度）

名次	企业名称	名次	企业名称
13	浙江伟星新型建材股份有限公司	47	浙江中财型材有限责任公司
21	公元塑业集团有限公司	77	浙江中财管道科技股份有限公司

23. 中国轻工业盈利能力百强企业榜单（2016 年度）

名次	企业名称	名次	企业名称
28	公元塑业集团有限公司	73	浙江中财管道科技股份有限公司
53	浙江伟星新型建材股份有限公司	88	浙江中财型材有限责任公司
60	利时集团股份有限公司		

24. 中国轻工业市场能力百强企业榜单（2016 年度）

名次	企业名称	名次	企业名称
63	公元塑业集团有限公司	75	浙江中财管道科技股份有限公司
66	利时集团股份有限公司		

三、大事记

1. 协办“2017 聚烯烃产业国际合作会议”

4 月 15 ~ 18 日，由中国石油和化学工业联合会、中国石油和化工行业国际产能合作企业联盟主办，上海塑料行业协会、浙江省塑料行业协会等协办的“2017 聚烯烃产业国际合作会议”在绍兴举办，会上有关专家就聚烯烃行业发展问题、全球化机遇等热点问题进行了专题论述。

2. 联合主办“2017 宁波国际塑料橡胶工业展览会”

4 月 20 ~ 22 日，由浙江省塑料行业协会、浙江省橡胶行业协会、宁波市塑料行业协会、宁波市塑料机械行业协会、宁波市橡胶商会、宁波市热塑性弹性体商会联合主办的“2017 宁波国际塑料橡胶工业展览会”在宁波举行，此次展会展览面积为 20000 米^2，有 700 余家企业参展，展品涵盖了塑料、橡胶行业的原料、加工机械、检测仪器等，吸引了业内 30000 余名专业人士参观，展会对推动浙江省塑料橡胶行业的进步与发展具有重要意义。

3. 参加“中国塑料加工工业协会七届一次常务理事扩大会议、七届一次理事扩大会议”

5 月 14 ~ 15 日，中国塑料加工工业协会七届一次常务理事扩大会议、七届二次理事会扩大会议在广州召开，我会副会长兼秘书长汪建萍、常务副秘书长郭利强出席。

会议听取并审议通过了《理事会工作报告》、《编制塑料加工业技术进步“十三五”发展指导意见》、《中国塑料加工业科技创新年（2017—2018）活动方案》、《2018 中国国际塑料展暨塑料新材料、新技术、新装备、新产品展览会活动方案》、《部分支机构成立、变更》、《塑料加工业“三品”提升战略重点工作实施方案》、《2016 年度财务报告》、《中国塑料加工工业协会团体标准工作方案》等报告。理事会扩大会议上，中国塑协各部门负责人还向参会代表作了协会重点工作的说明。

4. 组织企业参观“CHINAPLAS2017 国际橡塑展”

“CHINAPLAS2017 国际橡塑”展于 5 月 16 ~ 19 日在广州琶洲 - 中国进出口商品交易会展馆隆重举行，本协会是该展会的支持单位之一。

“CHINAPLAS2017 国际橡塑展”是目前亚洲第一、全球第二大塑料橡胶展，展览会总面积达 25 万平方米，吸引来自 38 个国家及地区 3400 余家世界知名化工巨头及机械设备生产商参展。为了更好地方便业内企业参观本届展览会，学习并交流国内外塑料行业的先进技术，使业内有关人士了解并掌握当前塑料工业的发展趋势，我协会组织业内 150 余家企业参观本届展览会并参加了展会期间举办的医用塑料论坛、工业 4.0 论坛。

5. 协办“2017 中国塑料产业大会”

5 月 24 日，由大连商品交易所、中国石油和化学工业联合会及中国轻工业联合会共同主办的中国塑料产业大会（第十届）在杭州举办。浙江塑协协办本次会议。

此次会议聚焦当前塑料产业市场的风险管理与发展机遇，与会代表围绕石化行业供给侧结构性改革总体思路、塑料期货服务实体经济等行业热点问题进行了探讨交流。

6. 举办“食品接触材料新国家安全标准宣贯会”

国家卫计委于2016年11月18日发布了《食品接触材料及制品通用安全要求》等53项食品安全国家标准的公告（2016年第15号），其中部分标准已于2017年4月19日正式实施。为帮助食品接触塑料材料及制品生产企业及时了解法规变化和要求，做好合规管理和质控工作，6月15日协会于在平湖举办“食品接触材料新国家安全标准宣贯会”。

7. 协助省名牌产品的申报评比工作

积极帮助企业开展省名牌产品及著名商标的申报工作，对行业产品进行排名，引导企业争创名牌产品。2017年，全省塑料行业有39个产品获省名牌产品称号，其中新增13个，复评26个。

8. 参与浙江省“隐形冠军”的推荐及评审

根据“浙江省人民政府办公厅关于推进中小微企业“专精特新”发展的实施意见”精神和“浙江省经济和信息化委员会关于开展2017年度中小企业“隐形冠军”培育工作的通知要求，协会积极向省经信委推荐行业“隐形冠军”名单，并参加专家评审工作，经企业自愿申报，县（市）经信部门及有关省级行业协会推荐，各级经信局审核、综合评价、专家评审、公示等程序，23家塑料企业为2017年浙江省“隐形冠军”企业培育企业。

9. 参与“全省化工和橡塑产业改造提升试点规划论证会”

为进一步贯彻落《浙江省人民政府关于印发浙江省全面改造提升传统制造业行动计划（2017—2020年）的通知》［浙政发（2017）23号］和全省传统制造业改造提升工作推进大会精神，推进化工和橡塑产业改造提升试点工作，加大重点技术改造项目推进力度，加快促进传统制造业改造提升和制造强省建设，参加全省化工和橡塑产业改造提升试点规划论证会”。

10. 参加“BOPP薄膜综合能耗限额及计算方法”强制性地方标准立项听证会

7月13日下午，省质监局会同省能源局在杭州组织召开《双向拉伸塑料薄膜单位产品综合能耗限额及计算方法》强制性地方标准立项听证会，对浙江省节能协会、浙江省塑料行业协会等单位提出的制订相关强制性地方标准立项建议是否科学、合理进行听证。相关政府部门、行业协会、生产企业的代表和社会普通公民、法律工作者、有关技术专家等参加了本次听证会。

浙江省塑料行业协会作为主要起草单位，就我省BOPP薄膜行业现状、标准立项的背景、工作简况、标准制定原则、设置强制性条款的理由、强制性标准实施的风险影响及社会和环境效益进行陈述，同时就有关参会人员提出的问题一一做了解答。

该标准已于2017年9月被列入2017年第四批省地方标准制定计划。

11. 参与国家强制性标准——合成革单位产品能源消耗限额的起草工作

作为国家强制性标准——合成革单位产品能源消耗限额的起草单位之一，积极参与标准的调研及标准的起草工作，目前该标准已形成报批稿上报国家标准管理委员会待批。

12. 组团赴台湾参观展会并考察有关企业

为促进两岸塑料行业的深度交流与合作，推动两岸塑料产业良好健康可持续发展，9月6～13日，浙江塑协组织省内18家企业的21位负责人，赴台湾参观“2017台湾国际塑橡胶及复材工业展”并考察台塑集团和台湾富强鑫集团。

9月11日，浙江塑协参观团一行赴台湾台南市参观考察台湾富强鑫集团，受到台湾区塑料制品公会理事长蔡明忠及富强鑫集团高管的热烈欢迎，公司高管就富强鑫集团的概况向参观团作了介绍并陪同参观团参观了注塑机生产车间。富强鑫集团成立于1974年，是目前台湾地区规模最大的塑胶注塑成型机制造厂，在中国拥有台湾、宁波和东莞三个生产基地，几十年来，富强鑫凭借优良的产品质量和完好的服务赢得了市场的青睐，

12日，参观团赴台湾高雄参观考察台塑仁武工厂，受到台塑高管的热情接待。台塑企业于1954年创立台湾塑胶公司。1957年由日产四吨的PVC粉工厂开始生产，是当时世界上规模最小的PVC粉工厂。

台塑企业经过五十余年的努力发展，目前共计拥有台塑、南亚、台化、台塑石化等百余家关系企业，分别在中国台湾、美国、中国大陆、越南、菲律宾及印度尼西亚都设有工厂。此外并拥有庞大的教育和医疗机构，是目前台湾最大的民营企业。

13日，参观团赴高雄展览馆参观“2017台湾国际塑橡胶暨复材工业展”，该展会由台湾塑胶制品工业同业公会、台湾复合材料工业同业公会等单位联合主办，展品有上游石化产品、中游原料、复材原材料及机械设备和下游制品。

展会以“高值化、循环经济”完整呈现塑橡胶

上、中、下游产业链，展会规划为五个专区：机械设备及仪器仪表区、制成品区、原料区、石化主题区和产学研专区，展出内容包括石化原料、轻油裂解等技术相关设备、复材原材料、热塑性塑料、橡胶、中空成型制品、挤出制品等。展览期间同时举办技术研讨会及国际论坛，汇聚行业各路精英，分享最新产业趋势及多场专题论坛，促进塑料及橡胶行业的深度交流与合作。通过此次参观与考察，增进了两岸塑料界的进一步了解，为推动两岸塑料行业的发展与进步具有重要意义。

13. 召开协会理事扩大会议暨华泰期货塑料化工产业创新转型论坛

9 月 21～22 日，2017 年浙江省塑料行业协会理事扩大会议暨华泰期货塑料化工产业创新转型论坛在台州临海华侨大酒店隆重召开。

此次会议由浙江省塑料行业协会与华泰期货有限公司联合主办，协会会长、浙江明日控股集团董事长韩新伟、华泰期货有限公司总裁徐炜中、协会副会长兼秘书长汪建萍、协会常务副会长张小赧、方文彬、副会长赵茂华、副会长陈利锋及来自全省各地的理事单位、部分会员单位的嘉宾 150 余人汇聚一堂，浙江工业大学材料科学与工程学院教授钟明强、华泰期货研究院副院长兼产业机构服务部总经理侯峻、华泰长城资本副总经理周博、华泰证券浙江分公司金融同业部总经理徐轶青、卓创资讯宏观经济资深分析师房俊涛等领导和专家应邀出席会议并做主题演讲。会议总结了浙江省塑料行业协会过去一年多的工作情况、2016—2017 浙江省塑料行业运行情况后，就塑化产业未来发展趋势、创新转型等议题进行了深入探讨。

会议围绕“浙江塑料协会工作总结和未来工作计划”与“塑料化工产业创新转型”这两大主题，由“主题交流与主题演讲”和“参观行业优秀企业”两大内容组成，共安排了 11 个报告与讲话、2 个主题交流会与 1 个优秀企业参观活动。

协会理事扩大大会议由韩新伟会长主持，会议先后听取了韩会长关于《浙江省塑料行业协会 2016 年及 2017 年部分工作总结和未来工作计划报告》、副会长兼秘书长汪建萍关于协会 2016 年度财务收支情况报告，经与会理事、常务理事审议，通过了以上报告。会上还通报了 2016 年及 2017 年上半年全省塑料行业经济运行情况，会议充分肯定了协会一年来所取得的成绩。

行业典型企业代表浙江伟星新型建材股份有限公司副总经理施国军、金田集团有限公司总裁方文彬、三友控股集团有限公司董事长张小赧、浙江比例包装股份有限公司执行董事朱强和中国·双马塑业有限公司董事长兼总经理陈翠虹做主题交流。

作为会议的重要组成部分，22 日下午协会组织与会嘉宾实地参观行业优秀企业——浙江伟星新型建材股份有限公司（证券代码：002372）从管材车间、管件车间、检测中心到伟星集团 40 周年图片展，伟星高自动化生产线、科学的内部管理、强大的研发能力及多元化的企业文化等均给参观者留下了深刻的印象。

14. 协办并组织行业企业参观“第十七届中国塑料交易会”

为加强企业间的交流与合作，协会继续协办并组织业内 100 余家企业参观“第十七届中国塑料交易会”。

15. 参与塑料行业国标及行标的有关工作

（1）参与三项行业标准的立项申请投票

根据全国塑料制品标准化技术委员会（SAC/TC48）的安排，参与轻工行业标准《青贮牧草膜》、《PS 户外仿木板材通用技术要求》、《聚烯烃土工膜耐应力开裂性能的评价　切口恒定拉伸负荷法》的立项申请投票工作；

（2）参与三项行业标准的函审

根据全国塑料制品标准化技术委员会（SAC/TC48）的安排，参与轻工行业标准《聚乳酸热成型杯盖》、《聚乳酸热成型杯》、《聚乳酸注塑餐具》的函审；

（3）参加四项行业标准、四项国家标准的审查

根据全国塑料制品标准化技术委员会（SAC/TC48）的安排，12 月 12 日在北京参加行业标准——《雨衣 PVC 人造革》、《四项拉伸塑料土工格栅》、《生活用干纸巾流延聚乙烯（CPE）包装膜》、《雨水蓄水池用塑料模块》和国家标准——《塑料制品中多溴联苯和多溴二苯醚的测定　高效液相色谱法》、《塑料制品中多溴联苯和多溴二苯醚的测定　气相色谱－质谱法》的审查会。

16. 参与食品用包装、容器、工具等制品的市场准入工作

目前国家已将食品用塑料包装、容器、工具等 3 类 39 个产品实施市场准入制度管理，我会积极引导企业开展此项市场准入工作，同时作为组长单位参与食品用包装、容器、工具等制品的市场准入工作，截至 2017 年底，全省获证企业 1600 余家。

17. 参加“省级工业产品生产许可事中事后监督检查”工作

为加强对省级工业产品生产许可下放事项的事中事后监管，督促获证企业严格依照生产许可证相关要求开展生产经营活动，参与浙江省工业产品生产许可证办公室开展的“省级工业产品生产许可事中事后监督检查”工作，我会参与此项工作并担任组长单位，全年共检查塑包生产企业6家（杭州4家、台州2家）。

18. 积极办好“浙江塑料网”及“浙江塑料通讯”

为做好对会员的服务工作，协会努力办好“浙江塑料网”及“浙江塑料通讯”，积极报道国家有关政策法规、行业动态、行业信息、市场信息、质量及标准，并免费赠送给企业一年6期的浙江塑料通讯。

（浙江省塑料行业协会　汪建萍）

温州市

一、温州市塑料制品工业概况

民营经济活跃的温州市塑料制品行业，2016年全社会完成工业产值600亿元，比上年增长3%。根据市统计局数字，其中规模企业324家，完成工业产值266.73亿元，比上年增长8.1%，产量154.90万吨，比上年增长12.20%。制品产量占全国2%，占浙江省14.44%。根据温州海关数字，全年出口交货值24.88亿元，比上年下降2.87%。

规模企业塑料制品分产品产值及产量

行业名称	企业数/家	工业总产值			产品产量		
		累计/万元	增速/%	产值占比/%	累计/吨	增速/%	产量占比/%
合计	324	2667342	8.1	100	1549044	12.2	100
塑料薄膜	58	675074	11.2	25.31	551743	9.9	35.62
塑料板、管、型材	15	150165	11.7	5.63			
塑料丝、绳及编织品	104	768054	9.4	28.79			
泡沫塑料	12	57885	3.3	2.17	39685	11.5	2.56
塑料人造革、合成革	51	563047	-0.4	21.11	161218	0.7	10.41
塑料包装箱及容器	6	23182	-17.3	0.87			
日用塑料制品	10	44244	10.9	1.66	11273	-10.6	0.73
塑料零件	26	86522	16.2	3.24			
其他塑料制品	42	299167	15.1	11.22			

规模企业塑料制品分县市区产值及产量

县市区名称	企业数/家	工业总产值			产品产量		
		累计/万元	增速/%	产值占比/%	累计/吨	增速/%	产量占比/%
温州市	324	2667342	8.1	100	1549044	12.2	100
鹿城区	4	37551	7.9	1.41	3202	-5.3	0.21
龙湾区	39	415635	3.7	15.58	155976	4.1	10.07
瓯海区	12	95294	-16.2	3.57			

续表

县市区名称	企业数/家	工业总产值			产品产量		
		累计/万元	增速/%	产值占比/%	累计/吨	增速/%	产量占比/%
开发区	11	82980	-8.2	3.11	32337	3.8	2.09
洞头县							
永嘉县	6	35926	7.3	1.35	4572	14.6	0.30
平阳县	63	526966	14.4	19.76	469593	17.9	30.32
苍南县	75	654282	12.2	24.53	441646	10.3	28.51
文成县							
泰顺县	1	6126	-18.6	0.23	6291	-8.0	0.41
瑞安市	63	512142	9.4	19.20	402736	13.9	26.00
乐清市	50	300440	9.2	11.26	32691	-0.8	2.11

二、协会发挥行业“引领”作用

温州市塑料行业协会服务平台——“温州塑料”期刊，温州塑料外贸预警简报、温州塑料．公益网站，积极开展信息传导、政策引领工作，两年刊出塑料专业知识讲座10期；组织外贸预警员参加国际知识产权培训；帮助产业损害监测点业务培训。协会三次组团参观大型专业展览会。4月份组织十几家企业赴上海参观“2016国际橡塑展”；11月份组织8家企业11人赴德国，参观杜塞尔多夫塑橡展（德国K展），并在法兰克福市参加企业管理培训。11月份，又组织11家企业16人赴义乌参观“浙江省轻工装备博览会”。协会秘书处走访企业26家，与企业负责人谈心交流，深入车间了解生产实际情况，现场解决技术问题。发放基层情况调查表100份，对搜集到的数据进行分期归类，掌握第一手资料；每季向政府部门及会员企业提供行业经济运行分析报告。《温州市塑料制品工业“十三五”发展规划》年初完成，并在协会年会上通过。

三、行业科技成果

2016年，中广核俊尔新材料有限公司通过国家科技支撑计划项目验收，企业获“十二五”塑料加工工业优秀企业、第十八届中国专利优秀奖。长虹塑料集团有限公司获国家轻工联“十二五”卓越绩效先进企业，中塑协“十二五”科技创新型企业。浙江金石包装有限公司获温州市科技进步二等奖，科技成果创新企业。煌盛集团有限公司的非金属管道、非金属水管；浙江南方塑胶制造有限公司的模塑料、酚醛树脂、胶木粉；浙江金石包装有限公司的纸板盒、包装纸；雁峰集团有限公司的塑料编织袋圆织机、塑料拉丝机、塑料收卷机、塑料吹膜机、塑料复合机、印刷机、塑料背心袋等被延续认定为浙江省著名商品。浙江强盟实业有限公司产品通过省优复评，并获得浙江省优秀工业新产品一等奖。中广核俊尔新材料有限公司产品获2015中国石化知名品牌并荣登中国品牌价值榜。瑞安市东威塑业有限公司、金田塑业有限公司、中广核俊尔新材料有限公司、浙江强盟实业股份有限公司、温州市亚泰进出口有限公司等5家企业评为温州市百强企业。“金石”获中国印刷包装企业100强，“金田”进入中国民营制造业500强。上市企业有中广核俊尔新材料有限公司、浙江新力新材料股份有限公司、浙江世博新材料股份有限公司和长虹塑料集团有限公司。

四、行业标准化建设

由温州升华包装有限公司牵头起草的行业标准《再生塑料编织袋》2016年1月经国家工业和信息化部批准，实施日期为2016年7月1日。由浙江南方塑胶制造有限公司负责起草的《电气用聚苯硫醚模塑料》、《电气用聚醚醚酮模塑料》、《电气用热固性模塑料制品可视缺陷定义及分类》、《电气用低磨耗不饱和聚酯模塑料》等行业标准，通过专家组终审，于2016年3月1日起正式实施。中广核俊尔新材料有限公司，全年主持、参与了4个国家标准和1个行业标准的制订。

五、4 家企业入围全国塑编 20 强传统产业产品升级步伐加快

11 月份，在南京召开的全国塑编大会上，温州四家塑料编织袋生产企业获全国塑编企业 20 强称号，它们是：温州晨光集团有限公司（第 2 位）、南塑集团有限公司（第 4 位）、浙江华庆集团有限公司公司（第 11 位）、浙江瑞旺科技有限公司（第 17 位）。2016 年塑编企业普遍增加了特轻、特白及阀口、内粘、中缝等功能袋生产；塑料薄膜企业开发了三维立体彩虹膜、环保增塑薄膜等新产品，行业低端产品比例有所下降。塑料编织袋和塑料薄膜两大类产品产量占温州塑料制品产量一半有余，传统产品的改造升级有力地维护了作为“中国塑编之都”、“中国塑料薄膜生产基地”以及“中国塑料配线器材工贸基地”的区域品牌。

六、行业“外贸预警点”发挥作用

温州市塑料制品工业起步早、规模大，列入国税局统计的塑料制品企业有 2425 家，产品以内销为主，出口占比不高。根据温州海关数字，2016 年塑料制品出口交货值 24.88 亿元，占总产值 9.33%，制品出口国家分布：亚洲、中东及港台地区占 32.95%，欧洲及俄罗斯占 22.36%，美国、加拿大占 21.21%，其他国家地区综合占 23.48%。为了推动外向型经济、支持鼓励出口，同时防范贸易摩擦，从 2011 年开始，温塑协承接政府职能转移成立“外贸预警点”，并开展工作。至 2016 年，先后有金田塑业集团有限公司、温州康莱方医用塑料有限公司有限公司、长虹集团有限公司、温州瓯斯达电器实业有限公司、温州科艺环保餐具有限公司、佑利集团有限公司和温州酷乐餐桌用品有限公司等 7 家塑料制品出口企业成为浙江省对外贸易损害跟踪单位。

七、塑料专业职称评审

2016 年，温州市人力资源与社会保障局继续和温州市塑料行业协会签署承接政府职能转移工作协议，继续由协会主导温州市塑料加工成型中初级专业技术职称任职资格培训、考核、评审工作，8 月中旬完成各项工作，9 月 18 日市人社局发文公布，23 人获得塑料加工成型工程师职务任职资格，10 人获塑料加工助理工程师职务任职资格，1 人获塑料加工成型技术员职务任职资格。协会组织的塑料专业职称评审工作始于 2004 年，十几年来年复一年从未间断过，至今共有 601 位同志获得中初级技术职称任职资格，为行业发展提供技术支撑。

八、新材料产业持续发展

高新技术产业塑料新材料生产企业，近年来数量增加，规模扩大，技术含量提高，生产品种所涉及的领域加宽，经济效益好于其他产业。根据对俊尔公司、世博公司、汪洋公司、聚兴公司等四家专事生产改性塑料的企业调查，2016 年比较上一年，企业资产总额增加 56.50%，产值增加 23.98% 产量增加 47.25%，利润增加 32%。目前中广核俊尔新材料有限公司、浙江永兴新材料有限公司和浙江新力新材料有限公司等三家企业产值均在 2 亿元以上，其中最具代表性的是俊尔公司，俊尔与中广核进行股权合作，是混合所有制发展模式的成功探索。俊尔已形成以企业为主体，产、学、研紧密结合的技术创新体系与服务平台，企业发展神速，近五年产值、利润情况如下：

单位：万元

	2012 年	2013 年	2014 年	2015 年	2016 年
产值	52218	65684	68235	71133	90103
利润	3667	5241	1309	9804	12777

温州市改性塑料产业处于高成长型阶段，总体上初级产品多，中级产品质量不稳定，高级产品偏少，具有巨大的创新发展空间。

（温州市塑料行业协会　周肇枢）

安徽省

一、2017 年主要工作

2017 年是中共十九大胜利召开之年，是“十三五”规划的第二年，也是实施“十三五”规划的重要一年，是供给侧结构性改革的深化之年，又是我省塑料协会的换届之年。协会在省民管局的领导下和省轻工协会的关心指导下，在全体会员的共同努力下，认真贯彻执行党和国家的方针、政策，履行协会《章程》赋予的职责，积极开展活动，取得了一定的成绩。

1. 顺利完成换届工作

省塑协于2016年8月初上报省经信委请示换届，同时认真学习了省民政厅关于“社会团体换届指南”，领会换届工作程序、规定和要求，明确具体任务和责任分工。于2016年8月6日召开了第三次会员大会筹备组会议。在充分酝酿、讨论的基础上，初步拟定三届理事会成员候选人名单。研究提交理事会讨论的会员大会的文件、议案，确定召开会员大会的时间、地点、形式、规模和同期举办的有关活动等事项。由于恰逢国务院要求社团组织与政府部门脱钩，换届工作无法按期进行。经上报省民政厅同意，协会换届工作延期至2017年进行。按照省民政厅指定的会计师事务所对协会自2012年1月1日至2016年12月31日的财务情况进行了审计。审计的结论为：协会的财务资料保存较好，会计凭证装订规范，会计报表编制符合《民间非盈利组织会计制度》相关规定，公允地反映了该协会的财务状况。与省经信委完成正式脱钩。脱钩后，于2017年6月18日顺利召开了第三次会员大会，通过了二届理事会工作总结报告；选举产生了新一届理事会，同时，按照省民政厅要求首次成立了监事会。于2017年6月起在安徽社会组织信息网向省民政厅、省政府政务服务中心申报，变更办理了新一届《社会团体法人登记证书》正副本。至此，换届工作圆满完成。

2. 开展调研活动

2017年，韦明会长、翟光景秘书长分别多次会同协会有关同志专程到合肥、芜湖、马鞍山、滁州、宣城、安庆等市塑料企业考察调研。先后走访考察了合肥塑源新材料有限公司、安徽国风塑业股份有限公司、安徽毅昌科技有限公司、安徽富光实业股份有限公司、合肥美隆欣塑模电器有限公司、合肥天马塑胶有限公司、安徽东风塑业有限责任公司、安徽华隆塑料有限责任公司、合肥大同格兰塑业有限公司、合肥安丰电器塑胶有限公司、合肥杰事杰新材料股份有限公司、安徽辉隆集团新力化工有限公司、延锋汽车饰件系统（合肥）有限公司、合肥天一汽车零部件有限公司、合肥卡洛塑业科技有限公司、安徽晨阳橡塑股份有限公司、芜湖瑞明汽车部件有限公司、顺达（芜湖）汽车饰件有限公司、芜湖国风塑料科技有限公司、麦凯瑞（芜湖）汽车外饰有限公司、芜湖翔丽模具塑胶有限公司、芜湖爱迪亚实业有限公司、芜湖蓝天塑胶有限公司、芜湖福赛科技有限公司、芜湖精益达塑业有限公司、马鞍山福亨汽车内饰有限公司、马鞍山瑞美塑业有限公司、安徽中鼎橡塑制品有限公司、滁州市博康模具塑料有限公司、滁州市荣康塑料制品有限公司、滁州市倍力达塑胶制品有限公司、滁州凤凰集团、安徽润宏塑胶有限公司、岳塑股份等三十多家企业。与企业经营团队进行了充分交流，了解了企业的经营现状和当前面临的问题与困难。对部分企业提出的问题和困难，调研人员也现场给出了中肯的建议。协会领导还对调研中发现企业存在的共性问题进行了梳理，并在日常工作中和有关部门进行了汇报与交流。

3. 积极开展交流活动，组团观展，参加有关会议

一是，韦明会长和翟光景秘书长共同参加了中国塑料加工工业协会七届二次理事会扩大会议，与中塑协及全国各省市塑料协会领导一起就各省市的行业发展现状进行了充分的交流，会上，中塑协领导还对塑料行业的发展前景与态势进行了分析与展望。与此同时，协会还组织部分会员企业参观了在广州琶洲中国进出口商品交易会展馆举办的“第31届中国国际塑料橡胶工业展览会”。我会是该展会的支持单位之一，展会规模系亚洲第一，世界第二，展览面积达25万平方米。吸引来自38个国家及地区包括众多世界知名化工巨头及机械设备等逾3400余家生产商参展，通过16个主题展区，向业界展示最前沿的装备、材料、技术、工艺，着重引导企业的产业结构走向技术主导的新型塑料工业制造体系。为了更好地方便业内企业参观本届展览会，学习并交流国内外塑料产业的先进技术，使业内有关人士了解并掌握当前塑料工业的发展趋势，协会组织会员单位参观本届展览会并参加了展会期间举办的相关论坛。安徽省塑料行业有近百家企业参展，近两百家企业前来采购，省塑料协会领导还在展会现场为安徽企业做具体的相关服务。二是，受邀参加了安徽省汽车行业协会第五届会员代表大会，加强了与下游行业的交流互动。三是，参加全省轻工行业协会工作座谈会。与会代表介绍了全省轻工行业有关情况，汇报了企业生产经营情况和存在的问题并分析了企业和行业发展的态势，讨论了进一步加强省轻工协会与我省轻工行业其他组织之间联系交流与合作的意见。四是，参加在台州举办的第17届中国塑料交易会，我省协会也是该展会的支持单位之一。台州是我国的塑料制品之乡、模

具之乡，塑料产业集约化程度高，超前意识强，展会在塑料制品方面有较强的前卫性，值得我省塑料制品企业学习。五是，受省箱包协会委托对塑料编织纹箱包生产进行工艺技术论证和塑料配套企业考察。六是，积极与先进省市塑料协会学习互动。2017年6月20日上海塑协陈铭会长率秘书长、信息部共六位领导来安徽考察交流，传经送宝。韦明会长、翟光景秘书长全程陪同走访调研了安徽国风塑业股份有限公司等企业，在国风朱亦斌总经理热情接待并陪同参观考察了国风先进的进口薄膜生产线，双方还进行了技术研讨。6月21日上午大家又共赴安徽毅昌科技有限公司调研，省塑协近十位副会长也来到毅昌公司一同调研交流，听取了陈乃德副总经理介绍了企业情况和发展愿景，同时上海塑协陈国康秘书长做了塑料改性材料研究成果的学术演讲，使与会企业家对塑料新材料的发展有了进一步认识。随后又赶往安徽富光实业股份有限公司与吴秀杰董事长进行了广泛的交流，参观了富光的产品展示厅。下午考察了用于太平湖岛上栈道工程建设的国风木塑产品，随后赴泾县参观皖南事变纪念馆接受革命传统教育。2017年11月27日韦明会长应邀参加了在江西南昌举办的“2017塑料管材、型材技术交流会”，会前受江西省塑协组织邀请，华东六省一市以及重庆、云南、山西、台州等省市的塑协领导共同赴革命摇篮井冈山进行了党史军史教育，心灵得到了洗礼，大家更加深刻地理解了老一辈革命家革命的目的和革命艰辛，更加坚定了对以习近平为首的党中央倡导理念的信心。七是，积极与中塑协保持联系。11月8日中国塑协常务副理事长、秘书长朱文玮到安徽指导工作，韦明会长陪同对合肥乐凯科技产业有限公司进行了考察调研，乐凯杨永宽总经理等班子成员给予了热情接待，参观了企业展厅和先进的光学膜生产线，并进行了座谈交流。随后，朱理事长与乐凯杨总一起拜会了省塑料协会，与我会韦明会长、副会长钱家盛、朱亦斌、潘正云、副秘书长范钦伟就行业前景、行业发展和面对的问题共同进行了广泛交流，受益匪浅。同日，韦明会长受邀参加了中塑协氟塑料加工专委会在合肥举办的“中国国际氟塑料加工发展论坛”。八是，积极参与安徽工业经济联合会举办的“2017安徽省企业社会责任报告发布会”。九是，受邀参加“皖北经济发展2017年淮南年会”。十是，参加安徽工业经济联合会三届三次理事会暨2017年行业协会座谈会。十一是，受邀参加省轻工协会举办的“安徽与甘肃轻工产业对接工作座谈会”。

4. 积极配合政府部门工作，为会员做好服务

一是，接受合肥市经信委消费品处邀请，对合肥市申报安徽省消费品工业“三品”战略示范企业项目进行评审。二是，积极配合合肥市环保局加强对塑料加工企业大气VOCs的治理工作，并对我省塑料加工企业大气污染情况进行摸排、调研，主动组织环境专家并邀请相关政府部门领导及塑料加工专家于2017年8月29日召开专家论证会，与会环境专家对我省塑料加工行业基本情况及加工工艺过程进行了质询，塑料加工专家做了详细解答。最后，专家组做了充分论证和研判得出了合法合理的结论，得到了相关部门的认同，为我省塑料加工企业的环保工作指明了方向。三是，根据政府有关部门要求，为会员企业享受政府有关政策出具相关行业证明材料。

5. 完成上级部门交办的任务

应民管局的要求，按时填报了《全省性行业协会商会涉企收费清理情况表》。

应民管局的要求，做好“安徽省非公有制经济和社会组织党建工作信息管理平台”的信息录入工作。该工作是为了解当前社会组织党员信息和建立支部数量，为上级提供数据，便于制定相关政策措施。

6. 完成2016年度年检工作

根据登记机关和监督管理机构的要求，秘书处工作人员依法接受年度检查，认真填写年度检查报告书和党建工作情况登记表等材料，以及资产负债、业务活动、内部管理、收费情况等表格，申报的材料内容充实，较为全面地反映了社会组织建设发展情况。准时向省民政厅、政务服务中心上报资料，并获得了省民管局下达的合格年检结论。

7. 编辑2016年度《中国塑料工业年鉴》安徽篇

根据中国塑料协会和有关企业的要求，编纂了2016年度《中国塑料工业年鉴》安徽篇。主要介绍了2016年协会所做的工作以及开展的各项活动，重点宣传了合肥杰事杰新材料股份有限公司、合肥美隆欣塑模电器有限公司、马鞍山福亨汽车内饰有限公司、安徽益邦新材料科技股份有限公司、安庆卡尔特压缩机有限公司及其产品，现已出版发行。

2017年已成过去，但它对于塑料加工行业来说注定是个不平凡的一年，我们一起经历着前所未有的压力和困难。原辅材料价格长期高位运行，劳动

力、运输、资金、管理等成本不断攀升，而产品价格却被要求持续下调，表观利润空间已薄如蝉翼。加之政府的阳光雨露又常常被雾霾遮挡，企业经营如履薄冰。于是，我们必须在寒风中学会冷静和冷静后的思考。我们必须更加明晰企业生存的目的和目标，我想那就是做社会正能量的贡献者和做客户满意且放心的供应商。因此，我们必须放下心里的包袱，选择坚持与躬行，学会感恩与包容，明确有所为而有所不为。我们还必须学会树立大局观，站在行业的高度看问题，结伴而行，相互学习，相互扶持，抱团取暖，共渡难关。

过去的一年，经济下行压力一直在持续加大，整个市场面不景气给我省塑料行业发展带来了诸多不利因素。政府对安全生产、资源环境约束等要求也越来越高，税负、社会保险等经济负担仍然没有减轻。优质订单少、订单不稳定与有效人力资源的矛盾日益凸显，低端产能的技术升级和装备提升与眼下的盈利能力及资金面形成了难以解决的先有鸡还是先有蛋的问题，企业生产经营困难重重，步履维艰，出现向好变化更为难得。在多重困难情况下，一些企业在不利形势面前不是不思变革，实际是无力变革。没有竞争优势，只是一味降价接单，降质供货，饮鸩止渴，最终还是被市场淘汰。未来，我省塑料行业必须要突破思维模式、产业结构、专业技术沉淀、人才培养以及管理与体制机制的匹配融合等制约，坚持创新驱动，品质立业，团结兴业，特立笃行，迈向行业长久兴旺。

2. 2018 年主要工作打算

2018 年是全面贯彻中共十九大精神的开局之年，也是确立习近平新时代中国特色社会主义思想的元年。天道酬勤，日新月异。我们必须紧跟时代潮流，顺应历史发展，牢牢把握行业发展方向，坚持行业自尊、行业自律、行业自省、行业自觉，提倡行业互通、互联、互学、互助，坚守法律与行业道德底线，牢记安全生产与环境保护意识，加强质量品牌意识和服务意识，提升技术与管理水平，注重人才培养与呵护，倡导工匠精神，诚信经营，踏实做事。正如习主席在 2018 年新年贺词中所说幸福都是奋斗出来的。

通过 2017 的煎熬与阵痛，我们对 2018 有太多的期待。但我们必须静下心来，三思而后行，从点滴做起。

1. 完善协会自身建设，提高服务水平，增强行业发展动能

多年来由于协会秘书处工作人员较少，对企业调查研究不够全面也不够深入，不能及时掌握企业和行业存在的问题，很多工作、活动没有得到更好的实施，对企业的状况不能及时研判，也无法向上级政府及时反映企业面临的困难和诉求。协会秘书处要进一步完善自身制度建设，做好工作计划，规范管理。进一步加强人员队伍建设，适时增加必要的工作人员，不断提高服务行业、企业，服务政府、社会的能力。适时筹划举办有含金量的展会，打造信息平台为行业发展助力；加强协会网站、微信公众平台建设，及时发布塑料行业相关的国家政策、最新行业动态、国内市场信息，推介会员单位情况及需求等；积极吸纳有创新能力的新会员，促进企业间交流合作，为企业相互交流合作积极牵线搭桥。抓住“一带一路”建设契机，拓展与沿线国家和地区行业协会联系渠道，为我省塑料企业走出国门，开拓国际市场，逐步从目前的产品推广发展到深层次的投资合作从而实现共赢提供便利。反映企业诉求，争取政策支持。单个企业的力量毕竟有限，我们要积极疏导行业内企业摈弃狭隘思想，团结互助，取长补短，抱团取暖，发挥行业集群效应。提倡行业内公平竞争，促进行业自律，积极推进行业标准建设，引导市场健康发展。凡影响市场公平竞争的不合理行为，都要坚决制止。倡导培育工匠精神，把企业和行业做实、做强、做久。进一步加大调研力度，做好行业基础数据的采集、整理、分类工作，逐步建立完善我省塑料行业大数据库，为会员企业经营决策提供正确的信息支持。积极帮扶困难会员企业，对其发展中遇到的问题、困难和瓶颈组织专家予以把脉、开方，提供智力支持，帮助构建造血功能，引领创新发展。认真做好购买政府服务工作，制定行业发展规划。坚持开门办会，围绕行业工作搞好多种形式的交流活动，不断提高工作水准，增强协会的战斗力和凝聚力，赢得会员和行业的认可。

2. 积极开展活动，推进专业人才队伍建设

创新驱动实质是人才驱动，人才资源是第一资源。当前，我省塑料加工业有综合专业技术的人才缺口较大，企业现有人才大多技术专一但知识结构不够全面，缺乏融会贯通，导致经验主义、教条主义严重，很难驾驭复杂的塑料加工工艺环境，造成生产过程中问题找不出真正原因，管理扯皮，浪费严重，产品一次合格率低，品质一致性差，难以应对客户对塑料行业越来越高的要求。加之还有少数

企业无正确的人才观，人才培养机制缺失，拿来主义思想严重，导致企业技术碎片化，技术系统性差，很难有技术沉淀。同时也给行业内其他企业人才培养带来众多负面影响，大家都不愿也不敢加大培养投入，致使整个行业技术水平难以提升。这个怪圈如何破解？这其实必须改变一个观念，就是行业内外普遍认为的塑料加工技术门槛低的观念。我们仔细分析就会知道，塑料加工过程影响因素纷杂，必然对技术人员的知识全面性和融通性有很高要求。针对我省塑料行业中小企业生产过程中在设备、模具、材料、工艺等系统技术综合能力薄弱，创新人才、高级技工匮乏，企业在产线规划、产品设计、模具开发、材料选择、工业工程等方面缺乏技术支撑，创新能力与动力不足，提质增效难以实现且短时间内也难以改变等状况。我们将适时引导培育适量有塑料加工综合技术能力的塑料加工智力服务企业从塑料加工企业的实际问题出发，设计一揽子能有效落地且能解决实际问题的系统方案来帮助这些企业快速提升系统技术水平，从而逐步带动整个行业的全面技术升级。通过借鉴发达国家及地区行业协会的先进经验做法，加强引导促成企业、高校及科研院所的交流与合作，架接为企业培养高技术人才的“立交桥”，加快专家人才库建设，加强产、学、研、用的深度融合，建立行业专业人才培训的体制机制，联合培养行业基础人才与创新型人才，为行业的创新发展持续提供源源不断的动力。

3. 吸收发展新会员，增大协会服务面与影响力

为更好地服务我省塑料行业，促进行业健康发展，扩大协会的会员单位数量和覆盖范围已势在必行，协会将通过网络推广、老会员推荐、日常工作接触等机制积极吸收发展符合条件的新会员。协会各项工作的正常运转，会费是唯一的经费来源，缴纳会费是每个会员的应尽义务，各会员单位应认真履行。同时，协会秘书处要认真做好工作计划，及时提醒因工作繁忙而忘记缴纳会费的会员。再者，秘书处应积极主动为会员提供有价值的服务，争取受益会员单位主动自愿为协会提供资金赞助，从而使协会活动不再捉襟见肘。

4. 加强对会员企业的维权工作

为会员企业维权是协会的一项不可或缺的重要工作。在当前的营商环境下，我省的塑料加工企业由于处于产业链中段，大部分企业上下游两头都是十分强势的超级航母。上游为大的垄断企业，调控能力强，几乎无议价空间，下游为竞争充分的家电、汽车、建筑等行业，加上他们的体量与单个的塑料加工企业比根本不在一个数量级，特别是有的家电类大企业，他们在供应商引入上已经做好了铺垫，造成表象僧多粥少的供求关系，在不断诱导各供应商之间相互恶性竞争的同时，也使其有了绝对话语权。因此，要求签订霸王条款，无底限降价，不定价强制要求供货，恶意拖欠货款，随意挥舞罚款大棒等现象屡见不鲜，致使我们塑料行业的同仁们苦不堪言。为此，协会前些年在这方面也做了大量的工作，包括组织相关会员企业一起分析当地的塑料加工产能与需求的匹配，请行业资深专家解析产品成本构成，普及成本核算方法，分析恶性竞争给行业带来的后果，协会还以文件的形式给主机生产企业反映行业的诉求。但由于当时有些企业认识不够，没有意识到唇亡齿寒，仅考虑自己的眼前困难和利益，没有全心全意地配合协会工作，致使协会工作效果不够显著。而后的事实是，这些不配合的企业经营每况愈下，甚至有的企业已经倒闭关门。所以，行业维权和自律是相辅相成的，不可或缺，是协会的事，也是大家共同的事，更是企业自己的事。

5. 继续做好年检、年鉴、统计、调查材料等工作

按时、按要求、保质完成省民政厅、省轻工协会、中国塑协等有关单位交办的各类统计报表编报、塑料年鉴和行业调查材料撰写与上报等方面的工作。做好2017年度年检和2017年度《中国塑料工业年鉴》安徽篇的编纂工作。

6. 继续做好展会、交流等服务工作

继续组团参加“2018国际橡塑展”和第十八届中国塑料交易会，广泛开展并加强与有关省（市）间的交流和合作。努力通过承办、协办或参加国内各种大型会议、论坛、展览，向内输入先进理念与技术，向外推介宣传安徽塑料行业，扩大安徽省塑料协会影响力，促进我省塑料行业健康发展。

各位理事、各位同仁：2018年我们将重整行装，怀揣感恩，且行且思，不断检讨，向思想要快乐，向行动要效益，向社会献爱心。2018年，我们要做的事情有很多很多，但必须坚持两点：一是尊重自然，遵循自然规律与科学方法，遵法守道，不以善小而不为，不以恶小而为之；二是倡导工匠精神，节约社会资源，和谐劳动关系，做对社会有益

的事，出对社会有益的产品。2018 年，它已在我们面前，让我们用热情拥抱它，用思想认识它，用汗水浸润它，用行为感恩它。瑞雪兆丰年，奋斗迎幸福。我们蓄势已久，让我们与 2018 年一起扬帆前行！

（安徽省塑料协会　张仲婉）

山东省

一、山东省塑料行业总体概况

2017 年山东塑料行业总体运行较为平稳，全省塑料行业实现主营业务收入 2961.2 亿元，同比增长 3.1%；完成塑料制品总产量 1611.6 万吨，同比增长 2%；实现利润总额 184.9 亿元，同比增长 5.1%。全部职工 60.5 万人。其中规模以上企业 1332 家：实现主营业务收入 2472 亿元，同比增长 5.9%；利润总额 153.4 亿元，同比增长 3.5%。

环保政策对山东塑料行业影响较大，规模较大企业环保支出增幅明显增加，小微企关停数量较多，行业整体盈利水平下降。但在国家一系列宏观经济政策扶持下，加快行业转型升级的步伐，较大规模企业企稳回升，实现了平稳增长。主营业务收入、塑料制品总产量和利润总额均保持一定幅度的增长，呈现出良好的发展趋势。

截止到 2017 年底，全行业有 5 个产品保有中国名牌称号；保有山东名牌产品共 67 个；保持“山东省著名商标”70 个；保持“中国驰名商标”3 个；另有部分山东省塑料行业名优品牌和知名品牌。

二、推进科技成果评价平台建设，增强企业自主创新能力

创新是引领发展的第一动力，是建设现代化经济体系的战略支撑。为促进行业发展，提高行业企业自主创新能力，我们把科技成果评价平台建设作为一项重要工作来抓。积极探索重点行业技术创新能力建设，进行资源整合，建立重点行业公共技术创新服务平台；指导帮助企业创建企业技术中心和工程技术研究中心；通过产学研联合开发，解决行业发展瓶颈和急需的关键技术并实现产业化，推动产业转型升级。重点建立科技成果评价平台，完善科技成果评价体系，从资质认证、项目申报、成果转化等全方位为企业提供科技成果评价服务，并以此为切入点增强企业自主创新能力的提高。

2017 年重点做好与山东政和科技有限公司合作的科技成果评价平台建设工作。年内已对山东胜邦公司申请的 2 项科技成果组织专家委员会进行了评价，取得了良好的效果，在塑料行业起到了示范效应，为科技成果评价平台建设积累了宝贵的经验。

三、发挥协会服务功能，促进行业全面发展

1. 完成协会换届工作，加强协会自身建设

2017 年 4 月 20 日，山东省塑料协会第五次会员大会胜利召开，会议通过了新的《章程》，选举产生新一届理事会，选举产生新的会长、副会长、秘书长、监事。会后举办了技术交流会，四家企业从不同角度介绍塑料行业的新材料、新工艺、新装备。通过网络、展会、论坛、调研、走访等各种途径大力宣传协会，加强对重点行业和重点企业的调研工作，加强会员队伍建设，提高协会服务水平。

2. 中小企业服务平台建设

为深入贯彻落实中央和省经济工作会议精神，根据山东省中小企业局委托山东省塑料协会服务中小企业工作安排，积极推进中小企业服务平台建设。山东省塑料协会编制了 2017 年服务塑料行业中小企业发展工作方案，根据工作需要，申请了 2017 年省直中小企业创业补助创新奖励资金 20 万元。

3. 加强标准化体系建设，促进企业创新发展

为规范山东省塑料协会团体标准的管理，促进全省塑料行业发展和技术创新，解决标准缺失给行业发展造成的不利影响，规范塑料企业市场行为，提高山东省省塑料行业的整体竞争能力。根据《中华人民共和国标准化法》、《关于培育和发展团体标准的指导意见》（国质检标联［2016］109 号）有关规定，结合我省塑料行业实际情况，起草并颁布了《山东省塑料协会团体标准管理办法》。

目前，山东省塑料协会在国家标准委登记备案工作已经完成，已具备团体标准制定的基本条件。根据前期的调研工作，拟先推动汽车用塑料制品团体标准、PVC 增强软管团体标准的起草工作。

4. 实施乡村振兴战略

为了解决农村生活污水问题，落实国家生态文

明建设战略，加大城乡雨污水处理与海绵城市建设力度，进一步激发创新热情，推动城乡雨污水处理与海绵城市建设新技术新产品在市场的广泛应用，促进供给侧改革新常态下行业发展，搭建一个相互交流发展的平台，2017 年 1 月 15 日我们组织主办了以“聚焦水生态　领跑新产业”为主题的“城乡雨污水治理与海绵城市技术交流会”。该交流会由淄博市轻工纺织行业协会、山东文远环保科技股份有限公司承办。交流会邀请国内知名专家学者及行业内专业生产厂家，共同探讨水生态建设理念和发展规划，就国内外城乡雨污水处理的发展模式、国内外海绵城市的发展和我国的最新应用技术、海绵城乡规划设计理念及标准、城乡雨污水治理与海绵城市建设最新产品等议题进行广泛研讨。

近几年在全省各地推进的旱厕改造工程需要大量的塑料旱厕，2017 年我省塑料行业生产旱厕超过 625 万套。十九大后提出的“农村厕所革命”，将会补齐农村发展的短板，在这项伟大的工程中，旱厕改造、雨污水处理系统的作用功不可没。

5. 发挥市场在资源配置中的作用，举办风险管理研讨会

受山东省中小企业局委托，为提高我省塑料企业抗风险能力，充分利用期货这一金融工具规避经营风险，山东省塑料协会于 2017 年 6 月 17 日在济南举办了“2017 年化工产业链分析研讨会”，研讨会由弘业期货公司承办。来自生产加工、原料经营、物流等企业的 120 多人参会。卓创资讯、宏业期货研究院的多位专家从基本面到技术面、期货与现货、页岩油对原油市场的冲击、国内产能释放对价格走势的影响等多个层面、多个角度分享了当前形势和未来趋势。

6. 市场开拓工情况

（1）澳大利亚展览会　为了充分发挥协会的桥梁和纽带作用，贯彻“走出去”的国际化经营战略，支持企业参与全球竞争，实现山东省塑料企业和协会国际业务工作的持续发展，进一步开发、巩固山东省塑料行业在澳大利亚、新西兰等国家的国际出口业务，应澳大利亚国际塑料展举办方的邀请，协会组团参加了 2017 年 5 月 9 ~ 12 日的“2017 澳大利亚国际塑料展”。同时，应新西兰罗托鲁瓦市政府的邀请赴新西兰洽谈合作业务。

（2）“第 31 届中国国际塑料橡胶展览会”于 2017 年 5 月 16 ~ 19 日在广州举行，山东省塑料协会作为国内支持单位组团参观展会。本次展览会展场面积达 25 万平方米、参展商数目、展出机械设备、观众、同期技术交流会场次等均为历届之最。参展商品包括辅助机械、模具、吹塑机、化工及原材料、辅料、挤出机及挤出生产线、计算机辅助设计及生产系统、装饰、装潢、印刷及印刷机械、注塑机等。我省参展企业有 110 多家。

（3）组团参加“第 17 届中国塑料交易会”。由中石油、中石化、浙江省商务厅、中国塑料协会等共同主办的第 17 届中国塑料交易会于 2017 年 10 月 12 ~ 15 日举行，山东省塑料协会作为展会支持单位，共组织十几家企业单位组团参观、参展。（其主办地浙江台州已发展成为全球塑料制品和塑料模具生产制造重要基地）。

四、重点发展行业

重点发展领域；材料领域；制品领域；装备制造领域；加工工艺领域。

重点发展产业和产品；农用塑料；塑料包装材料；塑料建材；工程塑料；汽车用塑料；塑料及轻量化新材料；日用塑料制品。

重点发展技术；创新思维，改造和替代传统生产加工技术；循环经济、资源代替和拓展技术；塑料新材料技术；塑料机械、模具的设计加工技术。

重点培育发展产业集群；围绕区域特色产品，着力发展特色区域经济。巩固发展现有的 11 个国家级和 6 个省级产业集群；重点培育淄博一次性塑胶手套、泰安和莱芜塑料土工合成材料、临沂塑料小商品的生产与销售等产业基地；重点引导、规范莱州、昌乐、莒县、章丘等地的塑料再生资源利用产业，通过产业园区建设，将塑料再生资源利用企业引入园区，规范管理，借以减轻环保压力。重点培育济南、章丘、青岛等塑料模具加工集群建设。

树立和践行绿水青山就是金山银山的理念，开展环保达标活动，推动行业可持续发展。根据全省各地展开的环保治理行动，加大有关重点技术改造专项的实施力度，实现成熟先进实用技术的组合与推广，通过更新换代提高工艺技术装备水平，推动塑料行业产业升级。按照国家产业政策、环保经济政策、节能减排和发展循环经济的要求，结合国家《产业结构调整指导目录》等有关产业政策，限制和淘汰高耗能、环保不达标、技术落后的技术、工艺、装备和产品。

为进一步落实国家和省里有关规定，在相关重点行业强化对技术成熟、成本低的污水治理技术和节能技术的推广应用，提高废水处理和回用技术水

平，推进节能降耗工作，减少资源的消耗。提高废旧塑料的回收利用率，协同相关部门抓紧研究制定废旧塑料回收处理的机制及相关政策法规。走访30多家企业、并与当地政府探讨塑料管材、废旧塑料回收领域的环保达标治理问题。

为使山东塑料产业继续保持更快、健康的发展势头，进一步加强和培养产业集群和制造业基地建设，发挥其龙头带动作用，促进区域经济的发展，提高山东塑料制造业大省在全国乃至在国际上的整体竞争力，协会开展了塑料产业集群和制造业基地建设的培育活动。在充分发挥已命名的9个国家级产业集群和2个省级产业集群聚集优势和带动作用的基础上，今年重点对其他优势板块等进行培育。

五、存在的问题

我省塑料产业虽然规模总量处于全国领先地位，但与南方省份相比，在研发投入、品牌建设等方面还存在一些差距。产业大而不强，高端品牌和龙头企业少，发展受制于上下游产业。在全省万余家塑料制品生产企业中，85%以上为中小型企业，规模以上企业仅占企业总数的10%，企业单体抗风险能力及市场竞争能力较弱，总体呈现大而不强态势。在企业规模、品牌知名度等方面，与广东、浙江、江苏等省份相比均有一定差距。我省塑料行业的整体发展受制于上下游产业，汽车、家电、电子行业是注塑行业的重要客户端，我省虽是家电产业大省，但受模具产业水平制约和相关配套产业不健全的影响，对本省塑料注塑行业的拉动作用没有发挥出应有的水平。

研发投入不足，新材料研发滞后。一是我省塑料企业技术改造投入不足，设备改造更新缓慢，产品单耗高、浪费大，资源利用率低；科研开发投入比重低，龙头企业研发费用投入占比不足2%，研发投入总体不足。二是高技术产业发展缓慢，不能满足汽车、家电、医疗、航空航天、高铁、海洋等快速发展行业领域对塑料新材料的高要求、高需求。三是由于研发投入政策扶持的落后，新工艺、新材料、新技术研发和推广应用不足，高新技术产业增加值占整个行业生产总值的比重仅为3.5%左右，远低于发达国家和新兴工业化国家以及发达省份水平。

高级技术人才短缺，自主创新能力弱。一是企业普遍存在人才培训体系不健全、供给短缺等问题，企业管理人才、设计人才及高级技工匮乏等问题较大，招工难、留人难现象比较突出。我省塑料行业万余家生产企业的60.5万员工中，技术员工仅占1/3左右且多为初级工，技工、技术员、工程师和高级工程师仅占4%左右；80%的企业缺少高端研发人才和高技能操作员工。二是劳动力成本不断上涨，企业用人成本压力较大。三是自主创新能力弱，省级及以上企业技术研究中心数量12个，数量、实力与浙江、广东等省份相比差距较大。

产业和产品结构不合理，低附加值产品（如农地膜、编织制品、普通管材、PVC塑胶手套等）比重偏大。高技术含量、高附加值的产品（汽车、家电、医疗、航空航天、高铁、海洋等行业领域配套产品）比重偏低。挤拉吹工艺产品比重大，附加值高的注塑产品比重较小；制品加工能力过大，专用设备及模具加工能力不能满足制品生产的需要，在主要塑料产品企业中，80%以上的产品产能利用不足。在全省全部塑料制品总产量中，日用制品、包装、泡沫塑料、板片材、型材等分别占比仅为5%左右，比重过低。产品同质化现象突出，企业产品品种更新换代以及具有地方特色和地域特征的创新产品发展缓慢，不符合整体行业发展水平。

塑料机械、塑料模具等配套产业落后于塑料制品加工，是整个塑料产业中最能体现核心技术价值的领域，也是最能影响我省塑料产业快速发展的领域。目前，我省塑料机械产业发展落后于塑料工业，不能满足塑料工业较大的市场需求。我省现有塑料制品加工企业80%以上的装备来源于国产塑料机械，其中先进设备仅占20%~30%，而所获得的销售收入只有20%，同样数量的出口产品价值仅为进口产品价值的1/2左右。

六、发展目标

1. 总体目标

到2020年，全省塑料行业规模以上企业主营业务收入达到3600亿元，年均增长7.2%。

2. 产业结构明显优化

完善塑料产业链条，加强塑料机械、模具产业配套能力和上下游合作程度，提高塑料模具的设计和加工水平，增加高技术含量、高附加值的注塑产品比重。

3. 整体研发投入逐步增加

塑料制品加工企业设计研发和产权保护意识明显提高，自主研发和合作研发投入加大，龙头企业建立起比较成熟的自主研发团队或平台。到2020年，全省塑料制品业研发费用投入平均占比达3%，龙头企业研发费用投入占比达到5%，行业技术研发平台达到5个，省级及以上企业技术研发中心数量达到15家。

4. 品牌优势明显提升

企业品牌建设成绩明显，企业差异化定位更加清晰，产品档次及品牌包装明显升级。到2020年，中国驰名商标达到6个、山东省著名商标达到80个；山东名牌产品达到70个；省级制造业单项冠军50家，国家级制造业单项冠军10家。

5. 产业集群综合实力进一步增强

国家级和省级塑料产业集群规划更加合理，业态布局更加完整，产业链配套更加完善，集群内公共技术、人才、贸易、电子商务等平台更加成熟。到2020年，国家级产业集群达到15个，省级产业集群达到8个。

（山东省塑料协会　潘庆功）

河南省

一、大事记

2017年1月10日河南省塑料协会会长段同生应邀参加“深圳市高分子行业协会30周年盛典暨中国高分子行业论坛”。

1月15日河南塑协举办“2016年河南省塑料协会年会暨塑料产业高峰论坛”会，全体会员参加。

2月14日，受中国乐洁集团特别邀请，河南省塑料协会会长段同生、副秘书长窦俊岭来到江苏省沭阳县参加乐洁集团（千龙）2017高峰年会暨县投资环境说明会。

2月28日，河南省塑料协会会长段同生拜访了海南省塑料行业协会，受到该协会会长王展伟、秘书长周建勋、海南大学材料与化工学院高分子材料与工程系主任李志君教授等人的热情接待。

3月3日，台州市塑料行业协会办公室主任陈嘉增等来到河南省塑料协会进行工作访问，河南省塑料协会会长段同生、副秘书长窦俊岭、秘书处秘书张扬热情地接待了来访客人。

3月10日，河南省塑料协会会长段同生和副秘书长窦俊岭参加河南省工信委中小企业服务局组织召开省行业协会座谈会，段会长做了重点发言。

3月23日，河南省塑料协会会长段同生、副会长谷金河、党志军、副秘书长窦俊岭、秘书张扬应邀出席由雅式展览服务有限公司、河南省包协召开的“CHINAPLAS 2017国际橡塑展——创新·环保·塑料包装科技分享会”。

5月15日，河南省塑料协会会长段同生、副秘书长窦俊岭、秘书张扬去广州参加中国塑料加工工业协会七届二次理事会扩大会议。

5月16日，在广州召开的“中国塑料机械工业协会六届一次会员代表大会暨六届一次理事会”大会上，中国塑料机械工业协会按照章程及会议程序，同意河南省塑料协会作为团体会员加入中国塑料机械工业协会成为新会员。

5月16日–19日由河南省塑料协会段同生会长、副秘书长窦俊岭、张扬秘书率队30多人，到广州参加2017年第三十一届中国国际塑料橡胶工业博览会。

5月19日，河南省塑料协会会长段同生，副秘书长窦俊岭应邀参加香港科技大学霍英东研究院与先进成型技术学会（SAMT）联合发起并举办的“智能模塑科技南沙高峰论坛”峰会。会议期间拜会了中国科学院院士申长雨教授和中国工程院瞿金平院士。

2017年6月9日下午，河南省塑料协会第一届一次常务理事会议在郑州大学国家橡塑模具工程研究中心召开，段同生会长做协会上半年总结报告，会员代表一致同意协会拟建立“中国郑州塑料城”或“河南省塑料工业园”这一伟大创举，愿意为推动河南塑料行业发展做出新的贡献。

8月4日至8月6日，河南省塑料协会副会长、河南洋浦科贸有限公司总经理谷金河，协会副秘书长窦俊岭，协会常务理事单位、新乡市金泉塑胶制品有限公司董事长王善有代表协会应邀到哈尔滨参加“2017年第一届高分子材料行业全产业链发展论坛暨中国鑫达企业开放日”活动。

8月18日上午，河南省塑料协会和河南鑫安利安全科技股份有限公司在郑州高新区鑫安利会议室举行合作签约仪式。

10月12日应台州市塑料行业协会邀请，河南省塑料协会副会长郭晓恩、副秘书长窦俊岭代表协会率团到浙江台州市参加第十七届中国塑料交易会。

10 月 24 日，协会副秘书长窦俊岭以中国塑协副理事长单位名义代表河南塑协到重庆梁平区参加“中国塑料加工工业协会七届二次常务理事扩大会议暨中国塑料行业产业集群”工作会议。

11 月 16～18 日河南省塑料协会会长段同生、秘书张杨应邀到由山东省临沂市参加“2017 第二届中国临沂塑料产业博览会暨第十三届中国临沂塑料包装博览会”。

12 月 22 日，应山西省塑料行业协会特别邀请，河南省塑料协会会长段同生前往山西吕梁孝义市，出席了“2017 年山西省塑料行业协会年会”。

二、2017 年河南省塑料行业基本情况

河南作为全国第一人口大省，全国第一农业大省、第一粮食生产大省、第一粮食转化加工大省、新兴工业大省，中原经济发展区核心省份，利用优势力量推动塑料产业发展潜力极大，近几年发展十分迅速。根据国家统计局及中国塑料加工工业协会等信息网相关统计资料显示；2017 年 1～12 月河南省塑料制品行业产量（包括塑料薄膜、农用薄膜、泡沫塑料、人造革、合成革、日用塑料、其他塑料）高达 721.0346.49 万吨，累计比上年同期增长 7.18%，累计占全国比例 9.59%，全国行业继续排名第三。2017 年河南省塑料制品加工企业新增加 195 家（具不完全统计）。

（1）2017 年 1～12 月河南省塑料薄膜为 144.096022 万吨，累计比上年同期增长 7.99%，累计占全国比例 9.91%。

（2）2017 年 1～12 月河南省农业薄膜为 45.29289 万吨，累计比上年同期增长 7.30%，累计占全国比例 22.95%。

（3）2017 年 1～12 月河南省泡沫塑料为 65.46706 万吨，累计比上年同期增长 13.91%，累计占全国比例 23.49%。

（4）2017 年 1～12 月河南省人造革合成革为 35.8592 万吨，7 累计比上年同期下降 －3.47%，累计占全国比例 10.29576%。

（5）2017 年 1～12 月河南省日用塑料为 39.080059 万吨，累计比上年同期增长 35.58%，累计占全国比例 5.88%。

（6）2017 年 1～12 月河南省其他塑料为 436.532308 万吨，累计比上年同期增长 4.97%，累计占全国比例 9.15%。

（7）塑料加工专用设备河南省现有塑料加工专用设备生产落后于沿海地区，2017 年 1～12 月河南省塑料加工专用设备为 27342 台，累计比上年同期增长 22.81%，累计占全国比例 7.97%。备注：自 2011 年 2 月起，国家统计局对塑料行业产品统计目录进行了修改，塑料制品总量不变，品种分类中取消了塑料板、片材，塑料管及其附件，塑料条、棒、型材，塑料丝绳及编织品，塑料包装箱及容器等共 5 个类产品的分类统计。自 2011 年 2 月起，国家统计局对规模以上企业的划分标准由原来的年销售收入 500 万元调整为 2000 万元。

三、2017 年度的主要工作

塑料产业是国民经济的重点产业，已成为我国经济发展的新的增长点。回顾 2017 河南省塑料行业积极调结构、转方式，实现稳中有进、稳中向好，结构调整明显加快、根据国内塑料行业及结合我省的实际状况，主要表现以下四个方面；一是速度效益同步提升。二是结构布局更趋合理。三是市场空间不断拓展。四是企业整合加快。

2017 年，面对全球塑料行业创新和发展的深刻变革，河南省的塑料行业在取得不凡业绩的同时，也遇到了许多重大困难和严峻挑战：年初，国家环境保护部、商务部、国家发展改革委、海关总署、国家质检总局联合发出通知，将 7 种固体废物从《限制进口类可用作原料的固体废物目录》调入《禁止进口固体废物目录》；2017 中国大气污染防治强化督查行动从京津冀及周边迅速发展到全国性的环保人检查等人的环境影响。也是有史以来最严环保整治、禁废令。加之原材料大幅涨价等诸多因素，河南省的塑料行业同仁们迎难而上，积极进取，加大自主创新、加快产业升级等举措应对发展压力，在困难与挑战中实现发展与突破。主要表现在，一是成本上升使企业更关注技术进步和科技创新；二是环保治理使企业更关注清洁生产；三是低端产能过剩倒逼产品转型升级；四是政策引导发力推动相关行业发展。

（一）牢记服务宗旨，坚持为行业服务、为政府服务、为会员服务。

一年来河南塑协不断加强与政府部门的沟通协调，争取更大的支持力度，了解掌握更多行业政策，社会影响力进一步增强，为会员服务的能力进一步提高。协会紧紧围绕“引领行业健康发展、推动行业技术进步、规范行业行为、维护行业利益”四大任务开展工作。同时紧紧依靠广大会员，倾听会员意见，积极反映行业诉求，发挥好协会的桥梁和纽带作用。

2017年上半年，协会根据省工信委“豫工信办企业〔2017〕20号”文件通知，积极组织学习领会文件精神，及时在协会会员单位中传达、宣传，推动选拔、推荐优质中小企业。经过协会推荐，郑州远大新能源有限公司、河南惠洁管业有限公司、河南金鹏管道有限公司三家企业入选河南省优质中小企业库，为优质会员企业享受国家相关优惠政策提供服务。

5到11月份，河南省环境保护科学研究院与协会合作，要求协助调查了解河南省塑料行业重点企业涉及ODS（消耗臭氧层物质）生产、使用、销售、回收、销毁等工作，协会秘书处经过多方了解，走访考察，与国内省内发泡剂生产销售企业沟通，向中塑协聚氨酯专业委员会相关专家以及广东、上海等多地业内人士咨询，提供了河南省ODS相关情况及建议。为国家落实《中国逐步淘汰消耗臭氧层物质国家方案》，履行《关于消耗臭氧层物质的蒙特利尔议定书》的国际义务尽了行业组织的一分力量。

8月份，协会和河南鑫安利安全科技股份有限公司签约战略合作协议，两家强强联合，共同打造“塑料产业企业的安全风险管理的评价、评估等综合性服务工作，对河南省塑料产业升级发展进步，提升我省的塑料产业安全风险管理建设起到重要作用。

（二）进一步加强协会自身建设。

协会是为行业服务的公共平台，担负着规范行为、协调关系、反应诉求等工作职责，要有效履行职责使命，必须大力加强自身建设，不断提升提供服务的能力和质量。

十九大召开期间，协会组织人员收看十九大开幕盛况、认真学习习近平总书记系列讲话精神，领会一系列新的重要思想、重要观点、重大判断、重大举措，进一步明确了党和国家事业的前进方向，用以指导协会今后工作，为河南塑料行业在党和国家迈进新时代、开启新征程、续写新篇章的进程中把准脉搏、看清方向。

认真做好协会各项管理工作和秘书处工作、建立完善各项管理制度，建立工作定期计划和考核制度，规范分支机构管理，有效提高工作效率和工作透明度，主动接受各方监督。2017年召开了一次常务理事会，多次召开会长办公会议，讨论研究协会管理、发展方向和协会存在的有关问题。

下一步河南塑协主要是从做好顶层设计、提供有效服务、力推技术创新、抓好自身建设等方面做工作。未来，河南塑协将与各会员单位一道，坚持传承创新，凝心聚力，强化“四个服务”，稳步深化改革，加强能力建设，积极引领行业发展，切实推动工作再上新台阶。同时在巩固成果规范发展、提高水平创新引领、培育品牌龙头带动、完善体系强化服务、绿色低碳融合发展等五个方面加大工作力度。

在各项工作有效开展的同时，我们也清醒地看到：河南省塑料行业发展仍然面临着产业集中度低、重复建设、部分结构性产能过剩、成本制约、创新能力不强等问题和困难，企业对创新发展的需求强烈，行业资源整合和规范仍有待进一步推进，我们将共同携手，认真解决好这些问题，为河南省塑料行业提升整体水平和竞争力、创新发展做出新的努力。

（三）经常性的走访考察企业，做好深入细致的调查研究，了解企业需求，为会员企业发展提供精准服务。

为更加精准了解行业情况，根据企业需求会员做好针对性指导和服务，协会领导经常到企业走访考察、调查研究，看望战斗中辛勤劳动的一线职工，与企业领导共同研讨新形势下的发展新思路。一年来，协会多次组织段会长带队与部分副会长、常务理事、理事们到郑州周边、新乡、洛阳、济源、南阳、信阳、驻马店等省内各地考察会员单位和行业企业，认真倾听企业呼声、详细了解企业需求，为企业发展出谋划策。同时掌握企业第一手资料，提高服务工作的针对性。

（四）主动作为，加强对外联络，与国内塑料行业团体保持良性互动，积极参加行业相关活动，为会员提供更广阔的发展平台。

协会成立不长，需要加强与同行业的联系，加强与中国塑协和兄弟协会的沟通联系，提高河南塑协在国内外的知名度，影响力。2017年，作为中国塑料加工工业协会副理事长单位、中国塑料机械工业协会会员单位，协会受邀，段同生会长、窦俊岭副秘书处、秘书张扬等协会领导，代表协会参加中塑协常务理事会议、中塑机理事会议、参加广东汕头塑料商会成立25周年活动、江苏沭阳塑料行业高峰论坛、山东临沂塑料产业展览会、山西省塑料协会年会等。协会组团由谷金河副会长、窦俊岭副秘书长带队到哈尔滨参加2017第一届高分子材料全产业链发展论坛。

2017 年协会组团去广州参加第三十一届国际橡塑展和台州第十七届中国塑料交易会。走访多家兄弟协会，学习沿海地区成功经验，学习国家经济调整政策，掌握塑料加工业“十三五”发展规划指导意见，分析研究国内以及本省塑料行业在形势下遇到的新情况、新问题，收集行业资讯和产业数据，为河南省的塑料行业发展思路创造有利条件。

（五）组织力量认真编写《2017 中国塑料工业年鉴·河南篇》

中国塑料行业《年鉴》具有权威性、资料性、工具性、系统性的特点，准确记述了上年度塑料行业发展情况，其肩负着“资政”、“存史”和“宣传推广”的社会责任。是中国塑料行业的标杆旗帜性出版物，应中国塑协的要求，协会承担了《2017 中国塑料工业年鉴·河南篇》的编写工作。秘书处组织力量，根据河南省塑料行业发展实际情况，广泛搜集资料素材、细致了解行业数据，完成近九千字的文字编写工作。《年鉴》记述了 2016 年河南省塑料行业发生有影响力的大事，着重介绍了河南塑料行业产量、产值、在国内占比等发展概况，突出介绍了郑州大学橡塑模具国家工程研究中心、河南松亚新材料科技有限公司、洛阳金吉利塑业有限公司、河南惠洁管业有限公司、河南曙光健士医疗器械集团股份有限公司、郑州顺风船塑料助剂有限公司、河南中久安科技有限公司、河南德诚包装有限公司、河南恒翔塑业科技有限公司等一批河南省塑料行业的重点单位和优秀知名企业。协会组织力量花大力气参与《年鉴》编写工作，为河南省的塑料产业和省内优秀企业的发展提供难得的宣传推广平台。

（六）加快会员发展工作、不断壮大协会力量。

会员是协会的主体，更是协会健康发展的基础，协会成立以来，一直非常重视组织建设，发展新会员工作。2017 年度，经过企业申请及会员条件，协会新批准郑州市腾达化工有限公司、河南德诚包装有限公司、郑州市瑞鹏建材有限公司、郑州亚源海绵城市雨水利用科技有限公司、武陟县鸿利塑料制品有限公司、郑州全新塑胶制品有限公司、济源市蓝天塑料制品有限公司等 15 家省内外优质企业加入协会。另有 4 家企业由理事单位升级为常务理事单位，河南惠洁管业有限公司和新乡市金泉塑胶制品有限公司两家常务理事单位升级为副会长和特邀副会长单位。协会在省内外塑料行业内影响力进一步增大。

（七）积极搭建信息服务平台，努力提升协会服务能力

协会通过官方网站、微信公众号、微信群等方式，收广泛集及时发布行业信息，取得了较好的效果

2017 年，协会网站、微信公众号共发送协会活动、行业知识、展会信息、市场供需、人才需求等各类信息 1300 多条，阅读量 20000 多人次，协会接受帮助会员单位及相关企业业务信息、技术咨询近 100 人次。为多家企业业务合作做出成功案例。中塑协、中塑机及广东、浙江、云南、山西、新疆等兄弟省份协会领导，多次对协会通讯报道工作的及时和丰富内容表示赞赏。同时协会还与飞塑资讯网、大河商学院等传媒平台互通信息，开展交流活动。通过网络平台互动交流，宣传推广了省内塑料行业企业，增强了会员向心力、凝聚力，扩大了协会影响力。

2018 年是全面贯彻中共十九大精神的开局之年，塑料行业已进入更加依赖技术进步的发展新阶段、全球创新格局和产业变革将进一步加速、全球制造业进入智能转型期倒逼塑料产业发展、塑料产业呈现功能化、轻量化、生态化和微成型发展趋势。河南省塑料行业的重点发展同全国行业一样，以多功能、高性能材料及助剂、材料功能化、绿色化及环境友好化方面取得新的突破；加快绿色、节能、高效新型加工成型工艺和技术的开发和应用；加快塑料成型装备的研发；加快自动化生产改造项目；紧紧围绕高端化，加快提升中高端产品的比例。

（八）专委会工作取得较大发展

2017 年度，协会塑料包装专业委员会在党志军主任的领导下，创新发展，提出了“环保、创新、发展”的工作新思路，做到了“管理正规、交流广泛、活动经常”，多次组织召开塑料包装技术论坛会、邀请行业专家为会员企业授课指导，交流行业最新科技信息，研讨政策导向，探讨塑料包装行业的发展新思路。专委会工作开展得有声有色，为塑料包装行业的健康发展做出了突出贡献。

四、2018 年度主要工作安排

（一）继续加强内部建设和组织建设，进一步提升和完善协会服务功能

协会的主要功能是服务平台，为行业和企业提

供更好的服务是我们工作的目标。新的年度协会坚持服务为先，以需求为导向，切合会员单位和行业现实需求做工作。遵循协会章程，继续加强内部建设和组织建设，完善协会内部各项工作监督机制。加强财务管理制度，2018 年加快协会党的组织建设，加强秘书处管理工作，协会秘书处拟在会员单位招聘若干名兼职副秘书长、业务骨干，打造一支强有力的秘书处创新工作团队，为会员提供更好的服务。加快协会内部建设，对在塑料行业有规模、有影响、有潜力的企业吸收到协会里来，把在行业内有影响、有思路、有创新能力的突出人才推选到协会领导工作岗位，共同携手为河南省塑料行业发展进步做贡献。

协会经过两年的运转，正处于快速发展阶段，目前存在经费严重紧缺，人手不够、会员之间沟通交流等相关不足问题，恳请大家加强团结，加强沟通交流，增强协会凝聚力，群策群力，支持好协会工作。

（二）紧密联系相关政府部门，当好桥梁和纽带

进一步加强与政府部门、中塑协、中塑机以及各地方商协会等单位合作，及时宣贯国家和省关于发展战略、区域特色、产业政策、行业指导等政策法规，了解掌握并实时向会员提供行业资讯、市场需求等动态信息，协助会员企业实现健康稳定发展。

（三）总结表彰先进单位和个人，加强重点知名企业、名优产品宣传推广，规范行业行为

2017 年度，协会推选了一批在行业具有广泛影响力、有代表性的先进典型，对河南松亚新材料科技有限公司等 56 家名优企业，贾陆军同志等 37 名先进工作者，方少明同志等 11 名先进科技工作者颁发证书，进行表彰，弘扬先进。2018 年我们将加强和政府相关部门的联系，规范市场行为，继续加大对名优产品的宣传力度，大力弘扬以开拓创新、持之以恒、敬业奉献、勇于担当为核心的企业家精神。推进在基础建设、民生工程、环保领域优先选用省内优质产品，推动企业提品质、增品种、树品牌，努力扶持一批产品质量好、科技含量高、发展前景广的本省塑料行业优质企业，以实际行动给会员单位做实事、做好事。

（四）抓好人才建设，建立一支能促进技术进步和行业发展的专家队伍。

行业发展离不开科技进步，科技进步人才为先，协会下一步将在建立河南省塑料行业专家库方面做出努力，借助我省塑料行业科研机构、大学院校和企业的人才技术力量整合出一支学术领先、技术精湛的塑料行业专家队伍。

充分发挥行业专家作用，形成产学研的联动，下大力气推动科技成果转化工作，协助科研机构、大中院校与企业紧密结合，让最新科研成果成为我省优质企业的拳头产品。

根据政府服务职能下放的协会，2018 年协会启动省科技成果项目评价工作，希望会员单位将自己的科研成果及时报到协会来，由协会给予项目评价。

（五）外引内联，借助对外合作平台，引导企业不断创新发展

协会与国内多家塑料行业平台保持了很好的合作和交流，参加在世界和国内最有影响力的，雅式展览服务有限公司举办的“国际橡塑展”和中塑协举办的“中国国际塑料展暨塑料新材料、新技术、新装备、新产品展览会”等大型活动，组织会员积极参加，通过这些平台了解行业最新成果，把握行业发展方向，促进行业交流与合作。

以习主席新时代中国特色社会主义思想为指引，坚决贯彻落实党的十九大精神和今年召开的人大、政协委两会精神。以不忘初心，牢记使命，同心奋斗，砥砺前行。把营造企业家健康成长环境、弘扬优秀企业家精神、更好的发挥企业家作用、建设优秀企业家队伍作为战略任务来抓。我们要把深化供给侧结构性改革作为经济工作的主线，环境保护、碧水蓝天作为企业发展的前提，优化品类结构，优化企业结构，优化区域结构，优化产业链结构，努力打造河南省塑料产业化生产集群。适应经济建设的转型发展，加大产品的自主研发力度，完善技术创新服务平台建设，大力发展与国民经济支柱产业密切相关的新型材料和制品，用高新技术大力改造传统塑料材料和产品。

（河南省塑料协会　段同生　窦俊岭　张扬）

广东省

一、基本情况

1. 行业、企业规模

2017 年广东省塑料制品制造业规模以上企业 2961 个，比上年增加 53 个，从业人员 72. 74 万人，比上年增加 0. 74 万人。规模以上企业资产总计 3139. 7 亿元，同比增长 8. 2%。全行业规模以上企业数、资产总计均比上年有所增长。未列入塑料制品统计的塑料鞋制造业规模以上企业 304 个，从业人员 6. 12 万人，资产总计 94. 66 亿元。

2. 塑料制品产量

2017 年，全省塑料制品产量 1015. 3 万吨，同比 -1. 2%，比上年下降 3. 8 个百分点，占全国产量 13. 51%，比上年提升 0. 49 个百分点。其中：塑料薄膜 220. 2 万吨，同比 -1. 5%，占全国同类产品 15. 14%，比上年提升 2. 22 个百分点，占全省产量 21. 69%，比上年提升 3. 47 个百分点。泡沫塑料 45. 8 万吨，同比增长 0. 4%，占全国同类产品 16. 43%，比上年下降 1. 76 个百分点，占全省产量 4. 51%，与上年基本持平。人造革合成革 29. 6 万吨，同比增长 4. 8%，占全国同类产品 8. 47%，比上年提升 0. 62 个百分点，占全省产量 2. 92%。比上年提升 0. 33 个百分点。其他塑料 568 万吨，同比增长 1. 34%，占全国同类产品 11. 91%，比上年下降 0. 26 个百分点，占全省产量 55. 94%，比上年降低 5. 59 个百分点。日用塑料 151. 9 万吨，同比 -2%，占全国同类产品 22. 84%，比上年提升 2. 01 个百分点，占全省产量 14. 96%，比上年提升 1. 82 个百分点。未列入塑料制品统计的塑料鞋产量 20. 96 亿双。

2017 年，广东省塑料制品产量较上年为负增长，低于全国平均增幅。列入统计的 5 个分类产品中有 4 类产品增幅低于全国同类产品增幅，仅人造革合成革产量增幅高于全国同类产品增幅，日用塑料和塑料薄膜产量为负增长。日用塑料、其他塑料产量占全国比重居省份第 1，塑料薄膜、泡沫塑料产量比重居省份第 2，人造革合成革产量比重居省份第 6。3 个产品产量占全国同类产品比重较上年提升，2 个产品产量占全国比重下降，总产量占全国比重略有提升，居省份前列。广东省是塑料制品加工业大省。

3. 塑料制品加工业产值、销售值

2017 年，全省塑料制品加工业产值 4976. 03 亿元，同比增长 8. 1%，销售产值 4889. 36 亿元，同比增长 8. 4%。其中，列入统计的 9 个分类产品：塑料薄膜产值 648. 06 亿元，同比增长 8. 0%，销售产值 636. 04 亿元，同比增长 8. 5%。塑料板、管、型材产值 491. 91 亿元，同比增长 8. 9%，销售产值 483. 01 亿元，同比增长 9. 6%。塑料丝、绳及编织品产值 173. 92 亿元，同比增长 2. 6%，销售产值 168. 35 亿元，同比增长 2. 7%。泡沫塑料产值 155. 13 亿元，同比增长 9. 6%，销售产值 152. 49 亿元，同比增长 10. 4%。人造革合成革产值 120. 02 亿元，同比增长 0. 2%，销售产值 117. 87 亿元，同比增长 0. 1%。塑料包装箱及容器产值 310. 12 亿元，同比增长 3. 9%，销售产值 306. 26 亿元，同比增长 4. 1%。日用塑料产值 670. 92 亿元，同比增长 9. 3%，销售产值 655. 41 亿元，同比增长 9. 2%。塑料零件产值 654. 65 亿元，同比增长 6. 6%，销售产值 649. 06 亿元，同比增长 9. 3%。其他塑料产值 1751. 29 亿元，同比增长 9. 9%，销售产值 1720. 88 亿元，同比增长 9. 2%。未列入塑料制品统计的塑料鞋产值 494. 88 亿元，同比增长 2. 1%，销售产值 490. 8 亿元，同比增长 1. 8%。

2017 年全省塑料制品加工业产值、销售值增速分别为 8. 1%、8. 4%，保持较高增长速度，高于产量增速。增幅较大的分类产品为塑料板、管、型材、塑料零件、塑料薄膜、日用塑料、其他塑料、泡沫塑料等。

4. 塑料制品出口交货值

2017 年，全省塑料制品业实现出口交货值 1025. 94 亿元，同比增长 2. 6%，其中列入统计的 9 个分类产品：塑料薄膜 88. 94 亿元，同比增长 9%，塑料板、管、型材 88. 29 亿元，同比 -7. 8%，塑料丝、绳及编织品 23. 25 亿元，同比 -4. 1%，泡沫塑料 20. 51 亿元，同比增长 12. 5%，人造革合成革 20. 29 亿元，同比 -9. 5%，塑料包装箱及容器 55. 7 亿元，同比增长 11. 7%，日用塑料 175. 35 亿元，同比增长 6%，塑料零件 199. 8 亿元，同比增长 1. 9%，其他塑料 353. 81 亿元，同比增长 2. 1%，未列入塑料制品业统计的塑料鞋出口交货值 146. 44 亿元，同比 -8. 6%。

2017 年全省塑料制品出口交货值增幅不大，分类产品中增幅较大的是塑料薄膜、泡沫塑料、日用塑料、塑料包装箱及容器等，塑料板、管、型材、人造革合成革等较上年下滑。广东省塑料制品出口交货值一直是占全国比重最大的省份。

5. 塑料制品主营业务收入

2017 年，全省塑料制品业主营业务收入 4799.2 亿元，同比增长 8.5%，占全国比重 21.43%，比上年提升 1.47 个百分点。其中列入统计的 9 个分类产品：塑料薄膜 642.8 亿元，同比增长 7.3%，占全国同类产品 21.43%，比上年提升 1.37 个百分点，占全省 13.39%，比上年提升 0.6 个百分点。塑料板、管、型材 462.9 亿元，同比增长 7.3%，占全国同类产品 9.17%，比上年提升 0.76 个百分点，占全省 9.65%，比上年降低 0.46 个百分点。塑料丝、绳及编织品 166.2 亿元，同比增长 3%，占全国同类产品 5.91%，比上年提升 0.54 个百分点，占全省 3.46%，与上年持平。泡沫塑料 153.5 亿元，同比增长 10.3%，占全国同类产品 16.76%，比上年提升 2.03 个百分点，占全省 3.2%，与上年持平。人造革合成革 117.2 亿元，同比增长 0.4%，占全国同类产品 10.92%，比上年提升 0.56 个百分点，占全省 2.44%，比上年略有下降。塑料包装箱及容器 301.5 亿元，同比增长 5.2%，占全国同类产品 15.93%，比上年降低 0.67 个百分点，占全省 6.28%，比上年降低 0.79 个百分点。日用塑料 651.6 亿元，同比增长 8.7%，占全国同类产品 32.19%，比上年提升 0.52 个百分点，占全省 13.58%，与上年持平。塑料零件 641.1 亿元，同比增长 8.2%，占全国同类产品 35.48%，比上年提升 1.05 个百分点，占全省 13.39%，与上年基本持平。其他塑料 1662.4 亿元，同比增长 9.6%，占全国同类产品 39.77%，比上年提升 0.11 个百分点,，占全省 34.64%，比上年提升 1.16 个百分点。未列入塑料制品业统计的塑料鞋主营业务收入 487.3 亿元，同比增长 2.7%。

2017 年，全省塑料制品主营业务收入增长高于产量增长，高于全国增幅 1.76 个百分点。增幅高于全国同类产品的有塑料薄膜，塑料板、管、型材，人造革合成革，泡沫塑料等。全省塑料制品业主营业务收入占全国比重比上年提升 1.74 个百分点，总量超全国五分之一，有 7 个分类产品主营业务收入占全国同类产品比重在 10% 以上，日用塑料占全国同类产品已接近三分之一，塑料零件占全国比重超三分之一，其他塑料占全国比重接近 40%。

6. 塑料制品利润总额

2017 年，全省塑料制品加工业利润总额 276.17 亿元，同比增长 13.7%，比上年净增 28.37 亿元，占全国比重 20.39%，比上年提升 3.17 个百分点。其中列入统计的 9 个分类产品：塑料薄膜 34.26 亿元，同比增长 18.1%，占全国同类产品 20.89%，比上年提升 2.18 个百分点，占全省 12.41%，与上年持平。塑料板、管、型材 27.48 亿元，同比增长 18.2%，占全国同类产品 8.45%，比上年提升 2.67 个百分点，占全省 9.95%，比上年提升 1.84 个百分点。塑料丝、绳及编织品 13.02 亿元，同比增长 2.4%，占全国同类产品 7.97%，比上年提升 1.97 个百分点，占全省 4.71%，比上年略有下降。泡沫塑料 4.61 亿元，同比 -13.2%，占全国同类产品 8.19%，比上年下降 0.63 个百分点，占全省 1.67%，比上年下降 0.59 个百分点。人造革合成革 7.16 亿元，同比 -6.51%，占全国同类产品 14.83%，比上年提升 2.27 个百分点，占全省 2.59%，比上年降低 0.8 个百分点。塑料包装箱及容器 17.68 亿元，同比增长 18%，占全国同类产品 14.83%，比上年略有提升，占全省 6.4%，比上年下降 1.15 个百分点。日用塑料 37.99 亿元，同比增长 20.1%，占全国同类产品 32.7%，比上年提升 4.6 个百分点，占全省 11.84%，比上年下降 0.87 个百分点。塑料零件 25.67 亿元，同比 -5.1%，占全国同类产品 24.41%，比上年下降 3.08 个百分点，占全省 9.29%，比上年下降 1.69 个百分点。其他塑料 108.29 亿元，同比增长 18.7%，占全国同类产品 42.81%，比上年提升 3.16 个百分点，占全省 39.21%，比上年提升 1.88 个百分点。未列入塑料制品业统计的塑料鞋利润总额 12.45 亿元，同比增长 5%。

2017 年，全省塑料制品业利润总额继续实现高增长，利润增幅高于产量和主营业务收入增幅，高于全国行业增幅 8.89 个百分点。占全国比重已超五分之一。9 个分类产品中有 7 个高于全国同类产品利润增幅，4 个增幅超 18%，利润增长最大的是日用塑料，同比增长 20.1%，净增利润最多的是其他塑料，比上年净增 15.8 亿元，塑料零件在上年实现大幅增长后增幅回落。附加值较高的产品塑料薄膜、日用塑料、塑料零件及其他塑料利润占全国同类产品比重分别已达到 20.89%、32.7%、24.41% 和 42.81%。全省塑料制品产品结构调整提升向质量发展转型效果显现。

7. 主营业务收入利润率

2017 年，全省塑料制品加工业主营业务收入利润率为 5.75%，比上年提升 0.24 个百分点，低于全国平均利润率 0.19 个百分点。其中列入统计的 9 个分类产品：塑料薄膜 5.33%，与上年持平，低于全国同类产品利润率 0.17 个百分点。塑料板、管、型材 5.94%，比上年提升 1.52 个百分点，低于全国同类产品利润率 0.46 个百分点。塑料丝、绳及编织品 7.83%，与上年持平，高于全国同类产品利润率 2.03 个百分点。泡沫塑料 8.62%，比上年提升 4.74 个百分点，高于全国同类产品利润率 2.82 个百分点。人造革合成革 4.63%，比上年下降 2.06 个百分点，高于全国同类产品利润率 0.13 个百分点。塑料包装箱及容器 5.87%，与上年持平，低于全国同类产品利润率 0.63 个百分点。日用塑料 5.83%，比上年提升 0.66 个百分点，高于全国同类产品利润率 0.13 个百分点。塑料零件 4%，比上年下降 1.49 个百分点，低于全国同类产品利润率 1.8 个百分点。其他塑料 6.51%，比上年提升 0.37 个百分点，高于全国同类产品利润率 0.41 个百分点。未列入塑料制品业统计的塑料鞋主营业务收入利润率 2.55%，比上年略有下降。

2017 年，全省塑料制品业利润率较上年稳步提升，已接近全国平均值。与上年比较，9 个分类产品中 4 个产品利润率提升，3 个产品利润率持平，2 个产品利润率下降。有 5 个产品利润率高于全国平均值，4 个产品利润率低于全国平均值。利润占比较大的日用塑料、其他塑料利润率保持稳定提升，对全省数据有较大拉动。广东省塑料制品业企业运营综合成本偏高，行业处于低、微利运行。

8. 塑料制品加工业亏损面

2017 年，列入统计的全省塑料制品加工业规模以上企业 2961 个，其中亏损企业 372 个，企业亏损面 12.51%，比上年降低 0.87 个百分点。亏损额 22.13 亿元，比上年增亏 6.5 亿元。9 个分类产品企业：塑料薄膜企业 335 个，亏损企业 42 个，亏损面 12.53%，比上年提升 0.77 个百分点，亏损额 2.83 亿元，比上年增亏 1.53 亿元。塑料板、管、型材企业 208 个，亏损企业 24 个，亏损面 11.54%，比上年降低 1.79 个百分点，亏损额 0.59 亿元，比上年增亏 0.09 亿元。塑料丝、绳及编织品企业 107 个，亏损企业 20 个，亏损面 18.69%，比上年提升 6.61 个百分点，亏损额 0.49 亿元，比上年增亏 0.19 亿元。泡沫塑料企业 162 个，亏损企业 25 个，亏损面 15.43%，比上年提升 2.63 个百分点，亏损额 0.75 亿元，增亏 0.45 亿元。人造革合成革企业 50 个，亏损企业 4 个，亏损面 8%，比上年提升 1.18 个百分点，亏损额 0.28 亿元，与上年持平。塑料包装箱及容器企业 240 个，亏损企业 32 个，亏损面 13.33%，比上年下降 2.48 个百分点，亏损额 2.23 亿元，比上年增亏 1.23 亿元。日用塑料企业 456 个，亏损企业 47 个，亏损面 10.31%，比上年降低 1.86 个百分点，亏损额 1.03 亿元，与上年持平。塑料零件企业 361 个，亏损企业 50 个，亏损面 13.85%，亏损额 4.2 亿元，与上年持平。其他塑料制品企业 1042 个，亏损企业 128 个，亏损面 12.28%，比上年降低 1.77 个百分点，亏损额 6.84 亿元，比上年增亏 1.54 亿元。未列入塑料制品业统计的塑料鞋企业 304 个，亏损企业 30 个，亏损面 9.87%，比上年降低 0.36 个百分点，亏损额 0.3 亿元，与上年持平。

2017 年，全省塑料制品企业亏损面继续下降，实际亏损企业数比上年略有减少，亏损额比上年增加。9 个分类产品中有 4 类产品企业亏损面降低，6 个分类产品亏损额有所提升。

9. 塑料制品加工业企业资产

2017 年全省塑料制品加工业规模以上企业 2961 个，资产总计 3139.7 亿元，同比增长 8.2%，企业平均资产 10604 万元，平均比上年增加 961 万元。9 个分类产品企业平均资产：塑料薄膜企业资产总计 465.5 亿元，同比增长 14.4%，企业平均资产 13897 万元，平均比上年增加 1194 万元。塑料板、管、型材企业资产总计 341.8 亿元，同比增长 16.3%，企业平均资产 16433 万元，平均比上年增加 3476 万元。塑料丝、绳及编织品企业资产总计 87.2 亿元，同比增长 1.8%，企业平均资产 8150 万元，平均比上年减少 113 万元。泡沫塑料企业资产总计 90 亿元，同比增长 5.66%，企业平均资产 5556 万元，平均比上年增加 446 万元。人造革合成革企业资产总计 78.4 亿元，同比增长 10.5%，企业平均资产 15680 万元，平均比上年减少 900 万元。塑料包装箱及容器企业资产 297.7 亿元，同比增长 7.2%，企业平均资产 12404 万元，平均比上年增加 4072 万元。日用塑料企业资产总计 295.4 亿元，同比增长 8.2%，企业平均资产 6478 万元，平均比上年增加 509 万元。塑料零件企业资产总计 460.8 亿元，同比增长 1.3%，企业平均资产 12765 万元，平均比上年增加 490 万元。其他塑料企业资产总计1022.9亿元，同比增长7.1%，企业平均资产9817万元，平均比上年增加271万元。未列入塑料制品业统计的塑料鞋企业总计94.7亿元，企业平均资产3115万元。

2017年，全省塑料制品企业资产总计稳步增长，企业平均资产有较大增加，分类产品中塑料管、板、型材企业、塑料薄膜企业、人造革合成革企业资产增幅较大，日用塑料类、其他塑料类企业资产也有较大幅度增长，全行业企业实力有所增强，企业规模、集中度有一定提升。

二、存在问题

（1）广东省塑料加工业处于结构调整期，发展模式由产量规模发展向质量、效益模式转型效果明显。塑料制品产量增幅近年处于停滞状态，2017年为负增长，但占全国比重比上年提升0.6个百分点。分类产品中的其他塑料制品、日用塑料制品产量占全国比重居省份首位，日用塑料、塑料薄膜产量占全国比重均有较大提升。泡沫塑料、日用塑料产量占全国比重有所下降。

（2）广东省塑料制品产值、主营业务收入、利润等运营指标均优于产量指标，增幅均大于产量增幅。且高于全国平均值，利润总额比上年继续有较大增长，主营业务收入和利润占全国比重比上年又有大幅提升，占全国比重均已超五分之一。主营业务收入利润率也有较大提升，但仍略低于全国平均水平，企业运营成本偏高，产品结构仍有待继续调整优化，行业向质量、效益运营模式转型仍有较大差距。

（3）规模以上企业资产有较大幅度提升，企业实力增强，但整体上全省塑料制品加工业企业仍偏小，规模以上企业中真正大型企业不多，行业中优势产品生产企业实力偏小，创新能力有待加强。

（4）塑料原料价格较长时间在高位运营，部分低附加值产品、微利企业受影响大，这类产品、企业需要加快调整，增强抗风险的能力。

（5）国家规范固体废料进口管理制度措施实施，加大环境保护治理力度，部分环保条件不达标企业或产品运营受影响。进口废塑料加工及应用企业和产品受较大影响。进口废塑料加工产业有待规范、转型发展。

（广东省塑料工业协会　符岸）

深圳市

一、深圳市高分子产业概况

（一）高分子产业的定义

高分子又称高分子聚合物，高分子是由分子量很大的长链分子所组成，高分子的分子量从几千到几十万甚至几百万。高分子材料是以高分子化合物为基础的材料，由相对分子质量较高的化合物构成的材料，包括橡胶、塑料、纤维、涂料、胶粘剂和高分子基复合材料，高分子是生命存在的形式，所有的生命体都可以看作是高分子的集合。高分子产业包括塑料、橡胶、化纤、涂料、黏合剂、复合材料6大类，属于深圳的战略新兴产业。

（二）深圳市高分子产业概况

高分子材料包括塑料、橡胶、合成纤维、涂料、黏合剂、复合材料6大类，是新材料的重要组成部分，在深圳属于重点扶植的战略性新兴产业，2014年其广泛应用的军工和航空航天领域又被进一步划分为未来产业。高分子材料、新型金属材料和新型无机非金属材料是国家、广东省和深圳市大力扶植发展的新兴产业。《国家中长期科学和技术发展规划纲要（2006—2020年）》、《国家创新驱动发展战略纲要》、《“十三五”国家科技创新规划》和《中国制造2025》都详细提到了对新材料产业尤其是高分子材料产业的发展规划，深圳市政府也专门为此领域出台了“深圳市新材料产业振兴发展规划”和“深圳市新材料产业振兴发展政策”两个政策。

深圳市高分子产业是和深圳特区同步发展的，作为深圳不可缺少的战略性新兴产业，目前已有相当规模，在全国的产业地位突出，荣获全国三项冠军：深圳市高分子产业产值全国城市排名第一，产品科技含量全国最高，产品出口比例占全国第一。深圳市高分子产业近年来主要经济指标如表1～表3所示：

表 1　　深圳市高分子行业与全市经济发展状况对比

产值类别/亿元	2015 年/万元	2015 年增长比/%	2016 年/万元	2016 年增长比/%	2017 年/万元	2017 年增长比/%
深圳全市总产值	17502.99	8.9	19493.6	9	22438.4	8.8
深圳工业总产值	7205.53	7.3	7709	7.0	8688.26	9.1
战略性新兴产业	7003.48	16.1	6836.25	10.6	7834.35	14.6
深圳高分子行业总产值	850.1	6.6	901.5	6.16	965 *	7.15 *

注：1. 数据来源——深圳市统计局。

2. * 为预估值，非统计实际值。

表 2　　2017 年深圳高分子产业状况

类别		塑料和橡胶	化学纤维	涂料、黏合剂	复合材料	合计
产值/亿	统计产值	779.9	9.2	153	3	965 *
	实际产值	1821	37	510	32	2400
规模以上企业数/家	统计数	556	6	64	2	628
	实际数	2954	37	253	37	3281

注：1. 数据来源——深圳市统计局、协会调查数据。

2. * 为预估值，非统计实际值。

2017 深圳高分子产业统计产值 965 亿元人民币，增长率为 7.15%，占深圳全市同期总产值的 4.3%，占全市同期工业统计总产值的 11.1%，占同期战略性新兴产业统计总产值 12.3%。高分子产业统计产值高分子产业 2017 年实际年产值约 2400 亿元人民币，规模以上企业数约 3281 家，从业人数 70 万人。

其中产值 10 亿元人民币以上企业 25 家、1 亿元人民币以上企业 400 多家，上市公司 49 家、拟上市公司 50 家，高新技术企业 150 家。

（三）产业特色

1. 先进改性工程塑料

深圳沃特公司的导电材料全国领先，沃特 2014 年中收购的韩国三星 LCP 装置，使中国第一次具有 LCP 树脂合成能力，并开发出高性能印刷线路板材料。深圳欧姆阳公司的绝缘导热材料全球领先。

2. 功能高分子纤维

深圳的芳纶纤维世界知名，尤其是第四代芳纶纤维在深圳沃特公司全球首先实现产业化生产，第三代芳纶纤维深圳昊天龙邦已开始大规模生产。

3. 3D 打印高分子材料

深圳市光华伟业实业有限公司是国内外生产 3D 打印高分子材料时间最早、品种最全、产量最大的企业，该公司 2014 年实现全球 3D 高分子打印材料销售 25% 的份额，品种涉及 PLA、ABS、PA6、PVA 等品种，尤其是 PVA 是国内外首创的支撑性 3D 打印材料，产品打印后可用自来水溶解除去。2016 年该公司又开发出低温（80℃）打印材料（PCL）和光固化溶液打印材料。

4. 功能高分子薄膜

国内首条干法锂电池 PP 隔膜生产线在深圳星源材质首先开发，聚酰亚胺各类功能薄膜如锂电池隔膜、柔性线路板薄膜等在深圳瑞华泰公司投入生产。

5. 生物高分子材料

世界上已实现产业化生产的六大生物塑料中，淀粉复合塑料、PLA、PHA、PCL 四种深圳都已实现产业化，是全球当之无愧的生物高分子产业基地。

6. 形状记忆材料

世界上 50% 以上的形状记忆高分子材料在深圳生产、研发，具体应用产品体现在热塑套管制品上，其中涉及该产业的上市公司就有长园新材、沃尔核材 2 家。

7. 光电高分子材料

深圳新宙邦公司开发的聚噻吩导电聚合物，在光致电太阳能领域和电致光 OLED 领域具有广阔的应用前景。深圳柔宇科技有限公司刘自鸿博士开发的柔性显示器，厚度只有 12μm，全球最柔、最薄。深圳拓日新能公司开发的有机太阳能薄膜，已具有产业化水平。深圳华科创智公司开发的纳米银线透明导电薄膜，为柔性显示技术提供了柔性面板控制技术。

8. 石墨烯复合材料

石墨烯既是最薄的材料，也是最强韧的材料，具有优秀的导电性和导热性。深圳的石墨烯复合材料走在世界的前列。具体有清华大学冯冠平教授创办的深圳烯旺新材料公司（自己氧化还原法合成石墨烯）开发的加热理疗系列产品、深圳大学刘剑虹教授创办的深圳本征方程石墨烯技术公司（自己溶液法合成石墨烯）开发的海洋防腐涂料、华为公司于英国曼彻斯特大学合作开发的快速充电产品、深圳贝特瑞新能源公司开发的石墨烯锂电池正负极材料、深圳德方纳米公司（自己用气相沉积法 CVD 合成石墨烯）开发的石墨烯锂电池正极材料、清华大学深圳研究院（康飞宇教授自己氧化还原法合成石墨烯）开发的石墨烯超级电容器材料等。

（四）产业作用

高分子产业主要为深圳的新材料、新能源、生物技术、信息技术、互联网、文化创意、航空航天、军工、生命健康、海洋经济、智能制造等先进领域助力，为电子、电气、电器、通讯、汽车、装备、玩具、建材、办公用品、服装、鞋帽、包装、工业礼品等传统行业配套。此外，在光电行业中，高分子材料也已成为核心功能材料，如光伏中光致电材料、OLED 中电致光材料。据行家初步计算，深圳高分子产业每增加 100 亿产值，会带动相关产业 600 亿的产值增加值。

二、国家及深圳政府对高分子材料产业的相关政策导向

制造业是支撑经济增长最重要的基础产业，是经济结构调整和产业转型升级的“主战场”。

材料服务于国民经济、社会发展、国防建设和人民生活的各个领域，成为经济建设、社会进步和国家安全的物质基础和先导，支撑了整个社会经济和国防建设。因此，新材料技术是世界各国必争的战略性新兴产业，成为当前最重要、发展最快的科学技术领域之一。“一代装备，一代材料”向“一代材料，一代装备”转变，彰显了材料的战略作用。发展材料技术既可促进我国战略性新兴产业的形成与发展，又将带动传统产业和支柱产业的技术提升和产品的更新换代。

为全面贯彻党的十八大和十八届三中、四中、五中、六中全会精神，深化落实《国家中长期科学和技术发展规划纲要（2006—2020 年）》、《国家创新驱动发展战略纲要》、《“十三五”国家科技创新规划》和《中国制造 2025》决策部署，推动深圳市制造业的转型升级和优化发展，深圳市政府专门出台了《深圳市科技创新“十三五”规划》【深科技创新（2017）110 号】及之前的《深圳市科学技术发展“十二五”规划》【深府〔2011〕194 号】。针对新材料领域还专门推出了《深圳市新材料产业振兴发展规划（2011—2015 年）》【深府〔2011〕123 号】和“深圳市新材料产业振兴发展政策”等两个政策。

在市财政专项资金方面，高分子材料领域除拥有市政府提供的科技研发资金、孔雀计划专项资金、国家科技重大专项地方配套资金和创新创业专项资金等资金扶持外，还拥有专门针对本领域所在的战略性新兴产业而设立的战略性新兴产业专项资金。该专项资金从 2009 年起，每年的设立规模达到 35 亿元，充分体现了深圳在完善创新政策体系，深入实施创新驱动发展战略，做好在供给侧结构性改革中推动新兴产业大发展的决心与信心。

深圳，始终坚持创新、协调、绿色、开放、共享发展理念，坚持自主创新、重点跨越、支撑发展、引领未来的指导方针，坚持创新是引领发展的第一动力，把握材料科技创新发展的新态势，深入实施创新驱动发展战略，以增强材料领域原始创新能力为核心，以传统材料绿色化和提质增效促进产业升级为主线，以满足国家重大战略和国防建设对材料的迫切需求为目标，强化材料的基础创新能力，提高全链条贯通、集成和应用水平，完善多层次多类型人才培养体系，扩大科技开放合作，大力推进材料领域大众创业和万众创新，激发创造活力，增强发展新动能，构建产业新体系与发展新机制。以此实现材料由大变强的历史性跨越，支撑供给侧结构性改革和经济社会可持续健康发展。

三、高分子产业未来发展重点

按照《“十三五”国家科技创新规划》部署，坚持把满足国家重大需求作为材料领域战略任务，坚持把加速赶超引领作为材料技术发展重点，坚持

把材料科技进步惠及民生发展作为根本宗旨，坚持把深化改革作为材料领域发展强大动力，坚持把人才驱动作为材料产业壮大本质要求，坚持把全球视野作为材料科技发展重要导向。

“十三五”期间，材料领域将围绕创新发展的指导思想和总体目标，紧密结合经济社会发展和国防建设的重大需求，重点发展基础材料技术提升与产业升级、战略性先进电子材料、材料基因工程关键技术与支撑平台、纳米材料与器件、先进结构与复合材料、新型功能与智能材料、材料人才队伍建设。

（一）重点基础材料技术提升与产业升级

着力解决基础材料产品同质化、低值化，环境负荷重、能源效率低、资源瓶颈制约等重大共性问题，突破基础材料的设计开发、制造流程、工艺优化及智能化绿色化改造等关键技术和国产化装备，开展先进生产示范。

1. 纺织材料技术

化纤柔性化高效制备技术，高品质功能纤维及纺织品制备技术，高性能工程纺织材料制备与应用，生物基纺织材料关键技术，纺织材料高效生态染整技术与应用等。

2. 石油与化工材料技术

基础化学品及关键原料绿色制造，清洁汽柴油生产关键技术，合成树脂高性能化及加工关键技术，合成橡胶高性能化关键技术，绿色高性能精细化学品关键技术，特种高端化工新材料等。

3. 轻工材料技术

基于造纸过程的纤维原料高效利用技术及纸基复合材料，塑料轻量化与短流程加工及功能化技术，生态皮革关键材料及高效生产技术、绿色高效表面活性剂的制备技术，制笔新型环保材料等。

（二）战略性先进电子材料

以第三代半导体材料与半导体照明、新型显示为核心，以大功率激光材料与器件、高端光电子与微电子材料为重点，推动跨界技术整合，抢占先进电子材料技术的制高点。

1. 第三代半导体材料与半导体照明技术

大尺寸、高质量第三代半导体衬底和薄膜材料外延生长调控规律，高效全光谱光源核心材料、器件和灯具全技术链绿色制造技术，超越照明和可见光通讯关键技术、系统集成和应用示范，高性能射频器件、电力电子器件及其模块设计、工艺技术及应用示范，核心装备制造技术等。

2. 新型显示技术

印刷显示器件与基础工艺集成技术，可溶性OLED/量子点/TFT 等印刷显示关键材料与技术，高性能/低成本/长寿命红绿蓝激光材料与器件技术，激光显示集成技术及关键材料表征与评估技术等。

3. 大功率激光材料及激光器

激光与物质相互作用机理，大尺寸/低损耗大功率激光晶体和光纤耦合技术，大功率光纤激光材料和器件，高性能非线性晶体材料，高功率光纤激光，短脉冲激光技术，大功率中红外和紫外激光技术等。

4. 高端光电子与微电子材料

低维半导体异质结材料、半导体传感材料与器件、新型高密度存储与自旋耦合材料、高性能合金导电材料、微纳电子制造用新一代支撑材料、高性能电磁介质材料和无源电子元件关键材料、声表面波材料与器件技术等。

5. 前沿交叉电子材料

大面积二维电子功能材料、柔性电子材料、钙钛矿电子材料及上述材料异质结构的可控制备；有机/无机集成电子材料和器件。新型高性能微纳光电器件、自旋器件、隧穿晶体管及柔性可穿戴光电、逻辑器件。

（三）纳米材料与器件

研发新型纳米功能材料、纳米光电器件及集成系统、纳米生物医用材料、纳米药物、纳米能源材料与器件、纳米环境材料、纳米安全与检测技术等，突破纳米材料宏量制备及器件加工的关键技术与标准，加强示范应用。

1. 石墨烯碳材料技术

单层薄层石墨烯粉体、高品质大面积石墨烯薄膜工业制备技术，柔性电子器件大面积制备技术，石墨烯粉体高效分散、复合与应用技术，高催化活性纳米碳基材料与应用技术。

2. 信息电子纳米材料技术

纳米无线传感材料与器件，新型 MEMS 气敏传感材料与器件，可穿戴柔性及苛刻条件服役传感材料与器件等，新一代电子封装用高折射率高导电高导热高耐湿高耐紫外防老化等透明纳米复合材料。

3. 能量转换与存储纳米材料技术

纳米结构控制与组装技术，有机－无机高效复合技术，高选择性高转化率纳米催化材料，高储能密度介电、热电、光伏、二次电池材料、低成本燃料电池催化剂、轻质高容量储氢储甲烷材料、柔性可编织超级电容器电极材料等纳米材料与器件技术。

4. 传统产业提升与节能减排用纳米材料技术

纳米功能材料低成本绿色可控制备技术，纳米材料高效单分散与应用技术，新一代智能节能、防腐防污表面处理与性能控制的湿化学技术，纳米改性的结构功能一体化复合材料工程应用技术。

（四）先进结构与复合材料

以高性能纤维及复合材料、高温合金为核心，以轻质高强材料、金属基和陶瓷基复合材料、材料表面工程、3D打印材料为重点，解决材料设计与结构调控的重大科学问题，突破结构与复合材料制备及应用的关键共性技术，提升先进结构材料的保障能力和国际竞争力。

1. 高性能纤维与复合材料

高性能碳纤维、芳纶纤维、超高分子量聚乙烯纤维、特种玻璃纤维、耐辐照型聚酰亚胺纤维、耐超高温陶瓷纤维、玄武岩纤维等，新型基体树脂、增强织物、纤维预浸料等，复合材料构件成型与应用。

2. 高性能高分子结构材料

高性能聚醚酮、聚酰亚胺、聚芳硫醚酮（砜）、聚碳酸酯和聚苯硫醚材料，耐高温聚乳酸、全生物基聚酯、氨基酸聚合物等新型生物基材料，高性能合成橡胶等。

3. 材料表面工程技术

隔热、耐磨、减磨、抗氧化、抗烧蚀、抗疲劳等涂层材料，零部件耐磨减磨技术、新型等离子喷涂-物理气相沉积技术、新型延寿表面科学与工程技术。

4. 3D打印材料及先进粉末冶金技术

3D打印高温合金、特殊钢、钛合金、轻合金、高分子材料、结构陶瓷，粉末冶金精密零部件，特种粉末冶金近终成型技术及粉末梯度材料等新型粉末冶金材料。

（五）新型功能与智能材料

以稀土功能材料、先进能源材料、高性能膜材料、功能陶瓷等战略新材料为重点，大力提升功能材料在重大工程中的保障能力；以超导材料、智能/仿生/超材料、极端环境材料等前沿新材料为突破口，抢占材料前沿制高点。

1. 高性能分离膜

高性能海水淡化反渗透膜、水处理膜、特种分离膜、中高温气体分离净化膜、离子交换膜等材料及其规模化生产、工程化应用技术与成套装备，制膜原材料的国产化和膜组器技术。

2. 生态环境材料

材料生命周期绿色评价与生态设计，环境友好阻燃材料、净化材料，材料高质化、全生物降解碳中性等工程化技术与示范，失效电子与耐火材料等循环再造技术。

3. 重大装备与工程用特种功能材料

高速动车组用摩擦制动材料，重大海空装备用耐腐蚀自润滑复合材料，航空航天用压电材料及耐蚀和极端温度的含氟密封材料，超级计算机用高效热管理材料及电磁屏蔽材料，核电站非能动智能保护用温度感知高矫顽力磁性材料及组件，电磁弹射安全系统用新型电磁阻尼材料等。

（六）加强材料人才队伍建设

通过机制与制度创新，加强材料领域人才队伍建设，形成材料领域核心领军人才、研究开发人才、工程技术人才和技能人才组成的材料人才体系及其评价机制，提升创新创业人才队伍的整体素质和水平，满足材料领域发展的需求。

1. 不断壮大人才队伍

建设一支规模、结构、素质与实现本规划目标要求相适应的多层次材料人才队伍。

2. 统筹各类人才协调发展

围绕战略性新兴材料产业和前沿科学技术，在重点领域培养团结协作的全链条攻关人才团队，聚集从事前瞻性技术创新的有活力的青年人才团队，形成研究和创新的人才梯队。

3. 大幅度提高企业人才素质

突出材料企业人才队伍建设，促进人才向企业聚集，进一步优化人才结构。

4. 逐步形成与材料领域发展相适应的人才培养、使用与管理新机制

通过机制与制度创新，推进材料领域教育、人才、劳动、分配等制度改革，营造适宜高层次人才成长与脱颖而出的良好环境，建立不同类型人才的评价体系。

5. 加强平台、基地、联盟的建设

积极引导各类人才与团队通过平台、基地、联盟等形式开展合作协作，强化原始创新能力和高技术转移转化能力。

（深圳市高分子行业协会　孙珍珍）

海南省

一、综述

2017 年海南的塑料制品加工企业面临巨大的环保压力，从 8 月份起，塑编企业、发泡塑料企业、吹膜企业共有十余家停产或转行或倒闭，不在工业区的接受环保督察的企业停产或倒闭，在工业区的接受环保督查的企业，部分暂时停产补办手续。由于环保不合格造成的设备、固定资产损失超过 8 千万元，间接经济损失超过两亿，这些教训迫使企业重新考虑企业存在与发展的形态、模式。

同其他地区类同，重点项目、城镇化改造、房地产开发、管廊建设、市政工程、水产养殖等，需要大量的管道、管件，国内几乎所有的管道品牌，在海南设有经销商或办事处，近几年采用的塑料检查井大量涌入海南，良莠参差，为海南部分污水管网埋下隐患，浪费资源、贻害后人，希望今后有所改观。

二、主要工作

工业用地、资金需求、设备更新、法律咨询、政策解读、市场走向等，是企业在生产经营过程中的需要解决的最为普遍的问题，按照名誉会长、会长、理事会的要求，协会秘书处主要围绕着这些问题的解决与协调做好一系列的工作。

1. 2017 年元月 15 日在新春团拜会暨会员代表大会，会长王展伟代表海南省塑料行业协会与海南股权交易中心签署战略合作协议，促进具备条件的塑料企业加快进入资本市场的步伐。

2. 3 月 9 日，秘书长周鸿勋参加了全省贸促工作会议，了解海南对一带一路沿线国家的投资、贸易情况。

3. 4 ~ 5 月，陪同交行大同支行卫金梅副行长一行、工行琼山支行龙丁茂副行长一行、建行世贸支行行长一行到会员企业实地考察企业，银行介绍各自的贷款种类，寻找与企业合作、帮助企业的结合点，对具备条件的企业实行一对一跟踪服务。

4. 4 月 12 日，协会组织 10 多家会员企业参加了海南省商务厅对外合资合作业务培训班，帮助企业了解与掌握对外投资的流程、税收政策、资金流通规则、融资渠道、产业扶持政策等情况，为企业走出去积累资源。

5. 5 月 17 日，组织二十余家企业赴广州参加雅式会展。会展期间，会长王展伟与秘书长周鸿勋参加了全国地方协会工作会议，探讨了新形势下全国省市塑料协会间的合作交流，探讨如何加强中国塑协与地方塑协的协同联动、交流合作等议题。

6. 7 月 5 日，协会组织企业家、银行、股权交易中心参观学习会长单位海南兴伟塑胶科技有限公司，开展“创新对企业发展的驱动”的主题活动，实地交流、各方收益。

7. 8 月 21 日，吴雄副会长、周鸿勋秘书长受邀参加佛山“众塑联”产业平台成立仪式，代表海南省塑料行业参加学习，联络当地企业，与海南塑料行业商机共济、技术互补。

8. 9 月 27 日，协会组织企业家、中广指南参观学习名誉会长单位海南南宝塑料制品有限责任公司，开展“信息平台的运用与企业发展”的主题活动，胡安涛董事长、中广指南赵伟总经理的以成功案例讲解的信息与信息平台的巨大作用，使参会企业家深受震撼。

9. 10 月 17 日，秘书长周鸿勋参加了中国塑料降解塑料专委会 2017 年年会暨生物基材料与降解材料技术应用研讨会，与翁云宣秘书长引荐的南通华盛、浙江海正、武汉华丽等生物降解塑料企业，交流生物降解塑料产业的发展机遇与方式，参观产品，为海南引进生物降解塑料做准备。

10. 12 月份，山东省塑协刘会长及潘秘书长来琼，就协会制定团体标准信息进行了主题交流，为协会加入全国团体标准信息平台及制定团体标准做下一步准备。

三、企业介绍

2017 年整体形势严峻、企业压力超过以往，仍有部分企业逆势上扬。海南昆仑木塑实现跨越式综合发展、海南联塑二期开工、海南南塑 4 万米^2 标准厂房建成、海南创佳达塑料包装搬迁至工业区新厂区、海口成兴塑胶一期开工，这些企业成为海南塑料行业亮点，我们将密切关注，并在今后重点介绍为海南塑料行业增光添彩的企业，期待与祝福他们发展顺利！

（海南省塑料行业协会　周鸿勋）

重庆市

一、2017 年工作回顾

重庆市塑料行业协会全体会员认真学习贯彻党的十八大和十九大精神，落实国家一系列改革文件精神，坚持创新发展方针，以扩大供给侧结构性改革为主线，以科技创新和强化服务为重点，指导、协调、促进重庆塑料行业发展取得了积极成效。

（一）关心行业企业发展，走访考察企业

行业企业发展受协会长期关注的，2017 年，会长付志敏、秘书长刘汉龙多次走访行业企业，考察工厂，针对目前的生产出现的问题提出可操性建议，为企业发展规划出谋划策。

1. 支持行业企业新厂投产、参加开业庆典

2017 年 4 月 8 日上午，位于大足区万古镇工业园工业园区的重庆金山洋生管业有限公司厂区鞭炮齐鸣、锣声震天，精彩的舞狮表演和文艺演出使得现场格外热闹。这天，重庆洋生管业有限公司（大足区）举行了隆重的开业庆典。重庆市塑料行业协会会长、顾地科技副总裁付志敏先生，协会秘书长刘汉龙先生及协会二十余家企业单位 30 余人莅临现场。大足区政府领导杨烈区长一行及社会各界嘉宾也出席了庆典仪式。洋生管道董事长粟阳发表讲话，他指出："洋生管道是上海知名品牌，落户重庆乃是天缘之和，人缘之美。我们期待着重庆金山洋生管道有限公司有着更加美好的明天。从在大足万古工业区开工建设，到开业投产，那么今后一定会开花结果，这个对重庆、对西南地区以及更多合作伙伴都带来好项目，一定会茁壮成长！"

重庆市塑料行业协会会长付志敏先生代表协会在庆典上发表了讲话，付会长对重庆金山洋生管道有限公司作了高度评价，他认为洋生管道作为管道行业的高新技术企业、知名品牌、塑料管道行业推荐产品，是我们行业内的佼佼者。对洋生管道大足区的开业表示了热烈的祝贺，同时祝福洋生管道公司在粟阳董事长的带领下更加的蓬勃发展。

重庆金山洋生管道有限公司是上海金山洋生管道有限公司在西南地区投资的生产基地。新厂环境优美，设施齐全，洋生坚持以客户为核心，"质量到位、服务一流"的经营理念为广大用户提供优质的服务。

2017 年 6 月 27 日上午，重庆宇海科技有限公司在大足双桥经开区举行了隆重了投产仪式，区领导出席仪式并做了重要的讲话。重庆市塑料行业协会受邀参加仪式，宇海张总、刘总热情接待协会刘汉龙秘书长，洋生粟洋副会长，丰望郑毅副会长、久通廖斌总经理、鑫蓬彭琼总经理，四通八达徐经理，澳彩周经理等协会代表。仪式之后，在刘总的陪同下参观了工厂车间。宇海以专业的服务，品质第一，热诚的态度为经营理念，为企业赢得很好的知名度和美誉度。

2. 走访考察行业企业

4 月 10 日，重庆市塑料行业协会会长，副会长、秘书长等领导分别走访考察重庆伟星新型建材有限公司、重庆维斯顿实业有限公司协会两家重点企业。这两家公司非常重视企业品牌效益、质量效益、信誉至上、质量可靠！同时受到两公司鲍总和李总的热情接待。

5 月 3 日，协会秘书长刘汉龙走访了走访西南最大规模的玻璃缸增强塑料夹沙管生产企业——重庆四通八达管业有限公司，协会副会长、四通八达总经理梁龙云总经理热情接待、全程陪同。

6 月 27 日，协会秘书长刘汉龙参加了重庆宇海科技有限公司双桥厂区投产仪式，下午走访重庆隆迪塑业有限责任公司、重庆信鼎精密机械有限公司。

8 月 23 日，协会秘书长刘汉龙、永高塑业总经理罗建华、江津电加热器厂总经理胡维林，鑫蓬包装总经理彭琼、协会副秘书长张峰等一行，走访考察了渝万丰科技有限公司。渝万丰科技有限公司位于綦江工业园区，美丽的古剑山下。渝万丰总经理郑毅热情接待刘秘书长一行，全程陪同参观厂区。

9 月 1 日，协会会长付志敏，秘书长刘汉龙，副会长梁龙云、叶正茂一行走访九源机械，九源张总热情接待，全程陪同。

10 月 27 日，中塑协专家院士大考察重庆塑料产业，参观行业具有代表性重庆宇海、重庆洋生公司，并给予了高度评价，我协会会长、秘书长和部分副会长等领导全程陪同，感谢重庆洋生和宇海领导的热情接待。

3. 与永安期货公司联合开设降低企业经营风险培训班

10 月 13 日下午，永安期货股份有限公司重庆营业部在重庆市君豪酒店，针对原料贸易商和聚烯

烃制品生产企业，举办了一次聚烯烃产业风险管理专题研讨会，共谋聚烯烃原料的期货交易。本次会议，重庆塑料行业协会付志敏会长、刘汉龙秘书长和部分协会会员单位应邀参加了本次研讨会。

会上，永安期货股份有限公司重庆营业部负责人李潼军先生对永安期货作了背景介绍，并重点提到，证监会发布公告批准重庆商品交易所开展 PP、PE 期货交易，并成立交割所。PP、PE 期货的启动及推出，将为重庆聚烯烃产业链生产和消费企业提供规避价格波动风险的工具，帮助企业稳健经营，期货推出后，聚烯烃产业链企业通过参与期货交易，利用基差交易和套利操作缩小风险敞口，提前锁定利润，降低企业经营风险。

协会刘汉龙秘书长在会上对重庆塑料行业的发展作了解读，并对目前塑料行业发展的趋势作了分析，认为目前重庆塑料行业还很有发展潜力，期货市场的建立为重庆塑料行业提供了一个新的经营思路。

付志敏会长在会上对聚烯烃期货作了高度评价，认为对我们行业来说也是一次学习机会，也是目前塑料行业的一次采购模式创新和商机。付志敏会长在会上作了“PVC 原材料采购对企业经营的影响”的专题发言，认为西南地区的塑料发展潜力非常大，而目前原料市场的波动对塑料行业的影响相当大，我们纯粹是在做搬运工，只是赚取一些微薄的搬运费。目前采购模式基本上是每月定期采购，辅助模式是一口价批量采购或远期采购。那么作为期货交易，对规模较大的企业是有很大帮助的，做期货的关键还是要靠企业的决策人员和专业人员来共同完成。通过今天的研讨会的交流和学习，我们会把这期货模式传达到我们协会的会员单位，为企业在目前的经营环境下，为降低企业经营风险提供有效的助力。

（二）考察各区县工业园区建设及协助招商

4 月 28 日，重庆・梁平第五届柚花节在合兴镇中国名柚园广场隆重开幕。市经信委党组成员、总工程师赵刚，中国塑料加工工业协会副理事长、办公室主任王占杰，重庆市塑料行业协会秘书长刘汉龙等嘉宾，长吴盛海、蒲继承、郑云山、周仁胜等区领导出席开幕仪式。区委常委、常务副区长陈道彬在开幕式上致辞并宣布开幕。他说，梁平是物华天宝的集成地，也是幸福和谐的集成地，承载着市委、市政府“面上保护、点上开发”领头羊的重托。2016 年，全区完成地区生产总值 271 亿元，固定资产投资 310 亿元，一般公共预算收入 19.5 亿元；实现农业总产值 62.5 亿元，农业增加值 42 亿元；完成工业总产值 350 亿元，工业增加值 113 亿元；实现社零总额 90 亿元，三次产业竞相发展。他希望，各位领导、各位企业家，一如既往关心关注梁平，来梁平投资兴业，续写事业华章。随后，吴盛海、蒲继承、郑云山、周仁胜等区领导同各位嘉宾一道游柚园、赏柚花，参观特色商品展销活动，向各位嘉宾介绍梁平区特色商品生产销售情况。

5 月 11 日，梁平区领导与市塑协和企业家在梁平座谈探讨园区建设、企业发展和创造条件积极为企业服务。

9 月 4 日，应南川区府邀请，重庆市塑料行业协会会长付志敏、秘书长刘汉龙一行 10 人参观考察南川区工业园。在南川区委常委、政法委书记黄书记的陪同下参观考察工业园区龙岩组团发展和规划。与区领导在鸿庆达公司会议室进行座谈交流，双方介绍情况，充分利用资源促进工业经济发展前景达成共识。南川区委常委、政法委书记黄书记以及相关部门领导全程陪同热情接待!

（三）坚持会议制度和支持协助相关会议展览

1. 重庆市塑料行业协会四届四次理事会暨新春团拜会

2017 年 1 月 12 日，世纪金源大饭店召开重庆市塑料行业协会四届四次理事会暨新春团拜会。协会正副会长、常务理事、理事、技术顾问、正副秘书长。专家学者等单位等 70 余人参会。协会副秘书长张峰主持会议。会议完成了以下议程：

（1）会上秘书长刘汉龙先生做了 2016 年协会工作总结，以及 2017 工作设想。秘书长首先感谢各位会员对协会工作的支持，协会在政府的指导下，在行业企业的支持下 2106 年，协会工作得到顺利开展。走访行业企业、力推工业园区建设、支持同行业会议和展览等方面做了大量工作。刘秘书长表示，2017 年协会坚持抓好会议制度，加强自身建设，提高服务质量、提高工作效率，深入调查研究，广交朋友，为行业和企业作好服务性工作。

（2）会上审议通过新章程。根据市民政局要求，协会按新章程范本重新修订章程，协会常务副会长陈杰总经理在会上解读了新章程增加、修改情况的说明。

（3）增补、吸收新会员及新会员发言。增补重庆宇海精密制造股份有限公司为重庆市塑料行业协会副会长、常务理事、理事单位，该单位的法人代表或总经理为重庆市塑料行业协会副会长、常务理事、理事成员。沈总会上发表入会感言。

（4）会上审议通过了成立重庆市塑料行业协会改性材料专委会。根据市场的需求和改性材料企业的要求，让塑料改性材料行业健康发展，决定成立重庆市塑料行业协会改性材料专委会。同时大会一致同意通过，由协会副会长、重庆澳彩新材料股份有限公司总经理魏子斌同志，协会副会长、重庆巴王矿产品有限公司董事长谭光英女士，协会副会长、重庆申朔朗利化工有限公司总经理李太银同志，协会常务理事、重庆太岳科技有限公司总经理谭光明同志，协会理事、重庆普利特新材料有限公司唐翔同志，协会技术顾问、教授—高工邓代维同志等成员组成重庆市塑料行业协会改性材料专委会。其中魏彬总经理担任主任，谭光英董事长担任副主任。改性材料专委会主任魏子斌先生也做了发言。

（5）会上各参会领导积极建言献策。各参会代表分别介绍公司情况，介绍新产品、新技术，也表达行业间应互通信息、加强交流合作的愿望，希望2107年携手共进，更上一层楼。

（6）会长付志敏先生讲话。会长表示，在各位理事的支持下，会议很好的如期召开，今后的工作希望得到理事们的支持配合。过去的2016年，我们完成了一定的目标和任务，但也需要继续努力探索。2017年的工作中要继续完善基础建设，规范行业行为，引领科技创新，优化产业结构立自律机制，促进健康发展。实现经济体制转型，共同参与资本市场，通过资本市场来搭上经济转型带来的财富增值机会。配合有关部门进行社会监督，努力在政府行政管理和行业服务建设中发挥重要作用，提高行业的知名度和公信力，成为重庆塑料行业发展的积极推动力量。最后会长祝愿各位理事，在新的一年里鸡年大吉大利，阖家幸福。

会后，参会代表共进晚宴，共同庆祝本次理事会的圆满成功，共祝佳节！

2. 重庆市塑料行业协会四届五次理事会

7月28日下午，由重庆市塑料行业协会主办，重庆伟星新型建材有限公司承办的重庆市塑料行业协会四届五次理事会，重庆伟星新型建材有限公司会议室隆重举行。协会正副会长、常务理事、理事、正副秘书长、技术顾问、专家学者、媒体朋友以及相关单位领导70余人参加，会议由协会秘书长刘汉龙主持。

会前，参会领导观看了伟星宣传视频，感受了伟星的魅力，鲍总致欢迎词并作情况介绍，而后陪同参会领导参观生产车间。会上，常务副会长陈杰宣读了新会员名单，审议通过重庆坤城进出口贸易有限公司等新会员入会，协会会长付志敏，秘书长刘汉龙，常务副会长陈杰、副会长鲍哲松为他们授牌。会上，协会副秘书长张峰汇报了协会上半年工作情况。塑多多交易平台创始人吴小波总经理在会上作了关于“塑化B2B平台如何与传统制造业相结合”的介绍。本次理事会邀请了重庆电视台《见证》栏目编导敬天平先生，并介绍情况。本次理事会还邀请到江津区经信委副主任王力源垫江县招商局局长徐江，他们分别介绍情况。会上，副会长梁龙云提出关于成立重庆市塑料行业协会复合材料专委会的议案。得到参会代表的鼓励，并通过此议案。

最后，会长总结发言。他表示，上半年中协会秘书处工作认真踏实，取得一些成绩，但也需要继续努力。在下半年的工作中，他希望协会加强与政府有关部门和相关单位的沟通，研究在实体经济不景气的环境下，塑料企业如何谋发展。加大特色工业园对接力度，了解其政策，对比其优势，为会员单位提供更有价值的信息。中塑协专家委员会，将把重庆作为专家院士行的首站，协会应积极配合，做好相关工作。

伟星新材秉持“以品牌统领营销、以服务支撑品牌、以品牌提升价值”的经营理念，逐步建立遍布全国的营销网络，着力打造诚信共赢的市场服务体系，传播“健康、可靠、喜悦”的品牌文化。伟星“星管家”服务在全国获好的口碑，已成为伟星管的“核武器”，伟星新材将致力于“提高人类生活品质，创建和谐社会空间”，成为有持续发展力的卓越企业，在重庆同行业中名列前茅。

3. 支持协助相关展会情况

2017年10月12日上午，“第十七届中国塑料交易会”在浙江省台州市国际会展中心东大门隆重揭幕，重庆市塑料行业协会派代表参加。由中国石油化工股份有限公司、中国石油天然气集团公司、浙江省商务厅、中国中小企业国际合作协会、中国塑料加工工业协会、中国塑料机械工业协会和台州市人民政府共同主办。

10月12日第11届中国成都橡塑及包装工业展在成都世纪城新国际会展中心举行，协会秘书长刘汉龙应邀参加，刘秘书长在答谢晚宴上发表讲话。

中国塑料加工工业协会七届二次常务理事扩大会议暨中国塑料行业产业集群工作会议于10月24日在梁平召开。会议由中国塑协常务副理事长兼秘书长朱文玮主持并致欢迎词，理事长王世成在会上做重要讲话，曹俭、马占峰、王占杰等中塑协领导出席会议。重庆市塑料行业协会会长付志敏，协会秘书长刘汉龙，协会副会长、澳彩新材料董事长魏子斌以及重庆一龙管道有限公司、中国石油西南化工重庆分公司等重庆塑协代表，和来自全国的常务理事代表参加会议。

为总结交流十五年来我国塑料行业特色区域及产业集群发展成就和建设经验，完善改进特色区域和产业集群发展中的不足，推动新形势下我国塑料行业转型升级和健康发展。24日下午还召开了中国塑料行业产业集群工作会议。

最后，王世成理事长作总结讲话。王理事长首先代表中国塑协，对参加会议的各位常务理事、梁平区领导、集群政府负责同志表示衷心的感谢！表示2017年以来，协会主要做好顶层设计、提供有效服务、力推技术创新、抓好自身建设等方面做工作，未来，中国塑协将与各常务理事单位、会员单位一道，坚持传承创新，凝心聚力，强化“四个服务”，稳步深化改革，加强能力建设，积极引领行业发展，切实推动工作再上新台阶。

10月26日，第三届中国（重庆）国际塑料工业展览会（以下简称CPLAS）在重庆国际博览中心S1、S3馆开幕。重庆市商务委员会副主任熊林，重庆市经济和信息化委员会总工程师赵刚，中国轻工业联合会副会长、中国塑料加工工业协会理事长钱桂敬，中国轻工业联合会副书记、中国塑料加工工业协会理事长王世成，中国塑料机械工业协会会长张剑鸣，中国塑料加工工业协会常务副理事长兼秘书长朱文玮及副理事长曹俭、马占峰，重庆市梁平区区委常委、梁平工业园区管委会主任付云等出席了开幕式。重庆市塑料行业协会会长付志敏，秘书长刘汉龙，副会长谭光英梁龙云、郑毅，常务理事谭光明、廖斌，技术顾问赵劲松、邓代维，副秘书长张峰等协会领导参观展会，并座谈交流。本届塑料工业展，重庆市塑料行业协会十分支持，行业企业参展单位有重庆顾地塑胶电器有限公司，重庆巴王矿产品有限公司、重庆澳彩新材料股份有限公司、重庆太岳科技有限公司等。

同期召开“2017年塑料新材料、新技术、新成果交流会暨中国塑协专家委员会年会”，会议论坛聚集世界塑料行业发展中的理念、技术、成果方面的前沿议题。大会由中国塑料加工工业协会常务副理事长兼秘书长朱文玮主持，重庆塑协会长付志敏，秘书长刘汉龙受邀参加。

（四）加强和政府职能部门、省市协会、外国机构的联系

接待了中塑协朱文玮常务副理事长、王占杰副理事长一行到协会调研工作。他向大家介绍了中塑协“专家院士行活动”。主要工作是高新技术转化项目对接及科技咨询等。今年10月24、25日，西部选址梁平作推广工作。

参加了垫江县承接主城产业转移推介会。

协会秘书长刘汉龙参加了美国驻成都总理事馆美利坚合众国成产241周年庆祝酒会。

参加了匈牙利驻重庆领事馆举办的经贸会，重点对重庆塑料原材料的供需情况进行了交流。

和重庆市建材促进会进行交流，探索两协会的共赢局面和合作方向。

五、完成了协会年检工作，成功开通重庆市塑料行业协会微信公众号，为会员提供更多信息交流平台。

二、2018年工作思路

2018年，重庆市塑料行业协会以党的十九大精神为指导，在上级协会的领导下，在广大会员单位的支持下，2018年将继续努力做好运行引领、规范、服务相关工作，和大家一道，共同促进行业健康、稳定、持续发展。

1. 落实《章程》规定，抓好会议制度

坚持会长会议、常务理事会议，理事会议和会员大会制度。充分准备各种会议的筹备工作，拟定会议议题和会议内容。

2. 利用信息平台，扩大行业影响

坚持继续办好重庆市塑料行业产业通讯工作，建立信息平台。

2017年，塑协将不断完善网站信息宣传、交流平台的基础上，充分利用微信或微信公众网等新兴通讯工具，进一步扩大塑协的影响力。

在网站更新方面，协会秘书处也将更加及时发布行业动态、相关政策、技术和市场信息，打造重庆行业权威的门户网站。

另外，塑协微信公众平台已经运作，2018年将更好的发挥微信网络平台快速、灵活、便捷的优势，及时发布行业相关信息，扩大行业影响。

3. 利用互联网和新科技创新，开展协会工作

当下传统产业进入低利润时代，转型升级和结构调整的任务十分艰巨。除了重点推动技术创新，发展新型塑料化工材料外，通过提高信息技术改造传统产业，推动行业经济发展成为重要举措。另外，国务院积极推进“互联网+”行动意见中提出，大力发展行业电子商务，鼓励我们塑料等行业企业，积极利用电子商务平台优化采购、分销体系，提升企业经营效率。推动各类专业市场线上转型，引导传统商贸流通企业与电子商务企业整合资源，积极向供应链协同平台转型。

新常态下新发展，新发展的思路就是创新。针对目前行业生产能力过剩、竞争加剧的情况下，协会对国家供结侧结构性改革政策进行了一些研究和摸索工作。在这个基础上，协会引导行业向中高端发展，加强科技创新，大开发新产品；引导进一步提高劳动生产力和生产效率，全面提高全要素劳动生产力，提高应用的水平，实现综合效益最大化。

4. 建立自律机制，促进健康发展

目前，塑料产品的质量参差不齐已严重制约了行业发展，损坏了行业信誉，因此，推进行业诚信自律和社会信用体系建设，对于促进塑料管道行业健康发展具有重要意义。

2018 年，协会将根据行业的特点，充分发挥市场监管中的自律作用，制定、完善自律公约，积极规范行业企业生产和经营行为，引导企业依法竞争，自觉维护市场竞争秩序。协会将利用各种方式强烈呼吁与用户行业共同创造良好的市场环境，规范采购和招标程序，购买、应用合格产品。

5. 完成协会党组织筹建工作，积极参加市政府有关部门组织的活动和交办的事项

配合市政府有关部门相关工作。同时对行业企业参观考察、抓好行业产品质量，提高对产品质量的认识，协助企业做好民营经济扶持工作，振兴工业经济。

6. 加强自身建设，服务企业

提高服务质量、提高工作效率，深入调查研究，广交朋友，为行业和企业作好服务性工作。

（重庆市塑料行业协会　刘汉龙）

云南省

一、行业现状

2017 年，我省塑料行业呈现出总体平稳、转型加快的发展态势，规模以上塑料制品产量、工业总产值、工业销售产值、主营业务收入、资产总计、固定资产均呈现同比增加情况。受原辅料价格、用工成本上涨及环保升级、市场等因素的影响，企业利润总额出现明显下降趋势，亏损企业比上年有所增加。

（一）2017 年基本情况

1. 行业规模情况

2017 年，云南省规模以上塑料制品企业有 105 家。其中，塑料丝、绳及编织品制造 29 家，塑料板、管、型材制造 27 家，塑料包装箱及容器制造 22 家，塑料薄膜制造 15 家，泡沫塑料制造 6 家，日用塑料制品制造 2 家，塑料零件及其他塑料制品制造 4 家。从业人数：1. 06 万人。

2. 塑料制品产量

2017 年，全省塑料行业生产塑料制品 47. 32 万吨，比上年增长 8. 86%，比全国塑料制品增长率高 5. 42 个百分点。其中，塑料薄膜 14. 74 万吨，比上年增加 5. 58%，占全国比例 1. 01%；农用薄膜 10. 37 万吨，比上年增长 8. 03%，占全国比例 5. 26%，占我省塑料薄膜的 70. 35%；泡沫塑料 2. 78 万吨，比上年增长 18. 73%，占全国比例 1. 00%；日用塑料制品 2. 51 万吨，比上年增长 80. 41%，占全国比例 0. 38%；其它塑料制品 27. 30 万吨，比上年增加 5. 87%，占全国比例 0. 57%。

3. 塑料制品进出口情况

1. 出口情况。2017 年，云南省出口初级形状的塑料及塑料制品 9460. 18 吨，出口金额 1253 万美元；塑料制品 29370. 75 吨，出口金额 10943 万美元。

2. 进口情况。2017 年云南省进口初级形状的塑料及塑料制品 56716. 09 吨，进口金额 7201 万美元；塑料制品 222. 21 吨，进口金额 312 万美元。

4. 经济指标完成情况

（1）工业总产值（当年价格）：86. 60 亿元，

比上年增加6.30%。其中，塑料薄膜制造21.24亿元，塑料板、管、型材制造23.47亿元，塑料丝、绳及编织品制造18.44亿元，塑料包装箱及容器制造15.81亿元，泡沫塑料制造4.64亿元，日用塑料制品制造0.71亿元，塑料零件及其他塑料制品制造2.29亿元。

（2）工业销售产值（当年价格）：83.07亿元，比上年增加5.02%。其中，塑料薄膜制造19.59亿元，塑料板、管、型材制造23.02亿元，塑料丝、绳及编织品制造17.62亿元，塑料包装箱及容器制造15.53亿元，泡沫塑料制造4.43亿元，日用塑料制品制造0.69亿元，塑料零件及其他塑料制品制造2.19亿元。

（3）主营业务收入：82.13亿元，比上年增加7.05%。其中，塑料薄膜制造20.61亿元，塑料板、管、型材制造22.99亿元，塑料丝、绳及编织品制造15.48亿元，塑料包装箱及容器制造15.69亿元，泡沫塑料制造4.41亿元，日用塑料制品制造0.69亿元，塑料零件及其他塑料制品制造2.25亿元。

（4）资产总计：76.31亿元，比上年增加2.68%。其中，塑料薄膜制造18.60亿元，塑料板、管、型材制造30.39亿元，塑料丝、绳及编织品制造17.14亿元，塑料包装箱及容器制造7.08亿元，泡沫塑料制造2.00亿元，日用塑料制品制造0.38亿元，塑料零件及其他塑料制品制造0.72亿元。

（5）固定资产：20.56亿元，比上年增加1.88%。其中，塑料薄膜制造5.61亿元，塑料板、管、型材制造8.00亿元，塑料丝、绳及编织品制造2.63亿元，塑料包装箱及容器制造3.31亿元，泡沫塑料制造0.55亿元，日用塑料制品制造0.27亿元，塑料零件及其他塑料制品制造0.18亿元。

（6）利润总额：3.60亿元，比上年减少17.24%。其中，塑料薄膜制造1.12亿元，塑料板、管、型材制造1.64亿元，塑料丝、绳及编织品制造0.24亿元，塑料包装箱及容器制造0.50亿元，泡沫塑料制造0.017亿元，日用塑料制品制造0.027亿元，塑料零件及其他塑料制品制造0.046亿元。

（7）应交税金：2.22亿元，比上年减少9.02%。其中，塑料薄膜制造0.29亿元，塑料板、管、型材制造0.92亿元，塑料丝、绳及编织品制造0.41亿元，塑料包装箱及容器制造0.47亿元，泡沫塑料制造0.03亿元，日用塑料制品制造0.017亿元，塑料零件及其他塑料制品制造0.077亿元。

5.2017年度企业荣誉

（1）名牌产品

表1　　名牌产品

序号	公司名称	产品名称	商标	荣誉
01	云南能投化工有限责任公司	聚氯乙烯树脂	红云	云南名牌产品
02	玉溪市旭日塑料有限责任公司	农业用聚乙烯吹塑棚膜	旭日	云南名牌产品
03	云南曲靖塑料（集团）有限公司	农业用聚乙烯吹塑棚膜	阿诗玛	云南名牌产品
04	昆明耀龙塑胶有限公司	塑料管材	耀龙	云南名牌产品
05	昆明创辉塑胶科技有限公司	塑胶管材管件	创辉	云南名牌产品
06	昆明金连山塑胶化工工贸有限责任公司	塑料管材	云山、金连山	云南名牌产品
07	昆明普尔顿环保科技股份有限公司	塑料给、排水管	普顿	云南名牌产品
08	云南海午塑胶科技有限公司	给排水塑料管材管件	海午	云南名牌产品
09	云南红塔塑胶有限公司	普通型双向拉伸聚丙烯薄膜	红塑	云南名牌产品
10	楚雄润丰塑业有限公司	给水用聚乙烯（PE）管材	大润	云南名牌产品
11	云南昆钢石头纸环保材料有限公司	石头纸环保材料系列产品	KISC	云南名牌产品
12	祥云县原闻塑业有限公司	聚乙烯PE管	元生	云南名牌产品

（2）高新技术企业及其他荣誉

表 2　高新技术企业及其他荣誉

序号	公司名称	名称	证书号
01	玉溪市旭日塑料有限责任公司	云南省高新技术企业	GR201753000320
02	云南红塔塑胶有限公司	云南省高新技术企业	GR201753000052

（3）云南省科技型中小企业

表 3　云南省科技型中小企业

序号	公司名称	荣誉
01	云南联塑科技发展有限公司	云南省科技型中小企业
02	德宏州芒市民族塑料薄膜厂	云南省科技型中小企业
03	宜良县日发塑业有限公司	云南省科技型中小企业
04	玉溪市忠诚塑料包装材料有限公司	云南省科技型中小企业
05	云南惠强塑料制品有限公司	云南省科技型中小企业
06	云南宏祥瑞塑胶管业有限公司	云南省科技型中小企业

（4）云南省企业技术中心

表 4　云南省企业技术中心

序号	公司名称	荣誉
01	玉溪市旭日塑料有限责任公司	云南省企业技术中心
02	云南昆钢石头纸环保材料有限公司	云南省企业技术中心
03	云南昆发塑业有限公司	云南省企业技术中心

二、行业热点

1. 云天化 15 万吨/年聚丙烯项目一次投料试车成功

2017 年 11 月 26 日，云南云天化石化有限公司 15 万吨/年聚丙烯项目一次投料试车成功，顺利产出聚丙烯产品。聚丙烯项目是云天化石化产业核心项目之一，该项目于 2015 年 2 月启动工程设计，由中国五环工程有限公司承担项目工程设计，于 2015 年 11 月破土动工。云天化石化紧紧围绕建设目标，克服了工期紧、施工难度大等困难，仅用 13 个月时间就实现项目机械竣工，并顺利实现了聚丙烯装置一次投料开车成功！

2. 2018 年起，云南省烟用物资实行统一集中采购，取消了原来的“一招三年”的采购模式，为更好的保证云南省农膜生产企业的健康持续发展，云南省塑协以云塑协〔2017〕47 号文件建议云南省烟草专卖局“采购办”在烟用地膜招标采购中，在同质同价的条件下优先考虑采购本省农膜企业的烟用地膜。

三、协会活动

2017 年协会秘书处在业务主管部门、理事会、监事会的指导和会员单位的支持下，深入贯彻落实党的十八大、十九大会议精神，认真学习法律法规和业务技能，加强与政府部门、省内外协（商）会、会员单位的沟通交流，按照年初制订的工作计划开创性地开展工作，较好地完成各项工作任务。

（一）加强政治和业务学习、提高思想认识，成立功能型党支部

协会每月 2 次定期学习党的方针政策、法律法规、业务技能，把强化四个意识（政治、大局、核

心、看齐意识）作为各项工作的根本遵循，确保协会工作始终沿着正确的方向前进。2017年7月在省工信委直属单位党委要求下，联合包装、家具、食品、糖业行业协会共7人成立了联合功能性党支部。

（二）加强协会自身建设，完善内部管理制度

1. 加强制度建设，提升管理水平

新建完善了15项制度，从10月开始实施会长轮值制度，为准备2018年换届工作，成立了换届领导小组。较好的完成了2016年度各项年检、审计、公示等工作。

2. 完善队伍建设

聘任谭岱云为第四届专家委员会专家，杨美玲、杨菲为副秘书长，完善了协会人才队伍建设。

3. 加强财务工作，实现开源节流

完成了民政厅关于自查“小金库”、报送领导干部兼职情况、公示收费情况等工作。协会向云南省小微企业公共服务平台申领了2.2万元小微企业服务券，用于升级协会网站、注册协会商标、代理记账、财务审计、租赁会议场地。

4. 网站改版升级，增加板块内容

利用一万元服务券，对云南塑料网站进行增容升级，并增加了某些板块，丰富了网站内容，现在升级方案已制定完毕，正在升级中。

（三）反映行业、企业诉求，发挥好政企桥梁作用

1. 向业务主管部门反映增加塑料制品统计目录

向中国工经联、中国轻工联、中国塑协提出建议增加全国塑料制品主要产量统计目录。

2. 向省人大“白色污染”防治工作提出建议

协会对《云南省白色污染防治工作调研报告》（征求意见稿）提出建议，报省人大环资委并得到肯定。

3. 向省质监局和发改委反映行业现状

向云南省质量技术监督局报送了食品相关产品质量监督抽查和风险预警监测重点产品目录，建议以发泡塑料/塑料一次性餐饮具、超薄塑料袋/点断带为重点抽查产品和风险预警监测重点产品。

省发改委资环处通过协会调查我省限塑10年禁塑9年的塑料购物袋和塑料垃圾袋生产使用现状，协会在充分调研的基础上，写明了我省塑料袋市场的现状、塑料袋替代品的发展情况报送省发改委资环处。

4. 向相关部门反映农膜行业存在的问题

为应对云南省烟草专卖局要求从2018年起大宗烟用物资实行统一集中采购，取消了原来的“一招三年”的采购模式，协会恳请云南省烟草专卖局在同质同价下优先采购本省农膜企业产品，并将文件递送至省委省政府和相关政府部门。

（四）加强平台建设，提高服务能力

1. 加强信息服务平台建设

统计和编制《省内合成树脂价格行情》、《云南省农膜行业信息交流月报表》、《省内十家农膜企业产量产值统计表》共12期。全年在《云南塑料》网站和微信公众号上共发表行业资讯、塑胶市场、技术与发展、塑料百科等栏目共326条。6期双月刊《云南塑料》邮寄各会员单位，主要分享政策、法规、标准、行业信息，以及发布新技术、新产品、新工艺、新材料相关信息。

2. 推进团体标准工作

启动团体标准制定。审定通过《云南省塑料行业协会团体标准管理办法（试行）》，在全国团体标准信息平台上注册并通过审核，正在征集团体标准意向。

3. 为政府推荐行业专家

协会向省工信委、省卫计委、省科技厅分别推荐了新材料产品发展专家、工业和信息化专家、涉及饮用水卫生安全产品专家、国家高新技术企业培育认定评审专家等。

4. 组织企业评选

通知组织会员单位参与政府评选工作，玉溪市旭日塑料有限责任公司和云南联塑科技发展有限公司荣获“2017云南省非公企业100强”。玉溪市旭日塑料有限责任公司入围2017云南民营企业100强名单。

5. 开展农膜行业自律和表彰农膜行业统计先进单位

开展了2017年农膜行业自律活动，被抽查的9家企业10个样品均符合产品质量标准要求。在第四届四次会员大会上表彰了玉溪旭日等十家农膜行业统计先进单位。

6. 协助企业申领政府服务

协助符合条件的会员单位每家申领到了3万元的小微企业服务券。

7. 指导企业备案企标

通知、指导部分会员单位到企业标准信息公共服务平台上进行企业标准备案。

8. 组织专业职称评审

协会向轻纺协会报送6人塑料专业技术职称评审文件，经云南省轻纺工业行业协会专家组评审3人取得中级工程师职称，1人取得高级工程师职称。

9. 参加中塑协相关会议

参加了第十届一次会员大会暨2017年塑料管道行业交流会会议、全国塑料行业地方（商）协会工作会议、第七届二次理事会扩大会议、农用薄膜专委会2017年会及行业交流会、2017中国塑料产业链发展高峰论坛暨2017年塑料加工业专家院士行阶段总结会。

10. 撰写我省行业报告

撰写了《中国农膜发展卷》（云南篇）、《中国塑料工业年鉴》（云南篇）、《云南省农膜生产和地膜应用情况》。

11. 承办云南社团秘书长联盟“品牌日”活动

云南社团秘书长联盟每月组织“品牌日”推介活动，协会承办了第三期活动，得到了昆明鑫鑫大壮降解塑料技术有限公司的大力支持，促进和加深了联盟沟通和交流，加强了各商协会、企业之间的紧密联系，对鑫鑫大壮的降解技术和食品净化机进行了宣传，实现了跨行业的交流。

12. 组织企业参加政企座谈

受省人大环资委邀请，组织农膜行业11人参加云南省“白色污染”防治工作调研座谈会。组织会员单位参加巴斯夫（中国）有限公司与云南省企业座谈会，共同探寻开展更加深入与广泛合作的可能性。组织专家参加宣威市中博塑料有限公司举办的“全生物降解地膜”试验示范成果交流会。

13. 为会员单位牵线搭桥

协调、帮助会员单位达成合作15项。

14. 促进产学研合作，协调师生见习基地

促成云南大学与昆明东方塑纸包装有限公司初步达成产、学、研合作意向。经协会沟通联络，西南林业大学材料工程学院高分子材料与工程专业80余位学生，到副会长单位云南傲远环保科技有限公司、昆明特瑞特塑胶有限公司、昆明民族塑料化工有限公司生产基地参观、交流。

（五）组织开展专题调研，积极走访会员单位，为提高服务职能奠定基础

1. 组织开展专题调研

配合中国塑料加工工业协会朱文玮副理事长对云南省塑料行业调研工作。现场调研了昆明特瑞特塑胶有限公司和昆明普尔顿环保科技股份有限公司的生产基地，组织15家会员单位负责人参加了行业调研座谈会。

2. 积极走访会员单位

在服务好老会员的同时，走访了昆明特瑞特塑胶有限公司、昆明民族塑料化工有限公司等34家会员单位，了解企业生产经营情况，听取意见和建议。

（六）积极搭建上下游交流平台和参与政府培训工作

1. 组织企业参加展览

（1）组织20家会员单位63人参观第三十一届中国国际塑料橡胶工业展览会，并组织部分参会代表分别到广东金发科技股份有限公司、华南理工大学聚合物新型成型装备国家工程研究中心（高分子材料先进制造技术与装备研究所）交流学习。

（2）组织7人参加第十七届中国塑料交易会暨一带一路智能制造高峰论坛活动。

（3）参加管道世界举办的2017塑料管材、型材技术交流会，并参观江西伟虹管业。

2. 组织企业参加会员单位活动

组织7人参加云南能投化工有限责任公司召开的PVC产品技术交流座谈会，康远琪代表协会在会上发言。

组织15家塑料行业企业参加五矿经易期货有限公司与云南能投化工有限公司举办的昆明PVC产品培育基地申请揭牌仪式暨首期化工企业产融结合培训班，周听昌会长作《新征程塑料行业发展展望》主题演讲。

3. 组织参加政府培训

参加第二批省级行业协会商会与行政机构脱钩政策解读培训会，为协会与行政机构脱钩相关工作奠定基础；参加2017年科技计划项目管理培训班。协会组织12家企事业单位共20人参加了昆明市团体标准公益性培训会，奠定了团体标准编制工作的基础。

（七）筹备、召开协会各项会议和行业交流培训会议

1. 召开第四届六次监事会会议

5月11日，召开第四届六次监事会议，全体监事到会。审议签署了协会《2016年度工作报告公示表》。

2. 召开第四届六次理事会会议

9月14日，召开第四届六次理事会，审议了15项制度，决定新增副秘书长、专家人选，批准了

7 家企业入会，成立协会换届筹备领导小组。

3. 召开第四届四次会员大会暨行业交流培训会议

9 月 15 日，召开第四届四次会员大会，132 人参会，关成副秘书长主持会议，会上审议了理事长工作报告、监事长工作报告、财务报告，表彰了十家农膜行业统计先进单位，交流培训了标准化知识、申报职称等 7 项报告。

4. 召开各专委会会议

（1）召开塑料薄膜专委会第四届六次会议暨交流培训会议

9 月 14 日，召开第四届六次塑料薄膜专委会会议暨行业交流会，71 人参会，由靳树伟主任主持会议，交流培训了农地膜回收技术和机械、新疆地膜技术、吹膜机械与材料等 9 项报告。组织 23 位企业代表于 9 月 15 日前往曲靖市寥廓鑫源工贸有限公司参观农用地膜回收与利用。

（2）召开塑料管道专业委会第四届五次会议暨交流培训会议

9 月 15 日，召开第四届五次塑料管道、塑料门窗、工程塑料专委会会议暨行业交流会，40 人参会，代志春副会长主持会议，交流培训了工程设计要求、卫生许可申报等 5 项报告。组织 22 位企业代表于 9 月 14 日前往云南傲远管业环保科技有限公司易门生产基地参观。

（3）召开塑料包装和日用塑料专委会第四届三次会议

9 月 15 日，召开塑料包装和日用塑料专委员会第四届三次会议暨行业交流会，由朵建云主任主持。主要讨论塑料包装、日用塑料专委会下步工作安排及对协会的工作提出意见和建议。

5. 召开专家委员会会议。

5 月 28 日召开专家委员会主任委员会议讨论专家服务收费标准，6 月 8 日以通讯方式再次召开主任委员会议表决专委会管理办法和活动经费收支办法，7 月 28 日正式发布了专家委员会《管理办法》和《经费收支办法》。11 月 21 日，召开专家委员会会议，审议《云南省塑料行业协会团体标准管理办法》，于 12 月 12 日正式发布试行办法。

（八）发展新会员

协会秘书处经理事会授权，审核批准了驰通环保、正邦科技等 14 家企业为会员单位。

表 6　　新产品开发情况

序号	新产品名称	专利证书号	研究开发单位
1	一种塑料油水分离井	ZL201510449568. 6	昆明普尔顿环保科技股份有限公司
2	高强度塑料消火栓井	ZL201710098045. 0	
3	雨水集合、弃流、溢流、净化无动力一体化装置	ZL201610172907. 5	
4	雨水收集储存利用一体化系统	ZL201610173049. 6	
5	多功能组合式箱体专用 SMC 材料及加工方法	ZL201610173883. 5	
6	雨水收集储存利用一体化系统的控制系统	ZL201610174017. 8	
7	一种检查井专用爬梯	ZL201510450020. 3	
8	一种塑料偏置检查井	ZL201510449547. 4	
9	一种高强度塑料阀门井	ZL201410819861. 2	
10	一种防尘调光农膜	ZL201710357984. 2	玉溪市旭日塑料有限责任公司
11	一种电加热装置体快速脱膜薄膜制孔设备	ZL201710580415. 4	宣威市中博塑料有限公司
12	一种氧化生物降解购物袋的制备方法	ZL201710703906. 3	昆明鑫鑫大壮降解塑料技术有限公司
13	一种氧化生物降解地膜的制备方法	ZL201710703907. 8	
14	一种氧化生物降解垃圾袋及其制备方法	ZL201710702847. 8	
15	包装袋（氧化降解垃圾袋）	ZL201730248559. 0	
16	一种智能称重系统	ZL201620537904. 2	云南联塑科技发展有限公司

续表

序号	新产品名称	专利证书号	研究开发单位
17	大口径钢塑复合给水管材端面修边装置	ZL201510168377. 2	昆明傲远管业有限公司
18	大口径钢塑复合给水管材端面双边修边装置	ZL201510168398. 4	
19	大口径钢塑复合给水管材端面修边的方法	ZL201510168384. 2	
20	一种旋流平面四通管件	ZL201621025758. 1	昆明创辉塑胶科技有限公司
21	一种低噪旋流三通	ZL201621027871. 3	
22	一种旋流立体四通管道	ZL201621027610. 1	
23	一种大曲率弯头	ZL201621023424. 0	
24	一种预埋防漏水直接	ZL201621018470. 1	
25	圆接线盒的多用加工模具	ZL201310697209. 3	
26	一种生产塑料制品的注塑模具	ZL201621062859. 6	楚雄润丰塑业有限公司
27	挤塑胶管自动切割器	ZL201621062365. 8	
28	一种塑胶管件内螺纹接头	ZL201621062359. 2	
29	塑胶管板带卷取装置	ZL201621062363. 9	
30	带隔离防护层的钢丝增强塑胶管	ZL201621062364. 3	
31	一种塑胶管生产牵引机	ZL201621062366. 2	
32	一种塑料制品去毛边治具	ZL201621062716. 5	
33	塑料制品生产用输送系统	ZL201621062749. X	
34	电缆管用封堵装置	ZL201621153778. 7	昆明耀龙塑胶有限公司
35	一种 EVOH 基七层熔融共挤出高阻隔石头纸	ZL201621277154. 6	云南昆钢石头纸环保材料有限公司
36	一种七层熔融共挤出石头纸	ZL201621277150. 8	
37	一种用石膏粉生产一次性石头纸发泡餐饮具及其制备方法	ZL201611056564. 2	
38	一种 EVOH 基七层熔融共挤出高阻隔石头纸及其制备方法	ZL201611056565. 7	
39	一种七层熔融共挤出石头纸及其制备方法	ZL201611056533. 7	
40	一种纸箱内衬塑料袋制备工艺	ZL201610700293. 3	昆明新鑫润丰塑料有限公司
41	降解时间可控的农用降解地膜及其制备方法	ZL201710318883. 4	云南中蔗农业科技有限责任公司
42	降解地膜覆盖甘蔗的栽培方法	ZL201710318882. X	
43	瓶子（珍茗山泉）	ZL201630475598. X	昆明珍茗食品有限责任公司
44	PC 水桶	ZL201730003748. 1	云南天外天天然饮料有限责任公司
45	耐热 PE 管道	ZL201621489529. 5	云南益华管道科技有限公司
46	双壁波纹 PE 管道	ZL201621489219. 3	
47	高强度 PE 管道	ZL201621489399. 5	

续表

序号	新产品名称	专利证书号	研究开发单位
48	钢带增强中空双平壁聚乙烯缠绕排水管的生产方法	ZL201610106597.7	云南驰通环保科技有限责任公司
49	钢带增强中空双平壁聚乙烯缠绕排水管的生产装置	ZL201610106599.6	
50	一种丙烯氯乙烯共聚乳液表面改性聚氯乙烯树脂的方法	ZL201710599303.3	云南正邦科技有限公司
51	一种丁腈乳液表面改性聚氯乙烯树脂的方法	ZL201710599342.3	
52	一种乙烯醋酸乙烯氯乙烯共聚乳液表面改性聚氯乙烯树脂的方法	ZL201710601501.9	
54	一种乙烯醋酸乙烯共聚乳液表面改性的聚氯乙烯树脂及其表面改性方法	ZL201710599313.7	
55	一种乙烯氯乙烯共聚乳液表面改性聚氯乙烯树脂的方法	ZL201710599443.0	
56	一种丙烯酸基乳液共聚物表面改性的聚氯乙烯树脂及其表面改性方法	ZL201710599442.6	
57	一种非发泡 PVC 基超高填充生物质纤维复合材料及制备方法	ZL201710249495.5	
58	一种塑料检查井及其组装方法	ZL201710500530.6	云南百川环保科技有限公司
59	一种环保型集装袋扁丝生产方法	ZL201510522369.3	昆明仙织塑业有限公司
60	一种抗老化高强耐磨扁丝生产方法	ZL201510522393.7	
61	一种绝缘电工套管	ZL201621188753.0	云南亨财管道有限公司
62	一种新型高分子 PVC 螺旋管道	ZL201621193107.3	
63	一种多功能精密塑料模具成型机	ZL201621193088.4	
64	一种抗腐蚀高分子塑料管道	ZL201621187234.2	
65	一种耐热防滑高韧的高密度聚乙烯波纹管	ZL201621192402.7	
66	一种高塑管材挤出机	ZL201621194850.0	
67	一种精密塑料管道快速焊接设备	ZL201621192910.5	
68	一种复合型抗老化 PPR 水管	ZL201621193109.2	
69	一种高强防火阻燃塑料管材	ZL201621187350.4	
70	一种新型给水 PE 管道	ZL201621188594.4	
71	一种超高分子量嵌钢复合管	ZL201621193441.9	
72	一种管材真空冷却箱	ZL201710532848.2	

四、存在的问题

总体来看，2017 年我省塑料制品加工业经济运行保持在合理区间，发展和转型有所改善。同时应看到国内外经济环境依然错综复杂，经济稳中向好的基础尚不牢固；部分子行业产能过剩、低端产品产能过剩问题仍然存在，市场上同类的低附加值产品较多，高附加值产品较少；总体装备水平偏低，行业内中小微企业较多，科技人员较少，研发人员、经费不足，科技创新受到制约；原辅材料价格上涨幅度大，而塑料制品价格并上涨，资金紧缺、回款难、人工成本增加、市场无序竞争等多重挤压，缩小了企业利润空间。

五、建议与计划

1. 发展建议

在供给侧结构性改革深入实施、创新驱动发展战略加快推进的大背景下，行业要抓住机遇，进行转型升级，带动产业链上下游协同发展，争取更大的发展空间；加强节能降耗工作，淘汰落后工艺，启动替代工艺；自觉维护行业的发展，加强行业自律和规范，从市场行为、生产行为、创新行为，特别是诚信建设等方面，都要加快向现代企业管理标准看齐，提高行业整体软实力；坚定不移地实施创新发展，不断完善以企业为主体的产学研创新体系；加大实施“三品”战略，全面提高企业增品种、提品质、创品牌的发展能力；借助我省面向南亚东南亚辐射中心定位机遇，培育广阔的市场空间。建议有实力的企业积极主动地融入国家“一带一路”战略，开辟企业国际市场空间。

2. 下步计划

（1）加强行业自律、推动品牌建设和诚信工作

（2）加强分支机构管理，拟成立云南省再生塑料专委会

（3）适时推进团体标制定工作。

（4）加强与大专院校、科研院所产学研合作。

（5）拟筹建云南塑料批发市场。

（云南省塑料行业协会　韩简吉）

新　疆

通过50余年的发展，新疆塑料工业从无到有、由小到大，已形成了以制品加工业为主体，包括塑料机械、模具制造和合成树脂原辅材料等相对配套的工业体系。塑料加工业形成农用塑料、建筑塑料、包装塑料、日用塑料等门类，其中农用塑料节水器材等领域具有产品优势

一、基本情况

新疆现有塑料生产企业2000余家，其中规模以上企业144家，企业数量占比不足一成，但塑料制品总产量占比超过五成。2017年规模以上塑料制品总产量127.98万吨，与上年同期相比下降1.13%；从附表1可以看出：2017年规上企业亏损数27家，占比18.75%，较上年增长17.39%；其中主营业务收入136.96亿元，较上年增加3.86%；从主营业务收入与业务收入的占比可以看出，2017年其他业务收入有所增加，增加比例近4%；所有者权益合计较上年提高6.07%，资产负债率较上年增加1.7%，达到50.3%。

表1　　2016—2017年规上企业财务情况对比表

指标名称	2017年	2016年	增减/%	指标名称	2017年	2016年	增减/%
亏损企业数/个	27	23	17.39	营业收入/亿元	143.24	132.93	7.76
塑料制品产量/万吨	127.98	129.44	-1.10	营业成本/亿元	121.73	113.21	7.53
流动资产合计/亿元	88.87	77.36	14.88	利润总额/亿元	11.39	10.25	11.12
存货/亿元	29.84	26.23	13.76	营业利润/亿元	10.72	9.57	12.02
资产总计/亿元	152.40	138.90	9.72	资产负债率/%	50.30	48.60	1.7
负债合计/亿元	76.68	67.51	13.58	资产利润率/%	14.95	14.76	0.19

从塑料制品产业结构看：农用塑料制品（含滴灌带、管及附件）的生产占比较大、其次是建筑塑料、包装塑料（含医用、食用塑料包装）、日用塑料，工程塑料微乎其微。从塑料制品产量变化看：2017年塑料制品产量总体较上年下降1.13%，塑料制品子项中塑料薄膜和泡沫塑料较上年增长，其中塑料薄膜制品增幅超过2位数，达到27.28%；日用塑料和其他塑料制品均有不同幅度的下降。

表 2　　2017 年规上企业塑料制品主要品种产量

产品名称	2017 年产品产量/吨	较上年同期/%	当年比重/%
塑料制品合计	1279797.6	-1.13	100
塑料薄膜	158810.38	27.28	12.41
其中：农用薄膜	98235.99	6.69	7.7
泡沫塑料	49651.5	9.77	3.88
日用塑料	344	-7.68	0.03
其他	1070990.7	-4.72	83.68

二、重点工作

1. 抽检新疆部分地区地膜产品质量

根据自治区人民政府办公厅《关于切实做好〈新疆维吾尔自治区农田地膜管理条例〉贯彻实施工作的通知》（新政办明电［2016］321 号），为严格贯彻执行《新疆维吾尔自治区农田地膜管理条例》，严防不合格农田地膜的生产、销售和使用行为，根据自治区农业厅《关于开展农田地膜抽检工作的通知》（新农办环（2017）35 号）要求，新疆塑料协会配合农业厅对南疆、北疆等地区的农资市场开展了地膜产品质量调研工作，并在农资市场随机抽取（购买）地膜样品，送交国家法定质检部门对其产品关键技术指标进行检测，并依据 DB65 3189-2014《聚乙烯吹塑农用地面覆盖薄膜》标准对抽检样品进行质量判定。形成《2017 年自治区〈聚乙烯吹塑农用地面覆盖薄膜〉市场产品质量分析报告》报送自治区人民政府。

2. 开展土工膜产品监造，保障重点水利工程用材料的质量安全

应自治区水利建设管理部门要求，经上级主管部门安排，新疆塑料协会承担了自治区重点水利工程所用关键防水材料——复合土工膜产品的生产监造任务。

为确保监造工作质量，协会以《PE 土工合成材料监造手册》和《监造工作管理制度》为依据，选派了行业内具有丰富质量监控经验的工程技术人员组成现场监造组对中标企业土工膜生产全过程实施质量监控。在监造全过程中通过对原辅材料进厂确认、成型工艺参数监控、班组及实验室质量检验数据监督、型式与委托检验样品抽样检测、产成品存放与发货、不合格品管理等重点环节的旁站式跟班监造，形成大量的第一手检测数据，最大限度防止了非合同产品或不合格产品流入施工现场，有效的保证了工程用复合土工膜的质量安全，得到了建设单位的认可。在监造过程中监造工程师还以行业专家身份，积极指导和协助企业改进生产工艺技术、完善基础管理、强化员工专业技术与质量培训等，促进了企业生产管理、质量水平的大幅提升，获得了生产企业的好评。

3. 建设及完善“新疆塑料节水材料产业集群中小企业公共服务平台”

新疆塑料节水材料产业集群中小企业公共服务平台（简称：节水平台）是根据国务院和国家工信部等相关部委有关文件精神，在主管部门的指导下成立的产业集群中小企业公共服务窗口平台。节水平台由新疆塑料协会负责承建并实现正常运营，平台面向塑料行业提供：人才培训服务、技术咨询服务、创业服务、市场开拓服务、管理咨询服务、融资服务、法律服务。平台立足于服务塑料节水材料中小微企业，并逐步扩展为面向塑料制品行业企业、塑料机械设备企业、原辅材料供应商和相关科技研发、试验检测机构等的行业性综合服务平台。截止 2017 年底，平台主要做了以下几方面工作：平台线上线下各类服务共计 10300 次，其中：信息服务 8665 次（含期刊服务、微信服务、呼叫服务等）、投融资服务 4 次、创业服务 25 次、人才与培训服务 820 次、技术创新和质量服务 431 次、管理咨询服务 105 次、市场开拓服务 240 次、法律服务 10 次。

随着节水平台各项工作的深入，为更好的提升服务水平，经有关部门评定升级为自治区示范平台。

4. 积极推进行业标准化工作

协会一直重视行业及企业标准化建设。在主管部门的领导下，积极开展行业标准化推进工作：积极探索推行行业团体标准。

——组织专家对《防啮齿类动物啃咬一次性滴灌带》和《一次性塑料酸奶杯（瓶、盒、罐）》2项地方标准进行评审。

——召开了“制定可控降薄膜（地膜、包装袋）产品标准研讨会”，确定了“全降解吹塑农用地面覆盖薄膜”团体标准制定工作计划。印发了《关于<可控降解吹塑农用地面覆盖薄膜>团体标准制定的通知》，并按照通知内容开展工作。

三、行业活动

1、市场开拓及其他服务

通过平台网络发布企业供求信息和展会信息，线下组织企业参加相关会议及展会。

——2017年3月14－18日，应邀参加2017年第二十届内蒙古国际农业博览会，组织我区新疆德美隆新材料股份有限公司、新疆乌鲁木齐康和塑业有限公司、新疆普疆节水有限公司、新疆惠利灌溉科技股份有限公司、新疆北屯雨润节水设备有限责任公司、辽宁天业节水灌溉有限公司、甘肃天业节水有限公司、新疆福兴节能科技有限公司、新疆银鑫塑机公司等9家塑料生产企业参加了本次展会。

——2017年5月16－19日，组织16家单位的37名企业家和技术人员参加在广州举办的第三十一届中国国际塑料橡胶工业展览会，并在同期参加了中国塑料加工工业协会年会以及多场技术交流会议等，通过展览展销、贸易洽谈、产品推介、互相交流学习，开拓了眼界，打开了思路，看到了差距。

——2017年10月11日至15日，组织我区塑料行业8家企业的14名代表参加在台州召开的第十七届中国塑料交易会及一带一路、合作共赢——中德智能制造高峰论坛，同时对当地企业进行了参观交流学习，增长了见识，扩大了视野，为企业的发展提供了帮助。

——加强同行交流：先后应邀参加了中塑协农膜专委会2017年会暨中国农膜行业优秀品牌表彰大会；11届全国节水灌溉工作会议并做了大会发言；《聚乙烯吹塑地面覆盖薄膜》（北京）标准宣贯，了解新旧标准变化及要求，并对新疆地膜使用情况及现状做了大会发言；还应邀参加了在江西南昌召开的《门窗用塑料型材、塑料管材技术交流会》和云南省塑料协会年会等。

2. 完成政府部门交办的工作

（1）配合自治区质监局地膜、滴灌带质量提升专项对接工作及《质量提升实施方案》起草制定工作。

（2）向自治区政府办公厅提供了新疆塑料管材行业基本情况。

（3）应自治区水利建设管理部门的要求，全程陪同对相关聚乙烯塑料管材企业进行调研，并按其产品使用要求推荐相关生产企业。

（4）中国塑料加工工业协会领导来疆调研期间，塑料协会通报了新疆塑料行业整体情况及存在的问题并陪同对塑料企业进行调研。

（5）为贯彻落实国办发［2007］72号《关于限制生产销售使用塑料购物袋的通知》精神，为自治区发展和改革委员会提供了塑料购物袋生产、销售、使用情况说明。

（6）配合行业主管部门对塑料生产企业的安全生产进行检查督导。

3. 培训、咨询、调研、服务工作

（1）利用农用地膜联合执法检查产品抽样工作契机，完成了对新疆83个县、市地膜覆盖面积的统计调研工作。

（2）为提高企业对新旧地膜标准的认识，协会于2017年11月23日举办“地膜标准研讨班”。

（3）应自治区水利建设管理部门和生产企业的要求，塑料协会提出《聚乙烯土工膜耐候性、老化及其使用寿命评价实验方方案》，联系相关部门和高校技术专家通过专题座谈、质量分析、技术分析，对非监造产品进行论证。并联系第三方专业检测机构进行产品检测。

（4）开展了重点土工膜生产企业“土工膜质量控制实务”培训班，对土工合成材料的相关产品标准及试验方法标准、产品技术规范、生产工艺技术控制等内容进行了培训。

（5）开展了“节水平台”日常线上线下的咨询服务工作。

四、名优产品

（1）为大力推进名牌战略，充分发挥名牌产品生产企业在提质增效、增强企业竞争力、促进自治区经济发展中的示范带动作用，2017年，新疆蓝山屯河型材有限公司等2家塑料企业2个产品通过新疆名牌战略推荐委员会“新疆名牌产品评审”。（见：附表3）

附表 3　　2017 年新疆名牌产品（塑料类）名单

序号	企业名称	注册商标名称	申报产品名称
16－61	新疆蓝山屯河型材有限公司	屯河	塑料门窗型材
16－62	新疆天业股份有限公司佳美包装分公司	天业	塑料编织袋

2. 新疆蓝山屯河型材有限公司获得中国轻工业联合会授予的中国轻工业塑料行业（塑料异型材）2017 年十强企业。

五、新产品开发

（1）新疆天业节水灌溉股份有限公司自主研发、拥有自主知识产权的滴灌带生产、包装全自动生产线投入使用。自动化程度处于国内领先，其生产线完美实现产品自动包装、自动码放、生产过程集中监控等多项成果，是目前国内第一家采用自动化控制滴灌带生产线的企业。

（2）中石油独山子石化茂金属 HPR1018HA 和 EZP2005HA 系列线型聚乙烯的推广应用。

（3）新疆通庆塑业有限公司“给水用 HDPE 大口径（1000mm）管材产品”通过生产检测，企业针对自治区大口径节能输水管道产品取得工艺技术突破，填补自治区同类产品空白。并攻克解决了 HDPE 大口径管材融垂大不易生产加工成型的难题，依据自主专利 ZL2015 20172083.2（一种高强度 PE 管道）成功实现了大口径管道产品生产创新。

（4）新疆蓝山屯河型材有限公司研制的《PUR 热熔覆膜塑料门窗型材》，在型材产品外观、耐候性能、节能建材覆膜取得工艺技术突破，填补自治区同类产品的空白，技术达到自治区领先水平。

（5）喀什市新秦管业责任有限公司研制的“给水用钢丝网增强聚乙烯复合管道”重点着手于钢丝骨架的密度、缠绕方式及选择塑层热熔胶过塑与否方面的难题，采用自主专利技术 CN201520014672.8（一种钢丝网骨架均匀布丝装置）、CN201520014683.6（一种钢丝网骨架复合管缠绕装置）结合生产实际解决了骨架与过塑温度、HDPE 溶体温度的匹配及骨架与 HDPE 的挤出速度的匹配工艺技术难题，结构优良，克服了原有产品外层塑料与增强体剥离情况，实现了技术创新，填补了地区同类产品的空白。

六、存在的问题

1. 产品结构调整任重道远

目前我区塑料制品加工企业整体表现为数量多、企业规模小、产业集中度低、生产力分散、专业化生产程度薄弱、产品深加工比率低。低值产品不理性增长，高技术含量、高附加值产品发展缓慢。低端产品产能过剩问题仍未有效解决，市场上类同的通用产品较多，尤其是部分塑料产品过度增长导致恶性竞争。

2. 企业自主研发、创新能力不足

新疆塑料制品生产企业以民营资本为主，由于行业内大企业较少，以中小微企业为主，企业科技人员少，科技研发能力弱，再加上企业科技经费投入不足，或没有条件投入，科技创新受到了严重制约。

3. 人才队伍建设有待提升

新疆塑料企业以中小微企业为主，招工难、人才留不住现象普遍存在，专业技术人员的技术水平和生产操作者的劳动技能均有待于提高。塑料协会有效发挥中小企业公共服务平台和专家委员会作用，集中行业力量开展一系列专业技术活动，在有效解决行业中的技术难题的同时，提升企业专业技术人员的技术提升和创新能力。发挥“新疆塑料制品行业生产力促进中心”的作用，加大面向中小微企业的专业技术岗位培训，培养一批操作技术能手。

七、发展趋势

随着“一带一路”经济带的发展和中央援疆政策支持力度加大、重点工程建设项目实施等举措的逐步深入，为新疆的塑料工业打造了良好的上升通道。特别是近年来援疆塑料企业依托技术优势对新疆塑料工业整体发展水平形成拉动。

从产品门类方面看，在主流门类中，围绕农业节水政策，以滴灌带、管材、农地膜等为主的“塑料节水器材”产品仍将保持阶段性增长；随着城乡基础设施建设和城镇化扩建步伐的加快，以门窗型材、外墙保温材料、室内装饰材料为主的各类塑料建材将触底回升；以塑料托盘、中空容器、编织袋、吨装袋、周转箱等为主要产品的包装塑料制品将稳中有进。其中，各种复合材料、工矿及特殊性能和大口径管材及其配套的管件；大型或异型结构件、多层复合或高阻隔性能中空容器、包装箱框；

用于工程项目的功能性结构材料、对通用树脂改性等新产品是产品质量提升的方向。

从技术应用方面看，以企业为主体、主动性的节能减排、降耗增效、提升品质、创新应用领域等为目的的新产品开发、技术创新和改造升级活动，将继续成为企业经营活动的主要方向。其中以电磁加热技术、智能伺服控制技术等为代表的节能降耗和优化制造为目的的“先进适用型”技术将受到重视。

从产业结构方面看，清一色的“终端制品”将逐步为“材料型制品”所替代，行业整体上由纯“加工型”逐步表现为“加工制造型”，产业水平进一步提升和优化，产品附加值将进一步提高。

塑料加工业要突破发展瓶颈，取得新的进步，只有不断依靠创新驱动转型发展，推进产业升级，才能打造行业持续发展新动能，这是塑料行业发展的必由之路。要坚持创新驱动发展战略，不断完善行业创新体系，有效提升行业核心竞争力，进一步推动行业进步和发展。

塑料工业既是一个应用广泛的制品加工业，也是一个与其它行业紧密联系和配套的材料工业，与地区经济结构和水平密切相关，随着新疆稳定、发展的步伐的加快，新疆塑料行业将会进一步发展壮大。

（新疆维吾尔自治区塑料协会）

主要制品行业

农用薄膜

一、专委会大事记

2018 年是中国塑协农膜专委会成立 30 周年。30 年前，即 1988 年，正值我国改革开放的初始阶段，国家也处于由计划经济向市场经济转换的大变革时期，农膜作为一种国家指令性计划的支农物资，得到各级政府的高度关注。这一时期，农膜生产、销售过程中遇到了原材料价格大幅波动和国家计划难以落实等新情况、新问题，急需向原国家计委、国家轻工部领导反映，使农膜定点生产企业遇到的问题尽快得到解决。

1. 第一届专委会的诞生

面对当时处境，石家庄东风塑料厂等七家农膜企业，率先联合倡议成立“全国农用薄膜行业经济技术协作组”（中国塑协农膜专委会前身），得到轻工业部的支持，于 1988 年 12 月 9 日在上海召开会议，“协作组”宣告成立。

1989 年 9 月“中国塑料加工工业协会”成立，“协作组”加入中国塑协，成为下属行业组织，并更名为“中国塑料加工工业协会农用薄膜专业委员会”（简称中国塑协农膜专委会）。第一届专委会任期为 1988 年底至 1990 底，理事长为石家庄东风塑料厂厂长韩有林，秘书长崔守信。

2. 第二届专委会

第二届专委会成立于 1990 年底。12 月 11 日在济南市召开农膜专委会理事会，其中一项议程是讨论换届改选问题，同意由第一届专委会连任。并经中国塑协同意，至此第二届专委会成立，任期为 1990 年底到 2003 年底，理事长为石家庄东风塑料厂厂长崔守信，秘书长为苏强民。1996 年史勇接替当选第二届专委会秘书长。

3. 第三届专委会

成立于 2003 年底。2003 年 7 月在大连召开专委会理事扩大会议，即换届预备会，2003 年 12 月 3 日在北京召开第三届专委会代表大会，选举成立第三届专委会。任期为 2003 年底至 2012 年 7 月，理事长为河北宝硕集团有限公司副总经理韩连贵，秘书长为金洪波，2004 年刘敏当选副秘书长；金洪波任期止于 2007 年，由刘敏接替担任专委会常务副秘书长。

4. 第四届专委会

成立于 2012 年 7 月。在吉林省白山市召开专委会代表大会，选举成立第四届专委会，任期为 2012 年 7 月至 2018 年 6 月，理事长为白山市喜丰塑料（集团）股份有限公司董事长曹志强，秘书长刘敏。

5. 农膜专委会成立前后农膜行业主要工作

30 年来历届专委会坚持深入实际，调查研究、服务企业，发挥基层与政府部门间桥梁纽带作用，坚持维护企业合法权益，为国家重大决策提供依据和献计献策。坚持行业自律，规范企业管理，推动技术创新，向中高端水平迈进，为行业健康发展，为农业现代化建设做出贡献。农膜专委会已经成为中国塑协麾下最具影响力专委会之一，扎实工作、热忱服务、不断进取的精神，受到上级部门的肯定和赞扬，在行业内具有较高的凝聚力和感召力（表 1）。

表 1　　主要工作表

项目＼时间	1988 年 （专委会成立时）	2018 年 （成立 30 年）
全国农膜年总产量	30 万吨	300 万吨
	其中：棚膜 15 万吨，覆盖栽培面积 61 万亩；地膜 15 万吨，覆盖栽培面积 3000 万亩	其中：棚膜 135 万吨，覆盖栽培面积 6600 多万亩；地膜 165 万吨，覆盖栽培面积 4 亿亩
全国农膜年产能	接近 100 万吨	500 万吨 ~ 600 万吨
企业产能	年生产能力 5000 吨以上企业 20 家	年生产能力 5000 吨以上企业约 300 家，其中年产能万吨以上企业 100 家

续表

项目＼时间		1988 年 （专委会成立时）	2018 年 （成立 30 年）
企业生产规模		年产农膜 2000 吨以上的企业 50 家，没有年产万吨以上企业	年产农膜 2000 吨以上企业 200 多家，其中年产万吨以上企业超过 60 家
产品水平	棚膜	主要是普通 PVC 棚膜 1979 年成功研制单一功能防老化棚膜 1985 年成功研制第一代双防 PVC 功能膜	主要是功能性棚膜，占比 60% 以上，2010 年前，成功研制并批量生产第二、三、四代功能性棚膜 目前正在研制和生产接枝型内添加五层共挤长效、长寿命、流滴消雾、防老化第五代多功能膜
	地膜	主要是低端普通白膜	各种着色地膜，包括具有不同专用功能性地膜，占比在 60% 以上
产品结构		低端农膜占 90% 以上	高、中、低端农膜产量所占比例为 10%：45%：45%

二、农膜发展历程

1. 发展阶段

（1）新中国成立后至 1977 年为我国农膜起步阶段，农膜产品由无到有，企业由小到大，农膜的应用起到农作物增产、农民增收的明显效果，受到国家领导和政府部门的重视。

（2）1978—1987 年，以引进促发展阶段，当时国家处于改革开放初期，农膜行业紧跟形势，以扩大引进促进行业技术水平的上升，通过消化吸收国外技术，提升自主研发和国产化水平。

（3）1988—2005 年，农膜行业进入提速发展阶段，功能性棚膜从成功生产第一代产品，发展到成功生产第三代产品，农膜的应用得到普遍认可并大面积推广。

（4）2006—2015 年农膜行业驶入高速发展的快车道，规模以上企业年产量同比增长率达到两位数，农膜成为农业发展不可替代的重要生产资料，为丰富“菜篮子”“粮袋子”做出突出贡献。

（5）2015 年开始进入新常态至今，由高速增长转向高质量发展，规模以上企业产量同比增长率降为个位数，企业运行更加着重提高质量，增加效益。产品研发与生产，已经升级到第五代多功能棚膜，农膜行业向中高端水平快步迈进。

2. 产量增长

（1）1975 年全国农膜产量接近 10 万吨；

（2）1979 年达到 19.5 万吨；

（3）1988 年农膜专委会成立时全国农膜产量为 30 万吨；

（4）1998 年全国农膜产量达到 80 万吨，年产量万吨以上农膜企业有 4 家；

（5）2008 年全国农膜产量快速达到 200 万吨，规模以上企业产量占全国产量比例为 47%；

（6）2018 年全国农膜产量将达到 300 万吨，规模以上企业农膜产量占全国总产量的比例达到 83%，产业集中度明显提升。

3. 产品升级换代

（1）1963 年我国成功研制 PVC 拱棚膜，宽度 2～4 米，厚度 0.04～0.06 毫米；

（2）1965 年在全国推广 PVC 大棚膜，宽度 6～12 米，厚度 0.06～0.15 毫米；

（3）1978 年成功研发单一功能防老化棚膜，1979 年 PE 耐老化棚膜批量生产；

（4）1985 年生产出第一代无滴耐老化 PVC 双防功能膜；

（5）1990 年生产出第二代流滴、消雾、保温 PE 功能膜；

（6）1992 年生产出第三代 PE/EVA 三层共挤无滴、耐老化多功能膜；

（7）2000 年前后开始研发第四代产品（PO）膜，2010 年成功实现批量生产；

（8）目前正在研制并开始生产，接枝型内添加五层共挤长效、长寿命、流滴、消雾、防尘第五代多功能棚膜。

三、行业现状分析

我国经济总量自 2010 年跃居世界第二位之后，受国际金融危机影响经济增速 2012 年开始从高速转为中高速。农膜行业从2015年开始进入个位数增长的新常态，当年农膜产量同比增长率锐减至5.25%，比2014年下降约10个百分点，2016年继续下滑至-0.38%，2017年依然步履艰难，规模以上企业农膜产量逐月同比增长率，上半年基本为负，下半年开始由负转正，年度达到3.41%。2017年全国农膜总产量为290万吨，呈现稳中向好的态势。

2017年对农膜生产不利的因素：一是下游市场需求不旺。由于国际上逆全球化和贸易保护主义倾向抬头，我国外贸出口受到挤压，农产品价格低迷，影响农民种田积极性；另外，我国改革大宗粮食和经济作物收储制度，让市场调节发挥更大作用，使玉米收购量和收购价降低，其种植面积随之大幅下降。同时下降的还有棉花、烟草等，影响了对农膜的需求。二是国家治理大气污染环保督查力度不断加大，致使部分农膜企业被迫关停、限产、整改，加之原材料价格上涨，人工等生产成本要素持续上升，市场竞争进一步加剧，农膜企业经营处于谨慎观望的尴尬境地。那些不能以产品创新、质量功能提升而占领市场的小微企业再一次面临被“洗牌”出局的困境。

然而为保证农业生产对农膜的刚性需求，推进供给侧结构性改革的进程，有条件的农膜企业加大了产品结构调整和科技创新的力度，如五层共挤涂覆PO膜产量有望接近15万吨；华盾雪花（固安）公司接枝型五层共挤长效长寿命流滴消雾、防尘棚膜也实现工业化生产；甘肃福雨全自动地膜收卷装置的研发，降低了人工成本，提高生产效率，在自动化、智能化方面取得可喜成绩；汕头金明应用信息化、数字化技术，适应市场功能化、多样化、小批量、多品种的需求，提高了企业的效益。目前农膜高、中、低档产品结构已达到10%：45%：45%，低端农膜的比例由五年前的60%降到了45%，功能性棚膜在整个棚膜产量的比重超过了60%；功能性多种着色地膜、专用地膜也大幅涌现，我国农膜正在向中高端快步迈进。

当前我国拥有农膜生产企业约千家，从业人数近7万，总产能500万~600万吨，年总产值330多亿元。2017年全国农膜总产量290万吨，其中棚膜产量130万吨，覆盖栽培面积6600万亩；地膜产量160万吨，覆盖栽培面积4亿亩。千家企业中规模以上企业220家，其农膜产量之和占全国总产量的比例达到83%（10年前这一比例不足50%）其中万吨以上产量的企业数量超过60家（10年前只有30家），农膜行业产业集中度近十年有了明显提升。

四、存在问题

农膜行业技术、装备和产品水平虽然有了较大提高，但同国外先进国家仍存在较大差距，当前存在主要问题：

一是，小规模企业数量多。年产量不足1000吨的小微企业大约700多家，平均产量在700吨/年上下，规模小、水平低、产品多为低端普遍膜，成为行业整体水平提升和规范整治市场秩序的短板。

二是产能过剩。造成产能过剩与农膜生产季节性强有密切关系，固定资产占比高，开工率不足，忙半年闲半年，企业正常管理难度大，一线生产人员流动性强，生产成本高，而利润率低，致使设备更新改造，产品升级换代，增加科技投入等均力不从心。

三是多数企业管理薄弱。包括质量管理、创新发展、交流合作，特别是人才培养、引进和作用的发挥等缺乏力度，相当企业决策层缺乏长远规划，战略定位和行之有效的配套措施。

随着市场经济的深化，优胜劣汰市场博弈筛选以及最近颁布的《农用薄膜德清规范条件（2017版）》的实施，上述问题会逐渐得到缓解。进入新常态，高质量的发展是第一要务，人才是第一资源，创新是第一动力。在新一轮深化改革的大潮中，抓住时机及时转型才能有较大的生存和发展空间。

五、亮点工作

1.《聚乙烯吹塑农用地面覆盖薄膜》“GB13735-2017”正式分布

国家质量监督检验检疫总局、国家标准化管理委员会于2017年10月14日批准发布了强制性国家标准“GB 13735-2017”《聚乙烯吹塑农用地面覆盖薄膜》，代替了“GB 13735-1992”，2018年5月1日在全国正式实施，这是由以白山喜丰公司为主的14家农膜生产企业和6家科研单位参加，历时4年时间完成的，是农膜行业修订国标、规范行业生产行为方面又一重大成果。

2.《中国塑料制品耐候技术实验室》挂牌成立

经中国塑协农膜专委会推荐，中国塑协批准，北京天罡助剂有限责任公司正式挂牌成为《中国塑料制品耐候技术实验室》，为实现实验室先进检测手段资源共享，为企业技术进步搭建服务平台。

3. 经中国轻工业联合会评选，中国农膜十强企业如表 2：

表 2　中国农膜十强企业

河南省银丰塑料有限公司
天津市天塑科技集团有限公司第二塑料制品厂
白山市喜丰塑料（集团）股份有限公司
山东清田塑工有限公司
甘肃福雨塑业有限责任公司

续表

玉溪市旭日塑料有限责任公司
杭州新光塑料有限公司
河北科伦塑料科技股份有限公司
聊城华塑工业有限公司
济南新三塑业有限公司

4. 中国塑协农膜专委会的 8 家会员单位企业的信用等级被评为 AAA 级

农膜 3A 企业名单如表 3

表 3　中国农膜专委会 AAA 级企业

序号	企业名称	级别	编　号
1	甘肃天水五丰塑化有限责任公司	AAA	201609911100336
2	四川省犍为罗城忠烈塑料有限责任公司	AAA	201509911100201
3	甘肃天宝塑业有限责任公司	AAA	201509911100320
4	新疆天业（集团）有限公司	AAA	201509911100215
5	山东华鑫塑业有限公司	AAA	201509911100317
6	唐山聚丰普广农业科技有限公司	AAA	201509911100281
7	云南曲靖塑料（集团）有限公司	AAA	201709911100357
8	山东清田塑工有限公司	AAA	201709911100366

六、主要工作

1. 深入基层，了解实情，加强与企业的信息沟通

今年我们重点走访了河北、山东以及哈尔滨市共 16 家农膜企业，了解运行状况，听取企业诉求，探讨专委会工作重点，共商行业发展大计。当听到山东青州农膜生产企业已经达到年产 PO 膜 3 万吨，且出口万吨的消息，为企业的发展感到欣慰。座谈中许多农膜企业反映取消对农膜企业生产环节免征增值税的政策，让所有农膜企业在同一起跑线上公平竞争，为国家和地方财政收入做出应有的贡献。与企业同仁就落实“十三五”技术进步、科技创新、“三品”战略实施以及参加 2018 年在南京举办的第三届中国国际塑料展等事宜进行了探讨和逐一落实。对企业的走访，让我们深受教育，也增强了专委会同企业之间的相互了解、理解和信任。

2. 申报节能国家标准《农用薄膜生产企业单位产品能源及物料耗费限额》

本标准由农膜专委会起草并在行业内试行中形成，对农用薄膜生产线、产品制造过程能耗考核和评价提供了技术支持和依据。目前国内外还没有这方面的标准与规范。此标准已申报待审批中。

3. 积极推动并配合工业和信息化部制订《农用薄膜行业规范条件（2017 版）》

2017 年，受工业和信息化部消费品司委托，在中国塑料加工工业协会指导下，中国塑料加工工业协会农用薄膜专业委员会承担了修订《农用薄膜行业准入条件》的课题工作。2017 年 11 月 29 日工业和信息化部发布了《农用薄膜行业规范条件（2017 本）》文件，该规范条件自 2018 年 3 月 1 日起实施。2009 年 12 月 17 日公布的《农用薄膜行业准入条件》（工消费【2009】第 73 号）同时废止。

4. 召开“塑料加工科技创新年暨中国塑协农膜专委会 2017 年年会”

会议于 2017 年 6 月 13 日在哈尔滨市翰林天悦大酒店隆重召开。本次会议参会领导有国家工业和信息化部消费品司轻工一处邢涛处长；中国塑料加工工业协会朱文玮常务副理事长兼秘书长；黑龙江

省塑料工程学会屈晓玲理事长；黑龙江省塑料工程学会张成武常务副理事长；黑龙江省塑料工程学会姜振生秘书长；全国塑料制品标准化技术委员会塑料制品分会彭永杰秘书长。

参加本次会议的主要来自全国各地的农用薄膜及其原料、助剂、设备、应用及市场营销等领域生产企业、科研院所、外商驻中国代理机构和商社的代表、专家、学者以及新闻媒体朋友共计 381 位。参会人数是历次年会之最。

会议中黑龙江省塑料工程学会屈晓玲理事长介绍了黑龙江省塑料行业的发展情况。农膜专委会曹志强主任做《农膜专委会工作报告》。总结了过去一年专委会的主要工作及成绩，农膜行业发展状况及分析，提出今后重点工作与具体安排，对关心支持专委会工作的领导及各界朋友表示衷心感谢。国家工业和信息化部消费品司轻工一处邢涛处长向与会代表介绍了消费品工业“三品”专项行动的相关工作；行业标准修订的意义和作用；同时对修改《农用薄膜行业准入条件》、制定《农用薄膜行业规范条件公告管理办法》重要性进行了解读。

中国塑料加工工业协会朱文玮常务副理事长兼秘书长代表中国塑料加工工业协会对会议的成功召开表示祝贺。他介绍了塑料行业的发展现状，分析了农膜行业发展运行存在的问题，提出行业的发展建议和要求，对农膜专委会为推动农膜行业健康发展所做的努力给予肯定。朱理事长的讲话为农膜行业的发展和专委会今后工作具有重要指导意义。

十余位专家学者就农膜及其原料应用、农膜生产及相关技术等方面进行讲座，介绍了农膜新产品、新材料、新技术、新装备，使与会代表开阔了视野、丰富了知识，加强了会员单位之间的技术交流和彼此了解与友谊。

本届年会回顾过去，展望未来，对专委会工作提出了意见和建议，体现了同心同德、团结奋进的精神，加强了会员单位间联系、协作和交流。在全体与会代表和朋友们的共同努力和大力支持下完成了大会预定任务，取得圆满成功。

5. 参与食品相关产品监督检查工作

受国家质检总局和中国塑协委托，2017 年 9 月农膜专委会工作人员以审查员身份参加了对黑龙江省食品用包装膜生产企业进行监督抽查，通过核查生产现场，查阅企业记录听取汇报，与员工座谈询问等对企业基本情况、环境、安全实施检查，同时宣讲国家新颁布的食品安全卫生标准。通过检查、宣讲，提升了生产企业食品安全意识，为完善企业质量管理、促进技术进步提供了帮助。

6. 组织参观参展“第三十一届中国国际塑料橡胶工业展览会”

2017 年 5 月 16 - 19 日，中国塑协农膜专委会组织 63 家会员单位 160 位代表参展和参观该展览会，及时了解国内外行业信息，增进同行之间以及上下游交流，受到展会的重视和好评，农膜专委会也因此连续多年被雅氏展览公司视为 VIP 团体。

7. 2017 年 12 月 10 日在北京召开农膜专委会主任会议，对 2018 年重点工作进行讨论

（1）进一步落实“2018 年中国国际塑料展”参展工作

（2）审核“农膜发展史”征求意见稿

（3）筹备“农膜专委会成立 30 周年庆典暨 2018 年年会”有关事宜

（4）对 2017 年工作总结提出意见并修改完善

（5）对《农用薄膜行业规范条件（2017 版）》进行了审议

（6）就目前农膜行业面临的环保问题，大家进行了深入的探讨

8. 组织召开《聚乙烯吹塑农用地面覆盖薄膜》国家标准宣贯暨农用地膜应用及市场交流会议

为配合国标的顺利实施，由全国塑料制品标准化技术委员会主办、农业部农业生态与资源保护总站、中国农业科学院农业环境与可持续发展研究所协办、农膜专委会承办的“《聚乙烯吹塑农用地面覆盖薄膜》国家标准宣贯暨农用地膜应用及市场交流会议”于 12 月 10 - 12 日在北京召开，160 余位代表参加了本次会议。

上午会议由工信部消费品司汪敏燕副巡视员主持。

国家标准委工业标准二部王莉副主任在会上宣读了标准发布文件——2017 年第 26 号国家标准公告，并着重介绍了新修订的《农用地膜》标准的制定和管理程序、修订内容和主要技术特点等。

工业和信息化部科技司沙南生副司长指出，强制性标准具有“保基本、兜底线”作用，是政府推进治理体系和治理能力现代化的重要手段之一。修订出台《农用地膜》强制性国家标准，即是深入落实十九大提出的“坚持人与自然和谐共生”的基本方略，牢固树立新发展理念特别是绿色发展理念，将标准化成为支撑农业绿色发展的重要保障措施。下一步，工信部将加快推动新标准的全面普及，指

导生产企业、检测机构等加快生产环节升级改造和使用环节应用实施，加快符合新标准的地膜试产，尽快提供市场应用，为保障地膜市场绿色转型提供技术支撑。

农业部科技教育司冯志勇副司长指出，农膜作为第四大农业生产资料，对于促进我国特别是干旱少雨的西部地区农业发展、农民增收发挥了重要作用。新修订的《农用地膜》标准的实施将提高地膜的可重复利用和可回收性，为打好农业面源污染防治攻坚战夯实技术基础。接下来，农业部将通过扩大应用示范、做好监测评估、构建废膜回收体系和强化科技服务等方面推广使用符合新标准要求的农用地膜产品。

会上，全国塑料制品标准化技术委员会塑料制品分技术委员会秘书长彭永杰对标准进行了解读；甘肃省临泽县县长冯军、白山市喜丰塑料（集团）股份有限公司董事长曹志强等就分别代表地方政府和生产企业就支持和落实标准实施工作进行了表态发言。

下午进行了农用地膜应用及市场交流会。农业部农业生态与资源保护总站徐志宇处长介绍《地膜残留污染及治理政策》；中国农科院环境与可持续发展研究所严昌荣教授介绍《地膜残留污染与生物降解地膜应用》；新疆、云南、山东、甘肃各省塑料协会的领导分别介绍各地区农用地膜的生产应用情况。

七、发展思路与工作安排

1. 发展思路

按照《中国制造 2025》目标要求，我国制造业要在 2025 年迈入世界强国行列，农膜行业力争早日迈入农膜生产强国行列。实现此目标要从以下几方面做起：

（1）在科技创新上下功夫。农膜产品要瞄准“功能化”方向，在科技创新上下大力气，生产功能更优更全的农膜产品，不仅能够满足保温、保墒、保湿等要求，还要向充分利用光能，发挥光肥、光药作用，向更高效更长寿命和订制专用化发展，使高、中、低端农膜比例从目前的 10%∶45%∶45%，提升到 20%∶50%∶30%，进入世界先进水平。

（2）在提升企业核心竞争力上下功夫。农膜企业要抓住国家实现“三品”战略专项行动力的契机，练好内功，在产品质量管理、定额消耗管理、装备的升级改造、人员素质和全员劳动生产力提高等方面取得明显进展。有条件的企业，特别是大型骨干企业在生产过程中引入数字化、网络化、智能化等前沿技术上要积极探索有所作为，起到典型示范作用，提升国内外两个市场上的产品占用率，扩大我国农膜行业的国际影响力。

（3）在合作共赢上下功夫。农膜行业要做强须加强产业链上下游间的协作，加强政产学研用的深度融合，加强自主研发与走出国门借力发展的结合，实现优势互补、整合创新资源，形成强大合力，从而整体推进，重点突破，为我国农膜生产成为世界强国奠定扎实基础。

（4）根据农膜行业“十三五”规划，紧密围绕已确定的重点产品、重点技术项目，抓紧进行攻关，力争取得新突破，填补国内外农膜技术空白。重视产品标准的制（修）订，要达到国际先进水平，单位成本得到有效控制，部分产品技术达到国际领先，力争在 2025 年进入农膜强国行列。

2. 下步工作安排

（1）积极筹备和落实参展“2018 年中国国际塑料展”积极筹备和参加“2018 年中国国际塑料展”等各项展会，利用展会的平台宣传企业、宣传产品，学习、引进世界先进的农膜生产技术和生产装备，开阔视野，借智发展。

（2）完成《塑料发展史》“农膜发展史”的撰写，在征求意见稿基础上修改完善农膜发展史包括三大部分：1）农膜产品的发展历程；2）农膜专委会成立、壮大与发展；3）重点人物、重点企业、重点区域的发展史。目前已完成 5 万字的初稿，正在征求意见中，作为历史资料力争做到完备、准确、有保存价值。

（3）配合工信部做好《农用薄膜行业规范条件》的实施。首要任务是做好《规范条件》的宣传宣讲工作，充分认识贯彻实施《规范条件》对农膜生产企业的重要意义，配合工信部把实施工作落实实处。

（4）配合国家标准化委员会继续做好《聚乙烯吹塑农用地面覆盖薄膜》“GB 13735－2017”贯标工作，并做好《农业用聚乙烯吹塑棚膜（GB 4455－2006）》、《农业用乙烯－乙酸乙烯酯共聚物（EVA）吹塑棚膜 GB/T 20202－2006》等标准的修订工作。

（5）继续做好自主品牌建设，增强品牌意识，自觉实施品牌战略，建立诚信体系，推动现代化企业制度建设，进一步规范企业行为，提升企业信誉度，增强产品竞争力，从而提高农膜行业整体素质和发展水平。

(6) 开展团体标准工作。根据中国塑协关于推动团体标准制订和组织参加中国塑协团体标准技术委员会的要求。农膜专委会成立了“农膜专业工作组”，由15家企业17位代表组成。下一步将开展农膜行业团体标准化工作，计划在2018年年会和2018年南京“四新展”期间的理事会上组织研讨。

（中国塑协农用薄膜专委会　刘敏）

改性塑料

一、以修订《聚烯烃填充母料》行业标准为契机，推动改性塑料行业标准化工作

改性塑料行业的产品或检测方法的标准多年来处于稀缺状态，产量已达到数百万吨的填充母料应用十分广泛；而且已开始出口东南亚、中亚、俄罗斯、非洲等地，但唯一的行业标准是1991年发布的，距今已26年未经修订，其内容已远远不能适应当前的需要，要求修订的呼声一直很高。2016年年初，深圳高分子材料协会和河南佳木新型环保材料有限公司联合向全国塑料制品标准化技术委员会（SAC/TC48）提出修订申请，我专委会审时度势，顺应企业和行业的迫切要求，组织上海心尔、海城鑫达、浙江德清、常州盖亚等二十余家企业于2016年6月1日发出修标倡议书。该倡议得到广泛响应，众多企业积极要求参与。专委会于2016年11月8日在南京召开修标第一次工作会议，四十多家企业在会上表明态度并签订了修标承诺书。

2016年12月20日至22日，专委会在修标第一承担单位四川仁智新材料科技有限责任公司所在四川省绵阳市召开修标工作第二次会议，全国塑料制品标准化技术委员会（SAC/TC48）主任委员曹俭、副秘书长兼TC48/SC1主任委员田岩和SC1秘书长彭永杰到会给予了具体指导。本次工作会议确定了起草单位、起草人和技术顾问组成员，明确了行标修订的目的、任务和时间计划。

2017年1月，修标工作组向SAC/TC48递交了行业标准修订申请书和编制说明，正式开启了行标修订的航程。

2017年3月20日至23日，专委会组织起草单位负责人、起草人和顾问组成员进行考察，先后走访了上海心尔新材料科技股份有限公司、浙江德清金科塑胶材料有限公司和常州盖亚材料科技有限公司。每到一处都得到东道主的热情接待和周到安排！承担起草工作的年轻人开阔了眼界、了解了行业，明确了方向，增强了信息。

四天的调研活动为行标修订工作，打下了坚实基础，在诸多项目内容上取得共识。之后根据分工，各小组在调查研究的基础上展开试验论证工作。

2017年5月15日，专委会在广州组织了修标工作第三次会议，除修标工作组外，来自行业内的专家、企业家共计八十多人出席了会议。第一起草人四川仁智公司杨建华工程师拿出了修订过的新行标《聚烯烃改性填充母料》征求意见稿初稿。经过逐字逐句的讨论，一致认为还需对粉体含量测定方法、母料分散性判断、水分及挥发物含量和机械力学性能影响四个方面进行试验论证，专门成立了由不同承担单位组成的四个小组，有明确目的和计划地展开下一步工作。

2017年6月7日，修订任务最为艰巨的机械力学性能影响小组在山东春潮集团公司召开会议进行了又一次研讨，并责成四川仁智、山东春潮等公司安排更为周密的试验测试工作，做到既要实用，又能具有权威性和先进性。

2017年7月7日国家工业和信息化部科技司在网上发布2017年第三季度行业标准制修订计划（征求意见稿），公示期为一个月，《聚烯烃填充母料》行标修订位列第137项。现公示期已结束，不久将正式出台标准制修订计划。

9月28日工业和信息化部科技司在京召开立项论证会，彭永杰秘书长和刘英俊教授级高工圆满完成答辩任务。工信部于2017年10月21日发布“2017年第三批行业标准制修订计划的通知”（工信厅科［2017］106号）《聚烯烃填充母料》修订名列其中。

全国塑料制品标准化技术委员会塑料制品分会（TC48/SC1）同意由四川仁智新材料科技有限责任公司为牵头单位，和各起草单位一起承担《聚烯烃

填充母料》的修订起草工作。为使本标准的起草更加科学、合理、全面和可操作，并保证本项目的按时完成，四川仁智新材料科技有限责任公司委托中国塑料加工工业协会改性塑料专业委员会向有意向参加行标修订工作的单位发出邀请函和申请表，《聚烯烃填充母料》行标修订工作组成立大会于2017年12月4日在北京美泉宫饭店召开。中国塑料加工工业协会副理事长、全国塑料制品标准化技术委员会主任委员曹俭，全国塑料制品标准化技术委员会（SAC/TC48）塑料制品分技术委员会主任委员田岩教授，以及中国塑协改性塑料专委会的领导，填写了“起草工作申请表回执”的企业代表，关心《聚烯烃填充母料》行标修订工作的行业专家、企业代表出席了会议。会上学习了行业标准修订工作的有关文件，成立了《聚烯烃填充母料》行标修订起草工作组，并制定了下一步计划。

二、召开专委会2017年年会暨碳酸钙在塑料中应用创新技术论坛

应贺州市人民政府邀请，在第二届中国（贺州）石材·碳酸钙展览会（2017年9月19日至21日）举办期间，我专委会在贺州举办了“碳酸钙在塑料中应用创新技术论坛”，同期召开了专委会2017年年会和塑料加工用辅料及添加剂标准化工作组会议。来自全国二十多个省市的160余位专家、企业家和科技经营人员来到享有“岗石之都”、“重钙之都”美称的贺州出席会议及各项活动，参观展会和考察当地企业，并对贺州市发展碳酸钙产业及实现东部地区产业向中西部地区转移对接提出建议，为奠定今后全方位的深入合作奠定了坚实基础。

9月18日上午举行中国塑协改性塑料专业委员会2017年年会开幕式。中国塑料加工工业协会常务副理事长兼秘书长朱文玮、全国塑料制品标准化技术委员会塑料制品分会秘书长彭永杰及应邀出席会议的人造革、合成革专委会秘书长冯庶君、塑料编织制品常务副秘书长赵克武、PVC硬质板材、PVC发泡制品专委会秘书长周家华、深圳市高分子行业协会秘书长王文广以及清华大学杨玉芬教授、中国矿业大学郑水林教授、业内知名专家黄艳、彭鹤松、陈更新就座主席台上。首先由中国塑协改性塑料专业委员会理事长兼秘书长刘英俊向大家汇报一年来的工作，他指出，我国经济正处在转变经济增长方式，实施供给侧改革的新常态下，在去库存、去产能和持续环保风暴的压力下，行业和企业都面临着新局面，困难和机遇同在，我们一定要认清形势、转变观念、坚定信心、走轻量化、功能化、生态化、智能化之路，通过创新驱动、提质增效，就一定能够实现行业的转型升级，再创辉煌！他列举一年来在专委会精心组织和正确引领下，改性塑料企业仍然取得了斐然的成绩，特别是在新形势下大家认识到行业规范化、产品标准化、技术高端化的重要性，许多企业积极参与到行业标准的修订制定工作中来。专委会认为在圆满完成《聚烯烃填充母料》行业标准修订工作后，积极迅速展开有关改性塑料行业产品及其性能检测方法的行业标准，团体标准和国家标准的制定工作是完全必要的，非常迫切的任务，为此建议成立“塑料加工用辅料及添加剂”分技术委员会，在全国塑料制品标准化技术委员会的领导下，依据国务院办公厅发布的《国家标准化体系建设发展规划（2016—2020）》要求，在标准的有效性、先进性和适用性上做好文章，这将成为一个行业成熟、进步的标志。他还指出在专委会成员的全力支持和热情参与的情况下，专委会开展了丰富多彩的多种活动，其影响力不断扩大，凝聚力不断增加，吸引了更多的企业参加进来，专委会的组织建设取得显著成效。最后他表示要更加认真研究专委会如何更好地成为政府与企业、行业之间的桥梁和纽带，更好地为企业和行业服务。任重而道远，专委会将诚恳听取大家的意见和建议，在上级协会领导下，向兄弟专委会学习，努力工作取得更好的成绩！

根据专委会工作条例，经会员单位申请、专委会理事长办公会议推荐，本届年会上一致同意增补“四川仁智新材料科技有限责任公司、廊坊华博环保材料有限公司、湖南湘福新型建材有限公司、山西玉竹新材料科技股份有限公司、佛山市顺德区通德乐新材料实业有限公司、湖北鑫轻塑化有限公司、鞍山市宏基科化有限公司和江西势通钙业有限公司”等八个单位出任专委会第八届理事会副理事长单位，由协会和专委会领导向新出任专委会的副理事长颁发了证书和铭牌。

为推动企业走“创新求发展、科技领先行”之路，注重培育骨干企业，树立科技进步样板，实施品牌战略，促进行业健康发展，多年来专委会不断发现和实行命名改性塑料行业“科技试验生产开发基地”策略，在过去的一年中，陆续将“四川仁智新材料科技有限责任公司、山西玉竹新材料科技股份有限公司、佛山市顺德区通德乐新材料实业有限公司、浙江德清金科塑胶材料有限公司、石家庄熙荣机械有限公司”等五个企业确立为专委会的科技创新基地，在此次年会上宣布了命名决定。

18日上午九时，在播放贺州经济发展和招商引资政策宣传片后，“碳酸钙在塑料中应用创新技术论坛”正式开始。首先由贺州市人民政府陈翼明副市长致欢迎辞，他指出，贺州地处祖国西南边陲，矿产资源丰富，近年来充分利用丰富的大理石资源，打造“千亿元级的碳酸钙产业链”，此次论坛及相应的展览、考察等活动为各位专家企业家及客商朋友们搭建高水平的交流平台，将为贺州市的企业和碳酸钙的产业提升将带来巨大合作机会和发展动力，他祝论坛圆满成功，祝各位朋友在贺州愉快，点石成金，成就梦想！

中国塑料加工工业协会常务副理事长兼秘书长朱文玮致辞，他强调这次协会的改性塑料、人造革、PVC板材和发泡制品、编织制品、木塑制品的几个专委会的领导和企业家齐聚贺州，充分显示我们塑料加工行业对产业链上游原料产业的重视和期待，他热切希望发挥产业链上下游合作优势，开创非金属矿行业和塑料加工行业共赢的新局面。

清华大学杨玉芬教授、中国矿业大学郑水林教授、深圳高分子行业协会秘书长王文广教授级高工、徐同考教授级高工及业内著名企业的专家分别做了行业动态、创新成果及产品方面的报告，清华大学盖国胜教授、福建师范大学陈庆华教授提供了书面报告。论坛最后由刘英俊教授级高工做了“塑料改性用新型粉体创新成果与发展前景”的报告，他强调，要正确认识和看待当前的“环保风暴”，既是压力，又是动力，事实证明，只要我们采取必要的措施，提高环保意识，用新的思维，新的装备和新的技术是完全可以创出一条新路，打造出具有国际先进水平的改性塑料行业升级版，为塑料加工行业的健康发展再做贡献！

9月18日晚，贺州市人民政府举办“点石成金　成就梦想　产业链接　合作共赢”招待会，贺州市各级领导和企业家与祖国各地的朋友们欢聚一堂，共祝“碳酸钙在塑料中应用创新技术论坛”圆满成功。

9月19日第二届中国（贺州）石材·碳酸钙展览会开幕，全体会议代表应邀出席了隆重的开幕式，并到展厅参观。下午代表们参观了打造千亿元碳酸钙产业链的“旺高开发区”中贺州永享新材料和塑友包装材料两个企业，之后部分代表参加了“贺州石材·碳酸钙产业推介会及项目签约仪式”。

9月20日代表们继续参观考察了贺州市具有代表性的石材及碳酸钙企业，大家感到贺州的商机巨大，合作前景十分广阔。

此次在贺州的有关活动得到贺州人民政府、贺州市工业和信息化委员会、贺州市科技局、贺州市旺高工业开发区、贺州市维也纳大饭店的领导和工作人员的鼎力支持和周到安排，对此全体会议代表表示衷心的感谢。

三、编辑出版《改性及再生塑料标准汇编》

鉴于改性塑料行业转型升级、提质增效，急需有关产品标准和相应的检测方法标准作为指导生产的有力工具，而现有的各种标准手册或汇编内容繁多，找到改性塑料行业适用的十分不易。为此专委会与中国质检出版社（原中国标准出版社重组而成）商议，决定共同编辑出版《改性及再生塑料标准汇编》，主要包括塑料改性母料、专用料、再生塑料基础料、加工助剂及添加剂、再生塑料清洗、破碎、干燥设备、混合混炼挤出造粒设备及材料性能检测方法等几大类现行标准。该书已于6月下旬正式出版发行。

四、组织业内企业参观考察活动，宣传推广新技术、新设备、新产品，加强业内外及产业链上下游交流，真正让创新驱动成为企业前进的指南和动力

（1）3月20~24日，以行标修订调研为主要内容的业内企业参观考察活动共有二十五个企业三十余人参加。改性塑料的骨干企业上海心尔、浙江德清金科和常州盖亚公司展开胸怀欢迎大家近距离参观生产现场，并就填充母料生产中的技术和管理问题深入地进行了交流讨论。

（2）5月5日至8日，来自辽宁、河北、山东、河南、湖北、广西等地的三十余位企业家齐聚塞外山西山阴县，参观了山西玉竹活性石灰制造有限公司和山西玉竹新材料料科技股份有限公司。该公司生产的氧化钙白度高，有效钙含量高，粒度细且均匀，是生产除水母料的最佳原料，而且地处北方，是华北、东北、华东等地最好的氧化钙生产基地。该公司最新研制成功并投产的万吨级/年微孔硅酸钙更是多年来不可多得的新出现的填充粉体材料，可能会给塑料填充改性带来历史性的变革。

（3）硫酸钙广泛用于建筑、水泥、医用等行业，唯独在塑料中未找到合适的用武之地。湖南常德湘福建材公司拥有优质石膏资源，苦于未能找到高值化应用的出路。改性塑料的技术人员做了探索试验，认为可以在塑料中应用。为此刘英俊理事长兼秘书长于4月15日前往该公司，考察了矿山和粉体加工现场，了解了在塑料中应用初步成果，随即委托业内知名专家对石膏粉体进行全面严格的试验检测。刘英俊理事长兼秘书长亲自将用硬石膏粉吹塑的薄膜送到国家塑料制品监督检验测试中心，在透光等性能上与滑石粉、硫酸钡和硫酸钠（元明粉）三种粉体填充的薄膜进行对比，结果发现湘福石膏粉在聚乙烯薄膜中的使用效果从透光性、分散性和化学稳定性等方面分别优于滑石粉、硫酸钡和元明粉。随后又安排了在聚乙烯双壁波纹管和聚丙烯片材、薄膜中的应用试验，发现只要技术措施得当，硫酸钙是不可多得的一种可用于塑料的新型粉体材料。刘英俊理事长兼秘书长向中合共赢资产管理有限公司全面系统地介绍了湘福硫酸钙在塑料中应用的非他莫属的优点和推广应用的广阔前景，为投资公司扶持该企业奠定了技术基础。5月15日，用命名为湘钙粉制成的硫酸钙母料在顺德通德乐公司现场用于吹塑含15%粉体的PE薄膜，获得大家一致好评，纷纷要求湘福公司尽快规模化生产，满足市场需求。

（4）与贺州市工信委在京联合举办“广西贺州招商引资对接会”，贺州市人民政府于大力副市长、工信委杨呈朝主任亲自带队与大家共商贺州发展大计。中国塑料加工工业协会曹俭副理事长率人造革合成革、管道、PVC板材和硬质发泡制品、编织制品等专委会秘书长出席会议。改性塑料专委会会员单位代表、特邀专家、教授五十多人参加了对接洽谈。

（5）应全国绿色建材联盟邀请，刘英俊理事长兼秘书长于2017年11月12日在贺州碳酸钙精细加工培训班上做了“碳酸钙粉体在有机聚合物领域的应用”讲座，深受与会七十多位学员的欢迎。

（6）应中国无机盐工业协会和广西来宾市人民政府邀请，刘英俊理事长兼秘书长于11月26日在广西来宾市召开的“2017年广西（来宾）碳酸钙行业发展研讨会暨项目推介会”上做了“碳酸钙深加工及在塑料中应用面临的问题”的报告，得到与会各方的赞赏。

五、积极参与产业链上下游组织和企业组织的会议和活动，增强了解和合作，实现产业链互助共赢

（1）2016年12月20日刘英俊理事长兼秘书长出席“广东省再生塑料技术创新联盟暨再生塑料新技术需求新服务对接大会”，并做了“技术创新、五链融合、促产业升级、续行业辉煌”的发言。

刘英俊本人应邀出任了联盟专家委员会主任委员。

（2）6月7日刘英俊理事长兼秘书长出席由中国建筑材料联合会粉体技术分会举办的“2017国际粉体加工与应用技术论坛”并做了“塑料改性用新型粉体创新成果与发展前景”的报告。

（3）7月24日刘英俊理事长兼秘书长、徐同考常务副理事长出席由深圳冠亚水分仪科技有限公司在辽宁海城举办的“新设备、新材料、新技术交流会”，徐同考做了“无机粉体在塑料中的高值化应用技术与发展前景”的报告。

（4）8月6日徐同考常务副理事长出席由国家建筑材料工业技术情报研究所在山东淄博组织的以“节能、转型升级、绿色发展”为主题的非金属矿行业大会，做了“非金属无机粉体材料在塑料功能改性中的应用与发展前景”的报告。

（5）积极筹备在贺州举办的第二届中国（贺州）石材·碳酸钙展览会期间召开“碳酸钙在塑料中应用创新技术论坛”和动员会员单位前往参观展览和有关企业。这次在贺州活动必将使贺州这个重钙生产基地名垂改性塑料发展史册，成为上下游行业紧密结合实现共赢的里程碑！

六、为企业发展献计献策

（1）5月17日刘英俊理事长兼秘书长作为广东省塑料循环利用创新联盟专家委员会主任委员在广州召开研讨会，为广东天保新材料有限公司欲引进日本“复合塑料界面高温水合技术和装备”进行技术论证，日本专家亲自到会就有关试验工作做了介绍。日本现有的原始性独创新技术可以将甘蔗渣不经水洗、干燥、粉碎，直接在生产线上与废旧塑料进行混炼，所得到甘蔗渣含量大于60%的与聚乙烯废料复合的混炼物可以注塑成型，再继续与适当的基础树脂醒合可以制备密度小、综合性能好的塑木制品，有可能一举打破多年来塑木材料的加工工艺、配方和装备现状，带来全新的利用废弃农作物和废弃塑料的新思路、新方法。

（2）刘英俊理事长兼秘书长于7月21日出席“福建省塑料加工产业协调创新座谈会”。

（3）刘英俊理事长兼秘书长于7月22日参加在泉州召开的福建湄洲湾氯碱工业公司和福建师范大学等单位承担的“PBT合成树脂原位改性及合金

化关键技术研发及产业化应用”验收会。

七、积极参与上级协会举办的活动和召开的会议，积极向有关组织和政府部门提出建议、意见，及时有效地完成上级协会安排布置的工作

（1）刘英俊理事长兼秘书长积极参与中国塑协专家咨询委员会的工作，认真提出建议，在中国塑料加工业“十三五”科技发展规划的制定过程中就项目的设置发表了看法，提出多项建议并被采纳。

（2）塑料除水母料已成为使用范围广、节能效果突出的一种新的改性塑料产品。但相应的产品行业标准迟迟未能推出。我专委会根据众多生产企业的强烈要求，积极响应协会团体标准化技术委员会号召，正式提出《塑料除湿专用料》团体标准立项申请。

（3）废弃塑料的进口政策面临重大调整，无疑这是用行政手段促进废弃塑料再生加工利用行业的转型升级。刘英俊理事长兼秘书长作为专家应邀于9月12日出席中国塑协主办的“塑料再生利用行业专题座谈会”，就塑料再生利用行业面临的困境和出路提出看法和多项建议。

八、通过将具有一定经济实力和科研开发能力的改性塑料企业设立为专委会科研试验生产开发基地，有利于推动企业增加技术投入，实施名牌战略，树立科技创新求发展的典型

2017年根据企业申请，专委会组织专家考察，决定将“四川仁智新材料科技有限责任公司、山西玉竹新材料科技股份有限公司、佛山市顺德区通德乐新材料实业有限公司、浙江德清金科塑胶材料有限公司、石家庄熙荣机械有限公司”五个企业设立为基地，颁发了证书和铭牌。

九、积极推进换届工作，实现平稳过渡，开创改性塑料专委会新时代

专委会第八届理事会任期为2014年12月至2018年11月，根据专委会工作条例，今年将实现换届。为了实现专委会主要领导顺利更替，平稳过渡，专委会于2017年11月15日向协会领导递交了“关于成立改性塑料专委会换届领导小组的请示报告”，协会领导审时度势认真研究后于2018年1月31日发出“关于成立中国塑料加工工业协会改性塑料专业委员会换届工作领导小组的通知”（中国塑协［2018］第10号），领导小组由曹俭副理事长任组长，王占杰、刘英俊等任副组长，约请上海心尔新材料科技股份有限公司等十余个骨干企业领导，共十七人组成。

2018年3月7日换届领导小组在北京召开会议。刘英俊理事长兼秘书长表示，由于年龄原因将不再担任下一届专委会主要领导职务，并表示这次换届要从大局出发，大局就是有利于专委会建设，有利于行业发展；要从能否完成2018年协会布置的各项任务的角度考虑人选；还要从专委会能否提升素质、立足中国、望眼世界出发，把领航人、带头人选好，要有更宽阔的视野、更高的追求目标，为专委会面貌一新、转型升级，登上新时代创新发展的列车而努力。

1. 换届领导小组决定

（1）改性塑料专委会秘书处按照换届领导小组会议决定开展工作；

（2）改性塑料专委会秘书处根据专委会工作条例，通过自荐或推荐组成专委会理事会，报中国塑协审批；

（3）改性塑料专委会秘书处及拟任负责人共同商讨换届工作方案及尽快确定换届时间；

（4）建议新一届秘书处可根据工作需要设立专职副秘书长或常务副秘书长。

2. 根据领导小组会议精神，专委会秘书处积极开展各项工作

（1）协会要求专委会成员单位必须首先是中国塑料加工工业协会的会员单位，故迅速发出通知，要求自荐的下一届理事单位于4月底前填报“中国塑料加工工业协会会员单位申请表”，并将盖有公章的申请表一式两份快递至中国塑协会员部。

（2）根据会议关于下一届理事会理事单位优先推荐第八届理事会副理事长单位和常务理事单位的精神，对尚未交纳2018年会费的副理事长单位和常务理事单位逐个通知交纳相应级别的会费，对一般理事单位做到通知到位，鼓励自荐为下一届理事会理事单位。

（3）2018年4月26日协会领导和专委会现任、拟任领导共同商议换届具体工作事宜。

（4）专委会秘书处于4月10日陆续发出通告（一）至通告（八），公布了第八届理事会全体成员的在会状态和会费交纳情况，要求大家尽快办理登记和交费手续，以取得第九届理事会理事单位候选资格。

（5）专委会秘书处和专委会新一届拟任领导商议后，于2018年5月2日发出“中国塑协改性塑料专业委员会第八届理事会常务理事会（扩大）会

议通知”，决定于2018年5月24日至26日在新一届秘书处——福建师范大学福清分校所在地福建省福州市召开常务理事会（扩大）会议，拟就换届的有关工作及如何完成专委会今年的任务进行讨论并做出决定。

十、努力完成今年协会安排布置的各项工作，为2018中国国际塑料展览会的举办和首届科技大会的召开做出贡献

今年十月下旬中国塑料加工工业协会将在南京举办“2018中国国际塑料展览会暨第三届塑料新材料、新技术、新装备、新产品展览会”。在前两届展会中我专委会组团参展取得良好效果。本届展会我们仍然要继续发挥团体的优势，展现改性塑料行业整体面貌和科技创新的成果。第三届改性塑料科技创新成果展将从塑料改性所需要的原辅材料、加工技术与产品、机械设备、检测仪器等方面推出近年来这一领域的最新科技创新成果，同时还要配套召开行业年会，表彰在科技创新方面做出突出成绩的企业，让创新驱动、提质增效、标准先行、绿色先行等新时代理念深入人心。我们还要积极组织科技人员撰写高质量论文，为首届科技大会成功召开做出贡献。

同志们，任务艰巨而光荣，让我们团结一致，共同努力，为改性塑料专委会开辟历史新篇章，为改性塑料行业的转型升级、再续辉煌而努力奋斗！

（中国塑协改性塑料专业委员会　刘英俊）

人造革合成革

在中国塑料加工工业协会的指导下，人造革合成革行业转型升级得到了国家和各地政府的大力支持。2017年纳入国家科技政策支持转型升级创新发展的主要文件有《工业转型升级投资指南》《产业关键共性技术发展指南》《工业“四基”发展目录》。同时继续获得稳定的出口退税政策支持，以及国家有关加速折旧政策、营改增、降低增值税税率等一系列“三去一补”政策；运用产业结构性调整政策、外商投资产业指导目录、加速优化资本结构，实现去产能。在积极地环保管控性政策下，企业遵循国家重点行业挥发性有机物消减行动计划、长江经济带发展政策、南粤水更清行动计划，在困境中坚持以科技创新，全面推进水性、无溶剂替代DMF溶剂，开拓绿色转型升级科技新渠道。

一、经济技术运行情况

1. 主要经济指标

2017年全国人造革合成革产量348.29万吨，同比增长1.37%；主营业务收入：1073.59亿，同比下降－4.11%；实现利润：48.29亿，同比－18.13%。2017年人造革合成革出口67.67万吨，同比增长4.61%；出口额23.76亿美元，同比增长1.77%；其中出口到东盟十国的6.37亿美元，比2016年增长6.1%，占全年出口总额的25.67%；从东盟进口人造革合成革1181.88万美元，比2016年比下降了5.07%。

2. 科技进步与发展

2017年人造革合成革行业通过开发新材料、新工艺、新装备，奠定了企业生存基础。关键工艺实现从单一的工艺路线走向复合新工艺，无溶剂聚氨酯发泡层与水性聚氨酯面层复配、聚氯乙烯与聚氨酯复配、超细纤维基布与聚氯乙烯复配、天然皮料与超细纤维复配等系列新工艺路线。关键材料不断研发，实现新突破：在水性聚氨酯与无溶剂聚氨酯、热塑性弹性体树脂以及各类环保、功能性助剂、填充料，不断开发新的高分子合成材料。关键装备更新改造领域实现新的突破：水性聚氨酯合成革湿法贝制造装备、水性聚氨酯合成革干法制造装备、水性聚氨酯干法发泡、面层处理、轧花、涂饰流水线获得新的鉴定，投入大生产。随着水性合成革技术的推进、产品性能的改进，水性合成革的发展获得了新进展。无溶剂合成革在技术上取得了积极的突破，优势逐步显现，设备改造的便利性、加工工艺的可操作性、产品质量的稳定性。合成革功能性、时尚化、生态型新产品层出不穷。高端的超细纤维合成革仍然是市场所关注的热点，江苏地区的超细纤维革基布供给持续增长，诸多革厂采用超细纤维革基布，用于制造高端超纤革，广泛用于汽车行业，汽车革保持了良好的增速发展。

自2002年提出生态合成革，2006年建立水性合成革研发中心，经过15年的发展，生态合成革形成了以水性合成革、无溶剂合成革为主的生态、绿色、时尚合成革系列产品，其物性完全突破同质产品和溶剂型产品。在三个领域完全实现超越式的发展：第一、合成革科技水平超越发展。水性与无溶剂等生态合成革技术指标、生产工艺、完全超过任何历史阶段的发展水平；第二、生态型合成革产量规模已经形成，超越任何国家总量。十年前从零起步、从移植嫁接纺织、皮革、涂料技术于人造革合成革，到如今每年 2 万多吨的水性聚氨酯合成革，不使用 DMF 有机化学物质，实现有害物质零排放已经成为现实。

3. 清洁生产技术

2017 年人造革合成革行业在经济运行的艰难之中，仍然在节能减排、清洁生产领域继续加大投入，奠定了行业转型升级发展基础。在集中产业聚集区建设电热联厂，集中供热；使用清洁能源，进行“煤改气”工程，“去锅炉”大大降低企业单位产品综合能耗。以浙江、福建两地为代表的人造革合成革企业在“煤改气”方面已取得初步成效。另一方面我们也看到随着“税改费”政策，促进解决了一些企业长期得不到环保验收问题。随着《环保法》的出台，2017 年的环保治理进一步加大力度，促进部分地区合成革生产企业三废治理水平再上新台阶。

4. 供需矛盾不平衡

2017 年全国人造革合成革行业基本面没有根本性变化，但随着量变到质变的过程发展，原料供给价格攀升、需求侧市场不足，产量略有增幅，经济效益持续下滑。第一、原辅材料价格向上波动幅度加宽，企业采购价格承受能力受压。聚氯乙烯人造革主要受到聚氯乙烯树脂以及增塑剂等材料涨价波动影响比较大；聚氨酯合成革主体材料是聚氨酯浆料，其上游 MDI、TDI 价格大幅波动，振动幅度超越往年；革基布也受石油化工影响，涤纶纤维和锦纶纤维价格上下波动起伏，革基布用棉价格逐步走高。生产企业消化原料涨价因素，直接造成利润下降 20% 以上。第二、合成革下游市场增幅需求变窄，需求不足不旺；部分下游行业产品出口，量价均为负增长。人造革合成革行业面临市场价格两头受压．供给侧价格昂扬向上，需求侧价格持续走低。2017 年出厂平均价格已经再次低于 2014 年水平，由于价格下降减少主营业务收入 99.92 亿。出口平均单价虽然维持在 2016 年水平，但已经是八年来最低价格水平。第三、企业面临环境治理技术成本不断提高，部分企业受到担资金保链的持续发酵，经济脱困不能自拔。

二、专委会重点工作情况

2017 年人造革合成革专委会工作秉承科技引导、商务事业助推，该做的事情做精做到位，开创性的事情做准做好。

（一）组织推进以生态绿色转型为中心的各项工作

（1）中国塑协人造革合成革专委会第六届五次理事会，专题研究《合成革单位产品能源消耗》强制性国家标准情况及《合成革行业 VOC 治理行动计划实施细则》；会议传达中国塑协常务理事会及分支机构会议精神、报告 2017 年人造革合成革专委会各项工作。中国塑料加工工业协会理事长朱文玮同志到会做了重要讲话，提出了人造革合成革行业要坚持以创新驱动，全面提升产业发展水平的新要求。

（2）在温州、上海、义乌会议上，分别组织了《重点行业 VOC 减排行动计划——合成革计划部分》的专题讨论研究工作，开展以绿色转型升级的宣传推动工作。

（3）组织召开福鼎、南平、丽水、义乌、高明、台州等地区合成革商协会讨论，考虑组建东盟——合成革工作组织、中国人造革合成友好商协会机构，开展各项专业技术与市场对接交流活动。

（4）组织好“中国合成革绿色供应链创新战略联盟”工作。2016 年 10 月中国塑料加工工业协会人造革合成革专业委员会、ZDHC（有害物质化学零排放集团）集团及人造革、合成革、基布、树脂、助剂等企业经过充分研讨和准备，在兰州共同发起成立“中国合成革绿色供应链产业创新战略联盟”，一年来积极引领合成革产业链生产和管理的升级和变革，共享合成革产业链可持续发展理念、技术、设备及工艺创新成果，走合成革产业绿色制造之路。

（二）标准化工作

（1）积极筹备成立全国塑料制品标准化技术委员会人造革合成革标准化工作组（TC48/WG1），做好标准方面的服务工作。专委会在标准工作方面主要是配合标委会落实标准起草制定方面的工作，及当好配角，又在其中积极发挥主导作用。

（2）完成 22 项行业标准工作。2017 年先后制定发布了 QB/T 5041－2017《聚氨酯合成革　节能技术要求》等 22 项行业标准。基本形成了包括基础标准、产品标准、试验方法标准及管理标准的共计 101 项国家和行业标准的标准体系，为行业提升产品质量做出贡献。

（3）做好团标体系工作。为了进一步加强标准化的引领工作，在宣传中国塑协团标工作的同时，也针对当前行业标准建设存在的问题，组织企业召开《合成革行业标准体系建设座谈会》。组织讨论如何建立合成革行业产品标准、检测标准、管理标准、安全标准等体系化的重大问题，逐步将各项有关检测、工艺标准纳入团标范畴等具体规划工作。

（三）发挥桥梁纽带作用，坚持商务事业助发展

在推进科技进步的基础上，着手侧重商务开拓工作。专委会针对行业经济运行情况，重点开展了以拓展合成革市场应用领域为核心的活动。组织合成革企业与国际 ZDHC 联盟成员开展交流合作会议，针对拓展高端品牌开展对接活动；下半年组织合成革生产企业在温州、义乌开展贸易市场对接活动；在参与海宁组织高端合成革产品市场推介会；加大组织环保原材料企业、邀请汽车制造、贸易机构等上下游行业企业参加我们的交流活动，为企业拓展市场提供平台。

（1）组织企业参加绿色制造产业创新联盟活动

2017 年 10 月 10 日，在上海中星铂尔曼大酒店召开的第五届 CNTAC—ZDHC 有害化学物质管控利益相关方暨绿色制造会议，其中，合成革企业获得先锋试点企业有：安徽安利、、福建宝利特、福建博艺材料、福建华夏、福建华阳、广东新金山、惠州赛力珑、江西铭川、昆山阿基里斯、昆山华富、昆山协孚、兰州科天、清远市齐力、山东同大、上海华峰、无锡双象、浙江昶丰、浙江繁盛、浙江华迪、浙江禾欣、浙江嘉科、浙江联侨、浙江梅盛、浙江中革。获得合成革原材料供应企业先锋试点企业有：崇高纳米、嘉兴禾大、嘉兴禾欣、卡柏瑞化学（上海）、科思创（中国）、兰州科天、苏州世名、万华化学、台州宏得利、浙江德美博士达、浙江华峰、浙江罗星、浙江深蓝等公司。通过合作，实现合成革企业与近 300 多家厂商和 900 多名来自纺织印染、纺织化工、鞋材、贸易商和品牌采购商、第三方技术机构人员参与交流活动。

（2）组织采洽会

2017 年 11 月 7 ~ 10 日在义乌举办“2017 一带一路（中国义乌）合成革采洽会”活动。为做大做强国际生产资料市场优势行业，充分发挥“一带一路”拓展国际市场，巩固市场合成革贸易领域的龙头地位，经中国塑料加工工业协会批准，由专委会以及浙江小商品商城集团、义乌市皮革行业协会多方力量组织，在义乌国际生产资料市场举办“2017 一带一路（中国义乌）合成革产品采洽会”。本次采洽会以拓宽合成革国内外贸易领域，优化产业链贸易结构，挖掘经济新常态下合成革产业新的贸易增长点为出发点，本着推动我国合成革产业集群与一带一路沿线国家或地区合成革上下游产业链和关联产业协同发展，建立产业链新的营销体系，共建绿色合成革、时尚合成革、生态合成革国际发展之路。参加本届展会交流的有 100 家企业，200 个展位。中国塑料加工工业协会常务副理事长兼秘书长朱文玮到会宣布开幕，中国东盟商务理事会执行理事长许宁宁、义乌副市长、政协主席等领导出席大会开幕式。本届采洽会主展馆设置标准展位 200 余个、四楼市场固定展位 1100 余个，吸引了境内外 600 余家企业参展，其中包括 9 家全国合成革行业十强企业，充分体现了专业化、市场化、国际化的展会特色。

（3）中国合成革年会暨产业集群友好商协会大会

2017 年 11 月 8 日专委会在义乌国际生产资料市场会议室召开了“2017 中国塑协人造革合成革专委会年会暨业集群友好商协会大会”。潘公挺主任主持会议，中国东盟商务理事会执行理事长许宁宁为与会者做了：一带一路经济与东盟经济发展报告。合成革行业的各地区商协会会长、秘书长出席会议，义乌皮革协会、丽水合成革商会、福鼎温州商会合成革专委会、南平合成革产业协会、台州温州商会、高明塑料协会会长秘书长在会议上做了合成革产业集群建设经验介绍。会议颁发了“中国合成革行业友好商协会”牌匾。

（4）继续为行业搭建好展业服务平台

专委会 8 月 26 ~ 28 日在温州国际会展中心成功主办“2017 中国国际合成革展览会”，参展范围主要是合成革贸易企业与部分制品生产企业。继续组织落实和开展“2018 中国国际塑料展”展会宣传动员工作。专委会理事会专题研究贯彻落实中国塑协组织塑料四新展会工作，并在专委会年会暨各系列活动，全面做好落实中国塑协组织展会方案计划，承担第三届中国国际塑料展推广系列活动并组织合成革展区工作。

三、继续推进全行业科技创新，巩固产业发展基础

今后一个时期内将继续坚持以科技创新驱动为根本，加大人造革合成革行业“三改一化”进度，加快水性聚氨酯合成革生产产业化技术改造进程、

加速无溶剂及聚烯烃等其他无溶剂热塑弹性体树脂制备合成革产业化技术改造进程，加大节能减排、清洁生产技术改造投入，继续坚定不移的加速推进生态、绿色先进生产工艺的发展，实现行业生态化绿色转型升级。

坚持清洁生产、环境友好、绿色转型、生态发展的基本方针。按照工信部2016文件要求，到2018年全面实现减少DMF20%的基本目标，无论是采取从源头控制还是从末端治理、采用综合集成技术，都要有效地减少有机废气排放，实现有害物质零排放。继续贯彻三部委联合发布的“合成革清洁生产审核标准”，做好“合成革单位产品能耗标准”的退关宣传。

全面实施“三品”战略，加大以科技创新为引领，不断开发和拓宽市场需求领域，把生态合成革、绿色合成革、时尚合成革树立为国际品牌。做好诚信经营，维护行业共同利益，坚决淘汰落后产能，坚决反对恶性竞争，共同维护合理的市场价格区间。维护行业的国际科技地位、行业品牌、企业经济利益。对取得的技术攻关成果技术及时组织鉴定。将行业服务延伸到帮助企业做好合成革科研成果及时组织鉴定工作。针对在水性合成革、无溶剂合成革工艺技术方面取得的成果，及时与企业沟通交流，建议和支持、帮助他们组织科技申报和参与鉴定的组织工作。

进一步加大产业宣传，组织落实和开展科技创新年的各项活动和与国际公司开展技术对接活动。组织国内重点企业在上海、广东、江苏、浙江等产业集聚区，开展水性合成革技术关键共性技术交流活动，在广东地区开辟组织与国际组织开展以采购环保原料、禁止有毒有害物质进入生产环节的绿色采购，交流会议市场活动。

按照中国塑协组织展会方案计划，承担第三届中国国际塑料展合成革展区任务。主要安排特色区域、品牌企业以及水性合成革、无溶剂合成革、时尚合成革产品制造参展。共同组织上下游企业、邀请卖家工作，让参展企业有收获，有客户交流。继续为行业搭建好参与组织下游展业服务平台工作，组织参加上海汽车配件展会、皮革展会、服装纺织展会。继续组织好8月在温州国际会展中心主办“中国国际合成革展览会”等各项活动。

四、合成革制造领域DMF削减行动路线图

为贯彻落实工业和信息化部和财政部联合下发《重点行业挥发性有机物削减行动计划》，特制定合成革领域DMF削减行动路线图，实施期为2016—2020年。

（一）计划实施的必要性

在全国18个省市中，规上人造革、合成革、超纤革企业四百多家，年产量400多万吨，年产值1200多亿人民币；出口量、出口额分别占年产量、年产值的15%。我国人造革、合成革、超纤革广泛用于民生产业各个领域，同时也是重要的工业生产资料，是世界上最大的生产、消费、出口大国。最近几年正在加速向绿色制造、节能减排、清洁生产中转型升级，开发生态合成革、绿色合成革、时尚合成革不断取得突破新的进展。

目前国内外制备合成革基本上是以使用二甲基甲酰胺（以下简称：DMF）有机溶剂为的主要材料。DMF虽不是常温下容易挥发的有机化物，但通过蒸馏系统回收处理DMF再利用过程中，产生废水、废渣和挥发有机物。根据工信部、财政部联合下发的重点行业挥发性有机物消减行动计划，合成革领域要作为治理VOC的重点项目，实施消减DMF排放量。通过采取从源头减排、过程控制和末端治理等技术措施，提高合成革绿色制造发展水平，为国家持续改善大气环境质量，建设幸福中国、美丽中国，做出合成革领域的积极贡献。

（二）实施削减DMF排放的可行性

1. 实施削减DMF溶剂符合国家产业政策

目前国家新材料产业、工业转型升级以及行业发展规划，已经将人造革合成革超纤革纳入支持绿色发展、清洁生产范畴，同时作为减少挥发性有机物产生和排放的重点行业之一，为进一步推进削减DMF溶剂，提供了良好的政策环境。

2. 具备从源头实现零排放和末端治理的技术基础

我国合成革领域迅速发展，运用多学科技术提高DMF回收效率综合技术，已经达到先进国家技术水平，由20世纪的单塔回收系统到双塔以致普遍采用多塔多效回收系统，改变无组织排放系统等技术已经成熟。各个科研机构以及部分企业经过近十几年的开发创新，已经研发出可不使用DMF溶剂制备人造革合成革技术。采用水性聚氨酯树脂、无溶剂聚氨酯、热塑弹性体等环境友好型材料制备人造革合成革，从源头实现DMF零使用、零排放，其技术水平达到世界先进水平。

3. 绿色供给与绿色采购的市场基础正在形成

目前欧盟限制和实施DMF标签，部分国际跨国公司的绿色联盟体系以及工业部门采购有害物质零排放环境产品，助推采用环保工艺、清洁生产技术，开发出生态型、绿色、时尚、多功能型人造革与合成革品牌的发展。

（三）DMF 削减的目标

合成革领域重点推进水性聚氨酯树脂、单组分或多组分无溶剂聚氨酯以及热塑性聚氨酯弹性体、聚烯烃类热塑性弹性体树脂替代 DMF 有机溶剂聚氨酯树脂的制备合成革产业化。合成革领域实施 DMF 消减行动计划，要坚持以科技进步推进工业生态文明为主线，从源头减排、过程控制、回收利用和综合治理的全过程，持续削减原则；通过政策支持引导，实施清洁生产技术改造工程，到 2020 年，实现 DMF 使用量减少 25%。

控制使用 DMF 溶剂型聚氨酯树脂制备合成革产能的扩张。DMF 回收技术是 21 世纪初合成革行业，加强环保技术改造的重大科研成果，凡是使用 DMF 溶剂型聚氨酯树脂制备合成革的要在全部安装回收装置的基础上，全面推广封闭生产线，实现无组织排放回收系统 100%。通过技术改造，提高使用水性聚氨酯树脂与无溶剂聚氨酯制备合成革覆盖面；通过推进实施清洁生产标准，规范清洁生产工艺，加大监督检查，预计经过 3－5 年的技术推进，主要工序的 DMF 使用量下降 30%。

（四）实施进度与主要措施

1. 加大水性溶剂与无溶剂及热缩弹性体替代 DMF 溶剂

2020 年底前，完成 10 家水性聚氨酯树脂、无溶剂聚氨酯、热塑性弹性体等环境友好型材料应用人造革合成革产业化专项示范工程项目。消减 DMF 主要技术手段：第一、改造合成革干湿法生产线，并通过使用水性聚氨酯树脂替代 DMF 溶剂，实现 DMF 零排放；第二、开发无溶剂聚氨酯制备合成革工艺与装备，使用无溶剂聚氨酯，实现实现 DMF 零排放；第三、开发挤出流涎法工艺与装备，通过使用热塑弹性体树脂包括聚氨酯热塑弹性体、聚烯烃类非溶剂树脂制备合成革，实现 DMF 零排放。

2. 加快 DMF 回收系统新技术改造升级，减少 DMF 排放

目前采取 DMF 末端回收与环境治理，仍然是减少 DMF 排放的有效措施。要在 2018 年底前，完成回收系统技术改造升级，全面实施 DMF 在密闭空间设备中运行，并按照规定安装、使用污染防治设施，减少物料泄漏，气态污染物的排放。第一、在干湿法生产线进行封闭生产线改造，将无组织排放改造为系统分回收。在运输、配料等环节中使用密封性良好的容器进行运输和推广采用密闭式配料等措施。第二，进行车间净化空气装置技术开发与应用，收集生产过程中产生的废气以及引导废气回收治理装置。第三、采用多塔回收 DMF 进行技术改造升级以及在产业聚集区建立 DMF 集中回收处理中心，对于无组织排放恶臭源采取综合治理措施。

3. 推进合成革 DMF 清洁生产标准体系与实施监控

合成革领域 DMF 消减行动计划是一个系统工程，首先要研究限制和淘汰 DMF 规划方向，严格限制新建使用 DMF 溶剂型聚氨酯制备合成革改扩建项目；同时加快制定《人造革与合成革企业聚集区绿色制造园区评价体系》、《人造革与合成革绿色工厂评价》行业标准，完善 DMF 使用控制标准和技术规范；通过推进实施清洁生产标准，加速行业消减或实现 DMF 零排放，对于 DMF 使用按照规范标准实施控制指标。对于合成革领域产业聚集区，要组织制定辖区 DMF 削减行动计划，对于规模以上合成革企业、关键工艺和薄弱环节进行实施效果评估。

4. 全力推广削减行动计划实施中的先进技术与工艺

实施节能减排，DMF 零排放本身需要突破前沿技术，解决关键共性技术问题；全面推广环保新材料、新工艺以及重大装备智能化等科技含量比较高的工艺技术。鼓励企业积极采用环境友好型新材料零排放生产人造革与合成革，对符合国家发改委、工信部和财政部 2016 年第 16 号公告并经过清洁生产审核达到 2 级以上的企业给予支持发展。

5. 开展绿色采购与生态标志认证工作

开展消费者采购生态合成革、绿色合成革、时尚合成革标志认证推广工作。通过启动消费者采购生态合成革，不含有 DMF，有害物质零排放工艺产品，推动行业进行生态化技术改造。推行行业认证，使用生态合成革等各类环境友好标志，来促进整个行业的 DMF 零排放。加大生态合成革环境标志，合成革清洁生产工艺的宣传，引导绿色消费。

6. 分步骤分阶段有序推进有害物质零排放措施

改造传统产业，淘汰落后工艺是一个渐进的过程，既要加快推进行业生态化进程，又要稳定推进，稳定行业，稳定经济。在 2017—2018 年，由

行业协会发布第一轮的鼓励、支持、限制、淘汰DMF工艺与清单；在国家政策的鼓励支持下，推动企业进行环保技术改造升级，对于已经成熟的工艺技术，纳入2019—2020年行业自我约束性以及政府层面政策支持体系，实现DMF削减行动目标，为“十四五”全面达标，奠定一个稳固的技术基础。

（中国塑协人造革合成革专业委员会　冯庶君）

异型材及门窗制品

一、概述

中国塑料门窗行业经过长达三十多年、四个阶段的不寻常发展，到2017年末，可以说已经进入“标志性成熟发展期”。

从20世纪80年代初到21世纪的2017年这30多年，中国塑料门窗行业经历了1984—1994第一个10年“婴幼儿发育期”、1994—2004第二个10年“青少年培育期”2004—2014第三个10年“青少年成长期”，从2015年伊始市场需求便骤然剧烈萎缩，并导致爆发塑料门窗行业全国性大洗牌。

就在这一年，可标尺塑料门窗市场销量的“PVC异型材”的全国总销量，从2014年的316万吨总销量一下子降到2015年的总销量262万吨，销量骤减了整整54万吨。就是这高达17%两位数的巨幅骤降，着实给了处于“青少年成长期末期”的中国塑料门窗行业一记重锤：从此该行业便开始迅速“成熟起来”。表现在：

1. 行业竞争机制开始成熟并优胜劣汰

如：作坊式企业退出、非标性企业破产、墨守成规企业难活；而产品质量和经营质量优胜企业则愈显厚积薄发、前景励人。

2. 行业创新转型机制开始发力

如：企业产品研发创新、企业合作机制创新、市场营销渠道创新机制、新平台新理念新技术通融机制等行业内生新动能频频凸显。

3. 行业环境优化和政策引领发挥威力

如：就在这值得行业浓彩重笔的2015年，十八届五中全会首次提出了“创新、协调、绿色、开放、共享”发展理念，直接推动了北京、天津、济南、河北等省市率先实施“75%建筑节能”政策标准，进而使得中国塑料门窗行业的环境生态为之焕然一新，也为市场重新定义、重新认知塑料门窗的优异卓越“绿色性能”给予极大关注。更为日后国政推动中国装配式建筑的迅猛发展和国家倡导中国被动式建筑的蓬勃兴起配套了优选方案、注入了落地新动能。

此后，又经过2016年、2017年，两年时间的自我洗炼、淘沙沉淀和优胜劣汰而使得该行业日渐成熟、日臻康健，特别是在“创新、协调、绿色、开放、共享”新发展理念得到中国房地产业、中国建筑业、中国建材装饰业、包括中国塑料加工业等各行各业高效践行和落地落实的大环境氛围之下，到2017年末，中国塑料门窗这个塑料加工子行业，可以说发生了一个质的变化和一个质的提升。因为就是在这段不平凡的时间，中国塑料门窗行业开始表现出一个强有力的“颠覆性”行业特征：不再严重寄生和等曲线依赖中国房地产这个改革开放贡献最大、争议最大的国家重要支柱性产业。人们在谈及“中国塑料门窗行业”的时候，也不再只谈“型材企业、型材产销量和型材品牌”，而是可以把更多的关注和重点落到某某厂家、某某品牌特别是某某门窗系统的塑料门窗话题上。行业这一特征的强有力表现，终于让市场开始还原中国塑料门窗行业本该由“塑料门窗”主宰和不二主体的“本来面目”，让人们开始为中国塑料门窗行业正本清源。

下面就从行业发展现状、行业技术进步、行业发展建议等五个方面来回顾和描述中国塑料门窗行业在2017年的突出表现。

二、2017年行业发展现状

1. 时间节点现状

2017年，是中国塑料门窗行业进入“十三五”的第二个发展年，也是进入中国塑料门窗行业“第四个发展阶段——‘青壮年成熟期（2015—2025）’”的第三年。同时还是“十三五”规划全面建设小康社会的攻坚起步、而塑料门窗行业必将有所作为、有所贡献之年。

2. 国政节点现状

继十八届五中全会首提“创新、协调、绿色、开放、共享”发展理念之后，在2017年10月（18～24）日召开“十九大”明确中国开始进入新时代并再次确认“创新、协调、绿色、开放、共享”理念地位。2017 年 12 月（18 ~ 20）日“中央经济工作会议”确立“习近平新时代经济思想”。

这些大政方针、理念、思想的核心精髓就是“生态文明”“绿色文明”。而中国塑料门窗行业经过 33 年的曲折、迅猛发展，到 2017 年、塑料门窗优异的“K（Uw）值”和性价比得到了更好表现，使得塑料门窗的卓越“节能保温”绿色性能更加被市场所广泛认同。

2017 年 10 月（12 ~ 14）日的北京 · 中国住博会上，向人们展示了装配式建筑发展的巨大威力和显著业绩。那么与国家“指标式、量化式、限时式”大力发展“装配式建筑”相匹配的“绿色建筑部件——塑料门窗”也必因此大受裨益。同样，在 2017 年国家大力倡导“鼓励式、放开式、实验式”发展“被动式建筑”的大政氛围环境中，使得塑料门窗的卓越性能［无热桥“K（Uw）值”≤0. 8］和核心价值（绿色节能）再次得到充分印证和彰显。

3. 地政节点现状

2017 年，北京实施居住建筑 75% 节能设计标准第六年，新疆实施 75% 节能设计标准第 4 年，河北、山东实施 75% 节能设计标准第 3 年，2017 年 6 月 1 日，天津开始实施居住建筑 75% 节能设计标准。75% 节能设计标准在全国各地的相继推出与实施，已经和必将进一步推动“K（Uw）值”优越的塑料门窗行业在实施地的快速发展。据统计，2017 年，具有卓越“绿色节能”性能的塑料门窗在居住建筑 75% 节能设计标准实施地区的市场占比较 2016 年平均提升了 13. 8 个百分点。别忽视这样的增幅，这在激烈的“铝、塑、木”等不同材质的居住建筑门窗市场竞争中，正是因为地方推动实施“75% 节能设计标准”，塑料门窗才在 2017 年表现得尤为抢眼，行业市场和企业效益也因此明显受益。

4. 国际市场环境节点现状

2017 年，中国越开越大的改革开放大门进一步扩大了国际往来和国际市场，中国塑料门窗行业也在这样良好的国际市场环境中得以有效拓展、扩大市场、扩大合作交流。

2017 年 09 月（21 ~ 23）日，第四届中国国际门窗博览会在高碑店中国门窗城隆重举办。来自德国、英国、法国、奥地利、波兰、美国、加拿大、瑞士、芬兰、意大利、日本、韩国、新加坡、澳大利亚、香港、台湾等 20 多个国家和地区的客商出席。来自德国驻华大使馆、法国驻华大使馆、奥地利驻华大使馆、瑞士驻华大使馆、德国能源署、德国勃兰登堡州政府、德国建筑节能产业联盟、德国罗森海姆门窗幕墙技术研究院、德国被动房技术研究所、奥地利绿色建筑委员会、澳大利亚思维本工业大学的机构官员到会。来自欧洲门窗协会、欧洲建筑五金协会、德国商会、美国商会、法国商会、澳大利亚商会、瑞士商会、荷比卢商会（荷兰、比利时、卢森堡）、泰国商会、马来西亚商会的民间组织前来交流。来自国际门窗行业及上下游的国际知名企业如德国阿克苏诺贝尔有限公司（世界五百强企业）、日本 YKK（世界五百强企业）、德国巴斯夫集团（世界五百强企业）、德国威力木工设备有限公司、德国诺托五金有限公司、德国格屋五金有限公司、德国梅森博格商贸无限公司、奥地利皮尔索木门公司等均派团队参加了这届盛会。

2017 年，中国塑料门窗行业走出国门的商务活动交流活动也比以往更加频繁，塑料门窗产品特别是型材产品的出口量也有较大幅度提升。

5. 国内市场环境节点现状

2017 年 7 月 1 日，GB/T 33284—2016《室内装饰装修材料　门、窗用未增塑聚氯乙烯（PVC—U）型材有害物质限量》国家标准正式实施。在“国政、地政、国际”等有利环境的交织烘托，2017 年，中国塑料门窗行业的国内市场环境显现出不同以往的积极特征：

（1）市场需求更加关注“绿色节能”品质；

（2）市场目光更加关注“塑料门窗 K（Uw）值”；

（3）市场订单更加注重门窗产品“绿色性价比”，而塑料门窗在节能卓越的“绿色性价比”方面优势突出；

（4）市场环境正在净化“塑料门窗产品品质”，正在烘托和助推“塑料门窗品质性能”大幅提升，并向德国等塑料门窗市场成熟国家靠近。

6. 市场营销节点现状

2017 年国内国际市场环境的显著优化，为国内塑料门窗市场营销营造了机遇氛围，促进了国内塑料门窗市场销售渠道和销售方式的转变。

2017 年，人们发现：以往送货途中和安装现场“塑料门窗”的习惯性裸装现象基本不见了，取而代之的除了近年“缠绕简装”方式，更有越来越多的“可媲美家用电器包装”的精装方式。而这种包装形式变化背后反映出来的是“销售理念”向

“营销理念”的转变；“销售渠道”向“营销渠道”的转变；“销售方式”向更加系统化的“营销方式”的转变。

2017年，在广播电视、报纸、期刊、塔牌屏幕等等媒体的广告中，人们听到越来越多的“门窗广告”，看到越来越多的“品牌门窗”和“门窗系统”。在销售实际操作中，市场越来越多地纳入了“集采”渠道和“目录”方式。

2017年市场呈现出的这些新概念、新理念、新渠道、新方式，都在证明着一个新的市场节点已经到来：即“门窗市场正在从传统的‘直销模式’向‘营销模式’转变”。

7. 市场销量（现实需求）节点现状

据不完全统计，2017年中国塑料门窗行业实现销售塑料窗2.2亿平方米，塑料门27万平方米。实现销售塑料门窗主体材料（即PVC－U异型材210万吨）。如果仍采用“PVC－U异型材”这个传统指标来考量比较如下表。

2013—2017年全国塑料门窗用PVC异型材料产销量及销售额不完全统计表

产量·销量 \ 年份	2013年	2014年	2015年	2016年	2017年
塑料门窗用PVC－U异型材·年产量/万吨	334	316	262	244	228
年销量/万吨	326	302	247	222	210
销售额/亿元	247.8	235.6	186.5	171	172.2
型材平均销售价格（元/吨）	7600	7800	7550	7700	8200
门窗平均销售价格（元/平方米）	220	230	240	245	285

从上表可以看到：

（1）2017年行业型材产量依旧处在下降通道，比2016年减产了16万吨，下降了6.5%。

（2）2017年行业型材销量也是处在下降通道，比2016年减产了12万吨，下降了5.4%。

但是：

（3）2017年行业型材销售额却拐点上升，比2016年增长了1.2亿元，上升了0.7%。

（4）2017年行业型材销售价格也拐点上升，且比2016年增长了500元/吨，上升了6%。

（5）2017年行业门窗销售价格也拐点向上，且比2016年增长了40元/平方米，上升了16%，实现了两位数快速增长。

另外，型材和门窗外贸出口量和出口额也都实现了两位数增长（该表未显示）。

8. 市场容量（潜在需求）节点现状

就2017年PVC异型材而言，除了市场实现销量210万吨，还将有至少30万吨潜在市场需求容量未被有效开发出来。这部分潜在市场容量或部分存在于方兴未艾的装配式建筑配套需求有待开发；或部分存在于被动式建筑配套需求有待开发；或部分存在于同铝合金门窗市场竞争能力未被有效开发出来。与此相对应的塑料门窗潜在需求也是一样，肯定有未被有效开发出的市场容量。

9. 经济效益与社会效益节点现状

就2017年中国塑料门窗行业经济效益而言，分化特征比较明显。那些技术根底雄厚、创新机制有效、经营理念先进、产品品质卓越、品牌知名度美誉度高、营销渠道方式务实的企业，所取得的经济效益就比2016年乃至以前都更加显著。而没有跟进或者已经不具备上述条件的企业，则效益平平甚至亏损严重。

至于2017年中国塑料门窗行业的社会效益，基本可以概括为一句话，就是：节能效益、环保效益、绿色效益在塑料门窗行业里得以彰显和口碑。

略去行业企业数量、从业人数及其结构层次，也略去行业产品系列和产品种类，暂就上述九个层面情况来看，中国塑料门窗行业到2017年末，发生了一系列质的变化和提升。该行业不仅不再严重寄生和严重依赖中国房地产业的颠簸摇摆，而且市场更加关注塑料门窗的品质提升和品牌美誉度，特别是更加关心、关注、关切“市场服务层面”的塑料门窗系统的话题。进而“塑料门窗”去影响和主导行业的发展方向并未，为中国塑料门窗行业正本清源。

三、2017年行业技术进步

1. 行业技术水平

行业代表性企业之技术创新体系基本成熟，行业代表性企业之技术核心竞争力显著提升。表现在：

（1）2017 年，业内代表性骨干企业技术研发机构日臻完善，技术研发团队整体素质有效提升，甚至可与国际同类研发机构接轨。研发仪器设备先进且配套齐全，研发课题水平明显提升，获奖科技成果增多，专利数量增加。已经形成了以业内代表性骨干企业为技术创新主体的行业研发创新体系，并且有多项技术创新成果取得突破。

（2）2017 年，业内部分代表性骨干企业主动与国内知名院校如清华大学、四川大学、浙江大学、重庆大学、云南大学、合肥工业大学、郑州大学、南京大学、安徽师范大学、中科院理化所等建立技术合作、横向联合搞研发谋创新，取得显著技术协作成效。

（3）2017 年，业内代表性骨干企业技术管理水平提升较快，科研环境与专业技术人员待遇明显好转，奖励办法和激励机制发挥显著效用。而科技成果及知识产权归属与利益分享制度的建立与完善，显著提升了发明人的受益获得感和安全感。

（4）2017 年，政府机构、协会社团乃至业内部分代表性骨干企业，积极组织技术交流讲座、专题研讨；编撰技术著作和工具资料，并联合科研院所进行技术攻关、解决行业技术难题；组团业内企业研发骨干赴国外学习、参观、考察，引进和消化吸收德国等发达国家塑料门窗先进标准和技术。

（5）2017 年，行业协会十分重视行业标准的制定、修订和编撰、推广工作，为中国塑料门窗行业实施战略升级和健康发展保驾护航。

（6）2017 年，政府机构、协会社团更加注重从技术参数、技术指标、技术平台角度，有效开展“创新产品技术评价”“企业技术资质评价”和“企业技术信用等价评价”以及“技术进步奖评价”“技术创新奖评价”“技术效益奖评价”等各类技术性评议鉴定，有力烘托和促进了中国塑料门窗行业综合技术的全面提升。

2. 行业技术创新体系更加贴近产品、贴近市场、贴近“绿色节能”

2017 年，行业技术创新在彩色型材和彩色塑料门窗产品上取得显著成效。2017 年，整个中国塑料门窗行业表现得更加“绚丽多彩”和“多彩多姿”。PVC－U 异型材和塑料门窗产品彩色化技术进一步成熟、彩色化产品更显丰富多样。彩色覆膜技术、彩色共挤技术、彩色通体技术、彩色扣板和涂装技术等，都被广泛用于生产实践，使得行业产品彩色化进程突飞猛进、效果卓著。

同时，彩色化技术更加注重市场层面多样化、差异化需求，为行业彩色化产品更好满足市场需求提供了技术支持。

而且，2017 年行业技术创新与落地的宗旨明显不同以往，突出表现在“行业技术的革新与创新，首先要确保‘贴近节能、贴近环保、贴近绿色（比如 2017 年方兴未艾的被动式塑料门窗技术）’”方面。

总之，如“彩化表观、型腔结构、工艺标准”等行业技术创新体系，在 2017 年都更加贴近产品本身、贴近市场需要、贴近“绿色节能”。

3. 行业技术创新体系更加关注“国政地政”和侧重“技术标准修订完善”

（1）2017 年行业在产品产业技术创新过程中，部分省市更多考量了国家“75% 节能设计标准（如京津冀、新疆、山东等地）”，更多考量了国家推动装配式建筑对节能绿色门窗的配套技术标准要求，更多考量了国家倡导被动式建筑对被动式超低能耗塑料门窗的配套技术标准要求。

（2）2017 年行业在产品产业技术创新过程中，更加重视“设计技术参数标准、生产加工工艺技术标准和安装技术标准”的比对、提升和修订。比如为满足“75% 节能设计标准”，平开塑料门窗型材横截面尺寸要加大到 75 毫米以上，平开窗主型材腔室要设计成五腔室以上，还要三密封，壁厚达到 2.8 以上。

（3）2017 年行业在产品产业技术创新和落地过程中，更加自觉关注节能、关注环保、关注绿色诉求。在调研、开发、设计、生产、加工、安装环节，都在技术践行层面对“节能、环保、绿色”诉求予以充分考量，进而应用技术手段去有效提升塑料门窗的五项基本性能，使之 K（Uw）值满足对应市场节能环保要求，直至达到被动式建筑诉求的超低能耗标准［K（Uw）值≤0.85］。

2017 年，中国塑料门窗行业在技术进步层面表现抢眼、成效显著。

四、存在问题及发展建议

为了提高对中国塑料门窗行业发展建议的价值性和有效性，有必要列出 2017 年在行业中存在的主要问题。

（1）塑料型材门窗在产品质量、技术创新、品牌美誉度、附加值等多方面依然欠缺竞争优势。

（2）低水平大量重复建设现象虽然不复存在，但是行业产品同质化情况依旧不容乐观。

（3）高端产品占比虽然在设计和实验室层面飞速提升，但在市场实际应用层面仍旧面临诸多技术性难题。

（4）型材企业的售后服务方式、力度、范围虽有明显改进，但门窗组装的技术服务和技术支持方面还有待加速和加强。

（5）近几年特别是2017年，市场和业内人士虽对塑料门窗的认知虽然有很大改观，但仍旧停留在皮毛层面、甚至时有误解认知现象发生。

（6）多年来对塑窗市场声誉影响较大、让客户广为诟病的老化变色、开裂变形等老问题仍旧广泛存在，“坠扇”问题仍旧没能有效解决。

（7）行业企业利用互联网技术平台意识不强、关注不够、融合不足，效果不佳。

（8）部分企业为节约成本，对新标准执行力度不够。

当然，业内还有许多待解问题，这也是行业发展的必然，首先应该正确看待并引起应有重视，进而找到问题结症所在，采取适应办法和措施逐一解决。下面从宏观层面提出建议如下：

1. 行业要强化“新责任”意识

前不久闭幕的党的“十九大”报告指出：“发展必须是科学发展，必须坚定不移贯彻‘创新、协调、绿色、开放、共享’的发展理念。坚持节约资源和保护环境，形成绿色发展方式，构建市场导向的绿色技术创新体系，壮大节能环保产业，在绿色低碳领域培育新增长点，建立健全绿色低碳循环发展的经济体系。”

“绿色发展新理念”已经成为我国进入新时代、引领新发展、开辟新征程、实现新目标的鲜明旗帜。十八届五中全会提出的“创新、协调、绿色、开放、共享”的十字方针被《十九大报告》再次强调为科学发展理念，正在全国各行各业落地生根。可以说，践行“绿色发展新理念”的蓬勃热潮正在向中国塑料门窗行业袭来；践行“绿色发展新理念”的生动画卷正在向中国塑料门窗行业展现。

中国塑料门窗行业作为配套建筑有效节能部件的绿色行业，更应该借势“创新、协调、绿色、开放、共享”，把践行“绿色发展新理念”和创新“绿色发展产业链”当作责任使命，冲锋在前、勇立潮头。这也是中国塑料门窗行业的光荣使命和时代责任。

2. 行业要强化“新机遇”意识

大家知道，通过改革开放40年，当前我国“珠三角”和“长三角”及“环渤海湾”等经济发达地区，正在践行从“农业文明”和“工业文明”向“生态文明”和“绿色文明”快速转轨。作为节能绿色的中国塑料门窗行业更要抢抓机遇，依托国政地政、充分利用和深度围绕“75节能标准”、积极谋划实施“超低能耗绿色开发、绿色建筑和绿色建材产业链”协调发展和创新发展新举措。

作为“节能环保八大绿色产业”之一的新型建筑行业和新型建材行业及中国塑料门窗行业，不仅要勇担责任使命，更要抢抓发展机遇，积极践行“开放/共享‘绿色发展新理念’；创新/协调‘绿色发展产业链’”。

3. 行业要强化“新作为”意识

中国塑料门窗行业如何去“开放/共享‘绿色发展新理念’；创新/协调‘绿色发展产业链’”？如何去展现行业的新作为？这需要做好三个方面的工作：

（1）要深刻领会《十九大报告》和“中央经济工作会议”精神要髓，深度筑牢“绿色发展新理念”，自觉强化“开放”胸怀和“共享”意识。认知新时代、接纳新理念、践行新思想，也要求行业必须拥有“开放”胸怀和“共享”意识。

“十九大”新时代论断紧扣社会主要矛盾转化特征；习近平新时代经济思想处处体现“绿色发展新理念”；“中央经济工作会议”八项重点项项强调“高质量”。所以，推动践行“生态发展”“绿色发展”不仅是国家意志，更是中国塑料门窗行业的应有作为。

（2）要积极抢抓“国政推动装配式”和“国政倡导被动式”等重大发展机遇，深度结合行业企业地缘区位优势和产业基础优势，协调当地建筑企业和建材企业创新融合。用中国塑料门窗行业的集体思想智慧去开放/共享“绿色发展新理念”；用中国塑料门窗行业的服务机制去创新/协调“绿色发展产业链”，以高效促进行业自身的“生态发展”和“绿色发展”。

（3）要找到践行“生态发展”“绿色发展”的有效途径和最佳切入点，并且要一步一个脚印地付诸中国塑料门窗行业高质量的新作为、以求取得新成效。

行业要展现和落实新作为，就要以2017年末中央经济工作会议确立的“习近平新时代经济发展思想”方针为指引，紧紧抓住“节能降耗、低碳环保、绿色发展”这个牛鼻子，深度结合和挖掘行业企业的地缘优势、区位优势、政策优势、机遇优势、资源优势、市场优势、专业优势、基础优势和特色优势，自觉开放胸怀、开放思想，去谋求资源共享、平台共享、信息共享、机遇共享和发展共享。

中国塑料门窗行业更要创新组织、创新思路、创新途径、创新工艺和创新方法，协调好组织之间、协调好资源配置之间、协调利益共享之间、协调好市场供求之间的合作共享关系。深入有效地践行“开放/共享‘绿色发展新理念’；创新/协调‘绿色发展产业链’”。

（4）民营企业要尽早拥抱互联网，不是把实体企业变成互联网企业，实体企业也应该有互联网的思维，应该与互联网融合。互联网是平台和工具，实体经济是创造财富的经济，互联网作为虚拟经济应当为实体经济服务。如企业运用互联网手段，使用信息化系统可以提高生产效率。

（5）调整企业发展规划，主动适应经济发展新常态。一方面，注重科技创新，引进、消化、吸收新技术，加快企业原有技术的改造和升级。另一方面，通过研判市场形势，科学谋划企业战略布局，挤财力、聚财力，集约化使用财力，提高企业收益率和市场占有率。

（6）要密切关注、全面积极参与混合所有制改革。民营企业要正确选择，学会用资本运营等手段来发展壮大自己。根据市场经济发展的规律和客观要求，合理选择合资、重组、并购等方式，提升自身的资本实力和竞争力。

（7）民营企业要朝“专、优、特、精”发展，既看到自身长处又要看到自身弱点，肯于从小处着眼，特处着手，优处着力，积极探索符合信息技术发展要求的专业化分工发展路径。除此之外，还要用好互联网信息技术，在专业化市场上做优做强。

强化以上“三个意识”和若干建议，希望可以想办法找到有效对应措施，去逐一解决诸如上述列举出及未列举的若干行业现存问题，进而高效推动中国塑料门窗行业健康发展、绿色发展。

五、2017 年主要活动和下一步工作重点

（一）专委会 2017 年主要活动

2017 年专委会继续利用各种平台和机会，组织业内企业和人士深入学习和践行《塑料加工业“十三五”发展规划指导意见》。专委会以该“意见”为指导，积极做好行业调研工作，摸清行业发展状况，研究行业发展形势，认真分析市场需求变化与政策导向，及时调整行业产品发展方向，同时做好本行业“十三五”发展规划指导意见，促进行业顺利转型升级步伐和健康发展。如：继续打造产学研创新联盟，推进科技服务平台建设；继续培育国家级省级企业技术中心、国家工程技术中心、中小企业服务中心；继续推进诚信体系建设，促进行业品牌工作有序进行；继续组织行业标准体系建设，深化产品质量标准服务工作；继续推进行业技术进步，组织企业申报科技项目；进一步加强专业技术人员队伍建设，着力提升产业素质。加强行业工程技术人员的技能培训，促进企业专业技术人员水平提高，进而提升产业素质，以适应行业不断发展的需要。2017 年专委会的主要活动：

（1）重启《塑料异型材用钛白粉技术条件》行业标准编制工作，并于 12 月 13 日送审；参与起草国家标准《塑料制品绿色评价》。

（2）由专委会牵头起草的四个行业标准：QB/T 5078－2017《未增塑聚氯乙烯（PVC－U）型材专用加工助剂技术条件》、QB/T 5079－2017《未增塑聚氯乙烯（PVC－U）型材专用氯化聚乙烯技术条件》、QB/T 5080－2017《未增塑聚氯乙烯（PVC－U）型材专用彩色共挤料技术条件》、QB/T 5081－2017《未增塑聚氯乙烯（PVC－U）型材专用热稳定剂技术条件》于 2017 年 1 月发布，并于 2017 年 7 月 1 日起实施。由专委会参与制定的国家标准 GB/T8814－2017《门、窗用未增塑聚氯乙烯（PVC－U）型材》于 2017 年 11 月 1 日发布，于 2018 年 5 月 1 日起实施。2017 年 11 月 23 日在山东潍坊，组织参编企业进行标准宣贯。

（3）鉴于国家标准 GB/T33284—2016《室内装饰装修材料门、窗用未增塑聚氯乙烯（PVC—U）型材有害物质限量》，已于 2016 年 12 月发布，并于 2017 年 7 月 1 日起实施，专委会于 2017 年 2 月发 2 号文件，提醒行业内相关企业做好转换前的准备工作。异型材门窗专委会联合塑料助剂专委会经报请中国塑协批准，成立了“中国塑协 GB/T33284－2016 国标执行协调小组”，分别于 2017 年 5 月和 11 月召开了上下游的交流会。

（4）于 2017 年 11 月 21－23 日在山东潍坊富华大酒店召开“2017 年全国塑料异型材及门窗行业年会暨换届大会”，年会主题：共克时艰、共谋发展、共创未来。年会上专委会完成换届，并在换届后召开了八届一次理事会。

（5）为中国塑协2018年10月在南京召开的“四新”展览进行相关宣传、动员工作。

（6）经过广泛征求骨干企业意见，提出《建议国家大力推广使用PVC塑料门窗》的政策建议，于2017年10月15日报协会信息部。

（7）协助管道专委会、配合中国塑协收集资料（期间专委会副主任单位芜湖海螺做了大量工作），向国家发展和改革委员会价格监督检查和反垄断局、国家工商行政管理总局反垄断与反不正当竞争执法局提出《关于申请对聚氯乙烯（PVC）树脂价格异常波动进行调查的请示》。此举于2017年下半年见到效果，多家氯碱企业被国家发改委开出罚单，有效缓解了PVC制品企业的成本压力。

（8）做好专委会的日常工作，强化专委会网站的建设与维护、坚持出版《塑料异型材》《技术交流汇编》，丰富技术创新内容和增加创新时讯，为行业专业技术提升与技术创新提供支撑；加强对行业进行摸底与调查统计工作，为行业和企业服务。

（二）专委会下一步工作重点

1. 在工作中，专委会要做到五个“坚持”

（1）坚持“资源节约型、环境友好型、科技创新型”的产业方向，大力实施“绿色、低碳、循环、生态”发展战略，推动塑料加工业健康和可持续发展；

（2）坚持创新驱动发展，进一步发挥技术进步、科技创新的保证和支撑作用。大力实施高端化战略，牢牢把握“功能化、轻量化、生态化、微成型”技术发展方向，全面推进产业转型升级；

（3）坚持把提高发展质量和效益放在首位，不断提升要素质量，提高要素配置效率；

（4）坚持“高端化、个性化、小批量、私人订制”的市场导向，推动新型生产模式和新兴业态的快速成长；

（5）坚持协调发展、统筹兼顾。统筹资源、市场及区位优势，推动塑料工业有序梯度转移，优化区域布局。

2. 在工作中，专委会要坚持“四个方向”

（1）重点发展多功能、高性能材料及助剂，力争在材料功能化、绿色化及环境友好化取得新的突破；

（2）紧紧围绕高端化，加快提高中高端制品的比例；

（3）加快塑机的研发，加快塑料装备智能、数字化改造力度，大力发展小型、超高精度、超高速和智能控制的加工设备，为智能制造、数字制造、网络制造提供先进装备和生产线；

（4）加快绿色、节能、高效新型加工成型工艺的开发。

3. 专委会下一步重点工作

（1）继续实施创新驱动战略（推动行业由传统塑料制品制造业向高端、智能、绿色、服务型制造业转变），引领行业转型升级；

（2）继续大力开展“增品种、提质量、创品牌”活动，加快结构调整；

（3）继续加快工业互联网工程建设，迎接智能制造、数字制造和网络制造的挑战；

（4）继续推进转换盈利模式，培育新的利润源，以应对高成本的挑战；

（5）继续推进环保型助剂在塑料制品中的替代、推进塑料再生利用产业发展；

（6）继续推进企业节能减排和绿色生产，逐步实现行业可持续发展；

（7）继续加强行业品牌建设工作，提升产业整体素质；

（8）继续加强行业培训工作，推进专业人才队伍建设。

六、结束语

中国塑料门窗行业已经进入“十三五”的发展之年，“十三五”时期是我国全面建成小康社会冲刺的五年，是塑料加工业由大变强的重要时期；是行业继续深化改革开放、加快转变经济发展方式的攻坚时期；是企业改变传统思维观念、调整发展方式、推进产业结构调整、转型升级的关键时期。中国塑料门窗行业一定抓住“十三五”期间“创新、协调、绿色、开放、共享”五大发展新机遇，勇于开创行业新局面。

（中国塑协异型材及门窗制品专业委员会　李静霞）

注塑制品

一、注塑制品行业发展现状

（一）行业概况

中国已经成为世界最大的塑料制品生产和消费大国，塑料加工业已经成为国民经济的重要组成部分，产品门类多，产业关联度强，市场容量大，既是为工业、农业、水利、交通运输、航天航空、信息、建筑、包装、食品、医疗等各行各业提供生产资料的基础制造业，也是提供日常消费品的基本生活资料民生产业，已成为集新材料、新技术、新工艺为一体的创新型高科技制造业。

作为塑料加工业最重要的组成部分，注塑行业既为汽车、建筑、家用电器、食品、医药等提供制品，也是整个塑料加工业最基础的生产方式。一方面，汽车、家电及电子电气作为注塑最大的传统应用领域，仍然保持旺盛的需求，我国汽车年销量超过2500万辆，是全球最大的汽车市场；家电市场总体稳中有进，成为注塑产品最主要应用领域。另一方面，注塑行业新的市场空间正在不断打开。塑料配线器材成为注塑新兴的应用领域，数据显示，2011年国内塑料配线器材的市场规模为140亿元，至2015年国内塑料配线器材的市场规模达到208亿，年均复合增长率为10.40%。智能手机消费大幅增长催生了注塑新兴市场，注塑产品升级换代变化趋势加快，促进注塑产品迈向中高端。

自2016下半年以来，制造业投资增速开始出现回升，12月单月制造业投资1.7万亿，同比增长近10%。到2017年上半年，我国制造业固定资产投资完成额同比增长5.5%，较2016年同期提高了2.2个百分点。注塑制品作为重要零配件，制造业投资回暖直接拉动了注塑制品需求增长。中国塑料加工工业协会通过的《塑料加工业“十三五”发展规划指导意见》指出，“十三五”是塑料加工业创新发展的新的历史时期，产业的主要发展任务是优化结构、转变发展方式、促进产业升级，突出由大变强、由快变好。注塑行业正面临由传统注塑向智能化注塑转型的挑战。

（二）经济运行数据与分析

1. 产能产量分析

2017年，全国塑料制品行业完成产量7515.54万吨，同比增长3.44%；15350家规模以上企业累计完成主营业务收入22808.36亿元，同比增长6.74%；主营业务收入占轻工行业比重为9.41%，占全国工业比重为1.96%。累计实现利润总额1354.68亿元，同比增长4.81%；利润总额占轻工行业比重为8.52%，占全国工业比重为1.8%。出口额627.29亿美元，同比增长8.62%；进口额185.76亿美元，同比增长7.22%；贸易顺差440亿美元。近年来，由于汽车、建筑、家用电器、食品、医药等产业对注射制品日益增长的需要，推动了注射成型技术水平的发展和提高。目前在塑料加工制品中，83%采用了注射成型。

塑料成型设备按原料加工前的熔融程度及成型工艺的不同可分为注塑机、挤出机和吹塑机，其产值合计占塑料机械总产值的80%以上，其中注塑机一直处于塑料加工机械领域的主导地位，产值占比约为40%。注塑机是一种可以将热塑性塑料或热固性塑料，通过塑料成型模具，制成各种形状的塑料制品的机械设备，是我国产量最大、产值最高、出口最多的塑料机械设备。从美国、日本、德国、意大利、加拿大等主要生产国来看，注塑机的产量都在逐年增加，在塑料机械中占的比重最大。目前，美国、日本、德国、意大利、加拿大等国家注塑机产量占塑料成型设备总量的比例达到60%～85%。

目前，我国正处于产业结构的转型期，国家对新兴产业会加大扶持力度，使其增加值占GDP的比重到2020年将上升至15%左右。要达到15%的占比目标，在七大战略性新兴产业中，高端装备制造业作为国民经济未来支柱产业将被大力发展。中国注塑产业中的高效和标准注塑产业总产值将从2016年的7406亿元增长至2020年的10075亿元，预计复合年均增长率为8.0%。国家统计局报告显示，2015年中国塑件产品产业的营收额约为21500亿元，同比增长4.6%。与注塑相关产业，如塑料周转箱、容器生产、塑件和日用品等的营收额达到5098亿元。

产值增长主要归功于中国政府为提升制造业水平而发布的《中国制造2025》行动纲领。《中国制造2025》行动纲领的落实，令中国注塑产业的产品质量和生产技术水平都得到提升。

2. 注塑产业区域分布情况

我国注塑机生产企业主要分布于长三角、珠三角和环渤海三大区域，形成了特点鲜明的若干产业集群。尤其是浙江宁波和广东东莞等地，已成为我国乃至全球重要的注塑机生产基地。根据 2017 年中国塑料注射成型机行业 15 强企业排名可知，按主营业务收入排序，前 15 强企业中有 6 家企业位于浙江宁波；按净利润排序，前 15 强企业中有 8 家企业位于浙江宁波（图 1、表 1）。

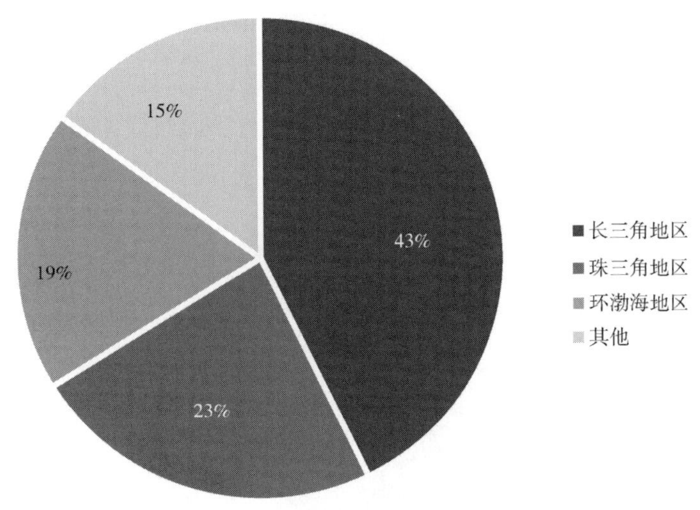

图 1　注塑产业区域分布图

表 1　2017 年中国塑料注射成型机行业 15 强企业（来源：中国塑料机械工业协会）

排序	企业名称（按“主营业务收入”排序）	排序	企业名称（按“净利润”排序）
1	海天塑机集团有限公司	1	海天塑机集团有限公司
2	震雄集团有限公司	2	泰瑞机器股份有限公司
3	广东伊之密精密机械股份有限公司	3	广东伊之密精密机械股份有限公司
4	博创智能装备股份有限公司	4	富强鑫精密工业股份有限公司
5	力劲科技集团有限公司	5	博创智能装备股份有限公司
6	富强鑫精密工业股份有限公司	6	力劲科技集团有限公司
7	宁波市海达塑料机械有限公司	7	宁波市海达塑料机械有限公司
8	泰瑞机器股份有限公司	8	震雄集团有限公司
9	东华机械有限公司	9	宁波双马机械工业有限公司
10	宁波双马机械工业有限公司	10	宁波通用塑料机械制造有限公司
11	宁波海雄塑料机械有限公司	11	宁波海星机械制造有限公司
12	浙江申达机器制造股份有限公司	12	宁波创基机械有限公司
13	宁波创基机械有限公司	13	宁波海雄塑料机械有限公司
14	佛山市宝捷精密机械有限公司	14	宁波金鹰塑料机械有限公司
15	宁波通用塑料机械制造有限公司	15	佛山市宝捷精密机械有限公司

3. 注塑产业规模分布情况

据统计，注塑产业注册资本在 0 ~ 500 万元的企业占比为 82%，注册资本为 500 万 ~ 1000 万元的企业占比为 7%，而注册资本为 1000 万元以上的企业仅占 11%。2015 年，中国注塑产业拥有约 30000 家制造商和约 140000 家企业。除专业注塑生产商外，许多电器、汽车、医疗设备、文具、日用品及其他行业的企业也建立了注塑作坊。注塑产业总体呈现大型企业屈指可数、中小企业遍地开花的局面（图 2）。

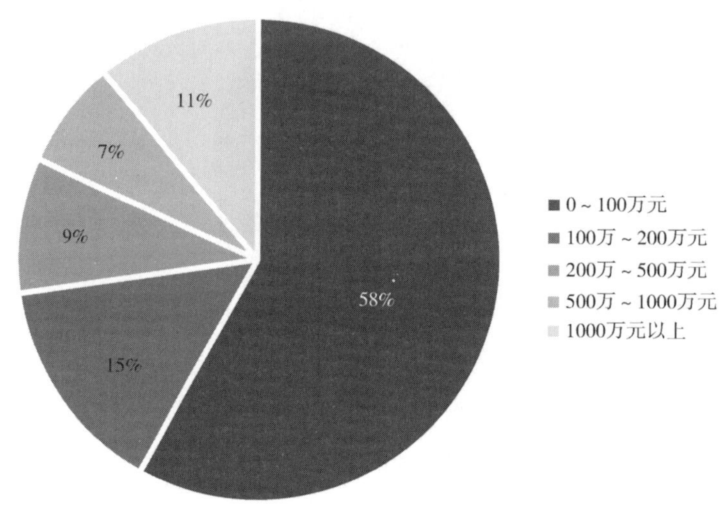

图 2　注塑产业注册资本规模分布图

4. 注塑制品产业市场需求分析

注塑制品产业的下游行业主要涉及电气设备、家用电器、汽车制造、通讯设备、医疗器械、建筑建材、装修装潢、物流包装、农业、电力等，产品受众比较广泛，市场容量较大，接近于完全竞争的市场状态。下游行业的需求和发展状况影响着本行业的市场规模、发展速度以及产品价格。由于塑料配线器材产品尤其是尼龙扎带具有优良的性能，并具有成本优势，下游行业中“以塑代木”、“以塑代钢”的趋势越来越明显，应用越来越广泛。

（1）汽车行业用户需求　我国汽车产量维持高位，车用塑胶件为注塑机提供保底需求。汽车大量应用塑料配件，汽车配件是注塑机的主要下游之一。我国是全球最大的汽车市场，是首个汽车年销量超过 2500 万辆的国家，近年来我国汽车产量维持高位，庞大的汽车产销规模为注塑产业提供了稳定的下游需求。

（2）家电行业用户的需求　家电行业消费升级，塑料替代需求持续上升。随着家用电器行业专用化、高性能化、安全、绿色环保趋势发展的要求，塑料制件不断替代钢铁材质零配件，在家用电器中的应用越来越普遍。塑料在家用电器中的用量已达到重量比的 40%，并且随着家用电器产品日趋轻量化、结构紧凑化、小型化和个性化需求，塑料的应用还在持续增加，从而对注塑机产品形成持续的市场需求。

家电产量总体稳中有进，成为注塑机的一大基础需求支撑。我国家电产量基数大，2016 年我国家用电冰箱产量达到 9238 万台，家用洗衣机产量达到 7621 万台，彩电产量达到 175 亿台，家用空调产量达到 160 亿台。2010 年以来我国四大类家电产量总体进入稳定期，为注塑机提供了有力的基础需求支撑；塑料件在家电中渗透率的提升，为注塑机提供了一定的增量需求。

（3）塑料配线器材用户的需求　塑料配线器材作为电气设备、家用电器、汽车制造、通讯设备等行业中不可或缺的重要组成部分，行业经过多年的发展，形成了完整的工业体系和门类，实现了专业化分工细、区域规模经济优势明显、技术含量和市场占有率高的产业优势，已逐步成长起来一批具有自主研发能力的知名企业，新产品的创新研发能力和管理能力都有大幅度提高产品在配方、工艺、技术研发等方面已接近或达到国际先进水平。随着国内经济的平稳较快发展，市场对塑料配线器材的需求持续增加。根据中国塑料加工工业协会配线器材专委会统计数据显示，2011 年国内塑料配线器材的市场规模为 140 亿元，至 2015 年国内塑料配线器材的市场规模达到 208 亿，年均复合增长率为 10.40%。

（4）智能手机用户需求　智能手机塑胶件应用多、变化快，高出货量带动注塑机需求提升。智能手机特别是中低端智能手机的后壳材质多为塑胶件，且手机设计换代快，对于注塑机产生较为旺盛的需求，我国智能手机出货量维持高位，随着 5G 时代塑胶手机壳普及程度的提升，预计智能手机将对注塑机需求形成越来越明显的支撑作用。

（5）尼龙扎带用户需求　根据中国塑料加工工业协会对我国尼龙扎带应用调查统计结果，2014 年我国电气行业对尼龙扎带的使用量占我国尼龙扎带生产总量的 25%；家电行业的尼龙扎带使用量占我国尼龙扎带生产总量的 17%。随着改性技术逐渐深入应用于尼龙扎带的生产，尼龙扎带物理性能不断提升，使用功能逐渐增加，使用领域范围正在不断扩大。

根据中国塑料加工工业协会配线器材专委会统计数据显示，2011 年国内尼龙扎带产量为 3.94 万吨，2015 年达到 5.14 万吨。预计 2016—2018 年国内尼龙扎产量将进一步增长，分别将达到 5.40 万吨、5.78 万吨、6.17 万吨。

中国尼龙扎带制造整体水平得到迅速提高，尼龙扎带市场规模逐年扩大，中国成为全球尼龙扎带市场最有发展潜力、增长最快的地区。根据中国塑料加工工业协会配线器材专委会统计数据显示，2011 年我国尼龙扎带市场规模为 7.89 亿元，2015 年我国尼龙扎带市场规模已达到 9.14 亿元。随着国内下游行业的持续发展以及尼龙扎带产品相比较其他扎带产品和捆扎绳索产品，具有更为优良的性能和成本优势，尼龙扎带的使用量将持续增长，预计今年国内尼龙扎带市场规模将达到 11.12 亿元。

近年来，伴随我国经济的快速增长，城镇化进程加快，我国房地产、建筑业持续增长，建筑行业显现出了巨大的发展潜力，尼龙扎带作为建筑辅助材料在建筑行业中扮演者重要角色，发挥着越来越重要的作用，建筑建材领域将继续成为尼龙扎带应用的持续增长点。2006 年以来，随着我国建筑业企业生产和经营规模的不断扩大，建筑业总产值持续增长，2015 年建筑业总产值达到 180757.47 亿元，连续多年增速保持在 10% 以上。

（三）存在的问题及解决措施

产业存在的主要问题如下：

（1）目前我国注塑产业在成型精度、形位公差、表面质量精度、成型速度等方面与智能化注塑的要求还存在较大差距，在装备上伺服电机、传动机构包括传动丝杠、滑块、齿条等在制造精度和整体精度上还不能满足智能化注塑的需要，仍需依赖进口。

（2）在低压注塑和微发泡成型工艺等方面还需积极探索。

（3）塑机控制系统精度、模具在线监测系统以及单机智能控制，包括产品检验识别系统等与智能化注塑的要求还存在不小差距。

（4）许多注塑制品生产企业还处于一种粗放型的经营阶段，管理相对比较落后，生产效率、材料损耗、能源消耗、对环境的污染远远不及国外先进的管理水平。

相应的解决措施：坚持技术创新和设计创新的融合，全面推动行业创新发展。在技术创新、引进新型设备的同时，在资金充足的情况下多在环保方面下功夫。通过机器换人、在线控制，提高生产效率，稳定持续地生产精密产品。通过智能与制造、管理、营销的深度融合，促进企业提质降耗、行业转型升级。

二、注塑行业技术进展及未来发展方向

轻量结构、小批量生产和电子功能的渐进式集成等一般工业发展趋势正在不断影响着注塑行业。最近几年，注塑行业见证了多项能够满足各种需求的先进解决方案的发展，而机械制造商也致力于将精确调节的工艺用作各种应用的基础。未来注塑机的发展趋势也将继续以技术升级为主线，更加的微型化、大型化、个性化、智能化、高效化（图 3）。

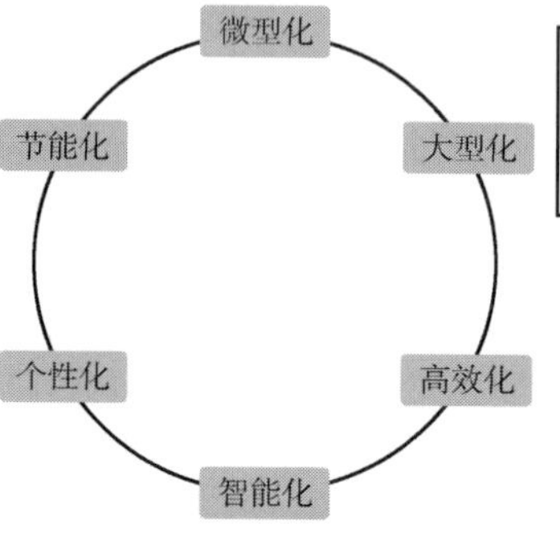

图 3　注塑产业发展趋势

（一）智能制造－注塑行业的创新趋势

工业 4.0 的目标是智能工厂。智能工厂是对工艺和生产数据的系统使用、对生产单元的联网和整合，是机器、部件以及对自适应辅助系统的分散使用所带来的更高的产率、机器使用率、质量和灵活性。

1. 注塑智能工厂

博创研发了国内首台套集网络化与智能化一体的注塑装备，通过构建注塑装备云服务平台，承载用户远程监控、故障诊断等智能化服务。博创提出的智能工厂是通过注塑成型设备的主控制器与各种辅助设备的通讯和控制，实现智能互动。随着注塑成型设备的注塑工艺的改变，辅助设备上的各种控制参数能随之改变。而辅助设备的工作状态的变化也能通过注塑成型设备的主控制器实时监控。每个单机装备在按照设定的指令自动执行各自的任务同时，还可配合上下游完成整个系统工程。上述的设备组成了整个自动化系统，再把所有设备串联网络执行通讯，连接中央电脑，开发特殊程式进行操控，便构成了注塑成型智能制造系统。

2. 注塑 inject4.0

恩格尔通过 iQ 软件产品系列可以持续地分析关键的工艺参数，在废品产生前识别偏差并立即补偿，包括注塑和保压阶段始终保持熔体量和熔体黏度的一致性，以模具排气不断地重新调整锁模力，且不受外部环境或者原料质量波动的影响。同时，通过独立调节模具温度稳定性来降低产生废品的风险。此外，恩格尔在其为满足塑料加工行业的要求而特殊订制的产品组合中拥有自己的 MES（制造执行系统），可实现极高程度的纵向数据集成。

3. 注塑过程自适应控制

克劳斯玛菲在 NPE2015 展示了 APC 注塑零缺陷控制技术，可以根据注塑制造过程中的波动进行即时补偿，从而实现高品质的生产。APC 即 Adaptive Process Control，其每个循环周期会根据当时的熔体黏度与模具内的流动阻力调整 V/P 切换点和保压曲线，实现在单次注射过程中的波动补偿，显著提升制品的重复精度。其中，可以补偿的因素包括温度变化、环境变化、物料批次变化等各种外部因素引起的波动。除了可用于在生产过程中的波动补偿之外，还可在停机重启时进行补偿以避免残次品产生。此外，设备内部如螺杆机筒磨损、止逆阀磨损等使得塑化过程发生变化的情况，都可以通过 APC 系统实现补偿。

（二）绿色节能－面向汽车工业的轻量化解决方案

1. 连续纤维增强热塑性塑料制品成型加工

连续碳纤维增强热塑性塑料制品开发重点主要集中在汽车内饰上，包括座椅部分的组件、门侧防撞梁、汽车横向悬架梁、刹车踏板、转向柱支架、安全气囊组件和前端组件等。原料供应商巴斯夫称其为“连续纤维增强热塑性塑料（CFRT）”，美国朗盛则命名为“尼龙复合材料板混杂技术”。设备制造商恩格尔公司称其工艺为“Organomelt”，克劳斯玛菲则将其技术称为“FiberForm”，二者都是在一台注塑机中实现包覆成型。恩格尔和克劳斯玛菲分别在K2010上第一次展示了转向柱支架和门侧防撞梁的成型系统。两家公司均采用了德国Bond－Laminates公司提供的Tepex复合材料板材，并采用朗盛的尼龙材料对该组件进行包覆成型。在这两个演示中，均由机械手（线性的或六轴的）抓取复合板材，将其放到300℃的加热炉中预热30～40s，然后将其送入注塑模具中。通过闭合模具对该板材进行预成型，接着再将尼龙材料注入形成最终制品。按加热炉能力的不同，整个循环时间从33～55s。采用恩格尔技术生产的部件拥有更为复杂的形状，脱模后需进行激光修边。克劳斯玛菲则在其IMC注塑混炼机上，直接采用由玻璃粗纱获得的长玻纤来混配包覆成型用的混配料。机械手还将成型后获得最终形状的部件传送到一个质量检测站（图4）。

图4　连续纤维增强热塑性塑料制品成型加工

2. 物理发泡技术用于长纤维增强塑料注射成型

阿博格与德国亚琛塑胶加工（IKV）研究所一同研发了物理发泡技术ProFoam，其基本原理是在原料进入机筒之前通过低压氮气进行浸润发泡。原料首先被加入由两个加压腔体组成的预发泡装置的上部腔体中，低压下（50bar）加入物理发泡剂（N_2）。随后腔体气体阀门打开让原料进入下部加压腔后锁闭，上部腔体继续加料。待下部腔体阀门打开后，原料进入塑化系统中，物理发泡剂因此可均匀溶入塑胶熔体里。注射时伴随减压过程，可在制品内部产生均匀分布的微孔结构。这种工艺的优势在于不需要在螺杆上设置额外的剪切和混合功能部件。尤其值得一提的是，Profoam还被用于生产带长纤维增强的发泡部件，以达到更优良的机械特性。相比于传统的，生产出的部件可获得平均长度更长的增强纤维，还可利用变模温技术对表面品质进行优化。

3. 完美高光表面的整体解决方案

克劳斯玛菲的ColorForm是用于高光表面部件生产的新工艺，这项技术组合了注塑成型与反应加工设备，用于取代传统的喷漆制程，并能够在一个生产循环中实现全自动生产。其基本成型工艺过程为先在模内注射成型热塑性基体，再采用双组分的聚脲（PUA）或聚氨酯（PUR）涂料在模内直接对其进行浇涂（flow－coated），从而获得拥有优质表面的最终部件。采用PUA或PUR涂料的表面漆层无溶剂、柔顺剂和重金属，而且没有任何排放，是对传统漆的一种有效而环境友好的替代。这一集成的工艺相比传统的装饰工艺可节省成本30%以上。由于产品同时具有高抗刮擦性、高设计自由度和出色的表面质量，ColorForm工艺非常适用于装饰柱件、装饰条、中央控制台或仪表板等各类汽车内外饰件。

（三）高效精密－注塑成型的长期发展要求

1. 模具轮廓精细化、表面精密化

德国机械制造商阿博格向德国大陆集团交付的第十代注塑机，能够用于生产非球面反射镜平视显示器。大陆集团的平视显示器运用了非球面反射镜，能够看到所有的相关信息。为了确保屏幕上的信息不失真，其模具必须具有高精度的轮廓和非常精密的表面，并且容许的偏差小于5μm。

2. “速度压缩”技术实现制品更薄、更轻

住友德马格 El－Exis SP 目前的锁模力范围覆盖从1500到7500kN，已经有超过2000台 El－Exis SP 注塑机安装在薄壁塑料包装、螺纹盖和各种密封盖的厂房。EI－Exis SP420 注塑机采用“速度压缩”技术在2＋2叠模中生产4个聚丙烯（PP）托盘，即在模具运动和注射速度达到最高点的时候进行压缩，对注塑机、传感器、控制系统以及驱动技术都提出了更高的要求。在模具完全闭合前将塑化物料预存在模腔内，合模动作进一步促进模腔物料的均匀分布，从而降低了所需的注塑压力和合模力，确保了压力分布均匀，最终减少成品零件中的残余应力并改善产品的翘曲变形情况，达到更薄、更轻的生产效果。

3. 阿博格“黄金版”注塑机灵活高效产出

阿博格在黄金版液压机的基础上配置了液态硅橡胶模块，可在大约25秒的循环时间内灵活生产出 iPhone6 液态硅橡胶手机壳，产品重量为21克。另外，阿博格在黄金版系列中增加了锁模力60～200吨的经济型黄金版电动机，与成功液压 Golden Edition（黄金版）一样，通过标准化生产－比如拉杆间距、锁模力和注塑单元尺寸的固定组合，使全新的电动机更具性价比。“黄金版”电动机 370 E Golden Electric 非常适用于精密的医疗产品的生产，配置 Wellmei 公司的2腔模具生产输液的Y型联接部件，循环时间为18秒。一台线性机械手系统 Multilift Select 负责 PC 注塑件的取件和放件。

4. eIMC™模内闭合技术——最高可使生产率提高20%

继 HyperSync™，Husky 公司又推出了革命性的 eIMC™模内闭合技术。该项伺服驱动技术允许模具功能的安全叠加，在拉盖瓶盖还处于温热状态时控制其闭合。对闭合速度进行严格控制，精确进行快速闭合动作；这样可确保在理想的闭合力下进行最快闭合，并保证产品品质最佳。采用 eIMC™模内闭合技术可使生产率最高提升20%，根据应用的不同，每次注塑周期节省约两秒钟的时间。

（四）功能化注射成型技术最新进展

1. 微型高精密制品注塑成型技术新进展

在 NPE2015，日精展示了配备 X－Pump 的小型油电混合注塑机“NPX7 Advance”用于成型微型医用缝合器部件。NPX7 Advance 采用高能效混合泵系统 X－Pump，相比传统液压机可节能40%以上，并具有优异的注塑性能。机器配备直径为12mm的螺杆（以前认为这是不可能的），可稳定地成型1克以下的微型零件。合模单元为全液压驱动，模板采用线性导轨支撑，可向模具均匀地传递压力，且具有极好的低压模保特性。供料装置为日精独有的“Smart Feeder”，可防止树脂喂料不足，并可稳定树脂的熔融/塑化过程。

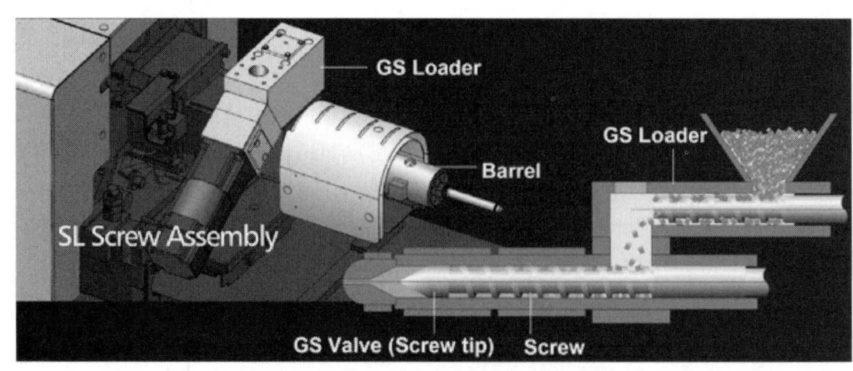

图5 住友德马格则展示了配有 SL（Spiral Logic）Screw 螺杆组合

同期，住友德马格则展示了配有 SL（Spiral Logic）Screw 螺杆组合的直驱式全电动注塑机用于

生产0.524g齿轮（图5）。SL Screw螺杆组合可通过消除不稳定的剪切热来消除熔体密度波动，避免熔体在机筒中的滞留或降解现象。GS喂料系统则可与螺杆速度相适应进行喂送或计量原料。同时，一种可主动关闭的止逆阀（GS阀）取代了传统螺杆挡圈，可以防止进入机筒的材料回流，保证沿螺杆长度上熔体压力分布均匀、加工过程的高度稳定以及注射的重复性。此外，注塑机还采用Zero - Molding技术用于保证微成型制品的精度，包括：(1）熔体流动前端控制（简称“FFC”）系统利用树脂流动前锋中的能量，以一种均衡的方式完成填充；(2）最小化锁模成型（简称“MCM”）系统允许机器自动检测模具动定半模完全平行之处的极小点，并定义出现无飞边成型的临界值以及实现最佳型腔排气的优化点；(3）直驱电动机提供了快速响应、高速度、压力和扭转力，并确保了较高的能源效率、精密性和重复性；(4）锁模力校正系统用于补偿模具的热膨胀。

2. 厚壁光学透镜多层注射成型技术

Engel optimelt是特别针对光学制件加工的解决方案：首先生产一个预成型件，然后再在一个或多个后续过程中完成多层成型（常采用同一材料），后一层成型可以覆盖前一层所产生的缩痕等缺陷，从而确保高的光学品质。在照明领域的研究表明，多层之间的界面层对照明光学功能没有影响。Engel在K2013上展示了壁厚为15mm的LED透镜成型，其成型周期在60秒以内，相比传统单层成型可缩短80%以上。

3. 高效的金属合金注塑成型

恩格尔为液态金属（Liquid metal）的高效注射成型提供了配套装备。液态合金是一种具有卓越机械特性的新材料，亦称为金属玻璃，是目前唯一可注塑成型的金属。液态金属具有高强度、高弹性、高硬度和热收缩率小等特点，既没有磁性也不被磁化，并且具有低的导电性。液态金属对皮肤无刺激，无毒性，非常适合于医疗应用。注射成型时，塑化单元首先借助感应加热器加热到1100℃用于熔化坯件，再由活塞将熔融态金属注入型腔成型。为防止氧气晶化金属导致性能下降，型腔必须是高度真空。液态金属合金注射成型实现了一步到位制造复杂结构金属部件，并且其精度和表面质量远优于普通铸造。注射金属零件表面质量与腔体表面高度一致，无需打磨、无需抛光，相比数控加工尺寸精度可高出一个数量级，公差可达±8μm（金属粉末注射成型公差为±75～125μm）。

三、注塑行业发展建议

注塑行业发展趋势将继续坚持以供给侧结构性改革为主线，坚持创新驱动，塑料产品将更加注重微型化、大型化、个性化、多样化、智能化、高效化、功能化，绿色化，以满足不同市场需求，尤其在电子、信息、医疗、生物等应用上需求将持续旺盛。为此，对注塑行业下步发展，有四点建议共同分享：

（1）推进智能化。智能注塑工厂雏形已在我国一些企业进入尝试，通过机器换人、在线控制，提高生产效率，稳定持续地生产精密产品。通过智能与制造、管理、营销的深度融合，促进企业提质降耗、行业转型升级。

（2）追求轻量化。特别是汽车制品，通过轻量化降低油耗，提高环保性能，通过高效高稳定性制品研发，替代汽车其他材料。我建议中国塑协专家委员会把塑料在汽车轻量化领域的应用，作为专题研究，提出行业发展的方案。

（3）推进绿色制造。加快推广连续纤维增强热塑性塑料制品成型加工、物理发泡技术用于长纤维增强塑料注射成型、耐划伤高光表面的整体解决方案等先进制造技术，提升注塑产业水平。

（4）实现持续创新。面对全球塑料行业创新和发展的深刻变革，注塑行业要紧紧围绕《塑料加工业“十三五”发展规划指导意见》和《塑料加工业“十三五”技术进步指导意见》，积极推动技术进步和科技创新，不断提升自身创新发展的能力和水平，力争在功能化、轻量化、生态化、微成型上取得新的突破，加快绿色、节能、高效新型成型工艺和技术开发应用，紧紧围绕高质化目标，加快提升中高端产品的比例，加快推动产业升级。

四、工作总结及下一步工作重点

（一）2017年度工作总结

2017年是实施“十三五”规划的重要一年，是供给侧结构性改革的深化之年。塑料加工行业面临难得产业升级的发展机遇和严峻挑战，一是新一轮技术革命和产业变革浪潮的冲击，二是进入新常态后，注塑制品加工业面临转变发展方式、优化调整结构、产业升级繁重任务的挑战。塑料制品加工行业克服市场需求不足、各项成本攀升、企业融资困难、环境督查停产整顿等一系列困难，规模以上企业总产值、主营业务收入、利润总额逐年增长，实现平稳健康发展。过去的一年，在中国塑料加工工业协会各级领导的亲切关怀下，在专委会新老两届领导的带领下，在全体会员单位的大力支持下，本专委会顺利完成理事会换届，推动专委会工作进入新的阶段。现将本年度主要工作总结如下。

1. 召开2017届专委会理事会议

遵照中国塑协分支机构管理办法，中国塑协注塑制品专委会于2017年4月5日晚在东莞市召开专委会理事会议。中国塑协领导、九家正、副理事长单位和北京化工大学共计十家单位十三名代表出席了会议，会议由注塑制品专委会秘书长谢鹏程主持。广州毅昌科技股份有限公司被推选为新一届理事长单位，北京化工大学为常务副理事长单位，广州毅昌科技股份有限公司徐建新董事总经理担任主任，北京化工大学谢鹏程教授担任秘书长，新一届专委会秘书处设在北京化工大学，更突显了产学研的结合，突出了科研为行业服务的宗旨，新一届注塑专委会也将更好地为行业服务、为政府服务、为企业服务，引领我国注塑行业走向新的辉煌。

2. 举办2017中国注塑产业高峰论坛暨中国塑协注塑制品专委员会年会

在中国塑料加工工业协会各级领导的亲切关怀和悉心指导下，2017年4月6~7日，2017国际模具成型创新技术高峰论坛（ICMIT2017）暨2017中国塑协注塑制品专委会年会在东莞柏宁长安国际酒店隆重召开。本次盛会由注塑专委会与电脑辅助成型技术交流协会（ACMT）携手打造，大会演讲议题内容精彩纷呈，128篇报告从七大主题深入探讨塑料模具产业未来的走向，共吸引了国内外412家原材料、工艺及装备、模具及制品相关企业、高校及科研院所等产业相关单位共计865名代表参加会议。

大会开幕式上，中国塑料加工工业协会副理事长马占峰、中国模具工业协会会长武兵书等领导嘉宾为此次高峰论坛做了精彩的大会致辞。专委会常务副理事长杨卫民教授以“注塑技术创新与先进制造”为题带来大会首场特邀报告，首次提出面向注塑成型产业的“3D复印”全新概念，论坛开幕式由专委会秘书长谢鹏程主持。在新一轮科技革命和产业变革潮流下，专委会将以此为契机，广纳真知灼见，广聚行业资源，为行业可科技进步和产业技术推广探索新思路，拓展新途径，加快智能化制造技术实施，为推动注塑产业的转型升级贡献力量。

3. 协办2017汽车轻量化与内外饰创新技术高峰论坛

注塑专委会与凌傲咨询在昆山维景国际大酒店共同举办2017（第九届）汽车轻量化与内外饰创新技术高峰论坛，谢鹏程秘书长作为嘉宾在开幕式上做大会特邀报告，详细介绍了专委会的宗旨及行业技术发展新动向。本次会议围绕非金属材料应用、注塑机械、注塑工艺、注塑制品等方面的创新应用，尤其针对“轻量化材料与工艺”、“内外饰与VOC”两大主题提供行业权威报告。此次会议共吸引了二百余位汽车及注塑产业相关人士报名参加。除了展示最新的汽车轻量化研究技术进展外，也开放现场来宾面对面与专家互动，借由彼此意见聆听，互相观摩、学习，互相创造自身及整个汽车生态链的价值。通过此次研讨会的协办，促进了注塑行业与汽车行业的有机结合，扩大了专委会的影响力。

4. 举办智能注塑工厂与模流分析技术系列培训课程

中国已成为全球制造大国，但要成为制造强国，核心关键在于提升科学技术，由注重生产过程转变为注重设计研发过程，推动制造业由中低端迈向高端，实现由制造到智造之转变；为此，注塑专委会联合科盛科技Moldex3D，成立了北京化工大学CAE技术应用推广中心，本年度已为华北地区的广大注塑行业用户提供数次优质的培训课程服务，透过专家面对面传授Moldex3D各类分析与各项过程中的重点及难点，让学员快速学习并掌握注塑工艺与模流分析之专业知识，深入了解如何使用模流分析软件来达成注塑产品与模具之优化设计方法，降低模具开发与重复修模所造成的各项成本，从而实现以科学化的注塑仿真分析与高质量的技术支持服务为客户实现智能化生产。

5. 调研走访金发科技、广州毅昌等理事长单位

2017年11月16日，注塑专委会常务副理事长杨卫民和秘书长谢鹏程分别对金发科技股份有限公司和广州毅昌科技股份有限公司进行了调研走访，受到了公司领导高层的热情接待。谢鹏程秘书长就专委会换届大会之后的工作开展、重大活动开展以及协会与理事单位交流等方面情况向各理事长单位作了介绍，之后宾主就如何发挥专委会的协会服务职能、如何发挥专家团队智囊作用等问题进行了详细的探讨。杨卫民副理事长针对如何发挥专委会的桥梁纽带作用、更好地为行业和会员服务，如何在日新月异的技术发展浪潮中处于领先地位等方面进行了深入分析，各理事长单位均给予高度评价，并表示未来将继续支持专委会开展的各项工作。

6. 为山东通佳机械提供员工专业技术培训讲座

为了更好地服务注塑专委会会员单位，帮助企业全面培育提高员工综合素质，打造企业核心竞争力，专委会依托北京化工大学教育资源优势，特邀请机电工程学院具有丰富理论和实践经验的专家前往山东通佳为企业员工进行专业培训讲座，从塑料材料、成型工艺、加工设备等方面对山东通佳员工进行系统培训。本次培训不仅提高了员工的基本技能，而且为员工创造性的研发与制造能力的提升打下了良好的基础，更好地满足了企业目前和未来工作的需要，有利于企业整体竞争优势和核心竞争力的提高。未来注塑专委会将继续坚持以创新、共享、融合、学习的理念，推广新技术、新设备、新工艺，开展技术人才培训、咨询、技术交流和信息服务，从而更好地为行业、为会员服务。

7. 与兄弟专委会协助共进拓宽行业服务渠道

为了进一步提高新形势下专委会的服务能力，促进塑料加工行业科技进步与升级发展，注塑专委会协助中国塑协专家委员会、塑料机械工业协会、宁波塑料加工工业协会等兄弟协会，共同举办了塑料加工行业专家交流盛会、产学研需求对接平台、专家院士行、科技创新年系列活动等，充分利用现有产业集群优势，发挥行业协会集群效应，不断拓宽服务内容与服务平台，从而实现更好地为行业、会员服务。通过与其他专委会的交流协作，不仅促进了彼此之间的了解与信任，也为专委会今后工作的开展拓宽了思路；未来，专委会将认真研究行业现状，积极实施改进，把专委会的立足点牢牢树立在行业、企业健康持续发展的基础上，不断提高专委会的服务能力和服务水平。

（二）下一步工作重点

党的十九大指出，创新是引领发展的第一动力，是建设现代化经济体系的战略支撑。而“十三五”是世界新一轮科技革命、产业变革大潮与我国加快转变发展方式的历史性交汇点，是塑料加工业由大变强的攻坚期，也是实施创新驱动发展的关键时期。2018 年既是“十三五”规划的第三个年头，也是改革开放 40 周年。注塑制品专委会将全面贯彻中共十九大精神，紧紧围绕“建立以企业为主体、市场为导向、产学研深度融合的技术创新体系”的奋斗目标，积极主动适应发展新常态，相信在王世成理事长，朱文玮常务副理事长/秘书长的正确领导下，本专委会定会继往开来，勇往直前迈上一个新台阶，现将 2018 年度的工作计划汇报如下。

（1）引导国内企业充分利用“一带一路”政策，推动集“科学研究、人才培养、技术创新、成果转化及产业输出”于一体的系统性合作，加快形成创新链、产业链和资金链有效联动的融合发展体系。

根据“一带一路”沿线国家注塑市场与技术水平的情况，确定合作交流区域与对象，通过投资洽谈、组织参观学习、参加产业研讨会等方式加强与沿线国家的科研机构、智库、技术精英人士的交流。营造国内相关领先技术“走出去”、国外资源与先进技术“引进来”的良好环境，联合协调国内外合作力量，集成整合国内外科技资源，使双方合作达到互利互赢。

（2）加强会员分类管理工作，做好重大活动组织筹备服务工作，积极推动学术界与产业界达到真正的产学互动，互相创造自身及整个注塑生态链的价值。

注塑专委会将安排由秘书处牵头负责走访理事长单位，促进专委会与理事长单位之间的紧密联系。专委会将继续联合具有较高行业影响力的组织于 2018 年 3 月 22－23 日在苏州召开“2018 国际模具成型技术及应用高峰论坛”暨“2018 中国塑协注塑制品专委会年会”。此次大会旨在深入探讨注塑产业未来的走向，掌握市场新脉动的契机。除了展示最新的注塑科技技术外，也将在现场组织参会代表面对面与专家互动座谈，让不同专长及看法的专家学者通过正向沟通、讨论来促进注塑产业的发展。为了进一步提升专委会服务的专业性与针对性，将根据会员所属的子产业情况进行分类汇总，实现有序专业的管理服务。

（3）打造资源共享、信息共享、经验共享型注塑行业人才培养中心，提高相关产业从事人员的专业素质和企业市场竞争力，及时更新观念，把握时代脉搏。

注塑行业人才培养中心的宗旨在于通过行业协会组织产学研用多方合作，以共同感兴趣的未来前沿议题为方向组织相关人员进行新技术、新工艺的探讨与学习，为专委会会员企业提供全新模式的专业技术服务。同时，应用中心也将为行业内专业人才的培训指导提供场地和设备。根据不同客户的需求，我们为行业企业提供包括套餐课程、特色技术短训课程、骨干员工学历课程以及脱岗资格技术培训等多种培训方案。协助客户提高专业人才素质，增强企业技术实力，提升企业竞争力。

（4）加强“注塑制品专委会”新媒体运营，新增技术难点收集模块，推出“专注微课堂”等先进技术网络推广品牌。

在这个信息大爆炸的时代，新媒体运营应运而生。利用自媒体平台进行策划优质的、有高度传播性的内容和线上活动，向客户广泛或者精准推送消息，提高参与度与知名度，从而充分利用粉丝经济，达到相应目的。通过技术难点的搜集，总结归纳行业现阶段发展的瓶颈，从而有针对性地预测今后的发展趋势。旨在将注塑制品专委会打造为行业前沿信息的传播平台与指示灯，借助产业集群优势推动技术难点的攻克。另外，专委会将持续推出“专注微课堂”品牌栏目（专注：注塑制品专委会的简称），邀请注塑行业内的专家学者、工程师等在微信群平台上在线授课，致力打造塑料加工行业最大的线上技术交流与先进技术传播平台，加强专委会的行业凝聚力，推动行业技术升级换代。

（5）扩大会员单位规模，充分发挥产业集群优势。

为了进一步完善专委会各项职能，扩充会员规模，专委会将继续为本专委会会员单位提供科技成果鉴定/报奖、专业技术培训和认证等服务，做好专委会会员服务工作。

（6）做好2018中国国际塑料展筹备工作。

重点邀请国内外塑料相关企业、科研院所、行业组织及塑料应用单位等专业观众、买家莅临展会。

（中国塑协注塑制品专业委员会秘书处）

复合膜

一、行业现状

2017年，在下游行业需求的强劲拉动下，中国塑料复合膜软包装市场需求旺盛，发展比较平稳。2017年复合膜软包装的产量约为350万吨，主营业务收入约为875亿元，规模以上塑料复合软包装企业数约为1500家左右，主营业务收入过亿的企业约为70多家，过亿企业的主营业务收入总计约为200多亿元，占比规模以上企业主营业务收入25%左右，产业集中度有所提升。

目前，塑料复合软包装材料现已成为国内较成熟、较受欢迎的主要包装材料之一，已渗入国民经济的各个领域。随着市场经济发展的需要，各行各业对塑料复合软包装的需求逐年上升，且越来越上档次，由于塑料软包装不仅有着柔韧性、透明度高，阻气和阻湿性好、低成本、使用方便等多种优点，还因其自身色彩艳丽、图案新颖成为下游客户产品宣传、品牌树立的重要介质。随着其功能的不断扩充，复合膜软包装材料已能够充分满足客户对于品牌宣传、储藏、运输、成本控制的全方位需求，并覆盖越来越多的市场而独占鳌头，可以说现在超市中琳琅满目的产品大多都是软包装来承担主要角色。我国塑料软包装行业以彩印复合袋的形式最为常见，其中涉及的上游行业主要有聚乙烯薄膜、流延聚丙烯薄膜、双向拉伸聚丙烯薄膜、双向拉伸聚酯薄膜、双向拉伸尼龙薄膜、镀铝膜、铝箔等，下游涉及食品包装、医药包装、日化包装、电子包装、工业包装、农药包装等。结构简图大致如下：

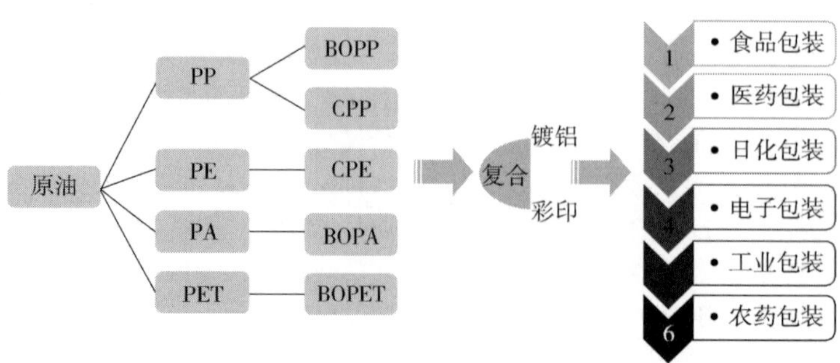

从上图中不难看出，软包装材料可以根据下游产品的应用领域（食品、非食品、个人日化产品、药品、医疗产品等）来进行单独和组合使用。此外，软包装可与其他材料通过涂布和覆膜等方式形成复合材料来提高其物理性能，可以兼顾阻气、阻热、防潮等多种功能。

2017 年复合软包装市场需求仍以食品包装为主，约占整个市场需求的60%左右，其次是医药和日化约占30%左右，近几年发展不错的工业包装约占10%左右。

据美国印刷行业门户网站 PIworld 发布的“2018—2019 年度印刷需求热门市场”确定出 2018—2019 年度印刷产品需求最高的前 25 个行业。其中，食品包装排在第一位，医疗/制药包装排在第二位。同时，根据前瞻产业研究院资料显示，2017 年 1 ~ 11 月，中国规模以上食品工业企业（不含烟草）累计完成主营业务收入 9. 8 万亿元，同比增长 6. 8%；实现利润总额6293. 0 亿元，同比增长 9. 0%；可见与食品行业密切相关的复合软包装行业的前景应该十分看好。

但同时，行业仍然面临诸多挑战，复合膜软包装行业正处在转型升级的关键换档期，中小企业居多，中低端产品居多，名优品牌、名优企业少；加之原料、装备和体制机制原因，创新发展受到一定制约；原材料涨价，人工成本增加，管理水平不高，盈利能力偏低，再加上目前环保治理压力越来越大、环保投入也越来越难以承受，这些都是复合膜软包装行业不得不面对的挑战。

随着环境保护上升到国家战略层面，2017 年中央及地方对企业的环保督察越来越频繁，因排放不达标而被迫整顿停产的企业比比皆是。同时由于原材料价格的异常上涨吞掉了不少企业的利润，招工难的状况迟迟得不到缓解，然而大中型软包企业在困境中没有退缩，创新发展的势头平稳、良好，行业呈现出强者愈强，弱者愈弱的趋势，行业洗牌加剧。

二、关于 VOCs 减排

1. 行业共识：VOCs 减排应从根本上减少溶剂使用量

当前复合膜软包装行业受到影响最大的仍然是 VOCs 减排，在环保政策越来越严格的巨大压力下，全产业链积极行动，力图寻找务实可行的治理路线。目前，从复合膜专委会的理事单位来看，基本上都已上或正在上末端治理装置，或者溶剂回收或者燃烧热能回用。源头治理也有一些突破性的进展，陕西北人的 EB 印机和中山松德的 UV – LED 无溶剂印刷机都为复合膜软包装行业 VOCs 减排的源头治理提供了有力的装备基础，为复合膜软包装行业的绿色发展带来了新的希望。目前复合膜软包装行业企业基本已形成共识，就是要从根本上减少溶剂的使用量。印刷这一块的最终解决应该是无溶剂印刷，当然还有很长的路要走，眼下比较成熟的还是水性油墨。但水性油墨现在很多还是有 30% 的乙醇在里面，还存在一些诸如油墨附着力的一些问题，还有设备干燥问题、匹配问题。同时还涉及一些企业的投资成本问题，目前很多是采用了满版白墨采用水性油墨的方式来减少溶剂的使用。有些企业受限于成本无法进行适用于水墨的设备改造，还可以去用单一溶剂油墨实现回收，或者参照欧盟的一些方式来减少油墨的使用数量，用简单的 4 色或不超过 6 色来减少溶剂的最终使用。复合这一块也是一样的，现在的最大趋势肯定是无溶剂，无溶剂发展目前已经相当普及了，包括一些几年前企业不敢碰的那些刚性材料，PET 和 PET 镀铝的复合、PET 和铝箔的复合，现在都已经很成熟了，包括一些高温蒸煮已经在大批量地在很多产品中使用，当然这一块还要去关注一下 PAA 方面的问题。对于无溶剂适用不了的领域，还可用水性胶，或应用挤出复合的方式。如果这些都实现不了，可以在现有的溶剂胶进一步提高固含量，来减少溶剂的使用。另外，最直接的就是使用一些共挤薄膜材料，尼龙或 EVOH 共挤膜，或者用一些透明高阻隔或镀铝材料，最终通过四层减三层、三层变两层或两层变单层，最终减少薄膜的层数，来实现减少整体溶剂的使用。

2. 复合膜软包装行业的 VOCs 治理将出现第三方治理及产业链联运模式

目前复合膜软包装行业的 VOCs 末端治理大部分企业主要为两条路径，一是溶剂回收循环利用，一是燃烧法热能回用。通用的 RTO 燃烧法投资较为昂贵，运行费用也比较高，令不少中小企业望而却步。溶剂回收循环利用虽然比较经济，但油墨的溶剂成分比较复杂，需要精馏处理才能回用，而软包企业是不具备精馏处理资质的，同时还存在令人头疼的危废难以解决。经过多方努力，DIC 油墨连同赜羽环保（第三方）构建从油墨工厂，下游印刷客户，现场收集和处理、转运、到溶剂回收及资源化利用产业链，以实现油墨下游印刷客户溶剂回收及资源化利用，帮助复合膜软包装企业解决 VOCs 排放治理难题，并通过资源化利用降低成本，实现溶剂的最大限度回用，与各环节的合作伙伴实现共赢。

该模式将率先在江苏省实施运营，在该模式中油墨工厂、印刷企业以及赜羽环保（第三方）承担着不同的角色。油墨工厂需要使用新开发的单一种类溶剂新型油墨（或者负面清单溶剂油墨）；印刷企业需要配合使用单一种类溶剂进行稀释；赜羽环保（第三方）负责帮助印刷企业废气进行收集、吸附 + 脱附 + 冷凝处理，使废气达标排放，并对冷凝下来的溶剂进行分级，根据溶剂类型、成分及组成、可回收度等选择提供收费（焚烧类）或付费服务（精馏回用类）；另外赜羽环保（第三方）还负责在区域内建立精馏溶剂回收系统和废液焚烧危废系统。焚烧类溶剂直接处置，回用型溶剂精馏后回到印刷厂继续使用，最大限度进行资源化利用。再者赜羽环保（第三方）可提供相关监测系统和平台监控服务；监测数据可联网企业内部中控系统及主管部门监管平台。该模式工艺技术可行，具有良好的经济效益，可以从根本上解决复合膜软包装行业的 VOCs 治理问题，并能加强落实国家倡导的环境治理政策，具有十分积极的社会意义。

三、专委会活动

2017 年复合膜制品专业委员会在政府各主管部门的指导和关怀下，在中国塑料加工工业协会的直接领导下，在各理事、会员及相关单位的支持和配合下，按照 2017 年工作计划积极开展各项工作，有效推动行业朝着绿色、创新、可持续方向稳步发展。

1. 组织会员单位广泛征集中国塑协《塑料加工业“十三五”发展规划指导意见》中复合膜软包装行业的重点技术项目

2017 年年初，专委会组织会员单位征集《塑料加工业“十三五”发展规划指导意见》中复合膜软包装行业的重点技术项目，在前沿、共性关键、重点推广、清洁生产与节能减排、重点装备五个类别中列入了复合膜专委会提交的 10 个项目。同时将高温蒸煮袋及鲜果蔬的透气抗菌保鲜包装膜的深度开发等 13 项新产品和新技术也列入《塑料加工业技术进步“十三五”发展指导意见》中的重点产品发展方向。

2. 举办技术交流会，促进行业技术进步

（1）2017 年 1 月 6 ~ 8 日，由中国塑料加工工业协会主办，中国塑协复合膜制品专委会和中国绿色包装产业技术创新战略联盟承办，洋紫荆油墨有限公司协办的以“创新、绿色、可持续发展”为主题的“2017 中国塑协复合膜专委会七届二次会员代表大会”在浙江桐乡召开，同时召开了复合膜专委会七届三次理事会。技术交流从 VOCs 减排的国家政策层面、技术路线图、末端治理技术、水墨应用、无溶剂复合、EB 胶印、食品安全、自动化智能化等方面展开，为软包装行业的节能减排和绿色印刷生产提供了有价值的解决方案。

（2）协助埃克森美孚化工公司、江苏精良高分子材料有限公司、贵州味美食品工业有限公司在贵州举办了“国际食品塑料包装（贵州）创新会议”。贵州味美食品工业有限公司的食品包装新思路让与会代表大开眼界，深入了解了食品包装的创新趋势和发展新需求。

3. 进一步完善《复合（印刷）塑料包装产业 VOCs 削减技术路线图》

2017 年 7、8 月份根据工信部和中国轻工业联合会的要求进一步修改和补充了《复合（印刷）塑料包装产业 VOCs 消减技术路线图》，确定了“十三五”期间复合膜软包装行业 VOCs 减排技术改造重点方向。

4. 努力发挥桥梁和纽带作用，为政府有关部门做好支撑服务工作

2017 年 8 月 8 ~ 17 日专委会吴方群与文秀松老师一起参加了国家质检总局产品质量监督司组织的辽宁省和吉林省“塑料类食品相关产品 - 接触食品的蒸煮膜、袋、盒”专项监督检查任务，在完成国家质检总局下达任务的同时，也对东北地区复合膜软包装行业的发展现状有更深入的了解。

5. 积极反映企业述求，为政府决策提供参考

（1）对环保部《固定污染源排污许可分类管理目录》（试行）、《有毒有害大气污染物名录》（第一批）（征求意见稿）、“十三五”挥发性有机物污染防治工作方案（征求意见稿）、HJ/T371《环境标志产品技术要求凹印油墨和柔印油墨》征求意见稿以及新国标《食品安全国家标准复合食品接触材料及制品（征求意见稿）》等政策文件和标准广泛征集意见，并将征集的意见整理上报到环保部及有关标准制定的相关部门。

（2）针对个别地区强制规定所有企业必须在不到一年的时间里全面实现源头削减，全面使用低 VOCs 含量的水性油墨和无溶剂或水性胶黏剂的情

况，通过轻工联合会渠道向中办、国办反映企业与行业诉求。

6. 复合膜行业标准及标准化管理

（1）推动因故尚未完成国标委报批的复合膜三项标准尽早完成报批。

（2）开展了四项标准 GB/T21302 - 2007 包装用复合膜袋通则、GB/T10004 - 2008 包装用塑料复合膜袋、GB/T28117 - 2011 食品包装多层共挤膜袋和 QB2197 - 1996 榨菜包装复合膜、袋的修订申报工作。

（3）拟定了三个团体标准制定工作方案。

由我专委会会员单位中国出口商品包装研究所为组织单位，江苏彩华包装集团有限公司作为项目申报单位的《水基油墨凹版印刷膜》、《无溶剂复合膜、袋技术要求》、《无菌包装复合膜、袋》三个团体标准于年初向中包联申请立项并已获批。

（4）组织参与 GB/T 16716《包装与包装废弃物》系列标准的修订工作。

GB/T 16716《包装与包装废弃物》系列标准是我国包装与环境标准体系的重要组成部分，该系列标准根据“从源头治理”的指导方针，为降低包装材料的消耗，合理利用和处理包装废弃物，减少废弃物处理时向环境的排放，运用预先减少用量、重复使用、回收利用等技术措施，对投放市场或交付使用的包装进行全面的预先评估。该系列标准在技术内容上主要是对术语和定义、基本原理和方法、准则、评估要求和程序、符合性声明等进行规定，行业协会去参与修订能够起到引领作用，更好把握整个行业的发展方向，对行业工作的开展具有指导意义。

7. 加强包装安全建设

继续完善溯源法食品软包装安全管理体系的建设，逐步扩大“溯源监管模式”的运行范围。

8. 开展行业培训工作

（1）专委会教育培训工作小组和标准化工作小组根据七届三次理事会批准的工作计划于 2017 年 7 月 5 ~ 6 日在天津科技工作者之家共同举办了 2017 标准化知识培训班，学员们普遍认为培训内容充实，时间安排紧凑，内容丰富，老师与学员互动性较好。

（2）2017 年 11 月 9 ~ 14 日“中国包装总公司”携手“中国绿色包装产业技术创新战略联盟”和“中国塑协复合膜制品专业委员会”在天津共同举办了“挥发性有机物（VOCs）治理技术”高级研修班，培训课程对不同类型的末端治理技术结合典型案例进行了深入的讲解。对无溶剂复合与无溶剂印刷技术以及高端胶黏剂产品的应用也进行了详尽的介绍。同时还参观了两个工厂现场教学。

9. 其他重点工作

（1）建立复合膜软包装行业信息平台。

（2）中国塑料工业发展史复合膜篇的编写工作。

（3）2018 南京中国塑协四新展览会的参展筹备工作。

四、存在的问题

2017 年由于环保政策越来越严格，复合膜软包装行业洗牌加剧，因排放不达标而被迫停产整顿甚至倒闭的企业比比皆是。受益于行业洗牌以及下游产业发展势头良好的影响，行业中龙头企业及一些优质企业的订单明显增加，但行业仍存在以下问题。

1. 产业结构不能适应市场需求的变化

目前复合膜软包装产品中通用的低端的软包装产品所占比重较大，功能性软包装产品发展不够；重产品轻原材料，重设备轻技术，重生产轻研发；产品更新换代慢，导致产业结构不能完全适应市场需求变化。企业结构上，复合膜软包装企业总体规模小，产业集中度较低。地区结构上，西部地区包装工业比较落后，而东部的上海、江苏、浙江、山东、福建塑料软包装工业非常发达。产能结构上，结构性、阶段性产能过剩顽疾仍未得到有效缓解。

2. 企业利润微薄

塑料软包装市场的逐年增长，产生的诱惑较大，很多书刊印刷企业也开始或已经转型生产塑料软包装材料，所以对这个行业的投资越来越多，导致总体生产能力过剩，市场竞争激烈，利润极其微薄。另一方面，人工成本越来越高、原材料成本的相对上涨，复合膜软包装行业的利润空间越来越小，已成为一个微利行业。

3. 自主创新能力薄弱

目前，复合膜软包装行业里对“自主研发”，依然存在一些问题：首先，企业缺少自主创新的战略规划；其次，缺少市场调研的导向指引和信息反馈的支持。再次，缺少需求创造，不一定要先有需求，才来研发产品，还应该适时地创造需求，用产品来引领需求、引领消费。通过对行业未来发展方向的把握，研发符合市场发展趋势的新产品则必然可以填补市场空白、创造消费，甚至推动上下游产业链的发展。

4. 人才短缺

当前我国复合膜软包装行业的人才十分短缺，尤其是技术方面的专业人才，企业员工普遍技术水平低，既无法提高产品包装的质量，也无法对复合膜软包装生产线进行持续的改良与创新。长远看，复合膜软包装行业人才缺乏的问题会越来越明显。因此，复合膜软包装企业需要不断加强企业内部的人才培训工作，提高企业内部人才的理论知识水平与动手实践能力，为企业未来的健康发展奠定良好的基础。

五、行业趋势

1. 个性化定制及短单将逐渐提高市场份额

由于个体需求差异、消费习惯不同，包装印刷的个性化需求将增多，类似鲜活品、农副产品等由于产品本身对新鲜度、运输距离有要求的产品，将会产生更多的短单、急单。这种新形态对印刷的各个环节都是一项新挑战，但也是新机遇。此外，数字印刷技术的迅速发展对这一需求也起到了推动作用。

2. 包装功能的升级

通过对包装物赋予可变信息码，采用电子标签、智能标签以及新材料应用等手段，可以做质量安全监管、物流查询和溯源；可变信息码还可使包装物具有独特的身份证，并融入物联网、大数据，使网络管理成为可能；实现智能包装，可使信息透明化，有利于顾客了解所购物品的有关信息，有利于企业对自身及产品的宣传、推广。有关包装功能的升级，已经有许多新颖的技术开始应用，例如，应用在易变质物品上起实时监测功能的智能标签。

3. 包装设计的创新

通过对复合膜软包装加工工艺的自动化、数字化、智能化、信息化推动包装质量的改进、功能的提升、成本的优化，以适应各种包装需求。许多复合膜软包装企业都建立了自己的设计研发中心，加大对产品的结构、外观等设计创新能力的投入，在设计创新方面，中国企业还有很长的路要走。

4. 解决复合软包装废弃物的回收再利用日趋紧迫

复合软包装由于其具有质轻、柔软、废料少、占有空间少、成本低以及成本有效性高（单位重量包装的体积和重量）等优点，近几年来，它在世界范围内得到广泛重视和迅速发展，导致复合软包装废弃物的数量与日俱增。由于复合软包装使用的原辅材料品种繁多，有各种基材、黏合剂、AC 剂及油墨等，并且不同的包装要求对复合结构的多样化，这就造成了复合包装材料废弃物种类杂乱，难以筛选；另外各基材之间相互粘结强度高，采用一般方法难以把它们分离，因此复合包装材料的回收利用比较复杂困难，这已经成为复合软包装发展的瓶颈。因此回收利用复合包装废弃物，是一项不仅意义重大而且日趋紧迫的工作。

5. 绿色、环保、可持续发展成为趋势

包装印刷过程中，排放到空气、水源和土地中的废弃物，越来越引起政府、社会及包装印刷从业者的重视。各地相继出台了排污收费标准，这些标准及法律法规，能够帮助且指引包装印刷企业走可持续化发展道路。当然这既是对包装印刷企业的巨大挑战，也会对其转型升级创造新机遇。

6. 轻薄化、功能化、可降解薄膜将成为未来的市场需求方向

欧洲软包装注重的是包装功能，在保证功能要求的前提下尽可能的轻、薄。近十年来软包装的平均重量降低了 30%，每年减少用量 180 万吨，节省了资源。欧洲包装材料年消费量约 6600 万吨，软包装只占其中的 17%，但却包装了欧洲 50% 的商品。

提高保护性能和功能化，延长货架寿命的高阻隔包装材料，如高阻隔共挤复合薄膜的开发应用等；无菌包装材料、抗菌性包装膜、耐辐射包装膜的开发及应用；适用于电磁灶、微波炉加热性包装材料；适用于粮食等农产品储存的包装材料可控气调包装；电磁屏蔽用复合薄膜等，根据市场需要将有较大的发展。

目前世界各国都十分注重全降解包装材料的研究，人们利用天然高分子材料如蛋白类、天然橡胶等进行改进，或与合成高分子材料共混而制备出可部分降解的包装材料。尽管与传统聚合物相比可降解包装的价格偏高，但相信随着人们环保意识的提高和科技的发展，可降解环保型包装的成本会进一步降低，市场应用会越来越广泛，最终取代传统的包装材料。

（中国塑协复合膜制品专业委员会　吴方群）

聚氨酯制品

一、中国聚氨酯行业及市场状况

（一）聚氨酯软泡

1. 2017 年中国各 TDI 厂家产量以及供应情况统计（表 1）

表 1　2017 年中国 TDI 产量/供需/进出口情况统计表

（单位：万吨）

科思创	24.8
巴斯夫	15.3
沧州大化	15.7
甘肃银光	9.5
烟台巨力	9.0
东南电化	9.1
辽宁锦化	0.0
国产量小计	83.4
进口量	4.3
走私量	0.0
出口量	12.4
表观消耗量	75.3
实际消费量	72.7

备注：表观消耗量 - 实际消费量 = 社会库存，2017 年社会库存预估为 2.6 万吨左右，其中约 1 万吨是年底社会库存，其他 1.6 万吨左右为国内厂家今年建安全库存用量。

我国 TDI 产品消费地区分布基本与下游产业分布一致；TDI 产品消费主要集中在软体家具、涂料、汽车等行业。2017 年，中国房地产市场虽然调控不断，限购限贷限售叠加土拍收紧，但从全国商品房销售面积来看，国家统计局数据显示，2017 年全国商品房销售面积首破 16 亿平方米，达 169408 万平方米，比上年增长 7.7%；商品房销售额也首次突破 13 万亿元，达 133701 亿元，增长 13.7%。其中，住宅销售面积增长 5.3%，办公楼销售面积增长 24.3%，商业营业用房销售面积增长 18.7%。2017 年，三四线城市在宽松的政策环境以及棚改货币化支持下，楼市全面回暖，拉动全国销售面积上扬。房地产市场的稳定增长无疑也将带动我国软体家具市场的稳步上升，根据涂料工业数据统计，2017 年 1 ~ 9 月我国家具行业产量平稳增长，累计总产量达到 6.05 亿件，同比增长 3.21%，而其中软体家具产量累计为 4693.8 万件，同比 2016 年同期增长高达 9.33%。

而汽车方面，2017 年，我国汽车产销分别完成 2901.5 万辆和 2887.9 万辆，同比分别增长 3.2% 和 3%，分别低于上年 11.3 和 10.6 个百分点。今年我国汽车行业面临一定的压力，一方面由于购置税优惠幅度减小，乘用车市场在 2016 年出现提前透支；另一方面新能源汽车政策调整，对上半年销售产生一定影响。从全年汽车工业运行情况看，产销增速虽略低于年初 5% 的预计，但今年是在 2016 年高基数的基础上出现的增长，行业整体经济运行态势良好，呈现平稳增长态势。如果 TDI、MDI 按 5 : 5 的比例应用在汽车中，一辆汽车按 5.5 千克的原料用量来计算，全年汽车行业消耗 TDI 量约在 7.98 万吨左右，为 TDI 消费量贡献 0.35 个百分点增长点（表 2）。

表 2　2017 年中国 TDI 消费区域分布统计表

（单位：万吨）

地区	表观消费量/万吨	比例
华东华中地区	29.0	38.5%
华南地区	18.3	24.3%
东北华北地区	13.8	18.4%
西南西北地区	14.2	18.8%
总计	75.3	100.0%

2. 2017 年中国 TDI 各下游消费分析

聚氨酯泡沫作为一种新型高分子材料，是 TDI 最大的消费用户。聚氨酯泡沫塑料在聚氨酯制品中所占的比例超过 60%。它的主要特征是多孔性、密度低，强度高。它还具有无臭、透气（软泡）、高绝热性（硬泡）、泡孔均匀、耐老化、一定程度的耐有机溶剂侵蚀等特性，对金属、木材、玻璃、砖石、纤维等有很强的粘附性，根据所用原料品种的不同以及配方用量的变化，可以制成不同密度、不同性能的软质、半硬质以及硬质聚氨酯泡沫塑料，用于各种不同的用途，这些优点为其他泡沫材料所不及，因此受到了各应用部门的欢迎。

发达国家 TDI 的应用相对较单一，主要集中在软泡，其他领域如涂料、胶黏剂、弹性体等方面主要用 HDI、MDI 等代替 TDI。

国内虽然软泡的应用也占绝对多数，但是同时在中低档涂料、胶黏剂、弹性体等方面也大量使用 TDI 产品（表 3、图 1）。

表 3　2017 年中国各下游行业 TDI 实际消费量统计表（单位：万吨）

行业	软泡	涂料	胶粘剂、密封剂	弹性体、塑胶跑道	其他	汇总
2017	52.4	13.2	6.8	0.0	0.2	72.7
2016	47.8	11.9	6.1	1.5	0.1	67.4

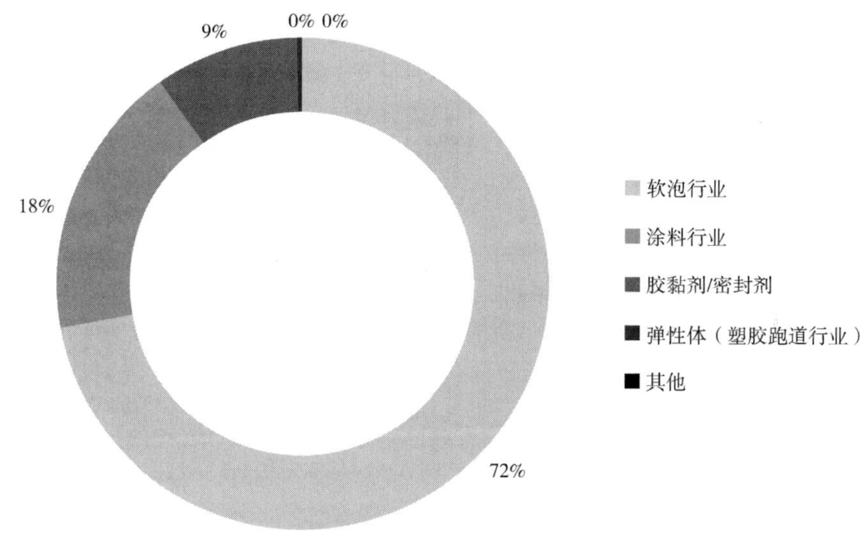

图 1　2017 年中国 TDI 下游市场分布图

（二）聚氨酯硬泡

2017 年中国聚合 MDI 产量 156 万吨，同比增长 20%；市场供应和表观消费 111 万吨，同比增长 6%；净出口 45 万吨，同比增长 73%。2017 年产量增加主要来自万华，巴斯夫等厂家装置负荷提升；2017 年需求端提升主要来自于冰箱和冷柜出口市场拉动，冷链环节的促进。另外，2017 年得益于出口退税政策的调整，聚合 MDI 出口同比大增。

1. 2017 年中国聚合 MDI 下游行业消费情况分析

2017 年我国聚合 MDI 市场消耗量有所上涨，主要的下游需求支撑为冰箱冷柜，管道工程和冷链环节中的冷库板材和喷涂。

2017 年中国市场共消耗聚合 MDI 达 111.46 万吨，与 2016 年相比增加了 6.35%（表 4、图 2）。

表 4　2017 年中国聚合 MDI 消费领域统计表（单位：万吨）

消费领域	2016 年聚合 MDI 消费量	2017 年聚合 MDI 消费量	当年增长比例/%
家用冰箱	30.88	33.20	7.50
家用冷柜	10.12	11.03	9.00
黏合剂及密封剂	9.71	10.83	11.50
汽车	13.03	14.50	11.30

续表

消费领域	2016 年聚合 MDI 消费量	2017 年聚合 MDI 消费量	当年增长比例/%
管道	7.53	8.25	10.00
板材	6.16	6.04	-2.00
喷涂	5.63	5.43	-3.50
煤矿填充物	4.79	4.67	-2.50
家具高回弹软泡	2.06	2.19	6.30
冷藏集装箱	4.41	4.63	5.10
电热水器	4.29	4.43	3.20
太阳能热水器	1.35	1.19	-12.00
商用冷柜	1.68	1.92	14.50
仿木	0.68	0.62	-8.50
其他	2.48	2.53	2.00
总计	104.8	111.46	6.35

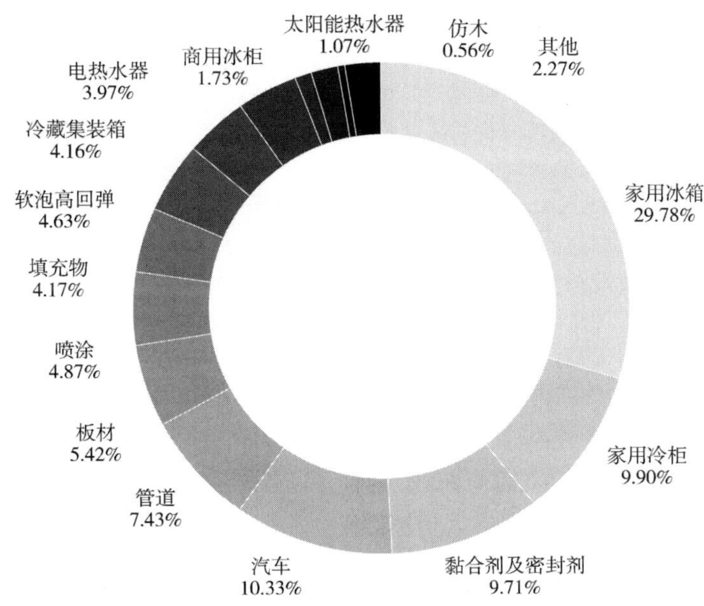

图 2　2017 年中国聚合 MDI 消费领域份额图（单位：百分比）

2017 年国内聚合 MDI 总消耗量大约 111.46 万吨，其中大约 76.15 万吨用于硬泡保温，占到总用量的 68% 左右，胶黏剂及密封剂行业的消耗量在 10.83 万吨左右，占到总用量的 9% 左右，PU 填充物行业的消费量在 4.65 万吨左右，占到总用量的 4% 左右，软泡高回弹行业的消耗量在 5.17 万吨左右，占到总用量的 4.6% 左右。

从消费结构可以看出来，聚合 MDI 主要消费领域并未出现太大的变化，依旧是硬泡为主，胶黏剂及密封剂等领域稳步增长。

2. 2017 年聚合 MDI 主要供应商对中国供应情况统计分析

2017 年中国聚合 MDI 市场各个供应商供应量为 111.46 万吨左右，其中万华化学、巴斯夫、科思创和亨斯迈为主要的供应商。截至 2017 年，四家供应商在国内的纯 MDI 市场份额占到了 87.52% 左右，其中万华市场份额最大，约为 37.95%（表 5、图 3、图 4）

表 5　　2017 年供应商对中国聚合 MDI 供应情况统计表　　（单位：万吨）

公司名称	2017 年供应量	2017 年市场份额	公司名称	2017 年供应量	2017 年市场份额
万华化学	42. 30	37. 95%	东曹化学	7. 93	7. 11%
巴斯夫	25. 00	22. 43%	陶氏化学	3. 85	3. 45%
科思创	20. 50	18. 39%	锦湖三井	1. 90	1. 70%
亨斯迈	9. 98	8. 95%	总计	111. 46	100. 00%

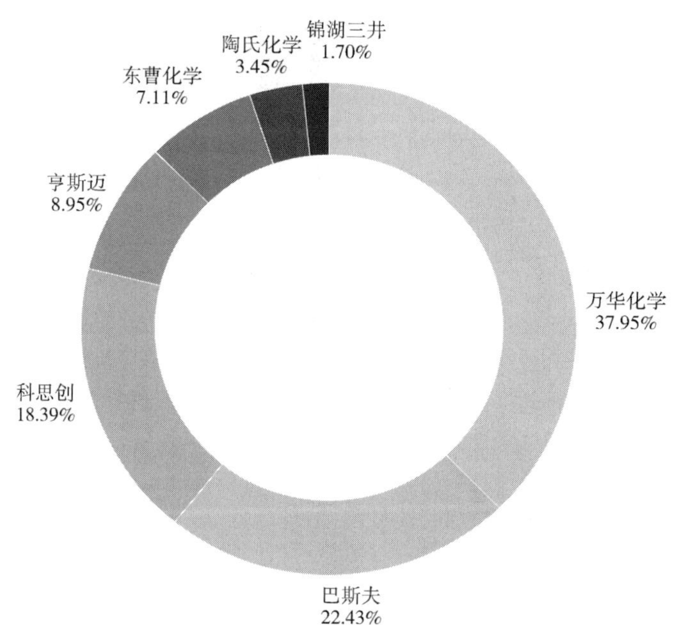

图 3　2017 年供应商对中国聚合 MDI 供应情况统计图（单位：百分比）

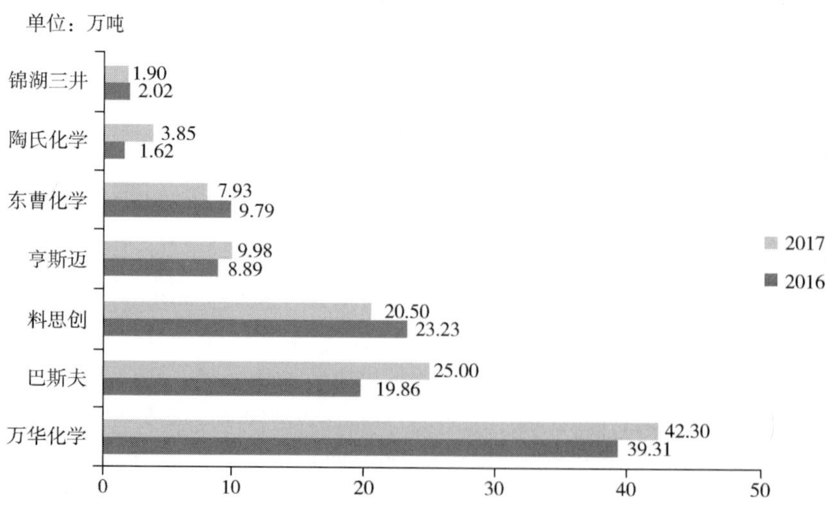

图 4　2016 和 2017 年各厂家中国地区聚合 MDI 供应对比图（单位：万吨）

由图 4 可以看出，与 2016 年相比，2017 年我国聚合 MDI 供应格局出现比较大的变化。从排名情况来看，巴斯夫凭借着重庆巴斯夫负荷的不断提升，一举超过科思创跃升至第二位；亨斯迈超过东曹进入前四行列，主要是因为进入 2017 年下半年后，东曹对中国的进口政策转变，国内主要依靠瑞安装置，对于日本国内的产品更多地将货源放到东南亚和中东等地，减少对中国市场的依赖，进口的日本东曹聚合 MDI 货源量与 2016 年相比有所减少；陶氏超过锦湖三井，2017 年陶氏的供应量得到大幅增加，得益于其在沙特投产的 MDI 装置由约 30% 的产量投放到中国，从今年的海关数据中可以看到，总共从沙特进口了 2. 34 万吨的聚合 MDI。

从供应量上来看，万华和巴斯夫的增加来自于自身装置负荷突破瓶颈不断提升，科思创不增反减主要是因为美国需求增加，出口增多，另外欧洲装置今年遭遇不可抗力，同时去往欧洲的出口量增加了近 8000 吨（表 6）。

表 6　　2017 年国内 MDI 合成装置母液产能及产量统计　　（单位：万吨）

生产商	产地	2017 年产能	2017 年产量	备注
万华	烟台、宁波	180	140	
联恒	上海	35	34	
科思创	上海	50	46	
重庆巴斯夫	重庆	40	20	
NPU	瑞安（精馏装置）	8	8	日本进口母液

3. 2018—2022 年中国聚合 MDI 消费情况展望

未来聚合 MDI 消费仍然重点关注硬泡保温领域，尤其是建筑保温，目前国内需求在政策限制下一直处于冻结期。未来主要的支撑点在平稳增长的家电领域，另外随着汽车轻量化的推进，汽车用聚氨酯材料用量也在稳步提升中，国外每辆车大概会用 25 ~ 30 千克的聚氨酯材料，而国内目前只有不到 20 千克，若有 5 千克用量的提升，以国内目前每年年产 2900 万辆车的容量来看，未来将有 14. 5 万吨聚氨酯增量。

（1）建筑保温　据了解在发达国家保温材料市场中，聚氨酯材料所占的份额很大，美国达到 57%，日本达 32%，而在我国建筑保温材料市场中聚氨酯的应用占比不足 10%。因为其防火安全性能和节能的不可替代性，聚氨酯行业在我国将会有比较大的提升空间，建筑节能领域的应用推广也将带动聚氨酯原材料市场发展。“十三五”建筑节能专项规划不仅对建筑节能提出了新的要求，也为聚氨酯保温材料带来新的发展契机。大力推进新型墙体材料发展这一目标的提出无疑将促进建筑保温材料需求的增长，加上相关的政策支持，预计未来几年聚氨酯保温材料前景将非常可观。

（2）家电领域　中国冰箱冷柜城镇百户保有量已经高达 94，农村百户保有量也高达 83，国内市场已基本饱和，故自 2012 年以来冰箱内销规模从峰值的近 5600 万下降到 2016 年的 4731 万，2017 年可能会萎缩至 4500 万。产业在线预测中国冰箱市场规模或将长期维持在 4500 万 ~ 4600 万左右。

目前冰箱消费据市场调查以更新换代为主，但因冰箱技术进步程度有限，导致更新需求动力不足。且行业推出的大型冰箱受制于高房价的中国住宅面积趋小所限，未形成换代浪潮。行业总体态势还是不温不火的平静格局。我们认为在行业换代产品市场吸引力不够的情形下，2018 年内销市场总体持续不温不火的可能比较大。行业增长主要取决于外销市场的增长。与内销量多年下跌不一样的是，2012 年以来冰箱出口连续 6 年保持增长，且 2017 年出口增速预计创新高。出于环保原因或超低的行业利润水平，发达国家纷纷退出冰箱制造业，导致中国与韩国成为全球主要的冰箱提供者。但因人民币汇率大幅波动且出口单价偏低，冰箱出口未必有很好的利润表现。

相对于大家电市场的涨涨跌跌、大起大伏，热水器市场整体一直保持着比较稳定的发展势头。电热水器、燃气热水器基本稳定增长，特别是在国家倡导房地产行业“去库存化”的大背景下，以及农村生活条件的改善，这将会撬动这几类产品的可持续发展。空气能热水器涨势喜人，随着这一产品在国家政策层面被纳入可再生能源行列，以及产品开始逐步解决超低温制热，应用市场进一步拓展。特别是美的、格力、海尔等大企业的参与推动，前景看涨。但太阳能热水器基本除了在家电下乡那几年大涨之外，之后基本陷入无休止的下跌通道。受制于政策透支消费，以及农村市场单条腿走路困局，预计太阳能热水器还将在未来保持继续下跌的惯性，但已经无关大局。

（3）汽车行业　汽车行业未来仍保持平稳增长，重点关注全 MDI 体系在汽车中的使用比例正在逐年增加，MDI 在汽车领域中的消费将会高于汽车本身的增速。来自国家统计局的数据显示，目前此类地区的百户家庭私家车保有量仅为 35 辆。有相关分析认为，随着国家乡村振兴战略的推进与落实，人民收入和生活水平不断提高，这一数字将在未来得到显著提升，这是时代赋予汽车企业、特别是自主品牌车企的新机遇。对于 2018 年车市，中汽协预计，将继续缓慢增长，增长幅度或为 3%，整体需求在 2987 万辆左右。其中，新能源汽车销量或将超过 100 万辆。“宏观经济、汽车产业政策以及汽车产品的结构调整都将对汽车销售产生影响。”

三、聚氨酯弹性体

2017 年，中国聚氨酯 CASE 行业（弹性体只统计 TPU）消费量约为 265 万吨，在整个聚氨酯制品中的占比超过 28%。其中涂料消耗量超过 170 万吨，而受到聚氨酯涂料最大的需求市场木器产品的产能过剩影响，增长点将来自于汽车修补漆，地坪涂料，工业防腐涂料，年均增幅将达到 13%，据估算，聚氨酯涂料复合增长率为 6%。2017 年聚氨酯胶黏剂和密封胶消费量将近 65 万吨，根据“十三五”发展规划，未来五年平均增长率为 7%，加上聚氨酯制品在胶黏剂和密封剂中的基数将继续增加，预计未来增速接近 8%。聚氨酯弹性体包括 CPU、TPU、MPU，其中 TPU 消费量将近 32 万吨，未来几年新增 TPU 产能仍有望继续释放，场内竞争格局有望进一步加剧，预计未来 5 年，TPU 行业的增长率仍可以保持在 8% ~10%。天天化工网预计，相较 2017 年，聚氨酯 CASE 行业的复合增长率将达到 7%。

1. 涂料

2017 年，聚氨酯涂料消费量超过 170 万吨。其中主要的应用领域木器涂料受到下游家具产能过剩的影响，整体增速缓慢，但中高端木器漆市场仍有增长点，预计未来三年增长率为 3%。未来聚氨酯涂料的增长动力集中在工业防腐涂料、地坪涂料以及汽车修补漆市场，他们都将保持 8% 以上的高速增长，加上聚氨酯涂料在行业中应用比例的提高，预计未来的复合增长率将达到 10%。综合以上数据，未来三年聚氨酯涂料增速可能在 6% 左右。

2. 胶黏剂/密封胶

“十三五”期间（2016—2020 年）我国胶黏剂的发展目标是：产量年均增长率为 7.6%，销售额年均增长率为 8.1%，这样到 2020 年末，我国胶黏剂的总产量可达 1033.7 万吨，销售额可达 1328.0 亿元人民币。聚氨酯胶黏剂广泛应用于制鞋、包装、建筑、汽车等领域，而且由于其优良的性能，被认为是国内最有发展潜力的胶种之一。在发达国家，制鞋用胶全部是聚氨酯胶黏剂，包装用复合薄膜全部采用聚氨酯胶黏剂，另外磁带等专用胶黏剂也采用聚氨酯胶黏剂，由此可见其应用之广泛。目前国内胶黏剂使用占比正在逐步提升，预计未来几年聚氨酯胶黏剂的增长率将达到 8%。

3. TPU

TPU 行业在中国发展了近 25 年，从近几年 TPU 热塑性弹性体行业的发展来看，每年的成长率均保持在 8% 以上，来自鞋材、薄膜、管材行业的需求较为旺盛。2017 年 TPU 产能进一步扩张，不同厂家竞争激烈，尽管如此，未来几年新增 TPU 产能仍有望继续释放，场内竞争格局有望进一步加剧，预计未来 5 年，TPU 行业的增长率仍可以保持在 8% ~10%，即 TPU 行业对聚酯多元醇的消耗量年平均增长率预计在 8% ~10%。同时，聚酯型 TPU 的份额可能降低。

今年国务院将 GDP 增长目标调至 6.5% 左右，随着国内长期积累的矛盾和风险进一步显现，经济增速换档、结构调整阵痛、新旧动能转换相互交织，经济下行压力加大。聚氨酯 CASE 行业也将经历阵痛与洗牌，然而随着中国经济结构改革和持续的城市化进程，聚氨酯 CASE 产品在建筑节能、汽车、纺织等产业的应用规模以及比例将不断扩大，未来仍将以高于国民经济平均增长速度发展。预计，2017 年全年聚氨酯 CASE 的需求量将超过 270 万吨。

（1）2017 年 TPU 产能产量情况　2017 年中国 TPU 产业规模继续呈放大的态势，截止到 2017 年底国内 TPU 总生产能力已经达到了 45.5 万吨左右，2017 年的实际产量在 30 万吨左右，从有效产能的实际开工率来看达到了 65% 左右，中国逐渐成为全球最大的 TPU 生产和消费国。

（2）2017年TPU供需情况　2017年，大型生产企业比如万华、华峰均有新增多条生产线，因产品受众面广，整体效益尚可，而小型生产企业受订单缩减开工率持续偏低，市场价格高低参差不齐，终端需求偏弱仍是限制其发展的重要因素，但2017年TPU市场整体供应量较去年继续呈放大的态势，供需矛盾凸显，厂家之间竞争尤为激烈，虽然整体情况并不乐观，但亦有部分企业乘风破浪，开拓前进，企业如何在逆境中追求创新转型，才是发展之道。在TPU的市场中，主要分为六大下游领域，分别是熔纺氨纶、鞋材、合成革、软管、电缆、薄膜主要六大领域。2017年国内TPU需求量28.5万吨附近，TPU最主要的应用领域为鞋材领域，2017年鞋材行业消耗TPU占到国内TPU总消耗量的35%左右。

（3）TPU下游应用分布（表7）

表7　　2017年国内TPU各领域消费表　　（单位：万吨）

消费领域	鞋材	软管	薄膜	PU革	氨纶	电缆	其他	总计
消费数量	9.4116	4.5632	3.9928	2.5668	1.9964	1.1408	4.8484	28.52
市场份额	33.00%	16.00%	14.00%	9.00%	7.00%	4.00%	17.00%	100.00%

（4）TPU价格走势（表8）

表8　　2017年TPU价格走势

	1月	2月	3月	4月	5月	6月	7月	8月	9月	10月	11月	12月
聚酯型纯BGTPU	29900	29900	29900	29900	29900	29900	28900	29900	29400	29000	29000	29000

4. TPU膜方面的信息（表9）

表9　　TPU薄膜的应用

TPU薄膜的广泛应用	
鞋类	运动鞋、登山鞋、雪鞋、高尔夫球鞋、野战鞋、溜冰鞋之面料及里材料
服装类	雪衣、雨衣、风衣、防寒夹克、野战服、纸尿裤、生理裤、内衬、T恤及运动服等之面料及内里材料
医疗用品类	手术衣（帽、鞋）、医疗用褥垫、冰袋、绷带、血浆袋等面料及内里材料
国防用品类	武器封存覆膜、野战帐篷、备战冰袋、救生衣、充气艇等面料及内里材料
运动用品	空气降落伞、充气水床、潜水衣、雪衣、泳装、气囊、运动衫、瘦身衣、充气睡袋等面料及内里材料
工业用品	防火材、隔热材、隔音材、防水贴条、绝缘板、油袋、管子接合胶带、清理下水道工程服装等面料及内里材料
婴儿用品	玩具等婴儿用品面料及内里材料

备注：以上数据部分来自天天化工网。

四、聚醚及附料

1. 2017中国PPG市场

聚醚生产技术含量相对较低，产品同质化严重，现有生产企业40多家，年产10万吨的企业有十几家。2017年硬泡聚醚增长幅度较大，未来几年增长趋势看好，聚氨酯软泡聚醚占41%，聚氨酯硬泡聚醚占46%。2017年聚醚总产能350万吨/年，未来3~5年新增产能120万吨。中国2017年聚醚总产量230万吨/年，开工率为66%，产能已经明显过剩（表10、表11）。

表10　　2017年中国聚醚多元醇主要生产企业

序号	公司名称	区域	产能/万吨	产量/万吨
1	中海壳牌石油化工有限公司	华南	23	20
2	山东东大化学工业集团有限公司	华东	20	15
3	中石化上海高桥分公司	华东	25	15
4	广州宇田聚氨酯有限公司	华南	15	10
5	河北亚东化工集团有限公司	华北	14	8
6	淄博德信联邦化学工业有限公司	华东	23	16
7	方大锦化化工科技股份有限公司	东北	12	8
8	江苏钟山化工有限公司	华东	20	15
9	绍兴市恒丰聚氨酯实业有限公司	华东	10	8
10	南京金浦锦湖石油化工有限公司	华东	20	15
11	佳化化学股份有限公司	东北	20	10
12	南京红宝丽股份有限公司	华东	15	10
13	中石化天津分公司	华北	8	5
14	烟台万华聚氨酯股份有限公司	华东	34	25
15	常熟一统聚氨酯制品有限公司	华东	20	12
16	句容市宁武化工有限公司	华东	6	4
17	福建省东南电化股份有限公司	华南	5	3
18	可利亚多元醇（南京）有限公司	华东	5	3
19	苏州中化国际聚氨酯有限公司	华东	5	3
20	渤海集团天津大沽精细化工股份	华北	5	3
21	合计		358	250

表11　　2017年中国聚醚多元醇消费结构

聚醚多元醇领域	2017年	比例/%
聚氨酯软泡	91	41.5
聚氨酯硬泡	104	45.5
其它	30	13
合计	225	100

2. 与聚氨酯相关的其他原材料AA、BDO、PO

2017年AA产能200万吨/年，现在，中国已经成为除美国以外的第二大已二酸生产国。2017年，BDO总产能达到80万吨/年，目前，20多家企业总产量在55万吨左右，占全球总产能的35%左右，居美国、德国之上，排名第一。2017年中国大陆共有19家PO生产企业，产能200万吨，产量170万吨，进口50万吨。其中80%的PO用于聚醚生产，在未来几年，将新增产能208万吨/年（有3家采用HPPO技术）

五、聚氨酯行业消费展望

1. 2018—2021年中国聚氨酯行业消费情况展望

2018年我国整体经济依然延续2017年供给侧改革调整的主基调，甚至力度更大。国内原本粗放型的发展政策越来越少。随着对落后产能淘汰和产业优化的整改，以化工行业为代表的一部分传统工业首先受到冲击。同时房地产持续低迷，也导致相关产业对原材料需求的下滑。

不过我们相信，通过这番改革，我国无论是上游原料还是下游生产厂家均能在这段过程中完成整合和升级，在今后的竞争中更具优势。

下游领域，建筑保温行业势头良好，作为优秀的保温材料，聚氨酯受到各地方政府的青睐，加上国家对节能减排的力度不断加深，PU保温材料今后的应用仍具较大空间；传统保温电器领域增长乏力，但作为我国聚合MDI主要消费领域，短期内仍可保持稳步增长。汽车行业潜力巨大，我国在汽车用聚氨酯平均使用量与国际水平还要较大差距；冷链物流行业近几年国家政策主导，新建项目较多，大型冷库PU保温材具有很强的竞争力。小的领域正在进行整合，如矿山密封、OCF、仿木短期内看不出有大的变化。新兴领域，门窗幕墙、PU瓷砖、城建附属设备依然在开拓之中。

2. 异氰酸酯项目正在加快产业结构调整

脂肪族和脂环族二异氰酸酯（ADI）作为一类特殊有机二异氰酸酯，因其制品具有优良的机械性能、突出的化学稳定性和优秀的耐光耐候性，近年来得到广泛关注。其产品广泛应用于航空、航天、船舶、涂料等领域。与其他芳香族异氰酸酯产品相比，具有更高经济含量与附加值，由于该产品的特殊地位，其生产工艺、技术一直受到西方发达国家的封锁和限制。

大陆地区的ADI的年需求量不断增长，目前全部依赖进口，巨大的市场需求，超常的增长速度以及高额的生产利润，吸引了世界异氰酸酯巨头的极大关注，纷纷在华投资建厂，积极参与市场竞争。大陆地区相关企业也积极研发技术或寻求技术来源，加快研发和生产包括HDI、HMDI、IPDI为主的更多类型的异氰酸酯产品，谋求在异氰酸酯行业的更大市场和发展空间。

总之，在未来几年，中国聚氨酯行业一定要审时度势，认清形势，调整方向，扩大市场。在原有市场的基础上，加快在汽车、高铁、太阳能、建筑节能、环保及新型产业领域推广应用。使中国聚氨酯行业不仅产量领先，技术也要领先。并走向全球。

六、专委会工作

回顾2017年的工作，聚氨酯行业和全国其他行业一样，受国家政策调控的影响，行业多年积累的矛盾和问题凸显，企业生产成本居高不下，企业利润下滑，行业发展速度回落，特别是聚氨酯硬泡板材这个被将来寄予厚望的行业由于房地产行业销售下滑，价格及施工工艺等影响，2017年聚氨酯硬泡板材使用全面回落。针对行业的具体情况和协会全年整体工作安排，我们主要从以下几个方面开展工作。

（1）我专委会的2017年工作主要是围绕协会的工作开展的。根据年初协会的具体要求，依据我专委会的特点，积极配合协会的各项工作，及时保质保量地提供各种材料和相关数据，确保协会的规划科学、合理并可持续执行。考虑行业存在的具体问题我们聚氨酯制品专委会将2017年的工作重点确定为淘汰HCFC-141b的宣传、淘汰实施；根据国家节能减排的要求，继续做好聚氨酯保温板材的应用和推广；根据建筑防火规定，督促企业生产符合阻燃标准的优质板材。倡导企业有序合理竞争。同时做好专委会的日常工作，积极为聚氨酯制品企业提供相关技术、政策咨询，受到了聚氨酯制品企业及相关行业企业的一致好评。

（2）认真做好聚氨酯制品发泡剂第三阶段替代的实施工作。由于第三阶段ODS的淘汰工作和前面二个阶段不同，第三阶段ODS淘汰，时间紧，涉及企业跨行业多。按照PU泡沫行业HCFC-141b淘汰计划，今年配合泡沫工作组对符合条件的企业，执行淘汰计划。

（3）我们聚氨酯制品专委会四月份在昆明组织召开了聚氨酯硬泡发展论坛、参加了我协会在广州召开的年会、家具协会的年会，在北京国展和北京展览馆的新型绿色建材展览会等活动。8月份参与组织召开了全国外墙保温与节能结构技术在山东青岛的交流推广会、参加了聚氨酯工业协会年会、北京市举办的房博会、对部分聚氨酯板材企业进行了走访和调研。11 月份在浙江绍兴组织召开了聚氨酯软泡发展论坛等工作。以上就是我们这年的主要工作和简单回顾。

存在的主要问题：

（1）2017 年从第三季度末到第四季度聚氨酯原料价格急剧上涨，从9 月20 日至10 月15 日短短时间，TDI 价格从 2. 5 万/吨涨至 4 万/吨，并长时间保持。被迫无奈我们聚氨酯制品专委会和梦百合等企业再次向国家发改委反垄断局等部门提出了反垄断调查。迫使 TDI 生产企业价格下调。现在价格已经大幅回落。基本回到市场合理区间。聚氨酯软泡企业生产经营恢复正常。

（2）今年聚氨酯板材企业上生产线较多，多处在试生产状态，产能处于饱和，企业间竞争激烈，现在已经出现价格战。部分新进入的企业，很可能出现在试生产结束后，产品滞销，无利润而倒闭。现在，新的建筑防火规范已经开始实施，对有机保温提出了更高的要求，聚氨酯外墙保温面临更加严峻的局面。

总之，聚氨酯制品专委会涉及行业比较多，各种情况也比较复杂，我们将本着先易后难、循序渐进的原则，突出重点，抓住行业热点，了解并尽可能解决实际问题，凸显行业管理的特点和重要性，聚拢行业企业，为我国聚氨酯制品行业的健康有序发展而努力。

（中国塑协聚氨酯制品专业委员会　张成明）

塑料板片材

2017 年，塑料板片材制品行业经济运行总体平稳、稳中有进。塑料板片材制品行业工业增加值的增速，高于同期塑料制品加工业平均值。塑料板片材制品行业投资增速，高于同期塑料加工业投资增速。行业主营业务收入较 2016 年有所提高，显现出较好的发展潜力和前景。

随着中国塑料加工业的快速成长，当前塑料板片材行业的产业基础、发展环境和条件都发生了深刻的变化，无论是中国产业经济转型还是国际上新一轮产业变革和科技革命的来临，都对塑料板片材行业提出了新的要求。随着中国经济发展进入新常态，塑料板片材行业的发展面临着新的机遇和挑战，加快结构调整、转型升级、提质增效，寻求和培育新的增长点，已成为全行业亟待推进的共同课题，2017 年是塑料板片材企业开拓创新，实行转型升级的开始之年，塑料板片材行业在中国塑协的正确领导下取得了较大的进步。

一、行业现状

塑料板片材是用塑料为原料制作成的一种新型塑料材料。近十几年来，我国塑料板片材行业发展速度较快，受益于行业新产品、新材料、新技术、新装备和产能的不断提高，以及产品应用领域的不断扩大。塑料板片材行业在国内和国际市场上发展形势都十分看好，2017 年行业的增长率仍然保持在 6.4% 以上，实现产品销售率 97% 以上，高于轻工行业平均水平。

（一）塑料板片材行业现状

1. 行业概况

进入 21 世纪以来，中国塑料板片材行业取得了令世人瞩目的成就，发展速度已名列前茅，实现了历史性的跨越。“十二五”期间增长率一直保持在 10% 以上，在保持较快发展速度的基础上，经济效益也有新的提高。从合成树脂用量，塑料板片材设备数量，及塑料板片材制品产量来看，都显示了塑料板片材行业强劲的发展势头。

随着塑料板片材新技术的应用，以及相关部门对环保型塑料板片材的大力推广，新型塑料板片材的应用也越来越广。我国市场上出现了多种类型的塑料板片材新产品。其中有的已流行多年，有的刚刚上市。目前，市场上经常见到的塑料板片材产品有，传统的 PVC 板片材、PP 板片板片材、PE 板片材、PS 板片材，也有近几年出现的 PET 板片材、PC 板片材，及各种塑料复合板片材等。由于塑料板片材具有重量轻、透光性好、保温、隔音、安装方便等特点，因此在建筑装饰行业，包装行业，工业制造，农业生产等行业应用越来越广泛。在国家生态环保，绿色发展政策的推动下，我国塑料板片材行业呈现了快速发展的态势。中国挤出塑料板片材，从零起步到现在占据全球产量的 30% 以上，稳居世界第一。塑料板片材已涉及国民经济的各个方面，以塑料代替木材、钢材、铝材、石材、玻璃、皮革等，广泛应用于工业、农业、化工、建筑、包装、航空航天、国防等尖端部门。

2. 塑料板片材企业下行压力加大，增速持续放缓，塑料板片材行业已进入中高速增长的新常态

当前塑料板片材行业的产业基础、发展环境和条件都发生了深刻的变化。无论是中国产业转型还是国际上新一轮产业变革和科技革命的来临，无一不对中国塑料板片材行业提出了严峻的挑战。“十三五”期间是我国塑料板片材实现稳步发展的关键时期，和“十二五”时期相比，行业发展的速度已经明显地减缓，据行业统计数据显示，虽然2017年塑料板片材行业增速高于塑料行业平均水平，出口增长较快，由于塑料地板基材、装饰、包装类板片材新产品出口量增加，使行业累计出口交货值同比增长12.9%，其增幅提高了14.97个百分点。但塑料板片材行业国内交货值增幅有所回落，增速放缓。增幅回落和增速放缓原因是多方面的。一方面全球经济增长乏力需求不足；另一方面国内经济下行压力加大，内需空间也在缩小。两项需求减少的叠加是导致塑料板片材制品增速放缓的直接原因。除了国内外宏观环境影响外，也应该看到塑料板片材行业自身的问题：一是产品结构不合理，中低档产品比例过高；二是部分产品出现结构性、阶段性过剩；三是技术创新能力不足，行业新增长点不多。所以塑料板片材行业和其他行业一样，已步入中高速增长的“新常态”。

3. 塑料板片材行业效益下降，企业经营困难加大

改革开放以来，塑料板片材行业取得了跨越式发展，主要得益于改革开放政策，得益于国民经济高速发展的拉动，得益于人民生活消费水平提高的推动，得益于改革开放之初，塑料板片材行业抓住机遇大规模引进国外的先进技术和装备。过去十几年行业经历了追赶型的高速发展阶段，然而塑料板片材行业并没有摆脱低水平，低效率的传统制造业地位，在国际上处于产业价值链中低端，其竞争优势基本是以牺牲资源、环境、能源为代价，以廉价劳动力为支撑的初级比较优势。由于告别了短缺时代，部分产品产能过剩严重，依靠投资、扩大产能、通过规模扩张的发展模式已不可持续。依靠廉价劳动力形成的低人工成本，这一优势正在削弱，同时资源、环境、能源的约束力也在加大，以及近年来原材料的涨价因素等影响，企业利润空间被大大压缩，行业利润增幅逐年下降。2017年由于原材料的大幅上涨，人力资源成本的快速上升，以“提高质量、降低消耗”为主要内容的降低变动成本，和以“提高劳动生产率”为主要内容，降低固定成本的传统盈利模式受到严重挑战。企业经营成本不断升高，经营困难加大。

二、目前塑料板片材行业存在的主要问题

1. 结构性、阶段性产能过剩顽疾没有得到有效缓解

产品产能结构性和阶段性过剩是塑料板片材加工业产品结构不合理的集中体现，是实现健康发展，可持续发展的一大障碍。目前低端产品产能过剩问题仍未有效解决，而且继续在恶化，远超市场需求，如廉价的，劣质的硬质PVC板片材，PS、PP、PE板片材等。盲目引进而引发的阶段性过剩产能尚未有效化解，而高端产品仍需大量进口，如汽车、高铁、机场、酒店装饰用高档塑料板片材，耐高温、高透明的功能性塑料板片材等。

2. 品牌意识，质量意识淡漠

品牌意识的淡薄，营销网络建设相对滞后，加之较低的技术和资金进入门槛，使得板片材行业企业规模普遍不大，营销手段单一，营销成本较高，缺乏品牌策略，对目标市场和细分市场几乎没有什么调查研究和应对手段，一拥而上，埋头就干，对于技术、质量的更新与提升考虑较少，当竞争日趋激烈时，很多企业陷入了渠道冲突、成本上升、收入下降、客户投诉不断、满意度大幅度降低的尴尬困境之中。如何在市场中杀出一条血路？除了渠道营销以外，还必须花大力气全方位的打造属于企业、渠道商和消费者共同认可的强势品牌，从而占据未来市场的稳固地位。

由于传统塑料板片材产品，技术含量低，投资少，行业进入门槛低，因此造成产能严重过剩。加上行业内一些企业，质量意识淡漠，习惯于打价格战。所以由产能过剩引发低价恶性竞争比较普遍，造成市场严重混乱，既影响行业形象又影响企业效益，同时深刻影响了行业健康发展。

3. 塑料板片材行业创新意识不强，创新能力不足

由于行业内大企业较少，以中小企业为主，企业科技人员少，科技研发能力差，再加上企业科技经费投入不足，或没有条件投入，科技创新受到了严重制约。有的高质量、高水平板片材受到市场可接受价格的制约等原因，相对而言，市场上类同的通用产品较多，中低档产品占绝大多数，而高技术、高附加值的产品很少。行业应通过不断的自主

开发，加快科技创新，开发新产品，进一步提高产品的功能性，可靠性，稳定性和先进性。利用“互联网+”提高企业的技术创新能力，生产管理创新，营销模式创新，提升企业的创新能力。

此外，塑料板片材行业早期引进的设备已进入更新换代期，目前行业总体装备水平偏低、产品结构不合理、科技投入不足、产品集约化程度低、抵御风险能力不强、行业区域发展不平衡，以及环保等问题也影响了行业的发展。

（三）塑料板片材行业发展前瞻

当前，塑料板片材行业正处于发展壮大期向产业成熟期过渡的关键时期，是产业迈向中高端的关键时期。在“新常态”下，塑料板片材行业经济下行压力加大，企业生产经营也面临许多新的困难和问题。因此，认真分析面临的形势，适应“新常态”，主动作为，开拓创新，平稳渡过产业转型期，是摆在我们面前的重要任务。

1. 塑料板片材行业发展重点建议

（1）要坚持创新驱动发展，依靠科技创新，不断提高产品档次和质量，大力实施高端化战略，提高中高端产品比例。

（2）要加快生产工艺创新，要改进优化传统生产工艺，大力开展推广应用智能设备，通过生产工艺创新和智能装备，不断建设现代生产体系，为提高产品质量创造条件。

（3）要大力实施差异性战略，要通过技术进步和创新，解决好同质化严重的问题，特别在新型塑料板片材方面，要努力实现产品系列化和标准化。要集中力量，要在梳理企业产品标准的基础上，要加快建立行业基础通用标准，产品标准和检测标准等。

2. 促进塑料板片材行业健康发展的措施

（1）面对新一轮全球科技革命和产业变革浪潮，面对我国经济进入新常态，塑料板片材行业必须大力实施创新驱动战略，紧紧围绕创新这一新引擎，调整发展思路，把主要精力集中到调结构转方式，着力提高发展质量和效益上来。

（2）要实现中高速和中高端双目标，必须紧紧围绕“高端化”这一核心，大力培养新的经济增长点，一要大力开发新产品，加快产业升级；二是要大力推进工业化和信息化深度融合，加快“互联网+”工程建设，要适应高端化、个性化、小批量、私人定制的市场导向，探索大规模个性化制造的新路子，推动新型生产模式和新业态的快速成长，大力培养新的经济增长点，是未来发展的重要措施和方向。

（3）要面对生产力要素成本不断上升，资源环境的约束不断增加，面对高成本时代到来，必须紧紧围绕以提高生产效率为核心，着力培养新的净增优势。

（4）完善质量保证体系，引导市场健康发展。要加强行业自律，完善质量保证体系，健全质量认证和监督制度。对企业的工艺装备、生产规模、检测手段和质量保证体系等提出合理化建议，配合相关单位加强对行业产品质量的监督首查。企业应加强对用户的服务，协助用户选择最佳的产品。对于涉及公共安全，人身安全的产品，应逐步建立、健全强制性的管理办法。生产企业不应采取以低价作为进入市场的手段，要有长期的市场意识，注重产品质量、技术创新、完善服务，为用户提供合格产品和优质服务。

（5）注重与上下游行业的联系与合作，促进塑料板片材行业健康发展。加强与装备企业的合作，推动行业的装备技术创新和技术进步，提高生产效率、自动化水平、提升产品质量。联合原材料生产企业，提高原材料性能，研发新原料，确保板片材行业新产品开发，促进塑料板片材行业健康发展。

全球范围的新一轮科技革命和产业变革正在孕育，新一代信息技术在工业领域的广泛渗透，正在引发制造业发展理念、技术体系、制造模式和价值链的重大变革，协同、智能、绿色、服务等正逐渐成为制造业的核心价值体现。由此可见，信息化技术正深刻改变着制造业的生产模式和产业形态。新一轮科技和产业变革的酝酿和推进，改变了世界制造业的分工格局，这给中国塑料板片材加工业提出了严峻挑战。

当前正值中国塑料工业转型升级的关键时期，国际上新一轮科技革命和产业变革在风起云涌，与我国加快经济转型发展形成历史性交汇，我国国民经济正在面临重要的战略机遇期，经济增长减速换档，产业链向高端迈进，“新常态”已经成为最热的经济关键词，经济的主要任务是完成发展方式的转变，从传统的“投资驱动”逐步转换到“创新驱动”。而新技术方兴未艾，互联网+、工业4.0等新技术不断涌现，塑料板片材行业如何在新技术浪潮中更好的生存发展是每个企业都面临的考验和挑战。毫无疑问，谁既有先进的生产技术、又有顺应时代的管理与销售手段，谁就能生存下去、发展下去。

二、专委会活动

（一）会员服务

2017年在全体会员的共同努力下，在中国塑协的正确领导下，我们发展了会员单位10家，会员总数突破110家。专委会承担桥梁纽带作用，反馈会员企业信息，反映会员企业诉求，把会员企业的需求和意见向上级主管部门直接反馈。主要有：反馈十三五技术进步材料修改意见、塑料行业重点节能技术、环保部办公厅国家环境保护标准意见等；组织会员申报2017年度消费品标准和质量提升专项项目、塑料加工业相关专利第十九届中国专利奖、2017年度国家级工业设计中心认定项目、2018—2020年加工贸易单耗标准制修订和管理课题项目、2017年优秀质量管理小组和质量信得过班组项目等；建设维护专委会的官方网站，qq群，微信。促进了会员单位之间的互访互动。

（二）组织召开行业相关会议

1. 成功召开2017年年会及技术交流会

中国塑协板片材专业委员会2017年会暨技术交流会，于2017年10月14～15日在湖北随州市碧桂园凤凰大酒店召开。会议由中国塑料加工工业协会主办，中国塑协板片材专业委员会、湖北犇星化工有限责任公司承办。参加会议的有来自全国各地塑料板片材制品生产企业，及与之相关的原料、模具及设备企业、科研院校等单位代表200多人。中国塑料加工工业协协会朱文玮常务副理事长兼秘书长，随州市人民政府吴超明副市长，随州高新技术产业开发区党工委副书记、管委会主任周亚林先生，湖北齐星集团董事长徐德先生，湖北齐星集团总经理、湖北犇星化工有限责任公司董事长戴百雄先生，随州市发改委、经信委、招商局、环保局、安监局领导，曾都区、随县、广水、大洪山招商局领导，中国塑协板片材专委会任月璋理事长及中国塑协会员部刘姝主任出席了会议。会议由中国塑协板片材专委会周家华秘书长主持。

14日上午会议为中国塑协板片材专委会2017年年会，下午为技术交流会。年会首先由随州市人民政府吴超明副市长致欢迎词，介绍了随州市的概况，邀请代表们在随州多走走，多看看。湖北齐星集团总经理、湖北犇星化工有限责任公司董事长戴百雄先生代表承办方致辞，介绍了齐星集团，以及湖北犇星化工的发展历程，通过十几年的努力奋斗，把国外同行的产品挤出中国市场，成为有机锡稳定剂行业的龙头企业，市场占有率达50%，其品牌在国外的影响力与美国罗门哈斯和法国阿柯玛相媲美。随后由中国塑料加工工业协会，朱文玮常务副理事长兼秘书长作重要讲话。详细介绍了塑料行业的基本情况和发展前景，着重提出了：

（1）适应新常态，坚定不移走创新发展之路。塑料板片材行业也要在产品功能化、轻量化、生态化和微成型方面下大力量研究、创新，特别是在功能化、生态化方面要重点研究、突破，充分发挥产品独特优势，以使行业尽快转型升级，创新发展，进入更广阔的高端领域市场。

（2）积极实施“三品”战略，引导行业提升品质、品牌效益。实施增品种、提品质、创品牌的“三品”战略行动，是国家近期提出的又一个专项行动发展战略。通过“三品”战略行动，着力提高塑料板片材的有效供给能力和水平，更好满足各种相关消费升级的需要，从而实现塑料板片材行业持续、稳定、健康发展。

（3）以服务为宗旨，以发展为己任，提高专委会的履职能力。必须下功夫加强服务能力建设，提高服务质量和服务水平。朱理事长的讲话，内容丰富，高屋建瓴，对行业发展有精辟的论述，对我们行业企业的发展有极强的指导作用，得到与会代表的好评。

根据年会的议程，由专委会任月璋主任做了《2017年中国塑料加工工业协会板片材专业委员会工作报告》。任月璋主任回顾总结了专委会2017年完成的各项工作，提出了专委会2018年的工作计划，明确了下一步工作重点，积极完成中国塑协布置的各项工作。中国塑协会员部刘姝主任做了《专委会财务报告》，宣布了新增会员单位、通报有关议案及事项。上午的年会上，随州高新技术产业开发区党工委副书记、管委会主任周亚林先生，介绍了随州高新技术产业开发区的发展情况，以及招商政策和投资环境等，热诚欢迎参会的企业家到随州开发区投资兴业。

年会前根据和会员单位的沟通，大家对经济形势比较关心，因此我们邀请著名经济学家在年会上做报告，由中国政法大学商学院金融系主任，博士生导师，胡继晔教授，做《中国经济与金融形势》的主旨报告，胡教授的报告，内容丰富，信息量大，通过追索世界主要经济体千年变迁历史，结合当前实际情况，对中国的经济与金融形势做了详细的分析。对中国宏观经济现状，宏观经济主要问题，供给侧改革，国际经济体系等做了翔实的介绍。与会代表听了以后，反响很大，认为很有收获。

下午的技术交流会，首先由湖北犇星化工有限责任公司张硕工程师介绍《稳定剂在板片材中的应用差异》，对有机锡稳定剂、钙锌稳定剂、铅盐稳定剂在应用性能方面的不同，结合实际事例，作了详细比较。湖北工业大学陈绪煌教授，做《聚氯乙烯耐热改性的研究及进展》的报告，陈教授的报告从理论分析着手，到实验结果的验证，都做了翔实的说明，实用性很强，大家非常关注，很受启发。国务院政府特殊津贴专家徐同考教授级高工，做《无机粉体在塑料中的高值化应用技术与发展前景》的报告，徐同考高工还是中国塑协的副理事长、塑料行业的著名专家，又是中国塑协改性塑料专委会的常务副理事长，中国塑协工程塑料专委会副理事长，从事塑料改性数十年，在生产、研究、应用等方面积累了丰富成熟的实践经验。他的报告很好地结合了生产实际，会后很多代表都找他联系交流。技术交流会上，意大利友宁机械制造股份公司介绍《国际先进 UNION 高产节能 PET 片材生产线及生产工艺技术》，该公司创建于1950年，专业生产制造单螺杆挤出机械，每年生产制造20条生产线的规模，产品用于建筑装饰、交通工具、药品和食品等的包装、箱包和卫生洁具等吸塑制品、光学级板片材以及生产家用电器等产品使用的板材和片材。1982年进入中国市场，目前在中国已有70多条生产线，该公司的用户遍及世界几十个国家。本次年会上，友宁公司详细介绍了最新高产节能 PET 片材生产线及生产工艺技术。由于会议内容具有针对性，符合与会代表需求，大家认真听讲，会场秩序良好。

15日戴百雄董事长亲自陪同全体代表参观，首先参观湖北犇星化工有限责任公司的母公司湖北齐星集团总部，参观了湖北齐星集团的汽车生产厂，看到了电动车汽车、房车、工程车等生产线。参观了湖北犇星化工有限责任公司厂区参观，了解生产工艺技术等。

由于，随州是炎帝神农故里，编钟古乐之乡，历史悠久，文化底蕴深厚，是中国历史文化名城，所以本次年会期间，湖北犇星化工有限责任公司还安排与会代表参观随州博物馆，该博物馆有很多出土文物，特别是那些精美的青铜器，看了以后非常震撼，激发了大家的爱国热情，很受教育。

这次年会成功地将塑料板片材行业的制品生产企业，与上下游企业连接在一起，加强了行业交流，为行业健康发展创造良好的条件。

2. 理事会及交流活动，加强行业的凝聚力

2017年3月31日在湖北工业大学召开了二届八次理事会议，会议代表学习了中塑协2018年工作要点、中国塑协领导的重要讲话精神、中国塑协制定的相关制度、规定及国家政策法规等，制定了2018年的年会计划，进行了校企技术交流并参观了绿色轻工材料湖北省重点实验室。会议期间，应中塑联新材料科技湖北有限公司邓总和中国轻工检测站武汉站周所长邀请，先后到两家企业参观学习，收获良多，在这里我再次对他们表示欢迎和感谢！

为了促进 PVC 上下游的交流和紧密结合，2017年9月14日，我们组织了10余家制品企业到河南神马氯碱发展有限责任公司考察学习，重点讨论了 PVC 树脂品质修改意见和包装等问题。与会代表达成以下一致：神马主动开展电石法 PVC 差异化、高端化等制品会员企业需求产品的研发和试生产；专委会制品企业积极试用电石法 PVC 新材料。大家联合各自特长，通力协作，全面打通技术创新成果大规模产业化应用的渠道，拓展应用领域，扩大市场份额，共同开拓市场，巩固创新供应链，不断提升价值链。

2017年10月13日，在湖北随州市碧桂园凤凰大酒店召开了二届九次理事扩大会。理事会上讨论专委会2017年工作报告及2018年工作重点；讨论确定2018年年会承办单位及相关事宜，上海金纬机械有限公司要求申办2018年会，陈小平总经理阐明了金纬公司承办年会的理由和优势，最终大家一致同意，由上海金纬机械有限公司承办，板片材专业委员会2018年的年会暨技术交流会。理事会上讨论修改分支机构条例事宜，传达协会有关文件，讨论通过新增会员单位，新增理事单位；本次会议重点落实中国塑协主办的“2018第三届中国国际塑料展暨塑料新材料、新技术、新装备、新产品展览会”相关事宜，介绍了2018年中国塑协在南京举办的“四新”展的相关情况，要求行业各成员单位，特别是理事以上单位积极带头参与该次展会。讨论了2018年专委会组织会员单位参加国外塑料相关行业展会的建议，理事会开得很成功。

总结专委会2017年工作，认识到还有很多不足的地方，组织建设不够，会员数量不多，会员之间的走访不够频繁，行业摸底工作开展不理想，对

行业的详细情况还不清楚。

（三）专委会建设

专委会建设总的指导思想是：规范会员管理，加强行业数据统计，做好行业服务工作。2017 年，专委会继续加强自身建设和秘书处内部管理，建立健全各项规章制度，完善运行与自律机制，规范会员管理，加强理事会范围的行业数据统计工作，提高行业服务的专业性、技术性和权威性。

2017 年在全体会员的共同努力下，在中国塑协的正确领导下，新发展了会员单位 10 家，会员总数突破 110 家。专委会承担桥梁纽带作用，反馈会员企业信息，反映会员企业诉求，把会员企业的需求和意见向上级主管部门直接反馈，主要有：向海关，商务部等相关部门申请申报行业产品的 SH 编码和退税核销；汇集会员企业关于食品相关产品新品种、塑料加工业重点低碳技术、消费品品质提升三年行动计划等意见报送中国塑协；组织会员企业申报 2016 年度中国轻工业联合会科学进步奖、轻工业管理现代化创新成果、制造业单项冠军师范企业、轻工品牌培育管理体系先进企业和轻工优势品牌产品等；建好了专委会的官方网站，QQ 群，微信。促进了会员单位之间的互访互动。

具体内容如下。

1. 充分利用协会及专委会的资源优势，为企业提供全面服务

配合中塑协，组织会员企业积极参与行业活动，征集行业内优秀科技创新项目，参加中轻联科学技术奖励申报。根据企业发展需要，指导企业进行研发中心建立的申请材料编制、报批、评审等工作。

积极组织会员企业参加《申报 2016 年度国家级重点新产品计划项目》活动，把符合条件的企业推荐给中塑协，申报重点新产品和战略性创新产品。组织推荐行业内会员企业参加中国工业企业品牌竞争力评价工作，推荐本行业优秀企业填写相关材料，上报中塑协。按照中塑协要求，组织行业会员企业填写申报材料。

2. 完善并维护专委会网络平台，提升行业宣传力度

专委会网站及微信公众平台可以快捷方便地为行业相关企业服务，也是广大会员交流平台。为了提高这些平台的服务质量，专委会及时对网站的“重点报道”及“行业动态”等项目进行更新，将行业最新消息通过专委会公众平台及时发布，以便会员单位能及时了解到相关信息，同时还利用网站的“产品介绍”、“推荐产品”及“广告宣传”等栏目为会员单位的产品进行宣传。并且，还收集国内外相关技术资料补充到网站的“技术资料”、“行业标准”等栏目内。

3. 积极发展会员，壮大专委会队伍

通过网络宣传、行业走访、提供专业技术支持、提供政策及信息服务等多方面来积极发展会员，为专委会逐渐发展壮大打下了坚实的基础。

三、发展趋势与规划

我国塑料板片材行业仍然处在快速发展时期，随着新材料、新工艺、的不断出现，塑料板片材的新产品层出不穷。新型塑料板片材的应用也越来越广，塑料板片材应用领域已涉及国民经济的各个方面，各种塑料板片材，正以其优越的性能，广泛应用于工业、农业、化工、建筑、包装、航空航天、国防等尖端部门，代替木材、钢材、铝材、石材、玻璃、皮革等传统材料制作的板片材。

目前快速发展的新型塑料板片材，得到了大量的新型高分子材料和新技术支撑，塑料板片材正朝着集美观、实用于一体的方向发展，功能方面则向更加专业，特殊功能的方向拓展。“十三五”期间，国家已把科技创新带动产业发展提到了空前未有的高度。因此，目前是新型塑料板片材行业发展的大好时机。

中国塑协提出的《塑料工业“十三五”发展规划指导意见》《塑料加工业技术进步“十三五”发展指导意见》及《（2016—2020）轻工业发展规划》的发布，对我们塑料板片材行业具有极其重要的指导意义，必将是我们未来发展的基本方针，通过创新思维、创新产品过程设计和关键技术创新实现产业创新发展，以低能耗、低资源消耗、低环保负担方式提高产品质量和增加效率，实现产业升级，实现塑料板片材产业的可持续发展。

（中国塑协板片材专业委员会　周家华）

塑料编织制品

一、塑编产业2017年发展综述

（一）数据显示行业发展有企稳回升迹象

截至2017年底，全国有塑料编织专业生产企业6700多家，从业人数约43万多人，年综合生产能力约2700万吨。

2017年全国规模以上企业塑料丝、绳及编织品（以下简称塑编制品）产量1484.9万吨，同比增长5.7%，产值约1986.5亿元，同比增长5.6%。2017年全社会塑编制品产量约1861.9万吨，同比增长4.7%，全社会产值约2347.1亿元，同比增长5.2%。

2017年塑编行业发展速度高于全国塑料制品行业平均增速，塑编行业发展继续企稳回升。

2017年塑编企业整体开工率在70%左右，塑编企业平均利润率为5.5%左右，跟去年相比有所上升。因下游用户普遍存在拖欠款，企业回款周期变长，财务成本升高，工厂开工不足，人工成本增高、原材料波动大等因素，对企业盈利产生了不利影响。

2017年塑编大中型企业取得了较好的发展，订单饱满，有些企业继续扩张增产能；部分小微企业面临萎缩或关停。

（二）全年产量走势分析

从表1和图1可以看到2017年全国塑编规模以上企业逐月产量走势。

1月份约完成93.3万吨，同比增长了约4.17%；2月份完成68.4万吨，同比增长了约2.76%；3月份完成108.1万吨，同比增长了4.85%；4月份完成119.5万吨，同比增长了4.56%；5月份完成129.1万吨，同比增长了6.18%；6月完成137.8万吨，同比增长了5.27%；7月完成133万吨，同比增长了6.83%；8月完成141.1万吨，同比增长了6.92%；9月完成146.5万吨，同比增长了7.11%；10月完成138.7万吨，同比增长了5.92%；11月完成136.9万吨，同比增长了6.42%；12月完成132.5万吨，同比增长了5.21%。

从表1中可以看出，9月为全年同比增长最高月为7.11%，但7、8月份也保持全年的高增长，原因是塑编行业传统的旺季，订单充足，交货量大；因春节假日原因2月同比增幅全年最低为2.76%，其他月份的增长呈现季节性规律，基本变化不大，但开工不足，表现出了淡季特征。

表1　2017年全国规模企业塑编月产量表

月份	2016年月产量/万吨	2017年月产量/万吨	同比增长/%
1月	89.6	93.3	4.17
2月	66.6	68.4	2.76
3月	103.1	108.1	4.85
4月	114.3	119.5	4.56
5月	121.6	129.1	6.18
6月	130.9	137.8	5.27
7月	124.5	133	6.83
8月	132	141.1	6.92
9月	136.8	146.5	7.11
10月	130.9	138.7	5.92
11月	128.6	136.9	6.42
12月	125.9	132.5	5.21

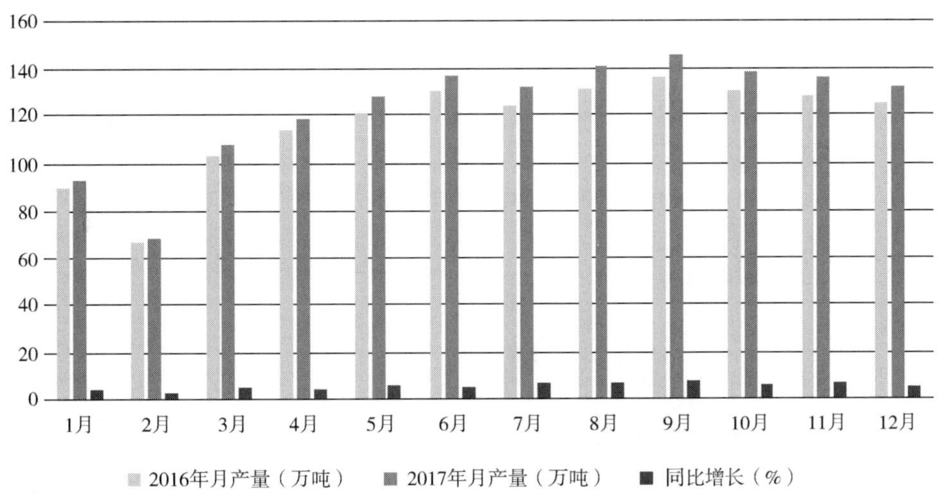

图1　2017 年全国塑编企业逐月产量趋势图

（三）各种塑编产品所占总量的比例

在 1861.9 万吨塑编包装产品中，水泥袋约 651.7 万吨，约占 35%；化工原料、粮食、饲料等各种普通编织袋 670.3 万吨，约占 36%；集装袋 270 万吨，约占 14.5%；土工布及篷布 205.6 万吨，约占 10.4%；网眼袋 37.2 万吨，约占 2%；其他塑编产品 39.1 万吨，约占 2.1%。2017 水泥袋下降了 0.2 个百分点，这与国家持续的房地产调控政策及水泥行业淘汰落后产能有关；其他种类的产品平稳增长（图 2）。

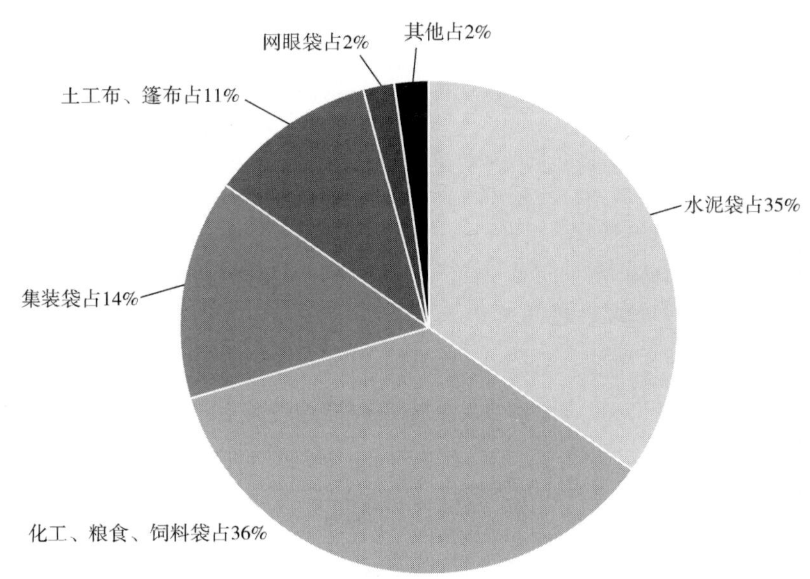

图2　2017 年塑编产品占比图

据塑编行业不完全统计，2017 年全国共生产各种塑编产品约 1861.9 万吨中，使用新粒料聚丙烯约 1117.2 万吨，占 60% 左右；粉料聚丙烯约 279.3 万吨，占 15% 左右；粒料聚乙烯约 130.3 万吨，占 7% 左右；再生料约 335.1 万吨，占 18% 左右（图 3）。1861.9 万吨塑编产品中还包含各种母料约 152.2 万吨，纸、缝纫线、胶、颜料、油墨等 62.3 万吨。

新粒料聚丙烯主要用于集装袋、大型石油化工企业的石化产品包装的编织袋、食品袋和透明袋等。

新粒料聚乙烯主要用于要求较严格的篷布、救灾帐篷、土工布、吊带、包装食品编织袋内衬等。

粉料主要用于包装化肥、饲料、透明袋、包装米面等编织袋。有时用粒料和粉料混合生产这些种类编织袋。近年来使用粉料有下降趋势，原因是粉料和粒料的价格差不足以吸引塑编企业。

品质好的再生料和新料混合生产集装袋、石油化工产品包装的编织袋、透明袋等。

品质一般的再生料单独或与粒料、粉料混合生产化肥包装袋、饲料袋、水泥包装袋、谷物包装袋等。

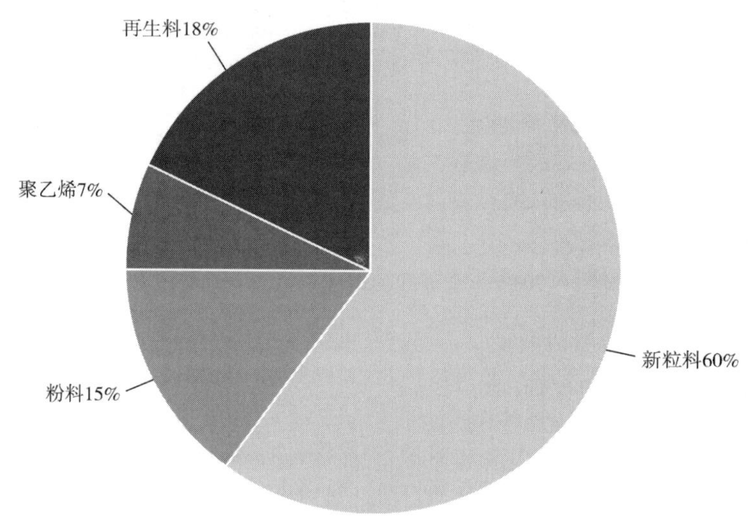

图3　塑编产品各原料用量占比

随着全面“禁固令”管理制度的实行，以后再生料的使用将会进一步减少。

2017年，更多的企业采用聚丙烯粒料做原料生产高、中档编织袋，生产车间粉尘、烟雾大大减少，使生产环境获得较大改善。

（四）各省份占总量的比例

全国31个省（市）塑编制品产量相差悬殊，产量列全国前6位的省（市）是山东、辽宁、浙江、河南、四川、江西。增长幅度列前5位的是江西、河南、内蒙古、四川、山东；产量列全国前6位的产量合计约占全国塑编产量60%。山东、辽宁、浙江等省占全国塑编产量的比例都呈下降趋势。塑编产业分布从东南向中部、东北、西北、西南、中原转移的趋势放缓。青海等14个省（市）塑编产量占全国比例都在10%以下（表2、图4）。

表2　2017年塑编制品主要地区产量和全国占比

序号	地区	产量/万吨	占全国比例/%
	全国	1484.9	100
1	山东	276.2	18.6
2	辽宁	212.3	14.3
3	浙江	121.8	8.2
4	河南	117.3	7.9
5	四川	101.0	6.8

续表

序号	地区	产量/万吨	占全国比例/%
6	江西	68.3	4.6
7	湖北	63.9	4.3
8	广西	62.4	4.2
9	安徽	59.4	4
10	江苏	53.5	3.6
11	广东	47.5	3.2
12	河北	46.0	3.1
13	湖南	44.5	3
14	黑龙江	32.7	2.2
15	重庆	31.2	2.1
16	内蒙古	20.8	1.4
17	其他省份	126.2	8.5

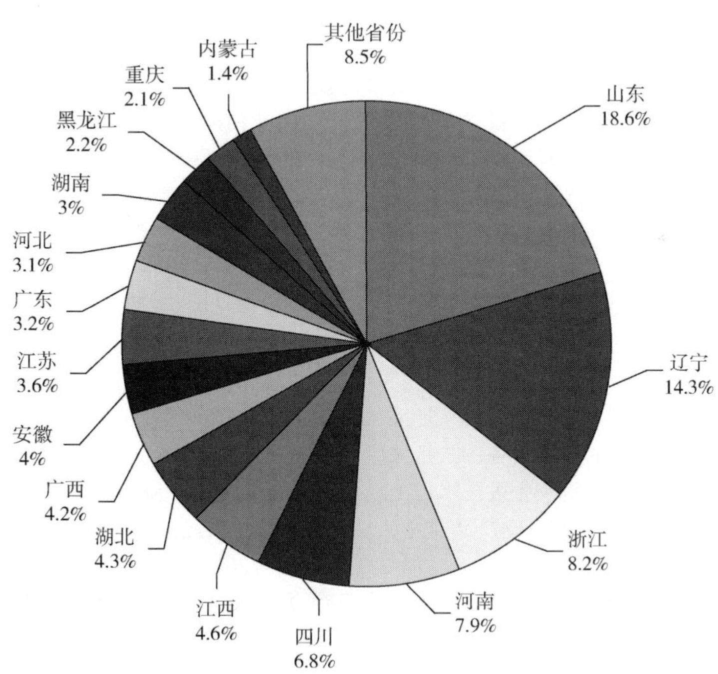

图 4　全国塑编企业各省产量占比图

（五）塑编产品出口方面出现较快增长

2017 年，我国外贸回稳向好的基础不断巩固，发展潜力逐步释放，推动了塑编产品的出口，塑编产品出口继续向好，出口量增加，比上一年增长了 6.3%，出口金额上升了 8.2%。（表 3）

2017 年依然有一些出口企业面临较大的生存压力，或者转向内销。从中国劳动力成本还在不断上涨的角度看，塑编产业的出口压力非常明显，倒逼企业从低端产品向附加值高的产品生产和出口。另一方面可以看到人民币汇率从单边上升开始向下振荡，将给出口企业带来一定的契机。再次，塑料原料近两年整体价格下降，处于中低价位，给出口企业在产品结构调整方面带来机会。但我们也要看到由于在严格的管制汇率下，人民币汇率的高估，加之国内各种原材料涨价，造成出口企业盈利减少。

表 3　　塑料编织集装袋加工贸易基本情况

成品名称	商品编号	年度	出口国别	出口口岸/加工企业所在地区	出口量/kg	出口货值/千美元
塑料编织集装袋	6305320000	2013	日本、美国、韩国、德国	江苏、山东、福建、厦门等	91843987	515897
		2014			92606292	509190
		2015			93810174	517337
		2016			97562581	484227
		2017			103709023	523933

（六）塑编企业增效降成本的主要途径

多年来，塑编企业深入开展节能降耗活动，大力淘汰落后设备，引进先进的节能型塑编生产装备，提高我们塑编生产装备水平，提高生产效率和减少劳动力的使用，增效降成本效果明显。

塑编企业采用节能设备比例比上一年度又有提高，塑编企业的节能改造基本完成。

2017 年全国塑编企业继续淘汰落后设备，采用高线速度拉丝机和阔幅模头，节能圆织机，自动化一体切缝设备，使编织袋生产能耗又有新的降低，有一些地方企业每吨编织袋电耗降至 800 度以下。

塑编的后工序还大有作为，今后主要是向切缝一体机和自动化、智能化方向发展。自动切缝机品种不断增加，技术上不断创新，更多的企业将采用自动切缝一体机来完成后工序。

今后，塑编行业增效降成本的主要途径一是采用高效节能、自动化、智能化的塑编设备；二是采用高质量的原材料、高级填充母料及先进技术、工艺、配方达到提高产品质量，减少单位产品克重，最终实现塑编轻量化的目标。

（1）高速拉丝机和节能园织机设备节能开发方面已出现瓶颈，今后主要方向是智能化制造。

（2）切缝一体机继续向自动化和智能化方向发展。自动切缝机一体设备品种在不断增加，技术上不断创新，继续保持较高增长。

（3）方底阀口袋制袋设备，自动化程度高，大大减少了劳动用工，降低了生产成本，提高了企业利润水平。方底阀口袋制袋设备国产化任重道远。一些有稳定大订单的塑编生产企业开始采用了方底阀口袋制袋设备生产编织袋，取得了很好的效益。今后发展速度取决于下游用户灌装自动化的发展进度。水泥厂的自动灌装自动化已处于快速发展的前夜，方底阀口袋制袋设备在未来几年将会出现快速发展。

（4）使用自动套内袋机代替人工套袋，其技术不断改进，速度进一步提高，保持着较高的增长速度。

（5）使用高性能的原材料及改性材料、填充母料、助剂达到减轻克重、降低产品成本的目的。

二、“全国塑编产业链技术交流与市场对接会”——塑编产业链多功能交流创新平台

（1）2012 年 8 月 29 日在沈阳市成功召开了“2012 全国塑编产业链技术交流与市场对接会暨沈阳康平塑编经贸展洽会”。

（2）2013 年 8 月 1 日在常州市成功举办了“2013 全国塑编产业链技术交流与市场对接会”。

（3）2014 年 8 月 20 日在牡丹江市成功举办了“2014 全国塑编产业链技术交流与市场对接会暨黑龙江穆棱塑料经贸洽谈会”。

（4）2015 年 9 月 22 日至 9 月 24 日在浙江平阳县举办了“2015 全国塑编产业链技术交流与市场对接会暨塑编产业转型升级发展论坛”。

（5）“2016 年全国塑编产业链技术交流与市场对接会”2016 年 11 月 5 日在南京市胜利召开。

（6）“2017 中国（康平）国际塑编产业技术交流与市场对接高峰论坛”已于 2017 年 8 月 30 日在辽宁康平胜利召开。

一年一度的塑编产业链技术交流与市场对接会已成为塑编新老朋友聚首、探讨产业链转型升级、产业创新发展的最大的交流平台。

三、2017年塑编产品质量监督抽查综合情况汇总

1. 河北省加强进出口危化品及其包装检验监管

河北出入境检验检疫局深入贯彻国务院部署的“危险化学品安全综合整治”行动和《河北省危险化学品安全专项整治实施方案》，加强进出口危险化学品及其包装的检验监管，消除危险化学品及其包装在进出口环节的安全隐患。

该局开展了出口危险货物包装使用鉴定环节专项抽查活动，共抽查检测危险货物包装118批，发现不合格19批，不合格率达16.1%，出口危险品安全存在严重隐患。不合格主要包括开口塑料桶（罐）、闭口塑料桶、闭口钢桶、集装袋等四类产品，涉及河北省及周边4个省市的生产企业。对此，该局采取了五项措施：一是加强危化品及其包装使用监管，逐批核查，重点抽查检测，绝不允许带病使用；二是将检测结果通报包装产地检验检疫机构形成联合监管机制，提升监管效果；三是对提供不合格产品企业进行立案调查，对涉嫌违法企业坚决查处；四是对使用不合格危化品及其包装的化工企业进行约谈，要求其高度重视，切实履行主体责任；五是加强对相关企业的培训指导，增强其质量管控能力和水平。活动开展以来，该局共核查危化品及其包装4000余批次，发联合监管联系函15件，立案调查9起，实施行政处罚1起，约谈企业10家，培训指导800余人次，有效降低了风险隐患。

2. 山西省质监局抽查70个批次水泥包装袋产品全部合格

2017年3月13日，山西省质量技术监督局官网通报防盗门等26种产品质量监督抽查结果，共抽查了639家生产经销企业的926批次产品，检验合格912个批次，不合格14个批次，不合格检出率为1.5%。

本次抽查涉及山西省32家生产经销单位的70个批次水泥包装袋产品，重点对水泥包装袋的制袋材料、外观、单位面积质量、拉伸负荷、制袋材料对水泥强度的影响和防潮性能3天抗压强度6个项目进行了检验。经检验，70个批次产品全部符合标准要求。

3. 广州市质监局监督抽查塑料包装、容器

2017年4月，广州市质量技术监督局对本市生产领域食品用塑料包装、容器、工具产品质量进行了监督抽查，共抽查了184家企业生产的272批次产品，经检验，有2批次产品不合格，不合格产品发现率为0.74%。

本次抽查发现2批次塑料膜袋不合格，具体不合格项目如下：

气体透过率项目不合格主要是由于薄膜厚度不足或制膜过程工艺不当。该类项目不合格，易影响产品密封性能，导致被包装物损失、变质、变味及被污染，对人体健康产生危害。

跌落性能项目不合格，主要是由于保鲜袋的厚度太薄同时热封工艺不当。该项不合格对产品造成的影响是保鲜袋装上内容物后若不小心脱手掉在地上，袋子易破裂，会对消费者造成损失。

4. 烟台市质监局抽检163批次食品相关产品全部合格

2017年5~7月，烟台市质量技术监督局对食品相关产品组织实施了专项监督抽查。

本次监督抽查抽取了133家企业的163个批次样品。经检验，所抽查的133家企业的163批次产品均合格，被抽查企业和产品合格率均为100%。

涉及塑编企业产品全部合格。

5. 辽宁省质监局抽检80批次塑料食品工具产品1批次不合格

2017年二季度，辽宁省质量技术监督局对本省生产的塑料食品工具（片材、编织袋、容器、食品用工具）产品质量进行了监督抽查。本次共抽查80家生产企业生产的80批次产品，经检验，1家企业生产的1批次产品不合格。

本次抽查发现的质量问题是海城市正泰塑编有限公司的拉伸负荷（缝底向）项目不合格。

6. 河南省质监局抽查211批次食品用塑料包装等制品全部合格

2017年7月10日，河南省质量技术监督局官网公布食品用塑料包装、容器、工具等制品产品质量监督抽查结果。

抽查共抽取了郑州、开封、洛阳、安阳、鹤壁、新乡、焦作、濮阳、许昌、漯河、南阳、商丘、周口、驻马店、济源15个省辖市和永城市、鹿邑县（市）2个省直管县146家企业生产的211批次食品用塑料包装、容器、工具等制品产品。经抽样检验，211批次产品全部符合标准要求。

7. 石家庄市质监局开展2017年三季度食品相关产品抽查

石家庄市局组织开展了2017年三季度食品相关产品市级监督抽查工作。抽查应采集样品87批

次，实际采集样品47批次，采样率54.0%，涉及食品包装复合膜袋、塑料工具、纸及纸制品、塑料容器、编织袋、金属包装、玻璃容器、木制品八类产品。

检验结果，此次监督抽查的47批次样品，经检验2批次不合格，不合格率为4.3%。

涉及塑编企业藁城区鑫泰塑编彩印包装厂和赵县荣达塑编印刷有限公司剥离强度不合格。

8. 沈阳市质监局第三季度抽查12批次产品不合格

2017年第三季度，沈阳市质监局组织了生产领域的产品质量监督抽查。

2017年第三季度监督抽查产品包括日用消费品、工业生产资料、建筑装饰装修材料、食品相关产品4大类29种389家生产企业619批次产品，平均合格率为98.1%。

本次抽查有4种12批次产品存在不合格项目。

监督抽查不合格产品涉及塑编企业沈阳鑫源塑编厂、沈阳德盛塑料包装有限公司、沈阳万益达塑编厂、沈阳和利塑编有限公司拉伸负荷不合格。

9. 宁夏质监局抽查16批次塑料编织袋产品全部合格

2017年8月2日，宁夏回族自治区质量技术监督局官网通报2017年上半年塑料编织袋监督抽查结果，共抽查16批次，合格16批次，合格率100%。

本次抽查依据GB/T8946－2013《塑料编织袋通用技术要求》等标准，主要对拉伸负荷、涂膜袋和复合膜袋的剥离力、耐热性能、跌落性能等指标进行了检验。

10. 河南省质监局对30种重点消费品开展了质量提升专项监督抽查

2017年，河南省质监局对30种重点消费品开展了质量提升专项监督抽查。其中，抽取了郑州、开封、洛阳、鹤壁、新乡、焦作、许昌、漯河、南阳、商丘、信阳、济源、驻马店等13个省辖市和巩义市77家企业生产的119批次食品用塑料包装、容器、工具等制品产品，1批次产品不符合标准的要求。

经抽样检验，118批次产品符合标准要求，1批次PS盖子产品不符合标准的要求，涉及脱色试验－浸泡液项目。

抽查涉及塑编企业产品全部合格。

11. 河北省质监局抽查139批次食品相关产品3批次样品不合格

河北省质量技术监督局官网发布《2017年食品相关产品第四季度省级监督抽查公告》。此次监督抽查的139批次样品，经检验，产品合格率97.8%，检出不合格产品3批次，占抽查批次数的2.2%。

据公告，此次按计划要求抽查样品数量为150批次，实际抽查样品数量为139批次。未完成11批次，由于河北省实施大气污染防治工作，部分企业存在限产、停产、企业搬迁等问题，产品抽样工作没有按照计划完成。

所抽样品涉及塑料工具、塑料编织袋、餐具洗涤剂、复合膜袋、塑料容器、纸制品六类产品。在抽样产品检验中，共检出不合格样品3批次，其中2批次塑料编织袋样品剥离力指标不合格，1批次复合膜袋样品溶剂残留指标不合格。

涉及塑编企业大名县恒远塑编有限责任公司和河北华正塑料包装有限责任公司剥离力指标不合格。

12. 烟台市质监局发布2017年产品质量市级监督抽查及专项监督抽查情况

2017年1～12月，烟台市质量技术监督局组织开展了全市产品质量市级监督抽查、专项监督抽查，共抽查1350家企业生产的1664批次产品，其中1311家企业生产的1624批次产品合格，检出39家企业40批次产品不合格，不合格产品检出率为2.41%。

服装服饰业不合格产品检出率为3.78%，化学原料和化学制品制造业不合格产品检出率为2.44%，橡胶和塑料制品业不合格产品检出率为0.68%，非金属矿物制品业不合格检出率为1.56%，金属制品业不合格产品检出率为1.29%，通用设备制造业不合格产品检出率为4.72%，汽车及零部件制造业不合格产品检出率为1.7%，仪器仪表制造业不合格产品检出率为9.36%。

被抽检到塑编企业蓬莱市塑梦塑编有限公司和招远南光包装材料有限公司的抗压强度不合格。

对于以上抽查中发现问题的企业，烟台市质监局已责成各县市区市场监管局按照《中华人民共和国产品质量法》《山东省产品质量监督抽查工作规范》《烟台市质监局工业产品质量监督抽查后处理程序规定》等规定开展后处理工作。

13. 绵阳市质监局第二批27批次食品相关产品抽检全部合格

2017年，绵阳市质量技术监督局对该市生产的食品相关产品质量进行了监督抽查。本次抽查了27批次食品相关产品，经检验，合格27批次。

从2017年塑料编织袋产品全国部分地区抽查情况来看，塑料编织袋质量有进一步提高，合格率在九成以上。质量问题要引起生产企业的足够重视，应该努力提高产品质量。各地质检机关也要加大查处力度，共同促进塑编产品质量的提高。

四、行业大事记

（一）“2017中国（康平）国际塑编产业技术交流与市场对接高峰论坛”在辽宁康平举行

由中国塑料加工工业协会、康平县人民政府主办，中国塑料加工工业协会塑编专委会、辽宁康平经济开发区管理委员会和沈阳市康平县塑编协会承办的“2017中国（康平）国际塑编产业技术交流与市场对接高峰论坛”已于2017年8月30日在康平宾馆胜利闭幕。

本次会议得到了中国塑协BOPP薄膜专委会、中国塑协专家委员会、中国塑协改性塑料专委会、江苏省塑料工业协会塑编委员会、常州市塑化业商会、沧州市塑料工业协会、温州市塑料工业协会、浙江省平阳县塑料包装协会、浙江省苍南县塑料行业协会、山东省兖州市塑编商会、临邑县塑编协会、临沂市塑编协会、天津市包装技术协会、天津华今集团有限公司、石家庄市博大塑化有限公司等单位的大力支持。常州市永明机械制造有限公司、史太林格塑胶机械（太仓）有限公司、常州市德正机械有限公司、雁峰集团有限公司、德州三志塑胶有限公司、营口大正新材料科技有限公司、天津玉泉工贸有限公司、常州市腾诚机械制造有限公司、石家庄市嘉睦禾塑业有限公司、北京明顺包装机械厂、浙江兰溪市中艺捻织厂、抚顺市集装袋厂、河南商丘晴赢软件科技有限公司、枣阳市双星伟业塑胶有限公司、临沂青松油墨厂、北京泰纳科新材料科技有限公司、江苏万乐自动化装备有限公司、沈阳泰亨塑业有限公司、沈阳祥瑞塑业有限公司、沈阳和利塑业有限公司、河北友田缝纫机有限公司、温州亿科塑料机械有限公司、广州思肯德电子测量设备有限公司、汕头市北星包装机械有限公司等单位提供了赞助。

来自奥地利、德国、美国、法国等国家在我国的代表以及国内24个省市的塑编行业企业代表500多人参加了本次会议。最远的来自新疆、宁夏、广东、福建、海南等地区，较集中的来自辽宁、山东、浙江、江苏、河北、江西、河南等地区。

本次会议是一次行业创新大会，是塑料加工业科技创新年活动的一部分，更是行业的一次盛会。

8月28日下午17：00，沈阳市市长姜有为在市政府会见了中国轻工业联合会原副会长、中国塑料加工工业协会原理事长钱桂敬，中国塑料加工工业协会副理事长马占峰，中国塑料加工工业协会副秘书长孙冬泉一行，双方进行了广泛的交流。

姜有为市长对沈阳的经济情况做了简要的介绍，认为要重视县域经济发展，县域经济在沈阳占比还是比较小，还可以有更大的作为。康平开发区已形成产业集群，上下游共同发展，这样每一个企业高效率，低成本，有竞争力。

钱桂敬说：“轻工300多个产业集群，占轻工产值的30%。很多产业集群本身已经成为一个销售中心，并成为检测中心、研发中心，也是一个信息中心，产业集群在县域和县域以下发展潜力很大。”

沈阳市政府秘书长、办公厅主任肖枫，康平县县长王志刚，沈阳市经信委副主任马达也参加了会见。

8月29日上午8：30，会议在康平县传媒中心举行了隆重的开幕式。会议由中国塑料加工工业协会副秘书长、会展部主任、塑编专委会秘书长孙冬泉主持。

出席本次会议主席台的领导和嘉宾包括：中国轻工业联合会原副会长、中国塑料加工工业协会原理事长钱桂敬，中共康平县委书记朱文蔚，中国塑料加工工业协会副理事长马占峰，中国塑料加工工业协会副秘书长、会展部主任、塑编专委会秘书长孙冬泉，康平县人民政府县长王志刚，康平县人大主任李鸿志，康平县政协主席吕明臣，沈阳市经信委副主任孟然，沈阳市服务业委副主任马闯，中国塑协塑编专委会会长、浙江华庆集团有限公司董事长姜集康，辽宁康平经济开发区管理委员会常务副主任张继明，中国塑协塑编专委会常务副会长、苍南县塑料行业协会会长、南塑集团有限公司董事长林增标，沈阳化工大学研究生院院长葛铁军，中国塑协塑编专委会副秘书长、常州市塑化业商会秘书长王绿宝，中国塑协塑编专委会副秘书长、平阳县塑料包装协会秘书长、浙江旭光塑业有限公司董事长毛芳均，康平县塑编协会常务副会长、沈阳泰亨塑业有限公司总经理华仙超，中国塑协塑编专委会常务副会长单位、天津华今集团有限公司副总裁胡畅，中国塑协塑编专委会副会长、江西亚美达科技有限公司董事长朱开椿，中国塑协塑编专委会副会长、江苏省塑料工业协会塑编专委会会长、江苏中乾塑业有限公司总经理王学保，中国塑协塑编专委会副会长、常州市永明机械制造有限公司总经理何敏，中国塑协塑编专委会副会长、雁峰集团有限公司董事长陈志淡，中国塑协塑编专委会副会长、德州三志塑胶有限公司总经理乔桂广，奥地利史太林格塑胶机械（太仓）有限公司区域经理万勇。

出席本次会议的还有沈阳市及康平县有关部门领导。

首先，由康平县人民政府县长王志刚致欢迎词。王县长简要地介绍了康平县的基本情况和康平塑编产业集群的发展情况，康平县人民政府作为本次会议的共同主办单位之一，为本次会议的召开创造了良好的氛围。康平是我国塑编产业的集中地区，在县委、县政府的大力支持下，塑编产业已经发展成为全县的头号支柱产业，并成为全国的塑编产业示范基地。我们相信，在康平县委县政府的大力支持下，康平包括塑编在内的塑料产业必将得到进一步发展，王县长的精彩致辞得到了与会代表的热烈响应。

接着，中国塑料加工工业协会副理事长马占峰向大会致开幕词。马副理事长在致辞中介绍了塑料行业的整体情况，指出塑料加工业仍在高速发展，前景十分广阔，对塑编行业发展提出了坚持创新驱动发展，推动高性能拉丝聚丙烯的开发与应用，牢牢把握“智能化、功能化、轻量化、生态化、微成型”技术发展方向，全面推进产业转型升级；坚持“资源节约型、环境友好型、科技创新型”的产业方向，大力实施“绿色、低碳、循环、生态”发展战略；坚持“高端化、个性化、小批量、私人定制”的市场导向，推动新型生产模式和新型业态的快速成长等方面的要求。

开幕式上对获得2016年度塑编行业二十强企业进行表彰并颁发奖牌。

获得2016年度塑编行业二十强企业是：天津华今集团有限公司、温州晨光集团有限公司、江西金沙包装集团有限公司、南塑集团有限公司、江西亚美达科技有限公司、洛阳市强胜实业有限公司、石家庄市博大塑化有限公司、沈阳泰亨塑业有限公司、福建宏祥科技有限公司、山东寿光健元春有限公司、天津市旭辉恒远塑料包装股份有限公司、江苏万乐复合材料有限公司、浙江华庆集团有限公司、安徽省锦翔塑编包装实业有限公司、江苏中乾塑业有限公司、济宁市兖州区宏泰塑料制品有限公司、沈阳祥瑞塑业有限公司、江西省坤达科技有限公司、沈阳和利塑编有限公司、浙江瑞旺科技有限公司。代表们用热烈的掌声对塑编二十强企业表示了祝贺。

接着举行了隆重的签约仪式。围绕“产学研合作”、“一带一路”建设、“国内外塑编行业综合新技术引进”等签约了10个合作项目。签约的项目分别有：《科技与经济对接“产、学、研、用”合作协议》，由辽宁康平经济开发区管委会张继明常务副主任与沈阳化工大学研究生院葛铁军院长签约；《高性能包装机械设备供应及技术合作框架协议》，由沈阳凯威塑业有限公司缪存楚总经理与德国威德霍尔机械有限公司戴京辉总经理签约；“一带一路”项目：《塑编系列产品出口创汇合作协议》，由辽宁康胜众合国际贸易有限公司盛守绵总经理与埃塞俄比亚色伯他市奇迹塑编包装有限公司孟军总经理签约；《塑料循环产业园建设合作协议》，由辽宁康平经济开发区管委会张一民副主任与辽宁康平塑料产业园有限公司朱明伟董事长签约；《集团采购塑编原料合作协议》，由沈阳华泰塑业有限公司易会杰总经理与中国石油东北化工销售抚顺分公司谢成阁经理签约；《塑编综合高效节能设备引进技术合作协议》，由沈阳泰亨塑业有限公司华仙超总经理与雁峰集团有限公司陈志淡董事长签约；《塑编产品新材料开发项目合作协议》，由沈阳和利塑编有限公司林秀坤总经理与北京泰纳科新材料公司罗道友总经理签约；《塑料新产品研发与检测长期合作协议》，由辽宁省塑编产品质量监督检测中心刘紫梁主任与辽宁远东新型管业科技有限公司孔令福副总经理签约；《建立国际物流海外仓合作协议》，由辽宁康平塑料产业园有限公司赵建海副总经理与辽宁大中国际物流有限公司集团公司佟涛总经理签约；《电子商务综合服务合作协议》，由辽宁康平塑料产业园有限公司郭进生总经理与阿里巴巴代理商厦门谷道集团有限公司安宁副总经理签约。

根据塑编行业不断发展的需要，中国塑协塑编专委会推举第二批塑编技术顾问，分别是：黄美昌、王滨、乔荫春、刘厚义、罗道友、焦瑞芳、唐亚辉、陈少文、孙立荣，代表们用掌声对他们表示了祝贺。加上2012年推选的第一批塑编技术顾问宋云鹤、朱开文、刘安友、王振保、陈志淡、王林、孙书适、丁云富、杨玉文、罗文超、陈祖欣、乔桂广，行业的专家队伍扩大到19名，大大增强了行业的技术服务能力。

接下来，会议进入交流阶段，先由二十强企业的代表沈阳泰亨塑业有限公司总经理华仙超发言。然后由中国塑协塑编专委会会长姜集康做了“2016年度塑编专委会工作报告”，姜会长在报告中指出：塑编专委会的工作离不开会员企业的支持与拥护，为了更好地做好工作，请与会企业对专委会工作报告中提出批评与建议，并在会后反馈给专委会，以促进专委会的工作进一步提高。接着，沈阳化工大学研究生院院长葛铁军教授做了“从供给侧结构性改革论塑编产业技术发展趋势”的专题发言。葛教授在发言中对塑编制品的功能化发展提出了很多新颖的应用探讨，对塑编制品的生产工艺提出改革设想。最后由中国塑协塑编专委会常务副秘书长赵克武做“2016年塑编产业链发展报告”的报告。赵秘书长在报告中对2016年全国塑编产业的发展情况进行了详细的分析，对塑编行业节能降耗，产品研发，自动化改造，原料改性，标准化工作，原料供需情况进行了分析，数据翔实，图文并茂。并对2017年上半年塑编行业情况进行了探讨，对塑编产业去产能，供给侧改革，智能创造，生态环保提出意见。

上午11：00～12：00，中共康平县委书记朱文蔚、县长王志刚分别会见了中国轻工业联合会原副会长、中国塑料加工工业协会原理事长钱桂敬，中国塑料加工工业协会副理事长马占峰，中国塑料加工工业协会副秘书长、会展部主任、塑编专委会秘书长孙冬泉，中国塑协塑编专委会会长、浙江华庆集团有限公司董事长姜集康，中国塑协塑编专委会常务副会长、苍南县塑料行业协会会长、南塑集团有限公司董事长林增标，中国塑协塑编专委会副秘书长、平阳县塑料包装协会秘书长、浙江旭光塑业有限公司董事长毛芳均，中国塑协塑编专委会常务副会长单位、天津华今集团有限公司副总裁胡畅，中国塑协塑编专委会副会长、江西亚美达科技有限公司董事长朱开椿，中国塑协塑编专委会副会长、江苏省塑料工业协会塑编专委会会长、江苏中乾塑业有限公司总经理王学保，中国塑协塑编专委会常务副秘书长赵克武一行。

康平县领导张继明、张龙及康平县部分企业家会见时在座。

会见中，朱文蔚首先对钱桂敬一行的到来表示欢迎，并向钱桂敬一行对康平县塑编产业发展给予的关心和支持表示感谢。随后，朱文蔚就康平县自然情况及县委县政府工作重点进行了介绍。

朱文蔚说，今天开幕的“2017中国（康平）国际塑编产业技术交流与市场对接高峰论坛”，不光是康平的盛会，也是中国塑编工业协会的一次盛会。作为沈阳市重点培育的十九个重点产业集群之一，康平的塑编产业在十多年的时间里，经历了从无到有、从小到大、从弱到强的发展历程。塑编产业对推动康平经济社会发展做出了重要贡献，对于解决劳动力就业、维护社会稳定、提高人民生活水平发挥了重要作用。面临着塑编产业的转型升级，康平县将按照产业链的高端和价值链的高端，推动康平的塑编产业不断发展。

朱文蔚希望，在座的专家和企业家能够更多地关心、关注、支持康平，多到康平走一走看一看。欢迎与会企业家到康平投资兴业，助推康平经济社会实现大发展新发展。

钱桂敬表示，康平县紧密结合自身实际，制定了科学的发展思路。近年来，康平县委县政府对塑料加工业给予了大力支持，助推塑编产业得到了较好发展。他希望，康平县能够发挥示范区作用，真正实现集生产、科研于一身，走在全国塑编行业发展前列。

下午13：30，组织与会代表参观了康平县经济技术开发区内的辽宁塑编产业研发中心、沈阳祥瑞塑业、沈阳友谊塑业、沈阳时代塑编包装、沈阳华泰塑业、沈阳和利塑编、沈阳恒辰彩布厂、沈阳泰亨塑业、辽宁华今塑业等单位。代表们看到了具有国际国内领先水平的康平塑编研发检测中心，在设施和检测设备上在全国各塑编产业园区中是独一无二的，沈阳祥瑞塑编公司的集装袋十字口成型机引进与应用，其特点是在产品成型这个环节上能节约用工70%，沈阳友谊塑业公司水织布产品质量及数量在全国处领先地位，沈阳时代塑编包装公司的手提购物袋是东北地区独家产品，并在全国系列产品出口中独占鳌头，沈阳华泰塑业公司的新型高效、节能、环保圆织机应用，沈阳和利塑编公司的全新料高透明编织袋，沈阳恒辰彩布厂的东北、华北等地用户一致对产品质量叫好的七色彩条布，沈阳泰亨塑业公司的高速拉丝机生产出的高端扁丝，引进全国最先进的小六梭圆织机生产高端产品，企业拉丝、圆织、普印、彩印、切套缝、成品、打包一条龙作业现场，辽宁华今塑业公司引进的具有国际先进水平的总投资1000多万元方底阀口袋综合设备应用等。

与会代表对康平塑编产业有了进一步的了解并给予高度评价。

晚上17：30，会议代表在康平宾馆参加了为本次会议举行的招待晚宴。

8月30日全天进入主题发言阶段，国内外塑编企业、大专院校、科研院所等20多家在大会上围绕“科技创新交流合作绿色发展”会议主题进行发言。

会议由中国塑协塑编专委会常务副秘书长赵克武主持。

沈阳市康平县塑编协会秘书长李阳普、石家庄博大塑化有限公司董事长郭玉琼、奥地利史太林格有限公司区域销售经理万勇、常州市永明机械制造有限公司销售总监储岳、雁峰集团有限公司董事长陈志淡、威德霍尔机械（太仓）有限公司总经理戴京辉、河南商丘晴赢软件科技有限公司总经理杨宗位、埃克森美孚化工威达美客户开发工程师车逸慧、江苏万乐自动化装备有限公司销售经理冷非云、北京明顺包装机械厂总经理杨玉文、塑编涂膜技术顾问陈少文、北京泰纳科新材料科技有限公司总经理罗道友、中国工业生产资料集团公司高级工程师周大纲、抚顺市集装袋厂厂长唐亚辉、临沂青松油墨厂经理张国际、河北友田缝纫机有限公司销售经理赵禄田、温州亿科塑料机械有限公司董事长陈达、广州思肯德电子测量设备有限公司销售经理周磊轶、汕头市北星包装机械有限公司销售经理李明月、谷歌中国代理商厦门谷道集团市场部总监王大鹏分别做了“履行协会服务宗旨促进企业稳步发展”、“塑编包装的转型与升级”、“步步胜算，袋袋相传——交钥匙工程合作伙伴，史太林格”、“服务用户，砥砺前行，继续为塑编新工艺探寻设备解决方案”、“雁峰集团第六代微电脑智能圆织机”、“高效经济洁净的水泥包装”、“《塑编企业专用管理软件》——实现互联网+转型升级、效率翻倍、生产成本降低3~6个百分点的管理工具”、“打造激动人心的创新解决方案-威达美高性能聚合物在母料及拉丝中的应用”、“重磅推出第五代新型高速编织袋全自动切套缝一体机”、“论塑编后道加工发展历程和信息化对接”、“纸塑三合一涂膜质量细节分析”、“PP扁丝低成本与高性能化解决方案”、“编织物在土工合成材料领域的应用”、“集装袋十字口成型机缝纫工的好帮手”、“塑料编织油墨的现状与发展趋势的展望”、“彩印袋缝制后划伤的解决方案——友田YTAK3700B”、“打破传统、高效节能降耗！圆织机划时代产品《高速悬浮圆织机》”、“思肯德X线测厚仪在拉丝线上的应用”、“北星套袋机的从0到1”、“做互联网助力塑编产业升级”的报告和专题发言。

下午17：00，主题发言结束。代表们的发言内容精彩纷呈，中外技术充分交流，得到了与会代表的高度赞扬，并在代表中引起了热烈的反响。

本次会议的宣传舆论铺天盖地，使康平县的塑编产业响彻辽沈大地。沈阳电视台、沈阳日报、康平广播电视台及中国网、新华网、消费日报网、东北新闻网、网易辽宁、新浪辽宁、北国网、沈阳网等十多家媒体单位相继对会前、会中、会后进行了系列宣传报道，内容有：“塑编产业园的崛起”、“塑编协会服务企业”、“产学研用与产业升级”、“塑编产业发展带动农民就业”、“塑编产业走出国门，践行一带一路发展战略”、“康平塑编，荣获殊荣”等，康平通讯对“2017中国（康平）国际塑编产业高峰论坛”开幕式等进行了综合报道。共计发稿12篇，阅读转发量达到3万多次。

产品展示、技术宣传厅吸人眼球，被参观企业纷纷点赞。高峰论坛期间，企业产品展示厅与综合技术宣传展示厅设立在3个地点，一是康平县文化传媒中心一楼的“康平塑编产品展示大厅”；二是康平县文化传媒中心二楼的“企业综合技术展示大厅”；三是康平宾馆D座5楼的“企业综合技术展示大厅”，三处展示厅面积达1500多平方米。

会议期间发出278家企业介绍新产品、新技术、新设备、新原料、新工艺的企业宣传彩册77.5万册；康平县文化传媒中心一楼的“康平塑编产品展示大厅”展出康平塑编五大类、数百个规格产品。一是展示包装粮食、化肥、饲料、米业的全新料与再生料编织袋；二是展示水织布、彩条布、兰银布等篷布；三是展示新开发的集装袋；四是展示出口30多个国家和地区的手提购物袋；五是展示遮阳网。在展出现场能拿得动的产品样品当场被外来参会企业取走，大约占展出展品95%。

本次会议是国际性、高端性的会议。到会的有全球塑编产业知名大公司高层负责人，包括董事长、总经理、总裁等，国内外知名的大企业有奥地利史太林格有限公司在论坛上介绍了全球最先进的方底阀口袋设备，德国威德霍尔机械（太仓）有限公司介绍了先进的拉丝及涂覆设备，美国埃克森美孚化工（上海）有限公司介绍了威达美高性能聚合物在塑编中的应用，法国的思肯德介绍了测厚仪在拉丝线上的应用，国内多家公司推出了塑编行业的新技术、新装备、新工艺、新产品等。温州雁峰集团推出了第六代微电脑智能圆织机。通过与会领导、企业家、专家的高屋建瓴的讲解，参会企业对塑料行业未来发展方向有了较理性的认识，对塑编行业未来发展朝着“功能化、轻量化、生态化、微成型”方向更加明确。

本次大会加强了行业交流，探讨了塑编行业的未来发展趋势，研讨了下游企业需求情况，促进了我国塑编生产企业更多地采用新技术、新设备、新工艺和性能优良的原辅材料，加强了行业节能降耗工作，鼓励了塑编产业中各个细分产品生产企业间加强业务沟通，倡导了理性竞争的行业氛围，提高了我国塑编生产企业的核心竞争力，促进了我国塑编产业从产能扩张发展方式向质量提升、技术创新发展方式升级，推动了我国塑编企业可持续健康发展，受到了与会企业的一致欢迎。对于未来促进中国塑编行业走向世界产生了深远的影响。

本次大会的胜利召开必将推动全国乃至全球塑编行业未来的可持续健康发展。本次会议气氛热烈、和谐，大会在祥和的气氛下圆满结束。

（二）表彰“2016年度塑编行业二十强企业”

2017年8月29日在康平召开的全国塑编产业技术交流与市场对接会上对“2016年度塑编行业二十强企业”进行表彰，荣获二十强的企业分别是：天津华今集团有限公司、温州晨光集团有限公司、江西金沙包装集团有限公司、南塑集团有限公司、江西亚美达科技有限公司、洛阳市强胜实业有限公司、石家庄市博大塑化有限公司、沈阳泰亨塑业有限公司、福建宏祥科技有限公司、山东寿光健元春有限公司、天津市旭辉恒远塑料包装股份有限公司、江苏万乐复合材料有限公司、浙江华庆集团有限公司、安徽省锦翔塑编包装实业有限公司、江苏中乾塑业有限公司、济宁市兖州区宏泰塑料制品有限公司、沈阳祥瑞塑业有限公司、江西省坤达科技有限公司、沈阳和利塑编有限公司、浙江瑞旺科技有限公司。

（三）推举第二批塑编技术顾问，增强行业技术服务能力

根据塑编行业不断发展的需要，中国塑协塑编专委会推举第二批塑编技术顾问，分别是：黄美昌、王滨、乔荫春、刘厚义、罗道友、焦瑞芳、唐亚辉、陈少文、孙立荣，并在8月29日在康平召开的全国塑编产业技术交流与市场对接会上颁发了荣誉证书。加上2012年推选的第一批塑编技术顾问宋云鹤、朱开文、刘安友、王振保、陈志淡、王林、孙书适、丁云富、杨玉文、罗文超、陈祖欣、乔桂广，行业的专家队伍扩大到19名，大大增强了行业的技术服务能力。

（四）组织塑编产业链企业参加2017国际橡塑展

2017年5月16日2017国际橡塑展在广州琶洲展馆盛大举行。中国塑料加工工业协会副秘书长、中国塑协塑编专委会秘书长孙冬泉，常务副秘书长赵克武带领八名工作人员参加了本次展会。

展会期间，孙冬泉秘书长和赵克武副秘书长分别走访了参展的塑编产业链企业，与相关负责人进行了沟通和交流。塑编上下游企业近百家参加了此次展览，在6.1馆塑编设备企业最集中，其他馆也有塑编配套企业展出。在四天的展出中，塑编专委会工作人员在各展馆内派发《塑编制品》期刊4000本，取得了很好的效果，受到产业链企业的欢迎。

参加本次展会的企业有：常州市永明机械制造有限公司、史太林格塑胶机械（太仓）有限公司、雁峰集团有限公司、温德默勒与霍尔舍机械制造公司、科莱恩化工（中国）有限公司、常州市卫翔机械有限公司、常州市武进江南印刷机械有限公司、常州市润亿机械制造有限公司、浙江品博塑料机械有限公司、常州市伟盛管业有限公司、广东欧格精机科技有限公司、汕头市北信机械实业有限公司、河北省青县双星缝制设备有限公司、河北志强缝制设备有限公司、江苏万乐复合材料有限公司、常州市武进恒发机械有限公司、北京大正伟业塑料助剂有限公司、北京加成助剂研究所、安徽天帝塑机有限公司、烟台新秀化学用品有限公司、北京天罡助剂有限责任公司、陕西聚能塑胶有限公司、汕头市光华机械实业公司、博翊机械工业有限公司、常州市恒力机械有限公司、浙江三龙通用机械有限公司、汕头市远东轻化装备有限公司、浙江天风塑料机械有限公司、温州钱峰科技有限公司、洛喜雅集团有限公司、赛奥机械（广州）有限公司、青岛金润佳化工有限公司、宿迁联盛化学有限公司、汕头市邦德机械有限公司、浙江南一塑料机械有限公司、常州市劲普自动化设备有限公司、青岛建华包装机械公司、江苏普莱克红梅色母料股份有限公司等单位，分别展出了自己最新的产品和良好的形象。

（五）康平县塑编企业组团到非洲投资建厂

目前，康平县已有9家塑编企业“组团”在埃塞俄比亚投资建设塑编产品生产厂。

康平县塑编产业园始建于2005年，园区内企业如今达100余家，并已成为中国塑编示范城。

“这几年，全国塑编企业经历过全球经济下行的压力，目前在政府和行业协会的支持下，我们走出低谷，主动出击，到国外抢市场。”盛守绵介绍，目前埃塞俄比亚人工成本低、电价低，产品价格高、市场前景好。加之，在康平十几年的良好商业信誉和康平塑编产业集群优势，截至今年6月份，已有康胜等9家康平企业入股了盛守绵在埃塞俄比亚成立的北方塑料制造有限公司，带动和促进康平塑编产品的出口创汇。

（六）“中国塑编之都”小微园大跨越助力产城融合

“中国塑编之都”——平阳萧江的轻工产业小微园二期开工建设，截至2月，小微园二期已签约40多家企业。

萧江轻工产业小微园主要以萧江传统产业为依托，整合集聚塑编上下游产业，承接建成区内的老企业老厂房。小微园规划用地约210亩、总建筑面积45万平方米、总投资8亿多元，建成后可吸纳100多家企业入驻，年产值可达15亿元。该园区一期13幢10万平方米招商已经全部完成，目前共有23家企业签约入驻，预计今年6月底投入使用。

（七）“平、苍两县塑料包装企业负责人联谊会”在萧江召开

2017年2月8日下午在萧江晨光大酒店帝王厅举办“平、苍两县塑料包装企业负责人联谊会”。会议由平阳县塑料包装协会会长陈积博主持，办会理念是：加强合作联盟，完善自律机制，保护有序竞争，实现大家共赢；办会目的：保护企业正当利益，保护行业有序竞争，保护“两地”市场稳定，保持产业持续健康发展。

（八）孙冬泉秘书长一行赴康平进行调研

3月5日至7日，中国塑协塑编专委秘书长孙冬泉，常务副秘书长赵克武前往康平进行调研活动。

在康平为期3天的活动中，行程安排得非常紧凑，此行的主要任务：一是洽谈筹备2017年塑编年会事宜；二是调研康平塑编产业和企业生产经营等方面情况。

孙冬泉秘书长和常务副秘书长赵克武出席了在康平开发区办公室举行地康平骨干企业座谈会，参加会议的还有康平塑编协会会长、沈阳华康塑业有限公司总经理易会杰，沈阳市康平塑编协会秘书长李阳普，沈阳泰亨塑业有限公司总经理华仙超、沈阳时代塑编有限公司总经理朱明伟、沈阳和利塑业有限公司总经理林秀坤、辽宁凌勃防腐科技工程有限公司总经理何敏等20多名代表。

代表们就2017年的全国塑编年会相关事宜进行了探讨；重点交流的内容围绕以下几方面进行：各企业的生产经营情况；企业在产品、技术、管理上的创新和突破情况；企业在发展中遇到的困难和瓶颈；企业在资金、人才、技术、政策方面的需求；企业的专利成果，最需求的科研成果，企业最需要攻关的科技难点等方面。

在康平期间孙秘书长一行还参观走访了沈阳华康塑业有限公司、沈阳时代塑编有限公司、辽宁凌勃防腐科技工程有限公司等几家企业，对企业近几年取得的成绩给予了充分的肯定和赞扬。

（九）朱文蔚会见中国塑料加工工业协会副秘书长孙冬泉一行

3月6日，康平县委书记朱文蔚会见中国塑料加工工业协会副秘书长、塑编专委会秘书长孙冬泉和塑编专委会常务副秘书长赵克武一行，双方就即将在康平县召开的“2017中国国际塑编产业链高峰论坛”筹备工作进行深入交流。县长王志刚、开发区常务副主任张继明参加会见。

（十）萧江塑包行业职业健康工作推进会在镇政府召开

为了进一步推进萧江塑包行业职业健康防治工作，由萧江镇政府牵头，平阳县安全生产监督局、萧江镇安监所主办，协会参与，于4月13日上午9点，在萧江镇政府五楼会议室召开萧江塑包行业职业健康工作推进会，会议由萧江镇梁奕闯副镇长主持，参会人员近200人。

（十一）苍南塑协六届三次理事会议隆重召开

5月6日，苍南县塑料行业协会第六届理事会第三次会议在苍南万顺大酒店隆重召开。协会理事、湖前分会代表、监事会成员共40余人参加了会议，秘书长主持会议。

会议听取并审议通过了协会第六届理事会2016年度工作报告、财务收支情况报告，讨论通过了增

补温州喜发实业有限公司为副会长单位、聘任温州市慧仁管理顾问有限公司总经理曾云俊为兼职副秘书长的决定，表彰了协会2016年度优秀通讯员。

（十二）秘书长孙冬泉、常务副秘书长赵克武走访考察山西兰花集团

6月25日，应山西兰花包装制品公司总经理祁建文邀请，孙冬泉秘书长和赵克武常务副秘书长前往山西兰花集团及旗下巴公循环经济产业园区进行参观考察。

孙秘书长一行重点参观了去年刚投产建设的年产30万吨纳米碳酸钙的纳米材料公司，祁总介绍说："我们园区的纳米碳酸钙用的是高纯度二氧化碳合成，质量好，品质高。"看到纳米材料公司现代化的车间和20条生产线，还有总控室，管道井等设施。设计先进，现代化程度高，循环利用充分，是循环经济和现代企业的典范。

随后参观了占地20多亩的包装制品公司，车间拉丝机、圆织机等设备保养维护的非常好。祁总介绍说："包装公司年产3000万条编织袋，满足不了集团用量，每年还要外购1500多万条编织袋，主要供纳米厂，化肥厂的包装用。"应市政规划要求工厂不久将要搬迁，到时将迎来大的发展，公司准备采购最先进的生产装备，生产高质量的产品，届时不仅能满足集团内用量，还要将其推向市场。

26日上午，应晋城市政府邀请参加了市长武宏文主持召开的专家座谈会，市长思贤若渴，专家们畅所欲言，为晋城经济发展建言献策，为晋城创新驱动发展问诊把脉。

在晋城2天的时间里，得到晋城市长武宏文、兰花集团的董事长李晋文、兰花科创的董事长甄恩赐热情接待，并与兰花集团的领导班子们共同探讨巴公循环经济产业园区新项目立项及建设，提出立足园区资源，循环利用，延伸产业链，做大做强塑料包装产业，增加集团的创新活力和利润增长点，并引进好的项目和高端的制造设备。

孙秘书长一行还参加了26日在晋城举行的规模350人左右的2017年中国无机盐协会碳酸钙行业年会。

期间，高平市润丰塑料制造有限公司董事长程永兴从高平来晋城邀请考察，因时间关系未能成行。

（十三）全国水泥包装袋生产定点工作会议在山西太原顺利召开

2017年6月26日，全国水泥包装袋生产定点工作会议在山西太原召开，会议由全国包装标准化技术委员会、袋分技术委员会、全国水泥包装袋生产定点办公室和中国建筑材料科学研究总院联合组织。

全国水泥包装袋生产定点办公室主任江丽珍做了GB/T 9774－2010《水泥包装袋》的修订方案说明，内容主要涉及复膜塑编袋将弃缝改糊。

目前我国水泥行业大多数水泥企业仍采用缝底复膜塑编袋来进行产品包装，但缝底复膜塑编袋易造成的水泥粉尘泄漏、环境污染和危害人体健康。特别是近几年，随着国家环保标准的提高，华新、海螺等部分大水泥集团企业均已采用方底复膜塑编袋技术，取得非常好的效果。在GB/T 9774－2010《水泥包装袋》的标准修订正式通过以后，也意味着缝底复膜塑编袋将退出水泥包装市场。

（十四）苍南县塑料制品业被列入传统制造业改造提升分行业省级试点

由省政府正式发文，苍南县塑料制品业正式列入全省21个县（市、区）传统制造业改造提升分行业省级试点名单。今年6月，省政府发布《浙江省全面改造提升传统制造业行动计划（2017—2020）》，决定在全省范围内加快推进传统制造业改造提升工作。

经过多年发展，苍南县塑料制品制造业已发展为有一定比较优势的产业群体，产业具备品牌优势和完备的产业链，先后荣获"中国塑编之都"、"温州市优质产品生产示范区"等荣誉称号，分别牵头起草了《塑料编织袋通用技术要求》国家标准和《再生塑料编织袋》行业标准。截至2016年，全县共有塑料企业130多家，年产值90多亿元，其中规上企业79家，产值65亿元；拥有高新技术企业4家，省科技型企业24家，博士后工作站1家，建有市级以上企业研发（技术）中心3家，"浙江省强盟聚酯薄膜材料技术研究院"被认定为省级企业研究院。

根据试点要求，苍南县塑料制品业将结合行业发展实际，对标国际国内先进水平，在优化产业布局、推动技术创新、优化产业结构、促进新型业态生长等方面做足文章，提升关键技术的创新能力，深化"两化融合"，补齐发展短板，加快传统产品升级换代，全面推进产业转型升级，做大做强做精塑料制品业。

（十五）姜有为在市政府会见了中国轻工业联合会原副会长、中国塑料加工工业协会原理事长钱桂敬

8月28日下午17：00，沈阳市市长姜有为在市政府会见了中国轻工业联合会原副会长、中国塑料加工工业协会原理事长钱桂敬，中国塑料加工工业协会副理事长马占峰，中国塑料加工工业协会副秘书长孙冬泉一行，双方进行了广泛的交流。

姜有为市长对沈阳的经济情况做了简要的介绍，认为要重视县域经济发展，县域经济在沈阳占比还是比较小，还可以有更大的作为。康平开发区已形成产业集群，上下游共同发展，这样每一个企业高效率，低成本，有竞争力。

钱桂敬说："轻工300多个产业集群，占轻工产值的30%。很多产业集群本身已经成为一个销售中心，并成为检测中心、研发中心，也是一个信息中心，产业集群在县域和县域以下发展潜力很大。"

沈阳市政府秘书长、办公厅主任肖枫，康平县县长王志刚，沈阳市经信委副主任马达也参加了会见。

（中国塑协塑料编织制品专业委员会　赵克武）

塑料管道

近年塑料管道行业在需求拉动下发展稳中有进。在新时代下，行业发展面临着新的机遇和挑战，行业发展与时代要求还存在一些不平衡、不充分的问题需要解决，这就要求塑料管道行业在发展中要充分发挥优势，弥补不足，在新时代，设立新目标，完善新措施，开创新局面，做出新贡献。

一、塑料管道行业取得的成就

随着中国经济步入新常态，经济增长从高速转为中高速，从规模速度型粗放增长转向质量效率型集约增长，从要素投资驱动转向创新驱动。新常态下的这些发展特点以及国家相应政策的调整对塑料管道行业产生了较大的影响，近年来，塑料管道行业在优化产业结构、提升产品质量、增强科技创新、提高服务意识、践行绿色发展理念等方面取得了较好的成绩。

1. 行业总产量稳步提高

近年来，在一系列国家利好政策及新的市场机遇下，塑料管道行业总产量保持着稳健增长（见表1）。中国目前依然为全球塑料管道生产和应用的最大国家。

表1　近年塑料管道产量和增长速度

年份	2013	2014	2015	2016	2017
产量/万吨	1210.0	1300.0	1380.0	1436.0	1522.0
增长率/%	10.00	7.40	6.15	4.06	6.00

2. 出口情况继续增长

近年来，中国塑料管道行业的综合竞争力显著提高。整体上塑料管道的出口量、出口额保持稳定增长。表2为近年塑料管道出口情况。

表2　近年来塑料管道出口情况

年份 \ 项目	出口量/万吨	增长率/%	占总产量比例/%	出口额/亿美元	增长率/%
2013年	52.75	7.83	4.4	21.45	14.91
2014年	56.69	7.47	4.4	22.94	6.93
2015年	54.47	-3.94	4.0	22.13	-3.50
2016年	58.22	5.87	4.1	21.40	-3.97
2017年	66.01	13.19	4.3	24.20	12.98

3. 资源配置逐步合理，产业结构持续优化

近年来，塑料管道行业产业结构发生了较大变化，资源配置逐步合理。行业内规模较大、总体质量较好的企业发展步伐加快，并开始将目光转向国

际市场，以“一带一路”沿线国家为目标，争夺国际市场资源；规模小、总体水平低的企业发展则出现了困难，甚至已有部分企业停产或转产。据相关数据统计，目前行业内前20名企业的产量已超过总产量的40%。

4. 科技创新及技术进步步伐加快

近年来，塑料管道行业的科技创新及技术进步水平持续提升。行业企业在新产品研发、智能制造等方面做出了积极努力，并取得了显著成果，一些品种产品已有较高的技术水平和自主知识产权，管道连接技术、管件、检查井等配套设施进一步完善。

5. 行业诚信自律不断加强，产品质量水平逐步提升

在行业企业的共同努力下，塑料管道产品的质量水平有了显著提高。在专委会的号召下，“提供放心产品及服务”已成为行业发展的主旋律。除极个别企业外，绝大部分优秀的塑料管道企业在产品质量安全、社会责任等方面达成了共识，形成了良性市场竞争模式。

6. 环保意识不断增强，铅盐热稳定剂替代工作取得较快进展

PVC管材、管件中采用环保型热稳定剂替代铅盐稳定剂工作取得稳定和较快进展，为构建行业无铅化发展新格局奠定了重要的基础。此外，在一些新产品的研发、生产上也能体现了环保节能工作的进步。

7. 国际影响力持续扩大，综合实力显著提高

近年行业积极参与和举办了国际交流活动，加强了与国际同行间的沟通与交流。与国际塑料管道会议协会（PPCA）共同成功举办了五届国际交流会，加强了国内塑料管道行业企业对国际先进技术、市场趋势、管理经验等深入了解，同时也极大地提高了中国塑料管道行业的国际影响力。此外，行业积极引导国内企业走出国门，打开国际市场，在产品应用、技术引进、设备更新、市场推广等方面与国外企业加强合作，拓展国内企业发展空间。

二、塑料管道行业主要存在的一些不平衡、不充分的问题

近几年，中国塑料管道行业发展取得了成绩的同时，伴随着社会的发展，整个行业也面临着全新的挑战，还存在一些发展不平衡、不充分的问题。

1. 生产能力仍持续供大于求。

目前塑料管道行业的年生产能力已超过3000万吨，虽然在一些地区出现有的小企业关停现象，但总体上行业仍处于较严重的供大于求阶段。

2. 个别企业产品质量不达标。

2018年的“央视3.15晚会”曝光的极少数塑料管道生产企业生产不合格塑料管道产品，损害了应用者的合法权益、败坏行业声誉、危害行业诚信建设及健康发展的行为，尽管他们不是协会的会员单位，不是主流企业，但害群之马的行为给行业抹了黑，也为塑料管道行业企业敲响了警钟。

3. 标准化工作急需加强。

目前，行业的标准化体系并不完善，还存在产品标准及设计标准缺失、标准修订滞后、有的产品标准水平偏低等现象。

4. 创新意识还需进一步提高。

企业的创新意识还需加强，有的企业技术研发投入占比相对较低，有的企业仍偏重于产品仿制，高技术、高附加值的产品相对较少。

5. 受原辅材料的质量和价格影响较大。

尽管近年国内树脂和助剂行业有较大进步，但有的树脂品种依然存在着规格、数量的不足，有的质量尚不十分稳定，有的牌号需依靠进口。有的色母粒料和添加剂等辅助材料的有关性能还有待提高，管道制品进一步提高性能仍受到制约。有时有的品种价格在原料生产企业和经销商的默契下存在非正常价格较大波动的现象，使塑料管道生产企业无所适从。

所有这些在行业发展中的不平衡、不充分的问题，需要我们逐步加以解决。

三、新时代的挑战和机遇

习近平总书记在十九大报告指出：“这个新时代，是承前启后、继往开来、在新的历史条件下继续夺取中国特色社会主义伟大胜利的时代，是决胜全面建成小康社会、进而全面建设社会主义现代化强国的时代”，为我们描绘了新时代的美好蓝图，也提出了新时代所面临的机遇和挑战。

在新时代背景下，塑料管道行业的发展迎来了新的机遇和挑战，行业要深入推动行业转型升级，发挥创新驱动引领作用，不断抓住新的市场机遇，敢于担当新使命，从新起点出发，面对新挑战，开创新时代行业发展新局面。

1. 新时代的挑战

新时期的发展必然会带来全新的挑战，塑料管道行业如何适应这些新挑战，如何更好融入新时代发展中，如何更好地为社会发展做贡献，是一个长期考验行业发展的问题，行业要敢于应对，要有“志行万里者，不中道而辍足”的精神，勇于面对，

勇于突破。

（1）行业发展不平衡、不充分的挑战。近年来，塑料管道行业整体发展向好，但还存在着一些发展不平衡和不充分，如供应与需求之间的矛盾，发展速度与产品质量之间的矛盾，塑料管道大国与塑料管道强国之间的矛盾，以及观念理念更新不充分、社会化市场化认知不充分、法制化规范化不充分、专业化职业化不充分、开放性国际化不充分等矛盾和问题。

（2）技术创新的挑战。创新是引领发展的第一动力，是建设现代化经济体系的战略支撑。在新时代，技术创新将是塑料管道行业发展的重中之重，也是行业面临的又一挑战。

（3）品质提升的挑战。传承工匠精神，诠释责任担当。塑料管道行业要本着精益求精的原则，坚持产品品质，坚守行业底线，大力弘扬工匠精神，为用户提供优质的产品和服务。

（4）成本控制的挑战。上游原材料的供应能力及价格与行业企业的发展息息相关，原料市场价格的波动，将对塑料管道生产企业的成本控制带来巨大的挑战。如何找到行业稳定发展的保障，如何建立行业自我保障机制，将成为整个行业面临的严峻课题。

（5）人才培育的挑战。人才是一个行业的核心竞争力，是实现行业创新发展的基础。行业应做好人才培养工作，努力建立科学合理、充满活力的用人机制。还要加强职业道德和业务素质教育，建设高素质的人才队伍。

2. 新时代的机遇

站在新的历史起点上，塑料管道行业在面临巨大挑战的同时也迎来了新的发展机遇。我们必须牢固树立新时代机遇意识，发现机遇，认识机遇，抓住机遇，用好机遇。

（1）海绵城市建设。2015 年 10 月，国务院办公厅印发《关于推进海绵城市建设的指导意见》，旨在通过海绵城市建设，最大限度地减少城市开发建设对生态环境的影响，将 70% 的降雨就地消纳和利用。到 2020 年，城市建成区 20% 以上的面积达到目标要求；到 2030 年，城市建成区 80% 以上的面积达到目标要求。

（2）地下综合管线、廊建设。2015 年 8 月，国务院办公厅发布《关于推进城市地下综合管廊建设的指导意见》，到 2020 年，建成一批具有国际先进水平的地下综合管廊并投入运营，反复开挖地面的“马路拉链”问题明显改善，管线安全水平和防灾抗灾能力明显提升，逐步消除主要街道蜘蛛网式架空线，城市地面景观明显好转。

（3）“煤改气”政策。2017 年 7 月，国家发展和改革委员会等 13 个部门联合发布《加快推进天然气利用的意见》，明确提出，在实施城镇燃气工程中，要以京津冀及周边大气污染传输通道内的重点城市（2 + 26）为抓手，力争 5 年内有条件地区基本实现天然气、电力、余热、浅层地能等取暖替代散烧煤，快速提高城镇居民燃气供应水平。

（4）美丽乡村建设。2015 年 6 月，由中华人民共和国国家质量监督检验检疫总局、中国国家标准化管理委员会发布《美丽乡村建设指南》。规定了村庄规划、村庄建设、生态环境、经济发展、公共服务及其他方面共六大内容，明确了美丽乡村建设 11 项生态环境量化指标、8 项公共服务量化指标。

（5）棚户区改造。国务院在 2015 年 6 月召开会议，决定进一步强化城镇棚户区和城乡危房改造及配套基础设施建设。增加安排中央投资，重点投向农村电网升级改造、城镇污水处理设施、城区老工业区和独立工矿区改造搬迁，加快推进水利、中西部铁路等 7 类重大工程建设。计划三年内改造包括城市危房、城中村在内的各类棚户区 1800 万套，农村危房 1060 万套，同步规划和建设公共交通、水气热、通讯等配套设施。

（6）水污染防治。2015 年 4 月，中国国务院正式发布《水污染防治行动计划》（简称“水十条”）。提出到 2020 年，全国水环境质量得到阶段性改善，饮用水安全保障水平持续提升，地下水污染加剧趋势得到初步遏制，京津冀、长三角、珠三角等水生态环境好转。到 2030 年，力争全国水环境质量总体改善，水生态系统功能初步恢复。计划到 2020 年，所有县城和重点镇具备污水收集处理能力，重点区域提前一年完成。要全面加强配套管网建设，加快实施雨污分流改造。

（7）“一带一路”。2015 年 3 月，国家发展改革委、外交部、商务部联合发布了《推动共建丝绸之路经济带和 21 世纪海上丝绸之路的愿景与行动》，积极发展与沿线国家的经济合作伙伴关系，共同打造政治互信、经济融合、文化包容的利益共同体、命运共同体和责任共同体。塑料产业是“一带一路”建设十分重要的工业生产资料与民生产业，应积极与沿线国家和地区进行产业合作政策沟通，建立以塑料制品加工为中心的全产业链新型合作体系。倡导建立生态、低碳、循环、可持续的生产方式，共同推动塑料上下游产业链和关联产业协同发展。

新时代指明了我们新的发展方向，给予了我们新的发展机遇，赋予了我们新的历史担当。塑料管道行业要不负新时代赋予的新使命，要关注新时代出现的新矛盾，制定适合自身发展的新目标，才能健康、稳步地发展下去。

四、新时代赋予新使命，新矛盾要求新目标

党的“十九大”报告中强调，中国特色社会主义进入新时代，社会主要矛盾已经转化为人民日益增长的美好生活需要和不平衡不充分的发展之间的矛盾。新时代赋予了我们新的使命，新的矛盾也要求我们设立新的目标。

目前，塑料管道行业在宏观上正处在时代变革的转折点，微观上正处在生产经营模式的转变期，新理念、新技术、新经验使得过去的生产经营模式在很多方面已经不适应当前的市场发展形势。为了更好完成新时代赋予的新使命，解决新的矛盾问题，行业应把继续创新作为可持续发展的驱动力，并将其细化为标准化、品质化、高端化、多元化、智能化、服务化、绿色化、国际化的发展新目标。

1. 标准化

近年来，标准化战略已成为塑料管道行业企业提升核心竞争力、促进转型升级、引领创新发展的关键性核心要素之一。进入新时代，标准化工作的重要性日益凸显。在推动标准化发展进程中，行业应积极实施标准化战略，为塑料管道的生产、应用、质量提升打好基础。

2. 品质化

“品质化”发展是未来行业发展的必然趋势。党的“十九大”进一步明确了“质量第一”、“质量强国”的宗旨。新时代背景下，大力提升塑料管道产品的品质，发扬“工匠精神”是时代赋予我们的历史使命。在“中国制造 2025”的时代要求下，以更高的标准开拓创新，让塑料管道经得起阳光的考验，让人民的生活更加美好，使质量品牌成为引领行业发展的重要力量。

3. 多元化

由于粗放型增长模式的长期积累以及市场供给与需求的结构性失衡，产能过剩问题一直以来都是塑料管道行业产业结构升级重点和难点。新常态下，产能过剩更为复杂。探索多元化转型发展路径是未来塑料管道行业健康发展的重要课题。去产能只是同质化产能数量上的减少，而只有多元化发展才能促进深层次结构性矛盾的化解。

4. 智能化

《中国制造 2025》将智能制造作为主攻方向和重点任务。塑料管道行业的发展方式也要不断升级，从规模化生产转向定制化生产，从生产型向服务型转变。智能制造、转型升级并不刻意追求某一个单体设备或系统的高度智能化，不只是智能制造技术本身，更要突出系统的创新。

5. 服务化

制造企业为提升竞争优势，逐步将产业链以制造为中心向以服务为中心转变。塑料管道行业由于其产品的特殊性，需要极强的配套协作能力，因此服务化对企业产品升级有着非常重要的意义。塑料管道行业应充分结合行业发展实际情况，加快推进服务化进程。

6. 绿色化

为了实现绿色发展目标，行业要坚持绿色发展理念，严格依法依规生产，谋求经济增长与资源环境的和谐统一。坚持绿色化，是企业生存的一条底线。

7. 国际化

中国塑料管道行业企业已开始融入“国际化”之路。但国外塑料管道行业产业结构已趋于稳定，产业集中度相对较高，且能力壁垒坚硬——少数巨头占有绝对的市场优势，因此，国内企业的“国际化”战略会在发展中遇到障碍，但仍有诸多积极的因素和条件。国家经济实力和影响力持续攀升，尤其是“一带一路”倡议的提出，为我国企业走出去提供了有利的宏观环境。面对机遇和挑战，行业企业一方面顺势而为，充分利用两种资源、两个市场，使得自身的国际化经营不断扩大；另一方面也要审时度势，面对“一带一路”建设过程中的新问题、新挑战，及时调整战略，因需而变。

新时代的新矛盾要求我们设立新的目标，更要求塑料管道行业要以更大的力度、更大的决心稳步推进全面深化改革，不负新时代的光荣使命，释放发展新动能，不断贯彻新的发展理念，全面发力、多点突破、纵深推进，不断提高行业科技实力和综合实力，推动行业高质量发展。

五、新时代释放发展新动能，采取新措施，为行业发展做出新贡献

我们要不负新时代，要以“更大的力度、更实的措施”推进工作，实现新目标，做出新贡献。塑料管道行业要在新时代不断释放发展新动能，更好发挥自身作用，找到自身发展的突破口，不断引导行业品质提升，推进创新驱动发展，通过建立标准化、服务化、国际化发展等手段，提升塑料管道行业自身竞争力，实现绿色健康发展，将塑料管道行业做成“百年行业”。

1. 推动高质量发展，提供高品质产品

当前，我国经济已由“高速增长阶段”转向“高质量发展阶段”，进入新时代，塑料管道行业还能否继续保持持续稳定的高增长，怎样实现从“数量”到“质量”的新提升，怎样引导行业适应品质化发展大潮进而形成品质化发展趋势，已成为新时代背景下塑料管道行业面临的重要课题。

随着市场环境的逐步规范，用户行业也越来越关注塑料管道的产品质量。目前，塑料管道行业发展迎来了“品质提升”关键期，行业品质提升工作渐入“拐点”。从原料到应用，从制造到销售，从品牌到管理，各个环节都需要提升品质，由粗放走向精细。在这一大背景下，塑料管道行业要紧跟时代发展，由追求数量走向追求品质，做好自身品质提升工作：

（1）加快诚信体系建设。要加快建设、完善行业诚信体系，通过组建行业联盟、建立相关工作组、签署行业公约、自愿承诺书、信用评价等形式，积极推进行业诚信体系建设和行业自律行为。

（2）制定品质提升发展计划。要制定切实可行的品质提升发展计划，设立阶段性目标和长远目标，建立长效运行机制，开展塑料管道及相关产品的品质提升工作。

（3）弘扬工匠精神。充分发挥工匠精神，关注从原料到生产、从产品到销售、从市场到服务等各个环节，切实做好品质提升工作。

2. 创新发展新路径，释放发展新动能

创新是经济社会发展的重要驱动力量，也是推动供给侧改革的突破口和关键点。行业有的企业还偏重于仿制产品，只想做大，不想做精做专；有的企业科技研发投入不够；有的原料国内仍不能生产或性能还不十分稳定；中低端产品、通用产品占市场的大部分，而高技术、高附加值的产品相对较少。塑料管道行业要做好培育产品创新中心、企业工程技术中心等研发平台工作，推进关键技术和创新产品的研发及产业化。

（1）建立行业创新体系。落实创新驱动战略，优化产业结构，化解产能过剩，引导企业加大对技术创新的投资力度，构建以企业为主体、市场为导向、产学研相结合的技术创新体系。鼓励产学研用一体化发展，提高科技成果转化效率。

（2）实现创新发展战略目标。针对行业发展实际，将《塑料加工业技术进步“十三五”发展指导意见》、《中国塑料管道行业“十三五”期间（2016—2020）发展建议》的创新发展建议落到实处，持续深化创新驱动发展。

（3）提高自主创新能力。不断激发行业发展新路径，紧跟时代发展，及时发现、挖掘新市场、新用户、新需求，做好行业市场开拓工作。要根据市场需求，及时引导产品发展方向，做好产品附加值提升工作，逐步向高端化发展。

3. 建立可持续性发展模式，践行绿色发展理念

进入新时代，绿色发展已成为时代发展主题。塑料管道行业要牢固树立“绿水青山就是金山银山”的理念，大力实施绿色发展战略，构建绿色产品、绿色工厂、绿色园区为主的绿色制造体系，推动节能减排和资源综合利用。

（1）建立绿色发展体系。行业应加快建立绿色发展体系，建立绿色发展的长效机制，引导企业实施产品全生命周期绿色管理，减低能耗，减少温室气体排放，减少污染排放。

（2）有效解决目前行业中存在的绿色生产问题。首先要做好基础工作，切实解决企业绿色生产中遇到的困难和问题。2018 年塑料管道行业将围绕“践行绿色发展，实现 PVC 管道产品无铅化”这一主线，积极强化科技创新的引领作用，大力推进环保型非铅盐热稳定剂在所有 PVC 管材、管件产品中的应用，构建行业绿色发展新格局。

（3）要围绕绿色发展寻找新的经济增长点。要围绕需求，在产品研发、市场推广、售后服务等环节，构建市场导向的绿色技术创新体系，强化绿色技术创新、绿色生产的经济激励作用，促进企业内部对绿色技术、绿色生产推广应用的积极性，使之成为新的经济增长点。

4. 推动行业标准化工作，保障行业规范化发展

行业要不断加大标准化工作力度，以团体标准、企业标准为切入点，建立先进、高水平的标准体系，补充国家标准和行业标准目前的不足，加强标准的宣贯和执行机制，做好标准化引领工作。

5. 实现差异化发展，做好“百年企业”、“百年行业”

塑料管道行业存在同质化严重、产品单一、中

低端产品占比大、高技术高附加值产品缺乏等不足，这一方面是由于塑料管道产品自身特点所决定，另一方面是因为企业在差异化发展上还有所欠缺。要发挥自身企业的特长和优势，在围绕应用领域新的需求和拓展相关产品市场多下功夫。

企业要做好自身品牌定位工作，做好市场定位工作，扬长避短，提升品牌含金量。要不断自我提升，做好自检工作，从企业管理、品牌建设、文化内涵、打造凝聚力等方面不断进步，把自己做成“百年企业”，把行业做成“百年行业”。

6. 完善科学的服务体系，提供特色、优质服务

未来的市场将是一个强调服务的市场；未来的企业，将是以服务制胜的企业。目前部分塑料管道行业企业在服务方面还有所欠缺。行业要做好服务体系建设，系统化为应用领域做好服务工作，做好产品的各种配套工作。

从现有产品入手，增加产品生产中的服务要素投入，向研发、设计等价值链上游扩展，提高产品附加值；围绕产品功能扩展服务业务，向营销、售后等服务下游延伸。

7. 推动智能化发展，实现塑料管道智造

加速新一代信息技术与制造业融合，是深化供给侧结构性改革的重要举措。塑料管道行业要依托“互联网”发展模式，深化制造业与信息技术融合、促进智能制造发展，依靠工业互联网实现研发、设计、生产、流通和服务等全流程、全方位的数字化、信息化和智能化发展，运用大数据智能化新技术改造提升传统产业，推动企业开展机器换人，提高企业智能化水平，推动行业转型升级。

8. 找到自身发展的突破口，实现多元化发展

进入新时代，塑料管道行业要把发展的着力点放在多元化、高端化发展上，从市场角度不断拓展新的发展空间，从产品角度不断研发新的产品，从技术角度不断提升技术水平，充分利用国家“一带一路”、黑臭水体治理、海绵城市建设、综合管廊建设、美丽乡村建设、厕所革命、棚户区改造、农业水利建设、燃气管网建设等发展契机，开发适应不同发展领域的新产品，争取走出多元化发展道路。

9. 企业要敢于“走出去”，实现国际化发展，实现塑料管道强国梦

进入新时代，塑料管道行业要及时调整自身发展方向，瞄准国际化发展目标，不断推动我国向塑料管道强国的目标迈进，逐步实现塑料管道强国梦。

目前，我国作为世界塑料管道生产和应用最大国家，在产品研发、生产等方面与世界一流水平的差距日益减小，同时也要看到自身的不足，要由追赶到并行最后实现超越。未来，塑料管道行业要不断加大国际化发展力度，充分利用国家“一带一路”发展契机，带领行业企业“走出去”，深入推进行业国际化发展步伐。通过组织全球性会议、展会等方式，提升我国塑料管道行业的世界影响力；通过考察国外企业，学习其先进经验等方式，提升自身技术及管理水平；通过与国外同行合作等方式，加快先进技术的融合及应用；通过海外投资等方式，建立我国塑料管道世界性生产基地，拓展海外市场。

新时代已经开启，行业只有整合自身资源，不断自我提升，设立、不断实现适应新时代发展的新目标，才能发挥塑料管道行业在经济发展中的重要作用，完善新措施，开创新局面，在实现满足人民对美好生活更好需求的过程中做出新贡献。

“新时代属于每一个人，每一个人都是新时代的见证者、开创者、建设者。”让我们不忘初心，牢记使命，为实现新时代的社会主义中国梦不断努力奋斗！

（中国塑协塑料管道专业委员会
王占杰　赵艳　郭晶　唐维　范艳菊）

BOPET 薄膜

一、行业现状

（一）行业概况

近年来，中国 BOPET 薄膜产业发展迅速，行业产品种类繁多，市场应用领域越来越广，产品的专业化程度越来越高。差异化、特种化、高端化的产品供给模式逐步形成。

在行业产能依旧过剩的情况下，2017 年是产业转型升级非常关键的一年，对 BOPET 薄膜行业

来说最大的考验和挑战是如何度过艰难期。行业企业加大技术改造和技术攻关的力度，提高自主创新能力，在光学薄膜基膜、光学用离型保护膜基膜、太阳能电池背板基膜、窗膜基膜、有色膜、在线涂布膜等方面产品品种数量和质量有较大提升。

（二）数据和分析

1. 行业产能

2017 年 BOPET 薄膜行业释放新产能 9 万吨，行业总产能达 332.97 万吨/年，年产能增长率 2.78%，继 2015 年、2016 年产能增长率 9.0%、6.4%，又有回落。

2. 开工率及市场消费

2017 年是行业生产企业产能利用率较好的一年，受一些企业突发性停机检修因素影响，虽然从数据上看全年整个行业的开工率还是与去年基本持平在 75% 左右，但大部分企业除了正常的检修以外，基本都处于满负荷开机状态。国内市场消费量大约在 235 万吨左右（市场需求估算：产能 × 开工率 + 进口量—出口量）。

3. 产品价格

BOPET 薄膜行业代表性产品（12 微米普通膜）的市场价格与原料走势基本一致，全年整体呈“V”型走势，1 ~ 5 月 BOPET 薄膜市场整体价格高位回落，由高价 10500 元/吨，跌至 7400 元/吨，跌幅 41.89%。下半年特别是 9 月价格强势反弹，至年底膜价涨到 10600 元/吨附近，企业由之前的亏损开始略有盈利。分析原因，一方面原料价格推动，另与多条生产线检修有一定关系。

4. 进出口情况

2017 年 BOPET 薄膜行业出口总量为 37.56 万吨（2016 年 30.87 万吨），进口为 27.77 万吨（2016 年 24.90 万吨）；出口均价为 3180.85 美金/吨（2016 年 3058.30 美金/吨），进口均价 7431.84 美金/吨（2016 年 8233.10 美金/吨）。行业出口量持续增量，2015 年、2016 年、2017 年连续三年出口数量大于进口数量，而且出口与进口数量的差额进一步增大，2015 年、2016 年、2017 年差额分别是：0.5 万吨、6 万吨、13 万吨。2017 年出口均价与 2016 年基本持平；进口均价依然大于出口，约为出口均价的 2.34 倍，但比 2016 年的 2.69 倍略有下降。

以上数据说明，部分差异化产品国内已可替代进口，进口数量下降，同时也对进口价格产生压力，进口价格有所降低。再加上国内企业对国际市场的重视，开拓新市场等诸多因素，出口量增加。但也看到，国内高端膜仍需进口，国产化替代之路依旧任重道远。

（三）发展趋势

行业产品未来将进一步向高端化、精细化、专业化发展，创新是未来的主题。如何降低运营成本，以质量、品种、管理取胜，走出自己的特色是企业未来努力的方向。

（四）思考和建议

2017 年是行业生产企业产能利用率较好的一年，特别是 2017 年下半年开始生产企业明显感受到市场向好的趋势，有些企业开始启动新一轮的投资规划，预计 2019 年后行业产能增量或远超出市场需求增长，或给稍有好转的行业经营带来再次冲击。建议：

（1）对市场未来需求的增长趋势要进一步深入了解和分析。由于聚酯薄膜优异的材料性能，我们相信未来它的需求及应用领域会不断被开发，但需重点关注现阶段行业是否显示出爆发性增长的需求点。

（2）企业需慎重考虑未来新一波的产能释放的节奏。避免重蹈 2010 年市场繁荣后产能暴增使得行业经营连续 6 年的一蹶不振。行业企业须慎重引进普通类产品生产线，避免在产品定位不明确的状态下仓促上线。

（3）行业应中倡导“重组兼并为主，新投生产线为辅”的理念。行业现有很多生产线配置先进，稍进行改造就可以生产高端产品或进一步提升产能，行业企业间可以通过强强联合（市场、技术和资金联合），对现有生产装备进行提升、挖潜，将现有生产线的产能、性能发挥到极致。通过行业内重组兼并，可以最大程度的整合利用行业闲置产能、避免资源浪费，这样行业总体产能不会增长太快，可提高行业整体效益。

（4）重视生产线的定期维护、检修和备品备件的周期性更换，避免突发事故性停机。2017 年行业企业生产线因设备故障、备品备件损坏而停机情况增多，影响了企业的正常生产。有些企业的生产线没有定期的大修、检修，只是在故障情况下被迫停机检修，备品备件也是在用到彻底损坏时才调换，这将严重影响装备的正常运行及寿命。企业需将生产线的定期维护、检修和备品备件的周期性更换纳入规范管理，确保生产线正常连续运行，才能使生产线最大限度地发挥效益！

二、专委会活动

（一）2017 年专委会主要活动

1. 换届选举

中国塑协 BOPET 薄膜专委会在 2017 年 3 月 26 日江苏宿迁召开的专委会年度会议进行换届选举，产生新一届（第四届）理事会。聘任王德钧为专委会常务副秘书长、夏冶为专委会副秘书长及毛嘉璐为专委会专职工作人员。专委会主任、副主任单位、秘书长名单如下：

主任单位：浙江强盟实业股份有限公司

副主任单位：江苏双星彩塑新材料股份有限公司
合肥乐凯科技产业有限公司
杭州大华塑业有限公司
天津万华股份有限公司
绍兴翔宇绿色包装有限公司
富维薄膜（山东）有限公司/山东胜通光学材料科技有限公司
常州钟恒新材料有限公司
营口康辉石化有限公司（恒力集团）

秘书长：徐志强

2. 加强专委会自身建设，召开四次理事会议

2017 年共举行了四次理事会议，重点讨论专委会组织机构、秘书处人员、筹备第四届行业技术与市场研讨会、组建产业创新联盟、行业共享平台建设方案、按细分产品分专业工作组开展活动、双拉薄膜行业能耗标准、创新联盟及行业智库组织架构等问题。通过会议集思广益、统一认识，明确了专委会工作重点。

3. 行业年会暨专委会成立 20 年庆典

2017 年 3 月 25～26 日，中国塑协 BOPET 薄膜专委会年度工作会议暨专委会成立 20 周年庆典在江苏宿迁隆重举行。会议由中国塑协 BOPET 薄膜专委会主办，江苏双星彩塑新材料股份有限公司协办。共有 72 家薄膜企业、配套企业、研究单位、特约用户、兄弟协会的领导和代表约 180 余人出席会议。其中 33 家薄膜生产企业老总亲自莅临会议。宿迁市政府曹秀明副市长致欢迎词，中国塑协朱文玮常务副理事长到会做重要讲话。此外，还特别邀请到许多一直以来支持行业发展的老领导和参与行业建设的资深专家、学者，大家欢聚一堂，会议总结了 2016 年工作、提出 2017 年工作要点、分享行业数据、选举产生新一届理事会，回顾了中国聚酯薄膜产业与专委会发展历程，共同畅想中国 BOPET 薄膜行业的美好未来！

4. 行业组团出访日本进行薄膜技术与市场交流

2017 年 4 月 4 日～4 月 7 日，BOPET 薄膜专委会组织行业内企业老总拜访日东电工丰桥事业所进行技术与市场交流，并参观日本高功能薄膜展，了解日本知名企业在高性能 BOPET 薄膜产品方面的发展，以及终端用户对 BOPET 薄膜产品的需求。

5. 专委会尝试按细分产品设立专业工作组开展活动

为适应企业需求，有利于 BOPET 薄膜细分产品领域进行更为深度的产业链交流，提升专委会的工作效率，2017 年 8 月专委会四届三次理事会提出尝试设立：12μm 包装膜、4.5μm 薄型膜、离型保护膜、烫金转移膜、出口产品等专业工作小组，筹建光学膜、亚光膜、有色膜等专业工作小组。9 月 5 日，离型保护膜专业组第一次会议在苍南举行。

6. 召开第四届中国聚酯薄膜产业技术与市场研讨会

中国塑料加工工业协会主办、中国塑料 BOPET 薄膜专委会承办的“第四届中国聚酯薄膜产业技术与市场研讨会”于 2017 年 10 月 26 日～27 日在重庆悦来温德姆酒店举行。研讨会共有来自中国、日本、韩国、德国、法国、美国、英国、瑞士、意大利、芬兰等国家共约 260 人参会，其中薄膜企业 36 家赴会董事长总经理等 69 人；薄膜配套的原料、装备、备品备件等生产企业 53 家；大专院校、科研院所 10 家；薄膜终端用户、贸易商 7 家。会议特别邀请中国轻工业联合会党委副书记、中国塑料加工工业协会理事长王世成作《形势分析与行业创新》的专题报告，中国塑料加工工业协会常务副理事长兼秘书长朱文玮、中国塑料加工工业协会副理事长曹俭、马占峰、前中国塑协专家委员会主任王德禧分别莅临会场指导工作。此次会议规模以及行业主流企业、企业领导人参会数量都超过了历届，说明研讨会行业关注度越来越高，已经逐渐成为海内外双向拉伸聚酯薄膜产业链的重要交流平台。

研讨会围绕“合作、共享、创新”的主题，特别关注高阻隔薄膜生产技术和应用领域、光学薄膜的发展方向、在线涂布技术、微纳层叠功能膜制造技术、光学薄膜制造技术、生产装备新技术、膜用原料的发展方向以及备品备件国产化等方面。同

时，会上宣布成立产业创新联盟及行业专家智库，提出搭建中国 BOPET 薄膜行业资源共享平台及按细分产品设立的专业工作组。

此次研讨会期间，产业链企业进行了充分的交流与沟通，聚酯薄膜产业链之间的联系进一步密切，友谊进一步加深，合作进一步加强。

7. 组建成立中国 BOPET 薄膜产业创新联盟及中国 BOPET 薄膜行业智库

经过近一年的筹划，中国 BOPET 薄膜产业创新联盟于 2017 年 10 月 26 日在第四届中国聚酯薄膜产业技术与市场研讨会上正式宣告成立，会上同时宣布了中国 BOPET 薄膜行业首批智库专家名单（由专委会及企业推荐产生）。29 家膜企和 2 家研究机构、8 家产业链相关企业老总作为联盟发起人上台签署联盟成立发起倡议书。大会还向 57 位行业智库专家颁发了聘书。

8. 筹建行业资源共享平台——中国 BOPET 薄膜行业共享平台

专委会以 BOPET 薄膜生产企业需求为中心筹建“中国 BOPET 薄膜行业共享平台”，探索行业共享新模式，企业间互帮互助增强行业凝聚力，打造新常态下的竞争模式——合作 + 竞争。为 BOPET 薄膜生产企业和配套企业间建立更直接、更有效的交流平台，为 BOPET 薄膜企业提供多元化的配套产品选择和缩短配套产品的采购周期，尽可能地减少在备品备件上积压资金，降低运营成本。

经过 1 年的筹建，中国 BOPET 薄膜行业共享平台在 2018 年 3 月 28 日正式上线。平台包括 6 大板块及相关服务——薄膜企业专区（共享备件及薄膜库产品）、专业设备、备品备件、原料及添加剂、辅助材料及消耗品、相关配套及外协服务。

（二）专委会下一步工作重点

专委会将进一步做实基础工作，加强与企业的沟通与交流，了解企业需求，积极为会员服务。工作将紧紧围绕维护提高行业生产经营效益、推动行业技术创新，推进增加行业产品数量、提升产品品质、创行业品牌的“三品”战略，帮助企业降低运营成本，使我国聚酯薄膜的制造水平向中高端迈进，更好地满足全球市场的需求。

（中国塑料加工工业协会 BOPET 薄膜专委会）

泡沫塑料 EPS

一、行业现状

2017 年，中国 EPS 产业依旧困难重重。受国家政策、环保等因素的影响，EPS 建筑用量持续下降，同比上年降幅约在两成。EPS 包装用量稳步提升，无论是树脂还是制品产业，整合仍在继续。一些新的 EPS 改性及应用正陆续走入市场，全行业格局悄然发生变化。招工难、VOCs 环保、下游压价、同行竞争……，内忧外患的 EPS 企业举步维艰，微利运营乃至亏损关门现象普遍。精打细算过日子成为企业的主旋律。

另一方面，行业的低迷也倒逼促进了新技术、新产品的不断涌现。过去的几年，受建筑防火问题影响，我国建筑市场外墙外保温技术工程对外墙保温材料的防火性能提升提出了更高的要求。作为传统白色 EPS 的升级替代产品，石墨类 EPS 无论在保温性能还是防火阻燃性方面都优于前者。受技术壁垒的限制，长期以来，我国石墨 EPS 产品主要依靠国外进口，而在近两年，随着国产石墨类 EPS 研发水平的提升，产品品质的提高，石墨类 EPS 的国产化进程不断加速，一批国产石墨 EPS 树脂生产企业先后出现。随着石墨 EPS 产品的逐渐普及，石墨烯 EPS 再次横空出世，强度的提升为 EPS 开拓适用范围提供了可能，为今后 EPS 建筑应用的发展提供方向性意见。

EPS 行业的发展进入低谷，促使越来越多的企业开始关注生产过程的节能减排，这在一定程度上促进了 EPS 设备升级换代的进程，立式板机、真空成型机、连续切割线等一批高端设备在本行业得到了应用和普及，全行业自动化水平进一步提高。而伴随着传统 EPS 利润度的减薄，EPP 等新型包装物迎来了发展的重要契机。今年来，国内主要树脂厂家已相继推出 EPP 项目，可以预期未来 EPP 的用量增长将拉动 EPS 包装业用量的提升。

根据 EPS 专委会统计，2017 年，国内 EPS 原料树脂产能为 616 万吨，同比去年增长了 3.2%，制品使用量由 286 万吨下降到 255 万吨，进口量降低了 11.2%，出口量增长了 5.8%。这一系列数据表明，受《建筑设计防火规范》和环保督查的影响，2017 年，EPS 制品的使用量特别是建筑用量出现了较大滑坡，虽然包装用量实现了增长，但尚难以弥补建筑用量的缺失。在产能依旧增长，制品用量萎靡的背景下，全行业布局亟待调整。

二、专委会活动

（一）召开两次理事会工作会议，吸纳行业人才

EPS 专委会在工作过程中，充分发挥理事民主监督的作用，2017 年的八月和十一月，专委会召开两次理事会议，对本行业的重要问题形成决议，有效保障了 EPS 产业的健康发展。

随着专委会影响力的加强，不断地有新的单位提出入会要求。经过认真考察、筛选，将一批热心行业工作、积极为行业服务的企业加入到理事会中来，同时免去了一些长期不参加专委会工作的理事。使专委会会员总数保持总体稳定，理事会保持应有的活力，以满足行业发展需要。

（二）推动绿色建材在行业的认证，开展专题性座谈会

自 2015 年起，中共中央、国务院在《生态文明体制改革总体方案》首次提出“绿色产品体系”的概念，2016 年“绿色建材”评价认证工作正式在全国范围内展开。为积极推动本行业绿色建材认证工作的开展，专委会今年积极与认证机构沟通、协调，组织意向单位与认证机构面对面对接，解决认证过程中存在的问题与困难，取得了良好的效果，截至年末，本行业共计 6 家 EPS 相关企业的聚苯板、石墨聚苯板产品获评国家绿色建材三星认定。

（三）做好阻燃剂替代工作，为 EPS 应用保驾护航

六溴环十二烷（HBCD）自 20 世纪 60 年代投放全球市场以来，约 80% 作为阻燃剂用于 EPS 和 XPS 建筑保温板材生产，由于 HBCD 大量长期使用，以及具有的典型 POPs 性质，HBCD 已经成为人类高度关注的污染物。

就今年替代工作开展问题，专委会专程赴环保部对外合作中心了解项目开展情况，同时为积极配合项目工作，专委会推荐相关阻燃剂生产厂家企业参与替代工作，了解情况，帮助国内企业加入我国替代目录，做好企业与政府之间纽带作用。

（四）针对《建规》后续，召开行业会议并赴京了解情况

今年夏天，针对《建筑设计防火规范》防火窗问题持续发酵对 EPS 行业的影响，专委会召集相关企业与行业组织就此进行研讨，讨论会对各方就《建规》开展的工作进行通报，同时就赴京进一步了解情况达成共识。此后由专委会同骨干企业组成了工作小组就此问题赴建设部同主管领导当面沟通，了解了标准的相关情况，并及时向行业内进行了通报，并对此事件持续跟踪，对稳定行业健康发展起到了作用。

（五）树立行业典型，积极组织企业评选

为落实中共中央、国务院关于《新时期产业工人队伍建设改革方案》的精神，进一步弘扬工匠精神，培养适应轻工业发展的高素质人才。今年，中国轻工业联合会在全国轻工业开展了“大国工匠”推荐学习活动。为配合此项活动的开展同时促进中国 EPS 行业“工匠精神”的传承和创新。今年，专委会也在全国范围内开展了“EPS 行业工匠”推选活动。经过企业自荐与相互推荐，我们共计推选出 14 人获得 2017 年中国 EPS 行业“优秀工匠”称号。为行业树立了优秀标杆，对推动行业人才培养、引导企业重视人才工作起到了重要的作用。

（六）积极参与标准制定

作为国家《绿色产品标准、认证、标识体系》的重要组成部分，今年国家标准《绿色产品评价绝热材料》制定完成，专委会在标准制定前第一时间了解相关信息并参与标准制定工作。在制定过程中，就指标参数等关键问题从客观上反映行业现状的同时，提高相关重要参数指标，以指标带动产品质量提升，为标准制定提供了第一手数据。

三、新产品开发

云亭石墨烯技术股份有限公司的研发团队与高校教授团队经过 4 年的共同努力，将石墨烯经过特殊工艺改性并与苯乙烯（SM）复合，经过严格的悬浮工艺生产出改性石墨烯 EPS。改性石墨烯可用于改善 EPS 材料的微观结构，获得超低的导热系数，添加在 EPS 材料中可增加其隔热、强度等多种功能。

石墨烯 EPS 的优点：

1. 低导热性

石墨烯 EPS 具有更佳的水汽阻隔及反射太阳光红外线功能，能够有效地保证温度不易散发，具有高于普通 EPS 的保温效果。

2. 高强度

石墨烯 EPS 抗拉强度可以达到 0.19MPa，接近国家标准的两倍。亦即从力学性能上而言，其耐久性大幅提升。

3. 高阻燃性能及抗静电性

石墨烯 EPS 独特的二维层状结构使其能够延缓热量的传递、热解产物的扩散与逸出以及氧气的扩散与混合，具有较高的阻燃性能和较强的抗静电性能。

随着市场上对建筑保温性能要求的提高，石墨 EPS 产品早已粉墨登场。但是，EPS 行业生产石墨 EPS 主要采用在聚合过程中添加石墨的方式，这会使反应初期阻聚效果明显，聚合后期又易出现暴聚和结釜，试验失败率很高、生产成本居高不下。

石墨烯 EPS 比传统石墨 EPS 具有更好的保温性，且聚合反应稳定。相对于石墨及石墨素，石墨烯不仅在 EPS 聚合反应中，反应周期短、反应稳定，同等条件下，提高了企业的产能，降低了人工成本，同时还具有高强度、低导热、防静电三大主要特性，为产业发展带来了革命性、颠覆性的影响。

从目前的发展方向来看，石墨烯 EPS 将定位于中高端市场与聚氨酯等保温材料进行竞争，产品未来销量将呈现出井喷态势。

四、存在问题

1. 石墨 EPS 产品质量与国外还有较大差距

在现有生产工艺的基础之上，国产石墨 EPS 与进口产品比起来，无论是质量稳定性还是用户好评率均存在一定差距。

热固改性 EPS 存在同样问题，无论从其导热系数的不稳定性还是其热稳定性、熔结性的物理表现来看，目前还存在很多亟待改进的地方。

2. 企业普遍创新能力不强

国内 EPS 产业技术进步发展速度缓慢，随着现有技术门槛的不断降低，越来越多的企业开始进入这一行业。由于产品同质化严重，引发长期价格竞争，不利于行业健康发展。特别是在 EPS 机械设备领域，国产设备同传统国外品牌设备相比在精细度，质量稳定性，售后服务方面仍存在较大差距，更多的是以低价位谋求市场竞争力，新技术研发方面很多企业不愿意投入，照搬国外成熟产品，“画虎不成反类犬”的现象时有发生。一定程度上也影响了部分国内高端 EPS 制品生产企业对国产设备的热情。

3. 阻燃剂替代迫在眉睫

HBCD 自 20 世纪 60 年代投放全球市场以来，约 80% 作为阻燃剂用于了 EPS 和 XPS 建筑保温板材生产。根据《斯德哥尔摩公约》要求，国外已经开始全面禁止 HBCD 的生产与使用。我国已经制定了五年淘汰计划，2017 年 7 月 2 日，全国人大已正式批准增列 HBCD 为 POPS 物质。可以说 HBCD 替代工作这场“战役”已在全行业内正式打响。

4. 环境保护刻不容缓

去年以来，从国家到各级地方，对于环境保护愈发关注，环保督察的力度越来越强，无论是燃煤锅炉的取缔还是苯系物的释放都对 EPS 产业产生影响，特别中小 EPS 企业受冲击严重。从当前的政策发展趋势看，今后很长一段时间内，环保将成为中国社会关注的主旋律。

五、发展趋势

1. 环保

2018 年，环保监察的力度还将持续加强，不管是燃煤锅炉还是生物质锅炉（部分地区）将被淘汰，这也就意味着今后泡沫企业将围绕电厂周边布局，一大批企业将面临煤改气的局面，这将促使众多中小泡沫企业停产或退市，同时新上企业将变得愈发困难，现有的泡沫企业将进入整合洗牌阶段。

2. VOCs

针对 VOCs 排放的问题还将继续困扰行业，这也为企业提出了新的课题，如何解决达到环保的要求，一些土方法肯定无法过关。从加装环保装置或更换带有废气处理系统的设备入手或可以考虑，这也为设备制造业提出了更高的要求，同时也是更大的商机。

3. 企业经营

中小企业的退市，资源整合将催生抱团取暖、代工企业的出现，进而一步步推动各省市、地区大企业的出现。同时有助于恶性竞争的减少，企业可以把更多的精力放在保证产品品质上，有助于提升大企业综合实力和品牌价值，对行业健康发展有积极意义。在这样的背景下，企业应该思考如何突围。

4. 建材

板材制造企业要紧跟政策脉络，主动求变。事实证明，建筑业发展的大方向不可逆，原有的产品和应用形式抵御风险能力差，寄希望于通过修改政策求生存事倍功半。以国家政策为基准，围绕各省市情况因地制宜，提升产品的附加值是企业求发展的重要思路。

5. 包装

包装业迎来了难得的发展良机，但也要客观清醒地认识到，EPS包装作为低附加值产品随下游市场波动较大，缺少话语权。要不断通过升级改造提升企业的综合实力，同时诸如EPP等新材料的引入要充分考量市场需求，避免盲目投资带来恶果。

（中国塑协泡沫塑料EPS专业委员会　侯树亭）

硬质PVC发泡制品

一、行业现状

（一）行业产能与生产规模

据中国塑协硬质PVC发泡制品专委会不完全调查显示，预计2017年硬质PVC发泡制品产能将超过110万吨，全年总产量将超过77万吨。产量同去年相比增幅约为8.3%，增速明显放缓。主要原因是PVC原材料价格波动较大，总体价格也较高，加之发泡调节剂价格创历史新高，使得生产成本较高，从而影响市场竞争；另外，PVC发泡地板基材由于生产技术要求高，部分厂家转型生产PVC石塑地板基材。PVC发泡墙板由于加工和安装技术不断进步、完善，其产量仍保持较高的增幅。

（二）产品市场与开发

我国PVC发泡制品应用领域主要是广告业、室内外建筑及装饰材料、家具、地板及车船装饰等，市场应用情况参见下图。

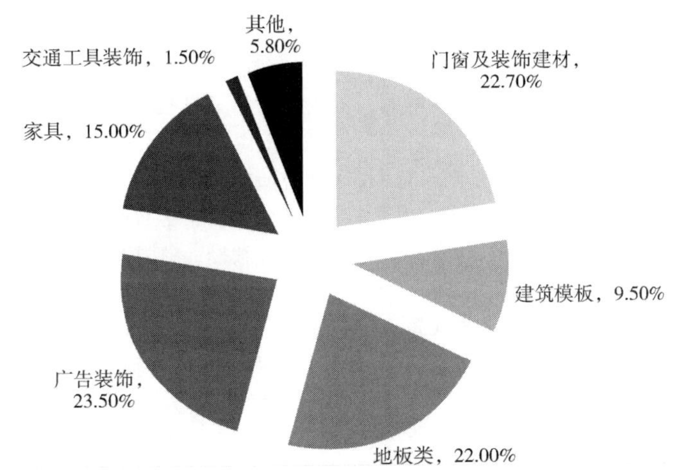

硬质PVC发泡制品应用领域及比例

门窗及装饰建材包括PVC发泡门窗、管材、墙板及其他装饰装修材料等。中国对建材的需求量巨大，但是目前仅有很少一部分使用PVC发泡制品，该领域市场潜力巨大。广告方面主要是广告展板、裱画板、丝印、喷绘、雕刻等用途，所用PVC发泡制品大多采用自由发泡板及共挤发泡板，前者密度小，成本低，后者可以提供更好的弯折性能及表面硬度。在建筑模板方面，由于其具有优良的阻燃性及可钉性，与其他塑料建筑模板相比发展更快，经过几年的快速发展，其发展速度有所放缓。家具包括各种柜体、房间隔断、办公隔断、屏风等，随着人们对PVC发泡材料的优良性能及无毒环保等特性进一步了解，其在家具上的用量也将会快速增长。硬质PVC地板基材是最近几年才快速发展起来的，目前主要以出口为主，用于替代密度板作为地板基材，不但解决了有害物质超标的问题，还具有防潮防水、防火阻燃等优势。经过几年的技术发展，目前已经进入快速发展阶段。交通工具装饰方面主要是用于大中型客车、列车及轮船等交通工具的底板、板面等。

（三）运营状态

2017年PVC树脂价格波动较大，一季度价格基本稳定在6500元/吨左右，3月底价格开始下降，最低降至5500元/吨左右，到6月底开始持续上涨，至9月初最高达到近8000元/吨，随后又快速回落到6500元/吨以下。由于主要原料波动大，给PVC发泡制品加工企业的经营带来较大影响。加工助剂方面却长期处于较高价格，特别是发泡调节剂价格从5月份的19000元/吨快速上涨到23000元/吨以上，价格创历史新高，并且超过同类进口产品价格。由于发泡调节剂在PVC发泡制品配方成本中占有较高比例，因此也明显增加了企业的生产成本。传统PVC发泡板材由于前几年新增产能较大，短期内已经处于饱和状态，因此，今年这方面新增产能较小。产量方面，由于原料价格、生产成本及市场竞争等原因，除几家大厂生产增幅较大外，其他大多增幅很少甚至减产。

2017年新增产能较大的是PVC发泡墙板和地板基材。PVC发泡墙板产能和产量都保持了很高的发展速度，PVC发泡地板基材上半年增速比较快，但由于加工难度较大，下半年地板基材有部分转向更容易加工的石塑板。

总之，硬质PVC发泡制品是节能环保新材料，已得到全世界所公认，它又符合国家鼓励发展的产业政策，可以大量替代木材，并且是目前替代木材性能最好的材料，有很好的发展前景。因此，我们行业内的企业，要大胆创新，要不断扩大我们产品的用途范围，要持续提高产品的工艺技术和质量水平，这样硬质PVC发泡制品的市场将会越来越大，行业也将实现稳定发展。

二、行业热点

硬质PVC发泡地板随着加工技术进一步完善，其产量出现爆发式增长。随着一步法硬质PVC地板生产线的出现及相关技术提高，生产的质量得到了较大提高，生产的效率及合格率也大幅提高。由于其在生产和使用过程中都无有害物释放，从而迅速替代强化复合地板出口到北美、欧洲等地区。随着更多有实力的企业进入该行业，国内市场也逐渐开发出来，在一些公共场所及精装修市场上得到使用。

硬质PVC发泡快装墙板由于安装方便、安装后整体效果好、产品无甲醛等有害物释放、阻燃等特性，2015年前后一出现就得到了迅速发展。但由于当时大多为低质低价，导致产品本身存在变形率较大的问题，很多小型企业很快就出现了亏损并停产。一些有实力的PVC发泡墙板生企业坚持质量底线，坚持技术创新和产品创新，从产品结构、生产配方技术、安装方式等方面进行了革新，2017年该产品又进入了加快速发展。

三、专委会活动

（一）组织召开行业相关会议

1. 成功召开2017年年会及技术与市场交流会

中国塑协硬质PVC发泡制品专业委员会2017年的年会暨技术与市场交流会，于2017年12月9~10日在无锡瑞港国际大酒店举行。这次会议是由中国塑料加工工业协会主办，由中国塑协硬质PVC发泡制品专委会、上海一柯模具有限公司承办。中国塑料加工工业协会曹俭副理事长；尼日利亚驻华大使馆阿佳拉全权公使；尼日利亚驻华大使馆，凡迪·尤汉达全权公使；印度塑料发泡板协会辛哈会长；原水利部裴宏志司长；原司法部办公厅朱义怀主任；中华职教社蒋振华主任；中非先锋自贸区（尼日利亚）总裁厉琼伟先生；中国塑料加工工业协会副秘书长，会员部主任刘姝；中国塑料加工工业协会硬质PVC发泡制品专委会主任，山东博拓塑业股份有限公司董事长孙锋；上海一柯模具有限公司董事长柯友军；中国政法大学金融系主任，胡继晔教授；中国军事科学院后勤科学与技术研究所刘小平高级工程师；深圳市高分子行业协会常务副会长兼秘书长，王文广先生；湖北工业大学陈绪煌教授；中国人民大学信用管理研究中心张京研究员等领导及专家学者出席了会议，参加会议有来自全国各地PVC发泡制品生产企业，及与之相关的原料企业、模具及设备企业、科研院校等单位代表约500多人参加了这次会议。

上午会议为专委会2017年年会，下午为技术与市场交流会。本次会议总结了专委会的工作，分析了塑料加工行业的现状、明确了下一步工作重点。为加强行业诚信建设，年会期间专委会成立了诚信联盟。为了帮助行业内企业参与“一带一路”项目，年会邀请到了印度和尼日利亚客人，由尼日利亚公使介绍尼日利亚国情和招商引资相关政策；印度塑料发泡板协会辛哈会长，介绍印度发泡板市场和其他PVC发泡制品市场需求情况，以及如何在印度发展PVC发泡板产业等；同时，由我国著名经济学家胡继晔教授，从宏观分析了当前中国经济现状，供给侧改革，金融危机，及金融如何服务实体经济等，提出企业应该如何面对的建议；中国军事科学院后勤科学与技术研究所刘小平高级工程师，介绍军民融合背景下，地方企业如何参与国防建设；中国人民大学信用管理研究中心，张京研究员，作了《全流程企业信用管理建设》的演讲；由行业技术专家及高校教授介绍了PVC发泡技术难点及最新科研成果。

在技术与市场交流会上，多位国内外PVC发泡行业的技术专家到会讲解行业发展新技术及应用。由于会议内容具有针对性，符合与会代表需求，所以代表们认真听讲，会场始终座无虚席，秩序良好，得到演讲专家的好评。本次年会上，浙江杰上杰新材料有限公司，为参会代表准备了内容丰富的文艺节目和丰盛的晚宴，为参会代表们提供了一个很好的交流机会。本次年会的成功举办，加强了行业内企业的合作，展现了行业内企业的创新能力。又一次将PVC发泡制品生产企业与上下游企业及科研单位紧密连接在一起，针对PVC发泡产品中存在的问题找出更好的解决办法，更好地开发市场，为行业健康发展保驾护航。

2. 召开专委会六届一次理事会扩大会

专委会六届一次理事会扩大会，于2017年4月22日在青岛三益塑料机械有限公司召开。中国塑料协曹俭副理事长、刘姝副秘书长、专委会孙锋主任、周家华秘书长、青岛三益塑料机械有限公司周玉亮董事长等领导出席了这次会议。参加会议的有专委会副理事单位、理事单位、重点会员单位及其他相关行业代表等，与会单位涵盖PVC发泡制品生产企业，及与之相关的原料企业、模具及设备企业、科研院校等单位代表30余人参加了这次会议。

会议分析了行业发展的现状及发展方向，坚持靠品质赢得市场，做好品牌，提升利润空间。会议介绍了国家相关规定和政策，强调在国家对协会深化改革的新形势下协会必须规范管理和动作，行业要自我规范自我约束，要诚信和自律，促进行业健康稳定发展。会议传达了协会领导相关重要讲话，行业应当务求实效，创新发展。会议总结了专委会的主要工作，讨论2017年年会的相关事宜。

3. 召开专委会六届二次理事会扩大会

专委会六届二次理事会扩大会于2017年12月8日在无锡瑞港国际大酒店召开，理事会上讨论专委会2017年工作报告及2018年工作重点；讨论确定2018年年会承办单位及相关事宜。理事会上讨论修改分支机构条例事宜，传达协会有关文件，讨论通过新增会员单位，新增理事单位；本次会议重点落实中国塑协主办的“2018第三届中国国际塑料展暨塑料新材料、新技术、新装备、新产品展览会”相关事宜，介绍了2018年中国塑协在南京举办的“四新”展的相关情况，要求行业各成员单位，特别是理事以上单位积极带头参与该次展会，为展会的影响力作出应有的努力。会上理事单位积极响应，同时提出了很好的建议，确保完成展会招展任务；理事会上还介绍了中国塑料行业发展史硬质PVC发泡制品篇的编制情况，行业标准情况的修订情况，新标准的立项情况等；讨论了2018年专委会组织会员单位参加国外塑料相关行业展会的建议。理事会开得很成功，会上还通过了创建诚信联盟方案，讨论通过了诚信自律公约。

4. 组织行业相关标准制修订及立项

硬质聚氯乙烯低发泡板材行业标准修订：现有的硬质聚氯乙烯低发泡板材标准分自由发泡、结皮发泡及共挤出发泡三个标准（QB/T 2463.1－1999、QB/T 2463.2－1999、QB/T 2463.3－1999），都是在1999年制定的，随着硬质聚氯乙烯发泡板材加工技术不断提高，在产品性能提高的前提下，密度可以远低于标准要求的指标，加之硬质聚氯乙烯发泡板材的应用领域不断扩展，标准中的性能参数已经无法满足市场需求。因此，专委会组织了宝天高科、山东博拓等企业参加这三个标准的修订工作，这三个项目经工信部批准［工信厅（2015）115号］，经过多次标准起草工作会议，于2017年12月13日通过了全国塑料标准化技术委员会塑料制品分技术委员会组织的审查会，并评为国内先进。起草小组根据审查会专家提出的建议进行了相应修改形成了报批稿，已经通过标委会上报工信部等待批准。

另外，根据PVC发泡制品的应用领域，今年组织了广告宣传用硬质聚氯乙烯发泡板材、建筑模板用硬质聚氯乙烯发泡板材、硬质聚氯乙烯发泡型材等行业标准立项工作，工信部已经批准建筑模板用硬质聚氯乙烯发泡板材、硬质聚氯乙烯发泡型材这两个标准的立项（工信厅科［2017］106号），于12月14日成立了相关起草工作组。为了提升行业产品质量，专委会还将根据行业发展需要提出其他产品的标准立项。

（二）专委会建设

1. 充分利用协会及专委会的资源优势，为企业提供全面服务

配合中国塑协，组织会员企业积极参与行业活动，参加中国塑协组织的行业十强、轻工联合会组

织的行业百强等活动，参与工信部组织的信用评级等。同时积极在行业内倡导诚信自律，促进行业健康发展。

2. 完善并维护专委公网络平台，提升行业宣传力度

专委会网站及微信公众平台可以快捷方便地为行业相关企业服务，也是广大会员交流平台。为了提高这些平台的服务质量，专委会及时对网站的“重点报道”及“行业动态”等项目进行更新，将行业最新消息通过专委会公众平台及时发布，以便会员单位能及时了解到相关信息，同时还利用网站的“产品介绍”、“推荐产品”及“广告宣传”等栏目为会员单位的产品进行宣传。并且，还收集国内外相关最新技术资料及标准资料补充到网站的“技术资料”、“行业标准”等栏目内。同时更好利用专委会的微信公众号及时发布相关政策、行业动态、生产技术及行业内重点企业介绍。

3. 积极发展会员，壮大专委会队伍

通过网络宣传、行业走访、提供专业技术支持及标准服务、提供政策及信息服务等多方面来积极发展会员，2017 年新增会员单位二十多家，为本专委会逐渐壮大打下了坚实的基础。

四、新产品的开发

1. 硬质 PVC 地板

该产品主要用于替代以前的强化地板，从而使地板的甲醛等有害物质达到国际标准。生产地板基材用的硬质 PVC 发泡板最关键的难点是厚度公差和尺寸稳定性，通过配方、设备、模具、加工工艺等方面的技术改进，目前已经大幅提升了生产的合格率。这类产品分发泡和非发泡，前者具有木质地板类似的舒适感，重量轻，但生产难度较大，后者生产技术要求较低，产品尺寸稳定性较高，但其重量重。

2. 实心硬质 PVC 发泡墙板

前两年中空硬质 PVC 墙板由于安装方便、美观实用，产品一经推出就得到市场认可，发展非常迅速。为了满足不同用户的需要，一些企业开发出了实心的 PVC 发泡墙板，即先挤出标准宽度或特殊宽度的硬质 PVC 发泡板，然后根据要求进行表面处理、裁切和铣企口，用户可采用快速拼装的方式粘贴在墙上。实心硬质 PVC 发泡板由于整体强度和尺寸准确度高等优点取得了更高端的市场。

五、存在的问题

PVC 发泡制品是 PVC 成员中较为年轻的一员，其发展历史较晚，技术上还有待进一步提高，市场开发也不太成熟，目前总体规模也还较小。

1. 规模化方面的问题

由于 PVC 发泡制品进入门槛低，初期投资可以很小，使得行业内的几百家企业年产量大多在 5000 吨以下，年产量上万吨的企业也只有十几家。使得大多企业不具备规模化经济生产，企业的创新能力及市场竞争力也相对较弱。

2. 低质低价的问题

由于大多生产企业生产规模较小，生产技术和质量控制等均存在问题，加之通用 PVC 发泡产品竞争激烈，导致了在部分市场上存在低质低价的竞争状态。但随着用户对产品质量要求提高，小型企业的环保压力增大，低质低价的竞争有望得到改善。

六、发展趋势与规划

PVC 发泡产品不但具有许多与木材相同或相近的性能，还具有木材不具备的防水、防腐、防蛀、阻燃、易于着色的基本优点；因无需油漆保护，在使用过程中不会产生任何有害物质，具备环保的优势；密度低，使用寿命长，可回收利用，具有节约材料和环境友好的优势。众多优良性能决定 PVC 发泡产品是木材的最佳替代品，因此发展 PVC 发泡制品在应用木材的众多领域的替代工作将大有作为，重点包括在室内外装饰装修领域的应用等等。从发达国家 PVC 发泡制品发展来看，PVC 发泡配方主要朝着无铅化发展，工艺方式主要朝着共挤及微孔发泡方向发展。结合我国国情及行业发展的实际现状，行业将重点发展无铅化产品及节能微孔发泡产品。如钙锌配方、硬质 PVC 低发泡建筑模板、硬质 PVC 发泡地板、活动房板材等。

总之，我们将充分利用 PVC 发泡制品的保温、隔音、防潮、防水、防蛀、防腐、阻燃、无毒、力学性能优良、可回收利用等等突出优势，不断研发出国内外需求量大的新产品种类，推进行业不断快速发展。

（中国塑协硬质 PVC 发泡制品专业委员会　黄勇）

再生塑料

一、我国塑料再生行业发展的基本情况

时至今日，我国塑料再生回收产业的发展依然可以用“畸形”一词来形容。

我国塑料再生回收产业是经过了三十余年的发展形成了现在的规模。其最初形成的原动力是随着我国改革开放，出口制造成为拉动我国经济增长的动力之一，我国塑料制品出口量及国内消费量大幅度地、逐年地上升，对塑料原材料的需求大幅度增长，而市场竞争又需要对制造成本进行合理降低等共同因素造成的。

随着我国塑料消费量的上升，我国塑料废弃量也随之上升。但是我国国内回收体系却一直没有出现适应时代发展的配套建设，塑料制品生产始终面临着原材料供应紧张且价格较高的局面。另外，我国消费后塑料的废弃对于环境的影响也越来越显著。因此，在这种大环境的影响下，我国塑料从业者尝试将废弃塑料通过物理法进行回收再利用，对转化而来的再生原料（一般情况下）进行降级使用，在基本满足塑料制品的物理化学性能的前提下替代新料，以弥补原料供应紧张的问题。现在，常见的热塑性塑料基本都可以通过物理法进行回收。

但是，即便如此，我国塑料制造行业对原料的需求仍旧有提升空间，而以美国、欧洲和日本为代表的海外地区的塑料回收产业发展落后于我国，废弃物处置成本高企，回收产能却不能满足当地废弃量，大量的废弃塑料未能得到合理回收，早期废塑料的采购价格甚至为负数，焚化、填埋等对环境并不友好的方式比较流行。

由于存在价格差，从海外采购废弃塑料进口到我国，在我国国内进行分选、清洗、粉碎、造粒、改性、制品生产等活动逐步出现，而后形成规模化产业。随后，一方面，国内回收产业迅速发展，产能快速提高。另一方面，海外废塑料来源地的回收产业发展一直停滞不前。与此同时，国内回收体系建设并未出现对应的发展，我国塑料回收产业越来越依赖废塑料进口。最终形成了我国废塑料回收行业全球独大的“畸形”局面。最极端年份，我国所回收的废塑料总量占全球的70%左右。

我国废塑料回收行业的特点是门槛低、总产能大、但规模以上企业少，由大量小微型企业（或可称家庭作坊）组成数个产业聚集地，其间也分布一定比例的入行较早、效益较好的中型企业。比较有代表性的产业聚集地为珠三角地区的贵屿、杏坛，长三角地区的慈溪、余姚，苏北地区的赣榆，京津冀地区的文安等。与之毗邻的地区也有相当规模的产业分布。另外，临近青岛、烟台的山东东中部地区，湖南湖北交界的洞庭湖地区，东北的大连附近也有一定的产业规模。

我国废塑料回收行业吸纳了大量的就业，从业人员高达百万。

进口废塑料的分布更接近主要的港口，比如，广东珠三角地区的各个港口，长三角地区的上海、宁波，北方的天津、青岛。而香港则长期作为废塑料进口中国的转运港口。

正是因为我国废塑料回收行业的门槛较低，从业人员素质较差，从业企业规模普遍较小，装备及技术水平也普遍不高，因此，与之而来的环保问题一直存在。这也使得废塑料回收产业在公众的认知里始终比较负面且片面，而多年来，个别媒体并未秉承职业道德，也并未实事求是地从科学的角度探究事实真相，一直有刻意放大问题、误导舆论的现象，制造了“白色餐盒”事件，让行业骗子横行于公众视野，以敲诈企业、非法牟利，导致长达14年禁止发泡聚苯乙烯用作餐盒，甚至不惜编造诸如“塑料大米”、“塑料紫菜”等流行全球的著名谣言，更有甚者用隐藏事件时间轴的蒙太奇手法（比如某纪录片），有意隐瞒并忽略近几年以来国家各部门以及行业内对如何提高行业整体水平，加速促进行业转型升级，严格治理环保问题，保护合理产能，协调环保与就业的关系等方面所作出的巨大努力，意在指责国家对废塑料回收行业的环境问题治理不力，干扰国家科学发展的大政方针。事实上，这种过度的“泛环保主义”的做法已经成功地让巴西损失了成为发达国家的宝贵时间，这是值得我们警惕的事情。

我国的废塑料无论国内来源，还是进口，基本上经过回收后降级使用，以保证再生塑料制品必要的物理化学性能。这是塑料回收利用产业自起步开始就确立的原则之一。

二、2017—2018年中国塑料再生行业出现的新变化

（1）2017年8月，环保部、商务部、发改委、海关总署、质检总局联合发布2017年第39号公告

（以下称 39 号公告），对现行《禁止进口固体废物目录》进行了调整与修订，并明确调整后的《进口废物管理目录》将于 2017 年 12 月 31 日起正式执行。

39 号公告明确将既往限制类进口的废塑料各品种依照来源进行了划分，确定了工业来源与非工业来源（包括生活来源）两大类别。并且，39 号公告将非工业来源废塑料从原本的限制类进口固体废弃物变更为禁止进口固体废弃物（表 1）。

表 1　39 号公告中由限制类进口固体废弃物变更为禁止类进口固体废弃物的品种

<table>
<tr><th colspan="5">塑料废碎料及下脚料</th></tr>
<tr><th>序号</th><th>海关商品编号</th><th>废物名称</th><th>简称</th><th>其他要求或注释</th></tr>
<tr><td>53</td><td rowspan="2">3915100000</td><td rowspan="2">乙烯聚合物的废碎料及下脚料</td><td>乙烯聚合物的废碎料及下脚料，不包括铝塑复合膜</td><td rowspan="4">非工业来源废塑料（包括生活来源废塑料）</td></tr>
<tr><td>54</td><td>铝塑复合膜</td></tr>
<tr><td>55</td><td>3915200000</td><td>苯乙烯聚合物的废碎料及下脚料</td><td>苯乙烯聚合物的废碎料及下脚料</td></tr>
<tr><td>56</td><td>3915300000</td><td>氯乙烯聚合物的废碎料及下脚料</td><td>氯乙烯聚合物的废碎料及下脚料</td></tr>
<tr><td>57</td><td rowspan="2">3915901000</td><td rowspan="2">聚对苯二甲酸乙二酯废碎料及下脚料</td><td>PET 的废碎料及下脚料，不包括废 PET 饮料瓶（砖）</td><td rowspan="4">非工业来源废塑料（包括生活来源废塑料）</td></tr>
<tr><td>58</td><td>废 PET 饮料瓶（砖）</td></tr>
<tr><td>59</td><td rowspan="2">3915909000</td><td rowspan="2">其他塑料的废碎料及下脚料</td><td>其他塑料的废碎料及下脚料，不包括废光盘破碎料</td></tr>
<tr><td>60</td><td>废光盘破碎料</td></tr>
</table>

39 号公告正式实施的 2017 年 12 月 31 日成为我国废塑料进口行业的分水岭，由此给行业带来的颠覆性的变化。

在 39 号公告所规定的 2017 年最后一天之前，虽然受明确的政策指向影响，我国废塑料进口总量急剧下降，下跌幅度达 26.04%，直接跌回到了 2005—2006 年度的水平，但 2017 年全年废塑料进口总量仍达到了可观的 582.93 万吨。假如仅以 2017 年的数据来看，中国作为全球塑料制品消费大国、废塑料进口和回收大国的地位依然没有改变。但是从政策层面产生的可预见性的后果而言，中国作为废塑料进口大国的历史将一去不复返（表 2）。

表 2　2000—2017 年中国废塑料进口量

年份	进口量/万吨	增长率/%	年份	进口量/万吨	增长率/%
2000	200.7165	——	2009	732.5810	3.55
2001	222.5104	10.86	2010	800.9421	25.97
2002	245.7502	10.44	2011	838.5684	4.70
2003	302.4087	23.06	2012	889.69	5.82
2004	409.5724	35.44	2013	786.80	-11.56
2005	495.6528	21.02	2014	825.43	4.91
2006	586.4496	18.31	2015	735.42	-10.90

续表

年份	进口量/万吨	增长率/%	年份	进口量/万吨	增长率/%
2007	684.4725	16.7	2016	734.73	-0.094
2008	707.4569	3.36	2017	582.93	-26.04

（2）2017年，海外对华废塑料出口依然处于不稳定且大幅度衰退的状态。受废塑料进口禁令对进口市场预期的影响，部分传统的废塑料进口企业提早进行了布局，将一定比例的产能转移至海外。

转移的方向大致有两个。

一是转移至东南亚地区，利用当地政策优势以及其他与产业相关的便利条件设厂，继续传统方式的废塑料进口——加工回收再利用为再生原料——（出口）供应制品企业的模式，将废塑料的初级加工流程迁移过去。

二是转移至美、日、欧等传统货源地，在当地设厂直接采购废塑料，并在当地完成分选、清洗、造粒等初加工环节。

两个方向最终都是要将废塑料的初级加工环节迁离中国，并将再生塑料以再生颗粒的形式进口到中国。

从2017年再生塑料进口来源地区排名来看，东南亚地区来源的份额较之前有所提高。但东南亚地区原本并非传统的货源地，而是中转加工地（表3）。

表3　　2017年再生塑料进口来源地区排名

名称	第一		第二		第三		第四		第五	
再生PE	比利时	13%	美国	12%	日本	9%	德国	9%	香港	8%
再生PS	日本	50%	美国	19%	澳大利亚	4%	香港	4%	马来西亚	3%
再生PVC	香港	35%	菲律宾	13%	澳大利亚	12%	泰国	11%	美国	6%
其他	香港	20%	日本	14%	美国	11%	菲律宾	11%	澳大利亚	8%
再生PET	香港	18%	日本	17%	印尼	7%	泰国	7%	美国	7%

两个迁移方向各有各的优势，也各有各的问题。

转移至东南亚地区的产能所拥有的优势是目前当地相对宽松的政策，较发达地区更加低廉的人力物力成本，与中国相对较近的地理优势，当地环保管理并不十分严格。

美、日、欧货源地产业技术相对发达，工人技能水平相对较高，对再生塑料品种、来源、鉴别、分拣方法以及加工处理过程的掌握水平较高。美、日、欧地区的工人虽然人工成本高，但工人的工作效率高，因此，美、日、欧制造业总体成本并不高。

美、日、欧地区是工程料、工业料的出产地，生活料的回收也相对集中。例如，日本有成熟的垃圾分类制度，欧洲有顺畅运行了多年的绿点制度，美、日、欧地区均在努力恢复包装押金制度，均有大量深入社区的大型商业化运作的回收中心，有诸如垃圾焚化、能源回收等多种处置方式进行市场对冲，这样在当地设厂才更有机会接触、获取价格优势最大的废塑料原料。而且，由于设立工厂位于美、日、欧本土，质检可以在出货地完成，运输距离短，环节少，废塑料行业中风险最大的“货不对板”的情况发生的概率更低。

美、日、欧设厂除可以给中国方面供应货源之外，还可以给美、日、欧本地供货，更容易掌握定价权。在美、日、欧地区加工废塑料，由于在本地直接生产，不把货物直接发往第三方国家（东南亚），因此资金周转速度快，也就意味着利润的增加。

美、日、欧地区气候好，自然灾害发生的概率较小。美、日、欧地区与中国的民间关系良好，社会包容性较强，是中国对外移民的首选地区。

美、日、欧地区存在成熟的国际市场，也更加尊重和理解市场规则，尊重法律，且各国政策相对稳定，经营风险更小。

东南亚地区基本不存在上述的优势。

东南亚国家可以进行废塑料再生产业的有：越南、马来西亚、印尼、泰国、菲律宾等。东南亚国家不是工程料、工业料的产地，仅可作为代加工地，生活料的回收体系也相对薄弱。因此，在采购环节不存在价格优势，不容易掌握定价权，而且供货目的地基本上只能是中国。

东南亚国家气候炎热，物产丰富，不太容易出现饥荒，因此东南亚国家的工人相对慵懒、素质较低下。虽然成本低廉，但由于工人技能素质低、教育程度低、工作效率低下以及其他诸多可预知、不可预知、可控、不可控的因素造成生产成本并不能大幅度降低。而如果使用中国国内的工人，还存在签证、薪资、生活习惯、宗教信仰等各方面不利因素影响，均可对生产成本造成影响。

东南亚国家与中国的外交关系不稳定，多国奉行民粹主义，越南和印尼均多次出现过针对华人、华资企业的暴力事件，排华势力的土壤一直存在。

东南亚国家的环保问题虽然比中国滞后，但也同样会出现并上升，对东南亚国家政策的不可预知性也是废塑料产业的一大风险。

而东南亚地区最核心的问题是当地工业体系发展相对落后，产能不高，基本无法容纳从中国转移出来的回收产能。

近期部分东南亚国家海关由于无法处理骤然增加的固废清关工作，以及不断严重的国内环保压力，先后宣布暂停废塑料等固废进口东南亚地区。市场，产业发展水平及政策等多重因素，使得回收产能转移至东南亚地区的前景不乐观。

产能从中国向外转移需要一个较长的过渡期，期间不可避免地造成一定比例的企业难以维持，退出市场，继而造成产业的整体衰退。

另外，伴随这一衰退过程的还有进口批文的不断减少。

（3）2017 年环保部共公示了十一批废塑料进口批文，远低于既往年份水平。一般情况下，每年审批的批文大约有二十几批。

2017 年获得批文的进口单位共 647 家，加工利用单位共 851 家。

2017 年进口批文共申请进口总量 24704508 吨，共核定进口总量 7089892 吨。其中，聚乙烯废塑料核定进口总量为 2259370 吨，聚苯乙烯废塑料核定进口总量为 169370 吨，聚氯乙烯废塑料核定进口总量为 521600 吨，PET 废塑料核定进口总量为 2661004 吨，其他类废塑料核定进口总量为 1483548 吨。

进入 2018 年之后，废塑料进口情况更是急转直下。

2018 年第一季度废塑料进口总量为 0.94 万吨，同比 2017 年的 193.13 万吨下降了 99.5%，进口数据已经低至可以忽略不计的程度。

另外，2018 年废塑料进口批文的第三批和第十三批的核定进口量均出现了 0 吨。

（4）中国固废进口限制令在全球范围内产生了连锁反应，货源地国家基本都出现了固体废弃物积压的问题，因为货源地国家的产业调整也不可能一蹴而就。

为此，以美国固废回收协会（ISRI）为代表的海外行业组织特地来华与中方进行交涉，以期有所缓解。美方认为中方规定的含杂率较低，希望有所提高，另外希望延长过渡期限，减少从业企业损失。

经过多次沟通，中国官方于 2018 年 6 月份就近期多国关于固废限制令的担忧做出了回应。中方的评论直接引向了“固废和垃圾”之争，以及国门利剑行动对全球经济的影响。

中国商务部世贸组织通报咨询中心 6 月份对来自世贸组织其他成员国和业内人士的看法进行了回应。中方也同时通报了美国固废回收协会（ISRI）。

过去几年一些来自美国回收行业从业人士的担忧使之反对中国的政策，并认为中方的立法机构并不能够理解他们所执行的政策所产生的影响，也不明白所进口的固体废弃物是有价值的。但是最新的回应却表达了相反的意思。

回应中的一些关键信息如下：

刺激国内投资：中方称限制令将刺激包括美国在内的经济发展。回应解释到中国进口限制令将导致美国国内货源总量提高。这样就可以刺激新一轮相关加工产业的投资。这样，不但可以解决两国面临的环境问题，还可以为美国回收产业带来更多的就业岗位，并创造双赢的局面。

垃圾与固废：中方称其明白垃圾与固废之间的区别，这一点 ISRI 和其他相关人士曾经在过去几年内一直在质疑。回应中称目前并没有一个通行于全球的针对固废和可回收物之间的共识性标准，因此，中国政府依照当前国际公认的 HS Code 系统来给固废进行定义，并限制进口。

中方愿意重申固体废弃物与新料相比仍有不同，固废存在污染。

就近处置原则：中国商务部注意到了 ISRI 对美国回收利用企业基础设施的表述，称之为“高效的系统，并结合了最新的分选技术与品质控制方法”。

正因上述技术优势，中方认为美国有能力处理好本国的固体废弃物。因此，结合中方所称的“固废产生者责任制原则”与“就近处置原则”，各国均应该在自己本国之内处置自身产生的固体废弃物。

调整工作：回应中强调了中方考虑到了政策对相关从业者的影响，因而对政策做出了一些调整。例如，含杂率降低至0.5%的门槛要求被推迟到了2018年3月1日才执行。

中国政府做出此项决定的原因是出于相关产业需要过渡期以做出相应调整满足新要求的现实性考虑，但是过渡期内大宗固废进口所带来的污染累积也必须要避免。

千分之五含杂率是现实的：依然与含杂率有关，回应中称自2005年起塑料的含杂率就规定在了千分之五的上限。中方提出的这项观点意在表明千分之五的含杂率一直应用在废纸及其他固废上，这是一项显示的指标。

中国官方称，根据过去十余年的标准实施经验与固废检验检疫经验，进口固废如果在源头经过充分分类或预处理，是完全可以达到中国的要求的。因此，该项标准并不是有意给进口制造事实上的限制。

不过，事情并没有到此结束。

2018年4月13日，生态环境部、商务部、发展改革委、海关总署发布了2018年第6号“关于调整《进口废物管理目录》的公告”，对现行的《限制进口类可用作原料的固体废物目录》《非限制进口类可用作原料的固体废物目录》和《禁止进口固体废物目录》进行以下调整，将工业来源废塑料等16个品种固体废物从《限制进口类可用作原料的固体废物目录》调入《禁止进口固体废物目录》，自2018年12月31日起执行。

这意味着中国废塑料进口产业即将彻底终结。

（5）中国塑料加工工业协会公布的数据显示，2017年，全国塑料制品行业汇总统计企业累计完成产量7515.54万吨，同比增长3.44%，增速高于上年同期0.78个百分点。

数据显示，2017年，15350家规模以上企业累计完成主营业务收入22808.36亿元，同比增长6.74%，增长率比上年同期提高0.63个百分点；主营业务收入占轻工行业比重为9.41%，占全国工业比重为1.96%。累计实现利润总额1354.68亿元，同比增长4.81%，增长率较上年同期降低2.51个百分点；利润总额占轻工行业比重为8.52%，占全国工业比重也为1.8%。

2017年，中国国内塑料表观消费量达11726.02万吨，较2016年的111153.6万吨增长了5.13%；国内相对实际塑料消费量测算值为7567.34万吨，与2016年的6849.43万吨相比增长了10.48%，增长幅度和增长速度均有较大提高；国内塑料废弃量估算值为4106.67万吨，略低于2016年的4200万吨。而回收再生量下跌至1693万吨。

2017年再生利用总量为2275.93万吨，比2016年的2612.73万吨下降了12.89%。下降幅度超过了2015年（表4）。

表4　2011—2016年中国废塑料再生利用量

年份	再生利用量/万吨	增长率/%
2011	2188.4	——
2012	2487.8	13.68%
2013	2488.1	0.01%
2014	2825.43	13.56%
2015	2535.42	-10.26%
2016	2612.73	3.05%
2017	2275.93	-12.89%

2017年废塑料进口量和国内回收量双双出现了衰退，但进口量下降幅度超过了国内回收量，进口量占比下降至25.63%，为近几年的最低点(表5)。

表5　2011—2016年中国进口废塑料占总再生利用量的比率

年份	进口量/万吨	国内回收量估算/万吨	再生利用量/万吨	进口量比率/%
2011	838.4	1350	2188.4	38.31%
2012	887.8	1600	2487.8	35.69%
2013	788.1	1700	2488.1	31.67%

续表

年份	进口量/万吨	国内回收量估算/万吨	再生利用量/万吨	进口量比率/%
2014	825.43	2000	2825.43	29.21%
2015	735.42	1800	2535.42	29.01%
2016	734.73	1878	2612.73	28.12%
2017	582.93	1693	2275.93	25.63%

在2017年国内回收量下降的同时，国内塑料使用量却连连出现上涨，2017年国内塑料使用量达到了历史新高的7567.34万吨，增速高达10.48%。但与此同时，由于国内回收再生量下跌至1693万吨，导致国内回收率骤降至22.37%。国内回收形势不容乐观（表6）。

表6　2011—2017年废塑料国内回收率

年份	塑料使用量（测算）/万吨	使用量增速/%	回收再生量（估算）/万吨	国内回收率/%
2011	5229.5	——	1350	25.82
2012	5467.37	4.55	1600	29.26
2013	5670.09	3.71	1700	29.98
2014	6785.37	19.67	2000	29.48
2015	6807.13	0.32	1800	26.44
2016	6849.43	0.62	1878	27.42
2017	7567.34	10.48	1693	22.37

三、当前国内塑料再生利用行业遇到的问题

随着我国全面停止废塑料的进口，我国塑料回收产业发生了本质的变化，也对全球塑料回收行业产生了无可估量的影响。

我国国内发生的变化主要有几个方面：

（1）国内来源废塑料供应量急剧下降，价格快速上涨，而需求依然大量存在。中短期内将处于比较严重的供应短缺之中。

（2）大量中小型、小微型企业或者经营困难，或者因环保问题被关停，回收行业产能受到了大规模的削减。上下游企业均受到了一定的冲击。

（3）来自回收产业的失业增加。

（4）塑料制品企业更多的选择使用塑料新料，而国内回收量不升反降，增加了待废弃塑料总量，提高了碳排放量，间接加重了国内环境压力。

（5）国内公众并未对回收的意义以及如何参与回收有着清晰、深入的了解，也并没有意识到每个人自身都应该积极参与回收才是对我们生活环境最大的利好。

（6）国内回收体系建设的工作依然未能取得阶段性成果。国内来源废塑料的回收无论从数量还是从质量上来说，依然不能满足塑料制品制造业的需求，整个塑料工业面临着暂时的退步。

（7）塑料回收、加工行业的技术装备水平、加工工艺仍有待提高。

（8）化学法回收所占市场份额依然过低，目前仅约5%左右，但与前些年相比以有所提高。而且，化学法在技术方面也不断出现突破。

（9）海关对进口再生塑料颗粒的评判标准需要更加清晰地界定，以防矫枉过正，当前存在误伤高品质进口再生塑料颗粒的可能。

四、发展建议

（1）结束九龙治水的局面，建议由发改委牵头，会同生态环境部、工信部组成联合工作小组，全面推动国内回收体系建设的工作。

（2）国内回收体系建设中，需要尽早推进的方面有：生产者责任制延伸，包装押金制度，分类回收制度，再生塑料（固体废弃物）质量管理体系。其中，生产者责任制延伸、包装押金制度和分类回收制度可以直接借鉴他国经验。再生塑料质量管理体系建议以再生塑料终端产品为引导，首先制定再生塑料制品的质量要求，然后逆推其再生原料的质量管理要求，再逆推为制造再生原料而使用的废弃塑料的品质要求。以塑木地板为例，可以参照塑料新制品中对地板标准要求塑木地板应达到相应的标准，再以此标准制定“塑木地板用再生塑料颗粒（粉碎料）的质量标准”，再制定“废塑料回收再利用制造塑木地板用塑料颗粒（粉碎料）的基本品质要求”，这样便可使得一直无法类别化管理的废塑料的品质评价有章可循。

（3）对进口塑料再生颗粒的质量判定标准进行确定，可以考虑实行物性表管理制度，既防止再生颗粒杂质含量超标，又防止矫枉过正，误伤不会造成污染的进口颗粒。比如对不影响纯净度的切粒外形不必做特别要求，色差应控制在合理范围内。

（4）“洋垃圾”的问题好解决，只要停止进口即可。但“土垃圾”的问题不容忽视，因为我们总不能反过来，把“土垃圾”出口到别国去。因此，应合理区分优质产能和劣质产能，建立奖惩制度。对于诚信经营，积极进行转型升级，认真达到环保标准的企业应予以保护、鼓励以及政策扶持，扶持政策宜包括且不限于减税、给予信用额度、补贴等政策。对于不能达到转型升级要求的企业应当继续加大治理力度，该整治整治，该关停关停，该惩处惩处，不能再走以牺牲环境为代价换取经济发展的老路。

（5）建议积极引导、推动化学法回收产业发展。化学法是指采用化学手段，在酶的作用下，一般采用加温、加压的方式使聚合物发生解聚反应，再经过萃取、蒸馏等手段得到纯净的化工原料。然后既可以再经过聚合反应制成塑料原料，也可以用作其他化工用途。化学法可以得到高纯度的化工原料，与石油化工所得塑料原料没有太大差异。是塑料“闭合循环”的最完美状态，不必再浪费宝贵的石油资源，也不必再承受高昂的环境代价。问题是，当前化学法回收的成本高于物理法很多，而未来塑料回收工业的理想状态也应该是塑料制品再废弃之后，经过一两次物理回收降级使用，在杂质含量与物理化学性能都不再满足再生原料要求的时候，再进行化学法回收。这样既可以发挥物理法产能大、成本低、碳排放少的有点，又可以几乎完全做到塑料资源的永续闭合循环，彻底解决废塑料废弃、填埋、焚烧等方式所带来的环境问题。物理法与化学法应该相互配合，各自占据相当比例的市场份额，再辅助以还原油技术，做到在全球范围内永久性解决废塑料的环境污染和资源浪费问题，节约宝贵的石油资源。目前化学法的市场占有率远远不能满足当前废塑料闭合循环的要求，是需要当代人付出一定的经济成本来扶植的产业，也是功在当代、利在千秋的事业。

（6）建议扶植大型回收企业深入社区，制定相应政策以提高回收终端的利润率。比如回收终端环节的减税或者免税，采用不同的价格来回收公众手工分类的固体废弃物以刺激公众更加积极参与高品质回收等。这样可以使大型回收企业更加顺利地进入终端市场，打破回收终端的垄断，尽快完善固体废弃物回收的闭合循环中最关键也是最薄弱的一环。

（7）继续反对固体废弃物填埋，尽可能减少乃至消除对土地的不合理利用，在条件合适的情况下，重新开采填埋坑，采用化学法回收已被填埋的废塑料。

（8）废塑料品种繁多，用途广泛，不同品种的废塑料的使用量差别极大，因此坚决反对既有的准入条件中以企业产能规模来界定废塑料再生行业的准入门槛，因为产能规模与可造成的环境影响并不相关，反而会造成行业垄断，不利于竞争。建议以质量控制、生产工艺控制、环保管理控制（参考ISO标准）为指标制定废塑料再生行业的准入门槛。

（中国塑协塑料再生利用专业委员会　陈岩）

医用塑料

在社会的许多领域，塑料已经取代了玻璃、木材、纤维和金属，包括餐具、服装、食品包装、个人护理产品等。塑料作为一种十分重要的材料，在医学领域也得到了广泛的应用。从而推动医用塑料产业迅速发展，从药品、药剂的包装，到一次性医疗器械（如点滴瓶、注射器等）、非一次性医疗设备（如计量器、外科仪器等）的应用，塑料都发挥着不可替代作用。在15年的时间里，国际医用塑料制品市场的年均增长率高达1518%，在各种医疗器械产品市场年增长率中名列前茅，其巨大的市场潜力和惊人的增长速率吸引了全球投资者的目光。

一、医用塑料行业现状

（一）医用塑料优势

医疗器械制品大力推广塑料的应用，目前塑料已经成为医疗器械以及各种一次性医用制品的重要原料。塑料医疗器材优点很多，在未来医学领域中，它的市场影响力会越来越大。

塑料在医疗领域应用有几大优势：

（1）重量轻，使用省力，有利于减轻医生因长时间手术带来的疲劳。较适合人体血液肌肉组织，所以更具疗效。

（2）强韧度好，防渗透性强，耐用，部分塑料还可以在高温下正常使用。

（3）具有透明度，医疗过程中可以更好地观察，尤其在手术过程中。

（4）易于成型，适合生产各种造型、结构复杂的医疗器械和用品，且只需使用低成本的生产工艺。使用消毒液或高温杀菌消毒不会发生腐蚀或颜色变化的现象。

（5）与金属等其他原材料相比，成本低，更适于生产一次性损耗品，经过消毒后用作包装材料有助于降低感染的风险。

（6）与陶瓷或玻璃等易碎材料相比，塑料的使用更加安全，尤其是用作包装材料。

除了传统医用塑料，如PP、PVC、PE、硅橡胶等普遍用于医疗器械行业外，一些高性能材料如聚醚醚酮（PEEK）、生物兼容的聚碳酸酯（PC）、热塑性弹性体（TPE）等等都是推进医疗器械行业发展的重要材料。

（二）常用医用塑料市场概况

目前市场上常用于医用塑料制品加工的塑料原料主要包括聚氯乙烯（PVC），聚乙烯（PE）、聚丙烯（PP）、聚苯乙烯（PS）、聚碳酸酯（PC）、ABS、聚氨酯、聚酰胺、热塑性弹性体、聚砜和聚醚醚酮等。共混可以改善塑料的性能，使不同树脂的最佳性能体现出来，如聚碳酸酯/ABS、聚丙烯/弹性体等共混改性。

常用医用塑料有以下七种。

1. 聚氯乙烯（PVC）

PVC是世界上产量最大的塑料品种之一。根据不同的用途可以加入不同的添加剂，使PVC塑件呈现不同的物理性能和力学性能。在PVC树脂中加入适量的增塑剂，就可制成多种硬质、软质和透明制品。

硬PVC不含或含有少量的增塑剂，有较好的抗拉、抗弯、抗压和抗冲击性能，可单独用作结构材料。软PVC含有较多的增塑剂，它的柔软性、断裂伸长率、耐寒性增加，但脆性、硬度、抗拉强度降低。

据市场估计，医用塑料产品大约25%是PVC。主要是由于该树脂的成本较低、应用范围广阔、易加工。医学应用的PVC产品有血液透析管路、输液器、呼吸面罩、吸氧管等。

2. 聚乙烯（PE）

聚乙烯塑料是塑料工业中产量最大的品种，乳白色，无味、无臭和无毒的光泽性蜡状颗粒。其特点是价格便宜，性能较好，可广泛地应用于工业、农业、包装及日常工业中，在塑料工业中占有举足轻重的地位。

PE主要包括低密度聚乙烯（LDPE）、高密度聚乙烯（HDPE）以及超高分子量的聚乙烯（UHDPE）等品种。HDPE的高分子链上支链较少，相对分子质量、结晶度和密度较高，硬度和强度较大，不透明性差，熔点较高，常用于注塑件。LDPE带有许多支链，因而相对分子质量较小，结晶度和密度较低，具有较好的柔软性、耐冲击及透明性，常用于吹膜，是目前广泛使用的PVC可选的替代品。也可以根据使用性能要求将HDPE和LDPE两种材料混合使用。UHDPE具有较高的冲击强度、低摩擦性、耐应力开裂性和较好的吸能特性，使之成为人造臀、膝盖和肩部连接器的理想材料。

3. 聚丙烯（PP）

PP无色、无味、无毒。外观似聚乙烯，但比聚乙烯更透明、更轻。PP是一种性能优良的热塑性塑料，具有比重小（0.9g/cm^3）、无毒、易加工、抗冲击、抗挠曲性等优点。医用PP具有较高的透明度、较好阻隔性和耐辐射性，使其在医疗设备和包装业上具有广泛的应用。以PP为主体的Non-PVC材料是目前广泛使用的PVC材料的替代品。

4. 聚苯乙烯（PS）和K树脂

PS是仅次于聚氯乙烯和聚乙烯的第三大塑料品种，通常作单组分塑料进行加工和应用，主要特点是质轻、透明、易染色，成型加工性能良好，所以广泛应用于日用塑料、电器零件、光学仪器及文教用品。质地硬而脆，有较高的热膨胀系数，因此，限制了它在工程上的应用。近几十年来，发展了改性聚苯乙烯和以苯乙烯为基体的共聚物，在一定程度上克服了聚苯乙烯的缺点。K树脂就是其中的一种。

K树脂是由苯乙烯与丁二烯共聚而成，它是无定型聚合物，透明、无味、无毒、耐冲击性能比PS高，透明性好，热变形温度为77℃，由于K料的流动性好，加工温度范围较宽，所以其加工性能良好。在医疗领域主要用于医药包装用品等。

5. 丙烯腈-丁二烯-苯乙烯共聚物（ABS）

ABS具有一定的刚性、硬度、耐冲击和耐化学性能、耐辐射和耐环氧乙烷消毒。

ABS在医疗上的应用主要用作外科工具、滚筒夹子、塑料针、工具盒、诊断器件和助听器外壳，特别是一些大型医疗设备的外壳。

6. 聚碳酸酯（PC）

PC的典型特性是韧性、强度、刚性和耐热蒸汽消毒，这些特点使得PC优先选择成为血液渗析过滤器、外科工具柄和氧气罐（当在外科心脏手术中，这种仪器可以去除血液中的二氧化碳，增加氧气）；PC在医学上的应用还包括无针注射体系、灌注仪器、血液离心机碗和活塞。利用其高透明性能，通常的近视眼镜是PC做成的。

7. 聚四氟乙烯（PTFE）

PTFE树脂为白色粉末，外观蜡状、光滑不粘，是最重要的一种塑料。PTFE具有卓越的性能，非一般热塑性塑料所能比拟，因此有“塑料王”之称。其摩擦系数是塑料中最低的，具有良好的生物相容性，可以制作成人工血管等直接植入人体的器械。

（三）医用塑料存在问题及解决办法

1. 医用PVC中的增塑剂（DEHP）问题

PVC是五大通用塑料之一，因其价格便宜，性能优异等诸多优点，是医疗器械中应用较广的塑料原料，据估计约有三分之一的医疗用品由PVC材料制成，PVC通常采用邻苯二甲酸（二乙基己）酯（简称DEHP）作为增塑剂，增塑后的PVC由于具有强度和模量较高、柔软、回弹性好、透明，因此已广泛地用于制作输液器、血袋、导液管、呼吸面具、肠道营养管、腹膜透析袋、体外循环管路、膜式氧合器、血液透析管路以及各种医用导管等一次性医用输液器械，这为减少医源性疾病，简化医疗人员操作和减少患者痛苦发挥了重大作用。

增塑剂是一种加入到材料（通常是塑料、树脂或弹性体）中以改进他们的加工性、可塑性、柔韧性、拉伸性的物质。加入增塑剂可降低黏度、玻璃化转变温度和产品的弹性模量而不改变被增塑材料的基本化学性质。

DEHP是一种普遍存在于世界的增塑剂。二十世纪六、七十年代，欧、美、日等发达国家开始采用DEHP增塑的PVC制作的一次性医用输注器械，我国在二十世纪八、九十年代也开始大规模推广应用。在2002年，美国毒物和疾病登记署（ATSDR）指出大概97%的DEHP被用作PVC塑料的塑化剂。在2006年，欧洲央行指出所有邻苯二甲酸盐类塑化剂的使用中，DEHP的使用占了一半。从该类产品进入市场时起，国内外对其安全性的争论一直不断，近年来随着临床应用的广泛、深入和相关医学科学技术的发展，人们发现含有增塑剂的PVC材料本身存在安全隐患，使用性能上亦有种种不足，因软PVC材料中含有40%～60%的增塑剂DEHP，在存放和使用过程中会迁移到输注器械的表面，污染药液和血液制品，并可能随输注过程进入人体，给患者健康造成潜在的危害或使患者在治疗过程中增添新的致病源。

近来越发多的研究表明DEHP增塑剂对人体健康有诸多危害，特别是对儿童及青春期前的男性患儿而言危害更大。研究表明：DEHP增塑剂会对人和动物的多种器官带来有毒副作用，这些器官包括肝脏、生殖等。有专家指出，DEHP是一种环境荷尔蒙，主要作用于腺体器官，影响人体内分泌系统，从而使得男性生殖能力减弱并促使女性性早熟，如果长期大量摄入体内很可能会引发肝癌。年幼儿童正处于内分泌系统、生殖系统的快速发育期，因此DEHP对年幼儿童带来了巨大的潜在危害。塑化剂（DEHP）引起男性生殖能力下降的主要原因是DEHP本身具有类雄激素的作用，由于DEHP的这一作用，故随着DEHP含量递增，会通过反馈调节使促性腺激素含量递减，从而导致雄性激素减少，长时间会引起男性生殖能力下降，因此，可得出DEHP能够引起人体内雄激素减少。

PVC材料中添加了使其稳定和软化的无法降解的有毒物质DEHP，这对人类健康和环境和谐造成了极大的危害。因此，PVC医疗器械所存在的问题引起世界各国政府的广泛重视，不少国家政府或相应机构都已采取了相应的补救措施。我国虽未禁止

DEHP 增塑剂的 PVC 材料用于医疗器械，但也要求进行明确标示与警示，我国在《一次性使用输注器具产品注册技术审查指导原则》中也指出增塑剂不再局限于 DEHP，更安全的医用增塑剂可以使用。而欧盟、美国、日本等发达国家已开始逐步限制 DEHP 增塑的 PVC 材料用于医疗用品，因此，选择安全、低毒、性能良好的非 DEHP 增塑的 PVC 材料，已成为医疗器械制造商的必然趋势。

随着研究深入目前已有大量的非 DEHP 增塑剂问世，广泛应用于医疗器械领域中。如巴斯夫 Hexamoll DINCH 增塑剂、TOTM 增塑剂、Eastman168 增塑剂、柠檬酸酯类和环氧大豆油等。

Hexamoll DINCH 属于环己烷 1，2 一二羧酸异壬基酯，是一种非邻苯二甲酸酯增塑剂。对 PVC 有很好相容性、优良的加工性能、低挥发性、优异的低温性能，无气味，专为 PVC 的敏感性应用而开发。在欧洲经过严谨的毒理测试，环保无毒。无霉菌/真菌生长，低迁移性，卓越的毒理学特性，使之成为玩具、食品包装、医疗用品等敏感软质 PVC 产品的首选的增塑剂。

TOTM 化学名称为 1，2，4 一苯三甲酸三（2 一乙基己基）酯，是一种优良的 DEHP 替代品。根据日本厚生省的研究结果，TOTM 相比 DEHP 有着更低的毒性，已成为厚生劳动省推荐使用的 DEHP 替代增塑剂。

2. 其他增塑剂的应用

（1）Eastman168 增塑剂

近年来 Eastman 公司推出了符合欧盟规定的 Eastman168 增塑剂，即二（2 - 乙基己基）对苯二甲酸酯，其味道轻、无毒，不含雌激素、抗生素、抗雄性激素及致癌物，不引起过氧化酶体增值，有良好的增塑性、耐久性、低迁移性、低挥发损失率等优点，使 PVC 制品的机械性能、持久性及低温弹性良好。Eastman168 有低的出黏性、好的黏度稳定性，能满足高速制模生产效率和循环周期的要求，可增塑与食品接触的 PVC 塑料制品、儿童玩具、输氧管和医用血袋等医疗制品。

（2）乙酰柠檬酸三丁酯（ATBC）

近年来，环球很多国度均在加大对无毒环保增塑剂及其产物的存眷和投资力度，研发绿色环保无毒增塑剂取代邻苯二甲酸酯类塑化剂，已成为行业成长的必然趋势。以柠檬酸三辛酯为代表的柠檬酸酯类物资属于绿色环保类增塑剂，安全无毒性，生物降解性好、挥发性小、抗细菌、增塑效力高等优点，已被 FDA 同意为无毒增塑剂。其增塑后果与邻苯二甲酸酯类增塑剂相称，曾被认为是邻苯二甲酸酯等传统增塑剂的较好取代产物。泰西等国已前后宣布申明，容许柠檬酸酯类产物利用于儿童玩具、医疗器械、食物药品等卫生请求较高的范畴。

（3）环氧大豆油（ESO）

ESO 增塑的 PVC 具有很好的机械强度、耐候性及电性能，经 ESO 的环氧键能迅速吸收 PVC 因热、光降解出的氯化氢，阻滞 PVC 连续分解，减少氯化氢对病人的危害，延长 PVC 的使用时间。ESO 增塑剂适用于食品包装盒儿童玩具及一次性输氧导管、医用手套、血浆袋等 PVC 制品，其增塑的 PVC 血袋在低温能很好地保存血液。

3. 医用聚碳酸酯中的双酚 A（BPA）问题

医疗级聚碳酸酯因其透明度高、不易破碎、满足生物相容性要求；同时其制品可经受蒸汽，加热和大剂量辐射消毒，且不发生变黄和物理性能下降，因而被广泛应用于人工肾血液透析设备以及其他需要在透明、直观条件下操作，并需反复消毒的医疗设备中，如生产高压注射器、外科手术面罩、一次性牙科用具、血液浓缩器器、血液收集存储器、血液分离器等。

双酚 A 学名 2，2 - 二（4 - 羟基苯基）丙烷，简称二酚基丙烷，其化学结构与雌激素类似，是一种在动物体内已经被证实具有雌激素效应的活性物质。BPA 作为生产聚碳酸酯的重要基础原料，目前已有 50 多年的使用历史，从矿泉水瓶、塑料制品、医用器具、食品包装等都有 BPA 的存在。BPA 作为一种化工原料，2008 年 4 月 18 日已经被加拿大联邦政府正式认定为有毒物质，并严禁在食品包装中添加，所以，聚碳酸酯的安全性是值得注意的问题。欧盟认为含 BPA 奶瓶会诱发性早熟，尽管没有任何实际损伤的证据，由儿童所引发的普遍怀疑，特别能引起重视，持续的基于预防性措施的监管活动，有些国家进一步采取了法律行动，特别是从 2011 年 3 月 2 日起，欧盟禁止生产和销售含 BPA 的婴儿奶瓶。中国卫生部等部门发布公告称，2011 年 9 月 1 日起禁止进口和销售 PC 婴幼儿奶瓶和其他含 BPA 的婴幼儿奶瓶，由生产企业或进口商负责召回。

而拜耳公司在 2013 年 6 月发表观点“BPA 在拟使用条件下是安全的”[10]，并提出“目前尚无合理的科学依据证明存在有关双酚 A 目标使用条件下的任何健康或安全性问题”。1936 年 BPA 被证实具有弱的激素样效应，但其作用效力比天然雌激素低约 10000 倍，只有在实际生活中达到的极高剂量下才有作用。科学研究显示，BPA 从相关产品迁移的量及其微小，因 BPA 牢固的键合在聚碳酸酯上，所以释放量极少，并且 BPA 在体内可迅速而有效地转化为非活性形式，并通过尿液迅速排出体外[11]。

解决办法

PC 生产中尚无等效的、经深入研究且技术可行的 BPA 替代物可用，而医用聚碳酸酯又是医疗器械制品领域不可或缺的重要原材料，作为企业所能做的就是持续地对新研究进行评价，尤其关注易感人群，出现任何 BPA 或聚碳酸酯健康风险的科学证据，将积极地采取措施；关注行业最新动态，若有可替代品，及时更换器械原材料，避免不必要的风险发生；关注医疗器械法律法规，掌握最新行业动态，根据法规对器械进行把控。

4. 医疗垃圾的危害

随着医疗垃圾数量的增加和人们对环境保护意识的增强，医疗垃圾的有效处理越来越受到人们的重视。所谓的医疗垃圾是指相关卫生机构在从事医疗、保健以及预防等活动过程当中所产生的具有一定毒性、腐蚀性、传染性或者其他相关危害性的垃圾。依据 2003 年国务院令第 380 号《医疗废物管理条例》规定，医疗垃圾分为感染性垃圾、损伤性垃圾、病理性垃圾、药物性垃圾、化学性垃圾五类。医疗垃圾是《国家危险废物名录》47 类危险垃圾中的首要废物。

由于医疗垃圾具有全空间污染，急性传染和潜伏性污染等特征，其所含有的微生物的危害性是普通生活废物的几十、几百甚至上千倍，如处理不当，会成为医院感染和社会环境公害源，更严重可成为疾病流行的源头。医疗废物中含有不同程度的细菌、病毒和有害物质。如果把生活垃圾与医疗垃圾混合排出，这会加大污染量，会导致病菌扩散，因此，对医院医疗垃圾的收运和处理刻不容缓。

解决办法

1）改进医疗垃圾处理方法

鉴于医疗垃圾的强污染性及病毒传播性，人们使用许多处理方法来解决这个问题。一般处理的方式分为：填埋堆肥法、高温高压蒸汽灭菌法、高温焚烧法、高温热解法和磁化裂解法。

通过实践证明高温焚烧法是目前最经济、效果较好的医疗垃圾处理方法。目前我国医疗垃圾均采用焚烧化处理。高温焚烧法是最为常见的医疗垃圾处理方式，该方法运行稳定，消毒灭菌及污染物去除效果好，可以利用回收的热量发电或产生蒸汽，减容和减量较好，适用于各种医疗废物，也是应用最传统、最广泛的危险废物处置技术之一，国内一些大城市分别建立了垃圾焚烧厂或焚化处理场。

2）加强医疗垃圾流转监管力度

医疗卫生部门和环保部门应加大监督执法力度，规范医疗垃圾管理，确保各项工作落实到位。同时坚决打击买卖医疗垃圾的违法行为，对涉及者追究法律责任，加大媒体的监督力度，对违规事件要公开曝光。

3）加强宣传教育

提高医护人员医疗垃圾管理意识，使医疗垃圾规范化管理，提高处置的规范性和有效性。加强培训，设置奖惩制度，提高医疗垃圾规范好管理程度。

二、2017 年行业发展方向

就目前来看，常用的医用塑料制品可开发空间很小，本领域需要开拓新的研发途径来打破目前尴尬处境。研究发现生物医用材料将是医疗器械领域一个很好发展方向。

生物医用材料（BiomedicalMaterials），是用来对生物体进行诊断、治疗、修复或替换其病损组织、器官或增进其功能的材料。作为一种研究人工器官和医疗器械的基础，生物医用材料现在已经成为当代材料学科的重要分支，尤其是随着生物技术的蓬勃发展和重大突破，生物医用材料已经成为各国科学家竞相进行研究和开发的热点，近几年来，有关医用材料以及医用材料在高新医疗技术领域应用研究相关报道层出不穷。

全球生物医用材料市场主要应用项目骨科应用、心血管应用、整形外科应用、胃肠科应用、泌尿科应用、伤口敷料及其他应用等。自 20 世纪 90 年代后期以来，世界生物科学和技术迅速发展，全球生物医用材料市场以每年 13% 的速度增长。即使在全球经济低迷的大环境下，生物医用材料仍是少数几个保持高增长的朝阳产业之一，充分体现了生物医用材料具有强大的生命力和广阔的发展前景。

我国生物医用材料产业起步于 20 世纪 80 年代初期，近年我国生物医用材料研制和生产迅速发展，现已经成为一个新兴产业，总产值的增长速率甚至高于国民经济平均发展速度。目前我国生物医用材料在临床中应用中主要用作医疗器械，并已成为整个医疗器械产业的重要基础，其产品约占医疗器械市场规模的40%～50%。数据显示，2015年，中国生物医用材料市场约为1439.6亿元，同比增长18%。

中国对生物医用材料和制品有着巨大的需求，目前，我国正步入老龄化社会，2015年中国65岁及以上人口为14434万人，近十年来，65岁及以上人口逐年增加。年老体迈不断引发机体组织和器官病变，需要及时治疗，为此需要提供大量优质的生物材料制品。

政策的扶持也将推动国内已有材料企业学酥发展壮大。医疗器械“十三五”规划将重点支持生物医学材料领域。我们预计，2017年中国生物医用材料市场规模将达到1954亿元，未来五年（2017—2021年）年均复合增长率约为15.21%，2021年中国生物医用材料市场规模将达到3443亿元。

（一）2017年行业重点研发项目—PLA是亮点

生物材料在疾病治疗和医疗保健中发挥了重要的作用，按材料性质，生物材料可分为惰性材料与可降解性材料两种，目前生物材料的发展呈现出由惰性向可降解性（水解和酶降解）转变的趋势，这表明现在许多发挥临时治疗作用（帮助机体修复或再生受损组织）的生物惰性器械将被可降解材料器械替代。与惰性材料相比，可降解高分子材料是一种更为理想的医疗器械材料，惰性器械普遍存在长期相容性差和需要二次手术的问题，而可降解高分子材料器械不存在这些缺陷。最近20年生物医学中出现了一些新的医疗技术，包括组织工程，药物控释，再生医学，基因治疗和生物纳米技术等，这些新的医疗技术都需要可降解高分子材料作支撑，它们也相应地促进了可降解高分子材料的发展。

可降解高分子材料在整个降解过程中都需要具有良好的相容性，主要包括以下几点：

（1）植入人体后不引起持续的炎症或毒性反应；

（2）合适的降解周期；

（3）在降解过程中，具有与治疗或组织再生功能相对应的力学性能；

（4）降解产物是无毒的，能够通过代谢或渗透排出体外；

（5）可加工性。影响可降解高分子材料生物相容性的因素很多，材料本身的一些性能，如植入物的形状与结构、亲水亲油性、吸水率、表面能、分子量和降解机理等都需要考虑。

（二）聚乳酸（PLA）

PLA因其特有的性能而成为最近几年来的研究热点。高拉伸强度、低断裂伸长率和高拉伸弹性模量（接近4.8GPa），是理想的医用承重材料，如骨固定器械。现在市场上的PLA骨固定器械有Bio-Screw ®，Bio - Anchor ®，MeniscalStinger ®等。另外，PLLA也可制成高强度的手术缝合线。1971年，PLA手术缝合线经美国FDA批准上市，它具有比DEXON ®更加优良的性能。PLA也可用于其他一些医疗领域，如韧带修复与重建、药物洗脱支架、靶向药物运输等。2007年，美国FDA批准了一种可注射的PLA制品（Sculptra ®），用于治疗人类免疫缺陷病毒（HIV）引起的面部脂肪损失或萎缩。PLA的降解速率缓慢，高分子量的PLA在体内完全降解需要2～5.6a的时间，结晶度和孔隙度等因素可以影响它的降解速率。

在水解作用下，PLA在6个月内出现力学性能下降现象，但要经过很长的时间后才会出现质量损失现象。因此，为了获得更好的降解性能，研究者将L - LA与GA或DL - LA共聚。Resomer ® LR708便是一种由L - LA与DL - LA（质量比70：30）共聚得到的无规共聚物。PDLLA因为L - LA和D - LA的随机分布形成了无规共聚物，Tg在55～60℃之间，强度大幅下降，这是由分子链的无规排列造成的。在水解作用下，PDLLA在1～2个月内出现力学性能下降现象，在12～16个月内出现质量损失现象。与PLA相比，PDLLA具有低强度和高降解速率的特点，是药物运输载体和组织再生支架（低强度）的理想材料。PLA通过链段中酯键的随机断裂（水解作用）实现降解，初级降解产物为乳酸，乳酸为人体正常代谢的副产物，通过柠檬酸循环，乳酸可进一步降解为二氧化碳和水。

三、行业面临的突出问题及政策建议

（一）面临的突出问题

1. 产业集中度低

我国医疗器械企业规模过小，产业组织结构分散，产业竞争力水平较低。医疗器械企业数量众多，规模普遍不大，尤其缺乏领军型的国际知名企业。占行业主体的中小企业，大多数是劳动密集型企业或简单的医疗耗材用品生产企业，产品的同质化问题严重。虽然近年来通过兼并重组，在一定程度上改善了生产集中度的问题，但与世界先进水平相比仍有较大差距。国内的医疗器械市场不管在生产还是在销售领域，集中度都比较低。尤其是 I 类医疗器械领域，由于技术含量低，进入门槛不高，导致大量企业涌入，产业集中更低。

2. 创新能力弱

创新能力弱是制约我国医疗器械产业发展的重要因素。我国医疗器械产业以生产制造为主，设计研发能力薄弱，主要表现在以下几个方面。

首先，医疗器械企业研发投入强度低。目前，我国医疗器械研发投入占销售收入的比重为 3%，而国外平均水平为 15% 以上。经费投入的严重不足使得我国在创新性医疗器械的研究与开发上远远落后于国外，医疗器械企业以仿制和改进设计为主。

其次，医疗器械成果转化慢，转化率低。由于我国尚未形成产学研配套体系，产品研发和临床实际应用结合不紧密，医疗器械实验室成果与产品产业化之间存在距离，中间缺少有效衔接。

3. 进出口结构失衡

我国医疗器械产业进出口贸易增长较快，但结构失衡问题比较突出。医疗器械出口以中低端产品为主，产品的技术含量和附加值偏低。我国医疗器械出口的产品主要有医用导管、药棉、纱布、绷带、化纤制一次性或医用无纺织物服装、X 光检查造影剂等。我国医疗器械进口则以高端产品为主，技术含量和附加值都比较高，不易研发制造。与进口产品相比，国内生产的这类产品在安全性和有效性方面仍与进口产品存在一定差距。我国医疗器械进口的产品主要有彩超仪、CT 机、MRI 仪、内窥镜、血管支架等。

4. 国内品牌地位较低

目前，我国已成为全球增长最快的医疗器械市场，但外资品牌、合资品牌在国内高端市场上占有优势，而国内品牌处于市场弱势地位。国内品牌地位较低问题主要存在于目前国产品牌创新能力不高，产品技术参数、稳定性等综合性能还不具备优势导致。从全球医疗器械产业来看，高端市场仍然被美国、德国、日本等发达国家所垄断。受我国医疗器械市场吸引，知名跨国企业陆续在华投资，逐步垄断了我国高端医疗器械市场。从大城市的招标情况来看，国内高端、大型的医疗器械市场中，外资企业已占据了 80% 以上，其中 GE 市场占有率已达到 50% ~60%。由此可见，内资品牌医疗器械在市场上占有率仍然比较低，尤其在高端影像类产品和高端耗材领域。高端、大型医疗器械市场由外企垄断直接导致医疗成本的提高，从而增加政府卫生投入和我国居民的医疗负担。

5. 行业监管欠缺

医疗器械监管人才缺乏已成为我国医疗器械监管工作实施和行业发展的制约因素。医疗器械监管人员不仅要负责行政审批工作，还要负责行政监管，繁杂的审批程序常常让监管人员无力监管。另外，监管部门的专业化水平和执法能力尚待提高。我国监管部门成立较晚，许多基层结构人员来源专业背景复杂，缺少医疗器械专业技术知识，严重影响了执法的质量和效率。

儿童医疗器械监管等一些细节工作亟待改进。我国目前还未制定小儿用医疗器械的技术文件，而美国已经于 2004 年制定了相关产品的上市前评估的指导原则。同时，我国对小儿用医疗器械的评价和研究也很少，目前仅在少数标准中有针对小儿用医疗器械的性能要求。

（二）政策建议

1. 优化医疗器械监管机构

加强监管机构队伍建设。充实监管队伍，制订医疗器械行政监管人力资源规划，吸引优秀人才进入医疗器械行政监管工作。根据医疗器械监管专业性强的特点，合理设置岗位要求，以岗选人，注重人员的综合素质和专业技能。

提高监管人员专业技能。制定教育培训规划，加大教育培训经费的投入，加强监管人员法律、法规和专业知识培训。采取定期轮换岗位、交流等形式，培养和锻炼执法人员的综合素质。药品监督管理部门应对行政审批事项进行科学分析，简化各种审批程序，提高人员素质，减少自由裁量权。要加大业务技能培训力度，着重提升执法监管能力，使事后监管变为事前监管，不断提高监管水平。

完善医疗器械法规体系

加强立法工作，积极争取全国人大常委会的重视和支持，提高医疗器械监管工作的法律地位。

加强“过程监管”机制。完善我国医疗器械不良事件报告制度、追溯和召回管理办法，开展重点医疗器械的再评价。积极采用物联网等新技术手段，建立动态的医疗器械“过程监管”机制。

加大对违法行为的处罚力度。加快医疗器械质量安全管理法规的完善和修订，使执法人员有法可依，大幅度提高医疗器械领域违法犯罪的成本。

2. 引进国外先进监管经验

积极引进国外“适者等同”的经验，豁免不必要的临床试验。积极引进美国 FDA “采标”方法。

目前，III 类医疗器械难以制定标准，加之我国监管机构力量薄弱。因此，应积极借鉴美国 FDA 先进经验，从注重编制标准到选择标准转变。选择范围可以包括企业、行业协会及国际组织等制定的标准。

注重利用第三方机构支持。第三方机构在国外医疗器械监管发挥了重要作用。积极利用第三方机构大量的日常性和技术性工作，可以缓解我国政府机构医疗器械监管工作负担，提升监管工作水平。

3. 提升国内医疗器械企业竞争力

支持中小型技术企业做精做强。营造有利于企业公平竞争的市场环境，制定以鼓励风险投资发展的风险投资政策以及中小医疗器械技术型企业信贷政策，促进中小型技术企业做精做强。

支持大型企业做大做强。通过生产标准准入，提高企业的整体素质，淘汰一批生产、经营不规范、规模小、低水平重复的生产经营企业。鼓励国内企业兼并，提高集中度，促进具有持续创新能力的企业做大做强，培育一批具有国际核心竞争力的医疗器械企业。

加大政府对国产企业采购支持力度。优化国产医疗器械产品的采购程序，研究制定切实可行的政策措施，鼓励政府医疗机构尤其三甲医院对国产自主医疗器械品牌的采购力度。

4. 理顺医疗器械创新体系

建立以临床科研一线人员为主体的创新团队。逐步改变以科研院所为主体的创新团队，建立由科研院所、医院临床一线人员、企业等多方科研人员组成的科研队伍体系。使医疗器械创新产品源于临床需求，最终又应用于临床。

争取实施医疗器械国家科技重大专项，突破当前我国医疗器械创新中的重大技术瓶颈。强化与医疗器械相关的基础研究、前沿技术研究及关键技术研究，大力提升医疗器械研发水平和成果转化能力，逐步抢占全球医疗器械科技发展战略制高点。

创造有利于医疗器械创新的环境。减少行政审批事项和环节，优化创新产品审评、审批程序。完善医疗器械创新评价标准和监管机制，开通医疗器械创新产品审评绿色通道，在资金及产品注册、上市、采购方面给予政策支持。实施医疗器械知识产权战略，加强知识产权保护。

（中国塑协医用塑料专业委员会　李小静　许强）

降解塑料

一、行业现状与进展

（一）国外生物降解塑料发展情况

1. 发展趋势

近年来，随着国际原油价格的持续攀升和资源的日渐趋紧，石油供给压力增大，生物能源产业、可降解产业的经济性和环保意义日渐显现，产业发展的内在动力不断增强。尤其是可降解化学品、生物基可降解材料由于其绿色、环境友好、资源节约等特点，正逐步成为引领当代世界科技创新和经济发展的又一个新的主导产业。在日本、欧洲等国家完全生物降解地膜有少量应用，大约每年有 4000 吨左右的用量。在欧美国家，淀粉和脂肪族聚酯的共混物被广泛用来生产垃圾袋等产品。国际上规模最大、销售最好的是意大利的 Novamont 公司，其商品名为 Mater - bi，产品在欧洲和美国有较大量的应用。日本 UNITIKA 公司，也研发和生产了许多种制品，其中帆布、托盘、餐具等在日本爱知世博会被广泛使用。据日本生物降解塑料研究会的资料，2014 年日本用量约 4 万吨左右。根据欧洲生物塑料协会的统计，2014 年生物降解塑料全球产量在 30 万吨左右，每年的递增速度为 20% 左右。

2. 原料情况

美国 Natureworks 公司开发了将玉米中的葡萄糖发酵制取聚乳酸，实现年生产能力 15 万吨。美国和巴西等国家已实现聚羟基烷酸酯（PHA）的工业化生产。

日本三菱化学和昭和高分子公司也已工业化生产 PBS，目前 2 家产能大约 5000 吨/年左右。

德国 BASF 公司所生产的脂肪族芳香族无规共聚酯（Ecoflex），其单体为已二酸、对苯二甲酸、1，4 - 丁二醇，目前年产能 14 万吨，实现年生产 5 万吨。BASF 公司同时生产共聚酯与聚乳酸的改性料（Ecovio）和以聚酯和淀粉为主的生物降解塑料制品。

意大利 Novamont 公司主要生产以 PBAT 和淀粉共混物的制品例如塑料购物袋等，年产能 3 万吨左右。

3. 应用情况

在堆肥设施比较完善的欧洲，生物降解材料及制品已实际使用到宠物食品袋、蔬菜水果袋、家犬粪便处理袋、垃圾袋等上面；超市用塑料购物袋也大量使用。

（1）生物降解塑料地膜　地膜使用目的有调节地温、保持水分、防治杂草、防止病虫害等。相应地，薄膜也有白膜、黑膜、透明膜等多种，作为提早耕种、提高单位面积收成的手段和避免使用农药、除草剂等的手段。生物降解塑料制的地膜，则可通过对生物降解性能的控制，在使用期间维持与聚乙烯制地膜同样的效果，收获后植耕入土中，无须特别处理就可分解。虽然成本较高，价格劣势明显，但综合考虑大规模栽培后残留膜的回收成本时，其经济成本基本和传统聚乙烯地膜相当。使用后的普通地膜在目前主要是残留在田地里，原因是因为其回收困难，且回收再利用成本较高，如果对残留膜进行焚烧又会污染环境。作为生物降解地膜价格上虽然要比普通型要贵一些，但是由于收获后直接分解消失，免去了之后的回收作业和处理费用，因此颇受好评。

在日本，由日本农用生物降解资材协会牵头，从2006年开始在日本关东、北海道、九州、四国、东北等地方开始生物降解地膜的示范应用。试验作物包括玉米、莴苣、马铃薯、萝卜、南瓜、烟草、花生等。通过几年的连续示范应用，目前日本生物降解地膜已经达到3000吨/年左右的规模，占日本地膜总量的5%左右。通过示范应用，得出结论，生物降解地膜能够起到传统地膜保墒、保温等同样的作用，如果将残留地膜的处理费用考虑在内，生物降解地膜的成本几乎和传统地膜相当，但其有效地减少了残留传统地膜对土壤和作物的危害。今后，如果能进一步降低成本、提高技能，普及率将进一步提高。

（2）水田用纸制黑色地膜　在田野上，可以看到好多地里为了保温和除草覆盖着黑色聚乙烯薄膜。但是在水田里，由于水的存在无法使用聚乙烯薄膜。所以水稻上免不了要使用除草剂，这对消费者来说并不算安全。针对这个问题，采用了稻鸭共作、稻鲤共养、液体地膜等方法，但是并不能完美地得到除草效果。

虽然纸地膜可以完全降解，但施工性和效果是个问题，因为是在水中使用，所以必须具备一定的厚度，出于施工性考虑卷成长条时，重量过重。其次，为了拥有除草性能和保温性能，需要将表面处理成黑色，这个黑色涂料进入土壤后安全性也是个问题。黑色纸地膜，采用纸上涂上植物制活性炭的水田用纸制黑色地膜，从而有效解决了上述问题。也就是说涂黑纸表面的涂料是新开发的生物降解塑料油墨。由作为黏合剂的改性淀粉和作为着色剂的植物活性炭组成。这种黏合剂还有强化效果，即使是很薄的纸也有望在水中坚持40～50天。而且通过更换颜料，这种油墨几乎可以得到所有的颜色，所以不单单在纸上，在聚乳酸薄膜和其他生物降解塑料上也可以印刷。

（3）生鲜包装薄膜、袋、盒　新鲜的蔬菜水果被摘下后依然是活的，会消耗养分进行呼吸，所以鲜度会慢慢降低。用薄膜等进行包装，可以抑制它们的呼吸，达到保鲜效果。再者，新鲜蔬菜水果中90%是水分，这些水分会慢慢蒸发。适度地抑制水分蒸发有助于保鲜，但是抑制过头的话会在袋子内部形成水滴，反而会令蔬果腐烂。所以，新鲜蔬果的包装材料，应该是有一定水蒸气和气体透过性的薄膜。综合考虑强度、美观、价格等方面，一般使用聚丙烯的双向拉伸薄膜制的熔断袋（各种新鲜蔬果），而且根据蔬果的种类在袋子上开0～4个小孔，或者使用自动包装袋（豆芽、青椒、韭菜、芹菜等）。

生物降解塑料薄膜中的双向拉伸聚乳酸薄膜，在强度和外观上可以跟聚丙烯类薄膜匹美，水蒸气透过性上甚至略胜一筹，还有适度的空气透过性，可以称得上是适合新鲜蔬果包装的薄膜。在生鲜包装领域，聚乳酸（PLA）类双向拉伸薄膜的水蒸气透过性比以往的OPP薄膜要高，所以有保持蔬菜鲜度的效果。以大型连锁店为中心，开始大量使用PLA热封袋来包装橘子、香蕉、萝卜等。此外，利用PLA的热封性，还在将其双向拉伸薄膜用作自动枕式包装机的自动包装袋，用来包装豆芽等蔬菜。适合聚乳酸薄膜的制袋机也已经开发成功。虽然价格要比聚丙烯类薄膜高，但是被评价为不消耗石油资源的环保植物性薄膜，已经开始在有机栽培和无农药栽培的蔬果（西红柿、胡萝卜、油菜、芦笋等）等特殊栽培上使用。有的单位还开发了有一层热封层的双层聚乳酸薄膜，并开始研究自动包装机上的使用。而且，还开发了用于洋葱和大蒜的软性生物降解塑料制网袋。PLA的制作的小西红柿等外包装透明盒子、鸡蛋盒等已经在欧洲、日本市场上已有大量使用。

（4）有机垃圾收集袋　用生物降解塑料制造除水袋、购物袋、生活垃圾收集袋时所用的设备跟用聚乙烯制造时的设备是一样的。对生活垃圾、农林废气务实行分类收集、然后进行需氧堆肥化处理，可以减少废弃物及其填埋、焚烧进行各种活动。生物降解塑料制作袋子可以和有机废弃物（如厨余垃圾、农林废弃物）一起堆肥处理，因此和一般塑料垃圾相比，省去了人工分拣的步骤，大大方便了垃圾收集和处理，从而使城市有机垃圾堆肥化和无害化处理变得极为现实。

在堆肥设施比较完善的欧洲，已经实际使用到宠物食品袋、蔬菜水果袋、家犬粪便处理袋等上面。购物袋中使用量最大的是超市用塑料袋，但是由于生物降解树脂的价格较高，所以在国内还没有得到普及。但是，如果有生物降解塑料购物袋，那么就可以部分减少温室效应和二噁英等问题。

（5）育苗钵、植树钵　在园艺中心买的装在软性塑料容器中的幼苗钵，使用废弃后，进行填埋不能降解、焚烧炉处理需要清洗、野外焚烧污染环境，进行回收或焚烧处理对钵上附着的泥土和农药进行清洗时产生的水质污染很难处理，如果建立这类资源循环体系，那么单是清洗设备就要耗费庞大的资金。所以，将来有望用生物降解塑料来制造育苗钵和植树钵等。

实际使用生物降解塑料钵时，还要求按植物种类不同来控制生物降解速度。生物降解速度快的一般用于花和蔬菜等，只使用1~3个月，可用淀粉类生物降解塑料制造。而1年以上的可使用聚乳酸等材料制造。

有些生物降解材料制的钵采用废纸等作为原料，但是废纸中往往含有重金属和氯元素，看起来好像是自然的材料，还是有产生土壤污染和环境激素的危险性。相比之下，生物降解塑料钵采用的材料在满足可堆肥塑料中规定的安全性基准，能安全地回归土壤或进行堆肥化。

（6）森林中的熏蒸薄膜（片）、树苗保护用薄膜（片）　在森林中一些象鼻虫等病虫害和鹿、熊之类野生动物对森林的破坏越来越大了。

虽然有许多种防治方法，取得了一些成效，但是人们同时认识到，在这个时代，最重要的是“森林与野生动物的共存”或“森林中的零排放”。近年来，出现了许多应这种需求而生的，利用对环境无负荷的生物降解功能的产品。

熏蒸膜，用于防治象鼻虫等病虫害。树苗保护用薄膜（片），可以防止树苗受到鹿、熊等的伤害，并促进树苗成长。这些产品以前主要是用氯乙烯树脂和聚丙烯等本质上无法生物降解的材料来制造的。这些产品的使用效果十分明显，但是由于无法分解多半是直接暴露在野外，严重影响森林景观，就算使用后进行回收，也由于紫外线的照射已经劣化，只能进行填埋或焚烧处理。这种产品在日本各地实例子正在逐渐增加。

（7）荒地、人工土丘的土壤改良和植被用的多功能管　利用能被微生物降解的特性，生物降解塑料可以农业、土木建筑等领域一展身手，像临时建筑材料、排水通气管等。在难以回收的地方可以就回归自然；在可以进行回收的地方，则既可以进行热回收，又可以利用微生物进行生物回收，是回收性很好的临时材料。

生物降解塑料的结构和种类不同，它的生物降解速度和最佳分解条件也不同，所以理论上可以通过选择原料来确定适合某个用途的生物降解。但实际上制造产品来一一对应不同的使用状况是很困难的。不过，在生物降解塑料中加入天然材料的黏土和植物纤维后可以改变生物降解速度，而且可以在一定程度上提高产品的耐久性和强度。也可以说是一种通过添加植物纤维等天然材料来环保而又简便地进行分解控制的方法。

含有肥料成分的生物降解管不但可以在绿化中用作通气排水管，还可以对表面的分解速度进行控制，成为兼具徐放型肥料功能的多功能管（植被管），用到荒地、斜坡的土壤改良和植被催生、园艺材料中。在圆筒中充入保水材料和生物材料后，还可以打入地下，进行早期的土壤改良，植被环境恢复以后就回归自然界。通过把需要的肥料定点缓慢放出，还可以降低过量使用肥料对土壤和河流的污染。

（8）护岸工程、沙滩复原的土木材料如沙袋等　泥沙袋，以前用的是麻袋，但是近年来，便宜又牢固的化纤（PE、PP）产品成为主流。PE、PP等普通塑料先加工成扁平长丝纱，再制成布状，然后加工成袋子。小到手提袋大到集装包都有。这些泥沙袋虽然在灾害时或一般土木施工时使用，但是由于它残留在环境中不分解，在后处理上很成问题。生物降解的泥沙袋，虽然由于价格较高，但可以解决这些问题。

（9）生物降解鱼饵、钓鱼线、水产用绳、渔网、养殖网　鱼饵、钓鱼线等钓鱼用具往往会掉进水里，所以也有用生物降解塑料制造的需求。尤其是鱼饵中一种用非常软的材料制造的名叫蠕虫的饵，通常是用加入了增塑剂的聚氯乙烯树脂制造的。另外，随着水鸟被钓鱼线缠绕致死被当成一种象征报道，人们认识到在自然环境中的钓鱼线的残留也成为环境问题之一。生物降解蠕虫，是非常柔软的生物降解弹性体和生物降解增塑剂混合后制得的。这种生物降解蠕虫，在水中一般经过两年就可以彻底分解。

以前，在河流和海洋中普遍使用的绳子和网等是用麻等天然纤维制造，由于耐久性和成本的考虑，开始用聚酯、尼龙、PE 等化学纤维代替。虽然很方便，但是由此引发了许多环境问题。渔网等物被风浪冲走或者被胡乱丢弃，直接流入了自然界。尤其是渔网中的刺网，流出后危险性很高。而且流出的渔网基本上无法回收。这些渔网可能会卷入航行中的船舶的螺旋桨，或者威胁到水鸟和海狮等海洋生物的安全，破坏海底的生态环境。而且就算能回收，也很难降低强度和清洗，只能进行溶解或焚烧。而如果这些渔网可生物降解的话，上面的问题多多少少会有一些改善。生物降解制作的产品，强度和耐久性已经能够达到这方面的使用要求。

聚乳酸发泡鱼箱被用于替代原先的聚苯乙烯泡沫箱子，聚乳酸发泡性珠子最大的特征就是可以用现有的发泡苯乙烯用的成型设备进行发泡成型。所得到的发泡成型品的物性也跟发泡苯乙烯非常相似。机械物性和缓冲性能都达到同等程度，而且可以反复使用。

（10）透明视窗信封　不需要贴上收信地址也不需要表面印刷的透明视窗信封的使用十分广泛。大多数商用信封是用再生纸做成的，而它的视窗部分由原来的石化来源塑料更换成植物原料 PLA 制薄膜以后，不管是与一般垃圾一起焚烧，还是与生活垃圾一起堆肥化，都可以与纸同等处理。就算散逸到自然环境中，经过一段时间后，也会与纸一起回归自然，所以市场热度很高。

（11）合成纸、标签用薄膜　PLA 类薄膜，也被用于合成纸和标签用薄膜上。双向拉伸薄膜中加入无机填充剂后，隐蔽性得到了提高，并变得容易进行表面处理和印刷，在各种粘贴标签、明信片、名片、POP 等合成纸领域得到了广泛的应用。因其使用时的耐久性和使用后处理时的低环境负荷而受到关注。

（12）收缩包装相关领域　PLA 薄膜在收缩包装相关领域的商品化也很受注目。PLA 具有低温高收缩性，而且在设计性、印刷性、收缩加工性等各种性能上十分平衡，所以逐渐开始步入市场。最早的应用例子，是 2003 年秋日本上市的味之素产品上用的杯封，由于充分利用了 PLA 的特性而广受关注。2005 年 7 月，为了配合爱知世博，朝日啤酒饮料（株）在该公司主要产品“十六茶”的 500ml 与 1L 装 PET 瓶的收缩标签上采用了环境友好标签。

（13）真空成型用片材　PLA 的挤出片材，虽然透明性高且具有良好的真空赋形性，但由于 PLA 耐热性与耐冲击性差，在运输、使用时比 PS 和 PET 差，所以普及较慢。但在欧美的生鲜物、色拉、darica 食品等的低温运输系统已经大量使用。

真空成型用片材，通过在 PLA 中加入脂肪族、脂肪族类芳香族类聚酯塑料，改良结晶化速度，生产出耐热性、耐冲击性得到改良的产品。由于改性后的往往无法保持 PLA 的透明性这个最大的优点，所以有时把改性后的 PLA 用于不需要透明的食品盘、一次性餐具等。另外还有发泡性产品的开发等。

（14）压制成型用片材　为了在保持原片材的透明性同时，改善真空成型用片材欠缺的耐热性、耐冲击性等缺点，可以巧妙地组合薄膜的特性并进行 2 次加工，就可以达成预期的目的。

目前利用最多的时干电池的真空包装袋，松下电池工业（株）将其生产的电池的透明包装盒、印刷吊卡都改用 PLA 系片材，成为使用单一材料的环保包装袋。

（15）卡用片材和薄膜（挤出、拉伸）　卡用片材，从最初的聚氯乙烯改成 PET，后来考虑环保又开始采用生分解塑料制片材，可采用拉伸片材和无拉伸片材。

（16）透明箱　透明箱，多用于化妆品、日杂用品的包装等，需求量十分巨大。PLA 片材原本硬而不易裂，很难弯折加工，加入增加柔软性的材料又会损伤透明性，无法投入实际使用。所以在配方及其加工方面尚需进一步完善。

（二）国内生物降解塑料生产及应用情况

1. 发展趋势

据中国塑协降解塑料专业委员会统计，我国 2014 年生物降解材料的用量约 5 万吨，其中不添加淀粉的生物降解聚合物约 3 万吨。2015 年从事生物降解塑料的企业约80家，年生产能力30万吨，实际生产约3万吨，国内市场需求约8万吨，国外进口2万吨，出口4万吨。

2. 原料情况

国内主要生产淀粉基塑料、聚乳酸、聚羟基烷酸酯、二元酸二元醇共聚酯、二氧化碳共聚物等降解塑料产品，同时还有一部分植物纤维模塑制品。其中：

（1）PBS、改性脂肪族芳香族共聚酯材料　国内研究单位主要有中科院理化所、清华大学、四川大学等。目前已经能规模化生产，开发出来的产品有发泡材料、薄膜（包括包装膜、农用地膜）、注塑制品等。生产企业包括：浙江杭州鑫富药业股份有限公司、安徽安庆和兴化工有限公司、山东汇盈新材料有限公司、新疆蓝山屯河聚酯有限公司、广东金发科技公司、山西金晖集团等。

杭州鑫富药业股份有限公司，年产PBS1.3万吨。采用高效无毒催化剂、一步缩聚法直接合成PBS、PBSA、PBAT，产品符合国际标准，满足吹塑、挤塑、注塑、纺丝及发泡等多用途的加工需求，有生物降解材料的改性和制成品研发；广东金发科技控股公司的PBSA完全生物降解塑料生产线产能3万吨，重点产品农用生物降解地膜，目前已有较大突破；山东汇盈新材料公司一期年产2.5万吨PBS、PBAT，二期将建年产8万吨PBS，产品已推向市场产品包括包装膜、地膜等；新疆蓝山屯河聚酯有限公司，拥有年产5000吨薄膜级PBS及PBAT生产装置；金晖兆隆高新科技有限公司，年产两万吨生物降解塑料（PBS/PBAT）产品；安庆和兴化工有限公司在建一万吨聚丁二酸丁二醇酯项目；常茂生物化学工程股份有限公司，已建年产1万吨生物发酵法丁二酸生产线；金晖兆隆高新科技有限公司，年产两万吨生物降解塑料（PBS/PBAT）产品。

（2）聚己内酯（PCL）　国内从事PCL研究的单位有湖南国防科技大学和四川大学等，四川大学采用已二醇一步法合成己内酯单体，生产工艺绿色环保。中试生产的单位有深圳市光华伟业公司等。

（3）二氧化碳共聚物　国外最早研究的是日本和美国，但一直没有工业化生产。我国于1985年由前期的国家自然科学基金开始立项研究，主要研究单位有中科院广州化学研究所、长春应用化学研究所，浙江大学，中山大学理工学院等。

内蒙古蒙西集团公司采用长春应用化学研究所的技术，利用水泥生产过程中产生的二氧化碳，已建成年产300万吨二氧化碳/环氧化合物共聚物的装置，产品主要应用在包装和医用材料上，但目前已经停止运转。

中国海洋石油总公司和中科院长化所合作，在海南东方化工城兴建二氧化碳共聚物可降解塑料项目，并正式启动项目建设工作，该项目设计能力为3kt/a，但目前已经停止运转。

浙江台州邦丰塑料有限公司从2010年6月开始利用长春应化所的专利技术，在浙江温岭市上马工业区建设3万吨二氧化碳基塑料生产线。2012年一期1万吨/年生产线目前是世界上第一条连续稳定生产的万吨级生产线。

河南天冠集团有限公司以自主知识产权的二氧化碳捕获技术和成套装备技术，建成了千吨级PPC工业化生产线，拥有10多项专利，计划2015年建成年产10万吨PPC的生产能力。

江苏中科金龙化工股份有限公司已建成年产2.2万吨二氧化碳基聚碳酸亚丙酯多元醇生产线和年产160万米^{2}高阻燃保温材料生产线。

（4）天然材料基生物降解塑料　天然生物降解塑料中，热塑性淀粉和植物纤维模塑已经产业化，其他天然材料尚处于基础研究阶段。例如，四川大学研究开发的基于纤维素的天然高分子复合膜，是通过易于回收再利用的绿色室温离子液体作为共溶剂，使纤维素分别与淀粉、木质素、大豆蛋白等天然高分子中的一种或两种在不添加任何其他助剂的情况下复合成膜，获得光学透明性和阻隔性好的完全生物降解的天然高分子复合膜。

武汉大学张俐娜教授在溶液中将纤维素溶解，然后再将其处理后来制作纤维、薄膜等，目前也正在产业化中试过程中。

（5）聚乳酸　我国PLA的生产仍属起步阶段，建成的生产线较少，目前产业化的有中科院长春应用化学所与浙江海正生物材料有限公司，已经实现1.5万吨/年的生产能力，在建生产线，一期产能5万吨/年，二期1万吨/年；江苏允有成公司已建立1万吨/年的生产线，已可以批量化生产；浙江南益生物科技有限公司现有规模PLA专用树脂生产能力7千吨，计划建设PLA专用树脂5万吨/年生产线；正在中试的单位有上海同杰良生物材料有限公司、江苏九鼎集团等，其中上海同杰良生物材料有限公司已开发纤维级聚乳酸专用树脂，在建万吨级乳酸与聚乳酸生产工厂，江苏九鼎集团公司已完成了5 千吨级中试，生产状态稳定。正拟建生产线的有吉林中粮生化公司，正在筹建万吨级规模的生产线；另外还有河南南乐天仁、山东寿光金玉米公司也正准备筹建万吨级聚乳酸生产线。

（6）聚羟基烷酸酯　我国 PHA 研究方面介入较早，处于世界先进水平。国内规模化生产的单位有宁波天安生物材料有限公司，已经达到 2 千吨/年的生产能力，目前正准备筹建年产万吨的生产线，该公司也是目前全世界生产 PHA 规模最大的企业。

天津国韵生物科技有限公司在天津已建设了年产 1 万吨/年的 PHA 生产线。目前和北京福创投资公司合作后，拟在吉林筹建 10 万吨/年新工厂。

（7）共混生物降解塑料　国内研究和生产利用上述几种生物降解树脂共混、改性加工降解塑料的单位很多，四川大学通过原位合成脂肪族聚酯，与天然高分子，特别是淀粉和大豆蛋白共混，成功地制备出相容性与成型加工性能好、耐水性好和力学性能优异的淀粉/脂肪族聚酯和大豆蛋白/脂肪族聚酯复合材料。

已产业化或已中试的单位有武汉华丽、广东益德、苏州汉丰、浙江天禾、浙江华发、南京比澳格、河北昭和、浙江天禾、广东上九、肇庆华芳、烟台阳光澳洲、常州龙骏等公司。其中：

武汉华丽生物材料有限公司建立了完整产业链，改性淀粉（PSM）生物塑料规模 3 万吨/年，产品包括粒料、薄膜、片材、注塑品等，销往全球 30 多个国家和地区。新建 6 万吨规模以木薯淀粉、秸秆纤维为主要原料的 PSM 生物塑料及制品研发生产基地。

深圳虹彩新材料科技有限公司主营业务为热塑性复合生物基改性塑料树脂及制品。以非粮木薯淀粉与甲壳素二项复合型热塑性生物基改性塑料的专利技术，形成生物改性树脂 1.5 万吨，吸塑、注塑、吹膜等生物基塑料制品 1 万吨的产能。规划建设二期 5 万吨规模复合热塑性生物基塑料及 2 万吨制品的扩产。

苏州汉丰新材料有限公司年产 4 万吨木薯变性淀粉。产品包括变性淀粉、添加母料、专用料、片材、膜袋类、注塑与吸塑类等，规模化年产 3 万吨级粒料及制品，2015 年形成年产 7 万吨生产能力。

四川（五粮液集团）普什集团拟以木浆粕、棉浆粕等天然纤维为主要原料，建设年产 3 万吨级新型热塑性纤维素合成生产线，建设年产万吨级生物基三醋酸纤维素光学材料专用料、万吨级生物基热塑性纤维素包装制品生产线，建设年产万吨级一次性生物基热塑性纤维素复合材料餐具生产线。

浙江天禾生态科技有限公司拥有 3.5 万吨年产量生物基全系列材料与产品（包括吹膜/吸塑/注塑产品）。

江苏锦禾高新科技股份有限公司主营天然秸秆塑料、玉米淀粉基塑料以及生物基全降解塑料原料及产品。

广东益德环保科技有限公司以“淀粉降解材料挤出片材机组”成套设备的核心技术为依托，研发全生物降解一次性消费品、婴童系列产品和地膜，产品出口多国。

南通华盛高聚物科技发展有限公司从 2007 年 12 月开始与长春应化所合作开发全生物降解二氧化碳基塑料改性和膜加工技术，每年出口美国、日本和欧盟的塑料薄膜超过 2 万吨。

厦门协和环保科技有限公司目前产能 3 万吨，正拟建 2 万吨 PLA 片材包括吹膜/吸塑/注塑产品、一次性包装以及淋膜纸杯与纸餐具等。

此外，重点生产企业还有浙江华发生态科技有限公司（8 千吨/年）、常州龙骏公司（规模 8 千吨/年）、肇庆华芳降解塑料有限公司（规模 5 千吨/年）等。

3. 应用情况

生物降解塑料可生产一次性塑料制品包括包装膜、垃圾袋、餐饮具以及医用、农用等多种制品（由于生物降解地膜国家很重视，所以在后面将单独列节介绍）。

（1）生物降解塑料购物袋　我国目前使用生物降解塑料购物袋情况最好的省市为吉林省。吉林省出台了《吉林省禁止生产销售和提供一次性不可降解塑料购物袋、塑料餐具规定》（第 244 号政府令），并于 2015 年 1 月 1 日起实施。出台了《吉林省生物质资源高端化利用产业发展规划（2013—2020 年）》、长春市发展和改革委员会于 2015 年 6 月出台《长春市 2014 年生物基材料制品应用示范专项资金使用管理办法》，立足产业基础，吸引了一批聚乳酸制品上下游生产企业落户长春，生物基产业发展呈集聚态势。长春市生物基材料制品处在试用推广阶段，主要推广制品为超市购物袋、食品包装袋。已在大、中型商超，食品加工企业等得到广泛应用。2015 年上半年吉林省全省推广使用生物降解塑料制品全省已累计替换各类产品 2051 吨。

（2）一次性餐饮具　2015 年上半年，在天津市包括空港经济区已完成生物基可降解塑料制品（淀粉、PLA、PBAT、PBS、PBC 等共混改性）1130 吨的销售推广，其中一次性餐饮具 950 吨，塑料袋 150 吨，酒店易耗品 30 吨。

深圳虹彩产品已率先在深圳属地餐饮连锁企业使用，产品包括餐盒、水杯、汤碗及刀叉勺等。深圳虹彩生产的一次性餐饮具、膜袋制品在深圳华福鼎餐饮有限公司、深圳市远村饮食供应链有限公司、深圳市合子厨房有限公司、深圳市开根科技有限公司等超过 15 家各类餐饮商超企业实现供货。

高铁用制品：2015 年上半年，已实现在京津冀高铁一次性生物基可降解塑料制品 2800 吨的销售使用，其中一次性生物基餐盒 1650 吨；一次性生物基降解塑料袋 750 吨；一次性生物基口杯 400 吨。

武汉华丽环保公司 2015 年 1～6 月用生物基塑料实现替代传统塑料总数约 2549 吨，其中一次性餐饮具约 674 吨，膜袋类约 1712 吨，酒店用品约 85.6 吨，其他包装品约 76.4 吨。

4. 生物降解地膜

（1）国内外技术发展及研发应用现状　聚乙烯地膜已广泛应用于农业生产，在增温保湿、抗虫防病增产方面作用显著，其生产、应用技术成熟，增产增收效益巨大。特别是在我国应用 30 多年以来，产销量已居世界第一，覆盖面积达 3 亿多亩，年用量 100 万吨以上，成为中国农民离不开的重要农资。

但国内多年来大面积的超薄地膜使用后的残膜无法彻底清理回收，而聚乙烯地膜因性能稳定自身极难降解，导致残膜在土壤中的比重逐年增加。研究表明，残膜存在改变土壤的理化特征，造成土壤肥力降低、植物根系生长发育困难。土壤中残膜含量 58.5 公斤/公顷时，玉米、小麦、大豆、蔬菜等减产 5.5%～59.2%。随着我国农用地膜使用量的持续增长，地膜残留问题给国家的环境保护和农业的可持续发展构成严重威胁。

目前国内农业上采取使用加厚地膜（10 微米）、组织回收、加工废弃地膜的方法进行治理，但投入大，劳动强度高、大量耗水且管理不易。而采用降解地膜可以免除后期回收处理，操作简易，可从源头解决农地膜的污染问题。特别是在新疆、内蒙古、甘肃、云南等西北地广人稀地区，使用生物降解材料制造的完全生物降解地膜，堆肥条件下三至六个月可自然降解为二氧化碳和水，无任何残留，对环境没有负担和危害，还可改善土壤透水透气性，有利于微生物活性增长，是从根本上解决地膜白色污染的有效方法。

国际上关于降解地膜的研发已 40 余年，国内多家科研、生产单位也进行了 20 多年的探索研究。20 世纪 90 年代的研究主要集中在传统聚乙烯树脂中添加光敏剂或填充淀粉等实现降解，但存在产品不能完全可控降解问题，用后崩解成碎片或呈网架式结构的降解残膜碎块更加难以收集处理。21 世纪以来，主要集中在生物降解地膜、植物纤维地膜等可完全降解地膜的研发和应用。但因技术和成本问题，一直未能广泛应用。生物降解塑料地膜是从 20 世纪 90 年代后期开始被大量研发生产，目前在欧洲和日本等发达国家已经被逐渐推广应用，在日本每年约有 2 千吨左右的生物降解地膜用量。生物降解地膜最大的优点，就是在当年残留在土地后，在短期内就能被完全分解成二氧化碳和水，从而不会破坏和污染土壤。

随着近年来国内降解树脂原料生产和制品加工技术的进步，降解地膜尤其是完全生物降解地膜已取得较大进展。以 PBAT（聚己二酸－对苯二甲酸丁二酯）、PBS（聚丁二酸丁二醇酯）、PLA（聚乳酸）、PBSA（聚丁二酸丁二醇酯－己二酸丁二醇酯）等树脂为主要原料，通过淀粉、纤维素、甲壳素、大豆蛋白等天然聚合物及其各种衍生物、混合物进行改性，采用吹塑工艺制成的完全生物降解地膜技术逐渐成熟，可望替代聚乙烯地膜。

我国有能力生产生物降解塑料地膜的原料企业约在 10 家左右，有能力加工的薄膜加工企业在 30 家左右。如果对现有传统塑料地膜的生产企业进行培训或吹膜设备稍加改造，生物降解塑料原料可以在传统塑料企业进行加工生产。

生产成本上，各种生物降解塑料原料各不一样，聚乳酸约 2.5 万～3 万元/吨，二元酸二元醇共聚物约 3 万元/吨，聚羟基烷酸酯约 3.5 万～4 万元/吨，淀粉基共混生物降解塑料约 2.8 万～3.5 万元/吨。生物降解塑料的成本约是传统塑料聚乙烯的2～3.5 倍左右。

目前，完全生物降解地膜在欧洲、日本有少量应用，国内云南、新疆等部分地区、部分农作物上进行了少量试用，面积在万亩左右，但尚无真正大面积应用。国内研制的完全生物降解地膜，总体技术水平国内外差距不大。从农田应用试验效果上看，不仅能够完全降解，而且具有良好的增温保墒功能与增产作用，在部分气候干燥地区及烟草、大蒜、花生等使用时间并不苛刻的作物上使用，有较好的效果。但存在成本过高、降解进程不够稳定可控、薄膜强度低影响机械铺膜作业、难减薄等技术瓶颈。

①国外应用现状

a. 欧洲。德国巴斯夫公司在西班牙和法国应用了厚度分别为0.010毫米、0.012毫米、0.015毫米的生物降解地膜和厚度为0.015毫米、0.025毫米普通聚乙烯地膜进行应用对比，作物为生菜、香瓜、辣椒、西红柿、西瓜。在此应用示范中，聚乙烯地膜，厚度0.025毫米，幅宽5500米×1.20米，成本240元/亩，回收处理费100元/亩，总成本340元/亩；生物降解地膜，厚度0.012毫米，幅宽5500米×1.20米，成本400元/亩，回收处理费0元，总成本400元/亩；生物降解地膜，厚度0.010毫米，幅宽5500米×1.20米，成本334元/亩，回收处理费0元，总成本334元/亩。从试验效果来看，生物降解地膜和普通地膜的增产效果接近，在生物降解地膜厚度为0.010毫米情况下，聚乙烯地膜厚度0.025毫米和考虑回收成本下，生物降解地膜的总成本已经低于聚乙烯地膜的成本。

b. 日本。在日本由日本农用生物降解资材协会牵头，从2006年开始在日本关东地区、北海道、九州、四国、东北地区等地方开始生物降解地膜的示范应用。试验作物包括了玉米、莴苣、马铃薯、萝卜、南瓜、烟草、花生等。通过几年的连续示范应用，目前日本生物降解地膜已经达到2000吨/年左右的规模，占日本地膜总量的5%左右。通过示范应用，得出结论，生物降解地膜能够起到传统地膜保墒、保温等同样的作用，如果将残留地膜的处理费用考虑在内，生物降解地膜的成本几乎和传统地膜相当，但其有效地减少了残留传统地膜对土壤和作物的危害。

②国内应用现状　各省市、地方应用情况：

近几年，生物降解塑料地膜由于它能够在自然环境中完全降解，一些地方和兵团开始进行中试应用，其应用示范情况如下。

a. 云南。2011年云南省生物可降解项目由省发改委和省农业厅共同立项，项目计划总投资2325万元。其中：发改委承担1395万元，付降解膜购膜款和各种税费及搬运费；由农业厅承担的930万元资金，下达到各州市项目执行单位，其中662万元用于部分地膜购置费、进口税费、仓储搬运费，以及召开全省项目交流总结会议费，其余268万元主要用于对照膜和观测仪器的购置、试验工作经费、示范费、技术培训费及风险赔产金等。

2011年云南省农技推广总站根据云南省发改委召开生物可降解地膜专题会议精神和省农业厅的安排，在2010年5州市试验示范的基础上，牵头在云南省16个州市扩大试验示范。2011年全省在农作物上推广利生物降解地膜250吨，其中：0.012毫米地膜75吨，0.010毫米地膜175吨。计划示范面积31800亩，其中玉米24673亩、蔬菜5012亩、马铃薯1125亩。采用5家企业的11种不同品种、厚度（0.009~0.012毫米）的降解地膜与0.006毫米厚度的普通地膜对照试验。结论以利马格兰集团为例：降解速度在不同气候条件地区（温度、湿度）初始降解时间不同（0.010毫米为覆膜后40天左右，0.012毫米延迟3~10天）；增温保湿作用部级普通地膜；增产效果有增、有减。

b. 内蒙古。2009和2010年在内蒙古农牧业科学院武川旱作试验站东侧旱地进行田间生物降解地膜应用试验。试验采用3种降解地膜和2种普通地膜，试验作物为向日葵。

c. 陕西。2011年，陕西杨凌西北农林科技大学北校区农作物试验站进行了聚乳酸生物降解地膜的试用试验，土壤质地为中壤土，试验地前茬为休闲地，试验作物为玉米。试验结果生物降解地膜能使玉米增产18.7%，略高于普通地膜的增产率17.7%。

d. 上海。上海崇明岛于2009年进行了生物降解地膜应用试验，地膜厚度0.015mm。试验结果，可生物降解地膜具有良好的生物降解性能，能够被土壤微生物完全降解。夏季可生物降解地膜的诱导期最短，仅为60天左右；秋季诱导期较长，超过75天。

e. 江苏。2012年，花桥镇天福村生态示范区内规范出10000亩地，种植优质花卉、优质水稻、优质玉米、高品草莓及有机蔬菜。此区域种植全部采用微生物降解地膜进行覆盖。采用0.006毫米、0.008毫米、0.009毫米、0.012毫米、0.014毫米的生物降解地膜进行示范应用。

f. 浙江和山东。2012年在浙江已试点蔬菜用地膜128亩，玉米72亩计划于6月份铺盖；在山东寿光和淄博拟试点应用87亩蔬菜和113亩的生物降解地膜铺盖。计划采用2种生物降解地膜，分别为0.006毫米和0.009毫米。

在行业应用情况：

a）白山喜峰塑料公司。白山喜峰塑料公司研制的全生物降解地膜在吉林、黑龙江正在推广的水稻直播种植应用中取得较好效果。地膜直接铺在水中使用，用后较裸地提高水稻产量达47%，出米率提高8%，且米粒饱满、米质好。因是配合新的水稻直播生产法使用，价格稍高些能够接受，故在当地很受欢迎，仅2014年就售出十几吨。

b）中国塑料加工工业协会。中国塑料加工工业协会联合全国农技推广中心合作、中国农用应用技术学会，组织所属中国塑协生物降解专委会、农膜专委会的相关降解树脂和农膜生产企业和地方农技推广站，于2013年、2014年、2015年，在云南、湖北和河北三地连续进行了生物降解地膜与普通聚乙烯地膜的小面积农田应用评价试验。在裸地、大田玉米作物这样的苛刻条件下，试验结果：

2013年生物降解地膜与普通聚乙烯地膜相比在保温、保墒、作物产量方面基本相当，但地膜的初裂和大裂（此时开始降解，薄膜的强度开始丧失）时间过早，最长的样品也未达到70天，特别是在高温、潮湿的湖北试验点，降解速度过快，尚不能可控。

2014年参试生物降解地膜除总体表现出较好的增温保墒功能与增产作用外，在降解速度的控制和延长方面得到了有效提高，半数以上的样品初裂和大裂时间都在2013年的基础上延长了10天以上。其中：河北裸地暴晒试验生物降解地膜的开裂期最长达80天，大裂期最长114天，基本达到农技部门对覆盖时间应保持85天±5天开裂期、105天±5天大裂期的要求；玉米覆盖栽培试验生物降解地膜的诱导期在干旱地区最长达到118～126天，超过70天±5天的预期目标；开裂期最长达到135～139天，大大超过85天±5天的预期目标；在湖北、云南这样的湿热和强紫外线地区也有了显著进步。此进展对生物降解地膜的实际应用意义重大。

全国农技推广中心合作、中国农用应用技术学会的初步意见：若能大幅降低成本，进一步提升降解可控性，市场前景巨大，应用前景可期，尤其是对有效解决超薄PE地膜的“白色污染”问题，对保护农业生态环境、稳定提高土地生产能力、实现农业可持续发展意义深远。

c）金发科技股份有限公司。2014年，金发科技股份有限公司在长期在全国16个省份，30多个试验点进行完全生物降解地膜试验的基础上，与新疆生产建设兵团农业合作，在新疆进行了14万亩的完全生物降解地膜示范。示范覆盖了兵团11个师的84个团，在棉花、玉米、甜菜、蔬菜等主要作物上进行了全面的试验。其效果获得兵团农业专家的肯定评价。

2014年下半年，金发公司利用其合成装置可多种不同产品共线生产的优势，通过在装置上对合成出的PBSA树脂的端基进行工艺调整，实现了直接在装置上生产完全生物降解地膜原料，而不用采取目前通常的树脂原料下线后进行二次改性才能生产地膜的方法，有效地降低了完全生物降解地膜的生产成本（据核算，量产化后地膜销售价格可降至2.5万元/吨，6微米膜综合使用成本接近聚乙烯），同时使其加工和产品性能大大提高。特别是在降低原料在地膜吹制生产中的工艺难度、使薄膜减薄生产成为可能（可达6微米，目前普遍水平是10微米以下很难稳定生产），且在提高薄膜透明度、保水性方面及控制薄膜降解速度上实现突破性。

2014年7月在新疆开始进行的田间试验表明，完全生物降解地膜的开裂期已经达到90天以上，这就为解决完全生物降解地膜的耐候性保证不同气候条件、不同作物农业生产的时间要求上取得突破性进展，使完全生物降解地膜降低成本、扩大应用面积、全面替代聚乙烯地膜成为了可能。

（2）存在和急需解决的问题　完全生物降解地膜是从根本上解决我国地膜白色污染的有效途径，但其加工难度大、产品质量稳定性要求严格、价格高等问题也很突出，涉及塑料加工业的最新材料、加工、应用技术，需要树脂合成、改性及加工设备、加工工艺的最新技术集成的提高和完善。目前其发展目前已到关键阶段，亟需解决的问题包括：

①成本过高。目前国内完全生物降解地膜的树脂原料规模化生产程度不高，造成地膜成本偏高。完全生物降解地膜的PBAT、PLA等基础树脂世界上最初仅有BASF和美国的NETCHWORK等几家公司在工业化生产，产量小、价格几倍于聚乙烯树脂，国内近年虽已开始生产，但每吨树脂价格仍在3万元以上，且这些生物降解树脂原料性能单一，不能直接用于地膜制备，必须经改性后方可使用；即使采用添加淀粉、植物纤维等与树脂进行改性降低成本，目前的技术生物质添加量低、制成的完全生物降解地膜成本仍在3万元左右，比普通PE地膜高2倍以上，农民无法接受并大量使用。只有扩

大树脂生产规模，降低树脂、原料成本，提高产品性价比，才有普及推广和的可能性。

②产品性能有待提高。使用淀粉、植物纤维等生物基材料改性降解树脂，存在着生物质添加量低、材料性能比传统聚乙烯地膜差的问题，主要是原料改性后的吹膜加工性能、薄膜厚度、强度、作为地膜的保温、保水性能方面仍有待提高，出现薄膜强度低影响机械铺膜作业、产品厚度难减薄等问题。需要从改性技术、加工设备、加工工艺多方面配合，进行技术集成，但目前集成技术尚未完全成熟。

③降解性能不够稳定可控。我国地域广阔、气候条件差异大，不同地区的温度、湿度、光照强度及土壤条件都不尽相同。地膜的使用区域分布于热带、亚热带、暖温带、温带、寒温带等不同的气候带，对地膜保温性能和降解速率的需求差异很大，不同农作物生长周期对地膜使用需求也有所不同。完全生物降解地膜在不同地域、农作物上使用的可控降解性能尤为重要。但目前的完全生物降解地膜只在部分气候干燥地区及烟草、大蒜、花生等使用时间并不苛刻的作物上使用效果较好，在高温、高湿及长时间苛刻条件下使用还存在着降解速度过快，强度难以保证的问题。

需实现使用寿命的可控，才能适应不同地区，不同作物的要求。

④需改进生产设备及加工工艺。PBAT、PBS、PLA、PBSA 等树脂及生物质改性过的可降解材料的加工性能与传统塑料存在较大差异，在进行地膜吹塑生产时需按材料的加工特性设计地膜成型加工设备并摸索、调整加工工艺。

国内现有的地膜生产企业普遍需要对吹膜设备进行针对完全生物降解地膜制造的设备升级改造甚至制造专用生产设备。

二、政策建议

（一）总体政策措施建议

农用地膜、包装用塑料膜、一次性塑料袋和一次性塑料餐具是造成农田和城市环境“白色污染”的四个主要来源。采用完全生物降解塑料，可从源头解决问题。但目前生物降解塑料的生产成本是传统塑料的 2 ~ 4 倍。由于价格过于昂贵，在现有经济条件下，若没有政府的补贴和政策支持，短时间内难以实现生物降解塑料对常规产品的替代。因此，建议十三五期间：

1. 将发展生物降解塑料列入规划重点

建议“十三五”期间，完成 15 万吨/年聚乳酸、10 万吨/年聚羟基烷酸酯、20 万吨/年二元酸和二元醇共聚酯、10 万吨/年二氧化碳基共聚物、60 万吨/年淀粉基塑料、20 万吨生物聚氨酯、20 万吨竹纤维素等原料生产能力建设。完善万吨/年规模生物聚乙烯、生物尼龙、生物橡胶的制备能力。完成 100 万吨/年能力的制品建设，包括生物基纺丝、纤维、垃圾袋、一次性酒店用品、购物袋、餐饮具、日用品、包装、木塑产品等重点生产企业的培育；完成 10 万吨/年以上的生物基降解塑料袋、一次性餐饮具等制品的市场应用示范。

2. 国家出台相应配套政策

支持企业扩大生物降解树脂原料的生产能力建设，解决我国生物降解塑料制品原料价格高居不下的问题。

目前国内完全生物降解塑料树脂生产企业大约 20 家，在缺少资金的情况下已经苦苦坚持研发、生产多年，平均每家投入在 1.5 亿元左右，年销售额 3000 万以上的仅约 5 家，每家年运行成本约 500 万左右，即使不算固定资产投入折旧，也是入不敷出，加上维持市场和技术改进还需不断投入，绝大多数企业营运艰难，已有 1 家企业倒闭，只有极个别的企业，或靠其他产品的赢利养活，或靠出口国际市场为生，目前亟需国家支持。

3. 通过补贴和税收等政策，强制推广、鼓励生物降解塑料生产应用

我国从 2008 年限塑令实施后，超市、商场的塑料购物袋使用量普遍减少了 2/3 以上，仅四年时间里就累计减少塑料消耗 80 万吨，相当于节约石油 480 万吨，折合标准煤 680 多万吨，减少二氧化碳排放 1520 万吨，节约石油资源相当于大庆油田年产油量的 1/8。因此，若有更多的省市特别是北京、上海、广州这样的大城市及海南、西藏等风景旅游地区如吉林省一般，率先出台禁止生产销售和使用一次性不可降解塑料购物袋、塑料餐具的政策、规定，进而在一定时机出台国家的禁止生产、使用一次性不可降解塑料购物袋、塑料餐具的法规，则仅因一次性塑料袋和塑料餐具造成的环境污染就将会有很大改观，减轻城市环境和管理压力。

对生物降解地膜生产企业进行财政补贴，包括专项支持、低息或免息贷款、税收豁免等。

政府应在税收政策上对生物降解塑料进行调整。在出台政策法规的同时，建议对生物降解制品生产企业进行财政补贴，包括专项支持、低息或免

息贷款、税收豁免等。

对生物降解塑料购物袋生产制定统一的增值税优惠政策。为鼓励和扶持一些企业的发展，可以按照新的企业所得税条例规定减免优惠政策如：一是企业需要照顾和鼓励的，可以实行定期减免和免税；二是法律、行政法规和国务院有关规定给予减税免税的企业依照规定执行。例如，国务院批准的高新技术产业开发区内的高新技术企业，按15%的税率征收所得税；新办的高新技术企业自投产年度起免征所得税两年；企业利用废气、废水、废渣等废弃物为主要原料进行生产的，可在五年内减征或免征所得税等等。

4. 建立专项资金，提高技术和扩大生产规模，降低原料成本

根据生产调查和测算结果，应用生物降解的生产成本是传统塑料的2~5倍。由于价格过于昂贵，在现有经济条件下，若缺失政府补贴和政策支持，生物降解塑料要替代常规产品主流难以实现。

5. 设立示范推广专项基金

建议国家设立专项资金，从国家层面上支持生物降解树脂和改性原料生产企业进行技术改造，提高工艺技术水平和扩大生产规模，降低原料成本。每一项新技术的普及应用需要一个从共识到接受的过程，应农业新技术、新产品推广的试验、示范、再推广的一般规律，建立专项基金，逐步技术示范，在成熟时扩大推广应用。

进行年产100万吨能力的生物降解塑料制品加工企业建设，包括生物基纺丝、纤维、垃圾袋、一次性酒店用品、购物袋、餐饮具、日用品、包装、木塑产品等重点生产企业的培育；年产10万吨以上的生物基降解塑料袋、一次性餐饮具等制品的市场应用示范；重点加大生物降解地膜的研发、应用及推广的支持力度。

6. 分期分批推广降解塑料

按照行业生产能力和制品生产技术，逐步推进生物降解塑料购物袋的推广进度。鼓励生物降解塑料购物袋应用为主线，给予政策支持，逐渐培育市场，部分地推广生物降解塑料。结合一些发达城市立法推进垃圾分类的工作，逐渐推广生物降解的有机垃圾的垃圾袋；在酒店行业推进生物降解一次性酒店用品推广。将生物降解塑料购物袋、一次性餐具、酒店用品等的应用纳入酒店评级、城市评级的评价系统。

逐渐在包装行业中，对一次性的包装要求采用生物降解塑料包装，力争十三五期间完成替代一次性包装材料的10%~30%替代工作。

建议工信部会同国家发改委制定生物降解一次性包装材料的替代政策；会同财政部制定相关专项资金补助政策；会同税务总局、财政部制定相关税收政策；会同海关总署制定海关编码等；会同民航局制定在民航客机上推广生物降解一次性制品；会同旅游局制定生物降解一次性制品在旅游景点、饭店、酒店等的应用；会同建设部制定生物降解垃圾袋在垃圾分类中的应用，尤其是有机垃圾袋应用方面的推进工作。

（二）生物降解地膜发展政策措施建议

建议国家重点加大生物降解地膜的研发、应用及推广的支持力度。

1. 理由

（1）目前国内生物降解塑料主要在包装用塑料膜、一次性塑料袋和一次性塑料餐具的生产应用及其出口方面，但其生产、使用量难以得到较大突破。而农用地膜，自20世纪80年代聚乙烯地膜在国内得到大力推广以来，至2013年全国覆盖面积已达3.7亿亩、年用量139万吨以上，而且仍在以每年10%的速度增长。但因超薄聚乙烯地膜大量使用造成的耕地白色污染现状亟需改变，生物降解地膜的应用则是从根本上解决白色污染的有效途径。

（2）国标委于2013年底启动的GB13735《聚乙烯吹塑农用地面覆盖薄膜》国家标准修订工作，在2014年基本修订完成，目前已经开始征求意见并与2015年初就将审定批准。该标准以农膜生产企业为主，在农业部强烈要求和国标委、工信部、环保部等各大部委的重点关注和参与下，规定了聚乙烯地膜的最小标称厚度为10微米，加上偏差，最薄为8微米，且为强制标准。此厚度比现行国标及实际应用厚度要高出许多，主要是为了地膜使用后能够回收。但是，会带来诸如花生种植可能因膜厚在生长时扎不下根而绝收，南方部分地区的部分蔬菜及烟草等作物覆盖后烧苗等问题。目前国内的花生、烟草、蔬菜种植面积分别为3200万亩、1100万亩、9500万亩，新国标2015年就将执行，势必影响这些经济作物的生产，该问题的解决迫在眉睫。

但是，新标准在修订时特意明确适用范围不包括降解地膜，给通过降解地膜的应用解决上述问题留下了空间。

（3）前一段时间，生物降解地膜虽然在国内部分地区、部分作物（如烟草、大蒜、水稻等经济作

物）的使用上取得了较好的效果，但就全国范围的不同气候、不同作物品种特别是大田、粮食作物的应用，还存在着价格过高、降解速度过快、薄膜难减薄等问题，使此产品一直处于看好但难以真正应用的尴尬地步。

但2014年下半年，在国内生物降解企业技术人员的不懈努力下，通过改进合成工艺，在降低完全生物降解地膜的生产成本和薄膜厚度，提高地膜透明度、保水性及控制薄膜降解速度上有了突破性进展，使得完全生物降解地膜的推广应用真正成为可能。可以预见，完全生物降解地膜推广面积的扩大，将带动生物降解塑料的迅速发展，原料价格也将大大降低，打破生物降解塑料的“价格－用量”怪圈，进入良性循环发展。

重点加大生物降解地膜的支持力度，尽快启动、建设生物降解地膜的应用示范，围绕降解农用地膜的规模化应用，选择重点区域建设生物降解地膜的应用示范区，推进相关生物基材料的生产与应用技术产业化，建设应用示范体系。重点支持采用PBS、PLA、PPC、PBAT等为原料的生物基材料农用地膜专用树脂、生物可降解农用地膜的生产与加工，特别是支持技术相对成熟的企业，建立塑料农用地膜的生产、推广、应用一体化的联合体，建设农用地膜从原料到终端产品到农田使用的供应链，并通过具体措施推动我国生物降解地膜的应用发展：

2. 具体措施

（1）围绕农业清洁生产加大生物降解地膜产品升级换代和产业能力提升。

目前国家发改委每年安排农业清洁生产专项资金支持地膜残膜回收加工能力建设，成效较为显著。建议增加部分资金用于农用生物降解膜产品升级换代和产业能力提升，支持以完全生物降解地膜产品及适合全生物降解原料的加工设备的研发、生产，助推我国全生物降解膜产业发展，实现工、农业的产业升级，为从根本上解决地膜残留问题创造更多有利条件。

（2）开展试点示范工作，提升全生物降解膜产品农田适用性，逐步扩大推广。

生物降解地膜示范应用的成本包括地膜购置费、仓储搬运费、评价试验费、试验工作经费、示范费、技术培训费及风险赔偿金，建议国家资金支持，将原料成本补贴给原料生产企业，将加工费和运输费直接拨付给地膜加工企业，试验评价和工作经费及风险赔产金拨付给评价机构，而示范费用拨付到农户。在全国范围内，选择重点区域和重点作物，根据地膜用量、交通便利等综合因素，合理谋划，选山东、新疆、河北、云南、甘肃、黑龙江、河南、四川等8～10个地膜使用较为广泛的省市进行试验示范。建议选择云南烟草、山东花生、新疆棉花、甘肃玉米、内蒙古马铃薯等主要覆膜品种，分别开展5000～10000亩规模的为期3年的试点示范。

在示范应用基础上逐步扩大推广，确立重点推广区域，优先扶持补贴新疆棉田、北方花生及烟草等作物种植使用完全生物降解地膜。解决花生、烟草等作物不能按新国标使用普通聚乙烯地膜问题，率先实现上述作物及地区放弃使用聚乙烯地膜、全面规模化应用完全生物降解地膜。

（3）建立符合我国特点的农用生物降解地膜评估评价体系，推行准入制，从开始就把好产业关，引导产业规范、健康发展

由政府管理部门授权，委托中国塑协、全国农技推广中心和农用塑料应用技术学会牵头，串联起原料企业、加工企业与农田应用整个产业链，组织制定产品及农田应用标准，进行农用生物降解地膜应用效果验证及评估，对合格产品给予挂牌或准入证书，协调、解决从生产到推广、应用中的技术问题；国家工商、质检部门严格执法，防止鱼龙混杂，使假冒和掺入聚乙烯的非完全生物降解产品混入坑害农民和破坏环境，搞乱行业。

3. 分支机构活动

（一）主要活动

（1）专委会于2017年10月17～19日在扬州召开了中国塑协降解塑料专委会2017年年会。

（2）专委会2017年新增会员东莞市绿俊实业有限公司、深圳市百福立实业发展有限公司、山东鲁燕色母粒有限公司、南雄市金叶包装材料有限公司、上海弘睿化工产品有限公司、阜丰集团有限公司、连云港金原纸制品有限公司、威海聚衍新型材料有限公司、北京普利玛科技有限公司、河源市创新威包装科技有限公司。

（3）专委会发行降解材料内部杂志4期。

（4）专委会新增专委会秘书处副秘书长1名。

（5）专委会配合国家有关部门，提交了新材料生物基材料产业集聚区专家调研提纲、新材料产业重点产品目录、新材料产业重点企业分类目录等草案。

（6）专委会承担了国家发改委有关部门下达的

“限塑令”后续工作及政策建议项目，项目报告将在2017年年底完成并上报。

（7）专委会配合工信部有关部门开展了绿色制造、2025制造中绿色塑料发展有关推动工作建议。

（8）专委会配合国家粮食局有关部门开展淀粉深加工利用制作淀粉基塑料、生物降解塑料可行性的可行性调研工作。

（9）专委会完成了国家邮政局委托的邮政业封装用胶带、生物降解胶带行业标准制定，参与了邮政快递封装用包装袋国标的修订工作。

（10）专委会参与中国工程院重点咨询研究项目“我国一次性塑料制品废弃物治理及生物降解塑料应用与发展现状”的研究。由于一次性使用制品使用后不易回收利用，加上目前国内垃圾处理系统不够完善，造成其使用废弃后，不能被合理处置而造成了环境污染。超薄塑料购物袋和一次性餐饮具的污染有目共睹，世界各地纷纷采取限制使用、甚至禁止使用的行动；我国农田每年会新增20万～30万吨不能降解的残留农膜，使土地板结、农作物减产、破坏生态环境，治理已刻不容缓。由于这些一次性塑料制品的应用领域不同、区域不同，其面临的污染和解决措施也会不同，因此，本课题按照品种、应用领域、使用区域等来组织工作组，拟组织国内有关本领域研究、生产企业、用户等研究人员，按照产品分类、应用领域、地域开展具体调研工作，然后在这些分报告基础上，合成最终总报告，力求细致、深入、实事求是反映产业现状、趋势及其替代的可能性，力求报告全面与客观。

（11）专委会按照国家绿色制造要求，国家标准委牵头开始实施绿色制品的认证及评价体系工作，承担了《绿色产品评价塑料制品》的国家标准制定工作。

（12）专委会配合国家邮政局，与中国包装联合会用户专委会、菜鸟网络、京东、顺丰单位一同，推进了生物降解塑料在电商、快递的塑料袋、胶带、缓冲物等方面的应用。

（13）专委会推进外卖、餐饮包装示范应用。常州龙骏与美团合作，开展了生物基材料在快餐、外卖的应用。

（14）专委会新疆团农技总站、中国农科院、新疆农垦院、金发科技、杭州鑫富、蓝山屯河、深圳虹彩、南通龙达、浙江南益、中科金龙、山东天野、上海弘睿、武汉华丽、兰州鑫银环等单位一同，推进了在生物降解地膜方面开展示范应用。

（15）专委会参与国家标准的编制。2017年发布的国家标准有GB/T 33897－2017生物聚酯聚羟基烷酸酯（PHA）吹塑薄膜、GB/T33796－2017热塑性淀粉通用技术要求、GB/T 33797－2017塑料在高固体份堆肥条件下最终厌氧生物分解能力的测定采用分析测定释放生物气体的方法、GB/T 33798－2017生物聚酯连卷袋、聚3－羟基丁酸－戊酸酯/聚乳酸（PHBV/PLA）共混物长丝、聚丁二酸－己二酸丁二酯（PBSA）树脂。

2017年完成制定的国家标准有全生物降解农用地面覆盖薄膜等。拟完成制定的标准有，聚乳酸/聚丁二酸丁二醇酯复合材料空气过滤板、聚乳酸热成型一次性验尿杯、聚己内酯（PCL）、熔融沉积成型用聚乳酸（PLA）线材、秸秆纤维基聚丙烯改性料、复合型双降解生态地膜、生物基材料定义、术语和标识、塑料受控污泥消化系统中材料最终厌氧生物分解率测定采用测量释放生物气体的方法、塑料材料生物分解试验用样品制备方法等国家标准。

2017年新获批的标准制定计划有，生物降解塑料购物袋、淀粉基塑料购物袋、全生物降解物流运输与投递用包装塑料膜袋、绿色产品评价规范塑料制品。

（16）专委会继续加强与美国BPI、德国DIN CERTCO、日本生物塑料协会、韩国生物塑料协会、欧洲生物塑料协会之间的合作。计划于2017年10月30至11月2日间，去欧洲拜访德国DIN CERTCO、欧洲生物塑料协会、BASF公司、有关堆肥厂进行交流。

（17）专委会通过央视新闻、地方卫视、第一财经报、化工报等主流媒体，加强了媒体正面宣传报道。

（二）2018年工作计划摘要

（1）2018年10月中下旬，召开第8届生物分解与生物基材料技术和应用国际研讨会，和生物聚合物国际研讨会ISBP合在一起召开，北京。

（2）继续开展生物降解地膜的示范应用。

（3）参与完成中国工程院重点咨询研究项目“我国一次性塑料制品废弃物治理及生物降解塑料应用与发展现状”的研究，由中国工程院发布研究报告。

（4）配合有关部门做好“限塑令”后续政策建议、外卖包装、快递包装等处理建议等工作。

（5）完成生物分解塑料与生物基塑料专著编写。

（6）完成聚乳酸/聚丁二酸丁二醇酯复合材料空气过滤板、聚乳酸热成型一次性验尿杯、聚己内酯（PCL）、熔融沉积成型用聚乳酸（PLA）线材、秸秆纤维基聚丙烯改性料、复合型双降解生态地膜、生物基材料定义、术语和标识、塑料受控污泥消化系统中材料最终厌氧生物分解率测定采用测量释放生物气体的方法、塑料材料生物分解试验用样品制备方法、生物降解塑料购物袋、淀粉基塑料购物袋、全生物降解物流运输与投递用包装塑料膜袋、绿色产品评价规范塑料制品等国家标准的制修订工作，完成邮政快递封装用缓冲物行业标准，完成淀粉基塑料食品安全标准制定。

（7）继续发行降解杂志4期。

（8）参加中国塑协召开的理事会。

（9）进一步落实会员登记情况，完善组织机构，继续扩大会员和行业影响力。

（中国塑协降解塑料专业委员会　翁云宣）

氟塑料加工

我国氟塑料加工行业是从二十世纪六十年代开始随着我国国民经济建设需要而逐步发展起来的。氟塑料制品以其优异的耐高低温、绝缘、防腐蚀、抗老化、自润滑等优异的性能，已被广泛地应用于化工、机械、汽车、电子、电器、环保、新能源、航天航空、建筑、桥梁建设、医疗等领域。随着我国经济的高速发展，氟塑料制品的应用领域不断拓宽，用户对国产氟塑料制品的综合性能要求越来越高，巨大的市场需求将带动氟塑料加工行业不断发展。

一、中国氟塑料加工行业发展现状

1. 行业发展情况

2017年中国氟塑料加工行业整体运行平稳。中国氟塑料加工行业经过60年的发展，在研发、加工和应用等方面取得了长足的进步，已经具备了基本的氟塑料加工生产的能力，其加工水平达到世界中等以上水平，其中聚四氟乙烯的加工能力相对较高，可熔性氟塑料加工能力也有了明显提高。企业在结构调整和转型升级等方面取得了很大的进展，技术水平和研发能力明显增强，出现了更多的深加工产品。管理理念有了很大的提升，基本实现了现代化管理，很多企业建立了研发、检测和售后的管理体系。装备更新改造，加工能力及自动化程度明显提高。

中国现拥有十五家氟树脂生产企业，内资企业聚四氟乙烯（PTFE）树脂生产能力已超过12万吨。据不完全统计，2017年内资企业聚四氟乙烯树脂产量约为8.3万吨，可熔性氟树脂产量约为3万吨左右，2017年氟树脂产量占比情况如图1所示。目前，中国聚四氟乙烯原料的基本性能已接近国外先进企业大宗产品的指标，完全可以满足一般工业产品的要求，但对电性能有较高要求的制品，仍需使用国外优质原料；可熔性氟塑料的加工水平虽然有了明显提高，但只能满足一般用品需求，电子、汽车等领域还基本依赖进口树脂（图1）。

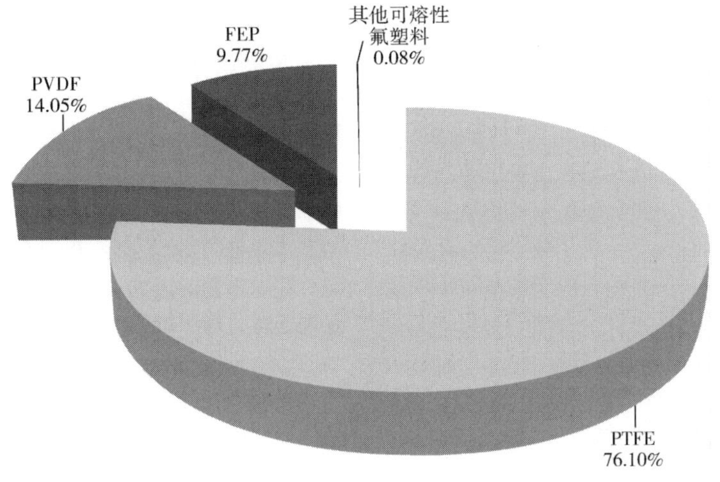

图1　2017年氟树脂产量占比情况

中国现有氟塑料加工企业1500家左右，以中小企业为主，年销售产值数百亿元人民币。产品包括聚四氟乙烯及可熔融加工氟塑料的半成品、密封制品、各种垫片及零部件、膨体材料、过滤产品、衬里制品、涂层制品、泵阀、浸渍产品、自润滑材料、电线电缆、纤维制品等等。随着产能的不断扩大和竞争日益激烈，使市场划分不断细化，越来越多的企业从半成品转向终端制品及与汽车、机械、纺织、建筑、化工、电子、环保等领域直接配套产品的生产。据不完全统计，2017年聚四氟乙烯树脂消耗量已超过8万吨，部分制品企业聚四氟乙烯的树脂消耗量超过千吨；随着可熔融加工制品市场需求的不断增加，可熔性氟树脂消耗量已超过3万吨，个别企业的树脂年消耗量达到了两千吨。2017年中国聚四氟乙烯制品的构成如图2所示。

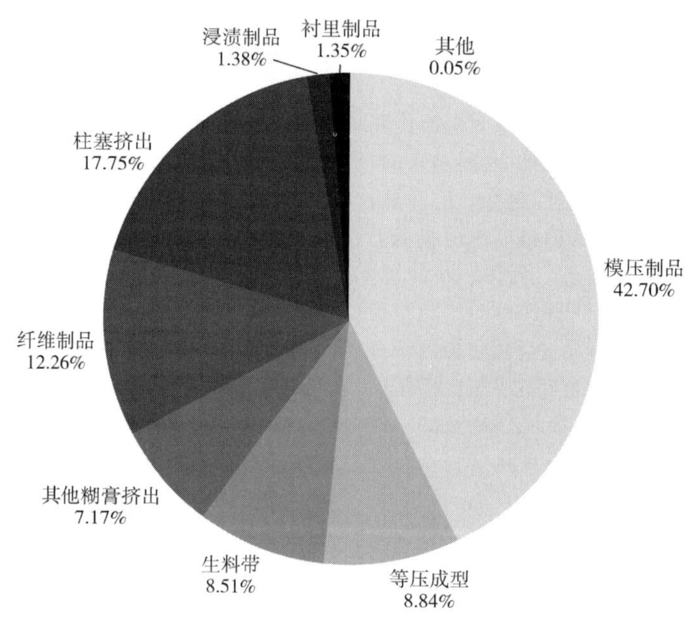

图2　2017年聚四氟乙烯制品的构成

2. 2017年聚四氟乙烯树脂的市场行情

图3反映了2017年聚四氟乙烯树脂的市场行情，全年原料价格呈现出持续上涨的态势。截止到12月，中粒度销售价格约为6.8万元/吨，同比上涨83.8%，分散树脂价格约为7.6万元/吨，同比上涨68.9%。从2016年底开始，国产聚四氟乙烯原料在经历了几年的低价竞争后，出现了全面大幅度的上涨，究其原因，一方面，由于低价竞争，致使原材料销售价格过低，甚至低于成本，因此价格适当上涨实属必然，另一方面，由于国家对环保监测力度的提高，致使一些不符合要求的小化工企业关停，其中不乏使用原料副产盐酸的企业，原料企业大量的副产盐酸无地存放，也就限制了正常生产，加之上游原料的上涨和企业自身的环保问题，导致实际开工率不足，使得原材料出现了上涨的空间。

3. 进出口情况

近五年，聚四氟乙烯树脂和制品的进出口情况一直保持平稳（见图4），可熔性氟树脂的进出口量处于稳定增长的态势（见图5）。随着我国经济发展进入新常态，氟塑料行业也面临着转变发展方式、优化调整结构、产业升级的发展阶段，氟塑料制品市场正在悄然发生着变化，随着通讯、新能源、环保市场的需求不断增加，可熔融加工氟塑料发展迅速，国产聚偏氟乙烯、聚全氟乙丙烯树脂产量的不断扩大，进出口量也呈现出持续增加的态势，随着市场的进一步开拓，可熔融氟塑料制品市场的发展速度将超过聚四氟乙烯市场。

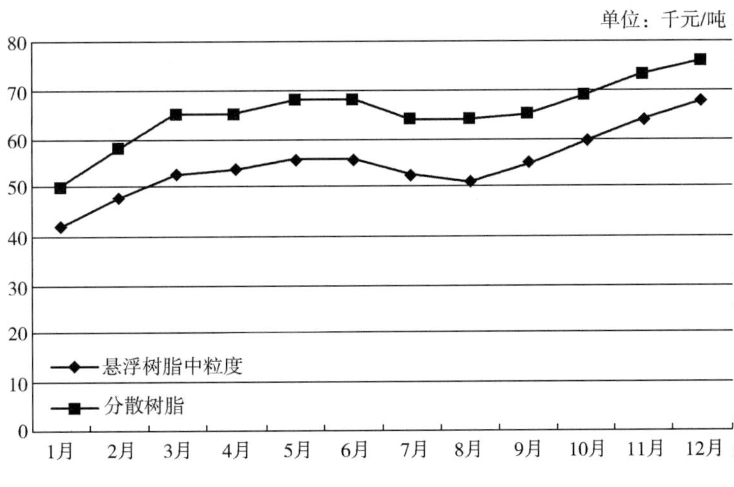

图 3　2017 年聚四氟乙烯树脂市场行情

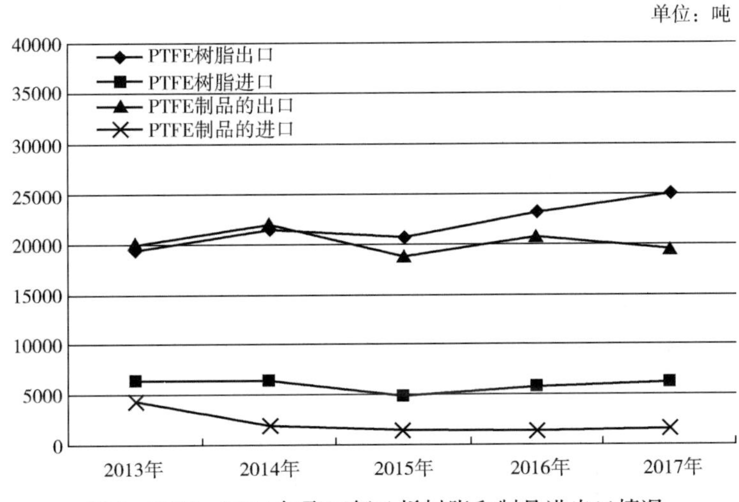

图 4　2013—2017 年聚四氟乙烯树脂和制品进出口情况

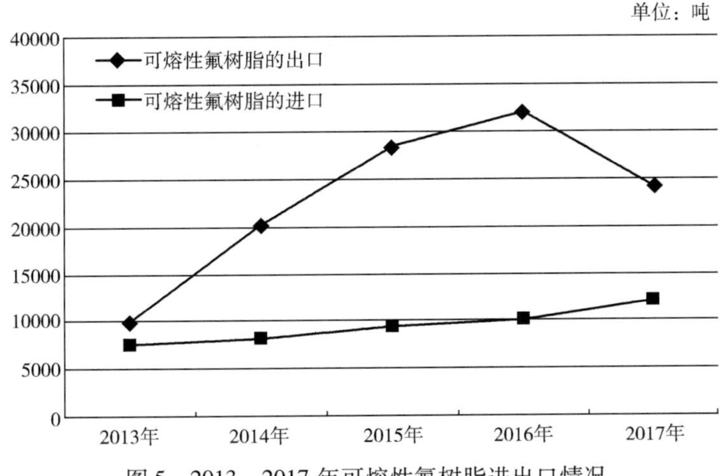

图 5　2013—2017 年可熔性氟树脂进出口情况

二、行业发展面临的新趋势

近年来，氟塑料加工行业通过加快结构调整和产业升级的步伐，产品结构发生明显变化，终端产品比例上升，高新技术产品层出不穷；行业集中度大大提高，大中型企业数量明显增多，品牌效益日益凸显，企业竞争力进一步加强；随着线缆、聚四氟乙烯纤维、双向拉伸膜、各类生料带、糊膏挤出管材等产品需求量的提高，聚四氟乙烯分散树脂的使用量持续增长；可熔融氟塑料加工发展迅速，聚全氟乙丙烯、聚偏氟乙烯、可熔性聚四氟乙烯产品的生产品种和产量在不断提高；企业现代化管理意识增加，部分企业已经迈向信息化、数字化、智能化的发展阶段；随着国际交流与合作的增多，中国产品不仅在国际低端市场的份额迅速扩大，而且越来越多地产品进入高端领域，出口结构发生变化，外资企业看好中国市场，更多氟塑料加工企业进驻中国，跨国企业研发中心落户中国；环保政策给行业发展带来双重影响，国家加大环保管理力度，一方面对企业的要求越来越高，另一方面为环保产品提供了更多的市场空间。

三、行业发展前景展望

1. 战略新兴产业将带动氟塑料加工行业的发展

为贯彻落实《“十三五”国家战略性新兴产业发展规划》，国家发改委同相关部门组织编制了《战略性新兴产业重点产品和服务指导目录》2016版，并已于2017年发布。氟塑料多项产品被列入目录，其中，自润滑密封材料、离子交换膜、环保滤布材料、新型氟塑料和聚四氟乙烯纤维被列入新材料产业；生物医用植介入体膨体聚四氟乙烯人工血管和生物医用材料膨体聚四氟乙烯硬脑膜修补材料被列入生物产业；余热余压余气利用高效换热器和环保材料高性能袋式除尘滤料及纤维被列入节能环保产业。这无疑给氟塑料行业提供新的发展机遇并指明了发展方向。

2. 氟塑料制品制造水平将大幅提高

目前，我国氟塑料加工水平已达到世界中等以上水平，《中国制造2025》实施以来，行业坚持创新发展、智能发展、绿色发展，产业结构不断优化，智能需求不断增加，高端技术不断突破。预计到2025年，氟塑料通用产品加工将达到世界先进水平，可熔融加工氟塑料的加工水平将大幅度提升，其原料需求量也将大幅提高；氟树脂生产和消耗量将达到20万吨左右，行业产值将超千亿；行业集中度加强，企业规模将继续扩大，企业现代化管理水平、智能制造能力将不断加强，部分企业将跻身世界知名氟塑料加工企业；实现由单一提供制品向提供系统解决方案过渡，实现多品种跨行业融合。

3. 市场需求变化

随着产能的不断扩大和竞争日益激烈，越来越多的企业从半成品转向终端制品及相关配套产品的生产。氟塑料制品在节能环保、电子、半导体、汽车、建筑等领域的应用将成为发展重点：在节能环保领域，由于滤袋的回收再利用问题，除尘行业对纯PTFE滤料的需求还将加大；低温余热热交换器进入成熟阶段，改性聚四氟乙烯和可熔性聚四氟乙烯的需求将同时加大；氟塑料液体过滤会出现较大幅度的增长，企业从单纯提供膜材向提供过滤系统过度。在电子、半导体领域，将主要应用于芯片制造、电子化学品、电子设备，未来几年，中国在半导体方面投资巨大，将给氟塑料行业的转型升级带来前所未有的机会。在汽车领域，我国汽车工业正处于高速发展期，随着汽车对发动机、底盘等的可靠性要求越来越高，对材料性能的要求也将越来越高。在建筑领域，氟塑料作为高层建筑阻燃电缆、纯水管道、新风系统、地热系统和建筑棚顶材料需求增加。

我国氟塑料加工行业经过多年的追赶型高速发展，已经由数量主导型发展阶段进入上质量、上档次的产业升级发展阶段，应该贯彻落实《中国制造2025》的战略部署，坚持提高创新能力、强化工业基础能力、加强质量品牌建设、全面推行绿色制造，推动产业在重点领域的突破发展，加快行业转型升级步伐，实现从氟塑料大国向氟塑料强国转变。

（中国塑协氟塑料加工专业委员会
吕方　陈生）

塑木制品及复合材料

过去的一年里，我国的塑木复合材料行业仍然延续之前的高速发展态势，全年的产、销以及出口量保持在25%～30%的增长率。一些老厂普遍增加生产能力，以满足客户的需求。同时又有一批新厂开业。政策层面上来看，海关总署正式将塑木复合材料归类于塑料制品，解决了产品的出口归类问题。

以下的一些市场及产品描述主要是用于户外的PE基塑木复合材料。

一、我国塑木生产企业规模及分布情况

截至2018年6月，我国塑木生产企业总共近620家，其中PE基户外塑木复合材料生产厂家约220家，产能约200万吨，其中年生产能力在5万吨以上的企业4家，2万吨以上的企业约55家，年生产能力1万吨以上的企业160家左右；户内塑木复合材料生产厂家约400家，产能约420万吨。

塑木生产企业主要分布在东部省份，其中珠三角、长三角地区和山东省最为集中。新增加的生产企业以内陆及西部省份为主，而北方地区的塑木生产企业仍然偏少。

二、国内市场情况

国内市场总体来看在稳步增长，东部发达地区保持相对稳定的增长率，西部以及海南等旅游业、养老地产发达的省份增长相对更快。比如贵州省、四川省的塑木应用明显比其他省份更多。

从产品结构上来看，各地区也有不同特点。比如四川、新疆普通喜欢用实心厚板，海南则以第二代共挤地板为主，云南普通接受空心圆孔地板。其中第二代的共挤地板市场占有率逐步增加。

三、国外市场情况

欧洲市场较为稳定，总量比上年略有上升，产品仍以一代普通产品为主，共挤塑木产品增长较快。一些新兴市场增长较快，比如东南亚、北欧、南美及大洋洲、非洲，国内很多塑木企业通过展会等方式积极开发这些新兴市场，并取得不错的效果。

塑木复合材料最大和最熟的市场在北美，但由于美国及加拿大的市场准入门槛较高，本土的生产企业无论是规模、品牌都高于国内生产企业。国内的塑木产品运到这些市场，在成本及交期等方面并无优势，开发这些市场困难较大，但国内仍有少数有实力的龙头企业在努力开发，并取得一定的成效。

四、产品及技术进展

1. 新产品方面

共挤类产品：国内的共挤产品主要有两种风格，一种是以美新为典型代表的共挤产品，通过多年的努力开发，在线压花以后表面进行处理，在大幅度提高耐候性的同时，表面木质感好、纹理自然，形成了独立的风格，在国际、国内塑木行业得到广泛认可。国内多数生产企业以美新风格为基础，加上各种后处理方式，形成了各自的风格，这类产品成为共挤产品的主流。以森泰为代表的表面共挤后在线压花，基本上不再进行表面后加工的共挤产品，生产工艺简单，表面硬度高，耐磨性好，黏结度强，风格与美国同类型产品类似，也广泛被市场接受。另外也有以吉林华邦、江苏福瑞森为代表的一些厂家，共挤产品表面处理后，外观纹理粗狂，形成独特的风格，取得不错的市场份额。

混色产品：欧洲市场普通接受外观仿木、仿古效果，在普通一代产品中通过添加色母粒混色形成较为自然的条纹。以类技术以赫尔普、康特为代表首先，后面又有一些企业如新远见、坤鸿、永昇、福瑞森在此基础上进一步改善，技术更为成熟，产品表面效果更自然，市场增长也很快。

在线压花、混色在线压花再表面处理产品：此类产品通过在线压花，花纹深、工艺简单实用、纹理清晰、耐磨性好，表面效果自然，市场前景好，代表塑木发展新产品的方向之一。以科艺为代有的花辊设计、制造厂家不断推出新的花纹，对此类产品的市场推广起到积极的作用。

简单来讲，现在有新产品开发，主要以一代或者二代共挤产品为平台，通过不同的表面处理方式，开发不同风格的表面效果，满足不同地区、不同文化和审美要求的客户要求。

另外，一些特殊用途、特别是对力学性能要求高的产品开发也取得较大进展，比如里层采用金属材料增强、外层共挤塑木复合材料的一些型材。以金发为代表开发的芯层衬骨架的型材力学性能好，弯曲模量成倍增加，对塑木复合材料由装饰性材料向结构性材料发展有重大意义。

五、本行业存在的问题

1. 环保

塑木复合材料生产采用两步法，木粉与塑料混

合、高温塑化过程中会有小分子的物料产生。其中的粉尘可以通过沉降、水喷淋等方式处理达到国家排放标准，而气味通过光解等方式可以部分去除，但仍不彻底，成为困扰行业发展的一大问题。

2. 塑料来源

由于国家禁止进口废塑料，再生的塑料粒子从理论上讲可以进口，但通关困难，造成塑料供应紧张，价格一路上涨。塑料价格的上涨造成每吨塑木原材的上涨约 300 元，对塑木生产厂家来讲压力较大。

六、未来的发展

1. 生产工序的自动化

主要原材料木粉、塑料采用大型贮料罐存料，然后再真空输送到混料机，这样可以减少粉尘散发，物料在贮料罐内可以再混合一次，更加均匀，同时大幅度降低劳动强度。

主要物料采用自动计量秤称重，然后真空输送到混料机，物料投料精准，工人劳动强度低，效率成倍增加。

后处理工序采用双面打磨机、自动切割机等也可以大幅度提高生产效率。

2. 大产量的造粒机

目前塑木生产厂家普遍采用 75 双螺杆造粒机，生产效率较低，如果多台机生产同一个颜色的产品容易产生色差。采用每小时生产一吨以上的造粒机，是未来的趋势。

3. 开展加工贸易

开展加工贸易的好处是：

1）降低企业的税务成本　通常情况下，一般贸易进口的塑料原料需要缴纳 16% 的增值税、6.5% 的关税。加工贸易进口的塑料是免税的，除去出口退税等因素后，开展加工贸易可以一定程度上降低企业的税负率。

2）减少企业的资金占用　开展加工贸易，免税进口的原料只需要按到岸价与供应商结算即可，比如一般到码头或者保税区的回收 HDPE 再生粒，每吨价约为 900 美元，这样可以显著降低企业的采购资金占用。

3）降低汇率波动对企业造成的风险　出口为主的企业货款常以美金或者欧元形式回款，当前人民币汇率波动较大，对出口企业产生相应的汇兑损失风险。开展加工贸易销售回款是美金、主要原材料采购也以美金支付，这样在相当程度上降低汇率变化造成的损失风险。

4）获得更加稳定的原材料供应。

总之，未来塑木复合材料的发展在相当长的一段时间处于高速增长期，我们的任务是及时解决行业出现的问题，不断开发新产品，使整个行业健康发展。

（中国塑协塑木制品专业委员会　余继春）

专家委员会

2017 年是中国塑协专家委员会换届之年，专委会顺利完成专家委员会换届，组成第四届专家委员会理事会。同时，专家委员会充分发挥专家作用，为塑料加工行业的创新升级发展及科技规划建言献策，在中国塑协科技创新年系列活动、汕头和西部的两次专家院士行、产学研需求对接等活动中积极配合协会，发挥了主力军作用，受到了广泛的关注和好评。主要活动如下：

一、充分发挥专家作用，为塑料加工行业的创新升级发展及科技规划建言献策

2017 年，中国塑协组织行业制定《塑料加工业技术进步“十三五”发展指导意见》，专家委员会积极配合，组织行业专家参与提出十三五期间行业的重点产品发展方向和应组织开展的前沿技术、关键共性技术、重点推广技术、节能减排技术和重点装备技术项目，并对《塑料加工业技术进步“十三五”发展指导意见》文稿进行认真、细致的把关，对列入指导意见附表的五个技术项目所处水平评审、确认，从全行业提出的 300 多条项目中，精选凝练出了 13 项前沿技术、24 项关键共性技术、78 项重点推广技术、7 项节能与清洁生产技术、21 项重点装备技术，有力保证了指导意见的高水准与指导性。

此外，中国塑协专家委员会的专家们对“中国塑料加工行业科技创新年（2017—2018）活动方案”、“中国塑料加工业开展消费品工业“三品”专项行动方案”、中国塑协“十三五”期间及 2017、2018 年应该组织开展的重点技术方向和重大技术项目进行了审议把关，对塑料加工行业申报工信部《产业关键共性技术发展指南（2017年）》项目、食品相关产品新品种意见征求、协会申报第19届中国专利奖项目、塑料加工行业三品战略实施方案、《国家敏感技术指导目录》（2011年版）修订建议征求等多项工作都积极参与并提出很多好的意见建议。

二、组织专家积极参加行业活动配合中国塑协搞好科技创新年及专家院士行活动

2017年，中国塑料加工工业协会新一届理事会推出为期两年的“中国塑料加工业科技创新年”活动，先后于2017年8月22－24日在广东粤东沿海地区（汕头、揭阳、潮州等地）举办了全国塑料加工企业的高新技术转化项目对接及科技咨询会，于2017年10月24－25日在重庆梁平举办了“2017中国塑料产业链发展高峰论坛暨2017年塑料加工业专家院士行阶段总结会”。作为活动的主要参加者和会议承办单位，专家委员会勇于承担、全力投入，积极配合协会和地方政府，组织专家报名、提出交流、转让项目信息，为活动的成功举办立下汗马功劳。

在专家院士汕头行活动中，专家委员会组织行业专家们发布科技项目27个，组织了来自16个单位包括2名工程院院士、11名高校研究院所专家、10名企业和协会的专家在内的20名专家，参加了5场揭阳、汕头等地的座谈会、对接会、企业研究院研讨会、报告会等活动。

8月22日，在广东揭阳市的广东海兴控股集团和广东思迪嘉鞋业有限公司举行了2场院士专家与企业的对接、交流座谈会。在广东海兴控股集团，有中国塑协塑料家居用品专委会、广东省塑料工业协会、揭东区人民政府、揭阳市塑胶行业协会揭阳市鞋业商会中国工程院蹇锡高院士、北京化工大学杨卫民教授、北京航空航天大学詹茂盛教授、福建师范大学环境科学与工程学院陈庆华院长、江南大学东为富副院长北京崇高纳米科技有限公司李毕忠董事长、中石化北京化工研究院魏若奇教授级高工、广东森德利环保新材料科技有限公司徐军副总经理、广州市翔科化工有限公司方文川总经理、聚氯乙烯绿色发展专业委员会秘书长/教授级高工中绿英科（北京）科技有限公司刘东升高工、中国塑协塑料家居用品专委会专家组李刚民组长等专家与协会王世成理事长、王占杰副理事长、田岩副秘书长兼专家委员会秘书长一道，与揭阳市塑胶行业协会的代表进行了交流。在听取了广东海兴控股集团董事长宋旭彬的介绍后，专家们对相关生产企业的研发和运营提出了意见建议。蹇锡高院士还与中国塑协塑料家居用品专委会签署了与合作框架协议。在广东思迪嘉鞋业有限公司，专家们与来自广东揭阳、潮州、汕头、肇庆、东莞、深圳及福建、浙江等地区的塑料鞋企业的80多名代表进行了近距离交流和对接，他们为企业代表答疑解惑，帮助企业分析生产中的实际困难和问题的原因，告知解决办法。会场气氛热烈，会议结束时间一再推迟。

23日，在中国塑协专家委员会与汕头市经济和信息化局、汕头市塑胶行业商会、汕头海湾物资有限公司等单位共同承办的“2017年中国塑料加工业专家院士行活动及启动会”上，专家们与与会代表共同见证了广东海湾高新材料研究院的挂牌启动仪式。其后，11位专家作主题技术报告。上午，中国工程院院士、大连理工大学教授、中国塑协科技咨询委副主任委员蹇锡高作《新型杂环高性能工程塑料及其应用开发进展》报告；中国工程院院士、华南理工大学教授、聚合物新型成型装备国家工程研究中心主任、中国塑协科技咨询委副主任委员瞿金平作《关于我国产品制造装备技术创新的思考》的报告；长江学者、教授、北京化工大学机电学院院长、中国塑协科技咨询委委员、中国塑协专家委员会副主任委员杨卫民作题为《聚合物熔体微积分与材料高性能化成型加工技术》的报告。下午，北京航空航天大学教授、博士生导师，中国塑协专家委员会副主任委员詹茂盛，中科院宁波工业技术研究院（筹）院长助理、材料技术所所长、中国塑协科技咨询委委员朱锦，福建师范大学环境科学与工程学院院长、中国塑协科技咨询委委员陈庆华，北京崇高纳米科技有限公司董事长、教授、中国塑协科技咨询委委员李毕忠，江南大学化学与材料工程学院副院长、教授东为富，华南理工大学教授、博士生导师，聚合物新型成型装备国家工程研究中心常务副主任，机械与汽车学院高分子材料先进制造技术与装备研究所常务副所长何和智，北京服装学院服饰艺术与工程学院执行院长、教授，北京设计学会、青岛市工业设计协会副会长兰翠芹，金发科技有限公司副总工程师、教授级高工刘奇祥分别作题为《塑料加工产业化项目经验介绍》、《呋喃基聚酯与天然纤维增强复合材料仿木——植物纤维复合材料的研发》、《微纳米无机功能粒子及其改性塑料绿色化与高值化系列技术》、《抗菌功能——材料和用品的技术介绍》、《功能高分子薄膜材料的研究》、《聚合物新型成型装备国家工程研究中心助力企业转型升级》、《设计战略与创新》、《国家先进高分子材料产业创新简介与组建》的报告。

23日晚。应汕头塑胶商会佘桂锡会长的要求，专家们参加了广东海湾高新材料研究院的专题研讨会，针对研究院处于初创阶段、缺乏实际运作经验的情况，就该研究院的发展方向、运作机制、项目合作模式、机构设置等进行了研讨，提出了很多真知灼见。

24日上午，院士专家们与粤东地区（汕头）有关塑料企业进行了深入的交流与对接。企业代表纷纷将企业在生产中遇到的疑难问题提出来，专家们一一作答，并提出了技术方向，通过交流，纷纷达成初步合作意向。

2017年10月24－25日在重庆梁平举办的“2017中国塑料产业链发展高峰论坛暨2017年塑料加工业专家院士行阶段总结会”，专家委员会又有34位专家参会，其中包括院士、长江学者在内的3位专家做技术报告、12位专家参加企业座谈对接。石油和化学工业规划院高级工程师赵文明，中国农用应用技术学会会长、中塑协科技咨询委委员张真和中车株洲时代新材料科技股份有限公司技术中心副主任邓凯桓分别作题为《合成树脂行业供需态势及“十三五”发展趋势探讨》、《中国现代农业对农用塑料应该用技术的新需求》和《我国汽车产业发展与轻量化》的报告。参观中国西部（重庆）塑料生态产业园中的中财集团重庆利财管道有限公司、重庆融康彩印包装有限公司、重庆豪威尔塑胶有限公司，听取了产业园情况介绍及未来发展规划后，朱文玮常务副理事长、马占峰副理事长及中国塑协专家委员会主任王德禧研究员、北京化工大学杨卫民、吴大鸣、苑会林教授，中国塑协改性专委会主任兼秘书长刘英俊教授、福建师范大学陈庆华教授、中国塑协助剂专委会副主任施珣若高工、北京崇高纳米科技有限公司李毕忠研究员、北京航空航天大学詹茂盛教授、大连塑料研究所孙成伦所长等塑料行业专家院士与重庆市梁平企业进行了现场技术、交流对接。、梁平区领导及企业代表60余人参加了对接会。专家们为企业生产技术问题把脉支招，答疑解惑，现场气氛热烈，互动频繁，取得了良好的效果。

两次专家院士行活动的特点是：

专家阵容强大，专家报告有深度有广度，专业领域覆盖面广。专家院士行启动会吸引了粤东地区、沿海地区和全国塑料加工企业参与交流活动，约300位代表参加了启动会，150多人参加了3场座谈会，130多人参加了2场交流、对接会。在重庆梁平的论坛近200人参加，对接会也是100多人，企业提问积极而踊跃。特别是蹇锡高、瞿金平两位中国工程院院士等20多位专家联袂参加活动，从一线出身解决实际生产问题突出的企业专家到高校产业化能力突出的学者、到行业顶级院士，从30多岁的年轻教授到70多岁经验丰富的老专家，涵盖了整个产业链的树脂、装备、加工及工艺、设计、检测、助剂、自动化、下游应用等多个方面，他们分别在活动的不同场合报告、发言、发声、答疑，形成互补，既保证了活动的宏观、高层次，又能满足生产企业求解生产问题的需求，深得企业的欢迎和好评。尤其是8月22日下午揭阳交流对接会和24日上午汕头及10月25日梁平的交流对接会的热烈、火爆场面，大家感觉都是意犹未尽。

专家们的积极参与使专家院士行活动在行业中反响热烈，会后对接实效性强。会后，企业和专家们继续采取各自适合的方式线下对接，有在会场继续深入咨询的，有在会场直接确认专家的，有当场把专家接走到企业现场直接对接交流的，也有会后再继续电话约谈合作方式。会议结束了，有需求的企业代表们也不离开会场，纷纷找各自适合的专家，如詹茂盛、朱锦、方文川、东为富等继续深入交流，有的把专家直接接到企业答疑解惑、解决实际生产问题；有的企业直接拍板专家朱锦等作为其企业项目合作人；汕头海湾研究院会后也继续和蹇锡高院士深入沟通建院事宜，最后与北京化工大学英蓝团队联合成立了研发中心，为专家院士行活动结下硕果；高校专家杨卫民、李毕忠和企业专家徐军等在会后很快被9月10日刚成立的中国塑料加工工业协会塑料鞋专业委员会聘为专家顾问，继续为中国塑料鞋产业的发展把脉支招。

总之，两次专家院士行活动，为推进塑料加工行业的技术进步与转型升级、提升协会在行业中的形象与凝聚力发挥了重要的作用。

协会科技咨询委主任、常务副理事长朱文玮总结说，专家院士行是推动创新工作的一种方式，今后中国塑协要让这种工作坚持下去并常态化，通过中国塑协的官方网站、微信平台等渠道，让专家出诊把脉，解答行业创新、技术进步、应用发展中的困惑。希望通过共同努力，促进塑料行业健康发展。通过协会搭台、产学研用唱戏、技术合作交流，实现校企、院企、研企的联姻和强强联合，加快科技资源向企业集聚，助力产业和产品结构的深度调整和转型升级。

三、顺利完成专家委员会换届，组成第四届专家委员会理事会

中国塑协专家委员会第三届委员会是2013年10月组成，至2017年10月满四年，按照《中国塑协分支机构管理办法》需进行换届。为此专委会三届主任王德禧很早就开始了换届工作酝酿，经与专委会副主任们沟通并征得中国塑协原则同意，初步确定了四届专家委员会主任人选。2017年初专委会即开始正式进入换届筹备。3月份王德禧主任亲自拜访专委会副主任、长江学者、化工大学杨卫民教授，商请他接任第四届专家委员会主任事宜，6月召开了主任及部分副主任、秘书处人员参加的换届专题会议，确定了换届相关组织工作内容。秘书处于7月7日给中国塑料加工工业协会递交换届申请报告，提出换届领导小组成员名单并制定了换届方案（专家委［2017］001号）。中国塑协于8月20日53号文件批复，同意成立以王德禧为组长、杨卫民为副组长，刘姝、于建 、詹茂盛、田岩参加的换届领导小组。随后秘书处在会员中组织开展了理事会人选的征求意见、《中国塑协专家委员会工作条例》修订、老专家的填表重新认定、新申请专家的评审、认定等大量工作，确认了四届理事会主任、副主任、秘书长建议名单、四届理事会第一批聘任专家名单等，申报了第四届选举人选（专家委［2017］002号）文件，得到中国塑协批复后，于10月26日中国塑协专家委员会在重庆召开换届理事会和会员大会并成功完成换届。这次换届，使我们行业的专家队伍的年龄梯次更趋合理、素质结构更加全面、单位分布更加广泛。

第四届专家委员会的组成结构：1名特聘专家，37名科技咨询委专家，加上新申请及重新认定的200多名专家，2017年聘任的第四届第一批专家合计296人。

四、开好专家委员会年会，打造行业技术交流、成果转化平台

2017年10月26－27日，专家委员会在重庆悦来国际会议中心组织召开了“2017塑料新材料、新技术、新成果交流暨中国塑协专家委员会年会”，中国塑协专家委员会理事会的换届会议同期召开。

中国轻工业联合会副书记、中国塑料加工工业协会理事长王世成，原中国轻工业联合会副会长、中国塑料加工工业协会理事长钱桂敬，中国塑料加工工业协会常务副会长兼秘书长朱文玮，第三届中国塑协专家委员会主任王德禧，中国工程院院士、四川大学教授王玉忠，战略新兴产业专家咨询委专家、中国科学院化学研究所研究员徐坚、河南省淮阳县人民政府副县长张洁，北京化工大学机电工程学院院长、教育部“长江学者”特聘教授杨卫民，中国塑料加工工业协会副秘书长、第三届中国塑协专家委员会秘书长田岩，以及重庆市塑料行业协会、中国科学院化学所、中科院宁波材料技术与工程研究所等单位的代表共计近200人参加了会议。

开幕式及中国塑协专家委员会理事会换届会议由中国塑料加工工业协会朱文玮常务副会长主持。河南省淮阳县人民政府张洁副县长代表会议赞助单位首先致词，她介绍了淮阳县的地域优势塑料加工产业情况与招商引资政策，希望得到中国塑协专家们的支持帮助、欢迎企业家前去投资创业并对会议的召开表示祝贺。

理事会上，王德禧主任做“中国塑协专家委员会第三届理事会的工作报告”，秘书长田岩做“中国塑协专家委员会第三届理事会的财务报告”、“中国塑协专家委员会工作条例（修改稿）”修改说明及中国塑协专家委员会换届筹备情况介绍，并请大会审议。朱文玮常务副会长在主持大会审议通过了第三届理事会工作报告和财务报告后，宣读了中国塑协专家委员会换届批复文件，并主持就专家委员会第四届理事会推荐人选名单进行表决。全体与会代表一致同意推选北京化工大学杨卫民教授为中国塑协专家委员会第四届理事会主任，清华大学于建教授、四川大学王琪教授、北京化工大学吴大鸣教授、北京航空航天大学詹茂盛教授、金发科技股份有限公司叶南飚技术总监、福建亚通新材料科技股份有限公司陈鹊常务副总、华南理工大学何和智教授和中国科学院宁波材料科学于工程研究所朱锦研究员为副主任，中国塑料加工工业协会副秘书长田岩为秘书长。朱文玮副理事长为杨卫民主任颁发了聘任证书，杨卫民主任为副主任和秘书长颁发了聘任证书。

随后，杨卫民主任宣布了中国塑协专家委员会第四届专家认定名单，296名来自国内塑料加工业包括相关高校、研究院所、生产企业、行业管理等方面的学者、技术人员、企业和行业管理者受聘成为中国塑料加工工业协会专家委员会第四届第一批专家。接着，宣布了中国塑协专家委员会《关于授予王德禧研究员“中国塑料加工工业协会专家委员会杰出贡献奖并聘为特聘专家”的决定》，为王德禧主任颁发了奖杯和聘书。三届主任王德禧发表了离任感言并对新一届理事会工作提出了建议和希望。四届主任杨卫民履新讲话，他感谢王德禧主任对专委会发展和行业发展做出的巨大贡献，感谢专家代表们的信任，愿不辱众望，争取为塑料加工行业的科技进步做出更大贡献。原中国轻工业联合会副会长、中国塑料加工工业协会理事长钱桂敬发表了语重心长的讲话。

最后，中国轻工业联合会副书记、中国塑料加工工业协会理事长王世成做会议总结讲话。他称赞并高度评价了中国塑协专家委员会在中国塑协新一届理事会的科技创新年系列活动、科技进步指导意见精编出台、汕头和西部的两次专家院士行、产学研需求对接等平台中扮演的重要角色和发挥的不可替代之作用，充分肯定中国塑协专家委员会在促进中国塑料行业的科技进步与升级发展、在为会员企业提供技术指导、推动科技成果产业化、加强国内外行业间的交流与合作等方面所做的努力，对专家委员会换届成功表示祝贺并寄予厚望，指出行业发展中的问题和短板是技术创新能力仍薄弱，创新体系不健全且效能不高；科技成果转化率偏低，成果共享与服务机制不健全；产品结构不合理，中低端过剩同质化较严重；原材料、助剂及高端加工装备、智能化技术水平制约塑料加工业发展；节能减排压力大等，需要全行业和专家委成员秉持问题导向原则，努力工作，持续破解。他还指出，中国塑协专家委员会集聚着国内塑料加工行业研究开发和规模生产的精英和优秀人才，是推动塑料加工业技术进步的主力军，是行业发展和技术进步的引领者和推动者。“十三五”期间是塑料加工业进入创新驱动发展的新阶段，也是塑料加工行业实现转型升级、由大到强的攻坚时期，更是我们专家委员会发挥技术进步、科技创新保障和支撑作用，我们广大科技工作者和企业家大展宏图的大好时期。新时期推动行业科技创新，专家委使命光荣、任务艰巨、充满挑战，希望专家委要在行业技术进步的水平提升上发挥更大的作用。期待专家委在协会统筹下，在“四个平台”的基础上，深入贯彻落实行业科技进步指导意见，牢牢把握关键环节，针对性加快建立和完善行业创新、专利项目数据、科研成果推广、国内外交流合作服务、人才培养培训等五大服务体系，新一届专家委要坚持职能定位、坚持开放包容、坚持务实有效、坚持全员共振的四点期待和要求，传承创新、砥砺奋进、尽职尽责、做出新成效。

换届会后，进入主题报告和技术交流环节，专家委员会特聘专家王德禧研究员和专家委员会副主任委员、北京航空航天大学詹茂盛教授、福建亚通新材料公司陈鹊副总分别主持会议。四川大学王玉忠院士、中国科学院化学所徐坚研究员、吉林大学王贵宾教授、中科院宁波材料技术与工程研究所朱锦研究员、四川大学王琪教授、清华大学于建教授、华南理工大学何和智教授、广州市香港科大霍英东研究院高福荣教授、华东理工大学谢林生教授、北京化工大学吴大鸣教授、大连理工大学宾月珍教授、上海思尔达科学仪器有限公司姚汉樑总工、丽水鑫科生态合成革研究院谢镇铭院长、宁波海天智造科技有限公司焦晓龙技术总监、金发科技有限公司肖鹏技术部长、中国航发北京航空材料研究院陈宇宏研究员、北京化工大学苑会林教授等17位专家分别做《塑料产业的可持续发展》、《3D打印在先进制造中的机遇》、《高性能连续纤维增强聚醚醚酮复合材料工程化技术及应用》、《生物基高分子材料研究最新进展》、《旋转挤出制备高性能塑料管技术》、《高分子纳米合金制备技术》、《聚合物绿色加工成型技术创新研究进展》、《基于云平台的注塑生产智能化》、《新型高效连续混炼挤出一体化技术在改性功能复合材料制备中的应用》、《空间限域强制组装法制备高性能导电复合材料新方法》、《聚乳酸增韧改性与结晶动力学研究在注塑和薄膜上的应用》、《复合材料研发中流变实验的指导作用》、《水性生态合成革的发展现状及未来发展前景》、《工业4.0背景下的智能注塑发展趋势》、《高性能塑料在智能家电的应用发展》、《汽车用轻质高强塑料车窗的最新进展与发展方向》、《交联发泡聚丙烯片材在汽车节能降噪配件制品的新型应用》报告。报告内容丰富而精彩，充分反映了近年国内外塑料加工最新技术与发展趋势，得到参会代表的高度评价。

27日下午的会议由第四届专家委员会主任杨卫民教授主持。上海澎璞深化工科技有限公司首席技术官杨高品、深圳市志海实业股份有限公司总经理严晴在产学研互动环节分别做企业与产品介绍。为鼓励鼓励塑料加工行业科技工作者开展学术研究、勇于技术创新，推动行业技术进步，会议评选并表彰了第一届塑料加工业专家委员会“澎璞深”优秀论文奖8项。

最后，杨卫民主任做会议总结，他代表新一届的理事会成员感谢大家对中国塑协专家委员会的大力支持，就下一届年会的准备情况做了初步介绍，希望大家多讨论、多参与，提出新需求，专家委员会今后将努力争取为行业和企业提供更好和更优质的服务。

会议期间，组织与会代表参观、考察了重庆宇海科技有限公司和重庆金山洋生管道有限公司，了解了两个公司的生产经营情况及未来发展规划。

年会得到了重庆市塑料协会、重庆宇海科技有限公司和多家高校、媒体的大力支持，得到淮阳县人民政府、深圳市志海实业股份有限公司、上海澎璞深化工科技有限公司、南京永腾化工装备股份有限公司、重庆金山洋生管道有限公司、张家港市区豪华模具有限公司、济南泰星精细化工有限公司的热情赞助。

年会《论文集》共收录塑料加工相关论文、报告75篇，计550多页，年会还印发了120多页的《2017年世界塑料新材料、新技术、新成果发展概况》材料供大家学习、了解。

（中国塑协专家委员会　田岩）

塑料助剂

一、2017年行业状况

2017年是实施“十三五”规划的重要一年，是供给侧结构性改革的深化之年，助剂行业也得到了进一步发展。一年来，塑料助剂行业绝大部分企业能较好地适应宏观经济的发展趋势，积极应对环保检查，牢固树立绿水青山就是金山银山的思想，加强环保意识增加环保投入，努力搞好节能减排和清洁生产；根据市场需求的变化，调整、优化产品结构，重视提高自主创新能力，积极开发新产品、新技术，不少企业加大了专用产品及高附加值产品的研发力度；依靠科技创新和管理创新，降低生产成本；使整个行业在2017年取得了新的进步。2017年国内塑料助剂的消费量为635.7万吨。2017年塑料助剂各主要品种在塑料中的消费量见表1。

表1　　2017年塑料助剂消费量统计　　单位：万吨

品种	消费量	品种	消费量
增塑剂	379	发泡剂	21
热稳定剂	55	抗氧剂	13.5
阻燃剂	46	抗静电剂	1.0
冲击改性剂与加工改良剂	53	光稳定剂	4.0
着色剂	43	偶联剂	3.2
润滑剂	15	其他	2
合计	635.7		

二、专委会活动

（一）认真完成中塑协交办的各项工作

助剂专委会根据中塑协的要求，开展了一系列的工作。积极参加中国塑协举办的各项活动。8月份在人手紧张的情况下还派员参加了“食品相关包装材料生产企业现场检查工作”，参加的人员认真履行责任，尽职尽责检查企业的相关规章制度和落实情况，给企业提供建议。在得知中国塑协2018年将在南京举办展览会的时候就积极与会员单位联系，宣传展会，积极招展。

专委会在一年中积极与中塑协沟通，按时完成上级交办的任务，较好地完成了自己的工作。

（二）通过多项活动积极推动热稳定剂环保化进程

热稳定剂环保化一直是上下游相关行业普遍关注的问题，管道行业倡议要求到2017年底全行业弃用含铅稳定剂，塑料异型材行业制定的GB/T33284－2016《室内装饰装修材料门、窗用未增塑聚氯乙烯（PVC－U）型材有害物质限量》国家标准，已于2017年7月1日实施。全行业的环保化，塑料助剂是最重要的一环。为此，我们多方努力，引领塑料助剂行业提档升级，产品更新换代。

1. 成立了GB/T33284－2016国标执行小组

针对GB/T33284－2016实施，中国塑协异型材和门窗专委会和助剂专委会在中国塑协领导下成立GB/T33284－2016国标执行小组，2017年5月，第一次工作会议在广州召开，7家型材企业的代表、14家热稳定剂企业的代表、1家检测机构的代表、1家模具企业的代表和助剂专委会、异型材专委会的人员参加了此次会议。会议上型材企业和热稳定剂企业就现在生产中环保稳定剂遇到的问题进行充分了解和沟通，上下游共同努力，协同发展，切实促进行业的整体进步。

2. 举办环保热稳定剂发展论坛

2017年6月，中国塑协助剂专委会在包头举办了2017年环保热稳定剂发展论坛，期间，《塑料助剂》编辑部专门出版了《塑料助剂》热稳定剂专刊和热稳定剂宣传册。这次会议共有来自全国各地的塑料助剂生产企业、塑料加工企业、大专院校、科研院所的140位代表参加，中国氯碱工业协会、助剂专委会、管道专委会、大连实德、浙江工业大学、广东工业大学、中国林科院，等单位的专家和学者分别讨论了热稳定剂的可持续性发展、制品企业介绍了加工过程中的应用方法和心得，行业专家介绍了最新的研究成果，植物基热稳定剂有了新产品。这次会议营造了积极互动交流氛围，将热稳定剂行业多年的技术储备释放出来，让参会人员深入了解行业发展，更好地规划企业后面的发展思路。

3. 与欧盟的专家对话，提高国内热稳定剂企业的技术水平

2017年11月，在今年的塑料助剂年会上，专委会特意邀请了《PVC热稳定剂》《PVC添加剂》的欧洲作者Dr. Michael Schiller来到会议现场。300多人的会场，座无虚席。Dr. Schiller精彩翔实的报告，报告后安排的提问交流环节，使大家了解欧洲环保产品使用情况，给国内提供了参考。同时也借助他20多年使用环保稳定剂的经验，给大家提供了很多实用的解决方案。

（三）积极沟通，反映会员单位的诉求

2017年10月，得知环保部组织编制了《优先控制化学品名录（第一批）（征求意见稿）》，我们在第一时间发给会员单位，引起了不小反响，相关企业纷纷将涉及自己的产品意见反馈给我们，我们主动联系名录的编制部门，积极反映企业的诉求，介绍行业的真实情况，经过多次沟通，涉及的几个产品已经从第一批的名录中剔除，给了大家更多的发展空间。同时，也提醒会员单位，打铁需要自身硬，从三废治理和产品的风险评估方面要投入多的精力，借助国家环保的东风，使我们行业企业更上一层楼。

（四）组织召开塑料助剂专委会年会

由中国塑协主办，助剂专委会承办的2017年助剂年会于11月6～8日在山东青州召开。来自全国各地的塑料助剂生产企业、塑料加工企业、大专院校、科研院所的300多位代表参加了会议。会议期间组织了现场报告，他们有来自国内知名大学科研院所的专家教授，也有在行业和本领域中成绩斐然的学者和专家。受到了广大与会者的关注与欢迎。

（五）办好《塑料助剂》杂志，搭建行业技术交流和媒体发布的平台

2017年度，《塑料助剂》杂志除了日常的出版工作以外，还在第2期组织了热稳定剂专刊，同时出版了热稳定剂行业宣传册。专刊和宣传册集中介绍热稳定剂行业的新产品、新技术，反映下游用户对环保稳定剂的要求，树立热稳定剂行业互相协作、积极践行环保的整体形象。杂志社也总结经验，准备在适当的时候再组织出版此类专刊，更好地为业内企业服务。

2017年是《塑料助剂》杂志创刊20周年，编辑部制作了纪念册和纪念视频，回顾了杂志20年的历程，见证了行业的飞速发展，行业领导、杂志编委、会员单位、兄弟期刊纷纷来信祝贺、写下很多情真意切的话语，有赞扬有鼓励有建议，是我们以20年为起点，努力向前的宝贵财富。

（六）服务会员，做好专委会日常工作

（1）通过QQ群、微信群，加强与会员单位的联系，及时发布专委会的活动，尽力做好行业内信息收集和汇总工作。

（2）继续做好《塑料助剂》杂志的编辑出版

和发行工作；及时向会员单位通报各项与塑料相关的标准及法律法规。

（3）组织相关人员编写《中国塑料工业年鉴》塑料助剂章节。

（4）认真做好中国塑协布置的各项工作，协助中国塑协各职能部门开展工作，发挥行业优势，提高专委会的公信力。

三、产品结构调整与技术进步

（一）增塑剂

近几年，环保形势异常严峻，环保督查力度逐渐加大。国家和各个重点省份均成立了督查组，进行多轮次的督查，在新的平衡建立中势必倒下一批企业，同时银行在不断的收拢资金，落后产能、中小企业将陆续被淘汰，增塑剂行业将继续整合，行业集中度将进一步提升。目前我国增塑剂生产企业有100多家，10万吨以上规模企业占总生产能力的80%，2017年各类增塑剂生产能力700余万吨，以山东、华东为主，其中邻苯类DOP 130万吨、DINP约47万吨，DBP、DIBP 46万吨，环氧类40万吨，对苯类113万吨，偏苯类7万吨，DOA6万吨、DOS 1.5万吨，柠檬酸酯类约7万吨，其他约10万吨左右，合计全国增塑剂产量410万吨左右。表观消费量约为421万吨。

尽管产能已大幅过剩，部分相对较大的企业或者有局部竞争优势的企业出于自身经营考虑，仍然有新增产能投产。DOTP方面，丹阳助剂新增8万吨/年产能，雄县金泉DOP转产为2万吨DOTP，浙江建业新增产能3万吨；DOP方面，揭阳春达新增15万吨产能，南京立邦新增10万吨产能。随着这些新装置的建成投产，增塑剂产能过剩局面将进一步加剧。但是塑料加工业扩张缓慢，市场整体需求一般，预计2018年增塑剂需求量与2017年变化不大，增塑剂装置整体开工负荷在50%左右。DOP面临DOTP、DINP等产品的竞争，市场份额将被DOTP和DINP逐步蚕食，增长率下降。DOTP生产装置的开工率虽然远大于DOP等传统邻苯类增塑剂，但是也出现了产能过剩的隐忧，有的企业装置建成后反而长期生产DOP。

在制造业转型升级的大背景下，高端塑料制品行业迎来了较快的发展，功能化增塑剂作为特殊性塑料制品的添加剂，受到行业的青睐，部分厂家纷纷瞄准了特种增塑剂，陆续开发、生产这部分高值增塑剂。

（二）热稳定剂

2017年，热稳定剂的表观消费量维持在55万吨以上，和上一年比基本持平，出口呈持续增长态势，原辅材料出口总量超过稳定剂产品。同时环保稳定剂呈现增长超二位数，含铅稳定剂产销量大幅下降（以实际消耗百分比计算，含铅稳定剂已不足高峰期50%）。

2017年销售量过万吨级的企业20家以上（全部为环保产品的有深圳志海、山东金昌树、河源鑫达、上海欣好、广东森德利等）；能统计到经济数据的，2017年销售量过2万吨以上企业有江苏联盟、河北精信、九江天盛、浙江传化、山东金昌树、河源鑫达等公司，这6家公司的年销售量就接近20万吨。2017年环保稳定剂产销量过2万吨的有山东金昌树和河源鑫达等公司，而山东金昌树公司产销量超过了4万吨。

以有机化合物作为主效稳定剂而完全不含任何重金属的有机基热稳定剂代表着PVC热稳定剂的长远发展方向。但是，由于已开发的有机基热稳定剂的综合应用性能尚难于与有机锡相比拟，因此，至少在较近的未来，有机锡和锌基、钙基热稳定剂将是最具发展空间的热稳定剂体系。而相比之下，锌基、钙基热稳定剂更具发展潜力。

（三）阻燃剂

2017年，全球阻燃剂需求平均增长率达到6%，氢氧化铝，氧化锑等增长率接近6%，溴系阻燃剂接近5%，特别是磷系阻燃剂达到7%。虽然现在溴系阻燃剂从总量上依然处于主导地位，但磷系阻燃剂取代溴系阻燃剂的速度在加快。预计到2021年，这个增长比例不会有大的改变。随着近年来国内溴素的需求严重依赖进口，溴素阻燃剂已经没有了成本优势，阻燃剂原料和应用市场的调节也会明显影响到各种阻燃剂的前景和发展。

2017年，磷系阻燃剂国内产量占据全球需求量的一半，但多数规模生产的产品是老产品，且多种阻燃剂已经进入禁用之列，多个品种面临淘汰，在满足市场的需求方面研发新品仍有大的发展空间。阻燃剂厂家应该投入技术力量，增加新产品研发的投入，主动迎合产品更新换代的契机，争取适应环保政策的同时，成长为行业领军企业。

随着国内节能减排的实施，建筑保温材料的市场空间会逐步释放出来，阻燃剂的新应用也不断涌现，随着防火阻燃法规的不断完善，阻燃剂需求会保持持续增长。

（四）抗氧剂和光稳定剂

2017年，受各地环保控制和其他限产因素（如天然气供应）的影响，国内抗氧剂、光稳定剂的原料和销售市场基本供需平衡，价位偏高。

塑料抗氧剂生产企业中，有新建装置投产，也有规模较大老装置停产，产能、产量比2016年略有降低；光稳定剂整体产能、产量比2016年增加，主要是受阻胺光稳定剂的产能、产量在2017年有增加，紫外线吸收剂的产能、产量与2016年基本持平或略有增加（表2、表3）。

表2　2017年国内主要抗氧剂产能、产量、出口量数据

抗氧剂类型	受阻酚类	亚磷酸酯类	含硫类	抗氧剂合计
产能/万吨	7.7	6.9	0.6	15.2
产量/万吨	7.1	5.8	0.6	13.5

表3　2017年国内主要光稳定剂产能、产量、出口量数据

光稳定剂类型	受阻胺类	苯并三唑类	二苯甲酮类	光稳定剂合计
产能/万吨	2.7	1.2	0.8	4.7
产量/万吨	2.2	1.1	0.7	4.0

注：表2、表3数据不包括复合产品。

国内塑料抗氧剂、光稳定剂企业，在多系列发展和开发高性能产品、专用型产品方面取了可喜的结果，抗氧剂1425、1222、1520、5057、565等、光稳定剂119等多种非通用型产品有了规模性生产、销售和出口。

塑料抗氧剂、光稳定剂企业在应用技术方面的人力和资金投入加大，企业的应用技术水平有所提高。

企业普遍重视三废治理，并且在环保技术和设备等方面加大投入和改进。受阻胺和通用抗氧剂类企业基本达到排放要求，有的企业成为当地三废治理的标杆。

（五）其他

2017年，其他塑料助剂，如冲击改性剂与加工改良剂、发泡剂、润滑剂、偶联剂、抗静电剂、抗菌剂、成核剂、扩链剂、防雾剂等在开发新产品和技术进步方面也都取得了不同程度的进展。

四、存在问题

近几年，国家相关部门的环保政策不断出台，监督检查的力度持续高压，同时银行在不断收拢资金，落后产能将进一步被淘汰，整个行业整合洗牌的局面越来越明显。为了适应环境，企业的产品结构势必会出现些许变化，新产品的研发和应用方面的投入在很大程度上已经决定一个企业的未来，形成了少数具有独立自主创新能力和综合技术服务能力的企业。在2017年，绿色环保是主流，但产品结构不尽合理，部分产品质量不够稳定依然存在；高端产品不足，同类产品市场竞争激烈，利润点低；部分企业的科技投入不足、自主创新能力不强，缺少高水平的专业人才。

（一）增塑剂

1. 生产工艺参差不齐，总体水平比较低

目前许多小型企业仍然采用间歇式生产、手动控制的落后装置和工艺，这些装置规模小、功能单一、生产效率低、物耗能耗高、污水排放量大、产品质量稳定性差，已经很难适应当今世界增塑剂行业的竞争局面。

2. 产品结构不合理，品种单一

与国外相比，产品结构不合理的矛盾仍然非常突出，目前我国增塑剂产品中50%为邻苯类产品，虽然近年来环保增塑剂产量有所增加，但环保类高效品种所占比例仍较小，许多专用和高性能品种还不能生产，依赖进口。

3. 研究滞后，品种稀少

世界上已开发成功的增塑剂达500多种，已商品化的达100多种，而我国目前生产约30多个品种，严重制约了我国相关行业的发展，目前我国增塑剂主要以生产厂家自主研发为主，专业的研究机构少，新型增塑剂开发的进度慢，一些有市场应用量较大的品种国内技术不成熟，近几年虽然开发出一些新品种，但从性能上讲质量不高，即使研究开发出高性能的产品，下游厂家考虑到成本多不愿使用，反而以低档价廉的产品代替，长期下去影响了增塑剂及相关行业的发展。

4. 产能过剩，开工率低

同质化装置建设过快，导致产能过剩，装置开工率不高，整个行业利润低下，竞争力不强，许多中小型装置面临被淘汰的窘境。

（二）热稳定剂

尽管我国热稳定剂生产与开发取得了相当的成绩，但仍存在许多不足。

1. 品种少，环保产品的消费量仍需加大

铅盐类稳定剂的使用量虽然逐步被钙锌类热稳定剂替代，但是用量仍然占到50%左右，非铅盐热稳定剂很大一部分用在出口产品中。同时，产品技术标准相对落后，产品质量波动较大。

2. 生产规模小，产品质量差

我国热稳定剂质量参差不齐，有许多小作坊式生产企业，规模小，环境污染严重，有的企业产品品质低，低价竞争，冲击、影响热稳定剂的生产和市场。

3. 开发力度不够

随着世界 PVC 工业的发展，国外新型热稳定剂开发层出不穷，但由于种种原因，我国热稳定剂企业的原始创新不足，主要体现在研发经费投入少、高端人才严重缺乏，尤其是推广应用工程技术人才严重短缺和重视不够。新型热稳定剂的生产与应用远远不能满足国内 PVC 工业的发展和制品的需要。

（三）阻燃剂

阻燃剂行业存在的主要问题是：

（1）我国阻燃剂生产企业，未能形成规模化产业结构，竞争力偏弱。

（2）近两年，由于国家对环保日趋严格，很多小规模企业没能力达到环保要求，不少企业面临或已经关停转。

（3）新型阻燃剂的应用研发投入不够，有些还只是在实验室阶段，急需寻找性价比高的产品。

（四）抗氧剂和光稳定剂

（1）产品工艺控制水平和质量有待提高并稳定，应用效果也需提高并保持稳定。

（2）光稳定剂产品的标准化工作依然滞后，通用型光稳定剂 531、326、770、944、622 等产品，依然没有行业标准。

（3）有些主要原料受国外制约，如间苯二酚、己二胺、癸二酸等，影响了国内抗氧剂、光稳定剂企业的自主发展和市场竞争。

五、发展趋势

（1）我国塑料助剂行业在 2017 年整体发展平稳，企业应深挖自身潜力，提升产品质量、降低产品消耗，加强环境治理，从而进一步提升产品竞争力。同时加强同行业交流与合作，以求得取长补短，共同提高，促进塑料助剂企业和产品规模化经营，加快提高行业的整体技术和生产水平。

（2）骨干龙头企业通过不断强化技术服务能力，完善技术服务体系，协助下游客户提升产品性能与加强应用的能力，不但在产量上，也应在技术上协调上下游共同进步。

（3）相关的助剂企业应继续大力拓展海外市场，使海外市场中的份额保持稳步增长。

（4）塑料助剂行业今后将以“绿色、环保、无毒、高效”作为永恒的主题，逐步用新品替代对人类健康和环境有害的品种。

（5）要适应不同的市场，让产品满足不同层次用户的需求，特别是扩大专用产品和高端产品和高附加值产品的比重。

（6）要加大生物可降解塑料用的各种助剂产品的研发力度，这将是以后发展的长期趋势。

（7）加大科技投入，根据产品特点，积极开发应用低碳技术，搞好清洁生产，淘汰落后工艺和落后设备。

（中国塑协塑料助剂专业委员会秘书处）

塑料配线器材

一、行业现状

塑料配线器材专委会在中国塑协的正确领导下，在各级人民政府及有关部门的关心和支持下，在全体会员的共同努力下，坚持科学发展观为统领，本着全心全意为政府、行业和企业服务的宗旨，积极开展各项工作，充分发挥了专委会作为政府与企业之间“桥梁”与“纽带”的作用。而且不断加强自身建设，认真履行专委会职责，积极拓展协会服务领域，为促进行业经济又好又快发展，做了一些有益的工作。

我国塑料行业规模和效益保持平稳增长，产量也是平稳增长，2017 年全国塑料制品行业汇总统计企业产量 7575 万吨，同比增长 3.44%；规模以上企业完成主营业务收入 22808 亿元，同比增长 6.74%；实现利润 1354 亿元，同比增长率为 4.81%；出口额 627 亿美元，同比增长 8.62%。在国内大环境的影响下，我配线器材市场的需求量也平稳增长，据不完全统计，2017 年塑料配线器材行业全国工业总产值为：226.3 亿元，同比增长 3.81%。

二、行业热点

国家提出的一带一路战略思想包括，从软件走向硬件，从时间和空间突破，给区域平衡提出了新思路，自身为全球化提供巨大市场，构建人类命运共同体的抓手，推动配线器材成为参与“一带一路”建设的桥头堡，同时，配线器材专委会将结合产业地区和行业特点，做有针对性的转型升级：

1. 转型升级，研发新材料产品

新材料属于战略新兴产业，未来好多产业的提升是靠新材料实现的，未来中国的许多产业提升是靠新材料来完成。根据中国塑料产业“十三五”绿色可持续发展规划构想，“十三五”期间，专委会加快五大通用塑料高端专用料的开发利用，努力提升产品质量，对改性等复合塑料、特种工程塑料以及合金材料加快推进产业化，弥补国内空白，紧紧围绕国民经济和社会发展重大需求，以加快塑料制品转型升级为重点，以提高塑料制品自主创新能力为核心，大力实施产品高端化战略，全面提高行业整体素质，研发出多种新材料产品，例如：高分子合金电缆桥架、高分子聚合物板桩等。

2. 技术革新，开发多种新产品

专委会积极推动产业升级，推进行业内科技进步和技术创新，进一步加强“机器换人”、“新产品开发”等项目实施力度，提倡节约资源，推行清洁生产，提高可持续发展能力。规范国内塑料配线器材市场秩序，实现产品品质高端化，地区产业均衡化的发展目标，进一步促进塑料配线器材行业稳步发展。目前，配线器材行业中产品已有尼龙扎带、钢钉线卡、定位片、压线帽、接线端子、配线槽、号码管、电缆固定头、缠绕管、冷压端头、快速连接器等塑料制品，但行业中的企业并不满足现状，在企业转型升级路上不断探索和研究，不断开发新产品。

例如浙江亚泰塑料有限公司研发的尼龙电缆固定头，采用 UL 认可之尼龙 66 料制成，绝缘性良好，夹紧圈经特殊设计，对电机不造成损伤等优点。再如长虹塑料集团英派瑞塑料股份有限公司已成功开发三种新材料产品：高分子合金电缆桥架、高分子聚合物板桩以及智能电表箱新产品，这三种产品在国内市场上均属建设领域具有独创性的新产品，特别是高分子合金电缆桥架是继 PVC 电缆槽管之后，在电气工程中应用的又一以塑代钢的新典范，有着非常广阔的发展前景。目前，专委会还有多家企业开发出，各种升级换代的产品：高性能电缆固定头、防滑扎带、双齿扎带等等。

三、专委会活动

1. 建立健全组织，加强规划发展

一年来，专委会相继制定和改进了理事办公会议制度、会费收缴和资金使用管理制度、专委会财务管理等各项制度。专委会对内部职能进行了细化，成立了监事会，建立了专委会理事长、常务副理事长、副理事长、秘书长工作分工责任制，以调动专委会班子成员的工作积极性和责任感。专委会在坚持标准的前提下，会员结构也得到进一步优化，激活了会员的向心力，增强了专委会凝聚力，提升了专委会影响力。已发展行业上下游企业 120 多家企业入会，会员关系密切，成为推动专委会工作一股不可或缺的力量。

根据专委会年度工作计划安排，我们定期召开各类会议和举办各种活动，全局工作朝着制度化、规范化发展。今年专委会共召开会员大会 1 次，理事会 5 次，会长办公会议 7 次。

2. 积极配合中国塑协工作，发挥助手作用

2018 年 1 月专委会郑建诚秘书长参加了中国塑协在南京召开的协会分支构工作会议，学习贯彻党的十九会议精神和落实党和国家加强有关对协会深化改革管理的有关规定和要求，同时参了塑料加工业“一带一路”座谈会，并发言。4 月 22 日我会理事长郑元和及副秘书长别旭辉参加了中国塑协在上海如开的第七届三次理事扩大会议，并参观了第三十二届中国国际塑料橡胶工业展览会。6 月 1 日专委会召开三届三次会长办公会议，再次动员各会员单位积极参加中国塑协在南京举办的橡塑展会，取得了较好的成果，超额完成了中国塑协分配的十个展位的工作任务。

3. 加大宣传力度，提升专委会声誉

为了充分展示塑料配线器材专委会的良好形象，提升专委会的宣传工作，增强企业业务交流，专委会认真做好宣传舆论导向方面的工作。

为了加强会员之间的联系，便于彼此之间的交流，专委会更新改版了网站（www.chinapwac.com），与中国塑协的网站互为链接。充分利用专委会微信平台和移动E管家信息平台为会员提供更快捷的信息服务，及时公布专委会工作动态，展示会员单位的最新新闻和产品消息，共享行业内部资讯和国家最新政策。通过信息化手段，发展新的会员单位，发布最新行业信息，整合力量，加强和促进会员之间的横向沟通联系，促进相互学习和交流，促进行业共同发展。

4. 开展技术研讨与培训活动，促进行业健康有序发展

为了提升会员单位的综合素质和管理水平，专委会努力整合相关培训资源和信息，通知组织会员参加各种培训学习。

3月20日，中国塑协塑料配线器材专委会与苏州UL公司，在浙江省乐清市天豪君澜大酒店联合举办了“质联未来”配线器材行业产品的标准讲解研讨会。会议由UL公司性能材料部首席工程师JamesM. Thompson先生亲自讲解，全程由UL公司汤小庆工程师进行翻译。配线器材行业理事长企业长虹塑料集团英派瑞塑料股份有限公司、副理事长企业乐清市新光塑料有限公司、乐清市华达塑料有限公司、乐清市华盛塑料厂、温州惠达塑料有限公司、上海凯赛生物技术研发中心有限公司、秘书长企业：浙江亚泰塑料有限公司、乐清市智威机械销售有限公司以及部分会员企业、UL客户，共计30多位代表参与了此次研讨会。

另一方面，为了加强会员单位内人才培训工作，并与温州市人事局密切合作，积极组织会员单位有关技术人员参加高级技术职称评审，为行业内的会员单位培养了塑料工程师多名，加强了会员单位的专业技术力量，进一步促进了行业的健康有序发展。

5. 组织考察学习，开拓会员视野

加强交流，不断学习，是提升行业发展水平、提高行业综合竞争能力的重要手段。专委会积极组织会员单位参加今年4月，在广州举行中国国际塑料橡胶工业展览会，展会为期4天，吸引了来自100多个国家及地区超过7万名专业买家到场。来自各个国家和地区的绿色橡塑科技供应商提供的先进环保橡塑产品及科技，令参展的会员们耳目一新，收获匪浅。为考察全国各地塑料配线器行业发展情况，助推协会健康发展，2017年7月专委会一行40多人，赴湖南考察，不但开阔了大家的视野，激发会员单位的灵感和智慧，而且更有利于会员单位创新发展、积累开拓市场的人脉，借鉴外地好的经验与做法，取长补短，有利于企业的发展，有效地促进了会员间的相互交流。

6. 加强行业自律，制定行业标准，规范行业发展秩序

为了规范行业发展秩序，防止不正当竞争，提升行业整体形象，我们积极要求制定行业标准。

自专委会成立以来，我们时刻关注这一重点工作，经过多方面努力，专委会制定的行业标准已有：QB/T4494—2013《聚酰胺（尼龙）扎带行业标准》、《聚酰胺扎带海关单耗标准》HDB/QB098－2015。继此之后，2018年，我们又有一新的行业标准，被国家批准发布：QB/T5258－2018《塑料压线帽行业标准》，该标准适用于以尼龙66树脂为主要原料，经注塑加工或组装（安装金属管或弹簧）制成，额定工作电压不高于450V，在－20℃～＋55℃环境使用的塑料压线帽，详细规定了塑料压线帽的分类与结构、命名与标识、材料、要求、试验方法、检验规则及标志、包装、运输、贮存。该标准将于2018年9月1日实施。另外，由长虹塑料集团英派瑞塑料股份有限公司主笔起草了的《高分子合金电缆桥架技术规范》目前已形成报批稿，等待批准发布。

7. 倡导绿色生产，做节能环保表率

“节能降耗”是贯彻落实科学发展观、构建社会主义和谐社会的重大举措，是建设资源节约型、环境友好型社会的必然选择，是推进经济结构调整，转变增长方式的必由之路，是维护中华民族长远利益的必然要求。专委会多次召开注塑行业节能降耗经验交流会，交流会上介绍注塑行业节能降耗先进经验，及对传统注塑设备，通过改造达到大幅度节能的先进事例。为了切实贯彻落实这项“节能降耗”工作，塑料配线器材专委会通过不断探索和研究，发现老的注塑机一般是采用电阻加热，不仅耗能量大，而且热能外泄严重，严重影响生产环境。经过多方面考查和论证后，发现采用电磁加热技术对注塑机进行改造后，节能量达到40%以上，试验成功后，我们在协会企业中进行了推广，目

前，我协会50%以上企业对现有注塑机进行了大规模的改造——安装了电磁加热器，不仅节能而且环保。

四、存在的问题

回顾一年来的工作，我们既要肯定成绩，也要看到不足。特别是我们的行业仍面临着不少困难和问题，主要表现在以下几个方面：1）由于产品单一，使得同行间的压价恶性竞争时有发生；2）低端塑料产业新装置的大规模投产造成产能严重过剩，企业盈利空间大大压缩，对这些困难和问题，我们必须要引起高度重视，积极采取针对性措施主动应对，努力在今后的工作中加以克服和解决，将专委会的工作做得更好

五、发展趋势与规划

塑料配线器材行业，通过近五十年的发展，已积累了丰富生产、管理经验，具备了研究、设计、技术开发等方面能力，为塑料配线器材行业的快速发展奠定了坚实的基础。塑料配线器材行业目前已形成规模大、基础实、底气足的现状，而且塑料配线器材产品的应用铺天盖地，潜在的市场空间极大。在发展中，行业企业要增强自主创新能力，改变单纯做普通塑料的局面，开发新型改性塑料品种、采用先进的机器设备、调整产业结构，依托自身产业链，积极优化组合，使整个行业走上科技创新型健康发展之路。接下来专委会结合本行业的发展要素，在中国塑协的的带领下，做好以下工作：

1. 健全制度建设，规范协会工作

制度建设是加强协会建设的一项基础性工程。构建一套适应时代要求、切合基层实际、规范和完善的制度体系，对于我们的专委会来说具有十分重要的意义。新的一年，我们将进一步加强会长办公会议、理事会会议和会员大会制度等，为专委会工作的扎实开展和稳健发展提供有效保障。

2. 利用多种渠道，交流企业信息

信息交流是行业协会的一个重要职能，专委会的网站和E管家平台为会员单位提供了一个展示宣传及信息交流的平台。为了尽可能让会员企业的优秀产品得到广泛宣传，为顾客查询和了解企业产品发挥作用，新的一年，我们将加大对网站、微信平台等渠道，增进会员间的信息交流，扩大市场服务职能。

3. 重视培训学习，提升自我素质

专委会通过组织各种形式的学习，在提高会员素质的同时，也促进了会员间的互相交流，相互了解，增强了专委会的凝集力。新的一年，我们将组织和参与和举办各类学习培训和讲座论坛，为专委会各企业提供质量、环境、职业健康管理体系咨询服务工作，协助企业完善企业管理，提升企业档次，使会员获得新的思维方式和理念，为推进各会员企业提升企业现代化科学管理提供了有益帮助。

4. 做好会员发展工作，扩大专委会规模

发展会员是一个组织具有生命力的重要表现，做好会员发展和管理工作，既要发展规模较大的企业，也要发展中小型企业，以增强专委会的广泛性和代表性，增强专委会的凝聚力和影响力。为了真正把专委会办成政府满意、企业欢迎的自律性社会团体。虚心听取会员的意见，真实了解企业发展状况，是专委会的主要工作之一。专委会要听取会员企业对专委会的意见和建议，改进工作方法，全方位的为企业服务。

5. 加强行业自律，强化行业标准制定工作

专委会成立以来，我们时刻关注这一重点工作，重点主抓了行业标准制定工作。我们将继续强化这项工作，接下来我们将对行业的产品：定位片、接线端子、膨胀管等产品进行标准制定或修订，通过标准对整个行业的规范起到推动作用，提高企业的技术素质和管理水平，形成行业自我管理、自我约束、自我监督、自我完善和自我发展的良好发展势态。

6. 加强对外交流，学习先进经验

新的一年里，我们将在中国塑料加工工业协会的关心支持下，加强专委会的对外交流力度，准备一到二次的外地考察学习先进经验，让广大会员广泛地学习和掌握行业的最新信息，加强和上下游行业组织联系与合作。

（中国塑协塑料配线器材专业委员会　毛维琴）

塑料家居用品

2017年度，塑料家居用品专委会在中国塑料加工工业协会的领导下，充分做好塑料家居用品行业

服务、协调、组织工作，发挥企业、政府及用户之间沟通的桥梁、纽带作用，及时传达政府方针政策和法律法规，引导、推动塑料家居行业协调、科学、健康发展，在服务会员、服务行业、推动行业稳步发展等方面主要从以下几方面来表述。

一、塑料家居用品行业的发展历程

塑料家居用品行业是以广东和浙江为主要基地的塑料家居用品企业发展起来，几乎全部是以家庭作坊方式起步，企业家全部是靠个人自学打拼，企业主要靠企业家逐年积累再投入的简单扩大再生产方式发展起来，并随着城市化进程的旺盛需求和廉价农民工带来人力资源红利而在2000后实现爆发式增长。

进入2010年后，民营企业依靠廉价劳动力的红利迅速消退，房地产暴利对企业再投入的干扰，电商初期无下限低价倾销，使得民营主导的塑料家居用品企业进入白热化竞争阶段，企业发展动力和速度发生明显的迟滞，核心骨干企业带头进入转型升级阶段。

二、塑料家居用品行业基本现状

（1）整个行业工业化程度与国家改革开放30年制造业的高速发展相比，明显处于落后状态，主要体现在规模以上企业数量，质量明显偏低；企业的毛利率，产品附加值偏低；人均产值偏低。如果不是具有一定的投资密度的化，几近成为完全的劳动密集型行业。

（2）整个行业的成长历程弱化了企业对外市场化经营能力和内部现代化运营能力：偏重批发代理影响了自主渠道开拓，偏重薄利多销影响了品牌建设，而这样的局面反过来导致过度离散的生产模式给企业现代化转型带来巨大的阻力。

（3）整个行业的成长少有国际企业的参与，不像一路依靠引进消化壮大的白电、IT、电子、汽配等行业有国际同行的标杆示范，通过合资融合，学习壮大。因此企业内部运行的现代化水平非常低，少有从制造，品质，工程技术到生产计划，信息技术，现代物流等制造企业诸单元“完整并良好”运营的标杆性企业。

三、塑料家居用品行业发展对策

（1）要直面行业自身的积弱现状，积极策划和实施引领企业转型升级，摆脱最易被淘汰的劳动密集型企业的命运。为此专委会积极和行业专家院士沟通，希望推动企业与专家院士建立长期合作关系，开展技术交流合作，联合攻关，借助院士专家所掌握的科技资源，针对塑料家居用品行业科技创新力量薄弱的实际，搭建工作合作平台，为企业带来更多的前沿资讯、技术信息、技术支持，新材料研发、应用等解决企业生产经营发展中的实质性困难，帮助企业进行技术改造，转型升级。经过多次洽谈，蹇锡高院士等3位专家被聘为我会顾问，专委会与中国工程院蹇锡高院士签订了产学研合作战略合作协议，为行业发展提供有力保证。

（2）组织行业企业向先进行业和同行标杆企业学习，通过产品开发，技术升级，市场和品牌拓展，把产品附加值提起来是目前的当务之急。经专委会调研有一部会员企业坚守高品质高附加值的品牌路线，并且能够实现生存和发展的稳步前行，专委会把这些企业树立为行业标杆，并授予塑料家居用品行业品牌示范企业或塑料家居用品行业品牌示范基地，不定期组织行业企业家到这些企业参观，学习，交流。把行业内优秀企业组织起来，创立了“中国塑料家居用品行业诚信联盟”，创立“诚信联盟”的目的是维护行业共同利益与行业形象，推进塑料家居用品行业健康发展，为消费者推荐诚实守信塑料家居用品企业和优质产品，这也是落实“三品”战略的一些有力措施。

（3）专委会积极在行业中引导行业企业要勇于引进“新材料，新技术，新装备，新产品”敢于差异化发展，寻找企业自己在某一领域的制高点，从而在经营渠道上有发言权，反过来可以支持到自身制造系统的现代化转型，通过中国塑协主办的“中国国际塑料新材料、新技术、新装备、新产品展览会”为抓手，在行业在推动创新年活动，宣传企业创新的必要性，秘书处经常走访企业和企业沟通，有深圳印家网络科技有限公司和广东美联新材料有限公司已经签订入住展会合同，几家企业也有参加的意向。

四、引导企业家以学习的态度重新认识自身企业的发展瓶颈

（1）管理架构的重构，制定企业现代化发展的基本模型，现代化的制造企业，需要构建完整强大的专业部门，企业家需要把构建专业化架构和引入职业化人才作为企业发展的核动力。比如，有的企业家看到机器人的高效和减人效果，但是却不关注工厂连1个称职的机修都没有，没有自动化工程师的企业，我们如何使用和发挥机器人的作用。

有的企业想上MES，以实现生产系统的数字化管理，但是企业甚至连网管都没有，ERP还在启蒙混沌的应用水平，如何可以实现工厂的数字化管理。

（2）生产管理的精益化追求。由于企业成长历史和行业特点，我们缺乏与国际先进企业对标的机会，以至于缺乏对精益生产给制造企业创造巨大效益的直接感受和追求，绝大多数企业从高层领导到现场管控，基本还满足于粗犷的经验管理，缺乏数字化和技术化的管理手段，无法形成系统性持续改进的管理文化。

为此专委会发挥专家组，顾问团队的作用“一企一策”协助企业制定内部精益管理的管理方针，实施先进制造的发展战略，积极在行业贯彻落实国家《智能制造发展规划（2016—2020 年）》，由专委会推荐的行业智能制造标杆企业，茶花现代家居用品股份有限公司和禧天龙科技发展有限公司成为工信部办公厅正式公布 2017 年两化融合贯标试点企业单位，是行业首先践行“中国制造 2025”，落实国家两化融合行动计划的高科技现代化企业，极大的促进塑料家居用品行业智能制造发展。

今年中国塑协塑料家居用品专委会携手宁波海天智造科技有限公司，签订战略合作协议，依托海天集团强大的资源优势，以专委会会员企业需求为导向，切实帮助企业解决技术创新难题和推广高新技术项目，从而推动行业的科技创新和企业的转型升级。自专委会与海天智造签订战略合作协议以来，双方协作沟通持续不断为企业提供技术支持，解决智能制造中遇到的技术难题，并为企业自动化生产、智能制造的长远发展提供科学指导，制定发展战略及方针。

五、塑料家居用品专委会会员企业取得的成绩

茶花现代家居用品股份有限公司在上海证券交易所上市。

广东美联新材料股份有限公司在深圳证券交易所上市。

广东拓斯达股份有限公司创业板上市。

盘锦海兴科技股份有限公司荣获“国家高新技术企业”荣誉。

宁波海天精工股份有限公司广东分公司成立。

广东海塑智造科技有限公司成立

宁波海天金属有限公司广东分公司暨广东海塑金属科技有限公司隆重开业

广州市新力实业有限公司连续三年被评选为“广东省诚信示范企业”

广东海兴塑胶有限公司、浙江龙士达家居用品有限公司、利时集团股份有限公司、台州富岭塑胶有限公司、北京禧天龙塑料制品有限公司、三友控股集团有限公司、双马塑业有限公司、广州市新力实业有限公司、浙江日康婴儿用品有限公司、台州市高美塑业有限公司十家专委会成员企业荣获中国轻工业联合会授予“中国塑料家居行业十强企业”荣誉称号。

利时集团股份有限公司荣获中国轻工业联合会授予“中国塑料行业十强企业”荣誉称号。

广东海兴塑胶有限公司荣获中国轻工业联合会授予“中国轻工业专项能力百强企业”荣誉称号。

茶花现代家居用品股份有限公司入选工信部 2017 年两化融合贯标试点企业。

禧天龙科技发展有限公司入选工信部 2017 年两化融合贯标试点企业。

禧天龙科技发展有限公司成为国内首家获 UL 绿色环保标签使用授权企业。

浙江亿美塑胶有限公司新厂区开业庆典。

广东宏达印业股份有限公司成为专委会首家进驻南京四新展的企业。

锦丰塑胶顺利完成车间升级改造工程，成为专委会与海天智造签订战略合作协议以来第一家完成升级改造的企业。

六、积极开展基层调研为企业解决难题

贯彻政府相关政策，反映行业企业要求，维护会员和行业合法权益；制定行业自律管理制度，不断规范行业行为，促进公平竞争。全面加强协会工作内部建设，强化服务意识，深入走访企业，全面了解会员单位的需求，参与制定、修订国家、行业有关制品、应用等标准和规程，并推动贯彻执行。同时在与企业家交流过程中，了解当前行业现状及所面临的问题，进而针对性地制定和调整新的工作规划，更好地服务会员。

2017 年度走访企业（共 57 家）

七、积极组织行业交流

积极参加各类相关行业高峰论坛，采集行业前沿信息，组织行业进行技术等交流，推进行业科技创新与技术进步，促进产业结构调整，促进行业提高综合竞争能力。

2017 年度参加论坛交流（共 24 次）

八、协助企业考察调研做好项目投资

协助会员企业做好项目投资的调研和考察。为会员提供行业现状、市场需求、投资环境和政策扶持以及发展趋势等方面的咨询和调研，并协助联系参观、考察等事宜。

2017 年度协助会员企业合作对接：（共 30 单）

九、为行业发展提供信息

多次组织企业间的组团考察学习，加强同行企业家的交流与沟通，促进相互间的合作与共赢。提高行业以及相关行业的整体专业和技术水平；开展塑料家居相关行业的调查研究，向会员单位及有关部门提供市场趋势、行业发展规划等信息。

2017 年度组织会员企业参观交流学习：57 家

十、建立专委会网站

用心运营专委会网站和微信公众账号，提高网络服务功能，更好地服务于会员和行业，加强了微信公众账号和专委会官网的建设工作，通过增加信息部专业技术人员、改版升级及时报道行业动态、行业信息，为会员及行业提供一系列的企业、产品、项目推广。

※2017 年度专委会网络平台公众号协助会员企业推广数据如下：

（1）2017 度微信公众平台关注人数 4285 人。

（2）2017 度微信公众平台净增关注人数 1045 人；增长率 32%。

（3）公众号共发布专委会活动及企业报道推文 298 条（原创文章 210 篇）

（4）单篇文章最高点击率为 91601 次。

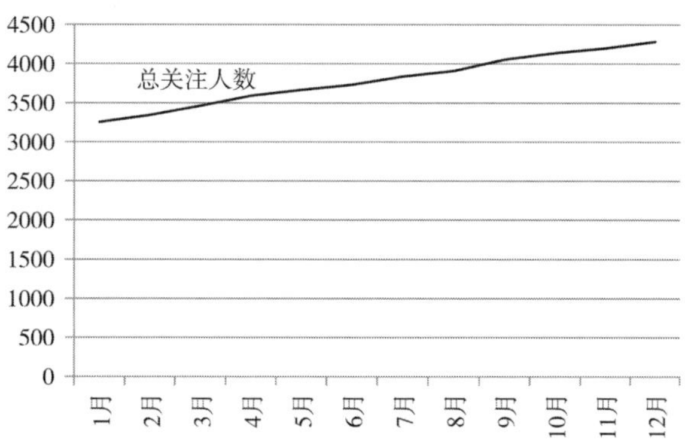

2017 年度，中国塑协塑料家居用品专委会微信公众平台在大家的努力推广和不断完善下，微信公众平台关注人数一直呈线性增长，过去一年，公众平台不断充实完善会员生日祝福、会长荐文、专家荐文等栏目，新增招贤纳士、供求信息、塑料行业要闻等栏目，进一步加强与会员企业的互动，提高服务企业水平，扩大平台宣传效应，全心全意为会员企业服务。

（中国塑协塑料家居用品专业委员会秘书处）

挤塑聚苯乙烯泡沫塑料（XPS）

一、行业现状

2017 年，中国 XPS 产业呈多元化发展趋势，受国家政策、环保审查及原料上涨等因素的影响，XPS 行业出现较大程度的洗牌现象，众多劣质低廉的小厂家进入关停状态，部分 XPS 企业面临迁徙或转型，与此同时，也有一些规模较大，管理规范的企业实现了持续性增长，并在工艺技术及产品应用方面进行拓展升级。XPS 挤塑板在建筑外墙保温的用量持续受控，同比上年降幅约在三成。XPS 挤塑板在建筑的屋面、地面、地暖、冷库及其他土木工程领域的用量与上年基本持平。一些新的 XPS 改进及应用正陆续走入市场，全行业格局悄然发生变化。2017 年 XPS 行业主要呈现以下新的发展趋势：

（一）石墨挤塑板

由于新产品、新工艺、新技术的带动及市场需求的变化，部分 XPS 挤塑板厂家在传统挤塑板基础上进行技术创新和工艺调整，并将创新型产品推向市场。

石墨挤塑板是在挤塑原料中加入石墨料，在产品配方中添加通过活性剂进行表面改性的石墨粉，利用其特有无机材料性能，制造出有机保温材料，保持传统挤塑板良好的燃烧性能基础上，在板材泡孔结构的互联壁表面形成高弹性、高强度的轻质保护层，降低产品导热系数，同时增强板材强度和尺寸稳定性。石墨挤塑板比常规挤塑板更低应力，韧性更好，也比常规挤塑板更环保更具市场潜力。目前石墨挤塑板正在进一步扩大市场占有率。

（二）复合保温免拆模板

永久性复合外模板由保温板、保温过渡层和内、外两侧粘结加强层及加强筋构成，产品具有质量轻、保温效果好、施工方便、防火性能好、无安全隐患，与建筑物同寿命等优良特性。

复合外模板保温体系施工时，外侧以复合保温板为永久性外模板，将现浇混凝土墙体与永久性外模板浇注为一体，并通过锚栓连接使其更加安全可靠，浇注完成后外侧抹砂浆保护层，满足建筑节能65%的要求。

目前此产品在山东发展最为迅速，其他省份也陆续有企业推广应用，未来发展趋势向好。

（三）楼面隔音

随着城市现代化建设的加快和人口居住密度的递增，噪声污染越来越严重，人们对居住、办公场所的隔音效果要求越来越高。

目前部分XPS企业正在推广挤塑板在楼面隔音领域的应用，主要通过在现浇楼面上铺设一道具有独特弹性闭孔结构的隔音垫层，并设置相应的高抗压强度挤塑板保护层、现浇混凝土面层及装修层，与钢筋混凝土结构层共同形成复合隔声楼面，以降低楼板撞击声传播。

（四）外墙内保温

随着我国建筑节能研究的不断深入，建筑外墙节能保温事业也越来越受到关注。不同于外墙外保温，外墙内保温体系是将保温材料设置在墙体内侧表面的，XPS挤塑板也因其优良性能，作为一种常用的材料应用于外墙内保温，是一种既安全可靠又经济有效的建筑节能解决方案。

（五）XPS挤塑设备改进升级

随着XPS行业淘汰HCFC的进一步推动，XPS设备升级换代的进程加快，二氧化碳发泡，真空发泡等一批高端设备在本行业得到了应用，全行业自动化水平进一步提高。

受《建筑设计防火规范》和环保督查的影响，2017年，XPS制品的使用量特别是建筑用量出现了较大滑坡。在产能依旧增长，制品用量萎靡的背景下，全行业布局亟待调整。

二、专委会活动

1. 扩大专委会队伍

自2016年11月南京年会及四新展会举办以来，XPS专委会的队伍日益壮大，影响力显著提升，新一届塑协领导班子更是对XPS专委会给予了殷切关怀和大力支持。新加入的成员为专委会带来了更多活力，各会员单位间取长补短，互通有无，极大促进了行业内的技术交流和业务合作。

2. 加强会员单位的宣传力度

XPS专委会的网络宣传渠道主要有官方网站和微信公众号，2017年特地开通了“会员风采”板块，每周均会对会员单位进行深度报道和宣传推广，介绍会员单位的企业和产品优势，同时在行业相关微信群中进行推送，起到了良好的展示效果。同时XPS专委会网站和微信公众号也会定期发布各地政策、行业新闻、奖项评选、标准意见征求等内容，为XPS各企业提供及时的资讯信息。

3. 积极与政府相关部门沟通，反映企业诉求

2017年3月，针对国内贸易工程设计研究院主编的《冷库设计规范》（征求意见稿）中采用“热固性材料”提出了不同的意见并反馈给负责部门。

2017年5月，我专委会与EPS专委会及聚氨酯工业协会联合商讨国标50016《建筑设计防火规范》防火窗的规定对有机保温材料产生的影响，并向工信部和住建部反馈行业意见。

2017年6月，针对中国建筑科学研究院牵头起草的《热固复合树脂泡沫保温板（征求意见稿）》，我专委会就热固热塑材料的界定，导热系数的指标等内容提出了不同意见。

2017年12月，针对天津建委公布的《2017年天津市建设领域推广技术（产品）项目》中对“玻纤增强无机复合保温墙板”中保温材料的选用提出了修改意见并反馈给主管部门。

通过以上与各部门的沟通和反馈，切实维护了XPS行业利益，发挥了桥梁和纽带作用。

4. 组织开展行业相关标准的拟定和修订

国标10801.2的修订工作贯穿2017年全年，10801.2是XPS行业的基础标准，各会员代表积极提供试验样品，参与数据和指标的讨论，发表自身观点和看法，目前10801.2的修订标准已报全国标准化委员会审议。

国标《绿色产品评价技术要求绝热材料》的编制工作，我专委会也派会员代表积极参与并反馈意见。

行业标准《冷库用挤塑聚苯乙烯泡沫塑料(XPS)》、《土工用挤塑聚苯乙烯泡沫塑料（XPS）》及《硬质泡沫塑料冻融循环试验方法》也已于今年完成了国标委的行业标准备案。

国家标准和行业标准是引导行业发展、规范产品质量的指挥线，专委会起到了良好的组织和归口作用。

5. 积极宣传发泡剂替代和阻燃剂更新项目

2017年3月，XPS行业第二阶段HCFC淘汰行业计划启动会在北京举办，我专委会多名会员代表参加并参与替代技术讨论，总结第一阶段改造经验，并为第二阶段淘汰方案提出建议和意见。

2017年4月，环保部对外合作中心发布XPS行业多边基金赠款HCFCs淘汰项目申请书，邀请符合申报要求的企业申请HCFCs淘汰项目，我专委会也多方宣传和通知，推荐符合申报要求的企业，并给予一定的指导和支持。

《〈关于持久性有机污染物的斯德哥尔摩公约〉新增列六溴环十二烷修正案》已经全国人大常委会审议批准，并于2017年生效。虽然XPS行业在使用六溴环十二烷时拥有一定时限的豁免权，但我专委会提前部署，了解几大板材企业应用情况和阻燃剂生产企业技术研发情况，推动行业内尽快实现替代技术和产品的应用。

6. 组织申报行业内奖项和标识

2017年2月，中国轻工业联合会下发了《关于开展2016年度轻工行业十强、轻工业百强企业评价工作的通知》，我专委会积极进行通知和宣传，并组织企业参与评选，通过企业申报和专家评审，XPS行业十家单位获得“中国轻工业塑料行业（聚苯乙烯挤出发泡板材）十强企业”，我专委会为每家获奖企业邮寄了牌匾和证书。

2017年年初，塑协评选出“十二五”塑料加工业优秀科技成果、科技创新型企业及先进个人等奖项，我专委会会员代表斩获多项荣誉。

2017年3月，为配合和推动住建部绿色建材评价标识的工作，我专委会特地发布通知，在本行业内统一组织和广泛推动绿色建材产品评价工作，制订详细的流程安排和支持举措，截至目前，XPS行业有2家企业获得住建部颁发的三星绿色建材评价标识。

7. 积极宣传和组织会员参与“四新展会”

塑协组织的“中国塑料新材料、新技术、新装备、新产品展览会”已成功举办两届，我专委会代表均积极参展和布展，成果显著。去年年底中国塑协完成了换届，新的领导班子对XPS专委会更是寄予厚望，希望更多的XPS企业在四新展会上大放异彩。2017年5月，专委会秘书处在参观广州举办的雅式橡塑展期间，走访XPS相关企业展台的同时，也积极洽谈2018年在南京举办的四新展会的参展事宜。

三、存在问题

1. XPS产品质量与国外还有较大差距

在现有生产工艺的基础之上，国产XPS与进口产品比起来，无论是质量稳定性还是用户好评率均存在一定差距。

石墨XPS也存在同样问题，无论从工艺的成熟度还是市场的认可度来看，目前还存在很多亟待改进的地方。

2 企业普遍创新能力不强

国内XPS产业技术进步发展速度缓慢，随着现有技术门槛的不断降低，越来越多的企业开始进入这一行业。由于产品同质化严重，引发长期价格竞争，不利于行业健康发展。特别是在XPS机械设备领域，国产设备同传统国外品牌设备相比在精细度，质量稳定性，售后服务方面仍存在较大差距，更多的是以低价位谋求市场竞争力，新技术研发方面缺少投入，与国外先进设备还存在一定差距。

3. 阻燃剂替代迫在眉睫

HBCD自20世纪60年代投放全球市场以来，约80%作为阻燃剂用于了EPS和XPS建筑保温板材生产。根据《斯德哥尔摩公约》要求，国外已经开始全面禁止HBCD的生产与使用。我国已经制定了五年淘汰计划，2017年7月2日，全国人大已正式批准增列HBCD为POPs物质。可以说HBCD替代工作这场“战役”已在全行业内正式打响。

4. 环境保护刻不容缓

去年以来，从国家到各级地方，对于环境保护愈发关注，环保督察的力度越来越强，特别中小XPS企业受冲击严重。从当前的政策发展趋势看，今后很长一段时间内，环保将成为中国社会关注的主旋律。

四、政策建议

1. 积极开拓XPS挤塑板在不同领域的应用

XPS挤塑板在农业、冷藏车、军工等领域均可开拓应用渠道，XPS企业应更多地走出去，学习借鉴不同的市场反馈。

2. 积极推动发泡剂和阻燃剂的淘汰和替代

根据国家政策导向，无论是XPS设备生产企业还是XPS制品生产企业，都应将环保和技术创新放在首位，与行业内技术专家加强交流，使产品既满足性能要求，又满足环保要求。

3. 加强自身宣传和推广

XPS企业普遍规模偏小，分布不均，推广意识和品牌意识较弱，目前中国塑料加工工业协会每两年举办的四新展会，为XPS企业提供了展示的平台，有助于提升企业综合实力和品牌价值，对行业健康发展有积极意义。

4. 推动行业标准的贯彻实施

一个行业的有序稳定发展，离不开政策和标准的支持。XPS企业应加强质量管理，符合标准要求。以国家标准和行业标准为基准，围绕各省市情况因地制宜，提升产品质量是企业求发展的重要思路。

（中国塑协聚苯乙烯挤出发泡板材专业委员会 孙娜娜 赵艳）

热塑性弹性体

一、行业经济运行情况

1. 政策支持热塑性弹性体新材料发展

2017年国家有关政策支持发展热塑性弹性体文件，有四类，即纳入关键技术产业化、产业发展指南、关键共性技术、外商投资指导等支持范围。第一、纳入新材料关键技术产业化：发改委在《新材料关键技术产业化实施方案》，增强制造业核心竞争力三年行动计划（2018—2020年）（发改产业〔2017〕2000号），制定了轨道交通装备等9个重点领域关键技术产业化实施方案，其中提出了要发展“聚烯烃类、氢化苯乙烯类、聚氨酯类等新型热塑性弹性体”；第二、作为新材料产业发展指南项目：2017年1月下旬工信部、发改委、科技部、财政部印发的《新材料产业发展指南》，提出，发展苯乙烯类热塑性弹性体等不含塑化剂、可替代PVC的医用高分子材料，提高卫生材料、药用包装的安全性。第三、纳入产业关键共性技术：《产业关键共性技术发展指南（2017年）》，其中提出了系列硅胶热塑性弹性体（包括SiR/TPU、SiR/PP、SiR/PAV）动态硫化技术、SSiR/TPU增容技术、SiTPV动态硫化反应共混技术、SiTPV在可穿戴器件中的应用技术、SiTPV代替传统有机硅橡胶等八项关键共性技术；第四、投资产业指导：在2017年修订的《外商投资产业指导目录》中，提出了“热塑性聚烯烃（TPO）防水卷材生产”项目。

国务院在《“十二五”国家战略性新兴产业发展规划的通知》国发〔2012〕28号，曾将“高端热塑性弹性体生产规模”纳入发展规划；热塑性弹性体新材料纳入国家新材料产业，得到不断发展。“十三五”以来，2016年商务部等三部门联合发布《鼓励进口技术和产品目录》C32项提出了将“聚丙烯热塑性弹性体（PTPE）、热塑性聚酯弹性体（TPEE）、苯乙烯－异戊二烯－苯乙烯热塑性嵌段共聚物（SIS）、热塑性聚氨酯弹性体等热塑性弹性体材料开发与生产”纳入鼓励进口项目。另外石化、塑料、橡胶、建筑、汽车、电子、医疗等各行业也将应用热塑弹性体纳入发展项目，其中《石油和化学工业“十三五”发展指南》提出，在化工新材料领域，积极开发新型TPE。

2. 当前产业经济运行情况

塑料热塑性弹性体从1938年发现到逐步形成产业，走过整整八十年的发展历程；热塑性弹性体已经逐步成为一个相对独立的分支，也正处于一个跨行业交织一起的发展阶段。在化工行业，将初级形态塑料树脂通过硫化工艺与橡胶树脂高分子共混，形成橡塑共混材料。在塑料行业，对初级形态塑料树脂，经过挤出等塑料工艺进行改性共混处理，形成的“塑料热塑性弹性体颗粒”，为塑料工业半成品，纳入塑料制品统计口径。目前的分类方法还正在逐步形成共识，按照工艺、材料、用途等不同的分类方法，主要是苯乙烯类、烯烃类、双烯烃类、氯乙烯类，如苯乙烯类（TPS）、聚烯烃类（TPO）、聚氨酯类（TPU）、聚酯类（TPEE）、聚酰胺类（TPAE）、聚氯乙烯系（TPVC）等。2012年石化联合会曾经提出，“工程型热塑性弹性体”（包括聚氨酯TPU、脂类、酰胺类），并报告其当年市场规模90亿元，自给率40%。根据全球性的产业与市场研究机构统计和发布的资料显示，2016年全球热塑性弹性体市场需求约为570万吨，2018年全球TPE市场营业额将达到239亿美元，预计未来几年全球热塑性弹性体市场将以年均5.5%～6.0%的速度增长，到2020市场需求将超过700万吨。我国热塑性弹性体市场需求超过200万吨，消费量约占全球总消费量的36%，其中TPE年消费量约占全球市场的1/4，未来年均复合增速8%～10%。

我们从目前的会员以及历年累计的热塑弹性体资料分析看，会员企业生产全部涵盖了热塑性弹性体产品，其中主导产品是TPE热塑性弹性体。从市场需求情况看，随着高铁、航空、电子通讯、交通运输车辆、日用家电、建筑行业对新材料需求，带动了热塑性弹性体的快速发展，是需求表现很强劲的品种。在鞋材等领域大量应用热塑性聚氨酯、聚烯烃等材料速度还将加快。TPE市场空间巨大，在热塑性聚烯烃弹性体（TPE－O，TEO）、热塑性苯乙烯类弹性体（TES，TPE－S）、聚氨酯类热塑性弹性体（TPE－U，TPU）、聚酯类热塑性弹性体（TPE－E，TEEE）、聚酰胺热塑性弹性体（TPE－A）领域，无论是新产品研发，还是产能建设都在快速推进，如浙江、福建近年将新形成新增几十万吨生成能力。目前主要的生产聚集区域为宁波，这里是国内热塑性弹性体行业最发达的地区之一，上百家热塑性弹性体原胶及改性工厂，以及几百家热塑性弹性体制品企业，年生产规模超20万吨以上，产值超百亿元。其他地区广东东莞地区聚集一批生产企业和专业贸易市场。我们看到：TPS热塑性弹性体主要产品为SBS，目前是世界产量最大、与橡胶性能最为相似的一种热塑性弹性体。在1995年第三次工业普查时国家曾公布过，全国热塑性弹性体工业企业主要产品SBS热塑性弹性体产量为2.43万吨。经过二十多年的发展我国SBS的生产能力近百万吨，2017年出口量在2.67万吨，同比增加50.89%，定比2015年增长165.84%；2017年进口SBS量4.26万吨，同比减少28.91%，定比2015年减少33.54%。我们看到去年SBS进口总量大于出口近一倍，当然比2015年贸易量逆差已经缩小了近三倍。另外我们看到：有关产业研究院所机构发布的数据显示，我国热塑性聚氨酯弹性体TPU消费量近十年总体上保持逐年增长的趋势，2016年我国热塑性聚氨酯弹性体（TPU）消费量约为34万吨，同比增长6.3%，定比2006年增长两倍，已占全球产能的17.36%，其中鞋业是TPU最大消费领域，约占市场总量的38%。凭借优越的耐磨性、高弹性等，TPU应用逐渐渗透各个工业领域，如建筑、汽车、防震缓冲材料、人造革合成革、医疗卫生等，还有许多潜在领域有待开发。国内TPU产业发展迅速，新产品不断推出，高端应用正在逐步扩大，对于TPU的需求正快速增长。预计未来几年，热塑性聚氨酯弹性体（TPU）的消费量将继续翻番增长，占全球的比重上升到三分之一。关于TPO产品：现在看主要包括乙烯－α－烯烃共聚热塑性弹性体（POE）、动态硫化热塑性弹性体（TPV）。经我国高校和科研院所长期的研究，国产POE技术已取得了阶段性进展，商业化生产已经在运行。TPV技术新型热塑性弹性体，在20年前的1998年全球产量11.6万吨，十年之后到了2008年达到23.6万吨，增长一倍；2013年产量达到38.9万吨，这五年间产量增长速度，超过前十年的净增总量。2013年以后继续持续增长，全球已经达到60.21万吨，我国也已经形成近5万吨的生产能力。

3. 新型热塑性弹性体科技发展

热塑性弹性体科技的发展趋势将会继续以其优越的环保型、可循环利用性、高物性，持续发展。热塑性弹性体是绿色高分子复合材料，突出表现在：第一、生产过程综合能耗大大低于传统的热固橡胶，不需要炼胶和硫化工艺、可重复加工利用，缩短工艺流程，能耗降低四分之一；第二、不使用增塑剂，无重金属、有害物质与有机挥发性物质零排放；第三、改性处理形成专用料，生产效率高，生产环境清洁、可回收利用，材料比重轻，物化性能超越同类橡胶制品。

热塑性弹性体科技的发展，也将会在高分子链结构设计、多元聚合，尤其是随着功能化增容技术的发展，弹性体合金、集成弹性体技术，呈现出迅猛提升势头。在国家层面上将继续支持热塑性弹性体新材料的发展。从总体规划上看，在未来三年将在重点技术上持续突破。在氢化苯乙烯－异戊二烯－苯乙烯热塑性弹性体（SEPS）、丁基橡胶/尼龙热塑性弹性体熔融共混动态硫化、聚烯烃热塑性弹性体、聚酯型热塑性弹性体、有机硅改性聚氨酯热塑性弹性体等五个产业化规模上，实现单套装置规模达到万吨级/年。新工艺技术也实现新的突破，如通过有机硅改性增强聚氨酯弹性体的回弹性，减少永久形变，拉伸强度比未改性的提高30%，伸长率提高50%。

二、热塑性弹性体专委会组织活动情况

2017年中国塑协热塑性弹性体专业委员会认真贯彻党的方针政策，紧紧围绕中国塑协确定的各项中心工作，做好各项服务工作，积极开拓服务领域，提升服务水平。2017年是热塑性弹性体专委会成立后，第一个运行年，也是全国性的热塑性弹性体行业活动频繁的一年。

1. 做好自身建设，奠定服务基础

我们主动接受中国塑协的业务指导和监督并逐步建立健全会员大会、会员代表大会、理事会、“例会制度”、“秘书处专兼职人员工作和管理制度”、“文书档案制度”、“印章、证件及票据使用和管理制度”、“财务管理实施细则”及相关制度等，这些制度的建立和完善使专委会的各项工作开展有据可依、有章可循。今年先后在江西吉安、安徽滁州、宁波、北京先后召开三次会长办公会和秘书处工作会，安排好日常工作。

2017年4月21～23日在江西广源化工有限责任公司召开了一届二次理事扩大会，会议由专委会专职常务副主任于卫星主持。周赞斌主任在会上通报了专委会成立以来的重点工作内容与2017年工作计划；黄海芬常务副秘书长介绍了相关平台建设项目及专委会近期开展的主要工作，参会企业进行了互动交流，并提出了众多建设性的意见，为后续各大平台的建设与更好地开展服务工作具有很好的借鉴和指导作用。最后，专委会秘书长冯庶君作了总结讲话，他对专委会近期来的工作表示了充分的肯定与认可，并指出了热塑性弹性体产业作为一种新型高分子材料产业近年来呈现出蓬勃的发展态势，并被国家明确列入《十三五战略新兴产业发展规划》大力发展产业，希望专委会全体成员运用你们的经验和智慧，充分把握这一新的发展机遇，携手发展，互利共赢，共同促进中国热塑性弹性体产业的发展进步，也为社会和经济发展做出更大贡献。慈溪市山今高分子塑料有限公司、江苏金陵奥普特高分子材料有限公司、惠州市卓越诚塑胶电子制品有限公司等二十余家企业家参加了此次会议与活动。

2017年10月20日，在滁州市南谯区区政府会议室召开了中国塑协热塑性弹性体专委会一届二次会长（扩大）会议，安徽雄亚塑胶葛军、江苏金陵奥普特石景山、张家港美特诸永伟、苏州特威塑胶陆燕、余姚永成工程塑胶赵长法等二十多家企业代表参加了会议。会议由专职常务副主任于卫星主持，首先回顾了专委会成立以来的工作，随后由周赞斌主任介绍“2017第三届国际热塑性弹性体技术与市场高峰论坛”的初步方案，大家讨论热烈，各自发表了自己的建议，献计献策，最终确定了论坛的各项议题及邀请的演讲嘉宾，会议最后由专委会冯庶君秘书长作总结并布置了秘书处下阶段工作安排，希望大家集中精力，齐心协力把第三届论坛举办圆满！

2. 组织会员到先进企业和地区考察学习交流

专委会成立后，积极策划和组织会员单位到同行业当中先进企业学习交流，2017年先后四次交流学习、参观活动。4月21日组织企业到江西广源化工有限公司组织考察活动。21日，江西广源化工有限责任公司邹检生副董事长率广源员工热情地接待专委会考察团一行，陪同考察团参观了工厂水磨钙生产车间与研发中心。参观完后，召开了座谈会，邹副董事长详细介绍了广源的发展历程和产品的应用领域以及产品的各项性能指标，并与考察团企业进行了热烈的产业互动交流，共同商讨后续如何加速弹性体产业和企业的壮大发展。5月15日，中国塑协热塑性弹性体专委会专职常务副主任于卫星、常务副秘书长黄海芬率领40余位专委会企业家一行赴广州金发科技股份有限公司，参观了金发科技产品的白色家电、汽车、生物塑料等应用领域以及新产品开发，领略了国内第一品牌新材料制造商的产业布局及创新发展。随后，考察团观看了金发科技宣传片，并与金发科技副总经理李永华等人进行了座谈交流，双方就后续合作互通表达了诚挚的意愿。5月16日，专委会专职常务副主任于卫星、常务副秘书长黄海芬又率队参加了“第三十一届中国国际塑料橡胶工业展览会”。专委会江苏金陵奥普特高分子材料有限公司、慈溪市山今高分子塑料有限公司、安徽雄亚塑胶科技有限公司、厦门旭名方塑胶有限公司、南京海旗新材料科技有限公司、宁波格林美孚新材料科技有限公司、江西广源化工有限责任公司、盛嘉伦橡塑（深圳）股份有限公司、无棣县鹏飞塑料母粒有限公司等会员企业携公司新品或全系列原材料亮相此次展会，吸引了众多专业观众驻足交流洽谈。通过此次观展，了解最新产品与新技术，学习当前世界塑料行业的新技术、新工艺、新成果，更好地帮助企业开展转型创新，提升产品竞争力。在10月份组织部分企业赴安徽滁州市南谯工业开发区考察并参观热塑性弹性体的龙头企业安徽雄亚塑胶科技有限公司的生产现场，通过

学习考察交流活动，促进了行业间的交流与合作。

3. 精心主办行业论坛、培训等活动，提高行业技术水平

2017年12月4日－12月5日，在宁波成功了“第三届国际热塑性弹性体技术与市场高峰论坛”。本届大会呈现，演讲嘉宾层次高、专家教授水平高、到会企业家多，突出了热塑性弹性体市场应用技术，既有专家教授讲课还有用户报告，特别是同行专家上台交流，从理论到实践，内容丰富。大会邀请了王玉忠院士等十余位专家团队参加，企业参会代表近300位，以车用热塑性弹性体为主体的技术与市场交流，院士、教授等专家出席，取得了很好的效果。

4. 落实科技创新年计划，组织技术培训活动

根据企业情况，我们针对热塑性弹性体专业技术人员奇缺的现象，专委会与宁波塑协联合在宁波成功举办了“高分子材料在汽车领域的应用”的高级研究班；2017年3月26日专委会与浙江金道律师事务所联合在宁波饭店会议中心三楼月湖厅组织开展“企业知识产权管理及专利保护”专题培训。会员企业的技术人员参加了高研班培训，通过学习、交流，使学员们对热塑性弹性体在汽车领域的应用有了进一步的认知和了解，为推进热塑性弹性体专业技术人才队伍的建设发挥了积极的作用。

5. 以科技创新年为载体，推进行业标准化工作

2017年9月29日由专委会牵头联合十余家会员企业起草的《汽车内饰用热塑性弹性体材料》联盟标准经过调研、摸底、检测、采标、编号、审定、宣贯、培训等工作，目前已进入项目验收阶段，标准在一定程度上提高了企业的标准化意识，对热塑性弹性体材料在汽车领域的创新应用起到了推动作用。

6. 以技术服务为抓手，积极帮助会员企业解疑释惑

一年来，专委会主任周赞斌、专职常务副主任于卫星、常务副秘书长黄海芬先后走访了台州市跃隆塑胶有限公司，江苏金陵奥普特高分子材料有限公司等二十余家会员企业，针对在产品配方、技术研发、工艺改进等技术上遇到的难题和问题，开展了交流活动，受到了会员企业的一致好评。

7. 积极搭建检测服务平台，有效降低企业生产经营成本

专委会自从与SGS签订战略合作协议以来，目前已有二十余家会员单位享受了优惠的检测费用，受到了会员企业的普遍欢迎和认可。

8. 落实协会展会工作计划

按照中国塑协要求，积极推进展会前的各项工作，首先是落实目标责任制签约工作，执行会长按期到会与协会办理目标责任制简约工作；在会长办公会、理事会做好展会宣传；拓宽参展思路，热塑性弹性体专委会虽然刚刚成立，但是积极想办法，按计划组织好参展工作。

9. 加强自身建设，进一步加强专委会的各项工作

2018年专委会工作总的指导思想是以党的十九大精神为指导，全面加强专委会的组织能力建设，集中精力搭建热塑性弹性体行业科技服务平台，围绕拓展产品市场领域做好新的服务工作。积极创建热塑性弹性体产业技术服务中心、关键材料采购服务中心，由专委会牵头，依托各方资源，共同推进行业企业技术进步。加强产业联动，拓宽行业企业经营渠道；专委会将邀请中塑协相关分支机构及汽车零部件、五金工具、玩具箱包、军工等领域进行产业链对接交流、活动，帮助会员企业开拓应用领域的市场。积极组织企业参加2018第三届中国国际塑料展暨塑料新材料、新技术、新装备、新产品展览会。积极组织广泛动员会员企业参加“四新”展，扩大热塑性弹性体产业链的对接与交流、为行业企业开拓新市场创造良好条件。加强自身建设，加强行业宣传、产业宣传，积极扩大热塑性弹性体产业链。

2018年专委会秘书处将进一步做好行业调研，进行行业宣传、产业宣传，积极扩大热塑性弹性体产业链。我们以习总书记新时代中国特色社会主义思想为指导，紧紧围绕“创新驱动”战略方针，在中塑协领导帮助指导下，在全体会员共同努力下，进一步强化服务意识，拓展服务领域，提升服务水平，为我国热塑性弹性体事业的健康发展做出应有的贡献。

（中国塑协热塑性弹性体专业委员会　冯庶君）

线缆材料

一、中国塑料加工工业协会线缆材料专业委员会成立

中国塑料加工工业协会线缆材料专业委员会于2017年4月12～14日在湖南湘潭召开了成立大会。本次会议由中国塑料加工工业协会（以下简称：中国塑协）主办，中国塑协线缆材料专委会承办，湖南科森高分子材料科技有限公司、杭州三叶新材料股份有限公司、湖南新力材料科技有限公司、重庆春光高分子材料有限公司、石家庄市新金环铝塑包装有限公司、青岛邦尼化工有限公司、上海华熠化工助剂有限公司对会议提供了支持。

来自相关单位的领导、专家、会员单位、电线电缆生产企业、上下游企业、行业协会、检测机构等230余位代表参加了此次会议。

中国塑协常务副理事长兼秘书长朱文玮，湖南省塑料加工工业协会会长王小红、秘书长周晓安，中国塑料加工工业协会副秘书长许琳，中国塑协线缆材料专委会主任及其副主任、理事出席了会议。大会由中国塑协线缆材料专委会秘书长苑会林主持。中国塑料加工工业协会副秘书长许琳宣读了中国塑协【2017】第025号文件《关于同意成立中国塑料加工工业协会线缆材料专业委员会的批复》。

大会通过了线缆材料专委会的组织结构、章程等成立相关文件。中国塑料加工工业协会线缆材料专委会秘书长苑会林介绍了专委会的筹备过程与成立的宗旨，希望为本行业的发展提供相关技术、应用、创新等方面的推动与帮助，增强线缆相关行业、加工设备、原料和助剂等信息交流，提升行业竞争力。

成立大会确定了中国塑协线缆材料专委会第一届理事会名单如下：

（1）主任单位：浙江万马高分子材料有限公司

（2）副主任单位：中广核高新核材集团有限公司

苏州亨利通信材料有限公司

辽宁新迪绝缘材料有限公司

江苏宝源高新电工有限公司

（3）理事单位：湖南科森高分子材料科技有限公司

重庆春光高分子材料有限公司

杭州三叶新材料股份有限公司

武汉金牌电工股份有限公司

宜兴百通塑业有限公司

杭州美临塑业有限公司

浙江新远虹高分子材料有限公司

鹰潭市康大塑胶有限公司

重庆泰山高分子材料有限责任公司

上海心尔新材料科技有限公司

远东电缆有限公司

成都鑫成鹏高分子科技股份有限公司

河北尚华塑料科技有限公司

重庆赛亿高分子材料有限公司

秘书处：北京化工大学材料科学与工程学院

随后，中国塑协常务副理事长朱文玮在开幕式上讲话，他首先代表中国塑料加工工业协会向中国塑协线缆材料专委会的成立表示由衷的祝贺！他讲到：“线缆材料专委会的成立，中国塑协乐见其成，这既是中国塑协线缆行业共同推动的结果，也是线缆行业发展的必然选择。”他殷切希望线缆材料企业能够认真落实中国塑协十三五发展规划和即将发布的十三五科技进步指导意见，聚焦重点，创新驱动，加快技术进步和产品升级，大力培养自主品牌，增强市场竞争力。

中国塑协线缆材料专委会首届秘书长苑会林介绍理事会成员单位。他详细介绍了专委会筹备初衷，以及历次筹备会议的情况。分别介绍了主任单位、副主任单位、理事单位以及秘书处的情况。专委会作为中国塑协的内设机构，全体成员，特别是主任、副主任和秘书长、副秘书长要在中国塑协的领导下，坚持依法依规办会，不断增强服务意识和履职能力，团结带领全体成员，不忘初心，敢于担当，热爱行业，甘于奉献，传承创新，努力创办有特色品牌的分支机构。

成立大会之后举办了“第十一届线缆材料行业技术交流会”。全国塑料制品标准化技术委员会塑料管道分技术委员会的项爱民秘书长做了“电线电缆相关塑料管道标准工作汇报”；国家化学建材测试中心材料测试部者冬梅主任从质量监管的角度介绍了“电线电缆原料长期性能评价”；齐鲁石化研究院李静高级工程师讲解了“PVC电缆料配方设计”；企业的、掌握第一手实践经验的高级工程师黄青松、田维生、畅吉庆分别介绍了“EV新能源

汽车线缆料整体解决方案”、“Si－801 材料在电缆料配方降成本实验案例”、“几种助剂在 PVC 配方上的应用”；哈尔滨理工大学、上海交通大学、北京化工大学的教授王暄、汪根林、苑会林分别作题为“聚合物高压直流电缆绝缘材料应用”、“交联技术在线缆上的应用及创新”、“交联聚乙烯 ABC 电缆”的报告。

专委会的成立为线缆行业上下游企业搭建了交流与沟通的平台，有效地促进了线缆行业的上下游合作，更好地推动了市场的快速发展。技术交流活动内容丰富，理论联系实际，受益匪浅。中国塑料加工工业协会线缆材料专业委员会成立大会暨第十一届线缆材料行业技术交流会获得了圆满成功！

二、中国塑料加工工业协会线缆材料专业委员会二次理事会议及“新型线缆材料在新领域的应用高峰论坛”在江苏宝应举行

中国塑料加工工业协会线缆材料专委会 23 个理事（单位）中的 20 个理事和理事单位代表出席了会议，另外 3 个理事单位请假。新增加的理事单位代表、专委会秘书处成员、承办单位代表列席了本次会议。参会人员共计 23 人。会议由中国塑协线缆材料专委会秘书长苑会林主持。

（1）会议听取了苑会林秘书长关于 2017 年专委会工作报告、2017 年财务情况，并经理事会议审议通过。

（2）会议听取了苑会林秘书长关于 2018 年专委会工作计划，并经理事会审议通过。

（3）会议审议并通过了成都鑫成鹏高分子科技股份有限公司、河北尚华塑料科技有限公司、重庆赛亿高分子材料有限公司增补为理事单位。

（4）会议讨论了修订《中国塑料加工工业协会线缆材料专委会工作条例》、理事（单位）申请细则。

（5）会议审议并通过了常熟市中联光电新材料有限责任公司等 24 家单位为新增会员单位。

（6）会议批准了三家理事单位的申请：

成都鑫成鹏高分子科技股份有限公司

河北尚华塑料科技有限公司

重庆赛亿高分子材料有限公司

（7）大会审议并通过了由中国塑料加工工业协会线缆材料专业委员会秘书长苑会林做的“中国塑料加工工业协会线缆材料专业委员会 2018 年工作计划”。苑会林秘书长代表专委会表示将积极领会和贯彻中国塑料加工工业协会第七次会员代表大会及七届二次理事扩大会议的领导讲话精神，认真努力，不断进取，围绕中国塑协的工作重心，根据线缆材料行业的特点，做好落实地做好工作，为线缆材料行业的发展努力奋斗。

（8）会议还进行了“新型线缆材料在新领域的应用高峰论坛”等技术报告环节，浙江万马高分子材料有限公司项洪明总工做了“超高压交联绝缘电缆料”的技术报告，北京化工大学材料科学与工程学院苑会林教授做了“母排的研究与生产技术”的技术报告，宜兴俊知、江苏中联、张家港繁昌机械等做了关于电缆料研究的技术报告。

三、线缆材料专业委员会第一届二次会员大会

中国塑料加工工业协会线缆材料专业委员会于 2018 年 4 月 9 日～11 日在辽宁省沈阳市召开了“中国塑料加工工业协会线缆材料专业委员会第一届二次会员大会并举办了第十二届线缆材料行业技术交流会”。来自相关单位的领导、专家、会员单位、电线电缆生产企业、上下游企业、行业协会、检测机构等 200 余位代表参加了此次会议。

中国塑料加工工业协会副理事长曹俭、中国塑料加工工业协会副秘书长刘姝、辽宁省电线电缆行业协会会长胡东恒、安徽线缆商会秘书长胡良健、天津市建材业协会线缆专委会秘书长张银轩、中国塑料加工工业协会线缆材料专委会秘书长苑会林等领导及发言专家出席了本次会议。中国塑料加工工业协会线缆材料专业委员会主任洪向明（浙江万马高分子材料有限公司副总工）、副主任单永东（中广核高新核材集团有限公司总工）、副主任程晓松（苏州亨利通信材料有限公司总工）、副主任赵颖（辽宁新迪绝缘材料有限公司总经理）、副主任解洪俊（江苏宝源高新电工有限公司董事长）及其他理事单位的代表参加了会议。

会员大会由中国塑料加工工业协会线缆材料专委会秘书长苑会林主持。交流活动分别由浙江万马高分子材料有限公司副总工洪向明、中广核高新核材集团有限公司总工、中广核高新核材研究院院长单永东主持。

中国塑料加工工业协会副理事长曹俭在大会开幕式上发表讲话，介绍了我国塑料加工业以及线缆行业发展情况，并对线缆行业未来发展提出了建议。曹副理事长指出，中国塑料产业已经在不断发展壮大，塑料加工业已跻身于世界大国行列，正在向塑料加工强国新征程奋勇前进。随着中国作为世界第二大经济体、第一大贸易国，国民经济各部门欣欣向荣地发展都需要线缆材料及线缆产品相配套，对国家经济建设起到非常重要的作用。我国的线缆材料生产与研究在近些年来取得了相当大的进步，以超高压交联聚乙烯电缆材料、光纤通信线缆材料、航空航天用耐高温线缆材料为代表的高新技术的发展，把我国的线缆材料生产带到了与国际接驳的境地，未来有着广阔的发展空间。

曹副理事长还指出，虽然线缆材料的生产在我国已有多年的历史，但我们也需要我们正视产业存在的问题：产品同质化、低端化，尚不能满足国家重大发展战略的要求。

曹副理事长对专委会的工作给与了肯定并提出了希望。他认为，中国塑料加工工业协会线缆材料专委会虽然是一个年轻的专委会，但一年来为线缆材料行业做了一些可圈可点的工作，每年一届技术交流会议、线缆材料检测培训、线缆材料标准的制定修订等工作受到了线缆材料行业企业单位的欢迎。相信在线缆材料专委会的领导下，线缆材料专委会的各会员单位一定能够为我国的线缆材料发展向纵深、向高度推进，加速线缆材料行业的快速稳健发展。

辽宁新迪绝缘材料有限公司总经理赵颖在大会开幕式上代表承办及支持单位致欢迎词。并呼吁各企业要充满信心，要坚定不移地走创新道路，技术要创新、管理要创新、模式要创新，还要构建新形势下，行业资源的整合和优化，不同的公司之间实现优势互补，和谐共存，创造良好的行业生态圈。

中国塑料加工工业协会线缆材料专业委员会副秘书长高昕作了《线缆材料专委会2017年财务报告》，并经大会审议通过。

会议审议通过了由中国塑料加工工业协会线缆材料专业委员会秘书长苑会林所作的《线缆材料专委会2018年工作计划》。2018年，专委会将加强自身建设，提高工作水平。通过主办系列会议、培训活动，引导行业发展，夯实人才建设基础。通过完善线缆行业标准化建设，助力产品品质提升。倡导强化创新发展，向线缆产业链高端进发。引导企业树立全球视野，加快国际化发展步伐，不断提升服务水平，提高行业综合竞争力，推动行业转型升级，为实现行业进一步发展谱写新的篇章！

会议审议通过了由中国塑料加工工业协会线缆材料专业委员会秘书长苑会林所作的《线缆材料专委会理事单位细则》。

会议由浙江万马高分子材料有限公司副总经理刘旭华宣读了《关于推荐成都鑫成鹏高分子科技股份有限公司、河北尚华塑料科技有限公司、重庆赛亿高分子材料有限公司为中国塑料加工工业协会线缆材料专委会第一届理事单位的批复》并授予理事单位铜牌。

会议宣布了2018年1~3月新增加的24家企业为新增会员单位名单；

会议安排了线缆原料、助剂、设备、新技术、检测、应用、标准化、质量管理、行业发展等方面11个专题报告。

（1）浙江万马高分子材料有限公司的项目研发经理陆凯就《微交联型低烟无卤阻燃聚烯烃电缆料的开发》介绍了微交联低烟无卤阻燃电缆料的开发目的、目标性能及应用领域。通过对聚烯烃电缆料的微交联，可提升材料的拉伸性能、耐热空气老化性能、耐热水性能以及抗开裂性能等。

（2）浙江万马高分子材料有限公司技术部副总工洪向明就《硅烷低热收缩问题探讨》报告了从影响电缆的热收缩性能的电缆生产过程和电缆料配方两方面进行了深层次的剖析和探讨，为提高硅烷交联电缆的产品质量提供了方法和思路。

（3）中国石油化工股份有限公司化工事业部、合成树脂处处长蔡志强就《中国石化电线电缆原料的生产、布局、最新进展》主要从中石化树脂业务现状、电线电缆料开发与生产、市场分析与布局等方面进行了全面介绍。

（4）中广核高新核材研究院技术部经理费楚然就《无卤阻燃聚烯烃料的低释热高阻燃技术研究》基于阻燃电缆和阻燃光缆的燃烧性能要求介绍了EN50575燃烧测试、成束燃烧测试和锥形量热测试方法，并对燃烧过程中的释热机理进行了阐述。最后与大家分享了部分实际测试应用案例。

（5）国家高分子材料与制品监督检验中心主任者东梅就《电线电缆原料老化失效及寿命评价》主要介绍了电线电缆材料热老化失效评价常用方法、仪器及相关标准。

（6）哈尔滨理工大学博士生导师王暄教授就《利用紫外光辐照方法开发大长度交联电缆制造技术的探索》报告了全面概述了近年来发展起来的紫外光辐照交联技术，指出了制造大长度电缆、高压直流线缆等存在的技术难题，通过反复试验研究及对最终产品的测试，提出了制造大长度交联电缆的思路。

（7）石家庄市新金环铝塑包装有限公司总经理

孙一行对石家庄市新金环铝塑包装有限公司的企业概况及公司产品有边封铝箔袋、牛皮纸袋、100～1000公斤集装袋、方底铝箔袋、折边背封铝箔袋及异形包装袋等进行了介绍。

（8）张家港市繁昌机械有限公司总经理倪玉标就《全自动计量、混合、储存与输送系统在粉体、颗粒加工行业的应用》介绍了公司的配混系统，包括加料、计量、混合、储存、输送系统等，并展示了公司的成功案例。

（9）远东电缆有限公司教授级高工田维生就低烟无卤阻燃线缆料的相关测试标准要点逐一展开探讨，并结合工作实践经验积累从线缆材料配方、工艺、模具及产品性能等方面提出了建议。

（10）国家防火建筑材料质量监督检验中心阻燃电缆与防火涂料检验室主任冯军就《线缆燃烧性能测试标准》从阻燃电缆燃烧测试标准和耐火电缆燃烧测试标准两方面全面对比分析了国内外相关标准的详细情况。

（11）上海交通大学材料学博士汪根林就《硅烷交联聚乙烯新技术》为主题介绍了聚乙烯交联新技术，为线缆行业技术发展提供了新思路。

通过本次会议交流，大家进一步了解了我国线缆行业面临的发展机遇和挑战，明确了行业未来标准化、品质化、多元化的发展趋势。会议内容对推广线缆材料新技术、促进上下游行业交流与合作、拓宽线缆材料行业产品的应用范围等方面起到了积极的推动作用，对提高专委会服务行业水平意义重大。中国塑料加工工业协会线缆材料专业委员会第一届二次会员大会暨第十二届线缆材料行业技术交流会获得了圆满成功！

（中国塑协线缆材料专业委员会　苑会林）

塑料标准化

2017 年发布塑料制品相关国家标准

序号	总序号	原序号	标准代号	标准名称	代替标准号	实施日期	公告号
1	1	10	GB/T 3857－2017	玻璃纤维增强热固性塑料耐化学介质性能试验方法	GB/T 3857－2005	2018/1/1	2017 年国标公告第 4 号
2	2	38	GB/T 33488.1－2017	化工用塑料焊接制承压设备检验方法 第 1 部分:总则		2017/9/1	2017 年国标公告第 4 号
3	3	39	GB/T 33488.2－2018	化工用塑料焊接制承压设备检验方法 第 2 部分:外观检测		2017/9/1	2017 年国标公告第 4 号
4	4	40	GB/T 33488.3－2019	化工用塑料焊接制承压设备检验方法 第 3 部分:射线检测		2017/9/1	2017 年国标公告第 4 号
5	5	41	GB/T 33488.4－2020	化工用塑料焊接制承压设备检验方法 第 4 部分:超声检测		2017/9/1	2017 年国标公告第 4 号
6	6	51	GB/T 33498－2017	表面化学分析 纳米结构材料表征		2018/1/1	2017 年国标公告第 4 号
7	7	54	GB/T 33501－2017	碳/碳复合材料拉伸性能试验方法		2018/1/1	2017 年国标公告第 4 号
8	8	1	GB 18580－2017	室内装饰装修材料 人造板及其制品中甲醛释放限量	GB 18580－2001	2018/5/1	2017 年国标公告第 9 号
9	9	30	GB/T 8050－2017	纤维绳索 聚丙烯裂膜、单丝、复丝(PP2)和高强度复丝(PP3)3、4、8、12 股绳索	GB/T 8050－2017	2017/12/1	2017 年国标公告第 11 号
10	10	39	GB/T 11787－2017	纤维绳索 聚酯 3 股、4 股、8 股和 12 股绳索	GB/T 11787－2007	2017/12/1	2017 年国标公告第 11 号
11	11	43	GB/T 12784－2017	橡胶塑料加压式捏炼机	GB/T 12784－1991	2017/12/1	2017 年国标公告第 11 号
12	12	57	GB/T 17638－2017	土工合成材料 短纤针刺非织造土工布	GB/T 17638－1998	2017/12/1	2017 年国标公告第 11 号
13	13	58	GB/T 17641－2017	土工合成材料 裂膜丝机织土工布	GB/T 17641－1998	2017/12/1	2017 年国标公告第 11 号
16	14	96	GB/T 24218.16－2017	纺织品 非织造布试验方法 第 16 部分:抗渗水性的测定(静水压法)		2017/12/1	2017 年国标公告第 11 号

续表

序号	总序号	原序号	标准代号	标准名称	代替标准号	实施日期	公告号
17	15	97	GB/T 24218.17 – 2017	纺织品 非织造布试验方法 第 17 部分:抗渗水性的测定(喷淋冲击法)		2017/12/1	2017 年国标公告第 11 号
18	16	141	GB/T 33580 – 2017	橡胶塑料挤出机能耗检测方法		2017/12/1	2017 年国标公告第 11 号
19	17	177	GB/T 33608 – 2017	建筑排水用硬聚氯乙烯(PVC – U)结构壁管材		2017/12/1	2017 年国标公告第 11 号
20	18	178	GB/T 33609 – 2017	软质泡沫聚合材料 滞后损失试验方法		2017/12/1	2017 年国标公告第 11 号
21	19	185	GB/T 33616 – 2017	纺织品 非织造布可生物降解性能的评价 二氧化碳释放测定法		2017/12/1	2017 年国标公告第 11 号
22	20	191	GB/T 33622 – 2017	软质泡沫聚合材料 低温柔性试验方法		2017/12/1	2017 年国标公告第 11 号
23	21	206	GB/T 33636 – 2017	气动 用于塑料管的插入式管接头		2017/12/1	2017 年国标公告第 11 号
	22	93	GB/T 23257 – 2017	埋地钢质管道聚乙烯防腐层	GB/T 23257 – 2009	2017/12/1	2017 年国标公告第 12 号
24	23	91	GB/T 33796 – 2017	热塑性淀粉通用技术要求		2017/12/1	2017 年国标公告第 13 号
25	24	92	GB/T 33797 – 2017	塑料 在高固体份堆肥条件下最终厌氧生物分解能力的测定 采用分析测定释放生物气体的方法		2017/12/1	2017 年国标公告第 13 号
26	25	93	GB/T 33798 – 2017	生物聚酯连卷袋		2017/12/1	2017 年国标公告第 13 号
30	26	94	GB/T 33799 – 2017	工程塑料用胶粘剂对接强度的测定		2017/12/1	2017 年国标公告第 18 号
27	27	123	GB/T 33831 – 2017	玻璃纤维涂覆制品 耐压折性能的测定		2018/4/1	2017 年国标公告第 13 号
28	28	124	GB/T 33832 – 2017	玻璃纤维耐水性的测定		2018/4/1	2017 年国标公告第 13 号
29	29	129	GB/T 33837 – 2017	玻璃纤维涂覆制品 拉 – 拉疲劳性能的测定		2018/4/1	2017 年国标公告第 13 号
31	30	173	GB/T 33893 – 2017	分离膜中全氟辛烷磺酰基化合物(PFOS)和全氟辛酸(PFOA)的测定 液相色谱 – 串联质谱法		2018/2/1	2017 年国标公告第 18 号

32	31	176	GB/T 33896－2017	分离膜外壳循环压力试验方法		2018/2/1	2017 年国标公告第 18 号
33	32	177	GB/T 33897－2017	生物聚酯 聚羟基烷酸酯(PHA)吹塑薄膜		2018/2/1	2017 年国标公告第 18 号
34	33	288	GB/T 34005－2017	管状绝热制品水蒸气透过性能试验方法		2018/6/1	2017 年国标公告第 18 号
35	34	289	GB/T 34006－2017	复合材料用腰果酚改性酚醛树脂		2018/6/1	2017 年国标公告第 18 号
36	35	292	GB/T 34009－2017	绝热材料制品 产品性能符合性评定		2018/6/1	2017 年国标公告第 18 号
40	36	83	GB/T 34030－2017	船舶和海上技术 船用热固树脂玻璃纤维管及附件技术要求		2018/2/1	2017 年国标公告第 20 号
41	37	19	GB/T 5565.1－2017	橡胶和塑料软管及非增强软管 柔性及挺性的测量 第 1 部分:室温弯曲试验	GB/T 5565－2006	2018/4/1	2017 年国标公告第 22 号
42	38	20	GB/T 5565.2－2017	橡胶和塑料软管及非增强软管 柔性及挺性的测量 第 2 部分:低于室温弯曲试验	GB/T 5564－2006	2018/4/1	2017 年国标公告第 22 号
43	39	21	GB/T 5565.3－2017	橡胶和塑料软管及非增强软管 柔性及挺性的测量 第 3 部分:高温和低温弯曲试验		2018/4/1	2017 年国标公告第 22 号
44	40	49	GB/T 9574－2017	橡胶和塑料软管及软管组合件 验证压力、爆破压力与最大工作压力的比率	GB/T 9574－2001	2018/4/1	2017 年国标公告第 22 号
37	41	155	GB/T 34182－2017	复合材料电缆支架		2018/8/1	2017 年国标公告第 22 号
45	42	228	GB/T 34255－2017	聚丁二酸－己二酸丁二酯(PBSA)树脂		2018/4/1	2017 年国标公告第 22 号
38	43	234	GB/T 34261－2017	偏光片用光学薄膜 抗划伤的测试		2018/4/1	2017 年国标公告第 22 号
46	44	3	GB/T 1303.5－2017	电气用热固性树脂工业硬质层压板 第 5 部分:三聚氰胺树脂硬质层压板	GB/T 1303.2－2002	2018/4/1	2017 年国标公告第 23 号
47	45	170	GB/T 34407－2017	塑料管道壁厚超声波检测方法		2018/4/1	2017 年国标公告第 23 号
48	46	182	GB/T 34443－2017	人造革与合成革术语		2018/4/1	2017 年国标公告第 23 号
49	47	184	GB/T 34445－2017	热塑性塑料及其复合材料热封面热粘性能测定		2018/4/1	2017 年国标公告第 23 号
50	48	7	GB/T 3362－2017	碳纤维复丝拉伸性能试验方法	GB/T 3362－2005	2018/9/1	2017 年国标公告第 26 号

续表

序号	总序号	原序号	标准代号	标准名称	代替标准号	实施日期	公告号
51	49	345	GB/T 34559－2017	碳/碳复合材料压缩性能试验方法		2018/9/1	2017 年国标公告第 26 号
52	50	88	GB 13735－2017	聚乙烯吹塑农用地面覆盖薄膜	GB 13735－1992	2018/5/1	2017 年国标公告第 26 号
53	51	112	GB/T 18742.1－2017	冷热水用聚丙烯管道系统 第 1 部分:总则	GB/T 18742.1－2002	2018/5/1	2017 年国标公告第 26 号
54	52	113	GB/T 18742.2－2017	冷热水用聚丙烯管道系统 第 2 部分:管材	GB/T 18742.2－2002	2018/5/1	2017 年国标公告第 26 号
55	53	114	GB/T 18742.3－2017	冷热水用聚丙烯管道系统 第 3 部分:管件	GB/T 18742.3－2002	2018/5/1	2017 年国标公告第 26 号
56	54	152	GB/T 23615.1－2017	铝合金建筑型材用隔热材料 第 1 部分:聚酰胺型材	GB/T 23615.1－2009	2018/5/1	2017 年国标公告第 26 号
57	55	153	GB/T 23615.2－2017	铝合金建筑型材用隔热材料 第 2 部分:聚氨酯隔热胶	GB/T 23615.2－2012	2018/5/1	2017 年国标公告第 26 号
58	56	164	GB/T 34329－2017	纤维增强塑料压力容器通用要求		2018/9/1	2017 年国标公告第 26 号
60	57	237	GB/T 34435－2017	玩具材料中可迁移六价铬的测定 高效液相色谱－电感耦合等离子体质谱法		2018/5/1	2017 年国标公告第 26 号
61	58	238	GB/T 34436－2017	玩具材料中甲酰胺测定 气相色谱－质谱联用法		2018/5/1	2017 年国标公告第 26 号
62	59	239	GB/T 34437－2017	多层复合塑料管材氧气渗透性能测试方法		2018/5/1	2017 年国标公告第 26 号
63	60	240	GB/T 34438－2017	玩具材料中镉的测定 火焰原子吸收光谱法		2018/5/1	2017 年国标公告第 26 号
64	61	242	GB/T 34440－2017	硬质聚氯乙烯地板		2018/5/1	2017 年国标公告第 26 号
65	62	243	GB/T 34441－2017	软体家具 床垫燃烧性能的评价		2018/5/1	2017 年国标公告第 26 号
66	63	337	GB/T 34551－2017	玻璃纤维增强复合材料筋高温耐碱性试验方法		2018/9/1	2017 年国标公告第 26 号
67	64	397	GB/T 34611－2017	硬质聚氨酯喷涂聚乙烯缠绕预制直埋保温管		2018/9/1	2017 年国标公告第 26 号
68	65	56	GB/T 8814－2017	门、窗用未增塑聚氯乙烯(PVC－U)型材	GB/T 8814－2004	2018/5/1	2017 年国标公告第 29 号
69	66	139	GB/T 19812.1－2017	塑料节水灌溉器材 第 1 部分:单翼迷宫式滴灌带	GB/T 19812.1－2005	2018/5/1	2017 年国标公告第 29 号

70	67	140	GB/T 19812.2－2017	塑料节水灌溉器材 第2部分:压力补偿式滴头及滴灌管	GB/T 19812.2－2005	2018/5/1	2017年国标公告第29号
71	68	141	GB/T 19812.3－2017	塑料节水灌溉器材 第3部分:内镶式滴灌管及滴灌带	GB/T 19812.3－2008	2018/5/1	2017年国标公告第29号
72	69	143	GB/T 20027.2－2017	橡胶或塑料涂覆织物 破裂强度的测定 第2部分:液压法	GB/T 20027－2005	2018/5/1	2017年国标公告第29号
73	70	171	GB/T 24149.2－2017	塑料 汽车用聚丙烯(PP)专用料 第2部分:仪表板		2018/5/1	2017年国标公告第29号
74	71	172	GB/T 24149.3－2017	塑料 汽车用聚丙烯(PP)专用料 第3部分:门内板		2018/5/1	2017年国标公告第29号
75	72	261	GB/T 34691.2－2017	塑料 热塑性聚酯(TP)模塑和挤出材料 第2部分:试样制备和性能测定		2018/5/1	2017年国标公告第29号
76	73	183	GB/T 25608－2017	土方机械 非金属燃油箱的性能要求	GB/T 25608－2010	2018/5/1	2017年国标公告第29号
77	74	262	GB/T 34692－2017	热塑性弹性体 卤素含量的测定 氧弹燃烧－离子色谱法		2018/5/1	2017年国标公告第29号
78	75	263	GB/T 34693－2017	塑料 氯化聚氯乙烯树脂		2018/5/1	2017年国标公告第29号
79	76	264	GB/T 34694－2017	塑料 氯化聚氯乙烯树脂中残余氯含量的测定 电位滴定法		2018/5/1	2017年国标公告第29号
80	77	275	GB/T 34705－2017	橡胶或塑料涂覆织物 油扩散性能的测定 杯法		2018/5/1	2017年国标公告第29号
81	78	285	GB/T 34715－2017	热塑性弹性体 邻苯二甲酸酯类的测定 气相色谱－质谱法		2018/5/1	2017年国标公告第29号
82	79	286	GB/T 34716－2017	压敏胶粘剂溶解度的测定		2018/5/1	2017年国标公告第29号
83	80	293	GB/T 34723－2017	不饱和聚酯树脂装饰人造板残留苯乙烯单体含量测定 气相色谱法		2018/5/1	2017年国标公告第29号

续表

序号	总序号	原序号	标准代号	标准名称	代替标准号	实施日期	公告号
84	81	416	GB/T 34847－2017	聚乙烯隔离墩通用技术条件		2018/5/1	2017 年国标公告第 29 号
85	82	417	GB/T 34848－2017	热收缩薄膜收缩性能试验方法		2018/5/1	2017 年国标公告第 29 号
86	83	418	GB/T 34849－2017	双向拉伸聚苯乙烯热收缩薄膜		2018/5/1	2017 年国标公告第 29 号
87	84	486	GB/T 34917－2017	硬聚氯乙烯（PVC－U）制品凝胶化度的测定 转矩流变仪法		2018/5/1	2017 年国标公告第 29 号
88	85	1	GB/T 35601－2017	绿色产品评价 人造板和木质地板		2018/7/1	2017 年国标公告第 30 号
89	86	8	GB/T 35608－2017	绿色产品评价 绝热材料		2018/7/1	2017 年国标公告第 30 号
90	87	12	GB/T 35612－2017	绿色产品评价 木塑制品		2018/7/1	2017 年国标公告第 30 号
91	88	37	GB/T 3293－2017	中国鞋楦系列	GB/T 3293－2007	2018/7/1	2017 年国标公告第 32 号
92	89	47	GB/T 3903.1－2017	鞋类 整鞋试验方法 耐折性能	GB/T 3903.1－2008	2018/7/1	2017 年国标公告第 32 号
93	90	48	GB/T 3903.2－2017	鞋类 整鞋试验方法 耐磨性能	GB/T 3903.2－2008	2018/7/1	2017 年国标公告第 32 号
94	91	48	GB/T 3903.4－2017	鞋类 整鞋试验方法 硬度	GB/T 3903.4－2008	2018/7/1	2017 年国标公告第 32 号
95	92	50	GB/T 3903.6－2017	鞋类 整鞋试验方法 防滑性能	GB/T 3903.6－2005	2018/7/1	2017 年国标公告第 32 号
96	93	128	GB/T 12000－2017	塑料 暴露于湿热、水喷雾和盐雾中影响的测定	GB/T 12000－2003	2018/7/1	2017 年国标公告第 32 号
97	94	142	GB/T 13555－2017	挠性印制电路用聚酰亚胺薄膜覆铜板	GB/T 13555－1992	2019/1/1	2017 年国标公告第 32 号
98	95	143	GB/T 13556－2017	挠性印制电路用聚酯薄膜覆铜板	GB/T 13556－1992	2019/1/1	2017 年国标公告第 32 号
99	96	146	GB/T 13663.1－2017	给水用聚乙烯（PE）管道系统 第 1 部分：总则	部分代替：GB/T 13663－2000	2018/7/1	2017 年国标公告第 32 号
100	97	165	GB/T 14708－2017	挠性印制电路用涂胶聚酯薄膜	GB/T 14708－1993	2018/7/1	2017 年国标公告第 32 号
101	98	166	GB/T 14709－2017	挠性印制电路用涂胶聚酰亚胺薄膜	GB/T 14709－1993	2017/12/29	2017 年国标公告第 32 号
102	99	186	GB/T 15788－2017	土工合成材料 宽条拉伸试验方法	GB/T 15788－2005	2018/7/1	2017 年国标公告第 32 号
103	100	217	GB/T 17603－2017	光解性塑料户外暴露试验方法	GB/T 17603－1998	2018/7/1	2017 年国标公告第 32 号

104	101	259	GB/T 19472.2－2017	埋地用聚乙烯(PE)结构壁管道系统 第2部分:聚乙烯缠绕结构壁管材	GB/T 19472.2－2004	2018/7/1	2017年国标公告第32号
105	102	263	GB/T 19570－2017	污水排海管道工程技术规范	GB/T 19570－2004	2018/7/1	2017年国标公告第32号
106	103	376	GB/T 34903.1－2017	石油、石化与天然气工业 与油气开采相关介质接触的非金属材料 第1部分:热塑性塑料		2018/7/1	2017年国标公告第32号
107	104	379	GB/T 34916－2017	纳米技术 多壁碳纳米管 热重分析法测试无定形碳含量		2018/9/1	2017年国标公告第32号
108	105	436	GB/T 35156－2017	结构用纤维增强复合材料拉索		2018/11/1	2017年国标公告第32号
117	106	458	GB/T 35173－2017	聚对苯二甲酸乙二醇酯(PET)塑料回收料的表征特性及检测方法		2018/7/1	2017年国标公告第32号
118	107	529	GB/T 35243－2017	人造板及其制品游离甲醛吸附材料吸附性能的测试方法		2018/7/1	2017年国标公告第32号
119	108	548	GB/T 35262－2017	聚氯乙烯(PVC)塑料回收料的表征特性及检测方法		2018/7/1	2017年国标公告第32号
120	109	551	GB/T 35265－2017	聚丙烯(PP)塑料回收料的表征特性及检测方法		2018/7/1	2017年国标公告第32号
121	110	677	GB/T 35382－2017	塑料中空成型机能耗检测方法		2018/7/1	2017年国标公告第32号
122	111	745	GB/T 35450－2017	聚碳酸酯薄膜及片材		2018/7/1	2017年国标公告第32号
123	112	746	GB/T 35451.1－2017	埋地排水排污用聚丙烯(PP)结构壁管道系统 第1部分:聚丙烯双壁波纹管材		2018/7/1	2017年国标公告第32号
124	113	747	GB/T 35452－2017	再生粘合软质聚氨酯泡沫塑料		2018/7/1	2017年国标公告第32号
125	114	748	GB/T 35453－2017	冻土路基用硬质聚氨酯泡沫板(DLPU)		2018/7/1	2017年国标公告第32号
126	115	757	GB/T 35462－2017	建筑用木塑复合材料及制品机械紧固件的测试方法		2018/11/1	2017年国标公告第32号

续表

序号	总序号	原序号	标准代号	标准名称	代替标准号	实施日期	公告号
127	116	758	GB/T 35463－2017	木塑复合材料及制品体积密度的测定方法		2018/11/1	2017 年国标公告第 32 号
129	117	760	GB/T 35465.1－2017	聚合物基复合材料疲劳性能测试方法 第 1 部分:通则		2018/11/1	2017 年国标公告第 32 号
130	118	761	GB/T 35465.2－2017	聚合物基复合材料疲劳性能测试方法 第 2 部分:线性或线性化应力寿命(S－N)和应变寿命(ε－N)疲劳数据的统计分析		2018/11/1	2017 年国标公告第 32 号
131	119	762	GB/T 35465.3－2017	聚合物基复合材料疲劳性能测试方法 第 3 部分:拉－拉疲劳	GB/T 16779－2008	2018/11/1	2017 年国标公告第 32 号
132	120	763	GB/T 35466－2017	建筑用木塑复合材料挥发性有机化合物(VOC)测定		2018/11/1	2017 年国标公告第 32 号
133	121	765	GB/T 35468－2017	种植屋面用耐根穿刺防水卷材		2018/11/1	2017 年国标公告第 32 号
134	122	766	GB/T 35469－2017	建筑木塑复合材料防霉性能测试方法		2018/11/1	2017 年国标公告第 32 号
135	123	797	GB/T 35493－2017	钛酸酯偶联剂		2018/7/1	2017 年国标公告第 32 号
136	124	808	GB/T 35504－2017	塑料 氯化聚氯乙烯混合料		2018/7/1	2017 年国标公告第 32 号
138	125	817	GB/T 35513.1－2017	塑料 聚碳酸酯(PC)模塑和挤出材料 第 1 部分:命名系统和分类基础		2018/7/1	2017 年国标公告第 32 号
139	126	818	GB/T 35513.2－2017	塑料 聚碳酸酯(PC)模塑和挤出材料 第 2 部分:试样制备和性能测试		2018/7/1	2017 年国标公告第 32 号
140	127	1044	GB/T 35748－2017	聚四氟乙烯长丝		2018/7/1	2017 年国标公告第 32 号
141	128	1047	GB/T 35751－2017	汽车装饰用非织造布及复合非织造布		2018/7/1	2017 年国标公告第 32 号
142	129	1048	GB/T 35752－2017	经编复合土工织物		2018/7/1	2017 年国标公告第 32 号
143	130	1068	GB/T 35772－2017	聚氯乙烯制品中邻苯二甲酸酯的快速检测方法 红外光谱法		2018/4/1	2017 年国标公告第 32 号
144	131	1069	GB/T 35773－2017	包装材料及制品气味的评价		2018/4/1	2017 年国标公告第 32 号
145	132	1078	GB/T 35781－2017	托盘共用系统塑料平托盘		2018/7/1	2017 年国标公告第 32 号

其他相关标准							
1	1	1	GB/T 23000－2017	信息化和工业化融合管理体系 基础和术语		2017/5/22	2017 年国标公告第 12 号
2	2	2	GB/T 23001－2017	信息化和工业化融合管理体系 要求		2017/5/22	2017 年国标公告第 12 号
3	3	9	GB/T 3533.1－2017	标准化效益评价 第 1 部分：经济效益评价通则		2017/12/1	2017 年国标公告第 11 号
4	4	10	GB/T 3533.2－2017	标准化效益评价 第 2 部分：社会效益评价通则		2017/12/1	2017 年国标公告第 11 号
5	5	290	GB/T 33719－2017	标准中融入可持续性的指南		2017/12/1	2017 年国标公告第 11 号
6	6	152	GB/T 33857－2017	节能评估技术导则 热电联产项目		2017/12/1	2017 年国标公告第 13 号
7	7	154	GB/T 33859－2017	环境管理 水足迹 原则、要求与指南		2017/12/1	2017 年国标公告第 13 号
8	8	1	GB/T 4754－2017	国民经济行业分类	GB/T 4754－2011	2017/10/1	2017 年国标公告第 17 号
11	9	1	GB/T 34670－2017	技术转移服务规范		2018/1/1	2017 年国标公告第 24 号
12	10	258	GB/T 19273－2017	企业标准化工作 评价与改进	GB/T 19273－2003	2018/7/1	2017 年国标公告第 32 号
13	11	399	GB/T 35119－2017	产品生命周期数据管理规范		2018/7/1	2017 年国标公告第 32 号
14	12	531	GB/T 35245－2017	企业产品质量安全事件应急预案编制指南		2018/7/1	2017 年国标公告第 32 号
15	13	532	GB/T 35246－2017	消费品质量安全风险监控相关方指南		2018/7/1	2017 年国标公告第 32 号
16	14	533	GB/T 35247－2017	产品质量安全风险信息监测技术通则		2018/7/1	2017 年国标公告第 32 号
17	15	534	GB/T 35248－2017	消费品安全 供应商指南		2018/7/1	2017 年国标公告第 32 号
18	16	1074	GB/T 35778－2017	企业标准化工作 指南		2018/7/1	2017 年国标公告第 32 号
19	17	539	GB/T 35253－2017	产品质量安全风险预警分级导则		2018/7/1	2017 年国标公告第 32 号

（田岩　田光年　杨森）

2017 年发布塑料制品相关国家标准制修订计划

总序号	序号	计划编号	项目名称	标准性质	制/修订	代替标准号	采用国际标准	完成时间	主管部门	归口单位	起草单位
2017 年第一批											
1	16		食品接触塑料制品和纸制品中 12 种荧光增白剂的测定	推荐	制订				国家标准化管理委员会	全国质量监管重点产品检验方法标准化技术委员会	广州质量监督检测研究院、中检华纳质量技术中心
2	17	20170476－T－606	塑料 实验室光源暴露试验方法 第 1 部分：总则	推荐	制订		ISO 4892－1：2016	2019	中国石油和化学工业联合会	全国塑料标准化技术委员会	广州合成材料研究院有限公司
3	32	20170483－T－606	橡胶和塑料软管及软管组合件 术语	推荐	制订		ISO 8330:2014	2019	中国石油和化学工业联合会	全国橡胶与橡胶制品标准化技术委员会涂覆制品分会	沈阳橡胶研究设计院有限公司
4	35	20170473－T－606	塑料 可比多点数据的获得和表示 第 1 部分：力学性能	推荐	制订		ISO 11403－1：2014	2019	中国石油和化学工业联合会	全国塑料标准化技术委员会	中蓝晨光成都检测技术有限公司
5	46	20170418－T－469	包装与环境—通则	推荐	制订			2019	国家标准化管理委员会	全国包装标准化技术委员会	中国出口商品包装研究所等
6	63	20170474－T－606	塑料 吸收血液用聚丙烯酸钠盐高吸收性树脂 第 2 部分：规格	推荐	制订			2019	中国石油和化学工业联合会	全国塑料标准化技术委员会	山东昊月新材料股份有限公司
7	66	20170413－T－469	包装与环境—重复使用	推荐	制订			2018	国家标准化管理委员会	全国包装标准化技术委员会	中国出口商品包装研究所

8	73	20170412 – T – 469	包装材料试验方法 接触腐蚀	推荐	制订			2019	国家标准化管理委员会	全国包装标准化技术委员会	沈阳防锈包装材料有限责任公司
9	124	20170414 – T – 469	包装与环境—材料循环再生	推荐	制订			2018	国家标准化管理委员会	全国包装标准化技术委员会	中国出口商品包装研究所
10	143	20170472 – T – 606	塑料 高应变速率下的拉伸性能测试 第 2 部分 直接测试法	推荐	制订			2019	中国石油和化学工业联合会	全国塑料标准化技术委员会	金发科技股份有限公司、中蓝晨光成都检测技术有限公司
11	147	20170517 – T – 333	高密度聚乙烯外护管聚氨酯发泡预制直埋热力保温复合塑料管	推荐	制订			2019	全国城镇供热标准化技术委员会	住房和城乡建设部	中国建筑科学研究院
12	148	20170516 – T – 333	无缝高密度聚乙烯外护管预制直埋热力保温管件	推荐	制订			2019	全国城镇供热标准化技术委员会	住房和城乡建设部	河北汇东管道股份有限公司
13	156	20170485 – T – 606	硫化橡胶或热塑性橡胶透气性的测定 第 2 部分:等压法	推荐	制订			2019	中国石油和化学工业联合会	全国橡胶与橡胶制品标准化技术委员会涂覆制品分会	双钱集团股份有限公司、北京橡胶工业研究设计院等
14	170	20170307 – T – 443	快递封装用品 第 3 部分:包装袋	推荐	制订			2018	国家邮政局	国家邮政局	邮政科学研究规划院
15	187	20170471 – T – 606	塑料 可比多点数据的获得和表示 第 3 部分:环境对性的影响	推荐	制订		ISO 11403 – 3:2014	2019	中国石油和化学工业联合会	全国塑料标准化技术委员会	全国塑料标准化技术委员会通用方法和产品分会
16	197	20170419 – T – 469	包装与环境—包装系统优化	推荐	制订			2018	国家标准化管理委员会	全国包装标准化技术委员会	中国出口商品包装研究所

续表

总序号	序号	计划编号	项目名称	标准性质	制/修订	代替标准号	采用国际标准	完成时间	主管部门	归口单位	起草单位
17	198	20170415－T－469	食品包装用聚偏二氯乙烯(PVDC)片状肠衣膜	推荐	制订			2018	国家标准化管理委员会	全国包装标准化技术委员会	河南省漯河市双汇实业集团有限责任公司等
18	212	20170477－T－606	塑料 热塑性聚酯/酯和聚醚/酯模塑和挤塑弹性体 第2部分:试样制备和性能的测定	推荐	制订		ISO 14910－2:2013	2019	中国石油和化学工业联合会	全国塑料标准化技术委员会	金发科技股份有限公司
19	227	20170475－T－606	塑料 吸收血液用聚丙烯酸钠盐高吸收性树脂 第1部分:测试方法	推荐	制订			2019	中国石油和化学工业联合会	全国塑料标准化技术委员会	山东昊月新材料股份有限公司
20	231	20170484－T－606	硫化橡胶或热塑性橡胶 压缩应力松弛的测定 第2部分:循环温度下试验	推荐	制订		ISO 3384－2:2012	2019	中国石油和化学工业联合会	全国橡胶与橡胶制品标准化技术委员会涂覆制品分会	北京橡胶工业研究设计院等
21											
22	240	20170467－T－469	聚合物材料中3,3′－二氯－4,4′－二氨基二苯基甲烷的测定气相色谱质谱法	推荐	制订			2018	国家标准化管理委员会	全国质量监管重点产品检验方法标准化技术委员会	深圳市计量质量检测研究院、中检华纳质量技术中心
2017年第二批											
23		20171171－T－606	电动汽车充电桩壳体用聚碳酸酯/丙烯腈－丁二烯－苯乙烯(PC/ABS)专用料	推荐	制订				中国石油和化学工业联合会	全国塑料标准化技术委员会	广州市聚赛龙工程塑料股份有限公司、金发科技股份有限公司、上海金发科技发展有限公司

24	5	20171032－T－609	定向纤维增强聚合物基复合材料超低温度拉伸性能试验方法	推荐	制订			2019	中国建筑材料联合会	全国纤维增强塑料标准化技术委员会	中国科学院理化技术研究所、北京玻璃钢研究设计院有限公司、重庆大学、北京有色金属研究总院
25	39	20171031－T－609	纤维增强树脂基复合材料超声C扫描成像检测方法	推荐	制订			2019	中国建筑材料联合会	全国纤维增强塑料标准化技术委员会	中国兵器工业集团第五三研究所
26	53	20171034－T－609	纤维增强树脂基复合材料计算机断层成像(CT)检测方法	推荐	制订			2019	中国建筑材料联合会	全国纤维增强塑料标准化技术委员会	中国兵器工业集团第五三研究所
27		20171206－T－606	埋地钢质弯管聚乙烯复合带耐蚀作业技术规范	推荐	制订				中国石油和化学工业联合会	全国防腐蚀标准化技术委员会	河南新开源石化管道有限公司、中国工业防腐蚀技术协会
28		20171293－T－606	输送烃类、溶剂和化学品用多层热塑性(非硫化)软管及软管组合件规范	推荐	制订				中国石油和化学工业联合会	全国橡胶与橡胶制品标准化技术委员会	厦门卓励石化设备有限公司、沈阳橡胶研究设计院有限公司
29		20171294－T－606	橡胶和塑料软管及软管组合件 选择、贮存、使用和维护指南	推荐	修订	GB/T 9576－2013	ISO 8331:2014		中国石油和化学工业联合会	全国橡胶与橡胶制品标准化技术委员会	沈阳橡胶研究设计院有限公司
30	75	20171126－T－469	生物基材料定义、术语和标识	推荐	制订			2019	国家标准化管理委员会	全国生物基材料及降解制品标准化技术委员会	北京工商大学、四川大学、清华大学、深圳市虹彩新材料科技有限公司
31	108	20171202－T－606	聚乙烯(PE)埋地燃气管道腐蚀控制工程全生命周期要求	推荐	制订			2019	中国石油和化学工业联合会	全国防腐蚀标准化技术委员会	宁波市宇华电器有限公司、中国工业防腐蚀技术协会

续表

总序号	序号	计划编号	项目名称	标准性质	制/修订	代替标准号	采用国际标准	完成时间	主管部门	归口单位	起草单位
32	129	20171186 - T - 606	热塑性弹性体 预混料牌号规范	推荐	制订			2019	中国石油和化学工业联合会	全国橡胶与橡胶制品标准化技术委员会涂覆制品分会	慈溪市山今高分子塑料有限公司
33	187	20171033 - T - 609	石英纤维织物增强有机树脂基复合材料高温力学性能试验方法	推荐	制订			2019	中国建筑材料联合会	全国纤维增强塑料标准化技术委员会	中国航天科工集团第三研究院第三〇六研究所
34	191	20171187 - T - 606	胶鞋、运动鞋制造过程中固体废弃物回收处理规范	推荐	制订			2019	中国石油和化学工业联合会	全国橡胶与橡胶制品标准化技术委员会涂覆制品分会	耐克体育（中国）有限公司
2017 年第三批											
35	5	20171799 - T - 606	塑料衬里压力容器试验方法 第 3 部分：耐高温检验	推荐	制订			2019	中国石油和化学工业联合会	全国非金属化工设备标准化技术委员会	广州特种承压设备检测研究院、国家塑料制品质量监督检验中心（福州）、江苏省特种设备安全监督检验研究院、长春特种设备检测研究院、温州赵氟隆有限公司、天华化工机械及自动化研究设计院有限公司等
36	6	20171793 - T - 606	塑料衬里压力容器试验方法 第 6 部分：耐压试验	推荐	制订			2019	中国石油和化学工业联合会	全国非金属化工设备标准化技术委员会	河南省锅炉压力容器安全检测研究院、国家塑料制品质量监督检验中心（福州）、广州特种承压设备检测研究院、温州赵氟隆有限公司、天华化工机械及自动化研究设计院有限公司等

37	19	20171786－T－606	橡胶或塑料涂覆织物芯吸性能测试方法	推荐	制订			2019	中国石油和化学工业联合会	全国橡胶与橡胶制品标准化技术委员会涂覆制品分会	中国人民解放军总后勤部油料研究所、北京燕阳新材料技术发展有限公司、沈阳橡胶研究设计院有限公司
38	74	20171751－T－469	淀粉基塑料购物袋	推荐	制订			2019	国家标准化管理委员会	全国生物基材料及降解制品标准化技术委员会	北京工商大学、深圳市虹彩新材料科技有限公司、武汉华丽生物材料有限公司、浙江华发生态科技有限公司、苏州汉丰新材料股份有限公司、南京比澳格环保新材料有限公司、浙江天禾生态科技有限公司、江苏龙骏环保实业发展有限公司、深圳市万达杰塑料制品有限公司、重庆市联发塑料科技股份有限公司、安徽华驰塑业有限公司、轻工业塑料加工应用研究所、国家塑料制品质量监督检验中心(北京)
39	75	20171797－T－606	塑料衬里压力容器试验方法 第1部分:电火花试验	推荐	制订			2019	中国石油和化学工业联合会	全国非金属化工设备标准化技术委员会	温州赵氟隆有限公司、河南省锅炉压力容器安全检测研究院、广州特种承压设备检测研究院、佑利控股集团有限公司、国家塑料制品质量监督检验中心(福州)、天华化工机械及自动化研究设计院有限公司等

续表

总序号	序号	计划编号	项目名称	标准性质	制/修订	代替标准号	采用国际标准	完成时间	主管部门	归口单位	起草单位
40	91	20171787－T－606	橡胶或塑料涂覆织物致液体污染性测试方法	推荐	制订			2019	中国石油和化学工业联合会	全国橡胶与橡胶制品标准化技术委员会涂覆制品分会	中国人民解放军总后勤部油料研究所、北京燕阳新材料技术发展有限公司、烟台桑尼橡胶有限公司、沈阳橡胶研究设计院有限公司
41	99	20171796－T－606	塑料衬里压力容器试验方法 第4部分:耐负压检验	推荐	制订			2019	中国石油和化学工业联合会	全国非金属化工设备标准化技术委员会	宁波市特种设备检验研究院、国家塑料制品质量监督检验中心（福州）、广州特种承压设备检测研究院、上海市特种设备监督检验技术研究院、温州赵氟隆有限公司、天华化工机械及自动化研究设计院有限公司等
42	112	20171798－T－606	塑料衬里压力容器试验方法 第2部分:耐低温试验	推荐	制订			2019	中国石油和化学工业联合会	全国非金属化工设备标准化技术委员会	国家塑料制品质量监督检验中心（福州）、广州特种承压设备检测研究院、西安塑龙熔接设备有限公司、温州赵氟隆有限公司、天华化工机械及自动化研究设计院有限公司等
43	121	20171703－T－609	绝热用聚异氰脲酸酯制品	推荐	制订			2019	中国建筑材料联合会	全国绝热材料标准化技术委员会	南京玻璃纤维研究设计院有限公司

44	128	20171753 - T - 469	全生物降解物流运输与投递用包装塑料膜、袋	推荐	制订			2019	国家标准化管理委员会	全国生物基材料及降解制品标准化技术委员会	北京工商大学、浙江菜鸟供应链管理有限公司、武汉华丽生物材料有限公司、金晖兆隆科技股份有限公司、金发科技股份有限公司、深圳万达杰塑料制品有限公司、重庆市联发塑料科技股份有限公司、广州天元实业集团股份有限公司、安徽华驰塑业有限公司、湖北光合生物材料有限公司、国家塑料制品质量监督检验中心(北京)
45	132	20171752 - T - 469	生物降解塑料购物袋	推荐	制订			2019	国家标准化管理委员会	全国生物基材料及降解制品标准化技术委员会	北京工商大学、深圳市虹彩新材料科技有限公司、深圳市万达杰塑料制品有限公司、武汉华丽生物材料有限公司、重庆市联发塑料科技股份有限公司、南通龙达生物新材料科技有限公司、吉林中粮生物材料有限公司、深圳市正旺塑胶制品有限公司、安徽华驰塑业有限公司、国家塑料制品质量监督检验中心(北京)、吉林森瑞达高新科技有限公司、长春必可成生物材料有限公司、吉林省开顺新材料有限公司、吉林省康润洁环保科技有限公司、吉林华芝路生物基材料有限公司、江苏天仁生物材料有限公司、惠州俊儿塑料科技有限公司

续表

总序号	序号	计划编号	项目名称	标准性质	制/修订	代替标准号	采用国际标准	完成时间	主管部门	归口单位	起草单位
46	135	20171795－T－606	塑料衬里压力容器试验方法 第5部分:冷热循环检验	推荐	制订			2019	中国石油和化学工业联合会	全国非金属化工设备标准化技术委员会	广州特种承压设备检测研究院、承德精密试验机有限公司、宁波市特种设备检验研究院、大连市锅炉压力容器检验研究院、温州赵氟隆有限公司、天华化工机械及自动化研究设计院有限公司等
47	143		增材制造技术云服务平台参考体系	推荐	制订			2019	中国机械工业联合会	全国自动化系统与集成标准化技术委员会	北京机械工业自动化研究所、清华大学、海尔集团技术研发中心
48	226	20171789－T－606	橡胶塑料注射成型机通用技术要求	推荐	制订			2019	中国石油和化学工业联合会	全国橡胶与橡胶制品标准化技术委员会涂覆制品分会	海天塑机集团有限公司、余姚华泰橡塑机械有限公司、广东伊之密精密注压科技有限公司、泰瑞机器股份有限公司、博创智能装备股份有限公司、广东佳明机器有限公司、深圳领威科技有限公司、浙江申达机器制造股份有限公司、北京橡胶工业研究设计院、宁波博纳机械有限公司、东华机械有限公司、佛山市顺德区震德塑料机械有限公司、国家塑料机械产品质量监督检验中心、中国塑料机械工业协会

49	251	20171701 - T - 609	聚丙烯腈基碳纤维	推荐	制订			2019	中国建筑材料联合会	全国纤维增强塑料标准化技术委员会	威海拓展纤维有限公司
2017 年第四批											
50		20173750 - T - 609	汽车用碳纤维复合材料覆盖部件通用技术要求	推荐	制订				中国建筑材料联合会	全国纤维增强塑料标准化技术委员会	广东亚太新材料科技有限公司、深圳市中安测标准技术有限公司、广州汽车集团股份有限公司汽车工程研究院、中国汽车工程研究院股份有限公司、机械科学研究总院先进制造技术研究中心
51	15	20173727 - T - 605	塑料薄膜热覆合钢板及钢带	推荐	制订			2020	全国钢标准化技术委员会	中国钢铁工业协会	宝山钢铁股份有限公司、冶金工业信息标准研究院等
52	31	20173537 - T - 469	包装袋 术语和类型 第3部分:编织袋	推荐	制订			2020	国家标准化管理委员会	全国包装标准化技术委员会	建筑材料工业技术监督研究中心
53	82	20173430 - T - 604	塑料 - 钢背二层粘结复合自润滑板材技术要求及检验方法	推荐	制订			2020	中国机械工业联合会	全国滑动轴承标准化技术委员会	明阳科技(苏州)股份有限公司、中机生产力促进中心、浙江双飞无油轴承股份有限公司、浙江长盛滑动轴承股份有限公司
54	109	20173954 - T - 333	高密度聚乙烯外护管硬质聚氨酯泡沫塑料预制直埋保温管及管件	推荐	制订			2019	住房和城乡建设部	全国城镇供热标准化技术委员会	北京豪特耐管道设备有限公司
55	140	20173460 - T - 609	维增强塑料液体冲击侵蚀性能测试旋转装置法	推荐	制订		ASTM G73 - 2010	2020	中国建筑材料联合会	全国纤维增强塑料标准化技术委员会	北京玻璃钢研究设计院有限公司

续表

总序号	序号	计划编号	项目名称	标准性质	制/修订	代替标准号	采用国际标准	完成时间	主管部门	归口单位	起草单位
56	173	20173459－T－609	聚合物基复合材料疲劳性能测试方法 第4部分:拉－压和压－压疲劳性能试验方法	推荐	制订			2020	中国建筑材料联合会	全国纤维增强塑料标准化技术委员会	北京玻璃钢研究设计院有限公司
57	194	20173901－T－606	橡胶塑料注射成型机接口 第1部分:机械和电气接口	推荐	制订			2020	中国石油和化学工业联合会	全国橡胶塑料机械标准化技术委员会	海天塑机集团有限公司、博创智能装备股份有限公司、广东伊之密精密注压科技有限公司、泰瑞机器股份有限公司
58	240	20173902－T－606	橡胶塑料注射成型机接口 第2部分:数据交换接口	推荐	制订			2020	中国石油和化学工业联合会		博创智能装备股份有限公司、海天塑机集团有限公司、广东伊之密精密注压科技有限公司、泰瑞机器股份有限公司、余姚华泰橡塑机械有限公司、力劲集团、东华机械有限公司、北京橡胶工业研究设计院、国家塑料机械产品质量监督检验中心、中国塑料机械工业协会
59	250		接触食品的聚碳酸酯塑料制品掺杂回收塑料的鉴别方法	推荐	制订			2020	国家标准化管理委员会	全国质量监管重点产品检验方法标准化技术委员会	河北省产品质量监督检验院、中检华纳（北京）质量技术中心

60	280	20173900 - T - 606	橡胶塑料注射成型机模具固定和联接尺寸	推荐	制订			2020	中国石油和化学工业联合会	全国橡胶塑料机械标准化技术委员会	广东伊之密精密注压科技有限公司、博创智能装备股份有限公司、海天塑机集团有限公司、泰瑞机器股份有限公司、德马格塑料机械（宁波）有限公司、余姚华泰橡塑机械有限公司、力劲集团、东华机械有限公司、佛山市顺德区震德塑料机械有限公司、北京橡胶工业研究设计院、中国塑料机械工业协会
61	411		食品接触材料及制品 丙烯酸 - 2 - 乙基己酯的测定和迁移量的测定	推荐	制订			2020	国家标准化管理委员会	全国质量监管重点产品检验方法标准化技术委员会	广州质量监督检测研究院、中检华纳（北京）质量技术中心
62	445	20173615 - T - 606	橡胶塑料机械 外围设备通信协议	推荐	制订			2020	中国石油和化学工业联合会	全国橡胶塑料机械标准化技术委员会	东莞信易电热机械有限公司、博创智能装备股份有限公司、海天塑机集团有限公司、广东伊之密精密注压科技有限公司、桂林橡胶机械有限公司、力劲集团、东华机械有限公司、北京橡胶工业研究设计院、中国塑料机械工业协会
63	452		接触食品的聚乙烯塑料制品掺杂回收塑料的鉴别方法	推荐	制订			2019	国家标准化管理委员会	全国质量监管重点产品检验方法标准化技术委员会	河北省产品质量监督检验院 、中检华纳（北京）质量技术中心

续表

总序号	序号	计划编号	项目名称	标准性质	制/修订	代替标准号	采用国际标准	完成时间	主管部门	归口单位	起草单位
64	464	20173699－T－604	增材制造技术 材料挤出成形工艺规范	推荐	制订			2020	中国机械工业联合会	全国增材制造标准化技术委员会	西安交通大学、中机生产力促进中心等
65	485		接触食品的聚丙烯塑料制品掺杂回收塑料的鉴别方法	推荐	制订			2020	国家标准化管理委员会	全国质量监管重点产品检验方法标准化技术委员会	河北省产品质量监督检验院、中检华纳(北京)质量技术中心
66	493		聚氨酯发泡材料中有机磷酸酯阻燃剂的测定 气相色谱－质谱法	推荐	制订			2020	国家标准化管理委员会	全国质量监管重点产品检验方法标准化技术委员会	深圳市计量质量检测研究院、中检华纳(北京)质量技术中心
67	524	20173458－T－609	聚合物基复合材料疲劳性能测试方法 第5部分:弯曲疲劳性能试验方法	推荐	制订			2020	中国建筑材料联合会	全国纤维增强塑料标准化技术委员会	北京玻璃钢研究设计院有限公司
68	525	20173457－T－609	聚合物基复合材料疲劳性能测试方法 第6部分:拉伸剪切疲劳性能试验方法	推荐	制订			2020	中国建筑材料联合会	全国纤维增强塑料标准化技术委员会	北京玻璃钢研究设计院有限公司
2017 消费品专项											
69	5	20172415－T－607	塑料制品中多溴联苯和多溴二苯醚的测定 气相色谱－质谱法	推荐	制订			2019	中国轻工业联合会	全国塑料制品标准化技术委员会	北京工商大学

70	28	20172416 - T - 607	塑料制品中多溴联苯和多溴二苯醚的测定 高效液相色谱法	推荐	制订			2019	中国轻工业联合会	全国塑料制品标准化技术委员会	北京工商大学
71	30	20172307 - T - 607	埋地排水用硬聚氯乙烯(PVC - U)结构壁管道系统 第3部分:硬聚氯乙烯双层轴向中空壁管材	推荐	制订			2019	中国轻工业联合会	全国塑料制品标准化技术委员会	山东东信塑胶有限公司
72	33	20172310 - T - 607	塑料管道系统 排水(污)用热塑性塑料管道系统 接头气密性试验方法	推荐	制订			2019	中国轻工业联合会	全国塑料制品标准化技术委员会	北京建筑材料检验研究院有限公司、河北宝路七星塑业有限公司
73	37	20172649 - T - 607	玩具中四溴双酚A和六溴环十二烷的测定 液相色谱 - 串联质谱法	推荐	制订			2019	中国轻工业联合会	全国玩具标准化技术委员会	威海市产品质量监督检验所等单位
74	39	20172319 - T - 607	冷热水用氯化聚氯乙烯(PVC - C)管道系统 第2部分:管材	推荐	制订		ISO 15877 - 2:2009	2019	中国轻工业联合会	全国塑料制品标准化技术委员会	中山环宇实业有限公司、广东联塑科技实业有限公司
75	41	20172577 - T - 607	热塑性塑料检查井与人孔井井座抗压曲失稳的测定方法	推荐	制订			2019	中国轻工业联合会	全国塑料制品标准化技术委员会	江苏河马井股份有限公司
76	97	20172303 - T - 607	慢回弹软质聚氨酯泡沫塑料	推荐	制订		ISO 5999 - 2013	2019	中国轻工业联合会	全国塑料制品标准化技术委员会	浙江圣诺盟顾家海绵有限公司、江苏恒康家居科技股份有限公司、江苏省化工研究所有限公司、北京工商大学、江苏省聚氨酯产品质量监督检测站、江苏江化聚氨酯产品质量检测有限公司

续表

总序号	序号	计划编号	项目名称	标准性质	制/修订	代替标准号	采用国际标准	完成时间	主管部门	归口单位	起草单位
77	112	20172313 - T - 607	塑料管材管件聚乙烯系统的焊接设备 第2部分:电熔连接	推荐	制订		ISO 12176 - 2	2019	中国轻工业联合会	全国塑料制品标准化技术委员会	西安塑龙熔接设备有限公司
78	132	20172318 - T - 607	冷热水用氯化聚氯乙烯(PVC - C)管道系统 第1部分:总则	推荐	制订		ISO 15877 - 1:2009	2019	中国轻工业联合会	全国塑料制品标准化技术委员会	中山环宇实业有限公司、广东联塑科技实业有限公司
79	133	20172327 - T - 607	冷热水用聚丁烯(PB)管道系统 第5部分:系统适用性	推荐	制订		ISO 15876 - 5:2016	2018	中国轻工业联合会	全国塑料制品标准化技术委员会	
80	135	20172301 - T - 607	滚塑成型 低温冲击试验	推荐	制订			2019	中国轻工业联合会	全国塑料制品标准化技术委员会	浙江瑞堂塑料科技有限公司、北京低碳清洁能源研究所、上海心尔新材料科技股份有限公司、上海思奇高聚物材料有限公司、河北金后盾塑胶有限公司、国家化学建筑材料测试中心、承德精密试验机有限公司、中国标准化协会
81	171	20172328 - T - 607	塑料管材和管件聚乙烯系统熔接设备 第1部分:热熔对接	推荐	制订		ISO 12176 - 1:2012	2019	中国轻工业联合会	全国塑料制品标准化技术委员会	亚大集团公司
82	186	20172314 - T - 607	塑料管道系统 用外推法确定热塑性塑料材料以管材形式的长期静液压强度	推荐	制订		ISO 9080	2019	中国轻工业联合会	全国塑料制品标准化技术委员会	轻工业塑料加工应用研究所

83	200	20172420 – T – 607	塑料购物袋	推荐	制订			2018	中国轻工业联合会	全国塑料制品标准化技术委员会	北京工商大学、深圳市万达杰塑料制品有限公司、重庆市联发塑料科技股份有限公司、惠州俊豪塑料发展有限公司、深圳市正旺塑胶制品有限公司、深圳市佳发塑料制品有限公司、武汉华丽环保科技有限公司、江苏华盛科技材料集团有限公司、浙江华发生态科技有限公司、安徽华驰塑业有限公司、轻工业塑料加工应用研究所、国家塑料制品质量监督检验中心（北京）
84	204	20172565 – T – 608	聚四氟乙烯短纤维	推荐	制订			2019	中国纺织工业联合会	中国纺织工业联合会	上海金由氟材料股份有限公司、常州市兴诚高分子材料有限公司、上海市凌桥环保设备厂有限公司、浙江格尔泰斯环保特材科技有限公司、上海灵氟隆新材料科技有限公司、上海市纺织工业技术监督所、中国化学纤维工业协会
85	220	20172312 – T – 607	塑料管道系统 热塑性塑料管材 环柔性的测定	推荐	制订		ISO 13968:2008	2019	中国轻工业联合会	全国塑料制品标准化技术委员会	北京建筑材料检验研究院有限公司、河北宝路七星塑业有限公司

续表

总序号	序号	计划编号	项目名称	标准性质	制/修订	代替标准号	采用国际标准	完成时间	主管部门	归口单位	起草单位
86	229	20172311－T－607	塑料管道系统 无压热塑性塑料管道系统 水密性试验方法	推荐	制订			2019	中国轻工业联合会	全国塑料制品标准化技术委员会	北京建筑材料检验研究院有限公司、河北宝路七星塑业有限公司
87	248	20172567－T－608	纤维级聚己内酰胺切片试验方法	推荐	制订			2019	中国纺织工业联合会	中国纺织工业联合会	上海市纺织工业技术监督所、广东新会美达锦纶股份有限公司、恒申合纤科技有限公司、浙江锦事达化纤有限公司、浙江华建尼龙有限公司、福建锦江科技有限公司等
88	268	20172322－T－607	铝塑复合压力管第1部分：铝管搭接焊式铝塑管	推荐	制订		ASTM F1282－2010；ASTM F1281－2011	2019	中国轻工业联合会	全国塑料制品标准化技术委员会	日丰企业集团有限公司
89	284	20172329－T－607	塑料管材和管件 聚乙烯系统熔接设备 第3部分：操作者代码	推荐	制订		ISO 12176－3：2011	2019	中国轻工业联合会	全国塑料制品标准化技术委员会	亚大集团公司
90	292	20172320－T－607	冷热水用氯化聚氯乙烯（PVC－C）管道系统 第3部分 管件	推荐	制订			2019	中国轻工业联合会	全国塑料制品标准化技术委员会	广东联塑科技实业有限公司、中山环宇实业有限公司
91	320	20172315－T－607	塑料管材和管件 聚乙烯系统熔接设备 第4部分：可追溯编码	推荐	制订		ISO 12176－4：2003	2019	中国轻工业联合会	全国塑料制品标准化技术委员会	广东联塑科技实业有限公司、亚大塑料制品有限公司
92	321	20172564－T－608	高强高模聚酰亚胺长丝	推荐	制订			2019	中国纺织工业联合会	中国纺织工业联合会	江苏先诺新材料科技有限公司、上海市纺织工业技术监督所、中国化学纤维工业协会等

93	341	20172317 – T – 607	硬聚氯乙烯（PVC – U）管材及管件中聚氯乙烯（PVC）含量的测定方法——基于氯含量的测定方法	推荐	制订		EN 1905 – 1998	2019	中国轻工业联合会	全国塑料制品标准化技术委员会	中钢集团郑州金属制品研究院有限公司
94	347	20172324 – T – 607	冷热水用聚丁烯（PB）管道系统 第1部分：总则	推荐	制订		ISO 15876 – 1：2016	2019	中国轻工业联合会	全国塑料制品标准化技术委员会	轻工业塑料加工应用研究所
95	349	20172325 – T – 607	冷热水用聚丁烯（PB）管道系统 第2部分：管材	推荐	制订		ISO 15876 – 2：2016	2019	中国轻工业联合会	全国塑料制品标准化技术委员会	轻工业塑料加工应用研究所
96	379	20172323 – T – 607	铝塑复合压力管 第2部分：铝管对接焊式铝塑管	推荐	制订		ASTM1282 – 2010；ASTM 1281 – 2011	2019	中国轻工业联合会	全国塑料制品标准化技术委员会	金德管业集团有限公司
97	384	20172326 – T – 607	冷热水用聚丁烯（PB）管道系统 第3部分：管件	推荐	制订		ISO 15876 – 3：2016	2019	中国轻工业联合会	全国塑料制品标准化技术委员会	轻工业塑料加工应用研究所
98	387	20172309 – T – 607	塑料管道系统 埋地用无压热塑性塑料管道系统 弹性密封圈接头的密封试验方法	推荐	制订			2019	中国轻工业联合会	全国塑料制品标准化技术委员会	北京建筑材料检验研究院有限公司、河北宝路七星塑业有限公司
99	389	20172302 – T – 607	双向拉伸聚酰胺（尼龙）薄膜	推荐	制订			2019	中国轻工业联合会	全国塑料制品标准化技术委员会	沧州东鸿包装材料有限公司、佛山塑料集团股份有限公司、大连塑料研究所

续表

总序号	序号	计划编号	项目名称	标准性质	制/修订	代替标准号	采用国际标准	完成时间	主管部门	归口单位	起草单位
2017 年装备制造业国际转换 116 项											
100	1	20180243－T－606	塑料 用过的聚乙烯对苯二酸酯(PET)塑料瓶回收 第2部分:试样制备和性能测定	推荐	制订		ISO 12418－2:20112	2020	中国石油和化学工业联合会	全国塑料标准化技术委员会	中蓝晨光化工研究设计院有限公司等
101	36	20180244－T－606	塑料 源自柔性和刚性消费包装的聚丙烯(PP)和聚乙烯(PE)回收混合物 第1部分:命名系统和分类基础	推荐	制订		ISO 18263－1:2015	2020	中国石油和化学工业联合会	全国塑料标准化技术委员会	中蓝晨光成都检测技术有限公司等
102	37	20180235－T－606	塑料 黄色指数和黄变系数的测定	推荐	制订		ISO 17223:2014	2020	中国石油和化学工业联合会	全国塑料标准化技术委员会	中蓝晨光成都检测技术有限公司
103	40	20180234－T－606	塑料 折光率的测定	推荐	制订		ISO 489:1999	2020	中国石油和化学工业联合会	全国塑料标准化技术委员会	中蓝晨光成都检测技术有限公司
104	41	20180236－T－606	塑料 试样的机加工制备	推荐	制订		ISO 2818:1994	2020	中国石油和化学工业联合会	全国塑料标准化技术委员会	中蓝晨光成都检测技术有限公司
105	61	20180247－T－606	塑料 生物基含量 第1部分:通用原则	推荐	制订		ISO 16620－1:2015	2020	中国石油和化学工业联合会	全国塑料标准化技术委员会	金发科技股份有限公司、中蓝晨光成都检测技术有限公司
106	63	20180246－T－606	塑料 生物基含量 第2部分:生物基碳含量的测定	推荐	制订		ISO 16220－2:2015	2020	中国石油和化学工业联合会	全国塑料标准化技术委员会	金发科技股份有限公司、中蓝晨光成都检测技术有限公司

107	66	20180205 – T – 609	维增强塑料复合材料采用校准端荷载分裂(C – ELS)试验和有效开裂长度法对单向增强材料模式II抗裂强度的测定	推荐	制订		ISO 15114:2014	2020	中国建筑材料联合会	全国纤维增强塑料标准化技术委员会	北京玻璃钢研究设计院有限公司
108	71	20180245 – T – 606	塑料 生物基含量 第3部分：生物基合成聚合物含量的测定	推荐	制订		ISO 16220 – 3：2015	2020	中国石油和化学工业联合会	全国塑料标准化技术委员会	金发科技股份有限公司、中蓝晨光成都检测技术有限公司
109	89	20180248 – T – 606	塑料 生物基含量 第4部分:生物基含量测定	推荐	制订		ISO 16220 – 4：2015	2020	中国石油和化学工业联合会	全国塑料标准化技术委员会	金发科技股份有限公司、中蓝晨光成都检测技术有限公司
110	90	20180237 – T – 606	塑料 用毛细管粘度计测定稀溶液中聚合物的粘度 第4部分:聚碳酸酯(PC)模塑和挤塑材料	推荐	制订		ISO 1628 – 4：1999	2020	中国石油和化学工业联合会	全国塑料标准化技术委员会	中蓝晨光化工研究设计院有限公司、中蓝晨光成都检测技术有限公司
111	95	20180249 – T – 606	塑料 源自柔性和刚性消费包装的聚丙烯(PP)和聚乙烯(PE)回收混合物 第2部分:试样制备和性能测定	推荐	制订		ISO 18263 – 2：2015	2020	中国石油和化学工业联合会	全国塑料标准化技术委员会	中蓝晨光化工研究设计院有限公司等
112	112	20180242 – T – 606	塑料 用过的聚乙烯对苯二酸酯(PET)塑料瓶回收 第1部分:命名系统和分类基础	推荐	制订		ISO 12418 – 1：2012	2020	中国石油和化学工业联合会	全国塑料标准化技术委员会	中蓝晨光成都检测技术有限公司等

续表

总序号	序号	计划编号	项目名称	标准性质	制/修订	代替标准号	采用国际标准	完成时间	主管部门	归口单位	起草单位
2017 年固体废物环境保护控制											
113	7	20172705－Q－467	进口可用作原料的固体废物环境保护控制标准－废塑料	强制	修订			2018	环境保护部	环境保护部	中国环境科学研究院
2017 年绿色产品 11 项											
114	6	20171343－T－469	绿色产品评价规范 塑料制品	推荐	制订			2019	国家标准化管理委员会	全国生物基材料及降解制品标准化技术委员会	北京工商大学轻工业塑料加工应用研究所、中蓝晨光化工研究设计院有限公司、中国标准化研究院、中环联合（北京）认证中心有限公司、中国塑协异型材及门窗专业委员会、南通华盛高聚物科技股份有限公司、北京永华晴天设计包装有限公司、浙江圣诺盟顾家海绵有限公司、江苏省化工研究院有限公司、浙江中财型材有限责任公司、金发科技股份有限公司等
115	7	20171342－T－609	绿色产品评价 木塑制品	推荐	制订			2019	中国建筑材料联合会	全国轻质与装饰装修建筑材料标准化技术委员会	国家建筑装修材料质量监督检验中心

2017 年采标及修订 188 项											
116		20171188 - T - 606	塑料衬里压力容器试验方法 第 8 部分：耐高电阻试验	推荐	制订				中国石油和化学工业联合会	全国非金属化工设备标准化技术委员会	国家塑料制品质量监督检验中心（福州）、广州特种承压设备检测研究院、西安塑龙熔接设备有限公司、天华化工机械及自动化研究设计院有限公司、温州赵氟隆有限公司
117	7	20171189 - T - 606	塑料衬里压力容器试验方法 第 7 部分：泄漏试验	推荐	制订			2019	中国石油和化学工业联合会	全国非金属化工设备标准化技术委员会	宁波市特种设备检验研究院、河南省锅炉压力容器安全检测研究院、广州特种承压设备检测研究院、天华化工机械及自动化研究设计院有限公司、西安塑龙熔接设备有限公司、温州赵氟隆有限公司等
118	16	20171128 - T - 469	塑料 受控污泥消化系统中材料最终厌氧生物分解率测定 采用测量释放生物气体的方法	推荐	制订		ISO 13975:2012	2019	国家标准化管理委员会	全国生物基材料及降解制品标准化技术委员会	北京工商大学、轻工业塑料加工应用研究所、国家塑料制品质量监督检验中心（北京）
119	85		室外用生物质塑料复合地板	推荐	制订				国家林业局	全国林业生物质材料标准化技术委员会	中国林业科学研究院木材工业研究所
120	94	20171288 - T - 606	工业用顺丁烯二酸酐	推荐	制订			2019	中国石油和化学工业联合会	全国化学标准化技术委员会	宁波浙铁江宁化工有限公司

续表

总序号	序号	计划编号	项目名称	标准性质	制/修订	代替标准号	采用国际标准	完成时间	主管部门	归口单位	起草单位
121	124	20171287 - T - 606	工业辛醇(2 - 乙基己醇)	推荐	制订			2019	中国石油和化学工业联合会	全国化学标准化技术委员会	惠生(南京)清洁能源股份有限公司、南化集团研究院等
122	126	20171026 - T - 605	预硬化型塑料模具用钢板	推荐	制订			2019	中国钢铁工业协会	全国钢标准化技术委员会	江阴兴澄特种钢铁有限公司、冶金工业信息标准研究院
123	130	20171127 - T - 469	塑料 材料生物分解试验用样品制备方法	推荐	制订		ISO 10210:2012	2019	国家标准化管理委员会	全国生物基材料及降解制品标准化技术委员会	
124	146		聚乙烯(PE)再生料表征	推荐	制订			2019	国家标准化管理委员会	全国产品回收利用基础与管理标准化技术委员会	中华全国供销合作总社天津再生资源研究所、中国标准化研究院等
行业相关标准											
125		20170499 - T - 424	国民经济行业分类	推荐	修订	GB/T 4754 - 2011	ISIC Rer4	2017	国家质量监督检验检疫总局	中国标准化研究院	国家统计局，中国标准化研究院

（田岩　田光年　杨森）

机电工人实用技术手册系列

- 钳工实用技术手册（第二版）
- 焊工实用技术手册（第二版）
- 铣工实用技术手册（第二版）
- 磨工实用技术手册（第二版）
- 车工实用技术手册（第二版）
- 工具钳工实用技术手册（第二版）
- 装配钳工实用技术手册（第二版）
- 机修钳工实用技术手册（第二版）
- 模具钳工实用技术手册（第二版）
- 电工实用技术手册
- 钣金工实用技术手册

ISBN 978-7-5198-1765-7

焊工实用技术手册（第二版）

中国电

焊工实用技术

（第二版

邱言龙　雷振国　聂

一册在手，**精通焊工技术**不难

日常工作**便查便携**，提高工作效率

车工遇到的问题，这里都有**答案**